# 2017年版
# 中国科技期刊引证报告（扩刊版）

北京万方数据股份有限公司

科学技术文献出版社
·北京·

图书在版编目(CIP)数据

2017年版中国科技期刊引证报告：扩刊版 / 北京万方数据股份有限公司编著. —北京：科学技术文献出版社，2017.10

ISBN 978-7-5189-3465-2

Ⅰ.①2… Ⅱ.①北… Ⅲ.①科技期刊—期刊索引—中国—2017 Ⅳ.①Z89：N55

中国版本图书馆CIP数据核字（2017）第258498号

2017年版中国科技期刊引证报告（扩刊版）

| 策划编辑：周国臻 | 责任编辑：周国臻　张　丹 | 责任出版：张志平 |

出　版　者　科学技术文献出版社
地　　　址　北京市复兴路15号　邮编　100038
编　务　部　（010）58882938，58882087（传真）
发　行　部　（010）58882868，58882874（传真）
邮　购　部　（010）58882873
网　　　址　www.stdp.com.cn
发　行　者　科学技术文献出版社发行　全国各地新华书店经销
印　刷　者　北京时尚印佳彩色印刷有限公司
版　　　次　2017年10月第1版　2017年10月第1次印刷
开　　　本　787×1092　1/16
字　　　数　710千
印　　　张　30.5
书　　　号　ISBN 978-7-5189-3465-2
定　　　价　180.00元

版权所有　违法必究

购买本社图书，凡字迹不清、缺页、倒页、脱页者，本社发行部负责调换

# 2017年版中国科技期刊引证报告（扩刊版）

| | |
|---|---|
| 主 任 编 委 | 戴国强 |
| 副主任编委 | 郭铁成　武夷山　乔晓东　蒋勇青　张玉华<br>潘云涛　郑彦宁　曾建勋　庞景安　姚长青<br>宋培元　张　勇　马　峥　赵　捷　王　昇 |
| 编 写 人 员 | 俞征鹿　许晓阳　郭　玉　郭　红　田瑞强<br>翟丽华　王海燕　高继平　苏　成　宋　扬<br>王　璐　王运红　贾　佳　杨　帅　郑雯雯<br>何开煦　刘亚静　于夏薇　王梦云　李　悦<br>王　双　冉伟灵　石　慧　陈佳琪　崔　通<br>苏　鹏　杨代庆　李旭林　王　星　池国强<br>崔士康　张建伟　刘敏健　肖　涵　李学慧<br>杨桂先　杨　希　何　洁　王　娜　沈　丹<br>周双拾　刘祥屹　李伏香　李　惠　孙　硕<br>张亮亮　李　荟　宋　绵　马　赛　温丽萍<br>王彩霞　冯　蕊　侯为康 |

2017年版中国科技期刊引证报告（扩刊版）

通信地址：北京市海淀区复兴路15号　100038
北京万方数据股份有限公司
网址：www.wanfangdata.com.cn
电话：010-58882754
传真：010-58882642
电子信箱：qikan@wanfangdata.com.cn

# 前言

为了更加科学地建立期刊综合评价指标体系，更加完整地统计期刊的被引用计量指标，更加高效地进行期刊文献计量和评价工作，使期刊统计分析结果具有更大的影响力，使核心期刊遴选具有更强的说服力，推进知识服务系统的发展，中国科学技术信息研究所科学计量与评价研究中心与北京万方数据股份有限公司合作，联合编制出版《中国科技期刊引证报告（扩刊版）》。

《中国科技期刊引证报告（扩刊版）》基本囊括了中国出版的学术技术类科学技术期刊和理论研究性社会科学期刊，是一种专门用于期刊引用分析研究的重要检索评价工具。从中可以清楚地了解期刊引用和被引用的情况，以及引用效率、引用网络、期刊自引等数据的统计分析。同时，还可以方便地定量评价期刊的相互影响和相互作用，正确评估某种期刊在科学交流体系中的地位和作用，确定高被引作者群等。

《中国科技期刊引证报告（扩刊版）》的出版，是我国期刊界和知识界的一件大事，是《中国科技期刊引证报告（核心版）》的扩展和补充。《中国科技期刊引证报告（扩刊版）》将全方位、完整地提供中国期刊的评估数据，为国家择优支持期刊评定，以及为国家和地方的期刊管理部门提供科学管理的依据，有力地填补了中国期刊评价相关数据的空白，因此是一项非常重要的科学评价基础工程建设。

《2017年版中国科技期刊引证报告（扩刊版）》，还需不断完善和充实，适时进行指标的增补和修订。衷心希望《中国科技期刊引证报告（扩刊版）》能成为广大读者检索查询的友好助手和得力工具，热忱期待《中国科技期刊引证报告（扩刊版）》能成为社会评价期刊发展状况的参考依据。

在整个编写过程中，尽管力求严格规范，细致准确，精益求精，但由于一些实际情况，例如期刊的更名合并、大学学报版本更迭、期刊引用文献著录不规范、期刊缩简写各异或期刊类目复杂等，给我们的编制工作带来很大困难。因此错误和疏漏在所难免，诚望广大读者不吝赐教，批评指正。

北京万方数据股份有限公司

2017年10月

# 主要计量指标统计（6154种期刊）

| 指标 | 平均值 | 统计数字 |
|---|---|---|
| 总被引频次 | 1606 次/刊 | ≥1000 次以上的期刊为 2543 种 |
| 影响因子 | 0.735 | ≥1 的期刊共 1268 种 |
| 即年指标 | 0.149 | 150 种期刊为 0.000 |
| 基金论文比 | 0.459 | 73 种期刊无基金论文 |
| 海外论文比 | 0.035 | ≥0.2 的期刊共 176 种（英文版 149 种）；1731 种期刊无海外论文 |
| 他引率 | 0.92 | |
| 平均作者数 | 2.8 人/篇 | |
| 平均引文数 | 15.00 | |
| 来源文献量 | 317 | |
| 地区分布数 | 19 | |
| 机构分布数 | 179 | |

# 目 录

1 编制说明 .................................................................... 1
2 使用说明 .................................................................... 4
3 期刊学科分类表 ............................................................. 6
4 名词解释 .................................................................... 8
5 2016年中国科技期刊被引指标按类刊名字顺索引 ....................... 11
6 2016年中国科技期刊来源指标按类刊名字顺索引 ..................... 201
7 中国期刊名称类目索引 ................................................. 387

# 1 编制说明

《中国科技期刊引证报告（扩刊版）》是依托中国科学技术信息研究所国家工程技术数字图书馆"知识服务"系统，在"万方数据——数字化期刊群"基础上，结合中国科技论文与引文数据库（CSTPCD），以中国正式出版的各学科6154种中英文期刊（其中，社会科学类期刊2067种，自然科学类期刊4087种；英文版期刊223种）为统计源期刊，暂不包括少数民族语种期刊和港、澳、台地区出版的期刊。对全部期刊的引文数据，严格按题名、作者、刊名、年、卷、期、页等进行分项切分后，进行规范化处理和有效链接，经统计分析、编制而成。现将编制过程中的具体处理方法做如下说明。

## 1.1 总体设计说明

《中国科技期刊引证报告（扩刊版）》按年编卷出版，每版以上一年度在中国出版的中英文版期刊论文引文数据为统计依据。本报告包括：期刊被引用计量指标、来源期刊计量指标，以及期刊名称类目索引。限于篇幅暂未编排各个学科期刊扩展总被引频次和扩展影响因子的分类排序表。为了便于读者多用途、多层次地查询和评价期刊，将在中国科学技术信息研究所国家工程技术数字馆网站（http://www.istic.ac.cn）上采用多种形式的排序格式，包括全部期刊名称字顺排序、学科内期刊名称排序、全部期刊评价指标排序和来源期刊总排序等，以帮助读者综合全面地评价分析期刊，迅速有效地检索出所需要的期刊统计信息。期刊被引用计量指标和来源指标是本报告的主体部分。

《中国科技期刊引证报告（扩刊版）》为《中国科技期刊引证报告（核心版）》提供所有来源期刊的统计基础数据，两者同属一宗，为姊妹篇。所以，两者编制体例和统计原则完全一致。《中国科技期刊引证报告（扩刊版）》包含了《中国科技期刊引证报告（核心版）》所列中国科技核心期刊的期刊来源计量指标、期刊被引计量指标，但由于引文统计样本的差异，两者对应的计量指标会有所不同。

期刊的合并、歧化和新增是社会发展的必然趋势，在对各期刊被引用数据进行统计的过程中，尽量按编者所掌握的情况做出归并。

## 1.2 期刊评价指标的选择

为了全面、准确、公正、客观地评价和利用期刊，《中国科技期刊引证报告（扩刊版）》在与国际评价体系保持一致的基础上，结合中国期刊的实际情况，选择了18项计量指标，基本涵盖和描述了期刊的各个方面。这些指标包括：

（1）期刊引用计量指标：扩展总被引频次、扩展影响因子、扩展学科扩散指标、扩展学科影响指标、扩展引用刊数、扩展即年指标、扩展他引率、扩展被引半衰期和扩展H指数。

（2）来源期刊计量指标：来源文献量、平均引文数、平均作者数、地区分布数、机构分布数、海外论文比、基金论文比、文献选出率和引用半衰期。

其中，期刊引用计量指标主要显示该期刊被读者使用和重视的程度，以及在科学交流中的地位和作用，是评价期刊质量优劣的重要依据和客观标准。

来源期刊计量指标通过对来源文献方面的统计分析，全面描述了该期刊的学术水平、编辑状况和科学交流程度，也是评价期刊的重要依据。

由于目前国内所有数据库多数都采用镜像包库方式服务和使用，与网上点击率和全文下载量相关的社会使用期刊情况数据难以完全统计，即便列出也是以点带面，所以暂不列相关网络使用的计量指标。

## 1.3　期刊的学科分类

为了更方便读者使用，《2017版中国科技期刊引证报告（扩刊版）》在期刊分类体系上采用《2017版中国科技期刊引证报告（核心版）》的分类体系，将6154种期刊分别归类到152个学科类别。由于很多期刊的研究内容是跨学科的，同时，新的学科不断涌现，给期刊的分类造成很大困难，有时很难准确反映期刊的学科内容。这里的分类是仅按一种分类编排的，不妥之处敬请读者批评指正，以便我们不断修正完善。

## 1.4　各类指标的编排

《中国科技期刊引证报告（扩刊版）》分为3部分，其中，期刊被引用计量指标和来源指标是本报告的主体部分。

（1）期刊被引指标（按刊名字顺索引表）——一个主表，包含6154种期刊的各项引用数据。指标包括扩展总被引频次和扩展H指数等9项指标。为保证数据的公正性和客观性，期刊引文数据仅取文献类型为期刊的引文条目进行统计，剔出与刊名相同或部分相同的非期刊引文条目。不包括内部期刊发表论文的引文，更不包括在境外出版的中文期刊或非法出版的期刊发表论文的引文。

（2）期刊来源指标（按刊名字顺索引表）——一个主表，包含6154种期刊来源文献的各项指标数据。指标包括来源文献量、基金论文比、文献选出率和引用半衰期等9项指标。为保证数据的客观性和公正性，来源期刊数据仅取期刊正式刊期中的数据，而增刊、专辑、专刊和特刊等数据未予采用。

（3）期刊名称类目索引包括期刊的名称、学科分类和各项被引用数据、来源文献数据所在页码等信息。

## 1.5　特殊情况的规范化处理

（1）目前，期刊改名的现象很多，尤其是随着大学的合并与升格，学报更名的现象更为普遍。例如，《东北工学院学报》改为《东北大学学报》等。本报告所刊统计数据一律按新刊名计算引文数据。

（2）对于引文中采用中英文对照格式，即在一条中文引文之后又列出其英文翻译的参考文献者，一律按一条引文处理。对于一篇论文后重复引用一篇文章者，一律按一条引文处理。

（3）计算被引半衰期时，有些新加入统计源的期刊被引用数据太少无法计算，因此会出现个别无数值现象。而对于一些半衰期大于等于10年的期刊，则表示为"≥10"。

（4）在计算影响因子时，由于某些期刊或前两年数据不全，或新创办而不可能有前两年数据，所以无法计算影响因子值。

（5）由于部分期刊被引指标很低，报告出版时，未予统计归入。有需要者，请与北京万方数据股份有限公司联系。

# 2 使用说明

《中国科技期刊引证报告（扩刊版）》是基于论文引文统计而编制的专用于中国期刊分析与评价的科学计量工具。

作为科学计量工具，本报告可用于定量分析和科学评价期刊的学术特征和学科地位，较为客观地反映期刊发展的趋势和规律，为科研管理和决策提供依据。因此，本报告在期刊分析评价和科学计量学研究与应用等方面具有其他检索评价工具无法取代的独特功能。正确使用和充分开发本报告，可以使其成为科研工作者、期刊编辑部、图书情报人员、科研管理者和科学计量学家的得力助手和有效工具。

现将本报告的主要功能和使用方法进行如下介绍。

## 2.1 主要功能

《中国科技期刊引证报告（扩刊版）》应用引文分析方法及各种量化指标，可以清楚地表明：

- 在某一学科领域内，哪些期刊学术影响力最大；
- 某一种期刊被引用了多少次；
- 某一种期刊出版后多久被引用；
- 某一种期刊引用其他期刊多少次；
- 某一种期刊在学科中的学术指标所在位置。

根据使用者的工作性质，本报告可以给使用者不同的有益提示。例如：

- 科研人员：帮助您确定相关领域的核心期刊并发表您的论文，提高您论文的知名度，让更多的同行专家了解、引用、评价您的论文；
- 期刊编辑：帮助您与同类刊物相比较并评估本刊的地位，从而确定本刊的编辑和出版策略；
- 科研管理人员：帮助您科学地评价期刊，为您开展期刊评比和择优资助提供决策依据；
- 图书情报人员：帮助您更有效地管理馆藏期刊文献，确定核心期刊，合理运用有限的期刊订购预算；
- 科学计量学家：帮助您开展期刊评价研究和文献老化研究，以及学科的科学评估。

## 2.2 查阅方法

### 2.2.1 期刊引用数据的查阅

如果读者需要了解期刊被引用的情况，可查阅期刊被引指标按类刊名字顺索引表，找到待检索的期刊，从中查阅到该期刊的各项被引用指标数据，包括扩展总被引频次、扩展影响因子、扩展学科扩散指标、扩展学科影响指标、扩展即年指标、扩展他引率、扩展引用刊数、扩展被引半衰期和扩展H指数。

如果在字顺索引表中难以检索到需查阅的期刊，可通过期刊名称类目索引，确定该期刊的学科分类，然后再依上述步骤查阅。

#### 2.2.2 来源期刊数据的查阅

如果读者需要了解来源期刊的有关指标数据，可查阅期刊来源指标按类刊名字顺索引表，查阅到该期刊来源文献的多项指标数据，包括来源文献量、平均引文数、平均作者数、地区分布数、机构分布数、海外论文比、基金论文比、文献选出率和引用半衰期。

如果在字顺索引表中难以检索到需查阅的期刊，可通过期刊名称类目索引，确定该期刊的学科分类，然后再依上述步骤查阅。

#### 2.2.3 期刊在学科内学术指标位置的查阅

如果读者希望了解期刊在其学科领域中的地位，可查询期刊被引指标按类刊名字顺索引表，查阅本学科期刊的扩展影响因子或扩展总被引频次值，进行分析对比，自行确定该期刊按这两项指标排序的学科位置。还可以对照各学科平均扩展总被引频次和平均扩展影响因子值，了解由于学科不同所造成的指标差异的整体情况。

## 2.3 评价方法

利用《中国科技期刊引证报告（扩刊版）》评价期刊有两种方式，即单一指标评价和综合指标评价。具体方法如下：

#### 2.3.1 单一指标评价

单一指标评价主要是指按照扩展影响因子和扩展总被引频次这两个国际通行评价指标，对期刊进行评价。这时可通过对期刊的扩展影响因子和扩展总被引频次进行对比排序，确定该期刊在同类期刊中所处的位置，从而对该期刊的学术影响力和学科地位进行评价和评估。

单一指标评价也可以通过期刊来源指标按类刊名字顺索引表对期刊的编辑状况、交流范围、论文质量和老化速率等情况进行分析、比较、统计和评估。

#### 2.3.2 综合指标评价

由于期刊评价工作是一项非常复杂的工作，涉及领域广，学科差异大，影响因素多，因此单一指标往往难以全面、准确地评价期刊的学术水平和学科地位，这时一般需要通过综合指标评价，以使期刊评价更加客观、全面和准确。

要进行期刊的综合指标评价，首先需要建立期刊综合评价指标体系，利用数学方法确定各指标的权重值，然后求出期刊的综合指标排序值，最终得到期刊综合指标的排序。

这种期刊评价方法已被广泛地推广和使用，中国科学技术信息研究所已经建立期刊综合评价指标体系，可以利用该体系的指标值，通过层次分析法和模糊隶属度转化，确定各学科指标的权重值，最终得出每一个期刊的综合指标排序值，完成对期刊的评价。

# 3 期刊学科分类表

A01　自然科学综合
A02　自然科学综合大学学报
A03　自然科学师范大学学报
B01　数学
B02　信息科学与系统科学
B03　力学
B04　物理学
B05　化学
B06　天文学
B07　地球科学综合
B08　大气科学
B09　地球物理学
B10　地理学
B11　地质学
B12　海洋科学、水文学
B13　生物学基础学科
B14　生态学
B15　植物学
B16　昆虫学、动物学
B17　微生物学、病毒学
B18　心理学
C01　农业综合
C02　农业大学学报
C03　农艺学
C04　园艺学
C05　土壤学
C06　植物保护学
C07　林学
C08　畜牧、兽医科学
C09　草原学
C10　水产学
D01　医学综合
D02　医药大学学报
D03　基础医学
D05　临床医学综合
D06　临床诊断学
D07　保健医学
D08　内科学综合
D09　呼吸病学、结核病学
D10　消化病学
D11　血液病学、肾脏病学
D12　内分泌病学与代谢病学、风湿病学
D13　感染性疾病学、传染病学
D14　外科学综合
D15　普通外科学、胸外科学、心血管外科学
D16　心血管病学
D17　泌尿外科学

D18　骨外科学
D19　烧伤外科学、整形外科学
D20　妇产科学
D21　儿科学
D22　眼科学
D23　耳鼻咽喉科学
D24　口腔医学
D25　皮肤病学
D26　性医学
D27　神经病学、精神病学
D28　核医学、医学影像学
D29　肿瘤学
D30　护理学
D31　预防医学与公共卫生学综合
D32　流行病学、环境医学
D33　优生学、计划生育学
D34　军事医学与特种医学
D35　卫生管理学、健康教育学
D36　药学
D37　中医学
D38　中医药大学学报
D39　中西医结合医学
D40　中药学
D41　针灸、中医骨伤
E01　工程与技术科学基础学科
E02　工程技术大学学报
E03　信息与系统科学相关工程与技术
E04　生物工程
E05　农业工程
E06　生物医学工程学
E07　测绘科学技术
E08　材料科学综合
E09　金属材料
E10　矿山工程技术
E11　冶金工程技术
E12　机械工程设计
E13　机械制造工艺与设备
E14　动力工程
E15　电气工程
E16　能源科学综合
E17　石油天然气工程
E18　核科学技术
E19　电子技术
E20　光电子学与激光技术
E21　通信技术
E22　计算机科学技术
E23　化学工程综合

| | | | |
|---|---|---|---|
| E24 | 高聚物工程 | K08 | 历史学 |
| E25 | 精细化学工程 | K10 | 考古学 |
| E26 | 应用化学工程 | L01 | 经济学综合 |
| E27 | 仪器仪表技术 | L02 | 经济大学学报 |
| E28 | 兵器科学与技术 | L04 | 国民经济学、管理经济学、数量经济学 |
| E29 | 纺织科学技术 | L05 | 会计学、审计学 |
| E30 | 食品科学技术 | L06 | 生态农业经济学 |
| E31 | 建筑科学与技术 | L08 | 工商业经济学 |
| E32 | 土木工程 | L10 | 财政学、金融学、保险学 |
| E33 | 水利工程 | M01 | 政治学综合 |
| E34 | 交通运输工程 | M02 | 政治大学学报 |
| E35 | 公路运输 | M03 | 行政学 |
| E36 | 铁路运输 | M04 | 国际政治学、外交学 |
| E37 | 水路运输 | M05 | 法学综合 |
| E38 | 航空、航天科学技术 | M07 | 部门法学、刑事侦查学、司法鉴定学 |
| E39 | 环境科学技术及资源科学技术 | M08 | 军事学 |
| E40 | 安全科学技术 | N01 | 社会学综合 |
| F01 | 管理学 | N02 | 人口学、劳动科学 |
| H01 | 社会科学综合 | N04 | 民族学与文化学 |
| H02 | 社会科学综合大学学报 | N05 | 新闻学与传播学 |
| H03 | 社会科学师范大学学报 | N06 | 图书馆学、文献学 |
| J01 | 马克思主义 | N07 | 情报学 |
| J02 | 哲学 | N08 | 档案学、博物馆学 |
| J03 | 宗教学 | P01 | 教育学综合 |
| K01 | 语言学综合 | P03 | 学前教育学、普通教育学 |
| K03 | 外国语言学 | P04 | 高等教育学 |
| K04 | 中国文学 | P05 | 成人教育学、职业技术教育学 |
| K05 | 外国文学 | P07 | 体育科学 |
| K06 | 艺术学 | Q07 | 统计学 |

# 4 名词解释

为方便读者查阅和使用,现将《中国科技期刊引证报告(扩刊版)》中所使用的期刊评价指标的理论意义和具体算法简要解释如下:

**扩展总被引频次**:指该期刊自创刊以来所登载的全部论文在统计当年被引用的总次数。这是一个非常客观实际的评价指标,可以显示该期刊被使用和受重视的程度,以及在科学交流中的地位和作用。

**扩展影响因子**:这是一个国际上通行的期刊评价指标,是E·加菲尔德于1972年提出的。由于它是一个相对统计量,所以可公平地评价和处理各类期刊。通常,期刊影响因子越大,它的学术影响力和作用也越大。具体算法为:

$$扩刊影响因子 = \frac{该期刊前两年发表论文在统计当年被引用的总次数}{该期刊前两年发表论文总数}$$

**扩展即年指标**:这是一个表征期刊即时反应速率的指标,主要描述期刊当年发表的论文在当年被引用的情况。具体算法为:

$$扩刊即年指标 = \frac{该期刊当年发表论文在统计当年被引用的总次数}{该期刊当年发表论文总数}$$

**扩展他引率**:指该期刊全部被引次数中,被其他刊引用次数所占的比例。具体算法为:

$$扩展他引率 = \frac{被其他刊引用的次数}{期刊被引用的总次数}$$

**扩展引用刊数**:引用被评价期刊的期刊数,反映被评价期刊被使用的范围。

**扩展学科扩散指标**:指在统计源期刊范围内,引用该刊的期刊数量与其所在学科全部期刊数量之比。

$$扩展学科扩散指标 = \frac{引用刊数}{所在学科期刊数}$$

**扩展学科影响指标**:指期刊所在学科内,引用该刊的期刊数占全部期刊数量的比例。

$$扩展学科影响指标 = \frac{所在学科内引用被评价期刊的数量}{所在学科期刊数}$$

**扩展被引半衰期**:指该期刊在统计当年被引用的全部次数中,较新一半是在多长一段时间内发表的。被引半衰期是测度期刊老化速度的一种指标,通常不是针对个别文献或某一组文献,而是对某一学科或专业领域的文献的总和而言的。

**扩展H指数**：指该期刊在统计当年被引的论文中，至少有h篇论文的被引频次不低于h次。

**来源文献量**：指来源期刊在统计当年发表的全部论文数，它们是统计期刊引用数据的来源。

**文献选出率**：按统计源的选取原则选出的文献数与期刊的发表文献数之比。

**参考文献量**：指来源期刊论文所引用的全部参考文献数，是衡量该期刊科学交流程度和吸收外部信息能力的一个指标。

**平均引文数**：指来源期刊每一篇论文平均引用的参考文献数。

**平均作者数**：指来源期刊每一篇论文平均拥有的作者数，是衡量该期刊科学生产能力的一个指标。

**地区分布数**：指来源期刊登载论文所涉及的地区数，按全国31个省市计(不包括港澳台)。这是衡量期刊论文覆盖面和全国影响力大小的一个指标。

**机构分布数**：指来源期刊论文的作者所涉及的机构数。这是衡量期刊科学生产能力的另一个指标。

**海外论文比**：指来源期刊中，海外作者发表论文占全部论文的比例。这是衡量期刊国际交流程度的一个指标。

**基金论文比**：指来源期刊中，各类基金资助的论文占全部论文的比例。这是衡量期刊论文学术质量的重要指标。

**引用半衰期**：指该期刊引用的全部参考文献中，较新一半是在多长一段时间内发表的。通过这个指标可以反映出作者利用文献的新颖度。

# 5 2016年中国科技期刊被引指标按类刊名字顺索引

6 2016年中国科技期刊被引指标

按刊名音顺索引

| 学科代码 | 期刊名称 | 扩展总被引频次 | 扩展影响因子 | 扩展即年指标 | 扩展他引率 | 扩展引用刊数 | 扩展学科影响指标 | 扩展学科扩散指标 | 扩展被引半衰期 | 扩展H指标 |
|---|---|---|---|---|---|---|---|---|---|---|
| A01 | Chinese Science Bulletin | 3221 | — | 0.031 | 0.98 | 790 | 0.22 | 9.19 | 8.3 | 9 |
| A01 | High Technology Letters | 75 | 0.103 | 0.051 | 0.89 | 58 | 0.02 | 0.67 | 7.6 | 3 |
| A01 | Journal of Systems Science and Systems Engineering | 133 | 0.333 | 0.077 | 0.89 | 93 | 0.01 | 1.08 | 8.9 | 4 |
| A01 | Progress in Natural Science Materials International | 463 | 0.268 | 0.021 | 0.92 | 300 | 0.05 | 3.49 | 7.6 | 4 |
| A01 | 安徽科技 | 364 | 0.705 | 0.033 | 1.00 | 251 | 0.22 | 2.92 | 5.6 | 3 |
| A01 | 创新科技 | 583 | 0.230 | 0.089 | 0.98 | 328 | 0.27 | 3.81 | 2.9 | 6 |
| A01 | 大众科技 | 2478 | 0.309 | 0.059 | 0.99 | 936 | 0.37 | 10.88 | 5.0 | 9 |
| A01 | 电大理工 | 212 | 0.261 | 0.053 | 0.98 | 150 | 0.12 | 1.74 | 4.0 | 3 |
| A01 | 福建分析测试 | 370 | 0.379 | 0.064 | 0.98 | 214 | 0.13 | 2.49 | 6.5 | 5 |
| A01 | 甘肃科技 | 3670 | 0.326 | 0.099 | 0.98 | 1246 | 0.36 | 14.49 | 5.4 | 8 |
| A01 | 甘肃科技纵横 | 1494 | 0.457 | 0.157 | 0.99 | 555 | 0.28 | 6.45 | 4.8 | 9 |
| A01 | 甘肃科学学报 | 694 | 0.422 | 0.050 | 0.75 | 396 | 0.14 | 4.60 | 6.2 | 4 |
| A01 | 高技术通讯 | 637 | 0.274 | 0.048 | 0.95 | 416 | 0.21 | 4.84 | 9.1 | 5 |
| A01 | 广西科学 | 496 | 0.471 | 0.064 | 0.89 | 274 | 0.07 | 3.19 | 7.2 | 5 |
| A01 | 广西科学院学报 | 398 | 0.500 | 0.118 | 0.96 | 275 | 0.15 | 3.20 | 6.7 | 4 |
| A01 | 贵州科学 | 516 | 0.328 | 0.092 | 0.96 | 308 | 0.06 | 3.58 | 7.2 | 5 |
| A01 | 河北省科学院学报 | 198 | 0.205 | 0.036 | 0.96 | 156 | 0.08 | 1.81 | 7.7 | 3 |
| A01 | 河南科技 | 7184 | 0.464 | 0.068 | 1.00 | 928 | 0.36 | 10.79 | 3.1 | 19 |
| A01 | 河南科学 | 1408 | 0.461 | 0.076 | 0.92 | 779 | 0.28 | 9.06 | 4.3 | 6 |
| A01 | 黑龙江科学 | 4052 | 0.676 | 0.230 | 0.99 | 587 | 0.24 | 6.83 | 2.4 | 16 |
| A01 | 江苏科技信息 | 1285 | 0.434 | 0.105 | 0.98 | 548 | 0.27 | 6.37 | 2.3 | 8 |
| A01 | 江西科学 | 602 | 0.320 | 0.052 | 0.97 | 413 | 0.15 | 4.80 | 6.4 | 5 |
| A01 | 科技传播 | 10634 | 0.596 | 0.200 | 0.98 | 1012 | 0.37 | 11.77 | 3.4 | 22 |
| A01 | 科技创新导报 | 19865 | 0.457 | 0.080 | 0.99 | 1959 | 0.51 | 22.78 | 4.6 | 22 |
| A01 | 科技创新与生产力 | 832 | 0.200 | 0.100 | 0.98 | 438 | 0.26 | 5.09 | 4.8 | 5 |
| A01 | 科技促进发展 | 1020 | 1.266 | 0.084 | 0.99 | 308 | 0.23 | 3.58 | 5.8 | 8 |
| A01 | 科技导报 | 3202 | 0.841 | 0.146 | 0.96 | 1532 | 0.42 | 17.81 | 5.6 | 11 |
| A01 | 科技风 | 14070 | 0.559 | 0.216 | 1.00 | 1158 | 0.36 | 13.47 | 3.3 | 20 |
| A01 | 科技广场 | 1685 | 0.315 | 0.088 | 0.89 | 659 | 0.24 | 7.66 | 5.1 | 7 |
| A01 | 科技通报 | 1912 | 0.366 | 0.077 | 0.95 | 924 | 0.24 | 10.74 | 3.8 | 8 |
| A01 | 科技与创新 | 7407 | 0.606 | 0.223 | 0.99 | 1308 | 0.43 | 15.21 | 2.8 | 16 |

| 学科代码 | 期刊名称 | 扩展总被引频次 | 扩展影响因子 | 扩展即年指标 | 扩展他引率 | 扩展引用刊数 | 扩展学科影响指标 | 扩展学科扩散指标 | 扩展被引半衰期 | 扩展H指标 |
|---|---|---|---|---|---|---|---|---|---|---|
| A01 | 科技与经济 | 651 | 0.669 | 0.106 | 0.98 | 381 | 0.17 | 4.43 | 4.5 | 5 |
| A01 | 科技资讯 | 22514 | 0.488 | 0.091 | 0.99 | 1878 | 0.47 | 21.84 | 4.6 | 24 |
| A01 | 科学(上海) | 234 | 0.482 | 0.074 | 0.96 | 178 | 0.17 | 2.07 | 3.6 | 4 |
| A01 | 科学通报 | 10568 | 1.431 | 0.306 | 0.98 | 1954 | 0.45 | 22.72 | 9.5 | 18 |
| A01 | 内江科技 | 2306 | 0.192 | 0.065 | 0.99 | 700 | 0.28 | 8.14 | 5.5 | 7 |
| A01 | 内蒙古科技与经济 | 3886 | 0.271 | 0.109 | 0.98 | 956 | 0.35 | 11.12 | 4.7 | 9 |
| A01 | 前沿科学 | 158 | 0.308 | 0.393 | 0.92 | 117 | 0.06 | 1.36 | 4.7 | 5 |
| A01 | 厦门科技 | 133 | 0.385 | 0.097 | 0.97 | 108 | 0.06 | 1.26 | 5.3 | 2 |
| A01 | 山东科学 | 441 | 0.385 | 0.042 | 0.95 | 325 | 0.08 | 3.78 | 6.6 | 4 |
| A01 | 山西科技 | 953 | 0.249 | 0.072 | 1.00 | 418 | 0.24 | 4.86 | 5.6 | 6 |
| A01 | 石河子科技 | 363 | 0.440 | 0.055 | 1.00 | 166 | 0.14 | 1.93 | 5.0 | 5 |
| A01 | 实验科学与技术 | 2636 | 0.771 | 0.099 | 0.91 | 659 | 0.27 | 7.66 | 4.6 | 9 |
| A01 | 实验室科学 | 2584 | 0.783 | 0.106 | 0.87 | 608 | 0.27 | 7.07 | 4.9 | 8 |
| A01 | 天津科技 | 555 | 0.265 | 0.095 | 0.97 | 349 | 0.23 | 4.06 | 4.0 | 5 |
| A01 | 通讯世界 | 5854 | 0.597 | 0.241 | 0.95 | 497 | 0.28 | 5.78 | 1.7 | 12 |
| A01 | 武夷科学 | 179 | 0.245 | 0.045 | 0.93 | 102 | 0.06 | 1.19 | ≥10 | 3 |
| A01 | 西藏科技 | 777 | 0.243 | 0.050 | 0.93 | 429 | 0.15 | 4.99 | 5.6 | 5 |
| A01 | 阴山学刊(自然科学版) | 335 | 0.391 | 0.321 | 0.87 | 202 | 0.07 | 2.35 | 3.6 | 4 |
| A01 | 中国发明与专利 | 532 | 0.327 | 0.062 | 0.85 | 242 | 0.22 | 2.81 | 4.2 | 4 |
| A01 | 中国高校科技 | 1532 | 0.852 | 0.151 | 0.89 | 567 | 0.30 | 6.59 | 3.6 | 9 |
| A01 | 中国基础科学 | 304 | 0.400 | 0.021 | 0.99 | 226 | 0.15 | 2.63 | 8.6 | 4 |
| A01 | 中国科技论文 | 1116 | 0.381 | 0.052 | 0.85 | 629 | 0.21 | 7.31 | 4.3 | 7 |
| A01 | 中国科技史杂志 | 325 | 0.278 | — | 0.93 | 168 | 0.08 | 1.95 | ≥10 | 3 |
| A01 | 中国科技术语 | 295 | 0.459 | 0.052 | 0.74 | 155 | 0.08 | 1.80 | 6.0 | 3 |
| A01 | 中国科技信息 | 7738 | 1.295 | 0.113 | 1.00 | 1680 | 0.48 | 19.53 | 5.9 | 13 |
| A01 | 中国科技纵横 | 2583 | 0.117 | 0.024 | 0.99 | 597 | 0.30 | 6.94 | 3.5 | 8 |
| A01 | 中国科学基金 | 682 | 0.890 | 0.216 | 0.84 | 356 | 0.16 | 4.14 | 6.3 | 6 |
| A01 | 中国科学院院刊 | 1795 | 1.638 | 0.633 | 0.97 | 910 | 0.37 | 10.58 | 4.4 | 14 |
| A01 | 中国西部 | 109 | — | 0.005 | 1.00 | 87 | 0.03 | 1.01 | 3.2 | 3 |
| A01 | 自然科学史研究 | 417 | 0.347 | — | 0.91 | 209 | 0.07 | 2.43 | ≥10 | 4 |
| A01 | 自然杂志 | 870 | 0.595 | 0.131 | 1.00 | 644 | 0.20 | 7.49 | 9.5 | 8 |
| A02 | Journal of Zhejiang University Science A: Applied Physics & Engineering | 623 | 0.781 | 0.105 | 0.87 | 366 | 0.13 | 2.44 | 6.7 | 6 |

| 学科代码 | 期刊名称 | 扩展总被引频次 | 扩展影响因子 | 扩展即年指标 | 扩展他引率 | 扩展引用刊数 | 扩展学科影响指标 | 扩展学科扩散指标 | 扩展被引半衰期 | 扩展H指标 |
|---|---|---|---|---|---|---|---|---|---|---|
| A02 | Wuhan University Journal of Natural Sciences | 119 | 0.149 | 0.026 | 0.96 | 88 | 0.03 | 0.59 | 5.9 | 3 |
| A02 | 安徽大学学报(自然科学版) | 471 | 0.523 | 0.103 | 0.94 | 359 | 0.24 | 2.39 | 6.1 | 5 |
| A02 | 安徽科技学院学报 | 799 | 0.518 | 0.123 | 0.85 | 437 | 0.07 | 2.91 | 5.8 | 5 |
| A02 | 宝鸡文理学院学报(自然科学版) | 197 | 0.353 | 0.017 | 0.95 | 161 | 0.05 | 1.07 | 6.7 | 4 |
| A02 | 北华大学学报(自然科学版) | 1033 | 0.820 | 0.222 | 0.95 | 516 | 0.18 | 3.44 | 4.5 | 7 |
| A02 | 北京城市学院学报 | 410 | 0.423 | 0.079 | 0.99 | 263 | 0.04 | 1.75 | 4.9 | 4 |
| A02 | 北京大学学报(自然科学版) | 2258 | 1.109 | 0.135 | 0.99 | 998 | 0.29 | 6.65 | 8.1 | 14 |
| A02 | 教师发展研究 | 248 | 0.588 | 0.156 | 0.98 | 158 | 0.03 | 1.05 | 4.3 | 4 |
| A02 | 北京联合大学学报(自然科学版) | 474 | 0.566 | 0.109 | 0.99 | 371 | 0.07 | 2.47 | 6.7 | 6 |
| A02 | 渤海大学学报(自然科学版) | 283 | 0.352 | 0.096 | 0.82 | 180 | 0.07 | 1.20 | 6.4 | 3 |
| A02 | 长春大学学报(自然科学版) | 871 | 0.501 | 0.116 | 0.99 | 507 | 0.11 | 3.38 | 4.8 | 5 |
| A02 | 长江大学学报(自科版) | 1666 | 0.371 | 0.082 | 0.98 | 798 | 0.17 | 5.32 | 5.0 | 6 |
| A02 | 常州大学学报(自然科学版) | 284 | 0.429 | 0.076 | 0.86 | 189 | 0.05 | 1.26 | 6.0 | 3 |
| A02 | 成都大学学报(自然科学版) | 420 | 0.372 | 0.046 | 0.98 | 324 | 0.06 | 2.16 | 6.4 | 5 |
| A02 | 赤峰学院学报(自然科学版) | 5499 | 0.486 | 0.186 | 0.99 | 1170 | 0.26 | 7.80 | 2.8 | 17 |
| A02 | 重庆工商大学学报(自然科学版) | 805 | 0.489 | 0.207 | 0.91 | 489 | 0.18 | 3.26 | 4.3 | 5 |
| A02 | 重庆科技学院学报(自然科学版) | 840 | 0.261 | 0.024 | 0.98 | 417 | 0.08 | 2.78 | 5.7 | 6 |
| A02 | 重庆理工大学学报(自然科学版) | 1741 | 0.845 | 0.089 | 0.92 | 811 | 0.27 | 5.41 | 4.8 | 7 |
| A02 | 德州学院学报 | 363 | 0.212 | 0.030 | 0.99 | 273 | 0.04 | 1.82 | 5.2 | 4 |
| A02 | 佛山科学技术学院学报(自然科学版) | 360 | 0.239 | 0.118 | 0.96 | 270 | 0.07 | 1.80 | 6.3 | 4 |
| A02 | 福州大学学报(自然科学版) | 788 | 0.430 | 0.046 | 0.98 | 510 | 0.19 | 3.40 | 7.7 | 6 |
| A02 | 复旦学报(自然科学版) | 691 | 0.403 | 0.082 | 0.97 | 479 | 0.17 | 3.19 | 8.5 | 6 |
| A02 | 广西大学学报(自然科学版) | 1428 | 0.804 | 0.141 | 0.81 | 660 | 0.23 | 4.40 | 5.2 | 8 |
| A02 | 广西民族大学学报(自然科学版) | 378 | 0.317 | 0.025 | 0.94 | 256 | 0.06 | 1.71 | 7.5 | 4 |
| A02 | 广州大学学报(自然科学版) | 438 | 0.242 | 0.011 | 0.98 | 311 | 0.11 | 2.07 | 7.6 | 4 |
| A02 | 贵阳学院学报(自然科学版) | 216 | 0.351 | 0.096 | 0.98 | 169 | 0.05 | 1.13 | 5.1 | 4 |
| A02 | 贵州大学学报(自然科学版) | 543 | 0.321 | 0.057 | 0.92 | 359 | 0.18 | 2.39 | 5.5 | 5 |
| A02 | 哈尔滨商业大学学报(自然科学版) | 651 | 0.311 | 0.087 | 0.94 | 390 | 0.09 | 2.60 | 7.6 | 4 |
| A02 | 海南大学学报(自然科学版) | 461 | 0.321 | 0.102 | 0.96 | 326 | 0.11 | 2.17 | 8.4 | 5 |
| A02 | 合肥学院学报(综合版) | 332 | 0.500 | 0.011 | 0.99 | 244 | 0.08 | 1.63 | 5.3 | 5 |
| A02 | 河北北方学院学报(自然科学版) | 555 | 0.405 | 0.095 | 0.96 | 351 | 0.06 | 2.34 | 3.9 | 4 |
| A02 | 河北大学学报(自然科学版) | 463 | 0.363 | 0.019 | 0.95 | 330 | 0.08 | 2.20 | 7.1 | 5 |
| A02 | 河北工程技术高等专科学校学报 | 265 | 0.284 | 0.061 | 0.98 | 145 | 0.01 | 0.97 | 6.2 | 4 |

| 学科代码 | 期刊名称 | 扩展总被引频次 | 扩展影响因子 | 扩展即年指标 | 扩展他引率 | 扩展引用刊数 | 扩展学科影响指标 | 扩展学科扩散指标 | 扩展被引半衰期 | 扩展H指标 |
|---|---|---|---|---|---|---|---|---|---|---|
| A02 | 河北科技大学学报 | 576 | 1.037 | 0.087 | 0.83 | 335 | 0.11 | 2.23 | 4.6 | 5 |
| A02 | 河南大学学报(自然科学版) | 651 | 0.556 | 0.071 | 0.87 | 411 | 0.12 | 2.74 | 6.1 | 6 |
| A02 | 河南教育学院学报(自然科学版) | 328 | 0.358 | 0.056 | 0.95 | 216 | 0.07 | 1.44 | 5.7 | 4 |
| A02 | 河南科技大学学报(自然科学版) | 677 | 0.706 | 0.157 | 0.82 | 361 | 0.13 | 2.41 | 5.4 | 4 |
| A02 | 河南科技学院学报(自然科学版) | 657 | 0.580 | 0.074 | 0.98 | 389 | 0.09 | 2.59 | 6.9 | 5 |
| A02 | 黑龙江大学自然科学学报 | 446 | 0.335 | 0.152 | 0.90 | 282 | 0.19 | 1.88 | 6.5 | 5 |
| A02 | 湖北大学学报(自然科学版) | 442 | 0.347 | 0.089 | 0.96 | 335 | 0.14 | 2.23 | 6.5 | 4 |
| A02 | 湖北科技学院学报 | 1792 | 0.350 | 0.069 | 0.99 | 705 | 0.12 | 4.70 | 3.5 | 8 |
| A02 | 湖北民族学院学报(自然科学版) | 433 | 0.440 | 0.089 | 0.94 | 268 | 0.10 | 1.79 | 6.3 | 4 |
| A02 | 湖北文理学院学报 | 450 | 0.233 | 0.024 | 0.96 | 315 | 0.08 | 2.10 | 5.5 | 4 |
| A02 | 湖南工程学院学报(自然科学版) | 210 | 0.211 | 0.083 | 0.96 | 174 | 0.06 | 1.16 | 6.6 | 3 |
| A02 | 湖南科技学院学报 | 2037 | 0.237 | 0.113 | 0.99 | 826 | 0.14 | 5.51 | 6.0 | 7 |
| A02 | 湖南文理学院学报(自然科学版) | 307 | 0.439 | 0.099 | 0.88 | 220 | 0.07 | 1.47 | 6.4 | 3 |
| A02 | 华北理工大学学报(自然科学版) | 418 | 0.257 | 0.056 | 0.98 | 288 | 0.05 | 1.92 | 7.7 | 4 |
| A02 | 华北水利水电大学学报(自然科学版) | 759 | 0.400 | 0.144 | 0.91 | 409 | 0.11 | 2.73 | 6.0 | 5 |
| A02 | 华侨大学学报(自然科学版) | 580 | 0.513 | 0.101 | 0.82 | 347 | 0.13 | 2.31 | 5.8 | 5 |
| A02 | 怀化学院学报 | 961 | 0.235 | 0.080 | 0.95 | 523 | 0.09 | 3.49 | 6.4 | 5 |
| A02 | 黄山学院学报 | 584 | 0.292 | 0.071 | 0.97 | 374 | 0.08 | 2.49 | 5.7 | 6 |
| A02 | 惠州学院学报 | 429 | 0.295 | 0.059 | 0.95 | 310 | 0.06 | 2.07 | 6.0 | 4 |
| A02 | 吉林大学学报(理学版) | 874 | 0.450 | 0.100 | 0.84 | 460 | 0.31 | 3.07 | 5.3 | 5 |
| A02 | 吉首大学学报(自然科学版) | 487 | 0.386 | 0.033 | 0.92 | 337 | 0.12 | 2.25 | 6.1 | 5 |
| A02 | 集美大学学报(自然科学版) | 351 | 0.352 | 0.026 | 0.95 | 204 | 0.07 | 1.36 | 6.9 | 4 |
| A02 | 济南大学学报(自然科学版) | 481 | 0.400 | 0.150 | 0.99 | 348 | 0.08 | 2.32 | 7.1 | 5 |
| A02 | 暨南大学学报(自然科学与医学版) | 1041 | 1.133 | 0.155 | 0.96 | 583 | 0.10 | 3.89 | 5.1 | 8 |
| A02 | 佳木斯大学学报(自然科学版) | 436 | 0.159 | 0.030 | 0.98 | 323 | 0.15 | 2.15 | 6.0 | 4 |
| A02 | 嘉兴学院学报 | 500 | 0.291 | 0.139 | 0.98 | 339 | 0.04 | 2.26 | 7.6 | 4 |
| A02 | 嘉应学院学报 | 465 | 0.221 | 0.041 | 0.92 | 303 | 0.07 | 2.02 | 5.7 | 4 |
| A02 | 江汉大学学报(自然科学版) | 448 | 0.321 | 0.093 | 0.97 | 328 | 0.10 | 2.19 | 4.8 | 4 |
| A02 | 金陵科技学院学报 | 329 | 0.413 | 0.038 | 0.91 | 216 | 0.06 | 1.44 | 7.3 | 4 |
| A02 | 井冈山大学学报(自然科学版) | 472 | 0.436 | 0.082 | 0.90 | 335 | 0.09 | 2.23 | 5.5 | 4 |
| A02 | 九江学院学报(自然科学版) | 293 | 0.311 | 0.027 | 0.99 | 215 | 0.05 | 1.43 | 3.7 | 4 |
| A02 | 昆明理工大学学报(自然科学版) | 930 | 0.646 | 0.158 | 0.95 | 561 | 0.12 | 3.74 | 8.4 | 5 |
| A02 | 兰州大学学报(自然科学版) | 1521 | 0.841 | 0.052 | 0.90 | 686 | 0.27 | 4.57 | 7.3 | 6 |

| 学科代码 | 期刊名称 | 扩展总被引频次 | 扩展影响因子 | 扩展即年指标 | 扩展他引率 | 扩展引用刊数 | 扩展学科影响指标 | 扩展学科扩散指标 | 扩展被引半衰期 | 扩展H指标 |
|---|---|---|---|---|---|---|---|---|---|---|
| A02 | 丽水学院学报 | 479 | 0.305 | 0.071 | 0.98 | 320 | 0.03 | 2.13 | 6.1 | 4 |
| A02 | 辽东学院学报(自然科学版) | 292 | 0.564 | 0.082 | 0.85 | 202 | 0.03 | 1.35 | 4.9 | 3 |
| A02 | 辽宁大学学报(自然科学版) | 337 | 0.556 | 0.141 | 0.91 | 250 | 0.05 | 1.67 | 6.8 | 5 |
| A02 | 辽宁工程技术大学学报(自然科学版) | 2917 | 0.828 | 0.225 | 0.82 | 830 | 0.22 | 5.53 | 6.1 | 9 |
| A02 | 辽宁科技学院学报 | 361 | 0.314 | 0.074 | 0.99 | 243 | 0.04 | 1.62 | 4.5 | 5 |
| A02 | 辽宁师专学报(自然科学版) | 439 | 0.291 | 0.079 | 0.89 | 237 | 0.05 | 1.58 | 6.0 | 4 |
| A02 | 聊城大学学报(自然科学版) | 290 | 0.381 | 0.057 | 0.86 | 207 | 0.08 | 1.38 | 6.3 | 4 |
| A02 | 鲁东大学学报(自然科学版) | 275 | 0.275 | 0.238 | 0.94 | 204 | 0.12 | 1.36 | 6.7 | 4 |
| A02 | 闽江学院学报 | 343 | 0.212 | 0.118 | 0.97 | 263 | 0.08 | 1.75 | 7.0 | 3 |
| A02 | 南昌大学学报(理科版) | 515 | 0.406 | 0.037 | 0.81 | 299 | 0.11 | 1.99 | 7.5 | 5 |
| A02 | 南华大学学报(自然科学版) | 285 | 0.281 | 0.010 | 0.97 | 228 | 0.05 | 1.52 | 7.8 | 4 |
| A02 | 南京大学学报(自然科学版) | 1207 | 0.574 | 0.151 | 0.94 | 627 | 0.17 | 4.18 | ≥10 | 8 |
| A02 | 南京体育学院学报(自然科学版) | 1130 | 0.563 | 0.132 | 0.91 | 321 | 0.11 | 2.14 | 5.1 | 6 |
| A02 | 南开大学学报(自然科学版) | 383 | 0.250 | 0.070 | 0.98 | 292 | 0.10 | 1.95 | 7.0 | 4 |
| A02 | 南通大学学报(自然科学版) | 242 | 0.323 | 0.159 | 0.90 | 167 | 0.08 | 1.11 | 6.7 | 4 |
| A02 | 内蒙古大学学报(自然科学版) | 534 | 0.354 | 0.091 | 0.96 | 340 | 0.12 | 2.27 | 8.9 | 4 |
| A02 | 内蒙古民族大学学报(自然科学版) | 816 | 0.548 | 0.083 | 0.98 | 458 | 0.09 | 3.05 | 4.9 | 5 |
| A02 | 内蒙古农业大学学报(自然科学版) | 1370 | 0.359 | 0.037 | 0.92 | 537 | 0.11 | 3.58 | 7.8 | 6 |
| A02 | 宁波大学学报(理工版) | 431 | 0.408 | 0.069 | 0.97 | 323 | 0.11 | 2.15 | 6.5 | 4 |
| A02 | 宁夏大学学报(自然科学版) | 405 | 0.350 | 0.071 | 0.95 | 293 | 0.11 | 1.95 | 8.2 | 5 |
| A02 | 攀枝花学院学报 | 458 | 0.258 | 0.065 | 0.98 | 297 | 0.05 | 1.98 | 6.0 | 4 |
| A02 | 萍乡学院学报 | 376 | 0.334 | 0.062 | 0.95 | 234 | 0.04 | 1.56 | 4.6 | 4 |
| A02 | 莆田学院学报 | 325 | 0.271 | 0.075 | 0.83 | 222 | 0.07 | 1.48 | 5.4 | 4 |
| A02 | 齐齐哈尔大学学报(自然科学版) | 414 | 0.281 | 0.061 | 0.97 | 309 | 0.10 | 2.06 | 6.3 | 4 |
| A02 | 青岛大学学报(自然科学版) | 215 | 0.222 | 0.081 | 0.94 | 171 | 0.03 | 1.14 | 6.6 | 3 |
| A02 | 青岛科技大学学报(自然科学版) | 432 | 0.371 | 0.031 | 0.94 | 287 | 0.05 | 1.91 | 6.3 | 4 |
| A02 | 青海大学学报(自然科学版) | 588 | 0.406 | 0.019 | 0.97 | 399 | 0.13 | 2.66 | 7.1 | 4 |
| A02 | 厦门大学学报(自然科学版) | 1350 | 0.383 | 0.073 | 0.96 | 739 | 0.25 | 4.93 | 9.7 | 7 |
| A02 | 山东大学学报(理学版) | 847 | 0.499 | 0.072 | 0.91 | 450 | 0.28 | 3.00 | 5.0 | 6 |
| A02 | 山西大同大学学报(自然科学版) | 410 | 0.317 | 0.052 | 0.94 | 315 | 0.08 | 2.10 | 4.7 | 4 |
| A02 | 山西大学学报(自然科学版) | 468 | 0.276 | 0.037 | 0.96 | 324 | 0.11 | 2.16 | 7.2 | 5 |
| A02 | 陕西科技大学学报 | 831 | 0.342 | 0.071 | 0.94 | 511 | 0.12 | 3.41 | 5.7 | 5 |
| A02 | 汕头大学学报(自然科学版) | 157 | 0.475 | 0.057 | 0.94 | 131 | 0.10 | 0.87 | 7.1 | 3 |

| 学科代码 | 期刊名称 | 扩展总被引频次 | 扩展影响因子 | 扩展即年指标 | 扩展他引率 | 扩展引用刊数 | 扩展学科影响指标 | 扩展学科扩散指标 | 扩展被引半衰期 | 扩展H指标 |
|---|---|---|---|---|---|---|---|---|---|---|
| A02 | 上海大学学报(自然科学版) | 565 | 0.475 | 0.144 | 0.96 | 418 | 0.13 | 2.79 | 6.9 | 5 |
| A02 | 上海理工大学学报 | 769 | 0.673 | 0.094 | 0.85 | 423 | 0.10 | 2.82 | 5.9 | 6 |
| A02 | 邵阳学院学报(自然科学版) | 173 | 0.261 | 0.063 | 0.94 | 126 | 0.02 | 0.84 | 8.6 | 3 |
| A02 | 沈阳大学学报(自然科学版) | 544 | 0.567 | 0.102 | 0.86 | 350 | 0.09 | 2.33 | 6.2 | 4 |
| A02 | 石河子大学学报(自然科学版) | 1059 | 0.721 | 0.060 | 0.85 | 483 | 0.11 | 3.22 | 6.6 | 6 |
| A02 | 四川大学学报(自然科学版) | 1012 | 0.527 | 0.070 | 0.81 | 531 | 0.25 | 3.54 | 7.2 | 5 |
| A02 | 苏州科技大学学报(自然科学版) | 160 | 0.359 | 0.032 | 0.94 | 127 | 0.05 | 0.85 | 5.2 | 3 |
| A02 | 塔里木大学学报 | 427 | 0.402 | 0.026 | 0.97 | 290 | 0.05 | 1.93 | 8.1 | 4 |
| A02 | 台州学院学报 | 328 | 0.243 | 0.054 | 0.98 | 251 | 0.06 | 1.67 | 7.1 | 4 |
| A02 | 皖西学院学报 | 661 | 0.268 | 0.072 | 0.95 | 432 | 0.10 | 2.88 | 5.8 | 5 |
| A02 | 温州大学学报(自然科学版) | 219 | 0.096 | 0.029 | 1.00 | 188 | 0.03 | 1.25 | ≥10 | 4 |
| A02 | 五邑大学学报(自然科学版) | 140 | 0.207 | 0.071 | 0.94 | 118 | 0.03 | 0.79 | 6.6 | 3 |
| A02 | 武汉大学学报(理学版) | 974 | 0.947 | 0.068 | 0.99 | 596 | 0.24 | 3.97 | 6.5 | 6 |
| A02 | 西安文理学院学报(自然科学版) | 318 | 0.266 | 0.054 | 0.98 | 255 | 0.09 | 1.70 | 5.6 | 4 |
| A02 | 西北大学学报(自然科学版) | 1528 | 0.447 | 0.050 | 0.97 | 801 | 0.28 | 5.34 | 8.2 | 8 |
| A02 | 西北民族大学学报(自然科学版) | 252 | 0.252 | — | 0.97 | 202 | 0.07 | 1.35 | 6.8 | 3 |
| A02 | 西昌学院学报(自然科学版) | 574 | 0.473 | 0.165 | 0.98 | 353 | 0.08 | 2.35 | 5.3 | 5 |
| A02 | 西南大学学报(自然科学版) | 2860 | 0.731 | 0.100 | 0.88 | 863 | 0.28 | 5.75 | 7.0 | 7 |
| A02 | 西南民族大学学报(自然科学版) | 868 | 0.641 | 0.167 | 0.96 | 525 | 0.23 | 3.50 | 6.1 | 6 |
| A02 | 西藏大学学报(自然科学版) | 106 | 0.259 | — | 0.90 | 89 | 0.03 | 0.59 | 5.1 | 3 |
| A02 | 湘潭大学自然科学学报 | 378 | 0.500 | 0.130 | 0.98 | 259 | 0.11 | 1.73 | 5.8 | 4 |
| A02 | 新疆大学学报(自然科学版) | 319 | 0.170 | 0.047 | 0.97 | 235 | 0.09 | 1.57 | ≥10 | 4 |
| A02 | 新乡学院学报 | 296 | 0.231 | 0.079 | 0.98 | 223 | 0.07 | 1.49 | 3.1 | 3 |
| A02 | 宿州学院学报 | 1029 | 0.272 | 0.033 | 0.97 | 524 | 0.14 | 3.49 | 4.9 | 6 |
| A02 | 烟台大学学报(自然科学与工程版) | 240 | 0.345 | 0.054 | 0.92 | 179 | 0.07 | 1.19 | 7.5 | 3 |
| A02 | 延安大学学报(自然科学版) | 353 | 0.351 | 0.008 | 0.95 | 242 | 0.10 | 1.61 | 6.3 | 4 |
| A02 | 延边大学学报(自然科学版) | 215 | 0.263 | 0.014 | 0.93 | 168 | 0.07 | 1.12 | 7.2 | 3 |
| A02 | 盐城工学院学报(自然科学版) | 143 | 0.176 | 0.016 | 0.99 | 128 | 0.03 | 0.85 | 6.8 | 3 |
| A02 | 扬州大学学报(自然科学版) | 305 | 0.432 | 0.061 | 0.82 | 199 | 0.07 | 1.33 | 6.7 | 4 |
| A02 | 宜春学院学报 | 1142 | 0.321 | 0.053 | 0.97 | 643 | 0.14 | 4.29 | 5.5 | 4 |
| A02 | 云南大学学报(自然科学版) | 1348 | 0.646 | 0.092 | 0.93 | 675 | 0.23 | 4.50 | 7.0 | 6 |
| A02 | 云南民族大学学报(自然科学版) | 338 | 0.338 | 0.028 | 0.90 | 233 | 0.15 | 1.55 | 5.0 | 4 |
| A02 | 浙江大学学报(理学版) | 924 | 0.718 | 0.089 | 0.97 | 578 | 0.30 | 3.85 | 7.9 | 7 |

| 学科代码 | 期刊名称 | 扩展总被引频次 | 扩展影响因子 | 扩展即年指标 | 扩展他引率 | 扩展引用刊数 | 扩展学科影响指标 | 扩展学科扩散指标 | 扩展被引半衰期 | 扩展H指标 |
|---|---|---|---|---|---|---|---|---|---|---|
| A02 | 浙江科技学院学报 | 424 | 0.438 | 0.148 | 0.94 | 281 | 0.05 | 1.87 | 5.9 | 4 |
| A02 | 浙江理工大学学报(自然科学版) | 633 | 0.328 | 0.087 | 0.94 | 397 | 0.10 | 2.65 | 6.0 | 4 |
| A02 | 浙江万里学院学报 | 404 | 0.284 | 0.062 | 0.99 | 288 | 0.05 | 1.92 | 6.7 | 5 |
| A02 | 镇江高专学报 | 309 | 0.253 | 0.125 | 0.95 | 197 | 0.02 | 1.31 | 5.1 | 3 |
| A02 | 郑州大学学报(理学版) | 361 | 0.462 | 0.088 | 0.83 | 247 | 0.11 | 1.65 | 5.2 | 4 |
| A02 | 中北大学学报(自然科学版) | 488 | 0.284 | 0.034 | 0.97 | 337 | 0.10 | 2.25 | 7.0 | 5 |
| A02 | 中国传媒大学学报(自然科学版) | 241 | 0.385 | 0.167 | 0.78 | 134 | 0.03 | 0.89 | 5.0 | 6 |
| A02 | 中国科学技术大学学报 | 866 | 0.352 | 0.036 | 0.98 | 548 | 0.17 | 3.65 | 7.9 | 8 |
| A02 | 中国科学院大学学报 | 682 | 0.598 | 0.067 | 0.99 | 435 | 0.15 | 2.90 | 6.5 | 7 |
| A02 | 中国人民公安大学学报(自然科学版) | 547 | 0.370 | 0.064 | 0.96 | 264 | 0.04 | 1.76 | 7.1 | 5 |
| A02 | 中南民族大学学报(自然科学版) | 452 | 0.404 | 0.084 | 0.85 | 274 | 0.04 | 1.83 | 4.8 | 5 |
| A02 | 中山大学学报(自然科学版) | 1807 | 0.726 | 0.177 | 0.92 | 905 | 0.29 | 6.03 | 9.0 | 8 |
| A02 | 中央民族大学学报(自然科学版) | 430 | 0.482 | 0.088 | 0.98 | 315 | 0.05 | 2.10 | 7.0 | 5 |
| A03 | 安徽师范大学学报(自然科学版) | 656 | 0.425 | 0.044 | 0.94 | 453 | 0.27 | 5.73 | 6.9 | 5 |
| A03 | 安庆师范大学学报(自然科学版) | 438 | 0.338 | 0.189 | 0.92 | 287 | 0.16 | 3.63 | 5.7 | 4 |
| A03 | 北京师范大学学报(自然科学版) | 1024 | 0.456 | 0.045 | 0.99 | 573 | 0.19 | 7.25 | 7.9 | 8 |
| A03 | 长春师范大学学报(人文社会科学版) | 850 | 0.303 | 0.099 | 0.99 | 462 | 0.09 | 5.85 | 4.2 | 5 |
| A03 | 长春师范大学学报(自然科学版) | 855 | 0.340 | 0.054 | 1.00 | 509 | 0.16 | 6.44 | 5.0 | 5 |
| A03 | 重庆师范大学学报(哲学社会科学版) | 383 | 0.324 | 0.040 | 0.98 | 269 | 0.09 | 3.41 | 7.8 | 4 |
| A03 | 重庆师范大学学报(自然科学版) | 756 | 0.455 | 0.124 | 0.94 | 472 | 0.29 | 5.97 | 4.8 | 5 |
| A03 | 东北师大学报(哲学社会科学版) | 2614 | 1.064 | 0.285 | 0.94 | 1100 | 0.27 | 13.92 | 5.0 | 11 |
| A03 | 东北师大学报(自然科学版) | 645 | 0.582 | 0.072 | 0.84 | 377 | 0.25 | 4.77 | 7.2 | 5 |
| A03 | 福建师范大学学报(自然科学版) | 684 | 0.470 | 0.158 | 0.97 | 450 | 0.18 | 5.70 | 6.6 | 5 |
| A03 | 阜阳师范学院学报(自然科学版) | 284 | 0.347 | 0.030 | 0.96 | 206 | 0.15 | 2.61 | 5.0 | 3 |
| A03 | 广西师范大学学报(哲学社会科学版) | 914 | 0.469 | 0.109 | 0.98 | 536 | 0.15 | 6.78 | 7.4 | 6 |
| A03 | 广西师范大学学报(自然科学版) | 497 | 0.393 | 0.051 | 0.90 | 327 | 0.22 | 4.14 | 6.9 | 4 |
| A03 | 广西师范学院学报(自然科学版) | 401 | 0.326 | 0.061 | 0.98 | 279 | 0.09 | 3.53 | 7.5 | 4 |
| A03 | 贵州师范大学学报(社会科学版) | 615 | 0.330 | 0.129 | 0.99 | 405 | 0.06 | 5.13 | 7.4 | 6 |
| A03 | 贵州师范大学学报(自然科学版) | 570 | 0.315 | 0.146 | 0.90 | 375 | 0.23 | 4.75 | 6.7 | 5 |
| A03 | 哈尔滨师范大学自然科学学报 | 444 | 0.337 | 0.018 | 0.96 | 335 | 0.13 | 4.24 | 6.0 | 4 |
| A03 | 海南师范大学学报(社会科学版) | 513 | 0.164 | 0.029 | 0.98 | 319 | 0.11 | 4.04 | 6.5 | 4 |
| A03 | 海南师范大学学报(自然科学版) | 324 | 0.259 | 0.054 | 0.91 | 239 | 0.11 | 3.03 | 6.2 | 4 |
| A03 | 杭州师范大学学报(社会科学版) | 623 | 0.527 | 0.042 | 0.99 | 423 | 0.10 | 5.35 | 8.8 | 5 |

| 学科代码 | 期刊名称 | 扩展总被引频次 | 扩展影响因子 | 扩展即年指标 | 扩展他引率 | 扩展引用刊数 | 扩展学科影响指标 | 扩展学科扩散指标 | 扩展被引半衰期 | 扩展H指标 |
|---|---|---|---|---|---|---|---|---|---|---|
| A03 | 杭州师范大学学报(自然科学版) | 442 | 0.423 | 0.115 | 0.96 | 329 | 0.11 | 4.16 | 6.0 | 4 |
| A03 | 河北师范大学学报(哲学社会科学版) | 715 | 0.377 | 0.047 | 0.99 | 502 | 0.10 | 6.35 | 7.0 | 5 |
| A03 | 河北师范大学学报(自然科学版) | 508 | 0.263 | 0.044 | 0.93 | 359 | 0.24 | 4.54 | 8.7 | 5 |
| A03 | 河南师范大学学报(自然科学版) | 768 | 0.376 | 0.074 | 0.89 | 486 | 0.22 | 6.15 | 5.9 | 5 |
| A03 | 湖北第二师范学院学报 | 916 | 0.230 | 0.059 | 0.99 | 503 | 0.05 | 6.37 | 5.7 | 5 |
| A03 | 湖北师范大学学报(自然科学版) | 334 | 0.371 | 0.091 | 0.98 | 226 | 0.05 | 2.86 | 5.7 | 4 |
| A03 | 湖南师范大学自然科学学报 | 478 | 0.505 | 0.043 | 0.95 | 351 | 0.18 | 4.44 | 5.9 | 5 |
| A03 | 华东师范大学学报(自然科学版) | 899 | 1.115 | 0.037 | 0.97 | 535 | 0.23 | 6.77 | 5.9 | 8 |
| A03 | 华南师范大学学报(自然科学版) | 695 | 0.541 | 0.113 | 0.95 | 474 | 0.22 | 6.00 | 6.1 | 6 |
| A03 | 华中师范大学学报(自然科学版) | 916 | 0.533 | 0.084 | 0.96 | 564 | 0.32 | 7.14 | 6.6 | 6 |
| A03 | 淮北师范大学学报(哲学社会科学版) | 673 | 0.254 | 0.068 | 0.99 | 403 | 0.08 | 5.10 | 5.8 | 4 |
| A03 | 淮北师范大学学报(自然科学版) | 259 | 0.283 | 0.048 | 0.97 | 184 | 0.10 | 2.33 | 6.6 | 3 |
| A03 | 淮阴师范学院学报(自然科学版) | 195 | 0.266 | 0.058 | 0.98 | 161 | 0.08 | 2.04 | 5.3 | 3 |
| A03 | 吉林师范大学学报(人文社会科学版) | 664 | 0.301 | 0.281 | 0.99 | 400 | 0.08 | 5.06 | 6.6 | 4 |
| A03 | 吉林师范大学学报(自然科学版) | 608 | 0.359 | 0.063 | 0.82 | 381 | 0.20 | 4.82 | 7.0 | 5 |
| A03 | 江苏师范大学学报(哲学社会科学版) | 798 | 0.361 | 0.124 | 0.99 | 518 | 0.13 | 6.56 | 6.8 | 5 |
| A03 | 江苏师范大学学报(自然科学版) | 235 | 0.490 | 0.113 | 0.92 | 177 | 0.18 | 2.24 | 6.9 | 4 |
| A03 | 江西师范大学学报(哲学社会科学版) | 905 | 0.848 | 0.413 | 0.98 | 545 | 0.08 | 6.90 | 5.9 | 5 |
| A03 | 江西师范大学学报(自然科学版) | 584 | 0.527 | 0.073 | 0.76 | 310 | 0.24 | 3.92 | 5.4 | 5 |
| A03 | 廊坊师范学院学报(自然科学版) | 464 | 0.319 | 0.074 | 0.99 | 270 | 0.09 | 3.42 | 4.5 | 4 |
| A03 | 辽宁师范大学学报(社会科学版) | 962 | 0.633 | 0.156 | 0.95 | 525 | 0.13 | 6.65 | 6.9 | 6 |
| A03 | 辽宁师范大学学报(自然科学版) | 553 | 0.406 | 0.086 | 0.86 | 369 | 0.22 | 4.67 | 7.5 | 4 |
| A03 | 闽南师范大学学报(自然科学版) | 286 | 0.233 | 0.044 | 0.97 | 211 | 0.04 | 2.67 | 7.2 | 4 |
| A03 | 牡丹江师范学院学报(自然科学版) | 444 | 0.383 | 0.087 | 0.83 | 224 | 0.04 | 2.84 | 5.1 | 4 |
| A03 | 南京师大学报(社会科学版) | 1498 | 1.064 | 0.339 | 0.99 | 849 | 0.15 | 10.75 | 9.1 | 9 |
| A03 | 南京师大学报(自然科学版) | 584 | 0.500 | 0.021 | 0.97 | 415 | 0.19 | 5.25 | 7.5 | 6 |
| A03 | 南京师大学报(工程技术版) | 258 | 0.376 | 0.034 | 0.96 | 210 | 0.04 | 2.66 | 6.1 | 4 |
| A03 | 内蒙古师范大学学报(哲学社会科学版) | 720 | 0.262 | 0.044 | 0.99 | 442 | 0.10 | 5.59 | 8.6 | 5 |
| A03 | 内蒙古师范大学学报(自然科学汉文版) | 491 | 0.263 | 0.074 | 0.89 | 327 | 0.22 | 4.14 | 7.2 | 3 |
| A03 | 宁德师范学院学报(自然科学版) | 287 | 0.249 | 0.075 | 0.99 | 198 | 0.05 | 2.51 | 6.3 | 3 |
| A03 | 青海师范大学学报(自然科学版) | 370 | 0.327 | 0.039 | 0.98 | 268 | 0.04 | 3.39 | 6.7 | 5 |
| A03 | 曲阜师范大学学报(自然科学版) | 309 | 0.351 | 0.087 | 0.95 | 238 | 0.10 | 3.01 | 5.7 | 5 |
| A03 | 山东师范大学学报(自然科学版) | 405 | 0.096 | 0.008 | 0.96 | 292 | 0.10 | 3.70 | ≥10 | 4 |

## 2016年中国科技期刊被引指标按类刊名字顺索引(续)

| 学科代码 | 期刊名称 | 扩展总被引频次 | 扩展影响因子 | 扩展即年指标 | 扩展他引率 | 扩展引用刊数 | 扩展学科影响指标 | 扩展学科扩散指标 | 扩展被引半衰期 | 扩展H指标 |
|---|---|---|---|---|---|---|---|---|---|---|
| A03 | 山西师大学报(社会科学版) | 1189 | 0.717 | 0.069 | 1.00 | 700 | 0.16 | 8.86 | 5.7 | 6 |
| A03 | 山西师范大学学报(自然科学版) | 537 | 0.627 | 0.071 | 0.98 | 362 | 0.18 | 4.58 | 5.4 | 4 |
| A03 | 陕西师范大学学报(自然科学版) | 935 | 0.550 | 0.089 | 0.95 | 572 | 0.25 | 7.24 | 7.2 | 8 |
| A03 | 上海师范大学学报(自然科学版) | 362 | 0.168 | 0.056 | 0.98 | 271 | 0.06 | 3.43 | 9.3 | 4 |
| A03 | 沈阳师范大学学报(社会科学版) | 1109 | 0.369 | 0.114 | 0.99 | 575 | 0.13 | 7.28 | 5.7 | 6 |
| A03 | 沈阳师范大学学报(自然科学版) | 644 | 0.636 | 0.102 | 0.93 | 419 | 0.25 | 5.30 | 5.6 | 6 |
| A03 | 首都师范大学学报(社会科学版) | 1148 | 0.526 | 0.218 | 0.99 | 690 | 0.14 | 8.73 | 8.2 | 6 |
| A03 | 首都师范大学学报(自然科学版) | 806 | 0.520 | 0.208 | 0.97 | 543 | 0.22 | 6.87 | 7.3 | 7 |
| A03 | 四川师范大学学报(社会科学版) | 1041 | 0.796 | 0.144 | 0.97 | 622 | 0.19 | 7.87 | 7.4 | 8 |
| A03 | 四川师范大学学报(自然科学版) | 783 | 0.535 | 0.109 | 0.69 | 381 | 0.30 | 4.82 | 6.0 | 5 |
| A03 | 太原师范学院学报(自然科学版) | 259 | 0.160 | 0.011 | 0.98 | 212 | 0.13 | 2.68 | 7.5 | 4 |
| A03 | 天津师范大学学报(社会科学版) | 610 | 0.565 | 0.133 | 0.99 | 447 | 0.15 | 5.66 | 9.2 | 6 |
| A03 | 天津师范大学学报(自然科学版) | 351 | 0.349 | 0.074 | 0.83 | 213 | 0.15 | 2.70 | 7.1 | 4 |
| A03 | 西北师大学报(社会科学版) | 1323 | 0.976 | 0.205 | 0.99 | 774 | 0.20 | 9.80 | 7.8 | 7 |
| A03 | 西北师范大学学报(自然科学版) | 763 | 0.494 | 0.102 | 0.92 | 497 | 0.23 | 6.29 | 7.1 | 6 |
| A03 | 西华师范大学学报(哲学社会科学版) | 505 | 0.191 | 0.050 | 0.99 | 350 | 0.08 | 4.43 | ≥10 | 4 |
| A03 | 西华师范大学学报(自然科学版) | 372 | 0.204 | 0.012 | 0.98 | 250 | 0.14 | 3.16 | ≥10 | 5 |
| A03 | 西南师范大学学报(自然科学版) | 2621 | 0.918 | 0.152 | 0.89 | 1048 | 0.41 | 13.27 | 4.4 | 9 |
| A03 | 新疆师范大学学报(自然科学版) | 379 | 0.373 | 0.044 | 0.97 | 277 | 0.18 | 3.51 | 6.8 | 5 |
| A03 | 信阳师范学院学报(自然科学版) | 505 | 0.503 | 0.089 | 0.85 | 309 | 0.16 | 3.91 | 5.5 | 4 |
| A03 | 伊犁师范学院学报(自然科学版) | 129 | 0.205 | 0.027 | 0.80 | 89 | 0.04 | 1.13 | 6.0 | 3 |
| A03 | 云南师范大学学报(哲学社会科学版) | 1177 | 1.140 | 0.290 | 0.98 | 637 | 0.18 | 8.06 | 6.1 | 7 |
| A03 | 云南师范大学学报(自然科学版) | 502 | 0.553 | 0.226 | 0.91 | 333 | 0.18 | 4.22 | 7.8 | 5 |
| A03 | 浙江师范大学学报(社会科学版) | 784 | 0.445 | 0.078 | 0.97 | 491 | 0.13 | 6.22 | 8.2 | 6 |
| A03 | 浙江师范大学学报(自然科学版) | 442 | 0.387 | 0.051 | 0.93 | 321 | 0.10 | 4.06 | 8.4 | 4 |
| B01 | Acta Mathematica Scientia | 329 | 0.246 | 0.040 | 0.78 | 123 | 0.60 | 2.37 | 5.6 | 4 |
| B01 | Acta Mathematica Sinica | 381 | 0.167 | 0.034 | 0.87 | 123 | 0.58 | 2.37 | 7.5 | 3 |
| B01 | Acta Mathematicae Applicatae Sinica | 176 | 0.097 | 0.022 | 0.94 | 97 | 0.48 | 1.87 | ≥10 | 3 |
| B01 | Analysis in Theory and Applications | 45 | 0.074 | — | 0.73 | 20 | 0.21 | 0.38 | ≥10 | 2 |
| B01 | Applied Mathematics A Journal of Chinese Universities，B | 97 | 0.238 | 0.026 | 0.88 | 65 | 0.46 | 1.25 | 5.8 | 3 |
| B01 | Applied Mathematics and Mechanics | 328 | 0.278 | 0.107 | 0.71 | 141 | 0.21 | 2.71 | 5.7 | 3 |
| B01 | Chinese Annals of Mathematics, Series B | 141 | 0.123 | — | 0.87 | 70 | 0.54 | 1.35 | ≥10 | 3 |

| 学科代码 | 期刊名称 | 扩展总被引频次 | 扩展影响因子 | 扩展即年指标 | 扩展他引率 | 扩展引用刊数 | 扩展学科影响指标 | 扩展学科扩散指标 | 扩展被引半衰期 | 扩展H指标 |
|---|---|---|---|---|---|---|---|---|---|---|
| B01 | Chinese Quarterly Journal of Mathematics | 132 | 0.155 | — | 0.65 | 64 | 0.27 | 1.23 | 5.7 | 3 |
| B01 | Communications in Mathematical Research | 69 | 0.100 | 0.054 | 0.97 | 54 | 0.33 | 1.04 | ≥10 | 3 |
| B01 | Frontiers of Mathematics in China | 120 | 0.144 | 0.033 | 0.88 | 57 | 0.40 | 1.10 | 5.1 | 2 |
| B01 | Journal of Computational Mathematics | 190 | 0.256 | — | 0.87 | 76 | 0.37 | 1.46 | ≥10 | 3 |
| B01 | Journal of Mathematical Research with Applications | 227 | 0.152 | 0.013 | 0.94 | 124 | 0.44 | 2.38 | 9.7 | 4 |
| B01 | Journal of Partial Differential Equations | 43 | 0.096 | — | 0.86 | 24 | 0.27 | 0.46 | ≥10 | 2 |
| B01 | Journal of Systems Science and Complexity | 258 | 0.243 | 0.028 | 0.76 | 114 | 0.40 | 2.19 | 5.5 | 4 |
| B01 | Numerical Mathematics Theory, Methods and Applications | 19 | — | — | 0.95 | 18 | 0.10 | 0.35 | 9.6 | 2 |
| B01 | Science China (Mathematics) | 766 | 0.403 | 0.088 | 0.84 | 242 | 0.69 | 4.65 | 7.0 | 5 |
| B01 | 纯粹数学与应用数学 | 273 | 0.247 | 0.056 | 0.86 | 138 | 0.25 | 2.65 | 5.7 | 3 |
| B01 | 大学数学 | 1036 | 0.435 | 0.065 | 0.83 | 349 | 0.23 | 6.71 | 7.1 | 7 |
| B01 | 高等数学研究 | 533 | 0.200 | 0.006 | 0.91 | 222 | 0.08 | 4.27 | 7.2 | 5 |
| B01 | 高等学校计算数学学报 | 137 | 0.183 | 0.065 | 0.95 | 84 | 0.15 | 1.62 | ≥10 | 3 |
| B01 | 高校应用数学学报A辑 | 215 | 0.217 | 0.039 | 0.94 | 135 | 0.31 | 2.60 | 8.8 | 3 |
| B01 | 计算数学 | 314 | 0.750 | 0.167 | 0.93 | 132 | 0.33 | 2.54 | 8.4 | 5 |
| B01 | 模糊系统与数学 | 893 | 0.356 | — | 0.83 | 351 | 0.15 | 6.75 | 8.3 | 8 |
| B01 | 南京大学学报(数学半年刊) | 42 | 0.056 | — | 0.98 | 36 | 0.17 | 0.69 | 9.6 | 3 |
| B01 | 生物数学学报 | 458 | — | 0.036 | 0.93 | 256 | 0.17 | 4.92 | ≥10 | 5 |
| B01 | 数理统计与管理 | 1542 | 0.991 | 0.150 | 0.89 | 727 | 0.17 | 13.98 | 7.3 | 9 |
| B01 | 数学大世界(上旬版) | 50 | — | 0.054 | 0.98 | 24 | 0.06 | 0.46 | — | 2 |
| B01 | 数学大世界(下旬版) | 20 | — | 0.018 | 0.90 | 14 | 0.02 | 0.27 | — | 2 |
| B01 | 数学大世界(中旬版) | 39 | — | 0.040 | 1.00 | 16 | 0.02 | 0.31 | — | 2 |
| B01 | 数学的实践与认识 | 3359 | 0.360 | 0.066 | 0.90 | 1231 | 0.44 | 23.67 | 5.0 | 10 |
| B01 | 数学教学通讯 | 549 | — | 0.049 | 1.00 | 130 | 0.08 | 2.50 | 3.3 | 5 |
| B01 | 数学教学研究 | 361 | 0.175 | 0.051 | 0.93 | 139 | 0.15 | 2.67 | 6.1 | 4 |
| B01 | 数学教育学报 | 2733 | 1.567 | 0.403 | 0.77 | 367 | 0.17 | 7.06 | 6.9 | 9 |
| B01 | 数学进展 | 296 | 0.183 | 0.043 | 0.97 | 151 | 0.46 | 2.90 | 9.4 | 5 |
| B01 | 数学理论与应用 | 200 | 0.315 | 0.031 | 0.97 | 152 | 0.06 | 2.92 | 6.4 | 3 |
| B01 | 数学年刊A辑 | 274 | 0.257 | 0.105 | 0.96 | 117 | 0.48 | 2.25 | ≥10 | 4 |
| B01 | 数学通报 | 1155 | 0.614 | 0.144 | 0.92 | 239 | 0.17 | 4.60 | 7.6 | 9 |
| B01 | 数学物理学报 | 490 | 0.271 | 0.029 | 0.93 | 206 | 0.65 | 3.96 | 6.8 | 4 |

| 学科代码 | 期刊名称 | 扩展总被引频次 | 扩展影响因子 | 扩展即年指标 | 扩展他引率 | 扩展引用刊数 | 扩展学科影响指标 | 扩展学科扩散指标 | 扩展被引半衰期 | 扩展H指标 |
|---|---|---|---|---|---|---|---|---|---|---|
| B01 | 数学学报 | 733 | 0.274 | 0.092 | 0.95 | 228 | 0.63 | 4.38 | 9.8 | 6 |
| B01 | 数学研究 | 100 | 0.156 | — | 0.99 | 71 | 0.27 | 1.37 | 7.8 | 3 |
| B01 | 数学杂志 | 431 | 0.292 | 0.040 | 0.71 | 170 | 0.42 | 3.27 | 5.5 | 4 |
| B01 | 应用概率统计 | 265 | 0.240 | 0.043 | 0.94 | 151 | 0.37 | 2.90 | ≥10 | 4 |
| B01 | 应用数学 | 290 | 0.301 | 0.027 | 0.93 | 158 | 0.31 | 3.04 | 5.9 | 4 |
| B01 | 应用数学学报 | 526 | 0.530 | 0.048 | 0.95 | 243 | 0.46 | 4.67 | 8.0 | 6 |
| B01 | 应用数学与计算数学学报 | 122 | 0.187 | 0.017 | 0.89 | 95 | 0.17 | 1.83 | 7.2 | 3 |
| B01 | 运筹学学报 | 169 | 0.417 | 0.038 | 0.92 | 109 | 0.17 | 2.10 | 6.5 | 4 |
| B01 | 运筹与管理 | 1480 | 0.754 | 0.030 | 0.92 | 569 | 0.25 | 10.94 | 5.1 | 7 |
| B01 | 中国科学(数学) | 802 | 0.320 | 0.074 | 0.99 | 436 | 0.62 | 8.38 | ≥10 | 7 |
| B02 | Control Theory and Technology | 158 | 0.419 | 0.100 | 0.91 | 79 | 0.42 | 6.58 | 4.7 | 4 |
| B02 | 复杂系统与复杂性科学 | 529 | 0.938 | 0.019 | 0.93 | 265 | 0.75 | 22.08 | 6.3 | 7 |
| B02 | 控制理论与应用 | 2591 | 1.218 | 0.118 | 0.85 | 623 | 0.75 | 51.92 | 5.8 | 10 |
| B02 | 控制与决策 | 4394 | 1.259 | 0.221 | 0.90 | 920 | 0.92 | 76.67 | 5.4 | 14 |
| B02 | 系统工程 | 2821 | 0.722 | 0.085 | 0.95 | 946 | 0.75 | 78.83 | 7.3 | 11 |
| B02 | 系统工程理论与实践 | 7196 | 1.684 | 0.112 | 0.91 | 1503 | 0.92 | 125.25 | 6.5 | 16 |
| B02 | 系统工程学报 | 1510 | 1.111 | 0.098 | 0.89 | 530 | 0.67 | 44.17 | 6.6 | 10 |
| B02 | 系统管理学报 | 1279 | 0.987 | 0.116 | 0.85 | 478 | 0.67 | 39.83 | 5.3 | 8 |
| B02 | 系统科学与数学 | 755 | 0.495 | 0.024 | 0.88 | 352 | 0.75 | 29.33 | 5.5 | 6 |
| B02 | 信息与控制 | 972 | 0.888 | 0.071 | 0.90 | 428 | 0.58 | 35.67 | 6.9 | 7 |
| B02 | 中国科学(信息科学) | 1185 | 2.563 | 0.211 | 0.96 | 526 | 0.42 | 43.83 | 3.0 | 11 |
| B03 | Acta Mechanica Sinica (English Series) | 247 | 0.243 | 0.010 | 0.93 | 127 | 0.75 | 7.94 | 5.5 | 4 |
| B03 | Acta Mechanica Solida Sinica | 218 | 0.256 | 0.054 | 0.85 | 111 | 0.88 | 6.94 | 6.2 | 4 |
| B03 | Journal of Rock Mechanics and Geotechnical Engineering | 180 | 0.472 | 0.167 | 0.82 | 85 | 0.19 | 5.31 | 3.3 | 4 |
| B03 | Theoretical & Applied Mechanics Letters | 39 | 0.084 | 0.115 | 0.72 | 21 | 0.31 | 1.31 | 3.3 | 1 |
| B03 | 动力学与控制学报 | 308 | 0.581 | 0.022 | 0.73 | 130 | 0.63 | 8.13 | 5.1 | 5 |
| B03 | 固体力学学报 | 684 | 0.571 | 0.163 | 0.97 | 331 | 0.81 | 20.69 | 6.8 | 6 |
| B03 | 计算力学学报 | 1080 | 0.490 | 0.043 | 0.88 | 416 | 0.88 | 26.00 | 7.8 | 6 |
| B03 | 力学季刊 | 589 | 0.404 | 0.080 | 0.76 | 263 | 0.56 | 16.44 | 8.2 | 5 |
| B03 | 力学进展 | 1361 | 1.864 | 0.385 | 0.99 | 577 | 0.88 | 36.06 | 9.6 | 12 |
| B03 | 力学学报 | 1654 | 1.091 | 0.210 | 0.89 | 456 | 0.94 | 28.50 | 7.9 | 7 |
| B03 | 力学与实践 | 1100 | 0.491 | 0.044 | 0.90 | 495 | 0.69 | 30.94 | 9.5 | 6 |

| 学科代码 | 期刊名称 | 扩展总被引频次 | 扩展影响因子 | 扩展即年指标 | 扩展他引率 | 扩展引用刊数 | 扩展学科影响指标 | 扩展学科扩散指标 | 扩展被引半衰期 | 扩展H指标 |
|---|---|---|---|---|---|---|---|---|---|---|
| B03 | 实验力学 | 725 | 0.431 | 0.020 | 0.86 | 337 | 0.63 | 21.06 | 7.5 | 6 |
| B03 | 医用生物力学 | 696 | 0.963 | 0.176 | 0.71 | 256 | 0.31 | 16.00 | 4.4 | 6 |
| B03 | 应用力学学报 | 952 | 0.394 | 0.063 | 0.94 | 441 | 0.75 | 27.56 | 7.4 | 6 |
| B03 | 应用数学和力学 | 1001 | 0.858 | 0.232 | 0.86 | 439 | 0.81 | 27.44 | 8.1 | 7 |
| B03 | 振动工程学报 | 1423 | 0.668 | 0.043 | 0.93 | 462 | 0.69 | 28.88 | 7.8 | 8 |
| B04 | Chinese Journal of Acoustics | 127 | 0.414 | 0.119 | 0.87 | 32 | 0.13 | 0.71 | 6.3 | 3 |
| B04 | Chinese Physics B | 4497 | 0.763 | 0.141 | 0.60 | 481 | 0.71 | 10.69 | 3.4 | 5 |
| B04 | Chinese Physics C | 564 | 0.446 | 0.044 | 0.55 | 70 | 0.33 | 1.56 | 3.5 | 4 |
| B04 | Chinese Physics Letters | 2214 | 0.448 | 0.076 | 0.80 | 348 | 0.67 | 7.73 | 5.2 | 4 |
| B04 | Communications in Theoretical Physics | 547 | 0.253 | 0.055 | 0.69 | 147 | 0.44 | 3.27 | 5.8 | 3 |
| B04 | Frontiers of Physics | 59 | 0.140 | 0.022 | 0.86 | 30 | 0.16 | 0.67 | 3.9 | 2 |
| B04 | Journal of Thermal Science | 226 | 0.250 | 0.055 | 0.85 | 117 | 0.09 | 2.60 | 6.2 | 3 |
| B04 | Plasma Science and Technology | 444 | 0.400 | 0.064 | 0.56 | 107 | 0.31 | 2.38 | 4.1 | 4 |
| B04 | Science China Physics, Mechanics & Astronomy | 1219 | 1.017 | 0.329 | 0.72 | 290 | 0.51 | 6.44 | 3.6 | 5 |
| B04 | 波谱学杂志 | 306 | 0.602 | 0.016 | 0.63 | 140 | 0.02 | 3.11 | 6.1 | 4 |
| B04 | 大学物理 | 1037 | 0.319 | 0.081 | 0.85 | 332 | 0.33 | 7.38 | 9.2 | 5 |
| B04 | 低温物理学报 | 156 | 0.188 | 0.023 | 0.72 | 58 | 0.09 | 1.29 | 6.2 | 3 |
| B04 | 低温与超导 | 649 | 0.311 | 0.084 | 0.76 | 229 | 0.20 | 5.09 | 5.5 | 5 |
| B04 | 低温与特气 | 238 | 0.268 | 0.050 | 0.83 | 126 | 0.07 | 2.80 | 7.9 | 3 |
| B04 | 发光学报 | 982 | 0.732 | 0.155 | 0.82 | 271 | 0.29 | 6.02 | 3.7 | 5 |
| B04 | 高压物理学报 | 438 | 0.343 | 0.013 | 0.87 | 179 | 0.18 | 3.98 | 6.2 | 5 |
| B04 | 光散射学报 | 259 | 0.242 | 0.031 | 0.87 | 144 | 0.11 | 3.20 | 6.4 | 4 |
| B04 | 光学学报 | 5333 | 1.609 | 0.129 | 0.76 | 666 | 0.58 | 14.80 | 4.1 | 9 |
| B04 | 光子学报 | 2546 | 0.931 | 0.178 | 0.76 | 522 | 0.47 | 11.60 | 5.5 | 7 |
| B04 | 核聚变与等离子体物理 | 148 | 0.094 | 0.047 | 0.72 | 62 | 0.24 | 1.38 | 7.8 | 3 |
| B04 | 红外与毫米波学报 | 945 | 0.513 | 0.066 | 0.91 | 368 | 0.24 | 8.18 | 7.3 | 7 |
| B04 | 计算物理 | 478 | 0.425 | 0.011 | 0.81 | 225 | 0.33 | 5.00 | 6.7 | 4 |
| B04 | 量子电子学报 | 513 | 0.575 | 0.045 | 0.59 | 163 | 0.29 | 3.62 | 4.8 | 5 |
| B04 | 量子光学学报 | 111 | 0.266 | 0.017 | 0.81 | 42 | 0.22 | 0.93 | 4.5 | 3 |
| B04 | 强激光与粒子束 | 2932 | 0.553 | 0.069 | 0.65 | 422 | 0.62 | 9.38 | 5.0 | 6 |
| B04 | 热科学与技术 | 367 | 0.555 | 0.038 | 0.82 | 187 | 0.11 | 4.16 | 6.5 | 4 |
| B04 | 声学技术 | 799 | 0.392 | 0.102 | 0.93 | 362 | 0.29 | 8.04 | 7.7 | 5 |

| 学科代码 | 期刊名称 | 扩展总被引频次 | 扩展影响因子 | 扩展即年指标 | 扩展他引率 | 扩展引用刊数 | 扩展学科影响指标 | 扩展学科扩散指标 | 扩展被引半衰期 | 扩展H指标 |
|---|---|---|---|---|---|---|---|---|---|---|
| B04 | 声学学报 | 1127 | 0.640 | 0.120 | 0.77 | 283 | 0.22 | 6.29 | 9.0 | 6 |
| B04 | 物理 | 766 | 0.373 | 0.057 | 0.97 | 425 | 0.67 | 9.44 | ≥10 | 5 |
| B04 | 物理测试 | 466 | 0.903 | 0.036 | 0.60 | 153 | 0.07 | 3.40 | 5.1 | 4 |
| B04 | 物理教师 | 835 | 0.233 | 0.114 | 0.80 | 158 | 0.13 | 3.51 | 4.5 | 4 |
| B04 | 物理教学探讨 | 670 | 0.242 | 0.112 | 0.71 | 138 | 0.11 | 3.07 | 5.1 | 4 |
| B04 | 物理实验 | 826 | 0.572 | 0.122 | 0.75 | 253 | 0.18 | 5.62 | 7.3 | 5 |
| B04 | 物理通报 | 632 | 0.190 | 0.065 | 0.82 | 234 | 0.18 | 5.20 | 4.5 | 4 |
| B04 | 物理学报 | 9857 | 0.948 | 0.146 | 0.82 | 1273 | 0.84 | 28.29 | 4.5 | 12 |
| B04 | 物理学进展 | 214 | 0.762 | 0.222 | 0.99 | 150 | 0.49 | 3.33 | 9.4 | 6 |
| B04 | 物理与工程 | 584 | 0.689 | 0.138 | 0.90 | 252 | 0.20 | 5.60 | 6.2 | 6 |
| B04 | 现代物理知识 | 174 | 0.529 | 0.066 | 0.98 | 143 | 0.22 | 3.18 | 9.9 | 2 |
| B04 | 现代应用物理 | 65 | 0.369 | 0.033 | 0.80 | 30 | 0.07 | 0.67 | 2.7 | 3 |
| B04 | 应用光学 | 1107 | 0.531 | 0.043 | 0.80 | 309 | 0.29 | 6.87 | 6.0 | 6 |
| B04 | 应用声学 | 624 | 0.656 | 0.065 | 0.92 | 301 | 0.20 | 6.69 | 7.4 | 5 |
| B04 | 原子核物理评论 | 176 | 0.223 | 0.023 | 0.73 | 77 | 0.18 | 1.71 | 7.6 | 3 |
| B04 | 原子与分子物理学报 | 424 | 0.509 | 0.066 | 0.38 | 92 | 0.24 | 2.04 | 3.5 | 4 |
| B04 | 真空与低温 | 379 | 0.552 | 0.078 | 0.71 | 140 | 0.16 | 3.11 | 6.8 | 5 |
| B04 | 中国科学(物理学 力学 天文学) | 850 | 0.620 | 0.273 | 0.89 | 358 | 0.56 | 7.96 | 4.6 | 6 |
| B05 | Chemical Research in Chinese Universities | 656 | 0.760 | 0.193 | 0.74 | 189 | 0.66 | 4.61 | 3.0 | 3 |
| B05 | Chinese Chemical Letters | 1289 | 0.633 | 0.173 | 0.70 | 341 | 0.83 | 8.32 | 4.0 | 5 |
| B05 | Chinese Journal of Chemical Physics | 254 | 0.193 | 0.009 | 0.74 | 121 | 0.37 | 2.95 | 9.7 | 3 |
| B05 | Chinese Journal of Chemistry | 781 | 0.845 | 0.082 | 0.60 | 199 | 0.80 | 4.85 | 4.0 | 3 |
| B05 | Chinese Journal of Polymer Science | 575 | 0.692 | 0.142 | 0.56 | 122 | 0.51 | 2.98 | 3.3 | 3 |
| B05 | Chinese Journal of Structural Chemistry | 501 | 0.424 | 0.084 | 0.38 | 104 | 0.41 | 2.54 | 3.2 | 4 |
| B05 | Frontiers of Chemical Science and Engineering | 113 | 0.298 | 0.040 | 0.84 | 72 | 0.27 | 1.76 | 4.4 | 3 |
| B05 | Science China (Chemistry) | 1107 | 0.814 | 0.122 | 0.78 | 327 | 0.83 | 7.98 | 4.5 | 3 |
| B05 | 催化学报 | 2504 | 0.889 | 0.226 | 0.90 | 437 | 0.73 | 10.66 | 6.3 | 8 |
| B05 | 大学化学 | 1110 | 0.894 | 0.137 | 0.80 | 302 | 0.22 | 7.37 | 6.4 | 6 |
| B05 | 电化学 | 341 | 0.379 | 0.056 | 0.91 | 172 | 0.39 | 4.20 | 6.9 | 4 |
| B05 | 分析测试学报 | 3763 | 1.667 | 0.179 | 0.83 | 719 | 0.63 | 17.54 | 5.4 | 10 |
| B05 | 分析化学 | 5417 | 1.707 | 0.282 | 0.90 | 1034 | 0.80 | 25.22 | 6.5 | 9 |
| B05 | 分析科学学报 | 1301 | 0.679 | 0.054 | 0.85 | 466 | 0.59 | 11.37 | 5.9 | 6 |

| 学科代码 | 期刊名称 | 扩展总被引频次 | 扩展影响因子 | 扩展即年指标 | 扩展他引率 | 扩展引用刊数 | 扩展学科影响指标 | 扩展学科扩散指标 | 扩展被引半衰期 | 扩展H指标 |
|---|---|---|---|---|---|---|---|---|---|---|
| B05 | 分析试验室 | 2997 | 1.125 | 0.225 | 0.85 | 649 | 0.56 | 15.83 | 6.1 | 8 |
| B05 | 分子催化 | 842 | 2.372 | 0.288 | 0.63 | 194 | 0.44 | 4.73 | 4.4 | 6 |
| B05 | 分子科学学报 | 285 | 0.385 | 0.054 | 0.80 | 174 | 0.49 | 4.24 | 5.1 | 4 |
| B05 | 高等学校化学学报 | 3662 | 0.975 | 0.264 | 0.85 | 886 | 0.93 | 21.61 | 6.1 | 7 |
| B05 | 高分子通报 | 1898 | 0.725 | 0.113 | 0.93 | 513 | 0.71 | 12.51 | 6.7 | 7 |
| B05 | 高分子学报 | 1801 | 0.927 | 0.118 | 0.84 | 413 | 0.68 | 10.07 | 6.4 | 7 |
| B05 | 功能高分子学报 | 482 | 0.449 | 0.017 | 0.96 | 223 | 0.44 | 5.44 | ≥10 | 5 |
| B05 | 光谱学与光谱分析 | 6671 | 1.063 | 0.087 | 0.95 | 1343 | 0.76 | 32.76 | 5.7 | 11 |
| B05 | 广州化学 | 244 | 0.347 | 0.019 | 0.93 | 169 | 0.24 | 4.12 | 7.9 | 4 |
| B05 | 合成化学 | 624 | 0.300 | 0.103 | 0.75 | 245 | 0.56 | 5.98 | 6.2 | 5 |
| B05 | 化学分析计量 | 992 | 0.568 | 0.114 | 0.90 | 397 | 0.34 | 9.68 | 5.8 | 6 |
| B05 | 化学进展 | 2913 | 1.268 | 0.125 | 0.93 | 927 | 0.90 | 22.61 | 6.8 | 12 |
| B05 | 化学试剂 | 941 | 0.340 | 0.064 | 0.89 | 370 | 0.54 | 9.02 | 6.2 | 5 |
| B05 | 化学通报(印刷版) | 1364 | 0.551 | 0.087 | 0.94 | 619 | 0.78 | 15.10 | 8.2 | 6 |
| B05 | 化学学报 | 2814 | 1.605 | 0.404 | 0.90 | 733 | 0.93 | 17.88 | 7.0 | 7 |
| B05 | 化学研究 | 593 | 0.502 | 0.139 | 0.84 | 293 | 0.54 | 7.15 | 5.3 | 6 |
| B05 | 化学研究与应用 | 1556 | 0.537 | 0.105 | 0.83 | 564 | 0.71 | 13.76 | 5.5 | 5 |
| B05 | 色谱 | 3794 | 2.117 | 0.285 | 0.88 | 691 | 0.59 | 16.85 | 5.3 | 11 |
| B05 | 无机化学学报 | 2160 | 0.688 | 0.108 | 0.82 | 522 | 0.76 | 12.73 | 5.5 | 7 |
| B05 | 物理化学学报 | 2961 | 1.000 | 0.228 | 0.83 | 645 | 0.80 | 15.73 | 5.8 | 8 |
| B05 | 影像科学与光化学 | 213 | 0.472 | 0.129 | 0.86 | 142 | 0.37 | 3.46 | 6.3 | 4 |
| B05 | 应用化学 | 1411 | 0.563 | 0.107 | 0.93 | 520 | 0.76 | 12.68 | 7.2 | 5 |
| B05 | 有机化学 | 2267 | 0.902 | 0.161 | 0.70 | 456 | 0.83 | 11.12 | 5.4 | 6 |
| B05 | 质谱学报 | 804 | 0.911 | 0.191 | 0.93 | 317 | 0.41 | 7.73 | 6.5 | 8 |
| B05 | 中国科学(化学) | 1765 | 0.822 | 0.101 | 0.97 | 703 | 0.73 | 17.15 | 7.6 | 11 |
| B05 | 中国无机分析化学 | 496 | 1.130 | 0.210 | 0.61 | 148 | 0.20 | 3.61 | 3.5 | 7 |
| B06 | Research in Astronomy and Astrophysics | 397 | 0.439 | 0.063 | 0.53 | 70 | 0.86 | 10.00 | 4.1 | 4 |
| B06 | 空间科学学报 | 463 | 0.417 | 0.069 | 0.84 | 196 | 0.57 | 28.00 | 8.3 | 4 |
| B06 | 时间频率学报 | 94 | 0.317 | 0.094 | 0.86 | 61 | 0.43 | 8.71 | 6.4 | 3 |
| B06 | 天文学报 | 318 | 0.630 | 0.078 | 0.69 | 99 | 1.00 | 14.14 | 7.2 | 4 |
| B06 | 天文学进展 | 196 | 0.277 | 1.053 | 0.75 | 83 | 1.00 | 11.86 | 7.9 | 3 |
| B06 | 天文研究与技术-国家天文台台刊 | 197 | 0.448 | 0.060 | 0.51 | 62 | 0.86 | 8.86 | 4.8 | 3 |
| B07 | Frontiers of Earth Science | 250 | 0.555 | 0.125 | 0.86 | 146 | 0.48 | 6.95 | 4.3 | 4 |

| 学科代码 | 期刊名称 | 扩展总被引频次 | 扩展影响因子 | 扩展即年指标 | 扩展他引率 | 扩展引用刊数 | 扩展学科影响指标 | 扩展学科扩散指标 | 扩展被引半衰期 | 扩展H指标 |
|---|---|---|---|---|---|---|---|---|---|---|
| B07 | Journal of Arid Land | 235 | 1.146 | 0.110 | 0.86 | 91 | 0.19 | 4.33 | 2.9 | 3 |
| B07 | Journal of Earth Science | 508 | 0.627 | 0.292 | 0.83 | 165 | 0.67 | 7.86 | 4.8 | 4 |
| B07 | Sciences in Cold and Arid Regions | 103 | 0.149 | — | 0.90 | 60 | 0.24 | 2.86 | 4.1 | 3 |
| B07 | 成都理工大学学报(自然科学版) | 2029 | 1.127 | 0.143 | 0.96 | 412 | 0.67 | 19.62 | 9.5 | 10 |
| B07 | 大地测量与地球动力学 | 2197 | 0.667 | 0.117 | 0.89 | 354 | 0.43 | 16.86 | 6.4 | 9 |
| B07 | 地球化学 | 2628 | 0.825 | 0.111 | 0.97 | 365 | 0.81 | 17.38 | ≥10 | 13 |
| B07 | 地球环境学报 | 74 | 0.408 | 0.068 | 0.46 | 28 | 0.10 | 1.33 | 2.4 | 2 |
| B07 | 地球科学进展 | 4934 | 2.218 | 0.156 | 0.95 | 980 | 1.00 | 46.67 | 9.4 | 18 |
| B07 | 地球科学与环境学报 | 1155 | 1.283 | 0.227 | 0.94 | 416 | 0.71 | 19.81 | 7.2 | 8 |
| B07 | 地球科学 | 4107 | 2.000 | 0.417 | 0.85 | 551 | 0.95 | 26.24 | 8.7 | 13 |
| B07 | 地球信息科学学报 | 1669 | 1.075 | 0.184 | 0.92 | 581 | 0.38 | 27.67 | 5.8 | 10 |
| B07 | 地球学报 | 3291 | 2.443 | 0.278 | 0.90 | 454 | 0.90 | 21.62 | 8.2 | 13 |
| B07 | 地球与环境 | 1494 | 0.949 | 0.179 | 0.95 | 477 | 0.71 | 22.71 | 9.4 | 8 |
| B07 | 地学前缘 | 7445 | 2.762 | 0.750 | 0.94 | 654 | 0.90 | 31.14 | 8.4 | 21 |
| B07 | 东华理工大学学报(自然科学版) | 752 | 0.646 | 0.049 | 0.93 | 296 | 0.62 | 14.10 | 8.2 | 5 |
| B07 | 复杂油气藏 | 265 | 0.317 | — | 0.93 | 109 | 0.24 | 5.19 | 5.2 | 4 |
| B07 | 吉林大学学报(地球科学版) | 3994 | 1.298 | 0.384 | 0.93 | 628 | 0.90 | 29.90 | 6.6 | 13 |
| B07 | 矿物岩石地球化学通报 | 1581 | 1.052 | 0.078 | 0.95 | 340 | 0.81 | 16.19 | 8.5 | 10 |
| B07 | 中国科学(地球科学) | 6705 | 2.081 | 0.158 | 0.97 | 797 | 0.95 | 37.95 | 9.2 | 20 |
| B08 | Advances in Atmospheric Sciences | 1553 | 0.759 | 0.342 | 0.89 | 208 | 0.82 | 6.12 | 7.7 | 9 |
| B08 | Advances in Climate Change Research | 79 | 0.500 | 0.125 | 0.84 | 45 | 0.24 | 1.32 | 3.5 | 3 |
| B08 | Atmospheric and Oceanic Science Letters | 239 | 0.295 | 0.094 | 0.88 | 66 | 0.62 | 1.94 | 4.4 | 4 |
| B08 | Journal of Meteorological Research (JMR) | 367 | 0.490 | 0.129 | 0.88 | 98 | 0.74 | 2.88 | 5.3 | 4 |
| B08 | 暴雨灾害 | 899 | 1.470 | 0.264 | 0.75 | 155 | 0.88 | 4.56 | 5.7 | 7 |
| B08 | 大气科学 | 4505 | 1.668 | 0.165 | 0.90 | 402 | 1.00 | 11.82 | 9.9 | 15 |
| B08 | 大气科学学报 | 1935 | 1.177 | 0.116 | 0.86 | 337 | 0.94 | 9.91 | 8.1 | 8 |
| B08 | 大气与环境光学学报 | 269 | 0.376 | 0.107 | 0.90 | 137 | 0.38 | 4.03 | 5.4 | 4 |
| B08 | 干旱气象 | 1653 | 1.757 | 0.146 | 0.80 | 291 | 0.85 | 8.56 | 4.4 | 10 |
| B08 | 高原气象 | 4544 | 1.864 | 0.148 | 0.76 | 407 | 0.97 | 11.97 | 7.3 | 11 |
| B08 | 高原山地气象研究 | 835 | 1.883 | 0.050 | 0.71 | 170 | 0.82 | 5.00 | 4.7 | 7 |
| B08 | 广东气象 | 1295 | 1.070 | 0.110 | 0.56 | 188 | 0.68 | 5.53 | 6.3 | 6 |
| B08 | 贵州气象 | 529 | 0.463 | 0.135 | 0.74 | 172 | 0.59 | 5.06 | 6.5 | 5 |
| B08 | 海洋气象学报 | 350 | 0.415 | 0.203 | 0.85 | 126 | 0.59 | 3.71 | 7.4 | 4 |

| 学科代码 | 期刊名称 | 扩展总被引频次 | 扩展影响因子 | 扩展即年指标 | 扩展他引率 | 扩展引用刊数 | 扩展学科影响指标 | 扩展学科扩散指标 | 扩展被引半衰期 | 扩展H指标 |
|---|---|---|---|---|---|---|---|---|---|---|
| B08 | 黑龙江气象 | 170 | 0.184 | 0.039 | 0.96 | 98 | 0.44 | 2.88 | 7.6 | 3 |
| B08 | 内蒙古气象 | 290 | 0.330 | 0.013 | 0.75 | 115 | 0.32 | 3.38 | 6.3 | 3 |
| B08 | 气候变化研究进展 | 1495 | 2.000 | 0.514 | 0.96 | 412 | 0.88 | 12.12 | 6.5 | 12 |
| B08 | 气候与环境研究 | 1833 | 1.338 | 0.091 | 0.95 | 387 | 0.97 | 11.38 | 8.9 | 13 |
| B08 | 气象 | 5575 | 2.363 | 0.622 | 0.81 | 523 | 0.94 | 15.38 | 6.7 | 14 |
| B08 | 气象科技 | 2519 | 1.061 | 0.157 | 0.78 | 478 | 0.94 | 14.06 | 7.1 | 9 |
| B08 | 气象科技进展 | 266 | 0.619 | 0.111 | 0.91 | 118 | 0.76 | 3.47 | 3.6 | 6 |
| B08 | 气象科学 | 1792 | 0.882 | 0.158 | 0.85 | 333 | 0.94 | 9.79 | 7.1 | 7 |
| B08 | 气象学报 | 3971 | 1.902 | 0.320 | 0.94 | 446 | 1.00 | 13.12 | ≥10 | 17 |
| B08 | 气象研究与应用 | 1642 | 1.279 | 0.228 | 0.51 | 246 | 0.88 | 7.24 | 5.9 | 7 |
| B08 | 气象与环境科学 | 1196 | 2.835 | 0.385 | 0.83 | 282 | 0.82 | 8.29 | 4.7 | 9 |
| B08 | 气象与环境学报 | 1535 | 1.208 | 0.103 | 0.75 | 377 | 0.91 | 11.09 | 5.3 | 9 |
| B08 | 气象与减灾研究 | 450 | 0.927 | 0.150 | 0.80 | 178 | 0.76 | 5.24 | 6.0 | 5 |
| B08 | 气象灾害防御 | 104 | 0.144 | 0.043 | 0.88 | 66 | 0.44 | 1.94 | 7.7 | 2 |
| B08 | 热带气象学报 | 1856 | 0.889 | 0.045 | 0.86 | 274 | 0.94 | 8.06 | 8.8 | 9 |
| B08 | 沙漠与绿洲气象 | 963 | 1.650 | 0.113 | 0.69 | 204 | 0.79 | 6.00 | 5.3 | 6 |
| B08 | 陕西气象 | 389 | 0.328 | 0.106 | 0.85 | 157 | 0.56 | 4.62 | 6.5 | 4 |
| B08 | 应用气象学报 | 3593 | 1.794 | 0.276 | 0.86 | 502 | 0.97 | 14.76 | ≥10 | 14 |
| B08 | 浙江气象 | 172 | 0.289 | 0.114 | 0.95 | 93 | 0.50 | 2.74 | 6.8 | 3 |
| B09 | Applied Geophysics | 339 | 0.769 | 0.059 | 0.76 | 101 | 0.22 | 5.61 | 4.9 | 4 |
| B09 | Earthquake Science | 166 | 0.306 | — | 0.93 | 47 | 0.72 | 2.61 | 6.8 | 4 |
| B09 | Journal of Palaeogeography | 76 | 0.854 | 0.474 | 0.49 | 17 | 0.06 | 0.94 | 2.5 | 3 |
| B09 | 地球物理学报 | 12280 | 2.668 | 0.417 | 0.75 | 662 | 0.94 | 36.78 | 6.3 | 19 |
| B09 | 地球物理学进展 | 5534 | 1.213 | 0.186 | 0.61 | 546 | 0.89 | 30.33 | 6.5 | 14 |
| B09 | 地震 | 1019 | 0.789 | 0.308 | 0.91 | 140 | 0.83 | 7.78 | 9.7 | 7 |
| B09 | 地震地磁观测与研究 | 906 | 0.345 | 0.056 | 0.68 | 110 | 0.83 | 6.11 | 8.2 | 6 |
| B09 | 地震地质 | 2112 | 1.161 | 0.024 | 0.90 | 259 | 0.89 | 14.39 | ≥10 | 10 |
| B09 | 地震工程学报 | 1333 | 0.871 | 0.138 | 0.68 | 244 | 0.94 | 13.56 | 5.3 | 7 |
| B09 | 地震工程与工程振动 | 2468 | 0.766 | 0.071 | 0.91 | 425 | 0.89 | 23.61 | ≥10 | 10 |
| B09 | 地震学报 | 2059 | 0.906 | 0.057 | 0.93 | 259 | 0.94 | 14.39 | ≥10 | 9 |
| B09 | 地震研究 | 921 | 0.877 | 0.074 | 0.88 | 187 | 0.94 | 10.39 | 8.2 | 5 |
| B09 | 华北地震科学 | 437 | 0.842 | 0.222 | 0.84 | 120 | 0.83 | 6.67 | 8.8 | 4 |
| B09 | 华南地震 | 466 | 0.535 | — | 0.87 | 136 | 0.89 | 7.56 | 8.1 | 5 |

| 学科代码 | 期刊名称 | 扩展总被引频次 | 扩展影响因子 | 扩展即年指标 | 扩展他引率 | 扩展引用刊数 | 扩展学科影响指标 | 扩展学科扩散指标 | 扩展被引半衰期 | 扩展H指标 |
|---|---|---|---|---|---|---|---|---|---|---|
| B09 | 内陆地震 | 342 | 0.413 | 0.019 | 0.79 | 74 | 0.83 | 4.11 | 8.0 | 4 |
| B09 | 世界地震工程 | 1170 | 0.388 | 0.124 | 0.91 | 328 | 0.83 | 18.22 | 7.7 | 8 |
| B09 | 灾害学 | 1991 | 1.432 | 0.325 | 0.85 | 632 | 0.78 | 35.11 | 6.2 | 9 |
| B09 | 中国地震 | 1033 | 0.634 | 0.139 | 0.89 | 143 | 0.83 | 7.94 | ≥10 | 8 |
| B10 | Advances in Polar Science | 38 | 0.057 | — | 0.68 | 18 | 0.04 | 0.40 | 5.2 | 1 |
| B10 | Chinese Geographical Science | 515 | 0.765 | 0.116 | 0.93 | 234 | 0.40 | 5.20 | 5.4 | 4 |
| B10 | GEOSCIENCE FRONTIERS | 255 | 0.654 | 0.544 | 0.75 | 73 | 0.09 | 1.62 | 3.0 | 5 |
| B10 | Geospatial Information Science | 102 | 0.073 | 0.214 | 0.86 | 66 | 0.09 | 1.47 | 8.3 | 2 |
| B10 | International Journal of Sediment Research | 243 | 0.624 | 0.023 | 0.73 | 94 | 0.18 | 2.09 | 6.3 | 3 |
| B10 | Journal of Geographical Sciences | 867 | 1.615 | 0.085 | 0.88 | 261 | 0.47 | 5.80 | 4.6 | 8 |
| B10 | Journal of Mountain Science | 397 | 0.546 | 0.037 | 0.68 | 144 | 0.29 | 3.20 | 3.5 | 5 |
| B10 | 冰川冻土 | 4367 | 2.192 | 0.119 | 0.74 | 578 | 0.47 | 12.84 | 7.3 | 13 |
| B10 | 测绘地理信息 | 923 | 0.902 | 0.163 | 0.88 | 322 | 0.31 | 7.16 | 4.9 | 7 |
| B10 | 地理科学 | 7077 | 3.012 | 0.286 | 0.92 | 1222 | 0.76 | 27.16 | 5.8 | 20 |
| B10 | 地理科学进展 | 6038 | 4.034 | 0.479 | 0.96 | 1245 | 0.76 | 27.67 | 5.7 | 20 |
| B10 | 地理信息世界 | 868 | 0.957 | 0.092 | 0.93 | 281 | 0.29 | 6.24 | 4.4 | 8 |
| B10 | 地理学报 | 12384 | 5.112 | 0.503 | 0.96 | 1447 | 0.76 | 32.16 | 7.9 | 30 |
| B10 | 地理研究 | 8655 | 3.674 | 0.489 | 0.95 | 1316 | 0.73 | 29.24 | 6.3 | 23 |
| B10 | 地理与地理信息科学 | 2613 | 1.310 | 0.110 | 0.96 | 849 | 0.64 | 18.87 | 7.9 | 10 |
| B10 | 地域研究与开发 | 3055 | 1.638 | 0.217 | 0.85 | 858 | 0.60 | 19.07 | 5.6 | 11 |
| B10 | 干旱区地理 | 3171 | 1.818 | 0.224 | 0.80 | 669 | 0.56 | 14.87 | 6.5 | 11 |
| B10 | 干旱区研究 | 2745 | 1.215 | 0.134 | 0.87 | 533 | 0.53 | 11.84 | 6.9 | 9 |
| B10 | 国土与自然资源研究 | 967 | 0.414 | 0.041 | 0.98 | 479 | 0.64 | 10.64 | 6.5 | 6 |
| B10 | 国土资源导刊 | 559 | 0.493 | 0.058 | 0.98 | 237 | 0.29 | 5.27 | ≥10 | 5 |
| B10 | 国土资源科技管理 | 818 | 0.602 | 0.356 | 0.95 | 367 | 0.44 | 8.16 | 6.2 | 5 |
| B10 | 国土资源情报 | 527 | 0.547 | 0.093 | 0.92 | 277 | 0.24 | 6.16 | 4.9 | 6 |
| B10 | 华北国土资源 | 371 | 0.219 | 0.057 | 0.97 | 182 | 0.18 | 4.04 | 5.1 | 5 |
| B10 | 华东地质 | 564 | 0.695 | 0.359 | 0.94 | 161 | 0.16 | 3.58 | ≥10 | 5 |
| B10 | 经济地理 | 10216 | 3.311 | 0.342 | 0.92 | 1390 | 0.69 | 30.89 | 5.2 | 20 |
| B10 | 热带地理 | 1530 | 1.192 | 0.165 | 0.92 | 633 | 0.51 | 14.07 | 6.9 | 7 |
| B10 | 山地学报 | 1961 | 1.000 | 0.144 | 0.95 | 554 | 0.49 | 12.31 | 9.5 | 9 |
| B10 | 山东国土资源 | 1176 | 0.696 | 0.119 | 0.65 | 270 | 0.24 | 6.00 | 5.0 | 6 |
| B10 | 上海国土资源 | 923 | 1.418 | 0.446 | 0.62 | 276 | 0.31 | 6.13 | 4.4 | 7 |

| 学科代码 | 期刊名称 | 扩展总被引频次 | 扩展影响因子 | 扩展即年指标 | 扩展他引率 | 扩展引用刊数 | 扩展学科影响指标 | 扩展学科扩散指标 | 扩展被引半衰期 | 扩展H指标 |
|---|---|---|---|---|---|---|---|---|---|---|
| B10 | 湿地科学 | 1365 | 1.624 | 0.229 | 0.73 | 318 | 0.31 | 7.07 | 4.7 | 10 |
| B10 | 湿地科学与管理 | 331 | 0.351 | 0.115 | 0.88 | 168 | 0.16 | 3.73 | 6.4 | 4 |
| B10 | 世界地理研究 | 909 | 1.020 | 0.150 | 0.95 | 437 | 0.40 | 9.71 | 6.2 | 7 |
| B10 | 西部资源 | 566 | 0.453 | 0.146 | 0.70 | 209 | 0.16 | 4.64 | 3.0 | 5 |
| B10 | 云南地理环境研究 | 678 | 0.324 | 0.045 | 0.97 | 400 | 0.47 | 8.89 | 8.2 | 5 |
| B10 | 中国国土资源经济 | 1182 | 0.752 | 0.301 | 0.83 | 373 | 0.42 | 8.29 | 4.7 | 6 |
| B10 | 中国沙漠 | 4989 | 2.009 | 0.182 | 0.82 | 606 | 0.53 | 13.47 | 6.8 | 11 |
| B10 | 资源环境与工程 | 796 | 0.252 | 0.052 | 0.91 | 313 | 0.27 | 6.96 | 7.5 | 6 |
| B11 | Acta Geologica Sinica (English Edition) | 1146 | 1.230 | 0.142 | 0.62 | 160 | 0.68 | 2.42 | 4.5 | 5 |
| B11 | Chinese Journal of Geochemistry | 218 | 0.246 | 0.073 | 0.93 | 105 | 0.44 | 1.59 | 7.7 | 3 |
| B11 | Earthquake Engineering and Engineering Vibration | 239 | 0.409 | 0.032 | 0.82 | 101 | 0.09 | 1.53 | 6.5 | 4 |
| B11 | Earthquake Research in China | 61 | 0.040 | 0.214 | 0.72 | 21 | 0.09 | 0.32 | ≥10 | 1 |
| B11 | Global Geology | 67 | 0.233 | — | 0.88 | 46 | 0.27 | 0.70 | 4.5 | 2 |
| B11 | Science China (Earth Sciences) | 3085 | 0.900 | 0.139 | 0.90 | 395 | 0.68 | 5.98 | 8.0 | 10 |
| B11 | 安徽地质 | 491 | 0.315 | 0.013 | 0.94 | 177 | 0.48 | 2.68 | 9.2 | 6 |
| B11 | 沉积学报 | 4448 | 1.398 | 0.124 | 0.94 | 374 | 0.79 | 5.67 | 9.9 | 13 |
| B11 | 沉积与特提斯地质 | 993 | 0.491 | 0.017 | 0.93 | 190 | 0.73 | 2.88 | ≥10 | 7 |
| B11 | 城市地理 | 2675 | — | 0.124 | 0.99 | 306 | 0.02 | 4.64 | 1.7 | 13 |
| B11 | 城市地质 | 261 | 0.687 | 0.139 | 0.79 | 108 | 0.20 | 1.64 | 4.1 | 5 |
| B11 | 大地构造与成矿学 | 2025 | 1.310 | 0.124 | 0.90 | 244 | 0.73 | 3.70 | 8.2 | 10 |
| B11 | 地层学杂志 | 1178 | 0.990 | 0.222 | 0.88 | 184 | 0.74 | 2.79 | ≥10 | 7 |
| B11 | 地下水 | 1368 | 0.244 | 0.027 | 0.91 | 468 | 0.36 | 7.09 | 5.6 | 7 |
| B11 | 地质科技情报 | 2358 | 1.048 | 0.128 | 0.89 | 456 | 0.82 | 6.91 | 7.6 | 9 |
| B11 | 地质科学 | 2325 | 1.073 | 0.128 | 0.97 | 281 | 0.83 | 4.26 | ≥10 | 12 |
| B11 | 地质力学学报 | 677 | 0.553 | 0.081 | 0.96 | 271 | 0.68 | 4.11 | ≥10 | 6 |
| B11 | 地质论评 | 4739 | 2.368 | 0.226 | 0.91 | 413 | 0.89 | 6.26 | ≥10 | 16 |
| B11 | 地质调查与研究 | 755 | 0.330 | 0.102 | 0.97 | 169 | 0.61 | 2.56 | ≥10 | 8 |
| B11 | 地质通报 | 6242 | 1.200 | 0.115 | 0.94 | 540 | 0.91 | 8.18 | 8.0 | 18 |
| B11 | 地质学报 | 8811 | 3.739 | 0.590 | 0.81 | 479 | 0.91 | 7.26 | 7.8 | 22 |
| B11 | 地质学刊 | 1651 | 0.716 | 0.092 | 0.92 | 351 | 0.73 | 5.32 | ≥10 | 9 |
| B11 | 地质与勘探 | 3621 | 1.805 | 0.302 | 0.77 | 386 | 0.82 | 5.85 | 9.0 | 11 |
| B11 | 地质与资源 | 818 | 0.468 | 0.059 | 0.93 | 212 | 0.59 | 3.21 | 8.0 | 6 |

| 学科代码 | 期刊名称 | 扩展总被引频次 | 扩展影响因子 | 扩展即年指标 | 扩展他引率 | 扩展引用刊数 | 扩展学科影响指标 | 扩展学科扩散指标 | 扩展被引半衰期 | 扩展H指标 |
|---|---|---|---|---|---|---|---|---|---|---|
| B11 | 地质灾害与环境保护 | 707 | 0.560 | 0.051 | 0.97 | 299 | 0.38 | 4.53 | 9.5 | 6 |
| B11 | 地质找矿论丛 | 913 | 0.590 | 0.048 | 0.94 | 193 | 0.65 | 2.92 | 9.4 | 6 |
| B11 | 第四纪研究 | 3966 | 2.842 | 0.210 | 0.67 | 474 | 0.71 | 7.18 | 8.8 | 13 |
| B11 | 防灾减灾学报 | 258 | 0.288 | 0.056 | 0.81 | 90 | 0.18 | 1.36 | 7.6 | 3 |
| B11 | 福建地质 | 287 | 0.274 | 0.105 | 0.88 | 125 | 0.36 | 1.89 | 9.3 | 3 |
| B11 | 高校地质学报 | 2251 | 0.747 | 0.013 | 0.98 | 323 | 0.76 | 4.89 | 9.6 | 14 |
| B11 | 高原地震 | 172 | 0.267 | 0.056 | 0.95 | 71 | 0.21 | 1.08 | 6.4 | 3 |
| B11 | 工程地质学报 | 2851 | 1.413 | 0.100 | 0.82 | 518 | 0.53 | 7.85 | 7.0 | 12 |
| B11 | 古地理学报 | 1940 | 1.599 | 0.141 | 0.90 | 245 | 0.70 | 3.71 | 8.1 | 10 |
| B11 | 古脊椎动物学报 | 588 | 0.271 | 0.600 | 0.76 | 84 | 0.44 | 1.27 | ≥10 | 4 |
| B11 | 古生物学报 | 784 | 0.303 | 0.045 | 0.82 | 101 | 0.53 | 1.53 | ≥10 | 5 |
| B11 | 贵州地质 | 816 | 0.676 | 0.021 | 0.92 | 195 | 0.58 | 2.95 | ≥10 | 7 |
| B11 | 国际地震动态 | 459 | 0.386 | 0.063 | 0.93 | 141 | 0.30 | 2.14 | 8.7 | 5 |
| B11 | 华南地质与矿产 | 521 | 0.423 | 0.023 | 0.94 | 126 | 0.56 | 1.91 | ≥10 | 6 |
| B11 | 化工矿产地质 | 418 | 0.418 | — | 0.96 | 174 | 0.48 | 2.64 | ≥10 | 5 |
| B11 | 吉林地质 | 679 | 0.321 | 0.030 | 0.87 | 203 | 0.47 | 3.08 | 7.9 | 5 |
| B11 | 矿床地质 | 4755 | 2.362 | 0.282 | 0.89 | 251 | 0.74 | 3.80 | 8.4 | 17 |
| B11 | 矿物岩石 | 1417 | 0.726 | 0.089 | 0.95 | 291 | 0.74 | 4.41 | ≥10 | 9 |
| B11 | 山西地震 | 189 | 0.198 | 0.167 | 0.94 | 67 | 0.17 | 1.02 | 7.2 | 4 |
| B11 | 陕西地质 | 240 | 0.143 | — | 0.98 | 106 | 0.44 | 1.61 | ≥10 | 4 |
| B11 | 石油实验地质 | 2884 | 2.883 | 0.415 | 0.89 | 241 | 0.68 | 3.65 | 6.7 | 11 |
| B11 | 世界地震译丛 | 36 | — | — | 1.00 | 24 | 0.09 | 0.36 | ≥10 | 2 |
| B11 | 世界地质 | 1118 | 0.867 | 0.070 | 0.80 | 293 | 0.68 | 4.44 | 6.7 | 8 |
| B11 | 四川地震 | 131 | 0.209 | — | 0.92 | 64 | 0.18 | 0.97 | 9.1 | 3 |
| B11 | 四川地质学报 | 680 | 0.291 | 0.058 | 0.94 | 292 | 0.68 | 4.42 | 7.3 | 5 |
| B11 | 微体古生物学报 | 480 | 0.649 | 0.079 | 0.62 | 94 | 0.39 | 1.42 | ≥10 | 5 |
| B11 | 物探化探计算技术 | 814 | 0.351 | 0.016 | 0.94 | 261 | 0.38 | 3.95 | 7.9 | 6 |
| B11 | 物探与化探 | 2588 | 0.977 | 0.102 | 0.85 | 416 | 0.68 | 6.30 | 7.1 | 9 |
| B11 | 西北地质 | 1292 | 0.813 | 0.091 | 0.89 | 241 | 0.67 | 3.65 | 7.6 | 9 |
| B11 | 现代地质 | 2941 | 1.205 | 0.163 | 0.90 | 446 | 0.83 | 6.76 | 7.7 | 12 |
| B11 | 新疆地质 | 1524 | 0.649 | — | 0.93 | 222 | 0.67 | 3.36 | ≥10 | 8 |
| B11 | 岩矿测试 | 2222 | 1.385 | 0.218 | 0.93 | 468 | 0.64 | 7.09 | 6.3 | 12 |
| B11 | 岩石矿物学杂志 | 2063 | 1.155 | 0.268 | 0.91 | 313 | 0.70 | 4.74 | 8.0 | 13 |

| 学科代码 | 期刊名称 | 扩展总被引频次 | 扩展影响因子 | 扩展即年指标 | 扩展他引率 | 扩展引用刊数 | 扩展学科影响指标 | 扩展学科扩散指标 | 扩展被引半衰期 | 扩展H指标 |
|---|---|---|---|---|---|---|---|---|---|---|
| B11 | 岩石学报 | 14259 | 2.845 | 0.871 | 0.78 | 328 | 0.80 | 4.97 | 7.2 | 26 |
| B11 | 铀矿地质 | 1126 | 0.809 | 0.140 | 0.92 | 152 | 0.58 | 2.30 | ≥10 | 9 |
| B11 | 云南地质 | 634 | 0.283 | 0.036 | 0.96 | 168 | 0.53 | 2.55 | ≥10 | 5 |
| B11 | 中国地质 | 4454 | 2.089 | 0.203 | 0.88 | 445 | 0.88 | 6.74 | 6.8 | 16 |
| B11 | 中国地质调查 | 74 | — | 0.254 | 0.41 | 23 | 0.11 | 0.35 | 1.5 | 3 |
| B11 | 中国地质灾害与防治学报 | 1748 | 1.413 | 0.200 | 0.89 | 443 | 0.44 | 6.71 | 9.3 | 9 |
| B11 | 中国岩溶 | 1296 | 1.324 | 0.091 | 0.75 | 327 | 0.39 | 4.95 | 8.5 | 8 |
| B12 | Acta Oceanologica Sinica | 582 | 0.362 | 0.055 | 0.82 | 157 | 0.63 | 5.23 | 5.7 | 4 |
| B12 | China Ocean Engineering | 374 | 0.504 | 0.122 | 0.83 | 142 | 0.57 | 4.73 | 7.1 | 4 |
| B12 | Chinese Journal of Oceanology and Limnology | 647 | 0.328 | 0.221 | 0.91 | 188 | 0.80 | 6.27 | 5.8 | 4 |
| B12 | Journal of Ocean University of China | 342 | 0.338 | 0.022 | 0.86 | 151 | 0.57 | 5.03 | 4.3 | 4 |
| B12 | Marine Science Bulletin | 55 | — | — | 1.00 | 37 | 0.40 | 1.23 | 8.5 | 2 |
| B12 | 海岸工程 | 453 | 0.333 | 0.088 | 0.98 | 194 | 0.73 | 6.47 | 8.8 | 4 |
| B12 | 海洋地质前沿 | 766 | 0.465 | 0.168 | 0.84 | 256 | 0.77 | 8.53 | 6.4 | 5 |
| B12 | 海洋地质与第四纪地质 | 1948 | 0.572 | 0.098 | 0.89 | 314 | 0.77 | 10.47 | ≥10 | 9 |
| B12 | 海洋工程 | 1018 | 0.677 | 0.063 | 0.91 | 289 | 0.80 | 9.63 | 8.5 | 5 |
| B12 | 海洋工程装备与技术 | 34 | — | 0.031 | 0.76 | 21 | 0.03 | 0.70 | 2.0 | 2 |
| B12 | 海洋湖沼通报 | 923 | 0.517 | 0.035 | 0.99 | 316 | 0.87 | 10.53 | 9.1 | 5 |
| B12 | 海洋技术学报 | 724 | 0.379 | 0.073 | 0.88 | 308 | 0.80 | 10.27 | 7.9 | 5 |
| B12 | 海洋经济 | 131 | 0.392 | — | 0.96 | 86 | 0.10 | 2.87 | 4.0 | 3 |
| B12 | 海洋开发与管理 | 1306 | 0.673 | 0.153 | 0.85 | 454 | 0.60 | 15.13 | 4.5 | 6 |
| B12 | 海洋科学 | 2584 | 0.576 | 0.016 | 0.89 | 543 | 0.90 | 18.10 | 9.8 | 7 |
| B12 | 海洋科学进展 | 904 | 0.707 | 0.035 | 0.96 | 279 | 0.83 | 9.30 | ≥10 | 6 |
| B12 | 海洋通报 | 1432 | 0.853 | 0.046 | 0.90 | 404 | 0.97 | 13.47 | 8.8 | 6 |
| B12 | 海洋信息 | 163 | 0.337 | — | 0.94 | 111 | 0.33 | 3.70 | 7.8 | 3 |
| B12 | 海洋学报 | 2487 | 0.943 | 0.090 | 0.92 | 460 | 0.87 | 15.33 | ≥10 | 8 |
| B12 | 海洋学研究 | 587 | 0.484 | 0.104 | 0.98 | 267 | 0.80 | 8.90 | 8.0 | 5 |
| B12 | 海洋与湖沼 | 2713 | 0.700 | 0.093 | 0.91 | 415 | 0.87 | 13.83 | ≥10 | 10 |
| B12 | 海洋预报 | 470 | 0.386 | — | 0.76 | 138 | 0.63 | 4.60 | 8.2 | 5 |
| B12 | 湖泊科学 | 3036 | 1.521 | 0.226 | 0.87 | 526 | 0.63 | 17.53 | 7.4 | 11 |
| B12 | 极地研究 | 448 | 0.743 | 0.081 | 0.79 | 146 | 0.57 | 4.87 | 7.1 | 5 |
| B12 | 热带海洋学报 | 1120 | 0.568 | 0.043 | 0.94 | 305 | 0.80 | 10.17 | 9.4 | 6 |

| 学科代码 | 期刊名称 | 扩展总被引频次 | 扩展影响因子 | 扩展即年指标 | 扩展他引率 | 扩展引用刊数 | 扩展学科影响指标 | 扩展学科扩散指标 | 扩展被引半衰期 | 扩展H指标 |
|---|---|---|---|---|---|---|---|---|---|---|
| B12 | 水文 | 1437 | 0.745 | 0.069 | 0.95 | 398 | 0.47 | 13.27 | 8.4 | 7 |
| B12 | 水文地质工程地质 | 2750 | 1.297 | 0.142 | 0.87 | 579 | 0.40 | 19.30 | 8.6 | 9 |
| B12 | 盐湖研究 | 477 | 0.368 | 0.095 | 0.92 | 188 | 0.07 | 6.27 | 9.3 | 6 |
| B12 | 应用海洋学学报 | 921 | 0.483 | 0.069 | 0.95 | 272 | 0.77 | 9.07 | ≥10 | 6 |
| B12 | 中国海洋大学学报(自然科学版) | 2527 | 0.696 | 0.053 | 0.94 | 718 | 0.87 | 23.93 | 8.4 | 9 |
| B13 | Acta Biochimica et Biophysica Sinica | 851 | 0.760 | 0.329 | 0.92 | 450 | 0.52 | 9.38 | 5.4 | 6 |
| B13 | Asian Herpetological Research | 31 | 0.077 | − | 0.65 | 13 | 0.04 | 0.27 | 4.8 | 1 |
| B13 | Cell Research | 2089 | 1.399 | 0.554 | 0.96 | 632 | 0.56 | 13.17 | 5.0 | 12 |
| B13 | Frontiers in Biology | 100 | 0.305 | 0.191 | 0.84 | 77 | 0.19 | 1.60 | 3.9 | 2 |
| B13 | Genomics, Proteomics & Bioinformatics | 174 | 0.716 | 0.609 | 0.82 | 109 | 0.31 | 2.27 | 2.9 | 4 |
| B13 | Journal of Genetics and Genomics | 1382 | 0.821 | 0.157 | 0.98 | 416 | 0.54 | 8.67 | ≥10 | 6 |
| B13 | Journal of Molecular Cell Biology | 463 | 0.955 | 0.263 | 0.94 | 281 | 0.50 | 5.85 | 6.3 | 4 |
| B13 | Journal of Zhejiang University Science B: Biomedicine & Biotechnology | 868 | 1.181 | 0.218 | 0.92 | 511 | 0.25 | 10.65 | 4.5 | 7 |
| B13 | Protein & Cell | 379 | 0.853 | 0.260 | 0.90 | 196 | 0.48 | 4.08 | 2.8 | 5 |
| B13 | Science China (Life Sciences) | 1078 | 0.923 | 0.429 | 0.86 | 445 | 0.48 | 9.27 | 4.1 | 5 |
| B13 | The Journal of Biomedical Research | 291 | 0.700 | 0.043 | 0.98 | 206 | 0.10 | 4.29 | 4.0 | 5 |
| B13 | 生物资源 | 721 | 0.525 | 0.068 | 0.98 | 345 | 0.19 | 7.19 | 9.4 | 6 |
| B13 | 工业微生物 | 368 | 0.478 | 0.046 | 0.84 | 167 | 0.15 | 3.48 | 9.4 | 4 |
| B13 | 湖南生态科学学报 | 253 | 0.418 | 0.114 | 0.96 | 189 | 0.04 | 3.94 | 7.3 | 4 |
| B13 | 基因组学与应用生物学 | 1086 | 0.797 | 0.065 | 0.66 | 333 | 0.31 | 6.94 | 3.0 | 6 |
| B13 | 激光生物学报 | 516 | 0.513 | 0.034 | 0.95 | 305 | 0.25 | 6.35 | 6.7 | 4 |
| B13 | 热带生物学报 | 382 | 0.359 | 0.045 | 0.99 | 253 | 0.19 | 5.27 | 9.2 | 4 |
| B13 | 人类学学报 | 899 | 0.808 | 0.151 | 0.68 | 143 | 0.08 | 2.98 | ≥10 | 6 |
| B13 | 生理科学进展 | 1023 | 0.921 | 0.128 | 1.00 | 541 | 0.33 | 11.27 | 6.1 | 7 |
| B13 | 生理学报 | 714 | 0.778 | 0.130 | 0.97 | 378 | 0.23 | 7.88 | 6.3 | 5 |
| B13 | 生命的化学 | 717 | 0.428 | 0.076 | 0.98 | 457 | 0.33 | 9.52 | 6.9 | 5 |
| B13 | 生命科学 | 1183 | 0.661 | 0.133 | 0.99 | 638 | 0.42 | 13.29 | 5.2 | 8 |
| B13 | 生命科学研究 | 532 | 0.439 | 0.041 | 0.96 | 346 | 0.31 | 7.21 | 6.7 | 5 |
| B13 | 生物安全学报 | 192 | 0.559 | 0.145 | 0.84 | 79 | 0.08 | 1.65 | 3.7 | 5 |
| B13 | 生物多样性 | 3197 | 2.225 | 0.535 | 0.92 | 575 | 0.35 | 11.98 | 8.7 | 16 |
| B13 | 生物化工 | 18 | − | 0.081 | 0.94 | 14 | 0.02 | 0.29 | − | 2 |
| B13 | 生物化学与生物物理进展 | 1332 | 0.719 | 0.264 | 0.95 | 670 | 0.56 | 13.96 | 7.7 | 9 |

| 学科代码 | 期刊名称 | 扩展总被引频次 | 扩展影响因子 | 扩展即年指标 | 扩展他引率 | 扩展引用刊数 | 扩展学科影响指标 | 扩展学科扩散指标 | 扩展被引半衰期 | 扩展H指标 |
|---|---|---|---|---|---|---|---|---|---|---|
| B13 | 生物技术 | 995 | 0.498 | 0.068 | 0.97 | 447 | 0.25 | 9.31 | 8.8 | 6 |
| B13 | 生物技术进展 | 243 | 0.544 | — | 0.98 | 160 | 0.15 | 3.33 | 3.8 | 4 |
| B13 | 生物技术通讯 | 881 | 0.412 | 0.061 | 0.98 | 470 | 0.27 | 9.79 | 7.1 | 7 |
| B13 | 生物物理学报 | 490 | 0.396 | — | 1.00 | 351 | 0.31 | 7.31 | 7.0 | 7 |
| B13 | 生物信息学 | 172 | 0.279 | 0.050 | 0.91 | 121 | 0.15 | 2.52 | 6.3 | 3 |
| B13 | 生物学通报 | 1612 | 0.348 | 0.043 | 0.94 | 667 | 0.44 | 13.90 | ≥10 | 7 |
| B13 | 生物学杂志 | 1217 | 0.553 | 0.108 | 0.94 | 572 | 0.31 | 11.92 | 6.8 | 6 |
| B13 | 水生生物学报 | 2732 | 1.160 | 0.108 | 0.89 | 410 | 0.35 | 8.54 | 8.1 | 8 |
| B13 | 现代电生理学杂志 | 139 | 0.469 | 0.086 | 0.99 | 99 | 0.02 | 2.06 | 4.3 | 3 |
| B13 | 遗传 | 2369 | 1.323 | 0.212 | 0.95 | 705 | 0.56 | 14.69 | 7.6 | 11 |
| B13 | 中国科学(生命科学) | 1180 | 0.979 | 0.161 | 0.97 | 579 | 0.44 | 12.06 | 5.8 | 10 |
| B13 | 中国生物化学与分子生物学报 | 953 | 0.625 | 0.086 | 0.88 | 464 | 0.40 | 9.67 | 5.7 | 6 |
| B13 | 中国细胞生物学学报 | 1031 | 0.469 | 0.075 | 0.95 | 516 | 0.38 | 10.75 | 4.9 | 7 |
| B13 | 中国野生植物资源 | 1585 | 0.817 | 0.042 | 0.97 | 544 | 0.19 | 11.33 | 9.9 | 8 |
| B13 | 中国应用生理学杂志 | 935 | 1.075 | 0.063 | 0.80 | 395 | 0.19 | 8.23 | 4.5 | 7 |
| B13 | 中学生物教学 | 437 | 0.199 | 0.086 | 0.87 | 113 | 0.04 | 2.35 | 4.0 | 4 |
| B13 | 蛛形学报 | 145 | 0.654 | — | 0.74 | 42 | 0.04 | 0.88 | ≥10 | 3 |
| B14 | Journal of Resources and Ecology | 236 | 0.514 | 0.068 | 0.93 | 128 | 0.55 | 11.64 | 4.2 | 4 |
| B14 | 城市环境与城市生态 | 957 | 0.711 | 0.102 | 0.98 | 469 | 0.64 | 42.64 | ≥10 | 6 |
| B14 | 生态毒理学报 | 1082 | 0.756 | 0.059 | 0.81 | 358 | 0.73 | 32.55 | 5.1 | 6 |
| B14 | 生态环境学报 | 7398 | 1.826 | 0.196 | 0.96 | 1148 | 0.91 | 104.36 | 6.6 | 17 |
| B14 | 生态科学 | 1212 | 0.601 | 0.077 | 0.95 | 481 | 0.82 | 43.73 | 9.0 | 7 |
| B14 | 生态学报 | 27777 | 2.574 | 0.439 | 0.92 | 1598 | 0.91 | 145.27 | 6.9 | 26 |
| B14 | 生态学杂志 | 8927 | 1.497 | 0.173 | 0.94 | 1118 | 0.73 | 101.64 | 7.1 | 16 |
| B14 | 水生态学杂志 | 1310 | 0.689 | 0.081 | 0.96 | 364 | 0.64 | 33.09 | 7.0 | 7 |
| B14 | 应用生态学报 | 16774 | 2.411 | 0.333 | 0.93 | 1205 | 0.82 | 109.55 | 7.8 | 20 |
| B14 | 中国微生态学杂志 | 3147 | 1.198 | 0.343 | 0.87 | 778 | 0.45 | 70.73 | 4.0 | 8 |
| B15 | Journal of Integrative Plant Biology | 2194 | 0.831 | 0.412 | 0.96 | 471 | 1.00 | 36.23 | ≥10 | 8 |
| B15 | Journal of Systematics and Evolution | 1030 | 0.537 | 0.722 | 0.87 | 275 | 0.92 | 21.15 | ≥10 | 7 |
| B15 | Molecular Plant | 1063 | 0.991 | 0.272 | 0.84 | 169 | 0.77 | 13.00 | 3.6 | 7 |
| B15 | Plant Diversity | 1756 | 0.456 | 0.175 | 0.98 | 423 | 0.92 | 32.54 | ≥10 | 8 |
| B15 | 广西植物 | 1722 | 0.889 | 0.125 | 0.93 | 429 | 0.85 | 33.00 | 8.1 | 6 |
| B15 | 热带亚热带植物学报 | 1105 | 0.668 | 0.163 | 0.95 | 350 | 0.85 | 26.92 | 8.8 | 6 |

| 学科代码 | 期刊名称 | 扩展总被引频次 | 扩展影响因子 | 扩展即年指标 | 扩展他引率 | 扩展引用刊数 | 扩展学科影响指标 | 扩展学科扩散指标 | 扩展被引半衰期 | 扩展H指标 |
|---|---|---|---|---|---|---|---|---|---|---|
| B15 | 西北植物学报 | 6078 | 0.972 | 0.096 | 0.95 | 715 | 0.77 | 55.00 | 8.3 | 12 |
| B15 | 亚热带植物科学 | 659 | 0.545 | 0.049 | 0.95 | 279 | 0.62 | 21.46 | 8.1 | 5 |
| B15 | 植物科学学报 | 1549 | 1.045 | 0.142 | 0.91 | 416 | 0.77 | 32.00 | 9.7 | 8 |
| B15 | 植物生理学报 | 4400 | 1.132 | 0.159 | 0.92 | 581 | 0.85 | 44.69 | ≥10 | 12 |
| B15 | 植物生态学报 | 6759 | 2.741 | 0.295 | 0.95 | 593 | 0.77 | 45.62 | 9.2 | 19 |
| B15 | 植物学报 | 3000 | 1.157 | 0.198 | 0.97 | 602 | 0.77 | 46.31 | ≥10 | 12 |
| B15 | 植物研究 | 1586 | 0.827 | 0.082 | 0.93 | 383 | 0.85 | 29.46 | 8.4 | 6 |
| B16 | Current Zoology | 924 | 0.043 | 0.028 | 1.00 | 297 | 0.85 | 22.85 | ≥10 | 6 |
| B16 | Entomotaxonomia | 203 | 0.137 | 0.111 | 0.83 | 76 | 0.38 | 5.85 | ≥10 | 3 |
| B16 | Insect Science | 269 | 0.269 | 0.326 | 0.83 | 103 | 0.54 | 7.92 | 3.9 | 3 |
| B16 | Zoological Research | 1084 | 0.491 | 0.260 | 0.94 | 344 | 0.77 | 26.46 | ≥10 | 7 |
| B16 | 动物分类学报 | 619 | 0.402 | 0.087 | 0.92 | 171 | 0.69 | 13.15 | 9.7 | 5 |
| B16 | 动物学杂志 | 1529 | 0.628 | 0.054 | 0.92 | 371 | 0.69 | 28.54 | 9.8 | 6 |
| B16 | 昆虫学报 | 2515 | 0.885 | 0.124 | 0.90 | 384 | 0.54 | 29.54 | 9.3 | 8 |
| B16 | 实验动物科学 | 633 | 0.414 | 0.107 | 0.89 | 309 | 0.46 | 23.77 | 7.0 | 5 |
| B16 | 兽类学报 | 1015 | 0.509 | 0.071 | 0.77 | 169 | 0.69 | 13.00 | ≥10 | 7 |
| B16 | 四川动物 | 1272 | 0.455 | 0.087 | 0.91 | 382 | 0.77 | 29.38 | 7.6 | 5 |
| B16 | 野生动物学报 | 466 | 0.355 | 0.055 | 0.85 | 172 | 0.38 | 13.23 | 8.3 | 4 |
| B16 | 应用昆虫学报 | 2765 | 0.887 | 0.082 | 0.89 | 425 | 0.54 | 32.69 | 7.7 | 9 |
| B16 | 中国实验动物学报 | 833 | 0.745 | 0.140 | 0.92 | 364 | 0.54 | 28.00 | 5.5 | 6 |
| B17 | Virologica Sinica | 411 | 0.414 | 0.293 | 0.89 | 196 | 0.64 | 17.82 | ≥10 | 5 |
| B17 | 病毒学报 | 960 | 0.940 | 0.244 | 0.95 | 323 | 0.82 | 29.36 | 5.2 | 7 |
| B17 | 国际病毒学杂志 | 725 | 1.665 | 0.405 | 0.82 | 214 | 0.36 | 19.45 | 2.7 | 7 |
| B17 | 菌物学报 | 2127 | 1.282 | 0.642 | 0.73 | 372 | 0.36 | 33.82 | 6.8 | 13 |
| B17 | 微生物学报 | 2268 | 0.901 | 0.140 | 0.96 | 585 | 0.73 | 53.18 | 7.3 | 9 |
| B17 | 微生物学免疫学进展 | 496 | 0.729 | 0.132 | 0.95 | 252 | 0.82 | 22.91 | 4.3 | 6 |
| B17 | 微生物学通报 | 3450 | 1.088 | 0.240 | 0.92 | 824 | 0.64 | 74.91 | 6.7 | 10 |
| B17 | 微生物学杂志 | 1254 | 0.704 | 0.070 | 0.96 | 564 | 0.64 | 51.27 | 7.4 | 7 |
| B17 | 中国病毒病杂志 | 355 | 0.813 | 0.012 | 0.92 | 168 | 0.55 | 15.27 | 3.8 | 5 |
| B17 | 中国病原生物学杂志 | 2191 | 1.335 | 0.137 | 0.79 | 542 | 0.73 | 49.27 | 3.9 | 8 |
| B17 | 中华实验和临床病毒学杂志 | 1335 | 1.066 | 0.121 | 0.94 | 396 | 0.73 | 36.00 | 4.7 | 8 |
| B18 | 心理发展与教育 | 2786 | 2.040 | 0.157 | 0.95 | 737 | 1.00 | 61.42 | 8.6 | 14 |
| B18 | 心理技术与应用 | 134 | 0.380 | 0.075 | 0.96 | 109 | 0.42 | 9.08 | 2.1 | 3 |

| 学科代码 | 期刊名称 | 扩展总被引频次 | 扩展影响因子 | 扩展即年指标 | 扩展他引率 | 扩展引用刊数 | 扩展学科影响指标 | 扩展学科扩散指标 | 扩展被引半衰期 | 扩展H指标 |
|---|---|---|---|---|---|---|---|---|---|---|
| B18 | 心理科学 | 5873 | 0.955 | 0.076 | 0.97 | 1329 | 1.00 | 110.75 | ≥10 | 17 |
| B18 | 心理科学进展 | 5135 | 1.822 | 0.158 | 0.95 | 1288 | 1.00 | 107.33 | 6.7 | 20 |
| B18 | 心理学报 | 5421 | 2.072 | 0.317 | 0.94 | 1172 | 1.00 | 97.67 | 9.4 | 22 |
| B18 | 心理学探新 | 984 | 0.513 | 0.083 | 0.97 | 503 | 1.00 | 41.92 | 8.2 | 9 |
| B18 | 心理研究 | 670 | 0.618 | 0.045 | 0.98 | 376 | 1.00 | 31.33 | 5.3 | 7 |
| B18 | 心理与行为研究 | 891 | 0.695 | 0.138 | 0.93 | 402 | 1.00 | 33.50 | 6.2 | 7 |
| B18 | 应用心理学 | 802 | 0.602 | 0.079 | 0.97 | 413 | 0.92 | 34.42 | ≥10 | 8 |
| B18 | 中国临床心理学杂志 | 4762 | 1.847 | 0.242 | 0.86 | 952 | 1.00 | 79.33 | 6.6 | 15 |
| B18 | 中国心理卫生杂志 | 6572 | 2.125 | 0.170 | 0.96 | 1173 | 1.00 | 97.75 | 8.9 | 20 |
| C01 | Agricultural Science & Technology | 804 | 0.227 | 0.030 | 0.97 | 384 | 0.50 | 3.37 | 4.0 | 5 |
| C01 | Frontiers Agricultural Science and Engineering | 2 | 0.024 | — | 1.00 | 2 | — | 0.02 | 2.0 | 1 |
| C01 | Journal of Integrative Agriculture | 1254 | 0.578 | 0.118 | 0.92 | 374 | 0.42 | 3.28 | 4.7 | 5 |
| C01 | 安徽农学通报 | 5103 | 0.307 | 0.074 | 0.97 | 1052 | 0.75 | 9.23 | 5.5 | 8 |
| C01 | 安徽农业科学 | 25079 | 0.489 | 0.086 | 0.96 | 2640 | 0.79 | 23.16 | 5.7 | 12 |
| C01 | 北方农业学报 | 1545 | 0.308 | 0.098 | 0.96 | 392 | 0.60 | 3.44 | 6.8 | 6 |
| C01 | 东北农业科学 | 1081 | 0.565 | 0.104 | 0.87 | 312 | 0.55 | 2.74 | 7.7 | 7 |
| C01 | 福建农业科技 | 865 | 0.279 | 0.049 | 0.96 | 283 | 0.54 | 2.48 | 5.2 | 4 |
| C01 | 福建农业学报 | 1516 | 0.649 | 0.073 | 0.94 | 449 | 0.54 | 3.94 | 5.4 | 7 |
| C01 | 甘肃农业 | 1245 | 0.313 | 0.101 | 0.99 | 467 | 0.52 | 4.10 | 5.1 | 5 |
| C01 | 甘肃农业科技 | 1957 | 0.663 | 0.141 | 0.55 | 309 | 0.60 | 2.71 | 5.2 | 6 |
| C01 | 干旱地区农业研究 | 4205 | 1.046 | 0.099 | 0.91 | 562 | 0.62 | 4.93 | 7.5 | 10 |
| C01 | 高等农业教育 | 2551 | 1.009 | 0.111 | 0.92 | 727 | 0.25 | 6.38 | 4.9 | 9 |
| C01 | 古今农业 | 297 | 0.252 | 0.019 | 0.95 | 172 | 0.17 | 1.51 | 9.5 | 4 |
| C01 | 广东农业科学 | 6049 | 0.602 | 0.104 | 0.97 | 1218 | 0.71 | 10.68 | 4.9 | 9 |
| C01 | 广西农学报 | 551 | 0.305 | 0.037 | 0.95 | 224 | 0.39 | 1.96 | 6.0 | 5 |
| C01 | 贵州农业科学 | 4165 | 0.576 | 0.123 | 0.93 | 901 | 0.75 | 7.90 | 5.4 | 8 |
| C01 | 河北农业 | 150 | — | 0.034 | 1.00 | 90 | 0.25 | 0.79 | 3.6 | 2 |
| C01 | 河北农业科学 | 1985 | 0.602 | 0.105 | 0.92 | 537 | 0.63 | 4.71 | 6.8 | 7 |
| C01 | 河南农业 | 1194 | 0.535 | 0.064 | 0.98 | 448 | 0.50 | 3.93 | 3.9 | 6 |
| C01 | 河南农业科学 | 3718 | 0.892 | 0.162 | 0.91 | 648 | 0.68 | 5.68 | 5.8 | 9 |
| C01 | 核农学报 | 3187 | 1.502 | 0.170 | 0.76 | 467 | 0.52 | 4.10 | 4.6 | 8 |
| C01 | 黑龙江农业科学 | 2051 | 0.400 | 0.065 | 0.96 | 575 | 0.67 | 5.04 | 5.3 | 6 |
| C01 | 湖北农业科学 | 5774 | 0.467 | 0.062 | 0.93 | 1273 | 0.71 | 11.17 | 4.5 | 9 |

| 学科代码 | 期刊名称 | 扩展总被引频次 | 扩展影响因子 | 扩展即年指标 | 扩展他引率 | 扩展引用刊数 | 扩展学科影响指标 | 扩展学科扩散指标 | 扩展被引半衰期 | 扩展H指标 |
|---|---|---|---|---|---|---|---|---|---|---|
| C01 | 湖南农业科学 | 2682 | 0.452 | 0.109 | 0.95 | 721 | 0.65 | 6.32 | 5.3 | 7 |
| C01 | 华北农学报 | 3967 | 1.097 | 0.140 | 0.95 | 526 | 0.61 | 4.61 | 7.6 | 9 |
| C01 | 江苏农业科学 | 7735 | 0.721 | 0.056 | 0.89 | 1239 | 0.76 | 10.87 | 3.9 | 9 |
| C01 | 江苏农业学报 | 2380 | 1.305 | 0.149 | 0.94 | 511 | 0.58 | 4.48 | 4.9 | 9 |
| C01 | 江西农业学报 | 3528 | 0.750 | 0.127 | 0.96 | 858 | 0.72 | 7.53 | 5.9 | 8 |
| C01 | 辽宁农业科学 | 1071 | 0.452 | 0.222 | 0.94 | 347 | 0.58 | 3.04 | 8.8 | 6 |
| C01 | 绿洲农业科学与工程 | 3 | — | 0.079 | 0.67 | 3 | 0.02 | 0.03 | — | 1 |
| C01 | 南方农业学报 | 3090 | 1.060 | 0.098 | 0.92 | 635 | 0.62 | 5.57 | 4.6 | 8 |
| C01 | 宁夏农林科技 | 1339 | 0.264 | 0.065 | 0.94 | 441 | 0.60 | 3.87 | 5.4 | 5 |
| C01 | 农产品质量与安全 | 981 | 1.895 | 0.652 | 0.80 | 257 | 0.42 | 2.25 | 3.4 | 9 |
| C01 | 农村科技 | 525 | 0.110 | 0.040 | 1.00 | 169 | 0.46 | 1.48 | 5.1 | 3 |
| C01 | 农技服务 | 2487 | 0.490 | 0.088 | 0.95 | 464 | 0.65 | 4.07 | 2.7 | 7 |
| C01 | 农学学报 | 1210 | 0.686 | 0.146 | 0.96 | 441 | 0.63 | 3.87 | 3.7 | 7 |
| C01 | 农业科技管理 | 1384 | 1.082 | 0.360 | 0.66 | 332 | 0.51 | 2.91 | 4.8 | 7 |
| C01 | 农业科技通讯 | 2238 | 0.369 | 0.081 | 0.91 | 385 | 0.71 | 3.38 | 4.6 | 5 |
| C01 | 农业科技与信息 | 2072 | 0.302 | 0.065 | 0.98 | 490 | 0.53 | 4.30 | 4.3 | 7 |
| C01 | 农业科学研究 | 644 | 0.401 | — | 0.99 | 320 | 0.43 | 2.81 | 8.6 | 6 |
| C01 | 农业生物技术学报 | 1541 | 0.941 | 0.103 | 0.88 | 384 | 0.42 | 3.37 | 5.7 | 7 |
| C01 | 农业网络信息 | 1390 | 0.389 | 0.107 | 0.96 | 572 | 0.43 | 5.02 | 4.7 | 6 |
| C01 | 农业与技术 | 4809 | 0.572 | 0.149 | 0.97 | 732 | 0.69 | 6.42 | 2.3 | 9 |
| C01 | 农业灾害研究 | 392 | 0.314 | 0.045 | 0.96 | 210 | 0.43 | 1.84 | 3.2 | 4 |
| C01 | 农业展望 | 830 | 0.881 | 0.299 | 0.83 | 322 | 0.50 | 2.82 | 3.2 | 8 |
| C01 | 青海农技推广 | 122 | 0.257 | 0.028 | 0.96 | 60 | 0.22 | 0.53 | 6.6 | 2 |
| C01 | 青海农林科技 | 363 | 0.202 | 0.065 | 0.98 | 197 | 0.39 | 1.73 | 7.9 | 4 |
| C01 | 热带农业科学 | 1495 | 0.505 | 0.073 | 0.92 | 434 | 0.57 | 3.81 | 6.4 | 7 |
| C01 | 山地农业生物学报 | 808 | 0.521 | 0.078 | 0.95 | 354 | 0.45 | 3.11 | 7.8 | 6 |
| C01 | 山东农业科学 | 2682 | 0.625 | 0.125 | 0.93 | 575 | 0.65 | 5.04 | 5.7 | 7 |
| C01 | 山西农业科学 | 2847 | 0.828 | 0.198 | 0.82 | 551 | 0.68 | 4.83 | 5.3 | 7 |
| C01 | 陕西农业科学 | 1987 | 0.409 | 0.110 | 0.92 | 559 | 0.66 | 4.90 | 5.9 | 6 |
| C01 | 上海农业科技 | 1174 | 0.215 | 0.045 | 0.96 | 305 | 0.59 | 2.68 | 5.8 | 5 |
| C01 | 上海农业学报 | 1187 | 0.466 | 0.058 | 0.95 | 416 | 0.56 | 3.65 | 8.4 | 6 |
| C01 | 世界农业 | 2603 | 0.929 | 0.149 | 0.89 | 752 | 0.64 | 6.60 | 3.7 | 11 |
| C01 | 四川农业科技 | 656 | — | 0.155 | 0.95 | 211 | 0.45 | 1.85 | 5.2 | 4 |

| 学科代码 | 期刊名称 | 扩展总被引频次 | 扩展影响因子 | 扩展即年指标 | 扩展他引率 | 扩展引用刊数 | 扩展学科影响指标 | 扩展学科扩散指标 | 扩展被引半衰期 | 扩展H指标 |
|---|---|---|---|---|---|---|---|---|---|---|
| C01 | 特产研究 | 555 | 0.354 | — | 0.96 | 251 | 0.25 | 2.20 | ≥10 | 5 |
| C01 | 天津农林科技 | 305 | 0.224 | 0.086 | 0.97 | 140 | 0.39 | 1.23 | 6.8 | 3 |
| C01 | 天津农业科学 | 1563 | 0.641 | 0.216 | 0.89 | 487 | 0.63 | 4.27 | 4.3 | 7 |
| C01 | 西北农业学报 | 3684 | 0.718 | 0.091 | 0.97 | 624 | 0.66 | 5.47 | 6.7 | 8 |
| C01 | 西南农业学报 | 4205 | 0.894 | 0.136 | 0.92 | 652 | 0.68 | 5.72 | 5.7 | 9 |
| C01 | 西藏农业科技 | 127 | 0.094 | — | 0.85 | 57 | 0.17 | 0.50 | 6.3 | 4 |
| C01 | 现代农村科技 | 1219 | 0.578 | 0.098 | 0.98 | 338 | 0.50 | 2.96 | 3.0 | 5 |
| C01 | 现代农业 | 1140 | 0.618 | 0.042 | 0.99 | 406 | 0.54 | 3.56 | 4.9 | 5 |
| C01 | 现代农业科技 | 13820 | 0.347 | 0.121 | 0.85 | 1365 | 0.79 | 11.97 | 4.7 | 13 |
| C01 | 现代农业研究 | 931 | 1.238 | 0.082 | 0.98 | 223 | 0.31 | 1.96 | 3.6 | 6 |
| C01 | 乡村科技 | 200 | — | 0.029 | 0.97 | 91 | 0.18 | 0.80 | 2.1 | 3 |
| C01 | 新疆农业科技 | 444 | 0.162 | 0.073 | 0.85 | 156 | 0.41 | 1.37 | 5.9 | 3 |
| C01 | 新疆农业科学 | 2698 | 0.648 | 0.078 | 0.89 | 541 | 0.59 | 4.75 | 6.1 | 7 |
| C01 | 云南农业 | 641 | 0.268 | 0.048 | 0.95 | 208 | 0.44 | 1.82 | 4.7 | 4 |
| C01 | 云南农业科技 | 576 | 0.238 | 0.062 | 0.99 | 218 | 0.44 | 1.91 | 7.2 | 4 |
| C01 | 浙江农业科学 | 2449 | 0.528 | 0.116 | 0.90 | 602 | 0.68 | 5.28 | 4.5 | 7 |
| C01 | 浙江农业学报 | 2018 | 0.738 | 0.127 | 0.93 | 581 | 0.66 | 5.10 | 5.4 | 8 |
| C01 | 中国农技推广 | 692 | 0.274 | 0.069 | 0.99 | 205 | 0.60 | 1.80 | 5.5 | 5 |
| C01 | 中国农史 | 780 | 0.576 | 0.023 | 0.84 | 314 | 0.22 | 2.75 | ≥10 | 6 |
| C01 | 中国农学通报 | 17689 | 0.833 | 0.168 | 0.93 | 1723 | 0.78 | 15.11 | 5.8 | 17 |
| C01 | 中国农业科技导报 | 1884 | 1.289 | 0.201 | 0.96 | 626 | 0.62 | 5.49 | 5.7 | 12 |
| C01 | 中国农业科学 | 14617 | 2.435 | 0.335 | 0.95 | 1011 | 0.75 | 8.87 | 6.8 | 21 |
| C01 | 中国农业气象 | 2376 | 1.431 | 0.202 | 0.91 | 464 | 0.57 | 4.07 | 7.0 | 9 |
| C01 | 中国农业信息 | 1954 | 1.405 | 0.159 | 0.98 | 398 | 0.57 | 3.49 | 2.8 | 7 |
| C01 | 中国农业资源与区划 | 2446 | 2.711 | 0.230 | 0.59 | 522 | 0.58 | 4.58 | 4.1 | 10 |
| C01 | 中国热带农业 | 658 | 0.621 | 0.106 | 0.92 | 202 | 0.39 | 1.77 | 5.2 | 6 |
| C01 | 中国生态农业学报 | 5355 | 1.861 | 0.388 | 0.94 | 783 | 0.67 | 6.87 | 6.5 | 14 |
| C02 | Journal of Northeast Agricultural University (English Edition) | 70 | 0.173 | 0.022 | 0.91 | 48 | 0.14 | 1.37 | 5.0 | 3 |
| C02 | 安徽农业大学学报 | 1421 | 0.468 | 0.077 | 0.98 | 528 | 0.69 | 15.09 | 7.7 | 7 |
| C02 | 北京农学院学报 | 762 | 0.662 | 0.154 | 0.98 | 402 | 0.57 | 11.49 | 8.1 | 5 |
| C02 | 北京农业职业学院学报 | 378 | 0.403 | 0.151 | 0.75 | 216 | 0.23 | 6.17 | 4.7 | 3 |
| C02 | 东北农业大学学报 | 2672 | 0.875 | 0.157 | 0.93 | 725 | 0.83 | 20.71 | 6.4 | 9 |

| 学科代码 | 期刊名称 | 扩展总被引频次 | 扩展影响因子 | 扩展即年指标 | 扩展他引率 | 扩展引用刊数 | 扩展学科影响指标 | 扩展学科扩散指标 | 扩展被引半衰期 | 扩展H指标 |
|---|---|---|---|---|---|---|---|---|---|---|
| C02 | 福建农林大学学报(自然科学版) | 1334 | 0.644 | 0.100 | 0.96 | 480 | 0.63 | 13.71 | 8.9 | 7 |
| C02 | 甘肃农业大学学报 | 1643 | 0.613 | 0.052 | 0.89 | 486 | 0.74 | 13.89 | 7.2 | 7 |
| C02 | 河北农业大学学报 | 1724 | 0.576 | 0.048 | 0.97 | 572 | 0.74 | 16.34 | ≥10 | 6 |
| C02 | 河南农业大学学报 | 1463 | 0.611 | 0.065 | 0.94 | 505 | 0.66 | 14.43 | 9.0 | 8 |
| C02 | 黑龙江八一农垦大学学报 | 980 | 0.860 | 0.080 | 0.79 | 386 | 0.54 | 11.03 | 5.4 | 5 |
| C02 | 湖南农业大学学报(自然科学版) | 1771 | 0.800 | 0.150 | 0.95 | 520 | 0.80 | 14.86 | 8.9 | 8 |
| C02 | 华南农业大学学报 | 1513 | 0.921 | 0.281 | 0.98 | 527 | 0.77 | 15.06 | 9.1 | 7 |
| C02 | 华中农业大学学报 | 2066 | 1.093 | 0.177 | 0.96 | 585 | 0.69 | 16.71 | 8.7 | 8 |
| C02 | 吉林农业大学学报 | 1791 | 0.874 | 0.429 | 0.88 | 545 | 0.74 | 15.57 | 8.7 | 8 |
| C02 | 吉林农业科技学院学报 | 355 | 0.315 | 0.084 | 0.99 | 249 | 0.09 | 7.11 | 4.2 | 4 |
| C02 | 江西农业大学学报 | 2313 | 0.794 | 0.077 | 0.95 | 595 | 0.74 | 17.00 | 7.5 | 7 |
| C02 | 辽宁农业职业技术学院学报 | 429 | 0.267 | 0.110 | 0.99 | 263 | 0.11 | 7.51 | 6.1 | 4 |
| C02 | 南京农业大学学报 | 2157 | 0.883 | 0.156 | 0.96 | 562 | 0.74 | 16.06 | 9.3 | 8 |
| C02 | 青岛农业大学学报(自然科学版) | 507 | 0.382 | 0.072 | 0.98 | 271 | 0.46 | 7.74 | 9.7 | 5 |
| C02 | 山东农业大学学报(自然科学版) | 1391 | 0.602 | 0.115 | 0.98 | 598 | 0.69 | 17.09 | ≥10 | 6 |
| C02 | 山东农业工程学院学报 | 941 | 0.361 | 0.126 | 1.00 | 473 | 0.11 | 13.51 | 3.5 | 5 |
| C02 | 山西农业大学学报(自然科学版) | 950 | 0.415 | 0.093 | 0.96 | 428 | 0.54 | 12.23 | 9.2 | 6 |
| C02 | 上海交通大学学报(农业科学版) | 947 | 0.520 | 0.034 | 0.95 | 400 | 0.60 | 11.43 | 8.6 | 6 |
| C02 | 沈阳农业大学学报 | 2007 | 0.703 | 0.126 | 0.95 | 579 | 0.83 | 16.54 | ≥10 | 9 |
| C02 | 四川农业大学学报 | 938 | 0.796 | 0.067 | 0.98 | 419 | 0.71 | 11.97 | ≥10 | 6 |
| C02 | 天津农学院学报 | 382 | 0.548 | 0.026 | 0.92 | 229 | 0.26 | 6.54 | 7.9 | 3 |
| C02 | 西北农林科技大学学报(自然科学版) | 4822 | 0.778 | 0.136 | 0.96 | 963 | 0.86 | 27.51 | 7.9 | 10 |
| C02 | 新疆农业大学学报 | 911 | 0.645 | 0.012 | 0.94 | 350 | 0.43 | 10.00 | 8.2 | 7 |
| C02 | 信阳农林学院学报 | 389 | 0.199 | 0.076 | 0.99 | 256 | 0.14 | 7.31 | 5.7 | 3 |
| C02 | 延边大学农学学报 | 421 | 0.858 | 0.063 | 0.91 | 210 | 0.31 | 6.00 | 5.8 | 4 |
| C02 | 扬州大学学报(农业与生命科学版) | 966 | 0.729 | 0.244 | 0.88 | 317 | 0.57 | 9.06 | 9.0 | 6 |
| C02 | 云南农业大学学报(自然科学) | 1843 | 0.863 | 0.126 | 0.96 | 530 | 0.71 | 15.14 | 7.6 | 8 |
| C02 | 浙江大学学报(农业与生命科学版) | 1700 | 0.738 | 0.193 | 0.99 | 567 | 0.71 | 16.20 | ≥10 | 8 |
| C02 | 中国农业大学学报 | 2900 | 1.088 | 0.207 | 0.96 | 824 | 0.83 | 23.54 | 7.6 | 10 |
| C02 | 仲恺农业工程学院学报 | 286 | 0.367 | 0.068 | 0.91 | 184 | 0.26 | 5.26 | 7.9 | 4 |
| C03 | Rice Science | 143 | 0.208 | 0.027 | 0.92 | 80 | 0.33 | 1.90 | 6.3 | 3 |
| C03 | The Crop Journal | 60 | 0.458 | 0.107 | 0.92 | 39 | 0.17 | 0.93 | 2.2 | 2 |
| C03 | 北方水稻 | 650 | 0.376 | 0.084 | 0.96 | 169 | 0.43 | 4.02 | 6.5 | 6 |

| 学科代码 | 期刊名称 | 扩展总被引频次 | 扩展影响因子 | 扩展即年指标 | 扩展他引率 | 扩展引用刊数 | 扩展学科影响指标 | 扩展学科扩散指标 | 扩展被引半衰期 | 扩展H指标 |
|---|---|---|---|---|---|---|---|---|---|---|
| C03 | 茶叶 | 596 | 0.691 | 0.140 | 0.83 | 178 | 0.14 | 4.24 | 9.1 | 6 |
| C03 | 大豆科技 | 492 | 0.681 | 0.057 | 0.86 | 164 | 0.33 | 3.90 | 6.1 | 4 |
| C03 | 大豆科学 | 1864 | 0.720 | 0.154 | 0.84 | 342 | 0.60 | 8.14 | 7.2 | 6 |
| C03 | 大麦与谷类科学 | 335 | 0.405 | 0.160 | 0.85 | 110 | 0.38 | 2.62 | 6.5 | 4 |
| C03 | 分子植物育种 | 1771 | 0.754 | 0.067 | 0.85 | 319 | 0.67 | 7.60 | 6.7 | 7 |
| C03 | 福建稻麦科技 | 248 | 0.233 | 0.052 | 0.87 | 97 | 0.31 | 2.31 | 5.6 | 3 |
| C03 | 福建热作科技 | 323 | 0.304 | 0.024 | 0.94 | 154 | 0.21 | 3.67 | 8.7 | 4 |
| C03 | 甘蔗糖业 | 471 | 0.503 | 0.066 | 0.86 | 132 | 0.21 | 3.14 | 6.0 | 6 |
| C03 | 耕作与栽培 | 959 | 0.393 | 0.084 | 0.94 | 217 | 0.57 | 5.17 | 8.8 | 5 |
| C03 | 广西糖业 | 194 | 0.276 | 0.052 | 0.89 | 74 | 0.14 | 1.76 | 7.2 | 3 |
| C03 | 麦类作物学报 | 2843 | 0.856 | 0.173 | 0.85 | 310 | 0.67 | 7.38 | 7.0 | 10 |
| C03 | 棉花科学 | 418 | 1.077 | 0.347 | 0.53 | 82 | 0.19 | 1.95 | 2.8 | 5 |
| C03 | 棉花学报 | 1326 | 1.387 | 0.091 | 0.89 | 204 | 0.45 | 4.86 | 8.6 | 8 |
| C03 | 农业研究与应用 | 578 | 0.402 | 0.099 | 0.98 | 239 | 0.45 | 5.69 | 6.9 | 4 |
| C03 | 热带农业科技 | 417 | 0.398 | 0.021 | 0.96 | 167 | 0.19 | 3.98 | ≥10 | 4 |
| C03 | 热带作物学报 | 2783 | 0.808 | 0.088 | 0.88 | 521 | 0.62 | 12.40 | 5.0 | 8 |
| C03 | 特种经济动植物 | 518 | — | 0.078 | 1.00 | 252 | 0.12 | 6.00 | 8.7 | 4 |
| C03 | 亚热带农业研究 | 481 | 0.545 | 0.120 | 0.94 | 218 | 0.38 | 5.19 | 8.0 | 5 |
| C03 | 玉米科学 | 3421 | 1.000 | 0.137 | 0.91 | 331 | 0.60 | 7.88 | 8.4 | 11 |
| C03 | 杂交水稻 | 1306 | 0.465 | 0.109 | 0.88 | 184 | 0.55 | 4.38 | 8.3 | 7 |
| C03 | 植物遗传资源学报 | 2242 | 1.394 | 0.139 | 0.84 | 330 | 0.64 | 7.86 | 5.1 | 9 |
| C03 | 中国稻米 | 1301 | 0.707 | 0.115 | 0.87 | 234 | 0.50 | 5.57 | 5.6 | 8 |
| C03 | 中国麻业科学 | 594 | 0.488 | 0.041 | 0.81 | 156 | 0.29 | 3.71 | 9.6 | 6 |
| C03 | 中国棉花 | 1203 | 0.564 | 0.152 | 0.75 | 200 | 0.48 | 4.76 | 5.9 | 7 |
| C03 | 中国水稻科学 | 2491 | 1.693 | 0.135 | 0.95 | 308 | 0.60 | 7.33 | 8.8 | 11 |
| C03 | 中国糖料 | 779 | 0.574 | 0.230 | 0.68 | 163 | 0.29 | 3.88 | 5.7 | 5 |
| C03 | 中国油料作物学报 | 2108 | 1.094 | 0.171 | 0.92 | 337 | 0.57 | 8.02 | 8.0 | 10 |
| C03 | 中国种业 | 1778 | 0.438 | 0.152 | 0.80 | 307 | 0.74 | 7.31 | 5.5 | 6 |
| C03 | 种业导刊 | 539 | 0.681 | 0.265 | 0.70 | 103 | 0.21 | 2.45 | 5.0 | 5 |
| C03 | 种子 | 3117 | 0.529 | 0.035 | 0.86 | 474 | 0.86 | 11.29 | 6.9 | 7 |
| C03 | 种子科技 | 538 | 0.214 | 0.083 | 0.98 | 184 | 0.45 | 4.38 | 6.8 | 3 |
| C03 | 种子世界 | 434 | 0.121 | 0.022 | 0.99 | 154 | 0.43 | 3.67 | 6.7 | 3 |
| C03 | 作物学报 | 8168 | 2.175 | 0.288 | 0.94 | 515 | 0.83 | 12.26 | 8.3 | 17 |

| 学科代码 | 期刊名称 | 扩展总被引频次 | 扩展影响因子 | 扩展即年指标 | 扩展他引率 | 扩展引用刊数 | 扩展学科影响指标 | 扩展学科扩散指标 | 扩展被引半衰期 | 扩展H指标 |
|---|---|---|---|---|---|---|---|---|---|---|
| C03 | 作物研究 | 1423 | 0.810 | 0.163 | 0.94 | 323 | 0.79 | 7.69 | 5.5 | 7 |
| C03 | 作物杂志 | 2087 | 0.944 | 0.235 | 0.90 | 365 | 0.76 | 8.69 | 5.8 | 8 |
| C04 | Landscape Architecture Frontiers | 17 | — | 0.080 | 0.76 | 14 | 0.02 | 0.33 | 1.8 | 2 |
| C04 | 北方果树 | 604 | 0.211 | 0.085 | 0.99 | 191 | 0.49 | 4.44 | 9.2 | 4 |
| C04 | 北方园艺 | 7182 | 0.554 | 0.103 | 0.90 | 830 | 0.81 | 19.30 | 5.2 | 8 |
| C04 | 茶叶科学 | 1758 | 1.843 | 0.304 | 0.91 | 351 | 0.26 | 8.16 | 7.5 | 9 |
| C04 | 长江蔬菜 | 2046 | 0.303 | 0.057 | 0.89 | 355 | 0.56 | 8.26 | 5.7 | 7 |
| C04 | 东南园艺 | 358 | 0.242 | 0.057 | 0.95 | 128 | 0.40 | 2.98 | 8.3 | 4 |
| C04 | 广东园林 | 703 | 0.598 | 0.077 | 0.92 | 210 | 0.16 | 4.88 | 7.3 | 5 |
| C04 | 果农之友 | 386 | — | 0.066 | 1.00 | 137 | 0.44 | 3.19 | 6.0 | 4 |
| C04 | 果树学报 | 3792 | 1.607 | 0.196 | 0.90 | 403 | 0.72 | 9.37 | 7.7 | 11 |
| C04 | 河北果树 | 439 | 0.225 | 0.042 | 0.99 | 164 | 0.40 | 3.81 | 8.5 | 3 |
| C04 | 河北林果研究 | 633 | 0.383 | 0.060 | 0.95 | 240 | 0.35 | 5.58 | 9.3 | 4 |
| C04 | 花卉 | 275 | — | 0.093 | 0.96 | 79 | 0.14 | 1.84 | 1.4 | 5 |
| C04 | 花生学报 | 586 | 0.728 | 0.182 | 0.91 | 146 | 0.21 | 3.40 | 9.4 | 6 |
| C04 | 吉林蔬菜 | 515 | 1.254 | 0.076 | 0.99 | 179 | 0.44 | 4.16 | 4.8 | 4 |
| C04 | 辣椒杂志 | 291 | 0.333 | 0.060 | 0.93 | 96 | 0.35 | 2.23 | 7.5 | 5 |
| C04 | 落叶果树 | 703 | 0.317 | 0.083 | 0.97 | 216 | 0.42 | 5.02 | 8.7 | 5 |
| C04 | 南方园艺 | 480 | 0.385 | 0.144 | 0.92 | 181 | 0.51 | 4.21 | 6.2 | 4 |
| C04 | 人参研究 | 448 | 0.556 | 0.071 | 0.92 | 170 | 0.09 | 3.95 | 5.9 | 4 |
| C04 | 山西果树 | 532 | 0.295 | 0.077 | 0.98 | 169 | 0.40 | 3.93 | 7.8 | 4 |
| C04 | 上海蔬菜 | 618 | 0.598 | 0.076 | 0.97 | 188 | 0.47 | 4.37 | 6.1 | 4 |
| C04 | 食用菌 | 1463 | 0.594 | 0.120 | 0.89 | 290 | 0.44 | 6.74 | 6.4 | 6 |
| C04 | 食用菌学报 | 835 | 0.662 | 0.077 | 0.91 | 222 | 0.28 | 5.16 | 7.6 | 7 |
| C04 | 蔬菜 | 624 | 0.541 | 0.099 | 0.96 | 175 | 0.42 | 4.07 | 4.4 | 4 |
| C04 | 西北园艺(果树) | 217 | 0.093 | 0.021 | 1.00 | 90 | 0.30 | 2.09 | 6.0 | 4 |
| C04 | 西北园艺(综合) | 312 | 0.140 | 0.033 | 1.00 | 132 | 0.49 | 3.07 | 8.3 | 2 |
| C04 | 现代园艺 | 7618 | 0.594 | 0.239 | 0.93 | 533 | 0.60 | 12.40 | 2.8 | 15 |
| C04 | 烟草科技 | 3219 | 1.054 | 0.133 | 0.82 | 380 | 0.26 | 8.84 | 8.0 | 11 |
| C04 | 园艺学报 | 6310 | 1.102 | 0.168 | 0.93 | 514 | 0.79 | 11.95 | 8.3 | 12 |
| C04 | 园艺与种苗 | 1217 | 0.390 | 0.058 | 0.96 | 298 | 0.44 | 6.93 | 6.9 | 8 |
| C04 | 浙江柑橘 | 201 | 0.308 | 0.018 | 0.93 | 97 | 0.33 | 2.26 | 6.7 | 3 |
| C04 | 中国瓜菜 | 855 | 0.555 | 0.235 | 0.77 | 167 | 0.51 | 3.88 | 5.5 | 6 |

| 学科代码 | 期刊名称 | 扩展总被引频次 | 扩展影响因子 | 扩展即年指标 | 扩展他引率 | 扩展引用刊数 | 扩展学科影响指标 | 扩展学科扩散指标 | 扩展被引半衰期 | 扩展H指标 |
|---|---|---|---|---|---|---|---|---|---|---|
| C04 | 中国果菜 | 605 | 0.725 | 0.140 | 0.94 | 225 | 0.58 | 5.23 | 5.4 | 4 |
| C04 | 中国果树 | 1303 | 0.625 | 0.099 | 0.90 | 249 | 0.53 | 5.79 | 7.6 | 6 |
| C04 | 中国马铃薯 | 1012 | 0.825 | 0.213 | 0.89 | 200 | 0.35 | 4.65 | 7.8 | 6 |
| C04 | 中国南方果树 | 1521 | 0.570 | 0.057 | 0.85 | 247 | 0.42 | 5.74 | 6.1 | 5 |
| C04 | 中国食用菌 | 1391 | 0.665 | 0.021 | 0.89 | 302 | 0.35 | 7.02 | 7.9 | 7 |
| C04 | 中国蔬菜 | 3117 | 0.812 | 0.245 | 0.93 | 413 | 0.56 | 9.60 | 6.0 | 10 |
| C04 | 中国烟草科学 | 2511 | 1.408 | 0.107 | 0.89 | 262 | 0.26 | 6.09 | 7.2 | 11 |
| C04 | 中国烟草学报 | 1934 | 1.257 | 0.090 | 0.93 | 312 | 0.26 | 7.26 | 7.2 | 11 |
| C04 | 中国园艺文摘 | 2499 | 0.461 | 0.108 | 0.96 | 442 | 0.60 | 10.28 | 3.8 | 10 |
| C05 | An International Journal Pedosphere | 873 | 0.547 | 0.139 | 0.98 | 281 | 0.78 | 31.22 | 7.6 | 5 |
| C05 | 土壤 | 3578 | 1.527 | 0.086 | 0.92 | 588 | 0.89 | 65.33 | 7.8 | 12 |
| C05 | 土壤通报 | 4786 | 1.008 | 0.079 | 0.96 | 684 | 0.89 | 76.00 | 8.8 | 13 |
| C05 | 土壤学报 | 6467 | 2.679 | 0.542 | 0.94 | 714 | 0.89 | 79.33 | 8.9 | 18 |
| C05 | 土壤与作物 | 143 | 0.980 | 0.125 | 0.90 | 92 | 0.67 | 10.22 | 3.7 | 4 |
| C05 | 植物医生 | 347 | 0.217 | 0.003 | 0.98 | 141 | 0.11 | 15.67 | 6.2 | 3 |
| C05 | 植物营养与肥料学报 | 6845 | 2.929 | 0.266 | 0.91 | 486 | 0.78 | 54.00 | 7.0 | 19 |
| C05 | 中国土地科学 | 3575 | 2.256 | 0.305 | 0.91 | 696 | 0.44 | 77.33 | 5.7 | 14 |
| C05 | 中国土壤与肥料 | 2494 | 1.277 | 0.147 | 0.93 | 399 | 0.67 | 44.33 | 7.9 | 12 |
| C06 | 广西植保 | 211 | 0.289 | 0.085 | 0.94 | 110 | 0.69 | 6.88 | 7.7 | 3 |
| C06 | 湖北植保 | 309 | 0.208 | 0.092 | 0.96 | 125 | 0.56 | 7.81 | 5.0 | 3 |
| C06 | 环境昆虫学报 | 881 | 0.622 | 0.077 | 0.77 | 231 | 0.81 | 14.44 | 5.6 | 7 |
| C06 | 农药 | 2517 | 0.715 | 0.151 | 0.86 | 486 | 0.94 | 30.38 | 7.1 | 7 |
| C06 | 农药科学与管理 | 923 | 0.408 | 0.146 | 0.93 | 300 | 0.88 | 18.75 | 6.8 | 6 |
| C06 | 农药学学报 | 1274 | 0.986 | 0.182 | 0.90 | 327 | 1.00 | 20.44 | 6.9 | 8 |
| C06 | 生物灾害科学 | 380 | 0.494 | 0.047 | 0.94 | 176 | 0.75 | 11.00 | 4.6 | 5 |
| C06 | 世界农药 | 455 | 0.401 | 0.049 | 0.95 | 177 | 0.88 | 11.06 | 6.9 | 5 |
| C06 | 现代农药 | 605 | 0.631 | 0.130 | 0.89 | 213 | 0.94 | 13.31 | 6.2 | 6 |
| C06 | 杂草学报 | 974 | 1.073 | — | 0.89 | 201 | 0.75 | 12.56 | 9.5 | 5 |
| C06 | 植物保护 | 3236 | 1.012 | 0.199 | 0.91 | 434 | 0.94 | 27.13 | 6.9 | 11 |
| C06 | 植物保护学报 | 2096 | 1.032 | 0.359 | 0.88 | 299 | 0.94 | 18.69 | 8.5 | 9 |
| C06 | 植物病理学报 | 1799 | 0.674 | 0.085 | 0.96 | 305 | 0.88 | 19.06 | ≥10 | 7 |
| C06 | 植物检疫 | 1062 | 0.549 | 0.072 | 0.81 | 231 | 0.75 | 14.44 | 7.3 | 6 |
| C06 | 中国生物防治学报 | 1428 | 1.243 | 0.121 | 0.88 | 284 | 0.75 | 17.75 | 7.0 | 7 |

| 学科代码 | 期刊名称 | 扩展总被引频次 | 扩展影响因子 | 扩展即年指标 | 扩展他引率 | 扩展引用刊数 | 扩展学科影响指标 | 扩展学科扩散指标 | 扩展被引半衰期 | 扩展H指标 |
|---|---|---|---|---|---|---|---|---|---|---|
| C06 | 中国植保导刊 | 1702 | 0.837 | 0.177 | 0.92 | 294 | 0.94 | 18.38 | 5.3 | 8 |
| C07 | Forest Ecosystems | 89 | 0.082 | — | 0.99 | 70 | 0.15 | 0.89 | 8.9 | 2 |
| C07 | Journal of Forestry Research | 654 | 0.401 | 0.073 | 0.89 | 237 | 0.43 | 3.00 | 7.3 | 4 |
| C07 | 安徽林业科技 | 278 | 0.277 | 0.009 | 0.96 | 136 | 0.46 | 1.72 | 5.0 | 3 |
| C07 | 桉树科技 | 261 | 0.524 | 0.111 | 0.84 | 92 | 0.38 | 1.16 | 5.5 | 5 |
| C07 | 北京林业大学学报 | 3641 | 1.046 | 0.174 | 0.95 | 708 | 0.82 | 8.96 | 9.4 | 10 |
| C07 | 东北林业大学学报 | 3836 | 0.766 | 0.121 | 0.93 | 768 | 0.78 | 9.72 | 6.7 | 8 |
| C07 | 防护林科技 | 1254 | 0.229 | 0.093 | 0.93 | 328 | 0.75 | 4.15 | 5.5 | 6 |
| C07 | 风景园林 | 672 | 1.017 | 0.248 | 0.92 | 205 | 0.27 | 2.59 | 4.0 | 7 |
| C07 | 福建林业科技 | 1503 | 0.491 | 0.075 | 0.96 | 375 | 0.76 | 4.75 | 8.2 | 7 |
| C07 | 甘肃林业科技 | 371 | 0.292 | 0.155 | 0.86 | 152 | 0.35 | 1.92 | 8.8 | 4 |
| C07 | 广西林业科学 | 665 | 0.411 | 0.052 | 0.89 | 193 | 0.63 | 2.44 | 8.6 | 6 |
| C07 | 贵州林业科技 | 387 | 0.302 | 0.096 | 0.94 | 170 | 0.49 | 2.15 | 9.8 | 5 |
| C07 | 河北林业科技 | 900 | 0.286 | 0.035 | 0.96 | 294 | 0.62 | 3.72 | 6.7 | 5 |
| C07 | 河南林业科技 | 375 | 0.250 | 0.013 | 0.96 | 163 | 0.51 | 2.06 | 9.1 | 4 |
| C07 | 黑龙江生态工程职业学院学报 | 838 | 0.278 | 0.112 | 1.00 | 408 | 0.32 | 5.16 | 4.4 | 7 |
| C07 | 湖北林业科技 | 663 | 0.345 | 0.088 | 0.88 | 230 | 0.65 | 2.91 | 6.2 | 6 |
| C07 | 湖南林业科技 | 966 | 0.507 | 0.129 | 0.83 | 281 | 0.68 | 3.56 | 7.0 | 6 |
| C07 | 华东森林经理 | 317 | 0.378 | 0.065 | 0.94 | 133 | 0.54 | 1.68 | 7.4 | 4 |
| C07 | 吉林林业科技 | 500 | 0.275 | 0.155 | 0.93 | 178 | 0.54 | 2.25 | 8.0 | 4 |
| C07 | 江苏林业科技 | 647 | 0.467 | 0.071 | 0.93 | 241 | 0.67 | 3.05 | 8.7 | 4 |
| C07 | 经济林研究 | 1809 | 1.572 | 0.127 | 0.87 | 361 | 0.62 | 4.57 | 5.8 | 9 |
| C07 | 辽宁林业科技 | 743 | 0.345 | 0.102 | 0.91 | 234 | 0.62 | 2.96 | 8.1 | 4 |
| C07 | 林产工业 | 764 | 0.573 | 0.133 | 0.76 | 219 | 0.52 | 2.77 | 6.1 | 6 |
| C07 | 林区教学 | 784 | 0.170 | 0.061 | 0.98 | 337 | 0.06 | 4.27 | 4.0 | 5 |
| C07 | 林业工程学报 | 1842 | 0.619 | 0.242 | 0.97 | 430 | 0.78 | 5.44 | 7.0 | 7 |
| C07 | 林业机械与木工设备 | 834 | 0.530 | 0.153 | 0.80 | 293 | 0.47 | 3.71 | 5.7 | 5 |
| C07 | 林业建设 | 267 | 0.425 | 0.056 | 0.95 | 142 | 0.41 | 1.80 | 4.5 | 4 |
| C07 | 林业勘查设计 | 315 | 0.140 | 0.045 | 0.97 | 141 | 0.42 | 1.78 | 6.7 | 3 |
| C07 | 林业科技 | 728 | 0.598 | 0.128 | 0.93 | 280 | 0.71 | 3.54 | 8.3 | 4 |
| C07 | 林业科技情报 | 981 | 0.843 | 0.115 | 0.83 | 252 | 0.41 | 3.19 | 4.7 | 6 |
| C07 | 林业科技通讯 | 1298 | 0.331 | 0.074 | 0.96 | 320 | 0.76 | 4.05 | 8.3 | 6 |
| C07 | 林业科学 | 6532 | 1.462 | 0.116 | 0.93 | 724 | 0.86 | 9.16 | 7.9 | 14 |

| 学科代码 | 期刊名称 | 扩展总被引频次 | 扩展影响因子 | 扩展即年指标 | 扩展他引率 | 扩展引用刊数 | 扩展学科影响指标 | 扩展学科扩散指标 | 扩展被引半衰期 | 扩展H指标 |
|---|---|---|---|---|---|---|---|---|---|---|
| C07 | 林业科学研究 | 3037 | 1.043 | 0.086 | 0.95 | 444 | 0.78 | 5.62 | 9.9 | 10 |
| C07 | 林业与环境科学 | 851 | 0.485 | 0.041 | 0.89 | 233 | 0.68 | 2.95 | 7.8 | 5 |
| C07 | 林业调查规划 | 1030 | 0.487 | 0.102 | 0.92 | 355 | 0.75 | 4.49 | 6.3 | 5 |
| C07 | 林业资源管理 | 1283 | 0.717 | 0.219 | 0.92 | 372 | 0.75 | 4.71 | 6.2 | 6 |
| C07 | 绿色科技 | 3089 | 0.399 | 0.131 | 0.86 | 677 | 0.66 | 8.57 | 3.0 | 10 |
| C07 | 木材工业 | 821 | 0.810 | 0.218 | 0.90 | 173 | 0.46 | 2.19 | 6.6 | 7 |
| C07 | 南方林业科学 | 703 | 0.514 | 0.106 | 0.93 | 249 | 0.62 | 3.15 | 7.4 | 5 |
| C07 | 南京林业大学学报(自然科学版) | 2899 | 1.198 | 0.251 | 0.93 | 674 | 0.78 | 8.53 | 7.4 | 8 |
| C07 | 内蒙古林业科技 | 350 | 0.190 | 0.048 | 0.97 | 160 | 0.46 | 2.03 | 9.7 | 4 |
| C07 | 内蒙古林业调查设计 | 657 | 0.212 | 0.067 | 0.96 | 240 | 0.61 | 3.04 | 5.7 | 5 |
| C07 | 热带林业 | 272 | 0.386 | 0.081 | 0.92 | 136 | 0.39 | 1.72 | 7.1 | 5 |
| C07 | 森林防火 | 269 | 0.312 | 0.027 | 0.93 | 108 | 0.43 | 1.37 | 8.2 | 4 |
| C07 | 森林工程 | 1421 | 1.175 | 0.468 | 0.94 | 428 | 0.59 | 5.42 | 3.4 | 7 |
| C07 | 森林与环境学报 | 1135 | 1.070 | 0.301 | 0.93 | 315 | 0.72 | 3.99 | ≥10 | 5 |
| C07 | 山东林业科技 | 1030 | 0.297 | 0.046 | 0.97 | 353 | 0.63 | 4.47 | 8.1 | 7 |
| C07 | 山西林业 | 253 | 0.243 | 0.040 | 0.99 | 109 | 0.29 | 1.38 | 5.7 | 4 |
| C07 | 山西林业科技 | 375 | 0.268 | 0.084 | 0.91 | 155 | 0.47 | 1.96 | 7.8 | 4 |
| C07 | 陕西林业科技 | 775 | 0.312 | 0.062 | 0.91 | 253 | 0.58 | 3.20 | 7.3 | 5 |
| C07 | 世界林业研究 | 1761 | 0.924 | 0.038 | 0.97 | 478 | 0.82 | 6.05 | 9.4 | 9 |
| C07 | 世界竹藤通讯 | 293 | 0.419 | 0.220 | 0.84 | 102 | 0.37 | 1.29 | 5.7 | 4 |
| C07 | 四川林业科技 | 959 | 0.511 | 0.130 | 0.82 | 279 | 0.67 | 3.53 | 6.6 | 5 |
| C07 | 西北林学院学报 | 3868 | 1.170 | 0.213 | 0.79 | 665 | 0.77 | 8.42 | 6.3 | 11 |
| C07 | 西部林业科学 | 903 | 0.652 | 0.060 | 0.90 | 273 | 0.66 | 3.46 | 6.7 | 5 |
| C07 | 西南林业大学学报 | 1044 | 0.814 | 0.112 | 0.93 | 359 | 0.73 | 4.54 | 6.1 | 6 |
| C07 | 浙江林业科技 | 968 | 0.563 | 0.051 | 0.95 | 299 | 0.72 | 3.78 | 8.6 | 5 |
| C07 | 浙江农林大学学报 | 1854 | 0.986 | 0.204 | 0.95 | 523 | 0.78 | 6.62 | 6.9 | 8 |
| C07 | 中国城市林业 | 512 | 0.524 | 0.221 | 0.86 | 210 | 0.47 | 2.66 | 5.8 | 5 |
| C07 | 中国林副特产 | 1098 | 0.320 | 0.049 | 0.96 | 356 | 0.52 | 4.51 | 7.4 | 5 |
| C07 | 中国林业经济 | 416 | 0.458 | 0.121 | 0.93 | 205 | 0.43 | 2.59 | 4.3 | 4 |
| C07 | 中国森林病虫 | 831 | 0.966 | 0.184 | 0.94 | 201 | 0.59 | 2.54 | 8.2 | 6 |
| C07 | 中国园林 | 5276 | 1.570 | 0.263 | 0.92 | 705 | 0.65 | 8.92 | 7.4 | 15 |
| C07 | 中南林业科技大学学报 | 3574 | 1.547 | 0.143 | 0.85 | 740 | 0.84 | 9.37 | 4.7 | 8 |
| C07 | 中南林业调查规划 | 409 | 0.540 | 0.036 | 0.97 | 175 | 0.57 | 2.22 | 8.6 | 5 |

| 学科代码 | 期刊名称 | 扩展总被引频次 | 扩展影响因子 | 扩展即年指标 | 扩展他引率 | 扩展引用刊数 | 扩展学科影响指标 | 扩展学科扩散指标 | 扩展被引半衰期 | 扩展H指标 |
|---|---|---|---|---|---|---|---|---|---|---|
| C07 | 竹子学报 | 581 | 0.441 | — | 0.92 | 168 | 0.48 | 2.13 | ≥10 | 5 |
| C08 | Avian Research | 59 | 0.206 | — | 0.83 | 29 | 0.01 | 0.29 | 4.4 | 2 |
| C08 | Journal of Animal Science and Biotechnology | 137 | 0.596 | 0.081 | 0.88 | 65 | 0.27 | 0.66 | 2.9 | 3 |
| C08 | 北方蚕业 | 216 | 0.306 | 0.042 | 0.81 | 70 | 0.15 | 0.71 | 6.7 | 4 |
| C08 | 蚕桑茶叶通讯 | 232 | 0.351 | 0.048 | 0.92 | 98 | 0.14 | 0.99 | 7.4 | 3 |
| C08 | 蚕学通讯 | 132 | 0.261 | 0.065 | 0.90 | 62 | 0.15 | 0.63 | 6.4 | 3 |
| C08 | 蚕业科学 | 1311 | 0.630 | 0.129 | 0.77 | 268 | 0.22 | 2.71 | 6.9 | 6 |
| C08 | 草食家畜 | 591 | 0.618 | 0.126 | 0.90 | 164 | 0.55 | 1.66 | 6.0 | 5 |
| C08 | 草学 | 645 | 0.286 | 0.072 | 0.95 | 224 | 0.46 | 2.26 | 8.6 | 4 |
| C08 | 草原与草业 | 308 | 0.490 | 0.125 | 0.92 | 120 | 0.23 | 1.21 | 8.5 | 4 |
| C08 | 畜禽业 | 1357 | 0.220 | 0.085 | 0.98 | 226 | 0.73 | 2.28 | 5.1 | 5 |
| C08 | 当代畜禽养殖业 | 637 | 0.592 | 0.083 | 0.98 | 147 | 0.60 | 1.48 | 2.8 | 4 |
| C08 | 当代畜牧 | 1466 | 0.584 | 0.333 | 0.99 | 227 | 0.70 | 2.29 | 2.8 | 6 |
| C08 | 动物医学进展 | 3178 | 0.949 | 0.171 | 0.85 | 624 | 0.77 | 6.30 | 5.6 | 9 |
| C08 | 动物营养学报 | 3965 | 1.377 | 0.138 | 0.83 | 384 | 0.73 | 3.88 | 4.1 | 10 |
| C08 | 福建畜牧兽医 | 556 | 0.236 | 0.102 | 0.95 | 155 | 0.63 | 1.57 | 6.0 | 4 |
| C08 | 甘肃畜牧兽医 | 559 | 0.216 | 0.052 | 0.94 | 146 | 0.60 | 1.47 | 3.8 | 4 |
| C08 | 广东蚕业 | 160 | 0.313 | 0.121 | 0.81 | 74 | 0.15 | 0.75 | 5.8 | 3 |
| C08 | 广东畜牧兽医科技 | 294 | 0.286 | 0.022 | 0.98 | 140 | 0.61 | 1.41 | 7.1 | 3 |
| C08 | 广东饲料 | 335 | 0.263 | 0.067 | 0.99 | 155 | 0.49 | 1.57 | 6.0 | 4 |
| C08 | 广西蚕业 | 244 | 0.336 | 0.321 | 0.68 | 68 | 0.13 | 0.69 | 6.4 | 4 |
| C08 | 广西畜牧兽医 | 356 | 0.189 | 0.081 | 0.96 | 115 | 0.56 | 1.16 | 5.8 | 4 |
| C08 | 贵州畜牧兽医 | 385 | 0.207 | 0.078 | 0.96 | 152 | 0.56 | 1.54 | 6.2 | 3 |
| C08 | 国外畜牧学-猪与禽 | 393 | 0.186 | 0.028 | 0.99 | 121 | 0.54 | 1.22 | 4.9 | 3 |
| C08 | 黑龙江畜牧兽医(上半月) | 2761 | 0.375 | 0.098 | 0.92 | 543 | 0.82 | 5.48 | 5.1 | 5 |
| C08 | 黑龙江畜牧兽医(下半月) | 642 | — | 0.055 | 0.87 | 221 | 0.59 | 2.23 | 2.5 | 3 |
| C08 | 黑龙江动物繁殖 | 267 | 0.131 | 0.031 | 0.96 | 88 | 0.46 | 0.89 | 6.7 | 2 |
| C08 | 湖北畜牧兽医 | 846 | 0.303 | 0.086 | 0.98 | 162 | 0.62 | 1.64 | 3.3 | 5 |
| C08 | 湖南畜牧兽医 | 280 | 0.292 | 0.044 | 0.96 | 103 | 0.55 | 1.04 | 5.3 | 4 |
| C08 | 吉林畜牧兽医 | 634 | 0.808 | 0.103 | 1.00 | 159 | 0.61 | 1.61 | 5.0 | 4 |
| C08 | 家畜生态学报 | 1399 | 0.701 | 0.136 | 0.91 | 316 | 0.75 | 3.19 | 5.5 | 6 |
| C08 | 家禽科学 | 739 | 0.350 | 0.063 | 0.97 | 177 | 0.68 | 1.79 | 7.0 | 4 |
| C08 | 江苏蚕业 | 157 | 0.418 | 0.085 | 0.87 | 47 | 0.12 | 0.47 | 8.3 | 4 |

| 学科代码 | 期刊名称 | 扩展总被引频次 | 扩展影响因子 | 扩展即年指标 | 扩展他引率 | 扩展引用刊数 | 扩展学科影响指标 | 扩展学科扩散指标 | 扩展被引半衰期 | 扩展H指标 |
|---|---|---|---|---|---|---|---|---|---|---|
| C08 | 江西畜牧兽医杂志 | 297 | 0.155 | 0.052 | 0.98 | 112 | 0.51 | 1.13 | 6.8 | 3 |
| C08 | 江西农业 | 177 | – | 0.088 | 0.99 | 88 | 0.10 | 0.89 | – | 3 |
| C08 | 今日畜牧兽医 | 487 | – | 0.061 | 1.00 | 133 | 0.61 | 1.34 | 5.6 | 4 |
| C08 | 经济动物学报 | 411 | 0.583 | 0.083 | 0.87 | 163 | 0.47 | 1.65 | 9.0 | 4 |
| C08 | 青海草业 | 203 | 0.248 | 0.020 | 0.98 | 110 | 0.20 | 1.11 | 9.2 | 3 |
| C08 | 青海畜牧兽医杂志 | 629 | 0.260 | 0.052 | 0.91 | 180 | 0.66 | 1.82 | 8.2 | 4 |
| C08 | 山东畜牧兽医 | 959 | 0.170 | 0.083 | 0.97 | 196 | 0.71 | 1.98 | 4.1 | 4 |
| C08 | 上海畜牧兽医通讯 | 846 | 0.340 | 0.056 | 0.97 | 220 | 0.73 | 2.22 | 6.1 | 4 |
| C08 | 兽医导刊 | 865 | 0.171 | 0.023 | 0.81 | 173 | 0.61 | 1.75 | 2.8 | 5 |
| C08 | 水禽世界 | 110 | 0.094 | 0.024 | 0.98 | 52 | 0.25 | 0.53 | 4.5 | 2 |
| C08 | 四川蚕业 | 100 | 0.250 | 0.117 | 0.96 | 41 | 0.12 | 0.41 | 4.0 | 3 |
| C08 | 四川畜牧兽医 | 692 | 0.176 | 0.044 | 0.98 | 196 | 0.70 | 1.98 | 7.0 | 4 |
| C08 | 饲料博览 | 965 | 0.464 | 0.169 | 0.92 | 256 | 0.67 | 2.59 | 6.7 | 5 |
| C08 | 饲料工业 | 2728 | 0.517 | 0.113 | 0.92 | 445 | 0.75 | 4.49 | 7.2 | 7 |
| C08 | 饲料研究 | 1545 | 0.470 | 0.080 | 0.91 | 321 | 0.74 | 3.24 | 6.0 | 5 |
| C08 | 现代畜牧兽医 | 729 | 0.548 | 0.176 | 0.88 | 199 | 0.68 | 2.01 | 5.5 | 5 |
| C08 | 新疆畜牧业 | 625 | 0.266 | 0.138 | 0.92 | 184 | 0.59 | 1.86 | 5.0 | 4 |
| C08 | 畜牧兽医科技信息 | 1769 | 0.906 | 0.090 | 0.96 | 276 | 0.73 | 2.79 | 4.2 | 6 |
| C08 | 畜牧兽医学报 | 2467 | 0.692 | 0.160 | 0.91 | 343 | 0.71 | 3.46 | 6.6 | 7 |
| C08 | 畜牧兽医杂志 | 1113 | 0.287 | 0.130 | 0.91 | 223 | 0.70 | 2.25 | 5.3 | 5 |
| C08 | 畜牧与兽医 | 2280 | 0.470 | 0.098 | 0.95 | 369 | 0.78 | 3.73 | 5.8 | 7 |
| C08 | 畜牧与饲料科学 | 2442 | 0.427 | 0.108 | 0.91 | 474 | 0.78 | 4.79 | 5.4 | 7 |
| C08 | 养禽与禽病防治 | 376 | 0.105 | 0.005 | 0.97 | 102 | 0.48 | 1.03 | 7.9 | 4 |
| C08 | 养殖与饲料 | 812 | 0.244 | 0.083 | 0.99 | 199 | 0.67 | 2.01 | 5.7 | 5 |
| C08 | 养猪 | 960 | 0.411 | 0.146 | 0.84 | 154 | 0.67 | 1.56 | 5.6 | 4 |
| C08 | 云南畜牧兽医 | 341 | 0.161 | 0.043 | 0.98 | 103 | 0.49 | 1.04 | 6.6 | 3 |
| C08 | 浙江畜牧兽医 | 327 | 0.281 | 0.055 | 1.00 | 120 | 0.55 | 1.21 | 6.4 | 3 |
| C08 | 中国蚕业 | 494 | 0.775 | 0.402 | 0.71 | 111 | 0.16 | 1.12 | 5.0 | 4 |
| C08 | 中国草食动物科学 | 941 | 0.550 | 0.066 | 0.93 | 203 | 0.66 | 2.05 | 7.0 | 5 |
| C08 | 中国动物保健 | 682 | 0.796 | 0.103 | 0.98 | 180 | 0.65 | 1.82 | 4.3 | 5 |
| C08 | 中国动物传染病学报 | 533 | 0.482 | 0.035 | 0.94 | 145 | 0.59 | 1.46 | 6.3 | 7 |
| C08 | 中国动物检疫 | 1624 | 0.565 | 0.192 | 0.89 | 308 | 0.68 | 3.11 | 5.4 | 8 |
| C08 | 中国蜂业 | 501 | 0.656 | 0.028 | 0.84 | 152 | 0.22 | 1.54 | 6.5 | 4 |

| 学科代码 | 期刊名称 | 扩展总被引频次 | 扩展影响因子 | 扩展即年指标 | 扩展他引率 | 扩展引用刊数 | 扩展学科影响指标 | 扩展学科扩散指标 | 扩展被引半衰期 | 扩展H指标 |
|---|---|---|---|---|---|---|---|---|---|---|
| C08 | 中国家禽 | 2633 | 0.733 | 0.127 | 0.76 | 306 | 0.74 | 3.09 | 5.9 | 8 |
| C08 | 中国奶牛 | 1421 | 0.398 | 0.076 | 0.89 | 236 | 0.62 | 2.38 | 6.0 | 6 |
| C08 | 中国牛业科学 | 828 | 0.364 | 0.044 | 0.89 | 160 | 0.58 | 1.62 | 6.8 | 4 |
| C08 | 中国兽药杂志 | 1131 | 0.529 | 0.107 | 0.90 | 331 | 0.68 | 3.34 | 6.1 | 6 |
| C08 | 中国兽医科学 | 1726 | 0.635 | 0.146 | 0.88 | 301 | 0.71 | 3.04 | 7.3 | 6 |
| C08 | 中国兽医学报 | 2182 | 0.810 | 0.113 | 0.85 | 376 | 0.74 | 3.80 | 5.1 | 6 |
| C08 | 中国兽医杂志 | 2155 | 0.361 | 0.045 | 0.93 | 370 | 0.75 | 3.74 | 7.6 | 6 |
| C08 | 中国饲料 | 1722 | 0.514 | 0.106 | 0.94 | 334 | 0.73 | 3.37 | 7.7 | 6 |
| C08 | 中国畜牧兽医 | 4211 | 0.818 | 0.167 | 0.83 | 539 | 0.78 | 5.44 | 5.3 | 8 |
| C08 | 中国畜牧兽医文摘 | 2316 | 0.568 | 0.102 | 0.89 | 249 | 0.73 | 2.52 | 2.4 | 6 |
| C08 | 中国畜牧杂志 | 3051 | 0.841 | 0.102 | 0.93 | 461 | 0.81 | 4.66 | 6.0 | 9 |
| C08 | 中国畜禽种业 | 1770 | 1.305 | 0.106 | 0.96 | 202 | 0.72 | 2.04 | 3.5 | 5 |
| C08 | 中国养兔 | 227 | 0.255 | 0.056 | 0.79 | 77 | 0.39 | 0.78 | 8.0 | 3 |
| C08 | 中国预防兽医学报 | 1756 | 0.700 | 0.081 | 0.91 | 239 | 0.69 | 2.41 | 6.9 | 8 |
| C08 | 中国猪业 | 482 | 0.382 | 0.158 | 0.94 | 124 | 0.51 | 1.25 | 4.0 | 4 |
| C08 | 中兽医学杂志 | 648 | 0.542 | 0.074 | 0.98 | 155 | 0.59 | 1.57 | 3.0 | 4 |
| C08 | 中兽医医药杂志 | 776 | 0.308 | 0.090 | 0.93 | 272 | 0.59 | 2.75 | 8.2 | 4 |
| C09 | 草地学报 | 2702 | 1.078 | 0.033 | 0.90 | 396 | 0.83 | 66.00 | 6.2 | 10 |
| C09 | 草业科学 | 5068 | 1.857 | 0.259 | 0.78 | 591 | 0.83 | 98.50 | 6.5 | 11 |
| C09 | 草业学报 | 5778 | 2.784 | 0.214 | 0.75 | 559 | 0.83 | 93.17 | 5.1 | 14 |
| C09 | 草原与草坪 | 1125 | 0.716 | 0.102 | 0.78 | 260 | 0.83 | 43.33 | 7.6 | 6 |
| C09 | 中国草地学报 | 2364 | 1.575 | 0.164 | 0.83 | 351 | 0.83 | 58.50 | 8.0 | 9 |
| C10 | 大连海洋大学学报 | 1184 | 0.810 | 0.115 | 0.85 | 285 | 0.77 | 9.50 | 6.9 | 6 |
| C10 | 淡水渔业 | 1267 | 0.658 | 0.064 | 0.90 | 230 | 0.77 | 7.67 | 8.8 | 5 |
| C10 | 广东海洋大学学报 | 778 | 0.541 | 0.070 | 0.93 | 325 | 0.73 | 10.83 | 7.3 | 5 |
| C10 | 海洋渔业 | 771 | 1.039 | 0.064 | 0.88 | 152 | 0.73 | 5.07 | 6.3 | 5 |
| C10 | 河北渔业 | 547 | 0.180 | 0.046 | 0.93 | 193 | 0.73 | 6.43 | 6.0 | 4 |
| C10 | 黑龙江水产 | 150 | — | 0.025 | 1.00 | 80 | 0.47 | 2.67 | 5.6 | 3 |
| C10 | 江西水产科技 | 185 | 0.151 | 0.009 | 0.97 | 107 | 0.70 | 3.57 | 8.3 | 4 |
| C10 | 科学养鱼 | 721 | 0.484 | 0.038 | 1.00 | 191 | 0.77 | 6.37 | 5.9 | 4 |
| C10 | 南方水产科学 | 1071 | 1.603 | 0.063 | 0.81 | 194 | 0.73 | 6.47 | 4.7 | 8 |
| C10 | 齐鲁渔业 | 284 | 0.013 | 0.007 | 0.96 | 123 | 0.70 | 4.10 | ≥10 | 3 |
| C10 | 上海海洋大学学报 | 1430 | 0.799 | 0.121 | 0.94 | 374 | 0.77 | 12.47 | 7.0 | 6 |

| 学科代码 | 期刊名称 | 扩展总被引频次 | 扩展影响因子 | 扩展即年指标 | 扩展他引率 | 扩展引用刊数 | 扩展学科影响指标 | 扩展学科扩散指标 | 扩展被引半衰期 | 扩展H指标 |
|---|---|---|---|---|---|---|---|---|---|---|
| C10 | 水产科技情报 | 562 | 0.531 | 0.100 | 0.96 | 219 | 0.77 | 7.30 | 8.6 | 5 |
| C10 | 水产科学 | 1501 | 0.726 | 0.107 | 0.89 | 301 | 0.80 | 10.03 | 7.4 | 6 |
| C10 | 水产学报 | 3428 | 1.063 | 0.126 | 0.92 | 396 | 0.77 | 13.20 | 7.2 | 9 |
| C10 | 水产学杂志 | 436 | 0.517 | 0.076 | 0.83 | 151 | 0.70 | 5.03 | 6.7 | 5 |
| C10 | 水产养殖 | 479 | 0.200 | 0.036 | 0.94 | 150 | 0.77 | 5.00 | 6.5 | 4 |
| C10 | 渔业科学进展 | 1435 | 0.722 | 0.098 | 0.88 | 251 | 0.77 | 8.37 | 8.0 | 8 |
| C10 | 渔业现代化 | 764 | 0.696 | 0.214 | 0.82 | 246 | 0.73 | 8.20 | 6.4 | 6 |
| C10 | 渔业信息与战略 | 498 | 0.701 | 0.100 | 0.95 | 177 | 0.77 | 5.90 | 7.4 | 5 |
| C10 | 渔业研究 | 470 | 0.546 | 0.074 | 0.90 | 179 | 0.73 | 5.97 | 7.1 | 4 |
| C10 | 浙江海洋学院学报(自然科学版) | 705 | 0.300 | 0.043 | 0.95 | 316 | 0.77 | 10.53 | 8.6 | 5 |
| C10 | 中国水产科学 | 2543 | 1.133 | 0.178 | 0.93 | 325 | 0.77 | 10.83 | 7.6 | 9 |
| C10 | 中国渔业经济 | 795 | 0.489 | 0.021 | 0.89 | 253 | 0.67 | 8.43 | 6.2 | 5 |
| C10 | 中国渔业质量与标准 | 211 | 0.689 | 0.158 | 0.88 | 107 | 0.50 | 3.57 | 3.2 | 5 |
| D01 | Chinese Medical Journal | 5892 | 0.974 | 0.276 | 0.96 | 1062 | 0.83 | 8.56 | 4.6 | 10 |
| D01 | Chinese Medical Sciences Journal | 256 | 0.510 | 0.064 | 1.00 | 181 | 0.23 | 1.46 | 6.4 | 3 |
| D01 | Frontiers of Medicine | 440 | 1.642 | 0.279 | 0.99 | 282 | 0.35 | 2.27 | 3.1 | 6 |
| D01 | 安徽医学 | 4853 | 1.376 | 0.225 | 0.91 | 722 | 0.78 | 5.82 | 3.7 | 11 |
| D01 | 安徽医药 | 7471 | 1.617 | 0.250 | 0.94 | 930 | 0.80 | 7.50 | 3.5 | 15 |
| D01 | 白求恩医学杂志 | 2384 | 1.026 | 0.268 | 0.99 | 484 | 0.61 | 3.90 | 3.3 | 9 |
| D01 | 包头医学 | 526 | 0.517 | 0.194 | 0.99 | 199 | 0.30 | 1.60 | 3.6 | 5 |
| D01 | 北京医学 | 2259 | 0.879 | 0.168 | 0.94 | 663 | 0.73 | 5.35 | 4.0 | 7 |
| D01 | 兵团医学 | 245 | 0.286 | 0.036 | 1.00 | 135 | 0.26 | 1.09 | 3.3 | 4 |
| D01 | 重庆医学 | 19545 | 1.764 | 0.237 | 0.98 | 1271 | 0.90 | 10.25 | 3.6 | 22 |
| D01 | 当代医学 | 27555 | 1.070 | 0.328 | 0.89 | 1106 | 0.86 | 8.92 | 3.7 | 20 |
| D01 | 当代医药论丛 | 9231 | — | 0.244 | 0.98 | 559 | 0.69 | 4.51 | 1.9 | 9 |
| D01 | 东南国防医药 | 1603 | 1.242 | 0.209 | 0.80 | 429 | 0.60 | 3.46 | 3.6 | 8 |
| D01 | 甘肃医药 | 1336 | 0.602 | 0.171 | 0.99 | 430 | 0.48 | 3.47 | 3.2 | 6 |
| D01 | 高原医学杂志 | 381 | 0.236 | 0.026 | 0.86 | 162 | 0.26 | 1.31 | 8.6 | 4 |
| D01 | 广东医学 | 14658 | 1.567 | 0.234 | 0.97 | 1053 | 0.88 | 8.49 | 3.8 | 20 |
| D01 | 广西医学 | 4789 | 1.092 | 0.141 | 0.98 | 777 | 0.75 | 6.27 | 4.3 | 9 |
| D01 | 广州医药 | 1361 | 0.993 | 0.178 | 0.93 | 429 | 0.61 | 3.46 | 4.1 | 8 |
| D01 | 贵州医药 | 2155 | 0.821 | 0.158 | 0.90 | 519 | 0.60 | 4.19 | 3.5 | 6 |
| D01 | 国际医药卫生导报 | 6322 | 0.927 | 0.215 | 0.84 | 665 | 0.76 | 5.36 | 3.4 | 9 |

## 2016年中国科技期刊被引指标按类刊名字顺索引(续)

| 学科代码 | 期刊名称 | 扩展总被引频次 | 扩展影响因子 | 扩展即年指标 | 扩展他引率 | 扩展引用刊数 | 扩展学科影响指标 | 扩展学科扩散指标 | 扩展被引半衰期 | 扩展H指标 |
|---|---|---|---|---|---|---|---|---|---|---|
| D01 | 哈尔滨医药 | 1576 | 0.802 | 0.125 | 0.98 | 399 | 0.60 | 3.22 | 3.9 | 6 |
| D01 | 海军医学杂志 | 1068 | 0.655 | 0.183 | 0.93 | 363 | 0.49 | 2.93 | 4.2 | 5 |
| D01 | 海南医学 | 11136 | 1.364 | 0.278 | 0.91 | 908 | 0.85 | 7.32 | 3.6 | 15 |
| D01 | 航空航天医学杂志 | 4052 | 0.847 | 0.207 | 0.99 | 540 | 0.71 | 4.35 | 3.1 | 9 |
| D01 | 河北医学 | 8328 | 2.030 | 0.359 | 0.98 | 716 | 0.75 | 5.77 | 3.3 | 16 |
| D01 | 河北医药 | 12336 | 1.288 | 0.316 | 0.98 | 912 | 0.83 | 7.35 | 3.6 | 14 |
| D01 | 河南医学研究 | 4116 | 1.189 | 0.270 | 0.92 | 525 | 0.70 | 4.23 | 2.0 | 9 |
| D01 | 黑龙江医学 | 2764 | 0.843 | 0.186 | 0.99 | 553 | 0.61 | 4.46 | 3.0 | 8 |
| D01 | 黑龙江医药 | 2723 | 0.731 | 0.135 | 0.95 | 606 | 0.62 | 4.89 | 3.6 | 9 |
| D01 | 黑龙江医药科学 | 2362 | 0.876 | 0.235 | 0.77 | 538 | 0.54 | 4.34 | 3.9 | 7 |
| D01 | 华南国防医学杂志 | 1430 | 0.675 | 0.168 | 0.92 | 428 | 0.62 | 3.45 | 3.5 | 6 |
| D01 | 华西医学 | 3839 | 0.880 | 0.244 | 0.93 | 796 | 0.81 | 6.42 | 4.1 | 10 |
| D01 | 华夏医学 | 1396 | 0.581 | 0.074 | 0.99 | 446 | 0.53 | 3.60 | 4.1 | 6 |
| D01 | 淮海医药 | 1394 | 0.615 | 0.282 | 0.99 | 402 | 0.58 | 3.24 | 3.5 | 5 |
| D01 | 基础医学与临床 | 1809 | 0.815 | 0.120 | 0.90 | 666 | 0.65 | 5.37 | 4.0 | 9 |
| D01 | 吉林医学 | 24169 | 1.004 | 0.269 | 0.96 | 978 | 0.87 | 7.89 | 3.4 | 16 |
| D01 | 继续医学教育 | 2493 | 0.748 | 0.223 | 0.93 | 578 | 0.62 | 4.66 | 2.4 | 9 |
| D01 | 江苏医药 | 5923 | 0.890 | 0.160 | 0.94 | 805 | 0.77 | 6.49 | 3.3 | 9 |
| D01 | 交通医学 | 1032 | 0.544 | 0.052 | 1.00 | 386 | 0.49 | 3.11 | 4.5 | 4 |
| D01 | 解放军医学杂志 | 3135 | 1.869 | 0.250 | 0.91 | 732 | 0.73 | 5.90 | 5.1 | 12 |
| D01 | 解放军医药杂志 | 2754 | 1.503 | 0.402 | 0.93 | 564 | 0.66 | 4.55 | 3.3 | 9 |
| D01 | 空军医学杂志 | 481 | 0.716 | 0.282 | 0.81 | 202 | 0.34 | 1.63 | 4.0 | 4 |
| D01 | 辽宁医学杂志 | 590 | 0.611 | 0.238 | 0.97 | 253 | 0.40 | 2.04 | 3.6 | 6 |
| D01 | 内蒙古医学杂志 | 2495 | 0.651 | 0.112 | 1.00 | 540 | 0.67 | 4.35 | 3.9 | 6 |
| D01 | 宁夏医学杂志 | 2392 | 0.661 | 0.133 | 0.96 | 610 | 0.73 | 4.92 | 4.1 | 5 |
| D01 | 齐鲁医学杂志 | 1312 | 0.630 | 0.167 | 0.83 | 420 | 0.56 | 3.39 | 4.8 | 5 |
| D01 | 青岛医药卫生 | 903 | 0.840 | 0.189 | 0.96 | 288 | 0.49 | 2.32 | 3.7 | 5 |
| D01 | 青海医药杂志 | 1203 | 0.317 | 0.028 | 0.99 | 356 | 0.49 | 2.87 | 4.7 | 4 |
| D01 | 人民军医 | 2556 | 0.464 | 0.119 | 0.85 | 585 | 0.65 | 4.72 | 4.1 | 6 |
| D01 | 山东医药 | 18751 | 1.360 | 0.218 | 0.96 | 1095 | 0.88 | 8.83 | 4.0 | 16 |
| D01 | 山西医药杂志 | 5395 | 0.723 | 0.205 | 0.98 | 762 | 0.74 | 6.15 | 3.4 | 7 |
| D01 | 陕西医学杂志 | 5784 | 1.246 | 0.281 | 0.91 | 717 | 0.79 | 5.78 | 3.6 | 9 |
| D01 | 伤害医学(电子版) | 39 | 0.198 | — | 0.77 | 25 | 0.02 | 0.20 | 3.0 | 2 |

| 学科代码 | 期刊名称 | 扩展总被引频次 | 扩展影响因子 | 扩展即年指标 | 扩展他引率 | 扩展引用刊数 | 扩展学科影响指标 | 扩展学科扩散指标 | 扩展被引半衰期 | 扩展H指标 |
|---|---|---|---|---|---|---|---|---|---|---|
| D01 | 上海医学 | 2126 | 0.596 | 0.043 | 0.97 | 626 | 0.71 | 5.05 | 5.4 | 10 |
| D01 | 上海医药 | 2058 | 0.782 | 0.181 | 0.94 | 597 | 0.62 | 4.81 | 3.4 | 8 |
| D01 | 社区医学杂志 | 3397 | 0.808 | 0.270 | 0.98 | 628 | 0.66 | 5.06 | 3.4 | 7 |
| D01 | 实用医药杂志 | 2507 | 0.479 | 0.105 | 0.98 | 645 | 0.72 | 5.20 | 4.5 | 6 |
| D01 | 世界复合医学 | 78 | — | 0.019 | 0.90 | 61 | 0.10 | 0.49 | 1.5 | 3 |
| D01 | 世界睡眠医学杂志 | 103 | 0.626 | 0.067 | 0.92 | 76 | 0.13 | 0.61 | 2.3 | 3 |
| D01 | 首都食品与医药 | 1658 | 0.449 | 0.150 | 1.00 | 487 | 0.53 | 3.93 | 3.6 | 5 |
| D01 | 四川医学 | 5860 | 1.171 | 0.164 | 0.99 | 764 | 0.77 | 6.16 | 4.0 | 11 |
| D01 | 天津医药 | 3123 | 1.362 | 0.245 | 0.95 | 721 | 0.71 | 5.81 | 3.8 | 9 |
| D01 | 微创医学 | 1965 | 1.033 | 0.167 | 0.97 | 453 | 0.67 | 3.65 | 4.0 | 7 |
| D01 | 武警医学 | 2058 | 0.787 | 0.110 | 0.93 | 563 | 0.72 | 4.54 | 3.8 | 8 |
| D01 | 西北国防医学杂志 | 1115 | 0.473 | 0.089 | 0.95 | 410 | 0.58 | 3.31 | 4.5 | 6 |
| D01 | 西部医学 | 6106 | 1.769 | 0.321 | 0.95 | 736 | 0.81 | 5.94 | 3.8 | 12 |
| D01 | 西南国防医药 | 3222 | 0.806 | 0.208 | 0.97 | 668 | 0.77 | 5.39 | 3.6 | 7 |
| D01 | 西南军医 | 1923 | 0.602 | 0.159 | 0.99 | 561 | 0.69 | 4.52 | 5.3 | 6 |
| D01 | 现代生物医学进展 | 9002 | 0.943 | 0.139 | 0.97 | 1283 | 0.84 | 10.35 | 3.4 | 14 |
| D01 | 现代实用医学 | 3779 | 0.783 | 0.134 | 0.98 | 702 | 0.78 | 5.66 | 3.4 | 9 |
| D01 | 现代医学 | 1783 | 0.674 | 0.161 | 0.92 | 482 | 0.62 | 3.89 | 3.8 | 7 |
| D01 | 协和医学杂志 | 467 | 0.858 | 0.141 | 0.99 | 290 | 0.36 | 2.34 | 3.4 | 6 |
| D01 | 新疆医学 | 1751 | 0.489 | 0.053 | 0.95 | 488 | 0.66 | 3.94 | 3.5 | 5 |
| D01 | 新医学 | 1945 | 0.918 | 0.122 | 0.92 | 584 | 0.70 | 4.71 | 5.6 | 8 |
| D01 | 亚太传统医药 | 6544 | 0.848 | 0.166 | 0.97 | 821 | 0.71 | 6.62 | 3.0 | 11 |
| D01 | 医学理论与实践 | 9394 | 0.904 | 0.317 | 0.99 | 885 | 0.82 | 7.14 | 3.0 | 10 |
| D01 | 医学新知杂志 | 381 | 0.289 | 0.058 | 0.99 | 214 | 0.34 | 1.73 | 4.7 | 4 |
| D01 | 医学研究生学报 | 3199 | 1.731 | 0.412 | 0.82 | 751 | 0.77 | 6.06 | 3.8 | 11 |
| D01 | 医学研究杂志 | 3585 | 0.823 | 0.091 | 0.98 | 887 | 0.81 | 7.15 | 4.3 | 9 |
| D01 | 医学与法学 | 377 | 0.733 | 0.147 | 0.68 | 155 | 0.20 | 1.25 | 2.8 | 5 |
| D01 | 医学争鸣 | 267 | 0.715 | 0.114 | 0.73 | 114 | 0.17 | 0.92 | 2.8 | 6 |
| D01 | 医学综述 | 12297 | 1.215 | 0.265 | 0.98 | 1167 | 0.86 | 9.41 | 3.6 | 15 |
| D01 | 医药论坛杂志 | 3305 | 0.427 | 0.077 | 0.99 | 651 | 0.69 | 5.25 | 5.1 | 5 |
| D01 | 英国医学杂志(中文版) | 85 | 0.033 | 0.004 | 1.00 | 57 | 0.10 | 0.46 | ≥10 | 3 |
| D01 | 右江医学 | 1580 | 0.935 | 0.156 | 0.97 | 421 | 0.59 | 3.40 | 4.1 | 7 |
| D01 | 云南医药 | 608 | 0.495 | 0.103 | 1.00 | 298 | 0.46 | 2.40 | 4.2 | 4 |

| 学科代码 | 期刊名称 | 扩展总被引频次 | 扩展影响因子 | 扩展即年指标 | 扩展他引率 | 扩展引用刊数 | 扩展学科影响指标 | 扩展学科扩散指标 | 扩展被引半衰期 | 扩展H指标 |
|---|---|---|---|---|---|---|---|---|---|---|
| D01 | 浙江实用医学 | 795 | 0.718 | 0.110 | 1.00 | 340 | 0.53 | 2.74 | 4.3 | 5 |
| D01 | 浙江医学 | 2444 | 0.735 | 0.179 | 0.96 | 574 | 0.71 | 4.63 | 3.3 | 6 |
| D01 | 中国当代医药 | 18921 | 1.411 | 0.298 | 0.96 | 1034 | 0.85 | 8.34 | 3.5 | 15 |
| D01 | 中国高等医学教育 | 7298 | 0.976 | 0.145 | 0.93 | 877 | 0.69 | 7.07 | 4.9 | 13 |
| D01 | 中国急救复苏与灾害医学杂志 | 1428 | 0.515 | 0.090 | 0.92 | 366 | 0.58 | 2.95 | 4.0 | 6 |
| D01 | 中国继续医学教育 | 11352 | 1.239 | 0.299 | 0.79 | 604 | 0.72 | 4.87 | 1.5 | 11 |
| D01 | 中国煤炭工业医学杂志 | 4103 | 1.201 | 0.412 | 0.92 | 625 | 0.76 | 5.04 | 3.4 | 10 |
| D01 | 中国实用医刊 | 6495 | 1.066 | 0.276 | 0.97 | 658 | 0.76 | 5.31 | 2.4 | 9 |
| D01 | 中国实用医药 | 35166 | 0.900 | 0.334 | 0.98 | 1201 | 0.91 | 9.69 | 3.2 | 15 |
| D01 | 中国现代医生 | 17521 | 1.919 | 0.277 | 0.96 | 1001 | 0.86 | 8.07 | 3.4 | 16 |
| D01 | 中国现代医学杂志 | 7538 | 1.335 | 0.266 | 0.97 | 1066 | 0.86 | 8.60 | 4.2 | 12 |
| D01 | 中国乡村医药 | 2562 | 0.538 | 0.138 | 0.99 | 466 | 0.60 | 3.76 | 2.8 | 7 |
| D01 | 中国医疗保险 | 833 | 0.894 | 0.428 | 0.73 | 225 | 0.15 | 1.81 | 3.0 | 6 |
| D01 | 中国医疗管理科学 | 268 | 1.647 | 0.198 | 0.85 | 112 | 0.19 | 0.90 | 1.8 | 6 |
| D01 | 中国医学创新 | 18131 | 1.690 | 0.298 | 0.90 | 974 | 0.83 | 7.85 | 3.5 | 14 |
| D01 | 中国医学前沿杂志(电子版) | 2716 | 1.604 | 0.242 | 0.96 | 614 | 0.77 | 4.95 | 2.8 | 16 |
| D01 | 中国医药导报 | 22256 | 2.028 | 0.380 | 0.96 | 1304 | 0.88 | 10.52 | 4.0 | 22 |
| D01 | 中国医药导刊 | 6923 | 1.527 | 0.338 | 0.99 | 698 | 0.78 | 5.63 | 3.7 | 13 |
| D01 | 中国医药科学 | 10614 | 1.321 | 0.298 | 0.95 | 918 | 0.86 | 7.40 | 3.2 | 12 |
| D01 | 中国医院建筑与装备 | 520 | 0.894 | 0.206 | 0.73 | 160 | 0.10 | 1.29 | 3.8 | 4 |
| D01 | 中华医学杂志 | 13179 | 1.772 | 0.320 | 0.96 | 1176 | 0.93 | 9.48 | 4.5 | 18 |
| D01 | 中华重症医学电子杂志 | 8 | — | 0.017 | 0.75 | 4 | 0.01 | 0.03 | 1.4 | 1 |
| D01 | 中南医学科学杂志 | 1076 | 0.800 | 0.183 | 0.98 | 428 | 0.56 | 3.45 | 4.3 | 6 |
| D01 | 中日友好医院学报 | 967 | 1.025 | 0.278 | 0.99 | 412 | 0.56 | 3.32 | 4.4 | 7 |
| D01 | 中外医学研究 | 19092 | 1.364 | 0.386 | 0.92 | 908 | 0.82 | 7.32 | 3.0 | 12 |
| D01 | 中医药管理杂志 | 4250 | 0.806 | 0.191 | 0.89 | 626 | 0.64 | 5.05 | 2.3 | 9 |
| D01 | 转化医学杂志 | 339 | 1.144 | 0.139 | 0.96 | 168 | 0.29 | 1.35 | 2.4 | 4 |
| D02 | Journal of Huazhong University of Science and Technology (Medical Science) | 1027 | 1.003 | 0.191 | 0.93 | 497 | 0.48 | 5.40 | 5.0 | 6 |
| D02 | 安徽卫生职业技术学院学报 | 1027 | 0.466 | 0.095 | 0.96 | 334 | 0.23 | 3.63 | 3.9 | 4 |
| D02 | 安徽医科大学学报 | 3046 | 1.119 | 0.198 | 0.94 | 752 | 0.73 | 8.17 | 3.7 | 12 |
| D02 | 包头医学院学报 | 2229 | 0.663 | 0.224 | 0.98 | 514 | 0.40 | 5.59 | 2.1 | 8 |
| D02 | 北京大学学报(医学版) | 3052 | 1.639 | 0.249 | 0.98 | 922 | 0.78 | 10.02 | 4.8 | 13 |

| 学科代码 | 期刊名称 | 扩展总被引频次 | 扩展影响因子 | 扩展即年指标 | 扩展他引率 | 扩展引用刊数 | 扩展学科影响指标 | 扩展学科扩散指标 | 扩展被引半衰期 | 扩展H指标 |
|---|---|---|---|---|---|---|---|---|---|---|
| D02 | 蚌埠医学院学报 | 3607 | 1.120 | 0.170 | 0.97 | 622 | 0.60 | 6.76 | 3.4 | 10 |
| D02 | 滨州医学院学报 | 688 | 0.569 | 0.059 | 0.99 | 337 | 0.23 | 3.66 | 4.6 | 5 |
| D02 | 长治医学院学报 | 728 | 0.571 | 0.140 | 0.99 | 309 | 0.21 | 3.36 | 4.3 | 7 |
| D02 | 成都医学院学报 | 1172 | 1.090 | 0.202 | 0.99 | 432 | 0.26 | 4.70 | 3.3 | 7 |
| D02 | 承德医学院学报 | 1023 | 0.522 | 0.266 | 0.99 | 444 | 0.20 | 4.83 | 3.9 | 6 |
| D02 | 重庆医科大学学报 | 2847 | 0.844 | 0.148 | 0.98 | 795 | 0.67 | 8.64 | 5.0 | 10 |
| D02 | 川北医学院学报 | 1277 | 1.082 | 0.271 | 0.96 | 460 | 0.38 | 5.00 | 3.9 | 6 |
| D02 | 大连医科大学学报 | 989 | 0.818 | 0.113 | 0.99 | 466 | 0.40 | 5.07 | 4.7 | 7 |
| D02 | 第二军医大学学报 | 2496 | 0.874 | 0.143 | 0.97 | 832 | 0.64 | 9.04 | 5.8 | 10 |
| D02 | 第三军医大学学报 | 5276 | 1.115 | 0.234 | 0.95 | 1047 | 0.86 | 11.38 | 4.5 | 11 |
| D02 | 东南大学学报(医学版) | 1617 | 1.328 | 0.223 | 0.92 | 531 | 0.41 | 5.77 | 3.7 | 8 |
| D02 | 福建医科大学学报 | 624 | 0.563 | 0.071 | 0.98 | 375 | 0.32 | 4.08 | 6.3 | 5 |
| D02 | 复旦学报(医学版) | 1789 | 1.344 | 0.085 | 0.99 | 723 | 0.50 | 7.86 | 5.0 | 11 |
| D02 | 赣南医学院学报 | 1710 | 0.620 | 0.128 | 0.98 | 533 | 0.23 | 5.79 | 4.1 | 6 |
| D02 | 广东药科大学学报 | 1282 | 0.825 | 0.089 | 0.97 | 529 | 0.28 | 5.75 | 5.4 | 6 |
| D02 | 广东医科大学学报 | 1541 | 0.839 | 0.052 | 0.96 | 495 | 0.38 | 5.38 | 4.6 | 6 |
| D02 | 广西医科大学学报 | 2797 | 1.035 | 0.178 | 0.96 | 709 | 0.64 | 7.71 | 4.4 | 8 |
| D02 | 广州医科大学学报 | 823 | 0.727 | 0.085 | 0.99 | 339 | 0.26 | 3.68 | 3.6 | 5 |
| D02 | 贵州医科大学学报 | 1605 | 0.981 | 0.155 | 0.94 | 514 | 0.40 | 5.59 | 3.3 | 8 |
| D02 | 哈尔滨医科大学学报 | 1296 | 1.215 | 0.122 | 0.99 | 488 | 0.37 | 5.30 | 4.3 | 9 |
| D02 | 海南医学院学报 | 5602 | 2.098 | 0.909 | 0.93 | 599 | 0.54 | 6.51 | 2.8 | 13 |
| D02 | 河北医科大学学报 | 3065 | 1.172 | 0.269 | 0.86 | 601 | 0.49 | 6.53 | 3.4 | 10 |
| D02 | 河南大学学报(医学版) | 427 | 0.547 | 0.107 | 0.99 | 260 | 0.13 | 2.83 | 5.0 | 4 |
| D02 | 河南科技大学学报(医学版) | 669 | 0.652 | 0.175 | 0.98 | 297 | 0.17 | 3.23 | 4.4 | 6 |
| D02 | 河南医学高等专科学校学报 | 1070 | 0.592 | 0.084 | 0.99 | 350 | 0.16 | 3.80 | 3.4 | 5 |
| D02 | 菏泽医学专科学校学报 | 490 | 0.474 | 0.094 | 0.98 | 225 | 0.12 | 2.45 | 4.2 | 5 |
| D02 | 湖北科技学院学报(医学版) | 895 | 0.570 | 0.211 | 0.97 | 305 | 0.24 | 3.32 | 3.3 | 5 |
| D02 | 湖北民族学院学报(医学版) | 594 | 0.704 | 0.117 | 0.96 | 276 | 0.01 | 1.84 | 4.6 | 5 |
| D02 | 湖北医药学院学报 | 680 | 0.418 | 0.067 | 0.94 | 306 | 0.17 | 3.33 | 4.9 | 5 |
| D02 | 湖南师范大学学报(医学版) | 1275 | 1.560 | 0.153 | 0.85 | 364 | 0.30 | 3.96 | 2.7 | 8 |
| D02 | 华北理工大学学报(医学版) | 1643 | 0.434 | 0.163 | 1.00 | 574 | 0.34 | 6.24 | 4.8 | 5 |
| D02 | 华中科技大学学报(医学版) | 1764 | 1.562 | 0.108 | 0.98 | 617 | 0.53 | 6.71 | 4.6 | 11 |
| D02 | 吉林大学学报(医学版) | 2117 | 0.951 | 0.196 | 0.97 | 716 | 0.58 | 7.78 | 4.8 | 7 |

| 学科代码 | 期刊名称 | 扩展总被引频次 | 扩展影响因子 | 扩展即年指标 | 扩展他引率 | 扩展引用刊数 | 扩展学科影响指标 | 扩展学科扩散指标 | 扩展被引半衰期 | 扩展H指标 |
|---|---|---|---|---|---|---|---|---|---|---|
| D02 | 吉林医药学院学报 | 721 | 0.529 | 0.192 | 0.99 | 379 | 0.16 | 4.12 | 3.8 | 6 |
| D02 | 济宁医学院学报 | 591 | 0.577 | 0.147 | 0.93 | 328 | 0.21 | 3.57 | 4.5 | 4 |
| D02 | 江苏大学学报(医学版) | 663 | 0.475 | 0.066 | 0.96 | 339 | 0.33 | 3.68 | 5.2 | 6 |
| D02 | 解放军医学院学报 | 2222 | 1.074 | 0.193 | 0.91 | 665 | 0.57 | 7.23 | 3.8 | 8 |
| D02 | 昆明医科大学学报 | 3265 | 1.103 | 0.210 | 0.95 | 746 | 0.59 | 8.11 | 3.5 | 9 |
| D02 | 兰州大学学报(医学版) | 653 | 0.873 | 0.618 | 0.89 | 322 | 0.20 | 3.50 | 4.9 | 6 |
| D02 | 锦州医科大学学报 | 1312 | 1.053 | 0.170 | 1.00 | 445 | 0.34 | 4.84 | 3.5 | 7 |
| D02 | 西南医科大学学报 | 826 | 0.500 | 0.133 | 0.99 | 396 | 0.26 | 4.30 | 5.2 | 4 |
| D02 | 牡丹江医学院学报 | 1553 | 0.818 | 0.218 | 0.98 | 466 | 0.25 | 5.07 | 3.3 | 7 |
| D02 | 南昌大学学报(医学版) | 2376 | 1.128 | 0.101 | 0.98 | 641 | 0.62 | 6.97 | 4.2 | 10 |
| D02 | 南方医科大学学报 | 5332 | 1.753 | 0.285 | 0.97 | 1056 | 0.78 | 11.48 | 5.0 | 13 |
| D02 | 南京医科大学学报(自然科学版) | 2216 | 0.703 | 0.091 | 0.94 | 693 | 0.57 | 7.53 | 4.6 | 7 |
| D02 | 南通大学学报(医学版) | 951 | 0.584 | 0.099 | 0.99 | 413 | 0.30 | 4.49 | 4.3 | 5 |
| D02 | 内蒙古医科大学学报 | 1254 | 1.804 | 0.331 | 0.90 | 478 | 0.30 | 5.20 | 3.4 | 7 |
| D02 | 宁夏医科大学学报 | 2628 | 0.929 | 0.088 | 0.97 | 651 | 0.61 | 7.08 | 3.8 | 9 |
| D02 | 齐齐哈尔医学院学报 | 13379 | 0.962 | 0.258 | 0.98 | 1009 | 0.71 | 10.97 | 3.3 | 12 |
| D02 | 黔南民族医专学报 | 282 | 0.308 | 0.048 | 0.96 | 171 | 0.08 | 1.86 | 4.5 | 3 |
| D02 | 青岛大学医学院学报 | 1396 | 0.741 | 0.146 | 0.83 | 480 | 0.36 | 5.22 | 4.8 | 6 |
| D02 | 山东大学学报(医学版) | 1865 | 0.994 | 0.148 | 0.97 | 658 | 0.49 | 7.15 | 4.6 | 7 |
| D02 | 山东医学高等专科学校学报 | 588 | 0.476 | 0.174 | 0.99 | 260 | 0.17 | 2.83 | 3.9 | 4 |
| D02 | 山西医科大学学报 | 2061 | 0.925 | 0.122 | 0.98 | 699 | 0.59 | 7.60 | 4.2 | 8 |
| D02 | 山西职工医学院学报 | 667 | 0.510 | 0.091 | 1.00 | 261 | 0.18 | 2.84 | 4.0 | 5 |
| D02 | 汕头大学医学院学报 | 212 | 0.261 | 0.056 | 0.97 | 158 | 0.12 | 1.72 | 5.5 | 3 |
| D02 | 上海交通大学学报(医学版) | 3025 | 0.746 | 0.153 | 0.99 | 888 | 0.74 | 9.65 | 4.9 | 11 |
| D02 | 沈阳药科大学学报 | 1763 | 0.557 | 0.080 | 0.96 | 527 | 0.38 | 5.73 | 8.0 | 9 |
| D02 | 沈阳医学院学报 | 472 | 0.851 | 0.194 | 0.99 | 273 | 0.16 | 2.97 | 3.8 | 6 |
| D02 | 首都医科大学学报 | 2212 | 1.546 | 0.269 | 0.97 | 719 | 0.55 | 7.82 | 4.6 | 12 |
| D02 | 四川大学学报(医学版) | 2066 | 1.107 | 0.209 | 0.98 | 752 | 0.67 | 8.17 | 5.0 | 10 |
| D02 | 泰山医学院学报 | 1806 | 0.695 | 0.216 | 0.99 | 492 | 0.36 | 5.35 | 2.9 | 8 |
| D02 | 天津医科大学学报 | 1158 | 0.838 | 0.091 | 0.99 | 511 | 0.39 | 5.55 | 5.1 | 7 |
| D02 | 同济大学学报(医学版) | 1114 | 0.569 | 0.084 | 0.92 | 532 | 0.34 | 5.78 | 5.7 | 6 |
| D02 | 皖南医学院学报 | 914 | 0.740 | 0.135 | 0.98 | 389 | 0.34 | 4.23 | 4.0 | 6 |
| D02 | 温州医科大学学报 | 1175 | 0.874 | 0.167 | 0.90 | 459 | 0.38 | 4.99 | 3.7 | 7 |

| 学科代码 | 期刊名称 | 扩展总被引频次 | 扩展影响因子 | 扩展即年指标 | 扩展他引率 | 扩展引用刊数 | 扩展学科影响指标 | 扩展学科扩散指标 | 扩展被引半衰期 | 扩展H指标 |
|---|---|---|---|---|---|---|---|---|---|---|
| D02 | 武汉大学学报(医学版) | 1650 | 1.152 | 0.189 | 0.98 | 561 | 0.51 | 6.10 | 3.8 | 8 |
| D02 | 武警后勤学院学报(医学版) | 1418 | 0.447 | 0.071 | 0.98 | 496 | 0.41 | 5.39 | 4.4 | 6 |
| D02 | 西安交通大学学报(医学版) | 1806 | 1.330 | 0.343 | 0.98 | 650 | 0.61 | 7.07 | 4.5 | 10 |
| D02 | 湘南学院学报(医学版) | 338 | 0.404 | 0.082 | 0.98 | 192 | 0.14 | 2.09 | 4.3 | 4 |
| D02 | 新疆医科大学学报 | 2653 | 0.852 | 0.209 | 0.95 | 751 | 0.60 | 8.16 | 4.3 | 8 |
| D02 | 新乡医学院学报 | 1915 | 1.246 | 0.269 | 0.92 | 546 | 0.43 | 5.93 | 3.2 | 8 |
| D02 | 徐州医科大学学报 | 1027 | 0.521 | 0.067 | 0.99 | 418 | 0.36 | 4.54 | 4.8 | 6 |
| D02 | 延安大学学报(医学科学版) | 502 | 0.760 | 0.150 | 0.99 | 242 | 0.20 | 2.63 | 4.1 | 5 |
| D02 | 延边大学医学学报 | 348 | 0.297 | 0.026 | 0.97 | 211 | 0.09 | 2.29 | 7.4 | 4 |
| D02 | 右江民族医学院学报 | 2346 | 0.919 | 0.225 | 0.91 | 557 | 0.34 | 6.05 | 3.8 | 7 |
| D02 | 浙江大学学报(医学版) | 880 | 1.107 | 0.071 | 1.00 | 478 | 0.46 | 5.20 | 4.8 | 7 |
| D02 | 郑州大学学报(医学版) | 2135 | 1.240 | 0.182 | 0.94 | 662 | 0.61 | 7.20 | 4.3 | 8 |
| D02 | 中国高原医学与生物学杂志 | 270 | 0.483 | — | 0.96 | 199 | 0.07 | 2.16 | 6.2 | 4 |
| D02 | 中国药科大学学报 | 1234 | 0.756 | 0.109 | 0.95 | 475 | 0.29 | 5.16 | 9.4 | 6 |
| D02 | 中国医科大学学报 | 3071 | 1.686 | 0.318 | 0.99 | 747 | 0.67 | 8.12 | 3.8 | 14 |
| D02 | 中国医学科学院学报 | 2139 | 1.837 | 0.173 | 0.99 | 777 | 0.67 | 8.45 | 6.1 | 11 |
| D02 | 中南大学学报(医学版) | 2611 | 1.621 | 0.238 | 0.98 | 829 | 0.68 | 9.01 | 4.3 | 14 |
| D02 | 中山大学学报(医学科学版) | 2094 | 1.815 | 0.090 | 0.98 | 680 | 0.59 | 7.39 | 4.5 | 13 |
| D02 | 遵义医学院学报 | 832 | 0.889 | 0.131 | 0.89 | 379 | 0.27 | 4.12 | 4.8 | 5 |
| D03 | Biomedical and Environmental Sciences | 725 | 0.610 | 0.138 | 0.94 | 397 | 0.34 | 9.02 | 4.7 | 7 |
| D03 | Cellular & Molecular Immunology | 664 | 1.410 | 0.625 | 0.86 | 273 | 0.27 | 6.20 | 3.7 | 5 |
| D03 | Chinese Journal of Biomedical Engineering | 16 | 0.077 | — | 0.94 | 16 | 0.05 | 0.36 | 6.3 | 2 |
| D03 | 分子诊断与治疗杂志 | 360 | 0.550 | 0.179 | 0.93 | 223 | 0.16 | 5.07 | 4.1 | 6 |
| D03 | 国际免疫学杂志 | 578 | 0.637 | 0.121 | 0.90 | 307 | 0.16 | 6.98 | 4.6 | 6 |
| D03 | 国际生物制品学杂志 | 134 | 0.154 | 0.033 | 0.96 | 75 | 0.11 | 1.70 | 9.5 | 3 |
| D03 | 国际遗传学杂志 | 230 | 0.203 | — | 0.97 | 167 | 0.16 | 3.80 | 9.8 | 3 |
| D03 | 寄生虫病与感染性疾病 | 307 | 0.455 | 0.080 | 0.81 | 115 | 0.07 | 2.61 | 5.8 | 5 |
| D03 | 寄生虫与医学昆虫学报 | 208 | 0.225 | 0.025 | 0.92 | 80 | 0.07 | 1.82 | 9.6 | 3 |
| D03 | 解剖科学进展 | 668 | 0.529 | 0.084 | 0.81 | 329 | 0.39 | 7.48 | 4.6 | 5 |
| D03 | 解剖学报 | 754 | 0.611 | 0.103 | 0.79 | 317 | 0.27 | 7.20 | 5.7 | 5 |
| D03 | 解剖学研究 | 613 | 0.503 | 0.060 | 0.94 | 319 | 0.27 | 7.25 | 5.4 | 5 |
| D03 | 解剖学杂志 | 1003 | 0.417 | 0.036 | 0.85 | 398 | 0.32 | 9.05 | 6.2 | 5 |
| D03 | 临床心身疾病杂志 | 2210 | 1.422 | 0.215 | 0.62 | 325 | 0.11 | 7.39 | 3.3 | 7 |

## 2016年中国科技期刊被引指标按类刊名字顺索引(续)

| 学科代码 | 期刊名称 | 扩展总被引频次 | 扩展影响因子 | 扩展即年指标 | 扩展他引率 | 扩展引用刊数 | 扩展学科影响指标 | 扩展学科扩散指标 | 扩展被引半衰期 | 扩展H指标 |
|---|---|---|---|---|---|---|---|---|---|---|
| D03 | 免疫学杂志 | 1159 | 0.695 | 0.120 | 0.86 | 482 | 0.34 | 10.95 | 4.1 | 7 |
| D03 | 神经解剖学杂志 | 511 | 0.521 | 0.071 | 0.89 | 260 | 0.20 | 5.91 | 4.5 | 5 |
| D03 | 生物医学工程学进展 | 290 | 0.479 | 0.264 | 0.99 | 185 | 0.09 | 4.20 | 4.6 | 4 |
| D03 | 实验动物与比较医学 | 393 | 0.287 | 0.031 | 0.82 | 204 | 0.18 | 4.64 | 7.7 | 4 |
| D03 | 数理医药学杂志 | 2488 | 0.848 | 0.324 | 0.96 | 662 | 0.23 | 15.05 | 1.9 | 9 |
| D03 | 四川解剖学杂志 | 371 | 0.451 | 0.090 | 0.98 | 226 | 0.36 | 5.14 | 5.6 | 4 |
| D03 | 微循环学杂志 | 721 | 0.953 | 0.230 | 0.95 | 331 | 0.20 | 7.52 | 4.7 | 5 |
| D03 | 细胞与分子免疫学杂志 | 2206 | 0.925 | 0.167 | 0.89 | 683 | 0.55 | 15.52 | 4.3 | 8 |
| D03 | 现代免疫学 | 473 | 0.429 | 0.094 | 0.84 | 258 | 0.25 | 5.86 | 6.3 | 4 |
| D03 | 医学分子生物学杂志 | 286 | 0.223 | 0.029 | 0.99 | 225 | 0.16 | 5.11 | ≥10 | 4 |
| D03 | 医院管理论坛 | 1539 | 1.047 | 0.202 | 0.95 | 366 | 0.20 | 8.32 | 3.5 | 8 |
| D03 | 中国比较医学杂志 | 1207 | 0.598 | 0.094 | 0.89 | 475 | 0.43 | 10.80 | 6.2 | 6 |
| D03 | 中国病理生理杂志 | 3531 | 0.938 | 0.163 | 0.88 | 835 | 0.61 | 18.98 | 4.9 | 9 |
| D03 | 中国寄生虫学与寄生虫病杂志 | 1510 | 1.466 | 0.137 | 0.76 | 276 | 0.27 | 6.27 | 5.5 | 11 |
| D03 | 中国健康心理学杂志 | 7366 | 1.446 | 0.246 | 0.78 | 1138 | 0.23 | 25.86 | 4.6 | 12 |
| D03 | 中国临床解剖学杂志 | 1849 | 0.805 | 0.128 | 0.91 | 464 | 0.27 | 10.55 | 7.1 | 8 |
| D03 | 中国免疫学杂志 | 2308 | 1.192 | 0.148 | 0.94 | 656 | 0.43 | 14.91 | 3.6 | 10 |
| D03 | 中国血液流变学杂志 | 829 | 0.445 | 0.027 | 0.98 | 354 | 0.16 | 8.05 | 5.5 | 5 |
| D03 | 中国医学工程 | 4288 | 0.555 | 0.170 | 0.99 | 636 | 0.36 | 14.45 | 2.8 | 7 |
| D03 | 中国医学物理学杂志 | 948 | 0.647 | 0.142 | 0.91 | 390 | 0.25 | 8.86 | 4.6 | 6 |
| D03 | 中国组织化学与细胞化学杂志 | 569 | 0.693 | 0.063 | 0.91 | 308 | 0.25 | 7.00 | 4.9 | 5 |
| D03 | 中华病理学杂志 | 2167 | 1.000 | 0.124 | 0.89 | 533 | 0.39 | 12.11 | 5.4 | 10 |
| D03 | 中华解剖与临床杂志 | 609 | 0.773 | 0.154 | 0.91 | 269 | 0.25 | 6.11 | 3.8 | 5 |
| D03 | 中华微生物学和免疫学杂志 | 1072 | 0.779 | 0.097 | 0.90 | 416 | 0.36 | 9.45 | 4.7 | 7 |
| D03 | 中华细胞与干细胞杂志(电子版) | 124 | 0.688 | 0.136 | 0.81 | 75 | 0.05 | 1.70 | 2.7 | 3 |
| D03 | 中华医学遗传学杂志 | 1361 | 0.553 | 0.035 | 0.82 | 380 | 0.39 | 8.64 | 5.1 | 7 |
| D03 | 中华诊断学电子杂志 | 217 | 1.216 | 0.141 | 0.72 | 75 | 0.05 | 1.70 | 2.0 | 6 |
| D03 | 转化医学电子杂志 | 1187 | — | 0.352 | 0.88 | 238 | 0.18 | 5.41 | 1.5 | 6 |
| D05 | Translational Neuroscience and Clinics | 2 | — | 0.026 | 0.00 | 1 | 0.02 | 0.02 | 1.0 | 1 |
| D05 | 创伤与急危重病医学 | 307 | — | 0.298 | 0.96 | 140 | 0.40 | 2.26 | 2.1 | 5 |
| D05 | 创伤与急诊电子杂志 | 91 | 0.536 | 0.035 | 1.00 | 71 | 0.10 | 1.15 | 2.2 | 3 |
| D05 | 当代临床医刊 | 525 | — | 0.250 | 1.00 | 133 | 0.16 | 2.15 | 1.2 | 5 |
| D05 | 江西医药 | 3270 | 0.908 | 0.206 | 0.75 | 589 | 0.66 | 9.50 | 3.5 | 8 |

| 学科代码 | 期刊名称 | 扩展总被引频次 | 扩展影响因子 | 扩展即年指标 | 扩展他引率 | 扩展引用刊数 | 扩展学科影响指标 | 扩展学科扩散指标 | 扩展被引半衰期 | 扩展H指标 |
|---|---|---|---|---|---|---|---|---|---|---|
| D05 | 临床和实验医学杂志 | 8637 | 1.685 | 0.358 | 0.96 | 889 | 0.79 | 14.34 | 3.9 | 16 |
| D05 | 临床荟萃 | 3949 | 1.143 | 0.227 | 0.96 | 693 | 0.77 | 11.18 | 4.7 | 9 |
| D05 | 临床急诊杂志 | 1124 | 0.743 | 0.224 | 0.94 | 368 | 0.69 | 5.94 | 3.4 | 6 |
| D05 | 临床军医杂志 | 3275 | 1.014 | 0.175 | 0.99 | 646 | 0.77 | 10.42 | 4.1 | 9 |
| D05 | 临床输血与检验 | 1239 | 1.060 | 0.172 | 0.91 | 301 | 0.39 | 4.85 | 3.8 | 7 |
| D05 | 临床误诊误治 | 3145 | 0.862 | 0.271 | 0.91 | 599 | 0.81 | 9.66 | 4.4 | 7 |
| D05 | 临床医学 | 4560 | 0.900 | 0.240 | 0.99 | 648 | 0.71 | 10.45 | 3.7 | 8 |
| D05 | 临床医药实践 | 2340 | 0.735 | 0.285 | 0.99 | 555 | 0.60 | 8.95 | 4.3 | 7 |
| D05 | 临床与病理杂志 | 1211 | 0.846 | 0.193 | 0.97 | 522 | 0.58 | 8.42 | 3.7 | 7 |
| D05 | 岭南急诊医学杂志 | 812 | 0.576 | 0.130 | 0.98 | 282 | 0.50 | 4.55 | 3.6 | 5 |
| D05 | 全科医学临床与教育 | 1237 | 0.716 | 0.134 | 0.96 | 442 | 0.52 | 7.13 | 3.9 | 8 |
| D05 | 蛇志 | 729 | 0.492 | 0.112 | 0.94 | 262 | 0.29 | 4.23 | 3.7 | 4 |
| D05 | 实用临床医学 | 3769 | 0.926 | 0.198 | 0.99 | 631 | 0.74 | 10.18 | 4.1 | 10 |
| D05 | 实用临床医药杂志 | 15716 | 2.178 | 0.488 | 0.93 | 806 | 0.81 | 13.00 | 2.9 | 17 |
| D05 | 实用疼痛学杂志 | 461 | 0.453 | 0.086 | 0.86 | 202 | 0.35 | 3.26 | 5.6 | 5 |
| D05 | 实用医技杂志 | 3932 | 0.519 | 0.135 | 0.99 | 727 | 0.65 | 11.73 | 5.5 | 5 |
| D05 | 实用医学杂志 | 18457 | 1.693 | 0.254 | 0.95 | 1102 | 0.95 | 17.77 | 4.1 | 21 |
| D05 | 实用医院临床杂志 | 3646 | 1.396 | 0.224 | 0.93 | 691 | 0.74 | 11.15 | 3.6 | 11 |
| D05 | 世界临床医学 | 899 | — | 0.068 | 0.99 | 179 | 0.19 | 2.89 | 1.2 | 4 |
| D05 | 现代临床医学 | 1143 | 0.870 | 0.227 | 0.99 | 362 | 0.55 | 5.84 | 4.0 | 6 |
| D05 | 现代医药卫生 | 9906 | 0.923 | 0.253 | 0.98 | 1037 | 0.82 | 16.73 | 3.7 | 10 |
| D05 | 医学临床研究 | 4252 | 0.712 | 0.101 | 0.92 | 660 | 0.85 | 10.65 | 3.9 | 8 |
| D05 | 医学研究与教育 | 889 | 0.828 | 0.149 | 0.97 | 416 | 0.32 | 6.71 | 4.4 | 7 |
| D05 | 疑难病杂志 | 3320 | 1.592 | 0.466 | 0.91 | 569 | 0.76 | 9.18 | 3.2 | 10 |
| D05 | 浙江临床医学 | 3738 | 0.702 | 0.224 | 0.98 | 612 | 0.77 | 9.87 | 2.9 | 7 |
| D05 | 中国激光医学杂志 | 434 | 0.627 | 0.133 | 0.92 | 204 | 0.31 | 3.29 | 5.5 | 4 |
| D05 | 中国急救医学 | 4046 | 2.043 | 0.173 | 0.95 | 619 | 0.82 | 9.98 | 4.3 | 12 |
| D05 | 中国临床实用医学 | 740 | 0.405 | 0.107 | 1.00 | 305 | 0.48 | 4.92 | 6.4 | 5 |
| D05 | 中国临床新医学 | 2043 | 0.940 | 0.248 | 0.86 | 478 | 0.65 | 7.71 | 3.4 | 7 |
| D05 | 中国临床研究 | 3492 | 1.214 | 0.246 | 0.97 | 614 | 0.73 | 9.90 | 3.1 | 8 |
| D05 | 中国临床医生杂志 | 4509 | 1.944 | 0.409 | 0.86 | 681 | 0.81 | 10.98 | 3.5 | 14 |
| D05 | 中国临床医学 | 2258 | 0.975 | 0.193 | 0.98 | 627 | 0.73 | 10.11 | 4.9 | 10 |
| D05 | 中国美容整形外科杂志 | 1391 | 0.841 | 0.134 | 0.83 | 276 | 0.47 | 4.45 | 4.3 | 6 |

| 学科代码 | 期刊名称 | 扩展总被引频次 | 扩展影响因子 | 扩展即年指标 | 扩展他引率 | 扩展引用刊数 | 扩展学科影响指标 | 扩展学科扩散指标 | 扩展被引半衰期 | 扩展H指标 |
|---|---|---|---|---|---|---|---|---|---|---|
| D05 | 中国全科医学 | 20141 | 2.479 | 0.438 | 0.97 | 1229 | 0.90 | 19.82 | 4.1 | 25 |
| D05 | 中国社区医师 | 7204 | 0.699 | 0.225 | 0.98 | 711 | 0.77 | 11.47 | 2.0 | 10 |
| D05 | 中国输血杂志 | 4586 | 1.203 | 0.160 | 0.82 | 479 | 0.55 | 7.73 | 4.4 | 10 |
| D05 | 中国疼痛医学杂志 | 2728 | 1.936 | 0.367 | 0.87 | 524 | 0.65 | 8.45 | 4.1 | 12 |
| D05 | 中国现代医药杂志 | 2579 | 0.813 | 0.143 | 0.99 | 621 | 0.76 | 10.02 | 4.3 | 6 |
| D05 | 中国医刊 | 3749 | 1.419 | 0.309 | 0.88 | 661 | 0.73 | 10.66 | 3.5 | 9 |
| D05 | 中国医疗美容 | 1246 | 0.736 | 0.343 | 0.77 | 217 | 0.35 | 3.50 | 2.0 | 6 |
| D05 | 中国医师进修杂志 | 4264 | 0.862 | 0.080 | 0.96 | 638 | 0.79 | 10.29 | 4.1 | 8 |
| D05 | 中国医师杂志 | 3361 | 0.917 | 0.161 | 0.89 | 665 | 0.82 | 10.73 | 3.8 | 7 |
| D05 | 中国医药 | 4029 | 1.508 | 0.400 | 0.93 | 593 | 0.71 | 9.56 | 3.2 | 9 |
| D05 | 中国真菌学杂志 | 486 | 0.602 | 0.071 | 0.83 | 217 | 0.23 | 3.50 | 4.9 | 5 |
| D05 | 中国综合临床 | 2993 | 1.244 | 0.192 | 0.94 | 564 | 0.68 | 9.10 | 3.8 | 9 |
| D05 | 中华急诊医学杂志 | 4553 | 1.615 | 0.288 | 0.88 | 659 | 0.81 | 10.63 | 4.4 | 13 |
| D05 | 中华临床医师杂志(电子版) | 9619 | 1.201 | 0.244 | 0.98 | 1026 | 0.92 | 16.55 | 3.7 | 13 |
| D05 | 中华全科医师杂志 | 1884 | 0.845 | 0.222 | 0.92 | 526 | 0.60 | 8.48 | 4.0 | 8 |
| D05 | 中华全科医学 | 9940 | 2.312 | 0.550 | 0.97 | 925 | 0.85 | 14.92 | 3.5 | 14 |
| D05 | 中华危重病急救医学 | 5385 | 3.375 | 0.415 | 0.85 | 659 | 0.84 | 10.63 | 4.4 | 18 |
| D05 | 中华危重症医学杂志(电子版) | 728 | 1.448 | 0.337 | 0.85 | 297 | 0.50 | 4.79 | 3.4 | 7 |
| D05 | 中华医学美学美容杂志 | 1092 | 1.038 | 0.188 | 0.74 | 231 | 0.35 | 3.73 | 4.8 | 6 |
| D05 | 中华灾害救援医学 | 489 | 0.980 | 0.159 | 0.86 | 191 | 0.29 | 3.08 | 1.9 | 6 |
| D06 | 磁共振成像 | 1175 | 2.212 | 0.282 | 0.70 | 297 | 0.32 | 15.63 | 2.6 | 8 |
| D06 | 国际检验医学杂志 | 9721 | 1.003 | 0.231 | 0.91 | 941 | 0.95 | 49.53 | 3.4 | 12 |
| D06 | 罕少疾病杂志 | 560 | 0.454 | 0.179 | 0.88 | 231 | 0.37 | 12.16 | 5.0 | 4 |
| D06 | 检验医学 | 3419 | 1.768 | 0.256 | 0.92 | 646 | 0.74 | 34.00 | 3.9 | 13 |
| D06 | 检验医学与临床 | 10629 | 1.199 | 0.296 | 0.96 | 926 | 0.89 | 48.74 | 3.4 | 13 |
| D06 | 临床检验杂志 | 1598 | 0.742 | 0.098 | 0.88 | 475 | 0.74 | 25.00 | 4.6 | 7 |
| D06 | 临床与实验病理学杂志 | 2504 | 0.812 | 0.081 | 0.87 | 547 | 0.68 | 28.79 | 4.3 | 8 |
| D06 | 实验与检验医学 | 2219 | 0.922 | 0.237 | 0.75 | 444 | 0.84 | 23.37 | 4.1 | 8 |
| D06 | 实用检验医师杂志 | 221 | 0.879 | 0.092 | 0.81 | 105 | 0.47 | 5.53 | 2.6 | 4 |
| D06 | 现代检验医学杂志 | 1688 | 0.779 | 0.084 | 0.83 | 433 | 0.63 | 22.79 | 4.2 | 6 |
| D06 | 现代诊断与治疗 | 11215 | 0.860 | 0.169 | 0.97 | 683 | 0.63 | 35.95 | 2.5 | 11 |
| D06 | 循证医学 | 788 | 1.012 | 0.192 | 0.99 | 383 | 0.53 | 20.16 | 5.3 | 7 |
| D06 | 诊断病理学杂志 | 1312 | 0.670 | 0.127 | 0.91 | 406 | 0.63 | 21.37 | 4.5 | 6 |

| 学科代码 | 期刊名称 | 扩展总被引频次 | 扩展影响因子 | 扩展即年指标 | 扩展他引率 | 扩展引用刊数 | 扩展学科影响指标 | 扩展学科扩散指标 | 扩展被引半衰期 | 扩展H指标 |
|---|---|---|---|---|---|---|---|---|---|---|
| D06 | 诊断学理论与实践 | 798 | 0.583 | 0.094 | 0.98 | 418 | 0.68 | 22.00 | 5.5 | 6 |
| D06 | 中国实验诊断学 | 6170 | 1.313 | 0.153 | 0.98 | 854 | 0.84 | 44.95 | 3.6 | 14 |
| D06 | 中国循证医学杂志 | 4158 | 1.596 | 0.354 | 0.95 | 807 | 0.63 | 42.47 | 4.7 | 17 |
| D06 | 中华检验医学杂志 | 3709 | 1.587 | 0.270 | 0.94 | 633 | 0.89 | 33.32 | 5.5 | 12 |
| D06 | 中华实用诊断与治疗杂志 | 5143 | 1.484 | 0.293 | 0.86 | 743 | 0.89 | 39.11 | 4.0 | 11 |
| D07 | 大家健康(下旬版) | 5716 | 0.289 | 0.123 | 0.99 | 439 | 0.29 | 6.65 | 2.3 | 7 |
| D07 | 大家健康(中旬版) | 3503 | 0.221 | 0.087 | 0.99 | 358 | 0.27 | 5.42 | 2.3 | 6 |
| D07 | 儿童与健康 | 19 | — | 0.028 | 0.89 | 15 | 0.02 | 0.23 | 1.6 | 2 |
| D07 | 国际老年医学杂志 | 406 | 0.615 | 0.195 | 0.96 | 232 | 0.27 | 3.52 | 5.9 | 5 |
| D07 | 家庭医药 | 97 | — | 0.021 | 1.00 | 78 | 0.12 | 1.18 | 3.4 | 2 |
| D07 | 健康研究 | 967 | 0.853 | 0.165 | 0.96 | 329 | 0.29 | 4.98 | 2.7 | 7 |
| D07 | 老年医学与保健 | 617 | 0.625 | 0.044 | 0.93 | 250 | 0.36 | 3.79 | 4.1 | 6 |
| D07 | 临床研究 | 1586 | 0.250 | 0.096 | 0.97 | 320 | 0.29 | 4.85 | 2.1 | 7 |
| D07 | 实用老年医学 | 1861 | 0.937 | 0.226 | 0.83 | 450 | 0.39 | 6.82 | 3.7 | 8 |
| D07 | 现代养生(下半月版) | 1522 | 0.216 | 0.058 | 0.99 | 239 | 0.23 | 3.62 | 2.0 | 5 |
| D07 | 饮食保健 | 377 | — | 0.028 | 0.94 | 93 | 0.18 | 1.41 | 1.0 | 2 |
| D07 | 中国初级卫生保健 | 3714 | 0.900 | 0.213 | 0.98 | 645 | 0.36 | 9.77 | 3.9 | 8 |
| D07 | 中国康复 | 2142 | 1.403 | 0.174 | 0.95 | 489 | 0.39 | 7.41 | 4.9 | 8 |
| D07 | 中国康复理论与实践 | 4911 | 1.534 | 0.224 | 0.92 | 791 | 0.47 | 11.98 | 5.3 | 11 |
| D07 | 中国康复医学杂志 | 6464 | 2.282 | 0.360 | 0.94 | 800 | 0.44 | 12.12 | 5.5 | 14 |
| D07 | 中国老年保健医学 | 1783 | 0.713 | 0.215 | 0.99 | 449 | 0.36 | 6.80 | 3.7 | 7 |
| D07 | 中国老年学杂志 | 33297 | 1.717 | 0.316 | 0.96 | 1442 | 0.48 | 21.85 | 3.5 | 24 |
| D07 | 中国疗养医学 | 2702 | 0.687 | 0.267 | 0.94 | 514 | 0.38 | 7.79 | 3.4 | 7 |
| D07 | 中国临床保健杂志 | 1834 | 1.097 | 0.271 | 0.88 | 471 | 0.36 | 7.14 | 4.3 | 7 |
| D07 | 中国听力语言康复科学杂志 | 436 | 0.315 | 0.056 | 0.79 | 148 | 0.14 | 2.24 | 7.9 | 5 |
| D07 | 中国医疗器械信息 | 1119 | 0.773 | 0.037 | 0.97 | 429 | 0.21 | 6.50 | 5.2 | 6 |
| D07 | 中华保健医学杂志 | 1175 | 0.644 | 0.136 | 0.96 | 413 | 0.39 | 6.26 | 4.8 | 6 |
| D07 | 中华老年病研究电子杂志 | 10 | — | — | 0.90 | 10 | 0.03 | 0.15 | — | 1 |
| D07 | 中华老年多器官疾病杂志 | 1133 | 0.868 | 0.197 | 0.95 | 410 | 0.41 | 6.21 | 3.7 | 7 |
| D07 | 中华老年骨科与康复电子杂志 | 66 | — | 0.776 | 0.77 | 30 | 0.05 | 0.45 | — | 4 |
| D07 | 中华老年医学杂志 | 3841 | 1.732 | 0.152 | 0.94 | 662 | 0.47 | 10.03 | 3.8 | 13 |
| D07 | 中华物理医学与康复杂志 | 4173 | 1.809 | 0.205 | 0.90 | 604 | 0.39 | 9.15 | 4.8 | 11 |
| D08 | Journal of Geriatric Cardiology | 334 | 1.714 | 0.213 | 0.94 | 168 | 0.32 | 8.84 | 2.2 | 6 |

| 学科代码 | 期刊名称 | 扩展总被引频次 | 扩展影响因子 | 扩展即年指标 | 扩展他引率 | 扩展引用刊数 | 扩展学科影响指标 | 扩展学科扩散指标 | 扩展被引半衰期 | 扩展H指标 |
|---|---|---|---|---|---|---|---|---|---|---|
| D08 | South China Journal of Cardiology | 10 | 0.049 | — | 1.00 | 9 | 0.05 | 0.47 | 4.0 | 1 |
| D08 | 临床内科杂志 | 2062 | 0.937 | 0.135 | 0.92 | 532 | 0.37 | 28.00 | 4.3 | 7 |
| D08 | 临床血液学杂志(输血与检验版) | 446 | 0.343 | 0.042 | 0.94 | 161 | 0.16 | 8.47 | 3.9 | 4 |
| D08 | 内科 | 2089 | 1.334 | 0.186 | 0.88 | 431 | 0.26 | 22.68 | 3.2 | 8 |
| D08 | 内科急危重症杂志 | 1150 | 1.003 | 0.168 | 0.91 | 377 | 0.53 | 19.84 | 4.2 | 7 |
| D08 | 内科理论与实践 | 514 | 0.399 | 0.152 | 0.96 | 296 | 0.26 | 15.58 | 4.9 | 6 |
| D08 | 实用糖尿病杂志 | 734 | 0.345 | 0.088 | 0.95 | 305 | 0.21 | 16.05 | 5.2 | 4 |
| D08 | 糖尿病新世界 | 3870 | 0.716 | 0.236 | 0.75 | 326 | 0.37 | 17.16 | 1.6 | 9 |
| D08 | 心血管病防治知识 | 1712 | 0.770 | 0.187 | 0.98 | 266 | 0.26 | 14.00 | 2.2 | 8 |
| D08 | 中国肛肠病杂志 | 704 | 0.220 | 0.055 | 0.68 | 192 | 0.05 | 10.11 | 4.6 | 4 |
| D08 | 中国实用内科杂志 | 4978 | 1.750 | 0.141 | 0.98 | 812 | 0.53 | 42.74 | 5.5 | 13 |
| D08 | 中华内科杂志 | 7048 | 1.962 | 0.466 | 0.98 | 912 | 0.63 | 48.00 | 6.4 | 25 |
| D09 | 国际呼吸杂志 | 2125 | 0.629 | 0.131 | 0.94 | 540 | 1.00 | 77.14 | 4.7 | 8 |
| D09 | 结核病与肺部健康杂志 | 247 | 0.810 | 0.397 | 0.84 | 94 | 0.86 | 13.43 | 3.0 | 4 |
| D09 | 临床肺科杂志 | 9015 | 1.443 | 0.327 | 0.95 | 723 | 1.00 | 103.29 | 3.9 | 12 |
| D09 | 中国防痨杂志 | 3653 | 1.850 | 0.434 | 0.84 | 457 | 1.00 | 65.29 | 4.2 | 13 |
| D09 | 中国呼吸与危重监护杂志 | 1815 | 1.000 | 0.179 | 0.95 | 454 | 0.86 | 64.86 | 4.7 | 10 |
| D09 | 中华肺部疾病杂志(电子版) | 1358 | 1.520 | 0.290 | 0.87 | 369 | 0.86 | 52.71 | 2.8 | 9 |
| D09 | 中华结核和呼吸杂志 | 8627 | 1.769 | 0.487 | 0.96 | 823 | 1.00 | 117.57 | 7.2 | 27 |
| D10 | 肝脏 | 1472 | 0.794 | 0.094 | 0.87 | 430 | 0.69 | 26.88 | 4.0 | 9 |
| D10 | 国际消化病杂志 | 973 | 0.935 | 0.108 | 0.97 | 404 | 0.88 | 25.25 | 5.4 | 8 |
| D10 | 临床肝胆病杂志 | 3526 | 1.710 | 0.363 | 0.87 | 618 | 1.00 | 38.63 | 3.2 | 15 |
| D10 | 临床消化病杂志 | 1141 | 1.114 | 0.116 | 0.99 | 383 | 0.75 | 23.94 | 4.5 | 7 |
| D10 | 实用肝脏病杂志 | 1985 | 1.732 | 0.335 | 0.86 | 455 | 0.81 | 28.44 | 3.7 | 9 |
| D10 | 胃肠病学 | 2432 | 1.126 | 0.074 | 0.98 | 557 | 0.88 | 34.81 | 5.0 | 17 |
| D10 | 胃肠病学和肝病学杂志 | 2928 | 1.112 | 0.126 | 0.96 | 586 | 1.00 | 36.63 | 3.8 | 11 |
| D10 | 现代消化及介入诊疗 | 2085 | 1.587 | 0.381 | 0.81 | 432 | 0.81 | 27.00 | 4.0 | 12 |
| D10 | 中国肝脏病杂志(电子版) | 672 | 1.475 | 0.187 | 0.85 | 254 | 0.50 | 15.88 | 2.7 | 8 |
| D10 | 中华肝脏病杂志 | 4730 | 2.102 | 0.258 | 0.96 | 702 | 0.81 | 43.88 | 5.8 | 20 |
| D10 | 中华肝脏外科手术学电子杂志 | 314 | 0.973 | 0.160 | 0.84 | 150 | 0.50 | 9.38 | 2.6 | 5 |
| D10 | 中华结直肠疾病电子杂志 | 308 | 0.773 | 0.151 | 0.95 | 156 | 0.13 | 9.75 | 2.2 | 4 |
| D10 | 中华消化病与影像杂志(电子版) | 248 | 0.671 | 0.167 | 0.96 | 145 | 0.69 | 9.06 | 3.1 | 5 |
| D10 | 中华消化内镜杂志 | 3126 | 1.254 | 0.142 | 0.92 | 484 | 1.00 | 30.25 | 5.1 | 11 |

| 学科代码 | 期刊名称 | 扩展总被引频次 | 扩展影响因子 | 扩展即年指标 | 扩展他引率 | 扩展引用刊数 | 扩展学科影响指标 | 扩展学科扩散指标 | 扩展被引半衰期 | 扩展H指标 |
|---|---|---|---|---|---|---|---|---|---|---|
| D10 | 中华消化杂志 | 4277 | 1.590 | 0.232 | 0.96 | 666 | 1.00 | 41.63 | 5.7 | 19 |
| D10 | 中华胰腺病杂志 | 688 | 0.752 | 0.085 | 0.91 | 278 | 0.69 | 17.38 | 3.9 | 6 |
| D11 | 国际输血及血液学杂志 | 376 | 0.408 | 0.028 | 0.86 | 203 | 0.63 | 25.38 | 5.1 | 3 |
| D11 | 临床肾脏病杂志 | 500 | 0.524 | 0.067 | 0.91 | 215 | 0.50 | 26.88 | 3.5 | 4 |
| D11 | 临床血液学杂志 | 1023 | 1.022 | 0.164 | 0.97 | 353 | 0.63 | 44.13 | 4.0 | 6 |
| D11 | 血栓与止血学 | 859 | 1.311 | 0.116 | 0.90 | 312 | 0.63 | 39.00 | 3.6 | 6 |
| D11 | 中国实验血液学杂志 | 2241 | 1.134 | 0.174 | 0.82 | 524 | 0.88 | 65.50 | 3.8 | 8 |
| D11 | 中国血液净化 | 2874 | 1.796 | 0.284 | 0.95 | 449 | 0.63 | 56.13 | 4.7 | 11 |
| D11 | 中华肾脏病杂志 | 2335 | 1.394 | 0.132 | 0.96 | 520 | 0.38 | 65.00 | 5.5 | 11 |
| D11 | 中华血液学杂志 | 2637 | 1.247 | 0.256 | 0.89 | 528 | 0.75 | 66.00 | 4.5 | 14 |
| D12 | 风湿病与关节炎 | 1361 | 1.179 | 0.331 | 0.62 | 256 | 0.30 | 25.60 | 3.0 | 10 |
| D12 | 国际内分泌代谢杂志 | 1065 | 0.681 | 0.139 | 0.99 | 447 | 0.70 | 44.70 | 8.8 | 7 |
| D12 | 中国骨质疏松杂志 | 3697 | 1.966 | 0.220 | 0.87 | 621 | 0.90 | 62.10 | 4.1 | 12 |
| D12 | 中国糖尿病杂志 | 4597 | 2.474 | 0.294 | 0.96 | 713 | 0.70 | 71.30 | 4.3 | 15 |
| D12 | 中华肥胖与代谢病电子杂志 | 17 | — | 0.151 | 0.71 | 9 | 0.10 | 0.90 | 1.1 | 2 |
| D12 | 中华风湿病学杂志 | 2461 | 0.633 | 0.113 | 0.95 | 575 | 1.00 | 57.50 | 6.3 | 14 |
| D12 | 中华骨质疏松和骨矿盐疾病杂志 | 766 | 1.291 | 0.191 | 0.96 | 321 | 0.80 | 32.10 | 5.1 | 8 |
| D12 | 中华临床免疫和变态反应杂志 | 438 | 0.680 | 0.039 | 0.93 | 251 | 0.40 | 25.10 | 4.7 | 6 |
| D12 | 中华内分泌代谢杂志 | 4298 | 2.102 | 0.248 | 0.98 | 734 | 0.90 | 73.40 | 4.7 | 15 |
| D12 | 中华糖尿病杂志 | 1859 | 2.686 | 0.254 | 0.91 | 474 | 0.70 | 47.40 | 2.8 | 11 |
| D13 | Infectious Diseases of Poverty | 168 | — | 0.433 | 0.45 | 38 | 0.18 | 3.45 | 2.5 | 4 |
| D13 | 传染病信息 | 955 | 1.229 | 0.176 | 0.91 | 343 | 0.73 | 31.18 | 4.4 | 7 |
| D13 | 感染、炎症、修复 | 330 | 0.553 | 0.063 | 0.85 | 182 | 0.27 | 16.55 | 4.4 | 5 |
| D13 | 国际流行病学传染病学杂志 | 429 | 0.525 | 0.019 | 0.97 | 236 | 0.64 | 21.45 | 5.6 | 5 |
| D13 | 微生物与感染 | 289 | 0.514 | 0.127 | 0.98 | 198 | 0.36 | 18.00 | 5.2 | 5 |
| D13 | 中国感染控制杂志 | 2519 | 2.263 | 0.480 | 0.85 | 454 | 0.73 | 41.27 | 3.3 | 11 |
| D13 | 中国感染与化疗杂志 | 2600 | 3.881 | 0.187 | 0.92 | 457 | 0.82 | 41.55 | 3.6 | 16 |
| D13 | 中华传染病杂志 | 1853 | 1.027 | 0.087 | 0.95 | 480 | 0.91 | 43.64 | 5.6 | 9 |
| D13 | 中华临床感染病杂志 | 802 | 1.130 | 0.227 | 0.94 | 329 | 0.82 | 29.91 | 4.0 | 9 |
| D13 | 中华实验和临床感染病杂志(电子版) | 1438 | 1.467 | 0.320 | 0.91 | 434 | 0.64 | 39.45 | 3.1 | 9 |
| D13 | 中华医院感染学杂志 | 26757 | 1.993 | 0.434 | 0.93 | 1025 | 0.91 | 93.18 | 3.8 | 20 |
| D14 | Bone Research | 32 | 0.348 | 0.043 | 0.84 | 26 | 0.03 | 0.81 | 2.9 | 2 |

| 学科代码 | 期刊名称 | 扩展总被引频次 | 扩展影响因子 | 扩展即年指标 | 扩展他引率 | 扩展引用刊数 | 扩展学科影响指标 | 扩展学科扩散指标 | 扩展被引半衰期 | 扩展H指标 |
|---|---|---|---|---|---|---|---|---|---|---|
| D14 | Hepatobiliary & Pancreatic Diseases International | 890 | 0.989 | 0.227 | 0.94 | 345 | 0.59 | 10.78 | 5.5 | 6 |
| D14 | 肠外与肠内营养 | 1919 | 2.161 | 0.250 | 0.95 | 459 | 0.50 | 14.34 | 4.8 | 12 |
| D14 | 国际麻醉学与复苏杂志 | 1676 | 0.956 | 0.060 | 0.80 | 400 | 0.44 | 12.50 | 4.3 | 7 |
| D14 | 国际外科学杂志 | 1399 | 1.030 | 0.283 | 0.96 | 483 | 0.72 | 15.09 | 3.5 | 6 |
| D14 | 国际移植与血液净化杂志 | 188 | 0.305 | 0.012 | 0.98 | 121 | 0.13 | 3.78 | 4.7 | 3 |
| D14 | 河南外科学杂志 | 2922 | 0.798 | 0.218 | 0.96 | 373 | 0.34 | 11.66 | 3.1 | 7 |
| D14 | 局解手术学杂志 | 2363 | 1.170 | 0.258 | 0.89 | 508 | 0.44 | 15.88 | 4.1 | 8 |
| D14 | 临床麻醉学杂志 | 7472 | 2.521 | 0.337 | 0.95 | 617 | 0.63 | 19.28 | 4.2 | 18 |
| D14 | 临床普外科电子杂志 | 94 | 0.472 | 0.103 | 0.95 | 62 | 0.03 | 1.94 | 2.2 | 3 |
| D14 | 临床外科杂志 | 2111 | 0.811 | 0.078 | 0.92 | 463 | 0.72 | 14.47 | 4.3 | 7 |
| D14 | 岭南现代临床外科 | 871 | 0.677 | 0.112 | 0.96 | 312 | 0.47 | 9.75 | 3.8 | 5 |
| D14 | 器官移植 | 297 | 0.784 | 0.149 | 0.75 | 114 | 0.28 | 3.56 | 2.8 | 4 |
| D14 | 实用器官移植电子杂志 | 202 | 0.650 | 0.189 | 0.64 | 66 | 0.19 | 2.06 | 2.5 | 4 |
| D14 | 外科理论与实践 | 1084 | 0.618 | 0.189 | 0.97 | 372 | 0.59 | 11.63 | 6.6 | 7 |
| D14 | 外科研究与新技术 | 185 | 0.669 | 0.110 | 0.92 | 104 | 0.09 | 3.25 | 2.6 | 4 |
| D14 | 浙江创伤外科 | 2530 | 0.992 | 0.314 | 0.92 | 436 | 0.44 | 13.63 | 2.9 | 9 |
| D14 | 中国内镜杂志 | 4951 | 1.981 | 0.460 | 0.95 | 582 | 0.59 | 18.19 | 4.4 | 12 |
| D14 | 中国伤残医学 | 8330 | 0.437 | 0.169 | 0.97 | 689 | 0.44 | 21.53 | 2.7 | 9 |
| D14 | 中国实用外科杂志 | 6993 | 2.301 | 0.384 | 0.93 | 731 | 0.78 | 22.84 | 5.4 | 19 |
| D14 | 中国体外循环杂志 | 423 | 0.909 | 0.113 | 0.89 | 179 | 0.25 | 5.59 | 4.7 | 5 |
| D14 | 中国微创外科杂志 | 5738 | 2.338 | 0.539 | 0.93 | 609 | 0.75 | 19.03 | 4.2 | 14 |
| D14 | 中国现代手术学杂志 | 809 | 0.667 | 0.040 | 0.98 | 296 | 0.44 | 9.25 | 4.6 | 6 |
| D14 | 中华麻醉学杂志 | 3896 | 1.167 | 0.145 | 0.94 | 530 | 0.63 | 16.56 | 4.5 | 13 |
| D14 | 中华内分泌外科杂志 | 572 | 0.646 | 0.087 | 0.91 | 250 | 0.44 | 7.81 | 3.6 | 5 |
| D14 | 中华器官移植杂志 | 747 | 0.585 | 0.017 | 0.84 | 260 | 0.44 | 8.13 | 4.6 | 6 |
| D14 | 中华实验外科杂志 | 4071 | 0.772 | 0.116 | 0.83 | 700 | 0.81 | 21.88 | 3.2 | 9 |
| D14 | 中华外科杂志 | 5901 | 1.930 | 0.512 | 0.97 | 788 | 0.88 | 24.63 | 7.0 | 17 |
| D14 | 中华显微外科杂志 | 3336 | 2.382 | 0.275 | 0.63 | 364 | 0.34 | 11.38 | 4.3 | 12 |
| D14 | 中华移植杂志(电子版) | 211 | 0.840 | 0.081 | 0.91 | 114 | 0.31 | 3.56 | 3.7 | 5 |
| D15 | 腹部外科 | 686 | 0.685 | 0.090 | 0.88 | 239 | 0.47 | 7.47 | 5.5 | 5 |
| D15 | 腹腔镜外科杂志 | 2799 | 0.940 | 0.188 | 0.94 | 393 | 0.56 | 12.28 | 4.8 | 9 |
| D15 | 肝胆外科杂志 | 1346 | 1.257 | 0.088 | 0.97 | 343 | 0.47 | 10.72 | 4.1 | 8 |

| 学科代码 | 期刊名称 | 扩展总被引频次 | 扩展影响因子 | 扩展即年指标 | 扩展他引率 | 扩展引用刊数 | 扩展学科影响指标 | 扩展学科扩散指标 | 扩展被引半衰期 | 扩展H指标 |
|---|---|---|---|---|---|---|---|---|---|---|
| D15 | 肝胆胰外科杂志 | 1517 | 1.533 | 0.190 | 0.92 | 343 | 0.41 | 10.72 | 4.1 | 8 |
| D15 | 结直肠肛门外科 | 1633 | 1.163 | 0.152 | 0.78 | 308 | 0.41 | 9.63 | 4.7 | 8 |
| D15 | 临床心电学杂志 | 724 | 0.630 | 0.075 | 0.94 | 238 | 0.16 | 7.44 | 5.8 | 6 |
| D15 | 实用心电学杂志 | 527 | 0.690 | 0.145 | 0.92 | 190 | 0.19 | 5.94 | 4.1 | 5 |
| D15 | 心电与循环 | 305 | 0.329 | 0.118 | 0.87 | 133 | 0.16 | 4.16 | 4.9 | 3 |
| D15 | 血管与腔内血管外科杂志 | 23 | — | 0.102 | 0.87 | 17 | 0.09 | 0.53 | — | 2 |
| D15 | 中国普通外科杂志 | 4582 | 2.060 | 0.495 | 0.85 | 595 | 0.72 | 18.59 | 3.7 | 12 |
| D15 | 中国普外基础与临床杂志 | 3129 | 0.989 | 0.209 | 0.90 | 544 | 0.72 | 17.00 | 4.6 | 10 |
| D15 | 中国现代普通外科进展 | 2249 | 1.210 | 0.255 | 0.91 | 464 | 0.63 | 14.50 | 3.6 | 9 |
| D15 | 中国心脏起搏与心电生理杂志 | 1039 | 0.674 | 0.111 | 0.83 | 291 | 0.16 | 9.09 | 5.8 | 6 |
| D15 | 中国胸心血管外科临床杂志 | 1825 | 0.760 | 0.263 | 0.77 | 399 | 0.25 | 12.47 | 4.6 | 10 |
| D15 | 中国血管外科杂志(电子版) | 390 | 0.854 | 0.161 | 0.88 | 172 | 0.25 | 5.38 | 3.6 | 5 |
| D15 | 中华肝胆外科杂志 | 2643 | 1.920 | 0.202 | 0.86 | 460 | 0.53 | 14.38 | 3.9 | 11 |
| D15 | 中华普通外科学文献(电子版) | 751 | 1.148 | 0.284 | 0.93 | 312 | 0.59 | 9.75 | 4.0 | 7 |
| D15 | 中华普通外科杂志 | 3430 | 1.325 | 0.174 | 0.89 | 557 | 0.78 | 17.41 | 4.6 | 12 |
| D15 | 中华普外科手术学杂志(电子版) | 1002 | 1.629 | 0.370 | 0.80 | 254 | 0.59 | 7.94 | 3.2 | 8 |
| D15 | 中华腔镜外科杂志(电子版) | 926 | 1.429 | 0.147 | 0.89 | 264 | 0.53 | 8.25 | 3.7 | 8 |
| D15 | 中华乳腺病杂志(电子版) | 799 | 1.021 | 0.100 | 0.94 | 288 | 0.25 | 9.00 | 4.3 | 8 |
| D15 | 中华疝和腹壁外科杂志(电子版) | 1155 | 1.126 | 0.340 | 0.83 | 198 | 0.34 | 6.19 | 3.3 | 8 |
| D15 | 中华胃肠内镜电子杂志 | 38 | — | — | 0.39 | 14 | 0.03 | 0.44 | — | 2 |
| D15 | 中华胃肠外科杂志 | 4745 | 2.042 | 0.312 | 0.92 | 580 | 0.69 | 18.13 | 4.2 | 15 |
| D15 | 中华消化外科杂志 | 2600 | 2.439 | 0.569 | 0.91 | 433 | 0.66 | 13.53 | 3.0 | 14 |
| D15 | 中华胸部外科电子杂志 | 36 | — | 0.096 | 1.00 | 28 | 0.03 | 0.88 | 1.5 | 2 |
| D15 | 中华胸心血管外科杂志 | 2029 | 1.057 | 0.076 | 0.95 | 414 | 0.53 | 12.94 | 4.7 | 10 |
| D15 | 足踝外科电子杂志 | 19 | — | — | 0.95 | 18 | 0.06 | 0.56 | — | 2 |
| D16 | 国际心血管病杂志 | 826 | 0.909 | 0.143 | 0.84 | 327 | 0.85 | 16.35 | 4.3 | 6 |
| D16 | 临床心血管病杂志 | 2095 | 0.889 | 0.138 | 0.96 | 510 | 0.95 | 25.50 | 5.0 | 9 |
| D16 | 岭南心血管病杂志 | 1087 | 0.822 | 0.162 | 0.97 | 334 | 0.85 | 16.70 | 3.6 | 7 |
| D16 | 实用心脑肺血管病杂志 | 6782 | 1.956 | 0.465 | 0.98 | 631 | 0.80 | 31.55 | 3.8 | 12 |
| D16 | 心肺血管病杂志 | 1715 | 1.174 | 0.292 | 0.82 | 444 | 0.95 | 22.20 | 3.8 | 8 |
| D16 | 心脑血管病防治 | 1106 | 0.813 | 0.216 | 0.98 | 370 | 0.75 | 18.50 | 4.1 | 6 |
| D16 | 心血管病学进展 | 1907 | 0.922 | 0.071 | 0.99 | 563 | 1.00 | 28.15 | 5.4 | 9 |
| D16 | 心血管康复医学杂志 | 1722 | 1.208 | 0.237 | 0.93 | 409 | 0.90 | 20.45 | 4.4 | 10 |

| 学科代码 | 期刊名称 | 扩展总被引频次 | 扩展影响因子 | 扩展即年指标 | 扩展他引率 | 扩展引用刊数 | 扩展学科影响指标 | 扩展学科扩散指标 | 扩展被引半衰期 | 扩展H指标 |
|---|---|---|---|---|---|---|---|---|---|---|
| D16 | 心脏杂志 | 854 | 0.587 | 0.237 | 0.95 | 365 | 0.90 | 18.25 | 4.7 | 5 |
| D16 | 中国动脉硬化杂志 | 2226 | 1.251 | 0.265 | 0.89 | 536 | 0.90 | 26.80 | 4.3 | 9 |
| D16 | 中国分子心脏病学杂志 | 393 | 0.306 | 0.052 | 0.96 | 233 | 0.85 | 11.65 | 5.4 | 5 |
| D16 | 中国介入心脏病学杂志 | 1229 | 1.432 | 0.222 | 0.90 | 331 | 1.00 | 16.55 | 3.1 | 8 |
| D16 | 中国心血管病研究 | 1669 | 0.993 | 0.149 | 0.89 | 419 | 0.80 | 20.95 | 3.9 | 7 |
| D16 | 中国心血管杂志 | 963 | 1.124 | 0.235 | 0.95 | 364 | 0.90 | 18.20 | 4.2 | 6 |
| D16 | 中国循环杂志 | 3935 | 2.891 | 0.309 | 0.88 | 651 | 1.00 | 32.55 | 3.0 | 14 |
| D16 | 中国循证心血管医学杂志 | 1962 | 1.519 | 0.403 | 0.92 | 454 | 0.75 | 22.70 | 2.9 | 11 |
| D16 | 中华高血压杂志 | 4382 | 1.870 | 0.233 | 0.88 | 650 | 0.85 | 32.50 | 5.3 | 16 |
| D16 | 中华老年心脑血管病杂志 | 5175 | 2.493 | 0.382 | 0.97 | 655 | 0.95 | 32.75 | 3.4 | 16 |
| D16 | 中华心律失常学杂志 | 762 | 0.908 | 0.234 | 0.85 | 225 | 0.90 | 11.25 | 4.7 | 7 |
| D16 | 中华心血管病杂志 | 9710 | 3.653 | 0.500 | 0.97 | 805 | 1.00 | 40.25 | 6.4 | 29 |
| D17 | 国际泌尿系统杂志 | 933 | 0.599 | 0.106 | 0.95 | 336 | 0.89 | 37.33 | 3.7 | 5 |
| D17 | 临床泌尿外科杂志 | 2588 | 0.815 | 0.136 | 0.95 | 443 | 0.78 | 49.22 | 5.6 | 10 |
| D17 | 泌尿外科杂志(电子版) | 171 | 0.667 | 0.065 | 0.99 | 105 | 0.78 | 11.67 | 3.2 | 4 |
| D17 | 肾脏病与透析肾移植杂志 | 1406 | 1.033 | 0.069 | 0.97 | 421 | 0.44 | 46.78 | 5.9 | 7 |
| D17 | 微创泌尿外科杂志 | 384 | 0.870 | 0.121 | 0.89 | 146 | 0.78 | 16.22 | 2.9 | 5 |
| D17 | 现代泌尿外科杂志 | 1816 | 1.211 | 0.161 | 0.93 | 389 | 0.78 | 43.22 | 3.7 | 9 |
| D17 | 中华泌尿外科杂志 | 4111 | 1.945 | 0.210 | 0.89 | 524 | 0.78 | 58.22 | 4.8 | 14 |
| D17 | 中华腔镜泌尿外科杂志(电子版) | 1131 | 1.412 | 0.130 | 0.90 | 266 | 0.78 | 29.56 | 4.3 | 10 |
| D17 | 中华肾病研究电子杂志 | 255 | 0.984 | 0.242 | 0.97 | 172 | 0.44 | 19.11 | 2.8 | 6 |
| D18 | 骨科 | 297 | 0.935 | 0.140 | 0.94 | 156 | 0.61 | 8.67 | 2.6 | 5 |
| D18 | 国际骨科学杂志 | 1320 | 1.188 | 0.184 | 0.96 | 407 | 0.94 | 22.61 | 5.1 | 8 |
| D18 | 脊柱外科杂志 | 796 | 1.017 | 0.159 | 0.92 | 264 | 0.72 | 14.67 | 4.8 | 6 |
| D18 | 颈腰痛杂志 | 1536 | 1.110 | 0.119 | 0.93 | 356 | 0.72 | 19.78 | 5.1 | 9 |
| D18 | 临床骨科杂志 | 2799 | 1.313 | 0.148 | 0.89 | 403 | 1.00 | 22.39 | 4.0 | 9 |
| D18 | 生物骨科材料与临床研究 | 691 | 0.964 | 0.201 | 0.93 | 263 | 0.78 | 14.61 | 3.4 | 5 |
| D18 | 实用骨科杂志 | 3090 | 1.288 | 0.274 | 0.94 | 439 | 0.94 | 24.39 | 3.9 | 9 |
| D18 | 实用手外科杂志 | 715 | 0.535 | 0.100 | 0.68 | 164 | 0.44 | 9.11 | 4.3 | 4 |
| D18 | 中国骨科临床与基础研究杂志 | 327 | 1.101 | 0.123 | 0.96 | 153 | 0.61 | 8.50 | 3.6 | 5 |
| D18 | 中国骨与关节损伤杂志 | 6671 | 1.805 | 0.305 | 0.87 | 491 | 1.00 | 27.28 | 3.9 | 13 |
| D18 | 中国骨与关节杂志 | 911 | 0.936 | 0.305 | 0.93 | 321 | 0.94 | 17.83 | 3.0 | 7 |
| D18 | 中国脊柱脊髓杂志 | 3888 | 1.636 | 0.231 | 0.95 | 478 | 0.83 | 26.56 | 5.2 | 13 |

| 学科代码 | 期刊名称 | 扩展总被引频次 | 扩展影响因子 | 扩展即年指标 | 扩展他引率 | 扩展引用刊数 | 扩展学科影响指标 | 扩展学科扩散指标 | 扩展被引半衰期 | 扩展H指标 |
|---|---|---|---|---|---|---|---|---|---|---|
| D18 | 中华创伤骨科杂志 | 4021 | 2.085 | 0.336 | 0.94 | 455 | 1.00 | 25.28 | 4.9 | 12 |
| D18 | 中华骨科杂志 | 5663 | 2.575 | 0.479 | 0.89 | 594 | 1.00 | 33.00 | 7.0 | 18 |
| D18 | 中华骨与关节外科杂志 | 952 | 1.612 | 0.233 | 0.96 | 314 | 0.94 | 17.44 | 3.4 | 8 |
| D18 | 中华关节外科杂志(电子版) | 1704 | 1.871 | 0.250 | 0.93 | 412 | 0.89 | 22.89 | 3.8 | 10 |
| D18 | 中华肩肘外科电子杂志 | 108 | 0.824 | 0.173 | 0.85 | 70 | 0.44 | 3.89 | 2.3 | 4 |
| D18 | 中华手外科杂志 | 2856 | 1.392 | 0.103 | 0.69 | 323 | 0.78 | 17.94 | 6.6 | 10 |
| D19 | Chinese Journal of Traumatology | 390 | 0.509 | 0.132 | 0.98 | 209 | 0.46 | 16.08 | 6.1 | 5 |
| D19 | 创伤外科杂志 | 1894 | 1.287 | 0.284 | 0.94 | 457 | 0.85 | 35.15 | 4.2 | 7 |
| D19 | 中国矫形外科杂志 | 7594 | 1.787 | 0.275 | 0.92 | 661 | 0.77 | 50.85 | 4.8 | 15 |
| D19 | 中国美容医学 | 7355 | 1.028 | 0.171 | 0.90 | 708 | 0.69 | 54.46 | 4.6 | 9 |
| D19 | 中国烧伤创疡杂志 | 440 | 0.823 | 0.298 | 0.67 | 136 | 0.23 | 10.46 | 5.5 | 4 |
| D19 | 中国修复重建外科杂志 | 3496 | 1.273 | 0.229 | 0.92 | 611 | 0.92 | 47.00 | 5.1 | 10 |
| D19 | 中华创伤杂志 | 3835 | 1.640 | 0.355 | 0.93 | 576 | 0.85 | 44.31 | 4.6 | 11 |
| D19 | 中华烧伤杂志 | 1636 | 1.459 | 0.444 | 0.87 | 393 | 0.92 | 30.23 | 4.2 | 10 |
| D19 | 中华损伤与修复杂志(电子版) | 1177 | 1.319 | 0.125 | 0.91 | 354 | 0.77 | 27.23 | 3.8 | 8 |
| D19 | 中华整形外科杂志 | 1313 | 1.014 | 0.137 | 0.90 | 330 | 1.00 | 25.38 | 5.9 | 7 |
| D19 | 组织工程与重建外科杂志 | 475 | 0.843 | 0.102 | 0.95 | 224 | 0.54 | 17.23 | 3.6 | 5 |
| D20 | 妇产与遗传(电子版) | 84 | 0.337 | — | 0.93 | 60 | 0.62 | 4.62 | 3.5 | 3 |
| D20 | 国际妇产科学杂志 | 1722 | 1.277 | 0.251 | 0.99 | 467 | 0.92 | 35.92 | 4.4 | 10 |
| D20 | 母婴世界 | 548 | 0.081 | 0.022 | 0.95 | 118 | 0.15 | 9.08 | 1.5 | 3 |
| D20 | 实用妇产科杂志 | 6972 | 2.753 | 0.257 | 0.99 | 629 | 0.92 | 48.38 | 4.4 | 21 |
| D20 | 现代妇产科进展 | 2656 | 1.285 | 0.216 | 0.98 | 514 | 0.92 | 39.54 | 4.2 | 12 |
| D20 | 中国产前诊断杂志(电子版) | 223 | 0.587 | 0.088 | 0.97 | 126 | 0.69 | 9.69 | 4.2 | 4 |
| D20 | 中国妇产科临床杂志 | 2000 | 1.029 | 0.218 | 0.98 | 459 | 0.85 | 35.31 | 4.7 | 11 |
| D20 | 中国实用妇科与产科杂志 | 6014 | 2.093 | 0.428 | 0.97 | 647 | 0.92 | 49.77 | 5.5 | 15 |
| D20 | 中华产科急救电子杂志 | 204 | 0.821 | 0.034 | 0.97 | 123 | 0.77 | 9.46 | 3.0 | 4 |
| D20 | 中华妇产科杂志 | 6799 | 3.782 | 0.469 | 0.97 | 722 | 0.92 | 55.54 | 5.3 | 23 |
| D20 | 中华妇幼临床医学杂志(电子版) | 1974 | 2.137 | 0.321 | 0.95 | 466 | 0.69 | 35.85 | 3.5 | 12 |
| D20 | 中华围产医学杂志 | 2166 | 1.824 | 0.349 | 0.89 | 428 | 0.92 | 32.92 | 3.7 | 10 |
| D21 | 发育医学电子杂志 | 57 | 0.328 | 0.018 | 0.96 | 49 | 0.24 | 2.88 | 2.4 | 3 |
| D21 | 国际儿科学杂志 | 1325 | 1.260 | 0.183 | 0.82 | 384 | 0.71 | 22.59 | 3.6 | 7 |
| D21 | 临床儿科杂志 | 4297 | 2.035 | 0.182 | 0.98 | 666 | 0.94 | 39.18 | 4.7 | 13 |
| D21 | 临床小儿外科杂志 | 912 | 0.634 | 0.103 | 0.79 | 280 | 0.71 | 16.47 | 4.5 | 6 |

| 学科代码 | 期刊名称 | 扩展总被引频次 | 扩展影响因子 | 扩展即年指标 | 扩展他引率 | 扩展引用刊数 | 扩展学科影响指标 | 扩展学科扩散指标 | 扩展被引半衰期 | 扩展H指标 |
|---|---|---|---|---|---|---|---|---|---|---|
| D21 | 中国当代儿科杂志 | 3236 | 1.787 | 0.357 | 0.96 | 657 | 0.88 | 38.65 | 3.9 | 12 |
| D21 | 中国儿童保健杂志 | 3623 | 1.147 | 0.235 | 0.91 | 675 | 0.82 | 39.71 | 4.4 | 10 |
| D21 | 中国实用儿科杂志 | 3688 | 1.642 | 0.163 | 0.93 | 644 | 0.94 | 37.88 | 5.6 | 14 |
| D21 | 中国小儿急救医学 | 1814 | 1.216 | 0.205 | 0.92 | 379 | 0.88 | 22.29 | 3.8 | 7 |
| D21 | 中国小儿血液与肿瘤杂志 | 386 | 0.595 | 0.123 | 0.98 | 206 | 0.71 | 12.12 | 4.5 | 5 |
| D21 | 中国循证儿科杂志 | 1038 | 1.258 | 0.154 | 0.97 | 386 | 0.88 | 22.71 | 5.1 | 9 |
| D21 | 中国中西医结合儿科学 | 1836 | 1.267 | 0.226 | 0.90 | 353 | 0.47 | 20.76 | 3.7 | 7 |
| D21 | 中华儿科杂志 | 6982 | 2.225 | 0.664 | 0.97 | 757 | 1.00 | 44.53 | 6.9 | 29 |
| D21 | 中华实用儿科临床杂志 | 6775 | 1.478 | 0.157 | 0.96 | 790 | 0.94 | 46.47 | 4.8 | 16 |
| D21 | 中华小儿外科杂志 | 2016 | 0.987 | 0.080 | 0.84 | 424 | 0.82 | 24.94 | 5.1 | 9 |
| D21 | 中华新生儿科杂志(中英文) | 1772 | 1.907 | 0.258 | 0.93 | 385 | 0.76 | 22.65 | 4.4 | 10 |
| D21 | 中医儿科杂志 | 1002 | 0.699 | 0.065 | 0.94 | 226 | 0.29 | 13.29 | 5.0 | 7 |
| D22 | 国际眼科杂志 | 5471 | 1.270 | 0.343 | 0.89 | 601 | 1.00 | 54.64 | 3.9 | 9 |
| D22 | 临床眼科杂志 | 1299 | 0.880 | 0.094 | 0.96 | 293 | 1.00 | 26.64 | 4.5 | 6 |
| D22 | 眼科 | 876 | 0.553 | 0.065 | 0.93 | 268 | 1.00 | 24.36 | 5.9 | 6 |
| D22 | 眼科新进展 | 2508 | 1.182 | 0.277 | 0.91 | 410 | 1.00 | 37.27 | 4.1 | 9 |
| D22 | 中国实用眼科杂志 | 3520 | 0.993 | 0.098 | 0.91 | 428 | 1.00 | 38.91 | 5.0 | 9 |
| D22 | 中国斜视与小儿眼科杂志 | 665 | 1.015 | 0.119 | 0.93 | 173 | 1.00 | 15.73 | 6.2 | 5 |
| D22 | 中华实验眼科杂志 | 1764 | 1.021 | 0.151 | 0.90 | 395 | 1.00 | 35.91 | 4.6 | 8 |
| D22 | 中华眼底病杂志 | 1674 | 1.319 | 0.273 | 0.91 | 297 | 1.00 | 27.00 | 4.5 | 9 |
| D22 | 中华眼科杂志 | 3812 | 1.524 | 0.197 | 0.94 | 518 | 1.00 | 47.09 | 6.2 | 14 |
| D22 | 中华眼视光学与视觉科学杂志 | 995 | 0.805 | 0.109 | 0.89 | 264 | 1.00 | 24.00 | 4.5 | 5 |
| D23 | Eye Science | 189 | 0.372 | 0.016 | 1.00 | 94 | 0.29 | 5.53 | 5.9 | 3 |
| D23 | Journal of Otology | 46 | 0.129 | 0.074 | 0.83 | 14 | 0.24 | 0.82 | 5.1 | 3 |
| D23 | World Journal of Otorhinolaryngology-Head and Neck Surgery | 2 | — | — | 1.00 | 2 | 0.06 | 0.12 | 2.0 | 1 |
| D23 | 国际耳鼻咽喉头颈外科杂志 | 381 | 0.247 | 0.069 | 0.99 | 200 | 0.59 | 11.76 | 9.8 | 3 |
| D23 | 国际眼科纵览 | 399 | 0.280 | 0.059 | 0.98 | 167 | 0.47 | 9.82 | ≥10 | 4 |
| D23 | 临床耳鼻咽喉头颈外科杂志 | 3714 | 0.865 | 0.196 | 0.89 | 595 | 0.82 | 35.00 | 4.9 | 9 |
| D23 | 山东大学耳鼻喉眼学报 | 857 | 0.696 | 0.138 | 0.93 | 294 | 0.82 | 17.29 | 3.9 | 5 |
| D23 | 实用防盲技术 | 173 | 0.578 | 0.081 | 0.97 | 86 | 0.18 | 5.06 | 3.3 | 3 |
| D23 | 听力学及言语疾病杂志 | 1731 | 1.334 | 0.201 | 0.91 | 363 | 0.71 | 21.35 | 4.7 | 8 |
| D23 | 中国耳鼻咽喉颅底外科杂志 | 934 | 0.735 | 0.102 | 0.81 | 265 | 0.71 | 15.59 | 4.4 | 6 |

| 学科代码 | 期刊名称 | 扩展总被引频次 | 扩展影响因子 | 扩展即年指标 | 扩展他引率 | 扩展引用刊数 | 扩展学科影响指标 | 扩展学科扩散指标 | 扩展被引半衰期 | 扩展H指标 |
|---|---|---|---|---|---|---|---|---|---|---|
| D23 | 中国耳鼻咽喉头颈外科 | 1918 | 1.266 | 0.149 | 0.85 | 395 | 0.71 | 23.24 | 4.9 | 8 |
| D23 | 中国眼耳鼻喉科杂志 | 749 | 0.846 | 0.117 | 0.97 | 277 | 0.82 | 16.29 | 4.4 | 5 |
| D23 | 中国医学文摘-耳鼻咽喉科学 | 324 | 0.446 | 0.153 | 0.94 | 168 | 0.53 | 9.88 | 5.6 | 4 |
| D23 | 中华耳鼻咽喉头颈外科杂志 | 4919 | 1.591 | 0.326 | 0.95 | 612 | 0.82 | 36.00 | 7.0 | 19 |
| D23 | 中华耳科学杂志 | 1378 | 1.118 | 0.253 | 0.76 | 319 | 0.71 | 18.76 | 4.1 | 9 |
| D23 | 中华眼外伤职业眼病杂志 | 1815 | 0.831 | 0.127 | 0.85 | 269 | 0.53 | 15.82 | 4.8 | 5 |
| D23 | 中医眼耳鼻喉杂志 | 64 | — | — | 0.98 | 47 | 0.12 | 2.76 | 2.9 | 2 |
| D24 | International Journal of Oral Science | 188 | 0.783 | 0.061 | 0.91 | 94 | 0.96 | 3.76 | 4.4 | 4 |
| D24 | 北京口腔医学 | 621 | 0.675 | 0.030 | 0.90 | 229 | 0.88 | 9.16 | 5.7 | 5 |
| D24 | 国际口腔医学杂志 | 1244 | 0.845 | 0.229 | 0.98 | 396 | 0.92 | 15.84 | 4.9 | 6 |
| D24 | 华西口腔医学杂志 | 1806 | 1.307 | 0.113 | 0.96 | 417 | 0.96 | 16.68 | 5.5 | 9 |
| D24 | 口腔材料器械杂志 | 310 | 0.980 | 0.176 | 0.83 | 127 | 0.76 | 5.08 | 4.2 | 4 |
| D24 | 口腔颌面外科杂志 | 2480 | 2.145 | 0.441 | 0.96 | 488 | 0.96 | 19.52 | 6.3 | 7 |
| D24 | 口腔颌面修复学杂志 | 767 | 1.083 | 0.241 | 0.87 | 217 | 0.88 | 8.68 | 5.4 | 6 |
| D24 | 口腔疾病防治 | 1083 | 0.957 | 0.182 | 0.82 | 276 | 0.92 | 11.04 | 4.4 | 6 |
| D24 | 口腔生物医学 | 124 | 0.462 | 0.061 | 0.93 | 79 | 0.72 | 3.16 | 3.6 | 3 |
| D24 | 口腔医学 | 1724 | 0.768 | 0.146 | 0.93 | 394 | 0.92 | 15.76 | 4.9 | 6 |
| D24 | 口腔医学研究 | 1904 | 0.694 | 0.133 | 0.88 | 415 | 0.92 | 16.60 | 4.7 | 7 |
| D24 | 临床口腔医学杂志 | 1872 | 0.903 | 0.230 | 0.95 | 387 | 0.92 | 15.48 | 4.5 | 7 |
| D24 | 上海口腔医学 | 1124 | 0.921 | 0.177 | 0.94 | 335 | 0.96 | 13.40 | 4.9 | 6 |
| D24 | 实用口腔医学杂志 | 2006 | 1.170 | 0.230 | 0.87 | 434 | 0.92 | 17.36 | 4.8 | 8 |
| D24 | 现代口腔医学杂志 | 900 | 0.500 | 0.116 | 0.98 | 284 | 0.92 | 11.36 | 7.9 | 5 |
| D24 | 牙体牙髓牙周病学杂志 | 1397 | 0.981 | 0.175 | 0.95 | 318 | 0.80 | 12.72 | 5.0 | 7 |
| D24 | 中国口腔颌面外科杂志 | 716 | 0.715 | 0.135 | 0.90 | 264 | 0.88 | 10.56 | 5.1 | 6 |
| D24 | 中国口腔医学继续教育杂志 | 15 | — | 0.024 | 1.00 | 13 | 0.08 | 0.52 | 4.8 | 1 |
| D24 | 中国口腔种植学杂志 | 488 | 0.822 | 0.222 | 0.96 | 145 | 0.84 | 5.80 | 5.1 | 6 |
| D24 | 中国实用口腔科杂志 | 1585 | 1.128 | 0.126 | 0.93 | 341 | 0.92 | 13.64 | 4.4 | 7 |
| D24 | 中华口腔医学研究杂志(电子版) | 502 | 0.792 | 0.220 | 0.93 | 193 | 0.88 | 7.72 | 4.1 | 5 |
| D24 | 中华口腔医学杂志 | 2326 | 1.175 | 0.263 | 0.95 | 462 | 0.96 | 18.48 | 6.9 | 10 |
| D24 | 中华口腔正畸学杂志 | 475 | 0.694 | 0.135 | 0.92 | 147 | 0.88 | 5.88 | 7.1 | 6 |
| D24 | 中华老年口腔医学杂志 | 861 | 1.333 | 0.244 | 0.88 | 247 | 0.84 | 9.88 | 4.4 | 7 |
| D25 | 国际皮肤性病学杂志 | 600 | 0.420 | 0.079 | 0.97 | 261 | 1.00 | 26.10 | 6.7 | 5 |
| D25 | 临床皮肤科杂志 | 2379 | 0.731 | 0.075 | 0.88 | 469 | 1.00 | 46.90 | 6.8 | 8 |

| 学科代码 | 期刊名称 | 扩展总被引频次 | 扩展影响因子 | 扩展即年指标 | 扩展他引率 | 扩展引用刊数 | 扩展学科影响指标 | 扩展学科扩散指标 | 扩展被引半衰期 | 扩展H指标 |
|---|---|---|---|---|---|---|---|---|---|---|
| D25 | 皮肤病与性病 | 826 | 0.671 | 0.054 | 0.94 | 298 | 0.90 | 29.80 | 4.1 | 5 |
| D25 | 皮肤性病诊疗学杂志 | 794 | 0.822 | 0.121 | 0.88 | 286 | 0.90 | 28.60 | 4.0 | 5 |
| D25 | 实用皮肤病学杂志 | 566 | 0.622 | 0.122 | 0.89 | 222 | 1.00 | 22.20 | 3.4 | 5 |
| D25 | 中国艾滋病性病 | 2714 | 1.276 | 0.254 | 0.86 | 336 | 0.90 | 33.60 | 4.2 | 9 |
| D25 | 中国麻风皮肤病杂志 | 1455 | 0.453 | 0.094 | 0.92 | 385 | 1.00 | 38.50 | 5.5 | 5 |
| D25 | 中国皮肤性病学杂志 | 3427 | 0.621 | 0.102 | 0.88 | 563 | 1.00 | 56.30 | 5.0 | 11 |
| D25 | 中国医学文摘-皮肤科学 | 171 | 0.713 | 0.070 | 0.98 | 108 | 0.60 | 10.80 | 2.5 | 4 |
| D25 | 中华皮肤科杂志 | 3115 | 1.189 | 0.166 | 0.92 | 554 | 1.00 | 55.40 | 6.2 | 14 |
| D26 | Asian Journal of Andrology | 718 | 0.485 | 0.253 | 0.93 | 240 | 1.00 | 60.00 | 4.1 | 6 |
| D26 | 中国男科学杂志 | 1369 | 0.594 | 0.146 | 0.77 | 326 | 0.75 | 81.50 | 6.4 | 7 |
| D26 | 中国性科学 | 3126 | 1.540 | 0.325 | 0.79 | 525 | 0.75 | 131.25 | 2.9 | 10 |
| D26 | 中华男科学杂志 | 2765 | 1.383 | 0.212 | 0.84 | 494 | 1.00 | 123.50 | 4.9 | 11 |
| D27 | Neural Regeneration Research | 1327 | 0.868 | 0.133 | 0.86 | 419 | 0.71 | 11.03 | 2.8 | 7 |
| D27 | Neuroscience Bulletin | 465 | 0.698 | 0.441 | 0.84 | 239 | 0.61 | 6.29 | 4.5 | 5 |
| D27 | Shanghai Archives of Psychiatry | 1163 | 0.686 | 0.444 | 0.97 | 400 | 0.50 | 10.53 | ≥10 | 9 |
| D27 | 癫痫杂志 | 12 | — | 0.330 | 0.00 | 1 | — | — | — | 1 |
| D27 | 癫痫与神经电生理学杂志 | 276 | 0.252 | 0.019 | 0.91 | 159 | 0.47 | 4.18 | 7.4 | 3 |
| D27 | 国际精神病学杂志 | 1446 | 1.761 | 0.284 | 0.71 | 381 | 0.42 | 10.03 | 3.1 | 10 |
| D27 | 国际脑血管病杂志 | 1209 | 0.889 | 0.145 | 0.85 | 368 | 0.66 | 9.68 | 5.1 | 6 |
| D27 | 国际神经病学神经外科学杂志 | 1119 | 1.119 | 0.106 | 0.92 | 409 | 0.66 | 10.76 | 4.5 | 6 |
| D27 | 精神医学杂志 | 1662 | 1.505 | 0.196 | 0.90 | 406 | 0.34 | 10.68 | 4.5 | 8 |
| D27 | 立体定向和功能性神经外科杂志 | 413 | 0.550 | 0.030 | 0.91 | 179 | 0.47 | 4.71 | 4.6 | 4 |
| D27 | 临床精神医学杂志 | 2095 | 0.858 | 0.163 | 0.97 | 485 | 0.39 | 12.76 | 6.0 | 8 |
| D27 | 临床神经病学杂志 | 2315 | 2.158 | 0.265 | 0.96 | 530 | 0.89 | 13.95 | 4.2 | 10 |
| D27 | 临床神经外科杂志 | 848 | 1.229 | 0.187 | 0.89 | 254 | 0.47 | 6.68 | 3.2 | 7 |
| D27 | 脑与神经疾病杂志 | 1083 | 0.946 | 0.152 | 0.98 | 388 | 0.76 | 10.21 | 4.6 | 7 |
| D27 | 神经病学与神经康复学杂志 | 270 | — | 0.150 | 0.96 | 162 | 0.34 | 4.26 | 5.5 | 5 |
| D27 | 神经疾病与精神卫生 | 956 | 0.611 | 0.079 | 0.87 | 338 | 0.61 | 8.89 | 4.9 | 6 |
| D27 | 神经损伤与功能重建 | 1163 | 1.263 | 0.285 | 0.83 | 378 | 0.61 | 9.95 | 3.2 | 7 |
| D27 | 四川精神卫生 | 791 | 0.840 | 0.336 | 0.86 | 268 | 0.32 | 7.05 | 3.3 | 6 |
| D27 | 中风与神经疾病杂志 | 2136 | 0.696 | 0.110 | 0.97 | 510 | 0.84 | 13.42 | 4.7 | 9 |
| D27 | 中国临床神经科学 | 913 | 1.078 | 0.197 | 0.95 | 376 | 0.74 | 9.89 | 4.6 | 7 |
| D27 | 中国临床神经外科杂志 | 2147 | 0.722 | 0.169 | 0.85 | 401 | 0.63 | 10.55 | 4.8 | 9 |

| 学科代码 | 期刊名称 | 扩展总被引频次 | 扩展影响因子 | 扩展即年指标 | 扩展他引率 | 扩展引用刊数 | 扩展学科影响指标 | 扩展学科扩散指标 | 扩展被引半衰期 | 扩展H指标 |
|---|---|---|---|---|---|---|---|---|---|---|
| D27 | 中国脑血管病杂志 | 1490 | 1.392 | 0.194 | 0.95 | 417 | 0.79 | 10.97 | 4.4 | 9 |
| D27 | 中国神经精神疾病杂志 | 2806 | 1.538 | 0.153 | 0.94 | 631 | 0.97 | 16.61 | 5.7 | 12 |
| D27 | 中国神经免疫学和神经病学杂志 | 1029 | 1.187 | 0.179 | 0.95 | 366 | 0.74 | 9.63 | 4.5 | 7 |
| D27 | 中国实用神经疾病杂志 | 12614 | 1.175 | 0.255 | 0.89 | 744 | 0.89 | 19.58 | 3.2 | 12 |
| D27 | 中国微侵袭神经外科杂志 | 1404 | 0.853 | 0.196 | 0.79 | 344 | 0.63 | 9.05 | 4.6 | 7 |
| D27 | 中国现代神经疾病杂志 | 1451 | 1.061 | 0.157 | 0.90 | 445 | 0.84 | 11.71 | 3.9 | 7 |
| D27 | 中国卒中杂志 | 1451 | 1.253 | 0.207 | 0.95 | 431 | 0.71 | 11.34 | 3.9 | 10 |
| D27 | 中华行为医学与脑科学杂志 | 4210 | 1.489 | 0.270 | 0.85 | 816 | 0.74 | 21.47 | 5.9 | 14 |
| D27 | 中华精神科杂志 | 1685 | 1.134 | 0.284 | 0.94 | 442 | 0.66 | 11.63 | ≥10 | 9 |
| D27 | 中华神经创伤外科电子杂志 | 72 | - | 0.155 | 0.90 | 54 | 0.21 | 1.42 | 1.4 | 3 |
| D27 | 中华神经科杂志 | 7672 | 2.352 | 0.247 | 0.97 | 733 | 0.89 | 19.29 | ≥10 | 28 |
| D27 | 中华神经外科疾病研究杂志 | 1384 | 1.267 | 0.139 | 0.91 | 411 | 0.68 | 10.82 | 4.3 | 8 |
| D27 | 中华神经外科杂志 | 3958 | 1.331 | 0.157 | 0.91 | 540 | 0.71 | 14.21 | 4.9 | 12 |
| D27 | 中华神经医学杂志 | 2986 | 1.569 | 0.186 | 0.93 | 543 | 0.84 | 14.29 | 4.0 | 12 |
| D27 | 卒中与神经疾病 | 1180 | 1.701 | 0.207 | 0.99 | 382 | 0.68 | 10.05 | 3.7 | 9 |
| D28 | 标记免疫分析与临床 | 1399 | 1.083 | 0.135 | 0.94 | 415 | 0.38 | 14.31 | 2.9 | 7 |
| D28 | 放射学实践 | 3514 | 1.307 | 0.281 | 0.92 | 528 | 0.93 | 18.21 | 4.5 | 9 |
| D28 | 分子影像学杂志 | 141 | - | 0.086 | 1.00 | 102 | 0.07 | 3.52 | 2.0 | 3 |
| D28 | 功能与分子医学影像学杂志(电子版) | 127 | 0.675 | 0.098 | 0.61 | 59 | 0.31 | 2.03 | 2.4 | 3 |
| D28 | 国际放射医学核医学杂志 | 333 | 0.445 | 0.069 | 0.90 | 183 | 0.41 | 6.31 | 5.1 | 3 |
| D28 | 国际医学放射学杂志 | 840 | 1.274 | 0.167 | 0.93 | 319 | 0.83 | 11.00 | 4.8 | 6 |
| D28 | 介入放射学杂志 | 3782 | 1.918 | 0.253 | 0.87 | 562 | 0.83 | 19.38 | 4.3 | 11 |
| D28 | 临床超声医学杂志 | 2432 | 0.941 | 0.155 | 0.95 | 468 | 0.69 | 16.14 | 3.9 | 9 |
| D28 | 临床放射学杂志 | 4077 | 0.930 | 0.116 | 0.93 | 569 | 0.97 | 19.62 | 4.8 | 8 |
| D28 | 实用放射学杂志 | 5037 | 1.019 | 0.090 | 0.84 | 610 | 0.90 | 21.03 | 4.5 | 9 |
| D28 | 实用医学影像杂志 | 970 | 0.779 | 0.100 | 0.98 | 286 | 0.79 | 9.86 | 3.8 | 5 |
| D28 | 现代医用影像学 | 907 | 0.746 | 0.104 | 0.98 | 266 | 0.62 | 9.17 | 2.7 | 5 |
| D28 | 医学影像学杂志 | 5316 | 1.208 | 0.201 | 0.91 | 637 | 0.97 | 21.97 | 3.8 | 10 |
| D28 | 影像诊断与介入放射学 | 708 | 0.974 | 0.149 | 0.95 | 285 | 0.76 | 9.83 | 4.2 | 5 |
| D28 | 中国CT和MRI杂志 | 3637 | 2.301 | 0.458 | 0.77 | 443 | 0.86 | 15.28 | 2.8 | 13 |
| D28 | 中国超声医学杂志 | 4805 | 1.744 | 0.240 | 0.88 | 595 | 0.83 | 20.52 | 4.1 | 13 |
| D28 | 中国介入影像与治疗学 | 1181 | 0.781 | 0.195 | 0.91 | 365 | 0.83 | 12.59 | 4.4 | 6 |
| D28 | 中国临床医学影像杂志 | 2792 | 1.294 | 0.187 | 0.98 | 522 | 0.93 | 18.00 | 4.4 | 11 |

| 学科代码 | 期刊名称 | 扩展总被引频次 | 扩展影响因子 | 扩展即年指标 | 扩展他引率 | 扩展引用刊数 | 扩展学科影响指标 | 扩展学科扩散指标 | 扩展被引半衰期 | 扩展H指标 |
|---|---|---|---|---|---|---|---|---|---|---|
| D28 | 中国数字医学 | 2221 | 1.110 | 0.313 | 0.78 | 444 | 0.17 | 15.31 | 2.9 | 9 |
| D28 | 中国体视学与图像分析 | 261 | 0.277 | 0.071 | 0.75 | 149 | 0.14 | 5.14 | 8.7 | 4 |
| D28 | 中国医学计算机成像杂志 | 1266 | 1.312 | 0.107 | 0.95 | 349 | 0.93 | 12.03 | 4.3 | 7 |
| D28 | 中国医学影像技术 | 6113 | 0.793 | 0.157 | 0.92 | 721 | 0.93 | 24.86 | 5.8 | 13 |
| D28 | 中国医学影像学杂志 | 3041 | 1.754 | 0.154 | 0.92 | 536 | 0.97 | 18.48 | 4.1 | 11 |
| D28 | 中华超声影像学杂志 | 3326 | 1.112 | 0.115 | 0.93 | 532 | 0.83 | 18.34 | 5.0 | 12 |
| D28 | 中华放射学杂志 | 5587 | 1.858 | 0.171 | 0.93 | 652 | 0.97 | 22.48 | 6.0 | 13 |
| D28 | 中华核医学与分子影像杂志 | 1094 | 0.823 | 0.277 | 0.78 | 298 | 0.66 | 10.28 | 4.8 | 8 |
| D28 | 中华介入放射学电子杂志 | 50 | 0.167 | 0.113 | 0.60 | 29 | 0.21 | 1.00 | 2.7 | 2 |
| D28 | 中华医学超声杂志(电子版) | 2767 | 1.798 | 0.173 | 0.94 | 482 | 0.76 | 16.62 | 4.5 | 12 |
| D29 | Cancer Biology & Medicine | 180 | 1.025 | 0.196 | 0.98 | 131 | 0.42 | 3.45 | 3.0 | 4 |
| D29 | Chinese Journal of Cancer | 2033 | 1.586 | 0.198 | 0.93 | 620 | 0.87 | 16.32 | 8.1 | 11 |
| D29 | Chinese Journal of Cancer Research | 854 | 2.635 | 0.595 | 0.96 | 370 | 0.82 | 9.74 | 2.4 | 10 |
| D29 | Oncology and Translational Medicine | 222 | 0.191 | — | 0.93 | 146 | 0.53 | 3.84 | 5.7 | 3 |
| D29 | 癌变·畸变·突变 | 475 | 0.444 | 0.095 | 0.94 | 286 | 0.24 | 7.53 | 6.1 | 4 |
| D29 | 癌症进展 | 1096 | 1.197 | 0.192 | 0.95 | 389 | 0.61 | 10.24 | 3.9 | 7 |
| D29 | 白血病·淋巴瘤 | 659 | 0.464 | 0.087 | 0.83 | 226 | 0.34 | 5.95 | 4.2 | 4 |
| D29 | 国际肿瘤学杂志 | 760 | 0.397 | 0.086 | 0.95 | 364 | 0.55 | 9.58 | 4.7 | 4 |
| D29 | 临床肿瘤学杂志 | 2873 | 1.328 | 0.178 | 0.97 | 644 | 0.87 | 16.95 | 4.3 | 14 |
| D29 | 实用癌症杂志 | 3137 | 1.328 | 0.261 | 0.90 | 562 | 0.71 | 14.79 | 2.8 | 10 |
| D29 | 实用肿瘤学杂志 | 593 | 0.512 | 0.069 | 0.96 | 295 | 0.50 | 7.76 | 5.7 | 4 |
| D29 | 实用肿瘤杂志 | 1221 | 1.017 | 0.228 | 0.93 | 424 | 0.63 | 11.16 | 4.9 | 6 |
| D29 | 现代泌尿生殖肿瘤杂志 | 361 | 0.557 | 0.089 | 0.90 | 178 | 0.29 | 4.68 | 3.8 | 4 |
| D29 | 现代肿瘤医学 | 5992 | 1.122 | 0.277 | 0.91 | 791 | 0.79 | 20.82 | 3.4 | 10 |
| D29 | 消化肿瘤杂志(电子版) | 188 | 0.398 | 0.086 | 0.82 | 95 | 0.13 | 2.50 | 4.3 | 3 |
| D29 | 中国癌症防治杂志 | 455 | 0.710 | 0.130 | 0.91 | 244 | 0.47 | 6.42 | 3.9 | 5 |
| D29 | 中国癌症杂志 | 2622 | 1.925 | 0.293 | 0.98 | 620 | 0.89 | 16.32 | 4.6 | 11 |
| D29 | 中国肺癌杂志 | 2061 | 1.824 | 0.504 | 0.97 | 529 | 0.74 | 13.92 | 4.8 | 11 |
| D29 | 中国肿瘤 | 3821 | 2.688 | 1.302 | 0.94 | 750 | 0.87 | 19.74 | 3.8 | 20 |
| D29 | 中国肿瘤临床 | 3899 | 1.798 | 0.335 | 0.99 | 723 | 0.87 | 19.03 | 4.3 | 12 |
| D29 | 中国肿瘤临床与康复 | 2390 | 1.108 | 0.348 | 0.89 | 475 | 0.55 | 12.50 | 2.9 | 9 |
| D29 | 中国肿瘤生物治疗杂志 | 740 | 0.792 | 0.211 | 0.94 | 338 | 0.55 | 8.89 | 4.2 | 8 |
| D29 | 中国肿瘤外科杂志 | 709 | 1.019 | 0.169 | 0.91 | 280 | 0.42 | 7.37 | 3.3 | 6 |

| 学科代码 | 期刊名称 | 扩展总被引频次 | 扩展影响因子 | 扩展即年指标 | 扩展他引率 | 扩展引用刊数 | 扩展学科影响指标 | 扩展学科扩散指标 | 扩展被引半衰期 | 扩展H指标 |
|---|---|---|---|---|---|---|---|---|---|---|
| D29 | 中华放射肿瘤学杂志 | 2007 | 1.357 | 0.090 | 0.84 | 356 | 0.66 | 9.37 | 5.3 | 10 |
| D29 | 中华肿瘤防治杂志 | 3788 | 1.486 | 0.118 | 0.90 | 707 | 0.84 | 18.61 | 4.1 | 10 |
| D29 | 中华肿瘤杂志 | 3675 | 2.401 | 0.413 | 0.94 | 695 | 0.87 | 18.29 | 5.0 | 13 |
| D29 | 肿瘤 | 1890 | 0.927 | 0.225 | 0.92 | 594 | 0.87 | 15.63 | 4.8 | 10 |
| D29 | 肿瘤代谢与营养电子杂志 | 86 | — | 0.098 | 0.83 | 54 | 0.11 | 1.42 | 1.8 | 3 |
| D29 | 肿瘤防治研究 | 1958 | 1.125 | 0.207 | 0.97 | 579 | 0.76 | 15.24 | 3.9 | 7 |
| D29 | 肿瘤基础与临床 | 1085 | 0.800 | 0.081 | 0.93 | 373 | 0.55 | 9.82 | 4.2 | 6 |
| D29 | 肿瘤学杂志 | 1474 | 0.992 | 0.195 | 0.97 | 468 | 0.71 | 12.32 | 4.0 | 7 |
| D29 | 肿瘤研究与临床 | 1170 | 0.801 | 0.130 | 0.91 | 388 | 0.63 | 10.21 | 3.7 | 6 |
| D29 | 肿瘤药学 | 526 | 0.920 | 0.202 | 0.98 | 273 | 0.29 | 7.18 | 3.5 | 6 |
| D29 | 肿瘤影像学 | 639 | 0.810 | 0.273 | 0.98 | 272 | 0.26 | 7.16 | 5.3 | 6 |
| D29 | 肿瘤预防与治疗 | 513 | 0.949 | 0.173 | 0.91 | 226 | 0.37 | 5.95 | 4.2 | 5 |
| D30 | Chinese Nursing Research | 8 | — | — | 1.00 | 8 | 0.07 | 0.30 | — | 1 |
| D30 | Nursing of Integrated Traditional Chinese and Western Medicine | 232 | — | 0.129 | 0.96 | 67 | 0.26 | 2.48 | 1.2 | 3 |
| D30 | 当代护士(上旬刊) | 703 | 0.762 | 0.147 | 0.94 | 185 | 0.89 | 6.85 | 3.4 | 4 |
| D30 | 当代护士(下旬刊) | 5652 | 0.754 | 0.155 | 0.91 | 454 | 1.00 | 16.81 | 3.5 | 9 |
| D30 | 当代护士(中旬刊) | 5870 | 0.718 | 0.154 | 0.94 | 485 | 0.96 | 17.96 | 3.8 | 9 |
| D30 | 国际护理学杂志 | 11419 | 1.450 | 0.267 | 0.98 | 546 | 1.00 | 20.22 | 3.3 | 15 |
| D30 | 护理管理杂志 | 8192 | 2.814 | 0.274 | 0.90 | 578 | 1.00 | 21.41 | 4.6 | 18 |
| D30 | 护理实践与研究 | 15687 | 1.631 | 0.309 | 0.97 | 684 | 0.96 | 25.33 | 4.1 | 18 |
| D30 | 护理学报 | 9494 | 2.087 | 0.290 | 0.92 | 731 | 1.00 | 27.07 | 4.5 | 15 |
| D30 | 护理学杂志 | 17887 | 2.566 | 0.329 | 0.91 | 843 | 1.00 | 31.22 | 4.6 | 20 |
| D30 | 护理研究 | 23573 | 1.694 | 0.334 | 0.96 | 989 | 1.00 | 36.63 | 4.1 | 16 |
| D30 | 护理与康复 | 4659 | 1.392 | 0.197 | 0.92 | 458 | 0.96 | 16.96 | 4.2 | 12 |
| D30 | 护士进修杂志 | 21663 | 2.587 | 0.338 | 0.98 | 769 | 1.00 | 28.48 | 4.3 | 31 |
| D30 | 解放军护理杂志 | 9877 | 1.986 | 0.155 | 0.96 | 685 | 1.00 | 25.37 | 4.8 | 14 |
| D30 | 临床护理杂志 | 2854 | 1.455 | 0.224 | 0.99 | 412 | 1.00 | 15.26 | 4.6 | 11 |
| D30 | 齐鲁护理杂志 | 19152 | 1.670 | 0.383 | 0.97 | 697 | 1.00 | 25.81 | 4.1 | 18 |
| D30 | 全科护理 | 12544 | 0.906 | 0.208 | 0.98 | 695 | 1.00 | 25.74 | 4.0 | 13 |
| D30 | 上海护理 | 2236 | 1.550 | 0.324 | 0.98 | 397 | 1.00 | 14.70 | 4.6 | 9 |
| D30 | 天津护理 | 1881 | 0.946 | 0.185 | 0.91 | 320 | 1.00 | 11.85 | 3.8 | 7 |
| D30 | 现代临床护理 | 4785 | 1.894 | 0.269 | 0.94 | 482 | 1.00 | 17.85 | 4.8 | 14 |

| 学科代码 | 期刊名称 | 扩展总被引频次 | 扩展影响因子 | 扩展即年指标 | 扩展他引率 | 扩展引用刊数 | 扩展学科影响指标 | 扩展学科扩散指标 | 扩展被引半衰期 | 扩展H指标 |
|---|---|---|---|---|---|---|---|---|---|---|
| D30 | 循证护理 | 49 | — | 0.240 | 0.96 | 35 | 0.33 | 1.30 | 1.2 | 3 |
| D30 | 中国护理管理 | 9318 | 3.073 | 0.469 | 0.95 | 636 | 1.00 | 23.56 | 4.1 | 21 |
| D30 | 中国临床护理 | 1237 | 1.201 | 0.401 | 0.95 | 262 | 0.96 | 9.70 | 3.0 | 7 |
| D30 | 中国实用护理杂志 | 22794 | 2.605 | 0.219 | 0.94 | 754 | 1.00 | 27.93 | 4.7 | 21 |
| D30 | 中华护理教育 | 3030 | 1.936 | 0.324 | 0.93 | 405 | 1.00 | 15.00 | 3.9 | 11 |
| D30 | 中华护理杂志 | 25421 | 6.651 | 0.867 | 0.98 | 974 | 1.00 | 36.07 | 5.4 | 37 |
| D30 | 中华现代护理杂志 | 16705 | 1.452 | 0.198 | 0.93 | 745 | 1.00 | 27.59 | 4.0 | 16 |
| D31 | Chronic Diseases and Translational Medicine | 4 | — | 0.029 | 1.00 | 4 | — | 0.07 | 1.3 | 1 |
| D31 | 安徽预防医学杂志 | 555 | 0.403 | 0.055 | 0.94 | 243 | 0.57 | 4.50 | 4.8 | 4 |
| D31 | 保健医学研究与实践 | 688 | 0.694 | 0.162 | 0.98 | 338 | 0.39 | 6.26 | 3.3 | 5 |
| D31 | 毒理学杂志 | 785 | 0.537 | 0.116 | 0.93 | 378 | 0.28 | 7.00 | 6.7 | 6 |
| D31 | 公共卫生与预防医学 | 2235 | 1.461 | 0.277 | 0.67 | 458 | 0.76 | 8.48 | 3.8 | 9 |
| D31 | 广东微量元素科学 | 1192 | 0.480 | 0.290 | 0.99 | 561 | 0.48 | 10.39 | 8.9 | 9 |
| D31 | 国外医学(医学地理分册) | 406 | 0.570 | 0.091 | 0.87 | 227 | 0.44 | 4.20 | 5.1 | 4 |
| D31 | 海峡预防医学杂志 | 1140 | 0.407 | 0.086 | 0.92 | 395 | 0.72 | 7.31 | 5.2 | 5 |
| D31 | 河南预防医学杂志 | 746 | 0.396 | 0.124 | 0.95 | 316 | 0.57 | 5.85 | 4.4 | 5 |
| D31 | 华南预防医学 | 1224 | 0.909 | 0.079 | 0.95 | 352 | 0.76 | 6.52 | 5.0 | 9 |
| D31 | 基层医学论坛 | 11011 | 0.660 | 0.273 | 0.97 | 736 | 0.67 | 13.63 | 2.7 | 10 |
| D31 | 疾病监测与控制 | 1084 | 0.444 | 0.115 | 0.97 | 377 | 0.61 | 6.98 | 3.0 | 5 |
| D31 | 疾病预防控制通报 | 1083 | 0.570 | 0.112 | 0.76 | 309 | 0.65 | 5.72 | 5.6 | 5 |
| D31 | 江苏卫生事业管理 | 1265 | 0.527 | 0.116 | 0.94 | 348 | 0.35 | 6.44 | 3.5 | 5 |
| D31 | 江苏预防医学 | 1897 | 1.201 | 0.172 | 0.67 | 368 | 0.76 | 6.81 | 3.6 | 9 |
| D31 | 解放军预防医学杂志 | 1422 | 0.691 | 0.180 | 0.73 | 361 | 0.54 | 6.69 | 5.0 | 6 |
| D31 | 口岸卫生控制 | 356 | 0.416 | 0.045 | 0.81 | 136 | 0.46 | 2.52 | 5.1 | 3 |
| D31 | 临床医学工程 | 4998 | 1.255 | 0.299 | 0.99 | 665 | 0.46 | 12.31 | 3.3 | 11 |
| D31 | 上海预防医学 | 1691 | 0.704 | 0.092 | 0.95 | 530 | 0.80 | 9.81 | 4.9 | 6 |
| D31 | 实用预防医学 | 6777 | 1.728 | 0.273 | 0.90 | 958 | 0.87 | 17.74 | 4.5 | 12 |
| D31 | 首都公共卫生 | 546 | 0.987 | 0.185 | 0.88 | 194 | 0.63 | 3.59 | 4.2 | 6 |
| D31 | 微量元素与健康研究 | 1424 | 0.550 | 0.209 | 0.98 | 575 | 0.54 | 10.65 | 6.5 | 7 |
| D31 | 现代预防医学 | 15377 | 1.489 | 0.229 | 0.89 | 1490 | 0.89 | 27.59 | 4.4 | 17 |
| D31 | 营养学报 | 1968 | 0.859 | 0.115 | 0.97 | 661 | 0.52 | 12.24 | 8.9 | 10 |
| D31 | 应用预防医学 | 962 | 0.970 | 0.141 | 0.84 | 275 | 0.70 | 5.09 | 4.4 | 7 |
| D31 | 预防医学 | 2857 | 1.240 | 0.321 | 0.91 | 629 | 0.81 | 11.65 | 3.7 | 9 |

| 学科代码 | 期刊名称 | 扩展总被引频次 | 扩展影响因子 | 扩展即年指标 | 扩展他引率 | 扩展引用刊数 | 扩展学科影响指标 | 扩展学科扩散指标 | 扩展被引半衰期 | 扩展H指标 |
|---|---|---|---|---|---|---|---|---|---|---|
| D31 | 预防医学论坛 | 1728 | 0.738 | 0.138 | 0.77 | 395 | 0.78 | 7.31 | 4.2 | 6 |
| D31 | 预防医学情报杂志 | 1538 | 0.730 | 0.106 | 0.89 | 450 | 0.69 | 8.33 | 4.6 | 6 |
| D31 | 职业卫生与病伤 | 701 | 0.924 | 0.179 | 0.97 | 282 | 0.63 | 5.22 | 4.1 | 5 |
| D31 | 职业卫生与应急救援 | 590 | 0.534 | 0.089 | 0.85 | 211 | 0.54 | 3.91 | 4.7 | 5 |
| D31 | 中国城乡企业卫生 | 808 | 0.291 | 0.092 | 0.96 | 321 | 0.50 | 5.94 | 2.9 | 4 |
| D31 | 中国辐射卫生 | 1121 | 0.443 | 0.082 | 0.86 | 338 | 0.50 | 6.26 | 5.5 | 6 |
| D31 | 中国公共卫生 | 8117 | 1.605 | 0.232 | 0.90 | 1305 | 0.91 | 24.17 | 5.5 | 14 |
| D31 | 中国公共卫生管理 | 1505 | 0.522 | 0.103 | 0.94 | 444 | 0.67 | 8.22 | 4.5 | 6 |
| D31 | 中国基层医药 | 9131 | 1.055 | 0.241 | 0.93 | 672 | 0.56 | 12.44 | 3.5 | 12 |
| D31 | 中国慢性病预防与控制 | 3290 | 1.372 | 0.247 | 0.95 | 662 | 0.85 | 12.26 | 5.1 | 12 |
| D31 | 中国民康医学 | 6927 | 0.792 | 0.261 | 0.96 | 708 | 0.67 | 13.11 | 3.4 | 9 |
| D31 | 中国实用乡村医生杂志 | 986 | 0.223 | 0.027 | 0.99 | 339 | 0.39 | 6.28 | 3.8 | 9 |
| D31 | 中国卫生产业 | 10708 | 0.753 | 0.178 | 0.96 | 852 | 0.74 | 15.78 | 3.0 | 10 |
| D31 | 中国卫生工程学 | 710 | 0.459 | 0.051 | 0.91 | 305 | 0.61 | 5.65 | 5.3 | 4 |
| D31 | 中国卫生事业管理 | 3893 | 1.849 | 0.332 | 0.87 | 763 | 0.74 | 14.13 | 4.6 | 11 |
| D31 | 中国消毒学杂志 | 3106 | 0.908 | 0.204 | 0.84 | 492 | 0.61 | 9.11 | 3.7 | 7 |
| D31 | 中国校医 | 1686 | 0.481 | 0.133 | 0.93 | 514 | 0.67 | 9.52 | 4.1 | 6 |
| D31 | 中国冶金工业医学杂志 | 1339 | 0.397 | 0.170 | 0.98 | 363 | 0.33 | 6.72 | 3.1 | 5 |
| D31 | 中国应急救援 | 170 | 0.496 | 0.072 | 0.95 | 101 | 0.04 | 1.87 | 4.0 | 4 |
| D31 | 中国预防医学杂志 | 2220 | 1.134 | 0.187 | 0.97 | 598 | 0.80 | 11.07 | 5.0 | 9 |
| D31 | 中华疾病控制杂志 | 4435 | 2.385 | 0.313 | 0.88 | 723 | 0.78 | 13.39 | 3.7 | 15 |
| D31 | 中华临床营养杂志 | 998 | 1.220 | 0.070 | 0.95 | 366 | 0.33 | 6.78 | 5.9 | 8 |
| D31 | 中华卫生应急电子杂志 | 118 | — | 0.250 | 0.47 | 44 | 0.06 | 0.81 | 1.4 | 3 |
| D31 | 中华预防医学杂志 | 4454 | 2.014 | 0.686 | 0.92 | 858 | 0.85 | 15.89 | 4.7 | 19 |
| D32 | 工业卫生与职业病 | 796 | 0.464 | 0.135 | 0.93 | 262 | 0.55 | 11.91 | 7.3 | 5 |
| D32 | 环境与健康杂志 | 2822 | 0.606 | 0.079 | 0.90 | 804 | 0.77 | 36.55 | 6.6 | 9 |
| D32 | 环境与职业医学 | 1599 | 0.753 | 0.144 | 0.91 | 524 | 0.73 | 23.82 | 5.1 | 6 |
| D32 | 疾病监测 | 3245 | 1.685 | 0.241 | 0.94 | 460 | 0.82 | 20.91 | 4.6 | 15 |
| D32 | 热带病与寄生虫学 | 389 | 0.753 | 0.120 | 0.71 | 137 | 0.59 | 6.23 | 3.9 | 5 |
| D32 | 热带医学杂志 | 2553 | 0.993 | 0.108 | 0.86 | 623 | 0.91 | 28.32 | 3.7 | 8 |
| D32 | 医学动物防制 | 2012 | 0.566 | 0.147 | 0.71 | 439 | 0.86 | 19.95 | 4.1 | 8 |
| D32 | 职业与健康 | 5643 | 0.825 | 0.132 | 0.88 | 928 | 0.86 | 42.18 | 3.9 | 8 |
| D32 | 中国地方病防治杂志 | 1700 | 1.299 | 0.060 | 0.93 | 411 | 0.68 | 18.68 | 3.2 | 8 |

| 学科代码 | 期刊名称 | 扩展总被引频次 | 扩展影响因子 | 扩展即年指标 | 扩展他引率 | 扩展引用刊数 | 扩展学科影响指标 | 扩展学科扩散指标 | 扩展被引半衰期 | 扩展H指标 |
|---|---|---|---|---|---|---|---|---|---|---|
| D32 | 中国工业医学杂志 | 1044 | 0.462 | 0.056 | 0.92 | 336 | 0.45 | 15.27 | 6.3 | 6 |
| D32 | 中国国境卫生检疫杂志 | 711 | 0.563 | 0.113 | 0.73 | 190 | 0.55 | 8.64 | 6.6 | 4 |
| D32 | 中国媒介生物学及控制杂志 | 1921 | 1.217 | 0.191 | 0.82 | 255 | 0.68 | 11.59 | 6.0 | 8 |
| D32 | 中国热带医学 | 3525 | 1.092 | 0.299 | 0.84 | 738 | 0.86 | 33.55 | 4.6 | 8 |
| D32 | 中国人兽共患病学报 | 1930 | 0.771 | 0.094 | 0.93 | 462 | 0.68 | 21.00 | 6.0 | 7 |
| D32 | 中国血吸虫病防治杂志 | 2021 | 1.418 | 0.339 | 0.64 | 243 | 0.68 | 11.05 | 4.6 | 12 |
| D32 | 中国职业医学 | 1783 | 1.317 | 0.392 | 0.79 | 416 | 0.59 | 18.91 | 4.9 | 7 |
| D32 | 中华地方病学杂志 | 2162 | 1.303 | 0.234 | 0.72 | 344 | 0.77 | 15.64 | 4.8 | 10 |
| D32 | 中华劳动卫生职业病杂志 | 2324 | 0.902 | 0.185 | 0.87 | 498 | 0.59 | 22.64 | 5.2 | 10 |
| D32 | 中华流行病学杂志 | 8041 | 2.287 | 0.476 | 0.95 | 1004 | 0.91 | 45.64 | 6.3 | 24 |
| D32 | 中华卫生杀虫药械 | 918 | 0.558 | 0.072 | 0.61 | 153 | 0.50 | 6.95 | 5.2 | 5 |
| D33 | 国际生殖健康/计划生育杂志 | 870 | 0.904 | 0.276 | 0.97 | 353 | 0.83 | 29.42 | 4.5 | 6 |
| D33 | 生殖医学杂志 | 2164 | 1.747 | 0.232 | 0.85 | 465 | 1.00 | 38.75 | 3.8 | 8 |
| D33 | 中国妇幼保健 | 24469 | 1.660 | 0.360 | 0.93 | 1005 | 0.92 | 83.75 | 3.8 | 18 |
| D33 | 中国妇幼健康研究 | 2614 | 1.145 | 0.335 | 0.88 | 482 | 0.83 | 40.17 | 3.4 | 9 |
| D33 | 中国妇幼卫生杂志 | 617 | 0.760 | 0.202 | 0.97 | 233 | 0.67 | 19.42 | 3.1 | 5 |
| D33 | 中国计划生育和妇产科 | 1189 | 1.180 | 0.339 | 0.97 | 311 | 0.83 | 25.92 | 2.8 | 7 |
| D33 | 中国计划生育学杂志 | 3205 | 2.287 | 0.464 | 0.95 | 479 | 0.83 | 39.92 | 3.7 | 15 |
| D33 | 中国生育健康杂志 | 701 | 0.573 | 0.155 | 0.98 | 277 | 0.83 | 23.08 | 4.2 | 6 |
| D33 | 中国优生与遗传杂志 | 3314 | 0.558 | 0.095 | 0.87 | 587 | 0.83 | 48.92 | 4.9 | 8 |
| D33 | 中华生殖与避孕杂志 | 1717 | 1.467 | 0.215 | 0.86 | 398 | 0.83 | 33.17 | 4.6 | 8 |
| D34 | Military Medical Research | 40 | 0.508 | 0.235 | 0.93 | 29 | 0.38 | 3.63 | 2.2 | 3 |
| D34 | 法医学杂志 | 708 | 0.395 | 0.052 | 0.88 | 269 | 0.25 | 33.63 | 6.3 | 4 |
| D34 | 航天医学与医学工程 | 603 | 0.401 | 0.095 | 0.76 | 260 | 0.63 | 32.50 | 8.8 | |
| D34 | 军事医学 | 1109 | 0.689 | 0.133 | 0.94 | 522 | 0.63 | 65.25 | 4.2 | 7 |
| D34 | 中国法医学杂志 | 985 | 0.379 | 0.077 | 0.79 | 260 | 0.25 | 32.50 | 6.0 | 5 |
| D34 | 中华放射医学与防护杂志 | 1526 | 0.854 | 0.205 | 0.88 | 396 | 0.50 | 49.50 | 5.3 | 6 |
| D34 | 中华航海医学与高气压医学杂志 | 707 | 0.548 | 0.054 | 0.75 | 226 | 0.50 | 28.25 | 4.6 | 5 |
| D34 | 中华航空航天医学杂志 | 437 | 0.281 | 0.012 | 0.74 | 110 | 0.63 | 13.75 | ≥10 | 4 |
| D35 | 高校医学教学研究(电子版) | 190 | 0.654 | 0.156 | 0.90 | 100 | 0.20 | 1.96 | 3.0 | 5 |
| D35 | 基础医学教育 | 2964 | 1.173 | 0.345 | 0.86 | 469 | 0.39 | 9.20 | 4.0 | 9 |
| D35 | 解放军医院管理杂志 | 2862 | 0.821 | 0.111 | 0.87 | 476 | 0.75 | 9.33 | 4.6 | 8 |
| D35 | 卫生研究 | 2389 | 0.888 | 0.192 | 0.95 | 771 | 0.37 | 15.12 | 6.9 | 9 |

| 学科代码 | 期刊名称 | 扩展总被引频次 | 扩展影响因子 | 扩展即年指标 | 扩展他引率 | 扩展引用刊数 | 扩展学科影响指标 | 扩展学科扩散指标 | 扩展被引半衰期 | 扩展H指标 |
|---|---|---|---|---|---|---|---|---|---|---|
| D35 | 医学教育研究与实践 | 3317 | 0.909 | 0.182 | 0.95 | 630 | 0.59 | 12.35 | 5.0 | 10 |
| D35 | 现代医院 | 5492 | 1.300 | 0.224 | 0.85 | 788 | 0.80 | 15.45 | 3.8 | 10 |
| D35 | 现代医院管理 | 1377 | 1.224 | 0.178 | 0.95 | 362 | 0.71 | 7.10 | 3.9 | 9 |
| D35 | 医疗卫生装备 | 3862 | 0.722 | 0.086 | 0.82 | 671 | 0.61 | 13.16 | 4.7 | 8 |
| D35 | 医疗装备 | 3114 | 0.391 | 0.206 | 0.92 | 504 | 0.45 | 9.88 | 1.9 | 7 |
| D35 | 医学与哲学 | 6716 | 1.468 | 0.178 | 0.87 | 1116 | 0.80 | 21.88 | 4.2 | 13 |
| D35 | 浙江医学教育 | 516 | 0.758 | 0.195 | 0.97 | 230 | 0.39 | 4.51 | 3.4 | 5 |
| D35 | 智慧健康 | 35 | - | 0.197 | 0.40 | 7 | 0.04 | 0.14 | - | 3 |
| D35 | 中国病案 | 3440 | 1.370 | 0.303 | 0.80 | 498 | 0.71 | 9.76 | 3.7 | 8 |
| D35 | 中国健康教育 | 3824 | 1.574 | 0.279 | 0.91 | 661 | 0.65 | 12.96 | 4.7 | 13 |
| D35 | 中国农村卫生 | 2105 | 0.654 | 0.162 | 0.99 | 322 | 0.41 | 6.31 | 1.8 | 6 |
| D35 | 中国农村卫生事业管理 | 2619 | 0.782 | 0.145 | 0.89 | 562 | 0.69 | 11.02 | 3.5 | 7 |
| D35 | 中国社会医学杂志 | 1444 | 1.043 | 0.157 | 0.91 | 524 | 0.67 | 10.27 | 4.8 | 10 |
| D35 | 中国食品卫生杂志 | 1958 | 1.482 | 0.238 | 0.92 | 494 | 0.27 | 9.69 | 5.4 | 10 |
| D35 | 中国卫生法制 | 306 | 0.395 | 0.158 | 0.92 | 174 | 0.37 | 3.41 | 4.6 | 4 |
| D35 | 中国卫生监督杂志 | 686 | 0.614 | 0.152 | 0.87 | 213 | 0.37 | 4.18 | 5.0 | 5 |
| D35 | 中国卫生检验杂志 | 7671 | 0.790 | 0.144 | 0.89 | 1165 | 0.47 | 22.84 | 4.8 | 9 |
| D35 | 中国卫生经济 | 4116 | 1.572 | 0.316 | 0.91 | 668 | 0.71 | 13.10 | 4.5 | 11 |
| D35 | 中国卫生统计 | 3369 | 0.985 | 0.165 | 0.86 | 790 | 0.65 | 15.49 | 4.7 | 11 |
| D35 | 中国卫生信息管理杂志 | 942 | 1.588 | 0.254 | 0.81 | 275 | 0.55 | 5.39 | 3.2 | 9 |
| D35 | 中国卫生政策研究 | 1695 | 2.016 | 0.286 | 0.93 | 451 | 0.65 | 8.84 | 3.5 | 11 |
| D35 | 中国卫生质量管理 | 1834 | 1.288 | 0.264 | 0.84 | 404 | 0.73 | 7.92 | 4.2 | 9 |
| D35 | 中国卫生资源 | 1126 | 1.130 | 0.262 | 0.95 | 360 | 0.69 | 7.06 | 4.3 | 7 |
| D35 | 中国学校卫生 | 7380 | 1.573 | 0.142 | 0.75 | 914 | 0.57 | 17.92 | 4.7 | 13 |
| D35 | 中国医疗器械杂志 | 842 | 0.850 | 0.135 | 0.92 | 331 | 0.35 | 6.49 | 5.1 | 6 |
| D35 | 中国医疗设备 | 3859 | 0.898 | 0.142 | 0.83 | 655 | 0.65 | 12.84 | 3.8 | 8 |
| D35 | 中国医学教育技术 | 1443 | 1.501 | 0.356 | 0.94 | 498 | 0.51 | 9.76 | 3.3 | 9 |
| D35 | 中国医学装备 | 3278 | 1.339 | 0.287 | 0.77 | 592 | 0.53 | 11.61 | 3.0 | 8 |
| D35 | 中国医院 | 3689 | 1.739 | 0.451 | 0.94 | 600 | 0.76 | 11.76 | 4.2 | 12 |
| D35 | 中国医院管理 | 6223 | 2.436 | 0.455 | 0.91 | 721 | 0.82 | 14.14 | 4.3 | 15 |
| D35 | 中国医院统计 | 917 | 0.577 | 0.107 | 0.72 | 259 | 0.51 | 5.08 | 5.9 | 5 |
| D35 | 中华健康管理学杂志 | 856 | 1.020 | 0.135 | 0.92 | 307 | 0.45 | 6.02 | 4.1 | 6 |
| D35 | 中华医学教育探索杂志 | 2844 | 0.915 | 0.143 | 0.92 | 545 | 0.57 | 10.69 | 6.0 | 7 |

| 学科代码 | 期刊名称 | 扩展总被引频次 | 扩展影响因子 | 扩展即年指标 | 扩展他引率 | 扩展引用刊数 | 扩展学科影响指标 | 扩展学科扩散指标 | 扩展被引半衰期 | 扩展H指标 |
|---|---|---|---|---|---|---|---|---|---|---|
| D35 | 中华医学教育杂志 | 1763 | 0.645 | 0.097 | 0.92 | 418 | 0.53 | 8.20 | 5.8 | 7 |
| D35 | 中华医学科研管理杂志 | 743 | 0.683 | 0.105 | 0.66 | 205 | 0.49 | 4.02 | 4.7 | 5 |
| D35 | 中华医院管理杂志 | 4116 | 1.748 | 0.294 | 0.92 | 586 | 0.76 | 11.49 | 5.4 | 12 |
| D35 | 中外女性健康研究 | 1672 | — | 0.113 | 0.96 | 203 | 0.16 | 3.98 | 1.3 | 5 |
| D36 | Acta Pharmaceutica Sinica B | 61 | — | 0.083 | 0.92 | 45 | 0.14 | 0.63 | 2.4 | 2 |
| D36 | Acta Pharmacologica Sinica | 1993 | 1.025 | 0.370 | 0.92 | 656 | 0.68 | 9.24 | 6.7 | 6 |
| D36 | Chinese Journal of Natural Medicines | 1106 | 0.907 | 0.078 | 0.97 | 373 | 0.65 | 5.25 | 7.2 | 9 |
| D36 | Journal of Chinese Pharmaceutical Sciences | 369 | 0.477 | 0.107 | 0.89 | 188 | 0.46 | 2.65 | 5.6 | 5 |
| D36 | Journal of Pharmaceutical Analysis | 97 | 0.415 | 0.089 | 0.87 | 61 | 0.18 | 0.86 | 3.2 | 3 |
| D36 | 北方药学 | 5593 | 0.688 | 0.251 | 0.98 | 668 | 0.70 | 9.41 | 2.6 | 9 |
| D36 | 儿科药学杂志 | 1956 | 1.135 | 0.289 | 0.96 | 418 | 0.68 | 5.89 | 3.8 | 11 |
| D36 | 福建医药杂志 | 2164 | 0.586 | 0.097 | 0.99 | 534 | 0.44 | 7.52 | 4.3 | 5 |
| D36 | 国际药学研究杂志 | 1008 | 0.884 | 0.274 | 0.96 | 471 | 0.70 | 6.63 | 5.6 | 9 |
| D36 | 国外医药(抗生素分册) | 660 | 0.956 | 0.200 | 0.99 | 296 | 0.59 | 4.17 | 4.4 | 5 |
| D36 | 海峡药学 | 6814 | 0.615 | 0.113 | 0.97 | 880 | 0.85 | 12.39 | 4.1 | 9 |
| D36 | 华西药学杂志 | 1817 | 0.665 | 0.080 | 0.93 | 541 | 0.80 | 7.62 | 6.8 | 7 |
| D36 | 化工与医药工程 | 243 | 0.210 | 0.037 | 0.95 | 139 | 0.15 | 1.96 | 6.4 | 3 |
| D36 | 解放军药学学报 | 1138 | 0.568 | 0.093 | 0.95 | 450 | 0.76 | 6.34 | 6.0 | 5 |
| D36 | 今日药学 | 1214 | 0.545 | 0.141 | 0.90 | 405 | 0.77 | 5.70 | 5.1 | 6 |
| D36 | 抗感染药学 | 735 | 0.502 | 0.074 | 0.89 | 267 | 0.61 | 3.76 | 3.2 | 7 |
| D36 | 临床合理用药杂志 | 19194 | 0.906 | 0.266 | 0.97 | 932 | 0.75 | 13.13 | 3.0 | 12 |
| D36 | 临床药物治疗杂志 | 884 | 1.252 | 0.195 | 0.94 | 346 | 0.61 | 4.87 | 4.4 | 7 |
| D36 | 实用药物与临床 | 4043 | 1.728 | 0.178 | 0.98 | 598 | 0.76 | 8.42 | 3.4 | 13 |
| D36 | 世界临床药物 | 1234 | 0.720 | 0.170 | 0.99 | 461 | 0.70 | 6.49 | 4.7 | 8 |
| D36 | 天津药学 | 1268 | 0.785 | 0.179 | 0.99 | 462 | 0.75 | 6.51 | 5.2 | 7 |
| D36 | 西北药学杂志 | 1964 | 1.040 | 0.197 | 0.80 | 526 | 0.69 | 7.41 | 4.9 | 9 |
| D36 | 现代药物与临床 | 2391 | 1.622 | 0.348 | 0.93 | 602 | 0.79 | 8.48 | 2.9 | 11 |
| D36 | 药品评价 | 1086 | 0.674 | 0.094 | 0.95 | 399 | 0.72 | 5.62 | 4.1 | 6 |
| D36 | 药物不良反应杂志 | 1412 | 0.923 | 0.055 | 0.95 | 380 | 0.76 | 5.35 | 6.2 | 10 |
| D36 | 药物分析杂志 | 4304 | 1.133 | 0.150 | 0.90 | 689 | 0.85 | 9.70 | 5.5 | 10 |
| D36 | 药物流行病学杂志 | 1399 | 0.982 | 0.188 | 0.93 | 382 | 0.68 | 5.38 | 4.0 | 7 |
| D36 | 药物评价研究 | 1283 | 1.817 | 0.462 | 0.93 | 383 | 0.62 | 5.39 | 3.2 | 11 |
| D36 | 药物生物技术 | 663 | 0.595 | 0.040 | 0.85 | 340 | 0.42 | 4.79 | 5.8 | 5 |

| 学科代码 | 期刊名称 | 扩展总被引频次 | 扩展影响因子 | 扩展即年指标 | 扩展他引率 | 扩展引用刊数 | 扩展学科影响指标 | 扩展学科扩散指标 | 扩展被引半衰期 | 扩展H指标 |
|---|---|---|---|---|---|---|---|---|---|---|
| D36 | 药学服务与研究 | 1007 | 0.628 | 0.113 | 0.96 | 381 | 0.70 | 5.37 | 5.4 | 8 |
| D36 | 药学进展 | 768 | 0.579 | 0.140 | 0.99 | 368 | 0.65 | 5.18 | 6.6 | 6 |
| D36 | 药学实践杂志 | 1062 | 0.846 | 0.123 | 0.98 | 439 | 0.70 | 6.18 | 5.6 | 7 |
| D36 | 药学学报 | 4327 | 1.499 | 0.380 | 0.93 | 867 | 0.87 | 12.21 | 7.2 | 11 |
| D36 | 药学研究 | 1334 | 0.750 | 0.151 | 0.93 | 481 | 0.68 | 6.77 | 4.8 | 6 |
| D36 | 药学与临床研究 | 1223 | 1.039 | 0.147 | 0.98 | 458 | 0.69 | 6.45 | 4.4 | 7 |
| D36 | 医药导报 | 4443 | 0.958 | 0.173 | 0.95 | 794 | 0.86 | 11.18 | 4.9 | 10 |
| D36 | 中国处方药 | 2843 | 0.794 | 0.289 | 0.98 | 460 | 0.59 | 6.48 | 1.9 | 9 |
| D36 | 中国海洋药物 | 661 | 0.530 | 0.011 | 0.91 | 252 | 0.37 | 3.55 | 8.8 | 5 |
| D36 | 中国合理用药探索 | 785 | 0.796 | 0.322 | 0.92 | 277 | 0.66 | 3.90 | 3.9 | 7 |
| D36 | 中国抗生素杂志 | 1804 | 1.074 | 0.103 | 0.94 | 557 | 0.76 | 7.85 | 5.1 | 10 |
| D36 | 中国临床药理学与治疗学 | 2437 | 1.219 | 0.169 | 0.94 | 657 | 0.85 | 9.25 | 5.0 | 10 |
| D36 | 中国临床药理学杂志 | 5015 | 2.224 | 0.471 | 0.96 | 704 | 0.79 | 9.92 | 2.7 | 18 |
| D36 | 中国临床药学杂志 | 708 | 0.836 | 0.063 | 0.94 | 302 | 0.68 | 4.25 | 5.8 | 5 |
| D36 | 中国现代药物应用 | 21251 | 0.988 | 0.410 | 0.99 | 995 | 0.83 | 14.01 | 2.7 | 14 |
| D36 | 中国现代应用药学 | 2451 | 0.979 | 0.162 | 0.89 | 650 | 0.85 | 9.15 | 4.6 | 8 |
| D36 | 中国新药与临床杂志 | 2109 | 1.043 | 0.186 | 0.94 | 549 | 0.83 | 7.73 | 5.7 | 9 |
| D36 | 中国新药杂志 | 4969 | 1.036 | 0.188 | 0.93 | 939 | 0.93 | 13.23 | 5.0 | 13 |
| D36 | 中国药房 | 11890 | 1.119 | 0.263 | 0.87 | 1084 | 0.87 | 15.27 | 4.2 | 13 |
| D36 | 中国药理学通报 | 5977 | 2.018 | 0.472 | 0.78 | 914 | 0.83 | 12.87 | 4.8 | 13 |
| D36 | 中国药理学与毒理学杂志 | 1184 | 1.074 | 0.183 | 0.94 | 495 | 0.63 | 6.97 | 4.2 | 7 |
| D36 | 中国药品标准 | 437 | 0.327 | — | 0.96 | 186 | 0.46 | 2.62 | 6.5 | 4 |
| D36 | 中国药师 | 4752 | 1.117 | 0.240 | 0.89 | 733 | 0.82 | 10.32 | 3.8 | 11 |
| D36 | 中国药事 | 2301 | 0.938 | 0.163 | 0.92 | 572 | 0.75 | 8.06 | 4.9 | 8 |
| D36 | 中国药物化学杂志 | 619 | 0.341 | — | 0.97 | 270 | 0.55 | 3.80 | 8.0 | 5 |
| D36 | 中国药物经济学 | 5202 | 0.802 | 0.309 | 0.95 | 626 | 0.63 | 8.82 | 2.6 | 9 |
| D36 | 中国药物警戒 | 1835 | 0.963 | 0.126 | 0.94 | 429 | 0.75 | 6.04 | 4.3 | 9 |
| D36 | 中国药物滥用防治杂志 | 601 | 0.510 | 0.134 | 0.89 | 231 | 0.45 | 3.25 | 4.9 | 5 |
| D36 | 中国药物评价 | 382 | 0.814 | 0.053 | 0.97 | 213 | 0.58 | 3.00 | 3.2 | 6 |
| D36 | 中国药物依赖性杂志 | 740 | 0.689 | 0.107 | 0.81 | 260 | 0.39 | 3.66 | 6.0 | 6 |
| D36 | 中国药物应用与监测 | 1314 | 1.915 | 0.298 | 0.89 | 388 | 0.73 | 5.46 | 4.1 | 8 |
| D36 | 中国药物与临床 | 4265 | 0.915 | 0.252 | 0.98 | 788 | 0.73 | 11.10 | 3.4 | 9 |
| D36 | 中国药学杂志 | 5392 | 1.136 | 0.155 | 0.93 | 977 | 0.92 | 13.76 | 6.6 | 9 |

| 学科代码 | 期刊名称 | 扩展总被引频次 | 扩展影响因子 | 扩展即年指标 | 扩展他引率 | 扩展引用刊数 | 扩展学科影响指标 | 扩展学科扩散指标 | 扩展被引半衰期 | 扩展H指标 |
|---|---|---|---|---|---|---|---|---|---|---|
| D36 | 中国药业 | 11132 | 1.157 | 0.314 | 0.93 | 1002 | 0.90 | 14.11 | 3.6 | 14 |
| D36 | 中国医药工业杂志 | 1796 | 0.588 | 0.116 | 0.90 | 499 | 0.80 | 7.03 | 6.3 | 7 |
| D36 | 中国医院药学杂志 | 6518 | 1.452 | 0.322 | 0.94 | 924 | 0.89 | 13.01 | 4.4 | 13 |
| D36 | 中国医院用药评价与分析 | 3398 | 1.383 | 0.428 | 0.91 | 489 | 0.76 | 6.89 | 3.1 | 10 |
| D36 | 中南药学 | 1922 | 0.819 | 0.125 | 0.88 | 524 | 0.87 | 7.38 | 4.3 | 8 |
| D37 | Chinese Journal of Integrative Medicine | 1092 | 0.898 | 0.354 | 0.86 | 384 | 0.68 | 5.57 | 4.6 | 5 |
| D37 | Journal of Acupuncture and Tuina Science | 427 | 0.695 | 0.187 | 0.85 | 142 | 0.65 | 2.06 | 4.6 | 5 |
| D37 | Journal of Traditional Chinese Medicine | 834 | 1.112 | 0.264 | 0.97 | 335 | 0.67 | 4.86 | 3.9 | 6 |
| D37 | World Journal of Acupuncture-Moxibustion | 238 | 0.573 | 0.075 | 0.92 | 113 | 0.62 | 1.64 | 4.3 | 3 |
| D37 | 按摩与康复医学 | 2374 | 0.303 | 0.147 | 0.97 | 381 | 0.81 | 5.52 | 2.9 | 5 |
| D37 | 北京中医药 | 3123 | 0.663 | 0.081 | 0.96 | 455 | 0.97 | 6.59 | 5.9 | 10 |
| D37 | 福建中医药 | 1206 | 0.374 | 0.037 | 0.99 | 326 | 0.90 | 4.72 | 6.6 | 5 |
| D37 | 光明中医 | 6881 | 0.678 | 0.165 | 0.87 | 578 | 0.96 | 8.38 | 4.2 | 8 |
| D37 | 广西中医药 | 1286 | 0.782 | 0.109 | 0.97 | 324 | 0.90 | 4.70 | 5.3 | 5 |
| D37 | 国际中医中药杂志 | 1492 | 0.515 | 0.100 | 0.97 | 411 | 0.86 | 5.96 | 4.9 | 6 |
| D37 | 国医论坛 | 889 | 0.401 | 0.060 | 0.99 | 246 | 0.88 | 3.57 | 6.6 | 5 |
| D37 | 河北中医 | 5963 | 1.079 | 0.241 | 0.98 | 576 | 0.91 | 8.35 | 4.1 | 8 |
| D37 | 河北中医药学报 | 724 | 1.028 | 0.181 | 0.99 | 242 | 0.81 | 3.51 | 4.7 | 6 |
| D37 | 河南中医 | 7208 | 1.012 | 0.201 | 0.86 | 532 | 0.97 | 7.71 | 3.5 | 9 |
| D37 | 黑龙江中医药 | 1060 | 0.462 | 0.036 | 0.99 | 282 | 0.86 | 4.09 | 4.9 | 5 |
| D37 | 湖北中医杂志 | 3242 | 0.647 | 0.115 | 0.99 | 497 | 0.96 | 7.20 | 4.9 | 8 |
| D37 | 湖南中医杂志 | 3153 | 0.543 | 0.115 | 0.96 | 484 | 0.94 | 7.01 | 3.3 | 7 |
| D37 | 环球中医药 | 2688 | 1.279 | 0.144 | 0.95 | 464 | 0.97 | 6.72 | 3.4 | 10 |
| D37 | 吉林中医药 | 4202 | 0.998 | 0.215 | 0.94 | 500 | 0.94 | 7.25 | 5.0 | 8 |
| D37 | 江苏中医药 | 4024 | 0.770 | 0.176 | 0.99 | 502 | 0.97 | 7.28 | 6.2 | 7 |
| D37 | 江西中医药 | 2161 | 0.485 | 0.091 | 0.96 | 398 | 0.94 | 5.77 | 5.7 | 7 |
| D37 | 辽宁中医杂志 | 8519 | 1.018 | 0.169 | 0.97 | 667 | 0.97 | 9.67 | 5.4 | 10 |
| D37 | 山东中医杂志 | 2443 | 0.507 | 0.139 | 0.98 | 415 | 0.94 | 6.01 | 6.5 | 5 |
| D37 | 山西中医 | 1867 | 0.552 | 0.142 | 0.99 | 359 | 0.93 | 5.20 | 5.0 | 6 |
| D37 | 陕西中医 | 7962 | 1.232 | 0.289 | 0.92 | 599 | 0.97 | 8.68 | 4.4 | 10 |
| D37 | 上海中医药杂志 | 4092 | 0.950 | 0.242 | 0.94 | 554 | 0.99 | 8.03 | 7.5 | 9 |
| D37 | 时珍国医国药 | 12314 | 0.745 | 0.091 | 0.97 | 1217 | 0.96 | 17.64 | 5.9 | 13 |
| D37 | 实用中西医结合临床 | 2745 | 0.907 | 0.143 | 0.99 | 442 | 0.87 | 6.41 | 3.0 | 8 |

| 学科代码 | 期刊名称 | 扩展总被引频次 | 扩展影响因子 | 扩展即年指标 | 扩展他引率 | 扩展引用刊数 | 扩展学科影响指标 | 扩展学科扩散指标 | 扩展被引半衰期 | 扩展H指标 |
|---|---|---|---|---|---|---|---|---|---|---|
| D37 | 实用中医内科杂志 | 3723 | 0.500 | 0.139 | 0.98 | 451 | 0.96 | 6.54 | 4.1 | 6 |
| D37 | 实用中医药杂志 | 3550 | 0.569 | 0.180 | 0.98 | 490 | 0.94 | 7.10 | 3.9 | 7 |
| D37 | 世界科学技术-中医药现代化 | 3268 | 1.070 | 0.205 | 0.89 | 609 | 0.93 | 8.83 | 4.2 | 10 |
| D37 | 世界中医药 | 3196 | 1.451 | 0.196 | 0.96 | 502 | 0.96 | 7.28 | 3.0 | 10 |
| D37 | 四川中医 | 5511 | 0.697 | 0.153 | 0.94 | 491 | 0.97 | 7.12 | 5.0 | 7 |
| D37 | 天津中医药 | 2333 | 0.986 | 0.155 | 0.92 | 410 | 0.94 | 5.94 | 6.0 | 8 |
| D37 | 西部中医药 | 4180 | 1.084 | 0.134 | 0.92 | 553 | 0.91 | 8.01 | 3.9 | 10 |
| D37 | 现代中医临床 | 944 | 0.694 | 0.090 | 0.98 | 272 | 0.93 | 3.94 | 5.3 | 6 |
| D37 | 现代中医药 | 1354 | 0.548 | 0.179 | 0.92 | 321 | 0.91 | 4.65 | 5.8 | 5 |
| D37 | 新疆中医药 | 1340 | 0.618 | 0.113 | 0.98 | 382 | 0.88 | 5.54 | 4.8 | 6 |
| D37 | 新中医 | 6876 | 0.675 | 0.149 | 0.96 | 572 | 0.96 | 8.29 | 4.9 | 8 |
| D37 | 云南中医中药杂志 | 3016 | 0.668 | 0.108 | 0.98 | 488 | 0.94 | 7.07 | 4.4 | 6 |
| D37 | 浙江中西医结合杂志 | 2614 | 0.785 | 0.224 | 0.99 | 536 | 0.90 | 7.77 | 4.3 | 7 |
| D37 | 浙江中医杂志 | 3520 | 0.650 | 0.132 | 0.89 | 496 | 0.96 | 7.19 | 4.8 | 7 |
| D37 | 中国民间疗法 | 2165 | 0.367 | 0.088 | 0.99 | 394 | 0.93 | 5.71 | 4.0 | 5 |
| D37 | 中国民族民间医药 | 8804 | 0.680 | 0.209 | 0.98 | 831 | 0.97 | 12.04 | 3.4 | 9 |
| D37 | 中国民族医药杂志 | 1990 | 0.364 | 0.064 | 0.84 | 366 | 0.75 | 5.30 | 6.1 | 6 |
| D37 | 中国中医基础医学杂志 | 5279 | 0.798 | 0.102 | 0.96 | 567 | 0.99 | 8.22 | 6.0 | 9 |
| D37 | 中国中医急症 | 9682 | 1.439 | 0.289 | 0.94 | 625 | 0.96 | 9.06 | 4.1 | 11 |
| D37 | 中国中医眼科杂志 | 948 | 0.774 | 0.052 | 0.92 | 268 | 0.74 | 3.88 | 4.6 | 5 |
| D37 | 中国中医药科技 | 3658 | 1.412 | 0.154 | 0.97 | 584 | 0.91 | 8.46 | 3.9 | 7 |
| D37 | 中国中医药现代远程教育 | 8555 | 0.659 | 0.170 | 0.96 | 808 | 0.99 | 11.71 | 3.8 | 11 |
| D37 | 中国中医药信息杂志 | 5361 | 0.968 | 0.295 | 0.96 | 736 | 0.97 | 10.67 | 5.8 | 9 |
| D37 | 中华中医药学刊 | 9332 | 1.094 | 0.218 | 0.96 | 887 | 0.97 | 12.86 | 5.1 | 10 |
| D37 | 中华中医药杂志 | 10883 | 1.244 | 0.191 | 0.88 | 852 | 0.97 | 12.35 | 4.5 | 16 |
| D37 | 中药药理与临床 | 3755 | 0.943 | 0.140 | 0.96 | 656 | 0.90 | 9.51 | 5.4 | 8 |
| D37 | 中医临床研究 | 9139 | 0.888 | 0.194 | 0.94 | 663 | 0.97 | 9.61 | 2.6 | 10 |
| D37 | 中医外治杂志 | 1726 | 0.969 | 0.240 | 0.96 | 324 | 0.90 | 4.70 | 5.3 | 6 |
| D37 | 中医文献杂志 | 416 | 0.249 | 0.046 | 0.97 | 149 | 0.72 | 2.16 | 7.7 | 3 |
| D37 | 中医学报 | 5789 | 1.367 | 0.195 | 0.93 | 624 | 0.97 | 9.04 | 3.8 | 9 |
| D37 | 中医研究 | 2772 | 0.783 | 0.149 | 0.98 | 442 | 0.90 | 6.41 | 4.9 | 7 |
| D37 | 中医药导报 | 5779 | 0.833 | 0.156 | 0.91 | 645 | 0.96 | 9.35 | 4.2 | 8 |
| D37 | 中医药临床杂志 | 3517 | 0.744 | 0.191 | 0.90 | 488 | 0.94 | 7.07 | 4.5 | 8 |

| 学科代码 | 期刊名称 | 扩展总被引频次 | 扩展影响因子 | 扩展即年指标 | 扩展他引率 | 扩展引用刊数 | 扩展学科影响指标 | 扩展学科扩散指标 | 扩展被引半衰期 | 扩展H指标 |
|---|---|---|---|---|---|---|---|---|---|---|
| D37 | 中医药通报 | 572 | 0.552 | 0.155 | 0.98 | 197 | 0.84 | 2.86 | 5.8 | 5 |
| D37 | 中医药文化 | 225 | 0.282 | 0.101 | 0.91 | 121 | 0.48 | 1.75 | 6.3 | 3 |
| D37 | 中医药信息 | 3430 | 1.665 | 0.628 | 0.93 | 530 | 0.97 | 7.68 | 4.3 | 9 |
| D37 | 中医药学报 | 3255 | 1.427 | 0.629 | 0.94 | 539 | 0.96 | 7.81 | 4.3 | 8 |
| D37 | 中医杂志 | 10062 | 1.903 | 0.368 | 0.95 | 699 | 0.99 | 10.13 | 5.3 | 16 |
| D38 | 安徽中医药大学学报 | 1623 | 0.935 | 0.098 | 0.95 | 403 | 0.95 | 19.19 | 6.1 | 7 |
| D38 | 北京中医药大学学报 | 4704 | 1.832 | 0.201 | 0.98 | 596 | 1.00 | 28.38 | 8.1 | 13 |
| D38 | 长春中医药大学学报 | 4097 | 1.090 | 0.339 | 0.95 | 577 | 0.95 | 27.48 | 4.4 | 8 |
| D38 | 成都中医药大学学报 | 1177 | 0.796 | 0.140 | 0.96 | 378 | 0.86 | 18.00 | 6.0 | 6 |
| D38 | 甘肃中医药大学学报 | 1157 | 0.506 | 0.061 | 0.99 | 375 | 0.81 | 17.86 | 5.3 | 7 |
| D38 | 广西中医药大学学报 | 1545 | 0.745 | 0.120 | 0.98 | 474 | 0.62 | 22.57 | 4.9 | 6 |
| D38 | 广州中医药大学学报 | 2329 | 1.257 | 0.352 | 0.97 | 490 | 0.95 | 23.33 | 4.7 | 8 |
| D38 | 贵阳中医学院学报 | 3883 | 1.311 | 0.235 | 0.96 | 550 | 0.95 | 26.19 | 3.7 | 12 |
| D38 | 湖北中医药大学学报 | 1712 | 1.156 | 0.194 | 0.95 | 434 | 0.90 | 20.67 | 3.7 | 6 |
| D38 | 湖南中医药大学学报 | 3165 | 1.233 | 0.388 | 0.91 | 571 | 1.00 | 27.19 | 4.3 | 9 |
| D38 | 江西中医药大学学报 | 1385 | 0.632 | 0.097 | 0.98 | 418 | 0.95 | 19.90 | 6.0 | 8 |
| D38 | 辽宁中医药大学学报 | 7204 | 1.030 | 0.313 | 0.97 | 832 | 1.00 | 39.62 | 4.2 | 10 |
| D38 | 南京中医药大学学报 | 2696 | 1.991 | 0.285 | 0.99 | 527 | 0.95 | 25.10 | 5.3 | 10 |
| D38 | 山东中医药大学学报 | 1850 | 0.660 | 0.134 | 0.99 | 401 | 1.00 | 19.10 | 7.6 | 7 |
| D38 | 山西中医学院学报 | 912 | 0.491 | 0.125 | 0.97 | 303 | 0.86 | 14.43 | 5.0 | 5 |
| D38 | 陕西中医药大学学报 | 1658 | 0.730 | 0.159 | 0.88 | 335 | 0.95 | 15.95 | 5.8 | 6 |
| D38 | 上海中医药大学学报 | 1485 | 0.983 | 0.217 | 0.95 | 399 | 0.90 | 19.00 | 5.6 | 8 |
| D38 | 天津中医药大学学报 | 945 | 1.005 | 0.078 | 0.92 | 285 | 0.76 | 13.57 | 5.9 | 7 |
| D38 | 云南中医学院学报 | 1185 | 0.845 | 0.140 | 0.95 | 364 | 0.76 | 17.33 | 5.1 | 6 |
| D38 | 浙江中医药大学学报 | 3662 | 1.196 | 0.177 | 0.96 | 683 | 1.00 | 32.52 | 4.9 | 10 |
| D39 | Journal of Integrative Medicine | 1929 | 0.965 | 0.179 | 0.98 | 500 | 0.81 | 31.25 | 7.0 | 9 |
| D39 | 深圳中西医结合杂志 | 4278 | 0.872 | 0.200 | 0.98 | 465 | 0.69 | 29.06 | 1.7 | 8 |
| D39 | 世界中西医结合杂志 | 3807 | 1.258 | 0.264 | 0.97 | 565 | 0.88 | 35.31 | 3.9 | 12 |
| D39 | 现代中西医结合杂志 | 21868 | 2.083 | 0.421 | 0.97 | 1007 | 0.94 | 62.94 | 3.9 | 20 |
| D39 | 中国中西医结合耳鼻咽喉科杂志 | 936 | 0.957 | 0.073 | 0.95 | 316 | 0.50 | 19.75 | 4.2 | 6 |
| D39 | 中国中西医结合急救杂志 | 2789 | 2.723 | 0.288 | 0.87 | 434 | 0.69 | 27.13 | 4.5 | 11 |
| D39 | 中国中西医结合皮肤性病学杂志 | 1192 | 0.939 | 0.150 | 0.98 | 320 | 0.50 | 20.00 | 4.7 | 7 |
| D39 | 中国中西医结合肾病杂志 | 3846 | 1.255 | 0.144 | 0.87 | 532 | 0.75 | 33.25 | 4.6 | 10 |

| 学科代码 | 期刊名称 | 扩展总被引频次 | 扩展影响因子 | 扩展即年指标 | 扩展他引率 | 扩展引用刊数 | 扩展学科影响指标 | 扩展学科扩散指标 | 扩展被引半衰期 | 扩展H指标 |
|---|---|---|---|---|---|---|---|---|---|---|
| D39 | 中国中西医结合外科杂志 | 2007 | 1.111 | 0.245 | 0.96 | 484 | 0.69 | 30.25 | 4.5 | 8 |
| D39 | 中国中西医结合消化杂志 | 2365 | 1.498 | 0.165 | 0.96 | 431 | 0.69 | 26.94 | 4.1 | 11 |
| D39 | 中国中西医结合影像学杂志 | 1392 | 0.948 | 0.181 | 0.91 | 371 | 0.44 | 23.19 | 3.4 | 7 |
| D39 | 中国中西医结合杂志 | 9301 | 1.761 | 0.233 | 0.97 | 812 | 1.00 | 50.75 | 6.0 | 21 |
| D39 | 中西医结合肝病杂志 | 1340 | 1.129 | 0.130 | 0.95 | 340 | 0.63 | 21.25 | 5.4 | 8 |
| D39 | 中西医结合心脑血管病杂志 | 7261 | 1.380 | 0.291 | 0.95 | 641 | 0.75 | 40.06 | 3.8 | 11 |
| D39 | 中西医结合心血管病电子杂志 | 4546 | — | 0.080 | 0.90 | 392 | 0.50 | 24.50 | 1.8 | 8 |
| D39 | 中西医结合研究 | 571 | 0.764 | 0.195 | 0.99 | 234 | 0.50 | 14.63 | 3.6 | 6 |
| D40 | Chinese Herbal Medicines | 185 | 0.919 | 0.222 | 0.94 | 85 | 1.00 | 7.73 | 2.8 | 3 |
| D40 | 天然产物研究与开发 | 3430 | 0.851 | 0.125 | 0.92 | 771 | 1.00 | 70.09 | 6.5 | 9 |
| D40 | 现代中药研究与实践 | 1179 | 0.570 | 0.034 | 0.98 | 425 | 1.00 | 38.64 | 7.5 | 6 |
| D40 | 中草药 | 12068 | 2.078 | 0.371 | 0.86 | 1175 | 1.00 | 106.82 | 6.1 | 17 |
| D40 | 中成药 | 8018 | 1.447 | 0.242 | 0.92 | 928 | 1.00 | 84.36 | 5.2 | 12 |
| D40 | 中国实验方剂学杂志 | 15813 | 1.583 | 0.214 | 0.92 | 1105 | 1.00 | 100.45 | 4.0 | 16 |
| D40 | 中国现代中药 | 1743 | 0.780 | 0.151 | 0.93 | 495 | 1.00 | 45.00 | 4.5 | 10 |
| D40 | 中国中药杂志 | 15344 | 1.870 | 0.254 | 0.92 | 1305 | 1.00 | 118.64 | 5.7 | 17 |
| D40 | 中药材 | 7253 | 1.097 | 0.129 | 0.96 | 980 | 1.00 | 89.09 | 6.9 | 12 |
| D40 | 中药新药与临床药理 | 2148 | 0.835 | 0.162 | 0.97 | 496 | 1.00 | 45.09 | 6.7 | 10 |
| D41 | 农垦医学 | 563 | — | 0.028 | 0.99 | 275 | 0.33 | 2.22 | 4.6 | 5 |
| D41 | 上海针灸杂志 | 5234 | 1.689 | 0.391 | 0.88 | 416 | 0.86 | 59.43 | 4.7 | 9 |
| D41 | 针刺研究 | 2104 | 2.056 | 0.284 | 0.92 | 328 | 0.71 | 46.86 | 6.2 | 8 |
| D41 | 针灸临床杂志 | 4757 | 1.331 | 0.231 | 0.95 | 395 | 1.00 | 56.43 | 5.6 | 9 |
| D41 | 中国骨伤 | 4461 | 2.138 | 0.516 | 0.88 | 563 | 0.86 | 80.43 | 4.6 | 11 |
| D41 | 中国针灸 | 8222 | 1.834 | 0.247 | 0.94 | 527 | 1.00 | 75.29 | 6.8 | 15 |
| D41 | 中国中医骨伤科杂志 | 2829 | 0.923 | 0.269 | 0.89 | 431 | 1.00 | 61.57 | 5.0 | 8 |
| D41 | 中医正骨 | 4110 | 2.047 | 0.431 | 0.87 | 472 | 1.00 | 67.43 | 4.1 | 10 |
| E01 | CADDM | 86 | 0.398 | 0.025 | 0.71 | 31 | 0.04 | 0.35 | 3.2 | 3 |
| E01 | CT理论与应用研究 | 544 | 0.715 | 0.056 | 0.91 | 288 | 0.08 | 3.24 | 4.4 | 5 |
| E01 | Science China Technological Sciences | 2036 | 0.916 | 0.117 | 0.81 | 635 | 0.16 | 7.13 | 4.9 | 7 |
| E01 | 包装工程 | 6576 | 1.462 | 0.271 | 0.61 | 882 | 0.29 | 9.91 | 4.3 | 10 |
| E01 | 包装世界 | 474 | 0.329 | 0.069 | 0.96 | 163 | 0.09 | 1.83 | 4.1 | 5 |
| E01 | 包装学报 | 355 | 0.993 | 0.250 | 0.85 | 135 | 0.11 | 1.52 | 3.3 | 5 |
| E01 | 标准科学 | 803 | 0.382 | 0.097 | 0.92 | 447 | 0.15 | 5.02 | 5.4 | 5 |

| 学科代码 | 期刊名称 | 扩展总被引频次 | 扩展影响因子 | 扩展即年指标 | 扩展他引率 | 扩展引用刊数 | 扩展学科影响指标 | 扩展学科扩散指标 | 扩展被引半衰期 | 扩展H指标 |
|---|---|---|---|---|---|---|---|---|---|---|
| E01 | 测试技术学报 | 473 | 0.280 | 0.022 | 0.94 | 284 | 0.18 | 3.19 | 7.9 | 4 |
| E01 | 成组技术与生产现代化 | 125 | 0.327 | 0.040 | 0.90 | 88 | 0.09 | 0.99 | 5.7 | 4 |
| E01 | 船舶标准化工程师 | 70 | 0.158 | 0.064 | 0.96 | 49 | 0.02 | 0.55 | 3.0 | 2 |
| E01 | 船舶标准化与质量 | 28 | 0.246 | 0.022 | 0.96 | 24 | 0.02 | 0.27 | 2.6 | 2 |
| E01 | 电信工程技术与标准化 | 804 | 0.632 | 0.164 | 0.94 | 188 | 0.07 | 2.11 | 3.7 | 6 |
| E01 | 工程爆破 | 937 | 1.022 | 0.254 | 0.78 | 187 | 0.04 | 2.10 | 6.4 | 7 |
| E01 | 工程地球物理学报 | 1470 | 1.179 | 0.224 | 0.74 | 340 | 0.10 | 3.82 | 5.5 | 8 |
| E01 | 工程建设与设计 | 2563 | 0.636 | 0.191 | 0.99 | 409 | 0.19 | 4.60 | 4.0 | 12 |
| E01 | 工程科学学报 | 2607 | 0.731 | 0.067 | 0.92 | 701 | 0.19 | 7.88 | 6.9 | 8 |
| E01 | 工程力学 | 6283 | 1.084 | 0.138 | 0.86 | 848 | 0.29 | 9.53 | 6.1 | 13 |
| E01 | 工程数学学报 | 460 | 0.367 | 0.073 | 0.96 | 262 | 0.04 | 2.94 | 8.4 | 6 |
| E01 | 工程与建设 | 1215 | 0.422 | 0.050 | 0.97 | 295 | 0.08 | 3.31 | 5.3 | 8 |
| E01 | 工程与试验 | 207 | 0.166 | 0.010 | 0.95 | 147 | 0.15 | 1.65 | 6.7 | 3 |
| E01 | 工程质量 | 1302 | 0.771 | 0.234 | 0.97 | 281 | 0.18 | 3.16 | 4.3 | 7 |
| E01 | 工具技术 | 1131 | 0.224 | 0.045 | 0.86 | 328 | 0.20 | 3.69 | 7.8 | 4 |
| E01 | 工业工程 | 937 | 0.567 | 0.046 | 0.94 | 445 | 0.12 | 5.00 | 5.7 | 6 |
| E01 | 工业计量 | 433 | 0.279 | 0.065 | 0.98 | 210 | 0.21 | 2.36 | 6.3 | 4 |
| E01 | 工业设计 | 719 | 0.516 | 0.133 | 0.97 | 222 | 0.11 | 2.49 | 1.8 | 7 |
| E01 | 航空标准化与质量 | 279 | 0.227 | 0.074 | 0.90 | 144 | 0.16 | 1.62 | 6.8 | 3 |
| E01 | 航天标准化 | 114 | 0.212 | — | 0.88 | 74 | 0.12 | 0.83 | 6.2 | 3 |
| E01 | 河北工业科技 | 563 | 0.863 | 0.143 | 0.83 | 333 | 0.07 | 3.74 | 4.8 | 6 |
| E01 | 衡器 | 211 | 0.102 | 0.058 | 0.93 | 102 | 0.09 | 1.15 | 5.5 | 3 |
| E01 | 计量技术 | 802 | 0.200 | 0.007 | 0.70 | 271 | 0.19 | 3.04 | 9.0 | 4 |
| E01 | 计量学报 | 856 | 0.337 | 0.042 | 0.71 | 305 | 0.22 | 3.43 | 9.2 | 5 |
| E01 | 计量与测试技术 | 1247 | 0.230 | 0.059 | 0.94 | 468 | 0.26 | 5.26 | 5.1 | 6 |
| E01 | 科学技术与工程 | 5580 | 0.379 | 0.053 | 0.93 | 1729 | 0.40 | 19.43 | 4.4 | 9 |
| E01 | 冷藏技术 | 70 | 0.080 | 0.019 | 0.90 | 41 | 0.01 | 0.46 | 8.7 | 2 |
| E01 | 宁夏工程技术 | 313 | 0.285 | 0.045 | 0.98 | 227 | 0.04 | 2.55 | 6.5 | 4 |
| E01 | 热喷涂技术 | 137 | 0.303 | 0.042 | 0.86 | 65 | 0.02 | 0.73 | 4.5 | 3 |
| E01 | 人类工效学 | 645 | 0.584 | 0.073 | 0.84 | 345 | 0.08 | 3.88 | 8.0 | 5 |
| E01 | 润滑与密封 | 2458 | 0.485 | 0.101 | 0.76 | 559 | 0.22 | 6.28 | 7.5 | 6 |
| E01 | 山东工业技术 | 7228 | 0.538 | 0.289 | 0.98 | 638 | 0.15 | 7.17 | 1.5 | 16 |
| E01 | 上海计量测试 | 223 | 0.129 | 0.056 | 0.97 | 144 | 0.13 | 1.62 | 6.2 | 2 |

| 学科代码 | 期刊名称 | 扩展总被引频次 | 扩展影响因子 | 扩展即年指标 | 扩展他引率 | 扩展引用刊数 | 扩展学科影响指标 | 扩展学科扩散指标 | 扩展被引半衰期 | 扩展H指标 |
|---|---|---|---|---|---|---|---|---|---|---|
| E01 | 设备管理与维修 | 718 | — | 0.072 | 0.96 | 291 | 0.11 | 3.27 | 5.1 | 4 |
| E01 | 设备监理 | 82 | 0.437 | 0.066 | 0.76 | 41 | 0.01 | 0.46 | 3.0 | 2 |
| E01 | 设计 | 1174 | 0.493 | 0.175 | 0.60 | 269 | 0.08 | 3.02 | 2.0 | 6 |
| E01 | 声学与电子工程 | 140 | 0.125 | — | 0.94 | 73 | 0.04 | 0.82 | 9.7 | 3 |
| E01 | 市政技术 | 1026 | 0.428 | 0.088 | 0.96 | 319 | 0.12 | 3.58 | 5.3 | 5 |
| E01 | 市政设施管理 | 27 | 0.016 | — | 0.78 | 19 | 0.02 | 0.21 | 5.8 | 2 |
| E01 | 数字与缩微影像 | 138 | 0.507 | 0.074 | 0.82 | 68 | 0.01 | 0.76 | 4.9 | 3 |
| E01 | 塑料包装 | 183 | 0.862 | 0.082 | 0.90 | 87 | 0.07 | 0.98 | 5.7 | 3 |
| E01 | 现代测量与实验室管理 | 565 | 0.336 | 0.097 | 0.96 | 262 | 0.22 | 2.94 | 5.5 | 4 |
| E01 | 新技术新工艺 | 1249 | 0.360 | 0.083 | 0.86 | 495 | 0.13 | 5.56 | 5.3 | 6 |
| E01 | 新媒体研究 | 7162 | 0.576 | 0.226 | 0.98 | 980 | 0.22 | 11.01 | 3.1 | 15 |
| E01 | 新型工业化 | 487 | 1.271 | 0.272 | 0.54 | 81 | 0.02 | 0.91 | 2.8 | 5 |
| E01 | 液晶与显示 | 914 | 1.020 | 0.114 | 0.83 | 241 | 0.13 | 2.71 | 3.8 | 5 |
| E01 | 液压气动与密封 | 1076 | 0.431 | 0.081 | 0.75 | 296 | 0.16 | 3.33 | 4.9 | 6 |
| E01 | 仪器仪表标准化与计量 | 173 | 0.228 | 0.063 | 0.94 | 104 | 0.04 | 1.17 | 7.4 | 3 |
| E01 | 应用基础与工程科学学报 | 1154 | 0.919 | 0.060 | 0.87 | 559 | 0.17 | 6.28 | 6.0 | 7 |
| E01 | 真空 | 1239 | 1.118 | 0.180 | 0.94 | 400 | 0.18 | 4.49 | 6.8 | 5 |
| E01 | 真空科学与技术学报 | 868 | 0.534 | 0.058 | 0.67 | 274 | 0.21 | 3.08 | 4.5 | 5 |
| E01 | 质量与可靠性 | 185 | 0.205 | 0.027 | 0.89 | 123 | 0.11 | 1.38 | 6.4 | 3 |
| E01 | 中国标准化 | 549 | 0.436 | 0.022 | 0.89 | 301 | 0.18 | 3.38 | 4.6 | 5 |
| E01 | 中国测试 | 1196 | 0.541 | 0.116 | 0.89 | 539 | 0.21 | 6.06 | 5.9 | 7 |
| E01 | 中国工程科学 | 2739 | 1.003 | 0.259 | 1.00 | 1273 | 0.25 | 14.30 | 7.2 | 15 |
| E01 | 中国惯性技术学报 | 1235 | 0.987 | 0.128 | 0.79 | 281 | 0.13 | 3.16 | 5.5 | 6 |
| E01 | 中国计量 | 896 | — | 0.053 | 1.00 | 318 | 0.21 | 3.57 | 6.0 | 4 |
| E01 | 中国科学(技术科学) | 1569 | 0.996 | 0.189 | 0.97 | 714 | 0.16 | 8.02 | 7.1 | 10 |
| E01 | 中国新技术新产品 | 22991 | 0.812 | 0.517 | 0.99 | 1110 | 0.26 | 12.47 | 4.1 | 27 |
| E02 | Journal of Beijing Institute of Technology | 185 | 0.100 | 0.013 | 0.96 | 133 | 0.12 | 0.88 | 8.9 | 4 |
| E02 | Journal of Central South University | 1478 | 0.431 | 0.042 | 0.80 | 558 | 0.33 | 3.67 | 3.9 | 5 |
| E02 | Journal of Chongqing University (English Edition) | 29 | 0.111 | — | 0.90 | 26 | 0.01 | 0.17 | 6.8 | 2 |
| E02 | Journal of Donghua University (English Edition) | 226 | 0.214 | 0.016 | 0.53 | 90 | 0.09 | 0.59 | 4.5 | 3 |
| E02 | Journal of Harbin Institute of Technology | 190 | 0.251 | 0.013 | 0.94 | 139 | 0.14 | 0.91 | 4.9 | 3 |

| 学科代码 | 期刊名称 | 扩展总被引频次 | 扩展影响因子 | 扩展即年指标 | 扩展他引率 | 扩展引用刊数 | 扩展学科影响指标 | 扩展学科扩散指标 | 扩展被引半衰期 | 扩展H指标 |
|---|---|---|---|---|---|---|---|---|---|---|
| E02 | Journal of Shanghai Jiaotong University (Science) | 186 | 0.142 | 0.019 | 0.96 | 143 | 0.10 | 0.94 | 5.6 | 3 |
| E02 | Journal of Southeast University (English Edition) | 278 | 0.269 | 0.058 | 0.96 | 205 | 0.16 | 1.35 | 5.5 | 4 |
| E02 | Transactions of Tianjin University | 211 | 0.336 | 0.075 | 0.83 | 143 | 0.11 | 0.94 | 5.3 | 3 |
| E02 | Tsinghua Science and Technology | 316 | 0.602 | 0.129 | 0.92 | 218 | 0.13 | 1.43 | 7.0 | 4 |
| E02 | 安徽电气工程职业技术学院学报 | 362 | 0.414 | 0.046 | 0.98 | 176 | 0.01 | 1.16 | 5.3 | 4 |
| E02 | 安徽工程大学学报 | 296 | 0.340 | 0.063 | 0.97 | 227 | 0.07 | 1.49 | 5.1 | 4 |
| E02 | 安徽工业大学学报(自然科学版) | 359 | 0.283 | 0.041 | 0.80 | 221 | 0.09 | 1.45 | 7.7 | 4 |
| E02 | 安阳工学院学报 | 548 | 0.268 | 0.099 | 0.97 | 332 | 0.03 | 2.18 | 5.0 | 5 |
| E02 | 北方工业大学学报 | 242 | 0.220 | 0.031 | 1.00 | 193 | 0.03 | 1.27 | 6.9 | 5 |
| E02 | 北京服装学院学报(自然科学版) | 150 | 0.200 | 0.085 | 0.89 | 86 | 0.03 | 0.57 | 7.4 | 3 |
| E02 | 北京工业大学学报 | 1726 | 0.622 | 0.094 | 0.97 | 780 | 0.38 | 5.13 | 5.9 | 7 |
| E02 | 北京交通大学学报 | 1155 | 0.505 | 0.065 | 0.98 | 607 | 0.28 | 3.99 | 7.2 | 7 |
| E02 | 北京理工大学学报 | 1968 | 0.493 | 0.030 | 0.94 | 806 | 0.41 | 5.30 | 7.3 | 8 |
| E02 | 北京印刷学院学报 | 311 | 0.239 | 0.092 | 0.97 | 220 | 0.04 | 1.45 | 6.4 | 3 |
| E02 | 长春工程学院学报(自然科学版) | 365 | 0.247 | 0.059 | 0.98 | 239 | 0.05 | 1.57 | 6.0 | 4 |
| E02 | 长春工业大学学报 | 445 | 0.220 | 0.041 | 0.84 | 294 | 0.11 | 1.93 | 6.8 | 4 |
| E02 | 长春理工大学学报(自然科学版) | 1213 | 0.312 | 0.037 | 0.92 | 649 | 0.16 | 4.27 | 5.5 | 5 |
| E02 | 长江工程职业技术学院学报 | 301 | 0.389 | 0.072 | 0.99 | 207 | 0.02 | 1.36 | 4.5 | 4 |
| E02 | 长沙理工大学学报(自然科学版) | 321 | 0.535 | 0.081 | 0.90 | 200 | 0.10 | 1.32 | 5.7 | 4 |
| E02 | 常熟理工学院学报 | 517 | 0.194 | 0.108 | 0.99 | 382 | 0.05 | 2.51 | 6.0 | 5 |
| E02 | 常州工学院学报 | 435 | 0.351 | 0.057 | 0.96 | 261 | 0.07 | 1.72 | 5.8 | 5 |
| E02 | 成都纺织高等专科学校学报 | 383 | 0.672 | 0.304 | 0.62 | 170 | 0.01 | 1.12 | 2.0 | 6 |
| E02 | 成都信息工程大学学报 | 386 | 0.213 | 0.019 | 0.98 | 250 | 0.05 | 1.64 | 6.8 | 4 |
| E02 | 重庆大学学报 | 2630 | 0.677 | 0.071 | 0.98 | 1149 | 0.47 | 7.56 | 9.2 | 9 |
| E02 | 重庆电子工程职业学院学报 | 717 | 0.299 | 0.078 | 1.00 | 365 | 0.05 | 2.40 | 5.5 | 5 |
| E02 | 大连工业大学学报 | 550 | 0.414 | 0.077 | 0.87 | 303 | 0.09 | 1.99 | 6.4 | 4 |
| E02 | 大连理工大学学报 | 1393 | 0.776 | 0.156 | 0.99 | 719 | 0.33 | 4.73 | 9.3 | 7 |
| E02 | 东北大学学报(自然科学版) | 2674 | 0.524 | 0.071 | 0.97 | 979 | 0.42 | 6.44 | 6.9 | 7 |
| E02 | 东莞理工学院学报 | 330 | 0.247 | 0.057 | 0.97 | 237 | 0.05 | 1.56 | 5.0 | 4 |
| E02 | 东华大学学报(自然科学版) | 893 | 0.411 | 0.007 | 0.97 | 403 | 0.19 | 2.65 | 8.4 | 6 |
| E02 | 东南大学学报(自然科学版) | 2775 | 0.730 | 0.157 | 0.98 | 1002 | 0.49 | 6.59 | 6.9 | 10 |

| 学科代码 | 期刊名称 | 扩展总被引频次 | 扩展影响因子 | 扩展即年指标 | 扩展他引率 | 扩展引用刊数 | 扩展学科影响指标 | 扩展学科扩散指标 | 扩展被引半衰期 | 扩展H指标 |
|---|---|---|---|---|---|---|---|---|---|---|
| E02 | 福建工程学院学报 | 426 | 0.364 | 0.080 | 0.99 | 291 | 0.05 | 1.91 | 6.6 | 5 |
| E02 | 工程科学与技术 | 2087 | 1.052 | 0.197 | 0.92 | 796 | 0.37 | 5.24 | 6.1 | 8 |
| E02 | 广东工业大学学报 | 549 | 0.638 | 0.157 | 0.75 | 313 | 0.15 | 2.06 | 5.2 | 5 |
| E02 | 广东轻工职业技术学院学报 | 251 | 0.487 | 0.151 | 0.98 | 186 | 0.03 | 1.22 | 5.1 | 4 |
| E02 | 广西科技大学学报 | 482 | 0.763 | 0.210 | 0.71 | 253 | 0.07 | 1.66 | 6.0 | 4 |
| E02 | 桂林理工大学学报 | 915 | 0.460 | 0.098 | 0.91 | 410 | 0.11 | 2.70 | 9.6 | 5 |
| E02 | 国防科技大学学报 | 1149 | 0.558 | 0.050 | 0.93 | 437 | 0.24 | 2.88 | 6.5 | 6 |
| E02 | 哈尔滨工程大学学报 | 1676 | 0.627 | 0.074 | 0.94 | 679 | 0.35 | 4.47 | 5.5 | 6 |
| E02 | 哈尔滨工业大学学报 | 3084 | 0.687 | 0.070 | 0.97 | 1120 | 0.55 | 7.37 | 8.0 | 8 |
| E02 | 哈尔滨理工大学学报 | 810 | 0.615 | 0.109 | 0.87 | 442 | 0.20 | 2.91 | 5.5 | 5 |
| E02 | 海军工程大学学报 | 671 | 0.413 | 0.038 | 0.93 | 323 | 0.13 | 2.13 | 7.0 | 5 |
| E02 | 合肥工业大学学报(自然科学版) | 2357 | 0.538 | 0.043 | 0.88 | 1023 | 0.41 | 6.73 | 6.7 | 7 |
| E02 | 河北工业大学学报 | 683 | 0.386 | 0.018 | 0.98 | 490 | 0.14 | 3.22 | 7.8 | 6 |
| E02 | 河北软件职业技术学院学报 | 257 | 0.500 | 0.305 | 1.00 | 168 | 0.01 | 1.11 | 3.7 | 4 |
| E02 | 河南城建学院学报 | 385 | 0.255 | 0.031 | 0.96 | 217 | 0.04 | 1.43 | 6.5 | 4 |
| E02 | 河南工程学院学报(自然科学版) | 209 | 0.356 | 0.058 | 0.96 | 151 | 0.06 | 0.99 | 5.8 | 4 |
| E02 | 河南理工大学学报(自然科学版) | 1084 | 0.678 | 0.041 | 0.91 | 423 | 0.16 | 2.78 | 6.4 | 7 |
| E02 | 黑龙江大学工程学报 | 434 | 0.382 | 0.172 | 0.93 | 244 | 0.05 | 1.61 | 8.1 | 4 |
| E02 | 黑龙江工程学院学报 | 354 | 0.500 | 0.103 | 0.77 | 218 | 0.07 | 1.43 | 5.1 | 4 |
| E02 | 黑龙江科技大学学报 | 520 | 0.489 | 0.177 | 0.84 | 266 | 0.12 | 1.75 | 4.5 | 4 |
| E02 | 后勤工程学院学报 | 476 | 0.524 | 0.099 | 0.82 | 229 | 0.06 | 1.51 | 5.9 | 5 |
| E02 | 湖北工程学院学报 | 404 | 0.364 | 0.130 | 0.99 | 300 | 0.03 | 1.97 | 4.9 | 4 |
| E02 | 湖北工业大学学报 | 540 | 0.183 | 0.028 | 0.98 | 392 | 0.11 | 2.58 | 6.7 | 5 |
| E02 | 湖北理工学院学报 | 316 | 0.265 | 0.120 | 0.97 | 234 | 0.03 | 1.54 | 5.7 | 4 |
| E02 | 湖南大学学报(自然科学版) | 1861 | 0.749 | 0.109 | 0.86 | 767 | 0.41 | 5.05 | 6.0 | 6 |
| E02 | 湖南工业大学学报 | 635 | 0.518 | 0.079 | 0.87 | 397 | 0.13 | 2.61 | 5.9 | 4 |
| E02 | 湖南科技大学学报(自然科学版) | 698 | 0.583 | 0.071 | 0.95 | 383 | 0.21 | 2.52 | 6.8 | 5 |
| E02 | 湖南理工学院学报(自然科学版) | 276 | 0.409 | 0.049 | 0.96 | 221 | 0.06 | 1.45 | 5.5 | 3 |
| E02 | 华北科技学院学报 | 571 | 0.422 | 0.028 | 0.95 | 303 | 0.06 | 1.99 | 5.3 | 5 |
| E02 | 华东理工大学学报(自然科学版) | 841 | 0.303 | 0.008 | 0.97 | 474 | 0.16 | 3.12 | ≥10 | 6 |
| E02 | 华南理工大学学报(自然科学版) | 2515 | 0.646 | 0.044 | 0.94 | 1016 | 0.47 | 6.68 | 6.9 | 8 |
| E02 | 华中科技大学学报(自然科学版) | 2802 | 0.686 | 0.108 | 0.95 | 1066 | 0.50 | 7.01 | 6.5 | 8 |
| E02 | 淮海工学院学报(自然科学版) | 384 | 0.482 | 0.130 | 0.94 | 276 | 0.07 | 1.82 | 5.6 | 3 |

| 学科代码 | 期刊名称 | 扩展总被引频次 | 扩展影响因子 | 扩展即年指标 | 扩展他引率 | 扩展引用刊数 | 扩展学科影响指标 | 扩展学科扩散指标 | 扩展被引半衰期 | 扩展H指标 |
|---|---|---|---|---|---|---|---|---|---|---|
| E02 | 淮阴工学院学报 | 301 | 0.225 | 0.017 | 1.00 | 229 | 0.05 | 1.51 | 6.1 | 4 |
| E02 | 黄河科技大学学报 | 404 | 0.358 | 0.123 | 0.98 | 261 | 0.01 | 1.72 | 4.7 | 5 |
| E02 | 吉林大学学报(工学版) | 2457 | 0.776 | 0.135 | 0.91 | 796 | 0.45 | 5.24 | 5.6 | 8 |
| E02 | 江苏大学学报(自然科学版) | 1151 | 0.618 | 0.132 | 0.97 | 588 | 0.29 | 3.87 | 7.3 | 6 |
| E02 | 江苏工程职业技术学院学报 | 242 | 0.251 | 0.063 | 1.00 | 175 | 0.03 | 1.15 | 4.8 | 3 |
| E02 | 江苏科技大学学报(自然科学版) | 520 | 0.486 | 0.053 | 0.89 | 322 | 0.14 | 2.12 | 5.7 | 4 |
| E02 | 江苏理工学院学报 | 721 | 0.340 | 0.073 | 0.99 | 403 | 0.03 | 2.65 | 6.4 | 5 |
| E02 | 江西理工大学学报 | 694 | 0.765 | 0.157 | 0.89 | 407 | 0.12 | 2.68 | 4.9 | 5 |
| E02 | 解放军理工大学学报(自然科学版) | 776 | 0.600 | 0.075 | 0.97 | 429 | 0.23 | 2.82 | 6.9 | 6 |
| E02 | 空军工程大学学报(自然科学版) | 659 | 0.602 | 0.218 | 0.92 | 316 | 0.16 | 2.08 | 5.3 | 5 |
| E02 | 兰州工业学院学报 | 226 | 0.270 | 0.056 | 1.00 | 173 | 0.03 | 1.14 | 3.7 | 3 |
| E02 | 兰州理工大学学报 | 1232 | 0.525 | 0.063 | 0.76 | 527 | 0.22 | 3.47 | 6.2 | 6 |
| E02 | 兰州文理学院学报(自然科学版) | 696 | 0.299 | 0.157 | 0.98 | 388 | 0.09 | 2.55 | 5.1 | 5 |
| E02 | 辽宁工业大学学报(自然科学版) | 306 | 0.289 | 0.091 | 0.98 | 228 | 0.07 | 1.50 | 6.9 | 3 |
| E02 | 辽宁科技大学学报 | 421 | 0.236 | 0.035 | 0.98 | 308 | 0.09 | 2.03 | 6.7 | 5 |
| E02 | 辽宁石油化工大学学报 | 468 | 0.469 | 0.058 | 0.87 | 261 | 0.06 | 1.72 | 6.9 | 4 |
| E02 | 洛阳理工学院学报(自然科学版) | 268 | 0.237 | 0.011 | 0.95 | 198 | 0.02 | 1.30 | 6.1 | 4 |
| E02 | 美食研究 | 264 | 0.384 | 0.094 | 0.94 | 166 | 0.01 | 1.09 | 8.3 | 3 |
| E02 | 南昌大学学报(工科版) | 357 | 0.302 | 0.013 | 0.97 | 260 | 0.08 | 1.71 | 7.2 | 4 |
| E02 | 南昌工程学院学报 | 398 | 0.582 | 0.115 | 0.81 | 248 | 0.05 | 1.63 | 4.0 | 5 |
| E02 | 南京工程学院学报(自然科学版) | 145 | 0.212 | 0.063 | 0.99 | 121 | 0.04 | 0.80 | 4.9 | 4 |
| E02 | 南京工业大学学报(自然科学版) | 835 | 0.321 | 0.093 | 0.93 | 475 | 0.14 | 3.13 | 8.0 | 5 |
| E02 | 南京工业职业技术学院学报 | 268 | 0.286 | 0.071 | 0.97 | 188 | 0.03 | 1.24 | 5.0 | 4 |
| E02 | 南京理工大学学报(自然科学版) | 1109 | 0.677 | 0.101 | 0.92 | 532 | 0.30 | 3.50 | 6.6 | 5 |
| E02 | 南京信息工程大学学报 | 427 | 0.966 | 0.153 | 0.83 | 263 | 0.03 | 1.73 | 4.1 | 7 |
| E02 | 南阳理工学院学报 | 208 | 0.192 | 0.058 | 0.99 | 179 | 0.03 | 1.18 | 4.1 | 3 |
| E02 | 内蒙古工业大学学报(自然科学版) | 165 | 0.190 | 0.111 | 0.94 | 134 | 0.04 | 0.88 | 6.6 | 3 |
| E02 | 宁波工程学院学报 | 395 | 0.478 | 0.051 | 0.96 | 266 | 0.05 | 1.75 | 5.5 | 4 |
| E02 | 齐鲁工业大学学报 | 364 | 0.473 | 0.060 | 0.99 | 266 | 0.03 | 1.75 | 5.4 | 4 |
| E02 | 青岛大学学报(工程技术版) | 319 | 0.548 | 0.097 | 0.86 | 217 | 0.10 | 1.43 | 5.7 | 4 |
| E02 | 青岛理工大学学报 | 813 | 0.465 | 0.147 | 0.99 | 378 | 0.11 | 2.49 | 6.4 | 6 |
| E02 | 轻工学报 | 509 | 0.341 | 0.086 | 0.94 | 297 | 0.05 | 1.95 | 6.1 | 4 |
| E02 | 清华大学学报(自然科学版) | 4249 | 0.657 | 0.043 | 0.99 | 1617 | 0.64 | 10.64 | 9.3 | 12 |

| 学科代码 | 期刊名称 | 扩展总被引频次 | 扩展影响因子 | 扩展即年指标 | 扩展他引率 | 扩展引用刊数 | 扩展学科影响指标 | 扩展学科扩散指标 | 扩展被引半衰期 | 扩展H指标 |
|---|---|---|---|---|---|---|---|---|---|---|
| E02 | 厦门理工学院学报 | 232 | 0.244 | 0.034 | 0.99 | 197 | 0.03 | 1.30 | 5.7 | 3 |
| E02 | 山东大学学报(工学版) | 1009 | 0.801 | 0.105 | 0.89 | 548 | 0.26 | 3.61 | 6.7 | 7 |
| E02 | 山东科技大学学报(自然科学版) | 755 | 0.644 | 0.170 | 0.94 | 363 | 0.13 | 2.39 | 7.2 | 5 |
| E02 | 山东理工大学学报(自然科学版) | 433 | 0.348 | 0.077 | 1.00 | 335 | 0.15 | 2.20 | 6.6 | 4 |
| E02 | 陕西理工学院学报(自然科学版) | 256 | 0.280 | 0.072 | 0.96 | 194 | 0.05 | 1.28 | 5.2 | 3 |
| E02 | 上海第二工业大学学报 | 167 | 0.317 | 0.123 | 0.96 | 138 | 0.05 | 0.91 | 5.3 | 3 |
| E02 | 上海工程技术大学学报 | 294 | 0.344 | 0.064 | 0.97 | 226 | 0.07 | 1.49 | 5.8 | 4 |
| E02 | 上海交通大学学报 | 3177 | 0.581 | 0.091 | 0.96 | 1202 | 0.54 | 7.91 | 8.2 | 8 |
| E02 | 深圳大学学报(理工版) | 481 | 0.646 | 0.135 | 0.90 | 328 | 0.14 | 2.16 | 4.5 | 5 |
| E02 | 沈阳工程学院学报(自然科学版) | 416 | 0.567 | 0.231 | 0.84 | 235 | 0.10 | 1.55 | 4.8 | 4 |
| E02 | 沈阳工业大学学报 | 835 | 0.861 | 0.081 | 0.81 | 416 | 0.16 | 2.74 | 6.2 | 6 |
| E02 | 沈阳理工大学学报 | 319 | 0.244 | 0.023 | 0.96 | 240 | 0.09 | 1.58 | 6.1 | 3 |
| E02 | 四川理工学院学报(自然科学版) | 520 | 0.416 | 0.109 | 0.95 | 354 | 0.10 | 2.33 | 5.6 | 4 |
| E02 | 苏州科技大学学报(工程技术版) | 262 | 0.316 | 0.034 | 0.94 | 173 | 0.05 | 1.14 | 9.7 | 4 |
| E02 | 太原理工大学学报 | 1111 | 0.533 | 0.067 | 0.96 | 593 | 0.18 | 3.90 | 8.3 | 6 |
| E02 | 天津大学学报 | 1924 | 0.961 | 0.116 | 0.91 | 880 | 0.36 | 5.79 | 7.2 | 8 |
| E02 | 天津工业大学学报 | 637 | 0.493 | 0.022 | 0.91 | 326 | 0.15 | 2.14 | 7.1 | 5 |
| E02 | 天津科技大学学报 | 412 | 0.343 | - | 0.97 | 290 | 0.07 | 1.91 | 7.3 | 5 |
| E02 | 天津理工大学学报 | 436 | 0.356 | 0.061 | 0.99 | 320 | 0.09 | 2.11 | 8.1 | 4 |
| E02 | 同济大学学报(自然科学版) | 4468 | 0.788 | 0.136 | 0.98 | 1217 | 0.57 | 8.01 | 8.5 | 13 |
| E02 | 武汉大学学报(工学版) | 1727 | 0.583 | 0.070 | 0.97 | 738 | 0.28 | 4.86 | 7.9 | 7 |
| E02 | 武汉纺织大学学报 | 603 | 0.389 | 0.049 | 0.98 | 371 | 0.09 | 2.44 | 8.6 | 4 |
| E02 | 武汉工程大学学报 | 929 | 0.441 | 0.063 | 0.94 | 572 | 0.14 | 3.76 | 6.0 | 5 |
| E02 | 武汉工程职业技术学院学报 | 204 | 0.191 | 0.080 | 0.93 | 150 | 0.04 | 0.99 | 5.6 | 4 |
| E02 | 武汉科技大学学报(自然科学版) | 608 | 0.475 | 0.057 | 0.97 | 369 | 0.17 | 2.43 | 7.9 | 5 |
| E02 | 武汉轻工大学学报 | 523 | 0.370 | 0.094 | 0.96 | 345 | 0.06 | 2.27 | 7.0 | 5 |
| E02 | 武警工程大学学报 | 86 | 0.030 | 0.007 | 0.88 | 62 | 0.01 | 0.41 | 7.8 | 2 |
| E02 | 西安工程大学学报 | 833 | 0.852 | 0.156 | 0.88 | 358 | 0.11 | 2.36 | 4.7 | 6 |
| E02 | 西安工业大学学报 | 748 | 0.497 | 0.124 | 0.66 | 337 | 0.13 | 2.22 | 5.2 | 5 |
| E02 | 西安交通大学学报 | 2982 | 0.954 | 0.109 | 0.94 | 954 | 0.52 | 6.28 | 7.0 | 9 |
| E02 | 西安科技大学学报 | 1451 | 0.948 | 0.085 | 0.84 | 485 | 0.11 | 3.19 | 6.5 | 7 |
| E02 | 西安理工大学学报 | 543 | 0.497 | 0.036 | 0.89 | 334 | 0.11 | 2.20 | 6.9 | 5 |
| E02 | 西北工业大学学报 | 1033 | 0.490 | 0.077 | 0.96 | 461 | 0.24 | 3.03 | 6.3 | 5 |

## 2016年中国科技期刊被引指标按类刊名字顺索引(续)

| 学科代码 | 期刊名称 | 扩展总被引频次 | 扩展影响因子 | 扩展即年指标 | 扩展他引率 | 扩展引用刊数 | 扩展学科影响指标 | 扩展学科扩散指标 | 扩展被引半衰期 | 扩展H指标 |
|---|---|---|---|---|---|---|---|---|---|---|
| E02 | 西华大学学报(自然科学版) | 672 | 0.455 | 0.162 | 0.90 | 399 | 0.12 | 2.63 | 5.7 | 6 |
| E02 | 西南交通大学学报 | 2039 | 1.147 | 0.101 | 0.92 | 717 | 0.36 | 4.72 | 6.3 | 8 |
| E02 | 西南科技大学学报 | 339 | 0.250 | 0.039 | 0.98 | 274 | 0.06 | 1.80 | 7.4 | 4 |
| E02 | 信息工程大学学报 | 293 | 0.231 | 0.028 | 0.97 | 185 | 0.05 | 1.22 | 5.8 | 4 |
| E02 | 徐州工程学院学报(自然科学版) | 458 | 0.896 | 0.015 | 0.96 | 307 | 0.07 | 2.02 | 5.7 | 6 |
| E02 | 燕山大学学报 | 417 | 0.473 | 0.012 | 0.94 | 262 | 0.14 | 1.72 | 6.5 | 5 |
| E02 | 应用技术学报 | 216 | 0.253 | 0.056 | 0.95 | 159 | 0.03 | 1.05 | 6.7 | 4 |
| E02 | 浙江大学学报(工学版) | 2976 | 0.826 | 0.107 | 0.95 | 1080 | 0.51 | 7.11 | 6.8 | 9 |
| E02 | 浙江纺织服装职业技术学院学报 | 274 | 0.326 | 0.195 | 0.96 | 161 | 0.05 | 1.06 | 5.4 | 3 |
| E02 | 浙江工业大学学报 | 1071 | 0.754 | 0.083 | 0.71 | 531 | 0.17 | 3.49 | 6.3 | 7 |
| E02 | 郑州大学学报(工学版) | 842 | 0.463 | 0.059 | 0.91 | 485 | 0.18 | 3.19 | 6.3 | 5 |
| E02 | 中国计量大学学报 | 375 | 0.453 | 0.073 | 0.86 | 250 | 0.05 | 1.64 | 6.4 | 5 |
| E02 | 中南大学学报(自然科学版) | 5210 | 0.752 | 0.079 | 0.94 | 1246 | 0.64 | 8.20 | 4.8 | 12 |
| E02 | 中原工学院学报 | 360 | 0.333 | 0.036 | 0.85 | 242 | 0.07 | 1.59 | 6.7 | 4 |
| E03 | Engineering | 6 | — | 0.040 | 0.83 | 6 | 0.01 | 0.07 | 1.0 | 1 |
| E03 | Frontiers of Information Technology & Electronic Engineering | 230 | 0.346 | 0.205 | 0.76 | 133 | 0.12 | 1.62 | 3.6 | 4 |
| E03 | International Journal of Automation & computing | 216 | 0.523 | 0.033 | 0.68 | 114 | 0.11 | 1.39 | 4.0 | 3 |
| E03 | Journal of Electronic Science and Technology of China | 62 | 0.078 | 0.020 | 0.92 | 50 | 0.06 | 0.61 | 4.9 | 2 |
| E03 | Journal of Systems Engineering and Electronics | 660 | 0.533 | 0.058 | 0.90 | 265 | 0.20 | 3.23 | 5.4 | 6 |
| E03 | Optoelectronics Letters | 249 | 0.578 | 0.148 | 0.58 | 63 | 0.02 | 0.77 | 2.5 | 3 |
| E03 | Science China Information Sciences | 1203 | 0.877 | 0.138 | 0.77 | 296 | 0.27 | 3.61 | 4.0 | 6 |
| E03 | The Journal of China Universities of Posts and Telecommunications | 239 | 0.326 | 0.093 | 0.91 | 130 | 0.12 | 1.59 | 4.2 | 3 |
| E03 | ZTE Communications | 25 | 0.070 | — | 1.00 | 25 | 0.02 | 0.30 | 3.8 | 1 |
| E03 | 磁性材料及器件 | 442 | 0.399 | 0.063 | 0.75 | 184 | 0.07 | 2.24 | 5.8 | 6 |
| E03 | 当代电视 | 669 | 0.573 | 0.111 | 0.98 | 187 | 0.11 | 2.28 | 3.3 | 3 |
| E03 | 电脑与电信 | 567 | 0.442 | 0.127 | 0.81 | 214 | 0.16 | 2.61 | 3.5 | 6 |
| E03 | 电气电子教学学报 | 1698 | 0.585 | 0.086 | 0.87 | 407 | 0.20 | 4.96 | 6.6 | 6 |
| E03 | 电信技术 | 968 | 1.199 | 0.146 | 0.84 | 255 | 0.28 | 3.11 | 3.2 | 6 |

## 2016年中国科技期刊被引指标按类刊名字顺索引(续)

| 学科代码 | 期刊名称 | 扩展总被引频次 | 扩展影响因子 | 扩展即年指标 | 扩展他引率 | 扩展引用刊数 | 扩展学科影响指标 | 扩展学科扩散指标 | 扩展被引半衰期 | 扩展H指标 |
|---|---|---|---|---|---|---|---|---|---|---|
| E03 | 电信快报 | 357 | 0.535 | 0.127 | 0.98 | 152 | 0.21 | 1.85 | 3.5 | 4 |
| E03 | 电信网技术 | 670 | 0.505 | 0.127 | 0.99 | 250 | 0.22 | 3.05 | 3.7 | 7 |
| E03 | 光纤与电缆及其应用技术 | 196 | 0.174 | 0.069 | 0.92 | 127 | 0.07 | 1.55 | 7.1 | 3 |
| E03 | 广播电视信息 | 684 | 0.744 | 0.106 | 0.96 | 145 | 0.18 | 1.77 | 3.8 | 5 |
| E03 | 广播与电视技术 | 1074 | 0.642 | 0.133 | 0.90 | 163 | 0.21 | 1.99 | 4.3 | 7 |
| E03 | 红外 | 369 | 0.351 | 0.072 | 0.93 | 208 | 0.07 | 2.54 | 5.8 | 5 |
| E03 | 机电产品开发与创新 | 931 | 0.225 | 0.068 | 0.98 | 469 | 0.24 | 5.72 | 6.0 | 5 |
| E03 | 机电一体化 | 784 | 0.423 | 0.028 | 0.97 | 378 | 0.26 | 4.61 | 5.5 | 4 |
| E03 | 机器人 | 1580 | 1.354 | 0.217 | 0.93 | 451 | 0.30 | 5.50 | 6.9 | 10 |
| E03 | 机器人技术与应用 | 394 | 0.635 | 0.094 | 0.97 | 206 | 0.18 | 2.51 | 8.9 | 6 |
| E03 | 集成电路应用 | 189 | 0.224 | 0.407 | 0.50 | 73 | 0.10 | 0.89 | 2.5 | 3 |
| E03 | 计算机测量与控制 | 4341 | 0.539 | 0.074 | 0.86 | 934 | 0.46 | 11.39 | 4.4 | 8 |
| E03 | 计算技术与自动化 | 456 | 0.451 | 0.009 | 0.95 | 295 | 0.23 | 3.60 | 5.7 | 5 |
| E03 | 舰船电子对抗 | 453 | 0.205 | 0.018 | 0.96 | 165 | 0.17 | 2.01 | 5.6 | 3 |
| E03 | 决策与信息(上旬刊) | 203 | – | 0.116 | 1.00 | 158 | 0.02 | 1.93 | 2.5 | 3 |
| E03 | 决策与信息(下旬刊) | 544 | 0.092 | 0.013 | 0.99 | 258 | 0.07 | 3.15 | 2.9 | 4 |
| E03 | 决策与信息(中旬刊) | 352 | 0.098 | 0.018 | 1.00 | 187 | 0.06 | 2.28 | 1.8 | 4 |
| E03 | 决策咨询 | 261 | 0.617 | 0.051 | 0.98 | 202 | 0.04 | 2.46 | 3.1 | 4 |
| E03 | 控制工程 | 1862 | 0.911 | 0.076 | 0.83 | 644 | 0.32 | 7.85 | 5.1 | 9 |
| E03 | 雷达与对抗 | 196 | 0.199 | 0.029 | 0.94 | 106 | 0.13 | 1.29 | 7.3 | 3 |
| E03 | 模式识别与人工智能 | 1246 | 0.975 | 0.040 | 0.96 | 446 | 0.28 | 5.44 | 5.0 | 9 |
| E03 | 软件产业与工程 | 131 | 0.653 | 0.069 | 1.00 | 111 | 0.07 | 1.35 | 3.3 | 4 |
| E03 | 山西电子技术 | 431 | 0.205 | 0.065 | 0.98 | 241 | 0.17 | 2.94 | 5.1 | 5 |
| E03 | 深空探测学报 | 64 | 0.588 | 0.074 | 0.44 | 17 | 0.01 | 0.21 | 2.2 | 3 |
| E03 | 数字传媒研究 | 166 | 0.270 | 0.076 | 0.99 | 69 | 0.07 | 0.84 | 3.4 | 3 |
| E03 | 数字教育 | 105 | – | 0.135 | 0.84 | 75 | 0.02 | 0.91 | 1.4 | 4 |
| E03 | 数字通信世界 | 593 | 0.127 | 0.022 | 0.95 | 208 | 0.21 | 2.54 | 1.9 | 4 |
| E03 | 网络空间安全 | 945 | 0.512 | 0.229 | 0.98 | 305 | 0.28 | 3.72 | 3.2 | 7 |
| E03 | 系统仿真技术 | 183 | 0.285 | 0.017 | 0.98 | 148 | 0.09 | 1.80 | 5.3 | 4 |
| E03 | 系统仿真学报 | 5076 | 0.589 | 0.067 | 0.94 | 1183 | 0.46 | 14.43 | 7.9 | 10 |
| E03 | 现代电视技术 | 504 | – | 0.071 | 0.95 | 124 | 0.17 | 1.51 | 4.4 | 3 |
| E03 | 现代电影技术 | 258 | 0.482 | 0.083 | 0.86 | 93 | 0.09 | 1.13 | 5.0 | 3 |
| E03 | 信息化研究 | 506 | 0.259 | 0.090 | 0.98 | 302 | 0.32 | 3.68 | 7.9 | 4 |

| 学科代码 | 期刊名称 | 扩展总被引频次 | 扩展影响因子 | 扩展即年指标 | 扩展他引率 | 扩展引用刊数 | 扩展学科影响指标 | 扩展学科扩散指标 | 扩展被引半衰期 | 扩展H指标 |
|---|---|---|---|---|---|---|---|---|---|---|
| E03 | 信息技术 | 1786 | 0.361 | 0.091 | 0.97 | 688 | 0.39 | 8.39 | 4.6 | 6 |
| E03 | 信息技术与信息化 | 1220 | 0.402 | 0.095 | 0.99 | 441 | 0.28 | 5.38 | 2.5 | 7 |
| E03 | 信息系统工程 | 2041 | 0.393 | 0.147 | 0.98 | 559 | 0.28 | 6.82 | 3.0 | 9 |
| E03 | 遥测遥控 | 277 | 0.431 | 0.031 | 0.93 | 150 | 0.13 | 1.83 | 5.6 | 4 |
| E03 | 冶金信息导刊 | 61 | 0.023 | — | 1.00 | 50 | — | 0.61 | 9.3 | 2 |
| E03 | 印制电路信息 | 488 | 0.254 | 0.031 | 0.45 | 120 | 0.04 | 1.46 | 4.9 | 3 |
| E03 | 应用科技 | 732 | 0.514 | 0.080 | 0.97 | 409 | 0.21 | 4.99 | 6.8 | 5 |
| E03 | 有线电视技术 | 537 | 0.433 | 0.059 | 0.93 | 133 | 0.18 | 1.62 | 4.1 | 4 |
| E03 | 制造业自动化 | 3115 | 0.388 | 0.054 | 0.95 | 834 | 0.33 | 10.17 | 4.5 | 9 |
| E03 | 智能系统学报 | 588 | 0.785 | 0.096 | 0.93 | 302 | 0.20 | 3.68 | 4.0 | 7 |
| E03 | 中国电视 | 778 | 0.843 | 0.147 | 0.94 | 200 | 0.05 | 2.44 | 3.4 | 5 |
| E03 | 中国电子科学研究院学报 | 674 | 0.669 | 0.134 | 0.85 | 294 | 0.17 | 3.59 | 4.7 | 6 |
| E03 | 中国广播 | 680 | 0.792 | 0.231 | 0.87 | 155 | 0.07 | 1.89 | 2.8 | 5 |
| E03 | 中国集成电路 | 204 | 0.167 | 0.059 | 0.95 | 132 | 0.06 | 1.61 | 5.3 | 3 |
| E03 | 中文信息学报 | 1599 | 0.734 | 0.036 | 0.82 | 329 | 0.26 | 4.01 | 6.9 | 11 |
| E03 | 自动化技术与应用 | 1276 | 0.360 | 0.076 | 0.94 | 556 | 0.32 | 6.78 | 6.0 | 6 |
| E03 | 自动化学报 | 3998 | 1.798 | 0.322 | 0.91 | 869 | 0.46 | 10.60 | 4.9 | 18 |
| E03 | 自动化应用 | 537 | 0.170 | 0.058 | 0.98 | 248 | 0.12 | 3.02 | 3.5 | 4 |
| E03 | 自动化与信息工程 | 156 | 0.287 | 0.047 | 0.90 | 118 | 0.09 | 1.44 | 5.3 | 3 |
| E03 | 自动化与仪器仪表 | 1823 | 0.479 | 0.142 | 0.79 | 555 | 0.32 | 6.77 | 2.6 | 7 |
| E04 | 化学与生物工程 | 1211 | 0.395 | 0.073 | 0.98 | 600 | 0.71 | 85.71 | 6.5 | 6 |
| E04 | 生物工程学报 | 1586 | 0.683 | 0.096 | 0.95 | 605 | 0.86 | 86.43 | 7.0 | 8 |
| E04 | 生物技术通报 | 2103 | 0.625 | 0.100 | 0.94 | 657 | 0.86 | 93.86 | 5.4 | 7 |
| E04 | 生物加工过程 | 449 | 0.492 | 0.034 | 0.91 | 235 | 0.71 | 33.57 | 6.1 | 5 |
| E04 | 中国生化药物杂志 | 3811 | — | 0.348 | 0.97 | 763 | 0.57 | 109.00 | 2.5 | 15 |
| E04 | 中国生物工程杂志 | 1593 | 0.670 | 0.172 | 0.96 | 643 | 0.86 | 91.86 | 6.6 | 9 |
| E05 | 保鲜与加工 | 967 | 1.044 | 0.184 | 0.86 | 249 | 0.18 | 4.37 | 6.0 | 7 |
| E05 | 福建农机 | 153 | 0.342 | 0.019 | 0.95 | 93 | 0.32 | 1.63 | 5.7 | 3 |
| E05 | 灌溉排水学报 | 1916 | 0.622 | 0.088 | 0.92 | 363 | 0.37 | 6.37 | 7.1 | 7 |
| E05 | 广西农业机械化 | 173 | — | 0.088 | 0.94 | 68 | 0.26 | 1.19 | 5.2 | 2 |
| E05 | 河北农机 | 421 | 0.444 | 0.084 | 0.95 | 143 | 0.28 | 2.51 | 2.5 | 6 |
| E05 | 湖北农机化 | 221 | 0.161 | 0.107 | 0.98 | 113 | 0.26 | 1.98 | 4.4 | 4 |
| E05 | 江苏农机化 | 184 | 0.253 | 0.052 | 0.98 | 87 | 0.37 | 1.53 | 4.5 | 3 |

## 2016年中国科技期刊被引指标按类刊名字顺索引(续)

| 学科代码 | 期刊名称 | 扩展总被引频次 | 扩展影响因子 | 扩展即年指标 | 扩展他引率 | 扩展引用刊数 | 扩展学科影响指标 | 扩展学科扩散指标 | 扩展被引半衰期 | 扩展H指标 |
|---|---|---|---|---|---|---|---|---|---|---|
| E05 | 节水灌溉 | 1872 | 0.681 | 0.070 | 0.83 | 451 | 0.37 | 7.91 | 5.5 | 8 |
| E05 | 菌物研究 | 382 | 0.591 | 0.025 | 0.91 | 160 | 0.04 | 2.81 | 7.3 | 5 |
| E05 | 木材加工机械 | 537 | 0.667 | 0.125 | 0.65 | 136 | 0.07 | 2.39 | 5.3 | 5 |
| E05 | 南方农机 | 832 | 0.650 | 0.270 | 0.69 | 205 | 0.35 | 3.60 | 1.5 | 6 |
| E05 | 农产品加工(上半月) | 2029 | 0.396 | 0.060 | 0.97 | 577 | 0.33 | 10.12 | 5.8 | 6 |
| E05 | 农产品加工(下半月) | 621 | 0.312 | 0.050 | 0.96 | 274 | 0.21 | 4.81 | 3.6 | 5 |
| E05 | 农村牧区机械化 | 206 | — | 0.012 | 0.99 | 120 | 0.32 | 2.11 | 6.0 | 3 |
| E05 | 农机化研究 | 5440 | 0.843 | 0.276 | 0.80 | 908 | 0.79 | 15.93 | 5.7 | 11 |
| E05 | 农机使用与维修 | 779 | 0.756 | 0.132 | 0.95 | 200 | 0.42 | 3.51 | 3.1 | 5 |
| E05 | 农业工程 | 764 | 0.503 | 0.082 | 0.94 | 307 | 0.47 | 5.39 | 3.8 | 6 |
| E05 | 农业工程学报 | 26648 | 2.554 | 0.380 | 0.84 | 1827 | 0.86 | 32.05 | 5.6 | 24 |
| E05 | 农业环境科学学报 | 7853 | 1.779 | 0.195 | 0.92 | 1011 | 0.53 | 17.74 | 6.7 | 16 |
| E05 | 农业机械学报 | 11205 | 2.044 | 0.458 | 0.81 | 1195 | 0.75 | 20.96 | 5.2 | 17 |
| E05 | 农业技术与装备 | 1051 | 0.324 | 0.078 | 0.98 | 279 | 0.49 | 4.89 | 4.7 | 6 |
| E05 | 农业开发与装备 | 1301 | 0.365 | 0.132 | 0.93 | 330 | 0.47 | 5.79 | 2.0 | 6 |
| E05 | 农业科技与装备 | 1200 | 0.340 | 0.074 | 0.93 | 385 | 0.47 | 6.75 | 4.7 | 7 |
| E05 | 农业现代化研究 | 2801 | 1.830 | 0.331 | 0.95 | 847 | 0.51 | 14.86 | 5.4 | 12 |
| E05 | 农业装备技术 | 404 | 0.586 | 0.113 | 0.98 | 182 | 0.35 | 3.19 | 5.9 | 4 |
| E05 | 农业装备与车辆工程 | 621 | 0.248 | 0.043 | 0.95 | 285 | 0.35 | 5.00 | 5.3 | 4 |
| E05 | 排灌机械工程学报 | 1249 | 1.091 | 0.158 | 0.91 | 331 | 0.33 | 5.81 | 4.0 | 7 |
| E05 | 热带农业工程 | 314 | 0.409 | 0.020 | 0.99 | 194 | 0.18 | 3.40 | 5.1 | 4 |
| E05 | 山西水土保持科技 | 190 | 0.184 | 0.039 | 0.98 | 111 | 0.19 | 1.95 | 6.6 | 4 |
| E05 | 生态与农村环境学报 | 2147 | 1.349 | 0.188 | 0.90 | 622 | 0.32 | 10.91 | 6.5 | 10 |
| E05 | 时代农机 | 1544 | 0.299 | 0.084 | 0.99 | 457 | 0.37 | 8.02 | 3.4 | 9 |
| E05 | 水土保持通报 | 3471 | 0.887 | 0.118 | 0.90 | 690 | 0.39 | 12.11 | 6.2 | 10 |
| E05 | 水土保持学报 | 7793 | 1.441 | 0.181 | 0.90 | 746 | 0.46 | 13.09 | 8.2 | 13 |
| E05 | 水土保持研究 | 4658 | 1.043 | 0.180 | 0.89 | 800 | 0.42 | 14.04 | 6.4 | 9 |
| E05 | 水土保持应用技术 | 696 | 1.174 | 0.099 | 0.83 | 169 | 0.23 | 2.96 | 4.5 | 11 |
| E05 | 拖拉机与农用运输车 | 400 | 0.165 | 0.036 | 0.92 | 175 | 0.21 | 3.07 | 8.2 | 4 |
| E05 | 现代化农业 | 911 | 0.224 | 0.052 | 0.98 | 359 | 0.47 | 6.30 | 5.9 | 4 |
| E05 | 新疆农机化 | 396 | 0.244 | 0.094 | 0.92 | 135 | 0.40 | 2.37 | 6.8 | 5 |
| E05 | 新疆农垦经济 | 531 | 0.386 | 0.088 | 0.96 | 271 | 0.18 | 4.75 | 5.0 | 4 |
| E05 | 新疆农垦科技 | 612 | 0.246 | 0.058 | 0.90 | 226 | 0.37 | 3.96 | 4.8 | 4 |

| 学科代码 | 期刊名称 | 扩展总被引频次 | 扩展影响因子 | 扩展即年指标 | 扩展他引率 | 扩展引用刊数 | 扩展学科影响指标 | 扩展学科扩散指标 | 扩展被引半衰期 | 扩展H指标 |
|---|---|---|---|---|---|---|---|---|---|---|
| E05 | 亚热带水土保持 | 316 | 0.236 | 0.054 | 0.94 | 157 | 0.18 | 2.75 | 8.0 | 4 |
| E05 | 中国农村水利水电 | 3330 | 0.615 | 0.080 | 0.93 | 714 | 0.42 | 12.53 | 5.8 | 7 |
| E05 | 中国农机化学报 | 2093 | 0.644 | 0.136 | 0.84 | 530 | 0.63 | 9.30 | 3.9 | 10 |
| E05 | 中国水土保持科学 | 1770 | 1.141 | 0.223 | 0.91 | 435 | 0.32 | 7.63 | 6.7 | 10 |
| E05 | 中国沼气 | 866 | 0.944 | 0.098 | 0.83 | 253 | 0.26 | 4.44 | 5.5 | 7 |
| E06 | 北京生物医学工程 | 471 | 0.498 | 0.040 | 0.94 | 279 | 0.45 | 25.36 | 5.7 | 4 |
| E06 | 国际生物医学工程杂志 | 340 | 0.494 | 0.111 | 0.78 | 203 | 0.55 | 18.45 | 5.2 | 5 |
| E06 | 生物医学工程学杂志 | 1135 | 0.439 | 0.089 | 0.95 | 599 | 0.73 | 54.45 | 6.5 | 6 |
| E06 | 生物医学工程研究 | 272 | 0.513 | 0.046 | 0.88 | 177 | 0.64 | 16.09 | 6.3 | 4 |
| E06 | 生物医学工程与临床 | 595 | 0.559 | 0.058 | 0.98 | 342 | 0.64 | 31.09 | 4.5 | 5 |
| E06 | 中国生物医学工程学报 | 770 | 0.637 | 0.120 | 0.91 | 385 | 0.64 | 35.00 | 5.9 | 5 |
| E06 | 中国生物制品学杂志 | 1171 | 0.502 | 0.078 | 0.90 | 444 | 0.45 | 40.36 | 4.4 | 6 |
| E06 | 中国医药生物技术 | 367 | 0.372 | 0.171 | 0.97 | 236 | 0.45 | 21.45 | 4.6 | 5 |
| E06 | 中国疫苗和免疫 | 2615 | 2.451 | 0.195 | 0.87 | 274 | 0.27 | 24.91 | 5.8 | 16 |
| E06 | 中国组织工程研究 | 17954 | 1.433 | 0.181 | 0.92 | 1580 | 0.91 | 143.64 | 5.7 | 19 |
| E06 | 中华生物医学工程杂志 | 489 | 0.380 | 0.019 | 0.95 | 255 | 0.55 | 23.18 | 6.5 | 4 |
| E07 | Geodesy and Geodynamics | 67 | 0.387 | 0.018 | 0.75 | 25 | 0.27 | 0.96 | 2.7 | 2 |
| E07 | 北京测绘 | 907 | 0.623 | 0.048 | 0.85 | 265 | 0.73 | 10.19 | 4.6 | 7 |
| E07 | 测绘 | 348 | 0.427 | 0.069 | 0.98 | 144 | 0.62 | 5.54 | 6.2 | 5 |
| E07 | 测绘标准化 | 195 | 0.296 | 0.028 | 0.97 | 94 | 0.50 | 3.62 | 4.5 | 4 |
| E07 | 测绘工程 | 1598 | 1.335 | 0.313 | 0.80 | 370 | 0.77 | 14.23 | 4.1 | 8 |
| E07 | 测绘技术装备 | 302 | 0.400 | 0.054 | 0.94 | 115 | 0.58 | 4.42 | 4.6 | 4 |
| E07 | 测绘科学 | 3646 | 0.854 | 0.123 | 0.90 | 784 | 0.92 | 30.15 | 6.2 | 9 |
| E07 | 测绘科学技术学报 | 978 | 0.743 | 0.033 | 0.85 | 300 | 0.85 | 11.54 | 6.0 | 6 |
| E07 | 测绘通报 | 4653 | 1.336 | 0.207 | 0.85 | 735 | 0.88 | 28.27 | 5.1 | 11 |
| E07 | 测绘学报 | 3732 | 1.860 | 0.313 | 0.80 | 536 | 0.88 | 20.62 | 6.1 | 15 |
| E07 | 测绘与空间地理信息 | 3366 | 0.733 | 0.146 | 0.91 | 666 | 0.88 | 25.62 | 3.5 | 10 |
| E07 | 导航定位学报 | 198 | 0.588 | 0.089 | 0.88 | 101 | 0.54 | 3.88 | 2.8 | 5 |
| E07 | 导航定位与授时 | 20 | — | 0.047 | 0.60 | 11 | 0.08 | 0.42 | 1.7 | 2 |
| E07 | 地矿测绘 | 331 | 0.591 | 0.033 | 0.98 | 168 | 0.69 | 6.46 | 6.3 | 5 |
| E07 | 地理空间信息 | 1689 | 0.551 | 0.090 | 0.87 | 483 | 0.81 | 18.58 | 5.1 | 8 |
| E07 | 国土资源遥感 | 1614 | 1.325 | 0.308 | 0.88 | 487 | 0.69 | 18.73 | 6.4 | 9 |
| E07 | 海洋测绘 | 978 | 0.731 | 0.102 | 0.71 | 240 | 0.77 | 9.23 | 6.7 | 7 |

| 学科代码 | 期刊名称 | 扩展总被引频次 | 扩展影响因子 | 扩展即年指标 | 扩展他引率 | 扩展引用刊数 | 扩展学科影响指标 | 扩展学科扩散指标 | 扩展被引半衰期 | 扩展H指标 |
|---|---|---|---|---|---|---|---|---|---|---|
| E07 | 江西测绘 | 269 | 0.517 | 0.043 | 0.98 | 107 | 0.50 | 4.12 | 3.9 | 4 |
| E07 | 全球定位系统 | 585 | 0.470 | 0.033 | 0.90 | 246 | 0.77 | 9.46 | 5.4 | 5 |
| E07 | 武汉大学学报(信息科学版) | 5068 | 1.531 | 0.197 | 0.87 | 854 | 0.92 | 32.85 | 7.2 | 16 |
| E07 | 现代测绘 | 617 | 0.538 | 0.085 | 0.92 | 217 | 0.73 | 8.35 | 5.4 | 6 |
| E07 | 遥感技术与应用 | 1860 | 1.057 | 0.144 | 0.90 | 550 | 0.81 | 21.15 | 6.8 | 9 |
| E07 | 遥感信息 | 1184 | 0.814 | 0.052 | 0.94 | 431 | 0.81 | 16.58 | 6.4 | 7 |
| E07 | 遥感学报 | 3124 | 1.772 | 0.273 | 0.94 | 626 | 0.77 | 24.08 | 9.5 | 13 |
| E08 | China's Refractories | 22 | 0.077 | 0.030 | 0.86 | 10 | 0.04 | 0.19 | 7.7 | 1 |
| E08 | Frontiers of Materials Science | 77 | 0.356 | 0.156 | 0.78 | 47 | 0.17 | 0.90 | 3.1 | 3 |
| E08 | International Journal of Plant Engineering and Management | 27 | 0.069 | — | 1.00 | 25 | — | 0.48 | 7.2 | 1 |
| E08 | Journal of Materials Science & Technology | 870 | 0.654 | 0.155 | 0.84 | 254 | 0.56 | 4.88 | 4.7 | 4 |
| E08 | Journal of Rare Earths | 1447 | 1.349 | 0.256 | 0.62 | 283 | 0.50 | 5.44 | 4.0 | 5 |
| E08 | Journal of Wuhan University of Technology (Materials Science Edition) | 578 | 0.242 | 0.031 | 0.81 | 236 | 0.46 | 4.54 | 4.9 | 4 |
| E08 | 玻璃 | 296 | 0.258 | 0.079 | 0.79 | 117 | 0.10 | 2.25 | 5.4 | 4 |
| E08 | 玻璃钢/复合材料 | 1180 | 0.716 | 0.083 | 0.76 | 346 | 0.42 | 6.65 | 5.5 | 7 |
| E08 | 玻璃纤维 | 228 | 0.313 | 0.061 | 0.75 | 111 | 0.27 | 2.13 | 7.3 | 4 |
| E08 | 玻璃与搪瓷 | 222 | 0.206 | 0.063 | 0.89 | 96 | 0.23 | 1.85 | 9.8 | 3 |
| E08 | 材料保护 | 1749 | 0.460 | 0.037 | 0.88 | 435 | 0.48 | 8.37 | 9.3 | 5 |
| E08 | 材料导报 | 6108 | 0.773 | 0.084 | 0.93 | 1221 | 0.69 | 23.48 | 5.9 | 10 |
| E08 | 材料工程 | 2264 | 1.041 | 0.178 | 0.88 | 540 | 0.67 | 10.38 | 6.7 | 8 |
| E08 | 材料开发与应用 | 629 | 0.284 | 0.025 | 0.89 | 291 | 0.46 | 5.60 | 7.6 | 5 |
| E08 | 材料科学与工程学报 | 1827 | 0.823 | 0.109 | 0.66 | 541 | 0.62 | 10.40 | 8.1 | 8 |
| E08 | 材料科学与工艺 | 1077 | 0.578 | 0.191 | 0.92 | 330 | 0.50 | 6.35 | 7.2 | 5 |
| E08 | 材料热处理学报 | 2771 | 0.744 | 0.095 | 0.77 | 391 | 0.50 | 7.52 | 4.7 | 7 |
| E08 | 材料研究学报 | 850 | 0.591 | 0.082 | 0.92 | 346 | 0.48 | 6.65 | 7.3 | 5 |
| E08 | 电工材料 | 239 | 0.495 | 0.133 | 0.85 | 99 | 0.13 | 1.90 | 5.7 | 4 |
| E08 | 腐蚀科学与防护技术 | 1366 | 0.697 | 0.078 | 0.93 | 361 | 0.44 | 6.94 | 9.1 | 7 |
| E08 | 腐蚀与防护 | 1775 | 0.555 | 0.050 | 0.84 | 393 | 0.40 | 7.56 | 7.0 | 7 |
| E08 | 复合材料学报 | 2712 | 1.289 | 0.131 | 0.76 | 534 | 0.58 | 10.27 | 6.1 | 9 |
| E08 | 高分子材料科学与工程 | 3014 | 0.690 | 0.082 | 0.91 | 584 | 0.60 | 11.23 | 6.5 | 6 |
| E08 | 功能材料 | 4123 | 0.716 | 0.082 | 0.89 | 889 | 0.69 | 17.10 | 4.7 | 7 |

| 学科代码 | 期刊名称 | 扩展总被引频次 | 扩展影响因子 | 扩展即年指标 | 扩展他引率 | 扩展引用刊数 | 扩展学科影响指标 | 扩展学科扩散指标 | 扩展被引半衰期 | 扩展H指标 |
|---|---|---|---|---|---|---|---|---|---|---|
| E08 | 合成材料老化与应用 | 421 | 0.398 | 0.065 | 0.93 | 185 | 0.35 | 3.56 | 5.6 | 6 |
| E08 | 合成润滑材料 | 216 | 0.271 | 0.082 | 0.91 | 89 | 0.10 | 1.71 | 8.0 | 3 |
| E08 | 化工新型材料 | 2824 | 0.439 | 0.060 | 0.82 | 689 | 0.67 | 13.25 | 4.8 | 6 |
| E08 | 化学推进剂与高分子材料 | 475 | 0.272 | 0.073 | 0.87 | 210 | 0.21 | 4.04 | 7.0 | 4 |
| E08 | 绝缘材料 | 1078 | 0.897 | 0.085 | 0.66 | 281 | 0.35 | 5.40 | 5.5 | 7 |
| E08 | 耐火材料 | 708 | 0.536 | 0.057 | 0.59 | 152 | 0.19 | 2.92 | 7.2 | 4 |
| E08 | 耐火与石灰 | 85 | 0.050 | — | 0.96 | 48 | 0.08 | 0.92 | ≥10 | 2 |
| E08 | 全面腐蚀控制 | 569 | 0.257 | 0.051 | 0.92 | 229 | 0.31 | 4.40 | 5.5 | 6 |
| E08 | 人工晶体学报 | 1662 | 0.460 | 0.048 | 0.77 | 411 | 0.44 | 7.90 | 4.1 | 6 |
| E08 | 人造纤维 | 54 | — | 0.018 | 1.00 | 32 | 0.02 | 0.62 | 8.3 | 2 |
| E08 | 润滑油 | 467 | 0.300 | 0.050 | 0.85 | 143 | 0.15 | 2.75 | 9.0 | 5 |
| E08 | 无机材料学报 | 1902 | 0.592 | 0.097 | 0.92 | 500 | 0.67 | 9.62 | 7.2 | 8 |
| E08 | 稀土 | 1406 | 1.303 | 0.097 | 0.66 | 333 | 0.42 | 6.40 | 6.3 | 9 |
| E08 | 纤维复合材料 | 478 | 0.442 | 0.033 | 0.97 | 211 | 0.33 | 4.06 | ≥10 | 5 |
| E08 | 纤维素科学与技术 | 408 | 0.459 | 0.122 | 0.95 | 184 | 0.12 | 3.54 | 8.9 | 5 |
| E08 | 新型炭材料 | 720 | 0.973 | 0.051 | 0.88 | 271 | 0.37 | 5.21 | 6.9 | 7 |
| E08 | 信息记录材料 | 183 | 0.350 | 0.052 | 0.87 | 124 | 0.15 | 2.38 | 4.2 | 4 |
| E08 | 中国材料进展 | 1015 | 0.822 | 0.116 | 0.97 | 413 | 0.62 | 7.94 | 5.9 | 9 |
| E08 | 中国腐蚀与防护学报 | 1098 | 0.880 | 0.087 | 0.92 | 274 | 0.38 | 5.27 | 9.2 | 7 |
| E08 | 中国稀土学报 | 1303 | 1.142 | 0.155 | 0.81 | 367 | 0.44 | 7.06 | 8.4 | 8 |
| E09 | Acta Metallurgica Sinica | 618 | 0.759 | 0.100 | 0.64 | 137 | 0.37 | 2.98 | 3.6 | 3 |
| E09 | International Journal of Minerals, Metallurgy and Materials | 757 | 0.609 | 0.113 | 0.71 | 196 | 0.48 | 4.26 | 4.2 | 5 |
| E09 | Journal of Iron and Steel Research, International | 1110 | 0.719 | 0.091 | 0.77 | 205 | 0.46 | 4.46 | 5.0 | 5 |
| E09 | Rare Metals | 592 | 0.765 | 0.057 | 0.78 | 173 | 0.52 | 3.76 | 4.4 | 6 |
| E09 | Transactions of Nonferrous Metals Society of China | 4447 | 1.158 | 0.149 | 0.78 | 545 | 0.72 | 11.85 | 4.5 | 8 |
| E09 | 材料研究与应用 | 384 | 0.355 | 0.068 | 0.97 | 206 | 0.37 | 4.48 | 7.4 | 4 |
| E09 | 粉末冶金材料科学与工程 | 700 | 0.582 | 0.051 | 0.79 | 200 | 0.39 | 4.35 | 5.2 | 5 |
| E09 | 钢结构 | 1277 | 0.460 | 0.142 | 0.82 | 300 | 0.07 | 6.52 | 6.4 | 8 |
| E09 | 钢铁 | 3033 | 1.250 | 0.317 | 0.82 | 379 | 0.50 | 8.24 | 8.0 | 10 |
| E09 | 钢铁钒钛 | 629 | 0.471 | 0.041 | 0.77 | 158 | 0.48 | 3.43 | 6.4 | 5 |

| 学科代码 | 期刊名称 | 扩展总被引频次 | 扩展影响因子 | 扩展即年指标 | 扩展他引率 | 扩展引用刊数 | 扩展学科影响指标 | 扩展学科扩散指标 | 扩展被引半衰期 | 扩展H指标 |
|---|---|---|---|---|---|---|---|---|---|---|
| E09 | 钢铁研究 | 480 | 0.229 | 0.022 | 0.95 | 184 | 0.30 | 4.00 | 8.2 | 4 |
| E09 | 钢铁研究学报 | 1510 | 0.657 | 0.076 | 0.81 | 285 | 0.50 | 6.20 | 7.3 | 6 |
| E09 | 贵金属 | 562 | 1.104 | 0.169 | 0.73 | 161 | 0.43 | 3.50 | 4.9 | 6 |
| E09 | 湖南有色金属 | 626 | 0.320 | 0.062 | 0.93 | 237 | 0.48 | 5.15 | 7.9 | 5 |
| E09 | 黄金 | 1331 | 0.465 | 0.082 | 0.90 | 297 | 0.46 | 6.46 | 7.5 | 7 |
| E09 | 黄金科学技术 | 756 | 0.714 | 0.138 | 0.81 | 162 | 0.28 | 3.52 | 5.5 | 5 |
| E09 | 金属功能材料 | 401 | 0.591 | 0.194 | 0.85 | 167 | 0.46 | 3.63 | 6.2 | 4 |
| E09 | 金属学报 | 3542 | 1.062 | 0.070 | 0.89 | 458 | 0.72 | 9.96 | 8.2 | 10 |
| E09 | 金属制品 | 497 | 0.302 | 0.065 | 0.67 | 138 | 0.20 | 3.00 | 7.6 | 4 |
| E09 | 宽厚板 | 200 | 0.192 | 0.027 | 0.94 | 82 | 0.24 | 1.78 | 7.9 | 3 |
| E09 | 南方金属 | 200 | 0.179 | 0.021 | 0.99 | 153 | 0.30 | 3.33 | 7.2 | 3 |
| E09 | 轻金属 | 1133 | 0.294 | 0.031 | 0.86 | 296 | 0.41 | 6.43 | 8.7 | 6 |
| E09 | 上海金属 | 555 | 0.535 | 0.011 | 0.83 | 190 | 0.35 | 4.13 | 8.5 | 5 |
| E09 | 四川有色金属 | 237 | 0.191 | 0.044 | 0.99 | 145 | 0.37 | 3.15 | 8.2 | 4 |
| E09 | 钛工业进展 | 513 | 0.530 | 0.109 | 0.92 | 186 | 0.43 | 4.04 | 8.1 | 6 |
| E09 | 特殊钢 | 669 | 0.351 | 0.028 | 0.89 | 155 | 0.35 | 3.37 | 8.0 | 5 |
| E09 | 稀有金属 | 1722 | 1.386 | 0.052 | 0.88 | 392 | 0.74 | 8.52 | 6.4 | 9 |
| E09 | 稀有金属材料与工程 | 4533 | 0.524 | 0.044 | 0.80 | 615 | 0.74 | 13.37 | 6.6 | 7 |
| E09 | 稀有金属与硬质合金 | 478 | 0.410 | 0.031 | 0.88 | 184 | 0.50 | 4.00 | 8.5 | 4 |
| E09 | 新疆钢铁 | 112 | 0.111 | 0.027 | 0.99 | 92 | 0.20 | 2.00 | 7.4 | 3 |
| E09 | 新疆有色金属 | 690 | 0.277 | 0.047 | 0.97 | 230 | 0.33 | 5.00 | 5.6 | 4 |
| E09 | 硬质合金 | 465 | 0.629 | 0.159 | 0.67 | 129 | 0.26 | 2.80 | 7.0 | 4 |
| E09 | 有色金属材料与工程 | 215 | 0.560 | 0.048 | 0.88 | 121 | 0.35 | 2.63 | 7.9 | 3 |
| E09 | 有色金属工程 | 990 | 0.610 | 0.071 | 0.96 | 370 | 0.61 | 8.04 | 8.7 | 6 |
| E09 | 有色金属科学与工程 | 831 | 0.857 | 0.120 | 0.79 | 276 | 0.48 | 6.00 | 4.2 | 6 |
| E09 | 有色金属设计 | 196 | 0.260 | 0.031 | 0.97 | 124 | 0.20 | 2.70 | 7.9 | 3 |
| E09 | 中国锰业 | 443 | 0.612 | 0.037 | 0.75 | 124 | 0.17 | 2.70 | 8.1 | 6 |
| E09 | 中国钼业 | 462 | 0.361 | 0.075 | 0.74 | 163 | 0.37 | 3.54 | 8.0 | 4 |
| E09 | 中国钨业 | 556 | 0.755 | 0.070 | 0.68 | 150 | 0.43 | 3.26 | 6.0 | 5 |
| E09 | 中国有色金属学报 | 5137 | 1.093 | 0.109 | 0.85 | 685 | 0.72 | 14.89 | 6.1 | 9 |
| E10 | International Journal of Mining Science and Technology | 1206 | 1.050 | 0.109 | 0.72 | 294 | 0.48 | 7.35 | 4.6 | 6 |
| E10 | 安徽理工大学学报(自然科学版) | 404 | 0.294 | 0.031 | 0.99 | 254 | 0.43 | 6.35 | 7.9 | 4 |

| 学科代码 | 期刊名称 | 扩展总被引频次 | 扩展影响因子 | 扩展即年指标 | 扩展他引率 | 扩展引用刊数 | 扩展学科影响指标 | 扩展学科扩散指标 | 扩展被引半衰期 | 扩展H指标 |
|---|---|---|---|---|---|---|---|---|---|---|
| E10 | 采矿技术 | 1261 | 0.630 | 0.160 | 0.87 | 302 | 0.78 | 7.55 | 5.7 | 5 |
| E10 | 采矿与安全工程学报 | 3988 | 1.903 | 0.209 | 0.92 | 319 | 0.70 | 7.97 | 6.0 | 14 |
| E10 | 非金属矿 | 1142 | 0.738 | 0.117 | 0.84 | 338 | 0.38 | 8.45 | 6.2 | 7 |
| E10 | 工矿自动化 | 1854 | 0.852 | 0.174 | 0.85 | 436 | 0.55 | 10.90 | 4.0 | 8 |
| E10 | 金属矿山 | 4763 | 1.116 | 0.166 | 0.82 | 631 | 0.88 | 15.78 | 6.1 | 9 |
| E10 | 勘察科学技术 | 636 | 0.342 | 0.020 | 0.96 | 289 | 0.33 | 7.22 | 8.5 | 5 |
| E10 | 矿产保护与利用 | 679 | 0.848 | 0.102 | 0.89 | 231 | 0.48 | 5.78 | 7.7 | 5 |
| E10 | 矿产勘查 | 1018 | 0.574 | 0.052 | 0.97 | 313 | 0.30 | 7.83 | 8.0 | 6 |
| E10 | 矿产与地质 | 1375 | 0.580 | 0.097 | 0.87 | 245 | 0.48 | 6.13 | 9.9 | 7 |
| E10 | 矿产综合利用 | 786 | 0.697 | 0.075 | 0.92 | 230 | 0.43 | 5.75 | 6.8 | 6 |
| E10 | 矿山测量 | 888 | 0.770 | 0.072 | 0.74 | 242 | 0.35 | 6.05 | 4.6 | 5 |
| E10 | 矿山机械 | 2099 | 0.406 | 0.053 | 0.88 | 480 | 0.68 | 12.00 | 6.1 | 6 |
| E10 | 矿物学报 | 2118 | 1.131 | 0.133 | 0.95 | 395 | 0.45 | 9.88 | 8.0 | 9 |
| E10 | 矿业安全与环保 | 2052 | 1.026 | 0.161 | 0.82 | 318 | 0.63 | 7.95 | 6.3 | 8 |
| E10 | 矿业工程 | 621 | 0.234 | 0.035 | 0.99 | 261 | 0.57 | 6.53 | 8.2 | 4 |
| E10 | 矿业工程研究 | 246 | 0.384 | 0.082 | 0.93 | 130 | 0.55 | 3.25 | 5.0 | 5 |
| E10 | 矿业研究与开发 | 1760 | 1.050 | 0.235 | 0.73 | 377 | 0.80 | 9.43 | 5.1 | 7 |
| E10 | 露天采矿技术 | 951 | 0.324 | 0.070 | 0.64 | 235 | 0.63 | 5.88 | 4.9 | 5 |
| E10 | 煤矿安全 | 3976 | 0.615 | 0.089 | 0.82 | 384 | 0.68 | 9.60 | 4.8 | 8 |
| E10 | 煤矿爆破 | 173 | 0.443 | 0.059 | 0.91 | 78 | 0.25 | 1.95 | 6.2 | 3 |
| E10 | 煤矿机电 | 682 | 0.214 | 0.045 | 0.90 | 217 | 0.53 | 5.42 | 6.4 | 4 |
| E10 | 煤矿机械 | 4513 | 0.325 | 0.067 | 0.87 | 741 | 0.60 | 18.52 | 5.3 | 7 |
| E10 | 煤矿开采 | 1676 | 0.694 | 0.103 | 0.90 | 237 | 0.60 | 5.92 | 5.7 | 8 |
| E10 | 煤矿现代化 | 676 | 0.259 | 0.081 | 0.96 | 195 | 0.50 | 4.88 | 6.1 | 4 |
| E10 | 煤田地质与勘探 | 2208 | 1.178 | 0.086 | 0.88 | 415 | 0.60 | 10.38 | 8.5 | 10 |
| E10 | 神华科技 | 346 | 0.219 | 0.095 | 0.96 | 171 | 0.30 | 4.28 | 5.3 | 5 |
| E10 | 探矿工程-岩土钻掘工程 | 2294 | 1.135 | 0.255 | 0.66 | 367 | 0.43 | 9.18 | 5.4 | 8 |
| E10 | 西部探矿工程 | 3089 | 0.302 | 0.090 | 0.97 | 638 | 0.70 | 15.95 | 7.5 | 8 |
| E10 | 现代矿业 | 1545 | 0.294 | 0.081 | 0.79 | 358 | 0.78 | 8.95 | 3.5 | 6 |
| E10 | 铀矿冶 | 331 | 0.407 | 0.036 | 0.78 | 125 | 0.28 | 3.13 | 9.1 | 5 |
| E10 | 有色金属(矿山部分) | 737 | 0.571 | 0.104 | 0.93 | 231 | 0.73 | 5.78 | 5.8 | 4 |
| E10 | 有色金属(选矿部分) | 1081 | 0.909 | 0.081 | 0.81 | 146 | 0.33 | 3.65 | 5.5 | 5 |
| E10 | 凿岩机械气动工具 | 120 | 0.238 | 0.059 | 0.90 | 65 | 0.18 | 1.63 | 8.1 | 3 |

| 学科代码 | 期刊名称 | 扩展总被引频次 | 扩展影响因子 | 扩展即年指标 | 扩展他引率 | 扩展引用刊数 | 扩展学科影响指标 | 扩展学科扩散指标 | 扩展被引半衰期 | 扩展H指标 |
|---|---|---|---|---|---|---|---|---|---|---|
| E10 | 中国非金属矿工业导刊 | 603 | 0.384 | 0.038 | 0.93 | 254 | 0.40 | 6.35 | 7.8 | 6 |
| E10 | 中国矿业 | 3374 | 0.984 | 0.157 | 0.92 | 763 | 0.85 | 19.07 | 5.4 | 8 |
| E10 | 中国矿业大学学报 | 4643 | 2.052 | 0.337 | 0.92 | 783 | 0.78 | 19.57 | 8.7 | 15 |
| E11 | Baosteel Technical Research | 30 | 0.065 | 0.033 | 0.97 | 23 | 0.08 | 0.45 | 5.3 | 1 |
| E11 | 安徽冶金科技职业学院学报 | 314 | 0.306 | 0.079 | 0.92 | 163 | 0.18 | 3.20 | 5.0 | 4 |
| E11 | 鞍钢技术 | 339 | 0.228 | 0.038 | 0.96 | 161 | 0.49 | 3.16 | 7.9 | 4 |
| E11 | 包钢科技 | 353 | 0.140 | 0.048 | 0.98 | 201 | 0.53 | 3.94 | 7.2 | 3 |
| E11 | 宝钢技术 | 517 | 0.214 | 0.052 | 0.95 | 208 | 0.61 | 4.08 | 9.2 | 5 |
| E11 | 材料与冶金学报 | 305 | 0.277 | 0.036 | 0.97 | 168 | 0.47 | 3.29 | 7.7 | 4 |
| E11 | 粉末冶金工业 | 522 | 0.632 | 0.118 | 0.83 | 142 | 0.16 | 2.78 | 7.0 | 5 |
| E11 | 粉末冶金技术 | 506 | 0.500 | 0.038 | 0.88 | 153 | 0.24 | 3.00 | 8.2 | 5 |
| E11 | 甘肃冶金 | 506 | 0.192 | 0.021 | 0.97 | 252 | 0.43 | 4.94 | 6.0 | 4 |
| E11 | 河北冶金 | 504 | 0.208 | 0.037 | 0.68 | 181 | 0.59 | 3.55 | 5.1 | 3 |
| E11 | 河南冶金 | 235 | 0.188 | 0.032 | 0.95 | 132 | 0.55 | 2.59 | 7.1 | 2 |
| E11 | 江西冶金 | 168 | 0.107 | — | 0.99 | 128 | 0.49 | 2.51 | 9.2 | 3 |
| E11 | 金属材料与冶金工程 | 343 | 0.206 | 0.043 | 0.98 | 208 | 0.63 | 4.08 | 7.7 | 4 |
| E11 | 矿冶 | 970 | 0.651 | 0.085 | 0.88 | 287 | 0.43 | 5.63 | 7.0 | 6 |
| E11 | 矿冶工程 | 1647 | 0.886 | 0.055 | 0.84 | 367 | 0.51 | 7.20 | 6.5 | 6 |
| E11 | 昆明冶金高等专科学校学报 | 413 | 0.368 | 0.132 | 0.96 | 249 | 0.08 | 4.88 | 5.5 | 4 |
| E11 | 理化检验-化学分册 | 2813 | 0.735 | 0.151 | 0.80 | 670 | 0.31 | 13.14 | 5.7 | 6 |
| E11 | 理化检验-物理分册 | 1086 | 0.605 | 0.116 | 0.64 | 334 | 0.45 | 6.55 | 5.6 | 5 |
| E11 | 连铸 | 340 | 0.636 | 0.086 | 0.57 | 71 | 0.37 | 1.39 | 5.4 | 4 |
| E11 | 炼铁 | 394 | 0.415 | 0.079 | 0.72 | 90 | 0.55 | 1.76 | 6.9 | 4 |
| E11 | 山东冶金 | 430 | 0.106 | 0.019 | 0.98 | 233 | 0.67 | 4.57 | 7.7 | 3 |
| E11 | 山西冶金 | 242 | 0.126 | 0.024 | 0.98 | 151 | 0.45 | 2.96 | 5.4 | 4 |
| E11 | 烧结球团 | 402 | 0.267 | 0.025 | 0.80 | 116 | 0.49 | 2.27 | 8.3 | 4 |
| E11 | 湿法冶金 | 666 | 0.575 | 0.066 | 0.82 | 185 | 0.41 | 3.63 | 6.2 | 5 |
| E11 | 四川冶金 | 217 | 0.160 | — | 0.99 | 143 | 0.43 | 2.80 | 7.7 | 3 |
| E11 | 特钢技术 | 196 | 0.207 | 0.017 | 0.94 | 109 | 0.31 | 2.14 | 6.8 | 3 |
| E11 | 天津冶金 | 238 | 0.141 | 0.067 | 0.97 | 153 | 0.49 | 3.00 | 7.9 | 3 |
| E11 | 铜业工程 | 494 | 0.350 | 0.060 | 0.87 | 206 | 0.37 | 4.04 | 5.4 | 5 |
| E11 | 武钢技术 | 239 | 0.144 | 0.052 | 0.98 | 149 | 0.43 | 2.92 | 7.5 | 3 |
| E11 | 武汉冶金管理干部学院学报 | 224 | 0.286 | 0.155 | 1.00 | 167 | 0.02 | 3.27 | 4.5 | 4 |

| 学科代码 | 期刊名称 | 扩展总被引频次 | 扩展影响因子 | 扩展即年指标 | 扩展他引率 | 扩展引用刊数 | 扩展学科影响指标 | 扩展学科扩散指标 | 扩展被引半衰期 | 扩展H指标 |
|---|---|---|---|---|---|---|---|---|---|---|
| E11 | 现代冶金 | 222 | – | 0.008 | 0.96 | 143 | 0.39 | 2.80 | 8.1 | 3 |
| E11 | 冶金分析 | 1870 | 1.182 | 0.103 | 0.70 | 364 | 0.55 | 7.14 | 5.9 | 7 |
| E11 | 冶金能源 | 483 | 0.500 | 0.106 | 0.75 | 191 | 0.45 | 3.75 | 6.2 | 4 |
| E11 | 冶金设备 | 470 | 0.214 | 0.083 | 0.90 | 198 | 0.51 | 3.88 | 7.4 | 3 |
| E11 | 冶金设备管理与维修 | 36 | 0.029 | 0.007 | 1.00 | 30 | 0.12 | 0.59 | 5.3 | 1 |
| E11 | 冶金自动化 | 595 | 0.644 | 0.101 | 0.75 | 198 | 0.45 | 3.88 | 5.9 | 4 |
| E11 | 有色金属(冶炼部分) | 1145 | 0.880 | 0.121 | 0.70 | 190 | 0.49 | 3.73 | 4.4 | 6 |
| E11 | 有色矿冶 | 606 | 0.224 | 0.009 | 0.98 | 261 | 0.39 | 5.12 | 8.9 | 5 |
| E11 | 有色冶金节能 | 154 | 0.175 | 0.057 | 0.91 | 105 | 0.29 | 2.06 | 4.9 | 3 |
| E11 | 有色冶金设计与研究 | 460 | 0.369 | 0.049 | 0.93 | 224 | 0.29 | 4.39 | 6.2 | 4 |
| E11 | 云南冶金 | 655 | 0.570 | 0.027 | 0.84 | 245 | 0.45 | 4.80 | 7.5 | 5 |
| E11 | 轧钢 | 924 | 0.709 | 0.173 | 0.59 | 168 | 0.49 | 3.29 | 6.0 | 6 |
| E11 | 中国矿山工程 | 574 | 0.462 | 0.023 | 0.95 | 183 | 0.35 | 3.59 | 6.7 | 6 |
| E11 | 中国冶金 | 939 | 0.792 | 0.185 | 0.74 | 228 | 0.65 | 4.47 | 4.9 | 6 |
| E11 | 中国有色冶金 | 638 | 0.414 | 0.048 | 0.92 | 172 | 0.41 | 3.37 | 7.4 | 5 |
| E12 | Journal of Bionic Engineering | 380 | 0.950 | 0.113 | 0.54 | 118 | 0.26 | 2.51 | 4.3 | 3 |
| E12 | 电子机械工程 | 559 | 0.330 | 0.063 | 0.79 | 246 | 0.55 | 5.23 | 7.7 | 6 |
| E12 | 发电与空调 | 423 | 0.287 | 0.107 | 0.97 | 215 | 0.17 | 4.57 | 6.5 | 4 |
| E12 | 钢管 | 676 | 0.550 | 0.075 | 0.54 | 128 | 0.26 | 2.72 | 6.7 | 5 |
| E12 | 工程设计学报 | 661 | 0.734 | 0.117 | 0.91 | 337 | 0.51 | 7.17 | 5.7 | 6 |
| E12 | 国防制造技术 | 85 | – | 0.030 | 1.00 | 65 | 0.17 | 1.38 | 4.4 | 3 |
| E12 | 机电工程 | 1876 | 0.909 | 0.107 | 0.89 | 618 | 0.68 | 13.15 | 4.3 | 8 |
| E12 | 机电设备 | 199 | 0.167 | 0.043 | 0.94 | 128 | 0.19 | 2.72 | 7.5 | 3 |
| E12 | 机电元件 | 203 | 0.182 | 0.108 | 0.83 | 113 | 0.13 | 2.40 | 6.7 | 3 |
| E12 | 机械 | 904 | 0.339 | 0.064 | 0.95 | 416 | 0.72 | 8.85 | 6.7 | 5 |
| E12 | 机械传动 | 1670 | 0.439 | 0.074 | 0.77 | 409 | 0.70 | 8.70 | 4.8 | 6 |
| E12 | 机械工程材料 | 1795 | 0.643 | 0.038 | 0.72 | 425 | 0.49 | 9.04 | 6.7 | 5 |
| E12 | 机械工程师 | 1878 | 0.145 | 0.042 | 0.93 | 632 | 0.74 | 13.45 | 5.3 | 5 |
| E12 | 机械工程学报 | 11327 | 1.294 | 0.126 | 0.88 | 1206 | 0.87 | 25.66 | 6.0 | 17 |
| E12 | 机械工程与自动化 | 1361 | 0.258 | 0.037 | 0.97 | 575 | 0.70 | 12.23 | 5.6 | 6 |
| E12 | 机械管理开发 | 1300 | 0.412 | 0.140 | 0.97 | 487 | 0.49 | 10.36 | 5.1 | 6 |
| E12 | 机械科学与技术 | 2379 | 0.432 | 0.057 | 0.92 | 694 | 0.77 | 14.77 | 7.0 | 7 |
| E12 | 机械设计 | 2187 | 0.644 | 0.052 | 0.84 | 575 | 0.68 | 12.23 | 5.5 | 8 |

| 学科代码 | 期刊名称 | 扩展总被引频次 | 扩展影响因子 | 扩展即年指标 | 扩展他引率 | 扩展引用刊数 | 扩展学科影响指标 | 扩展学科扩散指标 | 扩展被引半衰期 | 扩展H指标 |
|---|---|---|---|---|---|---|---|---|---|---|
| E12 | 机械设计与研究 | 1197 | 0.460 | 0.047 | 0.91 | 458 | 0.66 | 9.74 | 5.6 | 6 |
| E12 | 机械设计与制造 | 5249 | 0.537 | 0.069 | 0.84 | 993 | 0.81 | 21.13 | 5.5 | 8 |
| E12 | 机械设计与制造工程 | 1011 | 0.447 | 0.069 | 0.98 | 505 | 0.60 | 10.74 | 5.9 | 7 |
| E12 | 机械研究与应用 | 1043 | 0.281 | 0.056 | 0.92 | 439 | 0.68 | 9.34 | 5.4 | 4 |
| E12 | 机械与电子 | 721 | 0.220 | 0.074 | 0.96 | 396 | 0.53 | 8.43 | 6.2 | 4 |
| E12 | 机械制造与自动化 | 1132 | 0.269 | 0.035 | 0.96 | 493 | 0.66 | 10.49 | 5.9 | 6 |
| E12 | 教育与装备研究 | 399 | 0.130 | 0.111 | 0.89 | 152 | 0.02 | 3.23 | 5.8 | 3 |
| E12 | 精密成形工程 | 336 | 0.607 | 0.078 | 0.59 | 111 | 0.26 | 2.36 | 3.8 | 4 |
| E12 | 精密制造与自动化 | 212 | 0.294 | 0.027 | 0.95 | 133 | 0.36 | 2.83 | 8.1 | 3 |
| E12 | 流体传动与控制 | 272 | 0.202 | 0.035 | 0.96 | 132 | 0.38 | 2.81 | 6.5 | 4 |
| E12 | 流体机械 | 2323 | 1.653 | 0.120 | 0.78 | 527 | 0.66 | 11.21 | 5.5 | 8 |
| E12 | 摩擦学学报 | 1725 | 1.163 | 0.151 | 0.82 | 379 | 0.64 | 8.06 | 8.2 | 7 |
| E12 | 纳米技术与精密工程 | 299 | 0.482 | 0.105 | 0.87 | 157 | 0.30 | 3.34 | 5.5 | 4 |
| E12 | 失效分析与预防 | 320 | 0.423 | 0.053 | 0.76 | 139 | 0.19 | 2.96 | 5.5 | 4 |
| E12 | 图学学报 | 1144 | 0.841 | 0.066 | 0.82 | 454 | 0.47 | 9.66 | 6.0 | 7 |
| E12 | 现代机械 | 453 | 0.251 | 0.043 | 0.94 | 261 | 0.49 | 5.55 | 7.3 | 4 |
| E12 | 压缩机技术 | 462 | 0.254 | 0.011 | 0.87 | 170 | 0.45 | 3.62 | 7.4 | 4 |
| E12 | 液压与气动 | 1807 | 0.483 | 0.059 | 0.85 | 457 | 0.66 | 9.72 | 5.4 | 6 |
| E12 | 噪声与振动控制 | 1648 | 0.622 | 0.080 | 0.75 | 510 | 0.66 | 10.85 | 5.4 | 6 |
| E12 | 振动与冲击 | 6605 | 0.878 | 0.090 | 0.84 | 975 | 0.81 | 20.74 | 4.7 | 11 |
| E12 | 制造技术与机床 | 1672 | 0.332 | 0.082 | 0.91 | 424 | 0.66 | 9.02 | 5.8 | 6 |
| E12 | 中国机械工程 | 5720 | 0.794 | 0.087 | 0.90 | 1037 | 0.87 | 22.06 | 6.8 | 9 |
| E12 | 中国设备工程 | 554 | 0.260 | 0.023 | 0.98 | 258 | 0.36 | 5.49 | 6.0 | 4 |
| E12 | 重型机械 | 547 | 0.310 | 0.022 | 0.75 | 186 | 0.38 | 3.96 | 7.4 | 5 |
| E12 | 组合机床与自动化加工技术 | 2312 | 0.728 | 0.062 | 0.71 | 495 | 0.68 | 10.53 | 4.1 | 7 |
| E13 | Advances in Mavufacturing | 28 | — | — | 0.82 | 22 | 0.05 | 0.30 | 3.1 | 1 |
| E13 | China Foundry | 154 | 0.333 | 0.086 | 0.68 | 39 | 0.08 | 0.53 | 4.3 | 3 |
| E13 | China Welding | 105 | 0.083 | 0.043 | 0.88 | 39 | 0.12 | 0.53 | 7.4 | 2 |
| E13 | Chinese Journal of Mechanical Engineering | 951 | 0.810 | 0.163 | 0.86 | 295 | 0.34 | 4.04 | 4.5 | 6 |
| E13 | Frontiers of Mechanical Engineering | 54 | 0.134 | 0.024 | 0.96 | 50 | 0.11 | 0.68 | 4.2 | 2 |
| E13 | Journal of Measurement Science and Instrumentation | 46 | 0.163 | — | 1.00 | 40 | — | 0.55 | 3.0 | 2 |
| E13 | 大型铸锻件 | 267 | 0.205 | 0.062 | 0.70 | 104 | 0.34 | 1.42 | 7.0 | 3 |

## 2016年中国科技期刊被引指标按类刊名字顺索引(续)

| 学科代码 | 期刊名称 | 扩展总被引频次 | 扩展影响因子 | 扩展即年指标 | 扩展他引率 | 扩展引用刊数 | 扩展学科影响指标 | 扩展学科扩散指标 | 扩展被引半衰期 | 扩展H指标 |
|---|---|---|---|---|---|---|---|---|---|---|
| E13 | 低温工程 | 553 | 0.437 | 0.056 | 0.90 | 215 | 0.15 | 2.95 | 8.3 | 4 |
| E13 | 电焊机 | 1350 | 0.322 | 0.046 | 0.84 | 321 | 0.44 | 4.40 | 5.7 | 6 |
| E13 | 电加工与模具 | 435 | 0.262 | 0.022 | 0.86 | 160 | 0.40 | 2.19 | 7.7 | 4 |
| E13 | 锻压技术 | 1765 | 1.038 | 0.107 | 0.65 | 284 | 0.53 | 3.89 | 3.7 | 7 |
| E13 | 锻压装备与制造技术 | 763 | 0.313 | 0.042 | 0.67 | 185 | 0.30 | 2.53 | 6.7 | 5 |
| E13 | 分析测试技术与仪器 | 346 | 0.409 | 0.109 | 0.94 | 214 | 0.03 | 2.93 | 7.8 | 4 |
| E13 | 风机技术 | 508 | 0.575 | 0.011 | 0.69 | 171 | 0.14 | 2.34 | 6.4 | 4 |
| E13 | 工程机械与维修 | 291 | — | 0.037 | 1.00 | 150 | 0.14 | 2.05 | 5.3 | 3 |
| E13 | 管道技术与设备 | 718 | 0.405 | 0.028 | 0.92 | 242 | 0.16 | 3.32 | 7.3 | 6 |
| E13 | 哈尔滨轴承 | 72 | 0.089 | 0.037 | 0.96 | 52 | 0.14 | 0.71 | 6.5 | 3 |
| E13 | 焊接 | 1076 | 0.654 | 0.147 | 0.70 | 242 | 0.33 | 3.32 | 7.4 | 5 |
| E13 | 焊接技术 | 1015 | 0.334 | 0.047 | 0.86 | 281 | 0.41 | 3.85 | 6.2 | 5 |
| E13 | 焊接学报 | 3255 | 0.666 | 0.072 | 0.76 | 415 | 0.63 | 5.68 | 7.0 | 9 |
| E13 | 机床与液压 | 4275 | 0.354 | 0.057 | 0.85 | 816 | 0.60 | 11.18 | 5.8 | 8 |
| E13 | 机电工程技术 | 1452 | 0.401 | 0.123 | 0.92 | 515 | 0.42 | 7.05 | 4.4 | 7 |
| E13 | 机电技术 | 625 | 0.246 | 0.047 | 0.97 | 332 | 0.16 | 4.55 | 4.8 | 5 |
| E13 | 机械强度 | 1404 | 0.515 | 0.098 | 0.80 | 453 | 0.44 | 6.21 | 8.8 | 5 |
| E13 | 机械制造 | 1284 | 0.446 | 0.076 | 0.72 | 415 | 0.44 | 5.68 | 5.6 | 6 |
| E13 | 机械制造文摘-焊接分册 | 51 | 0.200 | — | 1.00 | 33 | 0.08 | 0.45 | 3.9 | 3 |
| E13 | 金刚石与磨料磨具工程 | 646 | 0.378 | 0.087 | 0.84 | 162 | 0.23 | 2.22 | 7.8 | 4 |
| E13 | 金属热处理 | 3157 | 0.702 | 0.130 | 0.68 | 434 | 0.60 | 5.95 | 6.1 | 7 |
| E13 | 金属世界 | 260 | 0.313 | 0.071 | 0.96 | 178 | 0.30 | 2.44 | 5.6 | 4 |
| E13 | 炼钢 | 716 | 0.433 | 0.060 | 0.84 | 127 | 0.19 | 1.74 | 7.6 | 4 |
| E13 | 铝加工 | 269 | 0.146 | 0.013 | 0.91 | 123 | 0.26 | 1.68 | 8.7 | 4 |
| E13 | 模具工业 | 1024 | 0.673 | 0.222 | 0.60 | 199 | 0.38 | 2.73 | 4.7 | 6 |
| E13 | 模具技术 | 298 | 0.301 | 0.105 | 0.89 | 120 | 0.27 | 1.64 | 8.1 | 4 |
| E13 | 模具制造 | 500 | 0.222 | 0.066 | 0.80 | 187 | 0.29 | 2.56 | 5.0 | 4 |
| E13 | 起重运输机械 | 1166 | 0.217 | 0.064 | 0.88 | 348 | 0.25 | 4.77 | 6.5 | 5 |
| E13 | 气象水文海洋仪器 | 420 | 0.322 | 0.056 | 0.88 | 192 | 0.04 | 2.63 | 5.9 | 4 |
| E13 | 轻工机械 | 644 | 0.440 | 0.076 | 0.93 | 306 | 0.33 | 4.19 | 5.7 | 5 |
| E13 | 轻合金加工技术 | 804 | 0.393 | 0.040 | 0.88 | 206 | 0.42 | 2.82 | 8.6 | 5 |
| E13 | 燃气涡轮试验与研究 | 341 | 0.245 | — | 0.86 | 111 | 0.12 | 1.52 | 8.2 | 4 |
| E13 | 热处理 | 355 | 0.183 | 0.024 | 0.97 | 155 | 0.38 | 2.12 | 7.1 | 4 |

## 2016年中国科技期刊被引指标按类刊名字顺索引(续)

| 学科代码 | 期刊名称 | 扩展总被引频次 | 扩展影响因子 | 扩展即年指标 | 扩展他引率 | 扩展引用刊数 | 扩展学科影响指标 | 扩展学科扩散指标 | 扩展被引半衰期 | 扩展H指标 |
|---|---|---|---|---|---|---|---|---|---|---|
| E13 | 热处理技术与装备 | 485 | 0.324 | 0.069 | 0.80 | 195 | 0.33 | 2.67 | 6.6 | 5 |
| E13 | 热加工工艺 | 5772 | 0.476 | 0.041 | 0.66 | 651 | 0.74 | 8.92 | 4.3 | 7 |
| E13 | 石油管材与仪器 | 503 | 0.216 | 0.058 | 0.90 | 197 | 0.11 | 2.70 | 6.7 | 3 |
| E13 | 实验教学与仪器 | 491 | — | 0.067 | 0.79 | 151 | 0.01 | 2.07 | 5.3 | 4 |
| E13 | 塑性工程学报 | 1186 | 0.588 | 0.064 | 0.84 | 274 | 0.40 | 3.75 | 7.1 | 6 |
| E13 | 特种铸造及有色合金 | 2003 | 0.640 | 0.074 | 0.61 | 261 | 0.47 | 3.58 | 6.2 | 6 |
| E13 | 通用机械 | 444 | 0.184 | 0.052 | 0.95 | 224 | 0.19 | 3.07 | 6.3 | 3 |
| E13 | 无损检测 | 1386 | 0.453 | 0.076 | 0.78 | 384 | 0.41 | 5.26 | 8.0 | 7 |
| E13 | 无损探伤 | 245 | 0.229 | 0.038 | 0.95 | 125 | 0.21 | 1.71 | 7.3 | 3 |
| E13 | 现代制造工程 | 1662 | 0.370 | 0.046 | 0.93 | 585 | 0.55 | 8.01 | 6.9 | 6 |
| E13 | 现代制造技术与装备 | 635 | 0.302 | 0.077 | 0.97 | 320 | 0.33 | 4.38 | 4.4 | 5 |
| E13 | 现代铸铁 | 520 | 0.774 | 0.866 | 0.50 | 88 | 0.18 | 1.21 | 3.9 | 9 |
| E13 | 压力容器 | 1676 | 1.438 | 0.215 | 0.80 | 340 | 0.44 | 4.66 | 5.6 | 8 |
| E13 | 一重技术 | 323 | 0.202 | 0.030 | 0.93 | 176 | 0.38 | 2.41 | 8.2 | 3 |
| E13 | 有色金属加工 | 271 | 0.168 | 0.010 | 0.93 | 138 | 0.29 | 1.89 | 7.7 | 3 |
| E13 | 有色设备 | 181 | 0.202 | 0.047 | 0.96 | 117 | 0.22 | 1.60 | 6.9 | 3 |
| E13 | 中国表面工程 | 836 | 0.659 | 0.151 | 0.88 | 244 | 0.40 | 3.34 | 6.5 | 6 |
| E13 | 中国工程机械学报 | 546 | 0.438 | 0.019 | 0.96 | 267 | 0.22 | 3.66 | 6.3 | 5 |
| E13 | 中国重型装备 | 117 | 0.085 | 0.028 | 0.97 | 85 | 0.15 | 1.16 | 7.8 | 3 |
| E13 | 中国铸造装备与技术 | 488 | 0.287 | 0.043 | 0.51 | 112 | 0.21 | 1.53 | 9.0 | 4 |
| E13 | 轴承 | 841 | 0.303 | 0.041 | 0.77 | 246 | 0.42 | 3.37 | 7.0 | 5 |
| E13 | 铸造 | 1745 | 0.473 | 0.068 | 0.76 | 295 | 0.36 | 4.04 | 7.9 | 6 |
| E13 | 铸造工程 | 50 | 0.063 | 0.023 | 0.96 | 37 | 0.11 | 0.51 | 7.0 | 2 |
| E13 | 铸造技术 | 2178 | 0.341 | 0.049 | 0.60 | 387 | 0.56 | 5.30 | 4.9 | 6 |
| E13 | 铸造设备与工艺 | 305 | 0.204 | 0.034 | 0.78 | 115 | 0.19 | 1.58 | 6.8 | 3 |
| E13 | 装备环境工程 | 1202 | 1.250 | 0.101 | 0.65 | 322 | 0.34 | 4.41 | 4.7 | 6 |
| E13 | 装备机械 | 221 | 0.590 | 0.100 | 0.84 | 107 | 0.12 | 1.47 | 4.8 | 4 |
| E13 | 装备制造技术 | 2455 | 0.293 | 0.035 | 0.97 | 757 | 0.49 | 10.37 | 4.4 | 9 |
| E14 | 柴油机 | 191 | 0.103 | 0.023 | 0.96 | 109 | 0.21 | 2.60 | 6.6 | 3 |
| E14 | 柴油机设计与制造 | 120 | 0.196 | 0.039 | 0.94 | 86 | 0.17 | 2.05 | 7.7 | 2 |
| E14 | 车用发动机 | 610 | 0.386 | 0.010 | 0.88 | 222 | 0.29 | 5.29 | 6.9 | 4 |
| E14 | 城市燃气 | 381 | 0.538 | 0.100 | 0.93 | 145 | 0.17 | 3.45 | 5.2 | 5 |
| E14 | 电力与能源 | 442 | 0.558 | 0.124 | 0.99 | 227 | 0.21 | 5.40 | 2.8 | 5 |

| 学科代码 | 期刊名称 | 扩展总被引频次 | 扩展影响因子 | 扩展即年指标 | 扩展他引率 | 扩展引用刊数 | 扩展学科影响指标 | 扩展学科扩散指标 | 扩展被引半衰期 | 扩展H指标 |
|---|---|---|---|---|---|---|---|---|---|---|
| E14 | 东方汽轮机 | 80 | 0.248 | 0.045 | 0.89 | 51 | 0.12 | 1.21 | 3.7 | 3 |
| E14 | 动力工程学报 | 2144 | 0.954 | 0.083 | 0.88 | 485 | 0.67 | 11.55 | 7.0 | 9 |
| E14 | 工程热物理学报 | 2969 | 0.368 | 0.042 | 0.94 | 672 | 0.74 | 16.00 | 7.4 | 7 |
| E14 | 工业锅炉 | 413 | 0.287 | 0.086 | 0.89 | 160 | 0.33 | 3.81 | 7.1 | 6 |
| E14 | 工业加热 | 328 | 0.190 | 0.008 | 0.91 | 199 | 0.26 | 4.74 | 9.1 | 3 |
| E14 | 工业炉 | 231 | 0.164 | 0.009 | 0.84 | 135 | 0.21 | 3.21 | 7.2 | 4 |
| E14 | 锅炉技术 | 717 | 0.592 | 0.122 | 0.93 | 249 | 0.38 | 5.93 | 6.7 | 6 |
| E14 | 锅炉制造 | 308 | 0.202 | 0.063 | 0.95 | 148 | 0.36 | 3.52 | 6.3 | 4 |
| E14 | 节能 | 840 | 0.307 | 0.054 | 0.96 | 354 | 0.50 | 8.43 | 6.3 | 6 |
| E14 | 内燃机 | 349 | 0.229 | 0.038 | 0.94 | 178 | 0.21 | 4.24 | 6.8 | 3 |
| E14 | 内燃机工程 | 1313 | 0.649 | 0.089 | 0.79 | 299 | 0.43 | 7.12 | 6.7 | 7 |
| E14 | 内燃机学报 | 1234 | 0.723 | 0.064 | 0.88 | 270 | 0.29 | 6.43 | 7.9 | 7 |
| E14 | 内燃机与动力装置 | 216 | 0.242 | 0.010 | 0.91 | 121 | 0.24 | 2.88 | 5.6 | 3 |
| E14 | 内燃机与配件 | 208 | 0.248 | 0.026 | 0.93 | 121 | 0.17 | 2.88 | 4.2 | 2 |
| E14 | 能源工程 | 539 | 0.364 | 0.048 | 0.96 | 305 | 0.40 | 7.26 | 7.6 | 6 |
| E14 | 能源研究与管理 | 236 | 0.242 | 0.042 | 0.97 | 156 | 0.12 | 3.71 | 5.3 | 4 |
| E14 | 能源与环境 | 829 | 0.309 | 0.065 | 0.96 | 374 | 0.31 | 8.90 | 5.4 | 6 |
| E14 | 汽轮机技术 | 848 | 0.439 | 0.029 | 0.82 | 234 | 0.50 | 5.57 | 7.2 | 5 |
| E14 | 区域供热 | 322 | 0.413 | 0.078 | 0.86 | 122 | 0.24 | 2.90 | 4.3 | 4 |
| E14 | 燃气轮机技术 | 295 | 0.541 | 0.036 | 0.91 | 136 | 0.33 | 3.24 | 6.9 | 4 |
| E14 | 燃烧科学与技术 | 814 | 0.733 | 0.067 | 0.91 | 272 | 0.55 | 6.48 | 7.6 | 6 |
| E14 | 热力透平 | 313 | 0.287 | 0.015 | 0.88 | 119 | 0.26 | 2.83 | 7.4 | 4 |
| E14 | 热能动力工程 | 1095 | 0.467 | 0.032 | 0.91 | 371 | 0.60 | 8.83 | 8.0 | 7 |
| E14 | 深冷技术 | 157 | 0.096 | 0.020 | 0.97 | 81 | 0.10 | 1.93 | 9.6 | 2 |
| E14 | 特种设备安全技术 | 82 | 0.034 | — | 0.96 | 54 | 0.05 | 1.29 | 9.3 | 2 |
| E14 | 现代车用动力 | 129 | 0.229 | 0.018 | 0.82 | 74 | 0.21 | 1.76 | 6.8 | 3 |
| E14 | 小型内燃机与车辆技术 | 365 | 0.226 | 0.071 | 0.91 | 162 | 0.29 | 3.86 | 6.7 | 4 |
| E14 | 冶金动力 | 382 | 0.161 | 0.048 | 0.96 | 208 | 0.26 | 4.95 | 5.4 | 3 |
| E14 | 应用能源技术 | 577 | 0.347 | 0.139 | 0.95 | 300 | 0.38 | 7.14 | 6.1 | 5 |
| E14 | 制导与引信 | 178 | 0.293 | 0.020 | 0.80 | 80 | 0.02 | 1.90 | 7.5 | 3 |
| E14 | 制冷 | 366 | 0.321 | 0.029 | 0.97 | 165 | 0.21 | 3.93 | 8.4 | 5 |
| E14 | 制冷技术 | 598 | 1.220 | 0.108 | 0.54 | 139 | 0.21 | 3.31 | 4.3 | 6 |
| E14 | 制冷学报 | 940 | 0.926 | 0.102 | 0.77 | 242 | 0.26 | 5.76 | 6.2 | 6 |

| 学科代码 | 期刊名称 | 扩展总被引频次 | 扩展影响因子 | 扩展即年指标 | 扩展他引率 | 扩展引用刊数 | 扩展学科影响指标 | 扩展学科扩散指标 | 扩展被引半衰期 | 扩展H指标 |
|---|---|---|---|---|---|---|---|---|---|---|
| E14 | 制冷与空调(四川) | 637 | 0.456 | 0.067 | 0.80 | 212 | 0.31 | 5.05 | 5.6 | 6 |
| E15 | 安徽水利水电职业技术学院学报 | 330 | 0.293 | 0.105 | 0.98 | 144 | 0.05 | 1.23 | 5.4 | 5 |
| E15 | 安全与电磁兼容 | 173 | 0.201 | - | 0.94 | 116 | 0.10 | 0.99 | 7.6 | 3 |
| E15 | 北京信息科技大学学报(自然科学版) | 333 | 0.241 | 0.062 | 0.92 | 235 | 0.10 | 2.01 | 5.6 | 4 |
| E15 | 变压器 | 1600 | 0.792 | 0.105 | 0.75 | 273 | 0.60 | 2.33 | 6.6 | 6 |
| E15 | 成都工业学院学报 | 311 | 0.318 | 0.080 | 0.96 | 215 | 0.03 | 1.84 | 5.1 | 4 |
| E15 | 重庆电力高等专科学校学报 | 355 | 0.303 | 0.174 | 0.99 | 195 | 0.14 | 1.67 | 4.9 | 4 |
| E15 | 大电机技术 | 498 | 0.329 | 0.047 | 0.89 | 190 | 0.38 | 1.62 | 7.8 | 4 |
| E15 | 电池 | 600 | 0.495 | 0.130 | 0.76 | 204 | 0.13 | 1.74 | 8.0 | 5 |
| E15 | 电动工具 | 59 | 0.224 | - | 0.90 | 38 | 0.03 | 0.32 | 6.2 | 3 |
| E15 | 电工电能新技术 | 923 | 0.877 | 0.118 | 0.80 | 292 | 0.59 | 2.50 | 4.8 | 7 |
| E15 | 电工电气 | 441 | 0.377 | 0.065 | 0.95 | 199 | 0.43 | 1.70 | 4.0 | 5 |
| E15 | 电工技术 | 990 | 0.379 | 0.085 | 0.96 | 305 | 0.56 | 2.61 | 4.4 | 5 |
| E15 | 电工技术学报 | 11508 | 2.973 | 0.252 | 0.78 | 783 | 0.75 | 6.69 | 4.3 | 19 |
| E15 | 电工文摘 | 195 | 0.335 | 0.073 | 0.99 | 76 | 0.13 | 0.65 | 3.3 | 5 |
| E15 | 电机技术 | 220 | 0.105 | 0.009 | 0.84 | 115 | 0.15 | 0.98 | 7.2 | 3 |
| E15 | 电机与控制学报 | 2109 | 1.061 | 0.188 | 0.86 | 474 | 0.56 | 4.05 | 5.0 | 9 |
| E15 | 电机与控制应用 | 923 | 0.671 | 0.066 | 0.82 | 317 | 0.38 | 2.71 | 5.4 | 6 |
| E15 | 电力电子技术 | 1900 | 0.387 | 0.034 | 0.91 | 450 | 0.55 | 3.85 | 6.1 | 6 |
| E15 | 电力工程技术 | 956 | 1.246 | 0.144 | 0.81 | 263 | 0.58 | 2.25 | 4.0 | 7 |
| E15 | 电力建设 | 2867 | 1.394 | 0.614 | 0.85 | 544 | 0.65 | 4.65 | 4.7 | 10 |
| E15 | 电力勘测设计 | 528 | 0.312 | 0.073 | 0.97 | 250 | 0.27 | 2.14 | 6.0 | 5 |
| E15 | 电力科学与工程 | 1067 | 0.731 | 0.211 | 0.81 | 327 | 0.60 | 2.79 | 5.0 | 5 |
| E15 | 电力科学与技术学报 | 621 | 0.842 | 0.071 | 0.80 | 227 | 0.50 | 1.94 | 5.4 | 7 |
| E15 | 电力系统保护与控制 | 13446 | 3.911 | 0.527 | 0.78 | 724 | 0.74 | 6.19 | 4.2 | 20 |
| E15 | 电力系统及其自动化学报 | 2473 | 1.621 | 0.141 | 0.75 | 401 | 0.62 | 3.43 | 5.0 | 9 |
| E15 | 电力系统自动化 | 19426 | 3.581 | 0.523 | 0.83 | 815 | 0.75 | 6.97 | 5.4 | 28 |
| E15 | 电力信息与通信技术 | 1706 | 1.143 | 0.371 | 0.70 | 290 | 0.44 | 2.48 | 3.0 | 8 |
| E15 | 电力需求侧管理 | 778 | 0.647 | 0.242 | 0.92 | 229 | 0.44 | 1.96 | 5.9 | 7 |
| E15 | 电力学报 | 528 | 0.462 | 0.062 | 0.98 | 264 | 0.50 | 2.26 | 6.1 | 4 |
| E15 | 电力自动化设备 | 6105 | 2.218 | 0.302 | 0.83 | 609 | 0.71 | 5.21 | 5.1 | 14 |
| E15 | 电气传动 | 1082 | 0.542 | 0.096 | 0.91 | 365 | 0.44 | 3.12 | 5.7 | 5 |
| E15 | 电气传动自动化 | 317 | 0.240 | 0.035 | 0.98 | 193 | 0.27 | 1.65 | 6.9 | 4 |

| 学科代码 | 期刊名称 | 扩展总被引频次 | 扩展影响因子 | 扩展即年指标 | 扩展他引率 | 扩展引用刊数 | 扩展学科影响指标 | 扩展学科扩散指标 | 扩展被引半衰期 | 扩展H指标 |
|---|---|---|---|---|---|---|---|---|---|---|
| E15 | 电气防爆 | 151 | 0.212 | 0.040 | 0.68 | 61 | 0.05 | 0.52 | 7.5 | 3 |
| E15 | 电气工程学报 | 329 | 0.296 | 0.115 | 0.98 | 171 | 0.34 | 1.46 | 4.2 | 4 |
| E15 | 电气技术 | 1113 | 0.385 | 0.064 | 0.95 | 338 | 0.60 | 2.89 | 4.4 | 6 |
| E15 | 电气开关 | 461 | 0.255 | 0.095 | 0.95 | 200 | 0.41 | 1.71 | 4.8 | 4 |
| E15 | 电气时代 | 553 | 0.278 | 0.072 | 1.00 | 251 | 0.31 | 2.15 | 6.1 | 4 |
| E15 | 电气应用 | 1964 | 0.436 | 0.080 | 0.97 | 470 | 0.66 | 4.02 | 5.1 | 8 |
| E15 | 电气自动化 | 615 | 0.412 | 0.065 | 0.96 | 294 | 0.41 | 2.51 | 4.2 | 5 |
| E15 | 电器与能效管理技术 | 1603 | 0.722 | 0.116 | 0.77 | 342 | 0.48 | 2.92 | 4.7 | 7 |
| E15 | 电网技术 | 17299 | 3.166 | 0.518 | 0.84 | 836 | 0.77 | 7.15 | 5.6 | 25 |
| E15 | 电网与清洁能源 | 1980 | 1.223 | 0.169 | 0.84 | 401 | 0.62 | 3.43 | 4.3 | 9 |
| E15 | 电线电缆 | 413 | 0.348 | - | 0.88 | 176 | 0.30 | 1.50 | 8.0 | 4 |
| E15 | 电源技术 | 1975 | 0.346 | 0.050 | 0.81 | 567 | 0.51 | 4.85 | 4.9 | 7 |
| E15 | 电源学报 | 403 | 0.774 | 0.118 | 0.61 | 134 | 0.28 | 1.15 | 3.2 | 6 |
| E15 | 电站辅机 | 147 | 0.232 | 0.039 | 0.95 | 98 | 0.14 | 0.84 | 6.7 | 3 |
| E15 | 电站系统工程 | 903 | 0.487 | 0.042 | 0.92 | 301 | 0.38 | 2.57 | 6.2 | 6 |
| E15 | 东北电力大学学报 | 893 | 1.182 | 0.185 | 0.86 | 398 | 0.47 | 3.40 | 4.4 | 8 |
| E15 | 东北电力技术 | 1209 | 0.647 | 0.086 | 0.60 | 273 | 0.55 | 2.33 | 5.8 | 5 |
| E15 | 东方电气评论 | 219 | 0.346 | 0.042 | 0.96 | 142 | 0.17 | 1.21 | 5.9 | 3 |
| E15 | 发电设备 | 435 | 0.326 | 0.066 | 0.96 | 202 | 0.28 | 1.73 | 6.4 | 5 |
| E15 | 防爆电机 | 252 | 0.330 | 0.020 | 0.69 | 101 | 0.20 | 0.86 | 5.7 | 4 |
| E15 | 高电压技术 | 11233 | 2.978 | 0.339 | 0.74 | 764 | 0.74 | 6.53 | 5.3 | 19 |
| E15 | 高压电器 | 3895 | 1.271 | 0.146 | 0.78 | 397 | 0.65 | 3.39 | 5.4 | 12 |
| E15 | 供用电 | 1167 | 1.672 | 0.396 | 0.76 | 237 | 0.50 | 2.03 | 3.9 | 8 |
| E15 | 广东电力 | 1340 | 0.553 | 0.110 | 0.90 | 361 | 0.60 | 3.09 | 5.2 | 6 |
| E15 | 广东水利电力职业技术学院学报 | 222 | 0.247 | 0.039 | 0.95 | 157 | 0.03 | 1.34 | 6.5 | 4 |
| E15 | 广西电力 | 537 | 0.404 | 0.058 | 0.96 | 207 | 0.46 | 1.77 | 5.7 | 5 |
| E15 | 贵州电力技术 | 227 | 0.124 | 0.040 | 0.99 | 124 | 0.20 | 1.06 | 3.1 | 3 |
| E15 | 国外内燃机 | 41 | 0.078 | 0.031 | 0.98 | 29 | 0.03 | 0.25 | 6.8 | 1 |
| E15 | 国网技术学院学报 | 306 | 0.350 | 0.161 | 0.98 | 183 | 0.15 | 1.56 | 5.1 | 3 |
| E15 | 河北电力技术 | 527 | 0.428 | 0.150 | 0.99 | 203 | 0.46 | 1.74 | 6.0 | 5 |
| E15 | 河南机电高等专科学校学报 | 423 | 0.230 | 0.051 | 0.99 | 265 | 0.03 | 2.26 | 6.4 | 4 |
| E15 | 黑龙江电力 | 456 | 0.276 | 0.016 | 0.89 | 210 | 0.41 | 1.79 | 6.2 | 4 |
| E15 | 湖南电力 | 429 | 0.286 | 0.071 | 0.93 | 200 | 0.44 | 1.71 | 5.4 | 5 |

| 学科代码 | 期刊名称 | 扩展总被引频次 | 扩展影响因子 | 扩展即年指标 | 扩展他引率 | 扩展引用刊数 | 扩展学科影响指标 | 扩展学科扩散指标 | 扩展被引半衰期 | 扩展H指标 |
|---|---|---|---|---|---|---|---|---|---|---|
| E15 | 华北电力大学学报(自然科学版) | 1159 | 1.176 | 0.162 | 0.92 | 402 | 0.61 | 3.44 | 6.1 | 6 |
| E15 | 华北电力技术 | 1066 | 0.548 | 0.103 | 0.96 | 359 | 0.60 | 3.07 | 6.5 | 5 |
| E15 | 机电信息 | 3846 | 0.363 | 0.074 | 0.98 | 538 | 0.41 | 4.60 | 4.0 | 15 |
| E15 | 吉林电力 | 378 | 0.293 | 0.019 | 0.98 | 208 | 0.43 | 1.78 | 6.8 | 5 |
| E15 | 家电科技 | 301 | 0.165 | 0.026 | 0.85 | 158 | 0.03 | 1.35 | 6.3 | 3 |
| E15 | 江西电力职业技术学院学报 | 319 | 0.362 | 0.111 | 1.00 | 193 | 0.09 | 1.65 | 4.4 | 4 |
| E15 | 洁净与空调技术 | 305 | 0.302 | 0.010 | 0.95 | 163 | 0.03 | 1.39 | 6.4 | 3 |
| E15 | 南方电网技术 | 1542 | 1.481 | 0.223 | 0.85 | 248 | 0.56 | 2.12 | 4.3 | 11 |
| E15 | 内蒙古电力技术 | 652 | 0.421 | 0.128 | 0.88 | 220 | 0.41 | 1.88 | 5.3 | 5 |
| E15 | 内蒙古科技大学学报 | 233 | 0.176 | 0.011 | 0.94 | 143 | 0.04 | 1.22 | 8.2 | 3 |
| E15 | 宁夏电力 | 317 | 0.330 | 0.024 | 0.98 | 146 | 0.32 | 1.25 | 6.4 | 3 |
| E15 | 农村电工 | 530 | 0.164 | 0.080 | 1.00 | 129 | 0.15 | 1.10 | 4.0 | 4 |
| E15 | 汽车电器 | 411 | 0.188 | 0.054 | 0.85 | 155 | 0.05 | 1.32 | 5.5 | 4 |
| E15 | 青海电力 | 245 | 0.215 | 0.105 | 0.98 | 124 | 0.30 | 1.06 | 6.4 | 3 |
| E15 | 热力发电 | 2351 | 0.861 | 0.106 | 0.86 | 465 | 0.50 | 3.97 | 5.6 | 9 |
| E15 | 日用电器 | 180 | 0.106 | 0.020 | 0.91 | 115 | 0.09 | 0.98 | 4.7 | 3 |
| E15 | 山东电力技术 | 465 | 0.339 | 0.041 | 0.96 | 204 | 0.40 | 1.74 | 5.8 | 5 |
| E15 | 山西电力 | 411 | 0.287 | 0.078 | 0.96 | 184 | 0.39 | 1.57 | 6.0 | 4 |
| E15 | 陕西电力 | 1306 | 0.791 | 0.183 | 0.82 | 305 | 0.57 | 2.61 | 4.7 | 7 |
| E15 | 上海大中型电机 | 100 | 0.129 | — | 0.96 | 56 | 0.09 | 0.48 | 6.5 | 2 |
| E15 | 上海电力学院学报 | 520 | 0.582 | 0.041 | 0.97 | 297 | 0.36 | 2.54 | 5.3 | 4 |
| E15 | 上海电气技术 | 121 | 0.376 | 0.132 | 0.78 | 50 | 0.06 | 0.43 | 3.6 | 3 |
| E15 | 四川电力技术 | 499 | 0.325 | 0.041 | 0.98 | 195 | 0.47 | 1.67 | 6.3 | 4 |
| E15 | 太原科技大学学报 | 352 | 0.435 | 0.010 | 0.84 | 229 | 0.07 | 1.96 | 5.8 | 4 |
| E15 | 微电机 | 1018 | 0.383 | 0.028 | 0.84 | 329 | 0.36 | 2.81 | 6.0 | 5 |
| E15 | 微特电机 | 826 | 0.350 | 0.060 | 0.78 | 299 | 0.29 | 2.56 | 5.2 | 4 |
| E15 | 现代电力 | 841 | 0.803 | 0.095 | 0.96 | 309 | 0.58 | 2.64 | 6.1 | 6 |
| E15 | 现代建筑电气 | 553 | 0.529 | 0.095 | 0.93 | 161 | 0.15 | 1.38 | 3.4 | 6 |
| E15 | 移动电源与车辆 | 89 | 0.184 | 0.020 | 0.96 | 63 | 0.06 | 0.54 | 7.8 | 3 |
| E15 | 云南电力技术 | 633 | 0.504 | 0.038 | 0.74 | 205 | 0.47 | 1.75 | 4.8 | 4 |
| E15 | 浙江电力 | 911 | 0.449 | 0.117 | 0.93 | 262 | 0.53 | 2.24 | 5.1 | 5 |
| E15 | 浙江水利水电学院学报 | 453 | 0.769 | 0.225 | 0.71 | 187 | 0.03 | 1.60 | 4.5 | 5 |
| E15 | 智能电网 | 390 | 0.880 | 0.078 | 0.89 | 141 | 0.39 | 1.21 | 2.0 | 7 |

| 学科代码 | 期刊名称 | 扩展总被引频次 | 扩展影响因子 | 扩展即年指标 | 扩展他引率 | 扩展引用刊数 | 扩展学科影响指标 | 扩展学科扩散指标 | 扩展被引半衰期 | 扩展H指标 |
|---|---|---|---|---|---|---|---|---|---|---|
| E15 | 中国电机工程学报 | 27348 | 3.681 | 0.382 | 0.87 | 1246 | 0.84 | 10.65 | 5.4 | 34 |
| E15 | 中国电力 | 4374 | 1.521 | 0.161 | 0.81 | 648 | 0.74 | 5.54 | 5.1 | 12 |
| E15 | 中国核电 | 223 | 0.394 | 0.062 | 0.83 | 99 | 0.04 | 0.85 | 4.7 | 3 |
| E16 | Frontiers in Energy | 70 | 0.237 | 0.022 | 0.57 | 37 | 0.09 | 0.84 | 4.6 | 2 |
| E16 | International Journal of Coal Science & Technology | 270 | — | 0.103 | 0.96 | 24 | 0.14 | 0.55 | 2.2 | 6 |
| E16 | 储能科学与技术 | 284 | 0.808 | 0.232 | 0.72 | 123 | 0.11 | 2.80 | 2.9 | 5 |
| E16 | 建筑科技 | 365 | 0.309 | 0.096 | 0.98 | 166 | 0.14 | 3.77 | 7.0 | 4 |
| E16 | 江西煤炭科技 | 355 | 0.190 | 0.066 | 0.96 | 144 | 0.43 | 3.27 | 5.3 | 4 |
| E16 | 节能技术 | 957 | 0.703 | 0.127 | 0.88 | 376 | 0.39 | 8.55 | 6.0 | 7 |
| E16 | 洁净煤技术 | 1216 | 1.043 | 0.209 | 0.89 | 327 | 0.68 | 7.43 | 4.0 | 9 |
| E16 | 可再生能源 | 1955 | 0.741 | 0.166 | 0.83 | 609 | 0.32 | 13.84 | 4.9 | 8 |
| E16 | 煤 | 762 | 0.168 | 0.048 | 0.96 | 235 | 0.52 | 5.34 | 6.0 | 4 |
| E16 | 煤气与热力 | 1625 | 0.496 | 0.042 | 0.84 | 395 | 0.36 | 8.98 | 6.9 | 6 |
| E16 | 煤炭工程 | 3982 | 0.845 | 0.206 | 0.83 | 534 | 0.64 | 12.14 | 4.9 | 9 |
| E16 | 煤炭技术 | 6232 | 0.614 | 0.063 | 0.77 | 809 | 0.68 | 18.39 | 4.4 | 10 |
| E16 | 煤炭加工与综合利用 | 784 | 0.479 | 0.106 | 0.90 | 201 | 0.57 | 4.57 | 4.9 | 6 |
| E16 | 煤炭科技 | 477 | 0.302 | 0.036 | 0.99 | 155 | 0.48 | 3.52 | 5.7 | 5 |
| E16 | 煤炭科学技术 | 6717 | 2.030 | 0.363 | 0.87 | 571 | 0.64 | 12.98 | 4.8 | 15 |
| E16 | 煤炭学报 | 13562 | 3.448 | 0.350 | 0.90 | 918 | 0.80 | 20.86 | 5.8 | 24 |
| E16 | 煤炭与化工 | 1168 | 0.276 | 0.085 | 0.94 | 495 | 0.55 | 11.25 | 4.8 | 5 |
| E16 | 煤炭转化 | 1029 | 0.748 | 0.056 | 0.83 | 270 | 0.57 | 6.14 | 8.4 | 7 |
| E16 | 煤质技术 | 582 | 0.490 | 0.088 | 0.84 | 189 | 0.50 | 4.30 | 6.1 | 5 |
| E16 | 南方能源建设 | 70 | — | 0.092 | 0.83 | 46 | 0.07 | 1.05 | 1.5 | 2 |
| E16 | 能源技术与管理 | 811 | 0.176 | 0.055 | 0.91 | 262 | 0.50 | 5.95 | 5.7 | 5 |
| E16 | 能源研究与利用 | 270 | 0.273 | 0.051 | 0.99 | 179 | 0.23 | 4.07 | 8.5 | 4 |
| E16 | 能源研究与信息 | 279 | 0.464 | 0.043 | 0.91 | 191 | 0.18 | 4.34 | 8.3 | 5 |
| E16 | 能源与节能 | 1824 | 0.423 | 0.155 | 0.96 | 428 | 0.61 | 9.73 | 2.8 | 8 |
| E16 | 燃料化学学报 | 2526 | 1.191 | 0.150 | 0.87 | 426 | 0.57 | 9.68 | 6.0 | 9 |
| E16 | 山东煤炭科技 | 1384 | 0.205 | 0.075 | 0.94 | 264 | 0.48 | 6.00 | 4.1 | 6 |
| E16 | 山西焦煤科技 | 535 | 0.272 | 0.045 | 0.95 | 185 | 0.52 | 4.20 | 6.1 | 6 |
| E16 | 山西煤炭 | 398 | 0.157 | 0.028 | 0.98 | 146 | 0.45 | 3.32 | 5.6 | 4 |
| E16 | 陕西煤炭 | 540 | 0.200 | 0.043 | 0.91 | 190 | 0.45 | 4.32 | 5.7 | 4 |

## 2016 年中国科技期刊被引指标按类刊名字顺索引(续)

| 学科代码 | 期刊名称 | 扩展总被引频次 | 扩展影响因子 | 扩展即年指标 | 扩展他引率 | 扩展引用刊数 | 扩展学科影响指标 | 扩展学科扩散指标 | 扩展被引半衰期 | 扩展H指标 |
|---|---|---|---|---|---|---|---|---|---|---|
| E16 | 上海节能 | 318 | 0.517 | 0.063 | 0.98 | 207 | 0.27 | 4.70 | 4.8 | 4 |
| E16 | 上海煤气 | 202 | - | 0.148 | 1.00 | 90 | 0.09 | 2.05 | 5.9 | 3 |
| E16 | 水电能源科学 | 2838 | 0.497 | 0.066 | 0.90 | 662 | 0.27 | 15.05 | 4.8 | 9 |
| E16 | 太阳能学报 | 3787 | 0.466 | 0.035 | 0.75 | 766 | 0.41 | 17.41 | 7.2 | 11 |
| E16 | 同煤科技 | 153 | 0.101 | 0.049 | 0.99 | 100 | 0.32 | 2.27 | 6.7 | 3 |
| E16 | 新能源进展 | 162 | 0.692 | 0.082 | 0.89 | 106 | 0.16 | 2.41 | 2.6 | 4 |
| E16 | 选煤技术 | 859 | 0.389 | 0.039 | 0.74 | 170 | 0.43 | 3.86 | 7.5 | 6 |
| E16 | 中国煤层气 | 527 | 0.550 | 0.014 | 0.91 | 147 | 0.43 | 3.34 | 6.6 | 7 |
| E16 | 中国煤炭 | 2419 | 0.877 | 0.196 | 0.76 | 448 | 0.66 | 10.18 | 4.9 | 8 |
| E16 | 中国煤炭地质 | 2074 | 0.763 | 0.138 | 0.85 | 361 | 0.64 | 8.20 | 6.8 | 7 |
| E16 | 中国能源 | 1015 | 1.281 | 0.381 | 0.95 | 501 | 0.55 | 11.39 | 4.9 | 8 |
| E16 | 中外能源 | 1324 | 0.726 | 0.149 | 0.95 | 490 | 0.43 | 11.14 | 4.8 | 9 |
| E16 | 能源与环保 | 1260 | 0.335 | 0.130 | 0.81 | 243 | 0.48 | 5.52 | 5.0 | 6 |
| E17 | China Petroleum Processing and Petrochemical Technology | 198 | 1.075 | 0.117 | 0.76 | 41 | 0.06 | 0.42 | 2.3 | 4 |
| E17 | Journal of Energy Chemistry | 550 | 0.887 | 0.154 | 0.71 | 151 | 0.18 | 1.56 | 3.8 | 4 |
| E17 | Petroleum Science | 360 | 0.912 | 0.138 | 0.77 | 139 | 0.36 | 1.43 | 4.3 | 4 |
| E17 | 北京石油化工学院学报 | 227 | 0.330 | 0.078 | 0.98 | 176 | 0.15 | 1.81 | 7.4 | 3 |
| E17 | 测井技术 | 1743 | 0.490 | 0.042 | 0.85 | 235 | 0.54 | 2.42 | 9.6 | 9 |
| E17 | 承德石油高等专科学校学报 | 324 | 0.312 | 0.070 | 0.83 | 188 | 0.19 | 1.94 | 5.1 | 5 |
| E17 | 大庆石油地质与开发 | 2357 | 1.046 | 0.154 | 0.77 | 250 | 0.68 | 2.58 | 9.6 | 8 |
| E17 | 当代石油石化 | 417 | 0.276 | 0.232 | 0.96 | 213 | 0.39 | 2.20 | 7.0 | 4 |
| E17 | 东北石油大学学报 | 1528 | 1.710 | 0.157 | 0.81 | 387 | 0.67 | 3.99 | 6.7 | 8 |
| E17 | 断块油气田 | 2228 | 1.390 | 0.168 | 0.84 | 280 | 0.66 | 2.89 | 5.7 | 8 |
| E17 | 非常规油气 | 160 | - | 0.270 | 0.26 | 31 | 0.12 | 0.32 | 1.5 | 4 |
| E17 | 广东石油化工学院学报 | 332 | 0.361 | 0.094 | 0.76 | 196 | 0.14 | 2.02 | 4.2 | 4 |
| E17 | 国际石油经济 | 1079 | 1.137 | 0.520 | 0.89 | 343 | 0.53 | 3.54 | 2.9 | 8 |
| E17 | 海相油气地质 | 668 | 0.817 | 0.081 | 0.95 | 136 | 0.37 | 1.40 | 7.8 | 8 |
| E17 | 海洋石油 | 532 | 0.346 | 0.013 | 0.89 | 184 | 0.59 | 1.90 | 7.9 | 5 |
| E17 | 焊管 | 750 | 0.332 | 0.029 | 0.88 | 204 | 0.27 | 2.10 | 6.7 | 6 |
| E17 | 江汉石油职工大学学报 | 479 | 0.285 | 0.096 | 0.85 | 194 | 0.33 | 2.00 | 4.4 | 5 |
| E17 | 精细石油化工进展 | 736 | 0.352 | 0.023 | 0.97 | 263 | 0.45 | 2.71 | 8.5 | 5 |
| E17 | 炼油技术与工程 | 1296 | 0.608 | 0.116 | 0.92 | 260 | 0.36 | 2.68 | 7.0 | 6 |

| 学科代码 | 期刊名称 | 扩展总被引频次 | 扩展影响因子 | 扩展即年指标 | 扩展他引率 | 扩展引用刊数 | 扩展学科影响指标 | 扩展学科扩散指标 | 扩展被引半衰期 | 扩展H指标 |
|---|---|---|---|---|---|---|---|---|---|---|
| E17 | 炼油与化工 | 342 | 0.200 | 0.044 | 0.95 | 168 | 0.21 | 1.73 | 6.1 | 3 |
| E17 | 录井工程 | 499 | 0.381 | 0.090 | 0.65 | 120 | 0.38 | 1.24 | 6.9 | 5 |
| E17 | 内蒙古石油化工 | 2459 | 0.135 | 0.016 | 0.97 | 679 | 0.76 | 7.00 | 5.9 | 6 |
| E17 | 能源化工 | 582 | 0.405 | 0.048 | 0.96 | 292 | 0.32 | 3.01 | 6.6 | 5 |
| E17 | 齐鲁石油化工 | 276 | 0.165 | 0.013 | 0.96 | 142 | 0.23 | 1.46 | 8.6 | 3 |
| E17 | 石油地球物理勘探 | 3072 | 1.294 | 0.089 | 0.85 | 280 | 0.51 | 2.89 | 7.7 | 9 |
| E17 | 石油地质与工程 | 1284 | 0.489 | 0.053 | 0.81 | 234 | 0.68 | 2.41 | 6.3 | 5 |
| E17 | 石油工程建设 | 890 | 0.445 | 0.074 | 0.90 | 280 | 0.35 | 2.89 | 6.6 | 7 |
| E17 | 石油工业技术监督 | 663 | 0.369 | 0.070 | 0.87 | 219 | 0.39 | 2.26 | 5.7 | 5 |
| E17 | 石油规划设计 | 599 | 0.541 | 0.085 | 0.96 | 203 | 0.44 | 2.09 | 6.4 | 5 |
| E17 | 石油化工 | 2183 | 0.765 | 0.092 | 0.85 | 437 | 0.41 | 4.51 | 7.4 | 6 |
| E17 | 石油化工安全环保技术 | 433 | 0.447 | 0.035 | 0.98 | 180 | 0.33 | 1.86 | 5.8 | 5 |
| E17 | 石油化工腐蚀与防护 | 662 | 0.500 | 0.074 | 0.94 | 218 | 0.38 | 2.25 | 8.3 | 5 |
| E17 | 石油化工高等学校学报 | 611 | 0.533 | 0.159 | 0.85 | 254 | 0.41 | 2.62 | 5.7 | 4 |
| E17 | 石油化工技术与经济 | 305 | 0.472 | 0.049 | 0.98 | 162 | 0.26 | 1.67 | 5.4 | 4 |
| E17 | 石油化工设备 | 925 | 0.433 | 0.080 | 0.86 | 317 | 0.35 | 3.27 | 7.0 | 5 |
| E17 | 石油化工设备技术 | 599 | 0.428 | 0.104 | 0.91 | 201 | 0.30 | 2.07 | 8.2 | 4 |
| E17 | 石油化工设计 | 304 | 0.210 | 0.055 | 0.99 | 126 | 0.27 | 1.30 | 8.3 | 4 |
| E17 | 石油化工应用 | 929 | 0.277 | 0.044 | 0.90 | 291 | 0.72 | 3.00 | 4.9 | 5 |
| E17 | 石油化工自动化 | 651 | 0.539 | 0.090 | 0.84 | 191 | 0.19 | 1.97 | 6.4 | 4 |
| E17 | 石油机械 | 2928 | 0.863 | 0.107 | 0.84 | 443 | 0.65 | 4.57 | 6.8 | 9 |
| E17 | 石油勘探与开发 | 7302 | 5.319 | 0.624 | 0.96 | 441 | 0.74 | 4.55 | 7.7 | 24 |
| E17 | 石油科技论坛 | 564 | 1.061 | 0.441 | 0.87 | 219 | 0.56 | 2.26 | 3.9 | 7 |
| E17 | 石油库与加油站 | 240 | 0.297 | 0.040 | 0.94 | 112 | 0.10 | 1.15 | 5.9 | 3 |
| E17 | 石油矿场机械 | 1935 | 0.499 | 0.097 | 0.80 | 311 | 0.48 | 3.21 | 6.7 | 7 |
| E17 | 石油沥青 | 730 | 0.385 | 0.114 | 0.90 | 172 | 0.09 | 1.77 | 8.2 | 8 |
| E17 | 石油炼制与化工 | 2052 | 0.983 | 0.079 | 0.84 | 323 | 0.41 | 3.33 | 6.0 | 6 |
| E17 | 石油商技 | 276 | 0.199 | 0.049 | 0.87 | 119 | 0.18 | 1.23 | 7.4 | 3 |
| E17 | 石油石化节能 | 674 | 0.333 | 0.062 | 0.91 | 226 | 0.62 | 2.33 | 5.2 | 4 |
| E17 | 石油石化绿色低碳 | 89 | 0.216 | - | 0.97 | 53 | 0.13 | 0.55 | 3.8 | 3 |
| E17 | 石油物探 | 1972 | 1.601 | 0.147 | 0.79 | 211 | 0.44 | 2.18 | 8.3 | 9 |
| E17 | 石油学报 | 8141 | 3.308 | 0.367 | 0.91 | 553 | 0.82 | 5.70 | 7.1 | 20 |
| E17 | 石油学报(石油加工) | 1552 | 0.841 | 0.059 | 0.86 | 339 | 0.47 | 3.49 | 6.2 | 6 |

## 2016年中国科技期刊被引指标按类刊名字顺索引(续)

| 学科代码 | 期刊名称 | 扩展总被引频次 | 扩展影响因子 | 扩展即年指标 | 扩展他引率 | 扩展引用刊数 | 扩展学科影响指标 | 扩展学科扩散指标 | 扩展被引半衰期 | 扩展H指标 |
|---|---|---|---|---|---|---|---|---|---|---|
| E17 | 石油与天然气地质 | 4189 | 3.082 | 0.397 | 0.91 | 287 | 0.59 | 2.96 | 7.3 | 14 |
| E17 | 石油与天然气化工 | 1416 | 0.761 | 0.119 | 0.85 | 306 | 0.65 | 3.15 | 6.6 | 7 |
| E17 | 石油钻采工艺 | 2946 | 1.062 | 0.138 | 0.89 | 323 | 0.73 | 3.33 | 7.3 | 9 |
| E17 | 石油钻探技术 | 2463 | 2.093 | 0.236 | 0.84 | 289 | 0.64 | 2.98 | 5.6 | 11 |
| E17 | 特种油气藏 | 2717 | 1.639 | 0.105 | 0.89 | 277 | 0.71 | 2.86 | 5.5 | 10 |
| E17 | 天然气地球科学 | 3896 | 2.109 | 0.211 | 0.79 | 276 | 0.57 | 2.85 | 4.8 | 15 |
| E17 | 天然气工业 | 8701 | 2.806 | 0.488 | 0.92 | 707 | 0.87 | 7.29 | 7.1 | 20 |
| E17 | 天然气技术与经济 | 527 | 0.516 | 0.086 | 0.83 | 200 | 0.52 | 2.06 | 5.2 | 5 |
| E17 | 天然气勘探与开发 | 561 | 0.646 | 0.040 | 0.94 | 169 | 0.56 | 1.74 | 7.0 | 5 |
| E17 | 天然气与石油 | 1207 | 0.734 | 0.141 | 0.82 | 286 | 0.61 | 2.95 | 5.5 | 8 |
| E17 | 物探装备 | 255 | 0.174 | — | 0.85 | 113 | 0.13 | 1.16 | 7.5 | 5 |
| E17 | 西安石油大学学报(自然科学版) | 1439 | 0.808 | 0.033 | 0.97 | 375 | 0.66 | 3.87 | 7.6 | 8 |
| E17 | 西南石油大学学报(自然科学版) | 2638 | 1.239 | 0.176 | 0.93 | 401 | 0.73 | 4.13 | 7.3 | 9 |
| E17 | 新疆石油地质 | 2534 | 1.115 | 0.157 | 0.91 | 267 | 0.65 | 2.75 | 8.5 | 9 |
| E17 | 新疆石油天然气 | 421 | 0.243 | 0.023 | 0.97 | 167 | 0.54 | 1.72 | 8.2 | 4 |
| E17 | 岩性油气藏 | 1919 | 1.613 | 0.103 | 0.78 | 195 | 0.53 | 2.01 | 5.0 | 11 |
| E17 | 乙烯工业 | 200 | 0.264 | 0.017 | 0.93 | 85 | 0.23 | 0.88 | 8.5 | 3 |
| E17 | 油气藏评价与开发 | 264 | 0.382 | 0.031 | 0.94 | 113 | 0.43 | 1.16 | 3.9 | 4 |
| E17 | 油气储运 | 3151 | 1.168 | 0.125 | 0.83 | 469 | 0.64 | 4.84 | 5.6 | 10 |
| E17 | 油气地质与采收率 | 2749 | 2.858 | 0.416 | 0.84 | 293 | 0.65 | 3.02 | 5.3 | 9 |
| E17 | 油气井测试 | 808 | 0.350 | 0.044 | 0.84 | 147 | 0.56 | 1.52 | 8.0 | 6 |
| E17 | 油气田地面工程 | 2183 | 0.609 | 0.055 | 0.91 | 430 | 0.73 | 4.43 | 6.5 | 7 |
| E17 | 油气田环境保护 | 637 | 0.352 | 0.070 | 0.91 | 239 | 0.42 | 2.46 | 5.8 | 5 |
| E17 | 油田化学 | 1771 | 1.116 | 0.126 | 0.79 | 237 | 0.61 | 2.44 | 8.0 | 7 |
| E17 | 中国海上油气 | 1600 | 1.100 | 0.074 | 0.87 | 299 | 0.67 | 3.08 | 6.3 | 9 |
| E17 | 中国海洋平台 | 485 | 0.213 | 0.022 | 0.94 | 168 | 0.19 | 1.73 | 8.7 | 6 |
| E17 | 中国石油大学胜利学院学报 | 278 | 0.267 | 0.065 | 0.96 | 191 | 0.19 | 1.97 | 6.3 | 4 |
| E17 | 中国石油大学学报(自然科学版) | 3362 | 1.366 | 0.105 | 0.93 | 611 | 0.79 | 6.30 | 8.5 | 9 |
| E17 | 中国石油和化工标准与质量 | 4171 | — | 0.071 | 0.95 | 501 | 0.64 | 5.16 | 3.8 | 11 |
| E17 | 中国石油勘探 | 1394 | 3.524 | 0.519 | 0.84 | 206 | 0.56 | 2.12 | 4.8 | 11 |
| E17 | 钻采工艺 | 2229 | 0.704 | 0.056 | 0.92 | 285 | 0.67 | 2.94 | 8.2 | 7 |
| E17 | 钻井液与完井液 | 1991 | 1.134 | 0.247 | 0.77 | 189 | 0.59 | 1.95 | 6.9 | 8 |
| E18 | Nuclear Science and Techniques | 175 | 0.328 | 0.033 | 0.93 | 60 | 0.47 | 3.53 | 3.4 | 3 |

| 学科代码 | 期刊名称 | 扩展总被引频次 | 扩展影响因子 | 扩展即年指标 | 扩展他引率 | 扩展引用刊数 | 扩展学科影响指标 | 扩展学科扩散指标 | 扩展被引半衰期 | 扩展H指标 |
|---|---|---|---|---|---|---|---|---|---|---|
| E18 | 辐射防护 | 537 | 0.485 | 0.047 | 0.90 | 180 | 0.76 | 10.59 | 9.3 | 5 |
| E18 | 辐射防护通讯 | 278 | 0.299 | 0.058 | 0.94 | 138 | 0.71 | 8.12 | 7.9 | 4 |
| E18 | 辐射研究与辐射工艺学报 | 296 | 0.555 | 0.204 | 0.86 | 154 | 0.41 | 9.06 | 5.5 | 3 |
| E18 | 核安全 | 280 | 0.378 | 0.032 | 0.72 | 109 | 0.53 | 6.41 | 4.5 | 4 |
| E18 | 核电子学与探测技术 | 949 | 0.255 | 0.020 | 0.77 | 306 | 0.76 | 18.00 | 6.5 | 4 |
| E18 | 核动力工程 | 1256 | 0.317 | 0.043 | 0.88 | 389 | 0.71 | 22.88 | 7.9 | 6 |
| E18 | 核化学与放射化学 | 303 | 0.389 | 0.034 | 0.88 | 124 | 0.59 | 7.29 | 6.6 | 4 |
| E18 | 核技术 | 793 | 0.424 | 0.090 | 0.80 | 332 | 0.76 | 19.53 | 6.7 | 5 |
| E18 | 核科学与工程 | 683 | 0.769 | 0.049 | 0.88 | 194 | 0.71 | 11.41 | 7.0 | 7 |
| E18 | 世界核地质科学 | 315 | 0.566 | 0.053 | 0.95 | 114 | 0.24 | 6.71 | 7.4 | 5 |
| E18 | 太阳能 | 762 | 0.462 | 0.089 | 0.94 | 356 | 0.12 | 20.94 | 5.4 | 5 |
| E18 | 同位素 | 194 | 0.282 | 0.024 | 0.85 | 118 | 0.35 | 6.94 | 6.2 | 3 |
| E18 | 应用泛函分析学报 | 81 | 0.164 | — | 0.79 | 44 | 0.06 | 2.59 | 5.8 | 2 |
| E18 | 原子能科学技术 | 1432 | 0.417 | 0.038 | 0.83 | 430 | 0.82 | 25.29 | 5.5 | 5 |
| E19 | Chinese Journal of Electronics | 25 | — | 0.012 | 0.88 | 22 | 0.10 | 0.32 | 1.5 | 2 |
| E19 | Journal of Semiconductors | 1054 | 0.545 | 0.112 | 0.59 | 236 | 0.45 | 3.42 | 4.5 | 4 |
| E19 | Nano-Micro Letters | 129 | 0.667 | 0.225 | 0.42 | 45 | 0.04 | 0.65 | 2.9 | 2 |
| E19 | Photonic Sensors | 63 | — | 0.060 | 0.51 | 23 | 0.01 | 0.33 | 2.5 | 2 |
| E19 | 安徽电子信息职业技术学院学报 | 512 | 0.306 | 0.050 | 0.99 | 287 | 0.16 | 4.16 | 5.2 | 4 |
| E19 | 半导体光电 | 601 | 0.276 | 0.036 | 0.87 | 266 | 0.43 | 3.86 | 5.6 | 5 |
| E19 | 半导体技术 | 608 | 0.298 | 0.072 | 0.87 | 269 | 0.52 | 3.90 | 6.4 | 4 |
| E19 | 常州信息职业技术学院学报 | 610 | 0.534 | 0.092 | 0.96 | 297 | 0.06 | 4.30 | 4.4 | 5 |
| E19 | 传感技术学报 | 3114 | 1.407 | 0.180 | 0.74 | 676 | 0.57 | 9.80 | 4.9 | 10 |
| E19 | 传感器与微系统 | 2734 | 0.619 | 0.106 | 0.79 | 759 | 0.48 | 11.00 | 5.1 | 8 |
| E19 | 电瓷避雷器 | 1299 | 1.052 | 0.140 | 0.65 | 186 | 0.14 | 2.70 | 4.6 | 7 |
| E19 | 电力电容器与无功补偿 | 747 | 1.027 | 0.239 | 0.78 | 138 | 0.10 | 2.00 | 4.8 | 6 |
| E19 | 电声技术 | 728 | 0.367 | 0.090 | 0.68 | 221 | 0.30 | 3.20 | 5.3 | 4 |
| E19 | 电视技术 | 1934 | 0.474 | 0.115 | 0.86 | 459 | 0.46 | 6.65 | 3.5 | 6 |
| E19 | 电源技术应用 | 1060 | 0.151 | 0.020 | 1.00 | 296 | 0.30 | 4.29 | 3.7 | 6 |
| E19 | 电子测量技术 | 2511 | 1.132 | 0.153 | 0.78 | 584 | 0.52 | 8.46 | 4.1 | 9 |
| E19 | 电子测量与仪器学报 | 2669 | 2.407 | 0.280 | 0.87 | 569 | 0.54 | 8.25 | 3.6 | 13 |
| E19 | 电子测试 | 3061 | 0.462 | 0.239 | 0.98 | 766 | 0.42 | 11.10 | 2.4 | 11 |
| E19 | 电子产品可靠性与环境试验 | 359 | 0.301 | 0.133 | 0.82 | 200 | 0.32 | 2.90 | 6.7 | 4 |

## 2016年中国科技期刊被引指标按类刊名字顺索引(续)

| 学科代码 | 期刊名称 | 扩展总被引频次 | 扩展影响因子 | 扩展即年指标 | 扩展他引率 | 扩展引用刊数 | 扩展学科影响指标 | 扩展学科扩散指标 | 扩展被引半衰期 | 扩展H指标 |
|---|---|---|---|---|---|---|---|---|---|---|
| E19 | 电子产品世界 | 470 | 0.545 | 0.148 | 0.68 | 198 | 0.35 | 2.87 | 3.6 | 3 |
| E19 | 电子工业专用设备 | 303 | 0.165 | 0.065 | 0.87 | 170 | 0.28 | 2.46 | 6.5 | 4 |
| E19 | 电子工艺技术 | 540 | 0.513 | 0.175 | 0.72 | 185 | 0.25 | 2.68 | 6.9 | 4 |
| E19 | 电子技术 | 731 | 0.319 | 0.062 | 0.95 | 359 | 0.35 | 5.20 | 4.9 | 5 |
| E19 | 电子技术应用 | 2013 | 0.678 | 0.094 | 0.96 | 592 | 0.55 | 8.58 | 4.2 | 8 |
| E19 | 电子科技 | 1512 | 0.433 | 0.095 | 0.90 | 500 | 0.58 | 7.25 | 3.9 | 6 |
| E19 | 电子科技大学学报 | 1219 | 0.595 | 0.082 | 0.98 | 589 | 0.38 | 8.54 | 5.7 | 8 |
| E19 | 电子科学技术 | 85 | — | 0.087 | 0.95 | 70 | 0.10 | 1.01 | 1.8 | 3 |
| E19 | 电子器件 | 1149 | 0.606 | 0.064 | 0.67 | 367 | 0.48 | 5.32 | 5.0 | 6 |
| E19 | 电子设计工程 | 4156 | 0.663 | 0.190 | 0.80 | 883 | 0.64 | 12.80 | 3.0 | 8 |
| E19 | 电子世界 | 4125 | 0.297 | 0.110 | 0.97 | 822 | 0.45 | 11.91 | 2.8 | 10 |
| E19 | 电子显微学报 | 555 | 0.457 | 0.044 | 0.90 | 325 | 0.03 | 4.71 | 8.5 | 5 |
| E19 | 电子信息对抗技术 | 427 | 0.388 | 0.049 | 0.77 | 141 | 0.35 | 2.04 | 6.4 | 4 |
| E19 | 电子学报 | 6045 | 1.214 | 0.099 | 0.90 | 987 | 0.68 | 14.30 | 6.2 | 16 |
| E19 | 电子与封装 | 341 | 0.211 | 0.030 | 0.91 | 167 | 0.42 | 2.42 | 6.0 | 4 |
| E19 | 电子与信息学报 | 4633 | 1.499 | 0.221 | 0.83 | 673 | 0.64 | 9.75 | 4.3 | 12 |
| E19 | 电子元件与材料 | 1031 | 0.527 | 0.081 | 0.77 | 348 | 0.42 | 5.04 | 5.3 | 6 |
| E19 | 电子制作 | 6305 | 0.486 | 0.188 | 0.99 | 717 | 0.35 | 10.39 | 2.5 | 12 |
| E19 | 电子质量 | 484 | 0.157 | 0.039 | 0.96 | 276 | 0.39 | 4.00 | 6.3 | 4 |
| E19 | 固体电子学研究与进展 | 238 | 0.217 | 0.020 | 0.82 | 99 | 0.35 | 1.43 | 5.8 | 3 |
| E19 | 光源与照明 | 99 | 0.215 | 0.104 | 0.92 | 56 | 0.10 | 0.81 | 7.1 | 2 |
| E19 | 桂林电子科技大学学报 | 344 | 0.258 | 0.038 | 0.95 | 255 | 0.25 | 3.70 | 8.1 | 4 |
| E19 | 国外电子测量技术 | 1858 | 2.041 | 0.219 | 0.83 | 363 | 0.42 | 5.26 | 3.4 | 9 |
| E19 | 杭州电子科技大学学报 | 538 | 0.406 | 0.097 | 0.98 | 382 | 0.28 | 5.54 | 5.6 | 4 |
| E19 | 华电技术 | 900 | 0.304 | 0.031 | 0.95 | 361 | 0.12 | 5.23 | 6.1 | 5 |
| E19 | 吉林大学学报(信息科学版) | 709 | 0.670 | 0.081 | 0.84 | 359 | 0.32 | 5.20 | 5.5 | 6 |
| E19 | 密码学报 | 90 | 0.806 | 0.111 | 0.88 | 49 | 0.04 | 0.71 | 2.1 | 4 |
| E19 | 上海电机学院学报 | 214 | 0.380 | 0.032 | 0.93 | 152 | 0.13 | 2.20 | 6.1 | 4 |
| E19 | 深圳信息职业技术学院学报 | 219 | 0.286 | 0.083 | 0.98 | 165 | 0.09 | 2.39 | 6.1 | 4 |
| E19 | 太赫兹科学与电子信息学报 | 490 | 0.374 | 0.026 | 0.78 | 220 | 0.30 | 3.19 | 4.5 | 5 |
| E19 | 微电子学 | 584 | 0.306 | 0.052 | 0.78 | 217 | 0.48 | 3.14 | 5.8 | 4 |
| E19 | 微电子学与计算机 | 1574 | 0.381 | 0.033 | 0.89 | 518 | 0.57 | 7.51 | 5.3 | 6 |
| E19 | 微纳电子技术 | 497 | 0.373 | 0.059 | 0.87 | 247 | 0.38 | 3.58 | 6.3 | 4 |

| 学科代码 | 期刊名称 | 扩展总被引频次 | 扩展影响因子 | 扩展即年指标 | 扩展他引率 | 扩展引用刊数 | 扩展学科影响指标 | 扩展学科扩散指标 | 扩展被引半衰期 | 扩展H指标 |
|---|---|---|---|---|---|---|---|---|---|---|
| E19 | 武汉理工大学学报(信息与管理工程版) | 1004 | 0.375 | 0.074 | 0.98 | 607 | 0.23 | 8.80 | 7.5 | 6 |
| E19 | 西安电子科技大学学报(自然科学版) | 1230 | 0.891 | 0.149 | 0.83 | 416 | 0.43 | 6.03 | 4.8 | 6 |
| E19 | 系统工程与电子技术 | 4202 | 0.855 | 0.095 | 0.91 | 841 | 0.55 | 12.19 | 6.2 | 10 |
| E19 | 现代电子技术 | 4984 | 0.520 | 0.127 | 0.90 | 1068 | 0.68 | 15.48 | 5.0 | 10 |
| E19 | 照明工程学报 | 970 | 0.856 | 0.179 | 0.75 | 287 | 0.28 | 4.16 | 4.2 | 6 |
| E19 | 真空电子技术 | 268 | 0.182 | 0.010 | 0.78 | 125 | 0.17 | 1.81 | 7.0 | 4 |
| E19 | 中国有线电视 | 672 | 0.304 | 0.101 | 0.85 | 148 | 0.12 | 2.14 | 4.0 | 5 |
| E19 | 中国照明电器 | 299 | 0.433 | 0.107 | 0.80 | 138 | 0.17 | 2.00 | 3.9 | 4 |
| E20 | Chinese Optics of Letters | 1334 | 1.213 | 0.144 | 0.52 | 180 | 0.95 | 9.47 | 2.9 | 4 |
| E20 | Frontiers of Optoelectronics | 36 | 0.240 | — | 0.83 | 29 | 0.47 | 1.53 | 2.6 | 2 |
| E20 | Light：Science & Applications | 16 | — | 0.012 | 0.88 | 14 | 0.26 | 0.74 | 3.1 | 1 |
| E20 | 光电工程 | 1469 | 0.536 | 0.041 | 0.91 | 433 | 0.89 | 22.79 | 7.0 | 7 |
| E20 | 光电技术应用 | 424 | 0.349 | 0.086 | 0.88 | 199 | 0.74 | 10.47 | 5.5 | 4 |
| E20 | 光电子·激光 | 2133 | 0.951 | 0.132 | 0.80 | 486 | 0.89 | 25.58 | 4.4 | 7 |
| E20 | 光电子技术 | 220 | 0.323 | 0.053 | 0.93 | 145 | 0.68 | 7.63 | 6.0 | 4 |
| E20 | 光学技术 | 1091 | 0.446 | 0.068 | 0.95 | 402 | 0.84 | 21.16 | 9.6 | 6 |
| E20 | 光学与光电技术 | 356 | 0.319 | 0.035 | 0.78 | 164 | 0.74 | 8.63 | 5.9 | 4 |
| E20 | 红外技术 | 992 | 0.764 | 0.109 | 0.76 | 302 | 0.79 | 15.89 | 5.1 | 7 |
| E20 | 红外与激光工程 | 4040 | 0.926 | 0.176 | 0.73 | 556 | 0.95 | 29.26 | 4.2 | 9 |
| E20 | 激光技术 | 1144 | 0.747 | 0.366 | 0.66 | 286 | 0.79 | 15.05 | 4.7 | 6 |
| E20 | 激光与光电子学进展 | 1803 | 0.922 | 0.099 | 0.75 | 374 | 0.89 | 19.68 | 3.2 | 6 |
| E20 | 激光与红外 | 1822 | 0.679 | 0.067 | 0.77 | 449 | 0.89 | 23.63 | 5.3 | 8 |
| E20 | 激光杂志 | 1951 | 0.820 | 0.157 | 0.75 | 650 | 0.84 | 34.21 | 3.5 | 8 |
| E20 | 压电与声光 | 928 | 0.443 | 0.035 | 0.79 | 344 | 0.58 | 18.11 | 5.5 | 5 |
| E20 | 应用激光 | 538 | 0.480 | 0.080 | 0.89 | 200 | 0.68 | 10.53 | 6.8 | 5 |
| E20 | 中国光学 | 948 | 1.978 | 0.308 | 0.88 | 213 | 0.84 | 11.21 | 3.0 | 9 |
| E20 | 中国激光 | 4964 | 1.746 | 0.166 | 0.80 | 557 | 0.89 | 29.32 | 3.8 | 10 |
| E21 | China Communications | 543 | 0.693 | 0.069 | 0.76 | 204 | 0.46 | 4.25 | 3.0 | 5 |
| E21 | 北京邮电大学学报 | 865 | 0.688 | 0.021 | 0.94 | 409 | 0.63 | 8.52 | 6.0 | 7 |
| E21 | 重庆邮电大学学报(自然科学版) | 816 | 0.979 | 0.104 | 0.95 | 341 | 0.46 | 7.10 | 4.3 | 7 |
| E21 | 电波科学学报 | 1412 | 0.649 | 0.033 | 0.73 | 324 | 0.48 | 6.75 | 6.8 | 6 |
| E21 | 电信科学 | 2017 | 0.951 | 0.199 | 0.95 | 496 | 0.71 | 10.33 | 4.1 | 11 |
| E21 | 电讯技术 | 1153 | 0.514 | 0.138 | 0.82 | 337 | 0.65 | 7.02 | 4.9 | 5 |

## 2016年中国科技期刊被引指标按类刊名字顺索引(续)

| 学科代码 | 期刊名称 | 扩展总被引频次 | 扩展影响因子 | 扩展即年指标 | 扩展他引率 | 扩展引用刊数 | 扩展学科影响指标 | 扩展学科扩散指标 | 扩展被引半衰期 | 扩展H指标 |
|---|---|---|---|---|---|---|---|---|---|---|
| E21 | 光通信技术 | 579 | 0.314 | 0.065 | 0.84 | 194 | 0.31 | 4.04 | 5.5 | 6 |
| E21 | 光通信研究 | 277 | 0.275 | 0.083 | 0.91 | 127 | 0.31 | 2.65 | 4.9 | 3 |
| E21 | 广东通信技术 | 369 | 0.233 | 0.095 | 0.96 | 160 | 0.46 | 3.33 | 4.1 | 4 |
| E21 | 广西通信技术 | 71 | 0.260 | — | 0.99 | 42 | 0.19 | 0.88 | 4.8 | 2 |
| E21 | 湖南邮电职业技术学院学报 | 522 | 0.621 | 0.222 | 0.80 | 229 | 0.15 | 4.77 | 3.2 | 5 |
| E21 | 互联网天地 | 509 | 1.151 | 0.149 | 0.98 | 279 | 0.33 | 5.81 | 2.3 | 7 |
| E21 | 江西通信科技 | 66 | 0.218 | 0.020 | 1.00 | 40 | 0.08 | 0.83 | 3.8 | 2 |
| E21 | 军事通信技术 | 143 | 0.230 | 0.037 | 0.96 | 92 | 0.25 | 1.92 | 5.2 | 2 |
| E21 | 空军预警学院学报 | 383 | 0.403 | 0.105 | 0.82 | 179 | 0.27 | 3.73 | 4.8 | 4 |
| E21 | 雷达科学与技术 | 554 | 0.604 | 0.116 | 0.72 | 165 | 0.29 | 3.44 | 4.9 | 4 |
| E21 | 雷达学报 | 264 | 0.774 | 0.141 | 0.77 | 85 | 0.17 | 1.77 | 2.9 | 5 |
| E21 | 南京邮电大学学报(自然科学版) | 526 | 0.571 | 0.093 | 0.96 | 289 | 0.48 | 6.02 | 5.2 | 7 |
| E21 | 山东通信技术 | 72 | 0.431 | 0.060 | 0.96 | 45 | 0.17 | 0.94 | 3.6 | 2 |
| E21 | 世界电信 | 231 | — | 0.137 | 0.98 | 160 | 0.31 | 3.33 | 2.6 | 4 |
| E21 | 数据采集与处理 | 960 | 0.970 | 0.069 | 0.74 | 365 | 0.54 | 7.60 | 4.6 | 5 |
| E21 | 数据通信 | 216 | 0.350 | 0.068 | 0.96 | 107 | 0.29 | 2.23 | 5.0 | 4 |
| E21 | 通信电源技术 | 803 | 0.388 | 0.091 | 0.97 | 270 | 0.21 | 5.63 | 3.6 | 7 |
| E21 | 通信技术 | 1745 | 0.761 | 0.107 | 0.85 | 476 | 0.58 | 9.92 | 5.1 | 7 |
| E21 | 通信学报 | 3188 | 1.472 | 0.153 | 0.95 | 666 | 0.75 | 13.88 | 4.8 | 13 |
| E21 | 微波学报 | 778 | 0.640 | 0.081 | 0.78 | 254 | 0.42 | 5.29 | 5.7 | 4 |
| E21 | 无线电工程 | 1022 | 0.525 | 0.084 | 0.81 | 276 | 0.44 | 5.75 | 5.2 | 5 |
| E21 | 无线电通信技术 | 653 | 0.631 | 0.126 | 0.84 | 179 | 0.35 | 3.73 | 4.1 | 5 |
| E21 | 无线通信技术 | 124 | 0.327 | 0.039 | 0.99 | 94 | 0.31 | 1.96 | 5.6 | 3 |
| E21 | 西安邮电大学学报 | 842 | 0.765 | 0.086 | 0.86 | 400 | 0.48 | 8.33 | 4.6 | 7 |
| E21 | 现代雷达 | 1426 | 0.436 | 0.056 | 0.78 | 291 | 0.44 | 6.06 | 6.9 | 6 |
| E21 | 信号处理 | 1372 | 0.675 | 0.091 | 0.84 | 371 | 0.54 | 7.73 | 5.1 | 6 |
| E21 | 信息通信 | 3251 | 0.398 | 0.119 | 0.97 | 582 | 0.52 | 12.13 | 2.4 | 9 |
| E21 | 信息通信技术 | 393 | 0.849 | 0.111 | 0.96 | 198 | 0.35 | 4.13 | 3.6 | 6 |
| E21 | 移动通信 | 1765 | 0.764 | 0.253 | 0.81 | 346 | 0.58 | 7.21 | 3.5 | 8 |
| E21 | 应用科学学报 | 481 | 0.588 | 0.103 | 0.95 | 330 | 0.23 | 6.88 | 6.0 | 4 |
| E21 | 邮电设计技术 | 1067 | 1.002 | 0.235 | 0.74 | 201 | 0.58 | 4.19 | 3.2 | 7 |
| E21 | 中国新通信 | 3348 | 0.472 | 0.162 | 0.94 | 504 | 0.52 | 10.50 | 2.2 | 9 |
| E21 | 中兴通讯技术 | 569 | 0.969 | 0.181 | 0.99 | 234 | 0.54 | 4.88 | 3.9 | 7 |

| 学科代码 | 期刊名称 | 扩展总被引频次 | 扩展影响因子 | 扩展即年指标 | 扩展他引率 | 扩展引用刊数 | 扩展学科影响指标 | 扩展学科扩散指标 | 扩展被引半衰期 | 扩展H指标 |
|---|---|---|---|---|---|---|---|---|---|---|
| E22 | Frontiers of Computer Science | 169 | 0.404 | 0.110 | 0.80 | 85 | 0.35 | 1.20 | 3.4 | 4 |
| E22 | Journal of Computer Science & Technology | 337 | 0.299 | 0.049 | 0.91 | 145 | 0.46 | 2.04 | 5.7 | 5 |
| E22 | 传动技术 | 84 | 0.087 | - | 0.99 | 58 | 0.04 | 0.82 | ≥10 | 2 |
| E22 | 传感器世界 | 347 | 0.206 | 0.100 | 0.95 | 229 | 0.23 | 3.23 | 8.1 | 5 |
| E22 | 大数据 | 121 | - | 0.543 | 0.84 | 80 | 0.14 | 1.13 | 1.3 | 4 |
| E22 | 单片机与嵌入式系统应用 | 1094 | 0.451 | 0.117 | 0.92 | 382 | 0.49 | 5.38 | 5.6 | 6 |
| E22 | 电脑编程技巧与维护 | 1368 | 0.284 | 0.112 | 0.94 | 420 | 0.51 | 5.92 | 3.0 | 7 |
| E22 | 电脑与信息技术 | 339 | 0.298 | 0.086 | 0.97 | 218 | 0.41 | 3.07 | 5.2 | 4 |
| E22 | 电脑知识与技术 | 7169 | 0.368 | 0.122 | 0.92 | 1235 | 0.66 | 17.39 | 3.7 | 11 |
| E22 | 电子政务 | 1411 | 1.862 | 0.638 | 0.92 | 525 | 0.18 | 7.39 | 2.8 | 12 |
| E22 | 福建电脑 | 1695 | 0.241 | 0.091 | 0.94 | 533 | 0.48 | 7.51 | 4.7 | 5 |
| E22 | 工业控制计算机 | 1546 | 0.256 | 0.050 | 0.94 | 578 | 0.49 | 8.14 | 4.4 | 6 |
| E22 | 化学传感器 | 95 | 0.200 | - | 0.96 | 66 | 0.03 | 0.93 | 7.8 | 3 |
| E22 | 集成技术 | 119 | 0.382 | 0.088 | 0.94 | 103 | 0.21 | 1.45 | 3.2 | 4 |
| E22 | 计算机仿真 | 5601 | 0.611 | 0.046 | 0.82 | 1199 | 0.69 | 16.89 | 4.9 | 10 |
| E22 | 计算机辅助工程 | 453 | 0.289 | 0.025 | 0.91 | 264 | 0.21 | 3.72 | 5.7 | 5 |
| E22 | 计算机辅助设计与图形学学报 | 2629 | 0.952 | 0.120 | 0.86 | 646 | 0.68 | 9.10 | 6.3 | 8 |
| E22 | 计算机工程 | 7321 | 0.676 | 0.094 | 0.91 | 1313 | 0.77 | 18.49 | 6.2 | 10 |
| E22 | 计算机工程与科学 | 2222 | 0.915 | 0.075 | 0.89 | 710 | 0.65 | 10.00 | 4.5 | 8 |
| E22 | 计算机工程与设计 | 5030 | 0.632 | 0.074 | 0.94 | 1151 | 0.68 | 16.21 | 5.9 | 11 |
| E22 | 计算机工程与应用 | 9654 | 0.675 | 0.086 | 0.91 | 1625 | 0.72 | 22.89 | 5.9 | 12 |
| E22 | 计算机集成制造系统 | 3953 | 1.190 | 0.147 | 0.81 | 745 | 0.56 | 10.49 | 5.3 | 12 |
| E22 | 计算机技术与发展 | 3556 | 0.568 | 0.134 | 0.94 | 1012 | 0.69 | 14.25 | 5.0 | 11 |
| E22 | 计算机教育 | 5195 | 1.158 | 0.389 | 0.88 | 678 | 0.44 | 9.55 | 4.3 | 12 |
| E22 | 计算机科学 | 6019 | 1.001 | 0.098 | 0.92 | 1159 | 0.73 | 16.32 | 4.5 | 13 |
| E22 | 计算机科学与探索 | 627 | 0.816 | 0.102 | 0.86 | 251 | 0.54 | 3.54 | 3.4 | 7 |
| E22 | 计算机时代 | 987 | 0.496 | 0.152 | 0.96 | 418 | 0.46 | 5.89 | 3.8 | 5 |
| E22 | 计算机系统应用 | 2069 | 0.500 | 0.068 | 0.94 | 697 | 0.65 | 9.82 | 4.3 | 8 |
| E22 | 计算机学报 | 6512 | 3.300 | 0.548 | 0.98 | 1050 | 0.75 | 14.79 | 5.2 | 25 |
| E22 | 计算机研究与发展 | 5180 | 2.353 | 0.231 | 0.95 | 1033 | 0.73 | 14.55 | 4.3 | 20 |
| E22 | 计算机应用 | 6284 | 0.992 | 0.200 | 0.94 | 1195 | 0.72 | 16.83 | 4.7 | 12 |
| E22 | 计算机应用研究 | 7197 | 0.919 | 0.158 | 0.94 | 1337 | 0.75 | 18.83 | 4.8 | 14 |
| E22 | 计算机应用与软件 | 4080 | 0.613 | 0.071 | 0.91 | 1005 | 0.69 | 14.15 | 4.1 | 9 |

| 学科代码 | 期刊名称 | 扩展总被引频次 | 扩展影响因子 | 扩展即年指标 | 扩展他引率 | 扩展引用刊数 | 扩展学科影响指标 | 扩展学科扩散指标 | 扩展被引半衰期 | 扩展H指标 |
|---|---|---|---|---|---|---|---|---|---|---|
| E22 | 计算机与数字工程 | 1676 | 0.375 | 0.044 | 0.96 | 638 | 0.58 | 8.99 | 5.0 | 7 |
| E22 | 计算机与现代化 | 1792 | 0.505 | 0.088 | 0.96 | 632 | 0.68 | 8.90 | 4.8 | 7 |
| E22 | 计算机与应用化学 | 1123 | 0.359 | 0.048 | 0.84 | 498 | 0.32 | 7.01 | 5.7 | 5 |
| E22 | 金融科技时代 | 455 | — | 0.200 | 0.85 | 195 | 0.20 | 2.75 | 3.5 | 4 |
| E22 | 软件 | 2204 | 1.065 | 0.278 | 0.49 | 435 | 0.56 | 6.13 | 3.1 | 9 |
| E22 | 软件导刊 | 2589 | 0.495 | 0.153 | 0.93 | 835 | 0.55 | 11.76 | 3.5 | 11 |
| E22 | 软件工程 | 439 | 0.463 | 0.207 | 0.90 | 249 | 0.28 | 3.51 | 2.2 | 5 |
| E22 | 软件学报 | 7087 | 3.470 | 0.395 | 0.95 | 1064 | 0.76 | 14.99 | 5.6 | 28 |
| E22 | 数值计算与计算机应用 | 113 | 0.411 | 0.074 | 0.89 | 79 | 0.13 | 1.11 | 7.8 | 3 |
| E22 | 网络安全技术与应用 | 2375 | 0.535 | 0.219 | 0.94 | 486 | 0.52 | 6.85 | 2.4 | 9 |
| E22 | 网络新媒体技术 | 347 | 0.233 | 0.018 | 0.99 | 215 | 0.44 | 3.03 | 6.7 | 5 |
| E22 | 网络与信息安全学报 | 25 | — | 0.139 | 0.76 | 15 | 0.06 | 0.21 | — | 2 |
| E22 | 微处理机 | 363 | 0.319 | 0.072 | 0.96 | 215 | 0.32 | 3.03 | 5.7 | 3 |
| E22 | 微型电脑应用 | 641 | 0.371 | 0.072 | 0.95 | 322 | 0.45 | 4.54 | 4.5 | 6 |
| E22 | 微型机与应用 | 1654 | 0.453 | 0.119 | 0.74 | 512 | 0.59 | 7.21 | 3.4 | 6 |
| E22 | 物联网技术 | 961 | 0.591 | 0.182 | 0.88 | 388 | 0.46 | 5.46 | 2.6 | 9 |
| E22 | 现代计算机 | 1212 | 0.375 | 0.054 | 0.97 | 488 | 0.56 | 6.87 | 4.6 | 5 |
| E22 | 小型微型计算机系统 | 2561 | 0.661 | 0.083 | 0.78 | 601 | 0.63 | 8.46 | 4.4 | 8 |
| E22 | 信息网络安全 | 1497 | 1.221 | 0.550 | 0.69 | 374 | 0.58 | 5.27 | 3.8 | 9 |
| E22 | 智能计算机与应用 | 512 | 0.365 | 0.126 | 0.96 | 288 | 0.45 | 4.06 | 4.6 | 6 |
| E22 | 中国图象图形学报 | 3118 | 1.283 | 0.083 | 0.94 | 735 | 0.61 | 10.35 | 7.1 | 13 |
| E23 | China Particuology | 218 | 0.098 | — | 0.89 | 137 | 0.15 | 1.43 | 7.1 | 3 |
| E23 | Chinese Journal of Chemical Engineering | 1024 | 0.527 | 0.044 | 0.82 | 366 | 0.43 | 3.81 | 5.6 | 5 |
| E23 | Journal of the Chinese Ceramic Society | 39 | — | — | 0.97 | 31 | 0.03 | 0.32 | 5.9 | 1 |
| E23 | 安徽化工 | 535 | 0.232 | 0.026 | 0.98 | 317 | 0.41 | 3.30 | 6.7 | 5 |
| E23 | 北京化工大学学报(自然科学版) | 860 | 0.401 | 0.057 | 0.95 | 473 | 0.47 | 4.93 | 8.1 | 6 |
| E23 | 纯碱工业 | 144 | 0.138 | 0.061 | 0.81 | 69 | 0.19 | 0.72 | 7.9 | 3 |
| E23 | 大氮肥 | 262 | 0.210 | 0.034 | 0.95 | 118 | 0.30 | 1.23 | 5.9 | 3 |
| E23 | 氮肥技术 | 133 | 0.140 | — | 1.00 | 67 | 0.25 | 0.70 | 5.7 | 3 |
| E23 | 氮肥与合成气 | 76 | 0.110 | 0.041 | 1.00 | 51 | 0.18 | 0.53 | 4.3 | 3 |
| E23 | 当代化工 | 1758 | 0.406 | 0.071 | 0.89 | 562 | 0.52 | 5.85 | 3.4 | 6 |
| E23 | 电镀与精饰 | 670 | 0.422 | 0.048 | 0.84 | 193 | 0.27 | 2.01 | 6.4 | 5 |
| E23 | 发酵科技通讯 | 168 | 0.250 | 0.021 | 0.89 | 92 | 0.14 | 0.96 | 6.3 | 4 |

| 学科代码 | 期刊名称 | 扩展总被引频次 | 扩展影响因子 | 扩展即年指标 | 扩展他引率 | 扩展引用刊数 | 扩展学科影响指标 | 扩展学科扩散指标 | 扩展被引半衰期 | 扩展H指标 |
|---|---|---|---|---|---|---|---|---|---|---|
| E23 | 佛山陶瓷 | 390 | 0.379 | 0.063 | 0.81 | 139 | 0.22 | 1.45 | 5.3 | 4 |
| E23 | 高校化学工程学报 | 1615 | 0.768 | 0.054 | 0.80 | 514 | 0.58 | 5.35 | 6.5 | 6 |
| E23 | 工业催化 | 894 | 0.409 | 0.047 | 0.88 | 252 | 0.49 | 2.63 | 7.8 | 5 |
| E23 | 广东化工 | 5107 | 0.299 | 0.066 | 0.91 | 1304 | 0.75 | 13.58 | 3.9 | 7 |
| E23 | 广州化工 | 4606 | 0.394 | 0.114 | 0.88 | 1216 | 0.69 | 12.67 | 3.5 | 7 |
| E23 | 硅酸盐通报 | 3020 | 0.737 | 0.090 | 0.83 | 665 | 0.53 | 6.93 | 4.2 | 7 |
| E23 | 硅酸盐学报 | 3739 | 0.988 | 0.135 | 0.91 | 759 | 0.53 | 7.91 | 7.7 | 12 |
| E23 | 过程工程学报 | 1600 | 0.620 | 0.073 | 0.92 | 546 | 0.55 | 5.69 | 7.3 | 7 |
| E23 | 过滤与分离 | 227 | 0.341 | — | 0.95 | 150 | 0.22 | 1.56 | 9.4 | 4 |
| E23 | 杭州化工 | 153 | 0.230 | 0.024 | 0.98 | 112 | 0.26 | 1.17 | 7.7 | 3 |
| E23 | 合成技术及应用 | 216 | 0.287 | 0.020 | 0.93 | 109 | 0.18 | 1.14 | 8.3 | 3 |
| E23 | 河南化工 | 847 | 0.305 | 0.064 | 0.99 | 409 | 0.55 | 4.26 | 6.4 | 4 |
| E23 | 湖南包装 | 111 | 0.402 | 0.194 | 0.75 | 61 | 0.02 | 0.64 | 3.2 | 3 |
| E23 | 化肥工业 | 410 | 0.303 | 0.049 | 0.93 | 195 | 0.43 | 2.03 | 6.7 | 4 |
| E23 | 化肥设计 | 380 | 0.286 | 0.063 | 0.95 | 152 | 0.41 | 1.58 | 6.0 | 5 |
| E23 | 化工管理 | 5630 | 0.401 | 0.140 | 0.83 | 639 | 0.40 | 6.66 | 1.8 | 10 |
| E23 | 化工机械 | 935 | 0.335 | 0.039 | 0.81 | 308 | 0.38 | 3.21 | 6.0 | 5 |
| E23 | 化工技术与开发 | 860 | 0.314 | 0.042 | 0.98 | 441 | 0.49 | 4.59 | 5.8 | 5 |
| E23 | 化工进展 | 5655 | 1.113 | 0.221 | 0.84 | 1062 | 0.80 | 11.06 | 5.3 | 11 |
| E23 | 化工科技 | 459 | 0.257 | 0.033 | 0.98 | 248 | 0.45 | 2.58 | 6.1 | 4 |
| E23 | 化工矿物与加工 | 993 | 0.507 | 0.068 | 0.80 | 272 | 0.35 | 2.83 | 6.8 | 5 |
| E23 | 化工设备与管道 | 728 | 0.638 | 0.120 | 0.93 | 230 | 0.28 | 2.40 | 6.4 | 5 |
| E23 | 化工设计 | 367 | 0.386 | 0.072 | 0.98 | 181 | 0.35 | 1.89 | 7.9 | 4 |
| E23 | 化工设计通讯 | 355 | 0.154 | 0.087 | 0.96 | 154 | 0.28 | 1.60 | 2.6 | 5 |
| E23 | 化工时刊 | 1009 | 0.391 | 0.068 | 0.97 | 473 | 0.55 | 4.93 | 7.3 | 5 |
| E23 | 化工学报 | 6218 | 1.225 | 0.120 | 0.81 | 1043 | 0.80 | 10.86 | 4.8 | 10 |
| E23 | 化工装备技术 | 519 | 0.288 | 0.087 | 0.96 | 263 | 0.36 | 2.74 | 7.3 | 4 |
| E23 | 化工自动化及仪表 | 1461 | 0.498 | 0.050 | 0.76 | 463 | 0.31 | 4.82 | 4.9 | 6 |
| E23 | 化学反应工程与工艺 | 447 | 0.378 | 0.024 | 0.95 | 181 | 0.40 | 1.89 | 7.9 | 4 |
| E23 | 化学工程 | 1302 | 0.515 | 0.070 | 0.92 | 467 | 0.67 | 4.86 | 6.6 | 5 |
| E23 | 化学工程师 | 956 | 0.250 | 0.036 | 0.98 | 467 | 0.49 | 4.86 | 7.5 | 5 |
| E23 | 化学工程与装备 | 2160 | 0.326 | 0.053 | 0.98 | 685 | 0.54 | 7.14 | 4.8 | 10 |
| E23 | 化学工业与工程 | 619 | 0.460 | 0.052 | 0.96 | 301 | 0.47 | 3.14 | 7.9 | 5 |

| 学科代码 | 期刊名称 | 扩展总被引频次 | 扩展影响因子 | 扩展即年指标 | 扩展他引率 | 扩展引用刊数 | 扩展学科影响指标 | 扩展学科扩散指标 | 扩展被引半衰期 | 扩展H指标 |
|---|---|---|---|---|---|---|---|---|---|---|
| E23 | 化学世界 | 1025 | 0.335 | 0.054 | 0.95 | 473 | 0.53 | 4.93 | 9.4 | 5 |
| E23 | 吉林化工学院学报 | 1081 | 0.555 | 0.199 | 0.64 | 446 | 0.32 | 4.65 | 3.7 | 5 |
| E23 | 江苏陶瓷 | 278 | 0.098 | 0.005 | 0.73 | 85 | 0.18 | 0.89 | 7.9 | 3 |
| E23 | 江西化工 | 825 | 0.325 | 0.067 | 0.99 | 414 | 0.36 | 4.31 | 5.6 | 5 |
| E23 | 聚氨酯工业 | 604 | 0.871 | 0.103 | 0.76 | 168 | 0.28 | 1.75 | 7.8 | 5 |
| E23 | 口腔护理用品工业 | 165 | 0.333 | 0.056 | 0.79 | 87 | 0.09 | 0.91 | 5.4 | 3 |
| E23 | 离子交换与吸附 | 578 | 0.535 | 0.121 | 0.87 | 255 | 0.39 | 2.66 | 8.8 | 6 |
| E23 | 辽宁化工 | 1160 | 0.210 | 0.034 | 0.97 | 520 | 0.57 | 5.42 | 6.3 | 5 |
| E23 | 林产化学与工业 | 1512 | 0.767 | 0.042 | 0.92 | 465 | 0.35 | 4.84 | 7.7 | 7 |
| E23 | 磷肥与复肥 | 813 | 0.268 | 0.018 | 0.83 | 247 | 0.35 | 2.57 | 7.8 | 7 |
| E23 | 硫磷设计与粉体工程 | 258 | 0.144 | 0.014 | 0.95 | 136 | 0.29 | 1.42 | 7.6 | 5 |
| E23 | 硫酸工业 | 304 | 0.347 | 0.137 | 0.74 | 121 | 0.28 | 1.26 | 5.0 | 3 |
| E23 | 轮胎工业 | 441 | 0.137 | 0.017 | 0.83 | 113 | 0.10 | 1.18 | 9.1 | 4 |
| E23 | 氯碱工业 | 400 | 0.225 | 0.037 | 0.64 | 131 | 0.35 | 1.36 | 7.2 | 4 |
| E23 | 膜科学与技术 | 997 | 0.632 | 0.079 | 0.82 | 276 | 0.49 | 2.88 | 6.1 | 7 |
| E23 | 清洗世界 | 426 | 0.317 | 0.032 | 0.78 | 187 | 0.26 | 1.95 | 7.3 | 4 |
| E23 | 燃料与化工 | 389 | 0.237 | 0.035 | 0.89 | 162 | 0.30 | 1.69 | 6.4 | 3 |
| E23 | 热固性树脂 | 593 | 0.610 | 0.059 | 0.87 | 200 | 0.30 | 2.08 | 7.5 | 5 |
| E23 | 日用化学工业 | 1083 | 0.675 | 0.176 | 0.84 | 357 | 0.41 | 3.72 | 8.3 | 7 |
| E23 | 山东化工 | 1457 | 0.284 | 0.074 | 0.91 | 606 | 0.59 | 6.31 | 2.6 | 4 |
| E23 | 山西化工 | 422 | 0.342 | 0.041 | 0.99 | 239 | 0.39 | 2.49 | 6.8 | 4 |
| E23 | 沈阳化工大学学报 | 240 | 0.247 | 0.028 | 0.96 | 168 | 0.27 | 1.75 | 8.1 | 3 |
| E23 | 生物质化学工程 | 780 | 0.934 | 0.169 | 0.92 | 337 | 0.32 | 3.51 | 7.8 | 7 |
| E23 | 四川化工 | 392 | 0.331 | 0.116 | 0.98 | 257 | 0.45 | 2.68 | 7.8 | 4 |
| E23 | 炭素 | 217 | 0.157 | 0.026 | 0.94 | 125 | 0.28 | 1.30 | ≥10 | 3 |
| E23 | 炭素技术 | 455 | 0.256 | 0.042 | 0.86 | 192 | 0.28 | 2.00 | 7.9 | 5 |
| E23 | 陶瓷 | 397 | 0.200 | 0.026 | 0.91 | 175 | 0.27 | 1.82 | 9.3 | 5 |
| E23 | 陶瓷学报 | 611 | 0.708 | 0.054 | 0.76 | 198 | 0.25 | 2.06 | 4.7 | 5 |
| E23 | 天津化工 | 522 | 0.248 | 0.046 | 0.99 | 315 | 0.42 | 3.28 | 7.3 | 5 |
| E23 | 无机盐工业 | 1509 | 0.644 | 0.187 | 0.79 | 418 | 0.56 | 4.35 | 6.4 | 7 |
| E23 | 现代化工 | 2718 | 0.511 | 0.073 | 0.92 | 791 | 0.71 | 8.24 | 6.2 | 7 |
| E23 | 现代技术陶瓷 | 174 | 0.376 | 0.065 | 0.94 | 116 | 0.23 | 1.21 | 7.8 | 3 |
| E23 | 盐科学与化工 | 797 | 0.554 | 0.141 | 0.55 | 210 | 0.32 | 2.19 | 4.4 | 4 |

| 学科代码 | 期刊名称 | 扩展总被引频次 | 扩展影响因子 | 扩展即年指标 | 扩展他引率 | 扩展引用刊数 | 扩展学科影响指标 | 扩展学科扩散指标 | 扩展被引半衰期 | 扩展H指标 |
|---|---|---|---|---|---|---|---|---|---|---|
| E23 | 影像技术 | 432 | 0.702 | 0.218 | 0.99 | 195 | 0.04 | 2.03 | 2.6 | 5 |
| E23 | 应用化工 | 2366 | 0.479 | 0.089 | 0.91 | 756 | 0.65 | 7.88 | 4.8 | 7 |
| E23 | 有机氟工业 | 208 | 0.178 | 0.034 | 0.77 | 99 | 0.25 | 1.03 | 9.0 | 3 |
| E23 | 有机硅材料 | 578 | 0.743 | 0.077 | 0.73 | 161 | 0.34 | 1.68 | 6.2 | 5 |
| E23 | 云南化工 | 419 | 0.294 | 0.045 | 0.99 | 249 | 0.39 | 2.59 | 7.2 | 4 |
| E23 | 浙江化工 | 423 | 0.258 | 0.043 | 0.96 | 237 | 0.39 | 2.47 | 7.7 | 4 |
| E23 | 中氮肥 | 215 | 0.144 | 0.054 | 0.92 | 107 | 0.27 | 1.11 | 6.5 | 3 |
| E23 | 中国化工装备 | 98 | 0.192 | 0.131 | 1.00 | 63 | 0.09 | 0.66 | 4.9 | 2 |
| E23 | 中国陶瓷 | 1096 | 0.361 | 0.055 | 0.78 | 322 | 0.35 | 3.35 | 6.4 | 5 |
| E23 | 中国陶瓷工业 | 298 | 0.247 | 0.014 | 0.94 | 152 | 0.18 | 1.58 | 7.4 | 4 |
| E23 | 中外医疗 | 16659 | 0.956 | 0.257 | 0.97 | 1010 | 0.15 | 10.52 | 3.5 | 13 |
| E24 | 弹性体 | 707 | 0.471 | 0.042 | 0.81 | 201 | 0.77 | 9.14 | 7.1 | 6 |
| E24 | 高科技纤维与应用 | 539 | 0.532 | 0.076 | 0.94 | 205 | 0.32 | 9.32 | 8.6 | 6 |
| E24 | 工程塑料应用 | 2027 | 0.899 | 0.132 | 0.76 | 415 | 0.82 | 18.86 | 5.0 | 6 |
| E24 | 合成树脂及塑料 | 523 | 0.508 | 0.064 | 0.88 | 171 | 0.77 | 7.77 | 6.2 | 4 |
| E24 | 合成橡胶工业 | 727 | 0.469 | 0.085 | 0.88 | 186 | 0.77 | 8.45 | 8.8 | 5 |
| E24 | 胶体与聚合物 | 226 | 0.423 | 0.096 | 0.92 | 144 | 0.41 | 6.55 | 6.7 | 4 |
| E24 | 聚氯乙烯 | 465 | 0.253 | 0.047 | 0.78 | 151 | 0.64 | 6.86 | 6.8 | 4 |
| E24 | 聚酯工业 | 266 | 0.165 | 0.028 | 0.90 | 103 | 0.45 | 4.68 | 7.5 | 4 |
| E24 | 上海塑料 | 147 | 0.351 | 0.043 | 0.96 | 91 | 0.55 | 4.14 | 5.7 | 3 |
| E24 | 世界橡胶工业 | 374 | 0.252 | 0.025 | 0.96 | 141 | 0.59 | 6.41 | 7.5 | 4 |
| E24 | 塑料 | 1184 | 0.878 | 0.078 | 0.77 | 286 | 0.82 | 13.00 | 5.3 | 6 |
| E24 | 塑料工业 | 2020 | 0.747 | 0.129 | 0.86 | 427 | 0.86 | 19.41 | 5.0 | 6 |
| E24 | 塑料科技 | 1141 | 0.645 | 0.176 | 0.90 | 319 | 0.82 | 14.50 | 5.4 | 6 |
| E24 | 塑料助剂 | 418 | 0.424 | 0.081 | 0.89 | 157 | 0.73 | 7.14 | 7.3 | 5 |
| E24 | 特种橡胶制品 | 595 | 0.303 | 0.021 | 0.91 | 196 | 0.77 | 8.91 | 9.0 | 5 |
| E24 | 现代塑料加工应用 | 480 | 0.441 | 0.078 | 0.94 | 163 | 0.68 | 7.41 | 8.8 | 4 |
| E24 | 橡胶工业 | 960 | 0.348 | 0.066 | 0.87 | 272 | 0.77 | 12.36 | 9.3 | 6 |
| E24 | 橡胶科技 | 248 | 0.556 | 0.022 | 0.92 | 102 | 0.55 | 4.64 | 5.4 | 3 |
| E24 | 橡塑技术与装备 | 577 | 0.303 | 0.117 | 0.90 | 206 | 0.77 | 9.36 | 2.1 | 5 |
| E24 | 橡塑资源利用 | 119 | 0.309 | - | 0.92 | 73 | 0.59 | 3.32 | 6.2 | 3 |
| E24 | 中国塑料 | 1448 | 0.640 | 0.064 | 0.88 | 318 | 0.86 | 14.45 | 6.3 | 5 |
| E25 | 表面技术 | 1712 | 1.335 | 0.132 | 0.67 | 363 | 0.52 | 17.29 | 4.4 | 7 |

| 学科代码 | 期刊名称 | 扩展总被引频次 | 扩展影响因子 | 扩展即年指标 | 扩展他引率 | 扩展引用刊数 | 扩展学科影响指标 | 扩展学科扩散指标 | 扩展被引半衰期 | 扩展H指标 |
|---|---|---|---|---|---|---|---|---|---|---|
| E25 | 电镀与涂饰 | 1078 | 0.430 | 0.075 | 0.78 | 294 | 0.67 | 14.00 | 6.6 | 5 |
| E25 | 化学与粘合 | 588 | 0.381 | 0.015 | 0.92 | 250 | 0.48 | 11.90 | 6.9 | 5 |
| E25 | 精细化工 | 1829 | 0.526 | 0.144 | 0.89 | 551 | 0.76 | 26.24 | 7.6 | 5 |
| E25 | 精细化工中间体 | 527 | 0.325 | 0.098 | 0.81 | 232 | 0.29 | 11.05 | 8.3 | 4 |
| E25 | 精细石油化工 | 632 | 0.442 | 0.109 | 0.94 | 252 | 0.43 | 12.00 | 7.8 | 5 |
| E25 | 精细与专用化学品 | 747 | 0.385 | 0.034 | 0.95 | 369 | 0.71 | 17.57 | 7.9 | 5 |
| E25 | 上海染料 | 41 | 0.117 | 0.043 | 0.93 | 25 | 0.14 | 1.19 | 5.5 | 2 |
| E25 | 上海涂料 | 533 | 0.289 | 0.089 | 0.95 | 186 | 0.57 | 8.86 | 6.0 | 4 |
| E25 | 涂料工业 | 1484 | 0.625 | 0.080 | 0.89 | 352 | 0.81 | 16.76 | 6.9 | 6 |
| E25 | 涂料技术与文摘 | 306 | 0.405 | 0.070 | 0.88 | 114 | 0.43 | 5.43 | 4.0 | 4 |
| E25 | 现代涂料与涂装 | 629 | 0.180 | 0.030 | 0.90 | 214 | 0.67 | 10.19 | 6.2 | 4 |
| E25 | 香料香精化妆品 | 496 | 0.432 | 0.031 | 0.90 | 207 | 0.19 | 9.86 | 7.3 | 5 |
| E25 | 印染助剂 | 929 | 0.514 | 0.092 | 0.87 | 210 | 0.43 | 10.00 | 6.7 | 5 |
| E25 | 粘接 | 640 | 0.426 | 0.104 | 0.86 | 218 | 0.48 | 10.38 | 6.6 | 5 |
| E25 | 中国胶粘剂 | 902 | 0.430 | 0.096 | 0.83 | 274 | 0.62 | 13.05 | 6.8 | 4 |
| E25 | 中国氯碱 | 406 | 0.160 | 0.027 | 0.87 | 150 | 0.19 | 7.14 | 6.9 | 4 |
| E25 | 中国涂料 | 582 | 0.379 | 0.063 | 0.87 | 185 | 0.67 | 8.81 | 5.9 | 4 |
| E26 | 宝石和宝石学杂志 | 301 | 0.400 | 0.100 | 0.81 | 91 | 0.08 | 1.86 | 7.0 | 4 |
| E26 | 超硬材料工程 | 258 | 0.227 | 0.075 | 0.87 | 114 | 0.08 | 2.33 | 7.6 | 3 |
| E26 | 黑龙江造纸 | 169 | 0.168 | 0.015 | 0.91 | 86 | 0.24 | 1.76 | 8.4 | 3 |
| E26 | 华东纸业 | 144 | 0.292 | 0.033 | 0.94 | 64 | 0.22 | 1.31 | 7.6 | 4 |
| E26 | 混凝土与水泥制品 | 1310 | 0.456 | 0.096 | 0.91 | 326 | 0.14 | 6.65 | 5.8 | 6 |
| E26 | 粮食储藏 | 675 | 0.626 | 0.095 | 0.87 | 152 | 0.04 | 3.10 | 7.9 | 5 |
| E26 | 煤化工 | 651 | 0.411 | 0.094 | 0.95 | 227 | 0.12 | 4.63 | 6.9 | 6 |
| E26 | 木工机床 | 90 | 0.174 | 0.028 | 0.98 | 51 | 0.04 | 1.04 | ≥10 | 3 |
| E26 | 皮革科学与工程 | 640 | 0.953 | 0.174 | 0.73 | 165 | 0.10 | 3.37 | 5.8 | 4 |
| E26 | 皮革与化工 | 225 | 0.318 | 0.044 | 0.93 | 105 | 0.14 | 2.14 | 7.4 | 3 |
| E26 | 日用化学品科学 | 612 | 0.425 | 0.132 | 0.90 | 233 | 0.10 | 4.76 | 6.8 | 5 |
| E26 | 石化技术与应用 | 597 | 0.458 | 0.105 | 0.90 | 227 | 0.14 | 4.63 | 7.3 | 5 |
| E26 | 石油和化工设备 | 637 | 0.219 | 0.056 | 0.95 | 253 | 0.10 | 5.16 | 4.9 | 5 |
| E26 | 石油化工建设 | 303 | 0.213 | 0.029 | 0.98 | 148 | 0.06 | 3.02 | 5.9 | 3 |
| E26 | 水泥 | 649 | 0.125 | 0.084 | 0.86 | 202 | 0.16 | 4.12 | 7.4 | 5 |
| E26 | 水泥工程 | 326 | 0.129 | 0.023 | 0.91 | 153 | 0.16 | 3.12 | 7.2 | 4 |

| 学科代码 | 期刊名称 | 扩展总被引频次 | 扩展影响因子 | 扩展即年指标 | 扩展他引率 | 扩展引用刊数 | 扩展学科影响指标 | 扩展学科扩散指标 | 扩展被引半衰期 | 扩展H指标 |
|---|---|---|---|---|---|---|---|---|---|---|
| E26 | 水泥技术 | 240 | 0.112 | 0.018 | 0.97 | 115 | 0.18 | 2.35 | 7.8 | 3 |
| E26 | 四川水泥 | 9912 | 1.428 | 0.485 | 0.98 | 325 | 0.16 | 6.63 | 1.5 | 25 |
| E26 | 天然气化工 | 759 | 0.701 | 0.038 | 0.85 | 233 | 0.10 | 4.76 | 6.0 | 6 |
| E26 | 文体用品与科技 | 1301 | 0.202 | 0.065 | 0.95 | 258 | 0.06 | 5.27 | 2.5 | 4 |
| E26 | 西部皮革 | 583 | 0.265 | 0.079 | 0.92 | 252 | 0.20 | 5.14 | 2.2 | 5 |
| E26 | 现代面粉工业 | 133 | 0.135 | 0.092 | 0.89 | 62 | 0.04 | 1.27 | 5.0 | 4 |
| E26 | 新世纪水泥导报 | 228 | 0.222 | 0.090 | 0.93 | 94 | 0.16 | 1.92 | 6.3 | 3 |
| E26 | 蓄电池 | 303 | 0.419 | 0.123 | 0.57 | 102 | 0.06 | 2.08 | 6.6 | 4 |
| E26 | 艺术设计研究 | 155 | 0.296 | 0.013 | 0.92 | 95 | 0.08 | 1.94 | 4.5 | 3 |
| E26 | 造纸化学品 | 192 | 0.247 | - | 0.90 | 67 | 0.20 | 1.37 | 7.8 | 4 |
| E26 | 造纸科学与技术 | 414 | 0.220 | 0.073 | 0.88 | 151 | 0.31 | 3.08 | 6.5 | 4 |
| E26 | 造纸装备及材料 | 80 | 0.192 | 0.030 | 0.98 | 58 | 0.20 | 1.18 | 6.3 | 2 |
| E26 | 纸和造纸 | 737 | 0.471 | 0.121 | 0.69 | 172 | 0.29 | 3.51 | 4.8 | 5 |
| E26 | 中国皮革 | 1018 | 0.351 | 0.090 | 0.74 | 229 | 0.14 | 4.67 | 8.2 | 5 |
| E26 | 中国造纸 | 1392 | 0.583 | 0.079 | 0.65 | 265 | 0.31 | 5.41 | 6.9 | 6 |
| E26 | 中国造纸学报 | 455 | 0.645 | 0.024 | 0.85 | 156 | 0.27 | 3.18 | 8.4 | 4 |
| E27 | 电测与仪表 | 2975 | 0.898 | 0.116 | 0.73 | 490 | 0.53 | 25.79 | 4.1 | 9 |
| E27 | 阀门 | 248 | 0.147 | - | 0.83 | 108 | 0.16 | 5.68 | 8.9 | 3 |
| E27 | 分析仪器 | 615 | 0.363 | 0.094 | 0.95 | 347 | 0.47 | 18.26 | 6.3 | 5 |
| E27 | 工业仪表与自动化装置 | 692 | 0.462 | 0.106 | 0.97 | 341 | 0.47 | 17.95 | 4.9 | 5 |
| E27 | 光学精密工程 | 4782 | 1.645 | 0.129 | 0.80 | 677 | 0.47 | 35.63 | 4.5 | 10 |
| E27 | 光学仪器 | 411 | 0.320 | 0.029 | 0.82 | 208 | 0.37 | 10.95 | 6.4 | 4 |
| E27 | 生命科学仪器 | 342 | 0.341 | 0.021 | 0.99 | 239 | 0.21 | 12.58 | 7.3 | 5 |
| E27 | 水泵技术 | 314 | 0.243 | - | 0.88 | 134 | 0.05 | 7.05 | 9.0 | 4 |
| E27 | 现代科学仪器 | 1031 | 0.176 | 0.035 | 0.91 | 512 | 0.37 | 26.95 | 7.4 | 6 |
| E27 | 现代仪器与医疗 | 1722 | 2.019 | 0.216 | 0.99 | 598 | 0.37 | 31.47 | 2.7 | 10 |
| E27 | 仪表技术 | 575 | 0.255 | 0.077 | 0.96 | 288 | 0.58 | 15.16 | 6.0 | 5 |
| E27 | 仪表技术与传感器 | 2331 | 0.631 | 0.076 | 0.84 | 627 | 0.58 | 33.00 | 5.3 | 6 |
| E27 | 仪器仪表学报 | 6774 | 2.301 | 0.294 | 0.85 | 1127 | 0.74 | 59.32 | 5.3 | 12 |
| E27 | 仪器仪表用户 | 513 | 0.265 | 0.074 | 0.97 | 280 | 0.53 | 14.74 | 5.8 | 4 |
| E27 | 仪器仪表与分析监测 | 206 | 0.149 | 0.041 | 0.97 | 150 | 0.37 | 7.89 | 7.9 | 3 |
| E27 | 中国仪器仪表 | 497 | 0.500 | 0.049 | 0.99 | 281 | 0.42 | 14.79 | 7.1 | 5 |
| E27 | 自动化仪表 | 1672 | 0.696 | 0.093 | 0.89 | 609 | 0.63 | 32.05 | 5.3 | 8 |

| 学科代码 | 期刊名称 | 扩展总被引频次 | 扩展影响因子 | 扩展即年指标 | 扩展他引率 | 扩展引用刊数 | 扩展学科影响指标 | 扩展学科扩散指标 | 扩展被引半衰期 | 扩展H指标 |
|---|---|---|---|---|---|---|---|---|---|---|
| E27 | 自动化与仪表 | 847 | 0.489 | 0.053 | 0.95 | 374 | 0.68 | 19.68 | 4.9 | 5 |
| E28 | Defence Technology | 68 | 0.177 | 0.036 | 0.84 | 47 | 0.27 | 1.27 | 3.9 | 2 |
| E28 | 爆破 | 1391 | 1.258 | 0.168 | 0.68 | 265 | 0.38 | 7.16 | 5.6 | 8 |
| E28 | 爆破器材 | 394 | 0.375 | 0.127 | 0.81 | 133 | 0.41 | 3.59 | 8.3 | 4 |
| E28 | 爆炸与冲击 | 1463 | 0.693 | 0.081 | 0.91 | 345 | 0.62 | 9.32 | 8.4 | 7 |
| E28 | 兵工学报 | 2625 | 0.900 | 0.073 | 0.87 | 573 | 0.81 | 15.49 | 6.1 | 8 |
| E28 | 兵工自动化 | 1330 | 0.659 | 0.031 | 0.82 | 431 | 0.73 | 11.65 | 5.1 | 6 |
| E28 | 兵器材料科学与工程 | 893 | 0.437 | 0.099 | 0.90 | 313 | 0.41 | 8.46 | 6.3 | 5 |
| E28 | 兵器装备工程学报 | 1315 | 0.483 | 0.053 | 0.85 | 428 | 0.78 | 11.57 | 3.9 | 5 |
| E28 | 弹道学报 | 691 | 0.574 | 0.015 | 0.91 | 172 | 0.70 | 4.65 | 7.3 | 4 |
| E28 | 弹箭与制导学报 | 1482 | 0.272 | 0.012 | 0.89 | 349 | 0.81 | 9.43 | 7.4 | 5 |
| E28 | 地面防空武器 | 14 | 0.031 | 0.053 | 0.57 | 8 | 0.08 | 0.22 | 4.3 | 1 |
| E28 | 防护工程 | 136 | 0.247 | 0.107 | 0.43 | 33 | 0.24 | 0.89 | 3.9 | 3 |
| E28 | 飞航导弹 | 1135 | 0.628 | 0.142 | 0.77 | 271 | 0.78 | 7.32 | 5.3 | 6 |
| E28 | 国防 | 219 | 0.231 | 0.058 | 0.99 | 135 | 0.35 | 3.65 | 3.5 | 3 |
| E28 | 国防科技 | 599 | 0.564 | 0.041 | 0.93 | 308 | 0.59 | 8.32 | 3.8 | 6 |
| E28 | 含能材料 | 1264 | 0.652 | 0.121 | 0.61 | 169 | 0.51 | 4.57 | 6.6 | 6 |
| E28 | 航空兵器 | 419 | 0.364 | 0.011 | 0.75 | 166 | 0.51 | 4.49 | 6.6 | 4 |
| E28 | 火工品 | 370 | 0.269 | 0.022 | 0.83 | 111 | 0.43 | 3.00 | 8.4 | 4 |
| E28 | 火控雷达技术 | 280 | 0.263 | 0.024 | 0.94 | 145 | 0.49 | 3.92 | 6.6 | 3 |
| E28 | 火力与指挥控制 | 2071 | 0.433 | 0.041 | 0.86 | 455 | 0.84 | 12.30 | 5.2 | 6 |
| E28 | 火炮发射与控制学报 | 353 | 0.413 | 0.038 | 0.86 | 125 | 0.43 | 3.38 | 6.3 | 5 |
| E28 | 火炸药学报 | 1122 | 0.782 | 0.134 | 0.72 | 147 | 0.57 | 3.97 | 7.3 | 5 |
| E28 | 军械工程学院学报 | 182 | 0.200 | 0.034 | 0.95 | 111 | 0.54 | 3.00 | 8.1 | 3 |
| E28 | 水雷战与舰船防护 | 75 | 0.056 | — | 0.87 | 42 | 0.30 | 1.14 | 6.0 | 2 |
| E28 | 水下无人系统学报 | 346 | 0.262 | 0.057 | 0.68 | 103 | 0.38 | 2.78 | 6.8 | 4 |
| E28 | 探测与控制学报 | 567 | 0.381 | 0.058 | 0.79 | 188 | 0.51 | 5.08 | 6.7 | 4 |
| E28 | 现代防御技术 | 784 | 0.414 | 0.026 | 0.84 | 203 | 0.76 | 5.49 | 5.2 | 5 |
| E28 | 战术导弹技术 | 493 | 0.447 | 0.054 | 0.85 | 161 | 0.59 | 4.35 | 5.4 | 4 |
| E28 | 指挥控制与仿真 | 714 | 0.415 | 0.059 | 0.88 | 216 | 0.59 | 5.84 | 5.5 | 5 |
| E28 | 指挥信息系统与技术 | 427 | 0.644 | 0.194 | 0.76 | 148 | 0.41 | 4.00 | 3.7 | 4 |
| E28 | 指挥与控制学报 | 63 | — | 0.183 | 0.49 | 24 | 0.11 | 0.65 | 1.4 | 3 |
| E28 | 装备学院学报 | 724 | 0.541 | 0.120 | 0.85 | 272 | 0.70 | 7.35 | 5.3 | 6 |

| 学科代码 | 期刊名称 | 扩展总被引频次 | 扩展影响因子 | 扩展即年指标 | 扩展他引率 | 扩展引用刊数 | 扩展学科影响指标 | 扩展学科扩散指标 | 扩展被引半衰期 | 扩展H指标 |
|---|---|---|---|---|---|---|---|---|---|---|
| E28 | 装甲兵工程学院学报 | 472 | 0.392 | 0.069 | 0.87 | 236 | 0.51 | 6.38 | 5.6 | 5 |
| E29 | 产业用纺织品 | 546 | 0.357 | 0.028 | 0.91 | 160 | 0.66 | 3.90 | 6.9 | 5 |
| E29 | 纺织标准与质量 | 30 | 0.076 | 0.038 | 0.67 | 16 | 0.32 | 0.39 | 3.0 | 2 |
| E29 | 纺织导报 | 921 | 0.728 | 0.140 | 0.90 | 243 | 0.73 | 5.93 | 5.1 | 5 |
| E29 | 纺织高校基础科学学报 | 236 | 0.355 | 0.064 | 0.70 | 103 | 0.27 | 2.51 | 4.6 | 4 |
| E29 | 纺织科技进展 | 513 | 0.283 | 0.038 | 0.93 | 183 | 0.68 | 4.46 | 6.7 | 4 |
| E29 | 纺织器材 | 245 | 0.236 | 0.057 | 0.51 | 53 | 0.39 | 1.29 | 5.8 | 3 |
| E29 | 纺织学报 | 2824 | 0.800 | 0.095 | 0.77 | 449 | 0.80 | 10.95 | 5.9 | 7 |
| E29 | 服饰导刊 | 207 | 0.370 | 0.127 | 0.92 | 144 | 0.24 | 3.51 | 5.0 | 3 |
| E29 | 国际纺织导报 | 274 | 0.262 | 0.026 | 0.99 | 123 | 0.61 | 3.00 | 6.5 | 3 |
| E29 | 合成纤维 | 649 | 0.405 | 0.101 | 0.82 | 194 | 0.59 | 4.73 | 6.4 | 5 |
| E29 | 合成纤维工业 | 603 | 0.467 | 0.073 | 0.86 | 191 | 0.56 | 4.66 | 7.3 | 4 |
| E29 | 黑龙江纺织 | 120 | 0.194 | 0.083 | 0.98 | 77 | 0.32 | 1.88 | 5.3 | 2 |
| E29 | 化纤与纺织技术 | 141 | 0.124 | — | 0.99 | 77 | 0.54 | 1.88 | 6.7 | 3 |
| E29 | 检验检疫学刊 | 565 | 0.406 | 0.043 | 0.96 | 278 | 0.22 | 6.78 | 7.0 | 5 |
| E29 | 辽宁丝绸 | 95 | 0.126 | 0.043 | 0.99 | 70 | 0.34 | 1.71 | 5.2 | 2 |
| E29 | 毛纺科技 | 959 | 0.764 | 0.159 | 0.54 | 143 | 0.71 | 3.49 | 4.9 | 5 |
| E29 | 棉纺织技术 | 1195 | 0.587 | 0.122 | 0.64 | 146 | 0.71 | 3.56 | 5.9 | 5 |
| E29 | 轻纺工业与技术 | 370 | 0.197 | 0.046 | 0.95 | 172 | 0.68 | 4.20 | 4.5 | 4 |
| E29 | 染料与染色 | 373 | 0.244 | 0.073 | 0.88 | 163 | 0.56 | 3.98 | 9.9 | 4 |
| E29 | 染整技术 | 505 | 0.334 | 0.064 | 0.87 | 151 | 0.71 | 3.68 | 6.1 | 5 |
| E29 | 山东纺织经济 | 615 | 0.268 | 0.087 | 0.97 | 312 | 0.56 | 7.61 | 4.6 | 5 |
| E29 | 山东纺织科技 | 272 | 0.286 | 0.097 | 0.96 | 105 | 0.63 | 2.56 | 6.4 | 4 |
| E29 | 上海纺织科技 | 875 | 0.284 | 0.030 | 0.85 | 188 | 0.73 | 4.59 | 6.1 | 4 |
| E29 | 丝绸 | 1016 | 0.664 | 0.103 | 0.85 | 242 | 0.66 | 5.90 | 5.7 | 5 |
| E29 | 天津纺织科技 | 185 | 0.252 | 0.024 | 0.98 | 100 | 0.61 | 2.44 | 6.1 | 3 |
| E29 | 现代纺织技术 | 352 | 0.377 | 0.069 | 0.90 | 109 | 0.63 | 2.66 | 6.2 | 3 |
| E29 | 现代丝绸科学与技术 | 147 | 0.142 | 0.029 | 0.95 | 84 | 0.59 | 2.05 | 7.1 | 3 |
| E29 | 印染 | 2272 | 0.709 | 0.174 | 0.63 | 265 | 0.73 | 6.46 | 6.1 | 8 |
| E29 | 针织工业 | 727 | 0.241 | 0.031 | 0.82 | 148 | 0.68 | 3.61 | 6.0 | 5 |
| E30 | 包装与食品机械 | 896 | 1.417 | 0.109 | 0.79 | 248 | 0.55 | 4.00 | 4.6 | 7 |
| E30 | 茶业通报 | 367 | 0.256 | 0.020 | 0.97 | 136 | 0.32 | 2.19 | 9.9 | 4 |
| E30 | 茶叶通讯 | 431 | 0.521 | 0.017 | 0.95 | 147 | 0.29 | 2.37 | 7.6 | 5 |

| 学科代码 | 期刊名称 | 扩展总被引频次 | 扩展影响因子 | 扩展即年指标 | 扩展他引率 | 扩展引用刊数 | 扩展学科影响指标 | 扩展学科扩散指标 | 扩展被引半衰期 | 扩展H指标 |
|---|---|---|---|---|---|---|---|---|---|---|
| E30 | 茶叶学报 | 452 | 0.716 | 0.179 | 0.94 | 139 | 0.26 | 2.24 | 8.8 | 5 |
| E30 | 广东茶业 | 312 | 0.617 | 0.093 | 0.96 | 104 | 0.29 | 1.68 | 7.0 | 5 |
| E30 | 河南工业大学学报(自然科学版) | 1040 | 0.625 | 0.129 | 0.93 | 324 | 0.65 | 5.23 | 7.3 | 6 |
| E30 | 江苏调味副食品 | 234 | 0.333 | 0.021 | 0.99 | 112 | 0.42 | 1.81 | 7.5 | 4 |
| E30 | 粮食加工 | 762 | 0.332 | 0.055 | 0.94 | 208 | 0.58 | 3.35 | 7.9 | 6 |
| E30 | 粮食科技与经济 | 504 | 0.502 | 0.131 | 0.88 | 219 | 0.48 | 3.53 | 4.3 | 5 |
| E30 | 粮食问题研究 | 56 | - | 0.092 | 0.93 | 45 | 0.11 | 0.73 | 4.8 | 2 |
| E30 | 粮食与食品工业 | 606 | 0.410 | 0.032 | 0.95 | 219 | 0.58 | 3.53 | 6.0 | 5 |
| E30 | 粮食与饲料工业 | 1870 | 0.683 | 0.169 | 0.86 | 361 | 0.68 | 5.82 | 7.6 | 7 |
| E30 | 粮食与油脂 | 1475 | 0.666 | 0.087 | 0.94 | 362 | 0.66 | 5.84 | 7.6 | 8 |
| E30 | 粮油仓储科技通讯 | 323 | 0.236 | 0.085 | 0.78 | 82 | 0.35 | 1.32 | 6.2 | 4 |
| E30 | 粮油食品科技 | 1059 | 0.765 | 0.110 | 0.93 | 297 | 0.65 | 4.79 | 6.1 | 6 |
| E30 | 酿酒 | 1180 | 0.385 | 0.133 | 0.88 | 207 | 0.48 | 3.34 | 8.5 | 6 |
| E30 | 酿酒科技 | 2746 | 0.603 | 0.109 | 0.74 | 393 | 0.61 | 6.34 | 6.7 | 7 |
| E30 | 肉类工业 | 964 | 0.349 | 0.088 | 0.87 | 196 | 0.52 | 3.16 | 7.7 | 5 |
| E30 | 肉类研究 | 1242 | 0.689 | 0.080 | 0.87 | 256 | 0.56 | 4.13 | 6.7 | 6 |
| E30 | 乳业科学与技术 | 440 | 0.524 | 0.038 | 0.94 | 166 | 0.53 | 2.68 | 7.6 | 5 |
| E30 | 食品安全导刊 | 566 | 0.750 | 0.075 | 0.99 | 242 | 0.56 | 3.90 | 1.8 | 4 |
| E30 | 食品安全质量检测学报 | 1828 | 0.882 | 0.146 | 0.80 | 479 | 0.66 | 7.73 | 2.3 | 7 |
| E30 | 食品工程 | 518 | 0.467 | 0.058 | 0.99 | 223 | 0.56 | 3.60 | 7.2 | 5 |
| E30 | 食品工业 | 2758 | 0.547 | 0.076 | 0.92 | 568 | 0.74 | 9.16 | 3.7 | 7 |
| E30 | 食品工业科技 | 12600 | 0.878 | 0.140 | 0.87 | 1202 | 0.82 | 19.39 | 4.5 | 11 |
| E30 | 食品界 | 21 | - | 0.026 | 1.00 | 15 | 0.05 | 0.24 | 1.2 | 1 |
| E30 | 食品科技 | 5910 | 0.612 | 0.088 | 0.95 | 872 | 0.76 | 14.06 | 6.3 | 10 |
| E30 | 食品科学 | 21649 | 1.407 | 0.218 | 0.89 | 1457 | 0.85 | 23.50 | 5.9 | 16 |
| E30 | 食品科学技术学报 | 881 | 1.647 | 0.222 | 0.96 | 407 | 0.66 | 6.56 | 4.4 | 6 |
| E30 | 食品研究与开发 | 6222 | 0.632 | 0.104 | 0.91 | 953 | 0.81 | 15.37 | 6.1 | 11 |
| E30 | 食品与发酵工业 | 5152 | 0.783 | 0.138 | 0.94 | 739 | 0.82 | 11.92 | 7.0 | 8 |
| E30 | 食品与发酵科技 | 866 | 0.650 | 0.100 | 0.97 | 291 | 0.66 | 4.69 | 5.0 | 6 |
| E30 | 食品与机械 | 3886 | 1.113 | 0.217 | 0.67 | 606 | 0.74 | 9.77 | 4.9 | 10 |
| E30 | 食品与生物技术学报 | 1835 | 0.638 | 0.085 | 0.94 | 513 | 0.71 | 8.27 | 7.1 | 8 |
| E30 | 食品与药品 | 1057 | 0.731 | 0.100 | 0.98 | 483 | 0.53 | 7.79 | 7.0 | 7 |
| E30 | 现代食品 | 316 | 0.207 | 0.058 | 0.83 | 144 | 0.35 | 2.32 | 3.8 | 3 |

| 学科代码 | 期刊名称 | 扩展总被引频次 | 扩展影响因子 | 扩展即年指标 | 扩展他引率 | 扩展引用刊数 | 扩展学科影响指标 | 扩展学科扩散指标 | 扩展被引半衰期 | 扩展H指标 |
|---|---|---|---|---|---|---|---|---|---|---|
| E30 | 现代食品科技 | 4774 | 1.188 | 0.158 | 0.90 | 729 | 0.77 | 11.76 | 4.3 | 10 |
| E30 | 现代盐化工 | 105 | 0.198 | 0.041 | 0.96 | 81 | 0.03 | 1.31 | 5.6 | 3 |
| E30 | 盐业史研究 | 178 | 0.110 | — | 0.75 | 62 | 0.02 | 1.00 | ≥10 | 3 |
| E30 | 中国茶叶加工 | 461 | 0.617 | 0.114 | 0.91 | 143 | 0.37 | 2.31 | 6.8 | 6 |
| E30 | 中国井矿盐 | 244 | 0.236 | 0.120 | 0.91 | 125 | 0.11 | 2.02 | 5.6 | 4 |
| E30 | 中国粮油学报 | 3635 | 0.961 | 0.062 | 0.90 | 520 | 0.74 | 8.39 | 6.3 | 11 |
| E30 | 中国酿造 | 4055 | 0.911 | 0.215 | 0.77 | 575 | 0.79 | 9.27 | 5.6 | 9 |
| E30 | 中国乳品工业 | 1387 | 0.489 | 0.103 | 0.89 | 282 | 0.58 | 4.55 | 8.4 | 6 |
| E30 | 中国食品添加剂 | 2114 | 0.760 | 0.089 | 0.94 | 507 | 0.69 | 8.18 | 6.9 | 8 |
| E30 | 中国食品学报 | 3620 | 1.030 | 0.082 | 0.94 | 655 | 0.74 | 10.56 | 4.6 | 11 |
| E30 | 中国食物与营养 | 2598 | 0.879 | 0.179 | 0.93 | 780 | 0.76 | 12.58 | 6.3 | 10 |
| E30 | 中国甜菜糖业 | 184 | 0.122 | — | 0.73 | 79 | 0.19 | 1.27 | ≥10 | 3 |
| E30 | 中国调味品 | 2190 | 0.585 | 0.056 | 0.78 | 388 | 0.65 | 6.26 | 5.7 | 6 |
| E30 | 中国油脂 | 2899 | 0.853 | 0.084 | 0.81 | 494 | 0.66 | 7.97 | 6.9 | 10 |
| E30 | 中外葡萄与葡萄酒 | 1047 | 0.658 | 0.104 | 0.89 | 206 | 0.34 | 3.32 | 8.3 | 6 |
| E31 | Frontiers of Architectural Research | 54 | 0.156 | 0.023 | 0.81 | 33 | 0.07 | 0.24 | 4.2 | 2 |
| E31 | 安徽建筑 | 1919 | 0.475 | 0.070 | 0.99 | 366 | 0.46 | 2.67 | 4.7 | 9 |
| E31 | 安徽建筑大学学报 | 618 | 0.414 | 0.041 | 0.98 | 299 | 0.32 | 2.18 | 6.9 | 5 |
| E31 | 安装 | 599 | 0.471 | 0.168 | 0.97 | 154 | 0.20 | 1.12 | 3.8 | 6 |
| E31 | 北京建筑大学学报 | 564 | 0.855 | 0.085 | 0.99 | 273 | 0.31 | 1.99 | 5.9 | 6 |
| E31 | 城建档案 | 808 | 1.583 | 0.208 | 0.95 | 190 | 0.12 | 1.39 | 2.9 | 5 |
| E31 | 城市发展研究 | 4433 | 1.706 | 0.280 | 0.97 | 1072 | 0.51 | 7.82 | 5.0 | 16 |
| E31 | 城市规划 | 5630 | 3.003 | 0.301 | 0.96 | 866 | 0.58 | 6.32 | 6.9 | 18 |
| E31 | 城市规划学刊 | 3572 | 3.222 | 0.294 | 0.97 | 721 | 0.53 | 5.26 | 6.3 | 15 |
| E31 | 城市建筑 | 7967 | 0.245 | 0.023 | 0.96 | 451 | 0.55 | 3.29 | 3.2 | 19 |
| E31 | 城市勘测 | 1292 | 0.516 | 0.084 | 0.88 | 301 | 0.28 | 2.20 | 5.3 | 6 |
| E31 | 城市住宅 | 382 | — | 0.351 | 0.74 | 108 | 0.27 | 0.79 | 1.8 | 5 |
| E31 | 城镇供水 | 312 | 0.319 | 0.044 | 0.93 | 147 | 0.10 | 1.07 | 4.8 | 4 |
| E31 | 重庆建筑 | 599 | 0.344 | 0.139 | 0.98 | 235 | 0.36 | 1.72 | 5.0 | 5 |
| E31 | 低温建筑技术 | 1530 | 0.248 | 0.068 | 0.96 | 412 | 0.53 | 3.01 | 5.5 | 6 |
| E31 | 粉煤灰综合利用 | 508 | 0.358 | 0.090 | 0.94 | 194 | 0.26 | 1.42 | 7.6 | 5 |
| E31 | 福建建材 | 2172 | 0.825 | 0.433 | 0.99 | 261 | 0.34 | 1.91 | 3.1 | 13 |
| E31 | 福建建设科技 | 742 | 0.419 | 0.124 | 0.99 | 211 | 0.36 | 1.54 | 5.3 | 7 |

## 2016年中国科技期刊被引指标按类刊名字顺索引(续)

| 学科代码 | 期刊名称 | 扩展总被引频次 | 扩展影响因子 | 扩展即年指标 | 扩展他引率 | 扩展引用刊数 | 扩展学科影响指标 | 扩展学科扩散指标 | 扩展被引半衰期 | 扩展H指标 |
|---|---|---|---|---|---|---|---|---|---|---|
| E31 | 福建建筑 | 1508 | 0.373 | 0.135 | 0.98 | 328 | 0.51 | 2.39 | 5.6 | 9 |
| E31 | 工程抗震与加固改造 | 880 | 0.478 | 0.132 | 0.94 | 239 | 0.34 | 1.74 | 7.1 | 6 |
| E31 | 工业建筑 | 3910 | 0.722 | 0.153 | 0.94 | 647 | 0.69 | 4.72 | 7.3 | 10 |
| E31 | 供水技术 | 287 | 0.399 | 0.090 | 0.95 | 147 | 0.15 | 1.07 | 5.3 | 5 |
| E31 | 古建园林技术 | 194 | 0.123 | 0.027 | 0.89 | 101 | 0.22 | 0.74 | ≥10 | 3 |
| E31 | 广东建材 | 2471 | 0.933 | 0.151 | 1.00 | 307 | 0.48 | 2.24 | 5.9 | 12 |
| E31 | 广州建筑 | 236 | 0.383 | 0.077 | 0.94 | 96 | 0.23 | 0.70 | 5.4 | 4 |
| E31 | 规划师 | 4077 | 2.024 | 0.424 | 0.88 | 652 | 0.51 | 4.76 | 4.7 | 12 |
| E31 | 国际城市规划 | 1628 | 1.500 | 0.214 | 0.96 | 444 | 0.40 | 3.24 | 6.1 | 10 |
| E31 | 河北工程大学学报(自然科学版) | 532 | 0.562 | 0.096 | 0.87 | 317 | 0.23 | 2.31 | 6.1 | 5 |
| E31 | 河北建筑工程学院学报 | 514 | 0.407 | 0.085 | 0.98 | 215 | 0.23 | 1.57 | 6.5 | 6 |
| E31 | 河南建材 | 2067 | 1.134 | 0.330 | 1.00 | 251 | 0.31 | 1.83 | 3.2 | 12 |
| E31 | 湖南城市学院学报(自然科学版) | 452 | 0.429 | 0.119 | 0.99 | 239 | 0.18 | 1.74 | 1.9 | 4 |
| E31 | 华中建筑 | 2577 | 0.450 | 0.098 | 0.94 | 519 | 0.57 | 3.79 | 6.3 | 8 |
| E31 | 混凝土 | 4712 | 0.692 | 0.088 | 0.86 | 560 | 0.58 | 4.09 | 6.4 | 10 |
| E31 | 吉林建筑大学学报 | 673 | 0.500 | 0.073 | 0.99 | 314 | 0.30 | 2.29 | 4.5 | 7 |
| E31 | 给水排水 | 4308 | 0.986 | 0.254 | 0.94 | 730 | 0.57 | 5.33 | 6.5 | 13 |
| E31 | 家具与室内装饰 | 1369 | — | 0.730 | 0.54 | 175 | 0.14 | 1.28 | 2.9 | 7 |
| E31 | 建材发展导向(上) | 1989 | 0.232 | 0.046 | 0.98 | 245 | 0.30 | 1.79 | 2.9 | 9 |
| E31 | 建材发展导向(下) | 962 | 0.136 | 0.028 | 0.99 | 146 | 0.23 | 1.07 | 2.5 | 6 |
| E31 | 建材技术与应用 | 1251 | 0.867 | 0.206 | 1.00 | 219 | 0.34 | 1.60 | 5.8 | 10 |
| E31 | 建材世界 | 893 | 0.550 | 0.079 | 0.99 | 312 | 0.36 | 2.28 | 5.8 | 7 |
| E31 | 建井技术 | 487 | 0.624 | 0.090 | 0.74 | 142 | 0.13 | 1.04 | 6.3 | 4 |
| E31 | 建设监理 | 1154 | 0.588 | 0.092 | 0.98 | 182 | 0.26 | 1.33 | 4.8 | 8 |
| E31 | 建设科技 | 3692 | 1.378 | 0.370 | 0.99 | 511 | 0.66 | 3.73 | 2.6 | 15 |
| E31 | 建筑安全 | 1800 | 0.758 | 0.343 | 0.98 | 219 | 0.31 | 1.60 | 4.6 | 12 |
| E31 | 建筑材料学报 | 2693 | 1.031 | 0.105 | 0.94 | 511 | 0.47 | 3.73 | 6.6 | 10 |
| E31 | 建筑电气 | 797 | 0.703 | 0.115 | 0.95 | 221 | 0.27 | 1.61 | 5.2 | 7 |
| E31 | 建筑钢结构进展 | 461 | 0.644 | 0.127 | 0.90 | 135 | 0.28 | 0.99 | 7.4 | 6 |
| E31 | 建筑机械化 | 818 | 0.372 | 0.130 | 0.91 | 227 | 0.31 | 1.66 | 5.9 | 5 |
| E31 | 建筑技术 | 3120 | 1.452 | 0.412 | 0.89 | 424 | 0.65 | 3.09 | 4.9 | 12 |
| E31 | 建筑技术开发 | 1017 | 0.515 | 0.173 | 0.97 | 233 | 0.41 | 1.70 | 3.7 | 8 |
| E31 | 建筑节能 | 1758 | 0.638 | 0.217 | 0.92 | 395 | 0.58 | 2.88 | 5.0 | 10 |

| 学科代码 | 期刊名称 | 扩展总被引频次 | 扩展影响因子 | 扩展即年指标 | 扩展他引率 | 扩展引用刊数 | 扩展学科影响指标 | 扩展学科扩散指标 | 扩展被引半衰期 | 扩展H指标 |
|---|---|---|---|---|---|---|---|---|---|---|
| E31 | 建筑结构 | 3734 | 0.587 | 0.175 | 0.88 | 461 | 0.58 | 3.36 | 6.0 | 10 |
| E31 | 建筑结构学报 | 4800 | 1.669 | 0.189 | 0.90 | 468 | 0.54 | 3.42 | 6.2 | 13 |
| E31 | 建筑经济 | 4390 | 2.079 | 0.518 | 0.93 | 650 | 0.53 | 4.74 | 4.4 | 14 |
| E31 | 建筑科学 | 2707 | 0.882 | 0.148 | 0.96 | 588 | 0.69 | 4.29 | 5.3 | 8 |
| E31 | 建筑科学与工程学报 | 810 | 0.824 | 0.173 | 0.95 | 331 | 0.45 | 2.42 | 6.7 | 9 |
| E31 | 建筑砌块与砌块建筑 | 161 | 0.264 | 0.016 | 0.97 | 87 | 0.23 | 0.64 | 5.8 | 3 |
| E31 | 建筑热能通风空调 | 792 | 0.261 | 0.093 | 0.95 | 262 | 0.33 | 1.91 | 7.7 | 6 |
| E31 | 建筑设计管理 | 1817 | 1.161 | 0.395 | 0.99 | 234 | 0.36 | 1.71 | 4.3 | 15 |
| E31 | 建筑师 | 678 | 0.531 | 0.063 | 0.92 | 181 | 0.42 | 1.32 | 9.6 | 6 |
| E31 | 建筑施工 | 2209 | 0.641 | 0.138 | 0.87 | 303 | 0.50 | 2.21 | 4.6 | 9 |
| E31 | 建筑学报 | 3526 | 1.254 | 0.245 | 0.96 | 523 | 0.64 | 3.82 | 7.6 | 11 |
| E31 | 建筑与预算 | 717 | 0.915 | 0.668 | 0.96 | 128 | 0.23 | 0.93 | 2.3 | 10 |
| E31 | 江苏建材 | 246 | 0.492 | 0.100 | 0.99 | 118 | 0.18 | 0.86 | 3.9 | 5 |
| E31 | 江苏建筑 | 685 | 0.329 | 0.100 | 0.98 | 206 | 0.40 | 1.50 | 5.3 | 6 |
| E31 | 江苏建筑职业技术学院学报 | 436 | 0.365 | 0.118 | 0.96 | 220 | 0.17 | 1.61 | 4.8 | 5 |
| E31 | 江西建材 | 33080 | 2.123 | 1.001 | 0.98 | 522 | 0.49 | 3.81 | 1.7 | 38 |
| E31 | 结构工程师 | 1108 | 0.478 | 0.018 | 0.86 | 298 | 0.45 | 2.18 | 6.1 | 7 |
| E31 | 净水技术 | 1138 | 1.152 | 0.304 | 0.80 | 349 | 0.21 | 2.55 | 5.1 | 6 |
| E31 | 居业 | 1486 | — | 0.207 | 1.00 | 152 | 0.27 | 1.11 | 1.5 | 11 |
| E31 | 空间结构 | 458 | 0.472 | 0.019 | 0.90 | 158 | 0.26 | 1.15 | 8.0 | 5 |
| E31 | 绿色建筑 | 514 | 0.446 | 0.093 | 0.98 | 205 | 0.29 | 1.50 | 5.5 | 5 |
| E31 | 南方建筑 | 1007 | 1.565 | 0.167 | 0.92 | 288 | 0.42 | 2.10 | 3.6 | 10 |
| E31 | 暖通空调 | 3378 | 0.906 | 0.213 | 0.90 | 512 | 0.50 | 3.74 | 7.1 | 10 |
| E31 | 山东建筑大学学报 | 882 | 0.798 | 0.117 | 0.92 | 442 | 0.38 | 3.23 | 6.0 | 7 |
| E31 | 山西建筑 | 24744 | 0.653 | 0.196 | 0.98 | 1301 | 0.82 | 9.50 | 4.9 | 25 |
| E31 | 上海城市规划 | 675 | 1.033 | 0.156 | 0.89 | 245 | 0.34 | 1.79 | 3.6 | 7 |
| E31 | 上海建设科技 | 421 | 0.299 | 0.100 | 0.99 | 177 | 0.28 | 1.29 | 6.3 | 5 |
| E31 | 沈阳建筑大学学报(自然科学版) | 1295 | 0.625 | 0.080 | 0.92 | 522 | 0.50 | 3.81 | 6.4 | 6 |
| E31 | 施工技术 | 7801 | 1.738 | 0.350 | 0.87 | 654 | 0.69 | 4.77 | 4.0 | 18 |
| E31 | 时代建筑 | 919 | 0.469 | 0.254 | 0.84 | 206 | 0.42 | 1.50 | 6.9 | 5 |
| E31 | 四川建筑 | 1773 | 0.313 | 0.082 | 0.99 | 429 | 0.50 | 3.13 | 5.8 | 7 |
| E31 | 四川建筑科学研究 | 2170 | 0.500 | 0.059 | 0.98 | 544 | 0.64 | 3.97 | 5.8 | 9 |
| E31 | 特种结构 | 574 | 0.180 | 0.109 | 0.92 | 229 | 0.38 | 1.67 | 7.5 | 4 |

| 学科代码 | 期刊名称 | 扩展总被引频次 | 扩展影响因子 | 扩展即年指标 | 扩展他引率 | 扩展引用刊数 | 扩展学科影响指标 | 扩展学科扩散指标 | 扩展被引半衰期 | 扩展H指标 |
|---|---|---|---|---|---|---|---|---|---|---|
| E31 | 天津城建大学学报 | 301 | 0.328 | 0.045 | 0.98 | 209 | 0.23 | 1.53 | 6.4 | 4 |
| E31 | 天津建设科技 | 317 | 0.258 | 0.036 | 0.99 | 122 | 0.23 | 0.89 | 4.6 | 4 |
| E31 | 土工基础 | 602 | 0.281 | 0.049 | 0.98 | 247 | 0.32 | 1.80 | 6.3 | 5 |
| E31 | 西安建筑科技大学学报(自然科学版) | 1263 | 0.646 | 0.060 | 0.97 | 547 | 0.53 | 3.99 | 6.8 | 6 |
| E31 | 现代城市研究 | 2045 | 1.105 | 0.185 | 0.95 | 610 | 0.46 | 4.45 | 4.8 | 9 |
| E31 | 消防技术与产品信息 | 1198 | 0.494 | 0.136 | 0.92 | 282 | 0.22 | 2.06 | 5.0 | 6 |
| E31 | 小城镇建设 | 788 | 0.523 | 0.171 | 0.97 | 299 | 0.34 | 2.18 | 6.0 | 5 |
| E31 | 新建筑 | 1219 | 0.536 | 0.159 | 0.94 | 308 | 0.44 | 2.25 | 8.7 | 6 |
| E31 | 新型建筑材料 | 2503 | 0.733 | 0.077 | 0.83 | 474 | 0.57 | 3.46 | 6.4 | 7 |
| E31 | 云南建筑 | 48 | 0.044 | 0.006 | 0.81 | 24 | 0.07 | 0.18 | 5.5 | 2 |
| E31 | 浙江建筑 | 856 | 0.467 | 0.076 | 0.99 | 244 | 0.47 | 1.78 | 5.9 | 7 |
| E31 | 智能建筑电气技术 | 505 | 0.712 | 0.078 | 0.98 | 155 | 0.22 | 1.13 | 5.1 | 7 |
| E31 | 中国电梯 | 199 | 0.152 | 0.023 | 0.60 | 60 | 0.04 | 0.44 | 4.9 | 3 |
| E31 | 中国粉体技术 | 702 | 0.512 | 0.067 | 0.87 | 342 | 0.09 | 2.50 | 6.8 | 6 |
| E31 | 中国给水排水 | 6542 | 0.696 | 0.090 | 0.86 | 882 | 0.51 | 6.44 | 6.5 | 13 |
| E31 | 中国建材科技 | 2640 | 2.303 | 0.175 | 0.99 | 322 | 0.43 | 2.35 | 2.2 | 16 |
| E31 | 中国建筑防水 | 786 | 0.406 | 0.203 | 0.81 | 181 | 0.28 | 1.32 | 4.7 | 4 |
| E31 | 中国市政工程 | 957 | 0.375 | 0.104 | 0.99 | 268 | 0.34 | 1.96 | 6.6 | 7 |
| E31 | 中外建筑 | 2454 | 0.579 | 0.179 | 0.99 | 370 | 0.53 | 2.70 | 5.8 | 14 |
| E31 | 住区 | 139 | 0.469 | 0.061 | 0.88 | 65 | 0.21 | 0.47 | 3.3 | 3 |
| E31 | 住宅科技 | 793 | 0.489 | 0.105 | 0.98 | 212 | 0.50 | 1.55 | 5.9 | 6 |
| E32 | Frontiers of Structural and Civil Engineering | 70 | 0.192 | 0.043 | 0.87 | 43 | 0.27 | 2.87 | 5.6 | 2 |
| E32 | 地下空间与工程学报 | 3769 | 1.004 | 0.112 | 0.88 | 601 | 0.80 | 40.07 | 6.9 | 11 |
| E32 | 工程勘察 | 1933 | 0.644 | 0.156 | 0.89 | 530 | 0.73 | 35.33 | 6.7 | 8 |
| E32 | 土木工程学报 | 6635 | 2.180 | 0.420 | 0.98 | 788 | 0.93 | 52.53 | 7.6 | 16 |
| E32 | 土木工程与管理学报 | 901 | 1.049 | 0.236 | 0.98 | 388 | 0.47 | 25.87 | 6.4 | 7 |
| E32 | 土木建筑工程信息技术 | 1011 | 1.004 | 0.161 | 0.89 | 246 | 0.27 | 16.40 | 4.1 | 12 |
| E32 | 土木建筑与环境工程 | 1956 | 0.945 | 0.140 | 0.98 | 667 | 0.73 | 44.47 | 7.3 | 8 |
| E32 | 岩石力学与工程学报 | 19909 | 3.644 | 0.292 | 0.95 | 978 | 0.87 | 65.20 | 8.6 | 24 |
| E32 | 岩土工程技术 | 500 | 0.479 | 0.130 | 0.97 | 229 | 0.47 | 15.27 | ≥10 | 5 |
| E32 | 岩土工程学报 | 10844 | 2.075 | 0.226 | 0.93 | 806 | 0.93 | 53.73 | 8.0 | 16 |
| E32 | 岩土力学 | 14895 | 2.032 | 0.279 | 0.93 | 962 | 0.87 | 64.13 | 6.8 | 16 |
| E32 | 筑路机械与施工机械化 | 1363 | 0.784 | 0.138 | 0.82 | 248 | 0.13 | 16.53 | 6.2 | 6 |

| 学科代码 | 期刊名称 | 扩展总被引频次 | 扩展影响因子 | 扩展即年指标 | 扩展他引率 | 扩展引用刊数 | 扩展学科影响指标 | 扩展学科扩散指标 | 扩展被引半衰期 | 扩展H指标 |
|---|---|---|---|---|---|---|---|---|---|---|
| E32 | 砖瓦 | 426 | 0.251 | 0.146 | 0.76 | 143 | 0.33 | 9.53 | 5.6 | 3 |
| E33 | Journal of Hydrodynamics | 708 | 0.687 | 0.202 | 0.79 | 238 | 0.29 | 3.17 | 5.6 | 5 |
| E33 | Water Science and Engineering | 127 | 0.500 | 0.385 | 0.76 | 65 | 0.19 | 0.87 | 3.3 | 3 |
| E33 | 北京水务 | 438 | 0.362 | 0.131 | 0.86 | 191 | 0.43 | 2.55 | 7.1 | 4 |
| E33 | 长江科学院院报 | 1979 | 0.721 | 0.107 | 0.83 | 539 | 0.77 | 7.19 | 5.5 | 7 |
| E33 | 大坝与安全 | 324 | 0.244 | 0.052 | 0.94 | 149 | 0.60 | 1.99 | 7.8 | 3 |
| E33 | 东北水利水电 | 841 | 0.190 | 0.036 | 0.98 | 279 | 0.68 | 3.72 | 7.1 | 5 |
| E33 | 甘肃水利水电技术 | 543 | 0.239 | 0.068 | 0.93 | 199 | 0.52 | 2.65 | 5.8 | 5 |
| E33 | 广东水利水电 | 791 | 0.256 | 0.030 | 0.85 | 267 | 0.67 | 3.56 | 6.6 | 5 |
| E33 | 广西水利水电 | 339 | 0.187 | 0.067 | 0.98 | 167 | 0.57 | 2.23 | 7.1 | 4 |
| E33 | 海河水利 | 537 | 0.277 | 0.112 | 0.98 | 219 | 0.55 | 2.92 | 7.3 | 5 |
| E33 | 河北水利 | 366 | 0.145 | 0.067 | 1.00 | 151 | 0.29 | 2.01 | 5.1 | 4 |
| E33 | 河海大学学报(自然科学版) | 1869 | 0.730 | 0.102 | 0.97 | 635 | 0.75 | 8.47 | ≥10 | 7 |
| E33 | 河南水利与南水北调 | 2013 | 0.542 | 0.123 | 0.98 | 301 | 0.61 | 4.01 | 3.3 | 11 |
| E33 | 黑龙江水利 | 312 | — | 0.073 | 0.98 | 116 | 0.29 | 1.55 | 4.8 | 5 |
| E33 | 黑龙江水利科技 | 3241 | 0.577 | 0.089 | 0.95 | 398 | 0.64 | 5.31 | 3.5 | 12 |
| E33 | 红水河 | 308 | 0.199 | 0.019 | 0.95 | 156 | 0.45 | 2.08 | 6.4 | 4 |
| E33 | 湖南水利水电 | 491 | 0.313 | 0.109 | 0.98 | 175 | 0.37 | 2.33 | 4.9 | 6 |
| E33 | 吉林水利 | 698 | 0.480 | 0.082 | 0.91 | 246 | 0.63 | 3.28 | 5.0 | 5 |
| E33 | 江淮水利科技 | 149 | 0.113 | 0.069 | 0.99 | 80 | 0.33 | 1.07 | 4.7 | 3 |
| E33 | 江苏水利 | 621 | 0.383 | 0.115 | 0.92 | 195 | 0.51 | 2.60 | 4.9 | 5 |
| E33 | 江西水利科技 | 339 | 0.370 | 0.126 | 0.94 | 143 | 0.41 | 1.91 | 6.1 | 5 |
| E33 | 南水北调与水利科技 | 1654 | 0.723 | 0.104 | 0.90 | 500 | 0.72 | 6.67 | 4.9 | 7 |
| E33 | 内蒙古水利 | 874 | 0.169 | 0.062 | 1.00 | 240 | 0.48 | 3.20 | 4.6 | 6 |
| E33 | 泥沙研究 | 1169 | 0.876 | 0.095 | 0.88 | 249 | 0.57 | 3.32 | ≥10 | 7 |
| E33 | 人民黄河 | 2655 | 0.609 | 0.108 | 0.86 | 593 | 0.80 | 7.91 | 5.4 | 7 |
| E33 | 人民长江 | 3588 | 0.547 | 0.192 | 0.87 | 723 | 0.84 | 9.64 | 5.6 | 8 |
| E33 | 人民珠江 | 695 | 0.489 | 0.207 | 0.78 | 245 | 0.71 | 3.27 | 4.3 | 5 |
| E33 | 三峡大学学报(自然科学版) | 638 | 0.350 | 0.037 | 0.97 | 387 | 0.41 | 5.16 | 6.7 | 5 |
| E33 | 山东水利 | 451 | 0.153 | 0.058 | 0.99 | 177 | 0.44 | 2.36 | 5.5 | 4 |
| E33 | 山西水利 | 441 | 0.149 | 0.031 | 1.00 | 176 | 0.47 | 2.35 | 6.1 | 5 |
| E33 | 山西水利科技 | 341 | 0.201 | 0.024 | 0.99 | 171 | 0.44 | 2.28 | 7.0 | 4 |
| E33 | 陕西水利 | 916 | 0.596 | 0.134 | 0.92 | 209 | 0.55 | 2.79 | 4.0 | 5 |

| 学科代码 | 期刊名称 | 扩展总被引频次 | 扩展影响因子 | 扩展即年指标 | 扩展他引率 | 扩展引用刊数 | 扩展学科影响指标 | 扩展学科扩散指标 | 扩展被引半衰期 | 扩展H指标 |
|---|---|---|---|---|---|---|---|---|---|---|
| E33 | 水电与抽水蓄能 | 737 | 0.812 | 0.381 | 0.80 | 210 | 0.59 | 2.80 | 5.9 | 7 |
| E33 | 水电与新能源 | 561 | 0.317 | 0.096 | 0.71 | 187 | 0.47 | 2.49 | 4.0 | 5 |
| E33 | 水电站机电技术 | 367 | 0.248 | 0.048 | 0.88 | 131 | 0.31 | 1.75 | 5.1 | 3 |
| E33 | 水电站设计 | 402 | 0.188 | 0.010 | 0.99 | 162 | 0.48 | 2.16 | 8.2 | 5 |
| E33 | 水动力学研究与进展A辑 | 1079 | 0.686 | 0.074 | 0.91 | 410 | 0.57 | 5.47 | 8.4 | 7 |
| E33 | 水科学进展 | 3633 | 2.375 | 0.168 | 0.92 | 620 | 0.77 | 8.27 | 7.9 | 13 |
| E33 | 水科学与工程技术 | 667 | 0.226 | 0.043 | 0.97 | 302 | 0.57 | 4.03 | 6.2 | 5 |
| E33 | 水力发电 | 1869 | 0.442 | 0.076 | 0.87 | 411 | 0.75 | 5.48 | 7.5 | 6 |
| E33 | 水力发电学报 | 2290 | 0.860 | 0.112 | 0.89 | 444 | 0.77 | 5.92 | 6.0 | 7 |
| E33 | 水利发展研究 | 1208 | 0.797 | 0.161 | 0.93 | 337 | 0.65 | 4.49 | 4.0 | 7 |
| E33 | 水利规划与设计 | 2540 | 1.530 | 0.306 | 0.65 | 242 | 0.69 | 3.23 | 2.9 | 11 |
| E33 | 水利技术监督 | 1771 | 1.708 | 0.410 | 0.84 | 211 | 0.61 | 2.81 | 3.8 | 12 |
| E33 | 水利建设与管理 | 1181 | 0.516 | 0.130 | 0.86 | 196 | 0.57 | 2.61 | 4.6 | 7 |
| E33 | 水利经济 | 700 | 0.837 | 0.184 | 0.93 | 281 | 0.57 | 3.75 | 5.8 | 6 |
| E33 | 水利科技 | 260 | 0.276 | 0.056 | 0.98 | 123 | 0.41 | 1.64 | 5.8 | 3 |
| E33 | 水利科技与经济 | 1723 | 0.319 | 0.051 | 0.95 | 415 | 0.71 | 5.53 | 5.3 | 8 |
| E33 | 水利水电工程设计 | 247 | 0.256 | 0.051 | 0.99 | 113 | 0.49 | 1.51 | 7.2 | 4 |
| E33 | 水利水电技术 | 2109 | 0.429 | 0.075 | 0.95 | 527 | 0.81 | 7.03 | 7.3 | 9 |
| E33 | 水利水电科技进展 | 1368 | 1.077 | 0.170 | 0.94 | 420 | 0.75 | 5.60 | 7.3 | 8 |
| E33 | 水利水电快报 | 272 | 0.116 | 0.013 | 0.99 | 154 | 0.55 | 2.05 | 9.0 | 3 |
| E33 | 水利水运工程学报 | 789 | 0.583 | 0.058 | 0.94 | 250 | 0.59 | 3.33 | 7.4 | 6 |
| E33 | 水利信息化 | 423 | 0.652 | 0.119 | 0.80 | 163 | 0.45 | 2.17 | 4.7 | 5 |
| E33 | 水利学报 | 6633 | 2.050 | 0.350 | 0.93 | 928 | 0.85 | 12.37 | 9.4 | 13 |
| E33 | 水利与建筑工程学报 | 1380 | 0.675 | 0.185 | 0.71 | 396 | 0.49 | 5.28 | 4.7 | 7 |
| E33 | 水资源保护 | 1355 | 0.898 | 0.306 | 0.94 | 441 | 0.64 | 5.88 | 6.4 | 8 |
| E33 | 水资源与水工程学报 | 1607 | 0.630 | 0.087 | 0.93 | 539 | 0.72 | 7.19 | 5.3 | 7 |
| E33 | 四川水力发电 | 698 | 0.242 | 0.055 | 0.99 | 237 | 0.65 | 3.16 | 5.9 | 6 |
| E33 | 四川水利 | 296 | 0.160 | 0.059 | 0.98 | 144 | 0.44 | 1.92 | 5.7 | 3 |
| E33 | 西北水电 | 551 | 0.373 | 0.110 | 0.79 | 209 | 0.51 | 2.79 | 5.3 | 4 |
| E33 | 小水电 | 269 | 0.189 | 0.039 | 0.92 | 100 | 0.36 | 1.33 | 5.8 | 4 |
| E33 | 云南水力发电 | 499 | 0.198 | 0.023 | 0.93 | 177 | 0.52 | 2.36 | 6.0 | 4 |
| E33 | 浙江水利科技 | 505 | 0.297 | 0.084 | 0.94 | 206 | 0.60 | 2.75 | 6.3 | 4 |
| E33 | 治淮 | 533 | — | 0.078 | 1.00 | 203 | 0.39 | 2.71 | 4.6 | 4 |

| 学科代码 | 期刊名称 | 扩展总被引频次 | 扩展影响因子 | 扩展即年指标 | 扩展他引率 | 扩展引用刊数 | 扩展学科影响指标 | 扩展学科扩散指标 | 扩展被引半衰期 | 扩展H指标 |
|---|---|---|---|---|---|---|---|---|---|---|
| E33 | 中国防汛抗旱 | 430 | 0.445 | 0.094 | 0.83 | 166 | 0.51 | 2.21 | 4.0 | 6 |
| E33 | 中国水利 | 3274 | 0.767 | 0.158 | 0.92 | 610 | 0.81 | 8.13 | 5.2 | 12 |
| E33 | 中国水利水电科学研究院学报 | 455 | 0.395 | 0.147 | 0.96 | 232 | 0.59 | 3.09 | 7.6 | 6 |
| E33 | 中国水能及电气化 | 584 | 0.520 | 0.170 | 0.84 | 143 | 0.51 | 1.91 | 3.4 | 6 |
| E33 | 中国水土保持 | 1834 | 0.538 | 0.147 | 0.91 | 460 | 0.63 | 6.13 | 6.7 | 7 |
| E34 | Journal of Modern Transportation (English Edition) | 76 | 0.164 | — | 0.89 | 51 | 0.03 | 0.59 | 4.8 | 2 |
| E34 | Journal of Traffic and Transportation Engineering | 3 | — | — | 1.00 | 2 | — | 0.02 | — | 1 |
| E34 | 北方交通 | 1560 | 0.508 | 0.077 | 0.96 | 281 | 0.41 | 3.27 | 4.7 | 8 |
| E34 | 北京汽车 | 214 | 0.229 | 0.042 | 0.98 | 142 | 0.20 | 1.65 | 5.7 | 4 |
| E34 | 车辆与动力技术 | 250 | 0.295 | 0.039 | 0.96 | 149 | 0.21 | 1.73 | 7.2 | 4 |
| E34 | 城市道桥与防洪 | 2644 | 0.477 | 0.127 | 0.97 | 419 | 0.38 | 4.87 | 3.9 | 12 |
| E34 | 重庆交通大学学报(自然科学版) | 2173 | 0.665 | 0.114 | 0.89 | 585 | 0.53 | 6.80 | 7.0 | 7 |
| E34 | 大功率变流技术 | 232 | 0.402 | 0.108 | 0.81 | 116 | 0.05 | 1.35 | 3.9 | 4 |
| E34 | 大连交通大学学报 | 514 | 0.352 | 0.052 | 0.93 | 326 | 0.15 | 3.79 | 5.9 | 4 |
| E34 | 道路交通与安全 | 247 | 0.400 | 0.096 | 0.92 | 147 | 0.33 | 1.71 | 8.4 | 4 |
| E34 | 公路交通技术 | 1289 | 0.649 | 0.097 | 0.96 | 344 | 0.47 | 4.00 | 6.3 | 5 |
| E34 | 公路交通科技 | 4874 | 0.987 | 0.153 | 0.92 | 789 | 0.59 | 9.17 | 7.8 | 9 |
| E34 | 公路交通科技·应用技术版 | 2765 | 0.397 | 0.100 | 0.93 | 405 | 0.44 | 4.71 | 3.9 | 10 |
| E34 | 公路与汽运 | 1524 | 0.605 | 0.160 | 0.84 | 373 | 0.55 | 4.34 | 4.4 | 7 |
| E34 | 广东公路交通 | 346 | 0.281 | 0.056 | 0.97 | 134 | 0.29 | 1.56 | 6.9 | 4 |
| E34 | 广东交通职业技术学院学报 | 441 | 0.407 | 0.130 | 0.98 | 228 | 0.13 | 2.65 | 5.0 | 4 |
| E34 | 国防交通工程与技术 | 432 | 0.477 | 0.127 | 0.94 | 167 | 0.21 | 1.94 | 4.6 | 3 |
| E34 | 黑龙江交通科技 | 6791 | 0.784 | 0.157 | 0.97 | 392 | 0.38 | 4.56 | 3.3 | 15 |
| E34 | 湖南交通科技 | 787 | 0.388 | 0.079 | 0.98 | 195 | 0.30 | 2.27 | 5.9 | 7 |
| E34 | 华东交通大学学报 | 1042 | 0.818 | 0.176 | 0.89 | 588 | 0.31 | 6.84 | 6.0 | 5 |
| E34 | 减速顶与调速技术 | 20 | 0.040 | 0.029 | 0.95 | 10 | 0.02 | 0.12 | ≥10 | 1 |
| E34 | 建筑与文化 | 969 | 0.323 | 0.066 | 0.95 | 272 | 0.03 | 3.16 | 3.3 | 6 |
| E34 | 交通节能与环保 | 253 | 0.484 | 0.068 | 0.94 | 144 | 0.27 | 1.67 | 3.2 | 4 |
| E34 | 交通科技 | 1445 | 0.529 | 0.128 | 0.91 | 343 | 0.44 | 3.99 | 5.3 | 7 |
| E34 | 交通科技与经济 | 872 | 0.574 | 0.109 | 0.87 | 318 | 0.42 | 3.70 | 5.4 | 6 |
| E34 | 交通科学与工程 | 452 | 0.418 | 0.042 | 0.96 | 238 | 0.41 | 2.77 | 7.2 | 5 |

| 学科代码 | 期刊名称 | 扩展总被引频次 | 扩展影响因子 | 扩展即年指标 | 扩展他引率 | 扩展引用刊数 | 扩展学科影响指标 | 扩展学科扩散指标 | 扩展被引半衰期 | 扩展H指标 |
|---|---|---|---|---|---|---|---|---|---|---|
| E34 | 交通信息与安全 | 984 | 0.586 | 0.114 | 0.94 | 402 | 0.47 | 4.67 | 5.8 | 6 |
| E34 | 交通运输工程学报 | 1772 | 1.378 | 0.124 | 0.95 | 527 | 0.52 | 6.13 | 7.5 | 10 |
| E34 | 交通运输工程与信息学报 | 474 | 0.463 | 0.053 | 0.98 | 245 | 0.37 | 2.85 | 6.7 | 4 |
| E34 | 交通运输系统工程与信息 | 1605 | 0.840 | 0.090 | 0.91 | 500 | 0.51 | 5.81 | 5.5 | 8 |
| E34 | 交通运输研究 | 3497 | 0.949 | 0.213 | 1.00 | 504 | 0.63 | 5.86 | 3.9 | 12 |
| E34 | 军事交通学院学报 | 253 | 0.212 | 0.043 | 0.75 | 122 | 0.06 | 1.42 | 3.3 | 3 |
| E34 | 客车技术与研究 | 481 | 0.419 | 0.028 | 0.79 | 156 | 0.21 | 1.81 | 6.3 | 4 |
| E34 | 兰州交通大学学报 | 1042 | 0.468 | 0.044 | 0.92 | 594 | 0.27 | 6.91 | 5.8 | 6 |
| E34 | 辽宁省交通高等专科学校学报 | 426 | 0.456 | 0.096 | 0.99 | 229 | 0.12 | 2.66 | 4.6 | 5 |
| E34 | 路基工程 | 1334 | 0.404 | 0.080 | 0.96 | 345 | 0.31 | 4.01 | 6.5 | 5 |
| E34 | 内蒙古公路与运输 | 590 | 0.296 | 0.084 | 0.97 | 145 | 0.24 | 1.69 | 4.9 | 7 |
| E34 | 汽车工程师 | 481 | 0.291 | 0.063 | 0.96 | 215 | 0.23 | 2.50 | 5.0 | 4 |
| E34 | 汽车工业研究 | 413 | 0.726 | 0.150 | 0.97 | 224 | 0.15 | 2.60 | 4.4 | 5 |
| E34 | 汽车工艺与材料 | 742 | 0.394 | 0.057 | 0.93 | 299 | 0.15 | 3.48 | 7.0 | 5 |
| E34 | 汽车零部件 | 325 | 0.244 | 0.029 | 0.90 | 175 | 0.13 | 2.03 | 3.7 | 3 |
| E34 | 汽车实用技术 | 437 | 0.223 | 0.034 | 0.90 | 210 | 0.20 | 2.44 | 2.7 | 3 |
| E34 | 汽车维护与修理 | 132 | 0.048 | 0.047 | 1.00 | 73 | 0.10 | 0.85 | 4.5 | 2 |
| E34 | 汽车维修 | 199 | — | 0.040 | 0.97 | 95 | 0.15 | 1.10 | 4.5 | 3 |
| E34 | 汽车运用 | 155 | 0.018 | 0.003 | 1.00 | 95 | 0.09 | 1.10 | 6.8 | 3 |
| E34 | 青海交通科技 | 449 | 0.645 | 0.071 | 0.97 | 130 | 0.20 | 1.51 | 5.5 | 6 |
| E34 | 山东交通科技 | 381 | 0.271 | 0.053 | 0.99 | 161 | 0.23 | 1.87 | 4.4 | 4 |
| E34 | 山东交通学院学报 | 230 | 0.307 | 0.033 | 0.94 | 163 | 0.16 | 1.90 | 6.5 | 3 |
| E34 | 山西交通科技 | 804 | 0.408 | 0.091 | 0.91 | 196 | 0.34 | 2.28 | 6.0 | 5 |
| E34 | 上海公路 | 303 | 0.390 | 0.063 | 0.96 | 137 | 0.29 | 1.59 | 6.2 | 4 |
| E34 | 上海汽车 | 594 | 0.285 | 0.083 | 0.93 | 242 | 0.21 | 2.81 | 6.4 | 6 |
| E34 | 时代汽车 | 79 | — | 0.075 | 0.87 | 54 | 0.06 | 0.63 | 1.6 | 2 |
| E34 | 世界桥梁 | 938 | 1.014 | 0.131 | 0.86 | 208 | 0.33 | 2.42 | 5.3 | 6 |
| E34 | 武汉交通职业学院学报 | 257 | 0.557 | 0.165 | 0.96 | 177 | 0.06 | 2.06 | 4.1 | 4 |
| E34 | 武汉理工大学学报(交通科学与工程版) | 1625 | 0.593 | 0.123 | 0.97 | 654 | 0.48 | 7.60 | 5.9 | 6 |
| E34 | 西部交通科技 | 633 | 0.284 | 0.112 | 0.97 | 225 | 0.33 | 2.62 | 4.2 | 5 |
| E34 | 现代城市轨道交通 | 651 | 0.512 | 0.094 | 0.96 | 186 | 0.15 | 2.16 | 5.5 | 4 |
| E34 | 现代交通技术 | 553 | 0.330 | 0.061 | 0.97 | 232 | 0.40 | 2.70 | 6.2 | 4 |
| E34 | 浙江交通职业技术学院学报 | 263 | 0.486 | 0.074 | 0.99 | 165 | 0.10 | 1.92 | 5.0 | 5 |

| 学科代码 | 期刊名称 | 扩展总被引频次 | 扩展影响因子 | 扩展即年指标 | 扩展他引率 | 扩展引用刊数 | 扩展学科影响指标 | 扩展学科扩散指标 | 扩展被引半衰期 | 扩展H指标 |
|---|---|---|---|---|---|---|---|---|---|---|
| E34 | 中国交通信息化 | 710 | 1.015 | 0.104 | 0.88 | 196 | 0.30 | 2.28 | 3.5 | 5 |
| E34 | 重型汽车 | 112 | — | — | 1.00 | 74 | 0.10 | 0.86 | 6.4 | 2 |
| E34 | 综合运输 | 874 | 0.657 | 0.150 | 0.90 | 358 | 0.34 | 4.16 | 4.7 | 6 |
| E35 | 长安大学学报(自然科学版) | 2161 | 1.094 | 0.184 | 0.96 | 533 | 0.54 | 20.50 | 8.1 | 9 |
| E35 | 城市交通 | 1102 | 1.200 | 0.372 | 0.95 | 342 | 0.35 | 13.15 | 6.3 | 9 |
| E35 | 公路 | 4950 | 0.502 | 0.149 | 0.94 | 608 | 0.50 | 23.38 | 6.9 | 10 |
| E35 | 公路工程 | 2176 | 0.705 | 0.110 | 0.83 | 409 | 0.42 | 15.73 | 4.7 | 6 |
| E35 | 交通世界(上旬刊) | 3320 | — | 0.525 | 0.96 | 237 | 0.35 | 9.12 | 3.3 | 12 |
| E35 | 交通世界(下旬刊) | 1727 | 1.160 | 0.108 | 0.97 | 211 | 0.23 | 8.12 | 2.0 | 10 |
| E35 | 交通世界(中旬刊) | 1072 | — | 0.117 | 0.97 | 117 | 0.23 | 4.50 | 1.5 | 9 |
| E35 | 汽车安全与节能学报 | 316 | 1.000 | 0.036 | 0.95 | 172 | 0.15 | 6.62 | 4.1 | 6 |
| E35 | 汽车工程 | 2978 | 0.856 | 0.088 | 0.92 | 534 | 0.42 | 20.54 | 6.9 | 9 |
| E35 | 汽车工程学报 | 249 | 0.659 | 0.045 | 0.94 | 149 | 0.27 | 5.73 | 4.0 | 5 |
| E35 | 汽车技术 | 1241 | 0.464 | 0.044 | 0.95 | 373 | 0.38 | 14.35 | 7.6 | 5 |
| E35 | 汽车科技 | 385 | 0.352 | 0.072 | 0.96 | 204 | 0.23 | 7.85 | 7.2 | 4 |
| E35 | 隧道建设 | 1941 | 1.288 | 0.248 | 0.83 | 343 | 0.38 | 13.19 | 5.2 | 10 |
| E35 | 现代隧道技术 | 2250 | 1.353 | 0.138 | 0.83 | 365 | 0.42 | 14.04 | 5.1 | 9 |
| E35 | 中国公路学报 | 3583 | 1.864 | 0.227 | 0.92 | 647 | 0.62 | 24.88 | 7.6 | 12 |
| E35 | 中外公路 | 3224 | 0.702 | 0.054 | 0.90 | 491 | 0.38 | 18.88 | 6.1 | 9 |
| E36 | 城市轨道交通研究 | 2504 | 0.776 | 0.137 | 0.88 | 472 | 0.77 | 10.98 | 5.2 | 9 |
| E36 | 地下工程与隧道 | 339 | 0.318 | 0.078 | 0.99 | 143 | 0.40 | 3.33 | 9.6 | 4 |
| E36 | 电力机车与城轨车辆 | 607 | 0.289 | 0.049 | 0.87 | 188 | 0.58 | 4.37 | 6.9 | 4 |
| E36 | 电气化铁道 | 374 | 0.376 | — | 0.94 | 127 | 0.44 | 2.95 | 7.0 | 4 |
| E36 | 都市快轨交通 | 1443 | 0.918 | 0.354 | 0.91 | 329 | 0.72 | 7.65 | 5.4 | 6 |
| E36 | 高速铁路技术 | 344 | 0.534 | 0.050 | 0.89 | 132 | 0.51 | 3.07 | 3.5 | 5 |
| E36 | 轨道交通装备与技术 | 160 | 0.166 | 0.056 | 0.93 | 99 | 0.28 | 2.30 | 4.9 | 3 |
| E36 | 国外机车车辆工艺 | 55 | 0.054 | 0.029 | 1.00 | 44 | 0.12 | 1.02 | ≥10 | 2 |
| E36 | 国外铁道车辆 | 142 | 0.116 | — | 0.99 | 81 | 0.42 | 1.88 | ≥10 | 3 |
| E36 | 国外铁道机车与动车 | 49 | — | — | 1.00 | 34 | 0.12 | 0.79 | ≥10 | 2 |
| E36 | 湖北汽车工业学院学报 | 254 | 0.278 | 0.068 | 0.89 | 166 | 0.02 | 3.86 | 6.7 | 4 |
| E36 | 机车车辆工艺 | 228 | 0.096 | 0.008 | 0.96 | 124 | 0.33 | 2.88 | 8.0 | 3 |
| E36 | 机车电传动 | 731 | 0.351 | 0.036 | 0.88 | 236 | 0.60 | 5.49 | 6.6 | 5 |
| E36 | 客车技术 | 45 | 0.048 | 0.011 | 0.87 | 29 | 0.02 | 0.67 | 6.7 | 1 |

| 学科代码 | 期刊名称 | 扩展总被引频次 | 扩展影响因子 | 扩展即年指标 | 扩展他引率 | 扩展引用刊数 | 扩展学科影响指标 | 扩展学科扩散指标 | 扩展被引半衰期 | 扩展H指标 |
|---|---|---|---|---|---|---|---|---|---|---|
| E36 | 上海铁道科技 | 353 | 0.184 | 0.038 | 0.98 | 163 | 0.60 | 3.79 | 4.8 | 3 |
| E36 | 石家庄铁道大学学报(自然科学版) | 650 | 0.729 | 0.130 | 0.91 | 290 | 0.37 | 6.74 | 6.1 | 5 |
| E36 | 石家庄铁路职业技术学院学报 | 371 | 0.411 | 0.110 | 0.99 | 185 | 0.09 | 4.30 | 5.9 | 5 |
| E36 | 铁道标准设计 | 3449 | 0.953 | 0.198 | 0.73 | 423 | 0.72 | 9.84 | 5.4 | 8 |
| E36 | 铁道车辆 | 656 | 0.182 | 0.018 | 0.95 | 223 | 0.63 | 5.19 | 8.3 | 4 |
| E36 | 铁道工程学报 | 3063 | 1.149 | 0.101 | 0.89 | 521 | 0.74 | 12.12 | 6.2 | 11 |
| E36 | 铁道货运 | 532 | 0.744 | 0.282 | 0.70 | 108 | 0.33 | 2.51 | 2.9 | 4 |
| E36 | 铁道机车车辆 | 637 | 0.219 | 0.044 | 0.90 | 229 | 0.65 | 5.33 | 6.2 | 4 |
| E36 | 铁道机车与动车 | 322 | 0.140 | 0.024 | 0.89 | 147 | 0.37 | 3.42 | 7.0 | 3 |
| E36 | 铁道技术监督 | 358 | 0.179 | 0.049 | 0.95 | 165 | 0.60 | 3.84 | 5.4 | 4 |
| E36 | 铁道建筑 | 2819 | 0.654 | 0.095 | 0.84 | 443 | 0.65 | 10.30 | 5.5 | 7 |
| E36 | 铁道建筑技术 | 2649 | 1.064 | 0.211 | 0.51 | 301 | 0.51 | 7.00 | 4.6 | 7 |
| E36 | 铁道勘察 | 1039 | 0.554 | 0.153 | 0.64 | 225 | 0.42 | 5.23 | 5.5 | 6 |
| E36 | 铁道科学与工程学报 | 1395 | 0.976 | 0.144 | 0.72 | 399 | 0.51 | 9.28 | 5.1 | 7 |
| E36 | 铁道通信信号 | 858 | 0.251 | 0.076 | 0.75 | 162 | 0.53 | 3.77 | 5.6 | 4 |
| E36 | 铁道学报 | 2895 | 1.103 | 0.108 | 0.91 | 623 | 0.70 | 14.49 | 6.6 | 9 |
| E36 | 铁道运输与经济 | 1519 | 0.963 | 0.414 | 0.85 | 354 | 0.65 | 8.23 | 4.8 | 7 |
| E36 | 铁道运营技术 | 177 | 0.247 | 0.068 | 0.98 | 100 | 0.44 | 2.33 | 5.2 | 3 |
| E36 | 铁路工程技术与经济 | 486 | 0.657 | 0.103 | 0.91 | 119 | 0.30 | 2.77 | 5.1 | 6 |
| E36 | 铁路计算机应用 | 561 | 0.308 | 0.100 | 0.81 | 206 | 0.47 | 4.79 | 4.6 | 4 |
| E36 | 铁路技术创新 | 322 | 0.763 | 0.045 | 0.88 | 115 | 0.42 | 2.67 | 2.8 | 6 |
| E36 | 铁路节能环保与安全卫生 | 285 | 0.317 | 0.058 | 0.92 | 137 | 0.23 | 3.19 | 7.3 | 4 |
| E36 | 铁路通信信号工程技术 | 374 | 0.289 | 0.065 | 0.95 | 119 | 0.44 | 2.77 | 4.4 | 4 |
| E36 | 郑州铁路职业技术学院学报 | 316 | 0.223 | 0.024 | 0.98 | 208 | 0.09 | 4.84 | 5.0 | 4 |
| E36 | 中国铁道科学 | 2528 | 1.196 | 0.162 | 0.91 | 554 | 0.74 | 12.88 | 7.7 | 8 |
| E36 | 中国铁路 | 1287 | 0.537 | 0.178 | 0.87 | 324 | 0.72 | 7.53 | 4.7 | 6 |
| E37 | Journal of Marine Science and Application | 164 | 0.196 | 0.040 | 0.90 | 91 | 0.21 | 1.90 | 6.2 | 3 |
| E37 | 船舶 | 403 | 0.318 | 0.085 | 0.85 | 146 | 0.56 | 3.04 | 6.7 | 4 |
| E37 | 船舶工程 | 955 | 0.433 | 0.100 | 0.90 | 333 | 0.63 | 6.94 | 5.7 | 4 |
| E37 | 船舶力学 | 1061 | 0.491 | 0.037 | 0.84 | 239 | 0.63 | 4.98 | 6.2 | 6 |
| E37 | 船舶设计通讯 | 94 | 0.186 | — | 0.87 | 45 | 0.29 | 0.94 | 6.2 | 2 |
| E37 | 船舶与海洋工程 | 293 | 0.526 | 0.025 | 0.80 | 119 | 0.54 | 2.48 | 5.0 | 4 |
| E37 | 船舶职业教育 | 98 | — | 0.094 | 0.96 | 76 | 0.06 | 1.58 | 1.7 | 3 |

| 学科代码 | 期刊名称 | 扩展总被引频次 | 扩展影响因子 | 扩展即年指标 | 扩展他引率 | 扩展引用刊数 | 扩展学科影响指标 | 扩展学科扩散指标 | 扩展被引半衰期 | 扩展H指标 |
|---|---|---|---|---|---|---|---|---|---|---|
| E37 | 船电技术 | 461 | 0.192 | 0.045 | 0.90 | 249 | 0.35 | 5.19 | 5.3 | 4 |
| E37 | 船海工程 | 935 | 0.372 | 0.069 | 0.80 | 313 | 0.67 | 6.52 | 6.0 | 5 |
| E37 | 大连海事大学学报 | 747 | 0.483 | 0.073 | 0.96 | 385 | 0.63 | 8.02 | 7.5 | 5 |
| E37 | 港工技术 | 470 | 0.228 | 0.019 | 0.93 | 186 | 0.31 | 3.88 | 6.7 | 5 |
| E37 | 港口经济 | 349 | 0.571 | 0.082 | 0.85 | 175 | 0.40 | 3.65 | 3.9 | 3 |
| E37 | 港口科技 | 205 | 0.260 | 0.055 | 0.98 | 113 | 0.17 | 2.35 | 4.9 | 4 |
| E37 | 广船科技 | 61 | 0.054 | — | 1.00 | 48 | 0.29 | 1.00 | 8.1 | 2 |
| E37 | 广东造船 | 179 | 0.161 | 0.042 | 0.96 | 108 | 0.44 | 2.25 | 4.8 | 3 |
| E37 | 广州航海学院学报 | 116 | 0.199 | 0.039 | 0.98 | 84 | 0.17 | 1.75 | 6.2 | 2 |
| E37 | 航海 | 71 | 0.198 | 0.021 | 0.99 | 58 | 0.29 | 1.21 | 4.2 | 2 |
| E37 | 航海技术 | 513 | 0.548 | 0.049 | 0.94 | 173 | 0.54 | 3.60 | 6.5 | 4 |
| E37 | 机电兵船档案 | 367 | 0.697 | 0.148 | 0.95 | 121 | 0.04 | 2.52 | 4.7 | 4 |
| E37 | 舰船电子工程 | 1458 | 0.243 | 0.041 | 0.87 | 433 | 0.25 | 9.02 | 5.5 | 5 |
| E37 | 舰船科学技术 | 1427 | 0.282 | 0.098 | 0.81 | 443 | 0.52 | 9.23 | 5.7 | 5 |
| E37 | 南通航运职业技术学院学报 | 273 | 0.259 | 0.077 | 0.94 | 169 | 0.38 | 3.52 | 5.0 | 4 |
| E37 | 桥梁建设 | 2125 | 1.842 | 0.246 | 0.85 | 301 | 0.17 | 6.27 | 6.3 | 8 |
| E37 | 青岛远洋船员职业学院学报 | 151 | 0.185 | 0.013 | 0.97 | 116 | 0.33 | 2.42 | 6.4 | 3 |
| E37 | 上海船舶运输科学研究所学报 | 132 | 0.175 | 0.032 | 0.92 | 89 | 0.27 | 1.85 | 5.8 | 3 |
| E37 | 上海海事大学学报 | 519 | 0.638 | 0.043 | 0.89 | 272 | 0.56 | 5.67 | 6.9 | 4 |
| E37 | 世界海运 | 352 | 0.321 | 0.039 | 0.97 | 186 | 0.56 | 3.88 | 5.5 | 4 |
| E37 | 水道港口 | 513 | 0.404 | 0.103 | 0.87 | 176 | 0.31 | 3.67 | 7.2 | 4 |
| E37 | 水运工程 | 2009 | 0.389 | 0.092 | 0.83 | 443 | 0.60 | 9.23 | 5.9 | 6 |
| E37 | 水运管理 | 315 | 0.213 | 0.080 | 0.90 | 162 | 0.44 | 3.38 | 6.0 | 4 |
| E37 | 天津航海 | 145 | 0.131 | 0.039 | 0.94 | 87 | 0.33 | 1.81 | 6.9 | 3 |
| E37 | 武汉船舶职业技术学院学报 | 452 | 0.302 | 0.045 | 0.99 | 248 | 0.21 | 5.17 | 3.9 | 4 |
| E37 | 造船技术 | 331 | 0.209 | 0.018 | 0.95 | 151 | 0.52 | 3.15 | 8.1 | 3 |
| E37 | 中国港湾建设 | 886 | 0.462 | 0.115 | 0.81 | 277 | 0.44 | 5.77 | 6.1 | 5 |
| E37 | 中国航海 | 675 | 0.513 | 0.026 | 0.87 | 235 | 0.65 | 4.90 | 6.0 | 5 |
| E37 | 中国舰船研究 | 529 | 0.448 | 0.143 | 0.86 | 195 | 0.38 | 4.06 | 4.9 | 5 |
| E37 | 中国水运(上半月) | 516 | 0.539 | 0.084 | 0.96 | 212 | 0.50 | 4.42 | 4.7 | 4 |
| E37 | 中国水运(下半月) | 4229 | 0.291 | 0.053 | 0.96 | 662 | 0.79 | 13.79 | 4.1 | 15 |
| E37 | 中国修船 | 229 | 0.166 | 0.072 | 0.93 | 137 | 0.42 | 2.85 | 7.0 | 3 |
| E37 | 中国造船 | 1043 | 0.663 | 0.033 | 0.94 | 313 | 0.75 | 6.52 | 6.6 | 5 |

| 学科代码 | 期刊名称 | 扩展总被引频次 | 扩展影响因子 | 扩展即年指标 | 扩展他引率 | 扩展引用刊数 | 扩展学科影响指标 | 扩展学科扩散指标 | 扩展被引半衰期 | 扩展H指标 |
|---|---|---|---|---|---|---|---|---|---|---|
| E37 | 珠江水运 | 1031 | 0.928 | 0.106 | 0.98 | 227 | 0.44 | 4.73 | 2.3 | 10 |
| E38 | Chinese Journal of Aeronautics | 1057 | 0.835 | 0.053 | 0.82 | 303 | 0.51 | 4.52 | 4.4 | 7 |
| E38 | Transactions of Nanjing University of Aeronautics and Astronautics | 226 | 0.335 | 0.045 | 0.78 | 118 | 0.21 | 1.76 | 4.8 | 4 |
| E38 | 北华航天工业学院学报 | 261 | 0.306 | 0.050 | 0.99 | 212 | 0.07 | 3.16 | 5.1 | 4 |
| E38 | 北京航空航天大学学报 | 2445 | 0.571 | 0.070 | 0.94 | 729 | 0.76 | 10.88 | 7.3 | 8 |
| E38 | 测控技术 | 1905 | 0.441 | 0.073 | 0.91 | 597 | 0.60 | 8.91 | 5.2 | 6 |
| E38 | 长沙航空职业技术学院学报 | 238 | 0.401 | 0.081 | 0.97 | 165 | 0.07 | 2.46 | 5.3 | 4 |
| E38 | 成都航空职业技术学院学报 | 315 | 0.374 | 0.145 | 0.97 | 201 | 0.07 | 3.00 | 4.4 | 4 |
| E38 | 导弹与航天运载技术 | 525 | 0.316 | 0.063 | 0.87 | 196 | 0.46 | 2.93 | 7.5 | 4 |
| E38 | 导航与控制 | 93 | 0.159 | 0.061 | 0.81 | 48 | 0.06 | 0.72 | 3.6 | 3 |
| E38 | 电光与控制 | 1196 | 0.394 | 0.034 | 0.90 | 365 | 0.46 | 5.45 | 5.8 | 6 |
| E38 | 飞行力学 | 703 | 0.298 | 0.024 | 0.86 | 207 | 0.54 | 3.09 | 7.3 | 5 |
| E38 | 飞行器测控学报 | 442 | 0.622 | 0.194 | 0.67 | 147 | 0.28 | 2.19 | 4.7 | 4 |
| E38 | 固体火箭技术 | 1011 | 0.422 | 0.020 | 0.81 | 243 | 0.43 | 3.63 | 7.4 | 5 |
| E38 | 桂林航天工业学院学报 | 301 | 0.173 | 0.060 | 0.99 | 224 | 0.06 | 3.34 | 5.9 | 4 |
| E38 | 海军航空工程学院学报 | 442 | 0.273 | 0.050 | 0.93 | 246 | 0.33 | 3.67 | 6.5 | 4 |
| E38 | 航空材料学报 | 1146 | 1.318 | 0.138 | 0.91 | 314 | 0.40 | 4.69 | 7.0 | 7 |
| E38 | 航空电子技术 | 194 | 0.333 | — | 0.97 | 116 | 0.25 | 1.73 | 7.2 | 4 |
| E38 | 航空动力学报 | 3067 | 0.582 | 0.077 | 0.77 | 428 | 0.60 | 6.39 | 6.5 | 7 |
| E38 | 航空发动机 | 606 | 0.423 | 0.064 | 0.81 | 173 | 0.37 | 2.58 | 6.9 | 5 |
| E38 | 航空工程进展 | 181 | 0.277 | 0.071 | 0.91 | 101 | 0.33 | 1.51 | 4.1 | 4 |
| E38 | 航空计算技术 | 728 | 0.320 | 0.026 | 0.93 | 301 | 0.55 | 4.49 | 5.8 | 5 |
| E38 | 航空精密制造技术 | 384 | 0.219 | 0.022 | 0.96 | 208 | 0.22 | 3.10 | 7.9 | 4 |
| E38 | 航空科学技术 | 460 | 0.230 | 0.016 | 0.96 | 220 | 0.46 | 3.28 | 5.2 | 5 |
| E38 | 航空维修与工程 | 531 | 0.262 | 0.045 | 0.92 | 221 | 0.42 | 3.30 | 7.2 | 4 |
| E38 | 航空学报 | 4023 | 1.075 | 0.142 | 0.85 | 655 | 0.81 | 9.78 | 6.6 | 12 |
| E38 | 航空制造技术 | 2716 | 0.727 | 0.113 | 0.79 | 527 | 0.64 | 7.87 | 5.6 | 9 |
| E38 | 航天电子对抗 | 423 | 0.429 | 0.020 | 0.91 | 141 | 0.22 | 2.10 | 6.3 | 4 |
| E38 | 航天返回与遥感 | 612 | 0.789 | 0.111 | 0.69 | 190 | 0.39 | 2.84 | 6.2 | 5 |
| E38 | 航天控制 | 441 | 0.300 | — | 0.88 | 185 | 0.39 | 2.76 | 7.1 | 4 |
| E38 | 航天器工程 | 728 | 0.510 | 0.068 | 0.87 | 244 | 0.55 | 3.64 | 5.2 | 6 |
| E38 | 航天器环境工程 | 648 | 0.512 | 0.067 | 0.83 | 216 | 0.52 | 3.22 | 5.8 | 6 |

| 学科代码 | 期刊名称 | 扩展总被引频次 | 扩展影响因子 | 扩展即年指标 | 扩展他引率 | 扩展引用刊数 | 扩展学科影响指标 | 扩展学科扩散指标 | 扩展被引半衰期 | 扩展H指标 |
|---|---|---|---|---|---|---|---|---|---|---|
| E38 | 航天制造技术 | 379 | 0.226 | 0.019 | 0.97 | 191 | 0.28 | 2.85 | 7.4 | 4 |
| E38 | 火箭推进 | 448 | 0.459 | 0.029 | 0.74 | 130 | 0.36 | 1.94 | 5.3 | 5 |
| E38 | 计测技术 | 477 | 0.288 | 0.049 | 0.95 | 243 | 0.28 | 3.63 | 7.0 | 4 |
| E38 | 教练机 | 83 | 0.163 | - | 0.92 | 59 | 0.15 | 0.88 | 6.4 | 2 |
| E38 | 空间电子技术 | 287 | 0.332 | 0.017 | 0.63 | 119 | 0.18 | 1.78 | 5.3 | 3 |
| E38 | 空间控制技术与应用 | 205 | 0.324 | 0.030 | 0.88 | 96 | 0.36 | 1.43 | 5.1 | 3 |
| E38 | 空气动力学学报 | 1060 | 0.574 | 0.061 | 0.86 | 276 | 0.52 | 4.12 | 6.9 | 6 |
| E38 | 民用飞机设计与研究 | 254 | 0.210 | - | 0.94 | 98 | 0.28 | 1.46 | 5.9 | 3 |
| E38 | 南昌航空大学学报(自然科学版) | 224 | 0.340 | 0.028 | 0.90 | 167 | 0.12 | 2.49 | 6.3 | 3 |
| E38 | 南京航空航天大学学报 | 1376 | 0.828 | 0.038 | 0.93 | 530 | 0.61 | 7.91 | 7.0 | 7 |
| E38 | 强度与环境 | 368 | 0.295 | 0.056 | 0.79 | 148 | 0.42 | 2.21 | 7.8 | 4 |
| E38 | 上海航天 | 461 | 0.594 | 0.075 | 0.77 | 176 | 0.40 | 2.63 | 7.6 | 4 |
| E38 | 沈阳航空航天大学学报 | 459 | 0.230 | 0.041 | 0.94 | 302 | 0.30 | 4.51 | 7.1 | 5 |
| E38 | 实验流体力学 | 746 | 0.462 | 0.055 | 0.86 | 233 | 0.37 | 3.48 | 6.8 | 5 |
| E38 | 推进技术 | 1841 | 0.688 | 0.072 | 0.61 | 242 | 0.51 | 3.61 | 6.3 | 6 |
| E38 | 西安航空学院学报 | 347 | 0.283 | 0.105 | 0.99 | 250 | 0.10 | 3.73 | 5.2 | 4 |
| E38 | 现代导航 | 130 | 0.228 | 0.043 | 0.89 | 83 | 0.21 | 1.24 | 3.4 | 3 |
| E38 | 宇航材料工艺 | 914 | 0.437 | 0.055 | 0.91 | 316 | 0.43 | 4.72 | 7.3 | 5 |
| E38 | 宇航计测技术 | 325 | 0.236 | 0.028 | 0.92 | 196 | 0.28 | 2.93 | 7.6 | 3 |
| E38 | 宇航学报 | 2945 | 1.016 | 0.126 | 0.80 | 455 | 0.66 | 6.79 | 6.7 | 9 |
| E38 | 载人航天 | 317 | 0.640 | 0.071 | 0.75 | 108 | 0.31 | 1.61 | 3.4 | 5 |
| E38 | 振动、测试与诊断 | 1334 | 0.681 | 0.050 | 0.78 | 437 | 0.37 | 6.52 | 4.7 | 7 |
| E38 | 郑州航空工业管理学院学报 | 433 | 0.373 | 0.070 | 0.97 | 293 | 0.07 | 4.37 | 4.8 | 4 |
| E38 | 直升机技术 | 141 | 0.165 | - | 0.96 | 97 | 0.33 | 1.45 | 6.7 | 3 |
| E38 | 中国空间科学技术 | 450 | 0.489 | 0.043 | 0.88 | 181 | 0.46 | 2.70 | 7.2 | 4 |
| E38 | 中国民航大学学报 | 504 | 0.335 | - | 0.98 | 291 | 0.37 | 4.34 | 7.6 | 4 |
| E38 | 中国民航飞行学院学报 | 403 | 0.362 | 0.072 | 0.98 | 230 | 0.25 | 3.43 | 5.5 | 5 |
| E39 | Frontiers of Environmental Science & Engineering | 307 | 0.507 | 0.259 | 0.69 | 129 | 0.42 | 1.93 | 3.3 | 4 |
| E39 | Journal of Environmental Sciences | 2826 | 0.930 | 0.259 | 0.87 | 661 | 0.64 | 9.87 | 5.5 | 8 |
| E39 | 长江流域资源与环境 | 4122 | 1.501 | 0.216 | 0.95 | 988 | 0.70 | 14.75 | 5.7 | 13 |
| E39 | 低碳世界 | 7226 | 0.405 | 0.383 | 0.98 | 469 | 0.24 | 7.00 | 1.7 | 18 |
| E39 | 电镀与环保 | 493 | 0.349 | 0.058 | 0.90 | 164 | 0.15 | 2.45 | 7.9 | 5 |

| 学科代码 | 期刊名称 | 扩展总被引频次 | 扩展影响因子 | 扩展即年指标 | 扩展他引率 | 扩展引用刊数 | 扩展学科影响指标 | 扩展学科扩散指标 | 扩展被引半衰期 | 扩展H指标 |
|---|---|---|---|---|---|---|---|---|---|---|
| E39 | 电力科技与环保 | 990 | 0.906 | 0.119 | 0.87 | 301 | 0.46 | 4.49 | 5.9 | 8 |
| E39 | 干旱环境监测 | 382 | 0.500 | 0.100 | 0.99 | 238 | 0.48 | 3.55 | 9.4 | 4 |
| E39 | 干旱区资源与环境 | 5684 | 1.499 | 0.354 | 0.88 | 1066 | 0.61 | 15.91 | 5.4 | 10 |
| E39 | 工业水处理 | 2993 | 0.723 | 0.086 | 0.92 | 631 | 0.61 | 9.42 | 6.8 | 9 |
| E39 | 工业用水与废水 | 1161 | 0.717 | 0.088 | 0.86 | 369 | 0.54 | 5.51 | 6.5 | 6 |
| E39 | 海洋环境科学 | 1672 | 0.637 | 0.125 | 0.92 | 450 | 0.57 | 6.72 | 7.5 | 7 |
| E39 | 黑龙江环境通报 | 321 | 0.214 | 0.041 | 0.99 | 195 | 0.31 | 2.91 | 7.2 | 4 |
| E39 | 化工环保 | 1449 | 1.278 | 0.111 | 0.87 | 429 | 0.60 | 6.40 | 6.6 | 7 |
| E39 | 环保科技 | 242 | 0.319 | 0.057 | 0.96 | 167 | 0.34 | 2.49 | 5.7 | 4 |
| E39 | 环境保护 | 3168 | 1.456 | 0.354 | 0.94 | 997 | 0.76 | 14.88 | 4.6 | 10 |
| E39 | 环境保护科学 | 1185 | 0.819 | 0.184 | 0.98 | 527 | 0.75 | 7.87 | 6.7 | 7 |
| E39 | 环境工程 | 2712 | 1.006 | 0.140 | 0.92 | 763 | 0.76 | 11.39 | 4.5 | 7 |
| E39 | 环境工程技术学报 | 498 | 0.846 | 0.165 | 0.93 | 258 | 0.55 | 3.85 | 3.7 | 7 |
| E39 | 环境工程学报 | 6867 | 0.964 | 0.103 | 0.84 | 1082 | 0.81 | 16.15 | 4.7 | 10 |
| E39 | 环境化学 | 3628 | 1.241 | 0.129 | 0.89 | 825 | 0.79 | 12.31 | 5.2 | 11 |
| E39 | 环境技术 | 543 | 0.552 | 0.112 | 0.97 | 308 | 0.43 | 4.60 | 6.9 | 4 |
| E39 | 环境监测管理与技术 | 1522 | 1.192 | 0.264 | 0.86 | 448 | 0.61 | 6.69 | 6.3 | 8 |
| E39 | 环境监控与预警 | 506 | 0.942 | 0.202 | 0.70 | 189 | 0.48 | 2.82 | 3.7 | 7 |
| E39 | 环境科技 | 2070 | 1.621 | 0.267 | 0.92 | 636 | 0.73 | 9.49 | 6.2 | 6 |
| E39 | 环境科学 | 12634 | 2.220 | 0.384 | 0.84 | 1352 | 0.85 | 20.18 | 5.5 | 19 |
| E39 | 环境科学导刊 | 1100 | 0.605 | 0.152 | 0.97 | 487 | 0.63 | 7.27 | 6.5 | 7 |
| E39 | 环境科学学报 | 8673 | 1.766 | 0.231 | 0.92 | 1268 | 0.84 | 18.93 | 6.2 | 16 |
| E39 | 环境科学研究 | 4788 | 1.745 | 0.228 | 0.91 | 977 | 0.82 | 14.58 | 6.7 | 16 |
| E39 | 环境科学与管理 | 3683 | 0.668 | 0.133 | 0.95 | 1095 | 0.87 | 16.34 | 5.3 | 12 |
| E39 | 环境科学与技术 | 6164 | 1.107 | 0.098 | 0.94 | 1325 | 0.87 | 19.78 | 6.0 | 13 |
| E39 | 环境卫生工程 | 750 | 0.417 | 0.107 | 0.86 | 272 | 0.45 | 4.06 | 6.9 | 6 |
| E39 | 环境污染与防治 | 2857 | 1.069 | 0.091 | 0.95 | 858 | 0.82 | 12.81 | 6.5 | 9 |
| E39 | 环境影响评价 | 775 | 0.840 | 0.234 | 0.91 | 382 | 0.66 | 5.70 | 7.6 | 6 |
| E39 | 环境与发展 | 1203 | 0.403 | 0.064 | 0.99 | 484 | 0.69 | 7.22 | 5.1 | 5 |
| E39 | 环境与可持续发展 | 1889 | 1.679 | 0.292 | 0.63 | 569 | 0.69 | 8.49 | 2.7 | 10 |
| E39 | 能源环境保护 | 680 | 0.458 | 0.163 | 0.99 | 323 | 0.49 | 4.82 | 7.6 | 5 |
| E39 | 农业资源与环境学报 | 1038 | 1.587 | 0.234 | 0.97 | 447 | 0.58 | 6.67 | 5.1 | 7 |
| E39 | 青海环境 | 149 | 0.235 | 0.048 | 0.97 | 111 | 0.22 | 1.66 | 8.3 | 3 |

| 学科代码 | 期刊名称 | 扩展总被引频次 | 扩展影响因子 | 扩展即年指标 | 扩展他引率 | 扩展引用刊数 | 扩展学科影响指标 | 扩展学科扩散指标 | 扩展被引半衰期 | 扩展H指标 |
|---|---|---|---|---|---|---|---|---|---|---|
| E39 | 上海环境科学 | 759 | 0.284 | 0.055 | 1.00 | 411 | 0.72 | 6.13 | ≥10 | 5 |
| E39 | 水处理技术 | 2898 | 0.724 | 0.095 | 0.92 | 611 | 0.58 | 9.12 | 6.0 | 9 |
| E39 | 四川环境 | 1216 | 0.543 | 0.086 | 0.96 | 539 | 0.69 | 8.04 | 6.7 | 6 |
| E39 | 西部人居环境学刊 | 487 | 1.012 | 0.160 | 0.79 | 154 | 0.03 | 2.30 | 2.7 | 4 |
| E39 | 消防科学与技术 | 3431 | 0.944 | 0.176 | 0.56 | 479 | 0.15 | 7.15 | 4.9 | 8 |
| E39 | 新疆环境保护 | 235 | 0.421 | 0.081 | 0.96 | 166 | 0.36 | 2.48 | 8.8 | 4 |
| E39 | 亚热带资源与环境学报 | 387 | 0.625 | 0.020 | 0.95 | 231 | 0.25 | 3.45 | 6.4 | 4 |
| E39 | 应用与环境生物学报 | 2459 | 0.997 | 0.091 | 0.91 | 614 | 0.55 | 9.16 | 8.2 | 10 |
| E39 | 再生资源与循环经济 | 526 | 0.573 | 0.110 | 0.93 | 288 | 0.40 | 4.30 | 5.3 | 5 |
| E39 | 植物资源与环境学报 | 1042 | 0.927 | 0.045 | 0.93 | 356 | 0.12 | 5.31 | 9.4 | 7 |
| E39 | 中国个体防护装备 | 237 | 0.272 | 0.169 | 0.89 | 110 | 0.04 | 1.64 | 6.9 | 4 |
| E39 | 中国环保产业 | 979 | 0.714 | 0.084 | 0.96 | 410 | 0.60 | 6.12 | 4.9 | 7 |
| E39 | 中国环境监测 | 2844 | 1.821 | 0.239 | 0.89 | 693 | 0.78 | 10.34 | 5.7 | 11 |
| E39 | 中国环境科学 | 7763 | 2.127 | 0.335 | 0.83 | 1236 | 0.84 | 18.45 | 5.2 | 17 |
| E39 | 中国人口·资源与环境 | 9605 | 4.936 | 0.447 | 0.97 | 1675 | 0.64 | 25.00 | 4.7 | 21 |
| E39 | 中国特种设备安全 | 592 | 0.492 | 0.090 | 0.81 | 170 | 0.09 | 2.54 | 3.9 | 5 |
| E39 | 资源节约与环保 | 2547 | 0.490 | 0.140 | 0.93 | 501 | 0.61 | 7.48 | 2.1 | 11 |
| E39 | 资源科学 | 8220 | 2.926 | 0.361 | 0.95 | 1410 | 0.72 | 21.04 | 5.7 | 20 |
| E39 | 资源信息与工程 | 302 | — | 0.138 | 0.98 | 82 | 0.06 | 1.22 | 1.3 | 6 |
| E39 | 自然资源学报 | 6857 | 2.565 | 0.194 | 0.95 | 1148 | 0.75 | 17.13 | 7.0 | 18 |
| E40 | 安全 | 507 | 0.471 | 0.106 | 0.96 | 235 | 0.35 | 10.22 | 5.2 | 4 |
| E40 | 安全、健康和环境 | 621 | 0.276 | 0.041 | 0.92 | 240 | 0.30 | 10.43 | 5.8 | 5 |
| E40 | 安全与环境工程 | 1497 | 0.902 | 0.177 | 0.81 | 575 | 0.43 | 25.00 | 5.2 | 7 |
| E40 | 安全与环境学报 | 3037 | 0.853 | 0.167 | 0.80 | 885 | 0.43 | 38.48 | 4.7 | 9 |
| E40 | 电力安全技术 | 975 | 0.341 | 0.057 | 0.90 | 250 | 0.13 | 10.87 | 5.6 | 6 |
| E40 | 防灾减灾工程学报 | 1075 | 0.606 | 0.063 | 0.95 | 385 | 0.43 | 16.74 | 6.6 | 7 |
| E40 | 防灾科技学院学报 | 345 | 0.541 | 0.113 | 0.84 | 185 | 0.26 | 8.04 | 6.0 | 4 |
| E40 | 工业安全与环保 | 1869 | 0.477 | 0.101 | 0.96 | 710 | 0.48 | 30.87 | 6.5 | 6 |
| E40 | 火灾科学 | 412 | 0.400 | 0.053 | 0.95 | 192 | 0.43 | 8.35 | ≥10 | 5 |
| E40 | 劳动保障世界 | 1199 | 0.282 | 0.063 | 0.98 | 440 | 0.04 | 19.13 | 3.3 | 6 |
| E40 | 震灾防御技术 | 434 | 0.674 | 0.120 | 0.87 | 144 | 0.22 | 6.26 | 5.3 | 6 |
| E40 | 中国安全科学学报 | 6192 | 1.477 | 0.281 | 0.88 | 1178 | 0.65 | 51.22 | 6.5 | 14 |
| E40 | 中国安全生产科学技术 | 4105 | 1.401 | 0.253 | 0.84 | 827 | 0.57 | 35.96 | 4.6 | 11 |

| 学科代码 | 期刊名称 | 扩展总被引频次 | 扩展影响因子 | 扩展即年指标 | 扩展他引率 | 扩展引用刊数 | 扩展学科影响指标 | 扩展学科扩散指标 | 扩展被引半衰期 | 扩展H指标 |
|---|---|---|---|---|---|---|---|---|---|---|
| E40 | 中国公共安全(学术版) | 685 | 0.765 | 0.172 | 0.82 | 292 | 0.39 | 12.70 | 4.3 | 6 |
| E40 | 自然灾害学报 | 3299 | 0.976 | 0.116 | 0.91 | 797 | 0.48 | 34.65 | 8.4 | 13 |
| F01 | Frontiers of Engineering Management | 15 | 0.146 | - | 0.47 | 7 | 0.05 | 0.12 | - | 1 |
| F01 | 当代经济管理 | 1507 | 1.620 | 0.337 | 0.99 | 680 | 0.42 | 11.33 | 3.3 | 11 |
| F01 | 工程管理学报 | 2110 | 1.791 | 0.612 | 0.96 | 457 | 0.28 | 7.62 | 4.3 | 15 |
| F01 | 工程研究-跨学科视野中的工程 | 251 | 0.945 | 0.155 | 0.94 | 189 | 0.13 | 3.15 | 3.5 | 6 |
| F01 | 工业工程与管理 | 1447 | 1.121 | 0.115 | 0.82 | 514 | 0.50 | 8.57 | 5.9 | 8 |
| F01 | 公共管理学报 | 1639 | 3.575 | 0.333 | 0.97 | 657 | 0.43 | 10.95 | 5.1 | 12 |
| F01 | 公共管理与政策评论 | 88 | 0.779 | 0.067 | 0.93 | 65 | 0.03 | 1.08 | 2.3 | 3 |
| F01 | 管理案例研究与评论 | 256 | 0.835 | 0.190 | 0.95 | 153 | 0.35 | 2.55 | 4.4 | 5 |
| F01 | 管理工程师 | 234 | 0.331 | 0.196 | 1.00 | 162 | 0.07 | 2.70 | 3.6 | 4 |
| F01 | 管理工程学报 | 2312 | 1.783 | 0.202 | 0.97 | 673 | 0.58 | 11.22 | 5.9 | 11 |
| F01 | 管理观察 | 4513 | 0.458 | 0.145 | 0.98 | 955 | 0.35 | 15.92 | 2.9 | 11 |
| F01 | 管理科学 | 2140 | 3.077 | 0.392 | 0.94 | 641 | 0.58 | 10.68 | 5.7 | 13 |
| F01 | 管理科学学报 | 3142 | 2.457 | 0.193 | 0.90 | 765 | 0.62 | 12.75 | 5.8 | 16 |
| F01 | 管理评论 | 3505 | 2.062 | 0.249 | 0.82 | 780 | 0.62 | 13.00 | 4.3 | 11 |
| F01 | 管理世界 | 16986 | 4.399 | 0.450 | 0.98 | 1503 | 0.70 | 25.05 | 6.8 | 33 |
| F01 | 管理现代化 | 979 | 0.739 | 0.231 | 0.96 | 494 | 0.45 | 8.23 | 3.4 | 7 |
| F01 | 管理学报 | 3457 | 1.706 | 0.382 | 0.90 | 828 | 0.67 | 13.80 | 4.9 | 11 |
| F01 | 管理学刊 | 991 | 1.463 | 0.288 | 0.99 | 424 | 0.42 | 7.07 | 6.6 | 6 |
| F01 | 技术与创新管理 | 745 | 0.565 | 0.203 | 0.98 | 421 | 0.27 | 7.02 | 5.1 | 6 |
| F01 | 交通企业管理 | 804 | - | 0.102 | 1.00 | 302 | 0.15 | 5.03 | 4.1 | 5 |
| F01 | 科技管理研究 | 7840 | 0.867 | 0.144 | 0.91 | 1726 | 0.78 | 28.77 | 4.8 | 11 |
| F01 | 科技进步与对策 | 7378 | 1.375 | 0.239 | 0.93 | 1493 | 0.75 | 24.88 | 4.5 | 12 |
| F01 | 科技与管理 | 903 | 0.447 | 0.157 | 0.99 | 492 | 0.40 | 8.20 | 6.1 | 5 |
| F01 | 科学管理研究 | 1903 | 1.220 | 0.112 | 0.96 | 746 | 0.52 | 12.43 | 5.5 | 9 |
| F01 | 科学学研究 | 5618 | 2.843 | 0.367 | 0.96 | 1156 | 0.75 | 19.27 | 5.2 | 16 |
| F01 | 科学学与科学技术管理 | 5040 | 2.129 | 0.273 | 0.97 | 1102 | 0.65 | 18.37 | 6.1 | 12 |
| F01 | 科学与管理 | 382 | 0.514 | 0.082 | 0.98 | 267 | 0.32 | 4.45 | 6.3 | 4 |
| F01 | 科研管理 | 5094 | 2.609 | 0.475 | 0.92 | 991 | 0.68 | 16.52 | 4.8 | 13 |
| F01 | 科研信息化技术与应用 | 161 | 0.404 | 0.015 | 0.89 | 114 | 0.03 | 1.90 | 3.8 | 4 |
| F01 | 南开管理评论 | 4701 | 5.266 | 0.406 | 0.97 | 782 | 0.62 | 13.03 | 5.8 | 19 |
| F01 | 上海城市管理 | 365 | 0.679 | 0.235 | 0.94 | 236 | 0.08 | 3.93 | 4.2 | 5 |

| 学科代码 | 期刊名称 | 扩展总被引频次 | 扩展影响因子 | 扩展即年指标 | 扩展他引率 | 扩展引用刊数 | 扩展学科影响指标 | 扩展学科扩散指标 | 扩展被引半衰期 | 扩展H指标 |
|---|---|---|---|---|---|---|---|---|---|---|
| F01 | 上海管理科学 | 510 | 0.411 | 0.015 | 0.97 | 322 | 0.35 | 5.37 | 5.2 | 5 |
| F01 | 实验技术与管理 | 10922 | 1.707 | 0.307 | 0.85 | 1346 | 0.25 | 22.43 | 4.6 | 19 |
| F01 | 实验室研究与探索 | 12331 | 1.662 | 0.163 | 0.86 | 1495 | 0.22 | 24.92 | 5.0 | 20 |
| F01 | 现代管理科学 | 2337 | 0.621 | 0.207 | 0.98 | 863 | 0.57 | 14.38 | 5.2 | 9 |
| F01 | 项目管理技术 | 1285 | 0.706 | 0.300 | 0.88 | 357 | 0.33 | 5.95 | 4.0 | 9 |
| F01 | 研究与发展管理 | 1751 | 1.873 | 0.186 | 0.96 | 563 | 0.63 | 9.38 | 6.0 | 9 |
| F01 | 云南科技管理 | 189 | 0.238 | 0.071 | 0.98 | 142 | 0.10 | 2.37 | 4.5 | 3 |
| F01 | 中国管理科学 | 4352 | 2.160 | 0.360 | 0.85 | 944 | 0.58 | 15.73 | 5.2 | 14 |
| F01 | 中国管理信息化 | 6281 | 0.465 | 0.230 | 0.98 | 1039 | 0.35 | 17.32 | 2.4 | 11 |
| F01 | 中国环境管理 | 452 | 1.408 | 0.336 | 0.91 | 226 | 0.07 | 3.77 | 2.4 | 6 |
| F01 | 中国科技成果 | 337 | 0.092 | 0.016 | 0.99 | 257 | 0.12 | 4.28 | 4.4 | 3 |
| F01 | 中国科技论坛 | 3320 | 1.280 | 0.208 | 0.96 | 1013 | 0.60 | 16.88 | 5.1 | 11 |
| F01 | 中国软科学 | 7998 | 3.394 | 0.727 | 0.98 | 1617 | 0.75 | 26.95 | 5.8 | 20 |
| F01 | 中国卫生标准管理 | 10521 | 1.070 | 0.251 | 0.84 | 621 | 0.08 | 10.35 | 1.6 | 10 |
| H01 | Social Sciences in China | 114 | 0.098 | — | 1.00 | 82 | 0.07 | 0.60 | 8.0 | 3 |
| H01 | 北方论丛 | 544 | 0.223 | 0.022 | 0.98 | 367 | 0.26 | 2.70 | 9.4 | 4 |
| H01 | 北京社会科学 | 1064 | 0.948 | 0.240 | 0.98 | 669 | 0.40 | 4.92 | 4.7 | 8 |
| H01 | 长白学刊 | 649 | 0.625 | 0.333 | 0.99 | 409 | 0.33 | 3.01 | 4.7 | 5 |
| H01 | 长江论坛 | 223 | 0.259 | 0.028 | 0.99 | 180 | 0.08 | 1.32 | 6.2 | 4 |
| H01 | 重庆社会科学 | 1016 | 0.677 | 0.128 | 0.98 | 622 | 0.37 | 4.57 | 4.6 | 8 |
| H01 | 船山学刊 | 295 | 0.206 | 0.021 | 0.96 | 202 | 0.18 | 1.49 | 8.6 | 3 |
| H01 | 创新 | 327 | 0.371 | 0.068 | 0.99 | 243 | 0.14 | 1.79 | 4.1 | 4 |
| H01 | 大庆社会科学 | 386 | 0.209 | 0.084 | 0.94 | 207 | 0.07 | 1.52 | 3.9 | 5 |
| H01 | 当代韩国 | 137 | 0.364 | — | 0.88 | 90 | 0.08 | 0.66 | 7.2 | 3 |
| H01 | 道德与文明 | 948 | 0.544 | 0.088 | 0.98 | 503 | 0.46 | 3.70 | 7.2 | 5 |
| H01 | 德国研究 | 380 | 1.667 | 0.059 | 0.94 | 249 | 0.14 | 1.83 | 4.8 | 6 |
| H01 | 东方论坛 | 301 | 0.165 | 0.042 | 0.98 | 236 | 0.18 | 1.74 | 9.2 | 4 |
| H01 | 东疆学刊 | 216 | 0.231 | 0.143 | 1.00 | 176 | 0.10 | 1.29 | 8.2 | 3 |
| H01 | 东南学术 | 1273 | 0.580 | 0.196 | 0.99 | 731 | 0.49 | 5.38 | 5.7 | 7 |
| H01 | 东南亚南亚研究 | 253 | 0.563 | 0.016 | 0.97 | 136 | 0.12 | 1.00 | 6.3 | 4 |
| H01 | 东岳论丛 | 1869 | 0.564 | 0.207 | 0.98 | 959 | 0.61 | 7.05 | 5.3 | 8 |
| H01 | 发明与创新·教育信息化 | 58 | — | 0.059 | 0.97 | 47 | 0.01 | 0.35 | 1.8 | 2 |
| H01 | 福建论坛(人文社会科学版) | 1863 | 0.650 | 0.130 | 0.99 | 999 | 0.54 | 7.35 | 5.2 | 7 |

| 学科代码 | 期刊名称 | 扩展总被引频次 | 扩展影响因子 | 扩展即年指标 | 扩展他引率 | 扩展引用刊数 | 扩展学科影响指标 | 扩展学科扩散指标 | 扩展被引半衰期 | 扩展H指标 |
|---|---|---|---|---|---|---|---|---|---|---|
| H01 | 甘肃社会科学 | 2113 | 0.678 | 0.171 | 0.97 | 1056 | 0.62 | 7.76 | 5.6 | 9 |
| H01 | 观察与思考 | 372 | 0.414 | 0.198 | 0.98 | 270 | 0.16 | 1.99 | 3.4 | 4 |
| H01 | 广东社会科学 | 1385 | 0.983 | 0.207 | 0.99 | 783 | 0.44 | 5.76 | 5.2 | 9 |
| H01 | 广西社会科学 | 2190 | 0.611 | 0.128 | 0.99 | 1071 | 0.50 | 7.88 | 4.8 | 7 |
| H01 | 贵州社会科学 | 1965 | 1.083 | 0.238 | 0.98 | 907 | 0.56 | 6.67 | 3.8 | 9 |
| H01 | 桂海论丛 | 338 | 0.379 | 0.102 | 0.98 | 253 | 0.18 | 1.86 | 3.7 | 4 |
| H01 | 河北学刊 | 1705 | 0.519 | 0.176 | 0.98 | 898 | 0.59 | 6.60 | 6.8 | 9 |
| H01 | 河南社会科学 | 1533 | 0.527 | 0.136 | 0.99 | 808 | 0.47 | 5.94 | 5.8 | 7 |
| H01 | 黑河学刊 | 1226 | 0.211 | 0.161 | 0.99 | 523 | 0.15 | 3.85 | 4.1 | 7 |
| H01 | 黑龙江社会科学 | 638 | 0.309 | 0.078 | 0.98 | 438 | 0.26 | 3.22 | 6.2 | 4 |
| H01 | 宏观质量研究 | 162 | 0.962 | 0.152 | 0.88 | 114 | 0.07 | 0.84 | 2.5 | 4 |
| H01 | 湖北社会科学 | 2466 | 0.635 | 0.172 | 0.99 | 1115 | 0.58 | 8.20 | 5.1 | 9 |
| H01 | 湖南社会科学 | 1827 | 0.774 | 0.116 | 0.99 | 929 | 0.46 | 6.83 | 4.7 | 9 |
| H01 | 湖湘论坛 | 987 | 1.056 | 0.231 | 0.99 | 567 | 0.39 | 4.17 | 4.6 | 6 |
| H01 | 江海学刊 | 1880 | 0.760 | 0.253 | 0.99 | 939 | 0.65 | 6.90 | 7.2 | 10 |
| H01 | 江汉论坛 | 1684 | 0.676 | 0.181 | 0.99 | 875 | 0.65 | 6.43 | 6.5 | 7 |
| H01 | 江汉学术 | 406 | 0.561 | 0.153 | 0.99 | 303 | 0.13 | 2.23 | 6.3 | 5 |
| H01 | 江淮论坛 | 1260 | 1.129 | 0.256 | 0.96 | 695 | 0.46 | 5.11 | 3.9 | 7 |
| H01 | 江苏社会科学 | 2201 | 0.990 | 0.221 | 0.99 | 1071 | 0.64 | 7.88 | 7.2 | 9 |
| H01 | 江西社会科学 | 3357 | 0.612 | 0.134 | 0.99 | 1374 | 0.62 | 10.10 | 6.6 | 10 |
| H01 | 晋阳学刊 | 481 | 0.301 | 0.020 | 0.99 | 347 | 0.30 | 2.55 | 9.5 | 4 |
| H01 | 荆楚学刊 | 249 | 0.252 | 0.087 | 0.98 | 179 | 0.10 | 1.32 | 5.9 | 3 |
| H01 | 开发研究 | 1312 | 0.895 | 0.122 | 0.98 | 672 | 0.32 | 4.94 | 4.6 | 8 |
| H01 | 科学·经济·社会 | 396 | 0.159 | 0.049 | 1.00 | 284 | 0.10 | 2.09 | 5.9 | 4 |
| H01 | 科学家 | 1142 | — | 0.122 | 1.00 | 300 | 0.04 | 2.21 | 5.2 | 6 |
| H01 | 科学决策 | 542 | 0.772 | 0.164 | 0.97 | 341 | 0.15 | 2.51 | 5.8 | 6 |
| H01 | 科学与社会 | 368 | 1.292 | 0.100 | 0.98 | 270 | 0.13 | 1.99 | 5.6 | 6 |
| H01 | 克拉玛依学刊 | 102 | 0.206 | 0.125 | 0.99 | 88 | 0.04 | 0.65 | 3.1 | 3 |
| H01 | 兰州学刊 | 1735 | 0.500 | 0.096 | 0.99 | 939 | 0.52 | 6.90 | 6.2 | 7 |
| H01 | 理论观察 | 1332 | 0.295 | 0.084 | 0.98 | 595 | 0.21 | 4.38 | 3.2 | 5 |
| H01 | 理论界 | 1334 | 0.229 | 0.075 | 1.00 | 713 | 0.29 | 5.24 | 6.5 | 5 |
| H01 | 理论与现代化 | 437 | 0.382 | 0.065 | 0.99 | 325 | 0.20 | 2.39 | 4.9 | 5 |
| H01 | 理论月刊 | 2110 | 0.614 | 0.188 | 1.00 | 1036 | 0.54 | 7.62 | 5.4 | 9 |

| 学科代码 | 期刊名称 | 扩展总被引频次 | 扩展影响因子 | 扩展即年指标 | 扩展他引率 | 扩展引用刊数 | 扩展学科影响指标 | 扩展学科扩散指标 | 扩展被引半衰期 | 扩展H指标 |
|---|---|---|---|---|---|---|---|---|---|---|
| H01 | 岭南学刊 | 350 | 0.290 | 0.264 | 0.93 | 244 | 0.17 | 1.79 | 4.7 | 3 |
| H01 | 南都学坛 | 554 | 0.357 | 0.145 | 0.97 | 388 | 0.22 | 2.85 | 7.6 | 5 |
| H01 | 南京社会科学 | 2856 | 1.186 | 0.375 | 0.99 | 1227 | 0.64 | 9.02 | 5.8 | 12 |
| H01 | 内蒙古社会科学 | 1062 | 0.603 | 0.131 | 0.98 | 619 | 0.44 | 4.55 | 6.1 | 6 |
| H01 | 宁夏社会科学 | 956 | 0.443 | 0.182 | 0.97 | 584 | 0.27 | 4.29 | 6.5 | 6 |
| H01 | 品牌研究 | 2776 | 0.564 | 0.350 | 1.00 | 593 | 0.13 | 4.36 | 1.8 | 10 |
| H01 | 齐鲁学刊 | 913 | 0.266 | 0.040 | 0.98 | 583 | 0.48 | 4.29 | ≥10 | 6 |
| H01 | 前沿 | 2437 | 0.254 | 0.103 | 1.00 | 1047 | 0.47 | 7.70 | 4.9 | 5 |
| H01 | 青海社会科学 | 978 | 0.543 | 0.092 | 0.98 | 568 | 0.26 | 4.18 | 6.1 | 6 |
| H01 | 青藏高原论坛 | 36 | — | 0.037 | 0.94 | 31 | 0.01 | 0.23 | 2.4 | 2 |
| H01 | 求是学刊 | 965 | 0.718 | 0.471 | 1.00 | 620 | 0.53 | 4.56 | 7.2 | 6 |
| H01 | 求索 | 2620 | 0.447 | 0.100 | 0.99 | 1216 | 0.58 | 8.94 | 6.5 | 7 |
| H01 | 求知导刊 | 1786 | 0.427 | 0.155 | 0.98 | 378 | 0.07 | 2.78 | 1.4 | 7 |
| H01 | 人文杂志 | 1297 | 0.611 | 0.223 | 0.98 | 722 | 0.59 | 5.31 | 6.5 | 8 |
| H01 | 软科学 | 3682 | 1.344 | 0.181 | 0.91 | 1025 | 0.38 | 7.54 | 4.7 | 10 |
| H01 | 山东社会科学 | 3123 | 1.224 | 0.279 | 0.99 | 1273 | 0.68 | 9.36 | 4.4 | 11 |
| H01 | 山西高等学校社会科学学报 | 1091 | 0.354 | 0.113 | 0.99 | 553 | 0.18 | 4.07 | 5.8 | 7 |
| H01 | 社会工作与管理 | 628 | 0.752 | 0.100 | 0.94 | 376 | 0.13 | 2.76 | 6.9 | 6 |
| H01 | 社会科学 | 3031 | 1.099 | 0.282 | 0.99 | 1224 | 0.67 | 9.00 | 6.1 | 11 |
| H01 | 社会科学辑刊 | 1358 | 0.583 | 0.110 | 0.99 | 784 | 0.54 | 5.76 | 7.6 | 6 |
| H01 | 社会科学家 | 2076 | 0.589 | 0.101 | 0.99 | 1035 | 0.50 | 7.61 | 5.7 | 8 |
| H01 | 社会科学论坛 | 820 | 0.244 | 0.053 | 0.97 | 548 | 0.38 | 4.03 | 7.5 | 5 |
| H01 | 社会科学研究 | 2466 | 1.090 | 0.357 | 0.99 | 1145 | 0.64 | 8.42 | 7.2 | 11 |
| H01 | 社会科学战线 | 2834 | 0.515 | 0.087 | 0.99 | 1224 | 0.76 | 9.00 | 6.9 | 9 |
| H01 | 社科纵横 | 1436 | 0.189 | 0.068 | 0.99 | 692 | 0.30 | 5.09 | 6.2 | 5 |
| H01 | 世界科技研究与发展 | 848 | 0.334 | 0.099 | 0.93 | 564 | 0.04 | 4.15 | 9.7 | 7 |
| H01 | 思想战线 | 1624 | 0.756 | 0.208 | 0.97 | 765 | 0.51 | 5.63 | 6.4 | 7 |
| H01 | 探索与争鸣 | 1879 | 1.317 | 0.283 | 0.98 | 880 | 0.60 | 6.47 | 4.0 | 10 |
| H01 | 唐都学刊 | 338 | 0.183 | 0.050 | 0.93 | 235 | 0.21 | 1.73 | 8.5 | 3 |
| H01 | 天府新论 | 756 | 0.494 | 0.347 | 0.98 | 524 | 0.35 | 3.85 | 6.5 | 5 |
| H01 | 天津社会科学 | 1305 | 0.892 | 0.150 | 0.99 | 717 | 0.60 | 5.27 | 8.2 | 8 |
| H01 | 天中学刊 | 523 | 0.318 | 0.079 | 0.98 | 350 | 0.13 | 2.57 | 6.1 | 5 |
| H01 | 未来英才 | 474 | 0.109 | 0.013 | 0.99 | 136 | 0.04 | 1.00 | 1.5 | 2 |

| 学科代码 | 期刊名称 | 扩展总被引频次 | 扩展影响因子 | 扩展即年指标 | 扩展他引率 | 扩展引用刊数 | 扩展学科影响指标 | 扩展学科扩散指标 | 扩展被引半衰期 | 扩展H指标 |
|---|---|---|---|---|---|---|---|---|---|---|
| H01 | 未来与发展 | 799 | 0.424 | 0.068 | 0.97 | 486 | 0.16 | 3.57 | 4.5 | 6 |
| H01 | 文史哲 | 1273 | 0.609 | 0.150 | 0.99 | 653 | 0.57 | 4.80 | ≥10 | 7 |
| H01 | 西域研究 | 476 | 0.291 | 0.054 | 0.91 | 193 | 0.16 | 1.42 | ≥10 | 4 |
| H01 | 西藏研究 | 690 | 0.314 | 0.053 | 0.93 | 226 | 0.13 | 1.66 | ≥10 | 4 |
| H01 | 现代交际 | 2566 | 0.209 | 0.084 | 0.99 | 643 | 0.15 | 4.73 | 2.9 | 8 |
| H01 | 新疆社会科学(汉文版) | 772 | 0.461 | 0.049 | 0.97 | 450 | 0.31 | 3.31 | 6.2 | 5 |
| H01 | 新疆社科论坛 | 361 | 0.392 | 0.180 | 0.99 | 248 | 0.14 | 1.82 | 4.3 | 5 |
| H01 | 新西部(下旬刊) | 3154 | 0.367 | 0.133 | 1.00 | 832 | 0.17 | 6.12 | 4.1 | 9 |
| H01 | 新西部(中旬刊) | 315 | 0.085 | 0.023 | 0.99 | 195 | 0.06 | 1.43 | 2.0 | 3 |
| H01 | 学会 | 281 | 0.344 | 0.071 | 0.89 | 182 | 0.13 | 1.34 | 6.6 | 3 |
| H01 | 学术交流 | 2432 | 0.578 | 0.114 | 0.99 | 1115 | 0.50 | 8.20 | 5.1 | 9 |
| H01 | 学术界 | 1675 | 0.465 | 0.067 | 0.98 | 888 | 0.58 | 6.53 | 5.6 | 9 |
| H01 | 学术论坛 | 2966 | 0.766 | 0.270 | 0.99 | 1277 | 0.62 | 9.39 | 5.0 | 9 |
| H01 | 学术探索 | 1484 | 0.615 | 0.148 | 0.98 | 789 | 0.41 | 5.80 | 4.4 | 10 |
| H01 | 学术研究 | 2411 | 0.756 | 0.116 | 0.98 | 1130 | 0.64 | 8.31 | 6.9 | 10 |
| H01 | 学术月刊 | 2797 | 1.089 | 0.199 | 0.98 | 1114 | 0.68 | 8.19 | 7.8 | 12 |
| H01 | 学习与探索 | 2074 | 0.741 | 0.151 | 0.99 | 956 | 0.65 | 7.03 | 5.4 | 9 |
| H01 | 阴山学刊(社会科学版) | 288 | 0.170 | 0.033 | 0.99 | 224 | 0.15 | 1.65 | 8.5 | 4 |
| H01 | 殷都学刊 | 251 | 0.106 | 0.031 | 0.95 | 175 | 0.19 | 1.29 | ≥10 | 3 |
| H01 | 原生态民族文化学刊 | 230 | 0.367 | 0.092 | 0.85 | 113 | 0.09 | 0.83 | 4.3 | 3 |
| H01 | 阅江学刊 | 219 | 0.310 | 0.163 | 0.99 | 173 | 0.10 | 1.27 | 3.5 | 4 |
| H01 | 云梦学刊 | 445 | 0.225 | 0.052 | 0.98 | 318 | 0.18 | 2.34 | 7.9 | 4 |
| H01 | 云南社会科学 | 1153 | 0.705 | 0.126 | 0.99 | 683 | 0.40 | 5.02 | 6.0 | 6 |
| H01 | 浙江社会科学 | 2457 | 0.893 | 0.372 | 0.99 | 1088 | 0.64 | 8.00 | 6.4 | 10 |
| H01 | 浙江学刊 | 1475 | 0.533 | 0.145 | 0.99 | 839 | 0.55 | 6.17 | 9.0 | 7 |
| H01 | 中国高校社会科学 | 327 | 1.373 | 0.378 | 0.99 | 232 | 0.26 | 1.71 | 2.1 | 7 |
| H01 | 中国国情国力 | 562 | — | 0.161 | 1.00 | 389 | 0.18 | 2.86 | 3.6 | 5 |
| H01 | 中国社会科学 | 11555 | 6.637 | 0.590 | 0.99 | 1837 | 0.81 | 13.51 | 7.7 | 35 |
| H01 | 中州学刊 | 2682 | 1.087 | 0.287 | 0.98 | 1201 | 0.65 | 8.83 | 4.3 | 11 |
| H02 | 安徽大学学报(哲学社会科学版) | 889 | 0.466 | 0.234 | 0.99 | 574 | 0.26 | 2.12 | 8.1 | 7 |
| H02 | 安徽工业大学学报(社会科学版) | 1093 | 0.277 | 0.038 | 0.98 | 517 | 0.11 | 1.91 | 6.2 | 4 |
| H02 | 安徽理工大学学报(社会科学版) | 324 | 0.248 | 0.055 | 0.99 | 232 | 0.09 | 0.86 | 7.0 | 3 |
| H02 | 安徽农业大学学报(社会科学版) | 754 | 0.452 | 0.128 | 0.99 | 453 | 0.14 | 1.67 | 6.2 | 5 |

| 学科代码 | 期刊名称 | 扩展总被引频次 | 扩展影响因子 | 扩展即年指标 | 扩展他引率 | 扩展引用刊数 | 扩展学科影响指标 | 扩展学科扩散指标 | 扩展被引半衰期 | 扩展H指标 |
|---|---|---|---|---|---|---|---|---|---|---|
| H02 | 安徽商贸职业技术学院学报(社会科学版) | 187 | 0.308 | 0.125 | 0.99 | 144 | 0.03 | 0.53 | 4.4 | 3 |
| H02 | 安康学院学报 | 379 | 0.174 | 0.030 | 0.95 | 264 | 0.06 | 0.97 | 6.3 | 4 |
| H02 | 百色学院学报 | 363 | 0.181 | 0.058 | 0.96 | 239 | 0.08 | 0.88 | 6.9 | 4 |
| H02 | 宝鸡文理学院学报(社会科学版) | 382 | 0.211 | 0.093 | 0.97 | 276 | 0.12 | 1.02 | 5.3 | 4 |
| H02 | 保山学院学报 | 254 | 0.165 | 0.022 | 0.94 | 186 | 0.03 | 0.69 | 7.1 | 3 |
| H02 | 北方民族大学学报(哲学社会科学版) | 626 | 0.403 | 0.130 | 0.91 | 315 | 0.15 | 1.16 | 6.0 | 5 |
| H02 | 北华大学学报(社会科学版) | 557 | 0.346 | 0.168 | 0.98 | 356 | 0.15 | 1.31 | 4.6 | 5 |
| H02 | 北京大学学报(哲学社会科学版) | 3423 | 1.039 | 0.158 | 0.98 | 1378 | 0.67 | 5.08 | ≥10 | 16 |
| H02 | 北京工商大学学报(社会科学版) | 1293 | 1.624 | 0.222 | 0.96 | 530 | 0.18 | 1.96 | 4.9 | 9 |
| H02 | 北京工业大学学报(社会科学版) | 366 | 0.591 | 0.115 | 0.95 | 285 | 0.11 | 1.05 | 4.9 | 5 |
| H02 | 北京航空航天大学学报(社会科学版) | 652 | 0.470 | 0.190 | 0.98 | 428 | 0.17 | 1.58 | 5.3 | 6 |
| H02 | 北京化工大学学报(社会科学版) | 219 | 0.385 | 0.030 | 0.96 | 171 | 0.07 | 0.63 | 5.5 | 4 |
| H02 | 北京交通大学学报(社会科学版) | 743 | 1.361 | 0.338 | 0.98 | 451 | 0.13 | 1.66 | 5.3 | 7 |
| H02 | 北京教育学院学报(社会科学版) | 313 | 0.355 | 0.047 | 0.97 | 206 | 0.04 | 0.76 | 6.0 | 4 |
| H02 | 北京科技大学学报(社会科学版) | 603 | 0.577 | 0.052 | 0.98 | 383 | 0.20 | 1.41 | 6.5 | 6 |
| H02 | 北京理工大学学报(社会科学版) | 1136 | 0.997 | 0.316 | 0.96 | 686 | 0.28 | 2.53 | 5.4 | 7 |
| H02 | 北京联合大学学报(人文社会科学版) | 524 | 1.281 | 0.369 | 0.92 | 336 | 0.18 | 1.24 | 3.7 | 6 |
| H02 | 北京林业大学学报(社会科学版) | 574 | 0.703 | 0.085 | 0.95 | 317 | 0.08 | 1.17 | 7.1 | 5 |
| H02 | 北京宣武红旗业余大学学报 | 90 | - | 0.348 | 0.89 | 61 | 0.00 | 0.23 | 2.0 | 3 |
| H02 | 北京邮电大学学报(社会科学版) | 694 | 0.837 | 0.182 | 0.98 | 439 | 0.10 | 1.62 | 5.0 | 7 |
| H02 | 滨州学院学报 | 222 | 0.132 | 0.019 | 0.91 | 161 | 0.04 | 0.59 | 6.3 | 3 |
| H02 | 渤海大学学报(哲学社会科学版) | 536 | 0.269 | 0.104 | 0.98 | 358 | 0.14 | 1.32 | 5.0 | 5 |
| H02 | 长安大学学报(社会科学版) | 302 | 0.385 | 0.063 | 0.96 | 218 | 0.07 | 0.80 | 6.3 | 4 |
| H02 | 长春大学学报(社会科学版) | 561 | 0.311 | 0.115 | 0.99 | 337 | 0.10 | 1.24 | 4.8 | 4 |
| H02 | 长春工程学院学报(社会科学版) | 390 | 0.263 | 0.070 | 0.97 | 241 | 0.05 | 0.89 | 4.5 | 4 |
| H02 | 长春理工大学学报(社会科学版) | 1583 | 0.294 | 0.041 | 1.00 | 693 | 0.22 | 2.56 | 4.8 | 7 |
| H02 | 长江大学学报(社会科学版) | 1457 | 0.265 | 0.052 | 1.00 | 694 | 0.22 | 2.56 | 4.9 | 6 |
| H02 | 长沙理工大学学报(社会科学版) | 497 | 0.571 | 0.207 | 0.95 | 351 | 0.16 | 1.30 | 4.1 | 5 |
| H02 | 长治学院学报 | 309 | 0.145 | 0.037 | 0.99 | 224 | 0.04 | 0.83 | 6.0 | 3 |
| H02 | 常州大学学报(社会科学版) | 490 | 0.637 | 0.115 | 0.99 | 327 | 0.10 | 1.21 | 3.5 | 5 |
| H02 | 常州工学院学报(社会科学版) | 308 | 0.222 | 0.044 | 0.98 | 220 | 0.03 | 0.81 | 5.7 | 4 |
| H02 | 巢湖学院学报 | 440 | 0.277 | 0.046 | 0.98 | 306 | 0.07 | 1.13 | 5.3 | 4 |
| H02 | 成都大学学报(社会科学版) | 537 | 0.238 | 0.048 | 0.99 | 367 | 0.14 | 1.35 | 8.2 | 5 |

| 学科代码 | 期刊名称 | 扩展总被引频次 | 扩展影响因子 | 扩展即年指标 | 扩展他引率 | 扩展引用刊数 | 扩展学科影响指标 | 扩展学科扩散指标 | 扩展被引半衰期 | 扩展H指标 |
|---|---|---|---|---|---|---|---|---|---|---|
| H02 | 成都理工大学学报(社会科学版) | 360 | 0.331 | 0.080 | 0.99 | 261 | 0.08 | 0.96 | 5.6 | 5 |
| H02 | 城市学刊 | 324 | 0.247 | 0.070 | 0.99 | 253 | 0.08 | 0.93 | 6.7 | 3 |
| H02 | 赤峰学院学报(哲学社会科学版) | 1619 | 0.191 | 0.054 | 0.97 | 603 | 0.18 | 2.23 | 4.4 | 6 |
| H02 | 重庆大学学报(社会科学版) | 1482 | 0.808 | 0.177 | 0.97 | 816 | 0.35 | 3.01 | 6.2 | 7 |
| H02 | 重庆工商大学学报(社会科学版) | 628 | 0.566 | 0.165 | 0.99 | 405 | 0.17 | 1.49 | 5.9 | 6 |
| H02 | 重庆交通大学学报(社会科学版) | 653 | 0.334 | 0.122 | 0.99 | 403 | 0.13 | 1.49 | 5.9 | 5 |
| H02 | 重庆科技学院学报(社会科学版) | 2329 | 0.368 | 0.103 | 0.99 | 909 | 0.21 | 3.35 | 5.3 | 7 |
| H02 | 重庆理工大学学报(社会科学版) | 1463 | 0.909 | 0.189 | 0.88 | 654 | 0.25 | 2.41 | 3.7 | 8 |
| H02 | 重庆三峡学院学报 | 556 | 0.360 | 0.197 | 0.88 | 324 | 0.08 | 1.20 | 4.4 | 5 |
| H02 | 重庆文理学院学报(社会科学版) | 522 | 0.227 | 0.109 | 0.96 | 357 | 0.07 | 1.32 | 6.1 | 4 |
| H02 | 重庆邮电大学学报(社会科学版) | 842 | 0.694 | 0.201 | 0.94 | 463 | 0.20 | 1.71 | 4.9 | 6 |
| H02 | 滁州学院学报 | 505 | 0.204 | 0.055 | 0.97 | 318 | 0.05 | 1.17 | 5.7 | 5 |
| H02 | 大理大学学报 | 979 | 0.412 | 0.044 | 0.88 | 522 | 0.08 | 1.93 | 5.5 | 6 |
| H02 | 大连海事大学学报(社会科学版) | 444 | 0.350 | 0.048 | 0.98 | 298 | 0.14 | 1.10 | 6.0 | 4 |
| H02 | 大连理工大学学报(社会科学版) | 667 | 0.940 | 0.310 | 0.88 | 411 | 0.21 | 1.52 | 5.0 | 6 |
| H02 | 电子科技大学学报(社会科学版) | 564 | 0.464 | 0.132 | 0.99 | 406 | 0.10 | 1.50 | 5.2 | 6 |
| H02 | 东北大学学报(社会科学版) | 805 | 0.825 | 0.252 | 0.99 | 552 | 0.24 | 2.04 | 5.3 | 7 |
| H02 | 东北农业大学学报(社会科学版) | 631 | 0.403 | 0.057 | 0.98 | 399 | 0.13 | 1.47 | 5.6 | 5 |
| H02 | 东华大学学报(社会科学版) | 275 | 0.412 | — | 1.00 | 198 | 0.04 | 0.73 | 6.3 | 4 |
| H02 | 东华理工大学学报(社会科学版) | 616 | 0.690 | 0.116 | 0.85 | 342 | 0.08 | 1.26 | 6.0 | 6 |
| H02 | 东南大学学报(哲学社会科学版) | 1381 | 1.120 | 0.213 | 0.99 | 771 | 0.27 | 2.85 | 6.0 | 8 |
| H02 | 佛山科学技术学院学报(社会科学版) | 243 | 0.197 | 0.062 | 0.98 | 182 | 0.07 | 0.67 | 7.0 | 4 |
| H02 | 福建江夏学院学报 | 113 | 0.227 | 0.045 | 0.99 | 100 | 0.03 | 0.37 | 3.3 | 3 |
| H02 | 福建农林大学学报(哲学社会科学版) | 654 | 0.647 | 0.120 | 0.97 | 423 | 0.13 | 1.56 | 5.2 | 5 |
| H02 | 福建医科大学学报(社会科学版) | 393 | 0.835 | 0.051 | 0.97 | 242 | 0.04 | 0.89 | 4.9 | 5 |
| H02 | 福州大学学报(哲学社会科学版) | 576 | 0.529 | 0.037 | 0.98 | 399 | 0.18 | 1.47 | 6.1 | 5 |
| H02 | 复旦学报(社会科学版) | 1662 | 1.079 | 0.183 | 0.99 | 932 | 0.49 | 3.44 | ≥10 | 10 |
| H02 | 广西大学学报(哲学社会科学版) | 1001 | 0.750 | 0.155 | 0.99 | 595 | 0.25 | 2.20 | 7.6 | 5 |
| H02 | 广西民族大学学报(哲学社会科学版) | 1613 | 0.631 | 0.072 | 0.97 | 741 | 0.34 | 2.73 | 8.9 | 7 |
| H02 | 广州大学学报(社会科学版) | 820 | 0.484 | 0.107 | 0.99 | 538 | 0.18 | 1.99 | 6.3 | 5 |
| H02 | 贵阳学院学报(社会科学版) | 270 | 0.174 | 0.025 | 1.00 | 199 | 0.06 | 0.73 | 4.9 | 3 |
| H02 | 贵州大学学报(社会科学版) | 571 | 0.353 | 0.104 | 0.94 | 372 | 0.18 | 1.37 | 6.1 | 4 |
| H02 | 贵州工程应用技术学院学报 | 374 | 0.153 | 0.048 | 0.93 | 262 | 0.10 | 0.97 | 5.7 | 3 |

| 学科代码 | 期刊名称 | 扩展总被引频次 | 扩展影响因子 | 扩展即年指标 | 扩展他引率 | 扩展引用刊数 | 扩展学科影响指标 | 扩展学科扩散指标 | 扩展被引半衰期 | 扩展H指标 |
|---|---|---|---|---|---|---|---|---|---|---|
| H02 | 贵州民族大学学报(哲学社会科学版) | 709 | 0.308 | 0.131 | 0.99 | 438 | 0.15 | 1.62 | 7.1 | 4 |
| H02 | 哈尔滨工业大学学报(社会科学版) | 647 | 0.570 | 0.114 | 0.98 | 461 | 0.18 | 1.70 | 5.2 | 7 |
| H02 | 哈尔滨商业大学学报(社会科学版) | 603 | 0.847 | 0.125 | 0.99 | 331 | 0.10 | 1.22 | 5.2 | 6 |
| H02 | 哈尔滨师范大学社会科学学报 | 225 | 0.169 | 0.030 | 1.00 | 166 | 0.07 | 0.61 | 3.0 | 3 |
| H02 | 海军工程大学学报(综合版) | 120 | 0.192 | 0.024 | 0.93 | 90 | 0.02 | 0.33 | 4.6 | 3 |
| H02 | 海南大学学报(人文社会科学版) | 516 | 0.454 | 0.034 | 0.97 | 388 | 0.15 | 1.43 | 5.8 | 4 |
| H02 | 邯郸学院学报 | 153 | 0.178 | 0.026 | 0.90 | 124 | 0.05 | 0.46 | 6.2 | 2 |
| H02 | 合肥工业大学学报(社会科学版) | 915 | 0.404 | 0.049 | 1.00 | 513 | 0.17 | 1.89 | 6.9 | 6 |
| H02 | 河北北方学院学报(社会科学版) | 339 | 0.261 | 0.064 | 0.96 | 245 | 0.04 | 0.90 | 4.8 | 3 |
| H02 | 河北大学学报(哲学社会科学版) | 1100 | 0.529 | 0.142 | 0.99 | 661 | 0.28 | 2.44 | 6.4 | 7 |
| H02 | 河北工程大学学报(社会科学版) | 583 | 0.550 | 0.104 | 0.91 | 331 | 0.05 | 1.22 | 5.4 | 5 |
| H02 | 河北工业大学学报(社会科学版) | 234 | 0.690 | 0.121 | 0.91 | 185 | 0.04 | 0.68 | 4.3 | 5 |
| H02 | 河北经贸大学学报(综合版) | 277 | 0.371 | 0.104 | 0.99 | 198 | 0.06 | 0.73 | 3.8 | 4 |
| H02 | 河北科技师范学院学报(社会科学版) | 304 | 0.326 | 0.044 | 0.93 | 217 | 0.07 | 0.80 | 6.3 | 4 |
| H02 | 河池学院学报 | 364 | 0.308 | 0.074 | 0.89 | 246 | 0.07 | 0.91 | 6.2 | 4 |
| H02 | 河海大学学报(哲学社会科学版) | 570 | 1.086 | 0.169 | 0.93 | 355 | 0.15 | 1.31 | 5.6 | 6 |
| H02 | 河南大学学报(社会科学版) | 1250 | 0.758 | 0.190 | 0.98 | 739 | 0.37 | 2.73 | 7.6 | 7 |
| H02 | 河南工程学院学报(社会科学版) | 230 | 0.358 | 0.272 | 0.99 | 165 | 0.02 | 0.61 | 4.3 | 4 |
| H02 | 河南工业大学学报(社会科学版) | 480 | 0.386 | 0.096 | 0.96 | 304 | 0.07 | 1.12 | 5.0 | 4 |
| H02 | 河南教育学院学报(哲学社会科学版) | 535 | 0.235 | 0.093 | 0.99 | 335 | 0.13 | 1.24 | 6.5 | 5 |
| H02 | 河南科技大学学报(社会科学版) | 287 | 0.207 | 0.043 | 0.98 | 207 | 0.14 | 0.76 | 6.7 | 3 |
| H02 | 河南科技学院学报(社会科学版) | 801 | 0.395 | 0.106 | 0.92 | 409 | 0.08 | 1.51 | 4.0 | 5 |
| H02 | 河南理工大学学报(社会科学版) | 250 | 0.302 | 0.060 | 0.94 | 182 | 0.07 | 0.67 | 6.4 | 4 |
| H02 | 菏泽学院学报 | 479 | 0.419 | 0.069 | 0.91 | 312 | 0.07 | 1.15 | 4.1 | 4 |
| H02 | 贺州学院学报 | 262 | 0.225 | 0.025 | 0.98 | 186 | 0.04 | 0.69 | 5.8 | 4 |
| H02 | 衡水学院学报 | 431 | 0.345 | 0.054 | 0.93 | 279 | 0.07 | 1.03 | 5.5 | 4 |
| H02 | 红河学院学报 | 343 | 0.193 | 0.044 | 0.98 | 237 | 0.04 | 0.87 | 5.3 | 3 |
| H02 | 湖北大学学报(哲学社会科学版) | 961 | 0.596 | 0.188 | 0.98 | 609 | 0.30 | 2.25 | 7.6 | 6 |
| H02 | 湖北经济学院学报(人文社会科学版) | 2546 | 0.378 | 0.132 | 0.99 | 803 | 0.23 | 2.96 | 3.7 | 7 |
| H02 | 湖北理工学院学报(人文社会科学版) | 235 | 0.281 | 0.121 | 0.94 | 163 | 0.04 | 0.60 | 5.7 | 3 |
| H02 | 湖北民族学院学报(哲学社会科学版) | 704 | 0.281 | 0.093 | 0.96 | 396 | 0.16 | 1.46 | 6.9 | 4 |
| H02 | 湖南大学学报(社会科学版) | 919 | 0.519 | 0.120 | 0.99 | 567 | 0.24 | 2.09 | 6.4 | 6 |
| H02 | 湖南工程学院学报(社会科学版) | 341 | 0.301 | 0.113 | 0.99 | 233 | 0.08 | 0.86 | 5.9 | 4 |

| 学科代码 | 期刊名称 | 扩展总被引频次 | 扩展影响因子 | 扩展即年指标 | 扩展他引率 | 扩展引用刊数 | 扩展学科影响指标 | 扩展学科扩散指标 | 扩展被引半衰期 | 扩展H指标 |
| --- | --- | --- | --- | --- | --- | --- | --- | --- | --- | --- |
| H02 | 湖南工业大学学报(社会科学版) | 465 | 0.244 | 0.014 | 0.95 | 295 | 0.08 | 1.09 | 6.1 | 4 |
| H02 | 湖南科技大学学报(社会科学版) | 929 | 0.707 | 0.128 | 0.96 | 531 | 0.21 | 1.96 | 4.3 | 6 |
| H02 | 湖南农业大学学报(社会科学版) | 957 | 0.871 | 0.234 | 0.98 | 543 | 0.19 | 2.00 | 5.9 | 6 |
| H02 | 湖南人文科技学院学报 | 479 | 0.333 | 0.101 | 0.93 | 294 | 0.06 | 1.08 | 5.8 | 4 |
| H02 | 华北电力大学学报(社会科学版) | 602 | 0.372 | 0.215 | 0.98 | 382 | 0.09 | 1.41 | 5.2 | 7 |
| H02 | 华北理工大学学报(社会科学版) | 743 | 0.364 | 0.085 | 0.99 | 414 | 0.12 | 1.53 | 5.0 | 4 |
| H02 | 华北水利水电大学学报(社会科学版) | 514 | 0.217 | 0.057 | 0.98 | 351 | 0.13 | 1.30 | 5.5 | 4 |
| H02 | 华东理工大学学报(社会科学版) | 623 | 0.719 | 0.102 | 0.97 | 400 | 0.18 | 1.48 | 6.0 | 6 |
| H02 | 华南理工大学学报(社会科学版) | 707 | 0.653 | 0.110 | 0.98 | 470 | 0.15 | 1.73 | 5.5 | 7 |
| H02 | 华南农业大学学报(社会科学版) | 710 | 1.689 | 0.247 | 0.98 | 429 | 0.23 | 1.58 | 4.5 | 7 |
| H02 | 华侨大学学报(哲学社会科学版) | 452 | 1.012 | 0.286 | 0.90 | 258 | 0.09 | 0.95 | 4.1 | 4 |
| H02 | 华中科技大学学报(社会科学版) | 951 | 0.894 | 0.234 | 0.98 | 618 | 0.26 | 2.28 | 6.4 | 8 |
| H02 | 华中农业大学学报(社会科学版) | 1521 | 1.978 | 0.358 | 0.95 | 730 | 0.24 | 2.69 | 4.2 | 9 |
| H02 | 淮海工学院学报(人文社会科学版) | 1044 | 0.212 | 0.047 | 0.98 | 496 | 0.13 | 1.83 | 4.5 | 6 |
| H02 | 吉林大学社会科学学报 | 1882 | 1.590 | 0.239 | 0.99 | 933 | 0.41 | 3.44 | 7.1 | 12 |
| H02 | 吉首大学学报(社会科学版) | 1090 | 1.539 | 0.615 | 0.97 | 626 | 0.31 | 2.31 | 4.2 | 6 |
| H02 | 集美大学学报(哲学社会科学版) | 240 | 0.335 | 0.086 | 1.00 | 201 | 0.08 | 0.74 | 6.0 | 4 |
| H02 | 济南大学学报(社会科学版) | 443 | 0.404 | 0.207 | 0.99 | 318 | 0.11 | 1.17 | 5.2 | 4 |
| H02 | 暨南学报(哲学社会科学版) | 1279 | 0.696 | 0.341 | 0.99 | 729 | 0.39 | 2.69 | 4.9 | 8 |
| H02 | 江汉大学学报(社会科学版) | 454 | 0.523 | 0.075 | 1.00 | 335 | 0.13 | 1.24 | 4.7 | 4 |
| H02 | 江南大学学报(人文社会科学版) | 417 | 0.240 | 0.044 | 0.98 | 315 | 0.13 | 1.16 | 8.4 | 4 |
| H02 | 江南社会学院学报 | 172 | 0.275 | 0.050 | 0.99 | 140 | 0.08 | 0.52 | 5.8 | 3 |
| H02 | 江苏大学学报(社会科学版) | 511 | 0.604 | 0.107 | 0.99 | 362 | 0.17 | 1.34 | 5.8 | 6 |
| H02 | 江苏科技大学学报(社会科学版) | 224 | 0.257 | 0.047 | 0.97 | 168 | 0.08 | 0.62 | 6.5 | 3 |
| H02 | 金陵科技学院学报(社会科学版) | 227 | 0.532 | 0.138 | 0.91 | 174 | 0.04 | 0.64 | 3.7 | 4 |
| H02 | 晋中学院学报 | 306 | 0.209 | 0.013 | 1.00 | 229 | 0.06 | 0.85 | 6.1 | 3 |
| H02 | 井冈山大学学报(社会科学版) | 306 | 0.255 | 0.038 | 0.92 | 221 | 0.08 | 0.82 | 6.1 | 5 |
| H02 | 景德镇学院学报 | 394 | 0.214 | 0.046 | 0.98 | 238 | 0.03 | 0.88 | 4.3 | 4 |
| H02 | 九江学院学报(哲学社会科学版) | 293 | 0.115 | 0.009 | 1.00 | 219 | 0.06 | 0.81 | 7.8 | 4 |
| H02 | 昆明理工大学学报(社会科学版) | 553 | 0.753 | 0.410 | 0.97 | 393 | 0.14 | 1.45 | 5.6 | 5 |
| H02 | 兰州大学学报(社会科学版) | 1332 | 1.076 | 0.104 | 0.98 | 783 | 0.33 | 2.89 | 6.7 | 8 |
| H02 | 兰州文理学院学报(社会科学版) | 457 | 0.259 | 0.077 | 0.99 | 295 | 0.10 | 1.09 | 6.1 | 4 |
| H02 | 辽东学院学报(社会科学版) | 288 | 0.282 | 0.064 | 0.89 | 211 | 0.06 | 0.78 | 5.6 | 3 |

| 学科代码 | 期刊名称 | 扩展总被引频次 | 扩展影响因子 | 扩展即年指标 | 扩展他引率 | 扩展引用刊数 | 扩展学科影响指标 | 扩展学科扩散指标 | 扩展被引半衰期 | 扩展H指标 |
|---|---|---|---|---|---|---|---|---|---|---|
| H02 | 辽宁大学学报(哲学社会科学版) | 843 | 0.534 | 0.175 | 0.99 | 548 | 0.29 | 2.02 | 6.4 | 5 |
| H02 | 辽宁工业大学学报(社会科学版) | 1014 | 0.564 | 0.155 | 0.96 | 467 | 0.07 | 1.72 | 4.4 | 7 |
| H02 | 辽宁医学院学报(社会科学版) | 497 | 0.432 | 0.200 | 0.98 | 304 | 0.05 | 1.12 | 4.3 | 5 |
| H02 | 聊城大学学报(社会科学版) | 368 | 0.208 | 0.088 | 0.99 | 262 | 0.10 | 0.97 | 7.6 | 3 |
| H02 | 鲁东大学学报(哲学社会科学版) | 351 | 0.240 | 0.103 | 0.99 | 261 | 0.11 | 0.96 | 8.2 | 4 |
| H02 | 洛阳理工学院学报(社会科学版) | 295 | 0.157 | 0.032 | 0.98 | 204 | 0.03 | 0.75 | 6.1 | 4 |
| H02 | 南昌大学学报(人文社会科学版) | 778 | 0.422 | 0.063 | 0.97 | 522 | 0.25 | 1.93 | 6.9 | 6 |
| H02 | 南昌航空大学学报(社会科学版) | 237 | 0.285 | 0.052 | 1.00 | 190 | 0.07 | 0.70 | 5.9 | 4 |
| H02 | 南华大学学报(社会科学版) | 510 | 0.393 | 0.148 | 0.93 | 349 | 0.16 | 1.29 | 5.6 | 4 |
| H02 | 南京大学学报(哲学·人文科学·社会科学) | 1584 | 1.291 | 0.400 | 1.00 | 854 | 0.47 | 3.15 | 7.8 | 9 |
| H02 | 南京工程学院学报(社会科学版) | 314 | 0.457 | 0.054 | 1.00 | 216 | 0.05 | 0.80 | 6.4 | 5 |
| H02 | 南京工业大学学报(社会科学版) | 345 | 0.803 | 0.148 | 0.97 | 260 | 0.16 | 0.96 | 4.8 | 4 |
| H02 | 南京航空航天大学学报(社会科学版) | 336 | 0.258 | 0.014 | 1.00 | 246 | 0.07 | 0.91 | 7.3 | 5 |
| H02 | 南京理工大学学报(社会科学版) | 597 | 1.070 | 0.144 | 0.95 | 375 | 0.08 | 1.38 | 4.7 | 6 |
| H02 | 南京林业大学学报(人文社会科学版) | 348 | 0.445 | — | 0.98 | 266 | 0.10 | 0.98 | 8.2 | 4 |
| H02 | 南京农业大学学报(社会科学版) | 1323 | 2.308 | 0.648 | 0.97 | 606 | 0.27 | 2.24 | 3.8 | 10 |
| H02 | 南京体育学院学报(社会科学版) | 1923 | 1.181 | 0.266 | 0.94 | 348 | 0.09 | 1.28 | 6.7 | 7 |
| H02 | 南京晓庄学院学报 | 463 | 0.243 | 0.037 | 0.98 | 301 | 0.06 | 1.11 | 6.5 | 5 |
| H02 | 南京医科大学学报(社会科学版) | 848 | 1.028 | 0.197 | 0.91 | 381 | 0.07 | 1.41 | 4.1 | 6 |
| H02 | 南京邮电大学学报(社会科学版) | 347 | 0.489 | 0.184 | 0.98 | 260 | 0.09 | 0.96 | 5.2 | 5 |
| H02 | 南京中医药大学学报(社会科学版) | 315 | 0.409 | 0.033 | 0.95 | 189 | 0.03 | 0.70 | 5.8 | 4 |
| H02 | 南开学报(哲学社会科学版) | 1268 | 1.198 | 0.707 | 0.99 | 756 | 0.36 | 2.79 | 7.6 | 9 |
| H02 | 南通大学学报(社会科学版) | 549 | 0.614 | 0.117 | 0.98 | 389 | 0.19 | 1.44 | 4.7 | 5 |
| H02 | 内蒙古大学学报(哲学社会科学版) | 612 | 0.226 | 0.049 | 0.99 | 408 | 0.22 | 1.51 | ≥10 | 5 |
| H02 | 内蒙古工业大学学报(社会科学版) | 161 | 0.284 | 0.035 | 0.96 | 134 | 0.04 | 0.49 | 6.1 | 3 |
| H02 | 内蒙古民族大学学报(社会科学版) | 369 | 0.160 | 0.057 | 0.98 | 267 | 0.10 | 0.99 | 6.6 | 3 |
| H02 | 宁波大学学报(人文科学版) | 529 | 0.314 | 0.082 | 0.97 | 342 | 0.13 | 1.26 | 6.7 | 5 |
| H02 | 宁夏大学学报(人文社会科学版) | 772 | 0.290 | 0.047 | 0.98 | 501 | 0.22 | 1.85 | 7.5 | 6 |
| H02 | 齐齐哈尔大学学报(哲学社会科学版) | 974 | 0.213 | 0.061 | 0.99 | 523 | 0.15 | 1.93 | 6.1 | 5 |
| H02 | 钦州学院学报 | 432 | 0.283 | 0.061 | 0.92 | 272 | 0.05 | 1.00 | 4.0 | 5 |
| H02 | 青岛科技大学学报(社会科学版) | 359 | 0.471 | 0.048 | 0.98 | 270 | 0.08 | 1.00 | 5.9 | 5 |
| H02 | 青岛农业大学学报(社会科学版) | 216 | 0.277 | 0.056 | 1.00 | 167 | 0.07 | 0.62 | 5.8 | 3 |
| H02 | 青海民族大学学报(社会科学版) | 461 | 0.240 | 0.074 | 0.98 | 225 | 0.07 | 0.83 | ≥10 | 4 |

| 学科代码 | 期刊名称 | 扩展总被引频次 | 扩展影响因子 | 扩展即年指标 | 扩展他引率 | 扩展引用刊数 | 扩展学科影响指标 | 扩展学科扩散指标 | 扩展被引半衰期 | 扩展H指标 |
|---|---|---|---|---|---|---|---|---|---|---|
| H02 | 清华大学学报(哲学社会科学版) | 1864 | 1.500 | 1.798 | 0.99 | 1012 | 0.47 | 3.73 | 6.8 | 11 |
| H02 | 三峡大学学报(人文社会科学版) | 760 | 0.425 | 0.107 | 0.99 | 449 | 0.14 | 1.66 | 6.0 | 5 |
| H02 | 厦门大学学报(哲学社会科学版) | 1364 | 0.856 | 0.247 | 0.99 | 790 | 0.36 | 2.92 | 9.0 | 9 |
| H02 | 山东大学学报(哲学社会科学版) | 1219 | 1.193 | 0.262 | 1.00 | 751 | 0.34 | 2.77 | 6.8 | 8 |
| H02 | 山东科技大学学报(社会科学版) | 289 | 0.331 | 0.128 | 0.98 | 224 | 0.08 | 0.83 | 5.9 | 4 |
| H02 | 山东理工大学学报(社会科学版) | 596 | 0.336 | 0.079 | 0.99 | 360 | 0.14 | 1.33 | 6.4 | 5 |
| H02 | 山东农业大学学报(社会科学版) | 336 | 0.443 | 0.056 | 1.00 | 256 | 0.10 | 0.94 | 6.0 | 4 |
| H02 | 山西大同大学学报(社会科学版) | 257 | 0.139 | 0.059 | 0.98 | 192 | 0.07 | 0.71 | 5.3 | 4 |
| H02 | 山西大学学报(哲学社会科学版) | 881 | 0.487 | 0.164 | 0.99 | 606 | 0.28 | 2.24 | 7.8 | 5 |
| H02 | 山西农业大学学报(社会科学版) | 779 | 0.398 | 0.219 | 0.99 | 481 | 0.14 | 1.77 | 4.3 | 7 |
| H02 | 陕西理工学院学报(社会科学版) | 282 | 0.325 | 0.038 | 0.93 | 209 | 0.09 | 0.77 | 7.0 | 4 |
| H02 | 上海财经大学学报(哲学社会科学版) | 868 | 2.049 | 0.246 | 0.97 | 473 | 0.23 | 1.75 | 4.6 | 8 |
| H02 | 上海大学学报(社会科学版) | 814 | 1.109 | 0.197 | 0.99 | 504 | 0.22 | 1.86 | 7.1 | 8 |
| H02 | 上海交通大学学报(哲学社会科学版) | 626 | 1.065 | 0.282 | 0.98 | 465 | 0.24 | 1.72 | 6.3 | 7 |
| H02 | 上海理工大学学报(社会科学版) | 211 | 0.387 | 0.095 | 0.92 | 148 | 0.06 | 0.55 | 4.1 | 3 |
| H02 | 韶关学院学报 | 1043 | 0.286 | 0.027 | 0.98 | 566 | 0.15 | 2.09 | 5.7 | 6 |
| H02 | 邵阳学院学报(社会科学版) | 478 | 0.569 | 0.088 | 0.99 | 269 | 0.09 | 0.99 | 6.6 | 4 |
| H02 | 绍兴文理学院学报 | 794 | 0.240 | 0.068 | 0.95 | 467 | 0.12 | 1.72 | 7.1 | 4 |
| H02 | 深圳大学学报(人文社会科学版) | 873 | 0.530 | 0.156 | 0.99 | 565 | 0.25 | 2.08 | 7.0 | 6 |
| H02 | 沈阳大学学报(社会科学版) | 740 | 0.447 | 0.160 | 0.89 | 393 | 0.10 | 1.45 | 4.8 | 6 |
| H02 | 沈阳工程学院学报(社会科学版) | 489 | 0.408 | 0.153 | 0.89 | 269 | 0.06 | 0.99 | 5.6 | 5 |
| H02 | 沈阳工业大学学报(社会科学版) | 351 | 0.925 | 0.158 | 0.90 | 205 | 0.07 | 0.76 | 2.8 | 4 |
| H02 | 沈阳建筑大学学报(社会科学版) | 638 | 0.854 | 0.185 | 0.93 | 300 | 0.06 | 1.11 | 4.8 | 7 |
| H02 | 沈阳农业大学学报(社会科学版) | 1056 | 0.661 | 0.118 | 0.78 | 478 | 0.11 | 1.76 | 5.3 | 6 |
| H02 | 石河子大学学报(哲学社会科学版) | 358 | 0.329 | 0.037 | 0.99 | 266 | 0.09 | 0.98 | 5.8 | 4 |
| H02 | 石家庄铁道大学学报(社会科学版) | 289 | 0.760 | 0.175 | 0.67 | 137 | 0.04 | 0.51 | 3.0 | 4 |
| H02 | 四川大学学报(哲学社会科学版) | 1095 | 1.096 | 0.146 | 0.98 | 677 | 0.35 | 2.50 | 8.1 | 7 |
| H02 | 四川理工学院学报(社会科学版) | 921 | 2.116 | 0.296 | 0.97 | 505 | 0.15 | 1.86 | 3.9 | 9 |
| H02 | 苏州大学学报(社会科学版) | 1390 | 1.162 | 0.333 | 0.99 | 793 | 0.40 | 2.93 | 4.9 | 10 |
| H02 | 苏州科技大学学报(社会科学版) | 266 | 0.157 | 0.071 | 0.99 | 206 | 0.09 | 0.76 | 7.6 | 3 |
| H02 | 太原理工大学学报(社会科学版) | 282 | 0.273 | 0.032 | 0.99 | 220 | 0.08 | 0.81 | 5.9 | 4 |
| H02 | 天津大学学报(社会科学版) | 675 | 0.495 | 0.152 | 0.98 | 464 | 0.16 | 1.71 | 6.2 | 7 |
| H02 | 天津职业院校联合学报 | 924 | 0.316 | 0.177 | 0.95 | 411 | 0.05 | 1.52 | 4.6 | 6 |

## 2016年中国科技期刊被引指标按类刊名字顺索引(续)

| 学科代码 | 期刊名称 | 扩展总被引频次 | 扩展影响因子 | 扩展即年指标 | 扩展他引率 | 扩展引用刊数 | 扩展学科影响指标 | 扩展学科扩散指标 | 扩展被引半衰期 | 扩展H指标 |
|---|---|---|---|---|---|---|---|---|---|---|
| H02 | 同济大学学报(社会科学版) | 784 | 0.659 | 0.091 | 0.99 | 536 | 0.20 | 1.98 | 7.7 | 7 |
| H02 | 潍坊学院学报 | 445 | 0.198 | 0.035 | 0.99 | 294 | 0.01 | 1.08 | 6.4 | 4 |
| H02 | 温州大学学报(社会科学版) | 265 | 0.158 | 0.118 | 0.98 | 212 | 0.08 | 0.78 | 7.2 | 3 |
| H02 | 五邑大学学报(社会科学版) | 105 | 0.130 | 0.039 | 0.94 | 84 | 0.05 | 0.31 | 6.0 | 2 |
| H02 | 武汉大学学报(人文科学版) | 675 | 0.335 | 0.630 | 0.99 | 421 | 0.20 | 1.55 | 9.0 | 5 |
| H02 | 武汉大学学报(哲学社会科学版) | 1607 | 1.294 | 0.779 | 1.00 | 862 | 0.40 | 3.18 | 6.9 | 8 |
| H02 | 武汉科技大学学报(社会科学版) | 449 | 0.352 | 0.148 | 0.99 | 344 | 0.16 | 1.27 | 6.2 | 5 |
| H02 | 武汉理工大学学报(社会科学版) | 842 | 0.466 | 0.102 | 0.99 | 570 | 0.20 | 2.10 | 5.5 | 5 |
| H02 | 西安电子科技大学学报(社会科学版) | 545 | 0.387 | 0.117 | 1.00 | 408 | 0.17 | 1.51 | 5.9 | 5 |
| H02 | 西安建筑科技大学学报(社会科学版) | 363 | 0.348 | 0.045 | 0.99 | 225 | 0.05 | 0.83 | 6.0 | 5 |
| H02 | 西安交通大学学报(社会科学版) | 1027 | 1.123 | 0.476 | 0.96 | 645 | 0.24 | 2.38 | 4.7 | 10 |
| H02 | 西安石油大学学报(社会科学版) | 260 | 0.285 | 0.062 | 0.98 | 194 | 0.06 | 0.72 | 4.5 | 4 |
| H02 | 西安文理学院学报(社会科学版) | 408 | 0.216 | 0.029 | 0.99 | 301 | 0.07 | 1.11 | 6.0 | 4 |
| H02 | 西北大学学报(哲学社会科学版) | 1298 | 0.759 | 0.090 | 0.98 | 765 | 0.30 | 2.82 | 6.6 | 8 |
| H02 | 西北工业大学学报(社会科学版) | 452 | 0.491 | 0.065 | 0.99 | 323 | 0.08 | 1.19 | 5.9 | 5 |
| H02 | 西北民族大学学报(哲学社会科学版) | 828 | 0.424 | 0.087 | 0.99 | 449 | 0.21 | 1.66 | 7.0 | 6 |
| H02 | 西北农林科技大学学报(社会科学版) | 1331 | 1.510 | 0.459 | 0.94 | 662 | 0.28 | 2.44 | 4.1 | 7 |
| H02 | 西昌学院学报(社会科学版) | 329 | 0.222 | 0.089 | 0.98 | 224 | 0.06 | 0.83 | 5.1 | 4 |
| H02 | 西华大学学报(哲学社会科学版) | 496 | 0.390 | 0.036 | 0.99 | 354 | 0.17 | 1.31 | 6.8 | 5 |
| H02 | 西南大学学报(社会科学版) | 1956 | 0.972 | 0.181 | 0.96 | 942 | 0.33 | 3.48 | 8.4 | 10 |
| H02 | 西南交通大学学报(社会科学版) | 767 | 0.523 | 0.145 | 0.99 | 509 | 0.21 | 1.88 | 6.2 | 6 |
| H02 | 西南科技大学学报(哲学社会科学版) | 400 | 0.287 | 0.078 | 0.99 | 303 | 0.10 | 1.12 | 7.3 | 4 |
| H02 | 西南民族大学学报(人文社科版) | 4431 | 0.755 | 0.230 | 0.98 | 1501 | 0.62 | 5.54 | 6.9 | 9 |
| H02 | 西南石油大学学报(社会科学版) | 349 | 0.471 | 0.240 | 0.93 | 243 | 0.09 | 0.90 | 3.9 | 4 |
| H02 | 西藏大学学报(社会科学版) | 434 | 0.338 | 0.076 | 0.94 | 235 | 0.07 | 0.87 | 5.9 | 4 |
| H02 | 西藏民族大学学报(哲学社会科学版) | 488 | 0.222 | 0.043 | 0.96 | 246 | 0.11 | 0.91 | 7.9 | 4 |
| H02 | 湘南学院学报 | 394 | 0.214 | 0.043 | 0.99 | 283 | 0.06 | 1.04 | 6.2 | 3 |
| H02 | 湘潭大学学报(哲学社会科学版) | 1188 | 0.714 | 0.134 | 0.98 | 722 | 0.35 | 2.66 | 6.6 | 7 |
| H02 | 新疆大学学报(哲学·人文社会科学版) | 809 | 0.327 | 0.149 | 0.99 | 477 | 0.22 | 1.76 | 8.1 | 5 |
| H02 | 徐州工程学院学报(社会科学版) | 275 | 0.348 | 0.110 | 0.99 | 183 | 0.06 | 0.68 | 4.3 | 3 |
| H02 | 烟台大学学报(哲学社会科学版) | 426 | 0.469 | 0.071 | 0.99 | 306 | 0.17 | 1.13 | 7.8 | 6 |
| H02 | 延安大学学报(社会科学版) | 373 | 0.167 | 0.043 | 0.97 | 273 | 0.10 | 1.01 | 7.0 | 4 |
| H02 | 延边大学学报(社会科学版) | 484 | 0.520 | 0.168 | 0.98 | 307 | 0.15 | 1.13 | 6.0 | 3 |

| 学科代码 | 期刊名称 | 扩展总被引频次 | 扩展影响因子 | 扩展即年指标 | 扩展他引率 | 扩展引用刊数 | 扩展学科影响指标 | 扩展学科扩散指标 | 扩展被引半衰期 | 扩展H指标 |
|---|---|---|---|---|---|---|---|---|---|---|
| H02 | 盐城工学院学报(社会科学版) | 214 | 0.292 | 0.026 | 0.98 | 167 | 0.03 | 0.62 | 5.6 | 3 |
| H02 | 燕山大学学报(哲学社会科学版) | 345 | 0.292 | 0.099 | 0.99 | 266 | 0.11 | 0.98 | 6.2 | 4 |
| H02 | 扬州大学学报(人文社会科学版) | 520 | 0.269 | 0.142 | 0.97 | 363 | 0.15 | 1.34 | 9.2 | 6 |
| H02 | 应用型高等教育研究 | 366 | 0.252 | 0.042 | 0.99 | 265 | 0.07 | 0.98 | 5.1 | 4 |
| H02 | 榆林学院学报 | 419 | 0.244 | 0.087 | 0.99 | 298 | 0.04 | 1.10 | 5.3 | 4 |
| H02 | 云南大学学报(社会科学版) | 271 | 0.265 | 0.070 | 0.99 | 218 | 0.10 | 0.80 | 7.5 | 4 |
| H02 | 云南民族大学学报(哲学社会科学版) | 1217 | 0.820 | 0.215 | 0.99 | 586 | 0.25 | 2.16 | 6.0 | 6 |
| H02 | 云南农业大学学报(社会科学版) | 504 | 0.519 | 0.137 | 0.98 | 319 | 0.09 | 1.18 | 3.8 | 6 |
| H02 | 肇庆学院学报 | 341 | 0.254 | 0.048 | 0.97 | 256 | 0.07 | 0.94 | 6.3 | 4 |
| H02 | 浙江大学学报(人文社会科学版) | 2248 | 1.873 | 0.344 | 0.99 | 1127 | 0.53 | 4.16 | 7.4 | 11 |
| H02 | 浙江工业大学学报(社会科学版) | 368 | 0.539 | 0.051 | 0.99 | 269 | 0.06 | 0.99 | 5.5 | 5 |
| H02 | 浙江海洋学院学报(人文科学版) | 363 | 0.233 | 0.030 | 0.98 | 249 | 0.07 | 0.92 | 6.9 | 4 |
| H02 | 浙江理工大学学报(社会科学版) | 125 | 0.547 | 0.085 | 0.93 | 96 | 0.00 | 0.35 | 2.3 | 4 |
| H02 | 浙江树人大学学报 | 557 | 0.596 | 0.186 | 0.98 | 351 | 0.06 | 1.30 | 5.5 | 5 |
| H02 | 郑州大学学报(哲学社会科学版) | 1403 | 0.575 | 0.081 | 0.99 | 800 | 0.34 | 2.95 | 7.7 | 7 |
| H02 | 郑州航空工业管理学院学报(社会科学版) | 667 | 0.211 | 0.063 | 0.99 | 370 | 0.11 | 1.37 | 5.4 | 4 |
| H02 | 郑州轻工业学院学报(社会科学版) | 400 | 0.411 | 0.333 | 0.99 | 267 | 0.11 | 0.99 | 5.3 | 5 |
| H02 | 中北大学学报(社会科学版) | 495 | 0.307 | 0.118 | 0.98 | 347 | 0.10 | 1.28 | 6.6 | 5 |
| H02 | 中国地质大学学报(社会科学版) | 1473 | 1.919 | 0.257 | 0.99 | 830 | 0.31 | 3.06 | 4.6 | 11 |
| H02 | 中国海洋大学学报(社会科学版) | 827 | 0.665 | 0.130 | 0.97 | 495 | 0.20 | 1.83 | 6.0 | 6 |
| H02 | 中国矿业大学学报(社会科学版) | 392 | 0.686 | 0.420 | 0.88 | 256 | 0.10 | 0.94 | 4.0 | 5 |
| H02 | 中国农业大学学报(社会科学版) | 955 | 1.750 | 0.230 | 0.97 | 534 | 0.24 | 1.97 | 5.0 | 9 |
| H02 | 中国人民大学学报 | 2608 | 2.091 | 0.495 | 0.99 | 1155 | 0.58 | 4.26 | 7.3 | 14 |
| H02 | 中国人民公安大学学报(社会科学版) | 1541 | 1.184 | 0.298 | 0.95 | 478 | 0.25 | 1.76 | 6.7 | 7 |
| H02 | 中国社会科学院研究生院学报 | 868 | 0.493 | 0.098 | 0.97 | 589 | 0.29 | 2.17 | 6.9 | 6 |
| H02 | 中国石油大学学报(社会科学版) | 588 | 0.482 | 0.058 | 0.96 | 384 | 0.12 | 1.42 | 5.7 | 5 |
| H02 | 中南大学学报(社会科学版) | 947 | 0.502 | 0.086 | 0.98 | 633 | 0.28 | 2.34 | 4.7 | 7 |
| H02 | 中南林业科技大学学报(社会科学版) | 1212 | 0.830 | 0.269 | 0.87 | 576 | 0.18 | 2.13 | 4.3 | 6 |
| H02 | 中南民族大学学报(人文社会科学版) | 1877 | 0.746 | 0.239 | 0.98 | 850 | 0.35 | 3.14 | 7.9 | 8 |
| H02 | 中山大学学报(社会科学版) | 1566 | 0.748 | 0.102 | 0.99 | 857 | 0.44 | 3.16 | 8.8 | 9 |
| H02 | 中央民族大学学报(哲学社会科学版) | 1359 | 0.617 | 0.072 | 0.99 | 619 | 0.27 | 2.28 | 9.3 | 7 |
| H03 | 阿坝师范学院学报 | 313 | 0.193 | 0.034 | 0.96 | 188 | 0.12 | 2.24 | 7.4 | 4 |
| H03 | 安徽师范大学学报(人文社会科学版) | 861 | 0.566 | 0.118 | 0.99 | 546 | 0.31 | 6.50 | 9.0 | 6 |

| 学科代码 | 期刊名称 | 扩展总被引频次 | 扩展影响因子 | 扩展即年指标 | 扩展他引率 | 扩展引用刊数 | 扩展学科影响指标 | 扩展学科扩散指标 | 扩展被引半衰期 | 扩展H指标 |
|---|---|---|---|---|---|---|---|---|---|---|
| H03 | 安庆师范大学学报(社会科学版) | 649 | 0.191 | 0.097 | 0.99 | 394 | 0.27 | 4.69 | 6.6 | 4 |
| H03 | 安阳师范学院学报 | 508 | 0.255 | 0.044 | 0.99 | 314 | 0.13 | 3.74 | 6.1 | 4 |
| H03 | 鞍山师范学院学报 | 460 | 0.272 | 0.025 | 0.94 | 318 | 0.10 | 3.79 | 6.9 | 4 |
| H03 | 北京师范大学学报(社会科学版) | 3042 | 1.438 | 0.245 | 0.99 | 1270 | 0.68 | 15.12 | ≥10 | 16 |
| H03 | 沧州师范学院学报 | 314 | 0.167 | 0.059 | 0.98 | 214 | 0.08 | 2.55 | 6.5 | 4 |
| H03 | 长江师范学院学报 | 519 | 0.375 | 0.129 | 0.90 | 319 | 0.17 | 3.80 | 5.0 | 5 |
| H03 | 楚雄师范学院学报 | 492 | 0.311 | 0.025 | 0.97 | 324 | 0.18 | 3.86 | 5.4 | 4 |
| H03 | 大庆师范学院学报 | 461 | 0.297 | 0.057 | 0.97 | 313 | 0.15 | 3.73 | 4.6 | 4 |
| H03 | 福建师大福清分校学报 | 373 | 0.288 | 0.079 | 0.95 | 243 | 0.10 | 2.89 | 6.2 | 4 |
| H03 | 福建师范大学学报(哲学社会科学版) | 1267 | 0.821 | 0.221 | 0.99 | 762 | 0.40 | 9.07 | 7.9 | 7 |
| H03 | 阜阳师范学院学报(社会科学版) | 522 | 0.215 | 0.038 | 0.99 | 350 | 0.21 | 4.17 | 6.6 | 4 |
| H03 | 赣南师范大学学报 | 609 | 0.414 | 0.071 | 0.95 | 383 | 0.13 | 4.56 | 7.4 | 6 |
| H03 | 广东技术师范学院学报 | 780 | 0.261 | 0.112 | 0.98 | 434 | 0.18 | 5.17 | 5.9 | 4 |
| H03 | 广西科技师范学院学报 | 417 | 0.268 | 0.013 | 0.98 | 290 | 0.14 | 3.45 | 5.1 | 3 |
| H03 | 广西民族师范学院学报 | 439 | 0.256 | 0.083 | 0.98 | 290 | 0.13 | 3.45 | 4.6 | 4 |
| H03 | 广西师范学院学报(哲学社会科学版) | 831 | 0.319 | 1.299 | 0.98 | 385 | 0.20 | 4.58 | 5.0 | 8 |
| H03 | 桂林师范高等专科学校学报 | 425 | 0.205 | 0.215 | 0.98 | 247 | 0.10 | 2.94 | 6.2 | 5 |
| H03 | 韩山师范学院学报 | 293 | 0.238 | 0.045 | 0.95 | 210 | 0.08 | 2.50 | 7.1 | 3 |
| H03 | 合肥师范学院学报 | 658 | 0.325 | 0.067 | 0.99 | 398 | 0.21 | 4.74 | 6.7 | 5 |
| H03 | 和田师范专科学校学报 | 752 | 0.199 | 0.066 | 1.00 | 353 | 0.11 | 4.20 | 7.2 | 6 |
| H03 | 河北科技师范学院学报 | 445 | 0.696 | 0.093 | 0.96 | 266 | 0.02 | 3.17 | 8.5 | 5 |
| H03 | 河北民族师范学院学报 | 598 | 0.382 | 0.359 | 0.98 | 292 | 0.17 | 3.48 | 6.4 | 4 |
| H03 | 河南师范大学学报(哲学社会科学版) | 1482 | 0.423 | 0.149 | 0.99 | 825 | 0.40 | 9.82 | 7.1 | 8 |
| H03 | 衡阳师范学院学报 | 583 | 0.263 | 0.083 | 0.97 | 384 | 0.23 | 4.57 | 6.8 | 5 |
| H03 | 湖北师范大学学报(哲学社会科学版) | 623 | 0.300 | 0.122 | 0.98 | 390 | 0.15 | 4.64 | 6.4 | 5 |
| H03 | 湖南第一师范学院学报 | 706 | 0.349 | 0.149 | 0.99 | 325 | 0.17 | 3.87 | 5.1 | 6 |
| H03 | 湖南师范大学社会科学学报 | 1409 | 1.182 | 0.282 | 0.98 | 795 | 0.33 | 9.46 | 6.8 | 8 |
| H03 | 湖州师范学院学报 | 646 | 0.315 | 0.086 | 0.99 | 424 | 0.21 | 5.05 | 6.2 | 5 |
| H03 | 华东师范大学学报(哲学社会科学版) | 1075 | 0.938 | 0.113 | 0.98 | 663 | 0.21 | 7.89 | 7.8 | 7 |
| H03 | 华南师范大学学报(社会科学版) | 1189 | 0.681 | 0.065 | 0.98 | 718 | 0.31 | 8.55 | 7.9 | 8 |
| H03 | 华中师范大学学报(人文社会科学版) | 2821 | 2.146 | 0.267 | 0.99 | 1222 | 0.48 | 14.55 | 6.0 | 13 |
| H03 | 淮南师范学院学报 | 533 | 0.299 | 0.035 | 1.00 | 341 | 0.14 | 4.06 | 5.4 | 5 |
| H03 | 淮阴师范学院学报(哲学社会科学版) | 291 | 0.139 | 0.074 | 0.97 | 228 | 0.12 | 2.71 | 7.6 | 3 |

| 学科代码 | 期刊名称 | 扩展总被引频次 | 扩展影响因子 | 扩展即年指标 | 扩展他引率 | 扩展引用刊数 | 扩展学科影响指标 | 扩展学科扩散指标 | 扩展被引半衰期 | 扩展H指标 |
|---|---|---|---|---|---|---|---|---|---|---|
| H03 | 黄冈师范学院学报 | 504 | 0.260 | 0.073 | 0.99 | 331 | 0.18 | 3.94 | 5.2 | 4 |
| H03 | 吉林工程技术师范学院学报 | 919 | 0.373 | 0.108 | 0.99 | 443 | 0.12 | 5.27 | 4.2 | 5 |
| H03 | 集宁师范学院学报 | 158 | 0.185 | 0.046 | 0.98 | 120 | 0.06 | 1.43 | 5.7 | 3 |
| H03 | 焦作师范高等专科学校学报 | 184 | 0.137 | 0.049 | 0.97 | 139 | 0.05 | 1.65 | 5.8 | 4 |
| H03 | 喀什大学学报 | 377 | 0.208 | 0.027 | 0.89 | 232 | 0.10 | 2.76 | 6.0 | 3 |
| H03 | 廊坊师范学院学报(社会科学版) | 248 | 0.182 | 0.021 | 0.99 | 181 | 0.10 | 2.15 | 5.5 | 3 |
| H03 | 乐山师范学院学报 | 843 | 0.235 | 0.062 | 0.98 | 522 | 0.24 | 6.21 | 6.3 | 5 |
| H03 | 连云港师范高等专科学校学报 | 208 | 0.121 | 0.040 | 0.99 | 147 | 0.07 | 1.75 | 8.5 | 4 |
| H03 | 辽宁师专学报(社会科学版) | 697 | 0.184 | 0.045 | 0.99 | 338 | 0.08 | 4.02 | 5.8 | 4 |
| H03 | 岭南师范学院学报 | 451 | 0.175 | 0.025 | 0.97 | 318 | 0.15 | 3.79 | 7.3 | 4 |
| H03 | 六盘水师范学院学报 | 237 | 0.243 | 0.077 | 0.99 | 169 | 0.02 | 2.01 | 5.1 | 3 |
| H03 | 洛阳师范学院学报 | 768 | 0.252 | 0.033 | 0.99 | 487 | 0.25 | 5.80 | 5.2 | 4 |
| H03 | 闽南师范大学学报(哲学社会科学版) | 353 | 0.265 | 0.034 | 0.99 | 259 | 0.10 | 3.08 | 5.6 | 4 |
| H03 | 牡丹江师范学院学报(哲学社会科学版) | 585 | 0.229 | 0.157 | 0.93 | 330 | 0.15 | 3.93 | 5.8 | 5 |
| H03 | 南昌师范学院学报 | 704 | 0.339 | 0.068 | 0.99 | 415 | 0.19 | 4.94 | 5.3 | 4 |
| H03 | 南京师范大学文学院学报 | 334 | 0.204 | 0.016 | 0.98 | 224 | 0.21 | 2.67 | 8.0 | 4 |
| H03 | 南阳师范学院学报 | 714 | 0.231 | 0.123 | 0.97 | 445 | 0.21 | 5.30 | 6.6 | 5 |
| H03 | 内江师范学院学报 | 1009 | 0.398 | 0.082 | 0.81 | 494 | 0.12 | 5.88 | 5.4 | 5 |
| H03 | 宁德师范学院学报(哲学社会科学版) | 213 | 0.258 | 0.042 | 0.96 | 160 | 0.08 | 1.90 | 4.7 | 3 |
| H03 | 宁夏师范学院学报 | 337 | 0.127 | 0.051 | 0.96 | 250 | 0.13 | 2.98 | 7.7 | 3 |
| H03 | 齐齐哈尔师范高等专科学校学报 | 655 | 0.228 | 0.068 | 0.99 | 329 | 0.10 | 3.92 | 4.8 | 4 |
| H03 | 黔南民族师范学院学报 | 336 | 0.246 | 0.031 | 0.97 | 234 | 0.12 | 2.79 | 5.2 | 4 |
| H03 | 青海师范大学学报(哲学社会科学版) | 673 | 0.289 | 0.079 | 0.98 | 425 | 0.21 | 5.06 | 6.4 | 5 |
| H03 | 曲靖师范学院学报 | 497 | 0.504 | 0.101 | 0.98 | 321 | 0.15 | 3.82 | 4.7 | 6 |
| H03 | 泉州师范学院学报 | 368 | 0.269 | 0.055 | 0.90 | 259 | 0.13 | 3.08 | 6.4 | 4 |
| H03 | 陕西师范大学学报(哲学社会科学版) | 1411 | 0.424 | 0.239 | 0.97 | 766 | 0.44 | 9.12 | 9.9 | 6 |
| H03 | 商丘师范学院学报 | 636 | 0.172 | 0.058 | 0.95 | 432 | 0.23 | 5.14 | 6.2 | 4 |
| H03 | 上海师范大学学报(哲学社会科学版) | 1058 | 0.775 | 0.069 | 0.99 | 673 | 0.42 | 8.01 | 8.1 | 7 |
| H03 | 上饶师范学院学报 | 282 | 0.173 | 0.031 | 0.98 | 199 | 0.12 | 2.37 | 8.0 | 2 |
| H03 | 太原师范学院学报(社会科学版) | 524 | 0.185 | 0.053 | 0.99 | 352 | 0.23 | 4.19 | 7.1 | 4 |
| H03 | 唐山师范学院学报 | 581 | 0.302 | 0.059 | 0.97 | 356 | 0.17 | 4.24 | 5.6 | 4 |
| H03 | 天水师范学院学报 | 347 | 0.139 | 0.044 | 0.97 | 257 | 0.10 | 3.06 | 7.7 | 4 |
| H03 | 通化师范学院学报 | 1019 | 0.294 | 0.092 | 0.98 | 503 | 0.17 | 5.99 | 4.6 | 4 |

## 2016 年中国科技期刊被引指标按类刊名字顺索引(续)

| 学科代码 | 期刊名称 | 扩展总被引频次 | 扩展影响因子 | 扩展即年指标 | 扩展他引率 | 扩展引用刊数 | 扩展学科影响指标 | 扩展学科扩散指标 | 扩展被引半衰期 | 扩展H指标 |
|---|---|---|---|---|---|---|---|---|---|---|
| H03 | 渭南师范学院学报 | 642 | 0.239 | 0.097 | 0.84 | 369 | 0.20 | 4.39 | 3.9 | 4 |
| H03 | 咸阳师范学院学报 | 295 | 0.135 | 0.033 | 0.96 | 226 | 0.07 | 2.69 | 7.7 | 3 |
| H03 | 忻州师范学院学报 | 431 | 0.192 | 0.069 | 0.99 | 314 | 0.10 | 3.74 | 6.0 | 4 |
| H03 | 新疆师范大学学报(哲学社会科学版) | 1543 | 3.314 | 1.496 | 0.98 | 765 | 0.25 | 9.11 | 2.7 | 12 |
| H03 | 信阳师范学院学报(哲学社会科学版) | 642 | 0.535 | 0.171 | 0.79 | 339 | 0.18 | 4.04 | 5.0 | 5 |
| H03 | 兴义民族师范学院学报 | 195 | 0.186 | 0.036 | 0.95 | 143 | 0.06 | 1.70 | 4.3 | 3 |
| H03 | 盐城师范学院学报(人文社会科学版) | 341 | 0.143 | 0.082 | 0.99 | 243 | 0.13 | 2.89 | 6.5 | 3 |
| H03 | 伊犁师范学院学报(社科版) | 255 | 0.155 | 0.009 | 0.97 | 174 | 0.07 | 2.07 | 6.9 | 3 |
| H03 | 玉林师范学院学报 | 504 | 0.301 | 0.016 | 0.98 | 323 | 0.10 | 3.85 | 5.9 | 5 |
| H03 | 玉溪师范学院学报 | 373 | 0.158 | 0.014 | 0.99 | 276 | 0.07 | 3.29 | 8.4 | 5 |
| H03 | 汉江师范学院学报 | 365 | 0.187 | 0.081 | 0.99 | 241 | 0.06 | 2.87 | 5.0 | 3 |
| H03 | 周口师范学院学报 | 470 | 0.205 | 0.060 | 0.99 | 323 | 0.15 | 3.85 | 6.0 | 4 |
| H03 | 遵义师范学院学报 | 410 | 0.252 | 0.093 | 0.97 | 245 | 0.14 | 2.92 | 4.9 | 4 |
| J01 | 理论探讨 | 1581 | 0.928 | 0.297 | 0.99 | 766 | 0.75 | 95.75 | 4.7 | 8 |
| J01 | 理论与改革 | 1330 | 0.708 | 0.219 | 0.99 | 709 | 0.75 | 88.63 | 4.7 | 6 |
| J01 | 马克思主义研究 | 1902 | 1.384 | 0.197 | 0.91 | 632 | 1.00 | 79.00 | 4.8 | 12 |
| J01 | 马克思主义与现实 | 1898 | 1.012 | 0.139 | 0.99 | 777 | 1.00 | 97.13 | 8.4 | 14 |
| J01 | 毛泽东邓小平理论研究 | 970 | 0.775 | 0.211 | 0.97 | 536 | 0.75 | 67.00 | 4.7 | 8 |
| J01 | 毛泽东思想研究 | 663 | 0.793 | 0.181 | 0.95 | 314 | 0.75 | 39.25 | 3.7 | 5 |
| J01 | 社会主义研究 | 1179 | 1.081 | 0.297 | 0.98 | 603 | 0.88 | 75.38 | 4.9 | 7 |
| J02 | Frontiers of Philosophy in China | 15 | 0.024 | 0.022 | 0.53 | 5 | 0.06 | 0.28 | 4.8 | 1 |
| J02 | 管子学刊 | 312 | 0.162 | 0.019 | 0.82 | 158 | 0.17 | 8.78 | ≥10 | 3 |
| J02 | 科学技术哲学研究 | 553 | 0.303 | 0.078 | 0.98 | 372 | 0.44 | 20.67 | 9.0 | 4 |
| J02 | 科学与无神论 | 114 | 0.394 | — | 0.41 | 34 | 0.06 | 1.89 | 5.0 | 3 |
| J02 | 孔子研究 | 605 | 0.312 | 0.036 | 0.94 | 335 | 0.67 | 18.61 | ≥10 | 4 |
| J02 | 伦理学研究 | 711 | 0.597 | 0.126 | 0.96 | 426 | 0.39 | 23.67 | 5.5 | 6 |
| J02 | 世界哲学 | 602 | 0.255 | 0.041 | 0.99 | 339 | 0.67 | 18.83 | ≥10 | 4 |
| J02 | 系统科学学报 | 509 | 0.484 | 0.064 | 0.81 | 300 | 0.22 | 16.67 | 6.8 | 6 |
| J02 | 现代哲学 | 439 | 0.265 | 0.072 | 1.00 | 298 | 0.56 | 16.56 | 8.0 | 4 |
| J02 | 学海 | 1475 | 0.834 | 0.227 | 0.99 | 778 | 0.39 | 43.22 | 6.1 | 10 |
| J02 | 哲学动态 | 945 | 0.510 | 0.094 | 0.99 | 533 | 0.78 | 29.61 | 7.9 | 4 |
| J02 | 哲学分析 | 113 | 0.265 | 0.026 | 0.99 | 87 | 0.44 | 4.83 | 3.7 | 3 |
| J02 | 哲学研究 | 2490 | 0.816 | 0.133 | 0.99 | 883 | 1.00 | 49.06 | 9.9 | 9 |

| 学科代码 | 期刊名称 | 扩展总被引频次 | 扩展影响因子 | 扩展即年指标 | 扩展他引率 | 扩展引用刊数 | 扩展学科影响指标 | 扩展学科扩散指标 | 扩展被引半衰期 | 扩展H指标 |
|---|---|---|---|---|---|---|---|---|---|---|
| J02 | 中国哲学史 | 402 | 0.146 | 0.047 | 0.93 | 234 | 0.72 | 13.00 | ≥10 | 5 |
| J02 | 周易研究 | 289 | 0.385 | 0.015 | 0.81 | 137 | 0.28 | 7.61 | 9.6 | 4 |
| J02 | 自然辩证法通讯 | 724 | 0.281 | 0.098 | 0.96 | 418 | 0.56 | 23.22 | ≥10 | 5 |
| J02 | 自然辩证法研究 | 1659 | 0.543 | 0.091 | 0.95 | 793 | 0.61 | 44.06 | 9.1 | 8 |
| J03 | 世界宗教文化 | 279 | 0.310 | 0.026 | 0.89 | 166 | 0.33 | 13.83 | 4.8 | 4 |
| J03 | 世界宗教研究 | 674 | 0.293 | 0.062 | 0.94 | 323 | 0.58 | 26.92 | ≥10 | 5 |
| J03 | 五台山研究 | 69 | 0.095 | - | 0.86 | 43 | 0.25 | 3.58 | ≥10 | 2 |
| J03 | 中国穆斯林 | 156 | 0.171 | - | 0.91 | 78 | 0.25 | 6.50 | 8.4 | 3 |
| J03 | 中国宗教 | 308 | - | 0.188 | 1.00 | 159 | 0.42 | 13.25 | 6.3 | 4 |
| J03 | 宗教学研究 | 464 | 0.165 | 0.012 | 0.94 | 256 | 0.42 | 21.33 | 9.2 | 4 |
| K01 | 辞书研究 | 428 | 0.186 | 0.118 | 0.78 | 158 | 0.25 | 2.16 | ≥10 | 3 |
| K01 | 当代外语研究 | 678 | 0.642 | 0.146 | 0.98 | 324 | 0.34 | 4.44 | 3.9 | 8 |
| K01 | 当代修辞学 | 937 | 0.992 | 0.143 | 0.91 | 360 | 0.49 | 4.93 | 7.4 | 8 |
| K01 | 当代语言学 | 1018 | 0.869 | 0.191 | 0.99 | 359 | 0.48 | 4.92 | ≥10 | 10 |
| K01 | 东北亚外语研究 | 179 | 0.347 | 0.085 | 0.94 | 108 | 0.08 | 1.48 | 7.0 | 3 |
| K01 | 方言 | 1117 | 0.593 | 0.109 | 0.90 | 244 | 0.40 | 3.34 | ≥10 | 7 |
| K01 | 疯狂英语(理论版) | 520 | 0.310 | 0.100 | 0.99 | 212 | 0.19 | 2.90 | 5.0 | 5 |
| K01 | 古汉语研究 | 494 | 0.253 | 0.058 | 0.95 | 210 | 0.30 | 2.88 | ≥10 | 4 |
| K01 | 海外英语(上) | 1923 | 0.152 | 0.055 | 0.93 | 422 | 0.29 | 5.78 | 3.2 | 8 |
| K01 | 汉语学报 | 358 | 0.473 | 0.116 | 0.97 | 146 | 0.33 | 2.00 | 6.7 | 5 |
| K01 | 汉语学习 | 1541 | 0.574 | 0.186 | 0.91 | 366 | 0.47 | 5.01 | ≥10 | 7 |
| K01 | 汉语言文学研究 | 62 | 0.126 | 0.011 | 0.95 | 50 | 0.03 | 0.68 | 4.4 | 2 |
| K01 | 汉字文化 | 203 | 0.130 | 0.079 | 0.87 | 128 | 0.22 | 1.75 | 9.8 | 3 |
| K01 | 基础教育外语教学研究 | 456 | 0.255 | 0.046 | 0.97 | 152 | 0.16 | 2.08 | ≥10 | 6 |
| K01 | 课外语文(下) | 1060 | 0.266 | 0.043 | 0.98 | 138 | 0.16 | 1.89 | 2.2 | 7 |
| K01 | 满语研究 | 222 | 0.248 | - | 0.91 | 84 | 0.08 | 1.15 | ≥10 | 4 |
| K01 | 民族语文 | 634 | 0.388 | 0.038 | 0.86 | 194 | 0.30 | 2.66 | ≥10 | 4 |
| K01 | 山东外语教学 | 1736 | 1.235 | 0.218 | 0.98 | 544 | 0.41 | 7.45 | 8.3 | 9 |
| K01 | 上海翻译 | 1572 | 1.618 | 0.296 | 0.95 | 468 | 0.29 | 6.41 | 7.1 | 10 |
| K01 | 世界汉语教学 | 1825 | 1.364 | 0.154 | 0.97 | 401 | 0.52 | 5.49 | ≥10 | 8 |
| K01 | 外语电化教学 | 3471 | 7.287 | 0.437 | 0.98 | 710 | 0.40 | 9.73 | 5.4 | 17 |
| K01 | 外语与翻译 | 68 | - | 0.048 | 0.93 | 49 | 0.12 | 0.67 | 3.4 | 2 |
| K01 | 现代语文(教学研究) | 682 | 0.189 | 0.040 | 0.97 | 174 | 0.21 | 2.38 | 4.8 | 5 |

| 学科代码 | 期刊名称 | 扩展总被引频次 | 扩展影响因子 | 扩展即年指标 | 扩展他引率 | 扩展引用刊数 | 扩展学科影响指标 | 扩展学科扩散指标 | 扩展被引半衰期 | 扩展H指标 |
|---|---|---|---|---|---|---|---|---|---|---|
| K01 | 现代语文(学术综合) | 582 | 0.126 | 0.056 | 0.97 | 239 | 0.27 | 3.27 | 3.6 | 5 |
| K01 | 现代语文(语言研究) | 734 | 0.114 | 0.024 | 0.93 | 312 | 0.36 | 4.27 | 6.2 | 3 |
| K01 | 校园英语(上旬) | 1026 | 0.180 | 0.050 | 0.97 | 205 | 0.18 | 2.81 | 2.0 | 5 |
| K01 | 校园英语(下旬) | 867 | 0.173 | 0.054 | 0.95 | 167 | 0.16 | 2.29 | 1.8 | 4 |
| K01 | 校园英语(中旬) | 400 | 0.095 | 0.025 | 0.98 | 131 | 0.18 | 1.79 | 1.7 | 3 |
| K01 | 英语广场(下旬刊) | 1605 | 0.313 | 0.147 | 0.98 | 305 | 0.21 | 4.18 | 2.9 | 8 |
| K01 | 英语画刊(高级版) | 196 | — | 0.029 | 0.99 | 64 | 0.14 | 0.88 | 1.9 | 3 |
| K01 | 英语教师 | 1131 | 0.507 | 0.171 | 0.96 | 218 | 0.22 | 2.99 | 1.7 | 8 |
| K01 | 英语学习(教师版) | 147 | 0.576 | 0.201 | 0.95 | 72 | 0.15 | 0.99 | 1.7 | 5 |
| K01 | 语文建设 | 2013 | 2.307 | 0.357 | 0.99 | 489 | 0.59 | 6.70 | 3.8 | 9 |
| K01 | 语文教学通讯·A刊 | 188 | — | 0.027 | 0.96 | 73 | 0.18 | 1.00 | 4.3 | 3 |
| K01 | 语文教学通讯·B刊 | 136 | — | 0.074 | 0.80 | 56 | 0.14 | 0.77 | 1.7 | 3 |
| K01 | 语文教学通讯·C刊 | 273 | — | 0.039 | 1.00 | 106 | 0.25 | 1.45 | 5.3 | 3 |
| K01 | 语文教学通讯·D刊(学术刊) | 792 | 0.361 | 0.201 | 0.99 | 149 | 0.18 | 2.04 | 3.1 | 7 |
| K01 | 语文教学之友 | 192 | — | 0.044 | 0.96 | 86 | 0.19 | 1.18 | 4.8 | 3 |
| K01 | 语文世界(教师之窗) | 120 | — | 0.012 | 1.00 | 73 | 0.12 | 1.00 | 3.7 | 3 |
| K01 | 语文天地(初中版) | 259 | — | 0.041 | 1.00 | 91 | 0.19 | 1.25 | 2.4 | 3 |
| K01 | 语文研究 | 665 | 0.586 | 0.114 | 0.97 | 253 | 0.40 | 3.47 | ≥10 | 5 |
| K01 | 语文知识 | 270 | 0.299 | 0.058 | 0.99 | 152 | 0.25 | 2.08 | 3.3 | 3 |
| K01 | 语言教学与研究 | 2237 | 1.119 | 0.269 | 0.97 | 521 | 0.55 | 7.14 | ≥10 | 9 |
| K01 | 语言科学 | 760 | 0.479 | 0.069 | 0.96 | 314 | 0.42 | 4.30 | 9.6 | 6 |
| K01 | 语言文字应用 | 1739 | 1.496 | 0.143 | 0.94 | 513 | 0.52 | 7.03 | 9.9 | 10 |
| K01 | 语言研究 | 1117 | 0.301 | 0.088 | 0.95 | 313 | 0.48 | 4.29 | ≥10 | 6 |
| K01 | 语言与翻译(汉文版) | 412 | 0.331 | 0.125 | 0.92 | 182 | 0.32 | 2.49 | ≥10 | 4 |
| K01 | 中国翻译 | 5532 | 2.542 | 0.240 | 0.97 | 751 | 0.37 | 10.29 | ≥10 | 21 |
| K01 | 中国科技翻译 | 1063 | 0.837 | 0.141 | 0.96 | 370 | 0.27 | 5.07 | ≥10 | 7 |
| K01 | 中国文学研究 | 383 | 0.221 | 0.050 | 0.99 | 224 | 0.12 | 3.07 | 9.4 | 4 |
| K01 | 中国语文 | 3299 | 0.930 | 0.098 | 0.95 | 488 | 0.48 | 6.68 | ≥10 | 13 |
| K01 | 中学语文(上旬·教学大参考) | 251 | 0.408 | 0.063 | 0.93 | 114 | 0.19 | 1.56 | 4.9 | 3 |
| K01 | 中学语文(下旬·大语文论坛) | 489 | — | 0.031 | 1.00 | 120 | 0.22 | 1.64 | 3.0 | 4 |
| K03 | 北京第二外国语学院学报 | 1381 | 0.645 | 0.063 | 0.99 | 621 | 0.71 | 29.57 | 8.0 | 9 |
| K03 | 基础外语教育 | 1008 | 0.731 | 0.099 | 0.98 | 225 | 0.24 | 10.71 | 6.3 | 8 |
| K03 | 解放军外国语学院学报 | 2353 | 1.278 | 0.129 | 0.95 | 609 | 1.00 | 29.00 | 9.5 | 14 |

| 学科代码 | 期刊名称 | 扩展总被引频次 | 扩展影响因子 | 扩展即年指标 | 扩展他引率 | 扩展引用刊数 | 扩展学科影响指标 | 扩展学科扩散指标 | 扩展被引半衰期 | 扩展H指标 |
|---|---|---|---|---|---|---|---|---|---|---|
| K03 | 日语学习与研究 | 715 | 0.500 | 0.056 | 0.85 | 212 | 0.43 | 10.10 | 7.9 | 7 |
| K03 | 天津外国语大学学报 | 506 | 0.412 | 0.279 | 0.96 | 272 | 0.81 | 12.95 | 7.9 | 5 |
| K03 | 外国语 | 2710 | 1.683 | 0.176 | 0.97 | 663 | 0.95 | 31.57 | ≥10 | 14 |
| K03 | 外国语文 | 1990 | 0.598 | 0.047 | 0.98 | 617 | 0.90 | 29.38 | 8.0 | 10 |
| K03 | 外国语言文学 | 451 | 0.360 | 0.054 | 0.99 | 249 | 0.71 | 11.86 | ≥10 | 5 |
| K03 | 外语教学 | 3878 | 1.836 | 0.483 | 0.95 | 757 | 1.00 | 36.05 | 7.7 | 15 |
| K03 | 外语教学理论与实践 | 1835 | 2.094 | 0.211 | 0.98 | 556 | 0.95 | 26.48 | 6.3 | 15 |
| K03 | 外语教学与研究 | 5916 | 3.387 | 0.395 | 0.99 | 893 | 1.00 | 42.52 | ≥10 | 27 |
| K03 | 外语界 | 6210 | 4.926 | 0.817 | 0.98 | 806 | 1.00 | 38.38 | 7.9 | 23 |
| K03 | 外语学刊 | 2684 | 0.962 | 0.265 | 0.92 | 675 | 0.95 | 32.14 | 7.3 | 11 |
| K03 | 外语研究 | 2364 | 1.045 | 0.185 | 0.98 | 623 | 1.00 | 29.67 | 8.2 | 16 |
| K03 | 外语与外语教学 | 4768 | 2.129 | 0.505 | 0.99 | 838 | 1.00 | 39.90 | ≥10 | 20 |
| K03 | 西安外国语大学学报 | 1348 | 1.063 | 0.150 | 0.92 | 410 | 0.76 | 19.52 | 7.6 | 7 |
| K03 | 现代外语 | 2180 | 1.895 | 0.375 | 0.95 | 549 | 0.90 | 26.14 | ≥10 | 13 |
| K03 | 云南师范大学学报(对外汉语教学与研究版) | 625 | 0.730 | 0.110 | 0.95 | 260 | 0.43 | 12.38 | 8.7 | 5 |
| K03 | 中国俄语教学 | 329 | 0.500 | 0.057 | 0.81 | 114 | 0.43 | 5.43 | 6.8 | 3 |
| K03 | 中国外语 | 2697 | 2.367 | 0.348 | 0.98 | 656 | 0.95 | 31.24 | 5.8 | 17 |
| K04 | Frontiers of Literary Studies in China | 7 | 0.033 | — | 1.00 | 5 | 0.01 | 0.03 | 3.8 | 1 |
| K04 | 安徽文学(下半月) | 1382 | 0.118 | 0.057 | 0.98 | 457 | 0.21 | 3.15 | 6.3 | 4 |
| K04 | 北方文学(下旬刊) | 626 | 0.035 | 0.005 | 0.99 | 274 | 0.16 | 1.89 | 4.7 | 5 |
| K04 | 北方文学(中旬刊) | 183 | 0.029 | 0.006 | 0.99 | 119 | 0.10 | 0.82 | 2.7 | 2 |
| K04 | 曹雪芹研究 | 65 | — | 0.145 | 0.66 | 22 | 0.04 | 0.15 | 1.8 | 2 |
| K04 | 长江学术 | 171 | 0.293 | 0.018 | 0.99 | 129 | 0.10 | 0.89 | 6.6 | 2 |
| K04 | 大观 | 310 | 0.058 | 0.011 | 0.99 | 172 | 0.11 | 1.19 | 2.2 | 2 |
| K04 | 大众文艺 | 6826 | 0.265 | 0.092 | 0.93 | 799 | 0.23 | 5.51 | 3.7 | 9 |
| K04 | 当代文坛 | 648 | 0.320 | 0.114 | 0.95 | 310 | 0.23 | 2.14 | 5.9 | 5 |
| K04 | 当代作家评论 | 1166 | 0.473 | 0.060 | 0.96 | 370 | 0.30 | 2.55 | ≥10 | 8 |
| K04 | 杜甫研究学刊 | 99 | 0.039 | — | 0.70 | 45 | 0.06 | 0.31 | ≥10 | 2 |
| K04 | 国学学刊 | 45 | 0.159 | — | 1.00 | 40 | 0.01 | 0.28 | 3.6 | 2 |
| K04 | 红楼梦学刊 | 691 | 0.547 | 0.063 | 0.67 | 180 | 0.14 | 1.24 | 9.3 | 4 |
| K04 | 华文文学 | 203 | 0.108 | 0.011 | 0.92 | 117 | 0.14 | 0.81 | 8.2 | 3 |
| K04 | 黄河之声 | 1790 | 0.273 | 0.053 | 0.90 | 262 | 0.13 | 1.81 | 3.0 | 5 |
| K04 | 鲁迅研究月刊 | 699 | 0.438 | 0.048 | 0.88 | 203 | 0.18 | 1.40 | ≥10 | 5 |

## 2016年中国科技期刊被引指标按类刊名字顺索引(续)

| 学科代码 | 期刊名称 | 扩展总被引频次 | 扩展影响因子 | 扩展即年指标 | 扩展他引率 | 扩展引用刊数 | 扩展学科影响指标 | 扩展学科扩散指标 | 扩展被引半衰期 | 扩展H指标 |
|---|---|---|---|---|---|---|---|---|---|---|
| K04 | 芒种 | 469 | — | 0.028 | 0.97 | 198 | 0.16 | 1.37 | 2.8 | 3 |
| K04 | 民族文学研究 | 577 | 0.245 | 0.119 | 0.85 | 226 | 0.21 | 1.56 | ≥10 | 5 |
| K04 | 名作欣赏 | 1165 | 0.884 | 0.098 | 0.99 | 449 | 0.30 | 3.10 | 5.3 | 4 |
| K04 | 明清小说研究 | 385 | 0.209 | 0.048 | 0.94 | 211 | 0.14 | 1.46 | ≥10 | 2 |
| K04 | 南方文坛 | 641 | 0.339 | 0.097 | 0.98 | 284 | 0.22 | 1.96 | 7.5 | 6 |
| K04 | 青年时代 | 429 | 0.076 | 0.015 | 0.98 | 203 | 0.08 | 1.40 | 1.5 | 3 |
| K04 | 青年文学家 | 1989 | 0.073 | 0.017 | 0.98 | 532 | 0.23 | 3.67 | 3.9 | 6 |
| K04 | 三峡论坛(三峡文学·理论版) | 140 | 0.113 | 0.017 | 0.96 | 110 | 0.07 | 0.76 | 3.9 | 3 |
| K04 | 神州(下旬刊) | 682 | 0.109 | 0.002 | 0.99 | 249 | 0.12 | 1.72 | 3.6 | 5 |
| K04 | 神州(中旬刊) | 884 | 0.148 | 0.007 | 0.98 | 297 | 0.12 | 2.05 | 3.8 | 5 |
| K04 | 丝绸之路 | 461 | 0.181 | 0.022 | 0.98 | 272 | 0.10 | 1.88 | 5.5 | 3 |
| K04 | 文学教育(上) | 616 | 0.143 | 0.068 | 0.98 | 258 | 0.19 | 1.78 | 4.1 | 4 |
| K04 | 文学教育(下) | 755 | 0.306 | 0.084 | 1.00 | 250 | 0.14 | 1.72 | 3.3 | 5 |
| K04 | 文学教育(中) | 956 | 0.111 | 0.006 | 1.00 | 288 | 0.16 | 1.99 | 4.2 | 5 |
| K04 | 文学评论 | 2382 | 1.000 | 0.224 | 0.99 | 657 | 0.37 | 4.53 | ≥10 | 9 |
| K04 | 文学遗产 | 1148 | 0.579 | 0.075 | 0.93 | 420 | 0.25 | 2.90 | ≥10 | 4 |
| K04 | 文学与文化 | 47 | 0.144 | — | 0.98 | 41 | 0.04 | 0.28 | 3.9 | 2 |
| K04 | 文艺生活·下旬刊 | 524 | 0.045 | 0.010 | 0.98 | 200 | 0.11 | 1.38 | 2.9 | 3 |
| K04 | 文艺生活·中旬刊 | 606 | 0.050 | 0.015 | 0.98 | 217 | 0.14 | 1.50 | 2.9 | 4 |
| K04 | 文艺研究 | 2069 | 0.588 | 0.153 | 0.98 | 690 | 0.34 | 4.76 | 9.6 | 9 |
| K04 | 戏剧文学 | 372 | 0.144 | 0.112 | 0.87 | 150 | 0.17 | 1.03 | 5.5 | 3 |
| K04 | 小说评论 | 730 | 0.233 | 0.035 | 0.95 | 290 | 0.28 | 2.00 | 8.5 | 6 |
| K04 | 校园心理 | 234 | 0.192 | 0.031 | 0.97 | 161 | 0.03 | 1.11 | 4.6 | 3 |
| K04 | 新文学史料 | 460 | 0.167 | 0.052 | 0.96 | 186 | 0.16 | 1.28 | ≥10 | 4 |
| K04 | 扬子江评论 | 174 | 0.265 | 0.173 | 0.95 | 92 | 0.17 | 0.63 | 4.1 | 3 |
| K04 | 中国比较文学 | 457 | 0.476 | 0.090 | 0.96 | 257 | 0.20 | 1.77 | 9.6 | 5 |
| K04 | 中国现代文学研究丛刊 | 994 | 0.299 | 0.035 | 0.95 | 366 | 0.30 | 2.52 | 8.7 | 4 |
| K04 | 中国韵文学刊 | 158 | 0.086 | — | 0.95 | 114 | 0.11 | 0.79 | 8.7 | 3 |
| K05 | 当代外国文学 | 581 | 0.450 | 0.086 | 0.92 | 247 | 1.00 | 24.70 | 7.3 | 5 |
| K05 | 俄罗斯文艺 | 167 | 0.144 | 0.011 | 0.90 | 93 | 0.40 | 9.30 | 9.1 | 3 |
| K05 | 国外文学 | 453 | 0.239 | 0.075 | 0.98 | 241 | 0.80 | 24.10 | ≥10 | 5 |
| K05 | 世界华文文学论坛 | 105 | 0.097 | 0.028 | 0.98 | 68 | 0.10 | 6.80 | 9.5 | 2 |
| K05 | 外国文学 | 939 | 0.461 | 0.050 | 0.99 | 377 | 1.00 | 37.70 | 9.7 | 7 |

| 学科代码 | 期刊名称 | 扩展总被引频次 | 扩展影响因子 | 扩展即年指标 | 扩展他引率 | 扩展引用刊数 | 扩展学科影响指标 | 扩展学科扩散指标 | 扩展被引半衰期 | 扩展H指标 |
|---|---|---|---|---|---|---|---|---|---|---|
| K05 | 外国文学动态研究 | 134 | 0.217 | - | 0.94 | 95 | 0.70 | 9.50 | 7.2 | 2 |
| K05 | 外国文学评论 | 770 | 0.392 | 0.018 | 0.99 | 350 | 1.00 | 35.00 | ≥10 | 6 |
| K05 | 外国文学研究 | 1403 | 0.455 | 0.037 | 0.97 | 477 | 0.90 | 47.70 | ≥10 | 9 |
| K05 | 外文研究 | 69 | - | 0.015 | 0.91 | 52 | 0.10 | 5.20 | 2.7 | 3 |
| K06 | 北方音乐 | 1914 | 0.202 | 0.054 | 0.81 | 242 | 0.26 | 2.22 | 2.1 | 5 |
| K06 | 北京电影学院学报 | 759 | 0.892 | 0.217 | 0.98 | 200 | 0.29 | 1.83 | 6.7 | 7 |
| K06 | 北京舞蹈学院学报 | 729 | 0.399 | 0.092 | 0.89 | 168 | 0.27 | 1.54 | 7.5 | 5 |
| K06 | 当代电影 | 2586 | 0.918 | 0.183 | 0.93 | 383 | 0.41 | 3.51 | 4.7 | 9 |
| K06 | 电影评介 | 1760 | 0.250 | 0.070 | 0.92 | 402 | 0.35 | 3.69 | 6.1 | 5 |
| K06 | 电影文学 | 2609 | 0.201 | 0.069 | 0.75 | 454 | 0.32 | 4.17 | 4.7 | 5 |
| K06 | 电影新作 | 252 | 0.356 | 0.081 | 0.92 | 102 | 0.20 | 0.94 | 3.5 | 3 |
| K06 | 电影艺术 | 1208 | 0.940 | 0.310 | 0.97 | 265 | 0.43 | 2.43 | 9.2 | 5 |
| K06 | 福建艺术 | 156 | 0.224 | 0.017 | 0.99 | 89 | 0.32 | 0.82 | 7.0 | 3 |
| K06 | 歌海 | 282 | 0.196 | 0.037 | 0.96 | 105 | 0.18 | 0.96 | 5.6 | 3 |
| K06 | 贵州大学学报(艺术版) | 237 | 0.185 | 0.027 | 0.99 | 135 | 0.32 | 1.24 | 6.5 | 3 |
| K06 | 湖北美术学院学报 | 118 | 0.158 | 0.044 | 0.96 | 78 | 0.15 | 0.72 | 5.0 | 2 |
| K06 | 黄钟-中国·武汉音乐学院学报 | 818 | 0.522 | 0.083 | 0.97 | 181 | 0.39 | 1.66 | 9.4 | 6 |
| K06 | 吉林艺术学院学报 | 234 | 0.155 | 0.030 | 0.98 | 126 | 0.30 | 1.16 | 7.2 | 3 |
| K06 | 交响-西安音乐学院学报 | 620 | 0.321 | 0.050 | 0.94 | 156 | 0.36 | 1.43 | 9.3 | 5 |
| K06 | 解放军艺术学院学报 | 188 | 0.150 | 0.018 | 0.96 | 111 | 0.23 | 1.02 | 6.5 | 3 |
| K06 | 乐府新声 | 708 | 0.343 | 0.059 | 0.96 | 146 | 0.37 | 1.34 | 7.0 | 4 |
| K06 | 美术大观 | 1530 | 0.176 | 0.058 | 0.98 | 409 | 0.31 | 3.75 | 5.5 | 5 |
| K06 | 美术界 | 253 | 0.113 | 0.020 | 0.96 | 124 | 0.18 | 1.14 | 4.2 | 2 |
| K06 | 美术学报 | 203 | 0.276 | 0.172 | 0.76 | 92 | 0.22 | 0.84 | 4.5 | 3 |
| K06 | 美术研究 | 531 | 0.270 | 0.072 | 0.97 | 198 | 0.38 | 1.82 | ≥10 | 4 |
| K06 | 美与时代·城市 | 371 | 0.157 | 0.035 | 0.98 | 161 | 0.11 | 1.48 | 1.8 | 5 |
| K06 | 美与时代(上旬刊) | 662 | 0.191 | 0.073 | 0.98 | 240 | 0.15 | 2.20 | 4.2 | 4 |
| K06 | 美与时代(下旬刊) | 630 | 0.123 | 0.028 | 0.97 | 247 | 0.29 | 2.27 | 6.3 | 4 |
| K06 | 美与时代(中旬刊）·美术学刊 | 350 | 0.173 | 0.040 | 0.94 | 149 | 0.21 | 1.37 | 2.5 | 4 |
| K06 | 民族艺术 | 745 | 0.448 | 0.102 | 0.94 | 306 | 0.45 | 2.81 | 8.6 | 6 |
| K06 | 民族艺术研究 | 699 | 0.460 | 0.109 | 0.96 | 295 | 0.43 | 2.71 | 5.9 | 5 |
| K06 | 南京艺术学院学报(美术与设计版) | 937 | 0.360 | 0.068 | 0.98 | 348 | 0.44 | 3.19 | 6.6 | 5 |
| K06 | 南京艺术学院学报(音乐与表演版) | 523 | 0.379 | 0.048 | 0.96 | 150 | 0.40 | 1.38 | 7.8 | 4 |

| 学科代码 | 期刊名称 | 扩展总被引频次 | 扩展影响因子 | 扩展即年指标 | 扩展他引率 | 扩展引用刊数 | 扩展学科影响指标 | 扩展学科扩散指标 | 扩展被引半衰期 | 扩展H指标 |
|---|---|---|---|---|---|---|---|---|---|---|
| K06 | 内蒙古大学艺术学院学报 | 194 | 0.205 | 0.049 | 0.91 | 106 | 0.24 | 0.97 | 6.4 | 3 |
| K06 | 齐鲁艺苑 | 318 | 0.148 | 0.062 | 0.98 | 160 | 0.28 | 1.47 | 7.4 | 3 |
| K06 | 人民音乐 | 1585 | 0.401 | 0.112 | 0.96 | 276 | 0.47 | 2.53 | ≥10 | 6 |
| K06 | 世界美术 | 103 | 0.190 | 0.048 | 0.99 | 62 | 0.24 | 0.57 | ≥10 | 2 |
| K06 | 四川戏剧 | 655 | 0.238 | 0.056 | 0.91 | 244 | 0.35 | 2.24 | 3.8 | 4 |
| K06 | 苏州工艺美术职业技术学院学报 | 71 | 0.222 | - | 0.99 | 51 | 0.05 | 0.47 | 5.7 | 2 |
| K06 | 天津音乐学院学报 | 305 | 0.219 | 0.021 | 0.97 | 95 | 0.28 | 0.87 | ≥10 | 4 |
| K06 | 文化艺术研究 | 161 | 0.238 | 0.013 | 0.99 | 115 | 0.28 | 1.06 | 5.9 | 3 |
| K06 | 文艺理论研究 | 811 | 0.517 | 0.022 | 0.97 | 388 | 0.29 | 3.56 | 8.7 | 6 |
| K06 | 文艺理论与批评 | 498 | 0.373 | 0.138 | 0.94 | 276 | 0.24 | 2.53 | 8.3 | 4 |
| K06 | 文艺评论 | 489 | 0.149 | 0.040 | 0.95 | 281 | 0.27 | 2.58 | 5.6 | 3 |
| K06 | 文艺争鸣 | 1659 | 0.357 | 0.113 | 0.96 | 561 | 0.44 | 5.15 | 6.7 | 6 |
| K06 | 西北美术 | 105 | 0.124 | 0.050 | 0.98 | 65 | 0.12 | 0.60 | 6.3 | 3 |
| K06 | 西藏艺术研究 | 179 | 0.207 | 0.017 | 0.91 | 79 | 0.16 | 0.72 | ≥10 | 3 |
| K06 | 戏剧艺术 | 362 | 0.216 | 0.063 | 0.94 | 168 | 0.41 | 1.54 | ≥10 | 4 |
| K06 | 戏剧之家 | 2298 | 0.315 | 0.168 | 0.94 | 383 | 0.41 | 3.51 | 1.8 | 6 |
| K06 | 戏剧-中央戏剧学院学报 | 216 | 0.177 | 0.033 | 0.89 | 108 | 0.22 | 0.99 | ≥10 | 3 |
| K06 | 戏曲艺术 | 288 | 0.174 | 0.031 | 0.95 | 130 | 0.41 | 1.19 | 7.2 | 3 |
| K06 | 新疆艺术学院学报 | 170 | 0.092 | 0.064 | 0.96 | 92 | 0.25 | 0.84 | 7.0 | 2 |
| K06 | 新美术 | 383 | 0.190 | 0.026 | 0.97 | 166 | 0.34 | 1.52 | 8.7 | 3 |
| K06 | 星海音乐学院学报 | 561 | 0.360 | 0.063 | 0.97 | 150 | 0.35 | 1.38 | 8.4 | 5 |
| K06 | 艺海 | 905 | 0.253 | 0.062 | 0.98 | 274 | 0.29 | 2.51 | 4.0 | 5 |
| K06 | 艺术百家 | 2061 | 0.570 | 0.110 | 0.97 | 594 | 0.64 | 5.45 | 5.5 | 7 |
| K06 | 艺术科技 | 2508 | 0.265 | 0.064 | 0.95 | 465 | 0.32 | 4.27 | 2.3 | 8 |
| K06 | 艺术评论 | 775 | 0.483 | 0.133 | 0.99 | 306 | 0.50 | 2.81 | 4.5 | 5 |
| K06 | 艺术探索 | 599 | 0.169 | 0.075 | 1.00 | 241 | 0.46 | 2.21 | 7.7 | 4 |
| K06 | 艺术研究 | 646 | 0.331 | 0.068 | 0.99 | 217 | 0.34 | 1.99 | 4.5 | 5 |
| K06 | 音乐传播 | 98 | 0.410 | 0.031 | 0.88 | 48 | 0.12 | 0.44 | 2.6 | 2 |
| K06 | 音乐创作 | 682 | 0.333 | 0.081 | 0.94 | 156 | 0.31 | 1.43 | 3.3 | 4 |
| K06 | 音乐探索 | 629 | 0.413 | 0.176 | 0.94 | 161 | 0.39 | 1.48 | 8.3 | 5 |
| K06 | 音乐研究 | 1165 | 0.791 | 0.362 | 0.96 | 221 | 0.45 | 2.03 | ≥10 | 7 |
| K06 | 音乐艺术 | 677 | - | 0.115 | 0.95 | 138 | 0.39 | 1.27 | ≥10 | 5 |
| K06 | 云南艺术学院学报 | 284 | 0.259 | 0.066 | 0.98 | 136 | 0.32 | 1.25 | 8.5 | 4 |

| 学科代码 | 期刊名称 | 扩展总被引频次 | 扩展影响因子 | 扩展即年指标 | 扩展他引率 | 扩展引用刊数 | 扩展学科影响指标 | 扩展学科扩散指标 | 扩展被引半衰期 | 扩展H指标 |
|---|---|---|---|---|---|---|---|---|---|---|
| K06 | 浙江艺术职业学院学报 | 196 | 0.173 | 0.032 | 0.98 | 119 | 0.29 | 1.09 | 6.6 | 3 |
| K06 | 中国美术教育 | 210 | 0.231 | 0.085 | 0.96 | 81 | 0.06 | 0.74 | ≥10 | 3 |
| K06 | 中国书法 | 172 | 0.179 | 0.043 | 0.59 | 68 | 0.12 | 0.62 | 3.8 | 2 |
| K06 | 中国音乐 | 1638 | 0.376 | 0.245 | 0.97 | 311 | 0.49 | 2.85 | ≥10 | 7 |
| K06 | 中国音乐学 | 899 | 0.555 | 0.205 | 0.98 | 182 | 0.44 | 1.67 | ≥10 | 7 |
| K06 | 中央音乐学院学报 | 927 | 0.727 | 0.208 | 0.96 | 175 | 0.41 | 1.61 | ≥10 | 6 |
| K06 | 装饰 | 2640 | 0.604 | 0.114 | 0.95 | 562 | 0.40 | 5.16 | 6.1 | 7 |
| K08 | Frontiers of History in China | 7 | 0.085 | — | 0.57 | 5 | 0.04 | 0.09 | — | 1 |
| K08 | The Journal of Ancient Civilizations | 155 | 0.289 | 0.045 | 0.93 | 96 | 0.23 | 1.81 | 5.3 | 4 |
| K08 | 安徽史学 | 612 | 0.450 | 0.033 | 0.92 | 296 | 0.36 | 5.58 | 9.1 | 5 |
| K08 | 北方文物 | 561 | 0.173 | 0.037 | 0.88 | 165 | 0.28 | 3.11 | ≥10 | 4 |
| K08 | 草原文物 | 223 | 0.368 | 0.063 | 0.88 | 72 | 0.25 | 1.36 | ≥10 | 4 |
| K08 | 当代中国史研究 | 476 | 0.500 | 0.099 | 0.97 | 267 | 0.19 | 5.04 | 8.5 | 5 |
| K08 | 敦煌学辑刊 | 400 | 0.222 | 0.014 | 0.85 | 154 | 0.21 | 2.91 | ≥10 | 5 |
| K08 | 敦煌研究 | 1113 | 0.278 | 0.026 | 0.89 | 268 | 0.30 | 5.06 | ≥10 | 7 |
| K08 | 广西地方志 | 105 | 0.067 | 0.013 | 0.85 | 65 | 0.06 | 1.23 | 8.6 | 2 |
| K08 | 贵州文史丛刊 | 249 | 0.063 | 0.014 | 0.94 | 167 | 0.13 | 3.15 | ≥10 | 3 |
| K08 | 郭沫若学刊 | 70 | 0.109 | 0.020 | 0.66 | 39 | 0.04 | 0.74 | 7.3 | 2 |
| K08 | 海交史研究 | 145 | 0.263 | 0.050 | 0.90 | 84 | 0.17 | 1.58 | ≥10 | 3 |
| K08 | 华侨华人历史研究 | 355 | 0.643 | 0.073 | 0.82 | 121 | 0.11 | 2.28 | ≥10 | 4 |
| K08 | 环球人文地理 | 650 | 0.135 | 0.006 | 1.00 | 244 | 0.02 | 4.60 | 2.4 | 7 |
| K08 | 近代史研究 | 1380 | 1.563 | 0.069 | 0.94 | 426 | 0.36 | 8.04 | ≥10 | 6 |
| K08 | 军事历史 | 142 | 0.123 | 0.025 | 0.99 | 100 | 0.11 | 1.89 | ≥10 | 2 |
| K08 | 历史研究 | 2574 | 0.994 | 0.103 | 0.97 | 721 | 0.68 | 13.60 | ≥10 | 9 |
| K08 | 岭南文史 | 134 | 0.080 | — | 0.96 | 97 | 0.19 | 1.83 | ≥10 | 3 |
| K08 | 南方文物 | 538 | 0.276 | 0.025 | 0.91 | 210 | 0.30 | 3.96 | 8.5 | 5 |
| K08 | 蒲松龄研究 | 124 | 0.079 | 0.012 | 0.68 | 57 | 0.02 | 1.08 | ≥10 | 2 |
| K08 | 清史研究 | 585 | 0.745 | 0.137 | 0.91 | 268 | 0.32 | 5.06 | ≥10 | 4 |
| K08 | 人文地理 | 3963 | 1.951 | 0.209 | 0.96 | 938 | 0.15 | 17.70 | 6.7 | 12 |
| K08 | 史林 | 733 | 0.345 | 0.030 | 0.97 | 360 | 0.38 | 6.79 | 9.5 | 5 |
| K08 | 史学集刊 | 561 | 0.308 | 0.113 | 0.99 | 323 | 0.38 | 6.09 | 9.7 | 4 |
| K08 | 史学理论研究 | 490 | 0.325 | 0.014 | 0.93 | 273 | 0.34 | 5.15 | ≥10 | 5 |
| K08 | 史学史研究 | 378 | 0.336 | 0.034 | 0.93 | 211 | 0.30 | 3.98 | ≥10 | 4 |

| 学科代码 | 期刊名称 | 扩展总被引频次 | 扩展影响因子 | 扩展即年指标 | 扩展他引率 | 扩展引用刊数 | 扩展学科影响指标 | 扩展学科扩散指标 | 扩展被引半衰期 | 扩展H指标 |
|---|---|---|---|---|---|---|---|---|---|---|
| K08 | 史学月刊 | 1551 | 0.488 | 0.069 | 0.97 | 598 | 0.57 | 11.28 | ≥10 | 5 |
| K08 | 世界历史 | 755 | 0.400 | 0.153 | 0.92 | 353 | 0.30 | 6.66 | ≥10 | 6 |
| K08 | 文史 | 230 | 0.253 | 0.107 | 0.90 | 114 | 0.21 | 2.15 | 6.8 | 3 |
| K08 | 文史博览(理论) | 395 | 0.125 | 0.047 | 0.99 | 266 | 0.06 | 5.02 | 4.8 | 3 |
| K08 | 文物鉴定与鉴赏 | 83 | 0.156 | 0.027 | 0.94 | 42 | 0.04 | 0.79 | 4.2 | 2 |
| K08 | 西部蒙古论坛 | 32 | 0.076 | - | 0.75 | 18 | 0.02 | 0.34 | 5.0 | 2 |
| K08 | 西夏研究 | 67 | 0.164 | 0.014 | 0.76 | 31 | 0.08 | 0.58 | 4.7 | 3 |
| K08 | 新疆地方志 | 62 | 0.200 | - | 1.00 | 38 | 0.08 | 0.72 | ≥10 | 2 |
| K08 | 中国地方志 | 243 | 0.198 | 0.082 | 0.66 | 87 | 0.21 | 1.64 | 8.2 | 3 |
| K08 | 中国历史地理论丛 | 651 | 0.267 | 0.016 | 0.93 | 294 | 0.43 | 5.55 | ≥10 | 5 |
| K08 | 中国名城 | 417 | 0.385 | 0.164 | 0.93 | 219 | 0.06 | 4.13 | 4.1 | 6 |
| K08 | 中国史研究 | 812 | 0.526 | 0.105 | 0.98 | 315 | 0.51 | 5.94 | ≥10 | 5 |
| K08 | 中国文物科学研究 | 252 | 0.409 | 0.019 | 0.95 | 136 | 0.13 | 2.57 | 5.3 | 3 |
| K08 | 中华文史论丛 | 331 | 0.519 | 0.051 | 0.96 | 178 | 0.38 | 3.36 | 7.5 | 4 |
| K08 | 中华医史杂志 | 293 | 0.123 | 0.012 | 0.94 | 186 | 0.08 | 3.51 | ≥10 | 3 |
| K10 | 华夏考古 | 557 | 0.158 | 0.080 | 0.91 | 165 | 0.88 | 10.31 | ≥10 | 5 |
| K10 | 江汉考古 | 634 | 0.771 | 0.239 | 0.80 | 169 | 0.81 | 10.56 | 8.7 | 7 |
| K10 | 考古 | 4384 | 0.895 | 0.148 | 0.92 | 489 | 0.94 | 30.56 | ≥10 | 9 |
| K10 | 考古学报 | 1689 | 1.057 | 0.048 | 0.94 | 360 | 0.88 | 22.50 | ≥10 | 8 |
| K10 | 考古与文物 | 1253 | 0.407 | 0.191 | 0.89 | 281 | 0.94 | 17.56 | ≥10 | 5 |
| K10 | 民俗研究 | 831 | 0.827 | 0.157 | 0.87 | 390 | 0.19 | 24.38 | 6.3 | 6 |
| K10 | 农业考古 | 1986 | 0.437 | 0.065 | 0.92 | 550 | 0.69 | 34.38 | 8.0 | 9 |
| K10 | 四川文物 | 534 | 0.248 | 0.071 | 0.86 | 196 | 0.75 | 12.25 | ≥10 | 4 |
| K10 | 文物 | 5139 | 0.660 | 0.214 | 0.96 | 626 | 0.94 | 39.13 | ≥10 | 9 |
| K10 | 文物保护与考古科学 | 578 | 0.669 | 0.053 | 0.72 | 176 | 0.69 | 11.00 | 6.1 | 5 |
| K10 | 文物春秋 | 303 | 0.096 | 0.015 | 0.93 | 149 | 0.69 | 9.31 | ≥10 | 3 |
| K10 | 文物世界 | 275 | 0.200 | 0.040 | 0.94 | 169 | 0.88 | 10.56 | 8.0 | 3 |
| K10 | 中国边疆史地研究 | 576 | 0.545 | - | 0.91 | 250 | 0.19 | 15.63 | ≥10 | 6 |
| K10 | 中国国家博物馆馆刊 | 536 | 0.229 | 0.042 | 0.94 | 224 | 0.88 | 14.00 | 7.9 | 4 |
| K10 | 中原文物 | 811 | 0.216 | 0.023 | 0.93 | 267 | 0.88 | 16.69 | ≥10 | 5 |
| L01 | China & World Economy | 290 | 0.625 | 0.225 | 0.88 | 167 | 0.16 | 0.88 | 6.6 | 4 |
| L01 | Frontiers of Business Research in China | 62 | 0.354 | 0.042 | 0.68 | 38 | 0.05 | 0.20 | 5.1 | 2 |
| L01 | Frontiers of Economics in China | 40 | 0.143 | 0.029 | 0.88 | 30 | 0.05 | 0.16 | 5.7 | 2 |

| 学科代码 | 期刊名称 | 扩展总被引频次 | 扩展影响因子 | 扩展即年指标 | 扩展他引率 | 扩展引用刊数 | 扩展学科影响指标 | 扩展学科扩散指标 | 扩展被引半衰期 | 扩展H指标 |
|---|---|---|---|---|---|---|---|---|---|---|
| L01 | 边疆经济与文化 | 1277 | 0.164 | 0.057 | 0.99 | 545 | 0.20 | 2.88 | 5.2 | 5 |
| L01 | 财经研究 | 3666 | 2.859 | 0.450 | 0.98 | 812 | 0.48 | 4.30 | 6.0 | 13 |
| L01 | 财政研究 | 2616 | 1.695 | 0.583 | 0.97 | 743 | 0.42 | 3.93 | 4.6 | 12 |
| L01 | 产经评论 | 528 | 0.844 | 0.107 | 0.93 | 333 | 0.30 | 1.76 | 4.6 | 5 |
| L01 | 产业与科技论坛 | 6227 | 0.368 | 0.148 | 0.99 | 1226 | 0.34 | 6.49 | 3.2 | 13 |
| L01 | 城市 | 486 | 0.371 | 0.189 | 0.97 | 270 | 0.19 | 1.43 | 4.1 | 4 |
| L01 | 城市观察 | 420 | 0.591 | 0.220 | 0.97 | 281 | 0.20 | 1.49 | 3.6 | 4 |
| L01 | 当代经济 | 4195 | 0.418 | 0.137 | 0.98 | 933 | 0.41 | 4.94 | 3.9 | 7 |
| L01 | 当代经济科学 | 1372 | 1.591 | 0.355 | 0.99 | 569 | 0.38 | 3.01 | 5.9 | 7 |
| L01 | 当代经济研究 | 1255 | 0.952 | 0.269 | 0.98 | 560 | 0.39 | 2.96 | 4.8 | 8 |
| L01 | 发展 | 772 | 0.388 | 0.091 | 1.00 | 390 | 0.21 | 2.06 | 5.1 | 4 |
| L01 | 发展研究 | 859 | 0.571 | 0.240 | 0.99 | 491 | 0.31 | 2.60 | 4.0 | 6 |
| L01 | 房地产导刊 | 3896 | 0.105 | 0.018 | 0.98 | 273 | 0.16 | 1.44 | 2.3 | 8 |
| L01 | 改革 | 3291 | 3.876 | 1.356 | 0.96 | 1009 | 0.51 | 5.34 | 3.4 | 16 |
| L01 | 改革与开放 | 3689 | 0.296 | 0.088 | 0.99 | 860 | 0.26 | 4.55 | 5.3 | 14 |
| L01 | 改革与战略 | 2189 | 0.695 | 0.238 | 0.96 | 852 | 0.39 | 4.51 | 4.9 | 7 |
| L01 | 广义虚拟经济研究 | 155 | 0.656 | 0.217 | 0.50 | 50 | 0.05 | 0.26 | 3.4 | 4 |
| L01 | 国际经济合作 | 1204 | 1.552 | 0.177 | 0.95 | 517 | 0.33 | 2.74 | 4.0 | 8 |
| L01 | 国际经济评论 | 1639 | 6.481 | 0.184 | 0.99 | 603 | 0.44 | 3.19 | 3.8 | 14 |
| L01 | 国外医学·卫生经济分册 | 129 | 0.402 | — | 0.98 | 89 | 0.04 | 0.47 | 5.6 | 3 |
| L01 | 海峡科技与产业 | 154 | — | 0.097 | 0.95 | 106 | 0.08 | 0.56 | 2.3 | 4 |
| L01 | 海峡科学 | 1001 | 0.294 | 0.049 | 0.98 | 541 | 0.19 | 2.86 | 5.1 | 5 |
| L01 | 行政事业资产与财务 | 4037 | 0.435 | 0.153 | 0.93 | 417 | 0.26 | 2.21 | 2.9 | 10 |
| L01 | 合作经济与科技 | 3786 | 0.321 | 0.168 | 0.99 | 908 | 0.36 | 4.80 | 3.1 | 10 |
| L01 | 河北企业 | 1078 | 0.365 | 0.167 | 0.98 | 334 | 0.20 | 1.77 | 2.4 | 6 |
| L01 | 河北职业教育 | 1698 | 0.445 | 0.179 | 0.99 | 582 | 0.17 | 3.08 | 4.9 | 6 |
| L01 | 宏观经济管理 | 1684 | 1.671 | 0.646 | 0.91 | 714 | 0.42 | 3.78 | 2.5 | 9 |
| L01 | 宏观经济研究 | 2330 | 2.290 | 0.318 | 0.95 | 771 | 0.47 | 4.08 | 3.6 | 13 |
| L01 | 华东经济管理 | 2633 | 1.007 | 0.246 | 0.97 | 990 | 0.43 | 5.24 | 4.6 | 8 |
| L01 | 金融评论 | 385 | 1.854 | 0.100 | 0.97 | 208 | 0.24 | 1.10 | 3.7 | 6 |
| L01 | 经济管理 | 3570 | 1.774 | 0.446 | 0.97 | 956 | 0.49 | 5.06 | 5.6 | 11 |
| L01 | 经济界 | 208 | — | 0.133 | 0.98 | 148 | 0.17 | 0.78 | 5.2 | 4 |
| L01 | 经济经纬 | 1596 | 1.161 | 0.210 | 0.98 | 662 | 0.39 | 3.50 | 5.2 | 8 |

| 学科代码 | 期刊名称 | 扩展总被引频次 | 扩展影响因子 | 扩展即年指标 | 扩展他引率 | 扩展引用刊数 | 扩展学科影响指标 | 扩展学科扩散指标 | 扩展被引半衰期 | 扩展H指标 |
|---|---|---|---|---|---|---|---|---|---|---|
| L01 | 经济科学 | 1938 | 3.018 | 0.304 | 0.99 | 618 | 0.41 | 3.27 | 6.9 | 12 |
| L01 | 经济理论与经济管理 | 2194 | 2.256 | 0.313 | 0.99 | 737 | 0.47 | 3.90 | 5.4 | 12 |
| L01 | 经济论坛 | 1912 | 0.413 | 0.155 | 0.99 | 765 | 0.34 | 4.05 | 5.8 | 5 |
| L01 | 经济评论 | 1881 | 2.099 | 0.260 | 0.99 | 655 | 0.47 | 3.47 | 5.9 | 10 |
| L01 | 经济社会史评论 | 15 | - | 0.024 | 0.93 | 10 | 0.01 | 0.05 | 1.6 | 2 |
| L01 | 经济社会体制比较 | 2511 | 2.046 | 0.678 | 0.98 | 889 | 0.46 | 4.70 | 5.5 | 13 |
| L01 | 经济师 | 5764 | 0.423 | 0.195 | 0.98 | 1162 | 0.41 | 6.15 | 4.5 | 10 |
| L01 | 经济数学 | 320 | 0.545 | 0.113 | 0.86 | 201 | 0.10 | 1.06 | 5.0 | 4 |
| L01 | 经济问题 | 3259 | 1.603 | 1.103 | 0.94 | 991 | 0.46 | 5.24 | 4.3 | 11 |
| L01 | 经济问题探索 | 3609 | 1.252 | 0.306 | 0.98 | 1110 | 0.47 | 5.87 | 4.9 | 10 |
| L01 | 经济学动态 | 3161 | 2.218 | 0.215 | 0.98 | 880 | 0.49 | 4.66 | 5.1 | 14 |
| L01 | 经济学(季刊) | 4597 | 4.935 | 0.456 | 0.97 | 792 | 0.49 | 4.19 | 6.5 | 20 |
| L01 | 经济学家 | 2980 | 2.477 | 0.518 | 0.99 | 878 | 0.47 | 4.65 | 4.8 | 14 |
| L01 | 经济研究 | 26014 | 10.192 | 0.701 | 0.98 | 1545 | 0.63 | 8.17 | 7.6 | 49 |
| L01 | 经济研究参考 | 3367 | 0.859 | 0.097 | 0.98 | 1042 | 0.47 | 5.51 | 3.8 | 12 |
| L01 | 经济与管理 | 1331 | 1.938 | 0.297 | 1.00 | 634 | 0.39 | 3.35 | 4.5 | 9 |
| L01 | 经济与管理研究 | 2080 | 1.336 | 0.485 | 0.99 | 752 | 0.44 | 3.98 | 4.7 | 8 |
| L01 | 经济资料译丛 | 47 | 0.152 | - | 1.00 | 41 | 0.05 | 0.22 | 6.4 | 2 |
| L01 | 经济纵横 | 3247 | 1.832 | 0.427 | 0.98 | 1011 | 0.51 | 5.35 | 3.7 | 12 |
| L01 | 经营与管理 | 1075 | 0.536 | 0.209 | 0.99 | 464 | 0.23 | 2.46 | 2.9 | 6 |
| L01 | 开放导报 | 694 | 0.829 | 0.259 | 0.98 | 409 | 0.35 | 2.16 | 3.9 | 5 |
| L01 | 开放时代 | 2237 | 3.042 | 0.333 | 0.95 | 671 | 0.18 | 3.55 | 5.6 | 15 |
| L01 | 科技创业月刊 | 2561 | 0.316 | 0.089 | 0.98 | 825 | 0.28 | 4.37 | 5.0 | 10 |
| L01 | 科技和产业 | 1015 | 0.341 | 0.112 | 0.98 | 553 | 0.28 | 2.93 | 4.4 | 5 |
| L01 | 辽宁经济 | 710 | 1.327 | 0.111 | 1.00 | 330 | 0.22 | 1.75 | 4.6 | 5 |
| L01 | 南方经济 | 1366 | 1.445 | 0.175 | 0.96 | 557 | 0.39 | 2.95 | 5.5 | 11 |
| L01 | 南开经济研究 | 1651 | 2.462 | 0.192 | 0.99 | 563 | 0.40 | 2.98 | 6.7 | 13 |
| L01 | 宁波经济(三江论坛) | 147 | 0.399 | 0.058 | 0.97 | 116 | 0.10 | 0.61 | 3.2 | 3 |
| L01 | 农林经济管理学报 | 700 | 0.949 | 0.283 | 0.96 | 415 | 0.16 | 2.20 | 5.6 | 5 |
| L01 | 企业技术开发(学术版) | 3636 | 1.543 | 0.517 | 1.00 | 633 | 0.22 | 3.35 | 2.9 | 10 |
| L01 | 企业科技与发展 | 2864 | 0.584 | 0.087 | 0.97 | 635 | 0.23 | 3.36 | 3.6 | 13 |
| L01 | 清华金融评论 | 153 | - | 0.195 | 1.00 | 95 | 0.10 | 0.50 | 1.7 | 4 |
| L01 | 区域经济评论 | 957 | 1.252 | 0.446 | 0.96 | 453 | 0.32 | 2.40 | 3.4 | 7 |

| 学科代码 | 期刊名称 | 扩展总被引频次 | 扩展影响因子 | 扩展即年指标 | 扩展他引率 | 扩展引用刊数 | 扩展学科影响指标 | 扩展学科扩散指标 | 扩展被引半衰期 | 扩展H指标 |
|---|---|---|---|---|---|---|---|---|---|---|
| L01 | 全国商情·理论研究 | 1741 | — | 0.066 | 0.99 | 515 | 0.31 | 2.72 | 3.6 | 7 |
| L01 | 全球化 | 360 | 1.769 | 0.240 | 0.96 | 218 | 0.23 | 1.15 | 1.9 | 5 |
| L01 | 全球科技经济瞭望 | 348 | 0.401 | 0.063 | 0.86 | 186 | 0.14 | 0.98 | 3.9 | 4 |
| L01 | 生产力研究 | 3232 | 0.546 | 0.096 | 0.98 | 1046 | 0.46 | 5.53 | 6.0 | 7 |
| L01 | 世界经济 | 5566 | 4.892 | 0.229 | 0.97 | 805 | 0.50 | 4.26 | 6.4 | 24 |
| L01 | 世界经济文汇 | 1011 | 1.213 | 0.175 | 0.98 | 430 | 0.34 | 2.28 | 7.0 | 9 |
| L01 | 世界经济研究 | 2450 | 1.961 | 0.234 | 0.96 | 630 | 0.44 | 3.33 | 5.1 | 12 |
| L01 | 世界经济与政治论坛 | 646 | 1.321 | 0.134 | 0.98 | 385 | 0.24 | 2.04 | 5.7 | 6 |
| L01 | 特区经济 | 2816 | 0.311 | 0.133 | 0.99 | 951 | 0.42 | 5.03 | 5.7 | 8 |
| L01 | 特区实践与理论 | 236 | 0.217 | 0.086 | 0.99 | 184 | 0.10 | 0.97 | 4.0 | 3 |
| L01 | 天津经济 | 391 | 0.343 | 0.134 | 0.98 | 225 | 0.21 | 1.19 | 3.4 | 5 |
| L01 | 外国经济与管理 | 2505 | 2.138 | 0.271 | 0.97 | 774 | 0.39 | 4.10 | 6.4 | 13 |
| L01 | 卫生经济研究 | 1630 | 1.095 | 0.378 | 0.90 | 420 | 0.22 | 2.22 | 4.0 | 7 |
| L01 | 西部论坛 | 594 | 1.577 | 0.297 | 0.99 | 390 | 0.27 | 2.06 | 3.9 | 7 |
| L01 | 西藏发展论坛 | 135 | 0.200 | 0.030 | 0.95 | 80 | 0.06 | 0.42 | 4.6 | 2 |
| L01 | 现代经济探讨 | 1652 | 1.449 | 0.532 | 0.97 | 706 | 0.40 | 3.74 | 3.4 | 10 |
| L01 | 现代企业 | 519 | — | 0.138 | 1.00 | 214 | 0.18 | 1.13 | 3.9 | 4 |
| L01 | 现代日本经济 | 579 | 1.817 | 0.531 | 0.92 | 296 | 0.22 | 1.57 | 3.9 | 6 |
| L01 | 信息资源管理学报 | 300 | 0.907 | 0.264 | 0.98 | 157 | 0.04 | 0.83 | 3.6 | 6 |
| L01 | 亚太经济 | 984 | 1.218 | 0.237 | 0.96 | 435 | 0.31 | 2.30 | 3.8 | 8 |
| L01 | 沿海企业与科技 | 1214 | 0.386 | 0.077 | 1.00 | 420 | 0.23 | 2.22 | 6.9 | 7 |
| L01 | 政法学刊 | 484 | 0.359 | 0.080 | 0.99 | 260 | 0.04 | 1.38 | 7.2 | 4 |
| L01 | 政治经济学评论 | 440 | 1.527 | 1.207 | 0.78 | 175 | 0.18 | 0.93 | 1.8 | 6 |
| L01 | 知识经济 | 4639 | 0.276 | 0.174 | 0.99 | 950 | 0.32 | 5.03 | 3.2 | 10 |
| L01 | 中国发展 | 363 | 0.661 | 0.151 | 0.99 | 260 | 0.15 | 1.38 | 4.1 | 5 |
| L01 | 中国房地产(学术版) | 159 | 0.313 | 0.071 | 0.99 | 104 | 0.12 | 0.55 | 2.9 | 3 |
| L01 | 中国高新技术企业 | 15227 | 1.520 | 0.652 | 0.99 | 1074 | 0.30 | 5.68 | 2.8 | 28 |
| L01 | 中国高新技术企业(中旬刊) | 747 | 0.186 | 0.053 | 1.00 | 191 | 0.15 | 1.01 | 2.5 | 8 |
| L01 | 中国集体经济 | 4579 | 0.460 | 0.197 | 0.99 | 858 | 0.33 | 4.54 | 3.5 | 8 |
| L01 | 中国经济史研究 | 889 | 0.984 | 0.120 | 0.89 | 336 | 0.12 | 1.78 | ≥10 | 6 |
| L01 | 中国经济问题 | 635 | 1.417 | 0.177 | 0.99 | 365 | 0.33 | 1.93 | 4.8 | 7 |
| L01 | 中国科技资源导刊 | 202 | 0.397 | 0.083 | 0.75 | 95 | 0.05 | 0.50 | 3.4 | 4 |
| L01 | 中国社会经济史研究 | 620 | 0.267 | 0.060 | 0.95 | 280 | 0.06 | 1.48 | ≥10 | 6 |

| 学科代码 | 期刊名称 | 扩展总被引频次 | 扩展影响因子 | 扩展即年指标 | 扩展他引率 | 扩展引用刊数 | 扩展学科影响指标 | 扩展学科扩散指标 | 扩展被引半衰期 | 扩展H指标 |
|---|---|---|---|---|---|---|---|---|---|---|
| L01 | 中国市场 | 7880 | 0.478 | 0.164 | 0.85 | 1279 | 0.47 | 6.77 | 2.5 | 12 |
| L01 | 中外企业家 | 7715 | 0.342 | 0.157 | 0.98 | 943 | 0.32 | 4.99 | 2.2 | 15 |
| L01 | 中小企业管理与科技 | 20551 | 0.502 | 0.281 | 0.99 | 1271 | 0.33 | 6.72 | 3.6 | 26 |
| L02 | 保险职业学院学报 | 307 | 0.282 | 0.083 | 0.96 | 178 | 0.11 | 3.12 | 5.1 | 4 |
| L02 | 北京财贸职业学院学报 | 170 | 0.418 | 0.070 | 0.98 | 121 | 0.07 | 2.12 | 3.2 | 4 |
| L02 | 长春金融高等专科学校学报 | 218 | 0.342 | 0.269 | 0.94 | 129 | 0.09 | 2.26 | 4.0 | 4 |
| L02 | 东北财经大学学报 | 753 | 1.151 | 0.063 | 1.00 | 395 | 0.21 | 6.93 | 5.4 | 7 |
| L02 | 福建商学院学报 | 339 | 0.332 | 0.274 | 0.99 | 215 | 0.04 | 3.77 | 5.2 | 4 |
| L02 | 广东财经大学学报 | 611 | 1.417 | 0.523 | 0.97 | 338 | 0.35 | 5.93 | 3.8 | 7 |
| L02 | 广东农工商职业技术学院学报 | 244 | 0.367 | 0.117 | 0.94 | 170 | 0.05 | 2.98 | 5.1 | 3 |
| L02 | 广东外语外贸大学学报 | 711 | 0.320 | 0.067 | 0.98 | 385 | 0.11 | 6.75 | 7.1 | 6 |
| L02 | 广西财经学院学报 | 429 | 0.349 | 0.130 | 0.98 | 277 | 0.18 | 4.86 | 5.7 | 4 |
| L02 | 贵州财经大学学报 | 549 | 1.161 | 0.394 | 0.99 | 309 | 0.32 | 5.42 | 3.9 | 5 |
| L02 | 贵州商学院学报 | 102 | 0.178 | 0.020 | 1.00 | 81 | 0.05 | 1.42 | 6.0 | 3 |
| L02 | 国际商务-对外经济贸易大学学报 | 627 | 1.267 | 0.149 | 0.97 | 344 | 0.35 | 6.04 | 4.1 | 6 |
| L02 | 海关与经贸研究 | 215 | 0.518 | 0.277 | 0.72 | 96 | 0.07 | 1.68 | 3.6 | 4 |
| L02 | 河北经贸大学学报 | 833 | 1.114 | 0.508 | 0.96 | 438 | 0.39 | 7.68 | 3.2 | 7 |
| L02 | 河北旅游职业学院学报 | 351 | 0.215 | 0.037 | 0.99 | 217 | 0.07 | 3.81 | 5.5 | 4 |
| L02 | 河南财政税务高等专科学校学报 | 361 | 0.310 | 0.049 | 0.99 | 215 | 0.09 | 3.77 | 4.7 | 4 |
| L02 | 河南牧业经济学院学报 | 366 | 0.290 | 0.008 | 0.96 | 223 | 0.12 | 3.91 | 5.2 | 3 |
| L02 | 湖北经济学院学报 | 453 | 0.408 | 0.252 | 0.99 | 310 | 0.26 | 5.44 | 5.5 | 4 |
| L02 | 湖南财政经济学院学报 | 911 | 1.414 | 0.427 | 0.95 | 413 | 0.35 | 7.25 | 3.6 | 7 |
| L02 | 湖南商学院学报 | 537 | 0.465 | 0.145 | 0.98 | 322 | 0.16 | 5.65 | 5.6 | 4 |
| L02 | 湖南税务高等专科学校学报 | 182 | 0.246 | 0.041 | 0.98 | 128 | 0.04 | 2.25 | 4.4 | 3 |
| L02 | 吉林工商学院学报 | 450 | 0.342 | 0.125 | 1.00 | 290 | 0.12 | 5.09 | 4.2 | 5 |
| L02 | 江苏经贸职业技术学院学报 | 349 | 0.300 | 0.113 | 1.00 | 216 | 0.16 | 3.79 | 4.2 | 3 |
| L02 | 江西财经大学学报 | 993 | 1.635 | 0.494 | 0.97 | 553 | 0.35 | 9.70 | 4.9 | 8 |
| L02 | 兰州财经大学学报 | 373 | 0.458 | 0.146 | 0.89 | 246 | 0.26 | 4.32 | 5.7 | 4 |
| L02 | 南京财经大学学报 | 487 | 0.614 | 0.235 | 0.98 | 311 | 0.28 | 5.46 | 5.6 | 5 |
| L02 | 南京审计大学学报 | 542 | 1.317 | 0.284 | 0.99 | 268 | 0.25 | 4.70 | 3.7 | 6 |
| L02 | 内蒙古财经大学学报 | 547 | 0.407 | 0.094 | 0.98 | 311 | 0.14 | 5.46 | 4.1 | 5 |
| L02 | 农银学刊 | 180 | 0.172 | 0.133 | 0.99 | 117 | 0.09 | 2.05 | 4.9 | 3 |
| L02 | 山东财经大学学报 | 409 | 0.628 | 0.113 | 0.92 | 253 | 0.19 | 4.44 | 4.6 | 5 |

| 学科代码 | 期刊名称 | 扩展总被引频次 | 扩展影响因子 | 扩展即年指标 | 扩展他引率 | 扩展引用刊数 | 扩展学科影响指标 | 扩展学科扩散指标 | 扩展被引半衰期 | 扩展H指标 |
|---|---|---|---|---|---|---|---|---|---|---|
| L02 | 山东工商学院学报 | 391 | 0.470 | 0.073 | 0.99 | 249 | 0.16 | 4.37 | 5.1 | 4 |
| L02 | 山东商业职业技术学院学报 | 526 | 0.551 | 0.130 | 0.99 | 286 | 0.12 | 5.02 | 3.5 | 6 |
| L02 | 山西财经大学学报 | 3034 | 2.160 | 0.616 | 0.98 | 994 | 0.74 | 17.44 | 5.1 | 9 |
| L02 | 上海对外经贸大学学报 | 218 | 0.785 | 0.102 | 1.00 | 150 | 0.14 | 2.63 | 3.4 | 5 |
| L02 | 上海金融学院学报 | 360 | 0.619 | 0.069 | 0.99 | 204 | 0.23 | 3.58 | 3.8 | 5 |
| L02 | 上海商学院学报 | 330 | 0.462 | 0.021 | 0.99 | 233 | 0.11 | 4.09 | 5.2 | 4 |
| L02 | 河北地质大学学报 | 552 | 0.372 | 0.057 | 0.99 | 337 | 0.11 | 5.91 | 6.7 | 4 |
| L02 | 首都经济贸易大学学报 | 717 | 0.731 | 0.340 | 0.99 | 423 | 0.32 | 7.42 | 5.3 | 6 |
| L02 | 四川旅游学院学报 | 385 | 0.391 | 0.137 | 0.96 | 229 | 0.14 | 4.02 | 3.8 | 4 |
| L02 | 太原城市职业技术学院学报 | 2141 | 0.310 | 0.083 | 0.99 | 637 | 0.18 | 11.18 | 3.7 | 9 |
| L02 | 天津商务职业学院学报 | 301 | 0.355 | 0.183 | 0.95 | 172 | 0.05 | 3.02 | 3.1 | 5 |
| L02 | 天津商业大学学报 | 349 | 0.575 | 0.338 | 0.99 | 244 | 0.16 | 4.28 | 5.5 | 5 |
| L02 | 天津中德应用技术大学学报 | 364 | 0.238 | 0.068 | 1.00 | 229 | 0.07 | 4.02 | 3.6 | 4 |
| L02 | 铜陵学院学报 | 445 | 0.284 | 0.047 | 0.97 | 283 | 0.09 | 4.96 | 5.1 | 5 |
| L02 | 无锡商业职业技术学院学报 | 501 | 0.395 | 0.090 | 0.97 | 280 | 0.11 | 4.91 | 4.9 | 5 |
| L02 | 武汉商学院学报 | 331 | 0.309 | 0.132 | 0.95 | 202 | 0.04 | 3.54 | 3.9 | 4 |
| L02 | 西安财经学院学报 | 790 | 1.039 | 0.285 | 0.88 | 424 | 0.37 | 7.44 | 3.9 | 6 |
| L02 | 西部经济管理论坛 | 253 | 0.490 | 0.353 | 0.99 | 161 | 0.12 | 2.82 | 3.8 | 5 |
| L02 | 现代财经-天津财经大学学报 | 1009 | 0.941 | 0.283 | 0.99 | 489 | 0.51 | 8.58 | 5.1 | 6 |
| L02 | 新疆财经大学学报 | 184 | 0.547 | 0.025 | 0.98 | 150 | 0.05 | 2.63 | 5.2 | 4 |
| L02 | 云南财经大学学报 | 741 | 0.771 | 0.128 | 0.99 | 450 | 0.40 | 7.89 | 5.3 | 6 |
| L02 | 浙江工贸职业技术学院学报 | 218 | 0.414 | 0.094 | 0.93 | 147 | 0.04 | 2.58 | 4.2 | 4 |
| L02 | 浙江工商大学学报 | 418 | 0.457 | 0.121 | 0.98 | 298 | 0.16 | 5.23 | 6.1 | 5 |
| L02 | 浙江工商职业技术学院学报 | 277 | 0.362 | 0.045 | 1.00 | 187 | 0.04 | 3.28 | 5.9 | 4 |
| L02 | 中南财经政法大学学报 | 1697 | 1.924 | 0.400 | 0.98 | 661 | 0.60 | 11.60 | 4.5 | 9 |
| L02 | 中央财经大学学报 | 2275 | 1.714 | 0.338 | 0.97 | 739 | 0.72 | 12.96 | 5.1 | 10 |
| L04 | 财会学习 | 1958 | 0.765 | 0.265 | 0.90 | 254 | 0.46 | 10.58 | — | 7 |
| L04 | 财会研究 | 2386 | 0.993 | 0.285 | 0.99 | 453 | 0.54 | 18.88 | 4.8 | 9 |
| L04 | 财会月刊 | 2051 | 0.873 | 0.228 | 0.95 | 391 | 0.63 | 16.29 | 3.4 | 7 |
| L04 | 财会月刊(理论版) | 1474 | 0.609 | 0.096 | 0.98 | 433 | 0.58 | 18.04 | 4.1 | 5 |
| L04 | 城市问题 | 2603 | 1.215 | 0.210 | 0.96 | 851 | 0.42 | 35.46 | 6.0 | 9 |
| L04 | 技术经济与管理研究 | 1908 | 0.794 | 0.275 | 0.98 | 785 | 0.50 | 32.71 | 4.9 | 9 |
| L04 | 交通财会 | 774 | 0.500 | 0.193 | 0.94 | 178 | 0.29 | 7.42 | 4.3 | 5 |

| 学科代码 | 期刊名称 | 扩展总被引频次 | 扩展影响因子 | 扩展即年指标 | 扩展他引率 | 扩展引用刊数 | 扩展学科影响指标 | 扩展学科扩散指标 | 扩展被引半衰期 | 扩展H指标 |
|---|---|---|---|---|---|---|---|---|---|---|
| L04 | 教育财会研究 | 683 | 1.194 | 0.158 | 0.95 | 223 | 0.29 | 9.29 | 4.2 | 7 |
| L04 | 教育与经济 | 768 | 1.292 | 0.135 | 0.91 | 369 | 0.21 | 15.38 | 5.4 | 6 |
| L04 | 经济体制改革 | 1933 | 1.398 | 0.191 | 0.98 | 778 | 0.67 | 32.42 | 4.4 | 9 |
| L04 | 经济与管理评论 | 686 | 0.864 | 0.119 | 0.97 | 365 | 0.46 | 15.21 | 4.1 | 5 |
| L04 | 经济与社会发展 | 1353 | 0.638 | 0.040 | 1.00 | 629 | 0.42 | 26.21 | 6.3 | 6 |
| L04 | 企业经济 | 3702 | 0.691 | 0.174 | 0.98 | 1058 | 0.67 | 44.08 | 4.6 | 12 |
| L04 | 商业经济 | 3383 | 0.435 | 0.111 | 0.99 | 788 | 0.50 | 32.83 | 4.2 | 10 |
| L04 | 商业经济研究 | 6826 | 0.733 | 0.236 | 0.80 | 1299 | 0.79 | 54.13 | 3.0 | 11 |
| L04 | 商业经济与管理 | 2023 | 2.141 | 0.354 | 0.97 | 659 | 0.75 | 27.46 | 5.2 | 12 |
| L04 | 数量经济技术经济研究 | 5644 | 3.000 | 0.348 | 0.98 | 998 | 0.75 | 41.58 | 7.5 | 19 |
| L04 | 西部财会 | 536 | 0.565 | 0.129 | 0.99 | 182 | 0.29 | 7.58 | 3.5 | 5 |
| L04 | 现代商业 | 8323 | 0.344 | 0.101 | 0.98 | 1032 | 0.58 | 43.00 | 3.8 | 10 |
| L04 | 预测 | 1021 | 0.918 | 0.041 | 0.97 | 497 | 0.54 | 20.71 | 7.2 | 7 |
| L04 | 中国改革 | 356 | - | 0.500 | 1.00 | 266 | 0.17 | 11.08 | ≥10 | 5 |
| L04 | 中国资产评估 | 220 | 0.531 | 0.234 | 0.83 | 101 | 0.25 | 4.21 | 5.1 | 3 |
| L05 | 财会通讯 | 6579 | 0.905 | 0.126 | 0.96 | 795 | 0.84 | 41.84 | 4.7 | 8 |
| L05 | 财务与会计 | 1804 | - | 0.229 | 0.98 | 326 | 0.84 | 17.16 | 2.9 | 9 |
| L05 | 当代会计 | 431 | 0.447 | 0.154 | 0.99 | 118 | 0.47 | 6.21 | 1.7 | 5 |
| L05 | 会计师 | 2448 | 0.570 | 0.161 | 0.97 | 331 | 0.53 | 17.42 | 2.8 | 8 |
| L05 | 会计研究 | 11375 | 7.564 | 0.421 | 0.97 | 825 | 0.89 | 43.42 | 5.6 | 29 |
| L05 | 会计与经济研究 | 586 | 1.755 | 0.271 | 0.95 | 220 | 0.74 | 11.58 | 4.1 | 7 |
| L05 | 会计之友 | 7739 | 1.216 | 0.458 | 0.95 | 861 | 0.84 | 45.32 | 4.3 | 15 |
| L05 | 商业会计 | 3999 | 0.713 | 0.259 | 0.78 | 485 | 0.79 | 25.53 | 3.2 | 9 |
| L05 | 审计研究 | 3578 | 4.765 | 0.471 | 0.95 | 471 | 0.89 | 24.79 | 5.2 | 18 |
| L05 | 审计与经济研究 | 1696 | 2.730 | 1.000 | 0.95 | 436 | 0.84 | 22.95 | 4.7 | 10 |
| L05 | 新会计 | 559 | 0.647 | 0.196 | 0.99 | 181 | 0.58 | 9.53 | 3.4 | 6 |
| L05 | 中国内部审计 | 1067 | 1.729 | 0.274 | 0.95 | 256 | 0.74 | 13.47 | 2.9 | 7 |
| L05 | 中国农业会计 | 625 | 0.734 | 0.102 | 0.98 | 204 | 0.63 | 10.74 | 4.3 | 4 |
| L05 | 中国乡镇企业会计 | 2892 | 0.406 | 0.170 | 0.98 | 359 | 0.63 | 18.89 | 2.8 | 7 |
| L05 | 中国注册会计师 | 955 | 1.123 | 0.186 | 0.95 | 222 | 0.84 | 11.68 | 3.7 | 7 |
| L05 | 中国总会计师 | 1661 | 0.864 | 0.249 | 0.98 | 265 | 0.58 | 13.95 | 2.8 | 7 |
| L06 | 当代农村财经 | 281 | - | 0.097 | 1.00 | 167 | 0.30 | 5.57 | 3.5 | 4 |
| L06 | 调研世界 | 1037 | 1.200 | 0.193 | 0.98 | 524 | 0.47 | 17.47 | 3.9 | 8 |

| 学科代码 | 期刊名称 | 扩展总被引频次 | 扩展影响因子 | 扩展即年指标 | 扩展他引率 | 扩展引用刊数 | 扩展学科影响指标 | 扩展学科扩散指标 | 扩展被引半衰期 | 扩展H指标 |
|---|---|---|---|---|---|---|---|---|---|---|
| L06 | 国土资源信息化 | 334 | 0.708 | 0.052 | 0.89 | 148 | 0.03 | 4.93 | 4.5 | 5 |
| L06 | 林业经济问题 | 841 | 0.781 | 0.083 | 0.90 | 310 | 0.40 | 10.33 | 6.1 | 6 |
| L06 | 南方农村 | 293 | 0.296 | 0.103 | 0.97 | 203 | 0.30 | 6.77 | 4.3 | 5 |
| L06 | 农场经济管理 | 201 | 0.841 | 0.062 | 1.00 | 135 | 0.30 | 4.50 | 3.8 | 3 |
| L06 | 农村金融研究 | 765 | 0.965 | 0.301 | 0.97 | 311 | 0.30 | 10.37 | 3.8 | 7 |
| L06 | 农村经济 | 3575 | 1.661 | 0.332 | 0.97 | 944 | 0.60 | 31.47 | 4.8 | 10 |
| L06 | 农村经济与科技 | 2133 | 0.336 | 0.103 | 0.96 | 755 | 0.50 | 25.17 | 3.1 | 7 |
| L06 | 农业技术经济 | 3674 | 2.500 | 0.247 | 0.95 | 811 | 0.60 | 27.03 | 5.1 | 14 |
| L06 | 农业经济 | 2986 | 0.894 | 0.248 | 0.90 | 805 | 0.63 | 26.83 | 3.6 | 8 |
| L06 | 农业经济问题 | 6555 | 4.604 | 0.584 | 0.97 | 1116 | 0.63 | 37.20 | 5.5 | 19 |
| L06 | 农业经济与管理 | 491 | 1.200 | 0.242 | 0.98 | 287 | 0.40 | 9.57 | 4.2 | 6 |
| L06 | 农业科研经济管理 | 230 | 0.806 | 0.154 | 0.83 | 104 | 0.10 | 3.47 | 4.2 | 4 |
| L06 | 生态经济 | 3932 | 1.203 | 0.203 | 0.96 | 1254 | 0.57 | 41.80 | 4.5 | 9 |
| L06 | 台湾农业探索 | 277 | 0.356 | 0.062 | 0.94 | 183 | 0.30 | 6.10 | 4.8 | 3 |
| L06 | 中国农村观察 | 2360 | 3.465 | 0.340 | 0.98 | 718 | 0.60 | 23.93 | 6.9 | 14 |
| L06 | 中国农村经济 | 5327 | 4.124 | 0.156 | 0.98 | 1022 | 0.63 | 34.07 | 6.9 | 19 |
| L06 | 资源开发与市场 | 2033 | 0.753 | 0.223 | 0.95 | 886 | 0.40 | 29.53 | 5.0 | 6 |
| L06 | 资源与产业 | 1396 | 1.043 | 0.279 | 0.85 | 571 | 0.23 | 19.03 | 5.5 | 9 |
| L08 | 北方经贸 | 2270 | 0.311 | 0.120 | 1.00 | 628 | 0.44 | 7.66 | 3.0 | 7 |
| L08 | 产业经济评论 | 247 | 0.754 | 0.288 | 0.99 | 183 | 0.17 | 2.23 | 3.1 | 5 |
| L08 | 产业经济研究 | 1222 | 2.565 | 0.274 | 0.94 | 431 | 0.41 | 5.26 | 4.4 | 10 |
| L08 | 电子商务 | 2086 | 0.856 | 0.260 | 0.95 | 559 | 0.38 | 6.82 | 2.8 | 10 |
| L08 | 对外经贸 | 2078 | 0.412 | 0.157 | 0.98 | 644 | 0.45 | 7.85 | 4.3 | 9 |
| L08 | 对外经贸实务 | 982 | 1.077 | 0.227 | 0.95 | 411 | 0.39 | 5.01 | 2.9 | 8 |
| L08 | 工程经济 | 909 | 1.933 | 0.275 | 0.90 | 145 | 0.17 | 1.77 | 1.6 | 8 |
| L08 | 工业技术创新 | 86 | — | 0.066 | 0.98 | 73 | 0.05 | 0.89 | 1.6 | 2 |
| L08 | 工业技术经济 | 2172 | 1.127 | 0.226 | 0.90 | 807 | 0.57 | 9.84 | 5.2 | 8 |
| L08 | 工业经济论坛 | 69 | — | 0.184 | 0.97 | 54 | 0.09 | 0.66 | 1.4 | 3 |
| L08 | 国际经贸探索 | 1039 | 1.463 | 0.211 | 0.96 | 434 | 0.44 | 5.29 | 4.6 | 7 |
| L08 | 国际贸易 | 1083 | 4.753 | 0.475 | 1.00 | 440 | 0.41 | 5.37 | 3.5 | 8 |
| L08 | 国际贸易问题 | 3601 | 2.292 | 0.330 | 0.95 | 728 | 0.48 | 8.88 | 4.8 | 12 |
| L08 | 国际商务研究 | 302 | 0.713 | 0.308 | 0.98 | 193 | 0.23 | 2.35 | 4.8 | 4 |
| L08 | 化学工业 | 647 | 0.735 | 0.115 | 0.99 | 292 | 0.11 | 3.56 | 5.0 | 6 |

| 学科代码 | 期刊名称 | 扩展总被引频次 | 扩展影响因子 | 扩展即年指标 | 扩展他引率 | 扩展引用刊数 | 扩展学科影响指标 | 扩展学科扩散指标 | 扩展被引半衰期 | 扩展H指标 |
|---|---|---|---|---|---|---|---|---|---|---|
| L08 | 技术经济 | 1914 | 1.129 | 0.324 | 0.88 | 749 | 0.44 | 9.13 | 4.8 | 7 |
| L08 | 技术与市场 | 6600 | 0.671 | 0.215 | 1.00 | 777 | 0.34 | 9.48 | 3.3 | 18 |
| L08 | 价格理论与实践 | 2164 | 1.116 | 0.469 | 0.81 | 676 | 0.44 | 8.24 | 3.0 | 10 |
| L08 | 价格月刊 | 1008 | 0.869 | 0.209 | 0.98 | 435 | 0.40 | 5.30 | 2.9 | 7 |
| L08 | 江苏商论 | 1359 | 0.650 | 0.160 | 0.99 | 529 | 0.44 | 6.45 | 5.2 | 7 |
| L08 | 进出口经理人 | 135 | - | 0.021 | 0.99 | 84 | 0.16 | 1.02 | 2.5 | 2 |
| L08 | 经营者 | 442 | 0.081 | 0.018 | 0.98 | 167 | 0.18 | 2.04 | 1.7 | 4 |
| L08 | 科技经济导刊 | 981 | - | 0.116 | 0.98 | 220 | 0.17 | 2.68 | - | 8 |
| L08 | 科技经济市场 | 3458 | 0.497 | 0.205 | 1.00 | 693 | 0.41 | 8.45 | 2.1 | 12 |
| L08 | 旅游科学 | 1325 | 2.044 | 0.209 | 0.97 | 493 | 0.34 | 6.01 | 7.2 | 9 |
| L08 | 旅游论坛 | 847 | 0.912 | 0.107 | 0.96 | 395 | 0.28 | 4.82 | 5.4 | 7 |
| L08 | 旅游世界·旅游发展研究 | 34 | 0.136 | 0.014 | 0.97 | 31 | 0.05 | 0.38 | 2.6 | 2 |
| L08 | 旅游学刊 | 6919 | 2.906 | 0.599 | 0.94 | 1117 | 0.46 | 13.62 | 6.6 | 17 |
| L08 | 旅游研究 | 484 | 0.881 | 0.068 | 0.98 | 306 | 0.23 | 3.73 | 5.4 | 5 |
| L08 | 煤炭经济研究 | 961 | 0.597 | 0.289 | 0.88 | 334 | 0.28 | 4.07 | 4.9 | 5 |
| L08 | 内蒙古煤炭经济 | 1813 | 0.282 | 0.091 | 0.94 | 322 | 0.23 | 3.93 | 2.7 | 7 |
| L08 | 欧亚经济 | 370 | 1.242 | 0.281 | 0.96 | 192 | 0.18 | 2.34 | 5.1 | 5 |
| L08 | 商业研究 | 3700 | 1.012 | 0.150 | 0.99 | 1101 | 0.68 | 13.43 | 6.8 | 8 |
| L08 | 上海经济 | 152 | - | 0.149 | 0.98 | 124 | 0.10 | 1.51 | 2.9 | 3 |
| L08 | 上海经济研究 | 1940 | 1.527 | 0.220 | 0.98 | 725 | 0.50 | 8.84 | 5.3 | 9 |
| L08 | 市场论坛 | 851 | 0.265 | 0.047 | 0.99 | 391 | 0.30 | 4.77 | 4.9 | 5 |
| L08 | 市场研究 | 561 | 0.442 | 0.131 | 0.99 | 288 | 0.28 | 3.51 | 3.2 | 5 |
| L08 | 市场周刊 | 1368 | 0.282 | 0.096 | 0.99 | 499 | 0.41 | 6.09 | 4.3 | 5 |
| L08 | 铁道经济研究 | 306 | 0.626 | 0.094 | 0.84 | 122 | 0.09 | 1.49 | 4.6 | 4 |
| L08 | 物流工程与管理 | 2462 | 0.467 | 0.142 | 0.93 | 675 | 0.48 | 8.23 | 3.3 | 9 |
| L08 | 物流技术 | 4130 | 0.599 | 0.107 | 0.94 | 919 | 0.50 | 11.21 | 3.5 | 9 |
| L08 | 物流科技 | 1813 | 0.468 | 0.151 | 0.94 | 575 | 0.43 | 7.01 | 4.8 | 6 |
| L08 | 现代工业经济和信息化 | 1095 | 0.406 | 0.124 | 0.99 | 308 | 0.27 | 3.76 | 2.0 | 8 |
| L08 | 消费经济 | 912 | 0.815 | 0.146 | 0.95 | 432 | 0.32 | 5.27 | 6.0 | 6 |
| L08 | 冶金经济与管理 | 157 | 0.280 | 0.056 | 0.91 | 102 | 0.10 | 1.24 | 3.9 | 3 |
| L08 | 邮政研究 | 80 | 0.157 | 0.067 | 0.89 | 57 | 0.10 | 0.70 | 3.3 | 2 |
| L08 | 中国工业经济 | 9379 | 7.628 | 0.791 | 0.97 | 1267 | 0.67 | 15.45 | 5.8 | 28 |
| L08 | 中国经贸 | 1526 | 0.100 | 0.024 | 0.96 | 370 | 0.35 | 4.51 | 2.5 | 4 |

| 学科代码 | 期刊名称 | 扩展总被引频次 | 扩展影响因子 | 扩展即年指标 | 扩展他引率 | 扩展引用刊数 | 扩展学科影响指标 | 扩展学科扩散指标 | 扩展被引半衰期 | 扩展H指标 |
|---|---|---|---|---|---|---|---|---|---|---|
| L08 | 中国流通经济 | 3208 | 3.303 | 0.899 | 0.95 | 786 | 0.56 | 9.59 | 2.9 | 16 |
| L08 | 中国商论 | 6877 | — | 0.178 | 0.97 | 940 | 0.56 | 11.46 | 3.1 | 14 |
| L08 | 中国物价 | 516 | 0.311 | 0.203 | 0.96 | 302 | 0.34 | 3.68 | 3.3 | 5 |
| L10 | 保险研究 | 1706 | 1.252 | 0.206 | 0.87 | 467 | 0.55 | 6.31 | 4.9 | 9 |
| L10 | 北方金融 | 329 | — | 0.059 | 0.99 | 146 | 0.35 | 1.97 | 2.9 | 3 |
| L10 | 财经界 | 11998 | 0.514 | 0.237 | 0.90 | 815 | 0.55 | 11.01 | 2.3 | 11 |
| L10 | 财经科学 | 2469 | 2.455 | 0.608 | 0.98 | 766 | 0.69 | 10.35 | 4.4 | 13 |
| L10 | 财经理论研究 | 528 | 1.434 | 0.333 | 0.96 | 260 | 0.27 | 3.51 | 2.9 | 5 |
| L10 | 财经理论与实践 | 1479 | 1.286 | 0.304 | 0.98 | 550 | 0.62 | 7.43 | 5.4 | 8 |
| L10 | 财经论丛(浙江财经学院学报) | 1088 | 1.066 | 0.164 | 0.98 | 465 | 0.51 | 6.28 | 4.3 | 7 |
| L10 | 财经问题研究 | 3235 | 2.045 | 0.269 | 0.99 | 944 | 0.70 | 12.76 | 4.6 | 13 |
| L10 | 财贸经济 | 4033 | 2.803 | 0.481 | 0.98 | 853 | 0.65 | 11.53 | 5.8 | 16 |
| L10 | 财贸研究 | 1358 | 1.960 | 0.255 | 0.99 | 545 | 0.61 | 7.36 | 5.3 | 8 |
| L10 | 财务研究 | 75 | — | 0.054 | 0.89 | 47 | 0.08 | 0.64 | 1.5 | 4 |
| L10 | 财务与金融 | 477 | 0.543 | 0.144 | 0.98 | 232 | 0.28 | 3.14 | 4.5 | 5 |
| L10 | 当代财经 | 2494 | 1.633 | 0.313 | 0.95 | 780 | 0.59 | 10.54 | 6.2 | 9 |
| L10 | 地方财政研究 | 877 | 1.048 | 0.283 | 0.91 | 373 | 0.43 | 5.04 | 3.1 | 7 |
| L10 | 福建金融 | 336 | 0.379 | 0.088 | 0.96 | 173 | 0.39 | 2.34 | 3.2 | 3 |
| L10 | 甘肃金融 | 371 | 0.620 | 0.233 | 0.95 | 181 | 0.38 | 2.45 | 2.9 | 4 |
| L10 | 国际金融研究 | 2697 | 3.866 | 0.588 | 0.96 | 584 | 0.68 | 7.89 | 4.4 | 15 |
| L10 | 国际商务财会 | 647 | 0.599 | 0.162 | 0.96 | 205 | 0.28 | 2.77 | 3.7 | 5 |
| L10 | 国际税收 | 939 | 1.009 | 0.272 | 0.94 | 258 | 0.34 | 3.49 | 4.1 | 6 |
| L10 | 海南金融 | 664 | 0.550 | 0.168 | 0.97 | 265 | 0.50 | 3.58 | 3.7 | 5 |
| L10 | 河北金融 | 425 | 0.329 | 0.082 | 0.98 | 174 | 0.36 | 2.35 | 3.0 | 5 |
| L10 | 华北金融 | 443 | 0.319 | 0.071 | 0.97 | 200 | 0.42 | 2.70 | 3.8 | 4 |
| L10 | 吉林金融研究 | 331 | 0.429 | 0.121 | 0.98 | 165 | 0.34 | 2.23 | 2.9 | 4 |
| L10 | 金融发展研究 | 666 | 0.592 | 0.199 | 0.97 | 278 | 0.49 | 3.76 | 4.2 | 5 |
| L10 | 金融会计 | 501 | 1.061 | 0.181 | 0.95 | 166 | 0.46 | 2.24 | 3.2 | 6 |
| L10 | 金融监管研究 | 654 | 2.755 | 0.289 | 0.96 | 266 | 0.51 | 3.59 | 2.6 | 11 |
| L10 | 金融教育研究 | 413 | 0.588 | 0.131 | 0.99 | 237 | 0.34 | 3.20 | 5.3 | 5 |
| L10 | 金融经济(理论版) | 2176 | 0.486 | 0.119 | 0.99 | 510 | 0.54 | 6.89 | 3.3 | 7 |
| L10 | 金融经济学研究 | 586 | 1.794 | 0.227 | 0.96 | 287 | 0.55 | 3.88 | 3.5 | 7 |
| L10 | 金融理论与实践 | 1690 | 0.781 | 0.244 | 0.98 | 542 | 0.65 | 7.32 | 4.3 | 9 |

| 学科代码 | 期刊名称 | 扩展总被引频次 | 扩展影响因子 | 扩展即年指标 | 扩展他引率 | 扩展引用刊数 | 扩展学科影响指标 | 扩展学科扩散指标 | 扩展被引半衰期 | 扩展H指标 |
|---|---|---|---|---|---|---|---|---|---|---|
| L10 | 金融论坛 | 1538 | 2.401 | 0.609 | 0.91 | 421 | 0.66 | 5.69 | 3.9 | 11 |
| L10 | 金融研究 | 10067 | 2.624 | 0.580 | 0.96 | 908 | 0.74 | 12.27 | 6.3 | 27 |
| L10 | 金融与经济 | 1189 | 0.740 | 0.176 | 0.98 | 449 | 0.62 | 6.07 | 4.2 | 7 |
| L10 | 绿色财会 | 377 | 0.308 | 0.086 | 0.99 | 146 | 0.12 | 1.97 | 4.4 | 4 |
| L10 | 南方金融 | 1592 | 1.275 | 0.390 | 0.92 | 454 | 0.58 | 6.14 | 3.6 | 10 |
| L10 | 青海金融 | 206 | 0.187 | 0.112 | 0.96 | 99 | 0.19 | 1.34 | 2.9 | 3 |
| L10 | 区域金融研究 | 593 | 0.451 | 0.145 | 0.97 | 259 | 0.51 | 3.50 | 4.1 | 5 |
| L10 | 上海金融 | 1751 | 0.952 | 0.093 | 0.97 | 511 | 0.66 | 6.91 | 4.6 | 8 |
| L10 | 审计与理财 | 452 | 1.340 | 0.127 | 0.99 | 157 | 0.16 | 2.12 | 4.4 | 4 |
| L10 | 时代金融(下旬) | 2586 | 0.290 | 0.059 | 0.98 | 465 | 0.42 | 6.28 | 3.1 | 6 |
| L10 | 时代金融(中旬) | 1902 | 0.291 | 0.078 | 0.98 | 443 | 0.39 | 5.99 | 2.2 | 7 |
| L10 | 税收经济研究 | 306 | 0.710 | 0.184 | 0.94 | 140 | 0.19 | 1.89 | 3.1 | 6 |
| L10 | 税务研究 | 2598 | 1.861 | 0.440 | 0.87 | 474 | 0.42 | 6.41 | 3.5 | 9 |
| L10 | 税务与经济 | 709 | 0.947 | 0.304 | 0.98 | 362 | 0.34 | 4.89 | 4.6 | 5 |
| L10 | 投资研究 | 879 | 1.084 | 0.161 | 0.78 | 306 | 0.53 | 4.14 | 3.7 | 6 |
| L10 | 武汉金融 | 904 | 0.583 | 0.217 | 0.98 | 346 | 0.58 | 4.68 | 3.8 | 7 |
| L10 | 西部金融 | 569 | 0.358 | 0.083 | 0.95 | 235 | 0.45 | 3.18 | 3.8 | 4 |
| L10 | 西南金融 | 1060 | 0.996 | 0.698 | 0.95 | 364 | 0.53 | 4.92 | 2.8 | 8 |
| L10 | 新疆财经 | 245 | 0.581 | 0.111 | 0.96 | 170 | 0.14 | 2.30 | 5.3 | 3 |
| L10 | 新金融 | 1056 | 1.534 | 0.261 | 0.98 | 364 | 0.54 | 4.92 | 3.3 | 11 |
| L10 | 浙江金融 | 932 | 0.721 | 0.227 | 0.97 | 350 | 0.58 | 4.73 | 4.3 | 7 |
| L10 | 证券市场导报 | 1585 | 1.532 | 0.286 | 0.95 | 436 | 0.57 | 5.89 | 4.8 | 10 |
| L10 | 中国钱币 | 262 | 0.403 | 0.018 | 0.61 | 91 | 0.09 | 1.23 | ≥10 | 3 |
| M01 | 北京青年研究 | 310 | 0.592 | 0.102 | 0.98 | 222 | 0.06 | 2.13 | 5.2 | 4 |
| M01 | 重庆与世界(学术版) | 311 | 0.228 | 0.041 | 0.97 | 211 | 0.04 | 2.03 | 2.9 | 4 |
| M01 | 传承 | 626 | 0.129 | 0.053 | 0.99 | 348 | 0.13 | 3.35 | 4.0 | 4 |
| M01 | 大连干部学刊 | 141 | 0.174 | 0.073 | 0.99 | 114 | 0.05 | 1.10 | 3.9 | 3 |
| M01 | 党的文献 | 561 | 0.708 | 0.189 | 0.94 | 269 | 0.21 | 2.59 | 7.1 | 4 |
| M01 | 党史博采(理论版) | 425 | 0.332 | 0.118 | 0.97 | 200 | 0.07 | 1.92 | 2.8 | 4 |
| M01 | 党史文苑(学术版) | 440 | 0.168 | 0.078 | 0.97 | 261 | 0.11 | 2.51 | 5.4 | 4 |
| M01 | 党史研究与教学 | 286 | 0.410 | 0.059 | 0.93 | 156 | 0.12 | 1.50 | 7.4 | 3 |
| M01 | 党政干部论坛 | 178 | 0.300 | 0.111 | 0.99 | 141 | 0.08 | 1.36 | 5.0 | 3 |
| M01 | 党政干部学刊 | 363 | 0.266 | 0.041 | 0.98 | 255 | 0.13 | 2.45 | 4.9 | 3 |

# 2016 年中国科技期刊被引指标按类刊名字顺索引(续)

| 学科代码 | 期刊名称 | 扩展总被引频次 | 扩展影响因子 | 扩展即年指标 | 扩展他引率 | 扩展引用刊数 | 扩展学科影响指标 | 扩展学科扩散指标 | 扩展被引半衰期 | 扩展H指标 |
|---|---|---|---|---|---|---|---|---|---|---|
| M01 | 党政研究 | 375 | 0.651 | 0.404 | 1.00 | 247 | 0.15 | 2.38 | 2.7 | 4 |
| M01 | 甘肃理论学刊 | 473 | 0.265 | 0.095 | 1.00 | 348 | 0.13 | 3.35 | 5.4 | 4 |
| M01 | 国际安全研究 | 465 | 1.473 | 0.225 | 0.96 | 254 | 0.03 | 2.44 | 5.0 | 6 |
| M01 | 行政管理改革 | 839 | 2.138 | 0.411 | 0.99 | 521 | 0.19 | 5.01 | 3.2 | 7 |
| M01 | 红广角 | 58 | 0.108 | 0.019 | 0.84 | 34 | 0.03 | 0.33 | 6.7 | 2 |
| M01 | 军队政工理论研究 | 253 | 0.192 | 0.023 | 0.95 | 138 | 0.07 | 1.33 | 3.7 | 3 |
| M01 | 科学社会主义 | 799 | 0.670 | 0.176 | 0.99 | 456 | 0.22 | 4.38 | 4.4 | 6 |
| M01 | 理论导刊 | 1486 | 0.680 | 0.182 | 0.99 | 775 | 0.28 | 7.45 | 4.6 | 7 |
| M01 | 理论视野 | 707 | 0.602 | 0.274 | 0.99 | 463 | 0.25 | 4.45 | 2.8 | 6 |
| M01 | 理论探索 | 1319 | 1.226 | 0.419 | 0.99 | 700 | 0.20 | 6.73 | 4.6 | 9 |
| M01 | 理论学习与探索 | 262 | 0.164 | 0.138 | 1.00 | 134 | 0.03 | 1.29 | 4.0 | 3 |
| M01 | 理论研究 | 378 | 0.450 | 0.308 | 1.00 | 255 | 0.07 | 2.45 | 4.5 | 4 |
| M01 | 廉政文化研究 | 221 | 0.555 | 0.048 | 0.87 | 142 | 0.10 | 1.37 | 3.3 | 4 |
| M01 | 求实 | 1811 | 0.982 | 0.371 | 0.99 | 837 | 0.27 | 8.05 | 5.2 | 7 |
| M01 | 求是 | 4272 | — | 33.800 | 1.00 | 1406 | 0.42 | 13.52 | 3.7 | 19 |
| M01 | 山东工会论坛 | 861 | 0.318 | 0.112 | 0.99 | 337 | 0.10 | 3.24 | 5.0 | 4 |
| M01 | 上海党史与党建 | 343 | 0.209 | 0.096 | 0.99 | 210 | 0.17 | 2.02 | 4.8 | 5 |
| M01 | 社会福利(理论版) | 236 | 0.315 | 0.060 | 0.93 | 148 | 0.06 | 1.42 | 3.2 | 4 |
| M01 | 实事求是 | 284 | 0.258 | 0.087 | 0.98 | 199 | 0.05 | 1.91 | 4.4 | 3 |
| M01 | 思想教育研究 | 4207 | 1.876 | 0.402 | 0.98 | 892 | 0.21 | 8.58 | 4.5 | 16 |
| M01 | 思想政治课教学 | 385 | 0.416 | 0.145 | 0.95 | 149 | 0.03 | 1.43 | 5.6 | 4 |
| M01 | 探求 | 232 | 0.283 | 0.049 | 0.98 | 184 | 0.06 | 1.77 | 4.5 | 5 |
| M01 | 探索 | 1510 | 1.111 | 0.246 | 0.98 | 765 | 0.30 | 7.36 | 4.9 | 8 |
| M01 | 新视野 | 841 | 0.878 | 0.390 | 0.99 | 490 | 0.22 | 4.71 | 4.5 | 7 |
| M01 | 学习论坛 | 795 | 0.643 | 0.338 | 0.98 | 449 | 0.18 | 4.32 | 3.6 | 7 |
| M01 | 学校党建与思想教育 | 4292 | 1.323 | 0.329 | 0.98 | 863 | 0.20 | 8.30 | 4.8 | 10 |
| M01 | 预防青少年犯罪研究 | 226 | 0.470 | 0.096 | 0.92 | 105 | 0.02 | 1.01 | 3.9 | 4 |
| M01 | 政治学研究 | 1866 | 3.546 | 0.219 | 0.98 | 677 | 0.29 | 6.51 | 6.1 | 12 |
| M01 | 职业 | 3085 | 0.379 | 0.114 | 0.96 | 596 | 0.05 | 5.73 | 3.6 | 5 |
| M01 | 中共党史研究 | 1003 | 0.834 | 0.108 | 0.90 | 381 | 0.24 | 3.66 | 6.6 | 6 |
| M01 | 中国党政干部论坛 | 1082 | — | 0.615 | 1.00 | 620 | 0.26 | 5.96 | 3.1 | 8 |
| M01 | 中国青年研究 | 3126 | 1.311 | 0.459 | 0.95 | 962 | 0.22 | 9.25 | 5.6 | 12 |
| M01 | 中国特色社会主义研究 | 967 | 1.596 | 0.607 | 0.99 | 529 | 0.28 | 5.09 | 3.2 | 9 |

| 学科代码 | 期刊名称 | 扩展总被引频次 | 扩展影响因子 | 扩展即年指标 | 扩展他引率 | 扩展引用刊数 | 扩展学科影响指标 | 扩展学科扩散指标 | 扩展被引半衰期 | 扩展H指标 |
|---|---|---|---|---|---|---|---|---|---|---|
| M02 | 安徽行政学院学报 | 379 | 0.343 | 0.132 | 0.99 | 255 | 0.11 | 2.22 | 7.3 | 4 |
| M02 | 北京行政学院学报 | 810 | 0.675 | 0.250 | 0.97 | 512 | 0.41 | 4.45 | 5.6 | 6 |
| M02 | 北京经济管理职业学院学报 | 255 | 0.686 | 0.067 | 0.98 | 176 | 0.03 | 1.53 | 4.5 | 5 |
| M02 | 北京劳动保障职业学院学报 | 216 | 0.522 | 0.056 | 0.97 | 156 | 0.04 | 1.36 | 4.7 | 5 |
| M02 | 北京市工会干部学院学报 | 103 | 0.245 | 0.064 | 0.96 | 73 | 0.07 | 0.63 | 6.3 | 3 |
| M02 | 兵团党校学报 | 149 | 0.193 | 0.091 | 0.93 | 100 | 0.04 | 0.87 | 4.6 | 2 |
| M02 | 长春市委党校学报 | 142 | 0.213 | 0.106 | 0.99 | 111 | 0.06 | 0.97 | 5.7 | 3 |
| M02 | 长沙民政职业技术学院学报 | 447 | 0.298 | 0.088 | 0.96 | 269 | 0.03 | 2.34 | 5.1 | 5 |
| M02 | 成都行政学院学报 | 253 | 0.220 | 0.031 | 0.98 | 190 | 0.08 | 1.65 | 6.6 | 4 |
| M02 | 地方治理研究 | 235 | 0.330 | 0.556 | 1.00 | 190 | 0.10 | 1.65 | 6.9 | 3 |
| M02 | 福建行政学院学报 | 341 | 0.569 | 0.131 | 0.99 | 248 | 0.19 | 2.16 | 4.6 | 5 |
| M02 | 福建金融管理干部学院学报 | 111 | 0.307 | — | 1.00 | 87 | 0.01 | 0.76 | 6.1 | 3 |
| M02 | 福建省社会主义学院学报 | 207 | 0.235 | 0.061 | 0.97 | 147 | 0.17 | 1.28 | 4.2 | 4 |
| M02 | 福州党校学报 | 159 | 0.230 | 0.048 | 1.00 | 130 | 0.07 | 1.13 | 4.6 | 3 |
| M02 | 甘肃行政学院学报 | 488 | 0.908 | 0.147 | 0.97 | 327 | 0.23 | 2.84 | 5.6 | 6 |
| M02 | 工会理论研究-上海工会管理干部学院学报 | 103 | 0.180 | 0.044 | 0.99 | 66 | 0.08 | 0.57 | 5.0 | 2 |
| M02 | 广东行政学院学报 | 475 | 0.649 | 0.128 | 0.95 | 336 | 0.23 | 2.92 | 5.2 | 6 |
| M02 | 广东青年职业学院学报 | 267 | 0.396 | 0.137 | 0.98 | 187 | 0.09 | 1.63 | 5.6 | 5 |
| M02 | 广东省社会主义学院学报 | 145 | 0.219 | 0.045 | 0.98 | 107 | 0.17 | 0.93 | 5.3 | 3 |
| M02 | 广西经济管理干部学院学报 | 231 | 0.442 | 0.057 | 0.97 | 176 | 0.05 | 1.53 | 5.1 | 4 |
| M02 | 广西青年干部学院学报 | 438 | 0.297 | 0.054 | 1.00 | 249 | 0.10 | 2.17 | 6.5 | 4 |
| M02 | 广西社会主义学院学报 | 190 | 0.193 | 0.031 | 0.98 | 136 | 0.22 | 1.18 | 4.0 | 4 |
| M02 | 广西政法管理干部学院学报 | 354 | 0.214 | — | 0.99 | 201 | 0.03 | 1.75 | 6.7 | 4 |
| M02 | 广州社会主义学院学报 | 90 | 0.116 | 0.040 | 0.98 | 79 | 0.12 | 0.69 | 4.8 | 3 |
| M02 | 广州市公安管理干部学院学报 | 140 | 0.356 | — | 0.95 | 76 | 0.04 | 0.66 | 5.8 | 3 |
| M02 | 贵阳市委党校学报 | 98 | 0.143 | 0.050 | 0.99 | 81 | 0.04 | 0.70 | 4.7 | 2 |
| M02 | 贵州社会主义学院学报 | 52 | 0.111 | 0.019 | 0.98 | 46 | 0.12 | 0.40 | 5.4 | 2 |
| M02 | 国家行政学院学报 | 2161 | 2.840 | 0.735 | 0.99 | 908 | 0.57 | 7.90 | 3.7 | 13 |
| M02 | 国家教育行政学院学报 | 2336 | 1.416 | 0.339 | 0.99 | 779 | 0.19 | 6.77 | 5.2 | 11 |
| M02 | 国家林业局管理干部学院学报 | 188 | 0.544 | 0.067 | 0.95 | 119 | 0.03 | 1.03 | 5.3 | 4 |
| M02 | 哈尔滨市委党校学报 | 203 | 0.239 | 0.195 | 1.00 | 155 | 0.16 | 1.35 | 5.7 | 4 |
| M02 | 河北青年管理干部学院学报 | 319 | 0.228 | 0.051 | 0.99 | 201 | 0.07 | 1.75 | 4.9 | 4 |
| M02 | 河北省社会主义学院学报 | 128 | 0.168 | 0.068 | 1.00 | 100 | 0.10 | 0.87 | 4.9 | 3 |

| 学科代码 | 期刊名称 | 扩展总被引频次 | 扩展影响因子 | 扩展即年指标 | 扩展他引率 | 扩展引用刊数 | 扩展学科影响指标 | 扩展学科扩散指标 | 扩展被引半衰期 | 扩展H指标 |
|---|---|---|---|---|---|---|---|---|---|---|
| M02 | 黑龙江省社会主义学院学报 | 97 | 0.211 | 0.104 | 0.98 | 85 | 0.05 | 0.74 | 3.7 | 3 |
| M02 | 黑龙江省政法管理干部学院学报 | 467 | 0.224 | 0.051 | 0.97 | 266 | 0.10 | 2.31 | 5.3 | 3 |
| M02 | 湖北行政学院学报 | 408 | 0.659 | 0.143 | 0.98 | 270 | 0.30 | 2.35 | 4.7 | 5 |
| M02 | 湖北省社会主义学院学报 | 206 | 0.236 | 0.061 | 0.96 | 136 | 0.19 | 1.18 | 4.0 | 3 |
| M02 | 湖南行政学院学报 | 300 | 0.292 | 0.099 | 0.99 | 208 | 0.16 | 1.81 | 4.8 | 4 |
| M02 | 湖南省社会主义学院学报 | 169 | 0.223 | 0.090 | 0.97 | 124 | 0.16 | 1.08 | 3.5 | 3 |
| M02 | 吉林省经济管理干部学院学报 | 501 | 0.272 | 0.142 | 0.98 | 267 | 0.04 | 2.32 | 3.9 | 5 |
| M02 | 佳木斯大学社会科学学报 | 784 | 0.230 | 0.072 | 0.99 | 412 | 0.10 | 3.58 | 5.7 | 5 |
| M02 | 江苏行政学院学报 | 869 | 0.895 | 0.284 | 0.99 | 546 | 0.32 | 4.75 | 5.3 | 8 |
| M02 | 江苏省社会主义学院学报 | 146 | 0.310 | 0.145 | 0.99 | 99 | 0.20 | 0.86 | 4.0 | 3 |
| M02 | 辽宁公安司法管理干部学院学报 | 222 | 0.206 | 0.033 | 0.98 | 130 | 0.04 | 1.13 | 4.4 | 3 |
| M02 | 辽宁行政学院学报 | 1480 | 0.257 | 0.053 | 1.00 | 644 | 0.24 | 5.60 | 5.9 | 5 |
| M02 | 辽宁经济职业技术学院·辽宁经济管理干部学院学报 | 586 | 0.318 | 0.094 | 0.98 | 312 | 0.04 | 2.71 | 4.3 | 4 |
| M02 | 辽宁省社会主义学院学报 | 102 | 0.222 | 0.023 | 0.96 | 81 | 0.12 | 0.70 | 3.5 | 3 |
| M02 | 南京政治学院学报 | 579 | 0.523 | 0.114 | 0.98 | 372 | 0.23 | 3.23 | 5.4 | 5 |
| M02 | 宁夏党校学报 | 200 | 0.216 | 0.164 | 0.99 | 151 | 0.17 | 1.31 | 4.1 | 3 |
| M02 | 青年学报 | 167 | 0.352 | 0.085 | 0.96 | 124 | 0.07 | 1.08 | 3.9 | 3 |
| M02 | 青少年研究与实践 | 147 | 0.366 | 0.071 | 0.97 | 109 | 0.04 | 0.95 | 4.5 | 3 |
| M02 | 山东行政学院学报 | 502 | 0.250 | 0.109 | 0.98 | 307 | 0.15 | 2.67 | 5.2 | 4 |
| M02 | 山东女子学院学报 | 272 | 0.332 | 0.112 | 0.85 | 184 | 0.08 | 1.60 | 5.2 | 3 |
| M02 | 山东青年政治学院学报 | 1135 | 0.475 | 0.066 | 1.00 | 501 | 0.13 | 4.36 | 7.1 | 7 |
| M02 | 山西经济管理干部学院学报 | 333 | 0.305 | 0.082 | 0.98 | 198 | 0.02 | 1.72 | 5.4 | 3 |
| M02 | 山西煤炭管理干部学院学报 | 620 | 0.281 | 0.135 | 0.99 | 288 | 0.01 | 2.50 | 4.0 | 5 |
| M02 | 山西青年职业学院学报 | 293 | 0.241 | 0.052 | 0.99 | 208 | 0.03 | 1.81 | 6.1 | 4 |
| M02 | 山西社会主义学院学报 | 67 | 0.188 | 0.046 | 0.99 | 61 | 0.14 | 0.53 | 4.1 | 2 |
| M02 | 山西省政法管理干部学院学报 | 205 | 0.153 | 0.148 | 0.99 | 120 | 0.06 | 1.04 | 4.0 | 2 |
| M02 | 陕西行政学院学报 | 279 | 0.326 | 0.101 | 0.98 | 228 | 0.10 | 1.98 | 5.0 | 3 |
| M02 | 陕西青年职业学院学报 | 198 | 0.253 | 0.067 | 1.00 | 140 | 0.03 | 1.22 | 5.3 | 4 |
| M02 | 陕西社会主义学院学报 | 64 | 0.168 | 0.138 | 1.00 | 56 | 0.10 | 0.49 | 3.7 | 2 |
| M02 | 上海行政学院学报 | 667 | 1.535 | 0.264 | 0.98 | 416 | 0.26 | 3.62 | 4.0 | 8 |
| M02 | 上海市经济管理干部学院学报 | 102 | 0.215 | 0.152 | 1.00 | 81 | 0.01 | 0.70 | 5.3 | 3 |
| M02 | 上海市社会主义学院学报 | 108 | 0.239 | 0.149 | 0.93 | 67 | 0.20 | 0.58 | 4.5 | 2 |

| 学科代码 | 期刊名称 | 扩展总被引频次 | 扩展影响因子 | 扩展即年指标 | 扩展他引率 | 扩展引用刊数 | 扩展学科影响指标 | 扩展学科扩散指标 | 扩展被引半衰期 | 扩展H指标 |
|---|---|---|---|---|---|---|---|---|---|---|
| M02 | 胜利油田党校学报 | 299 | 0.222 | 0.104 | 0.99 | 156 | 0.11 | 1.36 | 4.6 | 5 |
| M02 | 石油化工管理干部学院学报 | 184 | 0.225 | 0.149 | 0.98 | 116 | 0.03 | 1.01 | 5.4 | 3 |
| M02 | 四川行政学院学报 | 293 | 0.232 | 0.037 | 0.99 | 210 | 0.14 | 1.83 | 5.4 | 4 |
| M02 | 四川省干部函授学院学报 | 151 | 0.243 | 0.066 | 0.99 | 117 | 0.03 | 1.02 | 3.3 | 4 |
| M02 | 四川省社会主义学院学报 | 59 | 0.112 | 0.070 | 0.97 | 53 | 0.06 | 0.46 | 4.4 | 2 |
| M02 | 天津行政学院学报 | 419 | 0.806 | 0.130 | 0.99 | 303 | 0.23 | 2.63 | 4.2 | 6 |
| M02 | 天津市工会管理干部学院学报 | 86 | 0.165 | 0.020 | 0.99 | 69 | 0.03 | 0.60 | 5.8 | 2 |
| M02 | 天津市社会主义学院学报 | 44 | 0.132 | 0.058 | 1.00 | 37 | 0.08 | 0.32 | 3.6 | 2 |
| M02 | 天水行政学院学报 | 203 | 0.206 | 0.079 | 0.98 | 150 | 0.09 | 1.30 | 3.9 | 3 |
| M02 | 统一战线学研究 | 243 | 0.320 | 0.294 | 0.95 | 148 | 0.22 | 1.29 | 4.0 | 4 |
| M02 | 武汉公安干部学院学报 | 225 | 0.489 | 0.092 | 0.72 | 98 | 0.04 | 0.85 | 3.7 | 3 |
| M02 | 西安政治学院学报 | 326 | 0.315 | 0.035 | 0.91 | 185 | 0.11 | 1.61 | 4.8 | 3 |
| M02 | 云南行政学院学报 | 834 | 0.409 | 0.124 | 0.98 | 472 | 0.37 | 4.10 | 5.7 | 4 |
| M02 | 云南社会主义学院学报 | 818 | 0.327 | 0.073 | 0.99 | 356 | 0.16 | 3.10 | 3.4 | 5 |
| M02 | 中共成都市委党校学报 | 177 | 0.201 | 0.076 | 0.99 | 137 | 0.08 | 1.19 | 4.9 | 3 |
| M02 | 中共福建省委党校学报 | 1263 | 0.793 | 0.267 | 0.99 | 707 | 0.50 | 6.15 | 4.7 | 8 |
| M02 | 贵州省党校学报 | 320 | 0.449 | 0.243 | 0.98 | 236 | 0.24 | 2.05 | 3.3 | 4 |
| M02 | 中共桂林市委党校学报 | 90 | 0.194 | 0.042 | 0.98 | 76 | 0.05 | 0.66 | 4.4 | 2 |
| M02 | 中共杭州市委党校学报 | 276 | 0.509 | 0.286 | 0.99 | 199 | 0.16 | 1.73 | 3.9 | 4 |
| M02 | 中共合肥市委党校学报 | 63 | 0.214 | 0.040 | 0.98 | 53 | 0.03 | 0.46 | 4.6 | 2 |
| M02 | 中共济南市委党校学报 | 250 | 0.166 | 0.068 | 0.99 | 181 | 0.17 | 1.57 | 4.7 | 3 |
| M02 | 中共乐山市委党校学报 | 186 | 0.161 | 0.076 | 0.99 | 138 | 0.10 | 1.20 | 4.1 | 3 |
| M02 | 中共南昌市委党校学报 | 76 | 0.159 | 0.044 | 1.00 | 68 | 0.08 | 0.59 | 3.5 | 2 |
| M02 | 中共南京市委党校学报 | 228 | 0.260 | 0.083 | 0.99 | 186 | 0.16 | 1.62 | 5.7 | 3 |
| M02 | 中共南宁市委党校学报 | 122 | 0.286 | 0.118 | 0.99 | 99 | 0.07 | 0.86 | 4.1 | 3 |
| M02 | 中共宁波市委党校学报 | 272 | 0.257 | 0.050 | 0.98 | 208 | 0.18 | 1.81 | 6.0 | 4 |
| M02 | 中共青岛市委党校青岛行政学院学报 | 282 | 0.232 | 0.073 | 0.98 | 210 | 0.16 | 1.83 | 4.8 | 4 |
| M02 | 中共山西省委党校学报 | 448 | 0.245 | 0.205 | 0.99 | 276 | 0.18 | 2.40 | 4.1 | 4 |
| M02 | 中共山西省直机关党校学报 | 180 | 0.156 | 0.094 | 0.99 | 132 | 0.09 | 1.15 | 3.7 | 3 |
| M02 | 中共石家庄市委党校学报 | 193 | 0.280 | 0.130 | 0.99 | 152 | 0.11 | 1.32 | 3.3 | 4 |
| M02 | 中共四川省委党校学报 | 136 | 0.158 | 0.070 | 1.00 | 109 | 0.04 | 0.95 | 5.3 | 3 |
| M02 | 中共太原市委党校学报 | 147 | 0.150 | 0.080 | 0.97 | 111 | 0.08 | 0.97 | 4.0 | 2 |
| M02 | 中共天津市委党校学报 | 401 | 0.710 | 0.195 | 1.00 | 261 | 0.37 | 2.27 | 3.6 | 6 |

| 学科代码 | 期刊名称 | 扩展总被引频次 | 扩展影响因子 | 扩展即年指标 | 扩展他引率 | 扩展引用刊数 | 扩展学科影响指标 | 扩展学科扩散指标 | 扩展被引半衰期 | 扩展H指标 |
|---|---|---|---|---|---|---|---|---|---|---|
| M02 | 中共乌鲁木齐市委党校学报 | 58 | 0.224 | 0.039 | 0.98 | 50 | 0.03 | 0.43 | 4.3 | 2 |
| M02 | 中共伊犁州委党校学报 | 142 | 0.146 | 0.078 | 0.99 | 105 | 0.09 | 0.91 | 4.9 | 3 |
| M02 | 中共银川市委党校学报 | 241 | 0.224 | 0.127 | 0.99 | 172 | 0.07 | 1.50 | 3.7 | 4 |
| M02 | 中共云南省委党校学报 | 430 | 0.292 | 0.115 | 0.85 | 238 | 0.17 | 2.07 | 3.7 | 5 |
| M02 | 中共浙江省委党校学报 | 665 | 1.080 | 0.314 | 0.99 | 410 | 0.40 | 3.57 | 4.7 | 5 |
| M02 | 中共郑州市委党校学报 | 354 | 0.256 | 0.064 | 1.00 | 223 | 0.13 | 1.94 | 5.6 | 4 |
| M02 | 中共中央党校学报 | 997 | 1.366 | 0.256 | 1.00 | 583 | 0.48 | 5.07 | 5.0 | 8 |
| M02 | 中共珠海市委党校珠海市行政学院学报 | 99 | 0.128 | 0.013 | 0.98 | 84 | 0.06 | 0.73 | 4.9 | 3 |
| M02 | 中国环境管理干部学院学报 | 644 | 0.610 | 0.190 | 0.79 | 344 | 0.03 | 2.99 | 4.8 | 5 |
| M02 | 中国井冈山干部学院学报 | 273 | 0.566 | 0.198 | 0.99 | 191 | 0.23 | 1.66 | 2.7 | 4 |
| M02 | 中国劳动关系学院学报 | 771 | 0.548 | 0.140 | 0.94 | 354 | 0.23 | 3.08 | 5.5 | 5 |
| M02 | 中国青年社会科学 | 1293 | 0.903 | 0.314 | 0.97 | 613 | 0.28 | 5.33 | 6.3 | 9 |
| M02 | 中国延安干部学院学报 | 284 | 0.653 | 0.113 | 0.99 | 208 | 0.23 | 1.81 | 3.9 | 5 |
| M02 | 中华女子学院学报 | 521 | 0.414 | 0.114 | 0.95 | 315 | 0.07 | 2.74 | 6.5 | 4 |
| M02 | 中央社会主义学院学报 | 492 | 0.554 | 0.125 | 0.97 | 258 | 0.36 | 2.24 | 4.0 | 5 |
| M03 | 公共行政评论 | 696 | 1.566 | 0.210 | 0.95 | 342 | 0.50 | 57.00 | 4.8 | 8 |
| M03 | 行政论坛 | 907 | 1.210 | 0.339 | 0.97 | 459 | 0.50 | 76.50 | 4.3 | 8 |
| M03 | 中国行政管理 | 6069 | 2.881 | 0.478 | 0.97 | 1402 | 0.50 | 233.67 | 4.8 | 18 |
| M04 | Contemporary International Relations | 14 | 0.068 | 0.020 | 0.71 | 7 | 0.08 | 0.18 | 3.0 | 1 |
| M04 | 阿拉伯世界研究 | 299 | 0.943 | 0.250 | 0.88 | 141 | 0.41 | 3.62 | 4.5 | 4 |
| M04 | 当代世界社会主义问题 | 227 | 0.449 | — | 0.98 | 160 | 0.33 | 4.10 | 8.6 | 4 |
| M04 | 当代世界与社会主义 | 1207 | 0.940 | 0.169 | 0.97 | 590 | 0.69 | 15.13 | 5.4 | 7 |
| M04 | 当代亚太 | 879 | 2.541 | 0.212 | 0.91 | 310 | 0.74 | 7.95 | 5.4 | 9 |
| M04 | 东北亚论坛 | 960 | 2.470 | 0.732 | 0.94 | 428 | 0.82 | 10.97 | 3.7 | 8 |
| M04 | 东南亚研究 | 637 | 0.760 | 0.153 | 0.89 | 260 | 0.54 | 6.67 | 6.6 | 5 |
| M04 | 东南亚纵横 | 782 | 0.560 | 0.086 | 0.95 | 359 | 0.38 | 9.21 | 5.3 | 4 |
| M04 | 俄罗斯东欧中亚研究 | 477 | 0.667 | 0.167 | 0.97 | 232 | 0.51 | 5.95 | 7.9 | 4 |
| M04 | 俄罗斯研究 | 291 | 0.968 | 0.267 | 0.86 | 134 | 0.51 | 3.44 | 5.1 | 5 |
| M04 | 法国研究 | 157 | 0.196 | — | 0.98 | 107 | 0.08 | 2.74 | 6.8 | 4 |
| M04 | 国际观察 | 559 | 1.282 | 0.441 | 0.99 | 281 | 0.64 | 7.21 | 4.0 | 6 |
| M04 | 国际论坛 | 491 | 0.788 | 0.253 | 0.96 | 256 | 0.82 | 6.56 | 5.5 | 5 |
| M04 | 国际问题研究 | 891 | 3.673 | 0.784 | 0.99 | 379 | 0.79 | 9.72 | 3.0 | 11 |
| M04 | 国际研究参考 | 265 | 0.278 | 0.068 | 0.96 | 165 | 0.67 | 4.23 | 5.1 | 4 |

## 2016年中国科技期刊被引指标按类刊名字顺索引（续）

| 学科代码 | 期刊名称 | 扩展总被引频次 | 扩展影响因子 | 扩展即年指标 | 扩展他引率 | 扩展引用刊数 | 扩展学科影响指标 | 扩展学科扩散指标 | 扩展被引半衰期 | 扩展H指标 |
|---|---|---|---|---|---|---|---|---|---|---|
| M04 | 国际展望 | 295 | — | 0.354 | 0.97 | 171 | 0.62 | 4.38 | 2.8 | 5 |
| M04 | 国际政治研究 | 475 | 0.928 | 0.102 | 0.96 | 215 | 0.72 | 5.51 | 7.3 | 5 |
| M04 | 国外理论动态 | 811 | 0.882 | 0.064 | 0.98 | 433 | 0.51 | 11.10 | 5.7 | 8 |
| M04 | 国外社会科学 | 1215 | 0.552 | 0.038 | 0.99 | 740 | 0.46 | 18.97 | ≥10 | 8 |
| M04 | 和平与发展 | 182 | 0.717 | 0.122 | 0.98 | 112 | 0.69 | 2.87 | 3.5 | 3 |
| M04 | 拉丁美洲研究 | 356 | 0.282 | 0.068 | 0.82 | 139 | 0.31 | 3.56 | 8.8 | 4 |
| M04 | 美国研究 | 468 | 1.045 | 0.164 | 0.94 | 256 | 0.72 | 6.56 | ≥10 | 6 |
| M04 | 南亚研究 | 365 | 1.573 | 0.033 | 0.96 | 169 | 0.59 | 4.33 | 4.5 | 6 |
| M04 | 南亚研究季刊 | 350 | 0.760 | 0.073 | 0.85 | 151 | 0.38 | 3.87 | 5.0 | 4 |
| M04 | 南洋问题研究 | 361 | 0.690 | 0.057 | 0.97 | 172 | 0.51 | 4.41 | 8.5 | 4 |
| M04 | 欧洲研究 | 521 | 0.856 | 0.055 | 0.92 | 263 | 0.77 | 6.74 | 7.0 | 5 |
| M04 | 日本问题研究 | 189 | 0.330 | 0.018 | 0.94 | 144 | 0.15 | 3.69 | 7.3 | 3 |
| M04 | 日本学刊 | 569 | 1.019 | 0.255 | 0.93 | 279 | 0.49 | 7.15 | 6.9 | 5 |
| M04 | 日本研究 | 239 | 0.357 | 0.064 | 0.98 | 171 | 0.23 | 4.38 | 8.6 | 3 |
| M04 | 世界经济与政治 | 2104 | 3.743 | 0.671 | 0.90 | 578 | 0.85 | 14.82 | 4.8 | 12 |
| M04 | 太平洋学报 | 799 | 1.020 | 0.367 | 0.95 | 403 | 0.72 | 10.33 | 4.4 | 6 |
| M04 | 外国问题研究 | 160 | 0.113 | 0.018 | 0.99 | 115 | 0.23 | 2.95 | 8.6 | 3 |
| M04 | 外交评论 | 910 | 2.458 | 1.351 | 0.95 | 356 | 0.79 | 9.13 | 4.8 | 8 |
| M04 | 西伯利亚研究 | 205 | 0.275 | 0.029 | 0.96 | 131 | 0.18 | 3.36 | 4.8 | 3 |
| M04 | 西亚非洲 | 529 | 1.109 | 0.480 | 0.87 | 196 | 0.67 | 5.03 | 6.2 | 5 |
| M04 | 现代国际关系 | 1108 | 1.797 | 0.368 | 0.97 | 394 | 0.79 | 10.10 | 4.6 | 6 |
| M05 | Frontiers of Law in China | 15 | 0.092 | 0.028 | 0.73 | 12 | 0.06 | 0.14 | 4.5 | 1 |
| M05 | 安徽警官职业学院学报 | 169 | 0.118 | 0.028 | 0.99 | 120 | 0.21 | 1.40 | 4.5 | 3 |
| M05 | 北方法学 | 631 | 0.929 | 0.210 | 0.98 | 284 | 0.67 | 3.30 | 4.8 | 6 |
| M05 | 北京警察学院学报 | 451 | 0.486 | 0.164 | 0.88 | 187 | 0.42 | 2.17 | 4.8 | 4 |
| M05 | 北京政法职业学院学报 | 231 | 0.394 | 0.067 | 0.97 | 159 | 0.23 | 1.85 | 5.2 | 3 |
| M05 | 比较法研究 | 1479 | 1.952 | 0.293 | 0.99 | 480 | 0.80 | 5.58 | 7.8 | 10 |
| M05 | 当代法学 | 2076 | 2.428 | 0.865 | 0.96 | 614 | 0.91 | 7.14 | 5.4 | 9 |
| M05 | 电子知识产权 | 830 | 1.062 | 0.236 | 0.94 | 287 | 0.47 | 3.34 | 4.9 | 6 |
| M05 | 东方法学 | 634 | 1.217 | 0.272 | 0.99 | 299 | 0.67 | 3.48 | 4.1 | 8 |
| M05 | 法律科学-西北政法大学学报 | 2904 | 2.564 | 0.491 | 0.99 | 708 | 0.91 | 8.23 | 6.3 | 12 |
| M05 | 法律适用 | 2357 | 1.652 | 0.397 | 0.96 | 575 | 0.86 | 6.69 | 4.5 | 11 |
| M05 | 法商研究 | 3352 | 3.226 | 0.513 | 0.97 | 800 | 0.94 | 9.30 | 6.0 | 14 |

| 学科代码 | 期刊名称 | 扩展总被引频次 | 扩展影响因子 | 扩展即年指标 | 扩展他引率 | 扩展引用刊数 | 扩展学科影响指标 | 扩展学科扩散指标 | 扩展被引半衰期 | 扩展H指标 |
|---|---|---|---|---|---|---|---|---|---|---|
| M05 | 法学 | 5078 | 2.995 | 0.667 | 0.97 | 936 | 0.94 | 10.88 | 5.6 | 15 |
| M05 | 法学家 | 2556 | 3.255 | 0.400 | 0.98 | 636 | 0.88 | 7.40 | 5.7 | 13 |
| M05 | 法学论坛 | 2122 | 2.224 | 0.279 | 0.99 | 695 | 0.90 | 8.08 | 5.5 | 9 |
| M05 | 法学评论 | 2597 | 2.370 | 0.779 | 0.98 | 744 | 0.90 | 8.65 | 6.2 | 11 |
| M05 | 法学研究 | 5988 | 8.000 | 0.657 | 0.98 | 900 | 0.93 | 10.47 | 8.0 | 22 |
| M05 | 法学杂志 | 2974 | 1.633 | 0.426 | 0.98 | 824 | 0.92 | 9.58 | 5.6 | 10 |
| M05 | 法制博览 | 2515 | 0.136 | 0.082 | 0.83 | 573 | 0.50 | 6.66 | 1.7 | 8 |
| M05 | 法制与经济 | 437 | 0.246 | 0.057 | 0.98 | 211 | 0.23 | 2.45 | 2.3 | 4 |
| M05 | 法制与社会 | 6092 | 0.175 | 0.064 | 0.91 | 1258 | 0.76 | 14.63 | 4.2 | 9 |
| M05 | 法制与社会发展 | 1853 | 2.638 | 0.781 | 0.97 | 572 | 0.83 | 6.65 | 5.8 | 11 |
| M05 | 法治研究 | 900 | 1.275 | 0.309 | 0.96 | 389 | 0.71 | 4.52 | 3.6 | 6 |
| M05 | 犯罪研究 | 368 | 0.475 | 0.133 | 0.98 | 168 | 0.58 | 1.95 | 6.1 | 4 |
| M05 | 犯罪与改造研究 | 141 | 0.210 | 0.022 | 0.65 | 43 | 0.17 | 0.50 | 4.6 | 3 |
| M05 | 福建警察学院学报 | 336 | 0.308 | 0.122 | 0.98 | 189 | 0.57 | 2.20 | 6.6 | |
| M05 | 甘肃政法学院学报 | 660 | 0.500 | 0.224 | 0.99 | 339 | 0.76 | 3.94 | 7.1 | 5 |
| M05 | 公安学刊-浙江警察学院学报 | 362 | 0.280 | 0.181 | 0.96 | 157 | 0.41 | 1.83 | 6.0 | 4 |
| M05 | 公安研究 | 552 | 0.458 | 0.065 | 0.93 | 180 | 0.41 | 2.09 | 6.1 | 4 |
| M05 | 广西警察学院学报 | 295 | — | 0.069 | 0.95 | 159 | 0.38 | 1.85 | 3.5 | 3 |
| M05 | 贵州警官职业学院学报 | 302 | 0.260 | 0.168 | 0.98 | 170 | 0.47 | 1.98 | 5.5 | 3 |
| M05 | 国家检察官学院学报 | 1401 | 1.989 | 0.897 | 0.98 | 383 | 0.83 | 4.45 | 4.6 | 10 |
| M05 | 海峡法学 | 136 | 0.504 | 0.057 | 1.00 | 95 | 0.29 | 1.10 | 3.4 | 4 |
| M05 | 行政法学研究 | 1199 | 1.818 | 0.784 | 0.95 | 446 | 0.70 | 5.19 | 5.7 | 8 |
| M05 | 行政与法 | 918 | 0.336 | 0.172 | 0.99 | 519 | 0.57 | 6.03 | 6.4 | 4 |
| M05 | 河北法学 | 3077 | 1.149 | 0.365 | 0.90 | 835 | 0.94 | 9.71 | 6.1 | 9 |
| M05 | 河北公安警察职业学院学报 | 158 | 0.282 | 0.167 | 0.97 | 96 | 0.28 | 1.12 | 4.2 | 3 |
| M05 | 河南财经政法大学学报 | 876 | 0.796 | 0.180 | 0.99 | 404 | 0.79 | 4.70 | 5.8 | 6 |
| M05 | 河南警察学院学报 | 305 | 0.331 | 0.012 | 0.98 | 156 | 0.45 | 1.81 | 5.4 | 4 |
| M05 | 河南司法警官职业学院学报 | 232 | 0.223 | 0.052 | 0.97 | 126 | 0.36 | 1.47 | 5.6 | 3 |
| M05 | 湖北警官学院学报 | 859 | 0.285 | 0.118 | 0.98 | 341 | 0.52 | 3.97 | 3.4 | 4 |
| M05 | 湖南警察学院学报 | 371 | 0.500 | 0.076 | 0.93 | 180 | 0.40 | 2.09 | 5.1 | 4 |
| M05 | 华东政法大学学报 | 1189 | 1.734 | 0.553 | 0.99 | 432 | 0.79 | 5.02 | 4.9 | 9 |
| M05 | 环球法律评论 | 1386 | 1.688 | 0.478 | 0.99 | 478 | 0.79 | 5.56 | 7.9 | 9 |
| M05 | 江苏警官学院学报 | 549 | 0.289 | 0.079 | 0.98 | 244 | 0.57 | 2.84 | 7.2 | 4 |

| 学科代码 | 期刊名称 | 扩展总被引频次 | 扩展影响因子 | 扩展即年指标 | 扩展他引率 | 扩展引用刊数 | 扩展学科影响指标 | 扩展学科扩散指标 | 扩展被引半衰期 | 扩展H指标 |
|---|---|---|---|---|---|---|---|---|---|---|
| M05 | 江西警察学院学报 | 467 | 0.411 | 0.180 | 0.98 | 192 | 0.47 | 2.23 | 5.3 | 4 |
| M05 | 科技与法律 | 550 | 1.228 | 0.232 | 0.97 | 291 | 0.45 | 3.38 | 5.6 | 5 |
| M05 | 辽宁警察学院学报 | 330 | 0.299 | 0.079 | 0.96 | 165 | 0.31 | 1.92 | 4.8 | 4 |
| M05 | 清华法学 | 1528 | 3.748 | 0.847 | 0.99 | 428 | 0.86 | 4.98 | 4.2 | 12 |
| M05 | 山东警察学院学报 | 658 | 0.645 | 0.216 | 0.93 | 255 | 0.58 | 2.97 | 4.9 | 5 |
| M05 | 山东审判 | 247 | 0.323 | 0.043 | 0.98 | 140 | 0.38 | 1.63 | 5.3 | 4 |
| M05 | 山西警官高等专科学校学报 | 196 | 0.310 | 0.148 | 0.97 | 111 | 0.33 | 1.29 | 4.7 | 3 |
| M05 | 上海公安高等专科学校学报(公安理论与实践) | 286 | 0.333 | 0.081 | 0.96 | 137 | 0.41 | 1.59 | 5.7 | 4 |
| M05 | 上海政法学院学报 | 553 | 0.473 | 0.107 | 0.99 | 289 | 0.69 | 3.36 | 6.0 | 5 |
| M05 | 时代法学 | 506 | 0.644 | 0.046 | 0.99 | 262 | 0.66 | 3.05 | 5.6 | 5 |
| M05 | 四川警察学院学报 | 265 | 0.264 | 0.039 | 0.95 | 140 | 0.37 | 1.63 | 5.1 | 4 |
| M05 | 苏州大学学报(法学版) | 101 | 0.843 | 0.200 | 0.88 | 68 | 0.31 | 0.79 | 2.1 | 4 |
| M05 | 天津法学 | 162 | 0.301 | 0.071 | 0.98 | 116 | 0.20 | 1.35 | 4.6 | 3 |
| M05 | 铁道警察学院学报 | 298 | 0.336 | 0.092 | 0.89 | 138 | 0.34 | 1.60 | 4.0 | 3 |
| M05 | 武警学院学报 | 955 | 0.407 | 0.111 | 0.95 | 313 | 0.24 | 3.64 | 5.1 | 5 |
| M05 | 西部法学评论 | 401 | 0.488 | 0.101 | 1.00 | 250 | 0.48 | 2.91 | 5.6 | 4 |
| M05 | 西南政法大学学报 | 628 | 0.660 | 0.097 | 1.00 | 343 | 0.65 | 3.99 | 6.2 | 6 |
| M05 | 现代法学 | 3088 | 2.333 | 0.773 | 0.99 | 766 | 0.87 | 8.91 | 7.5 | 12 |
| M05 | 新疆警察学院学报 | 160 | 0.349 | 0.015 | 0.99 | 98 | 0.30 | 1.14 | 4.5 | 2 |
| M05 | 云南大学学报(法学版) | 647 | 0.406 | 0.204 | 1.00 | 337 | 0.72 | 3.92 | 6.6 | 5 |
| M05 | 云南警官学院学报 | 455 | 0.311 | 0.172 | 0.96 | 185 | 0.35 | 2.15 | 5.3 | 4 |
| M05 | 征信 | 1056 | 1.097 | 0.202 | 0.82 | 317 | 0.10 | 3.69 | 2.6 | 8 |
| M05 | 政法论丛 | 850 | 1.505 | 0.264 | 0.97 | 387 | 0.70 | 4.50 | 4.0 | 8 |
| M05 | 政法论坛 | 3344 | 3.289 | 0.691 | 0.99 | 843 | 0.92 | 9.80 | 6.7 | 13 |
| M05 | 政治与法律 | 2669 | 1.791 | 0.794 | 0.97 | 729 | 0.90 | 8.48 | 5.1 | 10 |
| M05 | 知识产权 | 1874 | 1.647 | 0.454 | 0.89 | 468 | 0.57 | 5.44 | 4.1 | 9 |
| M05 | 职工法律天地 | 106 | - | 0.005 | 0.75 | 48 | 0.06 | 0.56 | 1.7 | 2 |
| M05 | 中国版权 | 309 | 0.973 | 0.242 | 0.92 | 123 | 0.27 | 1.43 | 2.8 | 4 |
| M05 | 中国法学 | 7105 | 8.614 | 1.772 | 0.98 | 1065 | 0.92 | 12.38 | 6.6 | 24 |
| M05 | 中外法学 | 2826 | 4.970 | 0.267 | 0.99 | 601 | 0.92 | 6.99 | 5.1 | 16 |
| M07 | 广东公安科技 | 251 | 0.353 | 0.036 | 0.97 | 125 | 0.33 | 8.33 | 5.9 | 4 |
| M07 | 警察技术 | 373 | 0.459 | 0.109 | 0.88 | 172 | 0.27 | 11.47 | 4.6 | 4 |

| 学科代码 | 期刊名称 | 扩展总被引频次 | 扩展影响因子 | 扩展即年指标 | 扩展他引率 | 扩展引用刊数 | 扩展学科影响指标 | 扩展学科扩散指标 | 扩展被引半衰期 | 扩展H指标 |
|---|---|---|---|---|---|---|---|---|---|---|
| M07 | 青少年犯罪问题 | 734 | 1.228 | 0.392 | 0.78 | 232 | 0.27 | 15.47 | 4.8 | 7 |
| M07 | 人民检察 | 1946 | 0.929 | 0.140 | 0.96 | 395 | 0.67 | 26.33 | 5.1 | 9 |
| M07 | 人民论坛 | 4551 | 0.865 | 0.132 | 0.98 | 1365 | 0.40 | 91.00 | 3.2 | 9 |
| M07 | 刑事技术 | 824 | 0.513 | 0.096 | 0.83 | 201 | 0.33 | 13.40 | 6.2 | 4 |
| M07 | 证据科学 | 626 | 1.000 | 0.123 | 0.96 | 257 | 0.53 | 17.13 | 5.1 | 6 |
| M07 | 中国海商法研究 | 246 | 0.344 | 0.050 | 0.85 | 91 | 0.07 | 6.07 | 6.1 | 4 |
| M07 | 中国检察官 | 725 | 0.399 | 0.040 | 0.96 | 227 | 0.47 | 15.13 | 4.0 | 5 |
| M07 | 中国司法鉴定 | 688 | 0.503 | 0.168 | 0.88 | 235 | 0.47 | 15.67 | 4.9 | 5 |
| M07 | 中国刑事法杂志 | 1810 | 1.600 | 0.442 | 0.98 | 433 | 0.67 | 28.87 | 5.7 | 8 |
| M08 | 军事历史研究 | 270 | 0.274 | 0.061 | 0.96 | 149 | 0.33 | 16.56 | 9.6 | 2 |
| M08 | 军事运筹与系统工程 | 347 | 0.542 | 0.077 | 0.88 | 107 | 0.11 | 11.89 | 5.6 | 5 |
| M08 | 抗日战争研究 | 410 | 0.614 | 0.090 | 0.89 | 180 | 0.22 | 20.00 | ≥10 | 5 |
| M08 | 中国军事科学 | 89 | 0.088 | 0.008 | 0.90 | 41 | 0.22 | 4.56 | 4.7 | 2 |
| N01 | China International Studies | 2 | — | 0.020 | 1.00 | 2 | — | 0.03 | 1.0 | 1 |
| N01 | 八桂侨刊 | 106 | 0.114 | — | 0.94 | 62 | 0.01 | 0.85 | ≥10 | 2 |
| N01 | 残疾人研究 | 282 | 0.622 | 0.107 | 0.90 | 146 | 0.05 | 2.00 | 4.2 | 5 |
| N01 | 柴达木开发研究 | 87 | 0.175 | 0.011 | 0.98 | 75 | 0.03 | 1.03 | 4.4 | 2 |
| N01 | 成才之路 | 2176 | 0.160 | 0.050 | 0.94 | 340 | 0.08 | 4.66 | 4.1 | 7 |
| N01 | 创意设计源 | 60 | 0.326 | 0.079 | 0.95 | 41 | 0.01 | 0.56 | 2.7 | 3 |
| N01 | 创意与设计 | 193 | 0.348 | 0.121 | 0.95 | 100 | 0.04 | 1.37 | 4.3 | 3 |
| N01 | 当代青年研究 | 1001 | 0.682 | 0.097 | 0.98 | 494 | 0.22 | 6.77 | 6.3 | 7 |
| N01 | 妇女研究论丛 | 868 | 0.843 | 0.330 | 0.93 | 387 | 0.22 | 5.30 | 6.0 | 6 |
| N01 | 科学发展 | 498 | 0.550 | 0.243 | 0.98 | 309 | 0.05 | 4.23 | 3.0 | 7 |
| N01 | 南方论刊 | 988 | 0.326 | 0.077 | 0.99 | 458 | 0.11 | 6.27 | 4.9 | 6 |
| N01 | 攀登(汉文版) | 398 | 0.208 | 0.103 | 0.98 | 249 | 0.10 | 3.41 | 7.4 | 4 |
| N01 | 青年探索 | 675 | 0.683 | 0.402 | 0.93 | 343 | 0.16 | 4.70 | 6.2 | 5 |
| N01 | 青年研究 | 1239 | 1.271 | 0.066 | 0.97 | 570 | 0.26 | 7.81 | 8.8 | 8 |
| N01 | 青少年学刊 | 361 | 0.361 | 0.092 | 0.96 | 229 | 0.10 | 3.14 | 6.8 | 4 |
| N01 | 人民论坛·学术前沿 | 694 | — | 0.288 | 1.00 | 460 | 0.08 | 6.30 | 2.2 | 7 |
| N01 | 社会 | 2340 | 3.967 | 0.873 | 0.95 | 743 | 0.22 | 10.18 | 5.9 | 13 |
| N01 | 社会工作 | 891 | 0.919 | 0.247 | 0.93 | 360 | 0.15 | 4.93 | 5.4 | 5 |
| N01 | 社会学评论 | 241 | 1.432 | 0.133 | 0.94 | 166 | 0.11 | 2.27 | 2.5 | 5 |
| N01 | 社会学研究 | 6668 | 4.232 | 0.452 | 0.90 | 1195 | 0.36 | 16.37 | 9.6 | 25 |

| 学科代码 | 期刊名称 | 扩展总被引频次 | 扩展影响因子 | 扩展即年指标 | 扩展他引率 | 扩展引用刊数 | 扩展学科影响指标 | 扩展学科扩散指标 | 扩展被引半衰期 | 扩展H指标 |
|---|---|---|---|---|---|---|---|---|---|---|
| N01 | 世纪桥 | 816 | 0.153 | 0.057 | 0.99 | 394 | 0.11 | 5.40 | 5.4 | 4 |
| N01 | 视听 | 752 | — | 0.076 | 0.97 | 205 | 0.10 | 2.81 | 1.6 | 6 |
| N01 | 台湾研究 | 293 | 0.849 | 0.159 | 0.86 | 134 | 0.10 | 1.84 | 4.2 | 4 |
| N01 | 台湾研究集刊 | 362 | 0.477 | 0.045 | 0.92 | 178 | 0.12 | 2.44 | 6.3 | 4 |
| N01 | 无线互联科技 | 2790 | 0.371 | 0.152 | 0.98 | 579 | 0.11 | 7.93 | 2.7 | 10 |
| N01 | 武陵学刊 | 474 | 0.310 | 0.054 | 0.96 | 333 | 0.11 | 4.56 | 7.5 | 4 |
| N01 | 新东方 | 214 | 0.220 | 0.076 | 0.96 | 155 | 0.05 | 2.12 | 6.2 | 3 |
| N01 | 医学与社会 | 3679 | 1.538 | 0.285 | 0.87 | 761 | 0.14 | 10.42 | 4.2 | 11 |
| N01 | 知与行 | 34 | — | 0.040 | 0.94 | 29 | 0.01 | 0.40 | 1.1 | 2 |
| N01 | 中国医学伦理学 | 2540 | 1.092 | 0.289 | 0.89 | 525 | 0.11 | 7.19 | 4.9 | 9 |
| N02 | 南方人口 | 650 | 1.244 | 0.163 | 0.84 | 323 | 0.44 | 12.92 | 5.7 | 7 |
| N02 | 人口学刊 | 1869 | 2.585 | 0.470 | 0.97 | 751 | 0.56 | 30.04 | 5.6 | 13 |
| N02 | 人口研究 | 3597 | 5.093 | 1.020 | 0.97 | 906 | 0.48 | 36.24 | 7.2 | 20 |
| N02 | 人口与发展 | 1333 | 1.577 | 0.141 | 0.97 | 582 | 0.44 | 23.28 | 6.0 | 10 |
| N02 | 人口与经济 | 2051 | 2.519 | 0.514 | 0.97 | 780 | 0.56 | 31.20 | 5.8 | 11 |
| N02 | 人口与社会 | 456 | 0.933 | 0.200 | 0.98 | 285 | 0.36 | 11.40 | 5.4 | 5 |
| N02 | 人力资源 | 319 | — | — | 1.00 | 172 | 0.16 | 6.88 | 4.5 | 3 |
| N02 | 人力资源管理 | 3281 | 0.374 | 0.156 | 0.95 | 727 | 0.32 | 29.08 | 2.6 | 8 |
| N02 | 山东青年 | 150 | 0.054 | 0.006 | 0.99 | 120 | 0.12 | 4.80 | 2.0 | 2 |
| N02 | 社会保障研究 | 756 | 1.176 | 0.071 | 0.96 | 386 | 0.48 | 15.44 | 4.6 | 6 |
| N02 | 西北人口 | 1182 | 0.982 | 0.291 | 0.97 | 596 | 0.52 | 23.84 | 5.1 | 6 |
| N02 | 职业技术 | 1529 | 0.366 | 0.115 | 0.99 | 484 | 0.12 | 19.36 | 4.6 | 6 |
| N02 | 中国劳动 | 684 | 1.048 | 0.324 | 0.98 | 310 | 0.44 | 12.40 | 4.5 | 5 |
| N02 | 中国人口科学 | 3071 | 3.493 | 0.200 | 0.98 | 830 | 0.52 | 33.20 | 7.1 | 16 |
| N02 | 中国人力资源开发 | 2072 | 1.164 | 0.252 | 0.87 | 632 | 0.40 | 25.28 | 4.4 | 9 |
| N04 | China Tibetology | 6 | 0.125 | — | 0.17 | 2 | 0.02 | 0.05 | 3.0 | 1 |
| N04 | 地方文化研究 | 60 | 0.182 | 0.081 | 0.75 | 40 | 0.10 | 0.98 | 3.0 | 3 |
| N04 | 东南文化 | 926 | 0.410 | 0.099 | 0.91 | 349 | 0.29 | 8.51 | ≥10 | 6 |
| N04 | 俄罗斯学刊 | 147 | 0.577 | 0.145 | 0.94 | 86 | 0.05 | 2.10 | 2.8 | 3 |
| N04 | 广西民族研究 | 999 | 0.786 | 0.068 | 0.95 | 446 | 0.37 | 10.88 | 7.6 | 7 |
| N04 | 贵州民族研究 | 2212 | 0.586 | 0.168 | 0.78 | 701 | 0.37 | 17.10 | 4.4 | 7 |
| N04 | 黑龙江民族丛刊 | 923 | 0.459 | 0.109 | 0.95 | 433 | 0.32 | 10.56 | 6.2 | 5 |
| N04 | 回族研究 | 467 | 0.241 | 0.093 | 0.83 | 165 | 0.24 | 4.02 | ≥10 | 5 |

| 学科代码 | 期刊名称 | 扩展总被引频次 | 扩展影响因子 | 扩展即年指标 | 扩展他引率 | 扩展引用刊数 | 扩展学科影响指标 | 扩展学科扩散指标 | 扩展被引半衰期 | 扩展H指标 |
|---|---|---|---|---|---|---|---|---|---|---|
| N04 | 科学文化评论 | 131 | 0.159 | 0.069 | 0.93 | 93 | 0.02 | 2.27 | 5.9 | 3 |
| N04 | 老龄科学研究 | 345 | 1.280 | 0.079 | 0.92 | 217 | 0.05 | 5.29 | 2.3 | 7 |
| N04 | 满族研究 | 292 | 0.153 | 0.013 | 0.95 | 150 | 0.20 | 3.66 | ≥10 | 3 |
| N04 | 民族学刊 | 202 | 0.242 | 0.081 | 0.93 | 121 | 0.22 | 2.95 | 4.0 | 4 |
| N04 | 民族研究 | 1602 | 2.040 | 0.059 | 0.96 | 532 | 0.49 | 12.98 | 9.8 | 11 |
| N04 | 鄱阳湖学刊 | 153 | 0.354 | 0.089 | 0.92 | 115 | 0.02 | 2.80 | 3.5 | 4 |
| N04 | 企业文化(中旬刊) | 619 | 0.088 | 0.018 | 0.96 | 175 | 0.05 | 4.27 | 2.2 | 4 |
| N04 | 青海民族研究 | 612 | 0.384 | 0.046 | 0.94 | 305 | 0.37 | 7.44 | 6.5 | 4 |
| N04 | 世界民族 | 632 | 0.412 | 0.091 | 0.93 | 291 | 0.24 | 7.10 | 9.9 | 6 |
| N04 | 文化遗产 | 425 | 0.533 | 0.071 | 0.95 | 248 | 0.27 | 6.05 | 4.5 | 6 |
| N04 | 西北民族研究 | 820 | 0.431 | 0.082 | 0.98 | 388 | 0.49 | 9.46 | 9.2 | 7 |
| N04 | 艺苑 | 272 | 0.201 | 0.056 | 0.98 | 134 | 0.12 | 3.27 | 6.0 | 3 |
| N04 | 中国文化 | 257 | 0.188 | — | 0.99 | 173 | 0.22 | 4.22 | ≥10 | 5 |
| N04 | 中国文化研究 | 465 | 0.543 | 0.043 | 0.97 | 329 | 0.24 | 8.02 | 9.2 | 5 |
| N04 | 中国藏学 | 922 | 0.453 | 0.070 | 0.94 | 251 | 0.32 | 6.12 | ≥10 | 5 |
| N04 | 中华文化论坛 | 731 | 0.236 | 0.048 | 0.97 | 451 | 0.29 | 11.00 | 5.9 | 5 |
| N04 | 中原文化研究 | 136 | 0.371 | 0.135 | 0.95 | 97 | 0.12 | 2.37 | 2.4 | 3 |
| N05 | 编辑学报 | 2810 | 1.836 | 0.480 | 0.76 | 462 | 0.47 | 9.43 | 5.1 | 10 |
| N05 | 编辑学刊 | 440 | 0.734 | 0.181 | 0.96 | 208 | 0.67 | 4.24 | 4.3 | 5 |
| N05 | 编辑之友 | 1730 | 1.054 | 0.244 | 0.96 | 480 | 0.86 | 9.80 | 3.4 | 10 |
| N05 | 采写编 | 228 | 0.400 | 0.070 | 1.00 | 98 | 0.47 | 2.00 | 2.8 | 3 |
| N05 | 出版发行研究 | 1513 | 0.849 | 0.284 | 0.91 | 431 | 0.63 | 8.80 | 3.4 | 8 |
| N05 | 出版广角 | 1120 | 0.623 | 0.149 | 0.80 | 328 | 0.65 | 6.69 | 2.3 | 4 |
| N05 | 出版科学 | 548 | 0.569 | 0.157 | 0.94 | 220 | 0.49 | 4.49 | 4.4 | 4 |
| N05 | 出版与印刷 | 79 | — | 0.061 | 0.96 | 61 | 0.16 | 1.24 | 5.4 | 2 |
| N05 | 传媒观察 | 583 | 0.609 | 0.204 | 0.97 | 258 | 0.69 | 5.27 | 3.9 | 5 |
| N05 | 当代传播 | 1581 | 1.012 | 0.267 | 0.97 | 499 | 0.76 | 10.18 | 5.2 | 9 |
| N05 | 电视研究 | 695 | 0.726 | 0.067 | 0.97 | 208 | 0.65 | 4.24 | 4.0 | 4 |
| N05 | 东南传播 | 1652 | 0.474 | 0.119 | 0.97 | 507 | 0.78 | 10.35 | 4.1 | 8 |
| N05 | 国际新闻界 | 2492 | 1.907 | 0.282 | 0.95 | 580 | 0.80 | 11.84 | 6.1 | 11 |
| N05 | 今传媒(学术版) | 1656 | 0.407 | 0.093 | 0.98 | 483 | 0.84 | 9.86 | 3.3 | 9 |
| N05 | 科技与出版 | 1597 | 0.941 | 0.314 | 0.83 | 381 | 0.59 | 7.78 | 2.8 | 8 |
| N05 | 科普童话·新课堂(上) | 183 | — | 0.038 | 1.00 | 72 | — | 1.47 | 1.6 | 3 |

| 学科代码 | 期刊名称 | 扩展总被引频次 | 扩展影响因子 | 扩展即年指标 | 扩展他引率 | 扩展引用刊数 | 扩展学科影响指标 | 扩展学科扩散指标 | 扩展被引半衰期 | 扩展H指标 |
|---|---|---|---|---|---|---|---|---|---|---|
| N05 | 科普童话·新课堂(下) | 132 | — | 0.020 | 1.00 | 60 | — | 1.22 | 1.7 | 2 |
| N05 | 科普研究 | 453 | 0.634 | 0.120 | 0.85 | 186 | 0.24 | 3.80 | 5.7 | 4 |
| N05 | 声屏世界 | 587 | 0.714 | 0.072 | 0.98 | 203 | 0.49 | 4.14 | 3.6 | 4 |
| N05 | 西部广播电视 | 3352 | 0.432 | 0.105 | 0.79 | 308 | 0.53 | 6.29 | 1.8 | 8 |
| N05 | 现代出版 | 268 | 0.569 | 0.164 | 0.93 | 110 | 0.39 | 2.24 | 2.8 | 4 |
| N05 | 现代传播 | 4149 | 1.415 | 0.293 | 0.97 | 909 | 0.86 | 18.55 | 4.3 | 15 |
| N05 | 新闻爱好者 | 1229 | 0.954 | 0.128 | 0.96 | 369 | 0.76 | 7.53 | 4.3 | 6 |
| N05 | 新闻春秋 | 49 | 0.210 | 0.115 | 0.80 | 29 | 0.18 | 0.59 | 2.7 | 2 |
| N05 | 新闻大学 | 1185 | 1.329 | 0.213 | 0.97 | 387 | 0.78 | 7.90 | 4.8 | 8 |
| N05 | 新闻记者 | 1839 | 2.380 | 1.175 | 0.97 | 419 | 0.84 | 8.55 | 3.4 | 12 |
| N05 | 新闻界 | 1728 | 0.644 | 0.078 | 0.98 | 541 | 0.84 | 11.04 | 5.1 | 8 |
| N05 | 新闻前哨 | 553 | 0.458 | 0.073 | 0.97 | 214 | 0.63 | 4.37 | 4.7 | 5 |
| N05 | 新闻研究导刊 | 3376 | 0.379 | 0.132 | 0.79 | 466 | 0.76 | 9.51 | 1.5 | 7 |
| N05 | 新闻与传播研究 | 1562 | 2.292 | 0.208 | 0.95 | 476 | 0.82 | 9.71 | 5.3 | 9 |
| N05 | 新闻与写作 | 1499 | 1.812 | 0.321 | 0.98 | 437 | 0.80 | 8.92 | 2.5 | 10 |
| N05 | 新闻知识 | 1368 | 0.560 | 0.093 | 0.98 | 419 | 0.69 | 8.55 | 3.5 | 7 |
| N05 | 中国报业 | 1240 | — | 0.107 | 0.96 | 385 | 0.73 | 7.86 | 3.2 | 6 |
| N05 | 中国编辑 | 446 | 0.762 | 0.327 | 0.91 | 152 | 0.55 | 3.10 | 4.4 | 5 |
| N05 | 中国出版 | 1640 | 0.775 | 0.169 | 0.93 | 492 | 0.80 | 10.04 | 3.7 | 7 |
| N05 | 中国传媒科技 | 1575 | — | 0.148 | 0.99 | 364 | 0.63 | 7.43 | 3.7 | 8 |
| N05 | 中国广播电视学刊 | 1164 | 0.759 | 0.102 | 0.97 | 301 | 0.69 | 6.14 | 4.5 | 6 |
| N05 | 中国记者 | 1157 | 1.585 | 0.166 | 0.98 | 309 | 0.76 | 6.31 | 4.0 | 7 |
| N05 | 中国科技期刊研究 | 3742 | 2.569 | 0.786 | 0.72 | 576 | 0.49 | 11.76 | 3.5 | 13 |
| N06 | 大学图书馆学报 | 2922 | 3.365 | 0.528 | 0.97 | 476 | 0.92 | 18.31 | 4.8 | 17 |
| N06 | 大学图书情报学刊 | 780 | 0.832 | 0.168 | 0.98 | 270 | 0.92 | 10.38 | 4.3 | 6 |
| N06 | 高校图书馆工作 | 923 | 1.128 | 0.110 | 0.98 | 267 | 0.92 | 10.27 | 4.6 | 8 |
| N06 | 古籍整理研究学刊 | 355 | 0.131 | 0.007 | 0.95 | 213 | 0.23 | 8.19 | 9.8 | 3 |
| N06 | 国家图书馆学刊 | 1325 | 2.900 | 0.560 | 0.98 | 316 | 0.92 | 12.15 | 3.3 | 12 |
| N06 | 河北科技图苑 | 459 | 0.367 | 0.117 | 0.98 | 199 | 0.85 | 7.65 | 4.3 | 4 |
| N06 | 河南图书馆学刊 | 1155 | 0.395 | 0.101 | 0.93 | 335 | 0.85 | 12.88 | 3.1 | 5 |
| N06 | 农业图书情报学刊 | 2097 | 0.610 | 0.179 | 0.96 | 538 | 0.92 | 20.69 | 3.8 | 7 |
| N06 | 数据分析与知识发现 | 1808 | 1.213 | 0.213 | 0.93 | 475 | 0.92 | 18.27 | 5.2 | 10 |
| N06 | 数字图书馆论坛 | 317 | 0.294 | 0.173 | 0.94 | 136 | 0.85 | 5.23 | 4.3 | 4 |

| 学科代码 | 期刊名称 | 扩展总被引频次 | 扩展影响因子 | 扩展即年指标 | 扩展他引率 | 扩展引用刊数 | 扩展学科影响指标 | 扩展学科扩散指标 | 扩展被引半衰期 | 扩展H指标 |
|---|---|---|---|---|---|---|---|---|---|---|
| N06 | 四川图书馆学报 | 680 | 0.717 | 0.104 | 0.98 | 230 | 0.92 | 8.85 | 4.1 | 6 |
| N06 | 图书馆 | 2576 | 1.569 | 0.417 | 0.94 | 427 | 0.96 | 16.42 | 4.2 | 9 |
| N06 | 图书馆工作与研究 | 3141 | 1.604 | 0.471 | 0.97 | 550 | 0.92 | 21.15 | 3.7 | 10 |
| N06 | 图书馆建设 | 3264 | 1.707 | 0.330 | 0.97 | 452 | 0.92 | 17.38 | 4.9 | 13 |
| N06 | 图书馆界 | 542 | 0.622 | 0.077 | 0.98 | 186 | 0.81 | 7.15 | 4.2 | 4 |
| N06 | 图书馆理论与实践 | 1926 | 0.786 | 0.169 | 0.97 | 489 | 0.96 | 18.81 | 4.7 | 7 |
| N06 | 图书馆论坛 | 3490 | 1.878 | 0.788 | 0.95 | 564 | 0.92 | 21.69 | 5.0 | 13 |
| N06 | 图书馆学刊 | 2436 | 0.864 | 0.253 | 0.95 | 496 | 0.92 | 19.08 | 3.6 | 8 |
| N06 | 图书馆学研究 | 4289 | 1.697 | 0.293 | 0.94 | 629 | 0.92 | 24.19 | 3.7 | 14 |
| N06 | 图书馆研究 | 898 | 0.924 | 0.126 | 0.99 | 264 | 0.85 | 10.15 | 3.6 | 7 |
| N06 | 图书馆杂志 | 2726 | 1.886 | 0.403 | 0.98 | 512 | 0.92 | 19.69 | 4.3 | 12 |
| N06 | 新世纪图书馆 | 1331 | 0.951 | 0.219 | 0.97 | 329 | 0.96 | 12.65 | 3.5 | 9 |
| N06 | 中国图书馆学报 | 3482 | 7.116 | 1.118 | 0.98 | 580 | 0.92 | 22.31 | 5.3 | 21 |
| N06 | 中国图书评论 | 356 | 0.443 | 0.026 | 0.99 | 247 | 0.35 | 9.50 | 5.7 | 5 |
| N07 | 晋图学刊 | 352 | 0.427 | 0.131 | 0.99 | 172 | 0.63 | 9.05 | 5.1 | 4 |
| N07 | 竞争情报 | 82 | 0.714 | 0.333 | 0.98 | 49 | 0.42 | 2.58 | 2.0 | 3 |
| N07 | 情报工程 | 22 | — | 0.038 | 0.95 | 21 | 0.37 | 1.11 | 1.4 | 2 |
| N07 | 情报科学 | 3973 | 1.351 | 0.308 | 0.92 | 989 | 0.89 | 52.05 | 5.0 | 11 |
| N07 | 情报理论与实践 | 3665 | 1.637 | 0.411 | 0.92 | 761 | 0.89 | 40.05 | 4.5 | 11 |
| N07 | 情报探索 | 1491 | 0.587 | 0.228 | 0.96 | 498 | 0.89 | 26.21 | 4.2 | 6 |
| N07 | 情报学报 | 1774 | 1.365 | 0.031 | 0.89 | 408 | 0.84 | 21.47 | 6.8 | 10 |
| N07 | 情报杂志 | 5502 | 1.693 | 0.313 | 0.91 | 1199 | 0.89 | 63.11 | 4.7 | 15 |
| N07 | 情报资料工作 | 1728 | 2.197 | 0.343 | 0.97 | 387 | 0.89 | 20.37 | 3.9 | 12 |
| N07 | 图书情报导刊 | 6588 | 0.363 | 0.180 | 0.98 | 1412 | 0.89 | 74.32 | 6.6 | 10 |
| N07 | 图书情报工作 | 8384 | 2.541 | 0.294 | 0.91 | 1039 | 0.89 | 54.68 | 4.0 | 18 |
| N07 | 图书情报知识 | 1612 | 2.324 | 0.782 | 0.97 | 422 | 0.84 | 22.21 | 5.2 | 11 |
| N07 | 图书与情报 | 2593 | 2.870 | 0.411 | 0.98 | 554 | 0.84 | 29.16 | 4.3 | 17 |
| N07 | 文献 | 599 | 0.163 | 0.075 | 0.95 | 293 | 0.11 | 15.42 | ≥10 | 4 |
| N07 | 现代情报 | 4162 | 1.243 | 0.285 | 0.95 | 1013 | 0.89 | 53.32 | 5.4 | 12 |
| N07 | 医学信息学杂志 | 1530 | 0.998 | 0.152 | 0.81 | 431 | 0.79 | 22.68 | 3.7 | 9 |
| N07 | 中国典籍与文化 | 291 | 0.170 | 0.056 | 0.99 | 189 | 0.11 | 9.95 | ≥10 | 3 |
| N07 | 中国中医药图书情报杂志 | 168 | 0.660 | 0.222 | 0.85 | 118 | 0.47 | 6.21 | 2.0 | 4 |
| N07 | 中华医学图书情报杂志 | 1228 | 1.083 | 0.307 | 0.82 | 364 | 0.84 | 19.16 | 3.4 | 7 |

## 2016年中国科技期刊被引指标按类刊名字顺索引(续)

| 学科代码 | 期刊名称 | 扩展总被引频次 | 扩展影响因子 | 扩展即年指标 | 扩展他引率 | 扩展引用刊数 | 扩展学科影响指标 | 扩展学科扩散指标 | 扩展被引半衰期 | 扩展H指标 |
|---|---|---|---|---|---|---|---|---|---|---|
| N08 | 北京档案 | 734 | 0.811 | 0.235 | 0.93 | 202 | 0.70 | 8.78 | 5.0 | 5 |
| N08 | 档案 | 373 | 0.458 | 0.091 | 0.95 | 138 | 0.61 | 6.00 | 5.5 | 4 |
| N08 | 档案管理 | 933 | 0.545 | 0.227 | 0.93 | 212 | 0.61 | 9.22 | 4.4 | 6 |
| N08 | 档案学通讯 | 2101 | 1.490 | 0.274 | 0.90 | 311 | 0.74 | 13.52 | 6.1 | 10 |
| N08 | 档案学研究 | 1445 | 1.450 | 0.336 | 0.93 | 263 | 0.70 | 11.43 | 5.0 | 8 |
| N08 | 档案与建设 | 814 | 0.660 | 0.120 | 0.96 | 250 | 0.65 | 10.87 | 4.5 | 7 |
| N08 | 故宫博物院院刊 | 637 | 0.341 | 0.055 | 0.93 | 260 | 0.30 | 11.30 | ≥10 | 5 |
| N08 | 兰台世界 | 3531 | 0.155 | 0.088 | 0.91 | 730 | 0.83 | 31.74 | 3.8 | 6 |
| N08 | 历史档案 | 481 | 0.381 | — | 0.98 | 240 | 0.43 | 10.43 | ≥10 | 5 |
| N08 | 民国档案 | 465 | 0.156 | — | 0.95 | 179 | 0.22 | 7.78 | ≥10 | 4 |
| N08 | 山东档案 | 341 | 0.613 | 0.018 | 0.98 | 137 | 0.48 | 5.96 | 5.7 | 4 |
| N08 | 山西档案 | 736 | 0.630 | 0.128 | 0.90 | 230 | 0.70 | 10.00 | 3.9 | 6 |
| N08 | 文博 | 654 | 0.242 | — | 0.89 | 248 | 0.13 | 10.78 | ≥10 | 4 |
| N08 | 浙江档案 | 730 | 0.820 | 0.208 | 0.98 | 210 | 0.65 | 9.13 | 5.4 | 5 |
| P01 | Frontiers of Education in China | 32 | 0.087 | — | 0.75 | 22 | 0.03 | 0.10 | 6.0 | 1 |
| P01 | 安顺学院学报 | 380 | 0.203 | 0.049 | 0.97 | 251 | 0.16 | 1.09 | 4.2 | 3 |
| P01 | 保定学院学报 | 411 | 0.263 | 0.120 | 0.99 | 294 | 0.15 | 1.27 | 5.0 | 4 |
| P01 | 北京大学教育评论 | 1582 | 2.406 | 0.114 | 0.99 | 612 | 0.51 | 2.65 | 7.5 | 13 |
| P01 | 北京工业职业技术学院学报 | 503 | 0.452 | 0.246 | 0.98 | 284 | 0.11 | 1.23 | 5.4 | 5 |
| P01 | 蚌埠学院学报 | 194 | 0.204 | 0.065 | 0.96 | 156 | 0.08 | 0.68 | 2.5 | 4 |
| P01 | 比较教育研究 | 2916 | 1.181 | 0.221 | 0.98 | 821 | 0.61 | 3.55 | 8.5 | 11 |
| P01 | 兵团教育学院学报 | 332 | 0.323 | 0.115 | 0.98 | 215 | 0.16 | 0.93 | 5.6 | 4 |
| P01 | 昌吉学院学报 | 245 | 0.217 | 0.033 | 0.94 | 179 | 0.13 | 0.77 | 6.5 | 3 |
| P01 | 长沙大学学报 | 929 | 0.364 | 0.084 | 0.99 | 546 | 0.21 | 2.36 | 5.5 | 6 |
| P01 | 成都师范学院学报 | 1445 | 0.316 | 0.091 | 0.99 | 575 | 0.37 | 2.49 | 7.5 | 7 |
| P01 | 池州学院学报 | 600 | 0.235 | 0.042 | 0.98 | 379 | 0.19 | 1.64 | 5.7 | 4 |
| P01 | 重庆第二师范学院学报 | 669 | 0.312 | 0.114 | 1.00 | 399 | 0.25 | 1.73 | 5.2 | 5 |
| P01 | 创新人才教育 | 66 | 0.537 | 0.120 | 0.94 | 50 | 0.06 | 0.22 | 1.8 | 2 |
| P01 | 创新与创业教育 | 957 | 0.809 | 0.363 | 0.95 | 391 | 0.26 | 1.69 | 3.0 | 7 |
| P01 | 大连大学学报 | 580 | 0.239 | 0.059 | 0.99 | 435 | 0.13 | 1.88 | 8.0 | 5 |
| P01 | 大连教育学院学报 | 460 | 0.349 | 0.164 | 0.98 | 209 | 0.20 | 0.90 | 6.6 | 5 |
| P01 | 大连民族大学学报 | 433 | 0.311 | 0.083 | 0.95 | 327 | 0.13 | 1.42 | 5.6 | 4 |
| P01 | 当代继续教育 | 391 | 0.434 | 0.133 | 0.96 | 219 | 0.16 | 0.95 | 4.4 | 4 |

| 学科代码 | 期刊名称 | 扩展总被引频次 | 扩展影响因子 | 扩展即年指标 | 扩展他引率 | 扩展引用刊数 | 扩展学科影响指标 | 扩展学科扩散指标 | 扩展被引半衰期 | 扩展H指标 |
|---|---|---|---|---|---|---|---|---|---|---|
| P01 | 当代教师教育 | 299 | 0.526 | 0.095 | 0.95 | 196 | 0.23 | 0.85 | 4.9 | 5 |
| P01 | 当代教育科学 | 2602 | 0.944 | 0.182 | 0.98 | 745 | 0.60 | 3.23 | 5.5 | 7 |
| P01 | 当代教育理论与实践 | 1946 | 0.504 | 0.170 | 0.97 | 688 | 0.36 | 2.98 | 3.3 | 7 |
| P01 | 当代教育论坛 | 3236 | 1.337 | 0.380 | 0.94 | 793 | 0.52 | 3.43 | 6.8 | 9 |
| P01 | 当代教育实践与教学研究(电子刊) | 1596 | — | 0.124 | 0.99 | 440 | 0.22 | 1.90 | 1.3 | 5 |
| P01 | 当代教育与文化 | 460 | 0.603 | 0.175 | 0.97 | 267 | 0.31 | 1.16 | 4.5 | 7 |
| P01 | 电化教育研究 | 7797 | 4.307 | 0.624 | 0.96 | 1144 | 0.70 | 4.95 | 5.2 | 29 |
| P01 | 鄂州大学学报 | 543 | 0.253 | 0.188 | 0.99 | 324 | 0.17 | 1.40 | 2.9 | 4 |
| P01 | 发现(教育版) | 16 | — | 0.009 | 1.00 | 13 | 0.01 | 0.06 | — | 1 |
| P01 | 纺织服装教育 | 360 | 0.343 | 0.058 | 0.87 | 152 | 0.13 | 0.66 | 4.1 | 3 |
| P01 | 福建教育学院学报 | 1044 | 0.337 | 0.085 | 0.99 | 416 | 0.26 | 1.80 | 4.8 | 6 |
| P01 | 复旦教育论坛 | 1640 | 2.782 | 0.156 | 0.98 | 651 | 0.43 | 2.82 | 4.8 | 12 |
| P01 | 工业和信息化教育 | 520 | 0.703 | 0.166 | 0.90 | 257 | 0.19 | 1.11 | 2.4 | 6 |
| P01 | 广东第二师范学院学报 | 416 | 0.347 | 0.072 | 0.94 | 309 | 0.15 | 1.34 | 6.8 | 4 |
| P01 | 广西教育学院学报 | 935 | 0.315 | 0.095 | 0.99 | 425 | 0.27 | 1.84 | 6.1 | 5 |
| P01 | 贵州师范学院学报 | 687 | 0.285 | 0.053 | 0.98 | 431 | 0.27 | 1.87 | 6.0 | 5 |
| P01 | 哈尔滨学院学报 | 978 | 0.325 | 0.086 | 0.80 | 463 | 0.28 | 2.00 | 5.2 | 5 |
| P01 | 航海教育研究 | 544 | 0.453 | 0.090 | 0.83 | 215 | 0.16 | 0.93 | 5.7 | 4 |
| P01 | 河北农业大学学报(农林教育版) | 706 | 0.571 | 0.102 | 0.91 | 352 | 0.19 | 1.52 | 4.3 | 5 |
| P01 | 河北师范大学学报(教育科学版) | 1908 | 1.244 | 0.159 | 0.99 | 711 | 0.54 | 3.08 | 6.2 | 7 |
| P01 | 河西学院学报 | 353 | 0.285 | 0.031 | 0.92 | 251 | 0.12 | 1.09 | 6.5 | 4 |
| P01 | 黑龙江教育学院学报 | 2371 | 0.355 | 0.121 | 1.00 | 737 | 0.44 | 3.19 | 4.2 | 8 |
| P01 | 呼伦贝尔学院学报 | 406 | 0.265 | 0.075 | 0.99 | 251 | 0.14 | 1.09 | 5.7 | 5 |
| P01 | 湖北工业职业技术学院学报 | 372 | 0.344 | 0.110 | 0.97 | 235 | 0.13 | 1.02 | 4.5 | 4 |
| P01 | 湖南大众传媒职业技术学院学报 | 430 | 0.211 | 0.076 | 1.00 | 220 | 0.12 | 0.95 | 5.5 | 4 |
| P01 | 湖南师范大学教育科学学报 | 1330 | 0.908 | 0.236 | 0.97 | 580 | 0.48 | 2.51 | 6.2 | 9 |
| P01 | 华东师范大学学报(教育科学版) | 1260 | 0.822 | 1.293 | 0.99 | 557 | 0.52 | 2.41 | ≥10 | 12 |
| P01 | 华文教学与研究 | 403 | 0.722 | 0.425 | 0.86 | 163 | 0.12 | 0.71 | 7.3 | 6 |
| P01 | 黑龙江工业学院学报(综合版) | 1004 | 0.295 | 0.123 | 0.99 | 491 | 0.25 | 2.13 | 3.7 | 5 |
| P01 | 吉林省教育学院学报 | 1439 | — | 0.141 | 0.99 | 533 | 0.32 | 2.31 | 3.6 | 6 |
| P01 | 集美大学学报 | 529 | 0.495 | 0.063 | 0.97 | 329 | 0.30 | 1.42 | 6.3 | 5 |
| P01 | 济宁学院学报 | 310 | 0.196 | 0.032 | 0.98 | 216 | 0.10 | 0.94 | 6.5 | 4 |
| P01 | 继续教育 | 853 | 0.457 | 0.115 | 0.91 | 344 | 0.23 | 1.49 | 3.6 | 6 |

| 学科代码 | 期刊名称 | 扩展总被引频次 | 扩展影响因子 | 扩展即年指标 | 扩展他引率 | 扩展引用刊数 | 扩展学科影响指标 | 扩展学科扩散指标 | 扩展被引半衰期 | 扩展H指标 |
|---|---|---|---|---|---|---|---|---|---|---|
| P01 | 继续教育研究 | 3277 | 0.719 | 0.312 | 0.94 | 836 | 0.53 | 3.62 | 4.9 | 8 |
| P01 | 江西科技师范大学学报 | 511 | 0.393 | 0.098 | 0.90 | 315 | 0.18 | 1.36 | 5.9 | 5 |
| P01 | 教学研究 | 1549 | 0.950 | 0.179 | 0.99 | 552 | 0.37 | 2.39 | 5.2 | 7 |
| P01 | 教学与研究 | 1491 | 1.050 | 0.236 | 0.98 | 701 | 0.30 | 3.03 | 6.3 | 9 |
| P01 | 教育测量与评价 | 471 | 0.485 | 0.258 | 0.88 | 239 | 0.25 | 1.03 | 4.7 | 5 |
| P01 | 教育导刊(上半月) | 1457 | 0.606 | 0.169 | 0.95 | 473 | 0.43 | 2.05 | 5.3 | 8 |
| P01 | 教育导刊(下半月) | 743 | 0.256 | 0.076 | 0.90 | 243 | 0.29 | 1.05 | 5.7 | 4 |
| P01 | 教育发展研究 | 5411 | 1.736 | 0.179 | 0.98 | 1139 | 0.75 | 4.93 | 5.8 | 17 |
| P01 | 教育观察(上半月) | 539 | 0.339 | 0.132 | 0.97 | 293 | 0.23 | 1.27 | 1.9 | 5 |
| P01 | 教育观察(下半月) | 264 | 0.133 | 0.129 | 0.95 | 110 | 0.09 | 0.48 | 1.3 | 4 |
| P01 | 教育教学论坛 | 15907 | 0.431 | 0.196 | 0.95 | 1387 | 0.60 | 6.00 | 2.8 | 17 |
| P01 | 教育科学 | 2374 | 3.152 | 1.506 | 0.99 | 735 | 0.55 | 3.18 | 5.6 | 11 |
| P01 | 教育科学论坛 | 786 | 0.251 | 0.122 | 0.98 | 301 | 0.28 | 1.30 | 5.5 | 5 |
| P01 | 教育科学研究 | 2200 | 1.246 | 0.302 | 0.99 | 672 | 0.55 | 2.91 | 6.3 | 10 |
| P01 | 教育评论 | 2691 | 0.828 | 0.157 | 0.98 | 880 | 0.60 | 3.81 | 4.1 | 9 |
| P01 | 教育生物学杂志 | 38 | 0.210 | - | 0.97 | 33 | 0.02 | 0.14 | 3.2 | 3 |
| P01 | 教育实践与研究 | 1831 | 0.187 | 0.052 | 0.99 | 334 | 0.34 | 1.45 | 5.8 | 8 |
| P01 | 教育探索 | 7125 | 1.072 | 0.225 | 0.99 | 1243 | 0.71 | 5.38 | 5.3 | 12 |
| P01 | 教育文化论坛 | 286 | 0.259 | 0.071 | 0.97 | 205 | 0.16 | 0.89 | 3.8 | 4 |
| P01 | 教育信息技术 | 608 | 0.618 | 0.134 | 0.90 | 233 | 0.21 | 1.01 | 2.7 | 7 |
| P01 | 教育学报 | 1535 | 1.281 | 0.198 | 0.99 | 531 | 0.47 | 2.30 | 6.7 | 10 |
| P01 | 教育学术月刊 | 2113 | 0.955 | 0.109 | 0.98 | 757 | 0.56 | 3.28 | 6.0 | 8 |
| P01 | 教育研究 | 11702 | 5.155 | 0.825 | 0.98 | 1523 | 0.84 | 6.59 | 6.2 | 26 |
| P01 | 教育研究与评论(课堂观察) | 39 | 0.163 | 0.047 | 0.95 | 28 | 0.03 | 0.12 | 1.4 | 2 |
| P01 | 教育研究与实验 | 1433 | 0.842 | 0.163 | 0.99 | 596 | 0.53 | 2.58 | 7.6 | 7 |
| P01 | 教育与教学研究 | 2381 | 0.653 | 0.156 | 0.98 | 729 | 0.48 | 3.16 | 5.8 | 8 |
| P01 | 教育与考试 | 177 | 0.219 | 0.033 | 0.97 | 132 | 0.15 | 0.57 | 5.4 | 3 |
| P01 | 金融理论探索 | 394 | 0.381 | 0.164 | 0.99 | 226 | 0.07 | 0.98 | 5.8 | 4 |
| P01 | 金融理论与教学 | 394 | 0.390 | 0.144 | 0.96 | 216 | 0.12 | 0.94 | 3.5 | 4 |
| P01 | 荆楚理工学院学报 | 310 | 0.217 | 0.031 | 0.97 | 243 | 0.10 | 1.05 | 6.7 | 4 |
| P01 | 开封大学学报 | 271 | 0.260 | 0.026 | 1.00 | 201 | 0.13 | 0.87 | 6.6 | 4 |
| P01 | 凯里学院学报 | 612 | 0.204 | 0.071 | 0.97 | 390 | 0.17 | 1.69 | 5.7 | 5 |
| P01 | 考试与评价 | 501 | - | 0.041 | 1.00 | 150 | 0.12 | 0.65 | 2.3 | 4 |

| 学科代码 | 期刊名称 | 扩展总被引频次 | 扩展影响因子 | 扩展即年指标 | 扩展他引率 | 扩展引用刊数 | 扩展学科影响指标 | 扩展学科扩散指标 | 扩展被引半衰期 | 扩展H指标 |
|---|---|---|---|---|---|---|---|---|---|---|
| P01 | 科教导刊 | 5186 | 0.291 | 0.117 | 0.98 | 1021 | 0.42 | 4.42 | 3.0 | 9 |
| P01 | 科教导刊-电子版(上旬) | 467 | 0.102 | 0.022 | 1.00 | 240 | 0.13 | 1.04 | 2.4 | 3 |
| P01 | 科教导刊-电子版(下旬) | 251 | 0.071 | 0.016 | 1.00 | 165 | 0.06 | 0.71 | 1.9 | 2 |
| P01 | 科教导刊-电子版(中旬) | 426 | 0.079 | 0.022 | 1.00 | 224 | 0.12 | 0.97 | 2.6 | 3 |
| P01 | 科教文汇 | 8726 | 0.326 | 0.112 | 0.98 | 1200 | 0.56 | 5.19 | 4.5 | 12 |
| P01 | 课程教材教学研究(教育研究) | 109 | − | 0.008 | 1.00 | 70 | 0.07 | 0.30 | 5.4 | 3 |
| P01 | 昆明学院学报 | 371 | 0.192 | 0.047 | 0.91 | 254 | 0.09 | 1.10 | 6.4 | 3 |
| P01 | 历史教学 | 1015 | 0.413 | 0.307 | 0.88 | 369 | 0.25 | 1.60 | 9.8 | 6 |
| P01 | 历史教学(下半月) | 228 | − | 0.046 | 0.96 | 158 | 0.10 | 0.68 | 7.9 | 3 |
| P01 | 辽宁教育行政学院学报 | 1261 | 0.417 | 0.103 | 1.00 | 477 | 0.26 | 2.06 | 7.8 | 6 |
| P01 | 临沂大学学报 | 486 | 0.279 | 0.060 | 0.97 | 342 | 0.18 | 1.48 | 5.8 | 4 |
| P01 | 龙岩学院学报 | 544 | 0.304 | 0.064 | 0.97 | 360 | 0.16 | 1.56 | 7.8 | 3 |
| P01 | 陇东学院学报 | 303 | 0.165 | 0.057 | 0.98 | 228 | 0.13 | 0.99 | 4.7 | 3 |
| P01 | 逻辑学研究 | 744 | 0.358 | − | 0.99 | 453 | 0.18 | 1.96 | ≥10 | 5 |
| P01 | 吕梁学院学报 | 191 | 0.163 | 0.039 | 0.99 | 142 | 0.08 | 0.61 | 4.8 | 3 |
| P01 | 美术教育研究 | 3157 | 0.285 | 0.118 | 0.91 | 441 | 0.26 | 1.91 | 2.7 | 8 |
| P01 | 美育学刊 | 161 | 0.199 | 0.119 | 0.86 | 98 | 0.07 | 0.42 | 4.3 | 3 |
| P01 | 民族教育研究 | 1075 | 0.595 | 0.147 | 0.92 | 426 | 0.33 | 1.84 | 6.5 | 7 |
| P01 | 牡丹江大学学报 | 870 | 0.145 | 0.046 | 0.99 | 451 | 0.24 | 1.95 | 4.6 | 5 |
| P01 | 南昌教育学院学报 | 1436 | 0.283 | 0.076 | 1.00 | 505 | 0.29 | 2.19 | 4.6 | 7 |
| P01 | 内蒙古电大学刊 | 414 | 0.221 | 0.088 | 1.00 | 260 | 0.13 | 1.13 | 6.0 | 3 |
| P01 | 内蒙古师范大学学报(教育科学版) | 3022 | 0.555 | 0.160 | 0.98 | 869 | 0.60 | 3.76 | 5.1 | 9 |
| P01 | 宁波大学学报(教育科学版) | 1334 | 0.589 | 0.263 | 0.99 | 614 | 0.46 | 2.66 | 6.9 | 7 |
| P01 | 宁波教育学院学报 | 709 | 0.321 | 0.113 | 1.00 | 289 | 0.23 | 1.25 | 5.5 | 6 |
| P01 | 平顶山学院学报 | 255 | 0.142 | 0.013 | 0.96 | 184 | 0.11 | 0.80 | 6.1 | 3 |
| P01 | 普洱学院学报 | 325 | 0.178 | 0.055 | 0.96 | 228 | 0.13 | 0.99 | 5.6 | 4 |
| P01 | 齐鲁师范学院学报 | 625 | 0.330 | 0.104 | 1.00 | 371 | 0.23 | 1.61 | 6.5 | 5 |
| P01 | 青海教育 | 327 | − | 0.027 | 1.00 | 132 | 0.12 | 0.57 | 7.6 | 3 |
| P01 | 清华大学教育研究 | 2893 | 2.807 | 0.330 | 0.99 | 903 | 0.59 | 3.91 | 6.8 | 15 |
| P01 | 海南热带海洋学院学报 | 657 | 0.733 | 0.077 | 0.75 | 314 | 0.16 | 1.36 | 5.3 | 5 |
| P01 | 全球教育展望 | 2865 | 1.354 | 0.938 | 0.97 | 756 | 0.61 | 3.27 | 7.0 | 12 |
| P01 | 软件导刊·教育技术 | 1049 | 0.453 | 0.104 | 0.97 | 424 | 0.27 | 1.84 | 3.4 | 6 |
| P01 | 三明学院学报 | 318 | 0.382 | 0.050 | 0.94 | 224 | 0.11 | 0.97 | 5.9 | 5 |

| 学科代码 | 期刊名称 | 扩展总被引频次 | 扩展影响因子 | 扩展即年指标 | 扩展他引率 | 扩展引用刊数 | 扩展学科影响指标 | 扩展学科扩散指标 | 扩展被引半衰期 | 扩展H指标 |
|---|---|---|---|---|---|---|---|---|---|---|
| P01 | 厦门城市职业学院学报 | 282 | 0.431 | 0.110 | 0.99 | 181 | 0.14 | 0.78 | 5.8 | 5 |
| P01 | 陕西学前师范学院学报 | 413 | 0.272 | 0.089 | 1.00 | 282 | 0.19 | 1.22 | 5.2 | 5 |
| P01 | 商洛学院学报 | 387 | 0.508 | 0.160 | 0.79 | 228 | 0.14 | 0.99 | 4.3 | 4 |
| P01 | 上海教育科研 | 2384 | 1.069 | 0.198 | 0.98 | 639 | 0.57 | 2.77 | 6.2 | 10 |
| P01 | 设计艺术研究 | 1146 | 0.440 | 0.145 | 0.99 | 501 | 0.28 | 2.17 | 8.3 | 6 |
| P01 | 石家庄学院学报 | 397 | 0.277 | 0.069 | 0.98 | 306 | 0.16 | 1.32 | 5.7 | 5 |
| P01 | 时代教育 | 4778 | 0.230 | 0.069 | 0.98 | 757 | 0.38 | 3.28 | 3.0 | 8 |
| P01 | 世界教育信息 | 819 | 0.672 | 0.048 | 0.98 | 428 | 0.41 | 1.85 | 4.3 | 6 |
| P01 | 数码世界 | 94 | — | 0.056 | 0.98 | 65 | 0.02 | 0.28 | — | 2 |
| P01 | 思想理论教育(上半月综合版) | 2357 | 1.625 | 0.586 | 0.98 | 785 | 0.47 | 3.40 | 3.8 | 10 |
| P01 | 思想政治教育研究 | 2005 | 1.089 | 0.159 | 0.95 | 603 | 0.38 | 2.61 | 5.3 | 9 |
| P01 | 思想政治课研究 | 147 | 0.398 | 0.183 | 0.93 | 89 | 0.10 | 0.39 | 1.7 | 3 |
| P01 | 四川教育 | 128 | — | 0.031 | 1.00 | 80 | 0.10 | 0.35 | 5.9 | 3 |
| P01 | 四川民族学院学报 | 306 | 0.243 | 0.044 | 0.96 | 197 | 0.10 | 0.85 | 5.9 | 3 |
| P01 | 四川文理学院学报 | 508 | 0.268 | 0.075 | 0.96 | 334 | 0.16 | 1.45 | 5.5 | 4 |
| P01 | 苏州大学学报(教育科学版) | 94 | 0.643 | 0.204 | 0.95 | 76 | 0.07 | 0.33 | 2.1 | 3 |
| P01 | 苏州教育学院学报 | 362 | 0.241 | 0.028 | 0.96 | 236 | 0.17 | 1.02 | 5.6 | 3 |
| P01 | 绥化学院学报 | 737 | 0.244 | 0.067 | 0.94 | 402 | 0.21 | 1.74 | 4.0 | 4 |
| P01 | 唐山学院学报 | 277 | 0.141 | 0.045 | 0.98 | 222 | 0.11 | 0.96 | 5.7 | 3 |
| P01 | 天津师范大学学报(基础教育版) | 378 | 0.516 | 0.462 | 0.97 | 220 | 0.27 | 0.95 | 5.9 | 5 |
| P01 | 天津市教科院学报 | 746 | 0.401 | 0.062 | 0.99 | 351 | 0.31 | 1.52 | 5.9 | 5 |
| P01 | 天津职业技术师范大学学报 | 242 | 0.245 | 0.041 | 0.97 | 181 | 0.10 | 0.78 | 7.3 | 4 |
| P01 | 铜仁学院学报 | 427 | 0.291 | 0.101 | 0.82 | 246 | 0.13 | 1.06 | 3.9 | 5 |
| P01 | 潍坊工程职业学院学报 | 384 | 0.242 | 0.031 | 0.99 | 223 | 0.12 | 0.97 | 4.9 | 4 |
| P01 | 文教资料 | 3861 | 0.148 | 0.029 | 0.98 | 877 | 0.48 | 3.80 | 5.6 | 6 |
| P01 | 文山学院学报 | 310 | 0.198 | 0.069 | 0.92 | 207 | 0.10 | 0.90 | 4.5 | 4 |
| P01 | 梧州学院学报 | 255 | 0.359 | 0.024 | 0.99 | 186 | 0.11 | 0.81 | 4.1 | 4 |
| P01 | 武夷学院学报 | 427 | 0.351 | 0.035 | 0.96 | 268 | 0.15 | 1.16 | 4.4 | 5 |
| P01 | 物理教学 | 616 | 0.403 | 0.055 | 0.50 | 96 | 0.09 | 0.42 | 3.4 | 4 |
| P01 | 西部素质教育 | 1629 | — | 0.236 | 0.97 | 294 | 0.17 | 1.27 | — | 7 |
| P01 | 西藏教育 | 255 | 0.367 | 0.059 | — | 134 | 0.09 | 0.58 | 3.9 | 3 |
| P01 | 现代大学教育 | 1567 | 1.492 | 0.138 | 0.96 | 637 | 0.47 | 2.76 | 6.7 | 10 |
| P01 | 现代教育管理 | 2187 | 1.241 | 0.452 | 0.91 | 722 | 0.55 | 3.13 | 3.8 | 9 |

| 学科代码 | 期刊名称 | 扩展总被引频次 | 扩展影响因子 | 扩展即年指标 | 扩展他引率 | 扩展引用刊数 | 扩展学科影响指标 | 扩展学科扩散指标 | 扩展被引半衰期 | 扩展H指标 |
|---|---|---|---|---|---|---|---|---|---|---|
| P01 | 现代教育技术 | 6531 | 5.718 | 0.668 | 0.98 | 1157 | 0.59 | 5.01 | 3.4 | 26 |
| P01 | 现代教育论丛 | 737 | 0.780 | 0.180 | 1.00 | 363 | 0.29 | 1.57 | 6.9 | 4 |
| P01 | 现代远程教育研究 | 2429 | 8.342 | 2.151 | 0.98 | 695 | 0.48 | 3.01 | 2.7 | 19 |
| P01 | 现代远距离教育 | 984 | 2.085 | 0.281 | 0.97 | 404 | 0.32 | 1.75 | 4.8 | 9 |
| P01 | 现代中文学刊 | 164 | — | 0.024 | 0.95 | 100 | 0.04 | 0.43 | 5.2 | 3 |
| P01 | 新疆教育学院学报 | 328 | 0.219 | 0.029 | 0.98 | 210 | 0.14 | 0.91 | 7.8 | 4 |
| P01 | 新余学院学报 | 448 | 0.229 | 0.058 | 0.99 | 295 | 0.16 | 1.28 | 4.5 | 5 |
| P01 | 邢台学院学报 | 361 | 0.225 | 0.032 | 0.96 | 247 | 0.13 | 1.07 | 4.1 | 4 |
| P01 | 宿州教育学院学报 | 894 | 0.299 | 0.128 | 1.00 | 385 | 0.23 | 1.67 | 3.8 | 6 |
| P01 | 许昌学院学报 | 450 | 0.168 | 0.030 | 0.98 | 344 | 0.14 | 1.49 | 7.4 | 3 |
| P01 | 学理论 | 4166 | 0.181 | 0.053 | 0.99 | 1160 | 0.50 | 5.02 | 3.8 | 7 |
| P01 | 延边教育学院学报 | 768 | 0.237 | 0.093 | 0.99 | 218 | 0.15 | 0.94 | 5.5 | 6 |
| P01 | 扬州大学学报(高教研究版) | 1132 | 0.891 | 0.224 | 1.00 | 539 | 0.36 | 2.33 | 6.2 | 7 |
| P01 | 扬州教育学院学报 | 260 | 0.218 | 0.039 | 0.99 | 180 | 0.15 | 0.78 | 6.1 | 3 |
| P01 | 药学教育 | 1086 | 1.192 | 0.242 | 0.81 | 251 | 0.13 | 1.09 | 5.0 | 6 |
| P01 | 医学教育管理 | 94 | — | 0.218 | 0.80 | 53 | 0.02 | 0.23 | 1.3 | 4 |
| P01 | 宜宾学院学报 | 612 | 0.212 | 0.064 | 0.97 | 403 | 0.25 | 1.74 | 6.4 | 4 |
| P01 | 语文学刊 | 1755 | 0.112 | 0.033 | 0.98 | 453 | 0.28 | 1.96 | 4.8 | 8 |
| P01 | 远程教育杂志 | 5308 | 7.703 | 1.724 | 0.97 | 1006 | 0.62 | 4.35 | 3.8 | 25 |
| P01 | 运城学院学报 | 354 | 0.224 | 0.037 | 0.95 | 249 | 0.12 | 1.08 | 6.4 | 3 |
| P01 | 枣庄学院学报 | 356 | 0.233 | 0.057 | 0.86 | 251 | 0.11 | 1.09 | 5.1 | 3 |
| P01 | 昭通学院学报 | 206 | 0.210 | 0.020 | 0.89 | 144 | 0.09 | 0.62 | 5.3 | 3 |
| P01 | 浙江传媒学院学报 | 433 | 0.362 | 0.087 | 0.99 | 230 | 0.12 | 1.00 | 5.3 | 5 |
| P01 | 浙江外国语学院学报 | 402 | 0.296 | 0.021 | 0.99 | 300 | 0.23 | 1.30 | 7.5 | 5 |
| P01 | 政治思想史 | 67 | 0.169 | — | 0.96 | 48 | 0.02 | 0.21 | 4.5 | 3 |
| P01 | 职大学报 | 209 | 0.151 | 0.018 | 0.99 | 154 | 0.08 | 0.67 | 5.4 | 3 |
| P01 | 职教通讯 | 2303 | 0.542 | 0.131 | 0.96 | 587 | 0.33 | 2.54 | 3.4 | 9 |
| P01 | 中国地质教育 | 869 | 0.676 | 0.135 | 0.83 | 241 | 0.16 | 1.04 | 6.5 | 6 |
| P01 | 中国电化教育 | 9633 | 6.956 | 1.530 | 0.93 | 1195 | 0.68 | 5.17 | 3.7 | 34 |
| P01 | 中国教育技术装备 | 6132 | 0.509 | 0.205 | 0.95 | 766 | 0.37 | 3.32 | 3.7 | 13 |
| P01 | 中国教育信息化·基础教育 | 1788 | 0.976 | 0.280 | 0.97 | 522 | 0.33 | 2.26 | 3.6 | 12 |
| P01 | 中国考试 | 444 | 0.555 | 0.250 | 0.86 | 229 | 0.24 | 0.99 | 4.5 | 5 |
| P01 | 中国林业教育 | 943 | 0.750 | 0.286 | 0.90 | 366 | 0.24 | 1.58 | 5.7 | 6 |

| 学科代码 | 期刊名称 | 扩展总被引频次 | 扩展影响因子 | 扩展即年指标 | 扩展他引率 | 扩展引用刊数 | 扩展学科影响指标 | 扩展学科扩散指标 | 扩展被引半衰期 | 扩展H指标 |
|---|---|---|---|---|---|---|---|---|---|---|
| P01 | 中国农业教育 | 617 | 0.612 | 0.087 | 0.98 | 300 | 0.22 | 1.30 | 5.0 | 5 |
| P01 | 中国轻工教育 | 634 | 0.544 | 0.171 | 0.97 | 327 | 0.21 | 1.42 | 4.6 | 5 |
| P01 | 中国特殊教育 | 3122 | 1.273 | 0.151 | 0.90 | 589 | 0.43 | 2.55 | 6.6 | 9 |
| P01 | 中国现代教育装备 | 3026 | 0.535 | 0.234 | 0.94 | 722 | 0.38 | 3.13 | 5.3 | 8 |
| P01 | 中国冶金教育 | 796 | 0.480 | 0.097 | 0.85 | 305 | 0.13 | 1.32 | 5.1 | 4 |
| P01 | 中国音乐教育 | 529 | 0.617 | 0.120 | 0.99 | 160 | 0.11 | 0.69 | 9.7 | 4 |
| P01 | 中国远程教育(综合版) | 3314 | 2.698 | 0.692 | 0.96 | 755 | 0.47 | 3.27 | 4.1 | 17 |
| P01 | 中文信息 | 491 | 0.041 | 0.016 | 0.95 | 242 | 0.11 | 1.05 | 2.0 | 3 |
| P01 | 中医教育 | 975 | 0.725 | 0.135 | 0.92 | 288 | 0.13 | 1.25 | 5.4 | 5 |
| P01 | 中州大学学报 | 479 | 0.276 | 0.103 | 0.99 | 341 | 0.14 | 1.48 | 6.2 | 4 |
| P03 | 北京教育(高教版) | 817 | 0.686 | 0.184 | 0.99 | 408 | 0.08 | 1.70 | 4.6 | 4 |
| P03 | 初中生世界(初中教学研究) | 31 | — | 0.022 | 1.00 | 28 | 0.05 | 0.12 | 2.0 | 2 |
| P03 | 地理教育 | 342 | 0.714 | 0.031 | 0.96 | 147 | 0.13 | 0.61 | 4.9 | 3 |
| P03 | 读写算-素质教育论坛 | 859 | 0.093 | 0.019 | 0.99 | 168 | 0.16 | 0.70 | 2.6 | 4 |
| P03 | 福建基础教育研究 | 488 | 0.691 | 0.046 | 0.91 | 147 | 0.20 | 0.61 | 3.5 | 4 |
| P03 | 福建中学数学 | 129 | 0.116 | 0.042 | 0.87 | 58 | 0.12 | 0.24 | 5.0 | 2 |
| P03 | 甘肃高师学报 | 479 | 0.194 | 0.035 | 0.99 | 311 | 0.07 | 1.30 | 6.2 | 4 |
| P03 | 高师理科学刊 | 718 | 0.329 | 0.086 | 0.86 | 339 | 0.07 | 1.41 | 4.3 | 5 |
| P03 | 高校后勤研究 | 488 | 0.846 | 0.093 | 0.83 | 181 | 0.04 | 0.75 | 4.1 | 4 |
| P03 | 高中数理化 | 278 | — | 0.021 | 1.00 | 81 | 0.10 | 0.34 | 2.5 | 3 |
| P03 | 广东教育(高中版) | 33 | — | 0.008 | 1.00 | 30 | 0.05 | 0.13 | 4.4 | 1 |
| P03 | 广东教育(职教版) | 391 | 0.129 | 0.048 | 0.94 | 179 | 0.08 | 0.75 | 3.0 | 3 |
| P03 | 广西教育(义务教育) | 529 | 0.103 | 0.046 | 1.00 | 144 | 0.18 | 0.60 | 2.7 | 4 |
| P03 | 广西教育(中等教育) | 721 | 0.206 | 0.062 | 0.95 | 209 | 0.18 | 0.87 | 2.7 | 5 |
| P03 | 海外华文教育 | 169 | 0.333 | 0.021 | 0.88 | 81 | 0.03 | 0.34 | 6.1 | 4 |
| P03 | 河北理科教学研究 | 35 | 0.074 | 0.010 | 0.97 | 30 | 0.06 | 0.13 | 5.8 | 1 |
| P03 | 河南教育(高校版) | 566 | 0.374 | 0.059 | 0.99 | 312 | 0.06 | 1.30 | 3.9 | 4 |
| P03 | 河南教育(基教版) | 289 | — | 0.020 | 1.00 | 142 | 0.12 | 0.59 | 8.0 | 4 |
| P03 | 河南教育(职成教版) | 230 | — | 0.096 | 1.00 | 127 | 0.07 | 0.53 | 3.0 | 3 |
| P03 | 黑河教育 | 386 | 0.526 | 0.075 | 0.99 | 144 | 0.15 | 0.60 | 2.9 | 3 |
| P03 | 黑龙江教育(理论与实践) | 514 | — | 0.192 | 0.99 | 221 | 0.13 | 0.92 | 1.8 | 6 |
| P03 | 黑龙江教育(小学) | 85 | — | 0.005 | 1.00 | 48 | 0.07 | 0.20 | 9.1 | 3 |
| P03 | 化学教学 | 1295 | 0.551 | 0.164 | 0.72 | 236 | 0.19 | 0.98 | 4.6 | 6 |

| 学科代码 | 期刊名称 | 扩展总被引频次 | 扩展影响因子 | 扩展即年指标 | 扩展他引率 | 扩展引用刊数 | 扩展学科影响指标 | 扩展学科扩散指标 | 扩展被引半衰期 | 扩展H指标 |
|---|---|---|---|---|---|---|---|---|---|---|
| P03 | 化学教与学 | 435 | 0.187 | 0.064 | 0.85 | 147 | 0.17 | 0.61 | 3.3 | 4 |
| P03 | 化学教育 | 2293 | 0.799 | 0.154 | 0.70 | 363 | 0.22 | 1.51 | 4.6 | 8 |
| P03 | 基础教育 | 564 | 0.812 | 0.188 | 0.99 | 265 | 0.21 | 1.10 | 5.1 | 4 |
| P03 | 基础教育参考 | 430 | 0.573 | 0.030 | 0.99 | 225 | 0.22 | 0.94 | 6.1 | 3 |
| P03 | 基础教育论坛 | 294 | 0.484 | 0.024 | 1.00 | 134 | 0.16 | 0.56 | 2.9 | 3 |
| P03 | 基础教育研究 | 1663 | 0.374 | 0.132 | 1.00 | 343 | 0.28 | 1.43 | 4.2 | 7 |
| P03 | 家教世界·现代幼教 | 296 | 0.243 | 0.007 | 1.00 | 137 | 0.12 | 0.57 | 3.5 | 3 |
| P03 | 江苏高教 | 3770 | 1.355 | 0.612 | 0.98 | 955 | 0.15 | 3.98 | 5.3 | 13 |
| P03 | 江苏教育(教育管理版) | 145 | 0.111 | 0.017 | 1.00 | 98 | 0.11 | 0.41 | 5.1 | 3 |
| P03 | 江苏教育(小学教学版) | 520 | 0.323 | 0.091 | 0.98 | 192 | 0.23 | 0.80 | 4.9 | 4 |
| P03 | 江苏教育(职业教育版) | 490 | 0.406 | 0.079 | 0.98 | 253 | 0.13 | 1.05 | 3.6 | 4 |
| P03 | 江苏教育(中学教学版) | 180 | 0.188 | 0.047 | 0.89 | 91 | 0.14 | 0.38 | 2.3 | 3 |
| P03 | 江西教育 | 687 | 0.854 | 0.026 | 1.00 | 221 | 0.19 | 0.92 | 5.8 | 5 |
| P03 | 教师博览(科研版) | 301 | 0.392 | 0.032 | 1.00 | 120 | 0.14 | 0.50 | 2.7 | 3 |
| P03 | 教师教育论坛 | 737 | 0.408 | 0.180 | 0.96 | 374 | 0.14 | 1.56 | 5.5 | 5 |
| P03 | 教书育人(教师新概念) | 322 | — | 0.039 | 1.00 | 152 | 0.15 | 0.63 | 4.2 | 3 |
| P03 | 教书育人(校长参考) | 208 | — | 0.033 | 1.00 | 120 | 0.13 | 0.50 | 3.9 | 3 |
| P03 | 教学与管理(理论版) | 2932 | 0.677 | 0.160 | 0.99 | 684 | 0.34 | 2.85 | 5.4 | 9 |
| P03 | 教学与管理(小学版) | 776 | 0.729 | 0.089 | 0.99 | 219 | 0.25 | 0.91 | 5.1 | 6 |
| P03 | 教学与管理(中学版) | 1333 | 0.663 | 0.141 | 0.98 | 419 | 0.33 | 1.75 | 5.5 | 7 |
| P03 | 教学月刊(小学版)数学 | 118 | — | 0.022 | 0.81 | 60 | 0.11 | 0.25 | 3.2 | 3 |
| P03 | 教学月刊(小学版)语文 | 231 | — | 0.025 | 0.95 | 87 | 0.14 | 0.36 | 5.8 | 3 |
| P03 | 教学月刊(小学版)综合 | 76 | — | 0.045 | 0.96 | 50 | 0.08 | 0.21 | 3.2 | 2 |
| P03 | 教育研究与评论(小学教育教学版) | 137 | 0.241 | 0.050 | 0.94 | 68 | 0.12 | 0.28 | 3.4 | 2 |
| P03 | 教育研究与评论(中学教育教学版) | 184 | 0.336 | 0.043 | 0.94 | 118 | 0.18 | 0.49 | 2.8 | 3 |
| P03 | 课程·教材·教法 | 6038 | 2.685 | 0.714 | 0.97 | 822 | 0.47 | 3.42 | 6.4 | 19 |
| P03 | 课程教学研究 | 388 | 0.404 | 0.152 | 0.97 | 185 | 0.19 | 0.77 | 2.8 | 7 |
| P03 | 理科考试研究(初中版) | 367 | — | 0.057 | 1.00 | 86 | 0.13 | 0.36 | 1.9 | 4 |
| P03 | 理科考试研究(高中版) | 313 | — | 0.051 | 1.00 | 102 | 0.14 | 0.43 | 2.2 | 3 |
| P03 | 历史教学问题 | 313 | 0.125 | 0.046 | 0.96 | 199 | 0.08 | 0.83 | ≥10 | 3 |
| P03 | 辽宁教育 | 421 | 0.718 | 0.063 | 1.00 | 183 | 0.19 | 0.76 | 3.6 | 4 |
| P03 | 七彩语文(教师论坛) | 57 | — | 0.045 | 1.00 | 37 | 0.03 | 0.15 | 2.6 | 2 |
| P03 | 上海中学数学 | 125 | 0.144 | 0.022 | 0.86 | 59 | 0.14 | 0.25 | 4.8 | 2 |

| 学科代码 | 期刊名称 | 扩展总被引频次 | 扩展影响因子 | 扩展即年指标 | 扩展他引率 | 扩展引用刊数 | 扩展学科影响指标 | 扩展学科扩散指标 | 扩展被引半衰期 | 扩展H指标 |
|---|---|---|---|---|---|---|---|---|---|---|
| P03 | 生物学教学 | 845 | 0.318 | 0.051 | 0.87 | 331 | 0.17 | 1.38 | 6.8 | 5 |
| P03 | 数理化学习(初中版) | 200 | — | 0.015 | 0.91 | 63 | 0.10 | 0.26 | 3.4 | 3 |
| P03 | 思想理论教育导刊 | 4508 | 1.902 | 0.506 | 0.98 | 904 | 0.13 | 3.77 | 4.2 | 17 |
| P03 | 速读(上旬) | 322 | 0.075 | 0.012 | 0.99 | 125 | 0.12 | 0.52 | 1.7 | 3 |
| P03 | 速读(下旬) | 335 | 0.075 | 0.014 | 1.00 | 144 | 0.13 | 0.60 | 1.7 | 3 |
| P03 | 速读(中旬) | 317 | 0.081 | 0.011 | 1.00 | 135 | 0.10 | 0.56 | 1.6 | 3 |
| P03 | 外国教育研究 | 2000 | 0.733 | 0.163 | 0.99 | 685 | 0.28 | 2.85 | 9.2 | 9 |
| P03 | 外国中小学教育 | 857 | 0.496 | 0.127 | 0.97 | 380 | 0.21 | 1.58 | 7.3 | 5 |
| P03 | 文理导航·教育研究与实践 | 364 | 0.116 | 0.013 | 0.98 | 109 | 0.14 | 0.45 | 2.2 | 3 |
| P03 | 现代中小学教育 | 1754 | 0.697 | 0.206 | 0.98 | 447 | 0.32 | 1.86 | 4.8 | 9 |
| P03 | 小学教学 | 291 | — | 0.046 | 0.95 | 103 | 0.18 | 0.43 | 4.8 | 3 |
| P03 | 小学教学设计(数学) | 41 | — | 0.003 | 1.00 | 28 | 0.06 | 0.12 | 4.2 | 2 |
| P03 | 小学教学设计(英语) | 68 | — | -0.007 | 1.00 | 40 | 0.06 | 0.17 | 3.8 | 2 |
| P03 | 小学教学设计(语文) | 147 | — | 0.012 | 1.00 | 82 | 0.14 | 0.34 | 6.1 | 3 |
| P03 | 小学教学研究(教学版) | 362 | — | 0.032 | 1.00 | 109 | 0.16 | 0.45 | 6.1 | 4 |
| P03 | 小学教学研究(理论版) | 290 | — | 0.020 | 1.00 | 93 | 0.13 | 0.39 | 4.2 | 5 |
| P03 | 小学生作文辅导 | 21 | — | 0.017 | 1.00 | 15 | 0.03 | 0.06 | — | 2 |
| P03 | 新教师 | 93 | — | 0.035 | 1.00 | 55 | 0.10 | 0.23 | 2.1 | 3 |
| P03 | 新课程研究(上旬) | 1818 | 0.272 | 0.106 | 0.99 | 326 | 0.26 | 1.36 | 6.3 | 9 |
| P03 | 新课程研究(下旬) | 999 | 0.182 | 0.098 | 0.99 | 229 | 0.21 | 0.95 | 3.6 | 6 |
| P03 | 新课程研究(中旬-单) | 1308 | 0.529 | 0.301 | 0.99 | 412 | 0.17 | 1.72 | 3.9 | 5 |
| P03 | 新课程研究(中旬-双) | 377 | 0.133 | 0.040 | 0.99 | 227 | 0.06 | 0.95 | 4.4 | 3 |
| P03 | 学前教育研究 | 3536 | 1.733 | 0.228 | 0.96 | 543 | 0.24 | 2.26 | 6.7 | 12 |
| P03 | 学周刊 | 10037 | 0.779 | 0.492 | 0.99 | 488 | 0.25 | 2.03 | 1.8 | 12 |
| P03 | 幼儿教育·教育科学 | 489 | 0.292 | 0.074 | 0.92 | 216 | 0.12 | 0.90 | 6.5 | 4 |
| P03 | 幼儿教育研究 | 27 | — | 0.067 | 0.93 | 20 | 0.03 | 0.08 | 1.9 | 2 |
| P03 | 语文天地(高中版) | 169 | — | 0.026 | 1.00 | 74 | 0.13 | 0.31 | 3.5 | 3 |
| P03 | 语文天地(小教版) | 175 | — | 0.019 | 1.00 | 62 | 0.10 | 0.26 | 1.7 | 3 |
| P03 | 早期教育(教师版) | 527 | — | 0.037 | 0.99 | 153 | 0.11 | 0.64 | 8.7 | 4 |
| P03 | 中等数学 | 75 | 0.083 | 0.076 | 0.31 | 18 | 0.05 | 0.08 | 3.5 | 2 |
| P03 | 中国数学教育(初中版) | 459 | 0.714 | 0.102 | 0.59 | 83 | 0.15 | 0.35 | 3.0 | 6 |
| P03 | 中国数学教育(高中版) | 297 | 0.327 | 0.028 | 0.46 | 65 | 0.12 | 0.27 | 3.7 | 3 |
| P03 | 中小学管理 | 680 | 0.569 | 0.220 | 0.97 | 298 | 0.28 | 1.24 | 4.4 | 6 |

| 学科代码 | 期刊名称 | 扩展总被引频次 | 扩展影响因子 | 扩展即年指标 | 扩展他引率 | 扩展引用刊数 | 扩展学科影响指标 | 扩展学科扩散指标 | 扩展被引半衰期 | 扩展H指标 |
|---|---|---|---|---|---|---|---|---|---|---|
| P03 | 中小学教师培训 | 909 | 0.552 | 0.294 | 0.96 | 289 | 0.27 | 1.20 | 5.3 | 6 |
| P03 | 中小学教学研究 | 557 | 0.240 | 0.047 | 0.99 | 160 | 0.25 | 0.67 | 6.6 | 6 |
| P03 | 中小学实验与装备 | 144 | 0.072 | 0.037 | 1.00 | 75 | 0.09 | 0.31 | 6.5 | 3 |
| P03 | 中小学外语教学(中学) | 1637 | 1.514 | 0.657 | 0.90 | 167 | 0.19 | 0.70 | 6.2 | 9 |
| P03 | 中小学校长 | 111 | 0.065 | 0.004 | 1.00 | 77 | 0.09 | 0.32 | 5.2 | 2 |
| P03 | 中小学英语教学与研究 | 1304 | 0.531 | 0.162 | 0.93 | 163 | 0.20 | 0.68 | 8.2 | 6 |
| P03 | 中学地理教学参考 | 623 | — | 0.115 | 0.93 | 168 | 0.14 | 0.70 | 3.9 | 5 |
| P03 | 中学化学教学参考 | 993 | 0.488 | 0.148 | 0.92 | 137 | 0.18 | 0.57 | 5.1 | 7 |
| P03 | 中学课程辅导(教师通讯) | 524 | 0.176 | 0.047 | 0.97 | 119 | 0.13 | 0.50 | 1.6 | 4 |
| P03 | 中学课程辅导(教学研究) | 1061 | 0.083 | 0.008 | 0.98 | 180 | 0.19 | 0.75 | 2.4 | 4 |
| P03 | 中学课程资源 | 223 | — | 0.069 | 1.00 | 82 | 0.10 | 0.34 | 2.6 | 3 |
| P03 | 中学理科园地 | 38 | 0.055 | 0.030 | 0.95 | 28 | 0.04 | 0.12 | 2.1 | 1 |
| P03 | 中学生物学 | 430 | 0.136 | 0.059 | 0.90 | 129 | 0.16 | 0.54 | 5.2 | 4 |
| P03 | 中学数学 | 975 | 0.324 | 0.159 | 0.62 | 145 | 0.22 | 0.60 | 2.9 | 6 |
| P03 | 中学数学教学 | 149 | 0.135 | 0.015 | 0.94 | 67 | 0.11 | 0.28 | 8.4 | 3 |
| P03 | 中学数学教学参考 | 1195 | — | 0.430 | 0.93 | 149 | 0.23 | 0.62 | 4.4 | 7 |
| P03 | 中学数学研究 | 308 | 0.253 | 0.098 | 0.80 | 91 | 0.16 | 0.38 | 4.5 | 4 |
| P03 | 中学数学月刊 | 292 | 0.345 | 0.052 | 0.94 | 97 | 0.17 | 0.40 | 4.5 | 4 |
| P03 | 中学数学杂志(初中版) | 98 | 0.358 | 0.078 | 0.94 | 35 | 0.08 | 0.15 | 2.8 | 2 |
| P03 | 中学数学杂志(高中版) | 90 | 0.365 | 0.041 | 0.83 | 40 | 0.08 | 0.17 | 3.3 | 2 |
| P03 | 中学物理(初中版) | 483 | — | 0.069 | 1.00 | 108 | 0.15 | 0.45 | 2.8 | 4 |
| P03 | 中学物理(高中版) | 420 | — | 0.084 | 1.00 | 100 | 0.15 | 0.42 | 2.4 | 3 |
| P03 | 中学物理教学参考 | 508 | — | 0.097 | 0.90 | 102 | 0.12 | 0.43 | 3.6 | 4 |
| P03 | 中学语文教学 | 740 | 0.538 | 0.142 | 0.95 | 179 | 0.23 | 0.75 | 7.6 | 5 |
| P03 | 中学语文教学参考 | 428 | 1.062 | 0.119 | 0.98 | 128 | 0.16 | 0.53 | 6.3 | 4 |
| P03 | 中学政史地(高中文综) | 26 | — | — | 1.00 | 18 | 0.02 | 0.08 | 3.7 | 1 |
| P03 | 中学政史地(教学指导版) | 122 | — | 0.015 | 1.00 | 53 | 0.09 | 0.22 | 2.6 | 2 |
| P03 | 中学政治教学参考 | 558 | — | 0.137 | 0.98 | 180 | 0.18 | 0.75 | 4.0 | 3 |
| P03 | 综合实践活动研究 | 20 | — | 0.009 | 1.00 | 13 | 0.02 | 0.05 | 2.5 | 2 |
| P04 | 重庆高教研究 | 877 | 1.191 | 0.516 | 0.96 | 506 | 0.55 | 13.32 | 3.8 | 7 |
| P04 | 大学教育 | 2451 | 0.569 | 0.193 | 0.92 | 695 | 0.71 | 18.29 | 2.7 | 9 |
| P04 | 大学教育科学 | 1229 | 1.120 | 0.203 | 0.96 | 532 | 0.82 | 14.00 | 5.9 | 9 |
| P04 | 大学物理实验 | 1115 | 0.772 | 0.239 | 0.54 | 240 | 0.13 | 6.32 | 4.1 | 6 |

| 学科代码 | 期刊名称 | 扩展总被引频次 | 扩展影响因子 | 扩展即年指标 | 扩展他引率 | 扩展引用刊数 | 扩展学科影响指标 | 扩展学科扩散指标 | 扩展被引半衰期 | 扩展H指标 |
|---|---|---|---|---|---|---|---|---|---|---|
| P04 | 高等财经教育研究 | 566 | 0.816 | 0.293 | 0.99 | 320 | 0.53 | 8.42 | 5.8 | 5 |
| P04 | 高等工程教育研究 | 5451 | 4.227 | 0.751 | 0.96 | 988 | 0.92 | 26.00 | 4.6 | 23 |
| P04 | 高等继续教育学报 | 495 | 0.493 | 0.121 | 0.97 | 312 | 0.24 | 8.21 | 5.5 | 4 |
| P04 | 高等建筑教育 | 1968 | 0.943 | 0.139 | 0.87 | 433 | 0.47 | 11.39 | 5.4 | 8 |
| P04 | 高等教育研究 | 6944 | 3.080 | 0.474 | 0.98 | 1290 | 0.97 | 33.95 | 6.5 | 20 |
| P04 | 高等教育研究学报 | 1036 | 0.825 | 0.098 | 0.97 | 397 | 0.58 | 10.45 | 5.2 | 8 |
| P04 | 高等理科教育 | 1733 | 1.152 | 0.148 | 0.88 | 531 | 0.82 | 13.97 | 7.1 | 8 |
| P04 | 高教发展与评估 | 860 | 0.974 | 0.221 | 0.97 | 443 | 0.79 | 11.66 | 6.3 | 7 |
| P04 | 高教论坛 | 2896 | 0.740 | 0.198 | 0.98 | 805 | 0.82 | 21.18 | 5.4 | 9 |
| P04 | 高教探索 | 2989 | 1.561 | 0.396 | 0.98 | 925 | 0.89 | 24.34 | 5.0 | 14 |
| P04 | 高教学刊 | 1508 | — | 0.208 | 0.94 | 504 | 0.39 | 13.26 | 1.2 | 6 |
| P04 | 高校辅导员学刊 | 713 | 0.775 | 0.204 | 0.97 | 329 | 0.37 | 8.66 | 3.8 | 6 |
| P04 | 高校教育管理 | 1467 | 1.928 | 0.661 | 0.98 | 618 | 0.89 | 16.26 | 3.9 | 10 |
| P04 | 高校生物学教学研究(电子版) | 196 | 0.822 | 0.208 | 0.65 | 65 | 0.18 | 1.71 | 2.8 | 4 |
| P04 | 黑龙江高教研究 | 6749 | 1.288 | 0.179 | 0.98 | 1248 | 0.97 | 32.84 | 5.3 | 14 |
| P04 | 黑龙江教育(高教研究与评估版) | 2257 | 0.608 | 0.258 | 0.98 | 698 | 0.76 | 18.37 | 4.8 | 7 |
| P04 | 化工高等教育 | 1542 | 0.925 | 0.176 | 0.91 | 317 | 0.42 | 8.34 | 6.0 | 7 |
| P04 | 教书育人(高教论坛) | 970 | 0.286 | 0.107 | 0.99 | 410 | 0.42 | 10.79 | 4.2 | 4 |
| P04 | 煤炭高等教育 | 798 | 0.497 | 0.101 | 0.96 | 386 | 0.66 | 10.16 | 6.5 | 5 |
| P04 | 民族高等教育研究 | 729 | 0.418 | 0.113 | 0.99 | 442 | 0.37 | 11.63 | 5.8 | 5 |
| P04 | 山东高等教育 | 339 | 0.586 | 0.111 | 0.96 | 238 | 0.34 | 6.26 | 3.0 | 4 |
| P04 | 现代教育科学 | 2316 | 0.927 | 0.121 | 0.99 | 791 | 0.92 | 20.82 | 5.9 | 8 |
| P04 | 学位与研究生教育 | 2773 | 1.688 | 0.141 | 0.93 | 649 | 0.89 | 17.08 | 5.6 | 12 |
| P04 | 研究生教育研究 | 976 | 1.147 | 0.284 | 0.96 | 410 | 0.71 | 10.79 | 4.5 | 8 |
| P04 | 中国大学教学 | 7448 | 3.945 | 0.368 | 0.98 | 1180 | 0.97 | 31.05 | 5.3 | 24 |
| P04 | 中国高等教育 | 6911 | 3.949 | 0.459 | 0.99 | 1289 | 1.00 | 33.92 | 5.1 | 17 |
| P04 | 中国高教研究 | 7976 | 3.610 | 1.154 | 0.98 | 1337 | 0.97 | 35.18 | 5.6 | 22 |
| P04 | 中国教育信息化·高教职教 | 2018 | 1.089 | 0.270 | 0.97 | 662 | 0.63 | 17.42 | 4.1 | 10 |
| P04 | 中国校外教育(上旬刊) | 4569 | 1.093 | 0.344 | 0.99 | 449 | 0.37 | 11.82 | 2.4 | 12 |
| P05 | 安徽广播电视大学学报 | 244 | 0.251 | 0.054 | 0.92 | 171 | 0.14 | 1.41 | 5.9 | 4 |
| P05 | 安徽职业技术学院学报 | 204 | 0.230 | 0.022 | 0.98 | 146 | 0.13 | 1.21 | 5.9 | 4 |
| P05 | 包头职业技术学院学报 | 191 | 0.254 | 0.084 | 0.98 | 152 | 0.10 | 1.26 | 4.3 | 4 |
| P05 | 长春教育学院学报 | 2576 | 0.345 | 0.135 | 1.00 | 684 | 0.45 | 5.65 | 2.9 | 8 |

| 学科代码 | 期刊名称 | 扩展总被引频次 | 扩展影响因子 | 扩展即年指标 | 扩展他引率 | 扩展引用刊数 | 扩展学科影响指标 | 扩展学科扩散指标 | 扩展被引半衰期 | 扩展H指标 |
|---|---|---|---|---|---|---|---|---|---|---|
| P05 | 成人教育 | 2041 | 0.647 | 0.280 | 0.96 | 597 | 0.56 | 4.93 | 4.8 | 8 |
| P05 | 重庆广播电视大学学报 | 176 | 0.325 | 0.027 | 0.98 | 136 | 0.14 | 1.12 | 4.6 | 3 |
| P05 | 滁州职业技术学院学报 | 213 | 0.284 | 0.084 | 0.99 | 146 | 0.11 | 1.21 | 4.7 | 3 |
| P05 | 当代职业教育 | 1076 | 0.548 | 0.214 | 0.98 | 377 | 0.41 | 3.12 | 3.1 | 6 |
| P05 | 阜阳职业技术学院学报 | 113 | 0.257 | 0.087 | 0.98 | 89 | 0.07 | 0.74 | 2.3 | 3 |
| P05 | 甘肃广播电视大学学报 | 179 | 0.169 | 0.024 | 0.99 | 140 | 0.11 | 1.16 | 5.5 | 4 |
| P05 | 高等职业教育-天津职业大学学报 | 842 | 0.870 | 0.096 | 0.99 | 362 | 0.40 | 2.99 | 4.9 | 7 |
| P05 | 工业技术与职业教育 | 315 | 0.444 | 0.156 | 0.96 | 196 | 0.12 | 1.62 | 3.9 | 4 |
| P05 | 广播电视大学学报(哲学社会科学版) | 222 | 0.233 | 0.067 | 0.90 | 150 | 0.10 | 1.24 | 7.5 | 3 |
| P05 | 广东开放大学学报 | 255 | 0.269 | 0.124 | 0.97 | 184 | 0.24 | 1.52 | 4.5 | 4 |
| P05 | 广西广播电视大学学报 | 174 | 0.369 | 0.035 | 0.97 | 130 | 0.12 | 1.07 | 4.7 | 4 |
| P05 | 广西教育(高等教育) | 1159 | 0.215 | 0.052 | 0.95 | 440 | 0.36 | 3.64 | 3.4 | 4 |
| P05 | 广州城市职业学院学报 | 175 | 0.405 | 0.063 | 0.99 | 133 | 0.14 | 1.10 | 3.8 | 3 |
| P05 | 广州广播电视大学学报 | 242 | 0.272 | 0.055 | 0.99 | 176 | 0.21 | 1.45 | 4.3 | 3 |
| P05 | 高等职业教育探索 | 400 | 0.821 | 0.286 | 0.98 | 240 | 0.25 | 1.98 | 4.2 | 5 |
| P05 | 哈尔滨职业技术学院学报 | 775 | 0.252 | 0.140 | 0.98 | 337 | 0.31 | 2.79 | 3.8 | 5 |
| P05 | 海南广播电视大学学报 | 245 | 0.254 | 0.033 | 1.00 | 170 | 0.12 | 1.40 | 4.4 | 3 |
| P05 | 邯郸职业技术学院学报 | 214 | 0.251 | 0.020 | 1.00 | 154 | 0.10 | 1.27 | 5.2 | 3 |
| P05 | 河北大学成人教育学院学报 | 468 | 0.579 | 0.069 | 0.94 | 225 | 0.22 | 1.86 | 5.6 | 5 |
| P05 | 河北广播电视大学学报 | 333 | 0.242 | 0.078 | 0.99 | 228 | 0.26 | 1.88 | 5.0 | 3 |
| P05 | 河北能源职业技术学院学报 | 282 | 0.280 | 0.030 | 1.00 | 176 | 0.09 | 1.45 | 4.7 | 4 |
| P05 | 河南广播电视大学学报 | 305 | 0.336 | 0.128 | 0.99 | 205 | 0.17 | 1.69 | 4.5 | 3 |
| P05 | 湖北成人教育学院学报 | 645 | 0.372 | 0.118 | 0.99 | 335 | 0.24 | 2.77 | 4.5 | 5 |
| P05 | 湖北广播电视大学学报 | 1577 | 0.292 | 0.148 | 1.00 | 571 | 0.45 | 4.72 | 5.0 | 7 |
| P05 | 湖北函授大学学报 | 2102 | 0.249 | 0.113 | 0.98 | 599 | 0.36 | 4.95 | 2.4 | 8 |
| P05 | 湖北职业技术学院学报 | 238 | 0.356 | 0.020 | 0.97 | 185 | 0.17 | 1.53 | 5.0 | 4 |
| P05 | 湖南工业职业技术学院学报 | 618 | 0.345 | 0.078 | 0.98 | 333 | 0.26 | 2.75 | 4.3 | 4 |
| P05 | 湖南广播电视大学学报 | 235 | 0.237 | 0.104 | 0.97 | 173 | 0.19 | 1.43 | 5.8 | 3 |
| P05 | 湖州职业技术学院学报 | 201 | 0.221 | 0.083 | 1.00 | 157 | 0.12 | 1.30 | 6.1 | 3 |
| P05 | 淮北职业技术学院学报 | 693 | 0.262 | 0.135 | 0.97 | 327 | 0.15 | 2.70 | 5.0 | 7 |
| P05 | 淮南职业技术学院学报 | 493 | 0.440 | 0.229 | 0.98 | 285 | 0.16 | 2.36 | 4.5 | 5 |
| P05 | 黄冈职业技术学院学报 | 417 | 0.301 | 0.100 | 0.97 | 254 | 0.22 | 2.10 | 4.5 | 4 |
| P05 | 机械职业教育 | 857 | 0.417 | 0.201 | 0.98 | 326 | 0.36 | 2.69 | 4.8 | 5 |

| 学科代码 | 期刊名称 | 扩展总被引频次 | 扩展影响因子 | 扩展即年指标 | 扩展他引率 | 扩展引用刊数 | 扩展学科影响指标 | 扩展学科扩散指标 | 扩展被引半衰期 | 扩展H指标 |
|---|---|---|---|---|---|---|---|---|---|---|
| P05 | 吉林广播电视大学学报 | 1354 | 0.257 | 0.110 | 0.99 | 521 | 0.28 | 4.31 | 3.6 | 5 |
| P05 | 济南职业学院学报 | 579 | 0.404 | 0.066 | 1.00 | 304 | 0.19 | 2.51 | 4.0 | 5 |
| P05 | 济源职业技术学院学报 | 234 | 0.292 | 0.070 | 0.98 | 166 | 0.09 | 1.37 | 4.7 | 3 |
| P05 | 江西广播电视大学学报 | 183 | 0.328 | 0.123 | 0.98 | 135 | 0.14 | 1.12 | 4.4 | 3 |
| P05 | 教师教育学报 | 1431 | 0.733 | 0.168 | 0.99 | 715 | 0.31 | 5.91 | 5.2 | 5 |
| P05 | 教师教育研究 | 2260 | 2.080 | 0.254 | 0.97 | 648 | 0.37 | 5.36 | 6.4 | 11 |
| P05 | 教育与职业 | 14359 | 1.140 | 0.374 | 0.98 | 1458 | 0.88 | 12.05 | 4.5 | 14 |
| P05 | 金华职业技术学院学报 | 379 | 0.407 | 0.129 | 0.98 | 256 | 0.23 | 2.12 | 4.9 | 4 |
| P05 | 晋城职业技术学院学报 | 224 | 0.204 | 0.091 | 0.99 | 165 | 0.17 | 1.36 | 3.8 | 4 |
| P05 | 九江职业技术学院学报 | 280 | 0.252 | 0.060 | 1.00 | 184 | 0.15 | 1.52 | 4.4 | 3 |
| P05 | 开放教育研究 | 3939 | 6.950 | 1.113 | 0.99 | 886 | 0.69 | 7.32 | 3.6 | 21 |
| P05 | 开放学习研究 | 344 | 0.981 | 0.115 | 0.98 | 209 | 0.23 | 1.73 | 3.5 | 6 |
| P05 | 开封教育学院学报 | 1559 | 0.290 | 0.103 | 0.99 | 519 | 0.31 | 4.29 | 2.2 | 6 |
| P05 | 兰州教育学院学报 | 1396 | 0.385 | 0.127 | 1.00 | 537 | 0.34 | 4.44 | 2.7 | 8 |
| P05 | 兰州石化职业技术学院学报 | 343 | 0.732 | 0.228 | 0.49 | 132 | 0.08 | 1.09 | 3.3 | 4 |
| P05 | 黎明职业大学学报 | 150 | 0.281 | 0.077 | 0.96 | 117 | 0.07 | 0.97 | 5.5 | 4 |
| P05 | 连云港职业技术学院学报 | 172 | 0.215 | 0.010 | 0.99 | 133 | 0.08 | 1.10 | 6.3 | 3 |
| P05 | 辽宁高职学报 | 1669 | 0.563 | 0.144 | 0.95 | 479 | 0.45 | 3.96 | 4.5 | 6 |
| P05 | 辽宁广播电视大学学报 | 273 | 0.194 | 0.100 | 0.99 | 166 | 0.19 | 1.37 | 3.9 | 3 |
| P05 | 柳州职业技术学院学报 | 296 | 0.195 | 0.018 | 1.00 | 194 | 0.14 | 1.60 | 5.3 | 4 |
| P05 | 漯河职业技术学院学报 | 723 | 0.213 | 0.041 | 1.00 | 335 | 0.20 | 2.77 | 4.4 | 4 |
| P05 | 闽西职业技术学院学报 | 313 | 0.216 | 0.108 | 1.00 | 213 | 0.11 | 1.76 | 6.0 | 4 |
| P05 | 南方职业教育学刊 | 282 | 0.402 | 0.081 | 0.96 | 176 | 0.17 | 1.45 | 3.5 | 5 |
| P05 | 南京广播电视大学学报 | 226 | 0.292 | 0.124 | 0.97 | 150 | 0.23 | 1.24 | 4.5 | 3 |
| P05 | 南宁职业技术学院学报 | 404 | 0.340 | 0.154 | 0.93 | 248 | 0.17 | 2.05 | 4.6 | 4 |
| P05 | 南通职业大学学报 | 322 | 0.624 | 0.096 | 0.98 | 230 | 0.15 | 1.90 | 3.7 | 4 |
| P05 | 宁波广播电视大学学报 | 205 | 0.224 | 0.050 | 0.98 | 153 | 0.14 | 1.26 | 5.3 | 3 |
| P05 | 宁波职业技术学院学报 | 400 | 0.332 | 0.093 | 0.99 | 276 | 0.25 | 2.28 | 5.3 | 4 |
| P05 | 濮阳职业技术学院学报 | 314 | 0.083 | 0.054 | 0.97 | 220 | 0.08 | 1.82 | 6.3 | 3 |
| P05 | 青岛职业技术学院学报 | 385 | 0.394 | 0.154 | 0.98 | 233 | 0.22 | 1.93 | 4.6 | 4 |
| P05 | 青年发展论坛 | 310 | 0.307 | 0.086 | 1.00 | 198 | 0.12 | 1.64 | 3.8 | 4 |
| P05 | 清远职业技术学院学报 | 247 | 0.172 | 0.041 | 0.98 | 176 | 0.18 | 1.45 | 4.4 | 5 |
| P05 | 三门峡职业技术学院学报 | 241 | 0.229 | 0.025 | 0.98 | 173 | 0.07 | 1.43 | 5.8 | 3 |

## 2016 年中国科技期刊被引指标按类刊名字顺索引(续)

| 学科代码 | 期刊名称 | 扩展总被引频次 | 扩展影响因子 | 扩展即年指标 | 扩展他引率 | 扩展引用刊数 | 扩展学科影响指标 | 扩展学科扩散指标 | 扩展被引半衰期 | 扩展H指标 |
|---|---|---|---|---|---|---|---|---|---|---|
| P05 | 沙洲职业工学院学报 | 146 | 0.400 | 0.119 | 0.96 | 114 | 0.11 | 0.94 | 5.1 | 4 |
| P05 | 厦门广播电视大学学报 | 170 | 0.444 | 0.085 | 0.98 | 123 | 0.16 | 1.02 | 3.6 | 3 |
| P05 | 山东广播电视大学学报 | 169 | 0.279 | 0.134 | 0.99 | 128 | 0.12 | 1.06 | 4.0 | 3 |
| P05 | 山西广播电视大学学报 | 439 | 0.402 | 0.198 | 0.93 | 246 | 0.17 | 2.03 | 5.6 | 4 |
| P05 | 陕西广播电视大学学报 | 197 | 0.333 | 0.050 | 0.96 | 153 | 0.17 | 1.26 | 4.0 | |
| P05 | 商丘职业技术学院学报 | 429 | 0.204 | 0.068 | 0.99 | 267 | 0.14 | 2.21 | 5.0 | 5 |
| P05 | 深圳职业技术学院学报 | 213 | 0.284 | 0.091 | 0.99 | 166 | 0.12 | 1.37 | 4.8 | 4 |
| P05 | 石家庄职业技术学院学报 | 345 | 0.217 | 0.087 | 0.99 | 216 | 0.14 | 1.79 | 5.4 | 4 |
| P05 | 顺德职业技术学院学报 | 224 | 0.428 | 0.043 | 0.99 | 169 | 0.16 | 1.40 | 3.8 | 4 |
| P05 | 四川职业技术学院学报 | 666 | 0.285 | 0.059 | 0.99 | 307 | 0.18 | 2.54 | 4.3 | 5 |
| P05 | 苏州市职业大学学报 | 315 | 0.461 | 0.183 | 0.88 | 189 | 0.13 | 1.56 | 5.3 | 4 |
| P05 | 泰州职业技术学院学报 | 358 | 0.355 | 0.086 | 0.98 | 245 | 0.11 | 2.02 | 4.8 | 4 |
| P05 | 天津电大学报 | 228 | 0.464 | 0.155 | 0.97 | 166 | 0.30 | 1.37 | 4.2 | 4 |
| P05 | 铜陵职业技术学院学报 | 264 | 0.250 | 0.092 | 0.99 | 181 | 0.09 | 1.50 | 5.0 | 4 |
| P05 | 卫生职业教育 | 6300 | 0.472 | 0.157 | 0.92 | 985 | 0.35 | 8.14 | 4.0 | 7 |
| P05 | 温州职业技术学院学报 | 312 | 0.444 | 0.072 | 0.85 | 186 | 0.17 | 1.54 | 5.2 | 4 |
| P05 | 乌鲁木齐职业大学学报 | 156 | 0.196 | 0.096 | 1.00 | 128 | 0.07 | 1.06 | 7.3 | 2 |
| P05 | 无锡职业技术学院学报 | 470 | 0.322 | 0.081 | 0.99 | 266 | 0.25 | 2.20 | 5.0 | 5 |
| P05 | 芜湖职业技术学院学报 | 245 | 0.199 | 0.051 | 1.00 | 172 | 0.12 | 1.42 | 6.3 | 4 |
| P05 | 武汉职业技术学院学报 | 478 | 0.348 | 0.160 | 0.99 | 283 | 0.24 | 2.34 | 4.8 | 6 |
| P05 | 西北成人教育学院学报 | 544 | 0.432 | 0.086 | 0.99 | 240 | 0.18 | 1.98 | 3.8 | 6 |
| P05 | 现代特殊教育 | 747 | 0.911 | 0.106 | 0.77 | 193 | 0.11 | 1.60 | 4.8 | 4 |
| P05 | 襄阳职业技术学院学报 | 531 | 0.338 | 0.089 | 0.95 | 303 | 0.22 | 2.50 | 4.5 | 5 |
| P05 | 新疆广播电视大学学报 | 129 | 0.295 | 0.078 | 0.89 | 84 | 0.11 | 0.69 | 5.1 | 3 |
| P05 | 新疆职业大学学报 | 236 | 0.160 | 0.051 | 1.00 | 174 | 0.11 | 1.44 | 5.4 | 4 |
| P05 | 新疆职业教育研究 | 245 | 0.307 | 0.051 | 0.98 | 155 | 0.17 | 1.28 | 4.9 | 3 |
| P05 | 邢台职业技术学院学报 | 510 | 0.366 | 0.077 | 1.00 | 279 | 0.24 | 2.31 | 4.7 | 5 |
| P05 | 烟台职业学院学报 | 322 | 0.255 | 0.099 | 0.99 | 145 | 0.07 | 1.20 | 3.6 | 5 |
| P05 | 延安职业技术学院学报 | 523 | 0.274 | 0.084 | 1.00 | 277 | 0.16 | 2.29 | 3.8 | 5 |
| P05 | 扬州职业大学学报 | 180 | 0.309 | 0.067 | 0.99 | 141 | 0.12 | 1.17 | 6.8 | 3 |
| P05 | 杨凌职业技术学院学报 | 353 | 0.471 | 0.125 | 0.91 | 210 | 0.12 | 1.74 | 4.9 | 4 |
| P05 | 岳阳职业技术学院学报 | 406 | 0.328 | 0.055 | 0.97 | 257 | 0.22 | 2.12 | 4.5 | 4 |
| P05 | 云南开放大学学报 | 188 | 0.449 | 0.105 | 0.96 | 137 | 0.17 | 1.13 | 4.0 | 4 |

## 2016 年中国科技期刊被引指标按类刊名字顺索引(续)

| 学科代码 | 期刊名称 | 扩展总被引频次 | 扩展影响因子 | 扩展即年指标 | 扩展他引率 | 扩展引用刊数 | 扩展学科影响指标 | 扩展学科扩散指标 | 扩展被引半衰期 | 扩展H指标 |
|---|---|---|---|---|---|---|---|---|---|---|
| P05 | 张家口职业技术学院学报 | 197 | 0.280 | 0.019 | 0.99 | 145 | 0.10 | 1.20 | 4.7 | 4 |
| P05 | 漳州职业技术学院学报 | 217 | 0.283 | 0.161 | 0.99 | 161 | 0.09 | 1.33 | 5.5 | 4 |
| P05 | 职教论坛 | 7177 | 1.380 | 0.468 | 0.96 | 985 | 0.87 | 8.14 | 4.2 | 15 |
| P05 | 职业技术教育 | 6826 | 1.598 | 0.188 | 0.97 | 991 | 0.83 | 8.19 | 5.3 | 17 |
| P05 | 职业教育 | 918 | 0.590 | 0.103 | 0.99 | 312 | 0.21 | 2.58 | 4.3 | 4 |
| P05 | 职业教育研究 | 4339 | 0.716 | 0.355 | 1.00 | 797 | 0.70 | 6.59 | 5.8 | 9 |
| P05 | 中国成人教育 | 7333 | 0.636 | 0.131 | 0.94 | 1176 | 0.81 | 9.72 | 5.0 | 10 |
| P05 | 中国职业技术教育 | 7877 | 2.062 | 0.687 | 0.96 | 1035 | 0.84 | 8.55 | 4.5 | 18 |
| P07 | JOURNAL OF SPORT AND HEALTH SCIENCE (JSHS) | 4 | 0.019 | — | 1.00 | 4 | 0.04 | 0.08 | 4.0 | 1 |
| P07 | 安徽体育科技 | 761 | 0.298 | 0.076 | 0.99 | 228 | 0.69 | 4.47 | 8.3 | 5 |
| P07 | 北京体育大学学报 | 7686 | 1.957 | 0.385 | 0.96 | 892 | 0.88 | 17.49 | 8.1 | 15 |
| P07 | 冰雪运动 | 1706 | 1.707 | 0.438 | 0.30 | 122 | 0.43 | 2.39 | 5.7 | 8 |
| P07 | 成都体育学院学报 | 2848 | 1.133 | 0.283 | 0.97 | 499 | 0.86 | 9.78 | 6.9 | 9 |
| P07 | 当代体育科技 | 5530 | 0.389 | 0.113 | 0.87 | 543 | 0.80 | 10.65 | 2.3 | 11 |
| P07 | 福建体育科技 | 617 | 0.312 | 0.081 | 0.99 | 211 | 0.80 | 4.14 | 8.7 | 5 |
| P07 | 广州体育学院学报 | 2120 | 0.903 | 0.198 | 0.97 | 449 | 0.86 | 8.80 | 7.6 | 8 |
| P07 | 哈尔滨体育学院学报 | 1201 | 0.678 | 0.152 | 0.87 | 301 | 0.75 | 5.90 | 7.2 | 5 |
| P07 | 河北体育学院学报 | 803 | 0.590 | 0.127 | 0.90 | 245 | 0.80 | 4.80 | 6.4 | 5 |
| P07 | 湖北体育科技 | 1424 | 0.360 | 0.164 | 0.98 | 320 | 0.82 | 6.27 | 6.6 | 6 |
| P07 | 吉林体育学院学报 | 1209 | 0.519 | 0.109 | 0.99 | 330 | 0.86 | 6.47 | 7.2 | 5 |
| P07 | 军事体育学报 | 665 | 0.346 | 0.097 | 0.90 | 217 | 0.75 | 4.25 | 7.6 | 5 |
| P07 | 辽宁体育科技 | 1032 | 0.338 | 0.064 | 0.97 | 270 | 0.76 | 5.29 | 8.4 | 4 |
| P07 | 青少年体育 | 715 | 0.263 | 0.127 | 0.95 | 182 | 0.69 | 3.57 | 2.5 | 4 |
| P07 | 拳击与格斗 | 19 | — | 0.004 | 0.95 | 12 | 0.14 | 0.24 | 6.3 | 1 |
| P07 | 山东体育科技 | 891 | 0.600 | 0.058 | 0.99 | 265 | 0.86 | 5.20 | 6.1 | 5 |
| P07 | 山东体育学院学报 | 1901 | 0.978 | 0.163 | 0.98 | 420 | 0.88 | 8.24 | 7.3 | 9 |
| P07 | 上海体育学院学报 | 2827 | 2.005 | 0.521 | 0.98 | 484 | 0.88 | 9.49 | 7.0 | 11 |
| P07 | 沈阳体育学院学报 | 1884 | 0.883 | 0.148 | 0.96 | 414 | 0.86 | 8.12 | 6.6 | 7 |
| P07 | 首都体育学院学报 | 1813 | 1.243 | 0.128 | 0.99 | 410 | 0.86 | 8.04 | 8.1 | 8 |
| P07 | 四川体育科学 | 1018 | 0.462 | 0.127 | 0.98 | 287 | 0.75 | 5.63 | 6.7 | 5 |
| P07 | 体育成人教育学刊 | 988 | 0.741 | 0.248 | 0.90 | 240 | 0.82 | 4.71 | 6.2 | 7 |
| P07 | 体育教学 | 780 | 0.145 | 0.052 | 0.94 | 185 | 0.47 | 3.63 | 7.7 | 5 |

| 学科代码 | 期刊名称 | 扩展总被引频次 | 扩展影响因子 | 扩展即年指标 | 扩展他引率 | 扩展引用刊数 | 扩展学科影响指标 | 扩展学科扩散指标 | 扩展被引半衰期 | 扩展H指标 |
|---|---|---|---|---|---|---|---|---|---|---|
| P07 | 体育科技 | 1010 | 0.367 | 0.044 | 0.97 | 284 | 0.78 | 5.57 | 5.5 | 6 |
| P07 | 体育科技文献通报 | 1901 | 0.325 | 0.172 | 0.96 | 398 | 0.82 | 7.80 | 4.8 | 6 |
| P07 | 体育科学 | 4668 | 2.688 | 0.672 | 0.95 | 688 | 0.88 | 13.49 | 7.8 | 13 |
| P07 | 体育科学研究 | 650 | 0.437 | 0.192 | 0.98 | 200 | 0.73 | 3.92 | 8.0 | 5 |
| P07 | 体育科研 | 1031 | 0.576 | 0.104 | 0.97 | 287 | 0.86 | 5.63 | 7.0 | 6 |
| P07 | 体育师友 | 376 | 0.186 | 0.042 | 0.94 | 121 | 0.39 | 2.37 | 6.8 | 3 |
| P07 | 体育文化导刊 | 4418 | 0.780 | 0.192 | 0.94 | 571 | 0.86 | 11.20 | 5.9 | 11 |
| P07 | 体育学刊 | 4129 | 1.866 | 0.428 | 0.97 | 607 | 0.86 | 11.90 | 7.3 | 11 |
| P07 | 体育研究与教育 | 1169 | 0.612 | 0.161 | 0.98 | 313 | 0.84 | 6.14 | 6.2 | 7 |
| P07 | 体育与科学 | 2508 | 1.652 | 0.427 | 0.96 | 429 | 0.86 | 8.41 | 6.8 | 9 |
| P07 | 天津体育学院学报 | 1817 | 1.256 | 0.255 | 0.96 | 397 | 0.88 | 7.78 | 7.7 | 9 |
| P07 | 武汉体育学院学报 | 3905 | 1.758 | 0.555 | 0.95 | 623 | 0.88 | 12.22 | 6.9 | 10 |
| P07 | 武术研究 | 1248 | 0.215 | 0.064 | 0.86 | 274 | 0.75 | 5.37 | 5.9 | 4 |
| P07 | 西安体育学院学报 | 2153 | 1.277 | 0.268 | 0.97 | 446 | 0.86 | 8.75 | 7.9 | 9 |
| P07 | 运动 | 2153 | 0.246 | 0.056 | 0.91 | 370 | 0.78 | 7.25 | 3.2 | 6 |
| P07 | 运动精品(学术版) | 70 | 0.037 | 0.006 | 0.96 | 44 | 0.18 | 0.86 | 2.8 | 2 |
| P07 | 浙江体育科学 | 1108 | 0.445 | 0.166 | 0.98 | 333 | 0.88 | 6.53 | 7.5 | 6 |
| P07 | 中国体育教练员 | 396 | 0.325 | 0.040 | 0.96 | 108 | 0.75 | 2.12 | 7.5 | 5 |
| P07 | 中国体育科技 | 2819 | 1.645 | 0.264 | 0.97 | 525 | 0.88 | 10.29 | 7.9 | 10 |
| P07 | 中国运动医学杂志 | 2166 | 0.861 | 0.131 | 0.90 | 580 | 0.82 | 11.37 | 6.3 | 8 |
| Q07 | 统计科学与实践 | 464 | 0.827 | 0.032 | 0.99 | 293 | 0.57 | 41.86 | 5.6 | 5 |
| Q07 | 统计研究 | 4318 | 2.240 | 0.302 | 0.97 | 1140 | 0.86 | 162.86 | 6.2 | 17 |
| Q07 | 统计与管理 | 1136 | 0.397 | 0.124 | 0.99 | 456 | 0.29 | 65.14 | 2.1 | 6 |
| Q07 | 统计与决策 | 7115 | 0.650 | 0.131 | 0.95 | 1726 | 1.00 | 246.57 | 5.2 | 10 |
| Q07 | 统计与信息论坛 | 1573 | 0.952 | 0.232 | 0.90 | 729 | 1.00 | 104.14 | 5.1 | 8 |
| Q07 | 统计与咨询 | 196 | 0.348 | 0.027 | 0.99 | 134 | 0.43 | 19.14 | 5.1 | 3 |

# 6　2016年中国科技期刊来源指标按类刊名字顺索引

| 学科代码 | 期刊名称 | 来源文献量 | 文献选出率 | 平均引文数 | 平均作者数 | 地区分布数 | 机构分布数 | 海外论文比 | 基金论文比 | 引用半衰期 |
|---|---|---|---|---|---|---|---|---|---|---|
| A01 | Chinese Science Bulletin | 256 | 0.92 | 38.1 | 4.3 | 25 | 281 | 0.266 | 0.832 | 6.1 |
| A01 | High Technology Letters | 59 | 1.00 | 17.9 | 4.0 | 11 | 56 | 0.068 | 1.000 | 6.7 |
| A01 | Journal of Systems Science and Systems Engineering | 26 | 0.96 | 30.6 | 3.4 | 8 | 46 | 0.692 | 0.654 | 9.7 |
| A01 | Progress in Natural Science Materials International | 97 | 0.91 | 35.6 | 4.9 | 19 | 124 | 0.423 | 0.608 | 6.7 |
| A01 | 安徽科技 | 152 | 0.58 | 2.8 | 2.0 | 10 | 103 | — | 0.066 | 7.7 |
| A01 | 创新科技 | 338 | 1.00 | 6.2 | 1.6 | 24 | 158 | — | 0.500 | 4.2 |
| A01 | 大众科技 | 613 | 0.98 | 8.5 | 2.5 | 25 | 314 | 0.003 | 0.409 | 5.9 |
| A01 | 电大理工 | 169 | 0.97 | 3.7 | 1.3 | 23 | 121 | — | 0.201 | 5.6 |
| A01 | 福建分析测试 | 78 | 0.86 | 8.6 | 2.3 | 15 | 75 | — | 0.205 | 9.0 |
| A01 | 甘肃科技 | 1254 | 0.98 | 6.1 | 1.9 | 29 | 699 | 0.001 | 0.159 | 7.4 |
| A01 | 甘肃科技纵横 | 402 | 0.94 | 6.7 | 1.6 | 22 | 254 | — | 0.097 | 5.8 |
| A01 | 甘肃科学学报 | 181 | 1.00 | 11.7 | 2.8 | 15 | 49 | 0.000 | 0.480 | 8.0 |
| A01 | 高技术通讯 | 124 | 0.95 | 17.2 | 3.9 | 23 | 62 | 0.040 | 0.960 | 5.8 |
| A01 | 广西科学 | 94 | 0.97 | 19.2 | 4.7 | 12 | 46 | 0.060 | 0.930 | 8.6 |
| A01 | 广西科学院学报 | 51 | 0.96 | 19.5 | 4.6 | 6 | 51 | 0.020 | 0.961 | 8.9 |
| A01 | 贵州科学 | 120 | 0.98 | 12.0 | 3.6 | 9 | 76 | — | 0.650 | 9.2 |
| A01 | 河北省科学院学报 | 55 | 0.93 | 9.6 | 2.1 | 10 | 42 | 0.018 | 0.218 | 8.9 |
| A01 | 河南科技 | 814 | 0.71 | 3.3 | 2.1 | 30 | 565 | — | 0.134 | 7.0 |
| A01 | 河南科学 | 394 | 0.97 | 17.9 | 3.0 | 22 | 147 | 0.000 | 0.770 | 6.9 |
| A01 | 黑龙江科学 | 1827 | 1.00 | 4.4 | 1.6 | 29 | 764 | 0.001 | 0.143 | 5.6 |
| A01 | 江苏科技信息 | 1095 | 1.00 | 4.9 | 1.9 | 30 | 630 | 0.002 | 0.301 | 5.3 |
| A01 | 江西科学 | 191 | 0.98 | 12.3 | 3.2 | 13 | 124 | — | 0.717 | 6.8 |
| A01 | 科技传播 | 2788 | 0.98 | 3.9 | 1.4 | 31 | 1800 | 0.001 | 0.046 | 4.3 |
| A01 | 科技创新导报 | 3396 | 0.85 | 4.2 | 1.7 | 31 | 2373 | 0.001 | 0.140 | 4.8 |
| A01 | 科技创新与生产力 | 512 | 0.92 | 5.4 | 1.8 | 28 | 255 | 0.002 | 0.186 | 6.5 |
| A01 | 科技促进发展 | 107 | 0.90 | 10.6 | 2.3 | 8 | 55 | — | 0.579 | 6.8 |
| A01 | 科技导报 | 487 | 0.68 | 21.3 | 3.1 | 26 | 256 | 0.050 | 0.430 | 6.2 |
| A01 | 科技风 | 3017 | 0.91 | 3.5 | 1.4 | 31 | 1984 | 0.005 | 0.091 | 5.0 |
| A01 | 科技广场 | 535 | 1.00 | 9.2 | 1.9 | 29 | 251 | 0.013 | 0.318 | 5.8 |
| A01 | 科技通报 | 635 | 0.99 | 11.2 | 2.6 | 29 | 331 | 0.000 | 0.510 | 6.0 |
| A01 | 科技与创新 | 3036 | 1.00 | 3.2 | 1.5 | 31 | 2019 | 0.003 | 0.050 | 4.3 |
| A01 | 科技与经济 | 132 | 1.00 | 14.5 | 2.3 | 21 | 91 | — | 0.803 | 6.7 |

| 学科代码 | 期刊名称 | 来源文献量 | 文献选出率 | 平均引文数 | 平均作者数 | 地区分布数 | 机构分布数 | 海外论文比 | 基金论文比 | 引用半衰期 |
|---|---|---|---|---|---|---|---|---|---|---|
| A01 | 科技资讯 | 3668 | 0.86 | 4.2 | 1.6 | 31 | 2305 | 0.001 | 0.162 | 5.0 |
| A01 | 科学(上海) | 68 | 0.65 | 7.9 | 1.8 | 10 | 45 | 0.044 | 0.265 | 9.3 |
| A01 | 科学通报 | 421 | 0.85 | 43.8 | 4.1 | 23 | 208 | 0.050 | 0.760 | 7.6 |
| A01 | 内江科技 | 1031 | 0.85 | 4.3 | 1.6 | 31 | 536 | 0.002 | 0.204 | 7.6 |
| A01 | 内蒙古科技与经济 | 1921 | 1.00 | 4.5 | 1.5 | 31 | 922 | 0.004 | 0.160 | 5.7 |
| A01 | 前沿科学 | 28 | 0.62 | 18.0 | 1.5 | 6 | 26 | 0.179 | 0.107 | ≥10 |
| A01 | 厦门科技 | 72 | 0.74 | 5.2 | 1.3 | 3 | 46 | — | 0.125 | 8.7 |
| A01 | 山东科学 | 119 | 0.94 | 15.5 | 4.7 | 10 | 43 | 0.000 | 0.630 | 6.8 |
| A01 | 山西科技 | 307 | 0.99 | 5.5 | 1.6 | 28 | 244 | — | 0.179 | 6.3 |
| A01 | 石河子科技 | 127 | 0.95 | 3.7 | 1.3 | 2 | 56 | — | — | 4.6 |
| A01 | 实验科学与技术 | 394 | 0.99 | 10.1 | 3.2 | 27 | 218 | — | 0.703 | 6.1 |
| A01 | 实验室科学 | 414 | 0.99 | 11.1 | 3.4 | 29 | 246 | 0.002 | 0.739 | 5.2 |
| A01 | 天津科技 | 357 | 0.99 | 6.3 | 2.4 | 21 | 215 | — | 0.185 | 7.9 |
| A01 | 通讯世界 | 5144 | 1.00 | 3.1 | 1.5 | 31 | 2608 | 0.003 | 0.021 | 3.6 |
| A01 | 武夷科学 | 22 | 1.00 | 14.5 | 4.1 | 2 | 15 | 0.136 | 0.409 | 7.9 |
| A01 | 西藏科技 | 338 | 0.97 | 6.1 | 2.3 | 12 | 160 | — | 0.219 | 8.7 |
| A01 | 阴山学刊(自然科学版) | 190 | 0.98 | 7.2 | 1.9 | 16 | 80 | — | 0.605 | 6.9 |
| A01 | 中国发明与专利 | 323 | 0.95 | 5.3 | 2.0 | 23 | 127 | — | 0.053 | 6.4 |
| A01 | 中国高校科技 | 371 | 0.98 | 5.0 | 1.7 | 27 | 233 | 0.003 | 0.491 | 3.8 |
| A01 | 中国基础科学 | 51 | 0.94 | 35.7 | 2.7 | 12 | 34 | 0.000 | 0.630 | 5.5 |
| A01 | 中国科技论文 | 555 | 1.00 | 17.4 | 4.0 | 30 | 310 | 0.011 | 0.982 | 7.3 |
| A01 | 中国科技史杂志 | 41 | 0.71 | 32.2 | 1.5 | 11 | 27 | 0.049 | 0.488 | ≥10 |
| A01 | 中国科技术语 | 77 | 0.67 | 12.2 | 1.5 | 18 | 63 | 0.039 | 0.273 | ≥10 |
| A01 | 中国科技信息 | 680 | 0.61 | — | 2.5 | 30 | 485 | 0.006 | 0.357 | — |
| A01 | 中国科技纵横 | 4240 | 0.87 | 3.7 | 1.5 | 31 | 2951 | 0.004 | 0.043 | 4.8 |
| A01 | 中国科学基金 | 103 | 0.90 | 13.5 | 3.5 | 19 | 62 | 0.000 | 0.330 | 5.3 |
| A01 | 中国科学院院刊 | 175 | 0.93 | 17.5 | 3.2 | 15 | 75 | 0.010 | 0.590 | 4.7 |
| A01 | 中国西部 | 405 | 0.64 | 1.6 | 1.1 | 25 | 245 | — | 0.022 | 4.8 |
| A01 | 自然科学史研究 | 39 | 0.81 | 40.6 | 1.4 | 14 | 26 | 0.026 | 0.667 | ≥10 |
| A01 | 自然杂志 | 65 | 0.82 | 21.3 | 2.5 | 8 | 33 | 0.050 | 0.380 | 7.8 |
| A02 | Journal of Zhejiang University Science A: Applied Physics & Engineering | 77 | 0.88 | 35.1 | 4.1 | 9 | 27 | 0.230 | 0.740 | 8.0 |
| A02 | Wuhan University Journal of Natural Sciences | 77 | 1.00 | 20.8 | 3.6 | 19 | 53 | 0.000 | 0.920 | 7.7 |
| A02 | 安徽大学学报(自然科学版) | 97 | 1.00 | 18.5 | 3.5 | 24 | 58 | 0.000 | 0.850 | 7.4 |

| 学科代码 | 期刊名称 | 来源文献量 | 文献选出率 | 平均引文数 | 平均作者数 | 地区分布数 | 机构分布数 | 海外论文比 | 基金论文比 | 引用半衰期 |
|---|---|---|---|---|---|---|---|---|---|---|
| A02 | 安徽科技学院学报 | 155 | 0.99 | 11.6 | 3.1 | 6 | 66 | — | 0.994 | 5.9 |
| A02 | 宝鸡文理学院学报(自然科学版) | 60 | 0.88 | 16.2 | 2.4 | 14 | 31 | — | 0.817 | 8.2 |
| A02 | 北华大学学报(自然科学版) | 185 | 0.96 | 12.6 | 3.6 | 19 | 62 | 0.000 | 0.820 | 6.9 |
| A02 | 北京城市学院学报 | 126 | 0.96 | 6.9 | 1.6 | 20 | 81 | — | 0.833 | 6.7 |
| A02 | 北京大学学报(自然科学版) | 141 | 0.99 | 26.1 | 3.6 | 17 | 52 | 0.040 | 0.870 | 9.2 |
| A02 | 教师发展研究 | 45 | 0.92 | 9.4 | 1.9 | 13 | 43 | — | 0.378 | 8.5 |
| A02 | 北京联合大学学报(自然科学版) | 64 | 0.94 | 11.8 | 2.5 | 10 | 35 | 0.031 | 0.594 | 6.5 |
| A02 | 渤海大学学报(自然科学版) | 73 | 0.97 | 11.8 | 2.9 | 2 | 10 | 0.010 | 0.950 | 6.4 |
| A02 | 长春大学学报(自然科学版) | 173 | 0.97 | 7.8 | 1.6 | 25 | 128 | 0.035 | 0.838 | 6.7 |
| A02 | 长江大学学报(自科版) | 711 | 0.94 | 10.1 | 3.2 | 28 | 453 | 0.004 | 0.556 | 7.1 |
| A02 | 常州大学学报(自然科学版) | 105 | 1.00 | 15.6 | 4.5 | 3 | 33 | 0.010 | 0.933 | 6.9 |
| A02 | 成都大学学报(自然科学版) | 108 | 0.97 | 10.3 | 3.6 | 13 | 63 | — | 0.565 | 8.0 |
| A02 | 赤峰学院学报(自然科学版) | 2649 | 1.00 | 6.1 | 1.6 | 31 | 660 | 0.008 | 0.448 | 5.7 |
| A02 | 重庆工商大学学报(自然科学版) | 135 | 0.99 | 11.5 | 1.9 | 16 | 63 | — | 0.859 | 7.0 |
| A02 | 重庆科技学院学报(自然科学版) | 206 | 0.97 | 9.2 | 3.3 | 28 | 182 | — | 1.000 | 8.1 |
| A02 | 重庆理工大学学报(自然科学版) | 317 | 0.97 | 14.1 | 3.0 | 25 | 91 | 0.000 | 0.770 | 6.7 |
| A02 | 德州学院学报 | 134 | 0.96 | 12.7 | 1.9 | 25 | 88 | 0.007 | 0.507 | ≥10 |
| A02 | 佛山科学技术学院学报(自然科学版) | 119 | 0.98 | 7.5 | 2.9 | 9 | 89 | 0.008 | 0.580 | 8.8 |
| A02 | 福州大学学报(自然科学版) | 152 | 0.99 | 14.1 | 2.9 | 11 | 30 | 0.010 | 0.970 | 7.6 |
| A02 | 复旦学报(自然科学版) | 110 | 0.95 | 20.5 | 3.9 | 10 | 31 | 0.010 | 0.720 | 9.1 |
| A02 | 广西大学学报(自然科学版) | 263 | 0.98 | 16.1 | 4.5 | 28 | 65 | 0.010 | 0.980 | 6.3 |
| A02 | 广西民族大学学报(自然科学版) | 79 | 0.95 | 13.9 | 2.0 | 12 | 82 | — | 0.671 | 9.2 |
| A02 | 广州大学学报(自然科学版) | 94 | 0.98 | 16.6 | 3.4 | 4 | 29 | — | 0.862 | 9.0 |
| A02 | 贵阳学院学报(自然科学版) | 83 | 0.95 | 7.8 | 2.0 | 14 | 52 | — | 0.602 | 6.5 |
| A02 | 贵州大学学报(自然科学版) | 174 | 0.98 | 10.7 | 3.3 | 14 | 36 | 0.010 | 0.900 | 8.0 |
| A02 | 哈尔滨商业大学学报(自然科学版) | 172 | 0.98 | 12.4 | 3.2 | 15 | 72 | — | 0.686 | 8.4 |
| A02 | 海南大学学报(自然科学版) | 59 | 0.98 | 15.1 | 3.5 | 8 | 16 | 0.020 | 0.690 | 6.4 |
| A02 | 合肥学院学报(综合版) | 175 | 0.99 | 9.9 | 1.7 | 11 | 69 | — | 0.714 | 9.1 |
| A02 | 河北北方学院学报(自然科学版) | 210 | 0.95 | 10.3 | 3.2 | 17 | 118 | — | 0.490 | 5.1 |
| A02 | 河北大学学报(自然科学版) | 103 | 1.00 | 16.4 | 3.8 | 13 | 33 | 0.000 | 0.910 | 7.8 |
| A02 | 河北工程技术高等专科学校学报 | 82 | 0.95 | 4.9 | 3.1 | 4 | 44 | — | 0.256 | 5.9 |
| A02 | 河北科技大学学报 | 92 | 0.96 | 25.8 | 4.2 | 17 | 36 | 0.010 | 0.910 | 6.7 |
| A02 | 河南大学学报(自然科学版) | 99 | 0.99 | 22.6 | 3.7 | 16 | 35 | 0.000 | 0.960 | 6.6 |
| A02 | 河南教育学院学报(自然科学版) | 89 | 0.96 | 7.1 | 1.8 | 16 | 59 | — | 0.843 | 6.9 |

| 学科代码 | 期刊名称 | 来源文献量 | 文献选出率 | 平均引文数 | 平均作者数 | 地区分布数 | 机构分布数 | 海外论文比 | 基金论文比 | 引用半衰期 |
|---|---|---|---|---|---|---|---|---|---|---|
| A02 | 河南科技大学学报(自然科学版) | 127 | 0.97 | 13.9 | 3.5 | 22 | 58 | 0.020 | 0.990 | 5.5 |
| A02 | 河南科技学院学报(自然科学版) | 95 | 1.00 | 13.4 | 3.8 | 14 | 55 | 0.011 | 0.726 | 7.3 |
| A02 | 黑龙江大学自然科学学报 | 132 | 0.96 | 17.2 | 3.3 | 24 | 64 | 0.020 | 0.950 | 6.7 |
| A02 | 湖北大学学报(自然科学版) | 101 | 0.98 | 14.5 | 3.9 | 16 | 40 | 0.000 | 0.680 | 8.9 |
| A02 | 湖北科技学院学报 | 548 | 0.99 | 6.6 | 1.5 | 29 | 280 | 0.002 | 0.418 | 7.5 |
| A02 | 湖北民族学院学报(自然科学版) | 112 | 0.97 | 14.3 | 2.8 | 16 | 55 | — | 0.875 | 6.6 |
| A02 | 湖北文理学院学报 | 211 | 0.98 | 11.4 | 1.6 | 21 | 114 | 0.024 | 0.493 | 8.9 |
| A02 | 湖南工程学院学报(自然科学版) | 84 | 0.95 | 8.4 | 3.2 | 6 | 41 | — | 0.786 | 7.8 |
| A02 | 湖南科技学院学报 | 759 | 0.99 | 6.6 | 1.4 | 30 | 374 | 0.007 | 0.501 | 7.6 |
| A02 | 湖南文理学院学报(自然科学版) | 81 | 0.95 | 12.6 | 3.3 | 11 | 47 | — | 0.679 | 7.0 |
| A02 | 华北理工大学学报(自然科学版) | 89 | 1.00 | 8.7 | 3.4 | 6 | 24 | 0.011 | 0.539 | 7.2 |
| A02 | 华北水利水电大学学报(自然科学版) | 97 | 1.00 | 14.8 | 3.6 | 17 | 75 | 0.010 | 0.825 | 6.6 |
| A02 | 华侨大学学报(自然科学版) | 158 | 0.97 | 15.2 | 2.8 | 23 | 72 | 0.010 | 0.940 | 5.8 |
| A02 | 怀化学院学报 | 361 | 0.99 | 10.0 | 1.6 | 27 | 182 | 0.008 | 0.645 | 9.2 |
| A02 | 黄山学院学报 | 198 | 0.99 | 9.5 | 1.7 | 11 | 77 | — | 0.727 | 8.5 |
| A02 | 惠州学院学报 | 153 | 1.00 | 10.8 | 1.8 | 18 | 77 | 0.007 | 0.536 | 8.9 |
| A02 | 吉林大学学报(理学版) | 250 | 0.97 | 13.7 | 3.0 | 27 | 104 | 0.020 | 0.950 | 7.0 |
| A02 | 吉首大学学报(自然科学版) | 123 | 0.96 | 12.5 | 3.1 | 19 | 69 | — | 0.894 | 7.6 |
| A02 | 集美大学学报(自然科学版) | 77 | 0.94 | 14.7 | 3.8 | 2 | 22 | — | 0.948 | 7.6 |
| A02 | 济南大学学报(自然科学版) | 80 | 1.00 | 24.3 | 3.3 | 17 | 45 | 0.000 | 0.980 | 7.3 |
| A02 | 暨南大学学报(自然科学与医学版) | 97 | 0.98 | 18.2 | 4.5 | 19 | 56 | 0.030 | 0.840 | 6.2 |
| A02 | 佳木斯大学学报(自然科学版) | 303 | 0.99 | 5.0 | 2.4 | 23 | 170 | 0.003 | 0.581 | 7.9 |
| A02 | 嘉兴学院学报 | 144 | 0.99 | 12.0 | 1.7 | 16 | 69 | — | 0.521 | ≥10 |
| A02 | 嘉应学院学报 | 218 | 0.96 | 13.0 | 1.9 | 19 | 102 | 0.005 | 0.665 | ≥10 |
| A02 | 江汉大学学报(自然科学版) | 97 | 0.99 | 15.7 | 3.3 | 14 | 59 | — | 0.680 | 6.5 |
| A02 | 金陵科技学院学报 | 80 | 0.98 | 9.9 | 3.1 | 6 | 47 | 0.013 | 0.800 | 6.9 |
| A02 | 井冈山大学学报(自然科学版) | 122 | 0.99 | 12.9 | 3.2 | 22 | 101 | — | 0.852 | 7.5 |
| A02 | 九江学院学报(自然科学版) | 147 | 0.99 | 5.7 | 2.2 | 16 | 104 | 0.014 | 0.456 | 5.7 |
| A02 | 昆明理工大学学报(自然科学版) | 133 | 0.96 | 19.4 | 4.0 | 17 | 40 | 0.010 | 0.890 | 7.3 |
| A02 | 兰州大学学报(自然科学版) | 135 | 0.99 | 23.0 | 4.4 | 14 | 48 | 0.010 | 0.920 | 9.5 |
| A02 | 丽水学院学报 | 140 | 0.96 | 10.1 | 1.9 | 14 | 64 | 0.007 | 0.557 | 7.9 |
| A02 | 辽东学院学报(自然科学版) | 61 | 0.98 | 11.1 | 2.6 | 7 | 35 | — | 0.459 | 7.3 |
| A02 | 辽宁大学学报(自然科学版) | 71 | 0.90 | 16.7 | 3.7 | 6 | 33 | — | 0.718 | 9.2 |
| A02 | 辽宁工程技术大学学报(自然科学版) | 289 | 1.00 | 12.5 | 3.2 | 26 | 103 | 0.010 | 0.750 | 7.0 |

| 学科代码 | 期刊名称 | 来源文献量 | 文献选出率 | 平均引文数 | 平均作者数 | 地区分布数 | 机构分布数 | 海外论文比 | 基金论文比 | 引用半衰期 |
|---|---|---|---|---|---|---|---|---|---|---|
| A02 | 辽宁科技学院学报 | 258 | 1.00 | 4.7 | 1.6 | 20 | 119 | 0.012 | 0.516 | 5.1 |
| A02 | 辽宁师专学报(自然科学版) | 127 | 1.00 | 5.8 | 1.4 | 15 | 57 | 0.008 | 0.197 | 6.5 |
| A02 | 聊城大学学报(自然科学版) | 87 | 0.99 | 14.1 | 2.5 | 11 | 48 | — | 1.000 | 7.8 |
| A02 | 鲁东大学学报(自然科学版) | 63 | 0.93 | 21.4 | 3.1 | 9 | 28 | — | 0.841 | 8.9 |
| A02 | 闽江学院学报 | 119 | 0.93 | 11.4 | 1.5 | 3 | 30 | 0.008 | 0.655 | 8.7 |
| A02 | 南昌大学学报(理科版) | 109 | 1.00 | 17.6 | 3.9 | 17 | 44 | 0.000 | 0.950 | 7.7 |
| A02 | 南华大学学报(自然科学版) | 96 | 0.96 | 13.0 | 3.8 | 5 | 34 | — | 0.792 | 5.8 |
| A02 | 南京大学学报(自然科学版) | 126 | 0.99 | 24.1 | 3.9 | 19 | 55 | 0.010 | 0.900 | 7.7 |
| A02 | 南京体育学院学报(自然科学版) | 182 | 1.00 | 14.0 | 2.4 | 23 | 141 | 0.011 | 0.599 | 6.4 |
| A02 | 南开大学学报(自然科学版) | 100 | 0.97 | 14.7 | 4.0 | 18 | 36 | 0.010 | 0.710 | 8.6 |
| A02 | 南通大学学报(自然科学版) | 63 | 0.94 | 15.1 | 3.0 | 12 | 37 | — | 0.746 | 7.2 |
| A02 | 内蒙古大学学报(自然科学版) | 99 | 0.94 | 16.5 | 3.4 | 12 | 33 | 0.010 | 0.950 | 9.3 |
| A02 | 内蒙古民族大学学报(自然科学版) | 144 | 0.99 | 11.4 | 3.2 | 9 | 62 | — | 0.826 | 7.6 |
| A02 | 内蒙古农业大学学报(自然科学版) | 135 | 0.96 | 16.8 | 3.8 | 22 | 109 | — | 0.822 | 8.4 |
| A02 | 宁波大学学报(理工版) | 102 | 0.96 | 15.2 | 3.9 | 3 | 9 | 0.010 | 0.810 | 7.5 |
| A02 | 宁夏大学学报(自然科学版) | 99 | 0.99 | 13.5 | 2.9 | 21 | 69 | 0.000 | 0.950 | 8.0 |
| A02 | 攀枝花学院学报 | 153 | 0.96 | 9.0 | 1.8 | 20 | 109 | 0.007 | 0.464 | 7.6 |
| A02 | 萍乡学院学报 | 161 | 0.96 | 8.6 | 1.8 | 18 | 97 | — | 0.578 | 8.8 |
| A02 | 莆田学院学报 | 133 | 0.99 | 10.8 | 2.0 | 11 | 48 | 0.564 | 0.571 | 7.0 |
| A02 | 齐齐哈尔大学学报(自然科学版) | 132 | 0.96 | 8.3 | 3.0 | 16 | 79 | 0.023 | 0.705 | 7.9 |
| A02 | 青岛大学学报(自然科学版) | 99 | 0.96 | 11.2 | 3.3 | 8 | 26 | — | 0.576 | 8.5 |
| A02 | 青岛科技大学学报(自然科学版) | 127 | 0.99 | 15.1 | 3.4 | 15 | 35 | 0.020 | 0.690 | 7.9 |
| A02 | 青海大学学报(自然科学版) | 104 | 0.97 | 12.4 | 3.6 | 3 | 36 | — | 0.788 | 8.3 |
| A02 | 厦门大学学报(自然科学版) | 148 | 0.95 | 21.9 | 4.1 | 11 | 30 | 0.010 | 0.800 | 8.7 |
| A02 | 山东大学学报(理学版) | 223 | 1.00 | 16.9 | 2.9 | 26 | 120 | 0.000 | 0.870 | 8.2 |
| A02 | 山西大同大学学报(自然科学版) | 174 | 0.98 | 8.0 | 2.1 | 17 | 62 | 0.006 | 0.477 | 8.4 |
| A02 | 山西大学学报(自然科学版) | 109 | 1.00 | 17.4 | 3.4 | 16 | 35 | 0.000 | 0.930 | 7.5 |
| A02 | 陕西科技大学学报 | 210 | 0.99 | 16.7 | 4.0 | 9 | 24 | 0.000 | 0.970 | 6.7 |
| A02 | 汕头大学学报(自然科学版) | 35 | 0.90 | 18.0 | 2.9 | 10 | 20 | — | 0.543 | 8.2 |
| A02 | 上海大学学报(自然科学版) | 91 | 0.94 | 21.7 | 3.6 | 9 | 22 | 0.030 | 0.870 | 6.9 |
| A02 | 上海理工大学学报 | 96 | 0.95 | 16.6 | 3.3 | 8 | 15 | 0.010 | 0.780 | 7.4 |
| A02 | 邵阳学院学报(自然科学版) | 80 | 0.99 | 12.7 | 3.1 | 11 | 50 | 0.013 | 0.838 | 8.2 |
| A02 | 沈阳大学学报(自然科学版) | 98 | 0.93 | 12.2 | 3.0 | 17 | 60 | — | 0.816 | 6.9 |
| A02 | 石河子大学学报(自然科学版) | 133 | 0.96 | 18.9 | 5.0 | 8 | 18 | 0.020 | 0.770 | 6.2 |

| 学科代码 | 期刊名称 | 来源文献量 | 文献选出率 | 平均引文数 | 平均作者数 | 地区分布数 | 机构分布数 | 海外论文比 | 基金论文比 | 引用半衰期 |
|---|---|---|---|---|---|---|---|---|---|---|
| A02 | 四川大学学报(自然科学版) | 227 | 0.97 | 18.1 | 3.8 | 23 | 84 | 0.010 | 0.850 | 8.5 |
| A02 | 苏州科技大学学报(自然科学版) | 62 | 0.95 | 15.5 | 3.0 | 6 | 23 | 0.016 | 0.968 | 7.7 |
| A02 | 塔里木大学学报 | 76 | 0.96 | 14.9 | 3.4 | 10 | 37 | — | 0.947 | 8.3 |
| A02 | 台州学院学报 | 111 | 0.98 | 9.9 | 1.8 | 11 | 43 | 0.009 | 0.559 | 8.0 |
| A02 | 皖西学院学报 | 194 | 0.98 | 11.5 | 2.0 | 13 | 90 | — | 0.773 | 8.0 |
| A02 | 温州大学学报(自然科学版) | 34 | 0.92 | 11.1 | 2.5 | 6 | 19 | 0.029 | 0.618 | 8.1 |
| A02 | 五邑大学学报(自然科学版) | 56 | 0.98 | 9.0 | 2.3 | 5 | 18 | — | 0.500 | 7.4 |
| A02 | 武汉大学学报(理学版) | 88 | 1.00 | 20.5 | 4.0 | 14 | 33 | 0.000 | 0.930 | 5.3 |
| A02 | 西安文理学院学报(自然科学版) | 129 | 0.96 | 8.8 | 2.0 | 18 | 107 | 0.008 | 0.496 | 8.1 |
| A02 | 西北大学学报(自然科学版) | 161 | 0.96 | 15.8 | 3.6 | 19 | 60 | 0.010 | 0.920 | 8.3 |
| A02 | 西北民族大学学报(自然科学版) | 78 | 1.00 | 11.8 | 3.4 | 6 | 26 | — | 0.705 | 6.8 |
| A02 | 西昌学院学报(自然科学版) | 170 | 0.98 | 8.3 | 2.2 | 16 | 110 | 0.006 | 0.606 | 6.2 |
| A02 | 西南大学学报(自然科学版) | 349 | 1.00 | 17.2 | 3.9 | 24 | 116 | 0.000 | 0.880 | 8.3 |
| A02 | 西南民族大学学报(自然科学版) | 114 | 0.98 | 22.8 | 3.5 | 14 | 63 | — | 0.895 | 7.7 |
| A02 | 西藏大学学报(自然科学版) | 38 | 0.97 | 10.0 | 3.6 | 4 | 19 | — | 0.711 | 8.0 |
| A02 | 湘潭大学自然科学学报 | 100 | 1.00 | 11.5 | 3.0 | 22 | 65 | 0.000 | 0.790 | 5.1 |
| A02 | 新疆大学学报(自然科学版) | 86 | 0.97 | 14.8 | 3.3 | 13 | 57 | 0.012 | 1.000 | 8.2 |
| A02 | 新乡学院学报 | 253 | 1.00 | 8.1 | 1.6 | 24 | 137 | 0.012 | 0.514 | 7.7 |
| A02 | 宿州学院学报 | 394 | 0.96 | 11.9 | 1.8 | 26 | 171 | 0.003 | 0.662 | 6.9 |
| A02 | 烟台大学学报(自然科学与工程版) | 56 | 0.93 | 16.9 | 3.6 | 8 | 29 | — | 0.911 | 7.6 |
| A02 | 延安大学学报(自然科学版) | 120 | 0.99 | 12.2 | 3.2 | 8 | 51 | — | 0.792 | 8.0 |
| A02 | 延边大学学报(自然科学版) | 74 | 0.97 | 12.2 | 3.0 | 9 | 35 | 0.014 | 0.662 | 6.7 |
| A02 | 盐城工学院学报(自然科学版) | 62 | 0.93 | 10.2 | 2.8 | 14 | 54 | — | 0.516 | 7.5 |
| A02 | 扬州大学学报(自然科学版) | 66 | 1.00 | 11.7 | 3.3 | 11 | 31 | 0.000 | 0.980 | 5.1 |
| A02 | 宜春学院学报 | 337 | 0.97 | 11.0 | 1.9 | 25 | 195 | 0.015 | 0.623 | 9.2 |
| A02 | 云南大学学报(自然科学版) | 131 | 0.96 | 19.5 | 4.3 | 21 | 71 | 0.010 | 0.900 | 8.5 |
| A02 | 云南民族大学学报(自然科学版) | 109 | 0.96 | 14.1 | 3.4 | 17 | 44 | 0.000 | 0.840 | 8.0 |
| A02 | 浙江大学学报(理学版) | 123 | 1.00 | 16.4 | 3.2 | 24 | 70 | 0.010 | 0.860 | 7.7 |
| A02 | 浙江科技学院学报 | 88 | 0.91 | 13.1 | 2.7 | 5 | 22 | 0.011 | 0.705 | 6.1 |
| A02 | 浙江理工大学学报(自然科学版) | 161 | 0.99 | 15.4 | 4.0 | 3 | 51 | 0.025 | 0.783 | 6.8 |
| A02 | 浙江万里学院学报 | 129 | 1.00 | 10.5 | 1.5 | 13 | 48 | — | 0.488 | 7.6 |
| A02 | 镇江高专学报 | 136 | 1.00 | 7.9 | 1.6 | 18 | 79 | — | 0.419 | 6.7 |
| A02 | 郑州大学学报(理学版) | 91 | 0.98 | 13.5 | 2.9 | 23 | 54 | 0.000 | 0.780 | 6.1 |
| A02 | 中北大学学报(自然科学版) | 118 | 0.96 | 14.9 | 3.3 | 20 | 67 | 0.025 | 0.669 | 6.9 |

| 学科代码 | 期刊名称 | 来源文献量 | 文献选出率 | 平均引文数 | 平均作者数 | 地区分布数 | 机构分布数 | 海外论文比 | 基金论文比 | 引用半衰期 |
|---|---|---|---|---|---|---|---|---|---|---|
| A02 | 中国传媒大学学报(自然科学版) | 72 | 0.91 | 12.4 | 2.5 | 2 | 9 | 0.014 | 0.222 | 8.7 |
| A02 | 中国科学技术大学学报 | 140 | 0.95 | 22.0 | 3.0 | 18 | 79 | 0.280 | 0.580 | 7.7 |
| A02 | 中国科学院大学学报 | 120 | 0.97 | 20.0 | 3.4 | 18 | 44 | 0.010 | 0.890 | 8.3 |
| A02 | 中国人民公安大学学报(自然科学版) | 94 | 1.00 | 7.4 | 2.5 | 16 | 52 | — | 0.372 | 6.1 |
| A02 | 中南民族大学学报(自然科学版) | 119 | 1.00 | 14.9 | 3.7 | 7 | 14 | 0.010 | 0.950 | 7.8 |
| A02 | 中山大学学报(自然科学版) | 147 | 1.00 | 20.1 | 3.9 | 19 | 86 | 0.010 | 0.890 | 7.8 |
| A02 | 中央民族大学学报(自然科学版) | 68 | 0.96 | 11.2 | 2.5 | 16 | 50 | — | 0.750 | 8.1 |
| A03 | 安徽师范大学学报(自然科学版) | 113 | 0.99 | 14.7 | 3.0 | 19 | 60 | 0.020 | 0.830 | 8.8 |
| A03 | 安庆师范大学学报(自然科学版) | 169 | 0.99 | 9.6 | 2.5 | 11 | 88 | — | 0.817 | 6.6 |
| A03 | 北京师范大学学报(自然科学版) | 135 | 0.97 | 27.8 | 3.8 | 11 | 21 | 0.020 | 0.810 | 8.5 |
| A03 | 长春师范大学学报(人文社会科学版) | 354 | 0.99 | 7.0 | 1.3 | 27 | 191 | 0.006 | 0.460 | ≥10 |
| A03 | 长春师范大学学报(自然科学版) | 351 | 1.00 | 6.6 | 1.4 | 29 | 205 | 0.006 | 0.470 | 9.6 |
| A03 | 重庆师范大学学报(哲学社会科学版) | 101 | 0.94 | 11.3 | 1.4 | 20 | 53 | — | 0.594 | ≥10 |
| A03 | 重庆师范大学学报(自然科学版) | 193 | 0.99 | 17.5 | 3.0 | 25 | 96 | 0.010 | 0.810 | 8.8 |
| A03 | 东北师大学报(哲学社会科学版) | 277 | 0.99 | 14.6 | 1.5 | 23 | 103 | 0.007 | 0.975 | ≥10 |
| A03 | 东北师大学报(自然科学版) | 125 | 1.00 | 14.2 | 3.5 | 20 | 66 | 0.010 | 0.990 | 7.7 |
| A03 | 福建师范大学学报(自然科学版) | 114 | 0.95 | 18.0 | 4.0 | 9 | 21 | 0.000 | 0.920 | 7.1 |
| A03 | 阜阳师范学院学报(自然科学版) | 100 | 0.98 | 11.5 | 3.4 | 11 | 53 | — | 0.900 | 6.5 |
| A03 | 广西师范大学学报(哲学社会科学版) | 137 | 0.99 | 16.5 | 1.4 | 22 | 79 | 0.015 | 0.796 | ≥10 |
| A03 | 广西师范大学学报(自然科学版) | 99 | 0.99 | 15.6 | 4.1 | 18 | 37 | 0.000 | 0.980 | 7.5 |
| A03 | 广西师范学院学报(自然科学版) | 99 | 0.98 | 11.5 | 2.9 | 10 | 50 | — | 0.838 | 7.6 |
| A03 | 贵州师范大学学报(社会科学版) | 116 | 0.96 | 16.6 | 1.2 | 21 | 70 | 0.043 | 0.741 | ≥10 |
| A03 | 贵州师范大学学报(自然科学版) | 137 | 0.99 | 15.1 | 3.0 | 19 | 63 | 0.000 | 0.660 | 7.9 |
| A03 | 哈尔滨师范大学自然科学学报 | 165 | 0.96 | 9.8 | 2.7 | 15 | 70 | — | 0.612 | 8.4 |
| A03 | 海南师范大学学报(社会科学版) | 276 | 1.00 | 20.0 | 1.3 | 28 | 177 | 0.040 | 0.500 | ≥10 |
| A03 | 海南师范大学学报(自然科学版) | 93 | 0.99 | 13.8 | 3.7 | 18 | 57 | — | 0.871 | 7.2 |
| A03 | 杭州师范大学学报(社会科学版) | 95 | 0.97 | 28.2 | 1.3 | 11 | 47 | 0.137 | 0.537 | ≥10 |
| A03 | 杭州师范大学学报(自然科学版) | 113 | 0.95 | 19.0 | 3.8 | 10 | 23 | 0.000 | 0.730 | 8.9 |
| A03 | 河北师范大学学报(哲学社会科学版) | 128 | 0.93 | 24.3 | 1.3 | 19 | 90 | 0.031 | 0.555 | ≥10 |
| A03 | 河北师范大学学报(自然科学版) | 91 | 0.94 | 17.9 | 3.3 | 25 | 57 | 0.020 | 0.880 | 7.9 |
| A03 | 河南师范大学学报(自然科学版) | 188 | 1.00 | 17.8 | 3.3 | 26 | 90 | 0.000 | 0.970 | 6.8 |
| A03 | 湖北第二师范学院学报 | 373 | 0.97 | 8.6 | 1.4 | 28 | 185 | 0.008 | 0.536 | 9.2 |
| A03 | 湖北师范大学学报(自然科学版) | 154 | 1.00 | 8.3 | 2.5 | 7 | 77 | — | 0.260 | 5.9 |
| A03 | 湖南师范大学自然科学学报 | 93 | 0.95 | 17.1 | 3.7 | 20 | 54 | 0.010 | 0.880 | 7.5 |

| 学科代码 | 期刊名称 | 来源文献量 | 文献选出率 | 平均引文数 | 平均作者数 | 地区分布数 | 机构分布数 | 海外论文比 | 基金论文比 | 引用半衰期 |
|---|---|---|---|---|---|---|---|---|---|---|
| A03 | 华东师范大学学报(自然科学版) | 108 | 0.93 | 17.6 | 3.0 | 19 | 49 | 0.010 | 0.810 | 8.4 |
| A03 | 华南师范大学学报(自然科学版) | 124 | 0.97 | 22.6 | 3.8 | 11 | 29 | 0.010 | 0.960 | 7.5 |
| A03 | 华中师范大学学报(自然科学版) | 155 | 0.96 | 16.6 | 3.3 | 25 | 87 | 0.010 | 0.910 | 7.8 |
| A03 | 淮北师范大学学报(哲学社会科学版) | 234 | 0.98 | 10.0 | 1.3 | 20 | 96 | — | 0.718 | ≥10 |
| A03 | 淮北师范大学学报(自然科学版) | 84 | 0.99 | 11.5 | 2.9 | 5 | 30 | — | 0.821 | 6.7 |
| A03 | 淮阴师范学院学报(自然科学版) | 86 | 0.95 | 8.5 | 2.0 | 18 | 64 | 0.023 | 0.558 | 7.5 |
| A03 | 吉林师范大学学报(人文社会科学版) | 121 | 0.97 | 16.1 | 1.5 | 21 | 68 | 0.058 | 0.802 | ≥10 |
| A03 | 吉林师范大学学报(自然科学版) | 127 | 0.98 | 16.5 | 3.6 | 19 | 50 | — | 1.000 | 7.6 |
| A03 | 江苏师范大学学报(哲学社会科学版) | 145 | 0.96 | 19.2 | 1.3 | 16 | 95 | 0.048 | 0.593 | ≥10 |
| A03 | 江苏师范大学学报(自然科学版) | 71 | 0.93 | 15.0 | 3.1 | 13 | 46 | — | 0.901 | 7.2 |
| A03 | 江西师范大学学报(哲学社会科学版) | 143 | 0.95 | 15.3 | 1.5 | 22 | 89 | 0.014 | 0.657 | ≥10 |
| A03 | 江西师范大学学报(自然科学版) | 124 | 0.97 | 19.0 | 3.0 | 19 | 64 | 0.020 | 0.980 | 7.2 |
| A03 | 廊坊师范学院学报(自然科学版) | 135 | 0.97 | 7.8 | 2.3 | 24 | 102 | 0.022 | 0.770 | 6.0 |
| A03 | 辽宁师范大学学报(社会科学版) | 147 | 0.95 | 19.6 | 1.6 | 14 | 56 | 0.014 | 0.660 | ≥10 |
| A03 | 辽宁师范大学学报(自然科学版) | 93 | 0.88 | 14.5 | 3.4 | 5 | 32 | — | 0.849 | 8.3 |
| A03 | 闽南师范大学学报(自然科学版) | 91 | 0.97 | 12.4 | 2.6 | 3 | 36 | — | 0.659 | 6.9 |
| A03 | 牡丹江师范学院学报(自然科学版) | 115 | 1.00 | 7.2 | 3.1 | 16 | 67 | — | 0.765 | 7.4 |
| A03 | 南京师大学报(社会科学版) | 115 | 0.99 | 24.2 | 1.3 | 19 | 57 | 0.009 | 0.757 | ≥10 |
| A03 | 南京师大学报(自然科学版) | 97 | 0.97 | 18.5 | 3.4 | 14 | 45 | 0.020 | 0.890 | 8.6 |
| A03 | 南京师范大学学报(工程技术版) | 58 | 0.97 | 12.9 | 4.1 | 7 | 32 | — | 0.707 | 6.8 |
| A03 | 内蒙古师范大学学报(哲学社会科学版) | 225 | 0.94 | 9.3 | 1.4 | 21 | 88 | 0.013 | 0.507 | ≥10 |
| A03 | 内蒙古师范大学学报(自然科学汉文版) | 189 | 0.99 | 12.4 | 2.4 | 21 | 103 | 0.000 | 0.920 | 8.7 |
| A03 | 宁德师范学院学报(自然科学版) | 93 | 0.96 | 8.6 | 2.6 | 7 | 50 | 0.022 | 0.677 | 7.0 |
| A03 | 青海师范大学学报(自然科学版) | 76 | 1.00 | 11.0 | 2.5 | 7 | 40 | — | 0.553 | 8.7 |
| A03 | 曲阜师范大学学报(自然科学版) | 92 | 0.95 | 12.6 | 2.5 | 18 | 67 | — | 0.707 | 8.6 |
| A03 | 山东师范大学学报(自然科学版) | 131 | 1.00 | 14.1 | 2.7 | 14 | 59 | — | 0.672 | 8.0 |
| A03 | 山西师大学报(社会科学版) | 130 | 0.96 | 13.1 | 1.2 | 25 | 95 | 0.008 | 0.615 | ≥10 |
| A03 | 山西师范大学学报(自然科学版) | 98 | 0.94 | 11.7 | 2.5 | 12 | 50 | 0.010 | 0.684 | 8.9 |
| A03 | 陕西师范大学学报(自然科学版) | 124 | 0.95 | 20.4 | 3.5 | 17 | 39 | 0.000 | 0.930 | 8.6 |
| A03 | 上海师范大学学报(自然科学版) | 108 | 0.96 | 16.7 | 3.5 | 8 | 34 | 0.037 | 0.722 | 7.3 |
| A03 | 沈阳师范大学学报(社会科学版) | 211 | 0.97 | 10.2 | 1.5 | 15 | 75 | 0.009 | 0.692 | ≥10 |
| A03 | 沈阳师范大学学报(自然科学版) | 108 | 0.98 | 14.6 | 3.4 | 7 | 34 | 0.009 | 1.000 | 7.2 |
| A03 | 首都师范大学学报(社会科学版) | 110 | 0.92 | 36.3 | 1.2 | 18 | 62 | 0.018 | 0.600 | ≥10 |
| A03 | 首都师范大学学报(自然科学版) | 106 | 0.95 | 13.7 | 2.5 | 16 | 37 | 0.000 | 0.390 | 9.5 |

| 学科代码 | 期刊名称 | 来源文献量 | 文献选出率 | 平均引文数 | 平均作者数 | 地区分布数 | 机构分布数 | 海外论文比 | 基金论文比 | 引用半衰期 |
|---|---|---|---|---|---|---|---|---|---|---|
| A03 | 四川师范大学学报(社会科学版) | 132 | 0.96 | 29.0 | 1.6 | 19 | 73 | — | 0.652 | ≥10 |
| A03 | 四川师范大学学报(自然科学版) | 165 | 0.96 | 20.0 | 3.1 | 15 | 67 | 0.000 | 0.990 | 8.3 |
| A03 | 太原师范学院学报(自然科学版) | 87 | 0.96 | 8.7 | 2.1 | 9 | 43 | 0.011 | 0.460 | 7.0 |
| A03 | 天津师范大学学报(社会科学版) | 75 | 1.00 | 14.8 | 1.6 | 14 | 49 | — | 0.867 | ≥10 |
| A03 | 天津师范大学学报(自然科学版) | 94 | 0.98 | 17.8 | 4.0 | 10 | 17 | 0.000 | 0.870 | 8.6 |
| A03 | 西北师大学报(社会科学版) | 117 | 0.95 | 22.4 | 1.3 | 20 | 68 | — | 0.940 | ≥10 |
| A03 | 西北师范大学学报(自然科学版) | 147 | 0.94 | 17.3 | 3.1 | 22 | 79 | 0.000 | 0.900 | 8.3 |
| A03 | 西华师范大学学报(哲学社会科学版) | 120 | 0.98 | 19.7 | 1.3 | 15 | 49 | 0.033 | 0.583 | ≥10 |
| A03 | 西华师范大学学报(自然科学版) | 85 | 0.98 | 20.6 | 3.4 | 9 | 38 | — | 0.918 | 8.4 |
| A03 | 西南师范大学学报(自然科学版) | 420 | 1.00 | 12.7 | 3.0 | 28 | 197 | 0.000 | 0.570 | 6.9 |
| A03 | 新疆师范大学学报(自然科学版) | 68 | 0.93 | 12.3 | 2.5 | 12 | 36 | — | 0.721 | 9.1 |
| A03 | 信阳师范学院学报(自然科学版) | 146 | 0.98 | 13.3 | 3.3 | 20 | 78 | 0.000 | 0.980 | 6.9 |
| A03 | 伊犁师范学院学报(自然科学版) | 75 | 1.00 | 11.8 | 3.5 | 13 | 34 | — | 0.827 | 7.9 |
| A03 | 云南师范大学学报(哲学社会科学版) | 107 | 0.95 | 27.6 | 1.5 | 18 | 66 | 0.009 | 0.692 | ≥10 |
| A03 | 云南师范大学学报(自然科学版) | 84 | 0.97 | 14.2 | 4.3 | 13 | 23 | 0.000 | 0.940 | 7.4 |
| A03 | 浙江师范大学学报(社会科学版) | 103 | 0.94 | 17.4 | 1.3 | 13 | 47 | 0.019 | 0.777 | ≥10 |
| A03 | 浙江师范大学学报(自然科学版) | 79 | 0.96 | 18.9 | 3.4 | 1 | 12 | — | 0.861 | 8.5 |
| B01 | Acta Mathematica Scientia | 125 | 0.98 | 24.6 | 2.4 | 24 | 106 | 0.380 | 0.430 | ≥10 |
| B01 | Acta Mathematica Sinica | 117 | 0.91 | 20.9 | 2.1 | 25 | 96 | 0.190 | 0.700 | ≥10 |
| B01 | Acta Mathematicae Applicatae Sinica | 92 | 0.97 | 18.6 | 2.4 | 22 | 85 | 0.150 | 0.860 | ≥10 |
| B01 | Analysis in Theory and Applications | 30 | 1.00 | 17.6 | 2.1 | 6 | 37 | 0.533 | 0.267 | ≥10 |
| B01 | Applied Mathematics A Journal of Chinese Universities，B | 38 | 0.90 | 22.6 | 2.8 | 17 | 49 | 0.132 | 0.895 | ≥10 |
| B01 | Applied Mathematics and Mechanics | 121 | 0.91 | 27.2 | 2.9 | 20 | 127 | 0.364 | 0.793 | 9.9 |
| B01 | Chinese Annals of Mathematics, Series B | 73 | 0.92 | 18.7 | 2.0 | 18 | 62 | 0.190 | 0.700 | ≥10 |
| B01 | Chinese Quarterly Journal of Mathematics | 48 | 0.96 | 16.0 | 2.3 | 20 | 42 | 0.000 | 0.810 | ≥10 |
| B01 | Communications in Mathematical Research | 37 | 1.00 | 13.9 | 2.3 | 14 | 40 | 0.135 | 0.838 | ≥10 |
| B01 | Frontiers of Mathematics in China | 90 | 0.99 | 22.2 | 2.2 | 22 | 72 | 0.260 | 0.720 | ≥10 |
| B01 | Journal of Computational Mathematics | 40 | 0.93 | 32.8 | 2.7 | 14 | 60 | 0.425 | 0.850 | ≥10 |
| B01 | Journal of Mathematical Research with Applications | 79 | 0.93 | 15.9 | 2.2 | 24 | 93 | 0.139 | 0.911 | ≥10 |
| B01 | Journal of Partial Differential Equations | 23 | 0.85 | 25.2 | 1.8 | 9 | 31 | 0.565 | 0.391 | ≥10 |
| B01 | Journal of Systems Science and Complexity | 106 | 1.00 | 24.2 | 2.6 | 19 | 118 | 0.208 | 0.915 | ≥10 |

| 学科代码 | 期刊名称 | 来源文献量 | 文献选出率 | 平均引文数 | 平均作者数 | 地区分布数 | 机构分布数 | 海外论文比 | 基金论文比 | 引用半衰期 |
|---|---|---|---|---|---|---|---|---|---|---|
| B01 | Numerical Mathematics Theory, Methods and Applications | 30 | 1.00 | 28.8 | 2.7 | 11 | 50 | 0.467 | 0.733 | ≥10 |
| B01 | Science China (Mathematics) | 147 | 0.91 | 29.6 | 2.4 | 20 | 160 | 0.401 | 0.912 | ≥10 |
| B01 | 纯粹数学与应用数学 | 71 | 0.93 | 13.0 | 2.1 | 19 | 55 | 0.014 | 0.972 | ≥10 |
| B01 | 大学数学 | 139 | 0.96 | 8.6 | 2.1 | 24 | 96 | 0.007 | 0.799 | 8.6 |
| B01 | 高等数学研究 | 159 | 0.95 | 4.9 | 2.0 | 26 | 123 | — | 0.648 | ≥10 |
| B01 | 高等学校计算数学学报 | 31 | 0.89 | 15.9 | 2.3 | 18 | 29 | 0.030 | 0.770 | ≥10 |
| B01 | 高校应用数学学报 A 辑 | 51 | 0.91 | 15.0 | 2.3 | 20 | 41 | 0.020 | 0.920 | 9.3 |
| B01 | 计算数学 | 30 | 0.88 | 26.5 | 2.6 | 14 | 27 | 0.130 | 0.870 | ≥10 |
| B01 | 模糊系统与数学 | 150 | 1.00 | 15.7 | 2.4 | 29 | 98 | 0.000 | 0.780 | ≥10 |
| B01 | 南京大学学报(数学半年刊) | 13 | 0.81 | 18.6 | 1.9 | 4 | 13 | — | 0.769 | ≥10 |
| B01 | 生物数学学报 | 55 | 1.00 | 14.3 | 2.7 | 21 | 66 | 0.036 | 0.855 | ≥10 |
| B01 | 数理统计与管理 | 107 | 0.96 | 19.7 | 2.7 | 23 | 71 | 0.010 | 0.870 | ≥10 |
| B01 | 数学大世界(上旬版) | 913 | 0.98 | 1.3 | 1.0 | 22 | 736 | — | 0.009 | 3.6 |
| B01 | 数学大世界(下旬版) | 922 | 0.98 | 1.6 | 1.0 | 26 | 730 | — | 0.011 | 3.5 |
| B01 | 数学大世界(中旬版) | 919 | 0.98 | 1.5 | 1.0 | 24 | 757 | 0.001 | 0.010 | 3.1 |
| B01 | 数学的实践与认识 | 911 | 1.00 | 12.6 | 2.7 | 30 | 446 | 0.010 | 0.720 | 8.5 |
| B01 | 数学教学通讯 | 1070 | 1.00 | — | 1.1 | 22 | 773 | 0.001 | 0.020 | — |
| B01 | 数学教学研究 | 196 | 0.98 | 2.7 | 1.2 | 22 | 165 | — | 0.199 | 5.7 |
| B01 | 数学教育学报 | 124 | 0.97 | 17.3 | 2.1 | 25 | 103 | 0.073 | 0.879 | 8.0 |
| B01 | 数学进展 | 93 | 0.97 | 18.5 | 2.1 | 24 | 76 | 0.020 | 0.860 | ≥10 |
| B01 | 数学理论与应用 | 64 | 1.00 | 10.5 | 2.3 | 15 | 36 | 0.031 | 0.516 | ≥10 |
| B01 | 数学年刊 A 辑 | 38 | 0.90 | 15.5 | 2.1 | 19 | 36 | 0.000 | 0.890 | ≥10 |
| B01 | 数学通报 | 194 | 0.93 | 4.0 | 1.4 | 23 | 167 | 0.005 | 0.278 | 8.5 |
| B01 | 数学物理学报 | 104 | 0.95 | 19.1 | 2.1 | 25 | 82 | 0.030 | 0.920 | ≥10 |
| B01 | 数学学报 | 76 | 0.93 | 16.2 | 2.2 | 24 | 62 | 0.040 | 0.920 | ≥10 |
| B01 | 数学研究 | 27 | 0.90 | 23.4 | 2.2 | 11 | 42 | 0.481 | 0.704 | ≥10 |
| B01 | 数学杂志 | 151 | 0.98 | 12.9 | 2.2 | 25 | 108 | 0.010 | 0.820 | ≥10 |
| B01 | 应用概率统计 | 47 | 0.87 | 17.0 | 2.3 | 20 | 43 | 0.020 | 0.770 | ≥10 |
| B01 | 应用数学 | 112 | 0.97 | 13.7 | 2.3 | 27 | 86 | 0.000 | 0.900 | ≥10 |
| B01 | 应用数学学报 | 83 | 1.00 | 16.6 | 2.2 | 27 | 74 | 0.020 | 0.890 | ≥10 |
| B01 | 应用数学与计算数学学报 | 60 | 0.94 | 13.5 | 2.3 | 8 | 24 | 0.017 | 0.917 | ≥10 |
| B01 | 运筹学学报 | 52 | 1.00 | 15.7 | 2.4 | 18 | 37 | 0.000 | 0.940 | ≥10 |
| B01 | 运筹与管理 | 230 | 0.99 | 20.1 | 2.7 | 24 | 112 | 0.020 | 0.900 | 8.5 |

## 2016年中国科技期刊来源指标按类刊名字顺索引(续)

| 学科代码 | 期刊名称 | 来源文献量 | 文献选出率 | 平均引文数 | 平均作者数 | 地区分布数 | 机构分布数 | 海外论文比 | 基金论文比 | 引用半衰期 |
|---|---|---|---|---|---|---|---|---|---|---|
| B01 | 中国科学(数学) | 122 | 0.92 | 27.9 | 2.3 | 21 | 79 | 0.180 | 0.840 | ≥10 |
| B02 | Control Theory and Technology | 30 | 0.86 | 30.8 | 3.2 | 6 | 41 | 0.733 | 0.767 | 8.3 |
| B02 | 复杂系统与复杂性科学 | 54 | 0.96 | 27.0 | 3.2 | 16 | 37 | 0.000 | 0.780 | 7.8 |
| B02 | 控制理论与应用 | 202 | 0.98 | 23.9 | 3.4 | 22 | 99 | 0.030 | 0.940 | 6.2 |
| B02 | 控制与决策 | 350 | 0.96 | 18.9 | 3.1 | 26 | 129 | 0.000 | 0.950 | 6.8 |
| B02 | 系统工程 | 272 | 0.96 | 20.6 | 2.6 | 28 | 132 | 0.000 | 0.870 | 8.2 |
| B02 | 系统工程理论与实践 | 321 | 0.96 | 27.0 | 3.1 | 23 | 130 | 0.040 | 0.900 | 7.4 |
| B02 | 系统工程学报 | 82 | 0.91 | 22.6 | 2.8 | 20 | 42 | 0.040 | 0.950 | 8.5 |
| B02 | 系统管理学报 | 138 | 0.97 | 25.6 | 2.6 | 19 | 77 | 0.030 | 0.930 | 8.6 |
| B02 | 系统科学与数学 | 208 | 0.96 | 20.8 | 2.7 | 26 | 131 | 0.020 | 0.900 | 8.5 |
| B02 | 信息与控制 | 112 | 0.93 | 22.2 | 3.3 | 23 | 69 | 0.000 | 0.900 | 6.0 |
| B02 | 中国科学(信息科学) | 110 | 0.88 | 49.0 | 3.8 | 19 | 70 | 0.050 | 0.890 | 6.5 |
| B03 | Acta Mechanica Sinica (English Series) | 107 | 0.96 | 33.2 | 3.4 | 15 | 61 | 0.300 | 0.670 | 9.6 |
| B03 | Acta Mechanica Solida Sinica | 56 | 0.90 | 26.6 | 3.7 | 18 | 71 | 0.232 | 0.857 | ≥10 |
| B03 | Journal of Rock Mechanics and Geotechnical Engineering | 84 | 0.98 | 48.3 | 3.4 | 10 | 113 | 0.714 | 0.440 | 9.5 |
| B03 | Theoretical & Applied Mechanics Letters | 52 | 0.96 | 24.3 | 3.4 | 9 | 41 | 0.308 | 0.769 | 8.1 |
| B03 | 动力学与控制学报 | 91 | 1.00 | 16.9 | 3.0 | 21 | 57 | 0.000 | 0.860 | ≥10 |
| B03 | 固体力学学报 | 43 | 0.88 | 47.7 | 3.8 | 16 | 33 | 0.000 | 0.840 | 8.2 |
| B03 | 计算力学学报 | 140 | 0.98 | 18.9 | 3.3 | 24 | 79 | 0.050 | 0.880 | 9.8 |
| B03 | 力学季刊 | 87 | 0.95 | 18.5 | 3.0 | 17 | 48 | 0.000 | 0.830 | 9.4 |
| B03 | 力学进展 | 13 | 1.00 | 164.5 | 3.7 | 6 | 18 | 0.231 | 0.769 | ≥10 |
| B03 | 力学学报 | 149 | 0.97 | 32.7 | 3.4 | 20 | 74 | 0.000 | 0.890 | 9.3 |
| B03 | 力学与实践 | 136 | 0.86 | 14.2 | 2.9 | 24 | 83 | 0.010 | 0.470 | ≥10 |
| B03 | 实验力学 | 102 | 1.00 | 17.3 | 4.2 | 22 | 59 | 0.010 | 0.900 | 9.0 |
| B03 | 医用生物力学 | 91 | 0.95 | 26.8 | 3.9 | 19 | 59 | 0.080 | 0.810 | 8.6 |
| B03 | 应用力学学报 | 181 | 0.98 | 14.8 | 3.5 | 25 | 105 | 0.000 | 0.760 | 9.6 |
| B03 | 应用数学和力学 | 127 | 0.91 | 19.9 | 3.0 | 24 | 84 | 0.020 | 0.860 | 9.3 |
| B03 | 振动工程学报 | 138 | 0.97 | 17.1 | 3.7 | 20 | 66 | 0.010 | 0.930 | 9.0 |
| B04 | Chinese Journal of Acoustics | 42 | 0.91 | 20.4 | 3.8 | 11 | 27 | 0.020 | 0.760 | ≥10 |
| B04 | Chinese Physics B | 1072 | 0.99 | 34.8 | 4.7 | 28 | 515 | 0.170 | 0.770 | 7.8 |
| B04 | Chinese Physics C | 241 | 0.99 | 29.0 | 4.9 | 20 | 117 | 0.170 | 0.740 | ≥10 |
| B04 | Chinese Physics Letters | 447 | 0.97 | 25.8 | 4.7 | 27 | 244 | 0.150 | 0.780 | 8.0 |
| B04 | Communications in Theoretical Physics | 217 | 0.95 | 34.1 | 2.9 | 25 | 163 | 0.420 | 0.530 | 9.9 |

| 学科代码 | 期刊名称 | 来源文献量 | 文献选出率 | 平均引文数 | 平均作者数 | 地区分布数 | 机构分布数 | 海外论文比 | 基金论文比 | 引用半衰期 |
|---|---|---|---|---|---|---|---|---|---|---|
| B04 | Frontiers of Physics | 89 | 0.99 | 57.4 | 3.7 | 21 | 122 | 0.393 | 0.787 | 7.9 |
| B04 | Journal of Thermal Science | 73 | 0.99 | 18.3 | 3.9 | 10 | 84 | 0.603 | 0.589 | ≥10 |
| B04 | Plasma Science and Technology | 202 | 0.95 | 23.3 | 5.1 | 21 | 170 | 0.168 | 0.837 | 8.9 |
| B04 | Science China Physics, Mechanics & Astronomy | 155 | 0.93 | 39.8 | 3.9 | 21 | 144 | 0.161 | 0.890 | 7.6 |
| B04 | 波谱学杂志 | 62 | 0.91 | 24.6 | 4.6 | 21 | 38 | 0.060 | 0.770 | 9.3 |
| B04 | 大学物理 | 172 | 0.97 | 8.3 | 2.7 | 27 | 117 | 0.006 | 0.686 | ≥10 |
| B04 | 低温物理学报 | 86 | 1.00 | 17.7 | 5.0 | 19 | 48 | 0.010 | 0.760 | 8.8 |
| B04 | 低温与超导 | 215 | 1.00 | 10.8 | 4.5 | 22 | 142 | — | 0.558 | 7.4 |
| B04 | 低温与特气 | 80 | 0.63 | 6.1 | 3.2 | 17 | 67 | — | 0.050 | 9.6 |
| B04 | 发光学报 | 239 | 0.98 | 19.6 | 5.2 | 29 | 119 | 0.000 | 0.850 | 5.3 |
| B04 | 高压物理学报 | 80 | 0.93 | 16.9 | 4.4 | 16 | 41 | 0.010 | 0.810 | ≥10 |
| B04 | 光散射学报 | 65 | 0.94 | 17.4 | 4.8 | 18 | 48 | 0.050 | 0.690 | 9.2 |
| B04 | 光学学报 | 519 | 1.00 | 20.6 | 4.7 | 26 | 194 | 0.020 | 0.880 | 6.2 |
| B04 | 光子学报 | 338 | 0.97 | 18.8 | 4.7 | 25 | 143 | 0.010 | 0.920 | 6.3 |
| B04 | 核聚变与等离子体物理 | 65 | 0.98 | 11.4 | 4.7 | 17 | 24 | 0.000 | 0.650 | ≥10 |
| B04 | 红外与毫米波学报 | 122 | 0.99 | 19.1 | 5.4 | 21 | 74 | 0.030 | 0.830 | 8.5 |
| B04 | 计算物理 | 89 | 0.98 | 19.5 | 3.6 | 22 | 53 | 0.020 | 0.790 | ≥10 |
| B04 | 量子电子学报 | 112 | 0.97 | 17.2 | 3.6 | 21 | 72 | 0.000 | 0.800 | 7.1 |
| B04 | 量子光学学报 | 60 | 0.97 | 19.0 | 3.7 | 17 | 50 | — | 0.933 | 7.9 |
| B04 | 强激光与粒子束 | 421 | 0.98 | 13.4 | 5.4 | 24 | 158 | 0.005 | 0.869 | 8.3 |
| B04 | 热科学与技术 | 53 | 0.95 | 14.8 | 3.8 | 20 | 39 | 0.000 | 0.740 | 7.6 |
| B04 | 声学技术 | 109 | 0.85 | 13.2 | 3.4 | 19 | 69 | 0.050 | 0.500 | 9.8 |
| B04 | 声学学报 | 109 | 0.94 | 21.6 | 3.9 | 17 | 53 | 0.040 | 0.830 | 9.7 |
| B04 | 物理 | 106 | 0.58 | 20.4 | 1.9 | 10 | 51 | 0.104 | 0.358 | 8.3 |
| B04 | 物理测试 | 83 | 0.93 | 9.5 | 3.2 | 21 | 78 | — | 0.048 | 7.2 |
| B04 | 物理教师 | 422 | 0.98 | 3.2 | 1.5 | 27 | 331 | 0.002 | 0.270 | 6.9 |
| B04 | 物理教学探讨 | 321 | 1.00 | 3.2 | 1.5 | 29 | 282 | 0.022 | 0.277 | 5.3 |
| B04 | 物理实验 | 139 | 0.98 | 7.9 | 3.5 | 23 | 114 | 0.007 | 0.460 | 7.3 |
| B04 | 物理通报 | 504 | 0.98 | 3.4 | 1.9 | 28 | 404 | 0.012 | 0.262 | 7.1 |
| B04 | 物理学报 | 957 | 0.99 | 28.6 | 4.8 | 28 | 292 | 0.030 | 0.880 | 7.6 |
| B04 | 物理学进展 | 9 | 0.90 | 108.2 | 2.8 | 6 | 10 | — | 0.556 | 9.5 |
| B04 | 物理与工程 | 132 | 0.94 | 7.5 | 2.7 | 23 | 84 | 0.020 | 0.320 | 8.6 |
| B04 | 现代物理知识 | 61 | 0.60 | 1.2 | 2.2 | 9 | 42 | 0.246 | 0.049 | ≥10 |

| 学科代码 | 期刊名称 | 来源文献量 | 文献选出率 | 平均引文数 | 平均作者数 | 地区分布数 | 机构分布数 | 海外论文比 | 基金论文比 | 引用半衰期 |
|---|---|---|---|---|---|---|---|---|---|---|
| B04 | 现代应用物理 | 60 | 0.95 | 14.8 | 5.5 | 7 | 15 | - | 0.483 | 8.8 |
| B04 | 应用光学 | 163 | 0.97 | 13.3 | 4.2 | 22 | 82 | 0.010 | 0.740 | 7.5 |
| B04 | 应用声学 | 77 | 0.93 | 14.6 | 3.9 | 21 | 50 | 0.000 | 0.770 | 9.2 |
| B04 | 原子核物理评论 | 87 | 0.95 | 23.1 | 7.9 | 16 | 45 | 0.110 | 0.770 | ≥10 |
| B04 | 原子与分子物理学报 | 183 | 0.95 | 20.9 | 3.6 | 28 | 153 | - | 0.940 | ≥10 |
| B04 | 真空与低温 | 77 | 0.90 | 16.8 | 4.5 | 11 | 20 | 0.000 | 0.320 | 8.6 |
| B04 | 中国科学(物理学 力学 天文学) | 142 | 0.88 | 46.1 | 4.0 | 23 | 76 | 0.040 | 0.930 | 8.0 |
| B05 | Chemical Research in Chinese Universities | 176 | 0.97 | 32.2 | 5.2 | 26 | 112 | 0.060 | 0.880 | 7.5 |
| B05 | Chinese Chemical Letters | 332 | 0.97 | 35.9 | 4.9 | 28 | 209 | 0.190 | 0.700 | 5.8 |
| B05 | Chinese Journal of Chemical Physics | 114 | 0.92 | 35.1 | 4.5 | 23 | 62 | 0.090 | 0.800 | 9.5 |
| B05 | Chinese Journal of Chemistry | 170 | 0.96 | 50.1 | 5.2 | 25 | 166 | 0.082 | 0.959 | 5.1 |
| B05 | Chinese Journal of Polymer Science | 141 | 0.92 | 37.8 | 4.9 | 20 | 85 | 0.120 | 0.800 | 8.1 |
| B05 | Chinese Journal of Structural Chemistry | 249 | 1.00 | 26.8 | 4.7 | 27 | 213 | 0.040 | 0.948 | 6.3 |
| B05 | Frontiers of Chemical Science and Engineering | 50 | 0.94 | 60.0 | 4.4 | 8 | 41 | 0.580 | 0.420 | 7.1 |
| B05 | Science China (Chemistry) | 222 | 0.97 | 44.1 | 4.9 | 22 | 174 | 0.104 | 0.901 | 5.6 |
| B05 | 催化学报 | 235 | 0.97 | 48.8 | 5.0 | 25 | 139 | 0.290 | 0.700 | 6.2 |
| B05 | 大学化学 | 211 | 0.92 | 10.8 | 3.4 | 27 | 116 | 0.005 | 0.654 | 7.6 |
| B05 | 电化学 | 70 | 0.88 | 35.9 | 4.5 | 21 | 46 | 0.060 | 0.940 | 4.3 |
| B05 | 分析测试学报 | 285 | 0.99 | 23.7 | 5.2 | 30 | 200 | 0.000 | 0.740 | 5.4 |
| B05 | 分析化学 | 280 | 0.88 | 26.2 | 5.5 | 28 | 180 | 0.010 | 0.840 | 5.4 |
| B05 | 分析科学学报 | 184 | 0.99 | 16.5 | 4.7 | 29 | 135 | 0.010 | 0.710 | 6.4 |
| B05 | 分析试验室 | 334 | 0.98 | 13.1 | 4.7 | 29 | 231 | 0.000 | 0.640 | 5.0 |
| B05 | 分子催化 | 66 | 0.96 | 33.1 | 5.0 | 21 | 43 | 0.000 | 0.850 | 5.6 |
| B05 | 分子科学学报 | 76 | 0.90 | 23.5 | 4.2 | 19 | 51 | 0.010 | 0.870 | 6.1 |
| B05 | 高等学校化学学报 | 329 | 0.97 | 27.8 | 5.1 | 30 | 164 | 0.020 | 0.920 | 6.1 |
| B05 | 高分子通报 | 171 | 0.95 | 41.3 | 4.1 | 21 | 90 | 0.000 | 0.710 | 6.8 |
| B05 | 高分子学报 | 211 | 1.00 | 31.8 | 4.7 | 26 | 98 | 0.010 | 0.840 | 7.0 |
| B05 | 功能高分子学报 | 58 | 0.94 | 29.2 | 4.4 | 15 | 23 | 0.020 | 0.780 | 6.6 |
| B05 | 光谱学与光谱分析 | 746 | 0.93 | 15.7 | 5.2 | 30 | 307 | 0.040 | 0.900 | 6.8 |
| B05 | 广州化学 | 104 | 0.98 | 11.6 | 3.6 | 23 | 89 | - | 0.404 | 7.3 |
| B05 | 合成化学 | 243 | 0.89 | 15.6 | 4.5 | 29 | 133 | 0.000 | 0.700 | 7.7 |
| B05 | 化学分析计量 | 176 | 0.63 | 15.6 | 3.9 | 27 | 136 | 0.000 | 0.310 | 7.1 |
| B05 | 化学进展 | 160 | 0.94 | 87.0 | 4.2 | 24 | 107 | 0.060 | 0.940 | 5.1 |

| 学科代码 | 期刊名称 | 来源文献量 | 文献选出率 | 平均引文数 | 平均作者数 | 地区分布数 | 机构分布数 | 海外论文比 | 基金论文比 | 引用半衰期 |
|---|---|---|---|---|---|---|---|---|---|---|
| B05 | 化学试剂 | 300 | 0.97 | 16.4 | 4.4 | 28 | 197 | 0.000 | 0.630 | 7.5 |
| B05 | 化学通报(印刷版) | 206 | 0.95 | 30.5 | 4.1 | 28 | 125 | 0.010 | 0.700 | 6.7 |
| B05 | 化学学报 | 116 | 0.98 | 45.5 | 4.7 | 20 | 68 | 0.030 | 0.880 | 5.5 |
| B05 | 化学研究 | 144 | 0.99 | 22.4 | 4.6 | 21 | 62 | 0.010 | 0.730 | 7.4 |
| B05 | 化学研究与应用 | 316 | 0.99 | 17.4 | 4.3 | 30 | 187 | 0.010 | 0.680 | 7.4 |
| B05 | 色谱 | 186 | 0.90 | 28.0 | 5.2 | 28 | 130 | 0.020 | 0.730 | 5.0 |
| B05 | 无机化学学报 | 287 | 0.99 | 28.3 | 5.0 | 29 | 170 | 0.010 | 0.870 | 5.8 |
| B05 | 物理化学学报 | 351 | 0.92 | 41.6 | 4.4 | 27 | 165 | 0.030 | 0.820 | 5.9 |
| B05 | 影像科学与光化学 | 62 | 0.89 | 23.0 | 4.4 | 21 | 42 | 0.030 | 0.760 | 6.0 |
| B05 | 应用化学 | 189 | 0.94 | 26.5 | 4.7 | 27 | 125 | 0.010 | 0.880 | 5.8 |
| B05 | 有机化学 | 329 | 0.97 | 47.2 | 4.8 | 29 | 174 | 0.010 | 0.860 | 6.2 |
| B05 | 质谱学报 | 68 | 0.97 | 20.7 | 5.7 | 19 | 53 | 0.010 | 0.680 | 8.0 |
| B05 | 中国科学(化学) | 138 | 0.90 | 54.9 | 4.3 | 20 | 70 | 0.000 | 0.900 | 5.5 |
| B05 | 中国无机分析化学 | 81 | 0.99 | 10.1 | 3.1 | 21 | 62 | — | 0.457 | 5.7 |
| B06 | Research in Astronomy and Astrophysics | 190 | 0.94 | 40.8 | 5.0 | 19 | 99 | 0.440 | 0.680 | ≥10 |
| B06 | 空间科学学报 | 116 | 0.99 | 21.2 | 4.1 | 18 | 57 | 0.020 | 0.590 | 7.5 |
| B06 | 时间频率学报 | 32 | 0.89 | 14.3 | 4.6 | 4 | 11 | 0.031 | 0.938 | 7.7 |
| B06 | 天文学报 | 66 | 0.92 | 18.8 | 3.5 | 13 | 19 | 0.030 | 0.890 | 7.8 |
| B06 | 天文学进展 | 38 | 0.97 | 66.0 | 3.4 | 10 | 19 | 0.000 | 0.790 | ≥10 |
| B06 | 天文研究与技术-国家天文台台刊 | 67 | 0.92 | 13.5 | 4.0 | 14 | 37 | 0.030 | 0.955 | 8.6 |
| B07 | Frontiers of Earth Science | 64 | 1.00 | 41.5 | 4.3 | 13 | 98 | 0.391 | 0.938 | 9.5 |
| B07 | Journal of Arid Land | 82 | 0.96 | 47.1 | 4.5 | 15 | 53 | 0.280 | 0.840 | 9.9 |
| B07 | Journal of Earth Science | 96 | 0.95 | 49.8 | 4.3 | 12 | 114 | 0.427 | 0.396 | ≥10 |
| B07 | Sciences in Cold and Arid Regions | 52 | 0.98 | 37.7 | 4.6 | 8 | 62 | 0.212 | 0.596 | ≥10 |
| B07 | 成都理工大学学报(自然科学版) | 85 | 0.97 | 23.9 | 5.0 | 15 | 36 | 0.020 | 0.800 | 8.7 |
| B07 | 大地测量与地球动力学 | 248 | 0.95 | 11.2 | 3.9 | 27 | 91 | 0.000 | 0.820 | 8.5 |
| B07 | 地球化学 | 46 | 0.94 | 47.4 | 5.5 | 15 | 25 | 0.020 | 0.760 | ≥10 |
| B07 | 地球环境学报 | 59 | 0.97 | 43.8 | 4.2 | 14 | 19 | 0.030 | 0.980 | ≥10 |
| B07 | 地球科学进展 | 120 | 0.89 | 49.4 | 4.0 | 19 | 73 | 0.030 | 0.820 | 7.8 |
| B07 | 地球科学与环境学报 | 75 | 0.90 | 43.3 | 5.1 | 17 | 47 | 0.000 | 0.790 | 9.3 |
| B07 | 地球科学 | 174 | 0.91 | 64.2 | 5.5 | 22 | 67 | 0.030 | 0.790 | ≥10 |
| B07 | 地球信息科学学报 | 184 | 0.87 | 26.4 | 3.9 | 21 | 64 | 0.010 | 0.890 | 7.6 |
| B07 | 地球学报 | 75 | 0.77 | 56.6 | 5.4 | 13 | 27 | 0.040 | 0.520 | ≥10 |
| B07 | 地球与环境 | 95 | 0.97 | 28.1 | 4.6 | 21 | 61 | 0.010 | 0.910 | 8.8 |

| 学科代码 | 期刊名称 | 来源文献量 | 文献选出率 | 平均引文数 | 平均作者数 | 地区分布数 | 机构分布数 | 海外论文比 | 基金论文比 | 引用半衰期 |
|---|---|---|---|---|---|---|---|---|---|---|
| B07 | 地学前缘 | 159 | 0.94 | 42.7 | 5.5 | 16 | 59 | 0.040 | 0.750 | ≥10 |
| B07 | 东华理工大学学报(自然科学版) | 61 | 0.97 | 15.5 | 4.3 | 13 | 45 | — | 0.738 | 9.7 |
| B07 | 复杂油气藏 | 73 | 0.91 | 10.4 | 3.6 | 15 | 62 | — | 0.411 | 9.0 |
| B07 | 吉林大学学报(地球科学版) | 164 | 0.96 | 33.7 | 5.1 | 24 | 69 | 0.010 | 0.800 | ≥10 |
| B07 | 矿物岩石地球化学通报 | 142 | 0.77 | 46.7 | 5.0 | 23 | 69 | 0.010 | 0.760 | ≥10 |
| B07 | 中国科学(地球科学) | 133 | 0.91 | 63.3 | 4.9 | 18 | 64 | 0.080 | 0.940 | 9.8 |
| B08 | Advances in Atmospheric Sciences | 117 | 0.88 | 40.6 | 3.9 | 12 | 57 | 0.400 | 0.740 | 9.9 |
| B08 | Advances in Climate Change Research | 32 | 0.94 | 34.8 | 2.9 | 6 | 43 | 0.406 | 0.656 | 6.1 |
| B08 | Atmospheric and Oceanic Science Letters | 64 | 0.91 | 27.9 | 3.2 | 5 | 21 | 0.031 | 0.984 | 8.7 |
| B08 | Journal of Meteorological Research (JMR) | 70 | 0.93 | 42.5 | 4.0 | 9 | 57 | 0.200 | 0.957 | 9.5 |
| B08 | 暴雨灾害 | 72 | 0.92 | 21.0 | 4.3 | 18 | 50 | 0.000 | 0.720 | 7.7 |
| B08 | 大气科学 | 97 | 0.98 | 37.3 | 3.9 | 14 | 35 | 0.030 | 0.850 | ≥10 |
| B08 | 大气科学学报 | 86 | 0.98 | 25.7 | 3.8 | 8 | 19 | 0.000 | 0.840 | 9.3 |
| B08 | 大气与环境光学学报 | 56 | 0.90 | 20.4 | 5.3 | 11 | 31 | — | 0.964 | 8.4 |
| B08 | 干旱气象 | 137 | 0.95 | 25.9 | 4.5 | 23 | 79 | 0.010 | 0.710 | 7.1 |
| B08 | 高原气象 | 150 | 0.98 | 32.3 | 4.2 | 20 | 64 | 0.050 | 0.790 | 9.1 |
| B08 | 高原山地气象研究 | 60 | 0.97 | 23.7 | 3.5 | 12 | 73 | 0.017 | 0.683 | 6.1 |
| B08 | 广东气象 | 118 | 0.95 | 12.8 | 3.4 | 6 | 96 | 0.008 | 0.356 | 6.7 |
| B08 | 贵州气象 | 104 | 0.95 | 9.4 | 3.6 | 18 | 108 | 0.058 | 0.471 | 7.7 |
| B08 | 海洋气象学报 | 59 | 0.97 | 8.9 | 3.7 | 4 | 52 | — | 0.475 | 7.6 |
| B08 | 黑龙江气象 | 76 | 0.93 | 2.9 | 2.7 | 5 | 58 | — | 0.026 | 9.9 |
| B08 | 内蒙古气象 | 77 | 0.95 | 8.3 | 2.6 | 11 | 59 | — | 0.247 | 8.3 |
| B08 | 气候变化研究进展 | 70 | 0.89 | 23.5 | 3.5 | 16 | 48 | 0.010 | 0.810 | 5.8 |
| B08 | 气候与环境研究 | 66 | 1.00 | 29.6 | 4.0 | 14 | 32 | 0.020 | 0.890 | 9.1 |
| B08 | 气象 | 172 | 0.95 | 26.0 | 4.1 | 24 | 74 | 0.010 | 0.670 | 7.1 |
| B08 | 气象科技 | 166 | 0.98 | 17.7 | 4.2 | 28 | 124 | 0.010 | 0.540 | 7.5 |
| B08 | 气象科技进展 | 90 | 0.59 | 28.3 | 3.3 | 13 | 81 | 0.044 | 0.733 | 9.6 |
| B08 | 气象科学 | 101 | 1.00 | 21.8 | 3.7 | 14 | 34 | 0.020 | 0.870 | 8.9 |
| B08 | 气象学报 | 75 | 0.99 | 39.3 | 4.0 | 14 | 33 | 0.010 | 0.930 | 9.0 |
| B08 | 气象研究与应用 | 123 | 0.89 | 14.4 | 3.2 | 15 | 116 | 0.016 | 0.390 | 6.0 |
| B08 | 气象与环境科学 | 78 | 0.95 | 27.1 | 3.8 | 19 | 56 | 0.000 | 0.790 | 6.8 |
| B08 | 气象与环境学报 | 116 | 0.98 | 20.9 | 5.2 | 25 | 86 | 0.010 | 0.720 | 7.3 |
| B08 | 气象与减灾研究 | 40 | 0.91 | 15.5 | 3.5 | 9 | 41 | — | 1.000 | 6.8 |
| B08 | 气象灾害防御 | 47 | 0.96 | 9.5 | 3.1 | 7 | 34 | — | — | 8.4 |

| 学科代码 | 期刊名称 | 来源文献量 | 文献选出率 | 平均引文数 | 平均作者数 | 地区分布数 | 机构分布数 | 海外论文比 | 基金论文比 | 引用半衰期 |
|---|---|---|---|---|---|---|---|---|---|---|
| B08 | 热带气象学报 | 88 | 0.96 | 31.8 | 4.1 | 13 | 32 | 0.060 | 0.890 | ≥10 |
| B08 | 沙漠与绿洲气象 | 80 | 0.94 | 25.3 | 4.6 | 14 | 37 | 0.010 | 0.750 | 8.0 |
| B08 | 陕西气象 | 85 | 0.94 | 6.9 | 3.3 | 14 | 75 | — | 0.624 | 7.0 |
| B08 | 应用气象学报 | 76 | 1.00 | 37.9 | 4.3 | 17 | 39 | 0.000 | 0.710 | 8.8 |
| B08 | 浙江气象 | 35 | 0.88 | 9.5 | 3.0 | 2 | 36 | — | 0.257 | 8.4 |
| B09 | Applied Geophysics | 68 | 0.93 | 27.0 | 4.6 | 13 | 74 | 0.103 | 1.000 | 9.5 |
| B09 | Earthquake Science | 32 | 1.00 | 36.3 | 3.6 | 8 | 35 | 0.344 | 0.688 | ≥10 |
| B09 | Journal of Palaeogeography | 19 | 0.86 | 103.0 | 3.6 | 2 | 26 | 0.684 | 0.316 | ≥10 |
| B09 | 地球物理学报 | 417 | 0.97 | 46.2 | 4.6 | 25 | 119 | 0.090 | 0.920 | 9.7 |
| B09 | 地球物理学进展 | 370 | 1.00 | 47.2 | 4.2 | 28 | 148 | 0.020 | 0.740 | 8.3 |
| B09 | 地震 | 65 | 1.00 | 26.2 | 4.3 | 17 | 27 | 0.020 | 0.910 | ≥10 |
| B09 | 地震地磁观测与研究 | 180 | 0.92 | 9.8 | 4.6 | 30 | 134 | — | 0.817 | 9.2 |
| B09 | 地震地质 | 84 | 0.99 | 34.4 | 4.8 | 16 | 31 | 0.040 | 0.940 | ≥10 |
| B09 | 地震工程学报 | 144 | 0.98 | 16.9 | 4.1 | 23 | 76 | 0.010 | 0.810 | 9.6 |
| B09 | 地震工程与工程振动 | 156 | 0.99 | 15.8 | 3.5 | 23 | 68 | 0.010 | 0.900 | 8.8 |
| B09 | 地震学报 | 87 | 0.82 | 28.9 | 4.2 | 20 | 37 | 0.000 | 0.860 | ≥10 |
| B09 | 地震研究 | 95 | 0.95 | 19.2 | 4.1 | 20 | 46 | 0.000 | 0.910 | ≥10 |
| B09 | 华北地震科学 | 54 | 0.89 | 14.1 | 4.4 | 14 | 30 | 0.000 | 0.810 | 9.6 |
| B09 | 华南地震 | 65 | 0.94 | 13.0 | 3.4 | 22 | 32 | 0.030 | 0.710 | 9.7 |
| B09 | 内陆地震 | 53 | 1.00 | 12.6 | 4.2 | 15 | 24 | 0.000 | 0.750 | 8.6 |
| B09 | 世界地震工程 | 161 | 0.99 | 12.0 | 3.5 | 22 | 68 | 0.010 | 0.750 | 9.9 |
| B09 | 灾害学 | 163 | 0.99 | 20.9 | 3.8 | 27 | 105 | 0.010 | 0.930 | 7.1 |
| B09 | 中国地震 | 79 | 1.00 | 21.0 | 4.9 | 20 | 68 | 0.025 | 0.861 | ≥10 |
| B10 | Advances in Polar Science | 31 | 0.84 | 37.5 | 3.7 | 8 | 27 | 0.520 | 0.060 | 8.8 |
| B10 | Chinese Geographical Science | 69 | 1.00 | 44.2 | 4.8 | 13 | 43 | 0.220 | 0.800 | 9.7 |
| B10 | GEOSCIENCE FRONTIERS | 77 | 0.92 | 71.7 | 3.8 | 3 | 70 | 0.820 | 0.120 | ≥10 |
| B10 | Geospatial Information Science | 28 | 1.00 | 31.3 | 3.4 | 3 | 37 | 0.571 | 0.679 | 7.7 |
| B10 | International Journal of Sediment Research | 43 | 0.96 | 43.5 | 4.1 | 6 | 75 | 0.628 | 0.512 | ≥10 |
| B10 | Journal of Geographical Sciences | 108 | 0.89 | 58.7 | 4.8 | 18 | 49 | 0.150 | 0.830 | 7.3 |
| B10 | Journal of Mountain Science | 187 | 0.94 | 46.4 | 4.5 | 20 | 143 | 0.500 | 0.550 | 9.9 |
| B10 | 冰川冻土 | 201 | 0.98 | 28.6 | 4.3 | 22 | 97 | 0.000 | 0.890 | 8.1 |
| B10 | 测绘地理信息 | 147 | 0.98 | 10.0 | 3.1 | 22 | 54 | 0.010 | 0.520 | 7.0 |
| B10 | 地理科学 | 232 | 0.99 | 28.3 | 3.7 | 25 | 101 | 0.040 | 0.940 | 7.7 |
| B10 | 地理科学进展 | 144 | 0.95 | 45.3 | 3.7 | 23 | 69 | 0.030 | 0.950 | 7.5 |

| 学科代码 | 期刊名称 | 来源文献量 | 文献选出率 | 平均引文数 | 平均作者数 | 地区分布数 | 机构分布数 | 海外论文比 | 基金论文比 | 引用半衰期 |
|---|---|---|---|---|---|---|---|---|---|---|
| B10 | 地理信息世界 | 131 | 0.87 | 13.4 | 3.5 | 17 | 65 | 0.020 | 0.440 | 6.5 |
| B10 | 地理学报 | 165 | 0.77 | 40.0 | 4.1 | 23 | 58 | 0.060 | 0.870 | 8.2 |
| B10 | 地理研究 | 184 | 0.92 | 34.6 | 3.7 | 25 | 79 | 0.050 | 0.970 | 7.3 |
| B10 | 地理与地理信息科学 | 127 | 0.99 | 25.4 | 3.8 | 24 | 77 | 0.010 | 0.830 | 6.8 |
| B10 | 地域研究与开发 | 189 | 0.97 | 25.9 | 2.9 | 29 | 121 | 0.010 | 0.880 | 7.1 |
| B10 | 干旱区地理 | 165 | 0.97 | 24.8 | 4.3 | 23 | 85 | 0.020 | 0.860 | 7.5 |
| B10 | 干旱区研究 | 179 | 0.98 | 27.8 | 4.6 | 21 | 69 | 0.010 | 0.880 | 9.3 |
| B10 | 国土与自然资源研究 | 170 | 0.99 | 10.8 | 2.6 | 26 | 111 | 0.006 | 0.471 | 7.6 |
| B10 | 国土资源导刊 | 69 | 0.95 | 8.6 | 2.8 | 8 | 44 | - | 0.261 | 8.4 |
| B10 | 国土资源科技管理 | 102 | 0.94 | 15.3 | 3.4 | 16 | 40 | 0.010 | 0.850 | 5.9 |
| B10 | 国土资源情报 | 118 | 0.93 | 10.0 | 2.4 | 18 | 83 | 0.034 | 0.203 | 6.4 |
| B10 | 华北国土资源 | 244 | 0.76 | 4.7 | 1.3 | 9 | 92 | - | 0.025 | 9.3 |
| B10 | 华东地质 | 39 | 0.85 | 21.9 | 4.2 | 15 | 41 | - | 0.872 | ≥10 |
| B10 | 经济地理 | 339 | 0.97 | 26.1 | 3.1 | 28 | 139 | 0.010 | 0.910 | 6.9 |
| B10 | 热带地理 | 121 | 0.97 | 39.8 | 4.0 | 16 | 48 | 0.060 | 0.880 | 9.3 |
| B10 | 山地学报 | 97 | 0.93 | 22.7 | 4.1 | 20 | 59 | 0.020 | 0.820 | 9.2 |
| B10 | 山东国土资源 | 202 | 0.96 | 11.3 | 3.5 | 16 | 119 | - | 0.312 | 7.3 |
| B10 | 上海国土资源 | 92 | 0.99 | 13.2 | 2.5 | 19 | 72 | 0.022 | 0.783 | 6.2 |
| B10 | 湿地科学 | 131 | 1.00 | 29.7 | 4.8 | 26 | 83 | 0.020 | 0.790 | 7.8 |
| B10 | 湿地科学与管理 | 60 | 0.82 | 13.3 | 4.1 | 19 | 51 | 0.000 | 0.380 | 8.0 |
| B10 | 世界地理研究 | 107 | 0.99 | 30.8 | 3.0 | 22 | 96 | 0.056 | 0.888 | 7.8 |
| B10 | 西部资源 | 404 | 0.99 | 5.9 | 2.2 | 27 | 235 | - | 0.101 | 9.3 |
| B10 | 云南地理环境研究 | 67 | 0.88 | 24.9 | 2.6 | 13 | 50 | - | 0.716 | 7.3 |
| B10 | 中国国土资源经济 | 176 | 0.93 | 8.7 | 2.2 | 25 | 129 | 0.006 | 0.449 | 4.4 |
| B10 | 中国沙漠 | 220 | 1.00 | 32.1 | 4.7 | 18 | 64 | 0.000 | 0.900 | 9.6 |
| B10 | 资源环境与工程 | 212 | 0.95 | 7.5 | 3.4 | 23 | 131 | 0.005 | 0.170 | ≥10 |
| B11 | Acta Geologica Sinica (English Edition) | 204 | 0.89 | 46.6 | 4.7 | 20 | 215 | 0.265 | 0.897 | ≥10 |
| B11 | Chinese Journal of Geochemistry | 41 | 1.00 | 47.0 | 4.2 | 9 | 40 | 0.268 | 0.780 | ≥10 |
| B11 | Earthquake Engineering and Engineering Vibration | 62 | 0.94 | 27.2 | 3.6 | 12 | 88 | 0.548 | 0.629 | ≥10 |
| B11 | Earthquake Research in China | 56 | 1.00 | 19.8 | 4.7 | 20 | 49 | 0.018 | 0.839 | ≥10 |
| B11 | Global Geology | 30 | 0.91 | 27.5 | 3.9 | 2 | 25 | 0.233 | 0.667 | ≥10 |
| B11 | Science China (Earth Sciences) | 209 | 0.99 | 60.0 | 4.7 | 21 | 213 | 0.158 | 0.947 | ≥10 |
| B11 | 安徽地质 | 77 | 0.99 | 7.6 | 2.6 | 4 | 41 | - | 0.169 | ≥10 |

| 学科代码 | 期刊名称 | 来源文献量 | 文献选出率 | 平均引文数 | 平均作者数 | 地区分布数 | 机构分布数 | 海外论文比 | 基金论文比 | 引用半衰期 |
|---|---|---|---|---|---|---|---|---|---|---|
| B11 | 沉积学报 | 113 | 0.99 | 40.6 | 5.7 | 22 | 62 | 0.040 | 0.870 | ≥10 |
| B11 | 沉积与特提斯地质 | 58 | 0.98 | 24.3 | 4.9 | 17 | 63 | - | 0.810 | ≥10 |
| B11 | 城市地理 | 2659 | 0.88 | 4.0 | 1.5 | 31 | 1563 | 0.003 | 0.068 | 5.9 |
| B11 | 城市地质 | 79 | 0.90 | 10.4 | 3.8 | 10 | 40 | - | 0.367 | 8.8 |
| B11 | 大地构造与成矿学 | 97 | 0.94 | 53.7 | 5.8 | 18 | 47 | 0.020 | 0.680 | ≥10 |
| B11 | 地层学杂志 | 45 | 0.92 | 37.7 | 4.4 | 13 | 29 | 0.040 | 0.670 | ≥10 |
| B11 | 地下水 | 558 | 1.00 | 7.5 | 2.1 | 28 | 344 | 0.002 | 0.167 | 8.2 |
| B11 | 地质科技情报 | 211 | 1.00 | 27.1 | 4.8 | 21 | 85 | 0.000 | 0.620 | 9.9 |
| B11 | 地质科学 | 86 | 0.97 | 43.0 | 5.5 | 16 | 39 | 0.070 | 0.910 | ≥10 |
| B11 | 地质力学学报 | 87 | 0.97 | 28.3 | 4.7 | 15 | 37 | 0.000 | 0.230 | ≥10 |
| B11 | 地质论评 | 115 | 0.90 | 78.4 | 5.7 | 20 | 55 | 0.010 | 0.710 | ≥10 |
| B11 | 地质调查与研究 | 49 | 0.94 | 15.9 | 4.7 | 16 | 53 | - | 0.980 | ≥10 |
| B11 | 地质通报 | 217 | 0.93 | 34.3 | 6.2 | 21 | 74 | 0.050 | 0.440 | ≥10 |
| B11 | 地质学报 | 245 | 0.95 | 80.8 | 5.7 | 19 | 67 | 0.020 | 0.660 | ≥10 |
| B11 | 地质学刊 | 98 | 0.96 | 19.3 | 4.1 | 18 | 87 | 0.010 | 0.990 | 9.7 |
| B11 | 地质与勘探 | 129 | 0.96 | 46.5 | 5.0 | 26 | 82 | 0.000 | 0.620 | 8.6 |
| B11 | 地质与资源 | 101 | 1.00 | 15.6 | 3.9 | 17 | 45 | 0.000 | 0.320 | ≥10 |
| B11 | 地质灾害与环境保护 | 78 | 0.93 | 10.0 | 2.9 | 19 | 85 | - | 0.372 | 9.5 |
| B11 | 地质找矿论丛 | 83 | 0.94 | 21.2 | 4.2 | 22 | 55 | 0.000 | 0.270 | ≥10 |
| B11 | 第四纪研究 | 136 | 0.96 | 60.5 | 5.1 | 22 | 59 | 0.040 | 0.900 | ≥10 |
| B11 | 防灾减灾学报 | 71 | 0.97 | 7.4 | 4.2 | 18 | 60 | - | 0.479 | 9.6 |
| B11 | 福建地质 | 38 | 0.90 | 10.1 | 1.2 | 4 | 17 | - | 0.184 | ≥10 |
| B11 | 高校地质学报 | 78 | 0.99 | 38.0 | 5.3 | 16 | 42 | 0.030 | 0.780 | ≥10 |
| B11 | 高原地震 | 54 | 1.00 | 6.6 | 3.8 | 17 | 55 | - | 0.463 | 9.3 |
| B11 | 工程地质学报 | 162 | 0.87 | 34.6 | 4.1 | 22 | 79 | 0.020 | 0.800 | 8.5 |
| B11 | 古地理学报 | 79 | 0.92 | 42.3 | 5.5 | 17 | 40 | 0.010 | 0.810 | 9.9 |
| B11 | 古脊椎动物学报 | 20 | 0.95 | 45.1 | 3.9 | 4 | 8 | 0.450 | 0.900 | ≥10 |
| B11 | 古生物学报 | 44 | 0.90 | 43.8 | 4.0 | 14 | 24 | 0.070 | 0.820 | ≥10 |
| B11 | 贵州地质 | 47 | 0.94 | 14.7 | 3.7 | 5 | 31 | 0.021 | 0.553 | ≥10 |
| B11 | 国际地震动态 | 80 | 0.51 | 11.0 | 2.6 | 17 | 52 | 0.100 | 0.375 | 7.0 |
| B11 | 华南地质与矿产 | 43 | 0.86 | 18.3 | 4.2 | 12 | 29 | - | 0.953 | 9.5 |
| B11 | 化工矿产地质 | 40 | 0.63 | 8.5 | 3.2 | 12 | 38 | - | 0.200 | ≥10 |
| B11 | 吉林地质 | 134 | 0.97 | 6.0 | 3.2 | 10 | 80 | - | 0.075 | ≥10 |
| B11 | 矿床地质 | 95 | 0.97 | 66.1 | 5.4 | 19 | 40 | 0.020 | 0.640 | ≥10 |

| 学科代码 | 期刊名称 | 来源文献量 | 文献选出率 | 平均引文数 | 平均作者数 | 地区分布数 | 机构分布数 | 海外论文比 | 基金论文比 | 引用半衰期 |
|---|---|---|---|---|---|---|---|---|---|---|
| B11 | 矿物岩石 | 56 | 0.95 | 24.4 | 5.1 | 15 | 34 | 0.000 | 0.630 | ≥10 |
| B11 | 山西地震 | 48 | 0.96 | 6.0 | 3.9 | 12 | 38 | — | 0.458 | 8.5 |
| B11 | 陕西地质 | 36 | 1.00 | 5.9 | 3.4 | 1 | 28 | — | 0.111 | ≥10 |
| B11 | 石油实验地质 | 118 | 0.94 | 26.8 | 4.9 | 12 | 53 | 0.030 | 0.920 | 7.8 |
| B11 | 世界地震译丛 | 37 | 0.84 | 43.7 | 6.3 | — | 23 | 0.027 | 0.189 | ≥10 |
| B11 | 世界地质 | 129 | 0.96 | 22.8 | 5.0 | 15 | 35 | 0.020 | 0.600 | ≥10 |
| B11 | 四川地震 | 38 | 0.93 | 6.6 | 4.0 | 9 | 35 | 0.026 | 0.447 | 9.9 |
| B11 | 四川地质学报 | 156 | 0.97 | 11.6 | 3.5 | 20 | 129 | — | 0.333 | ≥10 |
| B11 | 微体古生物学报 | 38 | 0.88 | 56.2 | 4.7 | 18 | 26 | 0.030 | 0.740 | ≥10 |
| B11 | 物探化探计算技术 | 129 | 1.00 | 13.5 | 4.0 | 24 | 66 | 0.000 | 0.590 | 9.6 |
| B11 | 物探与化探 | 196 | 0.99 | 18.1 | 4.3 | 26 | 101 | 0.010 | 0.610 | 8.7 |
| B11 | 西北地质 | 89 | 0.94 | 23.0 | 4.6 | 18 | 55 | 0.000 | 0.420 | ≥10 |
| B11 | 现代地质 | 141 | 0.95 | 32.7 | 5.6 | 19 | 66 | 0.000 | 0.700 | ≥10 |
| B11 | 新疆地质 | 89 | 0.96 | 20.1 | 5.3 | 7 | 32 | 0.000 | 0.430 | ≥10 |
| B11 | 岩矿测试 | 87 | 0.83 | 27.0 | 5.2 | 21 | 62 | 0.020 | 0.640 | 7.0 |
| B11 | 岩石矿物学杂志 | 82 | 0.98 | 69.5 | 5.1 | 19 | 40 | 0.000 | 0.740 | ≥10 |
| B11 | 岩石学报 | 264 | 0.98 | 94.6 | 5.4 | 24 | 57 | 0.090 | 0.890 | ≥10 |
| B11 | 铀矿地质 | 57 | 0.89 | 12.5 | 4.4 | 13 | 40 | — | 0.421 | ≥10 |
| B11 | 云南地质 | 110 | 0.96 | 6.3 | 2.8 | 9 | 65 | — | 0.109 | ≥10 |
| B11 | 中国地质 | 172 | 0.97 | 41.4 | 5.8 | 24 | 85 | 0.000 | 0.450 | ≥10 |
| B11 | 中国地质调查 | 63 | 0.80 | 16.0 | 4.5 | 17 | 52 | — | 0.889 | 9.2 |
| B11 | 中国地质灾害与防治学报 | 96 | 0.92 | 15.1 | 3.7 | 20 | 56 | 0.020 | 0.540 | 7.1 |
| B11 | 中国岩溶 | 87 | 0.96 | 26.7 | 4.6 | 17 | 42 | 0.050 | 0.820 | 8.7 |
| B12 | Acta Oceanologica Sinica | 182 | 0.97 | 35.6 | 4.8 | 15 | 78 | 0.160 | 0.710 | ≥10 |
| B12 | China Ocean Engineering | 74 | 0.95 | 23.3 | 3.7 | 13 | 34 | 0.200 | 0.740 | ≥10 |
| B12 | Chinese Journal of Oceanology and Limnology | 136 | 0.98 | 42.1 | 5.1 | 12 | 77 | 0.110 | 0.690 | ≥10 |
| B12 | Journal of Ocean University of China | 138 | 0.97 | 34.6 | 4.7 | 13 | 57 | 0.140 | 0.720 | ≥10 |
| B12 | Marine Science Bulletin | 14 | 1.00 | 27.8 | 4.1 | 5 | 13 | 0.071 | 0.429 | 9.3 |
| B12 | 海岸工程 | 34 | 0.92 | 16.2 | 4.4 | 11 | 32 | — | 0.765 | 8.3 |
| B12 | 海洋地质前沿 | 119 | 0.90 | 21.6 | 4.9 | 10 | 35 | 0.020 | 0.630 | 9.0 |
| B12 | 海洋地质与第四纪地质 | 123 | 0.87 | 33.9 | 5.1 | 18 | 48 | 0.020 | 0.830 | ≥10 |
| B12 | 海洋工程 | 94 | 0.93 | 18.2 | 4.0 | 12 | 43 | 0.020 | 0.810 | 9.8 |
| B12 | 海洋工程装备与技术 | 65 | 0.92 | 9.6 | 3.6 | 8 | 40 | — | 0.292 | 7.6 |

| 学科代码 | 期刊名称 | 来源文献量 | 文献选出率 | 平均引文数 | 平均作者数 | 地区分布数 | 机构分布数 | 海外论文比 | 基金论文比 | 引用半衰期 |
|---|---|---|---|---|---|---|---|---|---|---|
| B12 | 海洋湖沼通报 | 57 | 0.93 | 26.6 | 4.3 | 11 | 32 | 0.000 | 0.650 | ≥10 |
| B12 | 海洋技术学报 | 124 | 1.00 | 13.9 | 4.1 | 14 | 88 | 0.008 | 0.806 | 7.8 |
| B12 | 海洋经济 | 44 | 0.94 | 13.4 | 2.6 | 10 | 19 | — | 0.591 | 5.8 |
| B12 | 海洋开发与管理 | 248 | 0.97 | 12.2 | 3.4 | 15 | 159 | — | 0.637 | 6.2 |
| B12 | 海洋科学 | 245 | 1.00 | 27.4 | 5.0 | 18 | 94 | 0.000 | 0.850 | 9.8 |
| B12 | 海洋科学进展 | 57 | 0.89 | 27.0 | 4.7 | 9 | 28 | 0.020 | 0.750 | 9.9 |
| B12 | 海洋通报 | 87 | 1.00 | 23.0 | 4.7 | 13 | 54 | 0.000 | 0.670 | ≥10 |
| B12 | 海洋信息 | 42 | 0.95 | 11.8 | 3.3 | 10 | 39 | — | 0.405 | 6.0 |
| B12 | 海洋学报 | 157 | 0.95 | 31.9 | 4.9 | 14 | 65 | 0.030 | 0.890 | ≥10 |
| B12 | 海洋学研究 | 48 | 0.92 | 19.5 | 4.5 | 11 | 26 | 0.000 | 0.770 | 9.3 |
| B12 | 海洋与湖沼 | 151 | 0.99 | 30.2 | 5.3 | 18 | 53 | 0.010 | 0.850 | ≥10 |
| B12 | 海洋预报 | 67 | 0.94 | 18.2 | 3.7 | 12 | 40 | 0.000 | 0.750 | 9.8 |
| B12 | 湖泊科学 | 156 | 0.97 | 34.0 | 5.1 | 25 | 90 | 0.010 | 0.880 | 9.0 |
| B12 | 极地研究 | 62 | 0.95 | 30.0 | 4.5 | 15 | 35 | 0.000 | 0.950 | ≥10 |
| B12 | 热带海洋学报 | 68 | 0.94 | 34.3 | 4.6 | 9 | 31 | 0.030 | 0.810 | ≥10 |
| B12 | 水文 | 102 | 0.96 | 13.2 | 4.0 | 26 | 71 | 0.000 | 0.680 | 9.0 |
| B12 | 水文地质工程地质 | 156 | 0.94 | 15.8 | 4.3 | 23 | 77 | 0.030 | 0.740 | 8.3 |
| B12 | 盐湖研究 | 42 | 0.91 | 27.5 | 5.1 | 8 | 13 | 0.000 | 0.690 | 9.7 |
| B12 | 应用海洋学学报 | 72 | 0.92 | 25.8 | 4.4 | 11 | 32 | 0.000 | 0.630 | ≥10 |
| B12 | 中国海洋大学学报(自然科学版) | 228 | 1.00 | 26.0 | 4.4 | 9 | 29 | 0.020 | 0.820 | ≥10 |
| B13 | Acta Biochimica et Biophysica Sinica | 138 | 0.97 | 52.7 | 5.5 | 22 | 121 | 0.180 | 0.780 | 7.1 |
| B13 | Asian Herpetological Research | 36 | 0.97 | 40.8 | 5.0 | 14 | 67 | 0.417 | 0.167 | ≥10 |
| B13 | Cell Research | 99 | 0.66 | 51.4 | 6.4 | 12 | 77 | 0.450 | 0.610 | 6.3 |
| B13 | Frontiers in Biology | 46 | 0.90 | 84.1 | 3.6 | 3 | 44 | 0.960 | 0.090 | 8.6 |
| B13 | Genomics，Proteomics & Bioinformatics | 46 | 0.71 | 54.6 | 4.5 | 7 | 73 | 0.652 | 0.522 | 5.6 |
| B13 | Journal of Genetics and Genomics | 81 | 0.96 | 50.2 | 5.2 | 16 | 68 | 0.510 | 0.580 | 6.7 |
| B13 | Journal of Molecular Cell Biology | 50 | 0.86 | 44.4 | 6.3 | 12 | 47 | 0.640 | 0.520 | 7.6 |
| B13 | Journal of Zhejiang University Science B: Biomedicine & Biotechnology | 105 | 0.98 | 39.9 | 5.9 | 19 | 70 | 0.170 | 0.680 | 8.4 |
| B13 | Protein & Cell | 97 | 0.95 | 40.3 | 5.4 | 14 | 58 | 0.320 | 0.740 | 6.8 |
| B13 | Science China (Life Sciences) | 189 | 0.96 | 41.4 | 4.3 | 20 | 187 | 0.164 | 0.720 | 6.8 |
| B13 | The Journal of Biomedical Research | 70 | 0.99 | 39.2 | 4.9 | 6 | 96 | 0.614 | 0.500 | 7.7 |
| B13 | 生物资源 | 57 | 0.92 | 22.2 | 4.2 | 18 | 47 | 0.000 | 0.560 | 7.6 |
| B13 | 工业微生物 | 65 | 0.96 | 18.4 | 4.5 | 11 | 41 | — | 0.800 | 8.6 |

| 学科代码 | 期刊名称 | 来源文献量 | 文献选出率 | 平均引文数 | 平均作者数 | 地区分布数 | 机构分布数 | 海外论文比 | 基金论文比 | 引用半衰期 |
|---|---|---|---|---|---|---|---|---|---|---|
| B13 | 湖南生态科学学报 | 44 | 0.98 | 17.1 | 3.1 | 10 | 34 | — | 0.818 | 8.7 |
| B13 | 基因组学与应用生物学 | 538 | 0.98 | 19.8 | 5.4 | 30 | 242 | 0.000 | 0.780 | 6.8 |
| B13 | 激光生物学报 | 89 | 0.96 | 25.1 | 5.1 | 19 | 50 | 0.010 | 0.830 | 7.2 |
| B13 | 热带生物学报 | 89 | 0.99 | 22.7 | 5.2 | 6 | 21 | 0.010 | 0.820 | 8.4 |
| B13 | 人类学学报 | 53 | 0.96 | 38.1 | 3.9 | 17 | 28 | 0.020 | 0.920 | ≥10 |
| B13 | 生理科学进展 | 92 | 0.78 | 27.3 | 3.4 | 22 | 60 | 0.010 | 0.750 | 3.9 |
| B13 | 生理学报 | 93 | 0.97 | 47.9 | 4.5 | 23 | 68 | 0.040 | 0.860 | 8.3 |
| B13 | 生命的化学 | 157 | 0.96 | 35.7 | 3.4 | 25 | 111 | 0.000 | 0.690 | 4.6 |
| B13 | 生命科学 | 182 | 0.90 | 58.6 | 3.2 | 22 | 108 | 0.020 | 0.860 | 6.0 |
| B13 | 生命科学研究 | 97 | 0.94 | 31.2 | 4.6 | 23 | 62 | 0.010 | 0.870 | 7.3 |
| B13 | 生物安全学报 | 55 | 0.93 | 24.6 | 5.1 | 13 | 54 | 0.018 | 0.927 | 9.1 |
| B13 | 生物多样性 | 152 | 0.84 | 39.5 | 5.0 | 26 | 84 | 0.030 | 0.800 | 8.8 |
| B13 | 生物化工 | 160 | 0.96 | 6.6 | 2.4 | 27 | 145 | — | 0.231 | 7.3 |
| B13 | 生物化学与生物物理进展 | 125 | 0.95 | 47.7 | 4.6 | 23 | 79 | 0.060 | 0.850 | 6.1 |
| B13 | 生物技术 | 103 | 1.00 | 20.1 | 5.1 | 24 | 79 | 0.020 | 0.770 | 4.2 |
| B13 | 生物技术进展 | 79 | 0.91 | 27.9 | 5.1 | 20 | 55 | 0.000 | 0.630 | 7.2 |
| B13 | 生物技术通讯 | 197 | 0.97 | 20.1 | 5.5 | 27 | 109 | 0.000 | 0.630 | 6.5 |
| B13 | 生物物理学报 | 12 | 1.00 | 44.8 | 3.6 | 6 | 17 | 0.417 | 1.000 | 7.9 |
| B13 | 生物信息学 | 40 | 0.95 | 20.3 | 3.7 | 24 | 46 | — | 0.775 | 7.3 |
| B13 | 生物学通报 | 232 | 0.94 | 6.3 | 2.5 | 26 | 220 | 0.065 | 0.310 | 7.4 |
| B13 | 生物学杂志 | 175 | 0.98 | 22.2 | 4.4 | 23 | 96 | 0.000 | 0.770 | 7.5 |
| B13 | 水生生物学报 | 168 | 0.99 | 32.0 | 5.6 | 22 | 70 | 0.010 | 0.770 | 9.5 |
| B13 | 现代电生理学杂志 | 35 | 0.71 | 8.4 | 4.3 | 13 | 36 | — | 0.200 | 9.1 |
| B13 | 遗传 | 100 | 0.83 | 53.6 | 5.2 | 23 | 61 | 0.010 | 0.880 | 6.0 |
| B13 | 中国科学(生命科学) | 149 | 0.81 | 51.1 | 4.6 | 18 | 61 | 0.030 | 0.850 | 7.1 |
| B13 | 中国生物化学与分子生物学报 | 187 | 0.99 | 35.3 | 4.2 | 26 | 110 | 0.010 | 0.900 | 6.3 |
| B13 | 中国细胞生物学学报 | 201 | 1.00 | 36.2 | 5.0 | 27 | 116 | 0.010 | 0.840 | 6.3 |
| B13 | 中国野生植物资源 | 118 | 0.98 | 16.3 | 4.2 | 23 | 106 | — | 0.847 | 9.4 |
| B13 | 中国应用生理学杂志 | 139 | 0.95 | 14.7 | 5.5 | 25 | 83 | 0.000 | 0.680 | 6.4 |
| B13 | 中学生物教学 | 336 | 0.90 | 1.9 | 1.3 | 29 | 307 | — | 0.161 | 6.8 |
| B13 | 蛛形学报 | 28 | 0.97 | 13.4 | 2.8 | 10 | 18 | — | 0.393 | ≥10 |
| B14 | Journal of Resources and Ecology | 60 | 0.97 | 28.3 | 3.4 | 11 | 32 | 0.300 | 0.620 | 8.2 |
| B14 | 城市环境与城市生态 | 59 | 0.91 | 16.2 | 4.7 | 19 | 68 | 0.017 | 0.763 | 6.8 |
| B14 | 生态毒理学报 | 273 | 1.00 | 35.2 | 5.3 | 28 | 155 | 0.040 | 0.830 | 7.6 |

| 学科代码 | 期刊名称 | 来源文献量 | 文献选出率 | 平均引文数 | 平均作者数 | 地区分布数 | 机构分布数 | 海外论文比 | 基金论文比 | 引用半衰期 |
|---|---|---|---|---|---|---|---|---|---|---|
| B14 | 生态环境学报 | 286 | 0.97 | 32.8 | 5.1 | 29 | 174 | 0.010 | 0.860 | 7.3 |
| B14 | 生态科学 | 182 | 0.99 | 28.9 | 4.4 | 28 | 195 | 0.016 | 0.973 | 8.6 |
| B14 | 生态学报 | 861 | 0.98 | 38.2 | 5.1 | 30 | 268 | 0.020 | 0.850 | 9.0 |
| B14 | 生态学杂志 | 446 | 1.00 | 36.7 | 5.2 | 30 | 188 | 0.020 | 0.820 | 8.7 |
| B14 | 水生态学杂志 | 86 | 1.00 | 27.4 | 5.3 | 24 | 59 | 0.000 | 0.780 | 9.3 |
| B14 | 应用生态学报 | 480 | 1.00 | 38.0 | 5.2 | 30 | 171 | 0.020 | 0.880 | 7.9 |
| B14 | 中国微生态学杂志 | 375 | 1.00 | 16.3 | 4.3 | 28 | 247 | 0.000 | 0.390 | 5.8 |
| B15 | Journal of Integrative Plant Biology | 84 | 0.99 | 58.2 | 6.2 | 11 | 66 | 0.350 | 0.320 | 7.7 |
| B15 | Journal of Systematics and Evolution | 52 | 0.95 | 87.8 | 4.2 | 10 | 37 | 0.560 | 0.440 | 9.6 |
| B15 | Molecular Plant | 176 | 0.97 | 50.8 | 5.2 | 16 | 132 | 0.620 | 0.420 | 7.7 |
| B15 | Plant Diversity | 47 | 0.94 | 41.9 | 3.2 | 6 | 19 | 0.230 | 0.360 | ≥10 |
| B15 | 广西植物 | 216 | 0.98 | 24.3 | 4.9 | 26 | 124 | 0.010 | 0.900 | 9.6 |
| B15 | 热带亚热带植物学报 | 92 | 0.95 | 24.3 | 4.9 | 19 | 62 | 0.010 | 0.740 | 9.6 |
| B15 | 西北植物学报 | 334 | 1.00 | 29.4 | 5.1 | 29 | 143 | 0.000 | 0.880 | 9.7 |
| B15 | 亚热带植物科学 | 82 | 0.98 | 19.9 | 4.3 | 14 | 96 | 0.012 | 0.841 | 9.2 |
| B15 | 植物科学学报 | 106 | 1.00 | 34.0 | 5.1 | 23 | 70 | 0.020 | 0.880 | 8.5 |
| B15 | 植物生理学报 | 229 | 0.93 | 39.0 | 5.0 | 28 | 110 | 0.010 | 0.860 | 8.2 |
| B15 | 植物生态学报 | 122 | 0.96 | 48.4 | 5.3 | 28 | 65 | 0.020 | 0.930 | 9.1 |
| B15 | 植物学报 | 91 | 1.00 | 42.6 | 4.8 | 23 | 59 | 0.040 | 0.780 | 8.5 |
| B15 | 植物研究 | 134 | 0.96 | 24.5 | 4.7 | 24 | 60 | 0.010 | 0.690 | 9.8 |
| B16 | Current Zoology | 71 | 0.96 | 75.1 | 3.4 | 5 | 122 | 0.958 | 0.789 | ≥10 |
| B16 | Entomotaxonomia | 45 | 0.94 | 15.0 | 3.1 | 16 | 28 | 0.160 | 0.910 | ≥10 |
| B16 | Insect Science | 89 | 1.00 | 45.2 | 5.0 | 12 | 64 | 0.560 | 0.370 | ≥10 |
| B16 | Zoological Research | 46 | 0.81 | 41.0 | 4.4 | 13 | 27 | 0.280 | 0.720 | 7.9 |
| B16 | 动物分类学报 | 46 | 0.90 | 25.0 | 3.5 | 16 | 28 | 0.170 | 0.700 | ≥10 |
| B16 | 动物学杂志 | 123 | 0.81 | 31.2 | 5.0 | 26 | 84 | 0.020 | 0.780 | ≥10 |
| B16 | 昆虫学报 | 161 | 1.00 | 34.9 | 5.3 | 26 | 84 | 0.060 | 0.750 | 8.7 |
| B16 | 实验动物科学 | 84 | 0.97 | 16.7 | 5.4 | 21 | 61 | 0.000 | 0.620 | 7.5 |
| B16 | 兽类学报 | 55 | 0.92 | 48.1 | 6.0 | 26 | 44 | 0.050 | 0.910 | ≥10 |
| B16 | 四川动物 | 159 | 0.85 | 23.9 | 4.9 | 28 | 116 | 0.010 | 0.720 | ≥10 |
| B16 | 野生动物学报 | 73 | 0.99 | 18.5 | 4.7 | 20 | 82 | 0.041 | 0.575 | 9.8 |
| B16 | 应用昆虫学报 | 172 | 0.96 | 26.0 | 5.3 | 28 | 81 | 0.020 | 0.900 | 9.1 |
| B16 | 中国实验动物学报 | 122 | 0.97 | 19.8 | 5.9 | 22 | 81 | 0.000 | 0.850 | 6.7 |
| B17 | Virologica Sinica | 72 | 0.91 | 37.2 | 5.5 | 19 | 52 | 0.310 | 0.530 | 7.1 |

| 学科代码 | 期刊名称 | 来源文献量 | 文献选出率 | 平均引文数 | 平均作者数 | 地区分布数 | 机构分布数 | 海外论文比 | 基金论文比 | 引用半衰期 |
|---|---|---|---|---|---|---|---|---|---|---|
| B17 | 病毒学报 | 119 | 0.95 | 27.3 | 6.2 | 24 | 67 | 0.010 | 0.840 | 6.0 |
| B17 | 国际病毒学杂志 | 119 | 0.95 | 15.7 | 4.8 | 21 | 83 | 0.000 | 0.500 | 4.9 |
| B17 | 菌物学报 | 164 | 0.92 | 33.6 | 4.4 | 25 | 67 | 0.020 | 0.830 | 8.7 |
| B17 | 微生物学报 | 186 | 0.94 | 32.7 | 4.7 | 26 | 111 | 0.000 | 0.900 | 7.8 |
| B17 | 微生物学免疫学进展 | 111 | 0.80 | 19.5 | 4.3 | 17 | 37 | 0.010 | 0.410 | 5.1 |
| B17 | 微生物学通报 | 317 | 0.90 | 27.1 | 5.1 | 28 | 177 | 0.020 | 0.810 | 7.4 |
| B17 | 微生物学杂志 | 115 | 0.94 | 24.7 | 4.8 | 23 | 71 | 0.000 | 0.770 | 7.9 |
| B17 | 中国病毒病杂志 | 78 | 0.90 | 26.3 | 5.5 | 18 | 50 | 0.000 | 0.710 | 5.4 |
| B17 | 中国病原生物学杂志 | 283 | 0.98 | 20.7 | 5.2 | 29 | 169 | 0.000 | 0.600 | 6.2 |
| B17 | 中华实验和临床病毒学杂志 | 139 | 0.96 | 12.9 | 6.0 | 21 | 96 | 0.000 | 0.550 | 5.1 |
| B18 | 心理发展与教育 | 89 | 1.00 | 46.8 | 4.0 | 20 | 37 | 0.020 | 0.810 | 9.0 |
| B18 | 心理技术与应用 | 106 | 0.91 | 28.5 | 2.3 | 20 | 70 | — | 0.566 | 8.9 |
| B18 | 心理科学 | 224 | 0.98 | 31.2 | 3.4 | 23 | 80 | 0.040 | 0.760 | 7.4 |
| B18 | 心理科学进展 | 184 | 0.95 | 68.7 | 3.3 | 24 | 71 | 0.050 | 0.770 | 6.6 |
| B18 | 心理学报 | 142 | 0.93 | 49.1 | 3.6 | 20 | 58 | 0.040 | 0.880 | 8.5 |
| B18 | 心理学探新 | 96 | 0.97 | 23.9 | 2.8 | 21 | 89 | 0.010 | 0.760 | 9.4 |
| B18 | 心理研究 | 89 | 0.94 | 26.6 | 2.6 | 18 | 58 | 0.011 | 0.629 | 9.2 |
| B18 | 心理与行为研究 | 123 | 0.97 | 31.3 | 3.1 | 25 | 116 | 0.024 | 0.886 | 9.6 |
| B18 | 应用心理学 | 38 | 1.00 | 32.0 | 3.3 | 12 | 39 | 0.053 | 0.816 | 8.5 |
| B18 | 中国临床心理学杂志 | 260 | 1.00 | 25.5 | 3.9 | 22 | 102 | 0.040 | 0.730 | 7.5 |
| B18 | 中国心理卫生杂志 | 176 | 0.99 | 24.0 | 4.4 | 23 | 109 | 0.020 | 0.560 | 7.5 |
| C01 | Agricultural Science & Technology | 642 | 0.99 | 17.0 | 5.0 | 31 | 525 | 0.003 | 0.857 | 8.8 |
| C01 | Frontiers Agricultural Science and Engineering | 41 | 0.84 | 46.8 | 5.0 | 13 | 44 | 0.146 | 0.927 | 8.3 |
| C01 | Journal of Integrative Agriculture | 296 | 0.98 | 40.8 | 6.3 | 24 | 156 | 0.160 | 0.700 | 9.4 |
| C01 | 安徽农学通报 | 1474 | 1.00 | 6.4 | 2.8 | 30 | 1145 | 0.004 | 0.357 | 7.5 |
| C01 | 安徽农业科学 | 3355 | 0.99 | 12.7 | 3.9 | 31 | 2499 | 0.005 | 0.624 | 7.7 |
| C01 | 北方农业学报 | 183 | 0.99 | 13.7 | 4.3 | 22 | 181 | — | 0.645 | 9.1 |
| C01 | 东北农业科学 | 144 | 1.00 | 17.1 | 5.9 | 17 | 44 | 0.000 | 0.760 | 8.2 |
| C01 | 福建农业科技 | 309 | 0.92 | 4.4 | 2.2 | 8 | 216 | 0.023 | 0.298 | 7.8 |
| C01 | 福建农业学报 | 245 | 0.97 | 20.2 | 5.4 | 20 | 76 | 0.000 | 0.820 | 7.6 |
| C01 | 甘肃农业 | 524 | 0.80 | 1.8 | 1.5 | 15 | 336 | — | 0.038 | 5.7 |
| C01 | 甘肃农业科技 | 396 | 0.97 | 8.8 | 3.2 | 26 | 245 | — | 0.432 | 6.3 |
| C01 | 干旱地区农业研究 | 262 | 0.99 | 23.7 | 5.2 | 19 | 98 | 0.010 | 0.820 | 8.5 |
| C01 | 高等农业教育 | 190 | 0.98 | 8.0 | 2.4 | 26 | 95 | — | 0.732 | 4.4 |

| 学科代码 | 期刊名称 | 来源文献量 | 文献选出率 | 平均引文数 | 平均作者数 | 地区分布数 | 机构分布数 | 海外论文比 | 基金论文比 | 引用半衰期 |
|---|---|---|---|---|---|---|---|---|---|---|
| C01 | 古今农业 | 54 | 0.90 | 27.8 | 1.4 | 19 | 39 | — | 0.352 | ≥10 |
| C01 | 广东农业科学 | 376 | 0.99 | 19.6 | 5.0 | 26 | 283 | 0.008 | 0.981 | 6.6 |
| C01 | 广西农学报 | 136 | 0.94 | 7.3 | 3.0 | 10 | 134 | — | 0.846 | 6.5 |
| C01 | 贵州农业科学 | 528 | 1.00 | 18.4 | 4.7 | 28 | 290 | 0.000 | 0.690 | 7.8 |
| C01 | 河北农业 | 292 | 0.79 | — | 1.4 | 3 | 160 | 0.003 | 0.007 | — |
| C01 | 河北农业科学 | 152 | 0.99 | 20.0 | 5.7 | 12 | 104 | 0.013 | 0.816 | 8.5 |
| C01 | 河南农业 | 1805 | 0.95 | 2.0 | 1.6 | 31 | 1193 | 0.001 | 0.100 | 5.1 |
| C01 | 河南农业科学 | 389 | 0.98 | 22.2 | 5.2 | 30 | 188 | 0.000 | 0.690 | 7.7 |
| C01 | 核农学报 | 311 | 1.00 | 35.5 | 5.6 | 28 | 117 | 0.000 | 0.820 | 7.1 |
| C01 | 黑龙江农业科学 | 537 | 0.96 | 11.3 | 3.9 | 30 | 359 | 0.006 | 0.637 | 8.2 |
| C01 | 湖北农业科学 | 1619 | 0.97 | 15.1 | 4.5 | 30 | 656 | 0.000 | 0.670 | 8.1 |
| C01 | 湖南农业科学 | 413 | 0.99 | 14.0 | 4.5 | 26 | 357 | 0.002 | 0.831 | 7.5 |
| C01 | 华北农学报 | 215 | 0.92 | 27.1 | 6.0 | 27 | 84 | 0.000 | 0.860 | 6.8 |
| C01 | 江苏农业科学 | 1920 | 1.00 | 17.3 | 4.5 | 30 | 609 | 0.010 | 0.790 | 8.2 |
| C01 | 江苏农业学报 | 222 | 0.99 | 24.8 | 5.5 | 28 | 104 | 0.000 | 0.790 | 7.9 |
| C01 | 江西农业学报 | 330 | 0.99 | 18.8 | 4.8 | 27 | 149 | 0.000 | 0.650 | 7.5 |
| C01 | 辽宁农业科学 | 157 | 0.99 | 9.6 | 3.6 | 11 | 66 | 0.000 | 0.540 | 7.3 |
| C01 | 绿洲农业科学与工程 | 38 | 0.84 | 16.4 | 4.9 | 10 | 36 | — | 0.895 | 6.8 |
| C01 | 南方农业学报 | 369 | 0.97 | 24.5 | 5.7 | 25 | 209 | 0.010 | 0.850 | 6.8 |
| C01 | 宁夏农林科技 | 294 | 0.97 | 7.0 | 3.3 | 19 | 240 | — | 0.391 | 7.1 |
| C01 | 农产品质量与安全 | 94 | 0.84 | 18.1 | 3.9 | 17 | 50 | 0.000 | 0.410 | 4.8 |
| C01 | 农村科技 | 520 | 0.94 | — | 2.0 | 4 | 304 | — | 0.075 | — |
| C01 | 农技服务 | 3062 | 1.00 | 2.9 | 1.8 | 31 | 2439 | 0.004 | 0.076 | 4.9 |
| C01 | 农学学报 | 233 | 0.96 | 26.3 | 4.6 | 30 | 152 | 0.000 | 0.680 | 6.6 |
| C01 | 农业科技管理 | 164 | 0.99 | 11.2 | 3.5 | 26 | 101 | — | 0.451 | 3.8 |
| C01 | 农业科技通讯 | 1167 | 1.00 | 4.1 | 3.8 | 31 | 1040 | — | 0.398 | 7.8 |
| C01 | 农业科技与信息 | 3702 | 0.87 | 1.6 | 1.5 | 31 | 2648 | 0.001 | 0.039 | 4.5 |
| C01 | 农业科学研究 | 81 | 0.96 | 11.5 | 2.8 | 11 | 60 | — | 0.679 | 7.8 |
| C01 | 农业生物技术学报 | 214 | 1.00 | 29.6 | 6.1 | 26 | 74 | 0.010 | 0.930 | 7.7 |
| C01 | 农业网络信息 | 514 | 1.00 | 6.3 | 2.3 | 29 | 259 | 0.002 | 0.453 | 4.9 |
| C01 | 农业与技术 | 3598 | 0.99 | 2.6 | 1.7 | 31 | 2957 | 0.002 | 0.066 | 4.9 |
| C01 | 农业灾害研究 | 245 | 0.97 | 9.3 | 2.6 | 30 | 232 | — | 0.212 | 7.8 |
| C01 | 农业展望 | 204 | 0.93 | 10.2 | 2.6 | 23 | 93 | 0.005 | 0.613 | 3.4 |
| C01 | 青海农技推广 | 108 | 0.85 | 1.5 | 1.6 | 7 | 63 | — | — | 5.3 |

| 学科代码 | 期刊名称 | 来源文献量 | 文献选出率 | 平均引文数 | 平均作者数 | 地区分布数 | 机构分布数 | 海外论文比 | 基金论文比 | 引用半衰期 |
|---|---|---|---|---|---|---|---|---|---|---|
| C01 | 青海农林科技 | 124 | 0.96 | 5.6 | 2.0 | 12 | 92 | - | 0.177 | 9.4 |
| C01 | 热带农业科学 | 262 | 0.99 | 17.0 | 4.8 | 14 | 107 | 0.000 | 0.650 | 7.5 |
| C01 | 山地农业生物学报 | 103 | 0.94 | 18.8 | 4.6 | 10 | 20 | 0.000 | 0.720 | 8.2 |
| C01 | 山东农业科学 | 464 | 1.00 | 17.3 | 5.5 | 21 | 132 | 0.010 | 0.710 | 8.6 |
| C01 | 山西农业科学 | 461 | 0.99 | 20.4 | 4.5 | 20 | 99 | 0.010 | 0.650 | 7.6 |
| C01 | 陕西农业科学 | 480 | 0.98 | 9.7 | 3.5 | 22 | 227 | 0.000 | 0.330 | 7.2 |
| C01 | 上海农业科技 | 530 | 0.99 | 2.2 | 3.2 | 14 | 449 | - | 0.136 | 8.3 |
| C01 | 上海农业学报 | 189 | 0.98 | 16.4 | 5.1 | 19 | 79 | 0.000 | 0.780 | 8.2 |
| C01 | 世界农业 | 502 | 0.91 | 10.0 | 2.1 | 30 | 314 | 0.046 | 0.550 | 5.2 |
| C01 | 四川农业科技 | 219 | 0.67 | 4.9 | 3.1 | 8 | 195 | - | 0.265 | 6.9 |
| C01 | 特产研究 | 67 | 0.85 | 19.1 | 5.7 | 8 | 19 | 0.000 | 0.540 | 7.8 |
| C01 | 天津农林科技 | 105 | 0.83 | 4.9 | 3.4 | 12 | 90 | - | 0.248 | 6.5 |
| C01 | 天津农业科学 | 416 | 0.97 | 14.4 | 4.1 | 29 | 295 | - | 0.656 | 7.1 |
| C01 | 西北农业学报 | 265 | 0.99 | 22.6 | 5.1 | 24 | 107 | 0.000 | 0.760 | 9.0 |
| C01 | 西南农业学报 | 536 | 1.00 | 20.2 | 5.9 | 28 | 203 | 0.010 | 0.760 | 9.0 |
| C01 | 西藏农业科技 | 43 | 0.96 | 8.1 | 1.8 | 1 | 12 | - | 0.186 | ≥10 |
| C01 | 现代农村科技 | 1555 | 0.95 | 1.0 | 1.7 | 29 | 868 | 0.001 | 0.046 | 6.0 |
| C01 | 现代农业 | 946 | 0.98 | 1.3 | 1.7 | 26 | 657 | 0.001 | 0.031 | 7.1 |
| C01 | 现代农业科技 | 4585 | 0.99 | 7.4 | 2.8 | 31 | 3729 | 0.001 | 0.214 | 6.5 |
| C01 | 现代农业研究 | 779 | 0.98 | 1.3 | 1.2 | 16 | 354 | - | 0.018 | 4.4 |
| C01 | 乡村科技 | 1717 | 0.67 | 2.1 | 1.4 | 31 | 1346 | 0.002 | 0.037 | 3.5 |
| C01 | 新疆农业科技 | 179 | 0.99 | 4.4 | 2.0 | 1 | 138 | - | 0.056 | 7.1 |
| C01 | 新疆农业科学 | 307 | 0.97 | 18.7 | 5.7 | 6 | 39 | 0.000 | 0.790 | 8.7 |
| C01 | 云南农业 | 414 | 0.64 | 1.2 | 1.8 | 2 | 396 | - | 0.022 | 8.2 |
| C01 | 云南农业科技 | 146 | 0.94 | 2.8 | 2.9 | 4 | 163 | - | 0.096 | 6.9 |
| C01 | 浙江农业科学 | 664 | 0.98 | 10.1 | 4.1 | 27 | 565 | - | 0.604 | 7.1 |
| C01 | 浙江农业学报 | 308 | 0.96 | 21.2 | 5.4 | 29 | 149 | 0.010 | 0.810 | 7.8 |
| C01 | 中国农技推广 | 317 | 0.95 | 1.4 | 2.7 | 31 | 379 | 0.003 | 0.104 | 8.6 |
| C01 | 中国农史 | 86 | 0.97 | 63.8 | 1.4 | 19 | 58 | 0.035 | 0.674 | ≥10 |
| C01 | 中国农学通报 | 1230 | 0.97 | 27.4 | 4.8 | 31 | 550 | 0.000 | 0.710 | 8.2 |
| C01 | 中国农业科技导报 | 169 | 0.97 | 26.8 | 5.3 | 28 | 84 | 0.000 | 0.700 | 7.5 |
| C01 | 中国农业科学 | 439 | 1.00 | 36.8 | 6.2 | 27 | 119 | 0.010 | 0.910 | 7.6 |
| C01 | 中国农业气象 | 84 | 0.98 | 27.4 | 5.0 | 18 | 47 | 0.020 | 0.640 | 8.1 |
| C01 | 中国农业信息 | 1236 | 0.96 | 2.6 | 1.8 | 31 | 1243 | 0.002 | 0.061 | 4.4 |

| 学科代码 | 期刊名称 | 来源文献量 | 文献选出率 | 平均引文数 | 平均作者数 | 地区分布数 | 机构分布数 | 海外论文比 | 基金论文比 | 引用半衰期 |
|---|---|---|---|---|---|---|---|---|---|---|
| C01 | 中国农业资源与区划 | 466 | 0.99 | 16.4 | 2.4 | 30 | 290 | 0.030 | 0.770 | 5.9 |
| C01 | 中国热带农业 | 144 | 0.99 | 6.8 | 4.2 | 8 | 80 | 0.000 | 0.400 | 7.6 |
| C01 | 中国生态农业学报 | 189 | 0.86 | 32.5 | 5.5 | 26 | 87 | 0.010 | 0.830 | 7.4 |
| C02 | Journal of Northeast Agricultural University (English Edition) | 46 | 0.92 | 23.5 | 4.2 | 7 | 45 | 0.391 | 0.478 | ≥10 |
| C02 | 安徽农业大学学报 | 183 | 0.97 | 20.5 | 5.0 | 25 | 96 | 0.000 | 0.740 | 8.2 |
| C02 | 北京农学院学报 | 91 | 0.98 | 16.5 | 5.0 | 6 | 11 | 0.000 | 0.820 | 7.8 |
| C02 | 北京农业职业学院学报 | 126 | 0.95 | 8.4 | 2.1 | 20 | 65 | — | 0.532 | 5.1 |
| C02 | 东北农业大学学报 | 165 | 0.99 | 24.4 | 5.6 | 17 | 40 | 0.010 | 0.900 | 7.7 |
| C02 | 福建农林大学学报(自然科学版) | 120 | 0.99 | 21.7 | 5.3 | 16 | 31 | 0.010 | 0.820 | 7.8 |
| C02 | 甘肃农业大学学报 | 155 | 1.00 | 20.6 | 5.0 | 18 | 102 | 0.006 | 0.948 | 9.1 |
| C02 | 河北农业大学学报 | 146 | 0.96 | 18.0 | 5.3 | 12 | 34 | 0.000 | 0.840 | 8.2 |
| C02 | 河南农业大学学报 | 138 | 1.00 | 19.1 | 5.2 | 21 | 50 | 0.000 | 0.870 | 8.2 |
| C02 | 黑龙江八一农垦大学学报 | 175 | 0.96 | 14.4 | 4.8 | 8 | 73 | 0.011 | 0.869 | 6.9 |
| C02 | 湖南农业大学学报(自然科学版) | 127 | 0.99 | 18.9 | 5.3 | 17 | 51 | 0.010 | 0.740 | 8.1 |
| C02 | 华南农业大学学报 | 114 | 0.96 | 23.6 | 5.6 | 14 | 31 | 0.010 | 0.850 | 7.9 |
| C02 | 华中农业大学学报 | 130 | 0.98 | 21.4 | 4.8 | 17 | 29 | 0.020 | 0.880 | 8.2 |
| C02 | 吉林农业大学学报 | 133 | 0.97 | 23.4 | 4.9 | 15 | 32 | 0.000 | 0.830 | 7.5 |
| C02 | 吉林农业科技学院学报 | 166 | 0.99 | 5.9 | 1.7 | 17 | 76 | 0.018 | 0.512 | 5.9 |
| C02 | 江西农业大学学报 | 169 | 0.99 | 23.2 | 5.6 | 20 | 62 | 0.010 | 0.900 | 8.0 |
| C02 | 辽宁农业职业技术学院学报 | 145 | 1.00 | 5.9 | 1.5 | 18 | 71 | — | 0.497 | 5.1 |
| C02 | 南京农业大学学报 | 148 | 0.96 | 23.4 | 5.8 | 9 | 19 | 0.010 | 0.870 | 8.0 |
| C02 | 青岛农业大学学报(自然科学版) | 69 | 0.93 | 16.6 | 3.9 | 4 | 9 | 0.000 | 0.570 | 8.8 |
| C02 | 山东农业大学学报(自然科学版) | 182 | 0.99 | 15.0 | 3.6 | 21 | 93 | 0.000 | 0.580 | 8.0 |
| C02 | 山东农业工程学院学报 | 823 | 0.99 | 6.3 | 1.4 | 28 | 433 | 0.011 | 0.457 | 6.4 |
| C02 | 山西农业大学学报(自然科学版) | 163 | 0.93 | 19.2 | 4.3 | 17 | 34 | 0.010 | 0.770 | 8.2 |
| C02 | 上海交通大学学报(农业科学版) | 87 | 0.94 | 18.4 | 4.3 | 13 | 24 | 0.030 | 0.720 | 8.7 |
| C02 | 沈阳农业大学学报 | 119 | 0.97 | 24.0 | 5.5 | 10 | 21 | 0.000 | 0.790 | 7.7 |
| C02 | 四川农业大学学报 | 89 | 0.98 | 20.4 | 5.0 | 18 | 78 | — | 1.000 | 8.9 |
| C02 | 天津农学院学报 | 77 | 0.93 | 13.4 | 4.5 | 8 | 32 | 0.026 | 0.935 | 7.0 |
| C02 | 西北农林科技大学学报(自然科学版) | 382 | 0.97 | 23.2 | 5.1 | 28 | 106 | 0.010 | 0.850 | 9.2 |
| C02 | 新疆农业大学学报 | 85 | 1.00 | 21.2 | 5.1 | 4 | 6 | 0.000 | 0.780 | 8.0 |
| C02 | 信阳农林学院学报 | 198 | 1.00 | 6.0 | 1.5 | 22 | 107 | 0.010 | 0.475 | 8.0 |
| C02 | 延边大学农学学报 | 64 | 0.94 | 20.0 | 4.5 | 9 | 32 | 0.031 | 0.844 | 7.1 |

| 学科代码 | 期刊名称 | 来源文献量 | 文献选出率 | 平均引文数 | 平均作者数 | 地区分布数 | 机构分布数 | 海外论文比 | 基金论文比 | 引用半衰期 |
|---|---|---|---|---|---|---|---|---|---|---|
| C02 | 扬州大学学报(农业与生命科学版) | 86 | 0.96 | 20.8 | 6.2 | 12 | 33 | 0.000 | 0.910 | 8.1 |
| C02 | 云南农业大学学报(自然科学) | 174 | 0.96 | 22.1 | 5.8 | 20 | 68 | 0.000 | 0.690 | 8.5 |
| C02 | 浙江大学学报(农业与生命科学版) | 88 | 0.89 | 30.8 | 5.3 | 20 | 39 | 0.000 | 0.890 | 7.7 |
| C02 | 中国农业大学学报 | 255 | 0.95 | 25.2 | 4.8 | 29 | 87 | 0.020 | 0.910 | 7.7 |
| C02 | 仲恺农业工程学院学报 | 59 | 0.94 | 16.1 | 4.2 | 6 | 25 | — | 0.966 | 6.7 |
| C03 | Rice Science | 37 | 0.84 | 46.7 | 5.1 | 4 | 35 | 0.730 | 0.190 | ≥10 |
| C03 | The Crop Journal | 55 | 0.87 | 49.3 | 5.8 | 13 | 42 | 0.470 | 0.160 | 9.3 |
| C03 | 北方水稻 | 119 | 1.00 | 3.9 | 3.6 | 13 | 138 | 0.025 | 0.345 | 9.6 |
| C03 | 茶叶 | 57 | 0.76 | 8.5 | 2.8 | 12 | 57 | — | 0.386 | 7.0 |
| C03 | 大豆科技 | 70 | 0.79 | 6.0 | 5.0 | 16 | 88 | 0.029 | 0.543 | 8.8 |
| C03 | 大豆科学 | 176 | 0.97 | 21.3 | 5.7 | 24 | 63 | 0.010 | 0.800 | 8.8 |
| C03 | 大麦与谷类科学 | 81 | 0.87 | 8.2 | 5.1 | 18 | 74 | — | 0.605 | 8.1 |
| C03 | 分子植物育种 | 481 | 0.98 | 24.5 | 5.5 | 30 | 174 | 0.000 | 0.840 | 8.2 |
| C03 | 福建稻麦科技 | 115 | 0.73 | 3.1 | 2.1 | 6 | 102 | — | 0.296 | 9.8 |
| C03 | 福建热作科技 | 85 | 0.98 | 6.7 | 2.8 | 5 | 76 | 0.035 | 0.376 | 8.6 |
| C03 | 甘蔗糖业 | 76 | 0.96 | 9.1 | 5.2 | 7 | 35 | 0.040 | 0.630 | 7.8 |
| C03 | 耕作与栽培 | 191 | 0.97 | 6.7 | 3.4 | 12 | 198 | 0.010 | 0.445 | 7.6 |
| C03 | 广西糖业 | 58 | 0.88 | 6.1 | 3.8 | 3 | 45 | — | 0.276 | 8.6 |
| C03 | 麦类作物学报 | 230 | 0.89 | 25.4 | 6.2 | 19 | 75 | 0.010 | 0.880 | 8.9 |
| C03 | 棉花科学 | 75 | 0.94 | 10.6 | 5.3 | 10 | 70 | — | 0.733 | 4.8 |
| C03 | 棉花学报 | 77 | 0.94 | 25.4 | 6.6 | 15 | 32 | 0.000 | 0.900 | 8.6 |
| C03 | 农业研究与应用 | 101 | 1.00 | 8.7 | 4.0 | 10 | 90 | 0.010 | 0.505 | 7.6 |
| C03 | 热带农业科技 | 47 | 0.94 | 10.1 | 4.7 | 5 | 36 | — | 0.617 | 8.5 |
| C03 | 热带作物学报 | 375 | 0.98 | 26.2 | 5.5 | 21 | 107 | 0.000 | 0.750 | 8.0 |
| C03 | 特种经济动植物 | 192 | 0.57 | — | 2.7 | 19 | 144 | — | 0.073 | — |
| C03 | 亚热带农业研究 | 50 | 0.98 | 23.1 | 4.7 | 7 | 48 | — | 0.800 | 7.0 |
| C03 | 玉米科学 | 168 | 0.98 | 19.7 | 6.1 | 20 | 67 | 0.000 | 0.750 | 8.9 |
| C03 | 杂交水稻 | 174 | 0.98 | 6.6 | 5.6 | 20 | 118 | 0.000 | 0.690 | 8.2 |
| C03 | 植物遗传资源学报 | 151 | 0.98 | 29.4 | 6.5 | 28 | 79 | 0.010 | 0.830 | 8.7 |
| C03 | 中国稻米 | 191 | 0.85 | 10.9 | 5.6 | 23 | 126 | 0.010 | 0.610 | 8.5 |
| C03 | 中国麻业科学 | 48 | 0.73 | 17.8 | 5.6 | 17 | 26 | 0.000 | 0.650 | 9.4 |
| C03 | 中国棉花 | 192 | 0.96 | 7.7 | 4.8 | 16 | 89 | 0.010 | 0.490 | 6.4 |
| C03 | 中国水稻科学 | 74 | 0.90 | 32.3 | 7.2 | 17 | 33 | 0.000 | 0.880 | 8.7 |
| C03 | 中国糖料 | 161 | 1.00 | 8.1 | 4.9 | 15 | 110 | 0.006 | 0.596 | 7.7 |

| 学科代码 | 期刊名称 | 来源文献量 | 文献选出率 | 平均引文数 | 平均作者数 | 地区分布数 | 机构分布数 | 海外论文比 | 基金论文比 | 引用半衰期 |
|---|---|---|---|---|---|---|---|---|---|---|
| C03 | 中国油料作物学报 | 123 | 0.95 | 26.7 | 6.6 | 25 | 59 | 0.010 | 0.870 | 8.7 |
| C03 | 中国种业 | 441 | 0.95 | 3.4 | 4.0 | 31 | 406 | - | 0.438 | 5.7 |
| C03 | 种业导刊 | 98 | 0.68 | 5.6 | 2.2 | 9 | 78 | - | 0.122 | 4.5 |
| C03 | 种子 | 456 | 0.98 | 13.6 | 4.8 | 30 | 269 | 0.000 | 0.590 | 8.9 |
| C03 | 种子科技 | 623 | 0.82 | 1.4 | 1.7 | 28 | 530 | - | 0.055 | 5.1 |
| C03 | 种子世界 | 357 | 0.88 | 0.5 | 2.2 | 29 | 276 | - | 0.036 | ≥10 |
| C03 | 作物学报 | 191 | 0.89 | 33.1 | 7.3 | 26 | 60 | 0.010 | 0.890 | 8.7 |
| C03 | 作物研究 | 165 | 0.98 | 14.9 | 5.1 | 17 | 77 | 0.000 | 0.440 | 7.3 |
| C03 | 作物杂志 | 179 | 0.98 | 24.3 | 5.7 | 26 | 103 | 0.000 | 0.800 | 7.5 |
| C04 | Landscape Architecture Frontiers | 25 | 0.71 | 15.0 | 2.4 | 6 | 25 | 0.440 | - | 8.0 |
| C04 | 北方果树 | 165 | 0.80 | 2.4 | 2.7 | 15 | 151 | - | 0.152 | 8.8 |
| C04 | 北方园艺 | 1265 | 0.98 | 16.1 | 4.3 | 31 | 805 | 0.005 | 0.880 | 8.1 |
| C04 | 茶叶科学 | 79 | 0.87 | 26.8 | 5.3 | 17 | 39 | 0.000 | 0.730 | 7.5 |
| C04 | 长江蔬菜 | 629 | 0.78 | 4.4 | 4.0 | 30 | 652 | 0.002 | 0.399 | 6.9 |
| C04 | 东南园艺 | 105 | 0.86 | 5.9 | 2.9 | 6 | 73 | - | 0.533 | 8.3 |
| C04 | 广东园林 | 130 | 0.76 | 9.9 | 2.9 | 16 | 92 | 0.023 | 0.423 | 7.5 |
| C04 | 果农之友 | 305 | 0.81 | - | 2.5 | 25 | 214 | - | 0.059 | - |
| C04 | 果树学报 | 209 | 0.97 | 22.6 | 6.2 | 26 | 84 | 0.010 | 0.760 | 7.7 |
| C04 | 河北果树 | 165 | 0.56 | 1.0 | 2.3 | 16 | 116 | - | 0.121 | 8.9 |
| C04 | 河北林果研究 | 83 | 0.97 | 14.9 | 4.0 | 10 | 69 | - | 0.590 | 8.7 |
| C04 | 花卉 | 807 | 0.78 | 3.3 | 1.3 | 30 | 593 | 0.005 | 0.015 | 3.6 |
| C04 | 花生学报 | 49 | 0.89 | 19.8 | 6.5 | 9 | 28 | 0.020 | 0.690 | 8.0 |
| C04 | 吉林蔬菜 | 278 | 0.81 | 0.9 | 1.8 | 13 | 167 | - | 0.032 | 9.5 |
| C04 | 辣椒杂志 | 50 | 0.98 | 10.2 | 5.0 | 18 | 73 | 0.040 | 0.760 | 7.7 |
| C04 | 落叶果树 | 145 | 0.67 | 3.9 | 3.2 | 19 | 151 | - | 0.317 | 8.6 |
| C04 | 南方园艺 | 97 | 0.96 | 6.0 | 3.7 | 9 | 92 | 0.010 | 0.598 | 6.5 |
| C04 | 人参研究 | 98 | 0.94 | 10.9 | 4.6 | 8 | 67 | - | 0.439 | 7.7 |
| C04 | 山西果树 | 142 | 0.70 | 2.0 | 2.6 | 14 | 148 | - | 0.190 | 9.8 |
| C04 | 上海蔬菜 | 277 | 1.00 | 2.0 | 2.8 | 18 | 253 | - | 0.209 | 7.7 |
| C04 | 食用菌 | 208 | 0.95 | 6.2 | 4.0 | 28 | 232 | 0.005 | 0.519 | 8.2 |
| C04 | 食用菌学报 | 65 | 0.98 | 19.2 | 5.9 | 16 | 33 | 0.030 | 0.910 | 6.8 |
| C04 | 蔬菜 | 342 | 0.71 | 2.7 | 3.3 | 30 | 373 | 0.003 | 0.281 | 6.5 |
| C04 | 西北园艺(果树) | 142 | 0.71 | - | 2.3 | 9 | 138 | - | 0.035 | - |
| C04 | 西北园艺(综合) | 152 | 0.83 | - | 2.5 | 15 | 154 | - | 0.039 | - |

| 学科代码 | 期刊名称 | 来源文献量 | 文献选出率 | 平均引文数 | 平均作者数 | 地区分布数 | 机构分布数 | 海外论文比 | 基金论文比 | 引用半衰期 |
|---|---|---|---|---|---|---|---|---|---|---|
| C04 | 现代园艺 | 3307 | 0.93 | 3.1 | 1.7 | 31 | 2288 | 0.002 | 0.072 | 5.6 |
| C04 | 烟草科技 | 180 | 0.91 | 21.9 | 6.7 | 20 | 79 | 0.000 | 0.220 | 7.8 |
| C04 | 园艺学报 | 291 | 0.98 | 27.1 | 5.8 | 28 | 112 | 0.010 | 0.860 | 8.6 |
| C04 | 园艺与种苗 | 326 | 0.98 | 10.5 | 3.2 | 29 | 292 | - | 0.460 | 6.8 |
| C04 | 浙江柑橘 | 57 | 0.92 | 4.3 | 3.3 | 6 | 76 | - | 0.246 | 7.5 |
| C04 | 中国瓜菜 | 226 | 0.91 | 9.7 | 4.3 | 26 | 192 | - | 0.690 | 7.5 |
| C04 | 中国果菜 | 222 | 0.59 | 8.3 | 2.9 | 27 | 246 | - | 0.212 | 7.2 |
| C04 | 中国果树 | 151 | 0.96 | 11.6 | 5.2 | 23 | 88 | 0.000 | 0.600 | 7.3 |
| C04 | 中国马铃薯 | 75 | 0.86 | 11.2 | 4.9 | 20 | 86 | 0.013 | 0.827 | 7.7 |
| C04 | 中国南方果树 | 279 | 0.99 | 13.1 | 5.1 | 24 | 137 | 0.010 | 0.580 | 8.4 |
| C04 | 中国食用菌 | 141 | 0.97 | 11.9 | 5.0 | 26 | 147 | 0.014 | 0.844 | 7.5 |
| C04 | 中国蔬菜 | 312 | 0.86 | 9.4 | 4.9 | 29 | 182 | 0.010 | 0.580 | 7.8 |
| C04 | 中国烟草科学 | 103 | 0.93 | 24.7 | 6.8 | 18 | 43 | 0.000 | 0.300 | 7.9 |
| C04 | 中国烟草学报 | 111 | 0.94 | 22.8 | 6.3 | 22 | 62 | 0.000 | 0.240 | 8.3 |
| C04 | 中国园艺文摘 | 1100 | 0.95 | 4.7 | 2.7 | 31 | 1050 | 0.005 | 0.249 | 7.9 |
| C05 | An International Journal Pedosphere | 79 | 0.93 | 59.0 | 4.7 | 11 | 69 | 0.620 | 0.440 | ≥10 |
| C05 | 土壤 | 175 | 0.98 | 31.3 | 5.4 | 25 | 90 | 0.010 | 0.890 | 7.4 |
| C05 | 土壤通报 | 227 | 0.97 | 29.3 | 4.9 | 30 | 127 | 0.010 | 0.780 | 8.3 |
| C05 | 土壤学报 | 153 | 0.96 | 31.6 | 5.1 | 26 | 78 | 0.000 | 0.970 | 8.0 |
| C05 | 土壤与作物 | 40 | 0.93 | 34.8 | 4.6 | 9 | 19 | 0.050 | 0.780 | 9.8 |
| C05 | 植物医生 | 382 | 0.69 | 0.5 | 2.1 | 24 | 262 | - | 0.034 | 7.3 |
| C05 | 植物营养与肥料学报 | 192 | 0.95 | 37.0 | 5.8 | 25 | 69 | 0.010 | 0.860 | 8.7 |
| C05 | 中国土地科学 | 128 | 0.98 | 27.3 | 3.0 | 22 | 59 | 0.000 | 0.840 | 4.7 |
| C05 | 中国土壤与肥料 | 150 | 0.94 | 25.6 | 5.9 | 27 | 83 | 0.000 | 0.710 | 8.2 |
| C06 | 广西植保 | 47 | 0.92 | 5.1 | 3.8 | 4 | 49 | - | 0.319 | 6.3 |
| C06 | 湖北植保 | 153 | 0.88 | 1.7 | 3.5 | 14 | 177 | 0.007 | 0.072 | 7.4 |
| C06 | 环境昆虫学报 | 181 | 0.98 | 28.9 | 4.6 | 27 | 98 | 0.020 | 0.790 | ≥10 |
| C06 | 农药 | 264 | 0.97 | 13.4 | 4.8 | 29 | 142 | 0.000 | 0.400 | 6.4 |
| C06 | 农药科学与管理 | 126 | 0.71 | 6.7 | 3.9 | 25 | 71 | 0.010 | 0.160 | 6.5 |
| C06 | 农药学学报 | 110 | 0.87 | 24.8 | 5.4 | 26 | 65 | 0.000 | 0.670 | 7.4 |
| C06 | 生物灾害科学 | 64 | 0.94 | 14.2 | 4.6 | 11 | 94 | - | 0.547 | 8.5 |
| C06 | 世界农药 | 81 | 0.78 | 4.5 | 2.5 | 11 | 45 | 0.012 | 0.074 | 7.4 |
| C06 | 现代农药 | 100 | 0.97 | 8.6 | 3.9 | 19 | 59 | 0.000 | 0.170 | 6.4 |
| C06 | 杂草学报 | 45 | 0.94 | 17.0 | 5.2 | 15 | 37 | 0.000 | 0.800 | 7.9 |

| 学科代码 | 期刊名称 | 来源文献量 | 文献选出率 | 平均引文数 | 平均作者数 | 地区分布数 | 机构分布数 | 海外论文比 | 基金论文比 | 引用半衰期 |
|---|---|---|---|---|---|---|---|---|---|---|
| C06 | 植物保护 | 277 | 0.96 | 21.9 | 5.5 | 30 | 126 | 0.010 | 0.630 | 9.2 |
| C06 | 植物保护学报 | 156 | 0.98 | 25.0 | 5.0 | 27 | 79 | 0.010 | 0.780 | 8.8 |
| C06 | 植物病理学报 | 106 | 0.99 | 21.8 | 5.8 | 24 | 55 | 0.020 | 0.830 | 9.7 |
| C06 | 植物检疫 | 125 | 0.85 | 13.5 | 5.8 | 24 | 81 | 0.000 | 0.580 | 8.6 |
| C06 | 中国生物防治学报 | 116 | 1.00 | 24.9 | 5.5 | 27 | 66 | 0.010 | 0.660 | 8.7 |
| C06 | 中国植保导刊 | 237 | 0.93 | 11.6 | 4.9 | 28 | 328 | 0.004 | 0.629 | 8.0 |
| C07 | Forest Ecosystems | 26 | 0.93 | 56.5 | 3.5 | — | 50 | 0.769 | 0.269 | 9.4 |
| C07 | Journal of Forestry Research | 150 | 1.00 | 39.4 | 4.4 | 20 | 116 | 0.530 | 0.360 | ≥10 |
| C07 | 安徽林业科技 | 111 | 0.93 | 4.4 | 1.9 | 13 | 106 | — | 0.117 | 9.3 |
| C07 | 桉树科技 | 36 | 0.86 | 15.3 | 3.8 | 7 | 20 | 0.000 | 0.670 | 7.5 |
| C07 | 北京林业大学学报 | 184 | 0.98 | 30.0 | 4.9 | 17 | 31 | 0.010 | 0.740 | 8.5 |
| C07 | 东北林业大学学报 | 280 | 0.99 | 20.1 | 4.4 | 24 | 79 | 0.000 | 0.660 | 8.6 |
| C07 | 防护林科技 | 615 | 0.99 | 5.1 | 2.0 | 24 | 423 | — | 0.176 | 9.9 |
| C07 | 风景园林 | 113 | 0.55 | 21.6 | 2.2 | 12 | 65 | 0.168 | 0.540 | 9.6 |
| C07 | 福建林业科技 | 199 | 0.98 | 17.1 | 3.7 | 28 | 208 | 0.005 | 0.894 | 9.3 |
| C07 | 甘肃林业科技 | 58 | 0.97 | 8.5 | 3.1 | 6 | 48 | — | 0.379 | ≥10 |
| C07 | 广西林业科学 | 94 | 0.93 | 16.2 | 5.1 | 10 | 26 | 0.010 | 0.810 | 8.7 |
| C07 | 贵州林业科技 | 52 | 0.95 | 12.9 | 3.6 | 5 | 46 | — | 0.673 | 9.7 |
| C07 | 河北林业科技 | 227 | 0.97 | 6.5 | 2.9 | 20 | 220 | — | 0.273 | 8.0 |
| C07 | 河南林业科技 | 76 | 0.96 | 5.0 | 3.1 | 3 | 97 | — | 0.237 | 8.9 |
| C07 | 黑龙江生态工程职业学院学报 | 403 | 0.99 | 6.9 | 1.4 | 31 | 271 | 0.012 | 0.320 | 7.3 |
| C07 | 湖北林业科技 | 160 | 0.93 | 9.6 | 4.0 | 17 | 180 | — | 0.331 | 8.0 |
| C07 | 湖南林业科技 | 155 | 0.97 | 19.2 | 4.3 | 16 | 138 | 0.006 | 0.806 | 8.9 |
| C07 | 华东森林经理 | 77 | 0.97 | 6.9 | 2.8 | 9 | 85 | — | 0.130 | 8.2 |
| C07 | 吉林林业科技 | 110 | 1.00 | 6.6 | 3.4 | 7 | 103 | — | 0.236 | ≥10 |
| C07 | 江苏林业科技 | 84 | 0.97 | 14.6 | 3.9 | 10 | 80 | — | 0.702 | 8.7 |
| C07 | 经济林研究 | 118 | 0.97 | 21.0 | 5.4 | 21 | 49 | 0.010 | 0.830 | 7.5 |
| C07 | 辽宁林业科技 | 166 | 0.99 | 7.6 | 2.1 | 11 | 121 | — | 0.253 | 9.6 |
| C07 | 林产工业 | 180 | 0.93 | 9.8 | 3.3 | 19 | 56 | 0.000 | 0.400 | 7.4 |
| C07 | 林区教学 | 709 | 0.99 | 4.7 | 1.4 | 30 | 361 | 0.001 | 0.351 | 6.1 |
| C07 | 林业工程学报 | 149 | 0.96 | 19.7 | 4.3 | 18 | 34 | 0.020 | 0.800 | 6.9 |
| C07 | 林业机械与木工设备 | 150 | 0.93 | 9.3 | 3.2 | 21 | 93 | — | 0.573 | 6.0 |
| C07 | 林业建设 | 72 | 0.90 | 8.0 | 1.9 | 14 | 54 | — | 0.042 | 7.1 |
| C07 | 林业勘查设计 | 179 | 0.99 | 4.3 | 1.5 | 13 | 95 | — | 0.017 | 7.4 |

| 学科代码 | 期刊名称 | 来源文献量 | 文献选出率 | 平均引文数 | 平均作者数 | 地区分布数 | 机构分布数 | 海外论文比 | 基金论文比 | 引用半衰期 |
|---|---|---|---|---|---|---|---|---|---|---|
| C07 | 林业科技 | 117 | 0.96 | 7.7 | 3.7 | 17 | 103 | — | 0.590 | 8.4 |
| C07 | 林业科技情报 | 191 | 0.99 | 6.4 | 1.6 | 22 | 114 | — | 0.031 | 5.0 |
| C07 | 林业科技通讯 | 324 | 0.98 | 7.9 | 3.5 | 29 | 367 | — | 0.414 | 8.8 |
| C07 | 林业科学 | 221 | 0.86 | 40.7 | 4.9 | 26 | 72 | 0.010 | 0.750 | 8.3 |
| C07 | 林业科学研究 | 140 | 0.99 | 29.7 | 5.1 | 20 | 45 | 0.010 | 0.750 | 9.1 |
| C07 | 林业与环境科学 | 122 | 0.98 | 16.3 | 4.9 | 6 | 117 | 0.033 | 0.820 | 8.2 |
| C07 | 林业调查规划 | 186 | 0.97 | 11.8 | 3.4 | 20 | 111 | 0.010 | 0.340 | 8.5 |
| C07 | 林业资源管理 | 146 | 0.99 | 15.4 | 4.1 | 24 | 127 | — | 0.712 | 7.9 |
| C07 | 绿色科技 | 2086 | 0.97 | 7.6 | 2.1 | 31 | 1587 | 0.001 | 0.208 | 6.8 |
| C07 | 木材工业 | 78 | 0.87 | 8.3 | 3.7 | 15 | 40 | 0.040 | 0.560 | 6.4 |
| C07 | 南方林业科学 | 113 | 0.92 | 11.5 | 4.7 | 13 | 111 | — | 0.841 | 9.2 |
| C07 | 南京林业大学学报(自然科学版) | 183 | 0.98 | 27.5 | 4.7 | 18 | 46 | 0.020 | 0.770 | 8.1 |
| C07 | 内蒙古林业科技 | 63 | 1.00 | 9.8 | 3.9 | 8 | 62 | — | 0.571 | 9.5 |
| C07 | 内蒙古林业调查设计 | 327 | 0.98 | 3.6 | 1.9 | 21 | 173 | — | 0.049 | 8.8 |
| C07 | 热带林业 | 62 | 0.84 | 7.9 | 4.0 | 5 | 42 | — | 0.613 | 8.1 |
| C07 | 森林防火 | 37 | 0.53 | 2.9 | 2.1 | 15 | 36 | — | 0.162 | 8.1 |
| C07 | 森林工程 | 124 | 0.95 | 18.1 | 3.7 | 19 | 38 | 0.050 | 0.550 | 7.0 |
| C07 | 森林与环境学报 | 83 | 0.95 | 21.0 | 4.7 | 16 | 30 | 0.020 | 0.830 | 8.5 |
| C07 | 山东林业科技 | 175 | 0.99 | 8.4 | 3.6 | 21 | 177 | 0.006 | 0.314 | 9.4 |
| C07 | 山西林业 | 124 | 0.86 | 1.1 | 1.1 | 1 | 67 | — | 0.008 | 5.9 |
| C07 | 山西林业科技 | 95 | 0.91 | 6.6 | 2.1 | 9 | 66 | — | 0.305 | 7.6 |
| C07 | 陕西林业科技 | 178 | 0.97 | 8.6 | 2.7 | 21 | 169 | — | 0.303 | 9.4 |
| C07 | 世界林业研究 | 105 | 0.96 | 30.6 | 3.3 | 17 | 84 | 0.019 | 0.971 | 8.2 |
| C07 | 世界竹藤通讯 | 59 | 0.63 | 11.4 | 3.6 | 17 | 67 | — | 0.797 | 8.6 |
| C07 | 四川林业科技 | 177 | 0.97 | 13.2 | 4.1 | 11 | 175 | — | 0.661 | 9.3 |
| C07 | 西北林学院学报 | 315 | 0.98 | 22.9 | 4.5 | 27 | 109 | 0.000 | 0.610 | 8.2 |
| C07 | 西部林业科学 | 167 | 0.94 | 20.0 | 4.6 | 24 | 84 | 0.010 | 0.740 | 9.2 |
| C07 | 西南林业大学学报 | 170 | 0.99 | 22.4 | 4.7 | 22 | 60 | 0.020 | 0.680 | 8.6 |
| C07 | 浙江林业科技 | 99 | 0.99 | 18.5 | 5.0 | 18 | 99 | — | 0.848 | 8.0 |
| C07 | 浙江农林大学学报 | 147 | 0.98 | 23.6 | 4.9 | 20 | 48 | 0.010 | 0.820 | 8.2 |
| C07 | 中国城市林业 | 77 | 0.96 | 15.3 | 3.5 | 16 | 58 | 0.039 | 0.818 | 6.9 |
| C07 | 中国林副特产 | 246 | 0.95 | 6.5 | 2.9 | 25 | 214 | — | 0.309 | 9.0 |
| C07 | 中国林业经济 | 206 | 1.00 | 5.7 | 2.1 | 27 | 140 | 0.005 | 0.257 | 4.4 |
| C07 | 中国森林病虫 | 76 | 0.97 | 13.2 | 4.6 | 21 | 105 | — | 0.658 | 9.6 |

| 学科代码 | 期刊名称 | 来源文献量 | 文献选出率 | 平均引文数 | 平均作者数 | 地区分布数 | 机构分布数 | 海外论文比 | 基金论文比 | 引用半衰期 |
|---|---|---|---|---|---|---|---|---|---|---|
| C07 | 中国园林 | 276 | 0.90 | 17.3 | 2.3 | 19 | 119 | 0.060 | 0.460 | 9.0 |
| C07 | 中南林业科技大学学报 | 300 | 0.97 | 20.7 | 4.7 | 24 | 87 | 0.010 | 0.750 | 8.4 |
| C07 | 中南林业调查规划 | 56 | 0.95 | 10.0 | 3.7 | 9 | 38 | — | 0.304 | 7.5 |
| C07 | 竹子学报 | 44 | 0.94 | 20.9 | 4.3 | 11 | 29 | 0.000 | 0.660 | 8.0 |
| C08 | Avian Research | 22 | 0.96 | 45.8 | 4.4 | 7 | 31 | 0.500 | 0.409 | ≥10 |
| C08 | Journal of Animal Science and Biotechnology | 62 | 0.93 | 54.4 | 5.1 | 11 | 69 | 0.516 | 0.661 | 9.9 |
| C08 | 北方蚕业 | 72 | 0.86 | 7.1 | 4.3 | 15 | 39 | — | 0.583 | 7.3 |
| C08 | 蚕桑茶叶通讯 | 83 | 0.81 | 6.7 | 3.6 | 14 | 69 | — | 0.506 | 9.0 |
| C08 | 蚕学通讯 | 46 | 0.57 | 8.6 | 3.2 | 5 | 21 | — | 0.848 | 6.2 |
| C08 | 蚕业科学 | 147 | 0.95 | 22.1 | 6.1 | 16 | 45 | 0.000 | 0.880 | 8.5 |
| C08 | 草食家畜 | 87 | 0.96 | 12.0 | 4.1 | 6 | 71 | — | 0.839 | 9.4 |
| C08 | 草学 | 83 | 0.93 | 14.3 | 4.3 | 18 | 80 | 0.012 | 0.675 | 9.5 |
| C08 | 草原与草业 | 48 | 0.86 | 12.1 | 4.3 | 3 | 40 | — | 0.583 | ≥10 |
| C08 | 畜禽业 | 815 | 0.99 | 2.0 | 2.1 | 29 | 628 | — | 0.028 | 7.8 |
| C08 | 当代畜禽养殖业 | 760 | 0.99 | 1.2 | 1.5 | 29 | 600 | — | 0.011 | 5.5 |
| C08 | 当代畜牧 | 483 | 0.98 | 3.3 | 2.7 | 30 | 466 | — | 0.153 | 7.6 |
| C08 | 动物医学进展 | 356 | 0.98 | 18.6 | 5.9 | 30 | 152 | 0.000 | 0.720 | 4.5 |
| C08 | 动物营养学报 | 480 | 1.00 | 31.6 | 6.0 | 30 | 109 | 0.010 | 0.810 | 8.6 |
| C08 | 福建畜牧兽医 | 215 | 0.93 | 5.0 | 1.9 | 4 | 181 | 0.014 | 0.163 | 8.6 |
| C08 | 甘肃畜牧兽医 | 1667 | 0.97 | 2.1 | 1.6 | 30 | 1219 | 0.002 | 0.035 | 4.7 |
| C08 | 广东蚕业 | 190 | 0.96 | 4.5 | 1.9 | 23 | 114 | 0.005 | 0.226 | 5.0 |
| C08 | 广东畜牧兽医科技 | 90 | 0.89 | 8.1 | 3.8 | 14 | 80 | — | 0.278 | 6.4 |
| C08 | 广东饲料 | 120 | 0.67 | 2.2 | 2.9 | 16 | 98 | 0.033 | 0.175 | 9.2 |
| C08 | 广西蚕业 | 53 | 0.93 | 9.2 | 5.3 | 3 | 14 | 0.019 | 0.358 | 7.7 |
| C08 | 广西畜牧兽医 | 161 | 0.91 | 2.5 | 3.0 | 2 | 143 | — | 0.155 | 7.1 |
| C08 | 贵州畜牧兽医 | 154 | 0.99 | 6.2 | 3.4 | 16 | 141 | 0.039 | 0.377 | 8.1 |
| C08 | 国外畜牧学-猪与禽 | 284 | 0.62 | 0.5 | 1.9 | 19 | 121 | 0.070 | 0.067 | 6.8 |
| C08 | 黑龙江畜牧兽医(上半月) | 1036 | 0.99 | 11.9 | 4.8 | 31 | 594 | 0.003 | 0.839 | 8.1 |
| C08 | 黑龙江畜牧兽医(下半月) | 1338 | 0.99 | 5.7 | 3.4 | 31 | 850 | 0.004 | 0.615 | 6.0 |
| C08 | 黑龙江动物繁殖 | 192 | 0.99 | 2.2 | 1.8 | 22 | 149 | — | 0.068 | 9.3 |
| C08 | 湖北畜牧兽医 | 443 | 0.89 | 2.5 | 2.1 | 27 | 456 | — | 0.079 | 6.2 |
| C08 | 湖南畜牧兽医 | 137 | 0.87 | 4.7 | 3.1 | 7 | 87 | — | 0.139 | 7.2 |
| C08 | 吉林畜牧兽医 | 409 | 0.75 | 1.1 | 2.3 | 21 | 304 | — | 0.042 | 8.9 |
| C08 | 家畜生态学报 | 228 | 0.95 | 21.5 | 5.3 | 28 | 115 | 0.000 | 0.700 | 7.4 |

| 学科代码 | 期刊名称 | 来源文献量 | 文献选出率 | 平均引文数 | 平均作者数 | 地区分布数 | 机构分布数 | 海外论文比 | 基金论文比 | 引用半衰期 |
|---|---|---|---|---|---|---|---|---|---|---|
| C08 | 家禽科学 | 207 | 0.64 | 3.3 | 2.8 | 21 | 164 | — | 0.188 | 8.7 |
| C08 | 江苏蚕业 | 59 | 0.94 | 1.8 | 2.7 | 4 | 69 | — | 0.254 | 5.8 |
| C08 | 江西畜牧兽医杂志 | 153 | 0.73 | 2.6 | 3.5 | 15 | 152 | — | 0.098 | 9.4 |
| C08 | 江西农业 | 1161 | 0.75 | 2.4 | 1.6 | 31 | 1018 | 0.003 | 0.040 | 4.4 |
| C08 | 今日畜牧兽医 | 197 | 0.54 | 0.1 | 2.2 | 24 | 185 | — | 0.066 | 2.8 |
| C08 | 经济动物学报 | 48 | 0.86 | 23.4 | 5.2 | 16 | 46 | — | 0.875 | 9.0 |
| C08 | 青海草业 | 50 | 0.96 | 8.5 | 2.3 | 5 | 45 | — | 0.080 | ≥10 |
| C08 | 青海畜牧兽医杂志 | 172 | 0.98 | 5.0 | 2.4 | 8 | 87 | — | 0.215 | 9.6 |
| C08 | 山东畜牧兽医 | 769 | 0.98 | 2.4 | 2.1 | 26 | 455 | — | 0.090 | ≥10 |
| C08 | 上海畜牧兽医通讯 | 251 | 0.97 | 7.2 | 4.4 | 21 | 205 | — | 0.402 | 8.3 |
| C08 | 兽医导刊 | 3221 | 0.93 | 2.1 | 1.6 | 31 | 2354 | 0.003 | 0.014 | 4.6 |
| C08 | 水禽世界 | 126 | 0.64 | 1.2 | 1.5 | 13 | 83 | — | 0.016 | 9.5 |
| C08 | 四川蚕业 | 60 | 0.53 | 2.0 | 2.4 | 3 | 43 | — | 0.067 | ≥10 |
| C08 | 四川畜牧兽医 | 318 | 0.79 | 1.3 | 2.1 | 22 | 236 | — | 0.079 | 9.2 |
| C08 | 饲料博览 | 154 | 0.64 | 19.1 | 3.7 | 25 | 128 | 0.006 | 0.325 | 8.2 |
| C08 | 饲料工业 | 337 | 0.93 | 14.1 | 4.8 | 30 | 165 | 0.010 | 0.540 | 8.7 |
| C08 | 饲料研究 | 313 | 0.90 | 16.1 | 4.9 | 28 | 157 | 0.010 | 0.470 | 8.3 |
| C08 | 现代畜牧兽医 | 142 | 0.92 | 10.7 | 3.7 | 21 | 119 | — | 0.401 | 7.8 |
| C08 | 新疆畜牧业 | 246 | 0.75 | 3.8 | 2.5 | 3 | 166 | — | 0.175 | 8.7 |
| C08 | 畜牧兽医科技信息 | 1360 | 0.99 | 1.2 | 1.5 | 30 | 961 | 0.004 | 0.021 | 5.1 |
| C08 | 畜牧兽医学报 | 313 | 0.99 | 26.8 | 6.5 | 27 | 80 | 0.000 | 0.850 | 7.4 |
| C08 | 畜牧兽医杂志 | 355 | 0.99 | 5.8 | 2.8 | 17 | 229 | 0.003 | 0.206 | 7.2 |
| C08 | 畜牧与兽医 | 543 | 0.98 | 12.2 | 5.3 | 29 | 224 | 0.000 | 0.550 | 8.2 |
| C08 | 畜牧与饲料科学 | 464 | 0.97 | 10.0 | 3.7 | 31 | 354 | 0.002 | 0.558 | 7.3 |
| C08 | 养禽与禽病防治 | 189 | 0.99 | 2.5 | 2.2 | 20 | 106 | — | 0.085 | 7.4 |
| C08 | 养殖与饲料 | 591 | 0.85 | 2.5 | 2.3 | 31 | 593 | 0.007 | 0.127 | 7.5 |
| C08 | 养猪 | 253 | 0.68 | 9.7 | 5.0 | 27 | 229 | — | 0.553 | 7.4 |
| C08 | 云南畜牧兽医 | 139 | 0.99 | 1.2 | 2.5 | 4 | 157 | — | 0.014 | 8.0 |
| C08 | 浙江畜牧兽医 | 109 | 0.68 | 2.4 | 2.6 | 16 | 114 | — | 0.110 | 9.7 |
| C08 | 中国蚕业 | 82 | 0.95 | 13.3 | 4.7 | 16 | 73 | 0.012 | 0.659 | 6.6 |
| C08 | 中国草食动物科学 | 136 | 0.90 | 12.6 | 5.2 | 22 | 143 | — | 0.743 | 8.8 |
| C08 | 中国动物保健 | 468 | 0.77 | 1.9 | 1.8 | 29 | 350 | 0.004 | 0.026 | 5.7 |
| C08 | 中国动物传染病学报 | 85 | 0.98 | 17.2 | 7.6 | 22 | 38 | 0.000 | 0.760 | 7.8 |
| C08 | 中国动物检疫 | 323 | 0.89 | 6.7 | 4.9 | 31 | 333 | 0.009 | 0.359 | 6.4 |

| 学科代码 | 期刊名称 | 来源文献量 | 文献选出率 | 平均引文数 | 平均作者数 | 地区分布数 | 机构分布数 | 海外论文比 | 基金论文比 | 引用半衰期 |
|---|---|---|---|---|---|---|---|---|---|---|
| C08 | 中国蜂业 | 215 | 0.53 | 5.0 | 2.6 | 26 | 147 | — | 0.247 | 8.2 |
| C08 | 中国家禽 | 432 | 1.00 | 14.0 | 5.6 | 30 | 327 | 0.007 | 0.870 | 7.2 |
| C08 | 中国奶牛 | 185 | 0.88 | 13.1 | 4.3 | 24 | 190 | 0.016 | 0.600 | 8.7 |
| C08 | 中国牛业科学 | 204 | 0.95 | 5.7 | 3.6 | 24 | 211 | 0.010 | 0.426 | 7.4 |
| C08 | 中国兽药杂志 | 159 | 0.98 | 14.0 | 6.0 | 26 | 76 | 0.000 | 0.360 | 7.4 |
| C08 | 中国兽医科学 | 261 | 0.99 | 16.9 | 7.0 | 28 | 77 | 0.000 | 0.820 | 7.5 |
| C08 | 中国兽医学报 | 407 | 1.00 | 19.3 | 6.5 | 29 | 100 | 0.000 | 0.850 | 8.2 |
| C08 | 中国兽医杂志 | 531 | 0.94 | 8.6 | 5.4 | 31 | 381 | 0.008 | 0.608 | 8.1 |
| C08 | 中国饲料 | 199 | 0.67 | 18.2 | 4.9 | 26 | 173 | 0.040 | 0.573 | 8.0 |
| C08 | 中国畜牧兽医 | 484 | 0.98 | 25.2 | 6.3 | 28 | 162 | 0.010 | 0.770 | 6.9 |
| C08 | 中国畜牧兽医文摘 | 2638 | 0.98 | 2.0 | 1.7 | 31 | 1957 | 0.001 | 0.035 | 5.2 |
| C08 | 中国畜牧杂志 | 406 | 0.91 | 14.9 | 4.9 | 28 | 142 | 0.000 | 0.690 | 7.5 |
| C08 | 中国畜禽种业 | 1494 | 0.99 | 1.2 | 1.8 | 31 | 1114 | 0.001 | 0.036 | 5.3 |
| C08 | 中国养兔 | 108 | 0.96 | 3.2 | 3.1 | 19 | 93 | — | 0.278 | 7.7 |
| C08 | 中国预防兽医学报 | 223 | 0.97 | 13.7 | 6.7 | 28 | 82 | 0.000 | 0.830 | 6.8 |
| C08 | 中国猪业 | 190 | 0.63 | 6.8 | 3.4 | 26 | 187 | 0.005 | 0.274 | 7.6 |
| C08 | 中兽医学杂志 | 418 | 0.97 | 1.4 | 1.9 | 27 | 311 | 0.002 | 0.060 | 9.1 |
| C08 | 中兽医医药杂志 | 188 | 0.99 | 10.0 | 4.0 | 20 | 153 | 0.005 | 0.691 | 7.9 |
| C09 | 草地学报 | 210 | 0.95 | 26.8 | 5.1 | 26 | 86 | 0.000 | 0.850 | 9.3 |
| C09 | 草业科学 | 304 | 0.90 | 33.7 | 4.9 | 30 | 119 | 0.000 | 0.770 | 8.3 |
| C09 | 草业学报 | 290 | 0.95 | 54.4 | 5.5 | 29 | 98 | 0.000 | 0.780 | 8.8 |
| C09 | 草原与草坪 | 98 | 0.92 | 24.3 | 4.6 | 14 | 37 | 0.000 | 0.760 | 9.6 |
| C09 | 中国草地学报 | 110 | 0.96 | 20.1 | 5.0 | 21 | 52 | 0.010 | 0.770 | 7.6 |
| C10 | 大连海洋大学学报 | 113 | 0.98 | 27.6 | 5.8 | 15 | 27 | 0.000 | 0.760 | 9.5 |
| C10 | 淡水渔业 | 110 | 0.98 | 22.8 | 5.9 | 21 | 46 | 0.000 | 0.570 | 9.5 |
| C10 | 广东海洋大学学报 | 100 | 0.97 | 24.5 | 4.2 | 9 | 17 | 0.000 | 0.730 | 8.2 |
| C10 | 海洋渔业 | 78 | 1.00 | 31.2 | 5.5 | 10 | 19 | 0.030 | 0.710 | 9.8 |
| C10 | 河北渔业 | 285 | 0.88 | 5.7 | 3.6 | 24 | 210 | 0.011 | 0.463 | 9.6 |
| C10 | 黑龙江水产 | 119 | 0.94 | — | 2.0 | 11 | 74 | — | 0.042 | — |
| C10 | 江西水产科技 | 107 | 0.93 | 5.4 | 3.2 | 20 | 102 | — | 0.318 | ≥10 |
| C10 | 科学养鱼 | 680 | 0.97 | — | 3.0 | 29 | 583 | 0.003 | 0.176 | — |
| C10 | 南方水产科学 | 95 | 0.98 | 33.0 | 6.1 | 10 | 20 | 0.000 | 0.850 | 7.8 |
| C10 | 齐鲁渔业 | 276 | 0.85 | 1.9 | 3.1 | 15 | 207 | — | 0.163 | ≥10 |
| C10 | 上海海洋大学学报 | 116 | 0.98 | 26.8 | 5.1 | 12 | 22 | 0.020 | 0.830 | ≥10 |

## 2016 年中国科技期刊来源指标按类刊名字顺索引(续)

| 学科代码 | 期刊名称 | 来源文献量 | 文献选出率 | 平均引文数 | 平均作者数 | 地区分布数 | 机构分布数 | 海外论文比 | 基金论文比 | 引用半衰期 |
|---|---|---|---|---|---|---|---|---|---|---|
| C10 | 水产科技情报 | 70 | 0.92 | 17.0 | 5.0 | 19 | 78 | 0.014 | 0.886 | ≥10 |
| C10 | 水产科学 | 131 | 0.96 | 28.9 | 5.2 | 23 | 111 | 0.008 | 0.977 | 8.8 |
| C10 | 水产学报 | 199 | 0.98 | 30.7 | 5.7 | 23 | 62 | 0.030 | 0.840 | 9.5 |
| C10 | 水产学杂志 | 66 | 0.94 | 23.1 | 5.1 | 16 | 61 | — | 0.924 | 9.6 |
| C10 | 水产养殖 | 194 | 0.92 | 6.3 | 3.9 | 25 | 219 | 0.005 | 0.443 | 9.4 |
| C10 | 渔业科学进展 | 132 | 0.99 | 26.9 | 6.1 | 14 | 34 | 0.000 | 0.760 | ≥10 |
| C10 | 渔业现代化 | 86 | 0.72 | 22.9 | 4.6 | 16 | 50 | 0.000 | 0.740 | 6.5 |
| C10 | 渔业信息与战略 | 40 | 0.62 | 16.4 | 4.1 | 11 | 35 | — | 0.850 | 6.7 |
| C10 | 渔业研究 | 68 | 0.96 | 21.1 | 4.1 | 9 | 53 | 0.015 | 0.750 | 8.9 |
| C10 | 浙江海洋学院学报(自然科学版) | 94 | 1.00 | 17.0 | 4.9 | 7 | 52 | 0.011 | 0.915 | 8.8 |
| C10 | 中国水产科学 | 136 | 0.96 | 32.7 | 5.9 | 15 | 36 | 0.000 | 0.850 | 9.6 |
| C10 | 中国渔业经济 | 95 | 0.98 | 12.4 | 2.4 | 14 | 52 | — | 0.621 | 7.5 |
| C10 | 中国渔业质量与标准 | 57 | 0.93 | 28.2 | 5.6 | 12 | 48 | — | 0.965 | 6.7 |
| D01 | Chinese Medical Journal | 564 | 0.98 | 22.8 | 5.3 | 29 | 357 | 0.120 | 0.440 | 6.5 |
| D01 | Chinese Medical Sciences Journal | 47 | 0.96 | 22.7 | 5.5 | 13 | 25 | 0.000 | 0.360 | 6.7 |
| D01 | Frontiers of Medicine | 61 | 1.00 | 44.9 | 4.9 | 13 | 56 | 0.250 | 0.640 | 6.4 |
| D01 | 安徽医学 | 500 | 0.94 | 13.6 | 3.6 | 20 | 196 | 0.000 | 0.190 | 4.6 |
| D01 | 安徽医药 | 720 | 0.97 | 14.5 | 3.4 | 26 | 377 | 0.000 | 0.260 | 3.9 |
| D01 | 白求恩医学杂志 | 399 | 0.96 | 6.9 | 2.6 | 27 | 342 | 0.005 | 0.105 | 3.8 |
| D01 | 包头医学 | 175 | 0.98 | 4.6 | 1.9 | 17 | 74 | — | 0.011 | 4.5 |
| D01 | 北京医学 | 430 | 0.93 | 11.6 | 4.0 | 20 | 148 | 0.000 | 0.230 | 5.3 |
| D01 | 兵团医学 | 168 | 1.00 | 6.5 | 3.1 | 3 | 76 | — | — | 6.5 |
| D01 | 重庆医学 | 1863 | 0.99 | 14.8 | 4.4 | 31 | 1027 | 0.006 | 0.571 | 5.1 |
| D01 | 当代医学 | 4069 | 1.00 | 8.5 | 1.7 | 31 | 1828 | 0.000 | 0.036 | 3.8 |
| D01 | 当代医药论丛 | 3451 | 1.00 | 5.0 | 1.4 | 31 | 2010 | 0.002 | 0.010 | 3.7 |
| D01 | 东南国防医药 | 214 | 0.98 | 14.1 | 4.5 | 17 | 122 | 0.000 | 0.130 | 4.4 |
| D01 | 甘肃医药 | 449 | 0.98 | 8.5 | 2.9 | 20 | 241 | — | 0.149 | 5.9 |
| D01 | 高原医学杂志 | 78 | 0.94 | 10.5 | 2.9 | 2 | 31 | — | 0.154 | 8.7 |
| D01 | 广东医学 | 1297 | 0.98 | 15.0 | 4.5 | 30 | 830 | 0.002 | 0.564 | 5.6 |
| D01 | 广西医学 | 544 | 0.97 | 14.9 | 4.2 | 27 | 295 | 0.000 | 0.390 | 5.3 |
| D01 | 广州医药 | 219 | 0.98 | 10.3 | 3.9 | 16 | 189 | — | 0.416 | 4.3 |
| D01 | 贵州医药 | 570 | 0.91 | 9.6 | 3.6 | 27 | 299 | 0.000 | 0.220 | 5.0 |
| D01 | 国际医药卫生导报 | 1324 | 0.99 | 9.7 | 2.5 | 24 | 626 | — | 0.122 | 3.7 |
| D01 | 哈尔滨医药 | 295 | 0.99 | 6.6 | 2.7 | 23 | 335 | 0.003 | 0.214 | 4.2 |

| 学科代码 | 期刊名称 | 来源文献量 | 文献选出率 | 平均引文数 | 平均作者数 | 地区分布数 | 机构分布数 | 海外论文比 | 基金论文比 | 引用半衰期 |
|---|---|---|---|---|---|---|---|---|---|---|
| D01 | 海军医学杂志 | 213 | 0.95 | 9.8 | 3.5 | 21 | 130 | 0.000 | 0.090 | 5.5 |
| D01 | 海南医学 | 1514 | 1.00 | 13.2 | 3.9 | 30 | 914 | — | 0.419 | 4.5 |
| D01 | 航空航天医学杂志 | 866 | 0.98 | 6.6 | 1.7 | 25 | 404 | — | 0.028 | 4.0 |
| D01 | 河北医学 | 870 | 0.99 | 4.7 | 3.1 | 28 | 567 | 0.000 | 0.570 | 4.2 |
| D01 | 河北医药 | 1223 | 0.99 | 15.5 | 3.9 | 26 | 568 | 0.000 | 0.190 | 4.5 |
| D01 | 河南医学研究 | 1683 | 1.00 | 6.2 | 1.8 | 18 | 653 | — | 0.037 | 3.3 |
| D01 | 黑龙江医学 | 575 | 0.98 | 8.6 | 2.7 | 28 | 463 | 0.005 | 0.209 | 4.1 |
| D01 | 黑龙江医药 | 645 | 1.00 | 7.5 | 2.3 | 26 | 516 | 0.006 | 0.091 | 3.4 |
| D01 | 黑龙江医药科学 | 468 | 0.99 | 7.9 | 3.2 | 27 | 241 | 0.002 | 0.353 | 5.1 |
| D01 | 华南国防医学杂志 | 263 | 0.92 | 14.8 | 4.4 | 21 | 120 | 0.000 | 0.180 | 4.7 |
| D01 | 华西医学 | 573 | 0.99 | 16.6 | 3.8 | 24 | 154 | 0.000 | 0.210 | 6.2 |
| D01 | 华夏医学 | 338 | 0.98 | 10.9 | 2.8 | 14 | 188 | — | 0.376 | 4.2 |
| D01 | 淮海医药 | 390 | 0.98 | 7.8 | 2.2 | 24 | 225 | — | 0.067 | 4.8 |
| D01 | 基础医学与临床 | 349 | 0.96 | 13.2 | 4.9 | 30 | 175 | 0.010 | 0.660 | 4.0 |
| D01 | 吉林医学 | 1724 | 0.99 | 7.4 | 2.5 | 30 | 1116 | 0.002 | 0.074 | 4.6 |
| D01 | 继续医学教育 | 1173 | 0.95 | 8.4 | 2.5 | 30 | 415 | — | 0.266 | 4.3 |
| D01 | 江苏医药 | 1122 | 0.99 | 9.0 | 4.1 | 19 | 412 | 0.003 | 0.273 | 6.0 |
| D01 | 交通医学 | 251 | 1.00 | 10.6 | 3.5 | 9 | 102 | — | 0.247 | 5.7 |
| D01 | 解放军医学杂志 | 202 | 0.98 | 21.7 | 5.7 | 24 | 112 | 0.000 | 0.470 | 5.6 |
| D01 | 解放军医药杂志 | 346 | 0.97 | 20.3 | 4.1 | 28 | 197 | 0.000 | 0.470 | 3.9 |
| D01 | 空军医学杂志 | 117 | 0.87 | 13.4 | 4.4 | 18 | 56 | 0.010 | 0.220 | 5.5 |
| D01 | 辽宁医学杂志 | 164 | 0.93 | 8.7 | 2.5 | 19 | 157 | — | 0.110 | 4.2 |
| D01 | 内蒙古医学杂志 | 686 | 1.00 | 9.5 | 2.3 | 24 | 220 | — | 0.105 | 5.2 |
| D01 | 宁夏医学杂志 | 532 | 0.96 | 9.8 | 4.2 | 11 | 148 | 0.002 | 0.406 | 4.8 |
| D01 | 齐鲁医学杂志 | 256 | 0.95 | 13.8 | 3.9 | 21 | 121 | 0.000 | 0.130 | 5.8 |
| D01 | 青岛医药卫生 | 175 | 0.95 | 9.7 | 2.6 | 15 | 147 | 0.006 | 0.063 | 3.8 |
| D01 | 青海医药杂志 | 457 | 0.99 | 6.2 | 1.8 | 5 | 108 | — | 0.020 | 7.1 |
| D01 | 人民军医 | 745 | 0.99 | 6.4 | 3.7 | 31 | 492 | — | 0.128 | 5.3 |
| D01 | 山东医药 | 1938 | 0.94 | 15.5 | 4.3 | 29 | 863 | 0.000 | 0.440 | 5.0 |
| D01 | 山西医药杂志 | 1231 | 0.95 | 8.6 | 3.0 | 30 | 860 | 0.003 | 0.273 | 5.0 |
| D01 | 陕西医学杂志 | 807 | 0.99 | 7.7 | 3.5 | 29 | 358 | — | 0.296 | 4.1 |
| D01 | 伤害医学(电子版) | 51 | 0.98 | 17.8 | 4.9 | 13 | 66 | 0.098 | 0.333 | 6.7 |
| D01 | 上海医学 | 185 | 0.96 | 16.4 | 4.5 | 23 | 114 | 0.010 | 0.370 | 6.6 |
| D01 | 上海医药 | 492 | 0.82 | 12.4 | 2.9 | 16 | 315 | — | 0.366 | 5.0 |

| 学科代码 | 期刊名称 | 来源文献量 | 文献选出率 | 平均引文数 | 平均作者数 | 地区分布数 | 机构分布数 | 海外论文比 | 基金论文比 | 引用半衰期 |
|---|---|---|---|---|---|---|---|---|---|---|
| D01 | 社区医学杂志 | 818 | 1.00 | 10.7 | 2.2 | 28 | 599 | 0.001 | 0.199 | 3.7 |
| D01 | 实用医药杂志 | 515 | 0.98 | 8.7 | 3.2 | 21 | 203 | — | 0.181 | 5.6 |
| D01 | 世界复合医学 | 108 | 0.91 | 14.3 | 2.9 | 24 | 114 | 0.009 | 0.380 | 3.3 |
| D01 | 世界睡眠医学杂志 | 75 | 0.69 | 13.4 | 2.9 | 18 | 69 | 0.093 | 0.213 | 7.3 |
| D01 | 首都食品与医药 | 732 | 0.57 | 5.4 | 2.3 | 29 | 519 | — | 0.064 | 4.7 |
| D01 | 四川医学 | 417 | 0.95 | 13.1 | 3.8 | 16 | 175 | 0.000 | 0.180 | 5.9 |
| D01 | 天津医药 | 387 | 0.97 | 16.5 | 4.9 | 23 | 163 | 0.000 | 0.600 | 4.0 |
| D01 | 微创医学 | 371 | 0.98 | 10.4 | 3.1 | 19 | 241 | — | 0.256 | 4.7 |
| D01 | 武警医学 | 402 | 0.91 | 13.3 | 4.1 | 29 | 161 | 0.000 | 0.080 | 5.4 |
| D01 | 西北国防医学杂志 | 360 | 0.96 | 9.6 | 3.7 | 23 | 205 | — | 0.222 | 5.0 |
| D01 | 西部医学 | 452 | 0.99 | 20.7 | 4.3 | 25 | 224 | 0.000 | 0.830 | 4.7 |
| D01 | 西南国防医药 | 587 | 0.92 | 10.6 | 3.5 | 26 | 323 | 0.000 | 0.090 | 4.0 |
| D01 | 西南军医 | 239 | 0.99 | 11.2 | 3.2 | 21 | 143 | — | 0.155 | 5.5 |
| D01 | 现代生物医学进展 | 1868 | 0.98 | 22.6 | 5.6 | 30 | 768 | 0.000 | 0.650 | 3.7 |
| D01 | 现代实用医学 | 904 | 1.00 | 9.0 | 3.1 | 13 | 337 | — | 0.186 | 4.9 |
| D01 | 现代医学 | 478 | 0.98 | 15.1 | 3.2 | 27 | 323 | 0.000 | 0.080 | 4.2 |
| D01 | 协和医学杂志 | 99 | 0.77 | 15.9 | 5.2 | 4 | 29 | — | 0.202 | 5.6 |
| D01 | 新疆医学 | 507 | 0.98 | 10.2 | 3.3 | 11 | 160 | — | 0.347 | 5.4 |
| D01 | 新医学 | 188 | 0.94 | 16.1 | 4.2 | 22 | 117 | 0.010 | 0.260 | 4.8 |
| D01 | 亚太传统医药 | 1720 | 0.99 | 9.5 | 2.7 | 31 | 935 | 0.002 | 0.237 | 5.7 |
| D01 | 医学理论与实践 | 2049 | 0.98 | 7.4 | 2.1 | 30 | 1385 | 0.003 | 0.090 | 4.0 |
| D01 | 医学新知杂志 | 172 | 0.98 | 13.8 | 2.7 | 17 | 107 | 0.006 | 0.105 | 5.5 |
| D01 | 医学研究生学报 | 281 | 0.98 | 23.6 | 4.4 | 27 | 137 | 0.010 | 0.580 | 4.1 |
| D01 | 医学研究杂志 | 573 | 0.98 | 16.2 | 4.3 | 29 | 312 | 0.000 | 0.540 | 4.7 |
| D01 | 医学与法学 | 143 | 0.91 | 8.5 | 1.9 | 24 | 100 | — | 0.483 | 5.3 |
| D01 | 医学争鸣 | 123 | 0.95 | 13.8 | 2.6 | 23 | 109 | 0.008 | 0.561 | 5.4 |
| D01 | 医学综述 | 1463 | 0.97 | 26.2 | 2.6 | 30 | 817 | 0.000 | 0.200 | 4.8 |
| D01 | 医药论坛杂志 | 1056 | 1.00 | 6.8 | 2.2 | 13 | 415 | — | 0.071 | 4.2 |
| D01 | 英国医学杂志(中文版) | 225 | 0.72 | 16.9 | 3.0 | 8 | 246 | 0.511 | 0.053 | 6.0 |
| D01 | 右江医学 | 205 | 0.98 | 13.2 | 3.8 | 9 | 106 | — | 0.459 | 4.2 |
| D01 | 云南医药 | 341 | 0.99 | 7.4 | 3.3 | 4 | 100 | — | 0.085 | 6.6 |
| D01 | 浙江实用医学 | 163 | 0.99 | 9.6 | 3.3 | 1 | 106 | — | 0.196 | 5.4 |
| D01 | 浙江医学 | 652 | 0.94 | 12.9 | 4.2 | 15 | 270 | 0.000 | 0.230 | 5.6 |
| D01 | 中国当代医药 | 2209 | 0.97 | 16.9 | 2.8 | 29 | 1387 | 0.003 | 0.263 | 3.8 |

| 学科代码 | 期刊名称 | 来源文献量 | 文献选出率 | 平均引文数 | 平均作者数 | 地区分布数 | 机构分布数 | 海外论文比 | 基金论文比 | 引用半衰期 |
|---|---|---|---|---|---|---|---|---|---|---|
| D01 | 中国高等医学教育 | 927 | 0.98 | 5.2 | 3.6 | 31 | 514 | 0.003 | 0.559 | 4.9 |
| D01 | 中国急救复苏与灾害医学杂志 | 390 | 0.88 | 10.7 | 4.1 | 29 | 218 | 0.010 | 0.180 | 5.6 |
| D01 | 中国继续医学教育 | 6257 | 0.95 | 8.1 | 1.8 | 31 | 2475 | 0.001 | 0.045 | 3.0 |
| D01 | 中国煤炭工业医学杂志 | 474 | 0.97 | 15.8 | 4.3 | 23 | 214 | 0.000 | 0.590 | 4.8 |
| D01 | 中国实用医刊 | 1418 | 1.00 | 9.0 | 2.2 | 23 | 622 | — | 0.048 | 4.3 |
| D01 | 中国实用医药 | 6871 | 1.00 | 6.1 | 1.9 | 31 | 2556 | 0.000 | 0.033 | 3.8 |
| D01 | 中国现代医生 | 1727 | 1.00 | 18.6 | 3.2 | 30 | 1002 | 0.002 | 0.467 | 3.7 |
| D01 | 中国现代医学杂志 | 732 | 0.96 | 14.9 | 4.4 | 30 | 463 | 0.000 | 0.250 | 4.6 |
| D01 | 中国乡村医药 | 1183 | 0.95 | 4.5 | 2.4 | 25 | 490 | — | 0.086 | 4.8 |
| D01 | 中国医疗保险 | 180 | 0.53 | 6.6 | 2.2 | 26 | 168 | 0.033 | 0.122 | 3.9 |
| D01 | 中国医疗管理科学 | 91 | 0.90 | 8.9 | 3.2 | 17 | 80 | 0.033 | 0.220 | 4.3 |
| D01 | 中国医学创新 | 1492 | 0.97 | 18.9 | 3.2 | 29 | 1048 | 0.002 | 0.509 | 4.0 |
| D01 | 中国医学前沿杂志(电子版) | 369 | 0.87 | 20.1 | 3.3 | 25 | 223 | 0.000 | 0.270 | 3.7 |
| D01 | 中国医药导报 | 1620 | 0.96 | 22.7 | 3.8 | 30 | 899 | 0.000 | 0.460 | 3.8 |
| D01 | 中国医药导刊 | 628 | 0.97 | 10.4 | 2.8 | 28 | 486 | 0.002 | 0.193 | 3.6 |
| D01 | 中国医药科学 | 1582 | 0.97 | 16.5 | 2.8 | 28 | 1028 | 0.001 | 0.219 | 3.7 |
| D01 | 中国医院建筑与装备 | 141 | 0.50 | 2.8 | 1.9 | 19 | 100 | 0.043 | 0.050 | 3.9 |
| D01 | 中华医学杂志 | 914 | 0.87 | 16.9 | 5.4 | 30 | 354 | 0.010 | 0.460 | 5.2 |
| D01 | 中华重症医学电子杂志 | 58 | 0.92 | 24.6 | 2.7 | 13 | 38 | 0.017 | 0.431 | 5.8 |
| D01 | 中南医学科学杂志 | 186 | 0.96 | 16.0 | 3.6 | 18 | 103 | 0.010 | 0.280 | 4.2 |
| D01 | 中日友好医院学报 | 118 | 0.78 | 13.6 | 4.3 | 8 | 39 | 0.000 | 0.130 | 4.9 |
| D01 | 中外医学研究 | 3226 | 1.00 | 9.1 | 1.9 | 31 | 1736 | 0.014 | 0.029 | 3.8 |
| D01 | 中医药管理杂志 | 1894 | 0.98 | 5.5 | 2.1 | 30 | 546 | 0.002 | 0.095 | 3.8 |
| D01 | 转化医学杂志 | 99 | 0.89 | 19.6 | 4.1 | 19 | 56 | 0.010 | 0.390 | 5.3 |
| D02 | Journal of Huazhong University of Science and Technology (Medical Science) | 152 | 1.00 | 29.4 | 5.8 | 18 | 116 | 0.039 | 0.717 | 7.7 |
| D02 | 安徽卫生职业技术学院学报 | 504 | 0.92 | 5.5 | 2.0 | 28 | 268 | 0.002 | 0.099 | 4.5 |
| D02 | 安徽医科大学学报 | 439 | 1.00 | 13.2 | 5.3 | 20 | 77 | 0.000 | 0.920 | 5.2 |
| D02 | 包头医学院学报 | 1191 | 0.98 | 4.9 | 2.3 | 27 | 774 | — | 0.107 | 4.1 |
| D02 | 北京大学学报(医学版) | 208 | 0.97 | 18.4 | 5.6 | 14 | 31 | 0.040 | 0.460 | 7.0 |
| D02 | 蚌埠医学院学报 | 575 | 0.97 | 12.7 | 3.5 | 22 | 287 | 0.000 | 0.170 | 5.0 |
| D02 | 滨州医学院学报 | 169 | 0.98 | 10.5 | 3.8 | 9 | 66 | — | 0.337 | 6.7 |
| D02 | 长治医学院学报 | 157 | 0.92 | 9.9 | 3.4 | 15 | 69 | — | 0.344 | 5.0 |
| D02 | 成都医学院学报 | 188 | 0.99 | 16.1 | 4.4 | 19 | 93 | 0.000 | 0.450 | 4.8 |

| 学科代码 | 期刊名称 | 来源文献量 | 文献选出率 | 平均引文数 | 平均作者数 | 地区分布数 | 机构分布数 | 海外论文比 | 基金论文比 | 引用半衰期 |
|---|---|---|---|---|---|---|---|---|---|---|
| D02 | 承德医学院学报 | 282 | 0.98 | 9.2 | 3.1 | 17 | 162 | 0.004 | 0.202 | 5.8 |
| D02 | 重庆医科大学学报 | 273 | 0.93 | 18.2 | 4.9 | 21 | 85 | 0.000 | 0.610 | 5.7 |
| D02 | 川北医学院学报 | 262 | 0.97 | 15.6 | 3.6 | 22 | 154 | 0.000 | 0.340 | 4.8 |
| D02 | 大连医科大学学报 | 140 | 0.90 | 17.2 | 3.7 | 18 | 66 | 0.000 | 0.330 | 5.3 |
| D02 | 第二军医大学学报 | 290 | 0.95 | 21.4 | 5.5 | 24 | 88 | 0.000 | 0.570 | 5.7 |
| D02 | 第三军医大学学报 | 498 | 0.96 | 18.5 | 5.6 | 25 | 130 | 0.010 | 0.640 | 5.1 |
| D02 | 东南大学学报(医学版) | 238 | 0.98 | 18.9 | 4.0 | 19 | 126 | 0.000 | 0.420 | 5.2 |
| D02 | 福建医科大学学报 | 97 | 0.88 | 15.9 | 4.6 | 10 | 35 | 0.010 | 0.590 | 6.2 |
| D02 | 复旦学报(医学版) | 129 | 0.96 | 25.0 | 4.2 | 9 | 30 | 0.000 | 0.630 | 5.9 |
| D02 | 赣南医学院学报 | 320 | 0.99 | 11.3 | 3.7 | 9 | 137 | 0.003 | 0.397 | 5.5 |
| D02 | 广东药科大学学报 | 179 | 0.97 | 15.9 | 4.7 | 9 | 54 | 0.000 | 0.680 | 5.8 |
| D02 | 广东医科大学学报 | 194 | 0.98 | 11.8 | 4.5 | 6 | 119 | — | 0.459 | 4.9 |
| D02 | 广西医科大学学报 | 349 | 0.97 | 12.0 | 3.9 | 22 | 176 | 0.000 | 0.360 | 4.2 |
| D02 | 广州医科大学学报 | 200 | 0.80 | 10.6 | 3.6 | 13 | 149 | 0.005 | 0.340 | 5.1 |
| D02 | 贵州医科大学学报 | 366 | 0.93 | 13.4 | 4.3 | 22 | 137 | 0.000 | 0.530 | 5.3 |
| D02 | 哈尔滨医科大学学报 | 146 | 0.97 | 12.0 | 4.3 | 10 | 42 | 0.000 | 0.400 | 6.6 |
| D02 | 海南医学院学报 | 890 | 1.00 | 16.5 | 2.9 | 26 | 594 | 0.000 | 0.640 | 2.0 |
| D02 | 河北医科大学学报 | 412 | 0.96 | 15.9 | 4.4 | 17 | 167 | 0.000 | 0.330 | 3.5 |
| D02 | 河南大学学报(医学版) | 84 | 1.00 | 10.9 | 3.9 | 9 | 47 | — | 0.619 | 5.2 |
| D02 | 河南科技大学学报(医学版) | 103 | 0.98 | 13.5 | 3.3 | 14 | 87 | — | 0.262 | 5.3 |
| D02 | 河南医学高等专科学校学报 | 251 | 0.98 | 7.0 | 1.7 | 6 | 156 | — | 0.088 | 4.3 |
| D02 | 菏泽医学专科学校学报 | 138 | 0.99 | 9.2 | 1.9 | 7 | 82 | — | 0.101 | 4.9 |
| D02 | 湖北科技学院学报(医学版) | 270 | 0.97 | 7.2 | 2.4 | 16 | 157 | — | 0.148 | 4.7 |
| D02 | 湖北民族学院学报(医学版) | 120 | 0.98 | 12.3 | 3.0 | 18 | 88 | — | 0.300 | 4.5 |
| D02 | 湖北医药学院学报 | 165 | 0.99 | 15.9 | 3.9 | 11 | 59 | — | 0.376 | 5.5 |
| D02 | 湖南师范大学学报(医学版) | 294 | 1.00 | 12.2 | 3.2 | 24 | 220 | 0.000 | 0.130 | 3.8 |
| D02 | 华北理工大学学报(医学版) | 135 | 0.91 | 13.0 | 3.6 | 12 | 77 | — | 0.311 | 5.7 |
| D02 | 华中科技大学学报(医学版) | 153 | 0.94 | 19.6 | 5.0 | 19 | 87 | 0.020 | 0.590 | 6.3 |
| D02 | 吉林大学学报(医学版) | 245 | 0.99 | 19.2 | 5.6 | 27 | 95 | 0.010 | 0.980 | 4.8 |
| D02 | 吉林医药学院学报 | 203 | 0.98 | 8.9 | 3.7 | 14 | 61 | — | 0.389 | 6.6 |
| D02 | 济宁医学院学报 | 116 | 0.97 | 14.8 | 3.1 | 9 | 50 | — | 0.603 | 4.1 |
| D02 | 江苏大学学报(医学版) | 121 | 0.95 | 15.5 | 5.3 | 9 | 41 | 0.000 | 0.460 | 5.7 |
| D02 | 解放军医学院学报 | 344 | 0.97 | 22.6 | 4.9 | 19 | 74 | 0.010 | 0.440 | 5.4 |
| D02 | 昆明医科大学学报 | 429 | 0.98 | 17.5 | 4.8 | 18 | 153 | 0.000 | 0.850 | 5.2 |

| 学科代码 | 期刊名称 | 来源文献量 | 文献选出率 | 平均引文数 | 平均作者数 | 地区分布数 | 机构分布数 | 海外论文比 | 基金论文比 | 引用半衰期 |
|---|---|---|---|---|---|---|---|---|---|---|
| D02 | 兰州大学学报(医学版) | 89 | 0.94 | 19.3 | 4.9 | 15 | 43 | 0.030 | 0.600 | 5.8 |
| D02 | 锦州医科大学学报 | 230 | 0.98 | 11.2 | 2.7 | 19 | 155 | 0.009 | 0.174 | 4.8 |
| D02 | 西南医科大学学报 | 158 | 0.94 | 18.8 | 3.5 | 11 | 70 | — | 0.310 | 5.0 |
| D02 | 牡丹江医学院学报 | 372 | 0.99 | 10.2 | 3.0 | 23 | 277 | 0.008 | 0.376 | 3.8 |
| D02 | 南昌大学学报(医学版) | 164 | 0.96 | 16.7 | 4.5 | 14 | 72 | 0.000 | 0.370 | 4.4 |
| D02 | 南方医科大学学报 | 321 | 0.99 | 22.2 | 6.2 | 23 | 123 | 0.010 | 0.790 | 4.8 |
| D02 | 南京医科大学学报(自然科学版) | 348 | 0.97 | 16.5 | 5.1 | 20 | 129 | 0.010 | 0.650 | 5.0 |
| D02 | 南通大学学报(医学版) | 213 | 0.99 | 13.9 | 3.8 | 10 | 101 | — | 0.404 | 5.8 |
| D02 | 内蒙古医科大学学报 | 136 | 1.00 | 19.9 | 3.5 | 9 | 32 | 0.000 | 0.650 | 4.8 |
| D02 | 宁夏医科大学学报 | 445 | 0.94 | 11.6 | 4.5 | 19 | 139 | 0.000 | 0.370 | 5.3 |
| D02 | 齐齐哈尔医学院学报 | 2339 | 1.00 | 8.7 | 2.8 | 26 | 1180 | 0.006 | 0.182 | 3.9 |
| D02 | 黔南民族医专学报 | 124 | 0.96 | 5.4 | 2.7 | 9 | 62 | 0.008 | 0.234 | 6.6 |
| D02 | 青岛大学医学院学报 | 238 | 0.96 | 14.8 | 4.2 | 8 | 55 | 0.000 | 0.240 | 6.6 |
| D02 | 山东大学学报(医学版) | 230 | 0.93 | 18.2 | 5.0 | 22 | 85 | 0.000 | 0.600 | 5.1 |
| D02 | 山东医学高等专科学校学报 | 167 | 0.98 | 8.5 | 2.1 | 8 | 66 | — | 0.222 | 6.7 |
| D02 | 山西医科大学学报 | 273 | 0.93 | 15.3 | 4.7 | 23 | 133 | 0.000 | 0.450 | 5.5 |
| D02 | 山西职工医学院学报 | 219 | 0.98 | 6.2 | 2.2 | 13 | 119 | — | 0.091 | 5.1 |
| D02 | 汕头大学医学院学报 | 89 | 0.98 | 7.7 | 3.8 | 3 | 28 | — | 0.382 | 5.2 |
| D02 | 上海交通大学学报(医学版) | 363 | 0.94 | 23.0 | 4.6 | 21 | 92 | 0.010 | 0.660 | 5.7 |
| D02 | 沈阳药科大学学报 | 175 | 0.99 | 14.2 | 4.8 | 14 | 48 | 0.000 | 0.390 | 6.6 |
| D02 | 沈阳医学院学报 | 155 | 0.91 | 15.1 | 3.4 | 15 | 110 | — | 0.439 | 5.5 |
| D02 | 首都医科大学学报 | 159 | 0.94 | 18.2 | 5.2 | 11 | 54 | 0.000 | 0.710 | 5.6 |
| D02 | 四川大学学报(医学版) | 209 | 0.92 | 17.3 | 5.6 | 19 | 48 | 0.010 | 0.650 | 6.3 |
| D02 | 泰山医学院学报 | 635 | 0.99 | 8.3 | 2.5 | 22 | 431 | 0.003 | 0.115 | 4.7 |
| D02 | 天津医科大学学报 | 154 | 0.96 | 16.6 | 4.3 | 8 | 70 | — | 0.338 | 5.3 |
| D02 | 同济大学学报(医学版) | 166 | 0.98 | 15.6 | 4.0 | 5 | 49 | 0.000 | 0.500 | 5.3 |
| D02 | 皖南医学院学报 | 186 | 0.95 | 12.1 | 4.1 | 13 | 58 | 0.000 | 0.260 | 5.2 |
| D02 | 温州医科大学学报 | 217 | 0.90 | 15.3 | 4.7 | 6 | 71 | 0.000 | 0.380 | 6.1 |
| D02 | 武汉大学学报(医学版) | 234 | 1.00 | 14.3 | 4.9 | 17 | 67 | 0.020 | 0.430 | 5.8 |
| D02 | 武警后勤学院学报(医学版) | 295 | 0.94 | 13.6 | 4.0 | 24 | 147 | 0.000 | 0.220 | 5.0 |
| D02 | 西安交通大学学报(医学版) | 181 | 0.98 | 18.0 | 5.8 | 23 | 66 | 0.010 | 0.700 | 5.8 |
| D02 | 湘南学院学报(医学版) | 110 | 0.97 | 10.1 | 4.0 | 11 | 57 | — | 0.518 | 5.5 |
| D02 | 新疆医科大学学报 | 402 | 0.98 | 13.8 | 4.7 | 11 | 51 | 0.010 | 0.670 | 6.0 |
| D02 | 新乡医学院学报 | 309 | 1.00 | 17.2 | 3.8 | 19 | 136 | 0.000 | 0.420 | 4.8 |

| 学科代码 | 期刊名称 | 来源文献量 | 文献选出率 | 平均引文数 | 平均作者数 | 地区分布数 | 机构分布数 | 海外论文比 | 基金论文比 | 引用半衰期 |
|---|---|---|---|---|---|---|---|---|---|---|
| D02 | 徐州医科大学学报 | 240 | 0.90 | 12.8 | 4.8 | 12 | 73 | 0.000 | 0.390 | 6.3 |
| D02 | 延安大学学报(医学科学版) | 107 | 0.99 | 9.4 | 3.0 | 10 | 71 | — | 0.234 | 4.8 |
| D02 | 延边大学医学学报 | 117 | 0.97 | 10.1 | 3.2 | 3 | 25 | 0.026 | 0.282 | 6.3 |
| D02 | 右江民族医学院学报 | 236 | 0.98 | 11.0 | 3.9 | 13 | 148 | — | 0.458 | 4.5 |
| D02 | 浙江大学学报(医学版) | 98 | 0.78 | 26.4 | 4.7 | 15 | 54 | 0.020 | 0.820 | 5.7 |
| D02 | 郑州大学学报(医学版) | 220 | 0.98 | 14.0 | 5.7 | 13 | 49 | 0.010 | 0.590 | 5.0 |
| D02 | 中国高原医学与生物学杂志 | 54 | 1.00 | 16.2 | 4.5 | 2 | 18 | — | 0.593 | 5.5 |
| D02 | 中国药科大学学报 | 119 | 0.96 | 21.5 | 4.6 | 18 | 47 | 0.030 | 0.710 | 5.0 |
| D02 | 中国医科大学学报 | 278 | 0.99 | 13.2 | 4.3 | 21 | 72 | 0.000 | 0.550 | 5.4 |
| D02 | 中国医学科学院学报 | 139 | 0.99 | 20.1 | 5.4 | 19 | 56 | 0.020 | 0.530 | 6.3 |
| D02 | 中南大学学报(医学版) | 220 | 0.95 | 19.8 | 5.1 | 25 | 91 | 0.010 | 0.600 | 5.8 |
| D02 | 中山大学学报(医学科学版) | 156 | 0.98 | 17.6 | 5.7 | 13 | 56 | 0.010 | 0.730 | 6.0 |
| D02 | 遵义医学院学报 | 137 | 0.99 | 20.1 | 4.8 | 14 | 38 | 0.010 | 0.710 | 5.1 |
| D03 | Biomedical and Environmental Sciences | 123 | 0.99 | 26.3 | 7.5 | 23 | 219 | 0.211 | 0.764 | 7.0 |
| D03 | Cellular & Molecular Immunology | 88 | 0.94 | 60.7 | 5.0 | 11 | 147 | 0.625 | 0.716 | 7.2 |
| D03 | Chinese Journal of Biomedical Engineering | 28 | 0.72 | 12.2 | 4.1 | 13 | 28 | 0.036 | 0.714 | ≥10 |
| D03 | 分子诊断与治疗杂志 | 80 | 0.88 | 21.0 | 4.3 | 15 | 55 | 0.010 | 0.530 | 4.4 |
| D03 | 国际免疫学杂志 | 141 | 0.95 | 22.0 | 3.6 | 22 | 87 | 0.010 | 0.520 | 4.1 |
| D03 | 国际生物制品学杂志 | 60 | 0.81 | 19.9 | 3.9 | 9 | 28 | 0.017 | 0.317 | 4.6 |
| D03 | 国际遗传学杂志 | 64 | 0.93 | 28.9 | 4.4 | 13 | 29 | 0.020 | 0.720 | 5.5 |
| D03 | 寄生虫病与感染性疾病 | 87 | 0.96 | 9.9 | 4.1 | 12 | 78 | 0.011 | 0.069 | 6.5 |
| D03 | 寄生虫与医学昆虫学报 | 40 | 0.95 | 21.8 | 5.5 | 14 | 28 | 0.000 | 0.780 | 7.9 |
| D03 | 解剖科学进展 | 202 | 0.97 | 15.4 | 4.5 | 16 | 66 | 0.000 | 0.860 | 6.3 |
| D03 | 解剖学报 | 146 | 0.96 | 18.7 | 5.5 | 26 | 87 | 0.010 | 0.860 | 6.1 |
| D03 | 解剖学研究 | 147 | 0.94 | 12.0 | 4.3 | 26 | 101 | 0.020 | 0.330 | 5.9 |
| D03 | 解剖学杂志 | 235 | 0.94 | 13.8 | 4.9 | 29 | 131 | 0.010 | 0.520 | 6.4 |
| D03 | 临床心身疾病杂志 | 363 | 0.99 | 10.6 | 2.8 | 28 | 903 | 0.003 | 0.190 | 4.9 |
| D03 | 免疫学杂志 | 216 | 0.95 | 19.0 | 5.6 | 28 | 149 | 0.000 | 0.740 | 5.8 |
| D03 | 神经解剖学杂志 | 140 | 0.99 | 22.3 | 5.5 | 23 | 84 | 0.010 | 0.840 | 4.8 |
| D03 | 生物医学工程学进展 | 72 | 0.90 | 9.3 | 3.0 | 7 | 56 | — | 0.153 | 3.9 |
| D03 | 实验动物与比较医学 | 97 | 0.98 | 15.5 | 5.2 | 20 | 76 | 0.000 | 0.710 | 6.6 |
| D03 | 数理医药学杂志 | 960 | 1.00 | 6.0 | 2.0 | 28 | 678 | 0.001 | 0.076 | 4.1 |
| D03 | 四川解剖学杂志 | 100 | 0.93 | 9.1 | 3.8 | 18 | 69 | — | 0.500 | 6.5 |
| D03 | 微循环学杂志 | 74 | 0.94 | 19.1 | 3.9 | 17 | 54 | 0.000 | 0.280 | 4.8 |

| 学科代码 | 期刊名称 | 来源文献量 | 文献选出率 | 平均引文数 | 平均作者数 | 地区分布数 | 机构分布数 | 海外论文比 | 基金论文比 | 引用半衰期 |
|---|---|---|---|---|---|---|---|---|---|---|
| D03 | 细胞与分子免疫学杂志 | 383 | 0.97 | 28.5 | 5.3 | 29 | 224 | 0.000 | 0.830 | 2.9 |
| D03 | 现代免疫学 | 108 | 0.97 | 21.9 | 4.5 | 20 | 69 | 0.030 | 0.720 | 4.9 |
| D03 | 医学分子生物学杂志 | 70 | 0.97 | 24.1 | 4.5 | 19 | 48 | 0.000 | 0.670 | 5.6 |
| D03 | 医院管理论坛 | 277 | 0.93 | 9.3 | 3.1 | 18 | 142 | 0.004 | 0.289 | 3.8 |
| D03 | 中国比较医学杂志 | 200 | 0.96 | 18.1 | 5.2 | 27 | 136 | 0.030 | 0.600 | 6.2 |
| D03 | 中国病理生理杂志 | 407 | 0.87 | 16.8 | 5.6 | 28 | 241 | 0.010 | 0.790 | 5.2 |
| D03 | 中国寄生虫学与寄生虫病杂志 | 126 | 0.93 | 22.2 | 5.7 | 25 | 75 | 0.000 | 0.610 | 6.9 |
| D03 | 中国健康心理学杂志 | 495 | 0.98 | 19.7 | 3.5 | 29 | 296 | 0.020 | 0.400 | 6.9 |
| D03 | 中国临床解剖学杂志 | 152 | 0.89 | 16.2 | 5.5 | 24 | 117 | 0.000 | 0.620 | 7.4 |
| D03 | 中国免疫学杂志 | 425 | 0.97 | 21.7 | 4.7 | 30 | 292 | 0.010 | 0.590 | 5.3 |
| D03 | 中国血液流变学杂志 | 150 | 0.99 | 10.3 | 3.9 | 14 | 93 | — | 0.247 | 6.6 |
| D03 | 中国医学工程 | 861 | 0.99 | 7.6 | 2.2 | 28 | 576 | — | 0.079 | 3.7 |
| D03 | 中国医学物理学杂志 | 261 | 1.00 | 17.5 | 4.8 | 25 | 159 | 0.020 | 0.690 | 6.2 |
| D03 | 中国组织化学与细胞化学杂志 | 111 | 0.97 | 19.4 | 4.9 | 23 | 70 | 0.020 | 0.590 | 6.3 |
| D03 | 中华病理学杂志 | 238 | 0.82 | 14.0 | 4.9 | 26 | 149 | 0.020 | 0.290 | 5.4 |
| D03 | 中华解剖与临床杂志 | 136 | 0.82 | 17.5 | 5.2 | 19 | 130 | — | 0.382 | 5.2 |
| D03 | 中华微生物学和免疫学杂志 | 173 | 0.76 | 21.3 | 6.2 | 26 | 124 | 0.020 | 0.670 | 5.0 |
| D03 | 中华细胞与干细胞杂志(电子版) | 65 | 0.94 | 26.0 | 5.1 | 17 | 47 | 0.020 | 0.630 | 4.9 |
| D03 | 中华医学遗传学杂志 | 217 | 0.69 | 17.0 | 5.7 | 24 | 138 | 0.000 | 0.530 | 7.3 |
| D03 | 中华诊断学电子杂志 | 78 | 0.96 | 17.7 | 4.3 | 20 | 71 | — | 0.641 | 5.5 |
| D03 | 转化医学电子杂志 | 522 | 0.98 | 10.2 | 2.7 | 30 | 476 | 0.006 | 0.094 | 4.2 |
| D05 | Translational Neuroscience and Clinics | 39 | 1.00 | 31.1 | 4.7 | 8 | 46 | 0.410 | 0.590 | 7.8 |
| D05 | 创伤与急危重病医学 | 104 | 0.90 | 14.9 | 4.6 | 17 | 53 | — | 0.356 | 6.2 |
| D05 | 创伤与急诊电子杂志 | 57 | 0.85 | 17.4 | 4.1 | 8 | 23 | — | 0.193 | 6.5 |
| D05 | 当代临床医刊 | 720 | 0.99 | 4.4 | 1.5 | 29 | 442 | 0.006 | 0.013 | 4.4 |
| D05 | 江西医药 | 574 | 0.95 | 10.8 | 3.5 | 12 | 290 | 0.003 | 0.289 | 5.2 |
| D05 | 临床和实验医学杂志 | 866 | 0.99 | 13.9 | 3.4 | 28 | 526 | 0.000 | 0.170 | 3.7 |
| D05 | 临床荟萃 | 339 | 0.96 | 22.2 | 3.5 | 27 | 223 | 0.003 | 0.254 | 4.6 |
| D05 | 临床急诊杂志 | 287 | 0.97 | 14.0 | 3.7 | 26 | 191 | 0.000 | 0.160 | 4.2 |
| D05 | 临床军医杂志 | 384 | 0.93 | 15.1 | 4.4 | 26 | 165 | 0.010 | 0.280 | 5.4 |
| D05 | 临床输血与检验 | 199 | 0.96 | 9.8 | 3.7 | 23 | 149 | 0.000 | 0.140 | 5.8 |
| D05 | 临床误诊误治 | 445 | 0.92 | 17.5 | 3.9 | 28 | 278 | 0.000 | 0.220 | 5.3 |
| D05 | 临床医学 | 817 | 1.00 | 8.2 | 2.0 | 26 | 581 | 0.001 | 0.024 | 4.0 |
| D05 | 临床医药实践 | 382 | 0.96 | 9.5 | 2.6 | 24 | 249 | — | 0.154 | 5.2 |

| 学科代码 | 期刊名称 | 来源文献量 | 文献选出率 | 平均引文数 | 平均作者数 | 地区分布数 | 机构分布数 | 海外论文比 | 基金论文比 | 引用半衰期 |
|---|---|---|---|---|---|---|---|---|---|---|
| D05 | 临床与病理杂志 | 382 | 0.96 | 19.4 | 3.7 | 27 | 252 | 0.000 | 0.330 | 4.2 |
| D05 | 岭南急诊医学杂志 | 284 | 1.00 | 7.1 | 3.5 | 11 | 192 | 0.004 | 0.239 | 4.0 |
| D05 | 全科医学临床与教育 | 239 | 0.95 | 11.0 | 2.9 | 7 | 166 | 0.004 | 0.209 | 4.7 |
| D05 | 蛇志 | 258 | 0.97 | 8.9 | 2.7 | 12 | 134 | 0.004 | 0.174 | 4.3 |
| D05 | 实用临床医学 | 486 | 0.99 | 10.8 | 3.0 | 24 | 302 | — | 0.173 | 4.2 |
| D05 | 实用临床医药杂志 | 1870 | 1.00 | 13.9 | 2.8 | 29 | 1002 | 0.002 | 0.199 | 3.7 |
| D05 | 实用疼痛学杂志 | 105 | 0.91 | 11.7 | 3.5 | 24 | 109 | 0.038 | 0.162 | 4.7 |
| D05 | 实用医技杂志 | 805 | 0.93 | 6.5 | 2.3 | 27 | 548 | 0.002 | 0.055 | 5.7 |
| D05 | 实用医学杂志 | 1205 | 0.87 | 15.0 | 4.7 | 30 | 586 | 0.000 | 0.500 | 4.1 |
| D05 | 实用医院临床杂志 | 392 | 0.95 | 16.2 | 3.5 | 21 | 168 | 0.000 | 0.170 | 5.2 |
| D05 | 世界临床医学 | 5253 | 1.00 | 4.6 | 1.7 | 31 | 3054 | 0.002 | 0.021 | 3.8 |
| D05 | 现代临床医学 | 172 | 0.99 | 13.2 | 3.0 | 19 | 138 | — | 0.186 | 5.3 |
| D05 | 现代医药卫生 | 1643 | 0.98 | 13.9 | 2.9 | 31 | 916 | 0.003 | 0.251 | 4.7 |
| D05 | 医学临床研究 | 870 | 0.98 | 11.8 | 3.2 | 26 | 549 | 0.000 | 0.070 | 4.0 |
| D05 | 医学研究与教育 | 101 | 0.99 | 14.0 | 3.8 | 13 | 56 | 0.010 | 0.386 | 4.4 |
| D05 | 疑难病杂志 | 340 | 0.89 | 20.2 | 4.4 | 27 | 227 | 0.000 | 0.260 | 3.3 |
| D05 | 浙江临床医学 | 1145 | 1.00 | 9.5 | 3.3 | 25 | 613 | 0.001 | 0.213 | 5.8 |
| D05 | 中国激光医学杂志 | 60 | 0.79 | 20.8 | 5.2 | 15 | 45 | 0.020 | 0.350 | 6.7 |
| D05 | 中国急救医学 | 231 | 0.94 | 17.5 | 4.4 | 28 | 168 | 0.000 | 0.390 | 5.2 |
| D05 | 中国临床实用医学 | 225 | 0.96 | 12.2 | 3.3 | 25 | 186 | 0.004 | 0.160 | 4.8 |
| D05 | 中国临床新医学 | 383 | 0.96 | 13.0 | 3.3 | 21 | 281 | 0.008 | 0.352 | 5.2 |
| D05 | 中国临床研究 | 545 | 0.99 | 16.1 | 3.8 | 27 | 389 | 0.000 | 0.410 | 4.2 |
| D05 | 中国临床医生杂志 | 484 | 0.98 | 14.1 | 3.5 | 26 | 291 | 0.000 | 0.200 | 4.5 |
| D05 | 中国临床医学 | 218 | 0.99 | 15.7 | 4.7 | 17 | 94 | 0.000 | 0.430 | 5.9 |
| D05 | 中国美容整形外科杂志 | 240 | 0.92 | 15.4 | 4.5 | 24 | 123 | 0.010 | 0.160 | 4.0 |
| D05 | 中国全科医学 | 959 | 0.86 | 18.6 | 4.8 | 30 | 506 | 0.030 | 0.520 | 5.4 |
| D05 | 中国社区医师 | 4423 | 0.99 | 5.3 | 1.8 | 31 | 2593 | 0.002 | 0.034 | 4.2 |
| D05 | 中国输血杂志 | 446 | 0.97 | 12.4 | 4.9 | 29 | 230 | 0.010 | 0.220 | 5.8 |
| D05 | 中国疼痛医学杂志 | 218 | 0.84 | 16.4 | 4.4 | 26 | 145 | 0.000 | 0.330 | 5.8 |
| D05 | 中国现代医药杂志 | 427 | 0.90 | 11.6 | 2.9 | 29 | 356 | — | 0.131 | 4.8 |
| D05 | 中国医刊 | 392 | 0.95 | 16.6 | 3.8 | 28 | 196 | 0.000 | 0.180 | 5.1 |
| D05 | 中国医疗美容 | 508 | 0.94 | 7.6 | 2.1 | 27 | 393 | 0.004 | 0.028 | 3.8 |
| D05 | 中国医师进修杂志 | 348 | 0.94 | 13.5 | 4.1 | 26 | 258 | 0.000 | 0.110 | 5.0 |
| D05 | 中国医师杂志 | 602 | 0.98 | 14.1 | 3.8 | 28 | 396 | 0.000 | 0.210 | 4.4 |

| 学科代码 | 期刊名称 | 来源文献量 | 文献选出率 | 平均引文数 | 平均作者数 | 地区分布数 | 机构分布数 | 海外论文比 | 基金论文比 | 引用半衰期 |
|---|---|---|---|---|---|---|---|---|---|---|
| D05 | 中国医药 | 460 | 0.97 | 19.6 | 4.3 | 29 | 255 | 0.000 | 0.460 | 5.3 |
| D05 | 中国真菌学杂志 | 99 | 0.97 | 15.2 | 5.1 | 20 | 70 | 0.000 | 0.410 | 7.2 |
| D05 | 中国综合临床 | 329 | 0.97 | 15.9 | 4.0 | 29 | 260 | 0.000 | 0.210 | 4.7 |
| D05 | 中华急诊医学杂志 | 270 | 0.69 | 18.8 | 5.2 | 25 | 157 | 0.050 | 0.460 | 5.5 |
| D05 | 中华临床医师杂志(电子版) | 848 | 1.00 | 20.8 | 4.3 | 29 | 537 | — | 0.412 | 5.5 |
| D05 | 中华全科医师杂志 | 263 | 0.83 | 13.3 | 3.8 | 23 | 157 | 0.010 | 0.240 | 5.5 |
| D05 | 中华全科医学 | 702 | 1.00 | 16.1 | 4.2 | 28 | 351 | 0.000 | 0.450 | 3.2 |
| D05 | 中华危重病急救医学 | 249 | 0.72 | 23.1 | 5.1 | 27 | 180 | 0.000 | 0.780 | 4.8 |
| D05 | 中华危重症医学杂志(电子版) | 67 | 0.65 | 24.4 | 4.7 | 14 | 54 | 0.000 | 0.490 | 5.2 |
| D05 | 中华医学美学美容杂志 | 123 | 0.92 | 14.5 | 4.8 | 23 | 89 | 0.000 | 0.180 | 6.0 |
| D05 | 中华灾害救援医学 | 208 | 0.84 | 14.2 | 4.0 | 24 | 134 | — | 0.264 | 4.8 |
| D06 | 磁共振成像 | 181 | 0.84 | 22.0 | 4.7 | 27 | 129 | 0.010 | 0.550 | 4.9 |
| D06 | 国际检验医学杂志 | 1647 | 0.98 | 11.5 | 3.5 | 30 | 1126 | 0.000 | 0.120 | 5.2 |
| D06 | 罕少疾病杂志 | 145 | 0.99 | 9.7 | 3.3 | 18 | 127 | — | 0.152 | 4.6 |
| D06 | 检验医学 | 244 | 0.88 | 14.1 | 4.4 | 24 | 171 | 0.000 | 0.270 | 5.3 |
| D06 | 检验医学与临床 | 1521 | 1.00 | 12.7 | 3.5 | 31 | 1208 | 0.002 | 0.300 | 4.4 |
| D06 | 临床检验杂志 | 258 | 0.96 | 13.6 | 4.9 | 28 | 159 | 0.010 | 0.560 | 4.0 |
| D06 | 临床与实验病理学杂志 | 422 | 0.96 | 12.7 | 4.8 | 28 | 280 | 0.000 | 0.330 | 5.8 |
| D06 | 实验与检验医学 | 300 | 0.98 | 14.6 | 3.4 | 20 | 240 | — | 0.300 | 4.8 |
| D06 | 实用检验医师杂志 | 76 | 0.76 | 13.4 | 2.7 | 24 | 81 | — | 0.132 | 4.6 |
| D06 | 现代检验医学杂志 | 285 | 1.00 | 11.5 | 4.6 | 27 | 263 | — | 0.470 | 4.5 |
| D06 | 现代诊断与治疗 | 2993 | 1.00 | 7.2 | 2.1 | 30 | 1574 | 0.002 | 0.045 | 3.8 |
| D06 | 循证医学 | 97 | 0.91 | 11.1 | 3.0 | 14 | 44 | 0.010 | 0.130 | 4.5 |
| D06 | 诊断病理学杂志 | 309 | 0.92 | 11.9 | 4.5 | 27 | 215 | 0.010 | 0.120 | 7.3 |
| D06 | 诊断学理论与实践 | 138 | 0.85 | 19.4 | 3.9 | 20 | 70 | 0.010 | 0.380 | 5.6 |
| D06 | 中国实验诊断学 | 817 | 0.97 | 11.4 | 4.1 | 27 | 378 | 0.000 | 0.230 | 5.5 |
| D06 | 中国循证医学杂志 | 195 | 0.87 | 26.9 | 5.4 | 23 | 100 | 0.020 | 0.450 | 6.0 |
| D06 | 中华检验医学杂志 | 220 | 0.60 | 18.2 | 4.9 | 24 | 146 | 0.010 | 0.500 | 4.7 |
| D06 | 中华实用诊断与治疗杂志 | 439 | 0.99 | 12.5 | 4.1 | 27 | 241 | 0.010 | 0.570 | 4.3 |
| D07 | 大家健康(下旬版) | 4768 | 1.00 | 4.4 | 1.4 | 31 | 2602 | 0.007 | 0.011 | 3.7 |
| D07 | 大家健康(中旬版) | 4729 | 1.00 | 4.0 | 1.4 | 31 | 2431 | 0.006 | 0.010 | 3.4 |
| D07 | 儿童与健康 | 250 | 0.67 | 0.3 | 1.1 | 22 | 149 | — | 0.012 | 7.6 |
| D07 | 国际老年医学杂志 | 82 | 0.93 | 14.1 | 3.2 | 22 | 66 | 0.000 | 0.340 | 4.9 |
| D07 | 家庭医药 | 758 | 0.70 | 5.0 | 1.8 | 30 | 534 | — | 0.021 | 4.3 |

| 学科代码 | 期刊名称 | 来源文献量 | 文献选出率 | 平均引文数 | 平均作者数 | 地区分布数 | 机构分布数 | 海外论文比 | 基金论文比 | 引用半衰期 |
|---|---|---|---|---|---|---|---|---|---|---|
| D07 | 健康研究 | 285 | 0.99 | 8.2 | 2.5 | 6 | 205 | — | 0.140 | 4.1 |
| D07 | 老年医学与保健 | 134 | 0.96 | 15.5 | 3.9 | 11 | 62 | 0.000 | 0.390 | 5.9 |
| D07 | 临床研究 | 2337 | 1.00 | 5.7 | 1.5 | 30 | 1087 | 0.000 | 0.008 | 3.1 |
| D07 | 实用老年医学 | 328 | 0.92 | 12.4 | 3.6 | 27 | 217 | 0.000 | 0.130 | 5.2 |
| D07 | 现代养生(下半月版) | 3012 | 0.91 | 3.4 | 1.4 | 31 | 1791 | 0.004 | 0.021 | 3.8 |
| D07 | 饮食保健 | 6325 | 0.95 | 4.4 | 1.5 | 31 | 2297 | 0.002 | 0.017 | 4.0 |
| D07 | 中国初级卫生保健 | 484 | 1.00 | 8.5 | 3.2 | 28 | 453 | 0.004 | 0.285 | 4.7 |
| D07 | 中国康复 | 154 | 0.87 | 16.9 | 4.3 | 22 | 110 | 0.020 | 0.250 | 6.4 |
| D07 | 中国康复理论与实践 | 329 | 0.95 | 26.3 | 4.7 | 25 | 172 | 0.010 | 0.420 | 5.6 |
| D07 | 中国康复医学杂志 | 314 | 0.96 | 22.5 | 4.6 | 25 | 195 | 0.020 | 0.440 | 6.9 |
| D07 | 中国老年保健医学 | 386 | 0.99 | 8.7 | 2.2 | 26 | 272 | 0.003 | 0.101 | 4.4 |
| D07 | 中国老年学杂志 | 2900 | 0.99 | 13.5 | 4.1 | 31 | 1403 | 0.004 | 0.594 | 5.4 |
| D07 | 中国疗养医学 | 634 | 0.98 | 8.9 | 2.0 | 26 | 347 | — | 0.091 | 4.1 |
| D07 | 中国临床保健杂志 | 213 | 0.97 | 15.0 | 4.9 | 24 | 119 | 0.000 | 0.360 | 4.9 |
| D07 | 中国听力语言康复科学杂志 | 122 | 0.88 | 14.0 | 3.5 | 20 | 58 | 0.020 | 0.390 | 7.7 |
| D07 | 中国医疗器械信息 | 947 | 0.94 | 6.1 | 2.0 | 28 | 611 | 0.004 | 0.041 | 3.7 |
| D07 | 中华保健医学杂志 | 181 | 0.90 | 12.1 | 4.3 | 23 | 116 | 0.000 | 0.170 | 5.3 |
| D07 | 中华老年病研究电子杂志 | 39 | 0.85 | 22.4 | 2.7 | 9 | 27 | 0.026 | 0.282 | 5.2 |
| D07 | 中华老年多器官疾病杂志 | 222 | 0.84 | 17.8 | 4.8 | 21 | 111 | 0.000 | 0.360 | 5.5 |
| D07 | 中华老年骨科与康复电子杂志 | 49 | 0.98 | 26.4 | 5.0 | 17 | 45 | — | 0.959 | 6.2 |
| D07 | 中华老年医学杂志 | 309 | 0.95 | 15.1 | 4.9 | 27 | 174 | 0.020 | 0.370 | 5.6 |
| D07 | 中华物理医学与康复杂志 | 266 | 0.90 | 19.0 | 4.8 | 23 | 183 | 0.020 | 0.450 | 6.4 |
| D08 | Journal of Geriatric Cardiology | 61 | 0.97 | 30.1 | 5.3 | 5 | 95 | 0.721 | 0.377 | 7.4 |
| D08 | South China Journal of Cardiology | 41 | 1.00 | 19.3 | 5.1 | 8 | 41 | — | 0.634 | 5.7 |
| D08 | 临床内科杂志 | 230 | 0.65 | 13.0 | 4.0 | 26 | 162 | 0.000 | 0.170 | 4.8 |
| D08 | 临床血液学杂志(输血与检验版) | 192 | 0.98 | 8.8 | 3.5 | 20 | 142 | — | 0.135 | 4.6 |
| D08 | 内科 | 365 | 0.99 | 12.6 | 2.8 | 18 | 271 | — | 0.255 | 4.2 |
| D08 | 内科急危重症杂志 | 145 | 0.88 | 15.8 | 3.5 | 23 | 110 | 0.000 | 0.170 | 5.2 |
| D08 | 内科理论与实践 | 92 | 0.94 | 23.2 | 3.7 | 14 | 47 | 0.010 | 0.330 | 4.9 |
| D08 | 实用糖尿病杂志 | 251 | 0.99 | 9.3 | 2.6 | 27 | 212 | — | 0.032 | 6.5 |
| D08 | 糖尿病新世界 | 2193 | 0.99 | 7.0 | 1.5 | 28 | 1166 | 0.004 | 0.017 | 3.2 |
| D08 | 心血管病防治知识 | 754 | 0.99 | 6.0 | 1.4 | 27 | 478 | 0.015 | 0.008 | 3.6 |
| D08 | 中国肛肠病杂志 | 523 | 1.00 | 4.7 | 2.8 | 30 | 364 | — | 0.099 | 6.4 |
| D08 | 中国实用内科杂志 | 262 | 0.87 | 16.9 | 4.0 | 24 | 139 | 0.000 | 0.500 | 5.0 |

| 学科代码 | 期刊名称 | 来源文献量 | 文献选出率 | 平均引文数 | 平均作者数 | 地区分布数 | 机构分布数 | 海外论文比 | 基金论文比 | 引用半衰期 |
|---|---|---|---|---|---|---|---|---|---|---|
| D08 | 中华内科杂志 | 219 | 0.81 | 15.9 | 4.9 | 24 | 100 | 0.010 | 0.380 | 5.5 |
| D09 | 国际呼吸杂志 | 465 | 0.82 | 20.7 | 3.6 | 30 | 313 | 0.000 | 0.280 | 5.5 |
| D09 | 结核病与肺部健康杂志 | 78 | 0.98 | 15.6 | 4.4 | 19 | 79 | 0.013 | 0.295 | 4.0 |
| D09 | 临床肺科杂志 | 718 | 0.98 | 13.7 | 3.5 | 29 | 496 | 0.000 | 0.110 | 4.5 |
| D09 | 中国防痨杂志 | 228 | 0.94 | 16.9 | 4.9 | 25 | 115 | 0.010 | 0.360 | 4.8 |
| D09 | 中国呼吸与危重监护杂志 | 143 | 0.97 | 19.9 | 4.6 | 22 | 99 | 0.000 | 0.430 | 5.8 |
| D09 | 中华肺部疾病杂志(电子版) | 220 | 0.96 | 17.4 | 4.1 | 24 | 102 | 0.000 | 0.380 | 5.2 |
| D09 | 中华结核和呼吸杂志 | 220 | 0.77 | 19.7 | 4.4 | 25 | 112 | 0.010 | 0.450 | 6.1 |
| D10 | 肝脏 | 310 | 0.82 | 15.5 | 3.9 | 28 | 200 | 0.010 | 0.240 | 4.8 |
| D10 | 国际消化病杂志 | 110 | 0.94 | 23.4 | 3.3 | 23 | 86 | 0.000 | 0.200 | 4.6 |
| D10 | 临床肝胆病杂志 | 514 | 0.86 | 21.7 | 4.1 | 30 | 271 | 0.000 | 0.330 | 4.4 |
| D10 | 临床消化病杂志 | 120 | 0.95 | 13.9 | 3.8 | 25 | 94 | 0.000 | 0.120 | 6.1 |
| D10 | 实用肝脏病杂志 | 217 | 0.93 | 21.5 | 3.8 | 29 | 167 | 0.000 | 0.310 | 5.1 |
| D10 | 胃肠病学 | 166 | 0.87 | 20.8 | 4.2 | 22 | 114 | 0.000 | 0.280 | 5.4 |
| D10 | 胃肠病学和肝病学杂志 | 403 | 0.98 | 17.7 | 4.1 | 27 | 253 | 0.000 | 0.230 | 5.4 |
| D10 | 现代消化及介入诊疗 | 361 | 0.98 | 12.1 | 2.9 | 23 | 289 | 0.000 | 0.090 | 3.7 |
| D10 | 中国肝脏病杂志(电子版) | 103 | 0.80 | 24.7 | 4.2 | 22 | 74 | 0.000 | 0.360 | 4.4 |
| D10 | 中华肝脏病杂志 | 199 | 0.91 | 17.8 | 5.2 | 26 | 128 | 0.000 | 0.480 | 5.2 |
| D10 | 中华肝脏外科手术学电子杂志 | 93 | 0.98 | 21.2 | 5.4 | 19 | 54 | 0.000 | 0.580 | 4.3 |
| D10 | 中华结直肠疾病电子杂志 | 119 | 0.90 | 18.7 | 3.5 | 20 | 74 | 0.000 | 0.340 | 5.9 |
| D10 | 中华消化病与影像杂志(电子版) | 72 | 0.94 | 17.3 | 3.6 | 18 | 61 | — | 0.194 | 6.3 |
| D10 | 中华消化内镜杂志 | 232 | 0.72 | 9.9 | 5.9 | 27 | 146 | 0.000 | 0.250 | 5.6 |
| D10 | 中华消化杂志 | 213 | 0.84 | 14.7 | 4.6 | 26 | 115 | 0.010 | 0.330 | 5.3 |
| D10 | 中华胰腺病杂志 | 90 | 0.69 | 15.4 | 5.4 | 23 | 67 | 0.000 | 0.410 | 5.7 |
| D11 | 国际输血及血液学杂志 | 106 | 0.97 | 27.1 | 3.2 | 22 | 73 | 0.000 | 0.630 | 5.0 |
| D11 | 临床肾脏病杂志 | 162 | 0.99 | 21.6 | 3.9 | 25 | 128 | 0.010 | 0.330 | 6.2 |
| D11 | 临床血液学杂志 | 134 | 0.92 | 17.2 | 4.9 | 25 | 88 | 0.000 | 0.310 | 4.9 |
| D11 | 血栓与止血学 | 233 | 1.00 | 9.0 | 2.6 | 24 | 209 | — | 0.094 | 4.6 |
| D11 | 中国实验血液学杂志 | 357 | 0.98 | 18.8 | 5.5 | 28 | 215 | 0.010 | 0.460 | 5.5 |
| D11 | 中国血液净化 | 181 | 0.87 | 15.4 | 4.5 | 25 | 114 | 0.000 | 0.280 | 6.2 |
| D11 | 中华肾脏病杂志 | 181 | 0.84 | 21.4 | 5.8 | 27 | 109 | 0.010 | 0.650 | 5.4 |
| D11 | 中华血液学杂志 | 218 | 0.84 | 19.8 | 6.9 | 25 | 100 | 0.010 | 0.590 | 5.6 |
| D12 | 风湿病与关节炎 | 245 | 0.95 | 16.4 | 3.8 | 24 | 136 | 0.004 | 0.445 | 4.8 |
| D12 | 国际内分泌代谢杂志 | 104 | 0.90 | 19.8 | 4.2 | 21 | 67 | 0.030 | 0.390 | 4.8 |

| 学科代码 | 期刊名称 | 来源文献量 | 文献选出率 | 平均引文数 | 平均作者数 | 地区分布数 | 机构分布数 | 海外论文比 | 基金论文比 | 引用半衰期 |
|---|---|---|---|---|---|---|---|---|---|---|
| D12 | 中国骨质疏松杂志 | 336 | 0.97 | 20.1 | 5.0 | 29 | 232 | 0.010 | 0.470 | 6.1 |
| D12 | 中国糖尿病杂志 | 262 | 0.96 | 14.4 | 4.7 | 28 | 184 | 0.000 | 0.420 | 5.1 |
| D12 | 中华肥胖与代谢病电子杂志 | 53 | 0.85 | 21.3 | 3.8 | 13 | 43 | 0.057 | 0.302 | 5.0 |
| D12 | 中华风湿病学杂志 | 194 | 0.82 | 19.2 | 4.7 | 26 | 108 | 0.010 | 0.530 | 5.7 |
| D12 | 中华骨质疏松和骨矿盐疾病杂志 | 67 | 0.91 | 26.0 | 5.1 | 17 | 48 | 0.000 | 0.550 | 5.2 |
| D12 | 中华临床免疫和变态反应杂志 | 76 | 0.89 | 22.1 | 4.1 | 19 | 46 | 0.000 | 0.430 | 6.5 |
| D12 | 中华内分泌代谢杂志 | 214 | 0.89 | 20.5 | 6.0 | 25 | 144 | 0.020 | 0.490 | 6.1 |
| D12 | 中华糖尿病杂志 | 174 | 0.71 | 19.1 | 4.3 | 22 | 95 | 0.010 | 0.510 | 5.1 |
| D13 | Infectious Diseases of Poverty | 60 | 0.95 | 43.1 | 5.4 | 10 | 145 | 0.767 | 0.550 | 6.1 |
| D13 | 传染病信息 | 87 | 0.85 | 24.8 | 4.7 | 17 | 41 | 0.000 | 0.590 | 4.2 |
| D13 | 感染、炎症、修复 | 80 | 0.99 | 14.5 | 3.8 | 20 | 64 | — | 0.413 | 5.5 |
| D13 | 国际流行病学传染病学杂志 | 103 | 0.92 | 17.4 | 4.2 | 21 | 81 | 0.000 | 0.400 | 4.8 |
| D13 | 微生物与感染 | 64 | 0.76 | 26.3 | 4.8 | 12 | 41 | 0.000 | 0.720 | 5.6 |
| D13 | 中国感染控制杂志 | 247 | 0.95 | 12.9 | 5.3 | 26 | 183 | 0.000 | 0.310 | 4.9 |
| D13 | 中国感染与化疗杂志 | 144 | 0.79 | 15.5 | 6.5 | 23 | 97 | 0.000 | 0.340 | 5.3 |
| D13 | 中华传染病杂志 | 177 | 0.79 | 16.8 | 5.4 | 28 | 134 | 0.010 | 0.450 | 5.2 |
| D13 | 中华临床感染病杂志 | 106 | 0.85 | 21.5 | 4.8 | 20 | 83 | 0.000 | 0.350 | 4.9 |
| D13 | 中华实验和临床感染病杂志(电子版) | 165 | 0.96 | 22.6 | 4.1 | 23 | 107 | 0.010 | 0.280 | 4.1 |
| D13 | 中华医院感染学杂志 | 1945 | 0.99 | 9.0 | 5.4 | 30 | 1185 | 0.001 | 0.955 | 3.5 |
| D14 | Bone Research | 23 | 0.85 | 71.6 | 5.5 | 6 | 37 | 0.609 | 0.565 | 7.3 |
| D14 | Hepatobiliary & Pancreatic Diseases International | 88 | 0.73 | 35.4 | 5.6 | 11 | 87 | 0.330 | 0.443 | 7.2 |
| D14 | 肠外与肠内营养 | 98 | 0.92 | 16.7 | 4.5 | 21 | 67 | 0.010 | 0.290 | 5.7 |
| D14 | 国际麻醉学与复苏杂志 | 249 | 0.98 | 20.7 | 3.9 | 30 | 156 | 0.000 | 0.370 | 5.5 |
| D14 | 国际外科学杂志 | 244 | 0.96 | 18.8 | 4.0 | 28 | 142 | 0.000 | 0.250 | 4.8 |
| D14 | 国际移植与血液净化杂志 | 86 | 0.92 | 16.9 | 3.3 | 25 | 67 | — | 0.221 | 6.5 |
| D14 | 河南外科学杂志 | 801 | 1.00 | 5.1 | 1.7 | 12 | 361 | — | 0.017 | 4.2 |
| D14 | 局解手术学杂志 | 269 | 0.94 | 16.5 | 4.3 | 24 | 152 | 0.000 | 0.390 | 4.6 |
| D14 | 临床麻醉学杂志 | 328 | 0.75 | 12.5 | 4.4 | 28 | 217 | 0.000 | 0.250 | 4.7 |
| D14 | 临床普外科电子杂志 | 68 | 0.87 | 10.2 | 3.1 | 12 | 59 | — | 0.044 | 5.9 |
| D14 | 临床外科杂志 | 327 | 0.88 | 14.1 | 3.6 | 26 | 197 | 0.000 | 0.150 | 4.9 |
| D14 | 岭南现代临床外科 | 205 | 0.99 | 14.5 | 4.3 | 15 | 163 | — | 0.385 | 5.6 |
| D14 | 器官移植 | 85 | 0.84 | 21.7 | 5.1 | 19 | 51 | 0.000 | 0.660 | 3.6 |
| D14 | 实用器官移植电子杂志 | 90 | 0.69 | 22.9 | 3.5 | 13 | 34 | 0.067 | 0.622 | 8.5 |

| 学科代码 | 期刊名称 | 来源文献量 | 文献选出率 | 平均引文数 | 平均作者数 | 地区分布数 | 机构分布数 | 海外论文比 | 基金论文比 | 引用半衰期 |
|---|---|---|---|---|---|---|---|---|---|---|
| D14 | 外科理论与实践 | 133 | 0.79 | 19.9 | 3.7 | 13 | 61 | 0.000 | 0.290 | 5.4 |
| D14 | 外科研究与新技术 | 82 | 0.90 | 13.7 | 3.1 | 9 | 62 | 0.012 | 0.146 | 4.6 |
| D14 | 浙江创伤外科 | 573 | 0.99 | 9.2 | 2.8 | 6 | 274 | — | 0.058 | 3.8 |
| D14 | 中国内镜杂志 | 311 | 0.92 | 13.5 | 4.8 | 28 | 247 | 0.000 | 0.100 | 5.1 |
| D14 | 中国伤残医学 | 2516 | 0.99 | 7.1 | 1.8 | 28 | 1215 | 0.001 | 0.016 | 4.3 |
| D14 | 中国实用外科杂志 | 343 | 0.88 | 17.9 | 3.7 | 21 | 109 | 0.010 | 0.320 | 4.4 |
| D14 | 中国体外循环杂志 | 64 | 0.94 | 16.5 | 5.8 | 11 | 34 | 0.000 | 0.480 | 5.9 |
| D14 | 中国微创外科杂志 | 302 | 0.94 | 16.3 | 4.8 | 27 | 184 | 0.000 | 0.220 | 5.1 |
| D14 | 中国现代手术学杂志 | 122 | 0.93 | 12.3 | 3.6 | 22 | 108 | 0.000 | 0.110 | 4.0 |
| D14 | 中华麻醉学杂志 | 368 | 0.96 | 11.4 | 5.3 | 29 | 217 | 0.020 | 0.510 | 5.7 |
| D14 | 中华内分泌外科杂志 | 137 | 0.98 | 13.9 | 4.8 | 25 | 93 | 0.010 | 0.400 | 5.2 |
| D14 | 中华器官移植杂志 | 156 | 0.88 | 17.8 | 6.5 | 20 | 74 | 0.010 | 0.670 | 5.7 |
| D14 | 中华实验外科杂志 | 920 | 0.99 | 9.3 | 5.2 | 30 | 535 | 0.013 | 0.625 | 5.3 |
| D14 | 中华外科杂志 | 202 | 0.82 | 18.5 | 5.6 | 26 | 116 | 0.010 | 0.320 | 5.6 |
| D14 | 中华显微外科杂志 | 197 | 0.87 | 16.2 | 6.2 | 27 | 137 | 0.010 | 0.390 | 5.4 |
| D14 | 中华移植杂志(电子版) | 31 | 0.76 | 22.4 | 5.3 | 12 | 25 | 0.000 | 0.480 | 6.4 |
| D15 | 腹部外科 | 122 | 0.88 | 19.1 | 4.1 | 19 | 78 | 0.000 | 0.190 | 5.2 |
| D15 | 腹腔镜外科杂志 | 264 | 0.83 | 13.1 | 3.9 | 29 | 199 | 0.000 | 0.140 | 4.9 |
| D15 | 肝胆外科 | 145 | 0.94 | 15.4 | 3.7 | 20 | 91 | 0.000 | 0.170 | 5.5 |
| D15 | 肝胆胰外科杂志 | 151 | 0.96 | 15.9 | 4.3 | 27 | 116 | 0.000 | 0.310 | 4.9 |
| D15 | 结直肠肛门外科 | 191 | 0.97 | 12.7 | 2.8 | 21 | 158 | 0.000 | 0.050 | 3.5 |
| D15 | 临床心电学杂志 | 120 | 0.91 | 7.2 | 2.9 | 23 | 99 | 0.033 | 0.083 | 7.1 |
| D15 | 实用心电学杂志 | 110 | 0.90 | 11.6 | 3.2 | 21 | 93 | — | 0.482 | 5.6 |
| D15 | 心电与循环 | 119 | 0.83 | 10.4 | 3.5 | 12 | 76 | — | 0.235 | 5.5 |
| D15 | 血管与腔内血管外科杂志 | 118 | 0.95 | 14.9 | 4.4 | 22 | 78 | — | 0.085 | 6.6 |
| D15 | 中国普通外科杂志 | 316 | 0.95 | 24.7 | 4.4 | 30 | 210 | 0.010 | 0.340 | 3.8 |
| D15 | 中国普外基础与临床杂志 | 346 | 0.87 | 26.6 | 4.7 | 25 | 179 | 0.000 | 0.200 | 5.1 |
| D15 | 中国现代普通外科进展 | 300 | 0.89 | 13.6 | 3.5 | 23 | 246 | 0.000 | 0.110 | 4.4 |
| D15 | 中国心脏起搏与心电生理杂志 | 139 | 0.95 | 13.5 | 4.6 | 26 | 100 | 0.000 | 0.320 | 6.3 |
| D15 | 中国胸心血管外科临床杂志 | 272 | 0.94 | 22.7 | 5.2 | 26 | 151 | 0.000 | 0.430 | 6.4 |
| D15 | 中国血管外科杂志(电子版) | 80 | 0.82 | 20.0 | 4.6 | 21 | 57 | 0.000 | 0.290 | 6.0 |
| D15 | 中华肝胆外科杂志 | 237 | 0.93 | 17.4 | 5.4 | 29 | 155 | 0.000 | 0.410 | 5.5 |
| D15 | 中华普通外科学文献(电子版) | 104 | 0.90 | 16.2 | 5.0 | 19 | 75 | 0.000 | 0.240 | 5.0 |
| D15 | 中华普通外科杂志 | 335 | 0.83 | 9.6 | 5.5 | 29 | 215 | 0.010 | 0.300 | 5.2 |

| 学科代码 | 期刊名称 | 来源文献量 | 文献选出率 | 平均引文数 | 平均作者数 | 地区分布数 | 机构分布数 | 海外论文比 | 基金论文比 | 引用半衰期 |
|---|---|---|---|---|---|---|---|---|---|---|
| D15 | 中华普外科手术学杂志(电子版) | 151 | 0.77 | 14.1 | 3.8 | 24 | 126 | 0.000 | 0.250 | 3.6 |
| D15 | 中华腔镜外科杂志(电子版) | 104 | 0.98 | 16.3 | 5.1 | 24 | 72 | 0.000 | 0.190 | 4.8 |
| D15 | 中华乳腺病杂志(电子版) | 89 | 0.87 | 21.8 | 4.7 | 23 | 66 | 0.000 | 0.240 | 5.3 |
| D15 | 中华疝和腹壁外科杂志(电子版) | 154 | 0.97 | 13.0 | 4.0 | 24 | 121 | 0.000 | 0.050 | 5.6 |
| D15 | 中华胃肠内镜电子杂志 | 45 | 0.94 | 15.9 | 4.5 | 19 | 29 | — | 0.333 | 5.7 |
| D15 | 中华胃肠外科杂志 | 347 | 0.82 | 17.4 | 4.9 | 21 | 150 | 0.000 | 0.360 | 5.5 |
| D15 | 中华消化外科杂志 | 228 | 0.92 | 22.7 | 5.1 | 30 | 132 | 0.000 | 0.760 | 4.6 |
| D15 | 中华胸部外科电子杂志 | 52 | 0.95 | 17.8 | 4.8 | 20 | 41 | — | 0.269 | 5.7 |
| D15 | 中华胸心血管外科杂志 | 191 | 0.75 | 16.4 | 6.0 | 24 | 99 | 0.010 | 0.390 | 6.7 |
| D15 | 足踝外科电子杂志 | 47 | 0.76 | 16.2 | 4.6 | 14 | 44 | 0.043 | 0.149 | 9.4 |
| D16 | 国际心血管病杂志 | 104 | 0.90 | 22.6 | 3.7 | 20 | 64 | 0.000 | 0.430 | 4.9 |
| D16 | 临床心血管病杂志 | 304 | 0.93 | 16.9 | 4.7 | 30 | 217 | 0.000 | 0.360 | 5.3 |
| D16 | 岭南心血管病杂志 | 189 | 0.93 | 15.5 | 4.3 | 23 | 126 | 0.000 | 0.250 | 5.6 |
| D16 | 实用心脑肺血管病杂志 | 400 | 0.94 | 16.5 | 3.2 | 27 | 330 | 0.000 | 0.240 | 3.7 |
| D16 | 心肺血管病杂志 | 243 | 0.89 | 18.4 | 5.2 | 24 | 93 | 0.000 | 0.410 | 5.6 |
| D16 | 心脑血管病防治 | 160 | 0.91 | 11.5 | 3.6 | 16 | 119 | 0.000 | 0.110 | 4.8 |
| D16 | 心血管病学进展 | 170 | 0.95 | 28.7 | 1.9 | 26 | 97 | 0.010 | 0.340 | 4.7 |
| D16 | 心血管康复医学杂志 | 186 | 0.98 | 13.4 | 3.4 | 21 | 141 | 0.000 | 0.160 | 5.0 |
| D16 | 心脏杂志 | 192 | 0.94 | 15.8 | 4.9 | 24 | 91 | 0.000 | 0.400 | 6.5 |
| D16 | 中国动脉硬化杂志 | 255 | 0.97 | 20.1 | 5.1 | 28 | 171 | 0.010 | 0.580 | 5.2 |
| D16 | 中国分子心脏病学杂志 | 96 | 0.95 | 20.4 | 5.4 | 14 | 42 | 0.010 | 0.520 | 6.1 |
| D16 | 中国介入心脏病学杂志 | 148 | 0.72 | 18.0 | 5.4 | 22 | 83 | 0.000 | 0.240 | 5.1 |
| D16 | 中国心血管病研究 | 297 | 0.98 | 16.7 | 4.3 | 26 | 187 | 0.000 | 0.340 | 5.3 |
| D16 | 中国心血管杂志 | 114 | 0.89 | 16.3 | 4.0 | 21 | 69 | 0.000 | 0.200 | 5.6 |
| D16 | 中国循环杂志 | 299 | 0.81 | 18.4 | 5.3 | 29 | 156 | 0.010 | 0.310 | 5.5 |
| D16 | 中国循证心血管医学杂志 | 455 | 0.86 | 16.2 | 4.2 | 28 | 302 | 0.010 | 0.160 | 4.9 |
| D16 | 中华高血压杂志 | 243 | 0.89 | 19.3 | 4.1 | 28 | 134 | 0.020 | 0.270 | 5.8 |
| D16 | 中华老年心脑血管病杂志 | 379 | 0.98 | 17.1 | 4.7 | 30 | 242 | 0.000 | 0.430 | 3.7 |
| D16 | 中华心律失常学杂志 | 124 | 0.91 | 14.0 | 5.7 | 18 | 66 | 0.010 | 0.350 | 5.8 |
| D16 | 中华心血管病杂志 | 229 | 0.87 | 18.3 | 5.1 | 28 | 127 | 0.030 | 0.410 | 5.3 |
| D17 | 国际泌尿系统杂志 | 281 | 0.97 | 18.6 | 3.5 | 29 | 219 | 0.000 | 0.160 | 5.7 |
| D17 | 临床泌尿外科杂志 | 299 | 0.92 | 17.4 | 5.6 | 28 | 187 | 0.000 | 0.240 | 5.7 |
| D17 | 泌尿外科杂志(电子版) | 62 | 0.87 | 19.6 | 4.4 | 12 | 41 | 0.016 | 0.290 | 7.1 |
| D17 | 肾脏病与透析肾移植杂志 | 116 | 0.97 | 20.1 | 3.7 | 17 | 45 | 0.010 | 0.510 | 6.1 |

| 学科代码 | 期刊名称 | 来源文献量 | 文献选出率 | 平均引文数 | 平均作者数 | 地区分布数 | 机构分布数 | 海外论文比 | 基金论文比 | 引用半衰期 |
|---|---|---|---|---|---|---|---|---|---|---|
| D17 | 微创泌尿外科杂志 | 98 | 0.97 | 15.5 | 5.7 | 23 | 65 | 0.000 | 0.310 | 5.3 |
| D17 | 现代泌尿外科杂志 | 237 | 0.80 | 17.5 | 5.1 | 27 | 133 | 0.000 | 0.290 | 4.9 |
| D17 | 中华泌尿外科杂志 | 233 | 0.75 | 17.0 | 6.2 | 24 | 119 | 0.000 | 0.320 | 4.7 |
| D17 | 中华腔镜泌尿外科杂志(电子版) | 101 | 0.93 | 17.2 | 6.0 | 18 | 65 | 0.000 | 0.460 | 5.4 |
| D17 | 中华肾病研究电子杂志 | 66 | 0.80 | 20.1 | 3.4 | 16 | 41 | — | 0.621 | 5.3 |
| D18 | 骨科 | 114 | 0.94 | 16.8 | 4.6 | 22 | 81 | 0.010 | 0.370 | 6.1 |
| D18 | 国际骨科学杂志 | 87 | 0.87 | 31.5 | 3.7 | 17 | 41 | 0.000 | 0.510 | 4.2 |
| D18 | 脊柱外科杂志 | 82 | 0.80 | 21.7 | 5.4 | 16 | 54 | 0.000 | 0.270 | 7.1 |
| D18 | 颈腰痛杂志 | 153 | 0.96 | 13.4 | 5.0 | 22 | 128 | 0.000 | 0.100 | 5.4 |
| D18 | 临床骨科杂志 | 246 | 0.71 | 7.3 | 4.6 | 26 | 213 | 0.000 | 0.080 | 4.5 |
| D18 | 生物骨科材料与临床研究 | 138 | 0.93 | 16.2 | 4.8 | 24 | 116 | 0.000 | 0.220 | 5.8 |
| D18 | 实用骨科杂志 | 348 | 0.88 | 13.8 | 4.5 | 28 | 271 | 0.000 | 0.130 | 6.1 |
| D18 | 实用手外科杂志 | 201 | 0.99 | 9.7 | 4.2 | 26 | 173 | — | 0.144 | 7.3 |
| D18 | 中国骨科临床与基础研究杂志 | 57 | 0.65 | 20.0 | 4.4 | 10 | 61 | — | 0.281 | 5.7 |
| D18 | 中国骨与关节损伤杂志 | 510 | 0.97 | 10.7 | 5.1 | 29 | 381 | 0.000 | 0.180 | 6.2 |
| D18 | 中国骨与关节杂志 | 200 | 0.77 | 24.0 | 5.8 | 25 | 118 | 0.020 | 0.280 | 6.9 |
| D18 | 中国脊柱脊髓杂志 | 206 | 0.96 | 23.1 | 5.3 | 27 | 113 | 0.010 | 0.260 | 6.5 |
| D18 | 中华创伤骨科杂志 | 220 | 0.72 | 18.1 | 6.0 | 27 | 129 | 0.010 | 0.410 | 6.8 |
| D18 | 中华骨科杂志 | 215 | 0.88 | 28.4 | 6.0 | 24 | 116 | 0.030 | 0.560 | 6.5 |
| D18 | 中华骨与关节外科杂志 | 113 | 0.93 | 20.2 | 5.3 | 21 | 92 | 0.020 | 0.260 | 6.2 |
| D18 | 中华关节外科杂志(电子版) | 124 | 0.84 | 22.2 | 4.8 | 25 | 86 | 0.000 | 0.390 | 6.5 |
| D18 | 中华肩肘外科电子杂志 | 49 | 0.58 | 20.9 | 4.4 | 11 | 31 | 0.000 | 0.470 | 8.1 |
| D18 | 中华手外科杂志 | 191 | 0.84 | 9.9 | 5.4 | 22 | 123 | 0.010 | 0.140 | 7.8 |
| D19 | Chinese Journal of Traumatology | 94 | 1.00 | 19.7 | 4.1 | 15 | 87 | 0.530 | 0.090 | 9.7 |
| D19 | 创伤外科杂志 | 241 | 0.84 | 12.7 | 3.9 | 28 | 172 | 0.010 | 0.130 | 5.6 |
| D19 | 中国矫形外科杂志 | 504 | 0.98 | 15.5 | 5.2 | 30 | 330 | 0.000 | 0.260 | 6.0 |
| D19 | 中国美容医学 | 479 | 0.92 | 14.0 | 3.7 | 29 | 315 | 0.010 | 0.140 | 5.5 |
| D19 | 中国烧伤创疡杂志 | 57 | 0.74 | 13.6 | 3.3 | 23 | 55 | — | 0.228 | 5.1 |
| D19 | 中国修复重建外科杂志 | 311 | 0.93 | 21.9 | 5.6 | 28 | 186 | 0.000 | 0.380 | 5.0 |
| D19 | 中华创伤杂志 | 249 | 0.95 | 19.9 | 5.3 | 25 | 154 | 0.000 | 0.360 | 5.7 |
| D19 | 中华烧伤杂志 | 179 | 0.89 | 15.1 | 4.9 | 27 | 91 | 0.010 | 0.430 | 4.6 |
| D19 | 中华损伤与修复杂志(电子版) | 110 | 0.93 | 20.1 | 4.1 | 22 | 74 | 0.020 | 0.600 | 5.4 |
| D19 | 中华整形外科杂志 | 129 | 0.97 | 16.5 | 5.6 | 21 | 82 | 0.010 | 0.330 | 6.9 |
| D19 | 组织工程与重建外科杂志 | 99 | 0.96 | 20.0 | 4.9 | 11 | 30 | 0.000 | 0.280 | 7.6 |

| 学科代码 | 期刊名称 | 来源文献量 | 文献选出率 | 平均引文数 | 平均作者数 | 地区分布数 | 机构分布数 | 海外论文比 | 基金论文比 | 引用半衰期 |
|---|---|---|---|---|---|---|---|---|---|---|
| D20 | 妇产与遗传(电子版) | 56 | 0.95 | 21.0 | 3.3 | 12 | 54 | 0.018 | 0.286 | 5.4 |
| D20 | 国际妇产科学杂志 | 169 | 0.89 | 22.6 | 2.9 | 24 | 95 | 0.020 | 0.300 | 4.1 |
| D20 | 母婴世界 | 4998 | 1.00 | 4.0 | 1.6 | 31 | 2202 | 0.001 | 0.010 | 3.5 |
| D20 | 实用妇产科杂志 | 316 | 0.94 | 9.7 | 3.6 | 27 | 159 | 0.010 | 0.240 | 5.8 |
| D20 | 现代妇产科进展 | 256 | 0.90 | 18.6 | 4.2 | 29 | 155 | 0.000 | 0.370 | 4.7 |
| D20 | 中国产前诊断杂志(电子版) | 57 | 0.84 | 20.6 | 4.5 | 11 | 42 | 0.018 | 0.263 | 5.6 |
| D20 | 中国妇产科临床杂志 | 183 | 0.88 | 12.7 | 4.0 | 25 | 111 | 0.000 | 0.260 | 4.5 |
| D20 | 中国实用妇科与产科杂志 | 279 | 0.89 | 14.7 | 3.3 | 25 | 120 | 0.000 | 0.190 | 5.4 |
| D20 | 中华产科急救电子杂志 | 59 | 0.86 | 21.1 | 2.9 | 13 | 38 | 0.017 | 0.254 | 4.5 |
| D20 | 中华妇产科杂志 | 196 | 0.70 | 19.0 | 5.0 | 22 | 93 | 0.010 | 0.390 | 5.5 |
| D20 | 中华妇幼临床医学杂志(电子版) | 134 | 0.84 | 23.5 | 4.4 | 19 | 77 | 0.000 | 0.910 | 5.3 |
| D20 | 中华围产医学杂志 | 188 | 0.78 | 20.8 | 4.7 | 21 | 90 | 0.010 | 0.280 | 5.8 |
| D21 | 发育医学电子杂志 | 57 | 0.81 | 19.8 | 3.7 | 15 | 46 | — | 0.316 | 6.7 |
| D21 | 国际儿科学杂志 | 250 | 0.91 | 28.2 | 2.5 | 25 | 120 | 0.000 | 0.270 | 5.3 |
| D21 | 临床儿科杂志 | 227 | 0.88 | 17.3 | 4.4 | 26 | 117 | 0.000 | 0.260 | 5.8 |
| D21 | 临床小儿外科杂志 | 158 | 0.78 | 15.9 | 4.7 | 23 | 77 | 0.010 | 0.260 | 6.9 |
| D21 | 中国当代儿科杂志 | 250 | 0.94 | 21.7 | 4.9 | 28 | 145 | 0.010 | 0.410 | 4.8 |
| D21 | 中国儿童保健杂志 | 408 | 1.00 | 14.3 | 4.3 | 28 | 265 | 0.010 | 0.380 | 5.1 |
| D21 | 中国实用儿科杂志 | 226 | 0.89 | 18.9 | 3.3 | 28 | 92 | 0.000 | 0.170 | 5.3 |
| D21 | 中国小儿急救医学 | 218 | 0.87 | 19.1 | 3.7 | 26 | 103 | 0.000 | 0.210 | 5.6 |
| D21 | 中国小儿血液与肿瘤杂志 | 67 | 0.83 | 17.8 | 5.2 | 18 | 39 | 0.000 | 0.360 | 5.6 |
| D21 | 中国循证儿科杂志 | 88 | 0.85 | 26.0 | 5.4 | 13 | 40 | 0.020 | 0.390 | 6.2 |
| D21 | 中国中西医结合儿科学 | 226 | 0.96 | 12.1 | 2.7 | 25 | 192 | — | 0.155 | 5.4 |
| D21 | 中华儿科杂志 | 189 | 0.72 | 20.2 | 5.1 | 22 | 75 | 0.020 | 0.390 | 5.4 |
| D21 | 中华实用儿科临床杂志 | 482 | 0.85 | 20.5 | 4.7 | 26 | 185 | 0.000 | 0.430 | 4.0 |
| D21 | 中华小儿外科杂志 | 199 | 0.88 | 21.3 | 5.6 | 24 | 75 | 0.000 | 0.440 | 5.9 |
| D21 | 中华新生儿科杂志(中英文) | 111 | 0.71 | 17.4 | 4.4 | 22 | 85 | 0.010 | 0.210 | 5.5 |
| D21 | 中医儿科杂志 | 169 | 0.97 | 8.3 | 2.4 | 23 | 163 | — | 0.219 | 6.3 |
| D22 | 国际眼科杂志 | 651 | 0.97 | 18.0 | 3.5 | 29 | 448 | 0.050 | 0.210 | 5.7 |
| D22 | 临床眼科杂志 | 161 | 0.75 | 13.4 | 3.4 | 21 | 124 | 0.000 | 0.180 | 6.1 |
| D22 | 眼科 | 101 | 0.78 | 13.4 | 4.4 | 18 | 52 | 0.010 | 0.400 | 8.2 |
| D22 | 眼科新进展 | 318 | 0.99 | 21.0 | 4.2 | 27 | 194 | 0.000 | 0.480 | 5.7 |
| D22 | 中国实用眼科杂志 | 312 | 0.78 | 13.3 | 3.9 | 30 | 204 | 0.000 | 0.170 | 8.0 |
| D22 | 中国斜视与小儿眼科杂志 | 50 | 0.68 | 10.1 | 4.1 | 21 | 39 | 0.000 | 0.100 | 8.2 |

| 学科代码 | 期刊名称 | 来源文献量 | 文献选出率 | 平均引文数 | 平均作者数 | 地区分布数 | 机构分布数 | 海外论文比 | 基金论文比 | 引用半衰期 |
|---|---|---|---|---|---|---|---|---|---|---|
| D22 | 中华实验眼科杂志 | 218 | 0.87 | 23.9 | 3.8 | 27 | 125 | 0.030 | 0.610 | 6.6 |
| D22 | 中华眼底病杂志 | 154 | 0.83 | 21.3 | 4.2 | 26 | 87 | 0.000 | 0.400 | 5.6 |
| D22 | 中华眼科杂志 | 171 | 0.75 | 22.1 | 3.7 | 20 | 74 | 0.020 | 0.240 | 6.8 |
| D22 | 中华眼视光学与视觉科学杂志 | 156 | 0.84 | 19.2 | 4.6 | 24 | 99 | 0.030 | 0.330 | 6.5 |
| D23 | Eye Science | 62 | 1.00 | 14.5 | 3.0 | 8 | 43 | 0.290 | 0.177 | 6.8 |
| D23 | Journal of Otology | 27 | 0.87 | 48.0 | 4.5 | 7 | 40 | 0.630 | 0.481 | 8.9 |
| D23 | World Journal of Otorhinolaryngology-Head and Neck Surgery | 35 | 0.90 | 34.9 | 4.0 | 2 | 53 | 0.914 | 0.229 | 7.8 |
| D23 | 国际耳鼻咽喉头颈外科杂志 | 89 | 0.85 | 27.9 | 2.9 | 22 | 57 | 0.000 | 0.310 | 6.0 |
| D23 | 国际眼科纵览 | 85 | 0.89 | 37.2 | 2.5 | 17 | 50 | — | 0.435 | 6.2 |
| D23 | 临床耳鼻咽喉头颈外科杂志 | 505 | 0.90 | 16.3 | 4.4 | 30 | 292 | 0.010 | 0.290 | 6.1 |
| D23 | 山东大学耳鼻喉眼学报 | 170 | 0.91 | 14.7 | 4.1 | 24 | 132 | 0.010 | 0.210 | 6.5 |
| D23 | 实用防盲技术 | 62 | 0.97 | 9.5 | 2.3 | 11 | 34 | 0.032 | 0.032 | 6.9 |
| D23 | 听力学及言语疾病杂志 | 144 | 0.84 | 16.8 | 4.8 | 23 | 98 | 0.010 | 0.450 | 8.6 |
| D23 | 中国耳鼻咽喉颅底外科杂志 | 134 | 0.94 | 16.7 | 4.5 | 23 | 98 | 0.010 | 0.310 | 8.1 |
| D23 | 中国耳鼻咽喉头颈外科 | 199 | 0.80 | 13.1 | 4.6 | 24 | 136 | 0.020 | 0.280 | 6.8 |
| D23 | 中国眼耳鼻喉科杂志 | 131 | 0.87 | 15.8 | 3.5 | 24 | 78 | 0.010 | 0.200 | 6.5 |
| D23 | 中国医学文摘-耳鼻咽喉科学 | 85 | 0.66 | 11.8 | 3.3 | 19 | 67 | — | 0.200 | 6.7 |
| D23 | 中华耳鼻咽喉头颈外科杂志 | 177 | 0.72 | 21.5 | 5.4 | 25 | 112 | 0.000 | 0.460 | 7.0 |
| D23 | 中华耳科学杂志 | 180 | 0.90 | 20.9 | 4.8 | 22 | 117 | 0.050 | 0.460 | 7.1 |
| D23 | 中华眼外伤职业眼病杂志 | 245 | 0.91 | 14.8 | 3.7 | 26 | 203 | 0.008 | 0.208 | 6.5 |
| D23 | 中医眼耳鼻喉杂志 | 86 | 0.96 | 11.9 | 3.4 | 17 | 54 | — | 0.174 | 7.5 |
| D24 | International Journal of Oral Science | 33 | 0.97 | 48.3 | 6.3 | 6 | 59 | 0.727 | 0.394 | 7.4 |
| D24 | 北京口腔医学 | 99 | 0.85 | 16.1 | 3.8 | 15 | 43 | 0.010 | 0.400 | 7.8 |
| D24 | 国际口腔医学杂志 | 155 | 0.92 | 24.0 | 3.4 | 26 | 65 | 0.010 | 0.470 | 6.6 |
| D24 | 华西口腔医学杂志 | 130 | 0.84 | 18.5 | 4.5 | 27 | 75 | 0.000 | 0.560 | 6.5 |
| D24 | 口腔材料器械杂志 | 51 | 1.00 | 15.6 | 3.2 | 13 | 32 | 0.000 | 0.350 | 6.1 |
| D24 | 口腔颌面外科杂志 | 92 | 0.78 | 18.3 | 3.6 | 17 | 58 | 0.010 | 0.450 | 6.0 |
| D24 | 口腔颌面修复学杂志 | 88 | 0.94 | 17.4 | 3.8 | 17 | 59 | 0.000 | 0.510 | 5.5 |
| D24 | 口腔疾病防治 | 165 | 0.90 | 20.2 | 3.9 | 23 | 136 | 0.012 | 0.861 | 5.8 |
| D24 | 口腔生物医学 | 50 | 0.82 | 24.2 | 4.2 | 12 | 15 | 0.000 | 0.820 | 6.4 |
| D24 | 口腔医学 | 281 | 0.95 | 21.3 | 4.0 | 25 | 140 | 0.000 | 0.560 | 5.4 |
| D24 | 口腔医学研究 | 314 | 0.95 | 14.5 | 4.6 | 28 | 175 | 0.020 | 0.650 | 6.5 |
| D24 | 临床口腔医学杂志 | 250 | 0.91 | 13.4 | 3.9 | 27 | 136 | 0.000 | 0.310 | 7.3 |

| 学科代码 | 期刊名称 | 来源文献量 | 文献选出率 | 平均引文数 | 平均作者数 | 地区分布数 | 机构分布数 | 海外论文比 | 基金论文比 | 引用半衰期 |
|---|---|---|---|---|---|---|---|---|---|---|
| D24 | 上海口腔医学 | 163 | 0.96 | 17.2 | 4.3 | 22 | 91 | 0.010 | 0.380 | 7.5 |
| D24 | 实用口腔医学杂志 | 201 | 0.86 | 14.4 | 4.4 | 28 | 129 | 0.000 | 0.430 | 7.4 |
| D24 | 现代口腔医学杂志 | 93 | 0.94 | 17.7 | 4.1 | 19 | 59 | 0.000 | 0.410 | 7.3 |
| D24 | 牙体牙髓牙周病学杂志 | 176 | 0.94 | 18.5 | 4.8 | 26 | 99 | 0.010 | 0.610 | 7.4 |
| D24 | 中国口腔颌面外科杂志 | 112 | 0.96 | 23.8 | 5.0 | 17 | 48 | 0.010 | 0.600 | 7.8 |
| D24 | 中国口腔医学继续教育杂志 | 42 | 0.91 | 1.3 | 4.7 | 7 | 23 | - | 0.024 | ≥10 |
| D24 | 中国口腔种植学杂志 | 54 | 0.90 | 15.2 | 3.2 | 12 | 47 | - | 0.278 | 4.9 |
| D24 | 中国实用口腔科杂志 | 174 | 0.93 | 19.5 | 3.7 | 22 | 82 | 0.010 | 0.440 | 6.4 |
| D24 | 中华口腔医学研究杂志(电子版) | 81 | 0.94 | 20.5 | 4.4 | 14 | 40 | 0.000 | 0.620 | 5.9 |
| D24 | 中华口腔医学杂志 | 151 | 0.84 | 21.3 | 3.9 | 24 | 60 | 0.030 | 0.540 | 5.8 |
| D24 | 中华口腔正畸学杂志 | 52 | 0.91 | 13.1 | 3.6 | 16 | 32 | 0.000 | 0.420 | 8.5 |
| D24 | 中华老年口腔医学杂志 | 86 | 0.93 | 19.3 | 3.9 | 21 | 54 | 0.000 | 0.440 | 6.4 |
| D25 | 国际皮肤性病学杂志 | 107 | 0.82 | 22.4 | 3.3 | 17 | 60 | 0.010 | 0.370 | 4.0 |
| D25 | 临床皮肤科杂志 | 275 | 0.80 | 11.3 | 4.3 | 27 | 172 | 0.000 | 0.110 | 7.6 |
| D25 | 皮肤病与性病 | 223 | 0.97 | 8.8 | 3.5 | 23 | 168 | 0.004 | 0.161 | 6.4 |
| D25 | 皮肤性病诊疗学杂志 | 124 | 0.86 | 13.3 | 5.0 | 13 | 95 | - | 0.379 | 5.8 |
| D25 | 实用皮肤病学杂志 | 104 | 0.62 | 13.9 | 4.3 | 23 | 83 | 0.000 | 0.180 | 5.3 |
| D25 | 中国艾滋病性病 | 308 | 0.91 | 12.3 | 5.1 | 29 | 193 | 0.010 | 0.340 | 5.1 |
| D25 | 中国麻风皮肤病杂志 | 232 | 0.66 | 12.1 | 4.1 | 23 | 162 | 0.000 | 0.200 | 7.1 |
| D25 | 中国皮肤性病学杂志 | 384 | 0.76 | 12.3 | 4.6 | 29 | 234 | 0.000 | 0.280 | 6.1 |
| D25 | 中国医学文摘-皮肤科学 | 100 | 0.84 | 25.9 | 2.0 | 16 | 64 | 0.010 | 0.110 | 7.0 |
| D25 | 中华皮肤科杂志 | 205 | 0.63 | 14.2 | 5.2 | 26 | 114 | 0.000 | 0.470 | 5.9 |
| D26 | Asian Journal of Andrology | 145 | 0.72 | 47.4 | 4.0 | 13 | 116 | 0.730 | 0.170 | 8.2 |
| D26 | 中国男科学杂志 | 200 | 0.92 | 18.4 | 5.6 | 27 | 158 | 0.000 | 0.300 | 6.7 |
| D26 | 中国性科学 | 600 | 0.95 | 17.0 | 3.6 | 28 | 444 | 0.010 | 0.170 | 4.4 |
| D26 | 中华男科学杂志 | 226 | 0.95 | 22.1 | 5.1 | 28 | 165 | 0.010 | 0.400 | 6.1 |
| D27 | Neural Regeneration Research | 379 | 0.82 | 27.3 | 4.1 | 25 | 328 | 0.590 | 0.350 | 6.4 |
| D27 | Neuroscience Bulletin | 68 | 0.94 | 50.1 | 5.1 | 16 | 56 | 0.160 | 0.720 | 7.3 |
| D27 | Shanghai Archives of Psychiatry | 53 | 0.90 | 20.9 | 4.5 | 1 | 1 | 0.000 | 0.360 | 6.9 |
| D27 | 癫痫杂志 | 88 | 0.72 | 31.5 | 5.1 | 17 | 53 | 0.034 | 0.534 | 7.5 |
| D27 | 癫痫与神经电生理学杂志 | 106 | 0.93 | 16.1 | 3.3 | 23 | 94 | - | 0.189 | 6.7 |
| D27 | 国际精神病学杂志 | 349 | 0.99 | 11.4 | 4.4 | 28 | 283 | 0.003 | 0.238 | 3.7 |
| D27 | 国际脑血管病杂志 | 195 | 0.74 | 32.1 | 4.7 | 28 | 139 | 0.010 | 0.370 | 5.7 |
| D27 | 国际神经病学神经外科学杂志 | 144 | 0.92 | 21.5 | 3.0 | 26 | 102 | 0.010 | 0.280 | 4.8 |

| 学科代码 | 期刊名称 | 来源文献量 | 文献选出率 | 平均引文数 | 平均作者数 | 地区分布数 | 机构分布数 | 海外论文比 | 基金论文比 | 引用半衰期 |
|---|---|---|---|---|---|---|---|---|---|---|
| D27 | 精神医学杂志 | 136 | 0.90 | 19.0 | 3.9 | 20 | 81 | 0.000 | 0.350 | 6.3 |
| D27 | 立体定向和功能性神经外科杂志 | 99 | 0.97 | 12.4 | 4.7 | 22 | 74 | 0.010 | 0.210 | 4.9 |
| D27 | 临床精神医学杂志 | 135 | 0.64 | 12.9 | 4.7 | 21 | 92 | 0.010 | 0.350 | 6.3 |
| D27 | 临床神经病学杂志 | 134 | 0.69 | 19.4 | 4.4 | 22 | 90 | 0.000 | 0.250 | 6.4 |
| D27 | 临床神经外科杂志 | 131 | 0.91 | 15.3 | 5.2 | 20 | 94 | 0.000 | 0.380 | 6.0 |
| D27 | 脑与神经疾病杂志 | 216 | 0.96 | 16.7 | 4.8 | 21 | 99 | 0.000 | 0.430 | 6.5 |
| D27 | 神经病学与神经康复学杂志 | 40 | 0.91 | 22.8 | 3.1 | 4 | 22 | — | 0.575 | 6.7 |
| D27 | 神经疾病与精神卫生 | 201 | 0.93 | 23.5 | 4.1 | 25 | 121 | 0.000 | 0.390 | 5.7 |
| D27 | 神经损伤与功能重建 | 210 | 0.95 | 15.1 | 3.8 | 24 | 156 | 0.000 | 0.200 | 4.8 |
| D27 | 四川精神卫生 | 137 | 0.86 | 17.0 | 3.6 | 24 | 99 | 0.073 | 0.394 | 5.0 |
| D27 | 中风与神经疾病杂志 | 334 | 0.96 | 15.7 | 4.6 | 28 | 191 | 0.000 | 0.340 | 6.5 |
| D27 | 中国临床神经科学 | 122 | 0.98 | 25.1 | 4.4 | 22 | 65 | 0.000 | 0.390 | 6.2 |
| D27 | 中国临床神经外科杂志 | 292 | 0.89 | 11.5 | 4.7 | 30 | 190 | 0.000 | 0.180 | 5.8 |
| D27 | 中国脑血管病杂志 | 136 | 0.88 | 22.1 | 4.9 | 22 | 73 | 0.010 | 0.430 | 5.8 |
| D27 | 中国神经精神疾病杂志 | 160 | 0.88 | 18.6 | 5.6 | 27 | 109 | 0.010 | 0.530 | 5.5 |
| D27 | 中国神经免疫学和神经病学杂志 | 95 | 0.71 | 18.5 | 4.7 | 26 | 71 | 0.000 | 0.320 | 5.8 |
| D27 | 中国实用神经疾病杂志 | 2241 | 1.00 | 9.6 | 2.6 | 30 | 1205 | 0.001 | 0.089 | 4.3 |
| D27 | 中国微侵袭神经外科杂志 | 176 | 0.80 | 12.9 | 5.3 | 27 | 122 | 0.010 | 0.330 | 5.0 |
| D27 | 中国现代神经疾病杂志 | 159 | 0.90 | 23.1 | 4.1 | 23 | 80 | 0.000 | 0.310 | 5.8 |
| D27 | 中国卒中杂志 | 188 | 0.84 | 19.3 | 4.4 | 23 | 74 | 0.000 | 0.230 | 5.8 |
| D27 | 中华行为医学与脑科学杂志 | 238 | 0.85 | 21.7 | 5.1 | 28 | 163 | 0.010 | 0.700 | 4.8 |
| D27 | 中华精神科杂志 | 79 | 0.77 | 23.8 | 5.4 | 19 | 47 | 0.030 | 0.560 | 5.0 |
| D27 | 中华神经创伤外科电子杂志 | 97 | 0.90 | 18.7 | 4.4 | 22 | 92 | 0.010 | 0.258 | 6.7 |
| D27 | 中华神经科杂志 | 190 | 0.70 | 24.0 | 5.1 | 23 | 100 | 0.020 | 0.440 | 5.9 |
| D27 | 中华神经外科疾病研究杂志 | 167 | 0.91 | 12.4 | 4.9 | 26 | 114 | 0.000 | 0.360 | 6.2 |
| D27 | 中华神经外科杂志 | 305 | 0.94 | 19.8 | 5.2 | 29 | 157 | 0.010 | 0.430 | 6.0 |
| D27 | 中华神经医学杂志 | 261 | 0.91 | 18.3 | 5.3 | 25 | 177 | 0.000 | 0.490 | 4.8 |
| D27 | 卒中与神经疾病 | 138 | 0.91 | 17.7 | 4.1 | 25 | 100 | 0.000 | 0.190 | 5.9 |
| D28 | 标记免疫分析与临床 | 398 | 0.99 | 13.4 | 3.8 | 28 | 265 | 0.000 | 0.180 | 4.9 |
| D28 | 放射学实践 | 268 | 0.82 | 16.1 | 4.8 | 26 | 149 | 0.000 | 0.270 | 5.6 |
| D28 | 分子影像学杂志 | 140 | 0.99 | 15.4 | 3.6 | 23 | 149 | — | 0.386 | 5.9 |
| D28 | 功能与分子医学影像学杂志(电子版) | 61 | 0.88 | 18.0 | 3.7 | 13 | 46 | — | 0.459 | 5.8 |
| D28 | 国际放射医学核医学杂志 | 87 | 0.89 | 25.5 | 4.2 | 20 | 77 | — | 0.621 | 5.7 |
| D28 | 国际医学放射学杂志 | 110 | 0.96 | 27.3 | 2.9 | 21 | 73 | 0.000 | 0.390 | 4.5 |

| 学科代码 | 期刊名称 | 来源文献量 | 文献选出率 | 平均引文数 | 平均作者数 | 地区分布数 | 机构分布数 | 海外论文比 | 基金论文比 | 引用半衰期 |
|---|---|---|---|---|---|---|---|---|---|---|
| D28 | 介入放射学杂志 | 256 | 0.90 | 15.8 | 5.6 | 27 | 151 | 0.000 | 0.280 | 5.6 |
| D28 | 临床超声医学杂志 | 275 | 0.70 | 9.7 | 4.4 | 27 | 210 | 0.000 | 0.200 | 5.7 |
| D28 | 临床放射学杂志 | 410 | 0.78 | 14.6 | 5.0 | 29 | 259 | 0.000 | 0.220 | 6.0 |
| D28 | 实用放射学杂志 | 523 | 0.80 | 15.0 | 5.0 | 29 | 309 | 0.000 | 0.220 | 5.3 |
| D28 | 实用医学影像杂志 | 231 | 0.94 | 8.7 | 3.2 | 24 | 219 | — | 0.095 | 6.5 |
| D28 | 现代医用影像学 | 442 | 1.00 | 8.4 | 2.7 | 27 | 361 | 0.023 | 0.111 | 4.6 |
| D28 | 医学影像学杂志 | 721 | 0.98 | 12.0 | 4.1 | 29 | 502 | 0.000 | 0.120 | 5.4 |
| D28 | 影像诊断与介入放射学 | 107 | 0.70 | 14.6 | 4.7 | 18 | 79 | 0.000 | 0.240 | 6.4 |
| D28 | 中国CT和MRI杂志 | 513 | 0.99 | 12.2 | 3.4 | 28 | 466 | 0.004 | 0.244 | 4.3 |
| D28 | 中国超声医学杂志 | 339 | 0.78 | 7.8 | 5.2 | 28 | 201 | 0.000 | 0.300 | 4.6 |
| D28 | 中国介入影像与治疗学 | 175 | 0.85 | 16.3 | 4.9 | 24 | 112 | 0.000 | 0.400 | 5.1 |
| D28 | 中国临床医学影像杂志 | 222 | 0.74 | 14.9 | 4.4 | 26 | 150 | 0.000 | 0.230 | 6.1 |
| D28 | 中国数字医学 | 421 | 0.84 | 7.6 | 3.6 | 25 | 264 | 0.010 | 0.340 | 4.2 |
| D28 | 中国体视学与图像分析 | 57 | 0.93 | 19.3 | 4.5 | 12 | 34 | 0.020 | 0.630 | 7.4 |
| D28 | 中国医学计算机成像杂志 | 121 | 0.96 | 12.9 | 5.0 | 19 | 82 | 0.000 | 0.370 | 5.5 |
| D28 | 中国医学影像技术 | 442 | 0.78 | 15.5 | 5.0 | 30 | 228 | 0.010 | 0.410 | 5.1 |
| D28 | 中国医学影像学杂志 | 240 | 0.91 | 15.8 | 4.5 | 28 | 173 | 0.010 | 0.330 | 5.1 |
| D28 | 中华超声影像学杂志 | 225 | 0.76 | 14.1 | 5.9 | 25 | 127 | 0.000 | 0.500 | 5.4 |
| D28 | 中华放射学杂志 | 210 | 0.73 | 14.6 | 5.8 | 25 | 138 | 0.010 | 0.360 | 5.6 |
| D28 | 中华核医学与分子影像杂志 | 124 | 0.82 | 15.9 | 5.5 | 22 | 84 | 0.010 | 0.410 | 5.5 |
| D28 | 中华介入放射学电子杂志 | 62 | 0.86 | 13.2 | 5.7 | 18 | 47 | — | 0.306 | 5.1 |
| D28 | 中华医学超声杂志(电子版) | 188 | 0.93 | 18.6 | 5.1 | 23 | 120 | 0.010 | 0.320 | 5.6 |
| D29 | Cancer Biology & Medicine | 51 | 1.00 | 71.8 | 4.0 | 6 | 70 | 0.686 | 0.157 | 5.5 |
| D29 | Chinese Journal of Cancer | 97 | 0.92 | 34.4 | 6.9 | 11 | 57 | 0.380 | 0.190 | 6.4 |
| D29 | Chinese Journal of Cancer Research | 73 | 0.99 | 33.4 | 5.2 | 17 | 66 | 0.270 | 0.410 | 6.4 |
| D29 | Oncology and Translational Medicine | 56 | 1.00 | 25.0 | 5.0 | 16 | 40 | 0.140 | 0.200 | 6.0 |
| D29 | 癌变·畸变·突变 | 105 | 0.97 | 21.4 | 5.4 | 23 | 62 | 0.040 | 0.700 | 6.1 |
| D29 | 癌症进展 | 365 | 0.98 | 19.6 | 3.8 | 27 | 230 | 0.000 | 0.180 | 4.4 |
| D29 | 白血病·淋巴瘤 | 208 | 0.85 | 16.2 | 4.8 | 26 | 155 | 0.024 | 0.428 | 5.2 |
| D29 | 国际肿瘤学杂志 | 251 | 0.87 | 19.7 | 3.8 | 27 | 179 | 0.000 | 0.440 | 3.9 |
| D29 | 临床肿瘤学杂志 | 242 | 0.96 | 18.8 | 4.4 | 26 | 171 | 0.000 | 0.250 | 3.3 |
| D29 | 实用癌症杂志 | 652 | 0.97 | 11.9 | 3.1 | 27 | 414 | 0.000 | 0.110 | 4.5 |
| D29 | 实用肿瘤学杂志 | 117 | 0.80 | 23.2 | 3.5 | 22 | 63 | 0.000 | 0.340 | 4.3 |
| D29 | 实用肿瘤杂志 | 127 | 0.96 | 18.7 | 4.0 | 26 | 96 | 0.000 | 0.200 | 4.8 |

| 学科代码 | 期刊名称 | 来源文献量 | 文献选出率 | 平均引文数 | 平均作者数 | 地区分布数 | 机构分布数 | 海外论文比 | 基金论文比 | 引用半衰期 |
|---|---|---|---|---|---|---|---|---|---|---|
| D29 | 现代泌尿生殖肿瘤杂志 | 97 | 0.74 | 19.1 | 5.1 | 19 | 62 | 0.010 | 0.130 | 6.0 |
| D29 | 现代肿瘤医学 | 1129 | 0.96 | 19.2 | 4.4 | 30 | 521 | 0.000 | 0.440 | 4.8 |
| D29 | 消化肿瘤杂志(电子版) | 58 | 0.63 | 21.9 | 3.7 | 8 | 35 | − | 0.466 | 4.9 |
| D29 | 中国癌症防治杂志 | 100 | 0.91 | 16.5 | 4.5 | 18 | 79 | 0.010 | 0.570 | 4.6 |
| D29 | 中国癌症杂志 | 165 | 0.91 | 20.1 | 5.1 | 26 | 102 | 0.020 | 0.440 | 5.5 |
| D29 | 中国肺癌杂志 | 134 | 0.81 | 25.8 | 6.5 | 22 | 66 | 0.000 | 0.340 | 5.1 |
| D29 | 中国肿瘤 | 193 | 0.96 | 21.0 | 4.5 | 26 | 117 | 0.000 | 0.400 | 4.4 |
| D29 | 中国肿瘤临床 | 224 | 0.76 | 23.0 | 4.7 | 26 | 123 | 0.010 | 0.420 | 4.1 |
| D29 | 中国肿瘤临床与康复 | 446 | 0.98 | 10.8 | 3.4 | 25 | 379 | − | 0.101 | 3.9 |
| D29 | 中国肿瘤生物治疗杂志 | 151 | 0.96 | 27.2 | 4.8 | 22 | 99 | 0.000 | 0.830 | 3.9 |
| D29 | 中国肿瘤外科杂志 | 118 | 0.98 | 15.2 | 3.9 | 15 | 105 | 0.025 | 0.322 | 5.7 |
| D29 | 中华放射肿瘤学杂志 | 291 | 0.87 | 17.7 | 6.6 | 28 | 133 | 0.030 | 0.380 | 6.6 |
| D29 | 中华肿瘤防治杂志 | 323 | 0.93 | 20.7 | 5.3 | 27 | 217 | 0.010 | 0.480 | 3.6 |
| D29 | 中华肿瘤杂志 | 169 | 0.61 | 18.0 | 6.5 | 23 | 92 | 0.000 | 0.530 | 5.8 |
| D29 | 肿瘤 | 190 | 0.98 | 25.1 | 5.2 | 24 | 133 | 0.010 | 0.480 | 4.6 |
| D29 | 肿瘤代谢与营养电子杂志 | 61 | 0.68 | 25.2 | 4.9 | 20 | 37 | 0.000 | 0.640 | 5.9 |
| D29 | 肿瘤防治研究 | 215 | 0.94 | 20.6 | 4.6 | 26 | 156 | 0.010 | 0.540 | 4.6 |
| D29 | 肿瘤基础与临床 | 185 | 0.99 | 10.3 | 3.7 | 18 | 126 | − | 0.259 | 5.6 |
| D29 | 肿瘤学杂志 | 231 | 0.97 | 18.6 | 4.2 | 28 | 161 | 0.000 | 0.350 | 5.0 |
| D29 | 肿瘤研究与临床 | 229 | 0.89 | 17.5 | 4.5 | 27 | 163 | 0.000 | 0.350 | 5.4 |
| D29 | 肿瘤药学 | 99 | 0.92 | 22.4 | 5.0 | 18 | 67 | 0.000 | 0.290 | 3.8 |
| D29 | 肿瘤影像学 | 73 | 0.86 | 16.5 | 4.5 | 9 | 39 | 0.010 | 0.330 | 5.6 |
| D29 | 肿瘤预防与治疗 | 74 | 0.86 | 24.1 | 4.6 | 15 | 40 | 0.000 | 0.420 | 4.8 |
| D30 | Chinese Nursing Research | 41 | 0.89 | 25.0 | 3.9 | 19 | 57 | 0.073 | 0.317 | 6.5 |
| D30 | Nursing of Integrated Traditional Chinese and Western Medicine | 703 | 0.98 | 11.8 | 2.2 | 24 | 387 | 0.007 | 0.070 | 3.6 |
| D30 | 当代护士(上旬刊) | 1242 | 0.96 | 7.3 | 2.2 | 28 | 704 | 0.001 | 0.039 | 5.5 |
| D30 | 当代护士(下旬刊) | 1236 | 0.98 | 7.9 | 2.2 | 28 | 686 | − | 0.051 | 5.3 |
| D30 | 当代护士(中旬刊) | 1227 | 0.99 | 7.6 | 2.2 | 28 | 678 | 0.007 | 0.042 | 5.4 |
| D30 | 国际护理学杂志 | 1196 | 0.99 | 10.8 | 2.9 | 29 | 743 | 0.001 | 0.186 | 4.5 |
| D30 | 护理管理杂志 | 343 | 0.94 | 14.4 | 3.8 | 27 | 284 | 0.009 | 0.431 | 4.7 |
| D30 | 护理实践与研究 | 1765 | 0.96 | 9.2 | 3.0 | 28 | 889 | 0.002 | 0.201 | 3.8 |
| D30 | 护理学报 | 532 | 0.91 | 14.9 | 4.1 | 26 | 296 | 0.000 | 0.450 | 4.8 |
| D30 | 护理学杂志 | 880 | 0.99 | 16.1 | 4.0 | 29 | 392 | 0.010 | 0.220 | 5.0 |

| 学科代码 | 期刊名称 | 来源文献量 | 文献选出率 | 平均引文数 | 平均作者数 | 地区分布数 | 机构分布数 | 海外论文比 | 基金论文比 | 引用半衰期 |
|---|---|---|---|---|---|---|---|---|---|---|
| D30 | 护理研究 | 1641 | 0.96 | 14.4 | 3.7 | 29 | 721 | 0.000 | 0.370 | 5.7 |
| D30 | 护理与康复 | 431 | 0.98 | 10.9 | 3.3 | 20 | 216 | — | 0.343 | 5.1 |
| D30 | 护士进修杂志 | 849 | 0.94 | 9.0 | 3.6 | 29 | 547 | 0.005 | 0.342 | 5.6 |
| D30 | 解放军护理杂志 | 508 | 0.90 | 16.8 | 3.7 | 25 | 247 | 0.010 | 0.180 | 5.5 |
| D30 | 临床护理杂志 | 205 | 1.00 | 9.8 | 2.5 | 19 | 161 | — | 0.156 | 3.5 |
| D30 | 齐鲁护理杂志 | 1578 | 0.98 | 8.0 | 2.7 | 29 | 873 | 0.001 | 0.224 | 4.4 |
| D30 | 全科护理 | 1810 | 0.97 | 9.9 | 2.8 | 31 | 909 | 0.001 | 0.224 | 4.9 |
| D30 | 上海护理 | 175 | 0.89 | 13.2 | 3.1 | 16 | 98 | 0.000 | 0.100 | 5.8 |
| D30 | 天津护理 | 313 | 1.00 | 7.1 | 2.1 | 12 | 90 | 0.003 | 0.137 | 4.3 |
| D30 | 现代临床护理 | 242 | 0.84 | 16.6 | 3.9 | 25 | 170 | 0.000 | 0.310 | 5.6 |
| D30 | 循证护理 | 75 | 0.93 | 15.9 | 3.3 | 19 | 78 | — | 0.360 | 4.6 |
| D30 | 中国护理管理 | 404 | 0.88 | 19.0 | 4.2 | 26 | 223 | 0.020 | 0.220 | 5.2 |
| D30 | 中国临床护理 | 202 | 0.92 | 10.2 | 2.9 | 18 | 156 | — | 0.252 | 4.7 |
| D30 | 中国实用护理杂志 | 765 | 0.90 | 17.0 | 3.9 | 29 | 419 | 0.000 | 0.240 | 4.8 |
| D30 | 中华护理教育 | 250 | 0.92 | 14.1 | 3.7 | 27 | 207 | 0.020 | 0.448 | 4.6 |
| D30 | 中华护理杂志 | 328 | 0.96 | 21.3 | 4.3 | 26 | 196 | 0.010 | 0.270 | 5.0 |
| D30 | 中华现代护理杂志 | 1438 | 0.86 | 13.9 | 3.9 | 28 | 594 | 0.000 | 0.270 | 5.0 |
| D31 | Chronic Diseases and Translational Medicine | 35 | 0.92 | 35.7 | 4.7 | 10 | 45 | 0.143 | 0.257 | 6.1 |
| D31 | 安徽预防医学杂志 | 145 | 0.95 | 9.5 | 3.2 | 14 | 102 | — | 0.069 | 4.8 |
| D31 | 保健医学研究与实践 | 191 | 0.96 | 9.9 | 2.3 | 23 | 171 | 0.005 | 0.215 | 4.6 |
| D31 | 毒理学杂志 | 121 | 0.99 | 16.6 | 5.5 | 25 | 74 | 0.000 | 0.670 | 6.8 |
| D31 | 公共卫生与预防医学 | 223 | 0.98 | 17.8 | 4.6 | 22 | 140 | 0.000 | 0.210 | 3.7 |
| D31 | 广东微量元素科学 | 210 | 0.91 | 6.1 | 2.0 | 20 | 154 | — | 0.105 | 4.2 |
| D31 | 国外医学(医学地理分册) | 88 | 0.81 | 19.7 | 3.4 | 16 | 62 | — | 0.477 | 7.0 |
| D31 | 海峡预防医学杂志 | 324 | 1.00 | 7.4 | 3.4 | 19 | 183 | 0.056 | 0.188 | 6.1 |
| D31 | 河南预防医学杂志 | 331 | 0.97 | 7.5 | 2.8 | 24 | 246 | — | 0.100 | 5.7 |
| D31 | 华南预防医学 | 149 | 0.96 | 12.6 | 5.2 | 18 | 92 | 0.000 | 0.150 | 5.4 |
| D31 | 基层医学论坛 | 3913 | 1.00 | 5.1 | 1.6 | 31 | 1887 | 0.003 | 0.029 | 4.0 |
| D31 | 疾病监测与控制 | 609 | 0.99 | 6.9 | 2.4 | 22 | 310 | — | 0.102 | 5.8 |
| D31 | 疾病预防控制通报 | 187 | 0.96 | 8.7 | 4.0 | 8 | 146 | — | 0.230 | 5.2 |
| D31 | 江苏卫生事业管理 | 430 | 0.96 | 3.4 | 2.3 | 14 | 199 | — | 0.109 | 4.1 |
| D31 | 江苏预防医学 | 325 | 0.99 | 9.6 | 3.7 | 17 | 197 | 0.006 | 0.268 | 4.9 |
| D31 | 解放军预防医学杂志 | 321 | 0.81 | 13.3 | 4.4 | 25 | 202 | 0.010 | 0.150 | 4.8 |
| D31 | 口岸卫生控制 | 111 | 0.95 | 9.2 | 3.8 | 23 | 95 | 0.009 | 0.189 | 7.5 |

| 学科代码 | 期刊名称 | 来源文献量 | 文献选出率 | 平均引文数 | 平均作者数 | 地区分布数 | 机构分布数 | 海外论文比 | 基金论文比 | 引用半衰期 |
|---|---|---|---|---|---|---|---|---|---|---|
| D31 | 临床医学工程 | 829 | 1.00 | 8.7 | 2.8 | 16 | 439 | 0.001 | 0.182 | 3.7 |
| D31 | 上海预防医学 | 273 | 0.94 | 8.9 | 4.3 | 6 | 218 | 0.022 | 0.333 | 5.7 |
| D31 | 实用预防医学 | 483 | 0.99 | 13.0 | 4.9 | 27 | 308 | 0.010 | 0.320 | 5.3 |
| D31 | 首都公共卫生 | 92 | 0.93 | 9.7 | 4.2 | 4 | 45 | — | 0.141 | 5.2 |
| D31 | 微量元素与健康研究 | 326 | 0.99 | 5.7 | 3.2 | 27 | 164 | — | 0.221 | 5.9 |
| D31 | 现代预防医学 | 1158 | 0.99 | 12.8 | 4.8 | 29 | 560 | 0.000 | 0.330 | 4.0 |
| D31 | 营养学报 | 131 | 0.89 | 15.2 | 5.1 | 25 | 87 | 0.010 | 0.710 | 6.7 |
| D31 | 应用预防医学 | 191 | 0.96 | 10.0 | 4.2 | 18 | 160 | 0.005 | 0.262 | 4.9 |
| D31 | 预防医学 | 401 | 0.96 | 12.5 | 4.3 | 18 | 209 | — | 0.180 | 5.0 |
| D31 | 预防医学论坛 | 325 | 0.97 | 11.1 | 3.8 | 26 | 282 | 0.003 | 0.234 | 4.8 |
| D31 | 预防医学情报杂志 | 339 | 0.96 | 12.4 | 4.3 | 26 | 177 | 0.000 | 0.120 | 6.2 |
| D31 | 职业卫生与病伤 | 123 | 0.96 | 9.9 | 3.6 | 18 | 98 | — | 0.122 | 5.9 |
| D31 | 职业卫生与应急救援 | 191 | 0.96 | 11.2 | 3.6 | 25 | 164 | — | 0.340 | 6.8 |
| D31 | 中国城乡企业卫生 | 850 | 1.00 | 8.2 | 1.7 | 17 | 347 | — | 0.048 | 3.4 |
| D31 | 中国辐射卫生 | 261 | 0.96 | 7.9 | 4.2 | 29 | 157 | 0.000 | 0.180 | 8.2 |
| D31 | 中国公共卫生 | 465 | 1.00 | 17.3 | 5.3 | 30 | 238 | 0.020 | 0.550 | 5.6 |
| D31 | 中国公共卫生管理 | 301 | 0.98 | 11.6 | 3.8 | 26 | 309 | 0.003 | 0.292 | 4.9 |
| D31 | 中国基层医药 | 1036 | 0.94 | 15.6 | 3.1 | 30 | 715 | 0.002 | 0.257 | 4.1 |
| D31 | 中国慢性病预防与控制 | 291 | 1.00 | 14.1 | 5.1 | 26 | 196 | 0.000 | 0.310 | 5.4 |
| D31 | 中国民康医学 | 1129 | 1.00 | 8.1 | 1.8 | 30 | 627 | 0.002 | 0.040 | 4.2 |
| D31 | 中国实用乡村医生杂志 | 372 | 0.87 | 4.3 | 1.7 | 16 | 159 | 0.003 | 0.075 | 3.8 |
| D31 | 中国卫生产业 | 2422 | 0.95 | 8.5 | 1.9 | 31 | 1432 | 0.001 | 0.089 | 3.4 |
| D31 | 中国卫生工程学 | 237 | 0.98 | 8.1 | 3.5 | 23 | 185 | — | 0.148 | 6.2 |
| D31 | 中国卫生事业管理 | 289 | 1.00 | 13.3 | 3.8 | 28 | 205 | 0.007 | 0.920 | 4.7 |
| D31 | 中国消毒学杂志 | 455 | 0.97 | 7.5 | 4.3 | 30 | 317 | 0.000 | 0.180 | 5.2 |
| D31 | 中国校医 | 497 | 0.98 | 7.6 | 2.6 | 28 | 376 | — | 0.201 | 5.5 |
| D31 | 中国冶金工业医学杂志 | 695 | 1.00 | 2.4 | 1.8 | 22 | 203 | — | 0.016 | 5.5 |
| D31 | 中国应急救援 | 83 | 0.90 | 4.4 | 2.0 | 20 | 70 | — | 0.036 | 5.8 |
| D31 | 中国预防医学杂志 | 240 | 0.96 | 13.6 | 4.8 | 27 | 179 | 0.000 | 0.330 | 4.9 |
| D31 | 中华疾病控制杂志 | 326 | 0.98 | 17.2 | 6.0 | 30 | 165 | 0.010 | 0.560 | 5.2 |
| D31 | 中华临床营养杂志 | 71 | 0.89 | 17.6 | 5.1 | 21 | 57 | 0.000 | 0.230 | 5.3 |
| D31 | 中华卫生应急电子杂志 | 88 | 0.99 | 20.0 | 4.2 | 17 | 104 | — | 0.375 | 5.3 |
| D31 | 中华预防医学杂志 | 217 | 0.83 | 20.9 | 6.9 | 26 | 98 | 0.020 | 0.720 | 4.9 |
| D32 | 工业卫生与职业病 | 136 | 0.90 | 11.4 | 4.6 | 26 | 102 | 0.000 | 0.300 | 8.1 |

| 学科代码 | 期刊名称 | 来源文献量 | 文献选出率 | 平均引文数 | 平均作者数 | 地区分布数 | 机构分布数 | 海外论文比 | 基金论文比 | 引用半衰期 |
|---|---|---|---|---|---|---|---|---|---|---|
| D32 | 环境与健康杂志 | 299 | 0.98 | 16.0 | 5.6 | 29 | 141 | 0.000 | 0.710 | 6.4 |
| D32 | 环境与职业医学 | 248 | 0.96 | 18.1 | 5.3 | 28 | 125 | 0.040 | 0.570 | 5.8 |
| D32 | 疾病监测 | 210 | 0.85 | 15.2 | 5.9 | 26 | 108 | 0.010 | 0.440 | 5.4 |
| D32 | 热带病与寄生虫学 | 83 | 0.95 | 12.5 | 4.2 | 16 | 87 | — | 0.289 | 5.9 |
| D32 | 热带医学杂志 | 454 | 0.99 | 13.2 | 4.2 | 26 | 288 | 0.000 | 0.280 | 3.7 |
| D32 | 医学动物防制 | 498 | 1.00 | 12.1 | 4.1 | 28 | 268 | 0.000 | 0.170 | 5.5 |
| D32 | 职业与健康 | 984 | 0.98 | 13.6 | 3.9 | 30 | 537 | 0.000 | 0.160 | 5.6 |
| D32 | 中国地方病防治杂志 | 562 | 0.69 | 7.2 | 3.9 | 31 | 355 | 0.000 | 0.310 | 3.7 |
| D32 | 中国工业医学杂志 | 182 | 0.91 | 9.6 | 4.6 | 25 | 100 | 0.010 | 0.370 | 7.6 |
| D32 | 中国国境卫生检疫杂志 | 124 | 0.98 | 12.8 | 5.4 | 23 | 82 | 0.000 | 0.420 | 6.8 |
| D32 | 中国媒介生物学及控制杂志 | 173 | 0.96 | 15.4 | 5.7 | 27 | 122 | 0.000 | 0.580 | 7.6 |
| D32 | 中国热带医学 | 331 | 0.97 | 14.0 | 4.7 | 28 | 227 | 0.000 | 0.310 | 4.3 |
| D32 | 中国人兽共患病学报 | 212 | 0.95 | 20.9 | 5.9 | 30 | 130 | 0.010 | 0.780 | 6.8 |
| D32 | 中国血吸虫病防治杂志 | 189 | 0.95 | 17.1 | 5.5 | 18 | 110 | 0.000 | 0.560 | 6.6 |
| D32 | 中国职业医学 | 178 | 0.87 | 20.2 | 5.7 | 22 | 94 | 0.010 | 0.570 | 4.1 |
| D32 | 中华地方病学杂志 | 207 | 0.82 | 13.8 | 5.9 | 24 | 103 | 0.000 | 0.590 | 6.5 |
| D32 | 中华劳动卫生职业病杂志 | 271 | 0.89 | 14.9 | 5.0 | 26 | 147 | 0.010 | 0.520 | 6.8 |
| D32 | 中华流行病学杂志 | 334 | 0.98 | 20.1 | 6.6 | 28 | 133 | 0.030 | 0.600 | 5.2 |
| D32 | 中华卫生杀虫药械 | 194 | 0.99 | 10.2 | 4.7 | 25 | 131 | 0.010 | 0.240 | 7.4 |
| D33 | 国际生殖健康/计划生育杂志 | 112 | 0.87 | 24.5 | 3.2 | 20 | 80 | 0.000 | 0.370 | 4.3 |
| D33 | 生殖医学杂志 | 230 | 0.89 | 20.5 | 4.3 | 25 | 124 | 0.000 | 0.350 | 6.0 |
| D33 | 中国妇幼保健 | 2059 | 1.00 | 11.7 | 3.6 | 30 | 1084 | 0.000 | 0.250 | 4.7 |
| D33 | 中国妇幼健康研究 | 508 | 0.94 | 10.3 | 3.7 | 26 | 431 | 0.004 | 0.262 | 3.5 |
| D33 | 中国妇幼卫生杂志 | 168 | 0.99 | 9.9 | 3.3 | 25 | 149 | — | 0.232 | 4.6 |
| D33 | 中国计划生育和妇产科 | 245 | 0.98 | 14.2 | 3.4 | 28 | 164 | 0.000 | 0.230 | 5.0 |
| D33 | 中国计划生育学杂志 | 225 | 0.94 | 13.1 | 3.8 | 26 | 160 | 0.000 | 0.270 | 5.2 |
| D33 | 中国生育健康杂志 | 181 | 0.97 | 15.3 | 3.9 | 24 | 126 | 0.010 | 0.220 | 5.4 |
| D33 | 中国优生与遗传杂志 | 669 | 0.96 | 11.7 | 4.2 | 29 | 375 | 0.000 | 0.190 | 6.2 |
| D33 | 中华生殖与避孕杂志 | 170 | 0.93 | 26.5 | 4.4 | 27 | 112 | 0.000 | 0.410 | 6.7 |
| D34 | Military Medical Research | 34 | 0.94 | 36.9 | 4.4 | 5 | 66 | 0.588 | 0.324 | 7.1 |
| D34 | 法医学杂志 | 147 | 0.89 | 11.5 | 4.4 | 23 | 97 | 0.000 | 0.340 | 7.3 |
| D34 | 航天医学与医学工程 | 84 | 0.93 | 22.3 | 5.1 | 16 | 47 | 0.010 | 0.690 | 6.7 |
| D34 | 军事医学 | 243 | 0.88 | 17.3 | 5.7 | 23 | 102 | 0.000 | 0.530 | 6.3 |
| D34 | 中国法医学杂志 | 237 | 0.81 | 7.3 | 4.5 | 28 | 162 | 0.030 | 0.290 | 7.6 |

| 学科代码 | 期刊名称 | 来源文献量 | 文献选出率 | 平均引文数 | 平均作者数 | 地区分布数 | 机构分布数 | 海外论文比 | 基金论文比 | 引用半衰期 |
|---|---|---|---|---|---|---|---|---|---|---|
| D34 | 中华放射医学与防护杂志 | 193 | 0.93 | 16.5 | 5.5 | 26 | 114 | 0.030 | 0.530 | 5.9 |
| D34 | 中华航海医学与高气压医学杂志 | 161 | 0.93 | 12.4 | 4.3 | 22 | 105 | 0.000 | 0.160 | 7.4 |
| D34 | 中华航空航天医学杂志 | 71 | 0.80 | 15.8 | 5.5 | 14 | 35 | 0.000 | 0.100 | 6.6 |
| D35 | 高校医学教学研究(电子版) | 64 | 0.91 | 6.0 | 4.7 | 14 | 42 | 0.016 | 0.688 | 4.8 |
| D35 | 基础医学教育 | 342 | 0.95 | 6.5 | 4.4 | 28 | 154 | 0.012 | 0.787 | 4.0 |
| D35 | 解放军医院管理杂志 | 425 | 0.95 | 7.7 | 3.8 | 26 | 173 | 0.000 | 0.140 | 4.7 |
| D35 | 卫生研究 | 207 | 0.97 | 17.6 | 5.5 | 27 | 88 | 0.010 | 0.570 | 6.1 |
| D35 | 医学教育研究与实践 | 308 | 0.99 | 7.5 | 3.9 | 28 | 167 | 0.006 | 0.630 | 4.5 |
| D35 | 现代医院 | 648 | 0.97 | 10.9 | 3.4 | 26 | 452 | — | 0.423 | 4.0 |
| D35 | 现代医院管理 | 180 | 0.97 | 7.5 | 3.4 | 25 | 155 | 0.006 | 0.278 | 3.7 |
| D35 | 医疗卫生装备 | 641 | 0.98 | 10.6 | 4.0 | 28 | 382 | 0.000 | 0.160 | 5.8 |
| D35 | 医疗装备 | 3615 | 1.00 | 4.6 | 1.8 | 31 | 1987 | 0.004 | 0.025 | 4.0 |
| D35 | 医学与哲学 | 657 | 0.99 | 14.6 | 3.0 | 30 | 452 | 0.009 | 0.539 | 5.0 |
| D35 | 浙江医学教育 | 123 | 0.99 | 7.6 | 3.3 | 3 | 86 | — | 0.390 | 4.6 |
| D35 | 智慧健康 | 132 | 0.80 | 10.3 | 2.9 | 21 | 95 | 0.023 | 0.508 | 4.3 |
| D35 | 中国病案 | 456 | 0.98 | 7.9 | 3.4 | 28 | 231 | 0.000 | 0.090 | 4.6 |
| D35 | 中国健康教育 | 306 | 0.97 | 12.5 | 4.3 | 29 | 225 | 0.000 | 0.280 | 5.0 |
| D35 | 中国农村卫生 | 1749 | 0.87 | 4.2 | 1.6 | 28 | 1050 | — | 0.007 | 3.4 |
| D35 | 中国农村卫生事业管理 | 619 | 0.99 | 10.4 | 3.0 | 29 | 456 | 0.003 | 0.286 | 4.3 |
| D35 | 中国社会医学杂志 | 185 | 0.97 | 12.1 | 4.1 | 24 | 131 | 0.010 | 0.570 | 5.4 |
| D35 | 中国食品卫生杂志 | 168 | 0.93 | 16.7 | 5.3 | 22 | 94 | 0.010 | 0.460 | 5.8 |
| D35 | 中国卫生法制 | 114 | 0.94 | 5.8 | 2.4 | 22 | 102 | — | 0.246 | 5.3 |
| D35 | 中国卫生监督杂志 | 138 | 0.88 | 6.3 | 3.7 | 22 | 117 | — | 0.159 | 5.2 |
| D35 | 中国卫生检验杂志 | 1238 | 0.99 | 11.6 | 4.2 | 31 | 914 | 0.002 | 0.383 | 5.6 |
| D35 | 中国卫生经济 | 328 | 0.95 | 8.2 | 3.6 | 26 | 150 | 0.010 | 0.440 | 4.8 |
| D35 | 中国卫生统计 | 350 | 0.99 | 11.6 | 4.4 | 29 | 199 | 0.010 | 0.530 | 6.1 |
| D35 | 中国卫生信息管理杂志 | 120 | 0.72 | 8.0 | 3.8 | 20 | 77 | 0.000 | 0.380 | 3.5 |
| D35 | 中国卫生政策研究 | 154 | 0.88 | 18.6 | 4.7 | 22 | 69 | 0.070 | 0.620 | 5.2 |
| D35 | 中国卫生质量管理 | 225 | 0.97 | 8.6 | 3.9 | 25 | 142 | 0.010 | 0.280 | 4.4 |
| D35 | 中国卫生资源 | 122 | 0.95 | 11.8 | 5.2 | 15 | 52 | 0.000 | 0.590 | 4.4 |
| D35 | 中国学校卫生 | 604 | 0.98 | 17.7 | 4.3 | 30 | 354 | 0.010 | 0.390 | 5.0 |
| D35 | 中国医疗器械杂志 | 133 | 0.83 | 10.8 | 3.8 | 23 | 95 | 0.020 | 0.350 | 6.0 |
| D35 | 中国医疗设备 | 708 | 0.96 | 12.2 | 3.4 | 28 | 411 | 0.020 | 0.200 | 5.3 |
| D35 | 中国医学教育技术 | 205 | 0.96 | 8.7 | 3.8 | 27 | 142 | — | 0.654 | 4.1 |

| 学科代码 | 期刊名称 | 来源文献量 | 文献选出率 | 平均引文数 | 平均作者数 | 地区分布数 | 机构分布数 | 海外论文比 | 基金论文比 | 引用半衰期 |
|---|---|---|---|---|---|---|---|---|---|---|
| D35 | 中国医学装备 | 571 | 0.95 | 15.9 | 3.8 | 28 | 359 | 0.000 | 0.200 | 4.7 |
| D35 | 中国医院 | 319 | 0.93 | 7.6 | 4.1 | 22 | 164 | 0.000 | 0.340 | 4.3 |
| D35 | 中国医院管理 | 363 | 0.94 | 8.2 | 4.3 | 27 | 171 | 0.020 | 0.530 | 4.0 |
| D35 | 中国医院统计 | 177 | 0.97 | 10.3 | 2.5 | 24 | 164 | — | 0.198 | 4.0 |
| D35 | 中华健康管理学杂志 | 97 | 0.76 | 16.6 | 4.9 | 19 | 82 | 0.000 | 0.320 | 5.4 |
| D35 | 中华医学教育探索杂志 | 307 | 0.95 | 8.5 | 4.6 | 26 | 161 | 0.000 | 0.420 | 4.4 |
| D35 | 中华医学教育杂志 | 239 | 0.95 | 8.9 | 4.6 | 27 | 137 | 0.000 | 0.380 | 5.1 |
| D35 | 中华医学科研管理杂志 | 123 | 0.97 | 11.3 | 4.3 | 20 | 88 | 0.000 | 0.330 | 4.7 |
| D35 | 中华医院管理杂志 | 275 | 0.85 | 8.1 | 4.7 | 27 | 162 | 0.030 | 0.430 | 3.9 |
| D35 | 中外女性健康研究 | 4032 | 0.99 | 5.0 | 1.5 | 30 | 2150 | 0.000 | 0.013 | 3.0 |
| D36 | Acta Pharmaceutica Sinica B | 72 | 0.89 | 52.2 | 4.6 | 13 | 78 | 0.403 | 0.694 | 7.2 |
| D36 | Acta Pharmacologica Sinica | 162 | 0.99 | 46.7 | 6.0 | 22 | 115 | 0.200 | 0.770 | 7.3 |
| D36 | Chinese Journal of Natural Medicines | 115 | 0.98 | 36.4 | 5.5 | 18 | 70 | 0.220 | 0.660 | 7.3 |
| D36 | Journal of Chinese Pharmaceutical Sciences | 103 | 0.91 | 31.6 | 5.3 | 16 | 44 | 0.040 | 0.560 | 7.3 |
| D36 | Journal of Pharmaceutical Analysis | 56 | 0.93 | 33.6 | 5.2 | 10 | 77 | 0.714 | 0.304 | 9.0 |
| D36 | 北方药学 | 1897 | 1.00 | 6.4 | 2.1 | 30 | 1200 | 0.001 | 0.063 | 3.6 |
| D36 | 儿科药学杂志 | 264 | 0.96 | 15.5 | 3.0 | 25 | 144 | 0.010 | 0.090 | 5.2 |
| D36 | 福建医药杂志 | 493 | 0.99 | 8.1 | 3.3 | 2 | 132 | 0.032 | 0.185 | 5.5 |
| D36 | 国际药学研究杂志 | 196 | 0.77 | 28.6 | 4.6 | 27 | 114 | 0.010 | 0.630 | 5.7 |
| D36 | 国外医药(抗生素分册) | 60 | 0.87 | 13.8 | 2.7 | 16 | 61 | 0.033 | 0.217 | 6.0 |
| D36 | 海峡药学 | 1803 | 0.99 | 7.7 | 2.2 | 30 | 1076 | 0.020 | 0.105 | 4.9 |
| D36 | 华西药学杂志 | 212 | 0.97 | 7.3 | 4.6 | 26 | 113 | 0.010 | 0.540 | 7.0 |
| D36 | 化工与医药工程 | 81 | 0.84 | 6.8 | 1.5 | 14 | 52 | — | 0.012 | ≥10 |
| D36 | 解放军药学学报 | 176 | 0.96 | 10.6 | 4.5 | 23 | 107 | 0.000 | 0.190 | 5.0 |
| D36 | 今日药学 | 241 | 0.95 | 12.0 | 3.8 | 12 | 197 | — | 0.448 | 5.2 |
| D36 | 抗感染药学 | 569 | 0.99 | 7.8 | 1.9 | 21 | 347 | — | 0.065 | 4.0 |
| D36 | 临床合理用药杂志 | 3993 | 0.97 | 8.9 | 2.1 | 31 | 2388 | 0.005 | 0.038 | 3.8 |
| D36 | 临床药物治疗杂志 | 134 | 0.89 | 15.8 | 3.6 | 15 | 86 | 0.000 | 0.130 | 4.8 |
| D36 | 实用药物与临床 | 410 | 0.94 | 17.0 | 3.5 | 26 | 220 | 0.000 | 0.250 | 4.4 |
| D36 | 世界临床药物 | 174 | 0.92 | 19.5 | 3.5 | 19 | 103 | 0.000 | 0.370 | 5.2 |
| D36 | 天津药学 | 156 | 0.97 | 14.1 | 2.6 | 14 | 106 | — | 0.147 | 4.8 |
| D36 | 西北药学杂志 | 205 | 0.97 | 12.3 | 4.0 | 24 | 133 | 0.000 | 0.400 | 6.1 |
| D36 | 现代药物与临床 | 470 | 0.99 | 13.2 | 3.1 | 26 | 337 | 0.000 | 0.120 | 5.0 |
| D36 | 药品评价 | 381 | 0.98 | 12.3 | 2.5 | 24 | 235 | 0.016 | 0.097 | 4.5 |

| 学科代码 | 期刊名称 | 来源文献量 | 文献选出率 | 平均引文数 | 平均作者数 | 地区分布数 | 机构分布数 | 海外论文比 | 基金论文比 | 引用半衰期 |
|---|---|---|---|---|---|---|---|---|---|---|
| D36 | 药物不良反应杂志 | 143 | 0.82 | 13.9 | 3.4 | 22 | 112 | 0.000 | 0.200 | 5.8 |
| D36 | 药物分析杂志 | 327 | 0.99 | 17.5 | 5.3 | 29 | 190 | 0.010 | 0.530 | 5.9 |
| D36 | 药物流行病学杂志 | 187 | 0.89 | 16.0 | 4.1 | 23 | 137 | 0.010 | 0.290 | 4.7 |
| D36 | 药物评价研究 | 210 | 0.99 | 19.3 | 4.1 | 26 | 139 | 0.000 | 0.380 | 5.2 |
| D36 | 药物生物技术 | 124 | 1.00 | 21.0 | 4.0 | 19 | 66 | 0.010 | 0.470 | 5.3 |
| D36 | 药学服务与研究 | 140 | 0.92 | 9.8 | 4.2 | 22 | 95 | 0.010 | 0.190 | 4.9 |
| D36 | 药学进展 | 121 | 0.86 | 28.8 | 3.2 | 9 | 87 | 0.083 | 0.331 | 3.5 |
| D36 | 药学实践杂志 | 145 | 0.97 | 14.3 | 4.2 | 25 | 91 | 0.000 | 0.330 | 6.0 |
| D36 | 药学学报 | 282 | 0.98 | 29.5 | 5.1 | 24 | 116 | 0.020 | 0.800 | 5.8 |
| D36 | 药学研究 | 212 | 0.94 | 15.1 | 3.7 | 24 | 185 | 0.005 | 0.509 | 6.1 |
| D36 | 药学与临床研究 | 145 | 0.93 | 10.3 | 4.2 | 15 | 79 | 0.000 | 0.230 | 5.8 |
| D36 | 医药导报 | 345 | 0.77 | 14.3 | 4.2 | 27 | 244 | 0.010 | 0.310 | 5.8 |
| D36 | 中国处方药 | 1281 | 1.00 | 7.1 | 1.6 | 30 | 920 | 0.002 | 0.024 | 3.8 |
| D36 | 中国海洋药物 | 92 | 0.99 | 21.1 | 5.3 | 13 | 32 | 0.010 | 0.870 | 8.8 |
| D36 | 中国合理用药探索 | 149 | 0.80 | 11.9 | 2.9 | 24 | 137 | — | 0.148 | 5.4 |
| D36 | 中国抗生素杂志 | 165 | 0.98 | 21.8 | 5.1 | 27 | 122 | 0.000 | 0.510 | 6.7 |
| D36 | 中国临床药理学与治疗学 | 261 | 0.99 | 19.6 | 4.9 | 23 | 151 | 0.000 | 0.610 | 5.0 |
| D36 | 中国临床药理学杂志 | 677 | 0.99 | 8.7 | 4.4 | 29 | 357 | 0.000 | 0.580 | 4.5 |
| D36 | 中国临床药学杂志 | 104 | 0.91 | 12.8 | 4.0 | 20 | 83 | 0.000 | 0.200 | 5.5 |
| D36 | 中国现代药物应用 | 4818 | 1.00 | 5.4 | 1.7 | 31 | 1763 | 0.000 | 0.027 | 3.6 |
| D36 | 中国现代应用药学 | 377 | 0.96 | 13.5 | 4.4 | 29 | 231 | 0.000 | 0.440 | 5.3 |
| D36 | 中国新药与临床杂志 | 185 | 0.98 | 21.3 | 3.9 | 27 | 134 | 0.010 | 0.350 | 4.2 |
| D36 | 中国新药杂志 | 509 | 0.98 | 19.2 | 4.5 | 29 | 253 | 0.010 | 0.480 | 5.1 |
| D36 | 中国药房 | 1627 | 0.95 | 14.6 | 4.0 | 30 | 898 | 0.000 | 0.290 | 4.6 |
| D36 | 中国药理学通报 | 358 | 0.96 | 23.0 | 5.5 | 29 | 207 | 0.020 | 0.940 | 4.6 |
| D36 | 中国药理学与毒理学杂志 | 169 | 0.83 | 35.9 | 4.5 | 24 | 110 | 0.050 | 0.740 | 5.4 |
| D36 | 中国药品标准 | 70 | 0.83 | 6.8 | 3.4 | 16 | 57 | — | 0.129 | 6.8 |
| D36 | 中国药师 | 762 | 0.99 | 12.5 | 3.9 | 29 | 442 | 0.000 | 0.270 | 5.2 |
| D36 | 中国药事 | 237 | 0.98 | 15.1 | 3.9 | 29 | 157 | 0.000 | 0.180 | 4.9 |
| D36 | 中国药物化学杂志 | 85 | 0.73 | 16.7 | 4.7 | 19 | 43 | 0.020 | 0.450 | 6.3 |
| D36 | 中国药物经济学 | 1041 | 0.99 | 8.9 | 1.7 | 28 | 586 | 0.001 | 0.030 | 3.6 |
| D36 | 中国药物警戒 | 201 | 0.89 | 16.8 | 4.0 | 24 | 135 | 0.000 | 0.250 | 5.8 |
| D36 | 中国药物滥用防治杂志 | 142 | 0.97 | 9.7 | 3.3 | 22 | 122 | — | 0.120 | 5.4 |
| D36 | 中国药物评价 | 95 | 0.90 | 13.2 | 3.7 | 20 | 80 | — | 0.295 | 5.5 |

| 学科代码 | 期刊名称 | 来源文献量 | 文献选出率 | 平均引文数 | 平均作者数 | 地区分布数 | 机构分布数 | 海外论文比 | 基金论文比 | 引用半衰期 |
|---|---|---|---|---|---|---|---|---|---|---|
| D36 | 中国药物依赖性杂志 | 112 | 0.93 | 18.5 | 4.3 | 23 | 74 | 0.080 | 0.390 | 7.1 |
| D36 | 中国药物应用与监测 | 115 | 0.95 | 12.1 | 4.2 | 23 | 73 | 0.000 | 0.180 | 3.7 |
| D36 | 中国药物与临床 | 858 | 0.95 | 8.9 | 3.1 | 23 | 317 | — | 0.259 | 6.4 |
| D36 | 中国药学杂志 | 400 | 0.95 | 18.2 | 5.1 | 29 | 224 | 0.020 | 0.600 | 5.4 |
| D36 | 中国药业 | 857 | 0.99 | 12.7 | 2.9 | 30 | 744 | 0.001 | 0.180 | 4.6 |
| D36 | 中国医药工业杂志 | 358 | 0.96 | 11.3 | 3.8 | 26 | 180 | 0.010 | 0.320 | 5.9 |
| D36 | 中国医院药学杂志 | 562 | 0.97 | 16.9 | 4.6 | 30 | 369 | 0.000 | 0.430 | 5.3 |
| D36 | 中国医院用药评价与分析 | 635 | 0.99 | 15.2 | 2.9 | 28 | 559 | 0.003 | 0.170 | 4.2 |
| D36 | 中南药学 | 345 | 0.98 | 16.8 | 4.5 | 27 | 206 | 0.000 | 0.340 | 5.6 |
| D37 | Chinese Journal of Integrative Medicine | 130 | 0.98 | 29.9 | 5.5 | 15 | 184 | 0.269 | 0.769 | 8.4 |
| D37 | Journal of Acupuncture and Tuina Science | 75 | 0.87 | 21.0 | 5.4 | — | 3 | 0.013 | 0.640 | 7.1 |
| D37 | Journal of Traditional Chinese Medicine | 110 | 0.98 | 27.8 | 5.5 | 23 | 178 | 0.209 | 0.836 | 7.8 |
| D37 | World Journal of Acupuncture-Moxibustion | 53 | 0.95 | 17.6 | 4.9 | 20 | 66 | 0.094 | 0.472 | 6.6 |
| D37 | 按摩与康复医学 | 1085 | 1.00 | 7.1 | 2.0 | 30 | 759 | 0.004 | 0.100 | 4.8 |
| D37 | 北京中医药 | 356 | 0.96 | 11.3 | 3.8 | 23 | 127 | 0.000 | 0.440 | 7.0 |
| D37 | 福建中医药 | 217 | 1.00 | 7.6 | 3.4 | 11 | 123 | 0.009 | 0.429 | 6.4 |
| D37 | 光明中医 | 1744 | 0.98 | 8.2 | 2.2 | 28 | 892 | 0.003 | 0.151 | 6.1 |
| D37 | 广西中医药 | 193 | 0.98 | 9.5 | 2.9 | 20 | 144 | — | 0.301 | 5.8 |
| D37 | 国际中医中药杂志 | 331 | 0.90 | 12.0 | 3.7 | 26 | 193 | 0.000 | 0.270 | 5.2 |
| D37 | 国医论坛 | 235 | 0.99 | 6.3 | 2.2 | 26 | 173 | 0.004 | 0.234 | 6.4 |
| D37 | 河北中医 | 527 | 0.97 | 14.7 | 3.2 | 27 | 447 | 0.002 | 0.359 | 6.3 |
| D37 | 河北中医药学报 | 83 | 0.99 | 12.6 | 4.5 | 10 | 59 | 0.000 | 0.600 | 6.9 |
| D37 | 河南中医 | 884 | 0.98 | 12.3 | 2.8 | 29 | 686 | 0.002 | 0.541 | 5.5 |
| D37 | 黑龙江中医药 | 281 | 0.99 | 9.0 | 2.6 | 23 | 136 | 0.014 | 0.142 | 6.8 |
| D37 | 湖北中医杂志 | 469 | 1.00 | 7.2 | 2.4 | 23 | 234 | 0.002 | 0.188 | 6.9 |
| D37 | 湖南中医杂志 | 1203 | 0.99 | 9.0 | 3.0 | 28 | 443 | 0.002 | 0.278 | 6.5 |
| D37 | 环球中医药 | 500 | 0.96 | 12.8 | 4.0 | 29 | 197 | 0.010 | 0.440 | 6.4 |
| D37 | 吉林中医药 | 372 | 1.00 | 19.9 | 3.5 | 25 | 160 | 0.000 | 0.790 | 5.8 |
| D37 | 江苏中医药 | 383 | 0.94 | 7.8 | 2.8 | 23 | 176 | 0.000 | 0.300 | 6.8 |
| D37 | 江西中医药 | 386 | 0.97 | 9.1 | 3.1 | 25 | 198 | 0.003 | 0.319 | 6.8 |
| D37 | 辽宁中医杂志 | 904 | 1.00 | 13.9 | 4.2 | 29 | 290 | 0.000 | 0.800 | 6.4 |
| D37 | 山东中医杂志 | 382 | 0.97 | 10.9 | 3.0 | 25 | 146 | 0.000 | 0.370 | 6.8 |
| D37 | 山西中医 | 359 | 1.00 | 6.9 | 2.6 | 28 | 287 | — | 0.245 | 6.5 |
| D37 | 陕西中医 | 775 | 1.00 | 8.8 | 3.1 | 29 | 501 | 0.004 | 0.381 | 3.7 |

| 学科代码 | 期刊名称 | 来源文献量 | 文献选出率 | 平均引文数 | 平均作者数 | 地区分布数 | 机构分布数 | 海外论文比 | 基金论文比 | 引用半衰期 |
|---|---|---|---|---|---|---|---|---|---|---|
| D37 | 上海中医药杂志 | 343 | 0.98 | 14.7 | 3.8 | 22 | 145 | 0.010 | 0.640 | 6.4 |
| D37 | 时珍国医国药 | 1157 | 1.00 | 12.8 | 4.7 | 31 | 674 | 0.001 | 0.913 | 6.6 |
| D37 | 实用中西医结合临床 | 582 | 0.99 | 8.2 | 2.6 | 27 | 420 | — | 0.170 | 4.1 |
| D37 | 实用中医内科杂志 | 595 | 0.98 | 13.4 | 2.0 | 29 | 381 | 0.003 | 0.096 | 7.9 |
| D37 | 实用中医药杂志 | 1047 | 0.99 | 6.0 | 2.2 | 28 | 684 | — | 0.095 | 5.5 |
| D37 | 世界科学技术-中医药现代化 | 338 | 0.94 | 24.8 | 5.6 | 27 | 137 | 0.020 | 0.860 | 5.6 |
| D37 | 世界中医药 | 724 | 0.96 | 18.2 | 4.3 | 27 | 369 | 0.010 | 0.630 | 5.2 |
| D37 | 四川中医 | 1142 | 1.00 | 9.5 | 2.9 | 30 | 596 | 0.000 | 0.190 | 5.5 |
| D37 | 天津中医药 | 193 | 0.90 | 18.6 | 4.1 | 15 | 60 | 0.030 | 0.650 | 6.1 |
| D37 | 西部中医药 | 595 | 0.98 | 12.1 | 3.3 | 24 | 277 | 0.000 | 0.310 | 6.0 |
| D37 | 现代中医临床 | 100 | 0.88 | 11.6 | 4.6 | 9 | 40 | 0.000 | 0.450 | 7.2 |
| D37 | 现代中医药 | 190 | 0.90 | 11.0 | 3.0 | 23 | 134 | 0.005 | 0.316 | 6.6 |
| D37 | 新疆中医药 | 302 | 1.00 | 10.7 | 2.7 | 12 | 100 | — | 0.212 | 6.5 |
| D37 | 新中医 | 1261 | 0.99 | 7.1 | 2.7 | 28 | 767 | 0.002 | 0.269 | 6.0 |
| D37 | 云南中医中药杂志 | 594 | 1.00 | 7.8 | 2.8 | 28 | 341 | 0.003 | 0.254 | 6.3 |
| D37 | 浙江中西医结合杂志 | 460 | 0.94 | 11.8 | 3.4 | 13 | 241 | — | 0.376 | 6.0 |
| D37 | 浙江中医杂志 | 637 | 0.99 | 3.0 | 2.7 | 18 | 278 | — | 0.297 | 7.2 |
| D37 | 中国民间疗法 | 966 | 0.97 | 3.2 | 1.9 | 29 | 504 | — | 0.050 | 6.8 |
| D37 | 中国民族民间医药 | 1686 | 0.99 | 9.0 | 2.5 | 31 | 1061 | 0.001 | 0.216 | 5.3 |
| D37 | 中国民族医药杂志 | 575 | 0.99 | 6.3 | 2.4 | 19 | 233 | 0.002 | 0.221 | 9.3 |
| D37 | 中国中医基础医学杂志 | 648 | 0.97 | 11.0 | 3.8 | 30 | 261 | 0.000 | 0.540 | 8.0 |
| D37 | 中国中医急症 | 835 | 0.99 | 15.8 | 3.6 | 30 | 450 | 0.000 | 0.430 | 5.4 |
| D37 | 中国中医眼科杂志 | 115 | 0.97 | 14.2 | 3.8 | 25 | 76 | 0.000 | 0.350 | 7.4 |
| D37 | 中国中医药科技 | 402 | 0.98 | 10.0 | 3.0 | 28 | 350 | 0.002 | 0.420 | 6.5 |
| D37 | 中国中医药现代远程教育 | 1645 | 1.00 | 7.8 | 2.9 | 29 | 763 | 0.001 | 0.387 | 5.5 |
| D37 | 中国中医药信息杂志 | 436 | 0.98 | 11.5 | 4.4 | 27 | 206 | 0.000 | 0.640 | 6.1 |
| D37 | 中华中医药学刊 | 889 | 1.00 | 17.2 | 4.2 | 30 | 390 | 0.010 | 0.720 | 5.7 |
| D37 | 中华中医药杂志 | 1413 | 0.99 | 13.8 | 4.6 | 30 | 395 | 0.010 | 0.680 | 6.9 |
| D37 | 中药药理与临床 | 351 | 0.99 | 16.8 | 4.8 | 30 | 338 | 0.006 | 0.764 | 5.6 |
| D37 | 中医临床研究 | 2684 | 0.98 | 6.9 | 2.1 | 29 | 1468 | — | 0.122 | 5.4 |
| D37 | 中医外治杂志 | 217 | 0.97 | 7.8 | 2.7 | 25 | 190 | — | 0.212 | 6.7 |
| D37 | 中医文献杂志 | 131 | 0.92 | 8.5 | 2.4 | 19 | 80 | 0.008 | 0.626 | ≥10 |
| D37 | 中医学报 | 564 | 0.98 | 15.4 | 3.1 | 24 | 312 | 0.000 | 0.650 | 5.8 |
| D37 | 中医研究 | 417 | 0.97 | 9.2 | 2.8 | 25 | 217 | — | 0.444 | 6.0 |

| 学科代码 | 期刊名称 | 来源文献量 | 文献选出率 | 平均引文数 | 平均作者数 | 地区分布数 | 机构分布数 | 海外论文比 | 基金论文比 | 引用半衰期 |
|---|---|---|---|---|---|---|---|---|---|---|
| D37 | 中医药导报 | 1035 | 0.98 | 12.1 | 3.7 | 30 | 460 | 0.030 | 0.410 | 6.2 |
| D37 | 中医药临床杂志 | 649 | 1.00 | 13.4 | 3.0 | 27 | 341 | — | 0.435 | 5.0 |
| D37 | 中医药通报 | 148 | 0.93 | 8.5 | 2.9 | 19 | 87 | 0.007 | 0.595 | 6.4 |
| D37 | 中医药文化 | 69 | 0.82 | 13.5 | 1.9 | 21 | 39 | 0.043 | 0.536 | ≥10 |
| D37 | 中医药信息 | 247 | 0.96 | 14.1 | 4.1 | 23 | 153 | — | 0.753 | 5.7 |
| D37 | 中医药学报 | 259 | 0.98 | 13.1 | 3.9 | 26 | 163 | — | 0.703 | 5.6 |
| D37 | 中医杂志 | 550 | 0.97 | 14.5 | 4.3 | 28 | 214 | 0.010 | 0.640 | 7.2 |
| D38 | 安徽中医药大学学报 | 163 | 0.99 | 12.6 | 4.4 | 17 | 71 | 0.000 | 0.500 | 6.4 |
| D38 | 北京中医药大学学报 | 199 | 0.90 | 13.5 | 5.2 | 27 | 72 | 0.030 | 0.800 | 6.9 |
| D38 | 长春中医药大学学报 | 465 | 0.99 | 14.7 | 3.3 | 24 | 164 | 0.000 | 0.700 | 4.9 |
| D38 | 成都中医药大学学报 | 143 | 1.00 | 12.2 | 3.8 | 18 | 75 | 0.030 | 0.510 | 5.8 |
| D38 | 甘肃中医药大学学报 | 214 | 0.94 | 11.3 | 3.4 | 19 | 120 | 0.005 | 0.472 | 6.9 |
| D38 | 广西中医药大学学报 | 233 | 0.99 | 11.8 | 3.2 | 21 | 123 | 0.004 | 0.485 | 5.4 |
| D38 | 广州中医药大学学报 | 213 | 0.94 | 15.1 | 4.3 | 21 | 95 | 0.010 | 0.640 | 7.3 |
| D38 | 贵阳中医学院学报 | 166 | 0.95 | 12.2 | 3.5 | 19 | 96 | 0.006 | 0.729 | 5.8 |
| D38 | 湖北中医药大学学报 | 252 | 0.99 | 13.5 | 3.3 | 23 | 132 | 0.000 | 0.660 | 5.3 |
| D38 | 湖南中医药大学学报 | 295 | 0.98 | 13.2 | 4.7 | 23 | 101 | 0.000 | 0.710 | 5.6 |
| D38 | 江西中医药大学学报 | 247 | 0.99 | 10.1 | 3.4 | 16 | 120 | — | 0.474 | 6.7 |
| D38 | 辽宁中医药大学学报 | 890 | 0.98 | 17.1 | 3.4 | 28 | 308 | 0.000 | 0.510 | 5.8 |
| D38 | 南京中医药大学学报 | 151 | 0.95 | 11.6 | 4.5 | 20 | 76 | 0.010 | 0.770 | 5.8 |
| D38 | 山东中医药大学学报 | 190 | 0.98 | 11.7 | 2.9 | 20 | 73 | 0.000 | 0.450 | 7.3 |
| D38 | 山西中医学院学报 | 176 | 0.99 | 9.5 | 3.3 | 24 | 115 | 0.006 | 0.540 | 7.2 |
| D38 | 陕西中医药大学学报 | 277 | 0.99 | 10.9 | 2.9 | 23 | 149 | — | 0.394 | 6.9 |
| D38 | 上海中医药大学学报 | 129 | 0.99 | 17.5 | 4.8 | 15 | 50 | 0.000 | 0.800 | 5.8 |
| D38 | 天津中医药大学学报 | 103 | 0.95 | 20.2 | 4.6 | 17 | 35 | 0.010 | 0.630 | 6.4 |
| D38 | 云南中医学院学报 | 150 | 1.00 | 18.8 | 4.4 | 19 | 134 | — | 0.987 | 6.0 |
| D38 | 浙江中医药大学学报 | 248 | 0.93 | 11.4 | 3.6 | 22 | 84 | 0.020 | 0.490 | 6.3 |
| D39 | Journal of Integrative Medicine | 56 | 0.89 | 42.3 | 3.9 | 5 | 51 | 0.840 | 0.110 | 7.1 |
| D39 | 深圳中西医结合杂志 | 2418 | 0.99 | 7.1 | 2.1 | 21 | 1079 | 0.001 | 0.089 | 3.6 |
| D39 | 世界中西医结合杂志 | 478 | 0.95 | 14.8 | 3.9 | 27 | 242 | 0.000 | 0.420 | 6.1 |
| D39 | 现代中西医结合杂志 | 1474 | 0.98 | 14.7 | 3.2 | 29 | 932 | 0.000 | 0.150 | 4.6 |
| D39 | 中国中西医结合耳鼻咽喉科杂志 | 150 | 0.94 | 11.7 | 3.8 | 20 | 129 | 0.000 | 0.190 | 7.1 |
| D39 | 中国中西医结合急救杂志 | 186 | 0.94 | 20.1 | 4.6 | 27 | 155 | 0.000 | 0.590 | 5.9 |
| D39 | 中国中西医结合皮肤性病学杂志 | 143 | 0.89 | 10.7 | 4.0 | 25 | 113 | 0.000 | 0.190 | 6.8 |

| 学科代码 | 期刊名称 | 来源文献量 | 文献选出率 | 平均引文数 | 平均作者数 | 地区分布数 | 机构分布数 | 海外论文比 | 基金论文比 | 引用半衰期 |
|---|---|---|---|---|---|---|---|---|---|---|
| D39 | 中国中西医结合肾病杂志 | 401 | 0.96 | 15.1 | 4.0 | 30 | 252 | 0.000 | 0.350 | 6.0 |
| D39 | 中国中西医结合外科杂志 | 207 | 0.89 | 15.4 | 3.6 | 20 | 129 | 0.000 | 0.210 | 5.2 |
| D39 | 中国中西医结合消化杂志 | 279 | 0.96 | 13.4 | 3.6 | 27 | 217 | 0.000 | 0.300 | 5.0 |
| D39 | 中国中西医结合影像学杂志 | 271 | 0.98 | 14.5 | 3.8 | 25 | 254 | — | 0.292 | 5.9 |
| D39 | 中国中西医结合杂志 | 303 | 0.94 | 19.4 | 5.0 | 26 | 188 | 0.020 | 0.690 | 7.4 |
| D39 | 中西医结合肝病杂志 | 145 | 0.97 | 13.0 | 4.0 | 21 | 107 | 0.000 | 0.370 | 6.1 |
| D39 | 中西医结合心脑血管病杂志 | 1061 | 0.98 | 13.6 | 3.5 | 30 | 589 | 0.000 | 0.290 | 6.0 |
| D39 | 中西医结合心血管病电子杂志 | 4588 | 0.99 | 4.6 | 1.5 | 30 | 2205 | 0.000 | 0.019 | 2.9 |
| D39 | 中西医结合研究 | 133 | 0.94 | 9.0 | 2.2 | 17 | 101 | — | 0.120 | 5.6 |
| D40 | Chinese Herbal Medicines | 54 | 0.93 | 31.5 | 5.4 | 17 | 45 | 0.110 | 0.630 | 6.5 |
| D40 | 天然产物研究与开发 | 351 | 0.99 | 18.6 | 4.9 | 30 | 218 | 0.010 | 0.740 | 6.5 |
| D40 | 现代中药研究与实践 | 149 | 1.00 | 10.5 | 4.6 | 26 | 99 | 0.000 | 0.560 | 6.3 |
| D40 | 中草药 | 716 | 0.99 | 23.5 | 5.6 | 29 | 287 | 0.010 | 0.770 | 6.2 |
| D40 | 中成药 | 628 | 1.00 | 18.1 | 4.9 | 30 | 316 | 0.000 | 0.650 | 6.1 |
| D40 | 中国实验方剂学杂志 | 1094 | 0.99 | 18.0 | 5.0 | 30 | 380 | 0.000 | 0.790 | 5.9 |
| D40 | 中国现代中药 | 355 | 0.98 | 16.7 | 5.0 | 30 | 182 | 0.000 | 0.540 | 7.0 |
| D40 | 中国中药杂志 | 741 | 0.98 | 24.0 | 5.9 | 30 | 240 | 0.020 | 0.810 | 6.1 |
| D40 | 中药材 | 699 | 0.99 | 10.8 | 4.8 | 30 | 357 | 0.010 | 0.670 | 6.8 |
| D40 | 中药新药与临床药理 | 178 | 0.96 | 17.8 | 5.2 | 26 | 82 | 0.010 | 0.770 | 5.8 |
| D41 | 农垦医学 | 179 | 0.97 | 8.6 | 3.4 | 5 | 65 | 0.006 | 0.184 | 5.5 |
| D41 | 上海针灸杂志 | 440 | 0.87 | 22.3 | 4.0 | 27 | 389 | 0.009 | 0.630 | 5.8 |
| D41 | 针刺研究 | 104 | 0.90 | 24.0 | 5.4 | 25 | 62 | 0.010 | 0.740 | 7.0 |
| D41 | 针灸临床杂志 | 355 | 0.96 | 14.1 | 4.1 | 25 | 166 | 0.000 | 0.430 | 6.0 |
| D41 | 中国骨伤 | 246 | 0.95 | 18.0 | 4.8 | 26 | 162 | 0.000 | 0.220 | 6.3 |
| D41 | 中国针灸 | 309 | 0.76 | 15.8 | 4.4 | 28 | 168 | 0.030 | 0.590 | 7.7 |
| D41 | 中国中医骨伤科杂志 | 292 | 0.97 | 16.4 | 4.7 | 26 | 184 | 0.000 | 0.250 | 5.0 |
| D41 | 中医正骨 | 274 | 0.65 | 17.1 | 4.3 | 22 | 186 | — | 0.369 | 5.1 |
| E01 | CADDM | 40 | 0.95 | 12.6 | 3.7 | 13 | 50 | 0.075 | 0.725 | 7.8 |
| E01 | CT理论与应用研究 | 90 | 0.85 | 17.2 | 4.8 | 19 | 69 | 0.020 | 0.320 | 7.0 |
| E01 | Science China Technological Sciences | 214 | 0.99 | 34.9 | 4.1 | 21 | 185 | 0.145 | 0.907 | 7.1 |
| E01 | 包装工程 | 988 | 0.97 | 14.0 | 2.6 | 29 | 440 | 0.005 | 0.608 | 5.3 |
| E01 | 包装世界 | 202 | 0.90 | 4.9 | 1.6 | 23 | 107 | — | 0.455 | 7.2 |
| E01 | 包装学报 | 68 | 0.92 | 14.7 | 2.9 | 14 | 36 | 0.015 | 0.632 | 6.3 |
| E01 | 标准科学 | 267 | 0.95 | 6.7 | 2.9 | 24 | 193 | 0.004 | 0.423 | 7.2 |

| 学科代码 | 期刊名称 | 来源文献量 | 文献选出率 | 平均引文数 | 平均作者数 | 地区分布数 | 机构分布数 | 海外论文比 | 基金论文比 | 引用半衰期 |
|---|---|---|---|---|---|---|---|---|---|---|
| E01 | 测试技术学报 | 92 | 0.94 | 10.9 | 3.5 | 20 | 56 | 0.000 | 0.530 | 8.1 |
| E01 | 成组技术与生产现代化 | 50 | 0.94 | 8.4 | 3.4 | 7 | 32 | − | 0.580 | 7.9 |
| E01 | 船舶标准化工程师 | 78 | 0.69 | 5.3 | 2.7 | 13 | 57 | 0.013 | 0.077 | 8.3 |
| E01 | 船舶标准化与质量 | 90 | 0.66 | 1.5 | 2.2 | 10 | 49 | − | − | ≥10 |
| E01 | 电信工程技术与标准化 | 219 | 0.77 | 3.0 | 2.4 | 27 | 88 | − | 0.142 | 4.5 |
| E01 | 工程爆破 | 114 | 0.94 | 10.0 | 4.2 | 25 | 78 | 0.000 | 0.400 | 7.3 |
| E01 | 工程地球物理学报 | 134 | 0.96 | 14.1 | 3.6 | 23 | 143 | − | 0.560 | 7.9 |
| E01 | 工程建设与设计 | 1319 | 0.95 | 3.7 | 1.5 | 30 | 1002 | 0.002 | 0.027 | 5.9 |
| E01 | 工程科学学报 | 240 | 0.99 | 18.2 | 4.5 | 19 | 48 | 0.020 | 0.870 | 7.8 |
| E01 | 工程力学 | 370 | 0.97 | 19.6 | 3.5 | 25 | 127 | 0.020 | 0.920 | 8.4 |
| E01 | 工程数学学报 | 55 | 0.96 | 16.1 | 2.5 | 26 | 44 | 0.000 | 0.960 | ≥10 |
| E01 | 工程与建设 | 282 | 0.98 | 10.4 | 1.9 | 20 | 154 | − | 0.078 | 8.3 |
| E01 | 工程与试验 | 104 | 0.99 | 5.6 | 3.0 | 17 | 49 | − | 0.183 | ≥10 |
| E01 | 工程质量 | 269 | 0.79 | 4.4 | 2.5 | 24 | 237 | 0.004 | 0.138 | 6.2 |
| E01 | 工具技术 | 324 | 0.61 | 10.0 | 3.3 | 26 | 158 | 0.000 | 0.540 | 7.4 |
| E01 | 工业工程 | 130 | 0.97 | 17.8 | 3.0 | 21 | 70 | 0.030 | 0.920 | 7.0 |
| E01 | 工业计量 | 139 | 0.79 | 3.2 | 2.7 | 24 | 126 | − | 0.050 | 7.9 |
| E01 | 工业设计 | 920 | 0.73 | 4.6 | 1.5 | 30 | 597 | 0.001 | 0.108 | 6.1 |
| E01 | 航空标准化与质量 | 81 | 0.92 | 3.2 | 2.3 | 14 | 53 | − | 0.037 | 8.6 |
| E01 | 航天标准化 | 42 | 0.86 | 2.9 | 2.9 | 7 | 20 | − | 0.167 | 6.9 |
| E01 | 河北工业科技 | 91 | 0.95 | 17.8 | 3.7 | 16 | 48 | 0.000 | 0.730 | 6.1 |
| E01 | 衡器 | 154 | 0.54 | 2.0 | 1.6 | 19 | 82 | 0.013 | − | ≥10 |
| E01 | 计量技术 | 288 | 0.97 | 6.7 | 2.9 | 27 | 208 | − | 0.306 | 9.7 |
| E01 | 计量学报 | 144 | 0.98 | 11.5 | 4.0 | 19 | 69 | 0.010 | 0.730 | 8.4 |
| E01 | 计量与测试技术 | 656 | 0.98 | 3.3 | 2.2 | 29 | 250 | 0.011 | 0.078 | 8.4 |
| E01 | 科学技术与工程 | 1939 | 0.99 | 14.1 | 3.9 | 30 | 562 | 0.010 | 0.650 | 7.6 |
| E01 | 冷藏技术 | 53 | 0.95 | 10.7 | 2.6 | 11 | 43 | − | 0.189 | 8.1 |
| E01 | 宁夏工程技术 | 89 | 0.97 | 10.8 | 2.9 | 8 | 60 | 0.011 | 0.483 | 7.9 |
| E01 | 热喷涂技术 | 48 | 0.96 | 10.3 | 4.4 | 9 | 40 | 0.083 | 0.292 | ≥10 |
| E01 | 人类工效学 | 96 | 0.98 | 17.9 | 3.3 | 18 | 52 | 0.000 | 0.530 | 8.4 |
| E01 | 润滑与密封 | 338 | 0.95 | 12.7 | 3.9 | 27 | 176 | 0.010 | 0.670 | 8.4 |
| E01 | 山东工业技术 | 6339 | 1.00 | 3.2 | 1.5 | 31 | 3643 | 0.006 | 0.047 | 4.8 |
| E01 | 上海计量测试 | 125 | 0.82 | 5.5 | 2.7 | 17 | 73 | − | 0.096 | 7.6 |
| E01 | 设备管理与维修 | 667 | 0.92 | 2.4 | 2.1 | 30 | 488 | 0.003 | 0.018 | 8.6 |

| 学科代码 | 期刊名称 | 来源文献量 | 文献选出率 | 平均引文数 | 平均作者数 | 地区分布数 | 机构分布数 | 海外论文比 | 基金论文比 | 引用半衰期 |
|---|---|---|---|---|---|---|---|---|---|---|
| E01 | 设备监理 | 61 | 0.55 | 3.4 | 1.6 | 21 | 50 | 0.016 | — | 8.1 |
| E01 | 设计 | 999 | 0.68 | 6.2 | 1.7 | 26 | 292 | 0.005 | 0.286 | 6.1 |
| E01 | 声学与电子工程 | 54 | 0.93 | 5.8 | 2.6 | 6 | 18 | — | 0.056 | ≥10 |
| E01 | 市政技术 | 306 | 0.87 | 6.5 | 2.3 | 26 | 241 | — | 0.141 | 7.5 |
| E01 | 市政设施管理 | 95 | 0.95 | 1.9 | 1.4 | 16 | 63 | — | — | 6.1 |
| E01 | 数字与缩微影像 | 54 | 0.81 | 3.6 | 1.4 | 11 | 37 | — | 0.093 | 5.0 |
| E01 | 塑料包装 | 61 | 0.72 | 3.4 | 2.1 | 13 | 39 | — | 0.016 | 5.8 |
| E01 | 现代测量与实验室管理 | 154 | 0.97 | 4.1 | 2.5 | 26 | 125 | — | 0.058 | ≥10 |
| E01 | 新技术新工艺 | 349 | 0.96 | 6.1 | 3.3 | 26 | 277 | — | 0.206 | 7.8 |
| E01 | 新媒体研究 | 2171 | 0.98 | 3.6 | 1.1 | 31 | 1107 | 0.002 | 0.048 | 3.3 |
| E01 | 新型工业化 | 125 | 0.90 | 14.5 | 3.0 | 21 | 92 | — | 0.608 | 5.5 |
| E01 | 液晶与显示 | 166 | 0.94 | 14.9 | 4.1 | 23 | 88 | 0.000 | 0.690 | 6.7 |
| E01 | 液压气动与密封 | 291 | 0.85 | 8.2 | 3.3 | 25 | 162 | 0.000 | 0.270 | 8.1 |
| E01 | 仪器仪表标准化与计量 | 64 | 0.55 | 3.9 | 2.1 | 17 | 42 | — | 0.125 | 8.3 |
| E01 | 应用基础与工程科学学报 | 117 | 0.95 | 19.3 | 4.2 | 24 | 75 | 0.030 | 0.880 | 7.7 |
| E01 | 真空 | 106 | 0.90 | 10.8 | 4.0 | 16 | 52 | 0.030 | 0.220 | ≥10 |
| E01 | 真空科学与技术学报 | 243 | 0.98 | 17.9 | 5.0 | 27 | 176 | — | 0.753 | 8.3 |
| E01 | 质量与可靠性 | 74 | 0.88 | 3.2 | 3.2 | 10 | 66 | — | 0.014 | 8.0 |
| E01 | 中国标准化 | 947 | 0.74 | 3.6 | 1.7 | 31 | 765 | 0.007 | 0.087 | 4.1 |
| E01 | 中国测试 | 353 | 1.00 | 13.1 | 4.1 | 27 | 170 | 0.000 | 0.580 | 6.8 |
| E01 | 中国工程科学 | 107 | 0.92 | 13.6 | 3.8 | 14 | 60 | 0.030 | 1.000 | 4.6 |
| E01 | 中国惯性技术学报 | 148 | 0.97 | 12.8 | 4.0 | 20 | 72 | 0.010 | 0.790 | 4.4 |
| E01 | 中国计量 | 397 | 0.59 | 0.0 | 2.0 | 29 | 262 | 0.003 | 0.033 | — |
| E01 | 中国科学(技术科学) | 132 | 0.94 | 33.1 | 4.1 | 23 | 74 | 0.050 | 0.900 | 7.5 |
| E01 | 中国新技术新产品 | 3253 | 0.99 | 3.2 | 1.4 | 31 | 2022 | 0.002 | 0.018 | 4.8 |
| E02 | Journal of Beijing Institute of Technology | 76 | 0.95 | 14.7 | 4.2 | 7 | 32 | — | 0.842 | 8.8 |
| E02 | Journal of Central South University | 360 | 0.99 | 25.6 | 4.0 | 16 | 149 | 0.175 | 0.817 | 7.5 |
| E02 | Journal of Chongqing University (English Edition) | 16 | 0.84 | 18.5 | 3.8 | 10 | 21 | 0.063 | 0.688 | 8.5 |
| E02 | Journal of Donghua University (English Edition) | 193 | 1.00 | 18.9 | 3.8 | 23 | 126 | 0.052 | 0.850 | 7.2 |
| E02 | Journal of Harbin Institute of Technology | 76 | 0.94 | 25.2 | 3.6 | 15 | 62 | 0.053 | 0.776 | 7.2 |
| E02 | Journal of Shanghai Jiaotong University (Science) | 104 | 1.00 | 15.9 | 3.4 | 20 | 93 | 0.029 | 0.846 | 7.9 |

| 学科代码 | 期刊名称 | 来源文献量 | 文献选出率 | 平均引文数 | 平均作者数 | 地区分布数 | 机构分布数 | 海外论文比 | 基金论文比 | 引用半衰期 |
|---|---|---|---|---|---|---|---|---|---|---|
| E02 | Journal of Southeast University (English Edition) | 86 | 0.98 | 16.0 | 4.0 | 15 | 47 | 0.035 | 0.977 | 6.2 |
| E02 | Transactions of Tianjin University | 80 | 0.96 | 22.5 | 4.2 | 4 | 7 | — | 0.875 | 7.8 |
| E02 | Tsinghua Science and Technology | 62 | 0.91 | 25.3 | 4.1 | 13 | 77 | 0.403 | 0.790 | 5.2 |
| E02 | 安徽电气工程职业技术学院学报 | 109 | 1.00 | 6.6 | 2.3 | 13 | 66 | — | 0.174 | 8.2 |
| E02 | 安徽工程大学学报 | 112 | 1.00 | 9.9 | 2.9 | 4 | 16 | 0.009 | 0.830 | 6.2 |
| E02 | 安徽工业大学学报(自然科学版) | 73 | 0.96 | 15.1 | 3.8 | 7 | 16 | 0.000 | 0.850 | 6.8 |
| E02 | 安阳工学院学报 | 223 | 1.00 | 7.0 | 1.6 | 20 | 130 | 0.009 | 0.386 | 7.4 |
| E02 | 北方工业大学学报 | 64 | 0.89 | 8.6 | 2.0 | 10 | 22 | — | 0.578 | 9.1 |
| E02 | 北京服装学院学报(自然科学版) | 47 | 0.89 | 9.7 | 2.9 | 11 | 19 | — | 0.596 | 8.0 |
| E02 | 北京工业大学学报 | 266 | 0.98 | 17.6 | 3.8 | 23 | 53 | 0.020 | 0.970 | 7.4 |
| E02 | 北京交通大学学报 | 124 | 0.94 | 13.9 | 3.4 | 12 | 33 | 0.020 | 0.740 | 7.4 |
| E02 | 北京理工大学学报 | 234 | 0.95 | 10.8 | 3.8 | 20 | 56 | 0.000 | 0.720 | 8.3 |
| E02 | 北京印刷学院学报 | 120 | 0.98 | 9.3 | 2.4 | 9 | 28 | — | 0.575 | 6.0 |
| E02 | 长春工程学院学报(自然科学版) | 119 | 1.00 | 7.9 | 2.5 | 17 | 83 | 0.008 | 0.504 | 7.0 |
| E02 | 长春工业大学学报 | 121 | 0.98 | 10.0 | 2.8 | 13 | 52 | — | 0.835 | 6.8 |
| E02 | 长春理工大学学报(自然科学版) | 187 | 1.00 | 11.4 | 3.8 | 13 | 29 | 0.010 | 0.380 | 7.7 |
| E02 | 长江工程职业技术学院学报 | 97 | 1.00 | 4.9 | 1.5 | 19 | 70 | — | 0.361 | 6.2 |
| E02 | 长沙理工大学学报(自然科学版) | 62 | 0.93 | 13.7 | 3.9 | 3 | 5 | 0.000 | 0.940 | 4.0 |
| E02 | 常熟理工学院学报 | 148 | 1.00 | 11.2 | 2.2 | 17 | 74 | — | 0.554 | ≥10 |
| E02 | 常州工学院学报 | 122 | 0.95 | 8.9 | 2.3 | 14 | 64 | — | 0.574 | 6.0 |
| E02 | 成都纺织高等专科学校学报 | 217 | 1.00 | 18.6 | 2.8 | 18 | 72 | 0.014 | 0.493 | 7.3 |
| E02 | 成都信息工程大学学报 | 107 | 0.99 | 16.8 | 3.2 | 9 | 57 | — | 0.869 | 7.9 |
| E02 | 重庆大学学报 | 112 | 0.97 | 19.3 | 4.1 | 22 | 70 | 0.000 | 0.850 | 6.8 |
| E02 | 重庆电子工程职业学院学报 | 245 | 0.98 | 5.9 | 1.4 | 23 | 150 | — | 0.433 | 6.6 |
| E02 | 大连工业大学学报 | 117 | 0.92 | 14.8 | 4.6 | 5 | 7 | 0.000 | 0.610 | 7.7 |
| E02 | 大连理工大学学报 | 96 | 0.98 | 15.5 | 3.4 | 17 | 31 | 0.020 | 0.910 | 8.0 |
| E02 | 东北大学学报(自然科学版) | 366 | 0.99 | 11.6 | 3.6 | 15 | 24 | 0.040 | 0.910 | 8.0 |
| E02 | 东莞理工学院学报 | 141 | 0.99 | 12.1 | 2.2 | 19 | 75 | 0.007 | 0.596 | 7.6 |
| E02 | 东华大学学报(自然科学版) | 153 | 0.96 | 13.7 | 3.8 | 15 | 30 | 0.010 | 0.650 | 7.9 |
| E02 | 东南大学学报(自然科学版) | 198 | 0.97 | 15.5 | 3.9 | 17 | 43 | 0.040 | 0.930 | 6.9 |
| E02 | 福建工程学院学报 | 113 | 1.00 | 9.2 | 2.1 | 3 | 33 | — | 0.708 | 6.8 |
| E02 | 工程科学与技术 | 183 | 0.97 | 18.0 | 4.1 | 24 | 79 | 0.030 | 0.940 | 6.9 |
| E02 | 广东工业大学学报 | 102 | 0.96 | 17.7 | 3.3 | 5 | 30 | 0.010 | 0.980 | 6.5 |

| 学科代码 | 期刊名称 | 来源文献量 | 文献选出率 | 平均引文数 | 平均作者数 | 地区分布数 | 机构分布数 | 海外论文比 | 基金论文比 | 引用半衰期 |
|---|---|---|---|---|---|---|---|---|---|---|
| E02 | 广东轻工职业技术学院学报 | 73 | 1.00 | 7.5 | 1.6 | 10 | 43 | — | 0.507 | 4.6 |
| E02 | 广西科技大学学报 | 81 | 0.92 | 12.3 | 3.3 | 4 | 23 | — | 0.988 | 6.7 |
| E02 | 桂林理工大学学报 | 133 | 0.99 | 18.1 | 4.5 | 20 | 50 | 0.000 | 0.740 | 8.7 |
| E02 | 国防科技大学学报 | 180 | 0.99 | 17.1 | 4.0 | 12 | 32 | 0.000 | 0.870 | 7.7 |
| E02 | 哈尔滨工程大学学报 | 282 | 0.99 | 15.2 | 3.9 | 21 | 81 | 0.020 | 0.930 | 7.5 |
| E02 | 哈尔滨工业大学学报 | 354 | 0.97 | 19.5 | 4.0 | 23 | 99 | 0.020 | 0.850 | 7.6 |
| E02 | 哈尔滨理工大学学报 | 138 | 0.96 | 18.8 | 3.7 | 16 | 23 | 0.010 | 0.780 | 6.2 |
| E02 | 海军工程大学学报 | 131 | 0.98 | 9.1 | 3.6 | 9 | 18 | 0.010 | 0.590 | 8.0 |
| E02 | 合肥工业大学学报(自然科学版) | 324 | 0.98 | 14.0 | 3.7 | 23 | 74 | 0.000 | 0.810 | 7.6 |
| E02 | 河北工业大学学报 | 112 | 1.00 | 13.0 | 4.1 | 9 | 18 | 0.010 | 0.910 | 7.6 |
| E02 | 河北软件职业技术学院学报 | 82 | 0.98 | 6.5 | 1.7 | 14 | 50 | — | 0.524 | 4.3 |
| E02 | 河南城建学院学报 | 98 | 0.95 | 10.8 | 2.9 | 18 | 77 | — | 0.755 | 6.9 |
| E02 | 河南工程学院学报(自然科学版) | 69 | 0.96 | 9.5 | 2.9 | 13 | 37 | — | 0.667 | 6.9 |
| E02 | 河南理工大学学报(自然科学版) | 148 | 1.00 | 13.4 | 3.4 | 16 | 44 | 0.010 | 0.910 | 5.9 |
| E02 | 黑龙江大学工程学报 | 64 | 0.93 | 14.1 | 4.0 | 10 | 47 | — | 1.000 | 6.5 |
| E02 | 黑龙江工程学院学报 | 116 | 0.97 | 11.4 | 2.8 | 16 | 56 | — | 0.629 | 5.5 |
| E02 | 黑龙江科技大学学报 | 141 | 0.96 | 12.5 | 3.4 | 10 | 27 | 0.020 | 0.770 | 5.6 |
| E02 | 后勤工程学院学报 | 101 | 0.94 | 15.8 | 3.8 | 4 | 45 | — | 0.713 | 6.5 |
| E02 | 湖北工程学院学报 | 154 | 0.97 | 10.5 | 2.0 | 21 | 82 | 0.006 | 0.552 | 8.6 |
| E02 | 湖北工业大学学报 | 179 | 1.00 | 8.9 | 2.9 | 6 | 35 | 0.006 | 0.486 | 7.0 |
| E02 | 湖北理工学院学报 | 92 | 1.00 | 10.4 | 3.6 | 16 | 60 | — | 0.739 | 6.4 |
| E02 | 湖南大学学报(自然科学版) | 257 | 1.00 | 16.1 | 4.0 | 19 | 41 | 0.020 | 0.950 | 7.6 |
| E02 | 湖南工业大学学报 | 101 | 0.96 | 13.6 | 3.5 | 8 | 29 | — | 0.703 | 5.9 |
| E02 | 湖南科技大学学报(自然科学版) | 85 | 1.00 | 16.0 | 3.4 | 17 | 43 | 0.000 | 0.850 | 7.5 |
| E02 | 湖南理工学院学报(自然科学版) | 82 | 0.98 | 7.6 | 2.7 | 10 | 42 | — | 0.573 | 7.4 |
| E02 | 华北科技学院学报 | 145 | 0.96 | 10.4 | 3.0 | 14 | 47 | — | 0.869 | 7.0 |
| E02 | 华东理工大学学报(自然科学版) | 131 | 0.96 | 18.5 | 3.7 | 8 | 10 | 0.010 | 0.540 | 8.2 |
| E02 | 华南理工大学学报(自然科学版) | 251 | 0.95 | 18.0 | 3.6 | 20 | 45 | 0.010 | 0.960 | 6.7 |
| E02 | 华中科技大学学报(自然科学版) | 295 | 1.00 | 13.6 | 3.6 | 23 | 92 | 0.010 | 0.930 | 6.2 |
| E02 | 淮海工学院学报(自然科学版) | 77 | 0.97 | 13.2 | 3.2 | 7 | 60 | — | 0.623 | 6.6 |
| E02 | 淮阴工学院学报 | 121 | 0.98 | 9.0 | 2.3 | 12 | 69 | 0.008 | 0.628 | 7.7 |
| E02 | 黄河科技大学学报 | 130 | 0.97 | 11.8 | 1.2 | 21 | 84 | 0.008 | 0.523 | 9.6 |
| E02 | 吉林大学学报(工学版) | 303 | 1.00 | 14.4 | 4.2 | 21 | 74 | 0.030 | 0.960 | 7.0 |
| E02 | 江苏大学学报(自然科学版) | 121 | 0.99 | 14.0 | 3.8 | 18 | 47 | 0.020 | 0.920 | 6.0 |

| 学科代码 | 期刊名称 | 来源文献量 | 文献选出率 | 平均引文数 | 平均作者数 | 地区分布数 | 机构分布数 | 海外论文比 | 基金论文比 | 引用半衰期 |
|---|---|---|---|---|---|---|---|---|---|---|
| E02 | 江苏工程职业技术学院学报 | 112 | 0.99 | 6.0 | 1.6 | 7 | 49 | 0.018 | 0.589 | 5.6 |
| E02 | 江苏科技大学学报(自然科学版) | 113 | 0.99 | 12.8 | 3.6 | 12 | 35 | 0.010 | 0.610 | 6.1 |
| E02 | 江苏理工学院学报 | 165 | 0.95 | 8.2 | 2.1 | 14 | 56 | - | 0.679 | 7.2 |
| E02 | 江西理工大学学报 | 121 | 0.99 | 16.2 | 2.7 | 15 | 41 | - | 0.917 | 6.6 |
| E02 | 解放军理工大学学报(自然科学版) | 93 | 0.99 | 15.0 | 4.0 | 15 | 38 | 0.000 | 0.850 | 5.9 |
| E02 | 空军工程大学学报(自然科学版) | 119 | 0.98 | 17.6 | 4.1 | 6 | 12 | 0.010 | 0.910 | 6.5 |
| E02 | 兰州工业学院学报 | 178 | 0.98 | 8.9 | 1.8 | 21 | 106 | - | 0.360 | 8.0 |
| E02 | 兰州理工大学学报 | 206 | 0.97 | 13.3 | 3.5 | 23 | 66 | 0.000 | 0.830 | 7.9 |
| E02 | 兰州文理学院学报(自然科学版) | 172 | 0.98 | 8.4 | 2.0 | 24 | 111 | 0.006 | 0.640 | 6.5 |
| E02 | 辽宁工业大学学报(自然科学版) | 99 | 1.00 | 11.0 | 3.2 | 3 | 31 | - | 0.636 | 8.3 |
| E02 | 辽宁科技大学学报 | 85 | 1.00 | 15.3 | 4.0 | 11 | 41 | - | 0.765 | 7.6 |
| E02 | 辽宁石油化工大学学报 | 103 | 1.00 | 15.0 | 3.8 | 8 | 50 | - | 0.680 | 6.7 |
| E02 | 洛阳理工学院学报(自然科学版) | 91 | 0.99 | 8.9 | 2.1 | 14 | 53 | 0.011 | 0.429 | 6.8 |
| E02 | 美食研究 | 53 | 0.93 | 11.7 | 2.1 | 17 | 42 | - | 0.547 | ≥10 |
| E02 | 南昌大学学报(工科版) | 76 | 1.00 | 14.0 | 3.5 | 8 | 40 | - | 0.737 | 7.1 |
| E02 | 南昌工程学院学报 | 130 | 0.96 | 13.2 | 2.8 | 15 | 73 | - | 0.746 | 8.2 |
| E02 | 南京工程学院学报(自然科学版) | 64 | 0.97 | 10.1 | 3.0 | 6 | 32 | - | 0.719 | 6.8 |
| E02 | 南京工业大学学报(自然科学版) | 129 | 0.98 | 14.9 | 4.3 | 6 | 22 | 0.020 | 0.830 | 7.6 |
| E02 | 南京工业职业技术学院学报 | 99 | 0.94 | 6.5 | 1.6 | 11 | 46 | - | 0.505 | 6.4 |
| E02 | 南京理工大学学报(自然科学版) | 119 | 0.98 | 14.6 | 3.4 | 18 | 51 | 0.020 | 0.750 | 6.2 |
| E02 | 南京信息工程大学学报 | 72 | 0.95 | 21.1 | 3.4 | 13 | 52 | - | 0.903 | 7.1 |
| E02 | 南阳理工学院学报 | 173 | 0.97 | 8.6 | 1.8 | 25 | 106 | 0.006 | 0.364 | 8.3 |
| E02 | 内蒙古工业大学学报(自然科学版) | 54 | 1.00 | 10.3 | 2.7 | 4 | 13 | - | 0.741 | 7.9 |
| E02 | 宁波工程学院学报 | 98 | 0.96 | 8.4 | 2.3 | 5 | 24 | 0.031 | 0.684 | 6.5 |
| E02 | 齐鲁工业大学学报 | 100 | 0.98 | 16.2 | 3.4 | 14 | 62 | - | 0.890 | 6.6 |
| E02 | 青岛大学学报(工程技术版) | 93 | 0.96 | 12.2 | 3.8 | 2 | 5 | 0.010 | 0.660 | 6.7 |
| E02 | 青岛理工大学学报 | 136 | 1.00 | 9.0 | 3.2 | 7 | 63 | - | 0.368 | 7.4 |
| E02 | 轻工学报 | 93 | 0.94 | 17.5 | 4.4 | 15 | 68 | 0.022 | 0.871 | 6.8 |
| E02 | 清华大学学报(自然科学版) | 209 | 1.00 | 16.3 | 3.8 | 17 | 42 | 0.020 | 0.790 | 7.8 |
| E02 | 厦门理工学院学报 | 117 | 0.96 | 11.4 | 2.2 | 7 | 51 | 0.009 | 0.761 | 6.6 |
| E02 | 山东大学学报(工学版) | 105 | 0.99 | 23.3 | 3.8 | 18 | 65 | 0.020 | 0.850 | 7.2 |
| E02 | 山东科技大学学报(自然科学版) | 100 | 0.99 | 15.7 | 4.0 | 7 | 38 | 0.020 | 0.890 | 7.8 |
| E02 | 山东理工大学学报(自然科学版) | 104 | 0.99 | 10.8 | 3.3 | 13 | 53 | 0.010 | 0.606 | 6.6 |
| E02 | 陕西理工学院学报(自然科学版) | 97 | 0.98 | 14.0 | 3.2 | 18 | 57 | - | 0.814 | 6.1 |

| 学科代码 | 期刊名称 | 来源文献量 | 文献选出率 | 平均引文数 | 平均作者数 | 地区分布数 | 机构分布数 | 海外论文比 | 基金论文比 | 引用半衰期 |
|---|---|---|---|---|---|---|---|---|---|---|
| E02 | 上海第二工业大学学报 | 57 | 0.92 | 17.1 | 3.9 | 1 | 11 | 0.018 | 0.877 | 6.8 |
| E02 | 上海工程技术大学学报 | 78 | 0.95 | 10.1 | 3.2 | 5 | 24 | 0.013 | 0.692 | 6.6 |
| E02 | 上海交通大学学报 | 319 | 1.00 | 13.4 | 3.8 | 22 | 96 | 0.030 | 0.820 | 7.5 |
| E02 | 深圳大学学报(理工版) | 89 | 0.98 | 19.8 | 4.0 | 19 | 43 | 0.000 | 0.960 | 6.3 |
| E02 | 沈阳工程学院学报(自然科学版) | 78 | 0.95 | 8.6 | 2.9 | 12 | 40 | 0.013 | 0.346 | 6.6 |
| E02 | 沈阳工业大学学报 | 124 | 1.00 | 12.8 | 3.5 | 17 | 33 | 0.000 | 0.820 | 4.5 |
| E02 | 沈阳理工大学学报 | 132 | 0.96 | 9.8 | 3.3 | 1 | 26 | — | 0.409 | 8.0 |
| E02 | 四川理工学院学报(自然科学版) | 119 | 0.99 | 15.4 | 2.9 | 21 | 93 | 0.008 | 0.798 | 5.9 |
| E02 | 苏州科技大学学报(工程技术版) | 58 | 1.00 | 11.2 | 2.7 | 4 | 13 | — | 0.672 | 7.0 |
| E02 | 太原理工大学学报 | 149 | 0.96 | 14.6 | 3.6 | 15 | 31 | 0.020 | 0.950 | 7.1 |
| E02 | 天津大学学报 | 190 | 0.94 | 15.8 | 4.1 | 14 | 23 | 0.020 | 0.870 | 7.7 |
| E02 | 天津工业大学学报 | 93 | 0.98 | 18.6 | 4.2 | 7 | 11 | 0.000 | 1.000 | 6.6 |
| E02 | 天津科技大学学报 | 86 | 0.90 | 18.1 | 4.5 | 2 | 12 | — | 0.872 | 7.9 |
| E02 | 天津理工大学学报 | 82 | 1.00 | 11.6 | 3.5 | 5 | 26 | — | 0.598 | 7.3 |
| E02 | 同济大学学报(自然科学版) | 280 | 0.96 | 16.8 | 3.3 | 18 | 26 | 0.010 | 0.830 | 8.2 |
| E02 | 武汉大学学报(工学版) | 158 | 1.00 | 16.5 | 3.8 | 20 | 56 | 0.030 | 0.780 | 8.5 |
| E02 | 武汉纺织大学学报 | 102 | 0.96 | 9.3 | 2.2 | 13 | 43 | 0.010 | 0.500 | 7.3 |
| E02 | 武汉工程大学学报 | 112 | 0.96 | 15.3 | 4.4 | 7 | 34 | 0.009 | 0.768 | 6.3 |
| E02 | 武汉工程职业技术学院学报 | 112 | 0.99 | 7.0 | 2.0 | 14 | 67 | — | 0.330 | 7.6 |
| E02 | 武汉科技大学学报(自然科学版) | 88 | 0.99 | 11.5 | 4.1 | 7 | 16 | 0.020 | 0.910 | 7.4 |
| E02 | 武汉轻工大学学报 | 96 | 0.96 | 14.1 | 3.1 | 6 | 34 | — | 0.490 | 6.7 |
| E02 | 武警工程大学学报 | 138 | 0.92 | 8.7 | 1.5 | 14 | 26 | — | 0.232 | 6.6 |
| E02 | 西安工程大学学报 | 147 | 0.94 | 16.3 | 3.0 | 14 | 77 | 0.027 | 0.810 | 4.5 |
| E02 | 西安工业大学学报 | 169 | 0.91 | 14.3 | 3.2 | 6 | 24 | 0.010 | 0.800 | 7.2 |
| E02 | 西安交通大学学报 | 276 | 0.96 | 15.0 | 4.2 | 23 | 53 | 0.000 | 0.890 | 6.6 |
| E02 | 西安科技大学学报 | 139 | 0.94 | 15.6 | 3.9 | 13 | 39 | 0.000 | 0.680 | 6.6 |
| E02 | 西安理工大学学报 | 83 | 0.94 | 16.5 | 4.0 | 5 | 14 | 0.000 | 0.930 | 6.4 |
| E02 | 西北工业大学学报 | 168 | 0.92 | 12.3 | 3.7 | 9 | 20 | 0.030 | 0.760 | 6.6 |
| E02 | 西华大学学报(自然科学版) | 130 | 0.96 | 14.9 | 3.5 | 15 | 39 | 0.020 | 0.720 | 7.3 |
| E02 | 西南交通大学学报 | 148 | 0.99 | 24.8 | 3.9 | 20 | 39 | 0.050 | 0.880 | 7.3 |
| E02 | 西南科技大学学报 | 77 | 1.00 | 13.1 | 3.7 | 4 | 24 | — | 0.766 | 7.7 |
| E02 | 信息工程大学学报 | 141 | 0.96 | 14.2 | 3.6 | 9 | 39 | — | 0.702 | 7.1 |
| E02 | 徐州工程学院学报(自然科学版) | 65 | 0.96 | 14.3 | 3.4 | 12 | 33 | 0.020 | 0.850 | 6.9 |
| E02 | 燕山大学学报 | 81 | 0.98 | 19.9 | 3.9 | 12 | 25 | 0.010 | 0.960 | 5.6 |

| 学科代码 | 期刊名称 | 来源文献量 | 文献选出率 | 平均引文数 | 平均作者数 | 地区分布数 | 机构分布数 | 海外论文比 | 基金论文比 | 引用半衰期 |
|---|---|---|---|---|---|---|---|---|---|---|
| E02 | 应用技术学报 | 72 | 0.95 | 17.6 | 3.1 | 8 | 32 | 0.014 | 0.792 | 6.8 |
| E02 | 浙江大学学报(工学版) | 318 | 0.96 | 20.2 | 4.2 | 23 | 83 | 0.020 | 0.890 | 6.6 |
| E02 | 浙江纺织服装职业技术学院学报 | 77 | 0.99 | 7.9 | 1.9 | 13 | 45 | - | 0.416 | 7.1 |
| E02 | 浙江工业大学学报 | 133 | 0.96 | 15.3 | 3.6 | 5 | 9 | 0.000 | 0.740 | 6.4 |
| E02 | 郑州大学学报(工学版) | 119 | 0.96 | 13.1 | 3.6 | 16 | 47 | 0.000 | 0.910 | 6.6 |
| E02 | 中国计量大学学报 | 82 | 0.95 | 14.3 | 3.4 | 5 | 20 | 0.012 | 0.671 | 6.6 |
| E02 | 中南大学学报(自然科学版) | 567 | 0.98 | 19.0 | 4.3 | 25 | 140 | 0.010 | 0.940 | 7.5 |
| E02 | 中原工学院学报 | 137 | 0.99 | 10.0 | 2.7 | 10 | 49 | 0.007 | 0.642 | 7.1 |
| E03 | Engineering | 75 | 0.88 | 24.4 | 2.4 | 8 | 93 | 0.520 | 0.227 | 5.5 |
| E03 | Frontiers of Information Technology & Electronic Engineering | 112 | 0.97 | 29.5 | 4.1 | 19 | 122 | 0.348 | 0.795 | 6.5 |
| E03 | International Journal of Automation & computing | 61 | 0.97 | 32.4 | 3.2 | 16 | 84 | 0.557 | 0.656 | 8.1 |
| E03 | Journal of Electronic Science and Technology of China | 51 | 0.84 | 25.3 | 4.0 | 10 | 52 | 0.569 | 0.686 | 6.4 |
| E03 | Journal of Systems Engineering and Electronics | 138 | 0.97 | 24.7 | 3.6 | 18 | 103 | 0.065 | 0.906 | 7.5 |
| E03 | Optoelectronics Letters | 115 | 0.96 | 16.3 | 4.6 | 19 | 101 | 0.061 | 0.930 | 3.7 |
| E03 | Science China Information Sciences | 254 | 0.95 | 28.0 | 4.0 | 18 | 257 | 0.264 | 0.894 | 6.4 |
| E03 | The Journal of China Universities of Posts and Telecommunications | 75 | 0.94 | 17.7 | 3.8 | 11 | 36 | 0.013 | 0.947 | 5.3 |
| E03 | ZTE Communications | 32 | 0.89 | 30.2 | 3.7 | 5 | 39 | 0.500 | 0.344 | 3.9 |
| E03 | 磁性材料及器件 | 96 | 0.87 | 13.6 | 4.3 | 25 | 96 | 0.021 | 0.573 | 8.0 |
| E03 | 当代电视 | 574 | 0.81 | 1.0 | 1.2 | 27 | 325 | 0.003 | 0.216 | 7.0 |
| E03 | 电脑与电信 | 346 | 0.81 | 5.4 | 1.7 | 29 | 252 | 0.009 | 0.341 | 4.1 |
| E03 | 电气电子教学学报 | 269 | 0.98 | 5.5 | 3.1 | 26 | 156 | 0.004 | 0.632 | 5.9 |
| E03 | 电信技术 | 254 | 0.97 | 3.8 | 2.3 | 23 | 123 | 0.004 | 0.028 | 3.9 |
| E03 | 电信快报 | 126 | 0.78 | 3.7 | 1.9 | 18 | 47 | - | 0.135 | 3.8 |
| E03 | 电信网技术 | 197 | 0.80 | 3.7 | 2.2 | 19 | 86 | - | 0.020 | 4.8 |
| E03 | 光纤与电缆及其应用技术 | 87 | 1.00 | 3.1 | 3.1 | 13 | 56 | 0.023 | 0.069 | 8.7 |
| E03 | 广播电视信息 | 386 | 0.82 | 2.0 | 1.6 | 31 | 205 | - | 0.016 | 5.5 |
| E03 | 广播与电视技术 | 285 | 0.60 | 3.1 | 1.9 | 28 | 169 | - | 0.042 | 5.6 |
| E03 | 红外 | 97 | 0.82 | 11.0 | 3.4 | 18 | 71 | - | 0.351 | 7.9 |
| E03 | 机电产品开发与创新 | 263 | 0.98 | 5.6 | 2.7 | 26 | 175 | 0.004 | 0.281 | 8.0 |

| 学科代码 | 期刊名称 | 来源文献量 | 文献选出率 | 平均引文数 | 平均作者数 | 地区分布数 | 机构分布数 | 海外论文比 | 基金论文比 | 引用半衰期 |
|---|---|---|---|---|---|---|---|---|---|---|
| E03 | 机电一体化 | 176 | 0.97 | 7.8 | 2.8 | 16 | 71 | - | 0.398 | 7.0 |
| E03 | 机器人 | 91 | 0.99 | 18.8 | 4.3 | 17 | 50 | 0.000 | 0.890 | 6.2 |
| E03 | 机器人技术与应用 | 32 | 0.60 | 6.0 | 3.4 | 12 | 32 | 0.031 | 0.250 | 6.7 |
| E03 | 集成电路应用 | 123 | 0.79 | 3.1 | 1.7 | 22 | 83 | 0.033 | 0.065 | 6.4 |
| E03 | 计算机测量与控制 | 999 | 0.99 | 10.0 | 3.3 | 29 | 396 | 0.000 | 0.410 | 6.4 |
| E03 | 计算技术与自动化 | 114 | 0.99 | 10.9 | 2.9 | 22 | 78 | 0.000 | 0.460 | 6.6 |
| E03 | 舰船电子对抗 | 164 | 1.00 | 6.5 | 2.3 | 18 | 70 | - | 0.067 | 9.5 |
| E03 | 决策与信息(上旬刊) | 233 | 0.72 | 7.9 | 1.5 | 26 | 141 | 0.013 | 0.378 | 6.8 |
| E03 | 决策与信息(下旬刊) | 2562 | 0.98 | 2.7 | 1.2 | 31 | 1787 | 0.003 | 0.062 | 5.1 |
| E03 | 决策与信息(中旬刊) | 2628 | 0.99 | 2.6 | 1.2 | 31 | 1868 | 0.002 | 0.061 | 4.8 |
| E03 | 决策咨询 | 136 | 0.93 | 5.5 | 1.8 | 20 | 103 | - | 0.309 | 4.2 |
| E03 | 控制工程 | 340 | 0.98 | 14.6 | 3.0 | 26 | 197 | 0.020 | 0.800 | 6.7 |
| E03 | 雷达与对抗 | 68 | 1.00 | 5.7 | 2.7 | 8 | 29 | - | 0.044 | 7.8 |
| E03 | 模式识别与人工智能 | 126 | 0.98 | 22.0 | 3.4 | 21 | 67 | 0.030 | 0.960 | 6.2 |
| E03 | 软件产业与工程 | 58 | 0.54 | 5.5 | 1.7 | 3 | 38 | - | 0.069 | 6.0 |
| E03 | 山西电子技术 | 232 | 0.97 | 4.8 | 1.9 | 13 | 109 | - | 0.211 | 6.5 |
| E03 | 深空探测学报 | 54 | 0.98 | 18.5 | 3.5 | 11 | 39 | 0.019 | 0.556 | 7.9 |
| E03 | 数字传媒研究 | 314 | 0.93 | 1.4 | 1.3 | 15 | 92 | - | 0.016 | 4.1 |
| E03 | 数字教育 | 96 | 0.95 | 9.6 | 2.1 | 17 | 74 | 0.063 | 0.625 | 4.1 |
| E03 | 数字通信世界 | 3393 | 0.99 | 2.7 | 1.4 | 31 | 2123 | 0.002 | 0.019 | 3.9 |
| E03 | 网络空间安全 | 284 | 0.94 | 5.9 | 1.9 | 30 | 279 | - | 0.211 | 4.9 |
| E03 | 系统仿真技术 | 59 | 0.92 | 8.2 | 2.6 | 16 | 39 | 0.000 | 0.290 | 7.0 |
| E03 | 系统仿真学报 | 419 | 0.99 | 15.4 | 3.6 | 27 | 214 | 0.010 | 0.770 | 6.5 |
| E03 | 现代电视技术 | 324 | 0.79 | 0.8 | 1.4 | 29 | 113 | 0.006 | 0.003 | 5.9 |
| E03 | 现代电影技术 | 133 | 0.68 | 4.2 | 1.7 | 12 | 82 | - | 0.075 | 9.7 |
| E03 | 信息化研究 | 100 | 0.94 | 7.4 | 2.4 | 12 | 50 | - | 0.170 | 6.8 |
| E03 | 信息技术 | 618 | 0.98 | 9.6 | 2.6 | 28 | 215 | 0.000 | 0.390 | 6.7 |
| E03 | 信息技术与信息化 | 370 | 0.65 | 5.4 | 2.0 | 30 | 289 | - | 0.246 | 5.1 |
| E03 | 信息系统工程 | 1255 | 0.95 | 2.9 | 1.5 | 31 | 868 | 0.002 | 0.080 | 5.1 |
| E03 | 遥测遥控 | 65 | 0.97 | 10.3 | 3.5 | 10 | 30 | 0.000 | 0.290 | 7.1 |
| E03 | 冶金信息导刊 | 93 | 0.96 | 4.3 | 2.5 | 14 | 57 | 0.032 | 0.022 | 8.9 |
| E03 | 印制电路信息 | 159 | 0.71 | 3.6 | 2.6 | 14 | 95 | - | 0.025 | 6.8 |
| E03 | 应用科技 | 100 | 0.96 | 12.0 | 3.2 | 18 | 36 | 0.000 | 0.740 | 5.4 |
| E03 | 有线电视技术 | 405 | 0.88 | 1.9 | 1.8 | 30 | 220 | - | 0.054 | 5.8 |

| 学科代码 | 期刊名称 | 来源文献量 | 文献选出率 | 平均引文数 | 平均作者数 | 地区分布数 | 机构分布数 | 海外论文比 | 基金论文比 | 引用半衰期 |
|---|---|---|---|---|---|---|---|---|---|---|
| E03 | 制造业自动化 | 442 | 0.99 | 8.1 | 3.3 | 28 | 243 | 0.000 | 0.450 | 6.9 |
| E03 | 智能系统学报 | 103 | 0.84 | 25.3 | 3.5 | 23 | 68 | 0.000 | 0.960 | 6.5 |
| E03 | 中国电视 | 224 | 0.67 | 6.2 | 1.3 | 24 | 124 | — | 0.353 | 8.4 |
| E03 | 中国电子科学研究院学报 | 119 | 0.99 | 11.6 | 3.1 | 15 | 73 | — | 0.420 | 6.4 |
| E03 | 中国广播 | 260 | 0.54 | 3.2 | 1.3 | 24 | 121 | — | 0.069 | 3.5 |
| E03 | 中国集成电路 | 102 | 0.51 | 6.3 | 2.4 | 13 | 60 | 0.088 | 0.147 | 8.0 |
| E03 | 中文信息学报 | 168 | 0.99 | 20.5 | 3.7 | 24 | 73 | 0.020 | 0.890 | 8.9 |
| E03 | 自动化技术与应用 | 433 | 1.00 | 8.9 | 2.7 | 27 | 262 | 0.000 | 0.250 | 6.6 |
| E03 | 自动化学报 | 175 | 0.97 | 36.2 | 3.6 | 24 | 100 | 0.060 | 0.920 | 5.9 |
| E03 | 自动化应用 | 619 | 0.93 | 4.2 | 2.1 | 29 | 492 | 0.005 | 0.095 | 6.5 |
| E03 | 自动化与信息工程 | 64 | 0.96 | 7.9 | 2.6 | 8 | 56 | — | 0.281 | 5.4 |
| E03 | 自动化与仪器仪表 | 1172 | 0.99 | 9.3 | 1.9 | 30 | 428 | 0.000 | 0.170 | 5.6 |
| E04 | 化学与生物工程 | 192 | 0.95 | 16.0 | 4.3 | 25 | 111 | 0.000 | 0.610 | 7.3 |
| E04 | 生物工程学报 | 158 | 0.93 | 33.7 | 5.3 | 22 | 96 | 0.010 | 0.890 | 6.9 |
| E04 | 生物技术通报 | 405 | 0.99 | 31.6 | 4.8 | 30 | 233 | 0.000 | 0.810 | 7.1 |
| E04 | 生物加工过程 | 87 | 0.98 | 18.9 | 4.9 | 16 | 43 | 0.010 | 0.830 | 7.8 |
| E04 | 中国生化药物杂志 | 695 | 0.99 | 17.0 | 3.2 | 29 | 552 | 0.001 | 0.298 | 3.8 |
| E04 | 中国生物工程杂志 | 198 | 0.92 | 28.4 | 5.2 | 28 | 118 | 0.010 | 0.830 | 6.4 |
| E05 | 保鲜与加工 | 141 | 0.90 | 18.1 | 4.2 | 28 | 98 | 0.010 | 0.640 | 6.9 |
| E05 | 福建农机 | 53 | 0.66 | 3.7 | 1.5 | 4 | 32 | 0.038 | 0.170 | 6.8 |
| E05 | 灌溉排水学报 | 238 | 1.00 | 14.0 | 4.4 | 27 | 88 | 0.000 | 0.840 | 7.7 |
| E05 | 广西农业机械化 | 102 | 0.82 | 0.9 | 1.5 | 6 | 78 | — | 0.010 | 4.4 |
| E05 | 河北农机 | 537 | 0.87 | 2.7 | 1.8 | 28 | 258 | 0.004 | 0.082 | 5.8 |
| E05 | 湖北农机化 | 159 | 0.62 | 1.1 | 1.5 | 10 | 115 | — | 0.019 | 6.4 |
| E05 | 江苏农机化 | 96 | 0.79 | 1.2 | 2.2 | 5 | 78 | — | 0.031 | 7.9 |
| E05 | 节水灌溉 | 342 | 0.97 | 14.6 | 4.0 | 27 | 127 | 0.000 | 0.780 | 7.9 |
| E05 | 菌物研究 | 40 | 0.91 | 22.3 | 4.0 | 17 | 43 | 0.075 | 0.950 | 9.2 |
| E05 | 木材加工机械 | 88 | 0.91 | 12.8 | 3.9 | 20 | 50 | — | 0.898 | 6.5 |
| E05 | 南方农机 | 812 | 0.86 | 3.6 | 1.9 | 30 | 578 | — | 0.083 | 4.0 |
| E05 | 农产品加工(上半月) | 334 | 0.98 | 10.0 | 4.1 | 30 | 235 | 0.006 | 0.572 | 7.0 |
| E05 | 农产品加工(下半月) | 343 | 0.98 | 9.1 | 3.8 | 30 | 250 | 0.003 | 0.589 | 7.3 |
| E05 | 农村牧区机械化 | 85 | 0.71 | 1.7 | 2.2 | 5 | 49 | — | 0.012 | 8.4 |
| E05 | 农机化研究 | 646 | 1.00 | 14.7 | 4.2 | 29 | 288 | 0.006 | 0.997 | 7.1 |
| E05 | 农机使用与维修 | 661 | 0.97 | 0.9 | 1.5 | 28 | 378 | — | 0.039 | 5.9 |

| 学科代码 | 期刊名称 | 来源文献量 | 文献选出率 | 平均引文数 | 平均作者数 | 地区分布数 | 机构分布数 | 海外论文比 | 基金论文比 | 引用半衰期 |
|---|---|---|---|---|---|---|---|---|---|---|
| E05 | 农业工程 | 256 | 0.90 | 7.9 | 2.7 | 30 | 169 | 0.000 | 0.280 | 6.5 |
| E05 | 农业工程学报 | 1028 | 0.99 | 28.7 | 5.1 | 30 | 263 | 0.020 | 0.880 | 6.3 |
| E05 | 农业环境科学学报 | 318 | 0.94 | 31.6 | 5.7 | 29 | 126 | 0.020 | 0.860 | 6.8 |
| E05 | 农业机械学报 | 657 | 1.00 | 25.4 | 4.7 | 28 | 160 | 0.060 | 0.930 | 6.4 |
| E05 | 农业技术与装备 | 395 | 1.00 | 2.1 | 1.9 | 26 | 338 | 0.008 | 0.063 | 5.8 |
| E05 | 农业开发与装备 | 1927 | 1.00 | 2.6 | 1.7 | 31 | 1513 | — | 0.060 | 5.2 |
| E05 | 农业科技与装备 | 433 | 0.96 | 4.7 | 2.0 | 23 | 207 | — | 0.224 | 4.4 |
| E05 | 农业现代化研究 | 163 | 0.97 | 21.2 | 3.5 | 26 | 89 | 0.020 | 0.860 | 5.6 |
| E05 | 农业装备技术 | 141 | 0.81 | 3.1 | 2.5 | 13 | 123 | — | 0.184 | 6.1 |
| E05 | 农业装备与车辆工程 | 256 | 0.90 | 8.3 | 3.3 | 24 | 135 | — | 0.316 | 7.6 |
| E05 | 排灌机械工程学报 | 165 | 0.93 | 16.5 | 4.4 | 20 | 58 | 0.000 | 0.910 | 6.3 |
| E05 | 热带农业工程 | 101 | 0.97 | 8.1 | 3.3 | 8 | 61 | — | 0.624 | 6.1 |
| E05 | 山西水土保持科技 | 76 | 0.94 | 1.4 | 1.3 | 5 | 60 | — | 0.079 | 7.8 |
| E05 | 生态与农村环境学报 | 160 | 0.92 | 25.8 | 5.0 | 26 | 80 | 0.000 | 0.840 | 7.1 |
| E05 | 时代农机 | 1160 | 0.90 | 2.3 | 1.5 | 31 | 652 | — | 0.163 | 5.6 |
| E05 | 水土保持通报 | 372 | 0.99 | 19.7 | 4.3 | 30 | 198 | 0.010 | 0.840 | 8.1 |
| E05 | 水土保持学报 | 349 | 0.99 | 20.3 | 5.3 | 27 | 122 | 0.000 | 0.870 | 7.1 |
| E05 | 水土保持研究 | 385 | 0.98 | 21.1 | 4.3 | 29 | 169 | 0.010 | 0.810 | 7.9 |
| E05 | 水土保持应用技术 | 111 | 0.94 | 5.3 | 1.5 | 15 | 78 | — | 0.063 | 5.5 |
| E05 | 拖拉机与农用运输车 | 110 | 1.00 | 3.6 | 3.8 | 13 | 59 | 0.009 | 0.136 | 8.5 |
| E05 | 现代化农业 | 443 | 0.93 | 2.1 | 2.3 | 22 | 254 | 0.007 | 0.124 | 6.6 |
| E05 | 新疆农机化 | 96 | 0.91 | 6.7 | 3.2 | 5 | 55 | — | 0.354 | 5.5 |
| E05 | 新疆农垦经济 | 171 | 0.92 | 12.5 | 1.9 | 23 | 90 | — | 0.596 | 6.3 |
| E05 | 新疆农垦科技 | 327 | 0.74 | 4.7 | 2.7 | 8 | 239 | — | 0.315 | 8.2 |
| E05 | 亚热带水土保持 | 74 | 0.95 | 8.9 | 2.0 | 14 | 63 | 0.014 | 0.257 | 9.3 |
| E05 | 中国农村水利水电 | 539 | 0.98 | 12.7 | 3.7 | 29 | 208 | 0.000 | 0.710 | 8.2 |
| E05 | 中国农机化学报 | 689 | 1.00 | 14.2 | 4.0 | 30 | 379 | 0.001 | 0.958 | 6.9 |
| E05 | 中国水土保持科学 | 112 | 0.95 | 26.1 | 4.7 | 20 | 43 | 0.010 | 0.760 | 7.9 |
| E05 | 中国沼气 | 122 | 0.95 | 17.5 | 4.9 | 23 | 67 | 0.030 | 0.610 | 6.3 |
| E06 | 北京生物医学工程 | 125 | 0.97 | 16.4 | 3.7 | 19 | 59 | 0.000 | 0.560 | 6.8 |
| E06 | 国际生物医学工程杂志 | 81 | 0.95 | 22.7 | 4.7 | 13 | 50 | 0.020 | 0.780 | 5.3 |
| E06 | 生物医学工程学杂志 | 192 | 0.96 | 21.0 | 4.5 | 29 | 107 | 0.000 | 0.800 | 5.2 |
| E06 | 生物医学工程研究 | 65 | 0.93 | 15.2 | 4.6 | 17 | 40 | 0.000 | 0.600 | 6.0 |
| E06 | 生物医学工程与临床 | 138 | 0.85 | 16.4 | 4.4 | 25 | 112 | 0.000 | 0.380 | 5.6 |

| 学科代码 | 期刊名称 | 来源文献量 | 文献选出率 | 平均引文数 | 平均作者数 | 地区分布数 | 机构分布数 | 海外论文比 | 基金论文比 | 引用半衰期 |
|---|---|---|---|---|---|---|---|---|---|---|
| E06 | 中国生物医学工程学报 | 108 | 0.98 | 24.5 | 4.4 | 19 | 65 | 0.050 | 0.870 | 6.9 |
| E06 | 中国生物制品学杂志 | 296 | 0.97 | 15.2 | 6.0 | 25 | 129 | 0.000 | 0.490 | 5.5 |
| E06 | 中国医药生物技术 | 78 | 0.48 | 23.8 | 5.0 | 16 | 48 | 0.010 | 0.580 | 4.7 |
| E06 | 中国疫苗和免疫 | 147 | 0.95 | 14.6 | 5.7 | 23 | 73 | 0.000 | 0.290 | 5.7 |
| E06 | 中国组织工程研究 | 1142 | 0.96 | 35.0 | 4.5 | 30 | 622 | 0.000 | 0.510 | 5.4 |
| E06 | 中华生物医学工程杂志 | 102 | 0.72 | 18.8 | 5.0 | 20 | 74 | 0.000 | 0.440 | 5.2 |
| E07 | Geodesy and Geodynamics | 56 | 0.92 | 24.3 | 3.8 | 9 | 62 | 0.339 | 0.732 | 8.7 |
| E07 | 北京测绘 | 230 | 0.99 | 8.0 | 2.5 | 27 | 194 | — | 0.196 | 6.9 |
| E07 | 测绘 | 72 | 1.00 | 6.8 | 2.7 | 14 | 61 | — | 0.292 | 7.3 |
| E07 | 测绘标准化 | 71 | 0.95 | 4.7 | 3.0 | 10 | 33 | — | 0.070 | 8.5 |
| E07 | 测绘工程 | 198 | 0.99 | 13.2 | 3.6 | 24 | 84 | 0.010 | 0.540 | 6.0 |
| E07 | 测绘技术装备 | 111 | 0.97 | 5.6 | 2.7 | 19 | 82 | 0.009 | 0.054 | 7.9 |
| E07 | 测绘科学 | 473 | 1.00 | 15.3 | 3.6 | 29 | 203 | 0.010 | 0.690 | 7.6 |
| E07 | 测绘科学技术学报 | 120 | 0.98 | 14.3 | 4.0 | 16 | 39 | 0.000 | 0.820 | 7.0 |
| E07 | 测绘通报 | 454 | 0.98 | 11.4 | 3.3 | 26 | 204 | 0.000 | 0.490 | 6.4 |
| E07 | 测绘学报 | 184 | 0.84 | 23.4 | 4.0 | 19 | 54 | 0.020 | 0.850 | 7.5 |
| E07 | 测绘与空间地理信息 | 833 | 1.00 | 8.4 | 2.7 | 30 | 475 | — | 0.363 | 6.6 |
| E07 | 导航定位学报 | 90 | 0.98 | 12.1 | 3.4 | 16 | 77 | — | 0.456 | 6.3 |
| E07 | 导航定位与授时 | 85 | 0.94 | 10.6 | 3.6 | 15 | 53 | — | 0.247 | 8.4 |
| E07 | 地矿测绘 | 60 | 0.91 | 6.6 | 2.4 | 20 | 62 | — | 0.050 | 6.5 |
| E07 | 地理空间信息 | 412 | 0.96 | 9.9 | 3.0 | 30 | 224 | 0.010 | 0.580 | 7.1 |
| E07 | 国土资源遥感 | 120 | 0.95 | 18.7 | 4.1 | 25 | 69 | 0.030 | 0.600 | 8.0 |
| E07 | 海洋测绘 | 118 | 0.94 | 14.9 | 4.0 | 15 | 59 | 0.000 | 0.530 | 8.3 |
| E07 | 江西测绘 | 92 | 1.00 | 5.4 | 2.0 | 12 | 62 | — | 0.011 | 7.8 |
| E07 | 全球定位系统 | 150 | 0.99 | 10.1 | 3.5 | 19 | 87 | — | 0.427 | 6.6 |
| E07 | 武汉大学学报(信息科学版) | 259 | 1.00 | 17.1 | 4.1 | 22 | 88 | 0.020 | 0.890 | 8.1 |
| E07 | 现代测绘 | 118 | 1.00 | 7.0 | 2.5 | 18 | 103 | — | 0.280 | 6.7 |
| E07 | 遥感技术与应用 | 146 | 0.99 | 25.4 | 4.5 | 19 | 80 | 0.010 | 0.820 | 8.1 |
| E07 | 遥感信息 | 135 | 1.00 | 19.1 | 3.6 | 26 | 84 | 0.010 | 0.740 | 8.4 |
| E07 | 遥感学报 | 128 | 0.99 | 43.4 | 4.7 | 18 | 62 | 0.020 | 0.860 | 7.2 |
| E08 | China's Refractories | 33 | 0.83 | 12.0 | 4.9 | 6 | 29 | 0.364 | 0.273 | 9.4 |
| E08 | Frontiers of Materials Science | 45 | 0.88 | 39.1 | 5.3 | 14 | 41 | 0.290 | 0.710 | 6.3 |
| E08 | International Journal of Plant Engineering and Management | 21 | 0.95 | 9.9 | 3.2 | 10 | 24 | — | 0.476 | 7.6 |

| 学科代码 | 期刊名称 | 来源文献量 | 文献选出率 | 平均引文数 | 平均作者数 | 地区分布数 | 机构分布数 | 海外论文比 | 基金论文比 | 引用半衰期 |
|---|---|---|---|---|---|---|---|---|---|---|
| E08 | Journal of Materials Science & Technology | 189 | 0.95 | 38.9 | 4.7 | 23 | 127 | 0.340 | 0.640 | 7.1 |
| E08 | Journal of Rare Earths | 181 | 0.98 | 31.8 | 5.2 | 19 | 68 | 0.230 | 0.690 | 6.7 |
| E08 | Journal of Wuhan University of Technology (Materials Science Edition) | 226 | 0.99 | 22.6 | 4.8 | 27 | 131 | 0.100 | 0.830 | 8.7 |
| E08 | 玻璃 | 126 | 0.77 | 4.4 | 2.6 | 20 | 88 | 0.008 | 0.135 | 8.2 |
| E08 | 玻璃钢/复合材料 | 216 | 0.88 | 16.9 | 4.0 | 25 | 154 | 0.009 | 0.583 | 7.7 |
| E08 | 玻璃纤维 | 49 | 0.78 | 10.5 | 3.0 | 9 | 25 | 0.020 | 0.020 | 9.0 |
| E08 | 玻璃与搪瓷 | 63 | 0.90 | 5.8 | 2.7 | 17 | 46 | — | 0.095 | 9.6 |
| E08 | 材料保护 | 245 | 0.95 | 14.7 | 4.2 | 29 | 163 | 0.010 | 0.540 | 8.4 |
| E08 | 材料导报 | 691 | 0.97 | 31.8 | 4.6 | 30 | 260 | 0.010 | 0.820 | 6.6 |
| E08 | 材料工程 | 225 | 0.98 | 23.8 | 4.7 | 25 | 116 | 0.010 | 0.790 | 7.0 |
| E08 | 材料开发与应用 | 122 | 0.98 | 11.2 | 3.9 | 15 | 51 | 0.000 | 0.280 | 9.2 |
| E08 | 材料科学与工程学报 | 202 | 0.98 | 19.7 | 4.4 | 27 | 123 | 0.000 | 0.740 | 7.9 |
| E08 | 材料科学与工艺 | 89 | 0.98 | 20.1 | 4.5 | 20 | 66 | 0.000 | 0.790 | 5.6 |
| E08 | 材料热处理学报 | 451 | 1.00 | 16.4 | 4.8 | 28 | 162 | 0.010 | 0.790 | 7.9 |
| E08 | 材料研究学报 | 134 | 1.00 | 20.3 | 4.9 | 21 | 87 | 0.010 | 0.750 | 7.6 |
| E08 | 电工材料 | 60 | 0.91 | 10.6 | 3.0 | 18 | 58 | — | 0.217 | 7.5 |
| E08 | 腐蚀科学与防护技术 | 103 | 1.00 | 22.7 | 5.0 | 21 | 72 | 0.010 | 0.570 | 8.7 |
| E08 | 腐蚀与防护 | 219 | 0.96 | 13.6 | 4.1 | 25 | 143 | 0.010 | 0.470 | 8.5 |
| E08 | 复合材料学报 | 359 | 0.97 | 21.1 | 4.5 | 25 | 145 | 0.010 | 0.830 | 7.6 |
| E08 | 高分子材料科学与工程 | 401 | 1.00 | 13.3 | 4.8 | 29 | 157 | 0.000 | 0.780 | 7.0 |
| E08 | 功能材料 | 558 | 0.99 | 20.4 | 4.8 | 30 | 214 | 0.010 | 0.870 | 6.9 |
| E08 | 合成材料老化与应用 | 169 | 0.96 | 12.3 | 3.3 | 23 | 94 | 0.000 | 0.290 | 8.3 |
| E08 | 合成润滑材料 | 49 | 0.96 | 8.0 | 2.8 | 11 | 29 | — | 0.122 | 9.2 |
| E08 | 化工新型材料 | 1042 | 0.99 | 15.8 | 4.4 | 30 | 538 | 0.008 | 0.852 | 6.7 |
| E08 | 化学推进剂与高分子材料 | 110 | 0.95 | 15.9 | 4.3 | 13 | 63 | — | 0.264 | 8.6 |
| E08 | 绝缘材料 | 177 | 0.95 | 18.3 | 4.6 | 22 | 102 | 0.000 | 0.550 | 7.7 |
| E08 | 耐火材料 | 122 | 0.86 | 10.8 | 4.7 | 13 | 69 | 0.008 | 0.451 | 7.7 |
| E08 | 耐火与石灰 | 98 | 0.99 | 0.3 | 2.2 | 8 | 29 | — | — | ≥10 |
| E08 | 全面腐蚀控制 | 275 | 0.95 | 6.9 | 2.9 | 22 | 233 | 0.007 | 0.062 | 8.5 |
| E08 | 人工晶体学报 | 505 | 0.98 | 18.3 | 4.9 | 30 | 216 | 0.010 | 0.840 | 7.0 |
| E08 | 人造纤维 | 57 | 0.63 | 0.0 | 1.4 | 17 | 48 | — | — | — |
| E08 | 润滑油 | 80 | 0.95 | 7.0 | 4.1 | 14 | 50 | — | 0.050 | 9.0 |
| E08 | 无机材料学报 | 216 | 0.99 | 25.0 | 5.1 | 27 | 124 | 0.030 | 0.830 | 6.6 |

| 学科代码 | 期刊名称 | 来源文献量 | 文献选出率 | 平均引文数 | 平均作者数 | 地区分布数 | 机构分布数 | 海外论文比 | 基金论文比 | 引用半衰期 |
|---|---|---|---|---|---|---|---|---|---|---|
| E08 | 稀土 | 154 | 0.97 | 20.1 | 4.6 | 23 | 79 | 0.000 | 0.760 | 7.6 |
| E08 | 纤维复合材料 | 30 | 0.83 | 9.6 | 3.3 | 13 | 28 | — | 0.167 | 9.1 |
| E08 | 纤维素科学与技术 | 49 | 0.96 | 17.0 | 4.1 | 18 | 33 | — | 0.878 | 6.7 |
| E08 | 新型炭材料 | 79 | 0.82 | 31.5 | 5.0 | 18 | 50 | 0.100 | 0.800 | 6.1 |
| E08 | 信息记录材料 | 441 | 1.00 | 5.0 | 1.7 | 29 | 317 | 0.002 | 0.141 | 6.0 |
| E08 | 中国材料进展 | 123 | 0.74 | 37.6 | 3.7 | 22 | 72 | 0.070 | 0.790 | 6.4 |
| E08 | 中国腐蚀与防护学报 | 92 | 1.00 | 23.8 | 5.1 | 20 | 53 | 0.010 | 0.800 | 7.8 |
| E08 | 中国稀土学报 | 97 | 0.97 | 24.6 | 4.9 | 23 | 61 | 0.010 | 0.860 | 7.0 |
| E09 | Acta Metallurgica Sinica | 141 | 0.97 | 33.8 | 4.7 | 20 | 101 | 0.390 | 0.540 | 7.7 |
| E09 | International Journal of Minerals, Metallurgy and Materials | 168 | 0.99 | 25.2 | 4.6 | 19 | 147 | 0.310 | 0.649 | 7.3 |
| E09 | Journal of Iron and Steel Research, International | 187 | 1.00 | 24.0 | 4.7 | 23 | 97 | 0.170 | 0.670 | 8.5 |
| E09 | Rare Metals | 139 | 0.99 | 29.1 | 4.8 | 23 | 72 | 0.140 | 0.860 | 8.1 |
| E09 | Transactions of Nonferrous Metals Society of China | 368 | 1.00 | 28.3 | 4.7 | 26 | 173 | 0.290 | 0.600 | 7.7 |
| E09 | 材料研究与应用 | 59 | 0.95 | 12.5 | 4.4 | 8 | 34 | — | 0.559 | 7.9 |
| E09 | 粉末冶金材料科学与工程 | 136 | 0.97 | 18.5 | 4.8 | 19 | 80 | — | 0.919 | 8.3 |
| E09 | 钢结构 | 289 | 0.99 | 9.9 | 3.2 | 26 | 227 | 0.003 | 0.478 | 9.3 |
| E09 | 钢铁 | 189 | 0.87 | 15.8 | 4.3 | 21 | 65 | 0.000 | 0.570 | 7.3 |
| E09 | 钢铁钒钛 | 170 | 0.97 | 11.3 | 3.9 | 18 | 65 | 0.030 | 0.460 | 8.1 |
| E09 | 钢铁研究 | 93 | 0.99 | 7.2 | 3.9 | 19 | 59 | 0.000 | 0.110 | 8.4 |
| E09 | 钢铁研究学报 | 158 | 0.89 | 17.2 | 4.4 | 21 | 65 | 0.030 | 0.660 | 8.8 |
| E09 | 贵金属 | 65 | 0.92 | 18.6 | 5.4 | 15 | 33 | 0.020 | 0.690 | 7.4 |
| E09 | 湖南有色金属 | 129 | 1.00 | 7.5 | 2.6 | 14 | 75 | — | 0.124 | 9.6 |
| E09 | 黄金 | 231 | 0.77 | 9.2 | 3.6 | 28 | 141 | 0.000 | 0.200 | 7.9 |
| E09 | 黄金科学技术 | 116 | 0.71 | 17.4 | 4.2 | 17 | 82 | — | 0.716 | 8.1 |
| E09 | 金属功能材料 | 62 | 0.85 | 18.0 | 3.8 | 18 | 42 | 0.000 | 0.560 | 8.1 |
| E09 | 金属学报 | 185 | 0.99 | 33.4 | 4.8 | 25 | 67 | 0.040 | 0.920 | 8.7 |
| E09 | 金属制品 | 93 | 0.93 | 7.1 | 2.7 | 18 | 66 | 0.011 | 0.065 | 8.9 |
| E09 | 宽厚板 | 74 | 0.99 | 4.7 | 3.0 | 13 | 46 | — | — | 8.7 |
| E09 | 南方金属 | 96 | 0.98 | 5.7 | 3.0 | 15 | 53 | — | 0.177 | ≥10 |
| E09 | 轻金属 | 161 | 0.94 | 8.7 | 2.9 | 23 | 107 | 0.012 | 0.335 | 9.2 |
| E09 | 上海金属 | 93 | 1.00 | 13.1 | 4.3 | 11 | 27 | 0.000 | 0.370 | 8.9 |

| 学科代码 | 期刊名称 | 来源文献量 | 文献选出率 | 平均引文数 | 平均作者数 | 地区分布数 | 机构分布数 | 海外论文比 | 基金论文比 | 引用半衰期 |
|---|---|---|---|---|---|---|---|---|---|---|
| E09 | 四川有色金属 | 68 | 0.94 | 7.5 | 3.0 | 11 | 38 | — | 0.294 | 8.5 |
| E09 | 钛工业进展 | 56 | 0.56 | 11.9 | 4.6 | 12 | 37 | 0.000 | 0.500 | 7.7 |
| E09 | 特殊钢 | 106 | 1.00 | 9.9 | 4.2 | 18 | 80 | 0.019 | 0.302 | 9.0 |
| E09 | 稀有金属 | 192 | 1.00 | 21.8 | 4.9 | 23 | 94 | 0.000 | 0.950 | 8.0 |
| E09 | 稀有金属材料与工程 | 607 | 1.00 | 18.8 | 5.0 | 26 | 181 | 0.020 | 0.770 | 8.9 |
| E09 | 稀有金属与硬质合金 | 97 | 0.94 | 15.1 | 4.2 | 24 | 80 | — | 0.711 | 8.3 |
| E09 | 新疆钢铁 | 73 | 0.80 | 1.9 | 2.4 | 4 | 13 | — | — | ≥10 |
| E09 | 新疆有色金属 | 258 | 0.95 | 3.7 | 1.4 | 10 | 86 | 0.008 | 0.012 | ≥10 |
| E09 | 硬质合金 | 63 | 0.93 | 16.7 | 4.0 | 13 | 29 | 0.020 | 0.430 | 8.4 |
| E09 | 有色金属材料与工程 | 63 | 0.78 | 19.5 | 3.1 | 15 | 42 | — | 0.429 | 9.2 |
| E09 | 有色金属工程 | 126 | 0.99 | 12.5 | 4.3 | 21 | 60 | 0.020 | 0.580 | 7.4 |
| E09 | 有色金属科学与工程 | 150 | 0.98 | 22.7 | 4.4 | 9 | 25 | 0.010 | 0.910 | 6.5 |
| E09 | 有色金属设计 | 64 | 0.96 | 6.3 | 1.8 | 5 | 27 | — | 0.063 | 8.5 |
| E09 | 中国锰业 | 246 | 0.99 | 6.9 | 2.8 | 25 | 128 | 0.000 | 0.200 | 7.5 |
| E09 | 中国钼业 | 78 | 0.87 | 9.3 | 3.1 | 10 | 31 | 0.000 | 0.120 | 8.2 |
| E09 | 中国钨业 | 85 | 0.81 | 14.2 | 3.8 | 14 | 33 | 0.000 | 0.490 | 5.8 |
| E09 | 中国有色金属学报 | 310 | 0.97 | 25.5 | 5.1 | 25 | 100 | 0.010 | 0.890 | 6.7 |
| E10 | International Journal of Mining Science and Technology | 156 | 0.96 | 22.5 | 4.0 | 14 | 90 | 0.480 | 0.440 | 8.5 |
| E10 | 安徽理工大学学报(自然科学版) | 65 | 0.94 | 11.9 | 3.4 | 8 | 48 | — | 0.723 | 7.8 |
| E10 | 采矿技术 | 219 | 0.96 | 7.0 | 2.4 | 23 | 166 | — | 0.064 | 6.8 |
| E10 | 采矿与安全工程学报 | 172 | 0.97 | 16.1 | 4.4 | 16 | 36 | 0.000 | 0.970 | 7.8 |
| E10 | 非金属矿 | 154 | 0.97 | 9.4 | 4.1 | 25 | 59 | 0.000 | 0.660 | 6.6 |
| E10 | 工矿自动化 | 241 | 1.00 | 10.0 | 3.1 | 23 | 93 | 0.000 | 0.700 | 5.3 |
| E10 | 金属矿山 | 477 | 0.98 | 12.9 | 3.8 | 28 | 150 | 0.000 | 0.610 | 5.9 |
| E10 | 勘察科学技术 | 98 | 0.99 | 8.3 | 3.2 | 19 | 56 | 0.000 | 0.130 | 9.2 |
| E10 | 矿产保护与利用 | 88 | 0.99 | 17.8 | 3.9 | 15 | 38 | 0.000 | 0.640 | 7.2 |
| E10 | 矿产勘查 | 134 | 0.96 | 15.8 | 4.9 | 24 | 75 | 0.000 | 0.300 | ≥10 |
| E10 | 矿产与地质 | 176 | 0.93 | 13.8 | 4.0 | 24 | 151 | 0.017 | 0.585 | ≥10 |
| E10 | 矿产综合利用 | 134 | 1.00 | 12.5 | 3.6 | 25 | 71 | 0.000 | 0.380 | 7.4 |
| E10 | 矿山测量 | 194 | 0.99 | 7.6 | 2.1 | 25 | 134 | — | 0.247 | 6.4 |
| E10 | 矿山机械 | 302 | 0.90 | 7.4 | 3.1 | 28 | 174 | 0.000 | 0.280 | 7.0 |
| E10 | 矿物学报 | 82 | 0.96 | 25.7 | 5.3 | 17 | 42 | 0.020 | 0.620 | ≥10 |
| E10 | 矿业安全与环保 | 174 | 0.99 | 11.4 | 2.9 | 21 | 72 | 0.000 | 0.560 | 6.3 |

| 学科代码 | 期刊名称 | 来源文献量 | 文献选出率 | 平均引文数 | 平均作者数 | 地区分布数 | 机构分布数 | 海外论文比 | 基金论文比 | 引用半衰期 |
|---|---|---|---|---|---|---|---|---|---|---|
| E10 | 矿业工程 | 144 | 0.99 | 1.5 | 2.0 | 23 | 104 | - | 0.056 | 8.6 |
| E10 | 矿业工程研究 | 61 | 1.00 | 13.0 | 3.4 | 15 | 39 | - | 0.705 | 7.7 |
| E10 | 矿业研究与开发 | 306 | 1.00 | 12.2 | 3.6 | 25 | 99 | 0.000 | 0.520 | 5.1 |
| E10 | 露天采矿技术 | 330 | 1.00 | 7.7 | 2.1 | 16 | 123 | - | 0.055 | 8.1 |
| E10 | 煤矿安全 | 805 | 1.00 | 10.6 | 3.0 | 26 | 233 | 0.000 | 0.540 | 6.7 |
| E10 | 煤矿爆破 | 34 | 0.77 | 6.7 | 2.2 | 12 | 24 | - | 0.029 | 8.3 |
| E10 | 煤矿机电 | 202 | 0.98 | 5.2 | 2.0 | 20 | 129 | - | 0.178 | 7.8 |
| E10 | 煤矿机械 | 848 | 1.00 | 4.2 | 2.6 | 29 | 416 | 0.000 | 0.250 | 6.1 |
| E10 | 煤矿开采 | 194 | 0.95 | 11.2 | 2.7 | 22 | 74 | 0.000 | 0.610 | 6.5 |
| E10 | 煤矿现代化 | 310 | 0.98 | 3.9 | 1.9 | 19 | 213 | 0.003 | 0.042 | 7.0 |
| E10 | 煤田地质与勘探 | 174 | 0.99 | 16.6 | 3.9 | 21 | 74 | 0.000 | 0.700 | 8.1 |
| E10 | 神华科技 | 158 | 0.97 | 4.6 | 1.7 | 20 | 110 | - | 0.025 | 7.2 |
| E10 | 探矿工程-岩土钻掘工程 | 278 | 0.98 | 12.2 | 3.6 | 29 | 212 | 0.014 | 0.439 | 6.3 |
| E10 | 西部探矿工程 | 725 | 1.00 | 5.8 | 2.5 | 30 | 483 | - | 0.135 | 9.8 |
| E10 | 现代矿业 | 1102 | 0.98 | 6.1 | 2.5 | 31 | 730 | 0.005 | 0.169 | 7.4 |
| E10 | 铀矿冶 | 56 | 1.00 | 7.6 | 4.6 | 9 | 17 | 0.000 | 0.130 | 8.0 |
| E10 | 有色金属(矿山部分) | 125 | 1.00 | 11.3 | 3.4 | 20 | 95 | - | 0.512 | 7.3 |
| E10 | 有色金属(选矿部分) | 123 | 1.00 | 8.6 | 3.2 | 20 | 65 | 0.010 | 0.380 | 7.1 |
| E10 | 凿岩机械气动工具 | 51 | 0.94 | 4.0 | 2.7 | 15 | 40 | - | 0.078 | 9.3 |
| E10 | 中国非金属矿工业导刊 | 80 | 0.95 | 6.1 | 2.1 | 23 | 55 | 0.000 | 0.100 | 8.8 |
| E10 | 中国矿业 | 426 | 0.92 | 13.0 | 3.6 | 26 | 175 | 0.010 | 0.420 | 6.2 |
| E10 | 中国矿业大学学报 | 166 | 0.97 | 23.1 | 4.6 | 21 | 53 | 0.010 | 0.970 | 7.1 |
| E11 | Baosteel Technical Research | 30 | 0.97 | 7.5 | 3.3 | 3 | 9 | - | 0.067 | 9.6 |
| E11 | 安徽冶金科技职业学院学报 | 127 | 0.97 | 4.4 | 1.5 | 10 | 58 | - | 0.118 | 6.5 |
| E11 | 鞍钢技术 | 79 | 0.85 | 6.5 | 4.4 | 3 | 28 | - | 0.013 | ≥10 |
| E11 | 包钢科技 | 165 | 0.96 | 3.5 | 2.4 | 3 | 48 | - | 0.018 | ≥10 |
| E11 | 宝钢技术 | 97 | 0.95 | 5.4 | 2.4 | 6 | 33 | 0.010 | - | 8.7 |
| E11 | 材料与冶金学报 | 56 | 0.98 | 13.9 | 4.4 | 10 | 20 | 0.040 | 0.800 | 8.0 |
| E11 | 粉末冶金工业 | 86 | 0.53 | 16.5 | 3.7 | 17 | 57 | 0.020 | 0.530 | 8.6 |
| E11 | 粉末冶金技术 | 79 | 0.92 | 15.9 | 4.5 | 22 | 51 | 0.030 | 0.520 | 8.6 |
| E11 | 甘肃冶金 | 242 | 1.00 | 4.8 | 2.4 | 22 | 129 | - | 0.050 | 9.7 |
| E11 | 河北冶金 | 244 | 0.90 | 3.1 | 2.9 | 13 | 90 | - | 0.008 | 8.3 |
| E11 | 河南冶金 | 94 | 0.99 | 3.8 | 3.0 | 12 | 38 | - | 0.032 | 9.4 |
| E11 | 江西冶金 | 84 | 0.97 | 2.1 | 2.6 | 7 | 24 | - | - | ≥10 |

| 学科代码 | 期刊名称 | 来源文献量 | 文献选出率 | 平均引文数 | 平均作者数 | 地区分布数 | 机构分布数 | 海外论文比 | 基金论文比 | 引用半衰期 |
|---|---|---|---|---|---|---|---|---|---|---|
| E11 | 金属材料与冶金工程 | 70 | 0.95 | 10.3 | 3.2 | 13 | 48 | - | 0.229 | 8.7 |
| E11 | 矿冶 | 117 | 0.98 | 10.1 | 3.8 | 18 | 46 | 0.010 | 0.330 | 7.8 |
| E11 | 矿冶工程 | 181 | 0.96 | 11.6 | 4.3 | 22 | 86 | 0.000 | 0.460 | 7.5 |
| E11 | 昆明冶金高等专科学校学报 | 121 | 0.99 | 7.0 | 2.3 | 5 | 37 | - | 0.405 | 6.4 |
| E11 | 理化检验-化学分册 | 348 | 0.87 | 15.1 | 4.2 | 31 | 262 | 0.000 | 0.430 | 7.3 |
| E11 | 理化检验-物理分册 | 215 | 0.92 | 8.3 | 3.4 | 25 | 212 | - | 0.223 | 9.0 |
| E11 | 连铸 | 93 | 0.91 | 10.3 | 3.6 | 20 | 79 | 0.043 | 0.140 | 8.5 |
| E11 | 炼铁 | 89 | 0.86 | 3.9 | 3.4 | 20 | 48 | - | 0.056 | 6.1 |
| E11 | 山东冶金 | 209 | 0.78 | 2.5 | 2.2 | 10 | 83 | - | - | 9.4 |
| E11 | 山西冶金 | 254 | 0.98 | 4.0 | 1.8 | 22 | 148 | 0.004 | 0.083 | 8.0 |
| E11 | 烧结球团 | 79 | 0.99 | 9.3 | 4.2 | 16 | 53 | - | 0.354 | 7.2 |
| E11 | 湿法冶金 | 121 | 0.95 | 13.8 | 4.4 | 23 | 86 | 0.017 | 0.504 | 8.0 |
| E11 | 四川冶金 | 110 | 0.95 | 3.9 | 2.7 | 14 | 57 | 0.027 | 0.018 | ≥10 |
| E11 | 特钢技术 | 60 | 0.94 | 5.0 | 1.7 | 9 | 24 | - | - | ≥10 |
| E11 | 天津冶金 | 120 | 0.93 | 3.2 | 1.6 | 6 | 42 | - | 0.008 | ≥10 |
| E11 | 铜业工程 | 151 | 0.97 | 8.0 | 2.0 | 16 | 72 | - | 0.093 | 4.1 |
| E11 | 武钢技术 | 97 | 0.95 | 3.4 | 3.6 | 2 | 38 | - | 0.010 | 7.9 |
| E11 | 武汉冶金管理干部学院学报 | 116 | 0.98 | 6.1 | 1.2 | 21 | 77 | - | 0.302 | 5.8 |
| E11 | 现代冶金 | 124 | 1.00 | 3.5 | 2.1 | 10 | 57 | - | 0.008 | 9.9 |
| E11 | 冶金分析 | 184 | 0.88 | 15.4 | 3.8 | 27 | 140 | 0.000 | 0.380 | 6.8 |
| E11 | 冶金能源 | 94 | 0.99 | 7.1 | 3.5 | 18 | 60 | 0.000 | 0.190 | 7.7 |
| E11 | 冶金设备 | 108 | 0.92 | 6.0 | 2.7 | 18 | 82 | 0.009 | 0.111 | 8.6 |
| E11 | 冶金设备管理与维修 | 153 | 0.99 | 1.1 | 2.2 | 15 | 82 | - | - | ≥10 |
| E11 | 冶金自动化 | 99 | 0.93 | 6.1 | 2.7 | 20 | 82 | - | 0.121 | 6.4 |
| E11 | 有色金属(冶炼部分) | 206 | 1.00 | 12.4 | 4.5 | 26 | 87 | 0.000 | 0.810 | 6.9 |
| E11 | 有色矿冶 | 107 | 0.97 | 6.1 | 2.1 | 10 | 49 | 0.009 | 0.075 | ≥10 |
| E11 | 有色冶金节能 | 88 | 0.82 | 4.7 | 2.1 | 25 | 66 | - | 0.023 | 9.0 |
| E11 | 有色冶金设计与研究 | 122 | 0.96 | 5.8 | 1.9 | 13 | 55 | - | 0.246 | 8.9 |
| E11 | 云南冶金 | 110 | 0.95 | 15.4 | 3.0 | 12 | 75 | - | 0.155 | 2.8 |
| E11 | 轧钢 | 139 | 0.97 | 7.1 | 3.7 | 23 | 75 | 0.000 | 0.140 | 7.4 |
| E11 | 中国矿山工程 | 133 | 0.95 | 5.4 | 2.2 | 20 | 84 | 0.023 | 0.060 | 9.8 |
| E11 | 中国冶金 | 173 | 0.87 | 13.1 | 3.7 | 22 | 97 | 0.010 | 0.210 | 7.6 |
| E11 | 中国有色冶金 | 124 | 0.95 | 5.5 | 2.5 | 21 | 70 | - | 0.097 | 9.5 |
| E12 | Journal of Bionic Engineering | 62 | 0.94 | 38.8 | 4.0 | 15 | 44 | 0.450 | 0.610 | 7.0 |

| 学科代码 | 期刊名称 | 来源文献量 | 文献选出率 | 平均引文数 | 平均作者数 | 地区分布数 | 机构分布数 | 海外论文比 | 基金论文比 | 引用半衰期 |
|---|---|---|---|---|---|---|---|---|---|---|
| E12 | 电子机械工程 | 95 | 0.93 | 7.5 | 2.8 | 11 | 33 | — | 0.063 | 7.3 |
| E12 | 发电与空调 | 131 | 1.00 | 5.6 | 2.7 | 20 | 102 | — | 0.069 | 7.9 |
| E12 | 钢管 | 93 | 0.92 | 14.6 | 3.5 | 18 | 81 | 0.011 | 0.097 | 7.7 |
| E12 | 工程设计学报 | 94 | 0.95 | 16.8 | 4.0 | 21 | 56 | 0.010 | 0.940 | 6.8 |
| E12 | 国防制造技术 | 100 | 0.91 | 3.9 | 2.5 | 24 | 89 | — | 0.020 | 7.9 |
| E12 | 机电工程 | 290 | 0.99 | 13.7 | 3.7 | 24 | 136 | 0.000 | 0.650 | 5.7 |
| E12 | 机电设备 | 69 | 0.63 | 5.8 | 2.6 | 13 | 62 | — | 0.087 | 8.3 |
| E12 | 机电元件 | 74 | 0.91 | 5.8 | 2.7 | 16 | 52 | — | — | ≥10 |
| E12 | 机械 | 220 | 1.00 | 6.6 | 3.1 | 26 | 181 | — | 0.414 | 8.2 |
| E12 | 机械传动 | 488 | 1.00 | 10.4 | 3.4 | 28 | 226 | 0.000 | 0.580 | 7.6 |
| E12 | 机械工程材料 | 289 | 0.96 | 14.8 | 4.3 | 27 | 154 | 0.000 | 0.650 | 8.0 |
| E12 | 机械工程师 | 1486 | 0.99 | 4.8 | 2.6 | 29 | 844 | 0.001 | 0.204 | 8.4 |
| E12 | 机械工程学报 | 618 | 0.97 | 20.9 | 4.2 | 24 | 160 | 0.020 | 0.900 | 7.8 |
| E12 | 机械工程与自动化 | 567 | 0.99 | 5.4 | 2.7 | 28 | 327 | — | 0.330 | 7.8 |
| E12 | 机械管理开发 | 885 | 0.99 | 3.9 | 1.2 | 27 | 493 | — | 0.035 | 4.8 |
| E12 | 机械科学与技术 | 334 | 0.97 | 15.8 | 3.7 | 25 | 131 | 0.010 | 0.770 | 8.8 |
| E12 | 机械设计 | 321 | 0.94 | 11.7 | 3.5 | 27 | 155 | 0.000 | 0.720 | 7.7 |
| E12 | 机械设计与研究 | 257 | 0.98 | 13.6 | 3.9 | 26 | 130 | 0.010 | 0.720 | 7.3 |
| E12 | 机械设计与制造 | 852 | 1.00 | 10.6 | 3.2 | 29 | 298 | 0.000 | 0.700 | 7.1 |
| E12 | 机械设计与制造工程 | 262 | 0.98 | 8.9 | 2.7 | 23 | 130 | 0.020 | 0.350 | 6.4 |
| E12 | 机械研究与应用 | 432 | 0.98 | 6.4 | 2.8 | 27 | 325 | — | 0.273 | 7.7 |
| E12 | 机械与电子 | 231 | 0.98 | 8.8 | 3.0 | 20 | 97 | 0.000 | 0.360 | 7.4 |
| E12 | 机械制造与自动化 | 395 | 0.99 | 8.7 | 3.0 | 24 | 159 | 0.000 | 0.310 | 8.3 |
| E12 | 教育与装备研究 | 244 | 0.91 | 3.1 | 1.4 | 25 | 199 | 0.004 | 0.217 | 5.3 |
| E12 | 精密成形工程 | 129 | 0.99 | 18.0 | 3.9 | 21 | 102 | 0.016 | 0.504 | 7.2 |
| E12 | 精密制造与自动化 | 73 | 0.94 | 5.7 | 2.2 | 16 | 54 | — | 0.301 | 8.2 |
| E12 | 流体传动与控制 | 86 | 0.85 | 6.5 | 2.3 | 14 | 61 | 0.012 | 0.116 | 8.7 |
| E12 | 流体机械 | 208 | 0.95 | 14.7 | 3.8 | 26 | 124 | 0.000 | 0.540 | 6.3 |
| E12 | 摩擦学学报 | 106 | 0.95 | 24.0 | 4.6 | 18 | 56 | 0.010 | 0.860 | 8.5 |
| E12 | 纳米技术与精密工程 | 79 | 0.94 | 17.4 | 4.1 | 15 | 33 | 0.000 | 0.680 | 6.1 |
| E12 | 失效分析与预防 | 76 | 0.95 | 14.1 | 3.8 | 19 | 68 | — | 0.329 | 8.0 |
| E12 | 图学学报 | 137 | 0.99 | 13.2 | 3.2 | 27 | 93 | 0.000 | 0.640 | 7.0 |
| E12 | 现代机械 | 164 | 0.99 | 8.3 | 2.9 | 21 | 103 | — | 0.335 | 7.6 |
| E12 | 压缩机技术 | 91 | 0.99 | 7.0 | 2.9 | 24 | 83 | — | 0.165 | 9.3 |

| 学科代码 | 期刊名称 | 来源文献量 | 文献选出率 | 平均引文数 | 平均作者数 | 地区分布数 | 机构分布数 | 海外论文比 | 基金论文比 | 引用半衰期 |
|---|---|---|---|---|---|---|---|---|---|---|
| E12 | 液压与气动 | 273 | 0.97 | 11.4 | 3.4 | 29 | 164 | 0.000 | 0.480 | 5.8 |
| E12 | 噪声与振动控制 | 262 | 0.97 | 11.7 | 3.5 | 23 | 131 | 0.000 | 0.560 | 7.6 |
| E12 | 振动与冲击 | 869 | 0.99 | 15.7 | 3.8 | 27 | 230 | 0.010 | 0.860 | 8.5 |
| E12 | 制造技术与机床 | 396 | 0.75 | 8.0 | 3.0 | 28 | 237 | 0.010 | 0.540 | 7.1 |
| E12 | 中国机械工程 | 561 | 0.98 | 14.6 | 3.9 | 25 | 177 | 0.010 | 0.890 | 7.1 |
| E12 | 中国设备工程 | 888 | 0.79 | 3.3 | 1.7 | 30 | 724 | 0.002 | 0.038 | 4.8 |
| E12 | 重型机械 | 134 | 0.98 | 11.3 | 3.7 | 19 | 77 | — | 0.425 | 8.2 |
| E12 | 组合机床与自动化加工技术 | 517 | 1.00 | 11.3 | 3.5 | 26 | 183 | 0.000 | 0.740 | 6.1 |
| E13 | Advances in Mavufacturing | 36 | 1.00 | 34.4 | 3.6 | 4 | 44 | 0.667 | 0.500 | 7.5 |
| E13 | China Foundry | 61 | 1.00 | 19.0 | 4.4 | 16 | 34 | 0.080 | 0.590 | 8.4 |
| E13 | China Welding | 47 | 1.00 | 12.6 | 4.4 | 17 | 51 | — | 0.681 | 9.1 |
| E13 | Chinese Journal of Mechanical Engineering | 135 | 0.94 | 27.2 | 4.0 | 20 | 102 | 0.237 | 0.896 | 7.6 |
| E13 | Frontiers of Mechanical Engineering | 42 | 0.98 | 27.2 | 2.8 | 10 | 47 | 0.548 | 0.548 | ≥10 |
| E13 | Journal of Measurement Science and Instrumentation | 65 | 0.96 | 14.0 | 3.3 | 9 | 29 | 0.077 | 0.646 | 7.2 |
| E13 | 大型铸锻件 | 113 | 0.97 | 4.3 | 3.3 | 16 | 71 | — | 0.106 | 8.4 |
| E13 | 低温工程 | 71 | 0.92 | 9.5 | 4.3 | 14 | 33 | 0.010 | 0.590 | 9.3 |
| E13 | 电焊机 | 348 | 0.88 | 7.0 | 3.6 | 29 | 190 | 0.010 | 0.260 | 7.7 |
| E13 | 电加工与模具 | 89 | 0.77 | 10.9 | 4.1 | 18 | 44 | 0.010 | 0.700 | 6.9 |
| E13 | 锻压技术 | 366 | 0.97 | 11.4 | 3.7 | 26 | 179 | 0.000 | 0.750 | 6.1 |
| E13 | 锻压装备与制造技术 | 192 | 0.94 | 7.1 | 3.3 | 21 | 143 | — | 0.229 | 8.7 |
| E13 | 分析测试技术与仪器 | 46 | 0.90 | 15.1 | 3.7 | 19 | 53 | — | 0.522 | 6.5 |
| E13 | 风机技术 | 91 | 0.86 | 10.9 | 3.2 | 18 | 70 | 0.022 | 0.374 | 8.3 |
| E13 | 工程机械与维修 | 244 | 0.50 | — | 2.0 | 25 | 130 | — | — | — |
| E13 | 管道技术与设备 | 109 | 0.99 | 8.4 | 3.5 | 21 | 108 | — | 0.138 | 9.1 |
| E13 | 哈尔滨轴承 | 54 | 0.90 | 1.8 | 2.3 | 9 | 34 | — | 0.056 | 7.7 |
| E13 | 焊接 | 185 | 0.80 | 10.6 | 3.8 | 26 | 128 | 0.010 | 0.350 | 6.7 |
| E13 | 焊接技术 | 387 | 0.96 | 6.5 | 3.6 | 26 | 237 | 0.000 | 0.220 | 8.5 |
| E13 | 焊接学报 | 352 | 0.98 | 9.5 | 4.2 | 24 | 107 | 0.010 | 0.810 | 7.8 |
| E13 | 机床与液压 | 1069 | 0.96 | 9.1 | 3.2 | 29 | 469 | 0.000 | 0.500 | 7.7 |
| E13 | 机电工程技术 | 465 | 0.98 | 6.9 | 2.3 | 29 | 382 | 0.002 | 0.269 | 7.0 |
| E13 | 机电技术 | 258 | 0.99 | 6.3 | 2.2 | 23 | 175 | 0.012 | 0.291 | 7.4 |
| E13 | 机械强度 | 244 | 1.00 | 13.0 | 3.6 | 24 | 133 | 0.000 | 0.730 | 8.5 |
| E13 | 机械制造 | 370 | 0.99 | 9.3 | 2.9 | 24 | 230 | — | 0.376 | 7.1 |

| 学科代码 | 期刊名称 | 来源文献量 | 文献选出率 | 平均引文数 | 平均作者数 | 地区分布数 | 机构分布数 | 海外论文比 | 基金论文比 | 引用半衰期 |
|---|---|---|---|---|---|---|---|---|---|---|
| E13 | 机械制造文摘-焊接分册 | 48 | 0.81 | 7.0 | 3.4 | 15 | 48 | 0.021 | 0.188 | 7.4 |
| E13 | 金刚石与磨料磨具工程 | 104 | 0.97 | 10.5 | 4.1 | 18 | 55 | 0.000 | 0.580 | 8.6 |
| E13 | 金属热处理 | 555 | 0.87 | 11.5 | 4.4 | 28 | 269 | 0.010 | 0.440 | 7.9 |
| E13 | 金属世界 | 113 | 0.86 | 4.7 | 2.9 | 18 | 68 | — | 0.088 | 8.5 |
| E13 | 炼钢 | 83 | 0.93 | 14.3 | 4.5 | 15 | 61 | — | 0.373 | 9.4 |
| E13 | 铝加工 | 78 | 0.60 | 3.9 | 3.1 | 16 | 47 | — | 0.154 | ≥10 |
| E13 | 模具工业 | 221 | 0.94 | 5.9 | 2.9 | 25 | 168 | 0.005 | 0.253 | 5.8 |
| E13 | 模具技术 | 86 | 0.93 | 5.4 | 2.3 | 19 | 57 | 0.020 | 0.160 | 8.2 |
| E13 | 模具制造 | 301 | 0.93 | 4.1 | 2.2 | 24 | 189 | 0.020 | 0.123 | 8.3 |
| E13 | 起重运输机械 | 373 | 0.87 | 5.4 | 2.8 | 27 | 233 | 0.003 | 0.204 | 8.3 |
| E13 | 气象水文海洋仪器 | 107 | 0.96 | 8.7 | 3.2 | 26 | 125 | — | 0.336 | 8.1 |
| E13 | 轻工机械 | 132 | 1.00 | 12.3 | 3.3 | 16 | 47 | 0.000 | 0.460 | 7.7 |
| E13 | 轻合金加工技术 | 149 | 0.96 | 10.1 | 3.7 | 24 | 126 | 0.013 | 0.530 | 7.6 |
| E13 | 燃气涡轮试验与研究 | 71 | 0.97 | 10.8 | 3.8 | 9 | 36 | — | 0.141 | ≥10 |
| E13 | 热处理 | 84 | 0.81 | 6.0 | 3.2 | 15 | 68 | 0.107 | 0.119 | 9.2 |
| E13 | 热处理技术与装备 | 116 | 0.94 | 7.1 | 3.6 | 18 | 80 | — | 0.224 | 9.3 |
| E13 | 热加工工艺 | 1762 | 1.00 | 10.1 | 3.7 | 30 | 588 | 0.000 | 0.510 | 7.6 |
| E13 | 石油管材与仪器 | 154 | 0.96 | 6.5 | 3.5 | 13 | 83 | — | 0.104 | 9.0 |
| E13 | 实验教学与仪器 | 416 | 0.94 | 2.3 | 1.4 | 27 | 401 | 0.005 | 0.137 | 5.3 |
| E13 | 塑性工程学报 | 188 | 0.97 | 13.1 | 4.2 | 22 | 83 | 0.010 | 0.700 | 8.3 |
| E13 | 特种铸造及有色合金 | 366 | 0.99 | 12.5 | 4.2 | 28 | 185 | 0.010 | 0.570 | 7.6 |
| E13 | 通用机械 | 251 | 0.81 | 2.1 | 2.1 | 26 | 181 | — | — | 7.9 |
| E13 | 无损检测 | 224 | 0.91 | 7.9 | 3.8 | 22 | 131 | 0.000 | 0.360 | 8.1 |
| E13 | 无损探伤 | 80 | 0.99 | 4.4 | 2.9 | 15 | 79 | — | 0.113 | ≥10 |
| E13 | 现代制造工程 | 365 | 0.94 | 10.6 | 3.5 | 28 | 193 | 0.000 | 0.670 | 8.1 |
| E13 | 现代制造技术与装备 | 1100 | 0.98 | 4.3 | 1.8 | 30 | 894 | 0.003 | 0.127 | 6.0 |
| E13 | 现代铸铁 | 97 | 0.86 | 5.0 | 2.8 | 20 | 80 | 0.021 | 0.062 | 3.5 |
| E13 | 压力容器 | 144 | 0.87 | 13.7 | 3.9 | 19 | 88 | 0.000 | 0.310 | 7.8 |
| E13 | 一重技术 | 101 | 0.97 | 4.9 | 2.2 | 6 | 22 | — | 0.020 | 9.0 |
| E13 | 有色金属加工 | 103 | 0.93 | 4.9 | 2.0 | 18 | 50 | 0.010 | 0.058 | 9.1 |
| E13 | 有色设备 | 85 | 0.83 | 3.1 | 1.6 | 18 | 42 | — | 0.012 | ≥10 |
| E13 | 中国表面工程 | 106 | 0.88 | 20.7 | 4.6 | 24 | 70 | 0.040 | 0.770 | 7.3 |
| E13 | 中国工程机械学报 | 104 | 1.00 | 9.2 | 3.5 | 21 | 59 | 0.000 | 0.600 | 8.5 |
| E13 | 中国重型装备 | 72 | 0.92 | 2.7 | 2.1 | 16 | 50 | — | 0.056 | 9.9 |

| 学科代码 | 期刊名称 | 来源文献量 | 文献选出率 | 平均引文数 | 平均作者数 | 地区分布数 | 机构分布数 | 海外论文比 | 基金论文比 | 引用半衰期 |
|---|---|---|---|---|---|---|---|---|---|---|
| E13 | 中国铸造装备与技术 | 138 | 0.84 | 6.9 | 2.9 | 23 | 93 | — | 0.130 | ≥10 |
| E13 | 轴承 | 195 | 0.96 | 7.9 | 3.7 | 21 | 81 | 0.000 | 0.360 | 8.8 |
| E13 | 铸造 | 237 | 0.76 | 10.1 | 4.0 | 27 | 148 | 0.010 | 0.350 | 8.3 |
| E13 | 铸造工程 | 87 | 0.73 | 1.9 | 2.0 | 16 | 49 | 0.011 | 0.034 | 8.2 |
| E13 | 铸造技术 | 774 | 0.97 | 8.5 | 3.2 | 29 | 410 | 0.000 | 0.340 | 7.3 |
| E13 | 铸造设备与工艺 | 118 | 0.94 | 5.4 | 2.7 | 18 | 97 | 0.008 | 0.136 | 8.6 |
| E13 | 装备环境工程 | 168 | 0.99 | 19.7 | 3.8 | 20 | 95 | 0.000 | 0.260 | 8.2 |
| E13 | 装备机械 | 70 | 0.95 | 8.5 | 1.8 | 13 | 52 | — | 0.057 | 7.0 |
| E13 | 装备制造技术 | 1044 | 0.99 | 4.6 | 2.3 | 30 | 628 | 0.001 | 0.236 | 7.3 |
| E14 | 柴油机 | 86 | 0.91 | 5.1 | 3.3 | 20 | 60 | 0.012 | 0.093 | ≥10 |
| E14 | 柴油机设计与制造 | 51 | 0.93 | 4.6 | 2.2 | 9 | 27 | 0.020 | 0.039 | 9.9 |
| E14 | 车用发动机 | 99 | 0.98 | 13.1 | 4.8 | 23 | 51 | 0.000 | 0.530 | 6.9 |
| E14 | 城市燃气 | 110 | 0.71 | 4.0 | 2.0 | 22 | 100 | 0.018 | — | 6.7 |
| E14 | 电力与能源 | 193 | 0.90 | 6.6 | 2.8 | 21 | 178 | 0.005 | 0.088 | 6.4 |
| E14 | 东方汽轮机 | 67 | 0.94 | 5.3 | 3.6 | 6 | 17 | — | 0.030 | 9.7 |
| E14 | 动力工程学报 | 157 | 0.93 | 14.1 | 4.2 | 17 | 39 | 0.010 | 0.660 | 6.4 |
| E14 | 工程热物理学报 | 472 | 1.00 | 13.2 | 4.2 | 21 | 98 | 0.020 | 0.940 | 8.9 |
| E14 | 工业锅炉 | 81 | 0.94 | 6.5 | 2.9 | 19 | 76 | — | 0.148 | ≥10 |
| E14 | 工业加热 | 128 | 0.97 | 8.4 | 3.7 | 20 | 69 | 0.000 | 0.290 | 9.3 |
| E14 | 工业炉 | 115 | 0.98 | 5.2 | 2.8 | 22 | 82 | 0.000 | 0.120 | 9.2 |
| E14 | 锅炉技术 | 98 | 0.99 | 7.7 | 3.2 | 19 | 74 | — | 0.296 | 8.3 |
| E14 | 锅炉制造 | 128 | 0.96 | 3.1 | 2.3 | 17 | 61 | — | 0.008 | 9.2 |
| E14 | 节能 | 241 | 0.93 | 7.7 | 2.9 | 26 | 211 | 0.004 | 0.261 | 7.7 |
| E14 | 内燃机 | 105 | 0.97 | 5.2 | 3.7 | 20 | 68 | — | 0.124 | 8.1 |
| E14 | 内燃机工程 | 202 | 1.00 | 11.9 | 4.5 | 20 | 108 | 0.010 | 0.817 | 7.9 |
| E14 | 内燃机学报 | 78 | 0.99 | 18.2 | 4.7 | 18 | 35 | 0.010 | 0.880 | 6.9 |
| E14 | 内燃机与动力装置 | 103 | 0.95 | 6.1 | 3.4 | 11 | 54 | — | 0.155 | 7.6 |
| E14 | 内燃机与配件 | 378 | 0.81 | 5.0 | 2.1 | 31 | 299 | — | 0.127 | 6.8 |
| E14 | 能源工程 | 83 | 0.98 | 13.5 | 4.3 | 9 | 68 | — | 0.470 | 7.8 |
| E14 | 能源研究与管理 | 118 | 0.97 | 8.5 | 2.6 | 18 | 86 | 0.008 | 0.263 | 7.5 |
| E14 | 能源与环境 | 323 | 0.99 | 4.8 | 1.9 | 27 | 236 | 0.022 | 0.127 | 7.6 |
| E14 | 汽轮机技术 | 137 | 1.00 | 8.3 | 3.5 | 23 | 52 | 0.000 | 0.190 | 7.8 |
| E14 | 区域供热 | 153 | 0.97 | 5.3 | 2.3 | 18 | 134 | — | 0.059 | 7.7 |
| E14 | 燃气轮机技术 | 56 | 0.97 | 8.6 | 2.9 | 13 | 51 | — | 0.250 | 7.7 |

| 学科代码 | 期刊名称 | 来源文献量 | 文献选出率 | 平均引文数 | 平均作者数 | 地区分布数 | 机构分布数 | 海外论文比 | 基金论文比 | 引用半衰期 |
|---|---|---|---|---|---|---|---|---|---|---|
| E14 | 燃烧科学与技术 | 90 | 0.94 | 15.6 | 4.7 | 15 | 38 | 0.030 | 0.940 | 8.9 |
| E14 | 热力透平 | 67 | 0.96 | 7.9 | 2.9 | 12 | 40 | 0.015 | 0.149 | 8.2 |
| E14 | 热能动力工程 | 259 | 0.96 | 13.2 | 3.3 | 24 | 104 | 0.000 | 0.580 | 8.0 |
| E14 | 深冷技术 | 98 | 0.95 | 2.1 | 2.1 | 22 | 70 | - | - | ≥10 |
| E14 | 特种设备安全技术 | 150 | 0.99 | 3.6 | 1.9 | 19 | 85 | - | 0.020 | ≥10 |
| E14 | 现代车用动力 | 55 | 0.98 | 4.9 | 3.7 | 9 | 21 | 0.018 | 0.036 | 7.7 |
| E14 | 小型内燃机与车辆技术 | 113 | 0.95 | 9.2 | 4.0 | 18 | 48 | 0.000 | 0.220 | 8.0 |
| E14 | 冶金动力 | 270 | 0.96 | 1.6 | 1.9 | 22 | 175 | 0.004 | 0.004 | 9.8 |
| E14 | 应用能源技术 | 180 | 0.94 | 5.8 | 2.1 | 26 | 163 | - | 0.156 | 6.7 |
| E14 | 制导与引信 | 49 | 0.98 | 7.3 | 3.5 | 10 | 29 | - | 0.306 | 8.9 |
| E14 | 制冷 | 68 | 0.96 | 7.8 | 2.8 | 15 | 48 | 0.015 | 0.191 | 8.2 |
| E14 | 制冷技术 | 83 | 0.89 | 18.6 | 3.5 | 13 | 54 | 0.012 | 0.410 | 6.9 |
| E14 | 制冷学报 | 108 | 0.99 | 20.2 | 4.3 | 13 | 36 | 0.060 | 0.530 | 7.4 |
| E14 | 制冷与空调(四川) | 149 | 0.98 | 10.2 | 3.0 | 23 | 73 | 0.010 | 0.340 | 8.4 |
| E15 | 安徽水利水电职业技术学院学报 | 114 | 0.98 | 4.7 | 1.5 | 6 | 81 | - | 0.211 | 6.5 |
| E15 | 安全与电磁兼容 | 97 | 0.67 | 3.8 | 2.8 | 14 | 93 | 0.021 | 0.093 | 7.6 |
| E15 | 北京信息科技大学学报(自然科学版) | 113 | 0.95 | 11.1 | 2.6 | 8 | 30 | 0.009 | 0.850 | 7.0 |
| E15 | 变压器 | 206 | 0.92 | 6.1 | 3.7 | 26 | 130 | 0.000 | 0.050 | 8.0 |
| E15 | 成都工业学院学报 | 113 | 0.88 | 9.6 | 2.1 | 17 | 84 | 0.009 | 0.611 | 6.5 |
| E15 | 重庆电力高等专科学校学报 | 109 | 0.99 | 5.8 | 2.0 | 15 | 81 | - | 0.385 | 6.4 |
| E15 | 大电机技术 | 85 | 0.99 | 7.5 | 3.6 | 17 | 54 | 0.020 | 0.270 | 8.9 |
| E15 | 电池 | 91 | 0.93 | 9.4 | 3.6 | 22 | 59 | 0.010 | 0.490 | 4.3 |
| E15 | 电动工具 | 32 | 0.53 | 2.9 | 1.8 | 7 | 27 | - | 0.063 | 8.4 |
| E15 | 电工电能新技术 | 144 | 0.97 | 16.0 | 4.2 | 22 | 64 | 0.000 | 0.750 | 6.0 |
| E15 | 电工电气 | 184 | 0.89 | 8.3 | 2.9 | 25 | 162 | 0.005 | 0.185 | 6.5 |
| E15 | 电工技术 | 579 | 0.99 | 4.1 | 2.5 | 30 | 485 | - | 0.028 | 7.7 |
| E15 | 电工技术学报 | 615 | 0.96 | 22.5 | 4.2 | 25 | 114 | 0.020 | 0.840 | 6.0 |
| E15 | 电工文摘 | 151 | 0.99 | 4.9 | 2.4 | 29 | 149 | - | 0.007 | 6.3 |
| E15 | 电机技术 | 117 | 0.96 | 3.6 | 2.0 | 18 | 56 | - | 0.009 | 8.4 |
| E15 | 电机与控制学报 | 186 | 0.99 | 17.2 | 3.8 | 23 | 81 | 0.030 | 0.930 | 7.1 |
| E15 | 电机与控制应用 | 211 | 0.90 | 12.8 | 3.2 | 26 | 110 | 0.000 | 0.550 | 6.3 |
| E15 | 电力电子技术 | 381 | 0.99 | 6.2 | 3.4 | 25 | 151 | 0.010 | 0.680 | 5.9 |
| E15 | 电力工程技术 | 153 | 1.00 | 9.1 | 3.6 | 7 | 71 | 0.007 | 0.150 | 6.1 |
| E15 | 电力建设 | 247 | 0.95 | 19.2 | 4.3 | 24 | 88 | 0.010 | 0.700 | 4.3 |

| 学科代码 | 期刊名称 | 来源文献量 | 文献选出率 | 平均引文数 | 平均作者数 | 地区分布数 | 机构分布数 | 海外论文比 | 基金论文比 | 引用半衰期 |
|---|---|---|---|---|---|---|---|---|---|---|
| E15 | 电力勘测设计 | 96 | 0.86 | 5.6 | 2.6 | 22 | 64 | — | 0.021 | ≥10 |
| E15 | 电力科学与工程 | 161 | 0.99 | 12.9 | 3.5 | 22 | 119 | — | 0.366 | 4.2 |
| E15 | 电力科学与技术学报 | 99 | 0.94 | 15.7 | 4.6 | 21 | 62 | 0.000 | 0.760 | 5.5 |
| E15 | 电力系统保护与控制 | 588 | 1.00 | 17.9 | 4.3 | 29 | 226 | 0.000 | 0.520 | 4.1 |
| E15 | 电力系统及其自动化学报 | 234 | 0.91 | 17.1 | 4.3 | 27 | 100 | 0.000 | 0.600 | 6.5 |
| E15 | 电力系统自动化 | 579 | 0.99 | 21.6 | 4.6 | 23 | 138 | 0.030 | 0.740 | 4.6 |
| E15 | 电力信息与通信技术 | 302 | 0.96 | 12.0 | 3.8 | 25 | 246 | 0.003 | 0.305 | 4.4 |
| E15 | 电力需求侧管理 | 93 | 0.82 | 7.4 | 3.2 | 19 | 69 | 0.010 | 0.180 | 6.0 |
| E15 | 电力学报 | 81 | 1.00 | 11.4 | 2.9 | 18 | 70 | — | 0.407 | 6.2 |
| E15 | 电力自动化设备 | 321 | 1.00 | 20.4 | 4.3 | 26 | 83 | 0.010 | 0.770 | 5.7 |
| E15 | 电气传动 | 220 | 0.98 | 9.3 | 3.7 | 26 | 115 | 0.000 | 0.500 | 6.6 |
| E15 | 电气传动自动化 | 85 | 0.98 | 6.9 | 2.4 | 24 | 85 | — | 0.118 | 7.2 |
| E15 | 电气防爆 | 50 | 0.94 | 8.1 | 2.1 | 15 | 33 | — | 0.140 | ≥10 |
| E15 | 电气工程学报 | 87 | 0.87 | 16.4 | 3.4 | 17 | 64 | — | 0.747 | 6.3 |
| E15 | 电气技术 | 440 | 0.90 | 8.3 | 2.8 | 28 | 374 | — | 0.175 | 7.1 |
| E15 | 电气开关 | 179 | 0.99 | 8.0 | 2.7 | 24 | 143 | 0.006 | 0.101 | 7.9 |
| E15 | 电气时代 | 181 | 0.51 | — | 2.5 | 26 | 183 | 0.006 | 0.017 | — |
| E15 | 电气应用 | 363 | 0.75 | 9.1 | 3.3 | 28 | 361 | 0.011 | 0.317 | 7.0 |
| E15 | 电气自动化 | 214 | 0.99 | 9.5 | 3.1 | 26 | 137 | 0.000 | 0.280 | 6.2 |
| E15 | 电器与能效管理技术 | 353 | 0.89 | 12.0 | 3.4 | 24 | 259 | 0.008 | 0.479 | 5.8 |
| E15 | 电网技术 | 559 | 0.96 | 22.2 | 4.8 | 26 | 122 | 0.020 | 0.770 | 4.6 |
| E15 | 电网与清洁能源 | 302 | 0.98 | 14.9 | 4.1 | 29 | 167 | 0.000 | 0.820 | 5.0 |
| E15 | 电线电缆 | 79 | 1.00 | 5.3 | 2.8 | 17 | 79 | — | 0.063 | ≥10 |
| E15 | 电源技术 | 747 | 0.97 | 8.8 | 3.5 | 29 | 344 | 0.010 | 0.480 | 6.9 |
| E15 | 电源学报 | 119 | 0.98 | 16.0 | 3.9 | 21 | 90 | 0.042 | 0.773 | 4.6 |
| E15 | 电站辅机 | 51 | 0.98 | 6.0 | 1.9 | 17 | 36 | — | 0.020 | 9.1 |
| E15 | 电站系统工程 | 168 | 1.00 | 6.4 | 3.1 | 21 | 127 | — | 0.095 | 7.7 |
| E15 | 东北电力大学学报 | 108 | 0.98 | 14.7 | 3.1 | 11 | 67 | 0.009 | 0.287 | 6.7 |
| E15 | 东北电力技术 | 210 | 0.92 | 7.6 | 3.1 | 19 | 133 | — | 0.024 | 6.2 |
| E15 | 东方电气评论 | 71 | 0.92 | 5.4 | 3.1 | 3 | 19 | — | 0.113 | 9.1 |
| E15 | 发电设备 | 106 | 0.99 | 5.4 | 2.8 | 20 | 82 | 0.009 | 0.075 | 8.8 |
| E15 | 防爆电机 | 98 | 1.00 | 5.7 | 2.3 | 19 | 53 | — | 0.102 | 8.7 |
| E15 | 高电压技术 | 510 | 1.00 | 25.3 | 4.8 | 28 | 149 | 0.010 | 0.810 | 5.7 |
| E15 | 高压电器 | 411 | 0.99 | 20.5 | 4.8 | 27 | 194 | 0.010 | 0.460 | 7.5 |

| 学科代码 | 期刊名称 | 来源文献量 | 文献选出率 | 平均引文数 | 平均作者数 | 地区分布数 | 机构分布数 | 海外论文比 | 基金论文比 | 引用半衰期 |
|---|---|---|---|---|---|---|---|---|---|---|
| E15 | 供用电 | 192 | 0.95 | 11.5 | 3.6 | 24 | 190 | 0.010 | 0.365 | 4.7 |
| E15 | 广东电力 | 280 | 0.97 | 13.7 | 3.8 | 21 | 111 | 0.000 | 0.420 | 6.5 |
| E15 | 广东水利电力职业技术学院学报 | 76 | 1.00 | 7.5 | 1.8 | 8 | 55 | — | 0.434 | 6.1 |
| E15 | 广西电力 | 120 | 0.96 | 7.4 | 2.9 | 10 | 71 | — | 0.092 | 7.1 |
| E15 | 贵州电力技术 | 276 | 0.98 | 4.7 | 2.0 | 10 | 95 | 0.040 | 0.007 | 8.0 |
| E15 | 国外内燃机 | 65 | 0.76 | 4.9 | 4.4 | 5 | 14 | — | — | ≥10 |
| E15 | 国网技术学院学报 | 118 | 0.95 | 6.0 | 3.6 | 18 | 99 | — | 0.051 | 6.6 |
| E15 | 河北电力技术 | 120 | 0.92 | 4.6 | 3.8 | 10 | 52 | — | 0.008 | 8.0 |
| E15 | 河南机电高等专科学校学报 | 158 | 1.00 | 5.8 | 1.5 | 16 | 72 | — | 0.392 | 6.1 |
| E15 | 黑龙江电力 | 125 | 0.95 | 9.9 | 3.3 | 20 | 107 | — | 0.136 | 6.8 |
| E15 | 湖南电力 | 140 | 1.00 | 7.6 | 3.9 | 7 | 59 | — | 0.136 | 7.2 |
| E15 | 华北电力大学学报(自然科学版) | 99 | 1.00 | 17.5 | 3.5 | 11 | 14 | 0.020 | 0.630 | 5.1 |
| E15 | 华北电力技术 | 145 | 0.93 | 13.2 | 3.9 | 14 | 95 | 0.007 | 0.193 | 6.8 |
| E15 | 机电信息 | 1193 | 0.76 | 3.6 | 1.8 | 30 | 879 | 0.005 | 0.048 | 6.9 |
| E15 | 吉林电力 | 103 | 0.94 | 2.9 | 3.1 | 9 | 63 | — | 0.010 | 6.1 |
| E15 | 家电科技 | 227 | 0.66 | 3.7 | 2.6 | 19 | 104 | — | 0.013 | ≥10 |
| E15 | 江西电力职业技术学院学报 | 117 | 0.98 | 4.7 | 1.6 | 21 | 87 | 0.009 | 0.291 | 5.5 |
| E15 | 洁净与空调技术 | 98 | 0.95 | 6.3 | 2.2 | 18 | 77 | — | 0.112 | 9.9 |
| E15 | 南方电网技术 | 159 | 0.89 | 19.3 | 4.8 | 22 | 70 | 0.040 | 0.570 | 4.9 |
| E15 | 内蒙古电力技术 | 149 | 0.85 | 7.2 | 2.5 | 11 | 78 | — | 0.228 | 5.8 |
| E15 | 内蒙古科技大学学报 | 89 | 0.96 | 10.5 | 3.9 | 13 | 33 | — | 0.652 | 7.7 |
| E15 | 宁夏电力 | 84 | 0.99 | 10.6 | 3.2 | 12 | 48 | 0.036 | 0.190 | 7.0 |
| E15 | 农村电工 | 377 | 0.51 | — | 1.6 | 24 | 276 | 0.005 | — | — |
| E15 | 汽车电器 | 260 | 0.91 | 2.8 | 2.4 | 22 | 156 | 0.008 | 0.054 | 6.2 |
| E15 | 青海电力 | 76 | 0.97 | 4.0 | 4.2 | 8 | 40 | — | — | 8.3 |
| E15 | 热力发电 | 267 | 0.99 | 16.3 | 4.4 | 24 | 88 | 0.000 | 0.460 | 6.9 |
| E15 | 日用电器 | 152 | 0.61 | 3.6 | 2.2 | 11 | 60 | — | 0.191 | ≥10 |
| E15 | 山东电力技术 | 243 | 0.96 | 7.7 | 3.9 | 22 | 152 | 0.008 | 0.053 | 7.7 |
| E15 | 山西电力 | 116 | 0.97 | 3.7 | 2.3 | 11 | 71 | — | 0.043 | 7.4 |
| E15 | 陕西电力 | 230 | 0.95 | 14.7 | 3.9 | 27 | 155 | 0.000 | 0.530 | 5.6 |
| E15 | 上海大中型电机 | 68 | 0.94 | 2.4 | 2.1 | 7 | 19 | 0.015 | — | ≥10 |
| E15 | 上海电力学院学报 | 123 | 0.95 | 11.9 | 3.2 | 8 | 54 | — | 0.374 | 6.6 |
| E15 | 上海电气技术 | 68 | 0.94 | 9.5 | 2.2 | 9 | 47 | — | 0.088 | 6.2 |
| E15 | 四川电力技术 | 122 | 0.99 | 9.8 | 3.8 | 19 | 97 | — | 0.164 | 6.7 |

| 学科代码 | 期刊名称 | 来源文献量 | 文献选出率 | 平均引文数 | 平均作者数 | 地区分布数 | 机构分布数 | 海外论文比 | 基金论文比 | 引用半衰期 |
|---|---|---|---|---|---|---|---|---|---|---|
| E15 | 太原科技大学学报 | 96 | 1.00 | 10.8 | 3.5 | 4 | 24 | - | 0.740 | 6.3 |
| E15 | 微电机 | 246 | 0.98 | 9.7 | 3.3 | 26 | 134 | 0.000 | 0.430 | 7.4 |
| E15 | 微特电机 | 284 | 0.98 | 11.0 | 3.1 | 25 | 167 | 0.010 | 0.510 | 6.9 |
| E15 | 现代电力 | 85 | 0.94 | 15.9 | 4.2 | 20 | 34 | 0.000 | 0.650 | 5.8 |
| E15 | 现代建筑电气 | 189 | 0.90 | 5.8 | 2.1 | 23 | 156 | - | 0.111 | 7.3 |
| E15 | 移动电源与车辆 | 50 | 0.94 | 4.1 | 3.3 | 15 | 38 | - | 0.100 | ≥10 |
| E15 | 云南电力技术 | 209 | 0.80 | 8.4 | 3.6 | 15 | 107 | - | 0.024 | 7.5 |
| E15 | 浙江电力 | 214 | 0.82 | 6.8 | 3.2 | 11 | 117 | - | 0.023 | 6.6 |
| E15 | 浙江水利水电学院学报 | 111 | 0.93 | 10.1 | 2.3 | 13 | 87 | - | 0.450 | 6.7 |
| E15 | 智能电网 | 217 | 0.98 | 14.1 | 4.4 | 26 | 183 | 0.005 | 0.369 | 6.9 |
| E15 | 中国电机工程学报 | 757 | 0.73 | 24.6 | 4.6 | 25 | 113 | 0.030 | 0.810 | 5.5 |
| E15 | 中国电力 | 412 | 1.00 | 13.7 | 4.3 | 27 | 211 | 0.000 | 0.330 | 5.8 |
| E15 | 中国核电 | 65 | 0.81 | 5.2 | 2.5 | 13 | 31 | - | 0.031 | 8.7 |
| E16 | Frontiers in Energy | 45 | 1.00 | 25.3 | 2.9 | 4 | 57 | 0.778 | 0.178 | 6.7 |
| E16 | International Journal of Coal Science & Technology | 39 | 0.98 | 42.1 | 3.7 | 7 | 33 | 0.770 | 0.230 | ≥10 |
| E16 | 储能科学与技术 | 116 | 0.90 | 33.0 | 4.8 | 15 | 59 | 0.020 | 0.560 | 2.9 |
| E16 | 建筑科技 | 83 | 1.00 | 6.1 | 2.9 | 19 | 68 | - | 0.253 | 9.0 |
| E16 | 江西煤炭科技 | 212 | 0.98 | 4.6 | 1.3 | 15 | 127 | 0.005 | 0.009 | 6.2 |
| E16 | 节能技术 | 126 | 0.95 | 13.2 | 3.6 | 19 | 92 | 0.010 | 0.370 | 6.4 |
| E16 | 洁净煤技术 | 153 | 0.99 | 19.5 | 3.5 | 21 | 86 | 0.000 | 0.630 | 7.3 |
| E16 | 可再生能源 | 289 | 0.97 | 22.9 | 4.2 | 28 | 155 | 0.010 | 0.800 | 5.4 |
| E16 | 煤 | 378 | 1.00 | 3.8 | 1.5 | 15 | 184 | 0.003 | 0.077 | 6.5 |
| E16 | 煤气与热力 | 238 | 0.97 | 5.9 | 3.0 | 23 | 185 | 0.017 | 0.134 | 7.1 |
| E16 | 煤炭工程 | 528 | 0.99 | 9.3 | 2.9 | 25 | 202 | 0.000 | 0.410 | 6.4 |
| E16 | 煤炭技术 | 1558 | 1.00 | 6.0 | 3.0 | 30 | 675 | 0.013 | 0.505 | 5.7 |
| E16 | 煤炭加工与综合利用 | 255 | 0.75 | 4.9 | 2.1 | 20 | 195 | 0.004 | 0.059 | 6.9 |
| E16 | 煤炭科技 | 225 | 0.98 | 2.7 | 1.4 | 17 | 140 | 0.004 | 0.040 | 6.6 |
| E16 | 煤炭科学技术 | 433 | 0.98 | 20.1 | 3.6 | 22 | 130 | 0.000 | 0.820 | 5.7 |
| E16 | 煤炭学报 | 420 | 0.97 | 21.6 | 4.8 | 21 | 92 | 0.010 | 0.900 | 7.2 |
| E16 | 煤炭与化工 | 598 | 0.99 | 6.8 | 1.7 | 23 | 361 | 0.023 | 0.120 | 7.1 |
| E16 | 煤炭转化 | 72 | 1.00 | 17.5 | 4.8 | 19 | 39 | 0.000 | 0.750 | 8.7 |
| E16 | 煤质技术 | 113 | 0.82 | 7.9 | 2.3 | 20 | 78 | 0.027 | 0.248 | 7.7 |
| E16 | 南方能源建设 | 120 | 0.95 | 8.2 | 2.2 | 12 | 83 | 0.017 | 0.208 | 7.4 |

| 学科代码 | 期刊名称 | 来源文献量 | 文献选出率 | 平均引文数 | 平均作者数 | 地区分布数 | 机构分布数 | 海外论文比 | 基金论文比 | 引用半衰期 |
|---|---|---|---|---|---|---|---|---|---|---|
| E16 | 能源技术与管理 | 417 | 0.99 | 4.7 | 2.0 | 24 | 321 | 0.014 | 0.115 | 6.8 |
| E16 | 能源研究与利用 | 99 | 0.74 | 3.0 | 1.8 | 12 | 51 | - | 0.101 | 7.7 |
| E16 | 能源研究与信息 | 46 | 0.92 | 11.9 | 3.4 | 8 | 30 | - | 0.435 | 8.9 |
| E16 | 能源与节能 | 1088 | 0.98 | 3.9 | 1.3 | 27 | 575 | - | 0.037 | 4.6 |
| E16 | 燃料化学学报 | 202 | 0.97 | 24.7 | 5.2 | 27 | 85 | 0.020 | 0.880 | 7.3 |
| E16 | 山东煤炭科技 | 1058 | 0.99 | 3.4 | 1.5 | 23 | 560 | 0.001 | 0.021 | 6.5 |
| E16 | 山西焦煤科技 | 154 | 0.99 | 5.1 | 1.3 | 10 | 109 | - | 0.019 | 6.4 |
| E16 | 山西煤炭 | 145 | 1.00 | 5.5 | 1.7 | 14 | 104 | - | 0.090 | 7.6 |
| E16 | 陕西煤炭 | 253 | 0.97 | 5.6 | 1.8 | 14 | 163 | 0.004 | 0.016 | 8.1 |
| E16 | 上海节能 | 142 | 0.74 | 3.6 | 1.9 | 12 | 104 | 0.007 | 0.134 | 7.7 |
| E16 | 上海煤气 | 61 | 0.91 | - | 1.6 | 9 | 36 | - | - | - |
| E16 | 水电能源科学 | 636 | 1.00 | 8.1 | 3.6 | 29 | 236 | 0.000 | 0.600 | 7.4 |
| E16 | 太阳能学报 | 484 | 0.98 | 19.7 | 4.3 | 30 | 180 | 0.010 | 0.830 | 7.0 |
| E16 | 同煤科技 | 81 | 0.92 | 4.5 | 1.4 | 9 | 55 | - | 0.062 | 7.9 |
| E16 | 新能源进展 | 73 | 1.00 | 25.8 | 4.5 | 10 | 41 | 0.014 | 0.918 | 5.8 |
| E16 | 选煤技术 | 153 | 0.99 | 10.0 | 2.3 | 20 | 112 | 0.020 | 0.118 | 7.1 |
| E16 | 中国煤层气 | 70 | 1.00 | 7.3 | 3.6 | 12 | 66 | 0.029 | 0.400 | 7.5 |
| E16 | 中国煤炭 | 316 | 0.84 | 9.2 | 2.9 | 22 | 215 | 0.013 | 0.465 | 5.4 |
| E16 | 中国煤炭地质 | 189 | 0.94 | 13.9 | 2.8 | 23 | 98 | 0.000 | 0.400 | 7.4 |
| E16 | 中国能源 | 107 | 0.70 | 10.1 | 2.6 | 14 | 56 | 0.020 | 0.330 | 3.5 |
| E16 | 中外能源 | 202 | 0.91 | 10.7 | 2.7 | 21 | 167 | - | 0.233 | 6.3 |
| E16 | 能源与环保 | 453 | 0.99 | 13.4 | 2.3 | 22 | 281 | 0.002 | 0.313 | 6.9 |
| E17 | China Petroleum Processing and Petrochemical Technology | 60 | 0.75 | 24.6 | 4.9 | 15 | 46 | 0.017 | 0.183 | 8.4 |
| E17 | Journal of Energy Chemistry | 142 | 0.94 | 49.6 | 5.2 | 22 | 102 | 0.460 | 0.500 | 5.5 |
| E17 | Petroleum Science | 65 | 1.00 | 39.6 | 4.3 | 11 | 79 | 0.446 | 0.677 | 8.2 |
| E17 | 北京石油化工学院学报 | 52 | 0.93 | 11.1 | 3.8 | 13 | 21 | 0.000 | 0.400 | 7.0 |
| E17 | 测井技术 | 143 | 0.99 | 12.5 | 4.7 | 18 | 64 | 0.010 | 0.580 | 9.6 |
| E17 | 承德石油高等专科学校学报 | 142 | 0.96 | 5.9 | 2.8 | 13 | 76 | - | 0.401 | 6.7 |
| E17 | 大庆石油地质与开发 | 195 | 1.00 | 17.3 | 3.5 | 19 | 116 | 0.015 | 0.959 | 7.3 |
| E17 | 当代石油石化 | 99 | 0.77 | 5.6 | 1.8 | 14 | 54 | - | 0.061 | 6.2 |
| E17 | 东北石油大学学报 | 83 | 0.87 | 25.0 | 5.0 | 14 | 40 | 0.010 | 0.930 | 6.7 |
| E17 | 断块油气田 | 184 | 0.97 | 17.6 | 4.5 | 16 | 139 | - | 0.897 | 6.8 |
| E17 | 非常规油气 | 111 | 0.98 | 15.0 | 4.0 | 15 | 85 | 0.036 | 0.405 | 7.3 |

| 学科代码 | 期刊名称 | 来源文献量 | 文献选出率 | 平均引文数 | 平均作者数 | 地区分布数 | 机构分布数 | 海外论文比 | 基金论文比 | 引用半衰期 |
|---|---|---|---|---|---|---|---|---|---|---|
| E17 | 广东石油化工学院学报 | 138 | 0.97 | 9.1 | 2.3 | 14 | 63 | 0.007 | 0.652 | 6.3 |
| E17 | 国际石油经济 | 196 | 0.87 | 7.6 | 2.2 | 16 | 109 | 0.077 | 0.071 | 5.3 |
| E17 | 海相油气地质 | 37 | 0.82 | 24.5 | 5.6 | 13 | 24 | 0.030 | 0.730 | 7.4 |
| E17 | 海洋石油 | 77 | 0.95 | 7.8 | 3.6 | 11 | 41 | — | 0.130 | 9.0 |
| E17 | 焊管 | 174 | 0.90 | 11.9 | 4.0 | 24 | 143 | 0.006 | 0.172 | 8.8 |
| E17 | 江汉石油职工大学学报 | 229 | 0.99 | 3.7 | 1.3 | 14 | 80 | — | 0.079 | 6.9 |
| E17 | 精细石油化工进展 | 87 | 0.97 | 12.0 | 3.8 | 17 | 74 | — | 0.448 | 7.4 |
| E17 | 炼油技术与工程 | 172 | 0.96 | 4.8 | 2.7 | 24 | 92 | 0.006 | 0.110 | 7.6 |
| E17 | 炼油与化工 | 160 | 1.00 | 6.5 | 2.1 | 15 | 81 | 0.013 | 0.013 | 8.3 |
| E17 | 录井工程 | 78 | 0.92 | 8.3 | 4.2 | 14 | 72 | 0.013 | 0.179 | 6.8 |
| E17 | 内蒙古石油化工 | 614 | 0.98 | 5.7 | 2.1 | 26 | 361 | 0.003 | 0.109 | 9.6 |
| E17 | 能源化工 | 105 | 0.96 | 12.9 | 3.1 | 19 | 64 | 0.000 | 0.190 | 7.5 |
| E17 | 齐鲁石油化工 | 78 | 0.98 | 3.6 | 2.3 | 12 | 47 | — | 0.013 | 8.1 |
| E17 | 石油地球物理勘探 | 157 | 0.95 | 19.5 | 4.4 | 18 | 71 | 0.030 | 0.780 | 9.5 |
| E17 | 石油地质与工程 | 226 | 0.96 | 11.2 | 3.6 | 21 | 148 | — | 0.500 | 7.8 |
| E17 | 石油工程建设 | 136 | 1.00 | 6.8 | 3.6 | 18 | 129 | 0.007 | 0.147 | 6.9 |
| E17 | 石油工业技术监督 | 215 | 0.94 | 6.0 | 3.1 | 20 | 134 | — | 0.056 | 7.2 |
| E17 | 石油规划设计 | 82 | 0.87 | 3.6 | 3.4 | 17 | 77 | 0.012 | 0.098 | 6.8 |
| E17 | 石油化工 | 241 | 0.82 | 22.5 | 4.2 | 26 | 104 | 0.000 | 0.440 | 7.3 |
| E17 | 石油化工安全环保技术 | 113 | 0.93 | 4.4 | 2.1 | 21 | 97 | — | 0.018 | 8.2 |
| E17 | 石油化工腐蚀与防护 | 95 | 0.95 | 5.2 | 3.0 | 21 | 80 | — | 0.095 | 8.7 |
| E17 | 石油化工高等学校学报 | 107 | 0.99 | 15.3 | 3.8 | 14 | 49 | 0.020 | 0.770 | 7.7 |
| E17 | 石油化工技术与经济 | 82 | 0.73 | 5.0 | 1.6 | 12 | 31 | — | — | 6.2 |
| E17 | 石油化工设备 | 125 | 0.97 | 15.8 | 3.4 | 22 | 129 | — | 0.144 | 9.6 |
| E17 | 石油化工设备技术 | 96 | 0.87 | 5.1 | 2.4 | 20 | 64 | 0.000 | 0.090 | 9.5 |
| E17 | 石油化工设计 | 73 | 0.91 | 4.2 | 1.7 | 15 | 37 | — | 0.027 | ≥10 |
| E17 | 石油化工应用 | 436 | 0.97 | 7.9 | 4.1 | 22 | 200 | 0.002 | 0.248 | 8.1 |
| E17 | 石油化工自动化 | 133 | 0.97 | 9.2 | 2.2 | 25 | 121 | — | 0.068 | 7.0 |
| E17 | 石油机械 | 290 | 0.93 | 11.3 | 4.4 | 17 | 123 | 0.000 | 0.690 | 6.5 |
| E17 | 石油勘探与开发 | 125 | 0.95 | 23.3 | 6.0 | 15 | 56 | 0.100 | 0.860 | 7.0 |
| E17 | 石油科技论坛 | 68 | 0.97 | 6.7 | 3.4 | 11 | 50 | 0.015 | 0.721 | 3.1 |
| E17 | 石油库与加油站 | 75 | 0.82 | 4.0 | 1.7 | 25 | 69 | — | 0.013 | 6.7 |
| E17 | 石油矿场机械 | 267 | 0.96 | 9.4 | 4.3 | 20 | 192 | — | 0.506 | 6.7 |
| E17 | 石油沥青 | 88 | 0.94 | 10.7 | 3.1 | 17 | 80 | 0.011 | 0.227 | 8.5 |

| 学科代码 | 期刊名称 | 来源文献量 | 文献选出率 | 平均引文数 | 平均作者数 | 地区分布数 | 机构分布数 | 海外论文比 | 基金论文比 | 引用半衰期 |
|---|---|---|---|---|---|---|---|---|---|---|
| E17 | 石油炼制与化工 | 240 | 0.85 | 11.8 | 3.5 | 24 | 93 | 0.000 | 0.380 | 8.2 |
| E17 | 石油商技 | 81 | 0.79 | 6.4 | 2.6 | 14 | 45 | — | 0.025 | 9.9 |
| E17 | 石油石化节能 | 243 | 0.77 | 3.3 | 1.9 | 18 | 125 | — | 0.066 | 7.5 |
| E17 | 石油石化绿色低碳 | 66 | 0.71 | 3.7 | 2.1 | 13 | 38 | — | 0.045 | 5.4 |
| E17 | 石油物探 | 102 | 0.94 | 23.9 | 4.4 | 19 | 49 | 0.020 | 0.890 | 9.0 |
| E17 | 石油学报 | 158 | 0.93 | 34.5 | 5.5 | 15 | 57 | 0.020 | 0.910 | 7.9 |
| E17 | 石油学报(石油加工) | 171 | 0.92 | 21.2 | 4.7 | 24 | 61 | 0.020 | 0.740 | 8.3 |
| E17 | 石油与天然气地质 | 121 | 0.95 | 27.6 | 5.7 | 16 | 43 | 0.020 | 0.930 | 7.8 |
| E17 | 石油与天然气化工 | 134 | 0.91 | 11.6 | 4.2 | 21 | 134 | 0.015 | 0.418 | 8.0 |
| E17 | 石油钻采工艺 | 167 | 0.92 | 13.8 | 4.5 | 15 | 69 | 0.010 | 0.610 | 6.6 |
| E17 | 石油钻探技术 | 123 | 0.89 | 16.6 | 3.9 | 17 | 67 | 0.020 | 0.650 | 5.8 |
| E17 | 特种油气藏 | 210 | 0.98 | 14.1 | 3.8 | 16 | 77 | 0.000 | 0.910 | 5.8 |
| E17 | 天然气地球科学 | 243 | 0.95 | 27.7 | 5.7 | 17 | 81 | 0.010 | 0.950 | 7.3 |
| E17 | 天然气工业 | 217 | 0.98 | 19.9 | 4.7 | 21 | 103 | 0.010 | 0.710 | 5.5 |
| E17 | 天然气技术与经济 | 128 | 0.85 | 7.6 | 3.5 | 18 | 110 | 0.008 | 0.211 | 6.1 |
| E17 | 天然气勘探与开发 | 75 | 0.90 | 10.6 | 3.7 | 15 | 84 | 0.013 | 0.347 | 6.9 |
| E17 | 天然气与石油 | 142 | 0.94 | 19.1 | 3.6 | 17 | 72 | 0.010 | 0.540 | 6.8 |
| E17 | 物探装备 | 102 | 0.98 | 3.1 | 3.3 | 10 | 21 | 0.020 | 0.010 | 6.5 |
| E17 | 西安石油大学学报(自然科学版) | 120 | 0.99 | 15.8 | 4.5 | 18 | 56 | 0.020 | 0.860 | 8.6 |
| E17 | 西南石油大学学报(自然科学版) | 136 | 0.99 | 20.7 | 4.3 | 17 | 60 | 0.010 | 0.720 | 8.4 |
| E17 | 新疆石油地质 | 134 | 0.97 | 19.2 | 4.7 | 18 | 65 | 0.010 | 0.840 | 8.3 |
| E17 | 新疆石油天然气 | 88 | 0.98 | 9.7 | 3.7 | 13 | 79 | 0.011 | 0.227 | 8.9 |
| E17 | 岩性油气藏 | 107 | 0.94 | 23.9 | 4.8 | 17 | 42 | 0.010 | 0.930 | 6.9 |
| E17 | 乙烯工业 | 59 | 0.69 | 2.0 | 2.5 | 13 | 22 | — | — | 8.7 |
| E17 | 油气藏评价与开发 | 96 | 0.94 | 12.7 | 3.6 | 15 | 76 | 0.010 | 0.448 | 8.4 |
| E17 | 油气储运 | 255 | 1.00 | 14.6 | 4.1 | 19 | 123 | 0.010 | 0.420 | 6.1 |
| E17 | 油气地质与采收率 | 125 | 0.95 | 19.6 | 4.7 | 15 | 46 | 0.000 | 0.910 | 5.6 |
| E17 | 油气井测试 | 136 | 0.94 | 7.6 | 4.0 | 17 | 100 | 0.007 | 0.412 | 9.0 |
| E17 | 油气田地面工程 | 385 | 0.96 | 5.8 | 3.0 | 23 | 288 | 0.005 | 0.156 | 7.1 |
| E17 | 油气田环境保护 | 100 | 0.81 | 10.4 | 3.6 | 19 | 104 | — | 0.240 | 6.1 |
| E17 | 油田化学 | 152 | 0.99 | 15.6 | 4.9 | 16 | 68 | 0.000 | 0.600 | 7.9 |
| E17 | 中国海上油气 | 136 | 0.94 | 14.9 | 4.7 | 9 | 38 | 0.010 | 0.690 | 8.5 |
| E17 | 中国海洋平台 | 93 | 1.00 | 7.5 | 4.0 | 11 | 45 | 0.010 | 0.460 | 8.9 |
| E17 | 中国石油大学胜利学院学报 | 107 | 0.97 | 6.6 | 2.1 | 13 | 55 | — | 0.383 | 7.6 |

| 学科代码 | 期刊名称 | 来源文献量 | 文献选出率 | 平均引文数 | 平均作者数 | 地区分布数 | 机构分布数 | 海外论文比 | 基金论文比 | 引用半衰期 |
|---|---|---|---|---|---|---|---|---|---|---|
| E17 | 中国石油大学学报(自然科学版) | 143 | 0.96 | 20.7 | 5.2 | 14 | 32 | 0.030 | 0.920 | 8.5 |
| E17 | 中国石油和化工标准与质量 | 1416 | 0.99 | 3.2 | 1.7 | 30 | 821 | 0.001 | 0.020 | 5.5 |
| E17 | 中国石油勘探 | 79 | 0.90 | 21.6 | 4.8 | 18 | 58 | 0.000 | 0.870 | 6.4 |
| E17 | 钻采工艺 | 213 | 0.93 | 8.2 | 4.0 | 20 | 166 | 0.009 | 0.563 | 8.2 |
| E17 | 钻井液与完井液 | 150 | 0.99 | 12.0 | 4.9 | 14 | 79 | 0.000 | 0.610 | 6.5 |
| E18 | Nuclear Science and Techniques | 150 | 0.99 | 26.9 | 4.7 | 20 | 135 | 0.233 | 0.787 | 9.2 |
| E18 | 辐射防护 | 64 | 0.93 | 14.5 | 5.3 | 16 | 34 | 0.000 | 0.360 | 9.5 |
| E18 | 辐射防护通讯 | 52 | 0.74 | 11.5 | 3.1 | 15 | 37 | — | 0.058 | 8.8 |
| E18 | 辐射研究与辐射工艺学报 | 54 | 0.92 | 25.7 | 5.1 | 12 | 32 | 0.000 | 0.780 | 7.7 |
| E18 | 核安全 | 62 | 0.98 | 14.8 | 4.3 | 9 | 30 | — | 0.790 | 6.7 |
| E18 | 核电子学与探测技术 | 293 | 1.00 | 8.4 | 4.7 | 22 | 143 | — | 0.614 | 8.1 |
| E18 | 核动力工程 | 235 | 1.00 | 6.1 | 4.5 | 17 | 65 | 0.010 | 0.260 | 9.3 |
| E18 | 核化学与放射化学 | 59 | 0.97 | 18.2 | 4.9 | 13 | 27 | 0.000 | 0.370 | ≥10 |
| E18 | 核技术 | 166 | 0.89 | 14.6 | 5.3 | 19 | 60 | 0.010 | 0.750 | 7.4 |
| E18 | 核科学与工程 | 142 | 0.98 | 10.5 | 4.7 | 15 | 46 | 0.000 | 0.370 | 9.5 |
| E18 | 世界核地质科学 | 38 | 0.90 | 12.5 | 3.8 | 11 | 25 | — | 0.184 | ≥10 |
| E18 | 太阳能 | 180 | 0.75 | 7.3 | 3.3 | 23 | 167 | 0.006 | 0.233 | 5.9 |
| E18 | 同位素 | 42 | 0.95 | 15.7 | 5.2 | 12 | 25 | 0.000 | 0.400 | 8.6 |
| E18 | 应用泛函分析学报 | 49 | 0.98 | 15.0 | 2.2 | 23 | 51 | — | 0.816 | ≥10 |
| E18 | 原子能科学技术 | 371 | 0.98 | 12.2 | 5.1 | 22 | 89 | 0.010 | 0.480 | ≥10 |
| E19 | Chinese Journal of Electronics | 170 | 1.00 | 19.1 | 3.9 | 19 | 185 | 0.071 | 0.953 | 7.7 |
| E19 | Journal of Semiconductors | 242 | 0.98 | 24.2 | 4.7 | 24 | 128 | 0.200 | 0.630 | 7.0 |
| E19 | Nano-Micro Letters | 40 | 0.95 | 51.1 | 5.6 | 9 | 54 | 0.450 | 0.750 | 5.7 |
| E19 | Photonic Sensors | 50 | 1.00 | 20.4 | 4.3 | 14 | 56 | 0.360 | 0.660 | 7.9 |
| E19 | 安徽电子信息职业技术学院学报 | 179 | 0.98 | 5.4 | 1.6 | 24 | 117 | — | 0.413 | 6.3 |
| E19 | 半导体光电 | 196 | 1.00 | 12.6 | 4.1 | 25 | 102 | 0.000 | 0.700 | 6.9 |
| E19 | 半导体技术 | 167 | 0.97 | 14.7 | 4.2 | 23 | 81 | 0.000 | 0.540 | 6.9 |
| E19 | 常州信息职业技术学院学报 | 174 | 0.99 | 4.5 | 1.5 | 16 | 86 | — | 0.546 | 4.3 |
| E19 | 传感技术学报 | 322 | 1.00 | 15.6 | 3.9 | 27 | 151 | 0.010 | 0.820 | 5.0 |
| E19 | 传感器与微系统 | 556 | 0.98 | 10.6 | 3.6 | 28 | 193 | 0.010 | 0.620 | 6.2 |
| E19 | 电瓷避雷器 | 186 | 1.00 | 15.2 | 4.0 | 24 | 182 | — | 0.349 | 7.5 |
| E19 | 电力电容器与无功补偿 | 142 | 0.93 | 16.1 | 3.8 | 25 | 158 | — | 0.359 | 6.3 |
| E19 | 电声技术 | 212 | 0.94 | 7.0 | 2.3 | 24 | 153 | 0.005 | 0.274 | 6.6 |
| E19 | 电视技术 | 339 | 0.96 | 10.7 | 3.0 | 30 | 217 | 0.003 | 0.661 | 4.6 |

| 学科代码 | 期刊名称 | 来源文献量 | 文献选出率 | 平均引文数 | 平均作者数 | 地区分布数 | 机构分布数 | 海外论文比 | 基金论文比 | 引用半衰期 |
|---|---|---|---|---|---|---|---|---|---|---|
| E19 | 电源技术应用 | 151 | 0.82 | 4.2 | 2.5 | 24 | 126 | 0.007 | 0.060 | 8.2 |
| E19 | 电子测量技术 | 483 | 0.89 | 13.0 | 3.1 | 26 | 178 | 0.000 | 0.250 | 4.0 |
| E19 | 电子测量与仪器学报 | 246 | 0.92 | 18.4 | 3.7 | 25 | 108 | 0.010 | 0.860 | 4.5 |
| E19 | 电子测试 | 2274 | 0.99 | 3.6 | 1.6 | 31 | 1267 | 0.001 | 0.132 | 4.8 |
| E19 | 电子产品可靠性与环境试验 | 83 | 0.90 | 6.7 | 2.5 | 15 | 46 | — | 0.036 | 9.3 |
| E19 | 电子产品世界 | 250 | 0.76 | 5.0 | 2.0 | 22 | 153 | 0.100 | 0.160 | 6.2 |
| E19 | 电子工业专用设备 | 123 | 0.63 | 4.1 | 2.7 | 14 | 28 | 0.008 | 0.057 | 8.9 |
| E19 | 电子工艺技术 | 103 | 0.98 | 6.4 | 3.2 | 16 | 63 | — | 0.311 | 7.1 |
| E19 | 电子技术 | 321 | 0.98 | 7.0 | 2.9 | 24 | 141 | 0.003 | 0.414 | 6.2 |
| E19 | 电子技术应用 | 468 | 0.92 | 9.2 | 3.3 | 29 | 213 | 0.010 | 0.580 | 6.0 |
| E19 | 电子科技 | 566 | 1.00 | 11.5 | 2.6 | 25 | 188 | 0.005 | 0.390 | 7.4 |
| E19 | 电子科技大学学报 | 159 | 0.98 | 21.1 | 3.8 | 21 | 71 | 0.000 | 0.880 | 6.7 |
| E19 | 电子科学技术 | 172 | 0.99 | 6.3 | 2.3 | 25 | 168 | — | 0.180 | 6.1 |
| E19 | 电子器件 | 295 | 1.00 | 11.6 | 3.2 | 28 | 138 | 0.010 | 0.550 | 5.9 |
| E19 | 电子设计工程 | 1371 | 0.98 | 10.8 | 2.5 | 30 | 478 | 0.000 | 0.360 | 5.9 |
| E19 | 电子世界 | 2920 | 0.93 | 4.1 | 1.8 | 31 | 1738 | 0.002 | 0.126 | 5.5 |
| E19 | 电子显微学报 | 90 | 0.89 | 17.2 | 5.0 | 20 | 55 | 0.000 | 0.670 | 9.3 |
| E19 | 电子信息对抗技术 | 102 | 0.99 | 8.7 | 3.0 | 12 | 48 | — | 0.147 | 7.6 |
| E19 | 电子学报 | 433 | 1.00 | 19.0 | 3.7 | 26 | 184 | 0.010 | 0.910 | 6.8 |
| E19 | 电子与封装 | 133 | 0.96 | 6.2 | 2.8 | 16 | 58 | — | 0.053 | 9.1 |
| E19 | 电子与信息学报 | 447 | 0.98 | 19.9 | 3.8 | 23 | 120 | 0.020 | 0.880 | 4.6 |
| E19 | 电子元件与材料 | 236 | 0.93 | 16.2 | 3.9 | 25 | 133 | 0.000 | 0.650 | 5.8 |
| E19 | 电子制作 | 1689 | 0.99 | 3.5 | 1.6 | 30 | 1144 | 0.001 | 0.091 | 4.5 |
| E19 | 电子质量 | 228 | 0.89 | 6.2 | 2.4 | 25 | 154 | 0.004 | 0.123 | 7.4 |
| E19 | 固体电子学研究与进展 | 99 | 0.94 | 11.2 | 4.0 | 19 | 50 | 0.000 | 0.460 | 8.2 |
| E19 | 光源与照明 | 48 | 0.86 | 6.0 | 2.6 | 11 | 52 | — | 0.042 | 6.6 |
| E19 | 桂林电子科技大学学报 | 104 | 0.96 | 11.1 | 3.0 | 4 | 16 | — | 0.990 | 6.6 |
| E19 | 国外电子测量技术 | 259 | 0.85 | 10.6 | 2.8 | 20 | 103 | 0.000 | 0.220 | 4.4 |
| E19 | 杭州电子科技大学学报 | 103 | 0.99 | 9.1 | 2.9 | 3 | 17 | — | 0.612 | 6.1 |
| E19 | 华电技术 | 289 | 0.93 | 5.2 | 2.2 | 25 | 221 | 0.010 | 0.059 | 7.8 |
| E19 | 吉林大学学报(信息科学版) | 123 | 0.98 | 14.7 | 3.3 | 14 | 30 | 0.000 | 0.740 | 5.9 |
| E19 | 密码学报 | 54 | 0.87 | 24.0 | 2.9 | 17 | 38 | — | 0.889 | 7.1 |
| E19 | 上海电机学院学报 | 63 | 0.90 | 18.8 | 2.6 | 5 | 19 | — | 0.698 | 6.3 |
| E19 | 深圳信息职业技术学院学报 | 72 | 0.90 | 9.9 | 2.1 | 6 | 23 | — | 0.667 | 6.8 |

| 学科代码 | 期刊名称 | 来源文献量 | 文献选出率 | 平均引文数 | 平均作者数 | 地区分布数 | 机构分布数 | 海外论文比 | 基金论文比 | 引用半衰期 |
|---|---|---|---|---|---|---|---|---|---|---|
| E19 | 太赫兹科学与电子信息学报 | 190 | 0.91 | 11.3 | 3.7 | 18 | 88 | 0.010 | 0.360 | 7.1 |
| E19 | 微电子学 | 194 | 1.00 | 9.5 | 3.9 | 18 | 70 | 0.000 | 0.700 | 7.4 |
| E19 | 微电子学与计算机 | 422 | 0.99 | 8.6 | 3.0 | 29 | 172 | 0.000 | 0.630 | 5.6 |
| E19 | 微纳电子技术 | 136 | 1.00 | 20.1 | 4.4 | 22 | 65 | 0.010 | 0.760 | 6.6 |
| E19 | 武汉理工大学学报(信息与管理工程版) | 164 | 0.97 | 12.0 | 2.8 | 17 | 59 | 0.010 | 0.460 | 6.5 |
| E19 | 西安电子科技大学学报(自然科学版) | 195 | 0.96 | 13.1 | 3.6 | 19 | 48 | 0.000 | 0.930 | 4.7 |
| E19 | 系统工程与电子技术 | 421 | 0.98 | 19.3 | 3.7 | 23 | 99 | 0.000 | 0.770 | 6.2 |
| E19 | 现代电子技术 | 1019 | 0.98 | 10.2 | 2.5 | 30 | 530 | 0.000 | 0.660 | 4.9 |
| E19 | 照明工程学报 | 166 | 0.85 | 10.9 | 3.1 | 24 | 114 | 0.010 | 0.430 | 6.3 |
| E19 | 真空电子技术 | 105 | 0.95 | 8.1 | 4.0 | 16 | 53 | — | 0.229 | ≥10 |
| E19 | 中国有线电视 | 338 | 0.68 | 2.8 | 1.6 | 27 | 235 | — | 0.021 | 4.2 |
| E19 | 中国照明电器 | 131 | 0.83 | 6.5 | 2.5 | 17 | 110 | 0.008 | 0.176 | 5.1 |
| E20 | Chinese Optics of Letters | 264 | 0.95 | 22.8 | 5.0 | 20 | 152 | 0.170 | 0.720 | 6.0 |
| E20 | Frontiers of Optoelectronics | 73 | 0.99 | 33.8 | 4.3 | 11 | 45 | 0.410 | 0.600 | 6.0 |
| E20 | Light：Science & Applications | 83 | 0.99 | 44.7 | 5.7 | 12 | 76 | 0.810 | 0.250 | 6.3 |
| E20 | 光电工程 | 197 | 0.99 | 14.2 | 4.1 | 24 | 98 | 0.000 | 0.810 | 6.3 |
| E20 | 光电技术应用 | 105 | 0.93 | 11.6 | 3.1 | 20 | 56 | — | 0.352 | 8.0 |
| E20 | 光电子·激光 | 197 | 0.94 | 20.9 | 4.3 | 28 | 159 | 0.015 | 0.949 | 4.3 |
| E20 | 光电子技术 | 57 | 0.98 | 10.6 | 4.0 | 14 | 34 | 0.000 | 0.510 | 5.9 |
| E20 | 光学技术 | 118 | 1.00 | 13.2 | 3.6 | 19 | 68 | 0.000 | 0.700 | 7.9 |
| E20 | 光学与光电技术 | 113 | 0.99 | 10.3 | 2.9 | 18 | 63 | 0.060 | 0.400 | 8.5 |
| E20 | 红外技术 | 184 | 0.96 | 14.4 | 4.4 | 24 | 100 | 0.000 | 0.500 | 7.5 |
| E20 | 红外与激光工程 | 566 | 0.99 | 13.3 | 4.6 | 26 | 197 | 0.010 | 0.750 | 6.5 |
| E20 | 激光技术 | 194 | 0.97 | 16.5 | 4.2 | 24 | 99 | 0.010 | 0.700 | 6.9 |
| E20 | 激光与光电子学进展 | 455 | 1.00 | 21.0 | 4.3 | 29 | 222 | 0.000 | 0.800 | 6.0 |
| E20 | 激光与红外 | 297 | 0.97 | 11.4 | 3.9 | 27 | 144 | 0.000 | 0.460 | 7.2 |
| E20 | 激光杂志 | 470 | 1.00 | 17.2 | 2.7 | 29 | 291 | 0.000 | 0.710 | 6.1 |
| E20 | 压电与声光 | 231 | 0.99 | 11.2 | 4.1 | 26 | 105 | 0.010 | 0.740 | 6.9 |
| E20 | 应用激光 | 138 | 1.00 | 13.3 | 4.3 | 24 | 75 | 0.010 | 0.570 | 7.0 |
| E20 | 中国光学 | 79 | 0.79 | 22.1 | 4.2 | 12 | 28 | 0.040 | 0.860 | 6.0 |
| E20 | 中国激光 | 425 | 0.97 | 19.6 | 5.1 | 25 | 141 | 0.020 | 0.840 | 6.3 |
| E21 | China Communications | 254 | 0.99 | 23.9 | 4.0 | 19 | 113 | 0.130 | 0.700 | 5.2 |
| E21 | 北京邮电大学学报 | 141 | 0.99 | 8.5 | 3.6 | 25 | 60 | 0.010 | 0.850 | 4.9 |
| E21 | 重庆邮电大学学报(自然科学版) | 135 | 0.99 | 14.7 | 3.3 | 18 | 58 | 0.010 | 0.850 | 5.3 |

| 学科代码 | 期刊名称 | 来源文献量 | 文献选出率 | 平均引文数 | 平均作者数 | 地区分布数 | 机构分布数 | 海外论文比 | 基金论文比 | 引用半衰期 |
|---|---|---|---|---|---|---|---|---|---|---|
| E21 | 电波科学学报 | 181 | 0.98 | 15.0 | 3.9 | 20 | 78 | 0.010 | 0.770 | 8.1 |
| E21 | 电信科学 | 316 | 1.00 | 12.8 | 3.1 | 26 | 155 | 0.000 | 0.480 | 4.0 |
| E21 | 电讯技术 | 240 | 0.96 | 11.6 | 3.1 | 22 | 104 | 0.010 | 0.450 | 5.7 |
| E21 | 光通信技术 | 217 | 0.97 | 8.0 | 3.8 | 24 | 170 | — | 0.622 | 5.8 |
| E21 | 光通信研究 | 133 | 0.93 | 7.8 | 3.5 | 19 | 90 | 0.008 | 0.692 | 6.1 |
| E21 | 广东通信技术 | 220 | 0.93 | 6.7 | 2.3 | 16 | 90 | — | 0.114 | 5.5 |
| E21 | 广西通信技术 | 46 | 0.92 | 3.7 | 2.6 | 3 | 22 | — | — | 6.3 |
| E21 | 湖南邮电职业技术学院学报 | 162 | 0.99 | 7.2 | 1.5 | 21 | 89 | — | 0.457 | 3.6 |
| E21 | 互联网天地 | 242 | 0.95 | 3.2 | 1.9 | 22 | 106 | 0.008 | 0.050 | 4.7 |
| E21 | 江西通信科技 | 51 | 0.89 | 3.4 | 1.5 | 10 | 44 | — | — | 5.3 |
| E21 | 军事通信技术 | 82 | 0.95 | 11.0 | 3.8 | 9 | 47 | — | 0.366 | 5.4 |
| E21 | 空军预警学院学报 | 114 | 0.90 | 9.8 | 3.4 | 10 | 40 | — | 0.140 | 5.6 |
| E21 | 雷达科学与技术 | 122 | 1.00 | 10.9 | 3.1 | 15 | 48 | 0.000 | 0.400 | 5.1 |
| E21 | 雷达学报 | 71 | 0.91 | 30.4 | 3.4 | 14 | 31 | 0.010 | 0.870 | 7.6 |
| E21 | 南京邮电大学学报(自然科学版) | 108 | 0.95 | 17.5 | 3.1 | 11 | 21 | 0.010 | 0.840 | 5.7 |
| E21 | 山东通信技术 | 50 | 0.93 | 2.0 | 2.5 | 1 | 14 | — | — | 4.9 |
| E21 | 世界电信 | 51 | 0.94 | 6.6 | 1.6 | 5 | 10 | — | 0.020 | 1.6 |
| E21 | 数据采集与处理 | 144 | 0.97 | 25.7 | 3.6 | 22 | 84 | 0.010 | 0.890 | 6.8 |
| E21 | 数据通信 | 73 | 0.96 | 9.4 | 2.7 | 12 | 32 | — | 0.301 | 5.3 |
| E21 | 通信电源技术 | 516 | 1.00 | 5.8 | 2.2 | 29 | 348 | 0.002 | 0.099 | 6.3 |
| E21 | 通信技术 | 318 | 0.97 | 10.1 | 3.0 | 25 | 158 | — | 0.365 | 5.9 |
| E21 | 通信学报 | 248 | 1.00 | 23.9 | 4.0 | 22 | 100 | 0.010 | 0.940 | 5.9 |
| E21 | 微波学报 | 123 | 0.97 | 11.5 | 3.7 | 19 | 73 | 0.020 | 0.600 | 7.5 |
| E21 | 无线电工程 | 251 | 0.98 | 12.2 | 2.9 | 21 | 114 | — | 0.606 | 7.2 |
| E21 | 无线电通信技术 | 151 | 0.99 | 12.8 | 3.0 | 20 | 74 | — | 0.563 | 6.7 |
| E21 | 无线通信技术 | 51 | 0.98 | 8.8 | 2.8 | 7 | 20 | 0.020 | 0.333 | 7.0 |
| E21 | 西安邮电大学学报 | 139 | 0.96 | 14.7 | 2.7 | 10 | 30 | 0.050 | 0.800 | 4.8 |
| E21 | 现代雷达 | 232 | 0.95 | 10.7 | 3.0 | 19 | 81 | 0.000 | 0.280 | 7.7 |
| E21 | 信号处理 | 186 | 0.94 | 17.5 | 3.3 | 19 | 60 | 0.010 | 0.780 | 5.4 |
| E21 | 信息通信 | 1875 | 1.00 | 4.7 | 1.9 | 30 | 1065 | 0.001 | 0.132 | 5.3 |
| E21 | 信息通信技术 | 72 | 0.90 | 9.9 | 2.8 | 10 | 40 | — | 0.139 | 2.3 |
| E21 | 移动通信 | 435 | 0.89 | 10.7 | 2.3 | 25 | 260 | 0.005 | 0.083 | 3.6 |
| E21 | 应用科学学报 | 78 | 0.93 | 19.8 | 3.6 | 20 | 48 | 0.010 | 0.900 | 5.7 |
| E21 | 邮电设计技术 | 221 | 0.77 | 13.5 | 2.7 | 23 | 92 | — | 0.032 | 3.2 |

| 学科代码 | 期刊名称 | 来源文献量 | 文献选出率 | 平均引文数 | 平均作者数 | 地区分布数 | 机构分布数 | 海外论文比 | 基金论文比 | 引用半衰期 |
|---|---|---|---|---|---|---|---|---|---|---|
| E21 | 中国新通信 | 3166 | 1.00 | 3.0 | 1.5 | 31 | 1890 | 0.001 | 0.046 | 3.9 |
| E21 | 中兴通讯技术 | 83 | 0.81 | 10.5 | 2.4 | 13 | 49 | 0.040 | 0.350 | 4.0 |
| E22 | Frontiers of Computer Science | 80 | 0.98 | 46.1 | 4.0 | 19 | 55 | 0.330 | 0.840 | 7.8 |
| E22 | Journal of Computer Science & Technology | 85 | 0.93 | 33.8 | 3.7 | 14 | 54 | 0.400 | 0.680 | 6.7 |
| E22 | 传动技术 | 37 | 1.00 | 5.7 | 2.5 | 7 | 21 | 0.027 | 0.108 | 8.3 |
| E22 | 传感器世界 | 70 | 0.65 | 8.6 | 2.9 | 18 | 55 | 0.014 | 0.414 | 7.2 |
| E22 | 大数据 | 70 | 0.90 | 16.6 | 3.2 | 17 | 67 | 0.043 | 0.629 | 5.2 |
| E22 | 单片机与嵌入式系统应用 | 268 | 0.74 | 6.7 | 2.4 | 26 | 151 | 0.010 | 0.160 | 5.2 |
| E22 | 电脑编程技巧与维护 | 977 | 0.93 | 4.0 | 1.6 | 30 | 699 | 0.002 | 0.195 | 4.8 |
| E22 | 电脑与信息技术 | 128 | 0.96 | 7.1 | 2.1 | 25 | 108 | — | 0.375 | 5.4 |
| E22 | 电脑知识与技术 | 4098 | 0.99 | 5.5 | 1.8 | 31 | 1891 | 0.001 | 0.304 | 4.9 |
| E22 | 电子政务 | 160 | 0.81 | 14.8 | 2.0 | 22 | 110 | 0.006 | 0.750 | 3.7 |
| E22 | 福建电脑 | 1148 | 0.99 | 5.2 | 2.0 | 31 | 571 | 0.008 | 0.420 | 5.4 |
| E22 | 工业控制计算机 | 863 | 0.99 | 6.2 | 2.6 | 27 | 394 | — | 0.217 | 6.9 |
| E22 | 化学传感器 | 42 | 0.91 | 23.3 | 4.0 | 17 | 38 | — | 0.810 | 5.6 |
| E22 | 集成技术 | 57 | 1.00 | 24.1 | 4.7 | 8 | 31 | 0.035 | 0.895 | 6.4 |
| E22 | 计算机仿真 | 1188 | 1.00 | 11.1 | 2.6 | 30 | 404 | 0.000 | 0.440 | 4.8 |
| E22 | 计算机辅助工程 | 81 | 0.89 | 11.8 | 3.2 | 17 | 62 | 0.037 | 0.568 | 7.5 |
| E22 | 计算机辅助设计与图形学学报 | 259 | 0.99 | 22.7 | 3.9 | 23 | 122 | 0.030 | 0.940 | 7.3 |
| E22 | 计算机工程 | 659 | 0.99 | 16.7 | 3.2 | 28 | 235 | 0.000 | 0.820 | 6.1 |
| E22 | 计算机工程与科学 | 374 | 0.97 | 20.7 | 3.3 | 28 | 174 | 0.010 | 0.800 | 6.0 |
| E22 | 计算机工程与设计 | 624 | 1.00 | 13.1 | 3.2 | 29 | 241 | 0.010 | 0.750 | 4.5 |
| E22 | 计算机工程与应用 | 1181 | 1.00 | 17.0 | 3.0 | 30 | 365 | 0.010 | 0.810 | 6.9 |
| E22 | 计算机集成制造系统 | 300 | 0.99 | 21.0 | 3.6 | 25 | 116 | 0.020 | 0.900 | 6.4 |
| E22 | 计算机技术与发展 | 529 | 0.97 | 15.5 | 2.9 | 29 | 190 | 0.000 | 0.930 | 6.7 |
| E22 | 计算机教育 | 496 | 0.99 | 6.5 | 2.8 | 28 | 278 | 0.022 | 0.758 | 3.8 |
| E22 | 计算机科学 | 744 | 0.99 | 17.9 | 3.2 | 28 | 251 | 0.010 | 0.820 | 6.8 |
| E22 | 计算机科学与探索 | 177 | 0.91 | 23.7 | 3.4 | 25 | 101 | 0.010 | 0.970 | 5.9 |
| E22 | 计算机时代 | 362 | 0.98 | 7.1 | 2.3 | 28 | 249 | — | 0.630 | 5.0 |
| E22 | 计算机系统应用 | 575 | 0.99 | 12.6 | 2.9 | 29 | 263 | 0.010 | 0.510 | 6.1 |
| E22 | 计算机学报 | 177 | 1.00 | 36.6 | 4.1 | 24 | 80 | 0.030 | 0.980 | 7.2 |
| E22 | 计算机研究与发展 | 244 | 0.90 | 29.2 | 3.9 | 23 | 104 | 0.020 | 0.950 | 5.8 |
| E22 | 计算机应用 | 651 | 1.00 | 16.9 | 3.3 | 28 | 241 | 0.010 | 0.860 | 5.5 |
| E22 | 计算机应用研究 | 872 | 1.00 | 17.5 | 3.2 | 29 | 311 | 0.010 | 0.900 | 6.1 |

| 学科代码 | 期刊名称 | 来源文献量 | 文献选出率 | 平均引文数 | 平均作者数 | 地区分布数 | 机构分布数 | 海外论文比 | 基金论文比 | 引用半衰期 |
|---|---|---|---|---|---|---|---|---|---|---|
| E22 | 计算机应用与软件 | 914 | 0.99 | 14.7 | 3.0 | 30 | 369 | 0.010 | 0.740 | 5.9 |
| E22 | 计算机与数字工程 | 543 | 0.98 | 12.1 | 2.5 | 28 | 249 | 0.000 | 0.310 | 7.3 |
| E22 | 计算机与现代化 | 296 | 0.99 | 17.4 | 2.7 | 26 | 164 | 0.000 | 0.520 | 5.8 |
| E22 | 计算机与应用化学 | 249 | 0.95 | 17.1 | 3.9 | 28 | 136 | 0.010 | 0.710 | 8.4 |
| E22 | 金融科技时代 | 210 | 0.58 | 2.5 | 1.3 | 26 | 123 | — | 0.005 | 3.7 |
| E22 | 软件 | 389 | 0.99 | 11.7 | 2.4 | 29 | 209 | 0.005 | 0.401 | 4.5 |
| E22 | 软件导刊 | 887 | 1.00 | 7.9 | 2.2 | 30 | 538 | 0.001 | 0.484 | 5.7 |
| E22 | 软件工程 | 222 | 0.99 | 7.8 | 2.3 | 27 | 187 | — | 0.514 | 3.9 |
| E22 | 软件学报 | 211 | 0.95 | 40.5 | 4.0 | 24 | 94 | 0.050 | 0.960 | 6.4 |
| E22 | 数值计算与计算机应用 | 27 | 0.82 | 17.7 | 3.0 | 11 | 27 | — | 0.815 | ≥10 |
| E22 | 网络安全技术与应用 | 940 | 0.98 | 4.7 | 1.5 | 31 | 729 | 0.002 | 0.099 | 4.1 |
| E22 | 网络新媒体技术 | 62 | 0.91 | 10.1 | 2.9 | 15 | 37 | 0.000 | 0.630 | 5.6 |
| E22 | 网络与信息安全学报 | 108 | 0.97 | 26.5 | 3.4 | 21 | 78 | 0.019 | 0.889 | 6.4 |
| E22 | 微处理机 | 139 | 0.97 | 9.6 | 2.6 | 19 | 70 | — | 0.367 | 8.0 |
| E22 | 微型电脑应用 | 278 | 0.97 | 8.5 | 2.2 | 26 | 136 | 0.000 | 0.400 | 5.4 |
| E22 | 微型机与应用 | 713 | 0.96 | 8.5 | 2.8 | 29 | 366 | 0.001 | 0.327 | 5.8 |
| E22 | 物联网技术 | 450 | 0.81 | 7.7 | 2.6 | 29 | 291 | — | 0.409 | 5.1 |
| E22 | 现代计算机 | 671 | 0.97 | 7.7 | 2.2 | 30 | 342 | 0.001 | 0.469 | 6.2 |
| E22 | 小型微型计算机系统 | 530 | 0.98 | 20.9 | 3.4 | 27 | 167 | 0.020 | 0.930 | 5.6 |
| E22 | 信息网络安全 | 204 | 0.69 | 16.5 | 2.9 | 21 | 103 | 0.000 | 0.650 | 4.2 |
| E22 | 智能计算机与应用 | 238 | 0.99 | 9.3 | 2.4 | 30 | 151 | — | 0.500 | 5.9 |
| E22 | 中国图象图形学报 | 180 | 0.99 | 21.5 | 3.7 | 25 | 106 | 0.020 | 0.940 | 6.0 |
| E23 | China Particuology | 113 | 1.00 | 41.5 | 4.3 | 17 | 99 | 0.640 | 0.450 | 9.7 |
| E23 | Chinese Journal of Chemical Engineering | 225 | 0.97 | 35.5 | 4.3 | 24 | 143 | 0.290 | 0.610 | 8.5 |
| E23 | Journal of the Chinese Ceramic Society | 27 | 0.96 | 22.7 | 4.9 | 14 | 36 | 0.111 | 0.333 | 8.6 |
| E23 | 安徽化工 | 229 | 0.97 | 7.5 | 2.7 | 26 | 132 | — | 0.192 | 8.7 |
| E23 | 北京化工大学学报(自然科学版) | 123 | 0.98 | 14.2 | 4.0 | 11 | 21 | 0.000 | 0.690 | 6.7 |
| E23 | 纯碱工业 | 98 | 0.94 | 1.9 | 1.9 | 12 | 38 | — | — | ≥10 |
| E23 | 大氮肥 | 119 | 0.95 | 2.3 | 2.1 | 22 | 61 | — | 0.008 | 9.0 |
| E23 | 氮肥技术 | 95 | 0.96 | 1.2 | 2.0 | 20 | 69 | — | — | 6.9 |
| E23 | 氮肥与合成气 | 74 | 0.51 | — | 2.0 | 17 | 55 | — | — | — |
| E23 | 当代化工 | 900 | 0.93 | 10.8 | 3.3 | 29 | 283 | 0.000 | 0.200 | 7.6 |
| E23 | 电镀与精饰 | 125 | 0.93 | 13.2 | 3.6 | 23 | 90 | 0.000 | 0.260 | 7.4 |
| E23 | 发酵科技通讯 | 48 | 0.92 | 15.8 | 4.1 | 9 | 28 | — | 0.438 | 8.3 |

| 学科代码 | 期刊名称 | 来源文献量 | 文献选出率 | 平均引文数 | 平均作者数 | 地区分布数 | 机构分布数 | 海外论文比 | 基金论文比 | 引用半衰期 |
|---|---|---|---|---|---|---|---|---|---|---|
| E23 | 佛山陶瓷 | 237 | 0.82 | 4.6 | 1.9 | 18 | 139 | — | 0.156 | ≥10 |
| E23 | 高校化学工程学报 | 205 | 0.98 | 21.0 | 4.6 | 27 | 88 | 0.000 | 0.800 | 7.6 |
| E23 | 工业催化 | 187 | 0.89 | 19.7 | 4.2 | 25 | 116 | 0.000 | 0.270 | 9.0 |
| E23 | 广东化工 | 2899 | 0.99 | 8.5 | 3.0 | 31 | 1635 | 0.002 | 0.426 | 7.6 |
| E23 | 广州化工 | 2056 | 0.98 | 10.6 | 3.5 | 30 | 1119 | 0.006 | 0.568 | 7.3 |
| E23 | 硅酸盐通报 | 758 | 0.98 | 16.9 | 4.3 | 30 | 265 | 0.010 | 0.690 | 7.3 |
| E23 | 硅酸盐学报 | 274 | 0.98 | 23.5 | 4.8 | 26 | 137 | 0.030 | 0.820 | 7.2 |
| E23 | 过程工程学报 | 165 | 1.00 | 22.5 | 5.0 | 25 | 65 | 0.000 | 0.870 | 7.4 |
| E23 | 过滤与分离 | 41 | 0.98 | 8.2 | 3.5 | 13 | 39 | — | 0.195 | ≥10 |
| E23 | 杭州化工 | 41 | 0.79 | 8.9 | 3.3 | 8 | 36 | — | 0.049 | 8.1 |
| E23 | 合成技术及应用 | 49 | 0.71 | 12.4 | 3.0 | 6 | 16 | — | 0.061 | 8.3 |
| E23 | 河南化工 | 218 | 0.81 | 6.1 | 3.0 | 20 | 131 | — | 0.151 | 7.7 |
| E23 | 湖南包装 | 93 | 0.72 | 7.2 | 1.7 | 13 | 38 | — | 0.462 | 6.4 |
| E23 | 化肥工业 | 144 | 0.95 | 5.0 | 2.7 | 25 | 133 | — | 0.111 | 8.5 |
| E23 | 化肥设计 | 95 | 0.84 | 4.2 | 2.4 | 19 | 65 | — | 0.032 | 9.8 |
| E23 | 化工管理 | 7163 | 0.96 | 2.8 | 1.5 | 31 | 3217 | 0.003 | 0.014 | 4.7 |
| E23 | 化工机械 | 178 | 0.98 | 11.8 | 3.7 | 23 | 79 | 0.000 | 0.390 | 7.9 |
| E23 | 化工技术与开发 | 212 | 0.98 | 11.7 | 3.2 | 26 | 157 | 0.019 | 0.401 | 8.6 |
| E23 | 化工进展 | 570 | 0.91 | 32.3 | 4.4 | 30 | 183 | 0.010 | 0.680 | 6.1 |
| E23 | 化工科技 | 120 | 0.98 | 14.5 | 4.4 | 18 | 45 | 0.000 | 0.520 | 7.8 |
| E23 | 化工矿物与加工 | 236 | 0.96 | 8.5 | 3.6 | 23 | 133 | — | 0.462 | 7.6 |
| E23 | 化工设备与管道 | 125 | 0.95 | 9.0 | 2.9 | 19 | 91 | 0.000 | 0.300 | 9.4 |
| E23 | 化工设计 | 83 | 0.89 | 5.0 | 1.9 | 19 | 43 | — | 0.060 | ≥10 |
| E23 | 化工设计通讯 | 1659 | 0.96 | 2.8 | 1.6 | 30 | 1118 | 0.012 | 0.036 | 5.1 |
| E23 | 化工时刊 | 207 | 0.84 | 9.1 | 3.3 | 25 | 123 | — | 0.585 | 6.4 |
| E23 | 化工学报 | 650 | 0.98 | 27.4 | 4.5 | 26 | 165 | 0.010 | 0.890 | 7.2 |
| E23 | 化工装备技术 | 103 | 0.91 | 5.9 | 2.8 | 22 | 101 | — | 0.117 | ≥10 |
| E23 | 化工自动化及仪表 | 317 | 0.90 | 8.6 | 3.1 | 27 | 216 | 0.003 | 0.344 | 6.7 |
| E23 | 化学反应工程与工艺 | 83 | 0.93 | 16.4 | 4.2 | 19 | 42 | 0.000 | 0.520 | 9.8 |
| E23 | 化学工程 | 185 | 0.99 | 14.0 | 4.4 | 25 | 92 | 0.010 | 0.560 | 8.2 |
| E23 | 化学工程师 | 278 | 0.97 | 10.5 | 3.5 | 23 | 137 | 0.000 | 0.350 | 7.3 |
| E23 | 化学工程与装备 | 1200 | 1.00 | 5.1 | 2.0 | 30 | 754 | 0.008 | 0.094 | 7.2 |
| E23 | 化学工业与工程 | 96 | 0.99 | 17.5 | 3.8 | 6 | 8 | 0.000 | 0.530 | 9.2 |
| E23 | 化学世界 | 166 | 0.94 | 16.2 | 4.0 | 26 | 150 | — | 0.578 | 7.2 |

| 学科代码 | 期刊名称 | 来源文献量 | 文献选出率 | 平均引文数 | 平均作者数 | 地区分布数 | 机构分布数 | 海外论文比 | 基金论文比 | 引用半衰期 |
|---|---|---|---|---|---|---|---|---|---|---|
| E23 | 吉林化工学院学报 | 286 | 1.00 | 10.7 | 2.6 | 14 | 116 | — | 0.503 | 6.5 |
| E23 | 江苏陶瓷 | 215 | 0.76 | 2.1 | 1.3 | 11 | 52 | 0.005 | 0.014 | 6.0 |
| E23 | 江西化工 | 372 | 1.00 | 7.6 | 2.2 | 18 | 166 | — | 0.118 | 8.4 |
| E23 | 聚氨酯工业 | 78 | 0.68 | 9.5 | 3.7 | 19 | 63 | 0.010 | 0.270 | 7.3 |
| E23 | 口腔护理用品工业 | 89 | 0.64 | 5.9 | 2.4 | 14 | 45 | — | — | ≥10 |
| E23 | 离子交换与吸附 | 58 | 1.00 | 18.5 | 4.6 | 19 | 40 | 0.000 | 0.760 | 7.1 |
| E23 | 辽宁化工 | 534 | 0.99 | 7.9 | 2.8 | 27 | 301 | 0.006 | 0.148 | 8.8 |
| E23 | 林产化学与工业 | 120 | 0.87 | 20.4 | 4.9 | 20 | 42 | 0.000 | 0.760 | 6.7 |
| E23 | 磷肥与复肥 | 217 | 0.92 | 5.5 | 3.0 | 26 | 118 | 0.000 | 0.120 | 7.5 |
| E23 | 硫磷设计与粉体工程 | 73 | 0.74 | 3.6 | 2.0 | 15 | 45 | — | 0.027 | 8.5 |
| E23 | 硫酸工业 | 117 | 0.94 | 3.1 | 2.1 | 24 | 100 | 0.043 | 0.034 | 6.0 |
| E23 | 轮胎工业 | 172 | 0.92 | 2.8 | 3.3 | 20 | 97 | 0.017 | 0.076 | 9.2 |
| E23 | 氯碱工业 | 163 | 0.93 | 3.5 | 2.5 | 25 | 96 | — | 0.055 | 7.1 |
| E23 | 膜科学与技术 | 127 | 0.96 | 20.0 | 4.7 | 22 | 71 | 0.010 | 0.770 | 6.6 |
| E23 | 清洗世界 | 126 | 0.93 | 6.9 | 3.3 | 25 | 106 | — | 0.079 | 8.4 |
| E23 | 燃料与化工 | 141 | 0.92 | 2.5 | 3.0 | 20 | 107 | 0.007 | 0.043 | 9.0 |
| E23 | 热固性树脂 | 85 | 0.94 | 14.3 | 4.1 | 19 | 54 | 0.010 | 0.400 | 7.9 |
| E23 | 日用化学工业 | 129 | 0.82 | 17.8 | 4.4 | 22 | 83 | 0.020 | 0.570 | 7.7 |
| E23 | 山东化工 | 1580 | 0.98 | 7.7 | 2.9 | 31 | 950 | 0.001 | 0.311 | 7.6 |
| E23 | 山西化工 | 222 | 0.98 | 6.3 | 1.9 | 16 | 146 | — | 0.135 | 6.7 |
| E23 | 沈阳化工大学学报 | 72 | 1.00 | 11.2 | 3.7 | 3 | 20 | 0.042 | 0.583 | 9.0 |
| E23 | 生物质化学工程 | 65 | 0.97 | 23.4 | 4.4 | 18 | 44 | — | 0.846 | 6.5 |
| E23 | 四川化工 | 95 | 0.93 | 8.9 | 2.6 | 14 | 68 | — | 0.063 | 8.6 |
| E23 | 炭素 | 39 | 0.93 | 12.1 | 3.1 | 8 | 25 | — | 0.128 | 7.9 |
| E23 | 炭素技术 | 96 | 0.79 | 14.4 | 4.0 | 24 | 66 | 0.010 | 0.440 | 7.6 |
| E23 | 陶瓷 | 117 | 0.67 | 7.1 | 2.7 | 18 | 85 | — | 0.214 | ≥10 |
| E23 | 陶瓷学报 | 147 | 0.96 | 15.4 | 4.1 | 19 | 67 | 0.000 | 0.650 | 7.2 |
| E23 | 天津化工 | 130 | 0.96 | 4.3 | 2.6 | 16 | 76 | — | 0.131 | 8.9 |
| E23 | 无机盐工业 | 255 | 0.94 | 12.1 | 4.2 | 28 | 147 | 0.000 | 0.520 | 6.8 |
| E23 | 现代化工 | 613 | 0.97 | 15.4 | 4.3 | 29 | 253 | 0.000 | 0.490 | 6.0 |
| E23 | 现代技术陶瓷 | 46 | 0.90 | 34.3 | 4.6 | 15 | 40 | 0.022 | 0.761 | 8.8 |
| E23 | 盐科学与化工 | 192 | 0.95 | 8.3 | 2.7 | 21 | 81 | 0.000 | 0.120 | 8.2 |
| E23 | 影像技术 | 156 | 0.90 | 5.5 | 1.7 | 28 | 154 | 0.006 | 0.032 | 4.3 |
| E23 | 应用化工 | 595 | 0.99 | 16.8 | 4.3 | 30 | 243 | 0.000 | 0.830 | 7.0 |

| 学科代码 | 期刊名称 | 来源文献量 | 文献选出率 | 平均引文数 | 平均作者数 | 地区分布数 | 机构分布数 | 海外论文比 | 基金论文比 | 引用半衰期 |
|---|---|---|---|---|---|---|---|---|---|---|
| E23 | 有机氟工业 | 58 | 0.98 | 14.8 | 3.2 | 10 | 39 | - | 0.190 | ≥10 |
| E23 | 有机硅材料 | 92 | 0.84 | 20.9 | 3.8 | 15 | 59 | 0.000 | 0.200 | 3.8 |
| E23 | 云南化工 | 112 | 0.97 | 8.8 | 3.0 | 18 | 83 | 0.018 | 0.286 | 8.8 |
| E23 | 浙江化工 | 161 | 0.80 | 12.9 | 3.3 | 15 | 102 | 0.006 | 0.242 | 9.2 |
| E23 | 中氮肥 | 148 | 0.99 | 2.2 | 2.0 | 25 | 93 | - | - | 8.8 |
| E23 | 中国化工装备 | 61 | 0.94 | 3.7 | 2.3 | 16 | 52 | - | - | ≥10 |
| E23 | 中国陶瓷 | 307 | 0.96 | 11.3 | 3.3 | 26 | 203 | - | 0.590 | 8.2 |
| E23 | 中国陶瓷工业 | 71 | 0.89 | 8.4 | 3.1 | 14 | 51 | - | 0.451 | 9.3 |
| E23 | 中外医疗 | 2796 | 0.99 | 9.0 | 1.9 | 30 | 1491 | 0.015 | 0.035 | 2.8 |
| E24 | 弹性体 | 120 | 0.99 | 13.6 | 4.4 | 19 | 53 | 0.000 | 0.340 | 8.2 |
| E24 | 高科技纤维与应用 | 66 | 0.46 | 15.4 | 3.5 | 15 | 37 | 0.000 | 0.320 | 7.2 |
| E24 | 工程塑料应用 | 356 | 0.85 | 16.8 | 4.2 | 28 | 186 | 0.010 | 0.520 | 4.3 |
| E24 | 合成树脂及塑料 | 140 | 0.84 | 14.7 | 3.4 | 27 | 104 | 0.000 | 0.280 | 6.6 |
| E24 | 合成橡胶工业 | 103 | 0.89 | 11.9 | 4.9 | 19 | 47 | 0.000 | 0.460 | 8.5 |
| E24 | 胶体与聚合物 | 52 | 0.98 | 14.9 | 4.4 | 10 | 25 | - | 0.558 | 7.1 |
| E24 | 聚氯乙烯 | 129 | 0.88 | 4.3 | 2.8 | 24 | 95 | 0.008 | 0.047 | 8.2 |
| E24 | 聚酯工业 | 107 | 0.95 | 2.8 | 2.2 | 15 | 58 | - | 0.019 | ≥10 |
| E24 | 上海塑料 | 46 | 0.90 | 14.4 | 3.0 | 14 | 31 | - | 0.196 | 7.8 |
| E24 | 世界橡胶工业 | 122 | 0.86 | 3.6 | 2.2 | 16 | 46 | - | 0.025 | 8.2 |
| E24 | 塑料 | 192 | 0.97 | 15.4 | 4.2 | 25 | 96 | 0.000 | 0.490 | 7.2 |
| E24 | 塑料工业 | 412 | 0.97 | 12.5 | 3.9 | 29 | 224 | 0.000 | 0.390 | 7.1 |
| E24 | 塑料科技 | 205 | 0.93 | 12.1 | 3.7 | 28 | 135 | 0.000 | 0.440 | 7.7 |
| E24 | 塑料助剂 | 71 | 0.84 | 14.5 | 2.8 | 18 | 53 | 0.000 | 0.060 | 8.7 |
| E24 | 特种橡胶制品 | 95 | 0.69 | 8.4 | 3.8 | 16 | 48 | - | 0.221 | 9.4 |
| E24 | 现代塑料加工应用 | 102 | 0.94 | 5.0 | 3.9 | 22 | 62 | 0.000 | 0.390 | 5.9 |
| E24 | 橡胶工业 | 151 | 0.88 | 9.6 | 3.9 | 19 | 58 | 0.000 | 0.330 | ≥10 |
| E24 | 橡胶科技 | 136 | 0.83 | 3.3 | 3.0 | 20 | 88 | - | 0.074 | 9.9 |
| E24 | 橡塑技术与装备 | 598 | 0.94 | 3.8 | 1.9 | 28 | 365 | - | 0.035 | 6.8 |
| E24 | 橡塑资源利用 | 37 | 0.76 | 4.2 | 2.4 | 6 | 20 | - | - | ≥10 |
| E24 | 中国塑料 | 233 | 0.96 | 14.6 | 4.0 | 29 | 125 | 0.000 | 0.430 | 7.0 |
| E25 | 表面技术 | 378 | 0.98 | 23.8 | 4.1 | 29 | 210 | 0.000 | 0.550 | 7.3 |
| E25 | 电镀与涂饰 | 250 | 0.92 | 12.2 | 4.0 | 24 | 158 | 0.010 | 0.300 | 7.1 |
| E25 | 化学与粘合 | 131 | 1.00 | 11.9 | 4.7 | 14 | 45 | 0.000 | 0.270 | 8.1 |
| E25 | 精细化工 | 243 | 1.00 | 20.9 | 4.8 | 28 | 114 | 0.010 | 0.720 | 6.5 |

| 学科代码 | 期刊名称 | 来源文献量 | 文献选出率 | 平均引文数 | 平均作者数 | 地区分布数 | 机构分布数 | 海外论文比 | 基金论文比 | 引用半衰期 |
|---|---|---|---|---|---|---|---|---|---|---|
| E25 | 精细化工中间体 | 112 | 0.96 | 14.4 | 4.7 | 18 | 61 | 0.000 | 0.380 | 7.4 |
| E25 | 精细石油化工 | 110 | 0.95 | 14.6 | 4.1 | 21 | 66 | 0.010 | 0.520 | 7.2 |
| E25 | 精细与专用化学品 | 147 | 0.91 | 11.2 | 2.7 | 18 | 83 | 0.014 | 0.116 | 6.8 |
| E25 | 上海染料 | 47 | 0.64 | 6.7 | 2.2 | 9 | 37 | — | — | 8.3 |
| E25 | 上海涂料 | 79 | 0.88 | 7.0 | 3.4 | 20 | 76 | — | 0.063 | 8.4 |
| E25 | 涂料工业 | 188 | 0.93 | 12.7 | 4.3 | 24 | 124 | 0.000 | 0.280 | 6.1 |
| E25 | 涂料技术与文摘 | 129 | 0.71 | 7.8 | 3.2 | 17 | 102 | 0.023 | 0.008 | 7.1 |
| E25 | 现代涂料与涂装 | 263 | 0.97 | 3.0 | 2.9 | 24 | 175 | 0.011 | 0.015 | 8.3 |
| E25 | 香料香精化妆品 | 102 | 0.82 | 12.0 | 4.3 | 19 | 67 | 0.010 | 0.190 | 7.9 |
| E25 | 印染助剂 | 162 | 0.89 | 9.4 | 3.3 | 19 | 71 | 0.010 | 0.370 | 7.3 |
| E25 | 粘接 | 145 | 0.67 | 11.4 | 4.1 | 20 | 85 | 0.000 | 0.130 | 6.6 |
| E25 | 中国胶粘剂 | 167 | 0.93 | 14.5 | 4.1 | 24 | 105 | 0.010 | 0.430 | 7.3 |
| E25 | 中国氯碱 | 187 | 0.89 | 2.3 | 2.4 | 26 | 113 | — | 0.011 | 7.0 |
| E25 | 中国涂料 | 174 | 0.82 | 4.4 | 2.9 | 18 | 121 | 0.017 | 0.029 | 8.5 |
| E26 | 宝石和宝石学杂志 | 60 | 0.80 | 13.0 | 3.5 | 11 | 45 | 0.033 | 0.500 | 6.6 |
| E26 | 超硬材料工程 | 80 | 0.75 | 8.6 | 3.4 | 17 | 60 | — | 0.238 | 9.0 |
| E26 | 黑龙江造纸 | 68 | 0.99 | 5.3 | 2.5 | 10 | 23 | — | 0.162 | ≥10 |
| E26 | 华东纸业 | 60 | 0.83 | 6.3 | 2.6 | 13 | 33 | — | 0.083 | 8.3 |
| E26 | 混凝土与水泥制品 | 261 | 0.99 | 10.0 | 3.7 | 26 | 244 | 0.004 | 0.632 | 7.4 |
| E26 | 粮食储藏 | 74 | 0.93 | 10.0 | 3.9 | 17 | 73 | 0.014 | 0.378 | ≥10 |
| E26 | 煤化工 | 111 | 0.95 | 7.2 | 3.2 | 21 | 88 | 0.000 | 0.140 | 6.5 |
| E26 | 木工机床 | 36 | 0.86 | 5.4 | 2.1 | 5 | 18 | — | 0.167 | 6.5 |
| E26 | 皮革科学与工程 | 87 | 0.84 | 13.5 | 4.0 | 14 | 31 | 0.000 | 0.510 | 8.4 |
| E26 | 皮革与化工 | 49 | 0.61 | 9.9 | 3.4 | 16 | 32 | 0.000 | 0.310 | 8.0 |
| E26 | 日用化学品科学 | 144 | 0.84 | 11.2 | 2.7 | 16 | 100 | 0.049 | 0.139 | 9.4 |
| E26 | 石化技术与应用 | 114 | 0.97 | 18.0 | 3.7 | 19 | 64 | 0.000 | 0.260 | 5.6 |
| E26 | 石油和化工设备 | 323 | 0.93 | 4.6 | 2.5 | 26 | 238 | 0.009 | 0.059 | 9.9 |
| E26 | 石油化工建设 | 140 | 0.88 | 3.0 | 1.7 | 22 | 81 | — | — | ≥10 |
| E26 | 水泥 | 370 | 0.99 | 1.7 | 2.4 | 27 | 224 | 0.005 | 0.046 | 7.5 |
| E26 | 水泥工程 | 213 | 1.00 | 2.4 | 2.2 | 25 | 127 | 0.009 | 0.038 | 7.5 |
| E26 | 水泥技术 | 113 | 0.81 | 2.6 | 2.4 | 14 | 40 | — | 0.018 | 9.4 |
| E26 | 四川水泥 | 3798 | 1.00 | 3.8 | 1.3 | 31 | 2130 | 0.000 | 0.026 | 3.9 |
| E26 | 天然气化工 | 130 | 0.95 | 16.6 | 4.5 | 23 | 70 | 0.010 | 0.420 | 8.0 |
| E26 | 文体用品与科技 | 1507 | 0.85 | 5.5 | 1.4 | 31 | 799 | 0.003 | 0.109 | 6.6 |

| 学科代码 | 期刊名称 | 来源文献量 | 文献选出率 | 平均引文数 | 平均作者数 | 地区分布数 | 机构分布数 | 海外论文比 | 基金论文比 | 引用半衰期 |
|---|---|---|---|---|---|---|---|---|---|---|
| E26 | 西部皮革 | 3036 | 0.94 | 3.7 | 1.3 | 31 | 763 | 0.003 | 0.078 | 7.5 |
| E26 | 现代面粉工业 | 87 | 0.86 | 3.1 | 2.4 | 11 | 47 | — | 0.069 | 8.8 |
| E26 | 新世纪水泥导报 | 100 | 0.89 | 2.8 | 2.4 | 16 | 75 | 0.010 | 0.060 | 7.2 |
| E26 | 蓄电池 | 65 | 0.97 | 7.9 | 4.3 | 13 | 56 | — | 0.123 | 7.1 |
| E26 | 艺术设计研究 | 79 | 0.92 | 14.8 | 1.4 | 13 | 38 | 0.025 | 0.291 | ≥10 |
| E26 | 造纸化学品 | 37 | 0.51 | 8.0 | 3.0 | 12 | 35 | — | 0.189 | 8.1 |
| E26 | 造纸科学与技术 | 111 | 1.00 | 14.3 | 3.7 | 15 | 41 | 0.000 | 0.730 | 8.2 |
| E26 | 造纸装备及材料 | 33 | 0.61 | 6.4 | 2.4 | 11 | 26 | — | 0.152 | 8.5 |
| E26 | 纸和造纸 | 124 | 0.53 | 11.7 | 3.6 | 22 | 100 | — | 0.444 | 7.0 |
| E26 | 中国皮革 | 189 | 0.82 | 12.9 | 3.7 | 21 | 111 | 0.016 | 0.571 | 9.0 |
| E26 | 中国造纸 | 177 | 0.92 | 13.2 | 3.5 | 20 | 105 | 0.017 | 0.480 | 7.3 |
| E26 | 中国造纸学报 | 42 | 0.98 | 17.6 | 4.1 | 12 | 16 | 0.050 | 0.670 | 7.4 |
| E27 | 电测与仪表 | 535 | 0.98 | 13.3 | 4.2 | 28 | 385 | 0.002 | 0.572 | 6.8 |
| E27 | 阀门 | 99 | 0.99 | 4.6 | 2.8 | 22 | 95 | — | 0.030 | ≥10 |
| E27 | 分析仪器 | 127 | 0.85 | 9.8 | 3.9 | 23 | 101 | 0.000 | 0.280 | 8.3 |
| E27 | 工业仪表与自动化装置 | 198 | 0.98 | 7.7 | 2.6 | 25 | 118 | 0.000 | 0.270 | 6.8 |
| E27 | 光学精密工程 | 373 | 1.00 | 17.4 | 4.4 | 26 | 144 | 0.020 | 0.880 | 5.4 |
| E27 | 光学仪器 | 103 | 0.99 | 11.5 | 3.7 | 15 | 53 | 0.029 | 0.563 | 8.7 |
| E27 | 生命科学仪器 | 48 | 0.92 | 24.3 | 4.2 | 14 | 30 | 0.000 | 0.730 | 5.1 |
| E27 | 水泵技术 | 70 | 0.91 | 7.0 | 3.1 | 17 | 70 | — | 0.186 | 7.3 |
| E27 | 现代科学仪器 | 173 | 0.97 | 12.6 | 3.7 | 26 | 121 | 0.010 | 0.320 | 8.2 |
| E27 | 现代仪器与医疗 | 282 | 1.00 | 16.4 | 3.1 | 26 | 235 | 0.000 | 0.060 | 3.8 |
| E27 | 仪表技术 | 156 | 0.98 | 6.3 | 2.8 | 20 | 104 | 0.006 | 0.212 | 7.2 |
| E27 | 仪表技术与传感器 | 396 | 0.99 | 9.6 | 3.7 | 25 | 183 | 0.000 | 0.590 | 6.3 |
| E27 | 仪器仪表学报 | 347 | 0.97 | 21.7 | 4.0 | 24 | 129 | 0.020 | 0.880 | 5.1 |
| E27 | 仪器仪表用户 | 349 | 0.90 | 5.0 | 2.2 | 28 | 246 | — | 0.057 | 8.9 |
| E27 | 仪器仪表与分析监测 | 49 | 0.92 | 5.8 | 2.1 | 17 | 50 | — | 0.204 | 5.7 |
| E27 | 中国仪器仪表 | 143 | 0.67 | 1.6 | 2.1 | 23 | 124 | 0.014 | 0.168 | 5.2 |
| E27 | 自动化仪表 | 302 | 0.96 | 10.7 | 3.3 | 27 | 197 | 0.010 | 0.480 | 5.9 |
| E27 | 自动化与仪表 | 209 | 0.99 | 8.3 | 3.1 | 28 | 125 | 0.000 | 0.610 | 6.2 |
| E28 | Defence Technology | 56 | 0.92 | 24.9 | 3.8 | 4 | 44 | 0.750 | 0.020 | 9.8 |
| E28 | 爆破 | 113 | 0.97 | 19.2 | 4.2 | 23 | 59 | 0.010 | 0.610 | 5.7 |
| E28 | 爆破器材 | 79 | 0.94 | 12.7 | 4.5 | 15 | 33 | 0.000 | 0.280 | 8.1 |
| E28 | 爆炸与冲击 | 124 | 1.00 | 15.9 | 4.2 | 22 | 63 | 0.000 | 0.750 | ≥10 |

| 学科代码 | 期刊名称 | 来源文献量 | 文献选出率 | 平均引文数 | 平均作者数 | 地区分布数 | 机构分布数 | 海外论文比 | 基金论文比 | 引用半衰期 |
|---|---|---|---|---|---|---|---|---|---|---|
| E28 | 兵工学报 | 313 | 1.00 | 16.4 | 4.1 | 20 | 92 | 0.010 | 0.650 | 7.1 |
| E28 | 兵工自动化 | 287 | 1.00 | 9.1 | 3.2 | 23 | 118 | 0.000 | 0.160 | 7.2 |
| E28 | 兵器材料科学与工程 | 182 | 0.97 | 14.7 | 4.2 | 23 | 83 | 0.000 | 0.630 | 7.4 |
| E28 | 兵器装备工程学报 | 478 | 0.99 | 12.3 | 3.3 | 25 | 163 | 0.000 | 0.260 | 7.1 |
| E28 | 弹道学报 | 68 | 1.00 | 11.0 | 3.7 | 14 | 28 | 0.000 | 0.380 | 8.3 |
| E28 | 弹箭与制导学报 | 257 | 0.99 | 8.9 | 3.8 | 19 | 133 | — | 0.362 | 8.1 |
| E28 | 地面防空武器 | 57 | 0.86 | 4.2 | 3.0 | 8 | 40 | 0.018 | — | 6.1 |
| E28 | 防护工程 | 84 | 0.93 | 11.5 | 3.8 | 8 | 45 | — | 0.131 | 8.6 |
| E28 | 飞航导弹 | 213 | 0.91 | 11.3 | 2.9 | 17 | 74 | 0.000 | 0.080 | 5.4 |
| E28 | 国防 | 275 | 0.58 | 1.3 | 1.5 | 29 | 167 | — | 0.015 | 8.6 |
| E28 | 国防科技 | 148 | 0.97 | 8.7 | 2.0 | 21 | 78 | — | 0.122 | 4.8 |
| E28 | 含能材料 | 206 | 0.91 | 18.9 | 5.0 | 16 | 39 | 0.000 | 0.530 | 8.3 |
| E28 | 航空兵器 | 93 | 0.78 | 15.1 | 3.2 | 16 | 31 | 0.000 | 0.380 | 7.7 |
| E28 | 火工品 | 89 | 0.96 | 7.7 | 4.3 | 15 | 46 | — | 0.258 | ≥10 |
| E28 | 火控雷达技术 | 85 | 0.99 | 8.4 | 3.0 | 13 | 43 | — | 0.071 | 7.9 |
| E28 | 火力与指挥控制 | 515 | 0.97 | 10.5 | 3.4 | 24 | 164 | 0.000 | 0.460 | 7.3 |
| E28 | 火炮发射与控制学报 | 79 | 0.99 | 8.8 | 3.9 | 10 | 33 | — | 0.354 | 6.9 |
| E28 | 火炸药学报 | 116 | 0.96 | 18.3 | 5.5 | 16 | 27 | 0.000 | 0.510 | 8.7 |
| E28 | 军械工程学院学报 | 87 | 0.99 | 10.1 | 3.5 | 8 | 48 | — | 0.264 | 6.3 |
| E28 | 水雷战与舰船防护 | 72 | 1.00 | 7.6 | 1.9 | 10 | 24 | — | 0.014 | ≥10 |
| E28 | 水下无人系统学报 | 87 | 0.97 | 10.9 | 3.3 | 13 | 32 | 0.000 | 0.200 | 7.6 |
| E28 | 探测与控制学报 | 139 | 0.97 | 10.4 | 3.6 | 17 | 36 | — | 0.290 | 7.4 |
| E28 | 现代防御技术 | 189 | 1.00 | 15.8 | 3.2 | 19 | 77 | 0.000 | 0.180 | 7.6 |
| E28 | 战术导弹技术 | 111 | 0.95 | 12.4 | 3.3 | 15 | 59 | — | 0.225 | 7.6 |
| E28 | 指挥控制与仿真 | 170 | 0.96 | 10.0 | 2.9 | 19 | 77 | 0.000 | 0.180 | 6.4 |
| E28 | 指挥信息系统与技术 | 108 | 0.95 | 9.8 | 3.0 | 9 | 35 | — | 0.361 | 5.4 |
| E28 | 指挥与控制学报 | 60 | 0.95 | 18.5 | 3.1 | 10 | 35 | — | 0.433 | 5.4 |
| E28 | 装备学院学报 | 151 | 0.86 | 11.1 | 2.9 | 14 | 37 | 0.000 | 0.520 | 5.0 |
| E28 | 装甲兵工程学院学报 | 130 | 0.98 | 13.8 | 3.7 | 11 | 24 | 0.000 | 0.220 | 6.0 |
| E29 | 产业用纺织品 | 108 | 0.87 | 10.9 | 3.5 | 17 | 60 | 0.009 | 0.472 | 7.4 |
| E29 | 纺织标准与质量 | 79 | 0.88 | 7.9 | 2.6 | 14 | 57 | — | 0.063 | 7.6 |
| E29 | 纺织导报 | 200 | 0.52 | 5.6 | 2.6 | 21 | 134 | 0.020 | 0.415 | 5.6 |
| E29 | 纺织高校基础科学学报 | 94 | 0.98 | 17.0 | 2.8 | 6 | 21 | 0.010 | 0.940 | 8.4 |
| E29 | 纺织科技进展 | 212 | 0.86 | 7.5 | 2.5 | 21 | 108 | — | 0.462 | 6.8 |

| 学科代码 | 期刊名称 | 来源文献量 | 文献选出率 | 平均引文数 | 平均作者数 | 地区分布数 | 机构分布数 | 海外论文比 | 基金论文比 | 引用半衰期 |
|---|---|---|---|---|---|---|---|---|---|---|
| E29 | 纺织器材 | 105 | 0.91 | 5.6 | 2.1 | 18 | 80 | — | 0.086 | 9.2 |
| E29 | 纺织学报 | 357 | 0.98 | 14.5 | 3.8 | 21 | 74 | 0.010 | 0.670 | 7.3 |
| E29 | 服饰导刊 | 63 | 0.85 | 10.2 | 1.8 | 12 | 25 | — | 0.746 | ≥10 |
| E29 | 国际纺织导报 | 114 | 0.54 | 4.5 | 2.9 | 13 | 86 | 0.404 | 0.088 | 7.3 |
| E29 | 合成纤维 | 148 | 0.86 | 9.7 | 3.4 | 17 | 61 | 0.000 | 0.280 | 8.5 |
| E29 | 合成纤维工业 | 109 | 0.75 | 9.7 | 4.0 | 16 | 55 | 0.000 | 0.420 | 7.7 |
| E29 | 黑龙江纺织 | 48 | 0.57 | 3.5 | 1.8 | 8 | 20 | — | 0.208 | 6.6 |
| E29 | 化纤与纺织技术 | 42 | 0.88 | 8.4 | 3.0 | 11 | 29 | — | 0.286 | 7.0 |
| E29 | 检验检疫学刊 | 117 | 0.95 | 9.6 | 4.7 | 16 | 106 | — | 0.709 | 7.0 |
| E29 | 辽宁丝绸 | 92 | 0.95 | 2.5 | 2.0 | 7 | 32 | — | 0.098 | 7.6 |
| E29 | 毛纺科技 | 208 | 0.98 | 10.3 | 2.8 | 24 | 125 | 0.005 | 0.476 | 6.5 |
| E29 | 棉纺织技术 | 246 | 0.90 | 8.1 | 3.0 | 20 | 118 | 0.000 | 0.290 | 6.8 |
| E29 | 轻纺工业与技术 | 219 | 0.94 | 4.5 | 2.1 | 20 | 95 | 0.009 | 0.489 | 7.1 |
| E29 | 染料与染色 | 82 | 0.94 | 12.3 | 3.1 | 10 | 53 | — | 0.159 | ≥10 |
| E29 | 染整技术 | 171 | 0.83 | 7.6 | 2.7 | 21 | 114 | 0.018 | 0.251 | 7.9 |
| E29 | 山东纺织经济 | 289 | 0.98 | 4.5 | 1.6 | 24 | 131 | — | 0.329 | 6.5 |
| E29 | 山东纺织科技 | 103 | 0.92 | 6.4 | 2.5 | 17 | 68 | — | 0.301 | 7.6 |
| E29 | 上海纺织科技 | 232 | 0.95 | 7.8 | 3.3 | 20 | 80 | 0.010 | 0.390 | 7.2 |
| E29 | 丝绸 | 166 | 0.92 | 12.9 | 3.0 | 25 | 70 | 0.020 | 0.630 | 8.0 |
| E29 | 天津纺织科技 | 124 | 0.99 | 3.8 | 1.9 | 18 | 54 | — | 0.113 | 7.3 |
| E29 | 现代纺织技术 | 87 | 1.00 | 9.9 | 3.1 | 16 | 42 | 0.000 | 0.260 | 6.8 |
| E29 | 现代丝绸科学与技术 | 70 | 0.95 | 8.2 | 2.3 | 6 | 30 | 0.014 | 0.286 | 7.0 |
| E29 | 印染 | 299 | 0.82 | 10.2 | 3.5 | 22 | 193 | 0.003 | 0.478 | 6.5 |
| E29 | 针织工业 | 254 | 0.88 | 4.9 | 2.6 | 22 | 184 | 0.008 | 0.339 | 7.2 |
| E30 | 包装与食品机械 | 101 | 0.98 | 14.9 | 3.8 | 22 | 60 | 0.000 | 0.400 | 6.0 |
| E30 | 茶业通报 | 51 | 0.91 | 5.2 | 2.5 | 9 | 58 | — | — | 7.9 |
| E30 | 茶叶通讯 | 58 | 0.87 | 12.6 | 4.5 | 10 | 35 | — | 0.517 | 7.7 |
| E30 | 茶叶学报 | 39 | 0.89 | 18.0 | 4.7 | 6 | 19 | — | 0.897 | 6.9 |
| E30 | 广东茶业 | 54 | 0.58 | 6.9 | 2.7 | 10 | 51 | — | 0.185 | 8.3 |
| E30 | 河南工业大学学报(自然科学版) | 132 | 0.96 | 17.1 | 4.3 | 16 | 32 | 0.000 | 0.700 | 6.6 |
| E30 | 江苏调味副食品 | 48 | 0.92 | 9.9 | 2.1 | 17 | 38 | — | 0.396 | 7.9 |
| E30 | 粮食加工 | 128 | 0.94 | 9.0 | 2.8 | 24 | 113 | — | 0.289 | 8.6 |
| E30 | 粮食科技与经济 | 122 | 0.87 | 9.9 | 3.2 | 22 | 91 | — | 0.533 | 6.4 |
| E30 | 粮食问题研究 | 76 | 0.95 | 3.8 | 1.6 | 16 | 56 | — | 0.039 | 4.6 |

| 学科代码 | 期刊名称 | 来源文献量 | 文献选出率 | 平均引文数 | 平均作者数 | 地区分布数 | 机构分布数 | 海外论文比 | 基金论文比 | 引用半衰期 |
|---|---|---|---|---|---|---|---|---|---|---|
| E30 | 粮食与食品工业 | 126 | 0.99 | 10.4 | 3.3 | 22 | 100 | - | 0.286 | 7.6 |
| E30 | 粮食与饲料工业 | 201 | 0.91 | 14.0 | 4.4 | 27 | 122 | 0.000 | 0.510 | 7.7 |
| E30 | 粮食与油脂 | 264 | 0.99 | 15.6 | 3.3 | 27 | 172 | - | 0.648 | 7.7 |
| E30 | 粮油仓储科技通讯 | 94 | 0.93 | 5.0 | 3.5 | 19 | 108 | 0.032 | 0.021 | 6.4 |
| E30 | 粮油食品科技 | 146 | 0.99 | 16.6 | 4.6 | 26 | 119 | - | 0.726 | 7.6 |
| E30 | 酿酒 | 166 | 0.75 | 7.8 | 3.6 | 23 | 115 | - | 0.127 | 7.4 |
| E30 | 酿酒科技 | 347 | 0.75 | 13.7 | 4.6 | 29 | 196 | 0.000 | 0.330 | 7.7 |
| E30 | 肉类工业 | 182 | 0.88 | 8.2 | 2.8 | 29 | 158 | - | 0.220 | 8.6 |
| E30 | 肉类研究 | 112 | 0.72 | 32.0 | 5.1 | 25 | 79 | - | 0.875 | 6.4 |
| E30 | 乳业科学与技术 | 52 | 0.73 | 24.9 | 4.3 | 15 | 24 | 0.000 | 0.630 | 7.5 |
| E30 | 食品安全导刊 | 1100 | 0.54 | 0.9 | 1.9 | 30 | 829 | 0.006 | 0.087 | 7.9 |
| E30 | 食品安全质量检测学报 | 811 | 0.97 | 24.6 | 4.8 | 29 | 312 | 0.000 | 0.450 | 6.8 |
| E30 | 食品工程 | 69 | 0.99 | 10.6 | 3.4 | 23 | 64 | - | 0.333 | 7.0 |
| E30 | 食品工业 | 927 | 1.00 | 15.1 | 4.1 | 31 | 588 | 0.002 | 0.734 | 7.3 |
| E30 | 食品工业科技 | 1705 | 0.84 | 22.8 | 5.1 | 30 | 489 | 0.000 | 0.700 | 6.5 |
| E30 | 食品界 | 346 | 0.62 | 0.1 | 1.7 | 30 | 293 | 0.003 | 0.090 | 3.8 |
| E30 | 食品科技 | 720 | 0.95 | 15.0 | 4.7 | 31 | 469 | 0.004 | 0.815 | 7.3 |
| E30 | 食品科学 | 1176 | 0.99 | 29.6 | 5.3 | 30 | 335 | 0.000 | 0.750 | 6.6 |
| E30 | 食品科学技术学报 | 81 | 0.96 | 24.8 | 4.4 | 18 | 43 | 0.010 | 0.670 | 7.2 |
| E30 | 食品研究与开发 | 1263 | 0.96 | 15.3 | 4.1 | 30 | 596 | 0.000 | 0.470 | 7.6 |
| E30 | 食品与发酵工业 | 564 | 1.00 | 23.1 | 5.0 | 30 | 172 | 0.010 | 0.740 | 6.9 |
| E30 | 食品与发酵科技 | 150 | 1.00 | 13.5 | 4.6 | 24 | 89 | 0.000 | 0.510 | 7.2 |
| E30 | 食品与机械 | 631 | 0.97 | 19.9 | 4.3 | 30 | 282 | 0.010 | 0.610 | 5.8 |
| E30 | 食品与生物技术学报 | 200 | 0.93 | 18.9 | 4.8 | 25 | 73 | 0.020 | 0.870 | 8.1 |
| E30 | 食品与药品 | 110 | 0.91 | 14.6 | 4.0 | 25 | 82 | 0.000 | 0.250 | 7.6 |
| E30 | 现代食品 | 1023 | 0.85 | 4.3 | 1.9 | 31 | 732 | 0.003 | 0.115 | 6.1 |
| E30 | 现代食品科技 | 584 | 1.00 | 17.7 | 5.3 | 28 | 179 | 0.010 | 0.840 | 6.4 |
| E30 | 现代盐化工 | 220 | 0.95 | 4.9 | 1.6 | 25 | 154 | - | 0.141 | 5.9 |
| E30 | 盐业史研究 | 28 | 0.74 | 44.3 | 1.4 | 12 | 22 | - | 0.571 | ≥10 |
| E30 | 中国茶叶加工 | 88 | 0.94 | 7.9 | 3.5 | 15 | 95 | - | 0.420 | 6.6 |
| E30 | 中国井矿盐 | 100 | 1.00 | 2.5 | 2.0 | 12 | 49 | - | 0.020 | ≥10 |
| E30 | 中国粮油学报 | 339 | 0.97 | 18.3 | 5.0 | 28 | 123 | 0.010 | 0.750 | 8.4 |
| E30 | 中国酿造 | 480 | 0.97 | 20.5 | 4.6 | 29 | 230 | 0.000 | 0.660 | 6.3 |
| E30 | 中国乳品工业 | 193 | 0.94 | 16.7 | 4.4 | 25 | 116 | 0.000 | 0.480 | 8.0 |

| 学科代码 | 期刊名称 | 来源文献量 | 文献选出率 | 平均引文数 | 平均作者数 | 地区分布数 | 机构分布数 | 海外论文比 | 基金论文比 | 引用半衰期 |
|---|---|---|---|---|---|---|---|---|---|---|
| E30 | 中国食品添加剂 | 293 | 0.94 | 16.3 | 4.4 | 31 | 195 | 0.010 | 0.500 | 6.9 |
| E30 | 中国食品学报 | 415 | 0.96 | 22.9 | 5.1 | 26 | 100 | 0.010 | 0.790 | 8.5 |
| E30 | 中国食物与营养 | 252 | 1.00 | 17.6 | 4.4 | 27 | 131 | 0.000 | 0.470 | 6.6 |
| E30 | 中国甜菜糖业 | 50 | 0.96 | 13.1 | 3.2 | 6 | 26 | — | 0.520 | ≥10 |
| E30 | 中国调味品 | 430 | 1.00 | 13.1 | 3.8 | 28 | 208 | 0.000 | 0.440 | 7.9 |
| E30 | 中国油脂 | 309 | 0.95 | 14.7 | 4.8 | 28 | 162 | 0.000 | 0.520 | 7.1 |
| E30 | 中外葡萄与葡萄酒 | 134 | 0.70 | 8.7 | 4.6 | 24 | 119 | — | 0.552 | 7.9 |
| E31 | Frontiers of Architectural Research | 44 | 0.92 | 35.9 | 2.4 | 6 | 56 | 0.841 | 0.273 | ≥10 |
| E31 | 安徽建筑 | 610 | 0.95 | 4.5 | 1.7 | 25 | 335 | — | 0.092 | 8.7 |
| E31 | 安徽建筑大学学报 | 121 | 0.99 | 10.5 | 3.0 | 6 | 44 | — | 0.612 | 7.3 |
| E31 | 安装 | 185 | 0.63 | 2.2 | 2.0 | 19 | 96 | — | 0.043 | ≥10 |
| E31 | 北京建筑大学学报 | 71 | 0.95 | 13.4 | 2.9 | 1 | 15 | 0.042 | 0.986 | 7.9 |
| E31 | 城建档案 | 480 | 0.92 | 3.1 | 1.1 | 30 | 323 | — | 0.033 | 4.0 |
| E31 | 城市发展研究 | 279 | 0.97 | 18.7 | 2.4 | 24 | 130 | 0.030 | 0.590 | 7.3 |
| E31 | 城市规划 | 160 | 0.75 | 22.1 | 2.4 | 20 | 82 | 0.090 | 0.490 | ≥10 |
| E31 | 城市规划学刊 | 86 | 0.83 | 24.0 | 2.3 | 12 | 34 | 0.030 | 0.440 | 8.8 |
| E31 | 城市建筑 | 7819 | 0.93 | 3.7 | 1.3 | 31 | 4284 | 0.004 | 0.024 | 4.0 |
| E31 | 城市勘测 | 250 | 0.89 | 8.5 | 2.6 | 27 | 174 | — | 0.476 | 6.7 |
| E31 | 城市住宅 | 268 | 0.69 | 5.1 | 2.2 | 24 | 206 | 0.011 | 0.201 | 5.1 |
| E31 | 城镇供水 | 114 | 0.82 | 4.2 | 2.3 | 25 | 102 | — | 0.026 | ≥10 |
| E31 | 重庆建筑 | 201 | 0.72 | 5.5 | 2.2 | 18 | 98 | — | 0.114 | 7.2 |
| E31 | 低温建筑技术 | 659 | 1.00 | 6.6 | 2.6 | 30 | 407 | — | 0.287 | 9.5 |
| E31 | 粉煤灰综合利用 | 100 | 0.99 | 9.3 | 3.4 | 18 | 55 | 0.010 | 0.410 | 8.1 |
| E31 | 福建建材 | 589 | 1.00 | 3.9 | 1.2 | 16 | 338 | 0.003 | 0.046 | 7.0 |
| E31 | 福建建设科技 | 194 | 0.97 | 4.8 | 1.4 | 11 | 103 | — | 0.124 | 7.2 |
| E31 | 福建建筑 | 347 | 0.99 | 5.3 | 1.4 | 17 | 180 | 0.006 | 0.147 | 7.3 |
| E31 | 工程抗震与加固改造 | 129 | 1.00 | 12.6 | 3.3 | 24 | 80 | 0.000 | 0.570 | 8.8 |
| E31 | 工业建筑 | 430 | 0.99 | 12.5 | 3.6 | 28 | 170 | 0.030 | 0.750 | 8.8 |
| E31 | 供水技术 | 89 | 0.96 | 8.6 | 3.5 | 14 | 68 | 0.011 | 0.315 | 8.5 |
| E31 | 古建园林技术 | 75 | 0.90 | 12.6 | 1.8 | 16 | 56 | 0.013 | 0.453 | ≥10 |
| E31 | 广东建材 | 305 | 0.90 | 5.1 | 1.8 | 20 | 217 | — | 0.046 | 7.9 |
| E31 | 广州建筑 | 65 | 0.96 | 8.8 | 2.1 | 6 | 42 | 0.015 | 0.215 | 7.0 |
| E31 | 规划师 | 278 | 0.91 | 12.9 | 2.6 | 23 | 130 | 0.040 | 0.380 | 6.4 |
| E31 | 国际城市规划 | 107 | 0.80 | 25.5 | 2.4 | 13 | 65 | 0.290 | 0.540 | ≥10 |

| 学科代码 | 期刊名称 | 来源文献量 | 文献选出率 | 平均引文数 | 平均作者数 | 地区分布数 | 机构分布数 | 海外论文比 | 基金论文比 | 引用半衰期 |
|---|---|---|---|---|---|---|---|---|---|---|
| E31 | 河北工程大学学报(自然科学版) | 94 | 0.99 | 12.0 | 3.7 | 15 | 31 | 0.000 | 0.910 | 8.1 |
| E31 | 河北建筑工程学院学报 | 117 | 0.98 | 5.8 | 2.8 | 7 | 55 | - | 0.419 | 8.0 |
| E31 | 河南建材 | 751 | 0.97 | 2.1 | 1.4 | 26 | 355 | - | 0.011 | 6.2 |
| E31 | 湖南城市学院学报(自然科学版) | 1097 | 1.00 | 2.6 | 1.3 | 30 | 512 | 0.014 | 0.356 | 5.2 |
| E31 | 华中建筑 | 478 | 0.98 | 8.7 | 2.0 | 26 | 188 | 0.019 | 0.458 | 9.2 |
| E31 | 混凝土 | 487 | 0.93 | 12.5 | 3.8 | 30 | 300 | - | 0.897 | 7.8 |
| E31 | 吉林建筑大学学报 | 192 | 1.00 | 6.9 | 2.4 | 8 | 33 | - | 0.380 | 6.8 |
| E31 | 给水排水 | 376 | 0.93 | 7.2 | 3.3 | 25 | 235 | 0.010 | 0.280 | 8.3 |
| E31 | 家具与室内装饰 | 263 | 0.61 | 8.9 | 2.2 | 23 | 108 | 0.023 | 0.776 | 4.7 |
| E31 | 建材发展导向(上) | 2808 | 1.00 | 3.4 | 1.1 | 30 | 1572 | 0.006 | 0.002 | 3.4 |
| E31 | 建材发展导向(下) | 2214 | 0.89 | 3.3 | 1.3 | 31 | 1448 | 0.001 | 0.017 | 4.3 |
| E31 | 建材技术与应用 | 107 | 0.87 | 4.6 | 1.5 | 15 | 78 | 0.009 | 0.121 | 5.9 |
| E31 | 建材世界 | 139 | 0.95 | 6.9 | 2.7 | 18 | 103 | 0.007 | 0.158 | 7.7 |
| E31 | 建井技术 | 89 | 0.71 | 6.7 | 2.4 | 19 | 77 | 0.011 | 0.213 | 6.3 |
| E31 | 建设监理 | 294 | 0.93 | 1.3 | 1.5 | 26 | 190 | - | 0.034 | 6.4 |
| E31 | 建设科技 | 1015 | 0.68 | 4.1 | 1.7 | 30 | 794 | 0.007 | 0.101 | 5.1 |
| E31 | 建筑安全 | 286 | 0.94 | 3.9 | 1.7 | 25 | 261 | - | 0.028 | 7.0 |
| E31 | 建筑材料学报 | 190 | 0.98 | 13.7 | 3.9 | 24 | 88 | 0.020 | 0.910 | 8.6 |
| E31 | 建筑电气 | 148 | 0.74 | 9.0 | 1.9 | 21 | 139 | 0.020 | 0.095 | 6.0 |
| E31 | 建筑钢结构进展 | 63 | 0.97 | 13.8 | 3.3 | 13 | 46 | 0.060 | 0.460 | 7.7 |
| E31 | 建筑机械化 | 215 | 0.69 | 2.9 | 2.5 | 23 | 140 | - | 0.079 | 6.9 |
| E31 | 建筑技术 | 308 | 0.96 | 7.0 | 2.9 | 27 | 304 | 0.003 | 0.399 | 7.2 |
| E31 | 建筑技术开发 | 958 | 0.99 | 4.2 | 1.5 | 30 | 610 | 0.003 | 0.066 | 5.0 |
| E31 | 建筑节能 | 355 | 0.92 | 9.7 | 3.2 | 28 | 175 | 0.010 | 0.430 | 7.1 |
| E31 | 建筑结构 | 469 | 0.95 | 8.3 | 3.8 | 26 | 189 | 0.010 | 0.320 | 7.2 |
| E31 | 建筑结构学报 | 259 | 0.99 | 17.0 | 3.9 | 22 | 82 | 0.020 | 0.900 | 8.1 |
| E31 | 建筑经济 | 303 | 0.99 | 8.7 | 2.6 | 26 | 221 | 0.017 | 0.581 | 4.7 |
| E31 | 建筑科学 | 291 | 0.99 | 12.9 | 3.6 | 26 | 120 | 0.020 | 0.640 | 8.0 |
| E31 | 建筑科学与工程学报 | 98 | 0.91 | 20.8 | 3.6 | 24 | 39 | 0.020 | 0.900 | 9.1 |
| E31 | 建筑砌块与砌块建筑 | 64 | 0.77 | 4.8 | 1.6 | 13 | 36 | 0.156 | 0.109 | 9.2 |
| E31 | 建筑热能通风空调 | 162 | 0.96 | 8.0 | 2.9 | 21 | 125 | - | 0.346 | 8.4 |
| E31 | 建筑设计管理 | 238 | 0.54 | 4.7 | 1.4 | 27 | 177 | - | 0.113 | 6.2 |
| E31 | 建筑师 | 79 | 0.89 | 29.7 | 1.6 | 14 | 38 | 0.076 | 0.354 | ≥10 |
| E31 | 建筑施工 | 623 | 0.98 | 5.7 | 2.3 | 23 | 271 | 0.003 | 0.165 | 5.4 |

| 学科代码 | 期刊名称 | 来源文献量 | 文献选出率 | 平均引文数 | 平均作者数 | 地区分布数 | 机构分布数 | 海外论文比 | 基金论文比 | 引用半衰期 |
|---|---|---|---|---|---|---|---|---|---|---|
| E31 | 建筑学报 | 225 | 0.86 | 12.0 | 2.0 | 20 | 82 | 0.100 | 0.460 | ≥10 |
| E31 | 建筑与预算 | 193 | 0.73 | 6.9 | 1.5 | 23 | 145 | — | 0.041 | 5.9 |
| E31 | 江苏建材 | 90 | 0.60 | 4.4 | 2.3 | 12 | 84 | 0.033 | 0.178 | 7.3 |
| E31 | 江苏建筑 | 210 | 0.99 | 6.1 | 2.6 | 13 | 169 | 0.005 | 0.181 | 7.9 |
| E31 | 江苏建筑职业技术学院学报 | 102 | 0.99 | 7.2 | 1.9 | 11 | 60 | 0.010 | 0.725 | 5.4 |
| E31 | 江西建材 | 6148 | 1.00 | 3.7 | 1.2 | 31 | 3686 | 0.002 | 0.019 | 3.8 |
| E31 | 结构工程师 | 167 | 0.98 | 11.3 | 2.9 | 23 | 74 | 0.010 | 0.430 | 8.3 |
| E31 | 净水技术 | 139 | 0.97 | 15.7 | 3.3 | 18 | 91 | 0.020 | 0.450 | 7.1 |
| E31 | 居业 | 1104 | 0.89 | 3.1 | 1.2 | 30 | 780 | 0.002 | 0.021 | 3.7 |
| E31 | 空间结构 | 52 | 0.93 | 13.2 | 3.5 | 15 | 52 | 0.019 | 0.654 | 9.6 |
| E31 | 绿色建筑 | 118 | 0.74 | 3.3 | 2.2 | 13 | 80 | 0.008 | 0.203 | 6.5 |
| E31 | 南方建筑 | 126 | 0.96 | 17.9 | 2.1 | 19 | 56 | 0.090 | 0.580 | 8.0 |
| E31 | 暖通空调 | 287 | 0.83 | 10.1 | 3.4 | 24 | 137 | 0.030 | 0.320 | 7.0 |
| E31 | 山东建筑大学学报 | 94 | 0.96 | 18.4 | 3.9 | 4 | 55 | 0.032 | 0.755 | 5.3 |
| E31 | 山西建筑 | 5051 | 1.00 | 4.7 | 1.6 | 31 | 2450 | 0.002 | 0.108 | 7.3 |
| E31 | 上海城市规划 | 122 | 0.77 | 14.2 | 2.1 | 11 | 60 | 0.070 | 0.300 | 6.8 |
| E31 | 上海建设科技 | 150 | 0.99 | 2.5 | 1.5 | 7 | 108 | — | 0.040 | 8.6 |
| E31 | 沈阳建筑大学学报(自然科学版) | 138 | 0.96 | 20.7 | 3.6 | 15 | 30 | 0.000 | 0.990 | 5.6 |
| E31 | 施工技术 | 789 | 0.93 | 7.7 | 3.3 | 30 | 532 | 0.006 | 0.397 | 5.9 |
| E31 | 时代建筑 | 169 | 0.92 | 14.4 | 1.6 | 9 | 89 | 0.290 | 0.183 | ≥10 |
| E31 | 四川建筑 | 546 | 0.91 | 5.6 | 2.0 | 26 | 324 | 0.004 | 0.097 | 9.6 |
| E31 | 四川建筑科学研究 | 185 | 0.98 | 10.1 | 3.0 | 26 | 176 | 0.005 | 0.611 | 9.2 |
| E31 | 特种结构 | 129 | 0.97 | 7.5 | 2.4 | 20 | 95 | — | 0.194 | 7.9 |
| E31 | 天津城建大学学报 | 88 | 0.97 | 13.7 | 3.1 | 3 | 21 | — | 0.648 | 6.8 |
| E31 | 天津建设科技 | 165 | 0.98 | 3.2 | 2.3 | 10 | 94 | — | 0.079 | ≥10 |
| E31 | 土工基础 | 182 | 0.99 | 8.1 | 2.6 | 26 | 169 | 0.005 | 0.198 | ≥10 |
| E31 | 西安建筑科技大学学报(自然科学版) | 151 | 0.97 | 13.6 | 3.6 | 17 | 31 | 0.010 | 0.940 | 7.7 |
| E31 | 现代城市研究 | 238 | 0.97 | 18.4 | 2.5 | 25 | 130 | 0.030 | 0.580 | 7.2 |
| E31 | 消防技术与产品信息 | 345 | 0.77 | 4.3 | 1.5 | 30 | 206 | 0.003 | 0.058 | 7.6 |
| E31 | 小城镇建设 | 140 | 0.55 | 8.3 | 2.1 | 24 | 114 | 0.021 | 0.336 | 5.9 |
| E31 | 新建筑 | 157 | 0.84 | 13.1 | 2.0 | 16 | 87 | 0.121 | 0.465 | ≥10 |
| E31 | 新型建筑材料 | 335 | 0.96 | 9.0 | 3.7 | 28 | 204 | 0.010 | 0.510 | 6.9 |
| E31 | 云南建筑 | 176 | 0.56 | 4.6 | 1.8 | 9 | 80 | — | 0.040 | 8.9 |
| E31 | 浙江建筑 | 185 | 0.97 | 4.3 | 2.5 | 12 | 171 | 0.005 | 0.141 | 7.6 |

| 学科代码 | 期刊名称 | 来源文献量 | 文献选出率 | 平均引文数 | 平均作者数 | 地区分布数 | 机构分布数 | 海外论文比 | 基金论文比 | 引用半衰期 |
|---|---|---|---|---|---|---|---|---|---|---|
| E31 | 智能建筑电气技术 | 128 | 0.89 | 3.7 | 1.9 | 14 | 74 | 0.008 | 0.031 | 5.6 |
| E31 | 中国电梯 | 351 | 0.58 | 2.1 | 1.9 | 23 | 183 | 0.023 | 0.068 | 8.6 |
| E31 | 中国粉体技术 | 135 | 0.99 | 14.6 | 3.9 | 23 | 86 | 0.010 | 0.590 | 6.5 |
| E31 | 中国给水排水 | 759 | 0.97 | 7.2 | 4.1 | 28 | 375 | 0.010 | 0.470 | 6.2 |
| E31 | 中国建材科技 | 411 | 0.94 | 5.2 | 1.8 | 28 | 247 | — | 0.217 | 6.4 |
| E31 | 中国建筑防水 | 256 | 0.85 | 3.9 | 2.5 | 22 | 189 | — | 0.066 | 7.0 |
| E31 | 中国市政工程 | 183 | 0.96 | 3.7 | 1.8 | 15 | 118 | — | 0.093 | 7.8 |
| E31 | 中外建筑 | 453 | 0.83 | 6.3 | 1.7 | 28 | 303 | 0.007 | 0.214 | 7.8 |
| E31 | 住区 | 114 | 0.73 | 8.9 | 1.9 | 12 | 64 | 0.123 | 0.289 | ≥10 |
| E31 | 住宅科技 | 143 | 0.98 | 4.9 | 1.8 | 19 | 95 | 0.007 | 0.308 | 6.1 |
| E32 | Frontiers of Structural and Civil Engineering | 47 | 1.00 | 26.2 | 3.4 | 4 | 39 | 0.830 | 0.190 | 8.8 |
| E32 | 地下空间与工程学报 | 251 | 1.00 | 14.4 | 3.4 | 27 | 142 | 0.020 | 0.710 | 9.3 |
| E32 | 工程勘察 | 180 | 0.94 | 10.8 | 3.3 | 27 | 131 | 0.000 | 0.370 | 8.0 |
| E32 | 土木工程学报 | 156 | 0.94 | 25.1 | 3.8 | 23 | 62 | 0.010 | 0.860 | 8.8 |
| E32 | 土木工程与管理学报 | 123 | 0.97 | 13.8 | 3.0 | 19 | 62 | 0.000 | 0.590 | 7.0 |
| E32 | 土木建筑工程信息技术 | 124 | 0.92 | 7.7 | 2.9 | 21 | 114 | 0.008 | 0.379 | 4.5 |
| E32 | 土木建筑与环境工程 | 114 | 0.98 | 18.6 | 4.1 | 22 | 58 | 0.020 | 0.870 | 6.1 |
| E32 | 岩石力学与工程学报 | 257 | 0.95 | 23.4 | 4.6 | 24 | 85 | 0.020 | 0.950 | 9.0 |
| E32 | 岩土工程技术 | 69 | 0.92 | 7.3 | 2.3 | 17 | 52 | 0.000 | 0.090 | 9.1 |
| E32 | 岩土工程学报 | 283 | 0.88 | 20.4 | 4.0 | 26 | 104 | 0.040 | 0.880 | 9.8 |
| E32 | 岩土力学 | 441 | 0.98 | 20.5 | 4.1 | 26 | 139 | 0.040 | 0.890 | 9.8 |
| E32 | 筑路机械与施工机械化 | 254 | 0.61 | 9.0 | 2.8 | 24 | 222 | 0.004 | 0.453 | 6.8 |
| E32 | 砖瓦 | 199 | 0.57 | 3.8 | 2.4 | 27 | 151 | 0.010 | 0.095 | 7.0 |
| E33 | Journal of Hydrodynamics | 109 | 0.96 | 23.8 | 3.8 | 8 | 55 | 0.400 | 0.520 | 7.3 |
| E33 | Water Science and Engineering | 38 | 0.90 | 29.7 | 3.9 | 8 | 29 | 0.500 | 0.500 | 9.7 |
| E33 | 北京水务 | 99 | 0.85 | 7.0 | 2.8 | 6 | 82 | — | 0.212 | 6.4 |
| E33 | 长江科学院院报 | 346 | 0.94 | 14.5 | 3.8 | 26 | 135 | 0.000 | 0.680 | 8.9 |
| E33 | 大坝与安全 | 97 | 0.77 | 4.4 | 2.8 | 19 | 90 | 0.113 | 0.113 | 9.4 |
| E33 | 东北水利水电 | 336 | 0.97 | 2.8 | 2.0 | 21 | 171 | 0.003 | 0.036 | ≥10 |
| E33 | 甘肃水利水电技术 | 220 | 0.99 | 5.0 | 1.7 | 23 | 143 | 0.005 | 0.086 | 8.3 |
| E33 | 广东水利水电 | 198 | 0.96 | 5.8 | 2.3 | 11 | 90 | — | 0.131 | 7.7 |
| E33 | 广西水利水电 | 149 | 0.96 | 2.4 | 1.5 | 16 | 84 | — | 0.081 | 8.8 |
| E33 | 海河水利 | 134 | 0.90 | 3.7 | 2.2 | 13 | 92 | — | 0.112 | 8.5 |
| E33 | 河北水利 | 238 | 0.50 | 0.1 | 1.5 | 4 | 90 | — | — | — |

| 学科代码 | 期刊名称 | 来源文献量 | 文献选出率 | 平均引文数 | 平均作者数 | 地区分布数 | 机构分布数 | 海外论文比 | 基金论文比 | 引用半衰期 |
|---|---|---|---|---|---|---|---|---|---|---|
| E33 | 河海大学学报(自然科学版) | 88 | 0.82 | 20.0 | 3.9 | 14 | 29 | 0.020 | 0.850 | 8.4 |
| E33 | 河南水利与南水北调 | 667 | 0.92 | 2.0 | 1.6 | 19 | 340 | 0.003 | 0.010 | 3.5 |
| E33 | 黑龙江水利 | 300 | 0.97 | 7.0 | 1.7 | 26 | 205 | 0.080 | 0.170 | 7.4 |
| E33 | 黑龙江水利科技 | 693 | 1.00 | 4.5 | 1.3 | 25 | 370 | 0.001 | 0.023 | 4.4 |
| E33 | 红水河 | 161 | 0.97 | 2.7 | 2.0 | 13 | 67 | — | 0.075 | 9.4 |
| E33 | 湖南水利水电 | 183 | 0.92 | 2.9 | 1.6 | 10 | 113 | — | 0.005 | 7.4 |
| E33 | 吉林水利 | 220 | 0.93 | 5.8 | 1.5 | 16 | 139 | — | 0.095 | 6.5 |
| E33 | 江淮水利科技 | 130 | 0.95 | 1.7 | 1.3 | 7 | 75 | — | — | ≥10 |
| E33 | 江苏水利 | 217 | 0.97 | 4.4 | 2.7 | 13 | 193 | — | 0.060 | 7.2 |
| E33 | 江西水利科技 | 103 | 0.79 | 7.5 | 2.7 | 7 | 64 | — | 0.194 | 6.0 |
| E33 | 南水北调与水利科技 | 193 | 0.99 | 21.6 | 4.0 | 25 | 85 | 0.000 | 0.830 | 7.7 |
| E33 | 内蒙古水利 | 529 | 0.93 | 0.0 | 1.7 | 23 | 338 | 0.002 | 0.011 | — |
| E33 | 泥沙研究 | 74 | 0.96 | 17.3 | 3.4 | 16 | 33 | 0.030 | 0.810 | ≥10 |
| E33 | 人民黄河 | 436 | 0.98 | 11.3 | 3.6 | 28 | 199 | 0.000 | 0.630 | 8.6 |
| E33 | 人民长江 | 583 | 0.96 | 11.2 | 3.1 | 30 | 401 | 0.002 | 0.489 | 7.8 |
| E33 | 人民珠江 | 251 | 0.90 | 11.3 | 3.1 | 25 | 200 | — | 0.426 | 7.3 |
| E33 | 三峡大学学报(自然科学版) | 135 | 0.93 | 12.5 | 3.9 | 10 | 29 | 0.000 | 0.790 | 7.9 |
| E33 | 山东水利 | 378 | 0.99 | 0.6 | 2.1 | 4 | 248 | 0.003 | 0.026 | 6.2 |
| E33 | 山西水利 | 257 | 0.73 | 0.1 | 1.1 | 4 | 115 | — | 0.004 | ≥10 |
| E33 | 山西水利科技 | 166 | 1.00 | 1.3 | 1.2 | 3 | 55 | — | 0.042 | 7.6 |
| E33 | 陕西水利 | 522 | 0.97 | 2.6 | 1.4 | 25 | 369 | 0.004 | 0.019 | 5.4 |
| E33 | 水电与抽水蓄能 | 118 | 0.87 | 6.0 | 2.9 | 21 | 91 | 0.025 | 0.034 | 7.2 |
| E33 | 水电与新能源 | 251 | 0.94 | 4.7 | 2.4 | 20 | 159 | — | 0.068 | 6.9 |
| E33 | 水电站机电技术 | 314 | 0.96 | 2.9 | 2.1 | 26 | 198 | 0.003 | 0.025 | 9.9 |
| E33 | 水电站设计 | 97 | 0.94 | 3.8 | 2.1 | 9 | 23 | — | 0.010 | 8.9 |
| E33 | 水动力学研究与进展A辑 | 94 | 0.98 | 16.0 | 3.7 | 19 | 52 | 0.020 | 0.830 | 8.8 |
| E33 | 水科学进展 | 100 | 0.93 | 25.5 | 4.4 | 21 | 50 | 0.020 | 0.950 | 7.1 |
| E33 | 水科学与工程技术 | 208 | 0.98 | 6.5 | 1.5 | 23 | 138 | — | 0.010 | 7.5 |
| E33 | 水力发电 | 327 | 0.97 | 8.6 | 3.2 | 29 | 118 | 0.020 | 0.410 | 8.1 |
| E33 | 水力发电学报 | 170 | 0.93 | 24.6 | 3.8 | 24 | 61 | 0.020 | 0.890 | 8.1 |
| E33 | 水利发展研究 | 236 | 0.94 | 4.7 | 2.1 | 26 | 194 | 0.004 | 0.136 | 4.8 |
| E33 | 水利规划与设计 | 509 | 0.99 | 7.7 | 1.4 | 29 | 300 | — | 0.039 | 5.3 |
| E33 | 水利技术监督 | 256 | 1.00 | 6.9 | 1.3 | 22 | 157 | — | 0.027 | 5.5 |
| E33 | 水利建设与管理 | 246 | 0.84 | 3.4 | 1.7 | 23 | 208 | — | 0.012 | 6.2 |

| 学科代码 | 期刊名称 | 来源文献量 | 文献选出率 | 平均引文数 | 平均作者数 | 地区分布数 | 机构分布数 | 海外论文比 | 基金论文比 | 引用半衰期 |
|---|---|---|---|---|---|---|---|---|---|---|
| E33 | 水利经济 | 109 | 0.91 | 11.9 | 2.7 | 12 | 39 | 0.040 | 0.570 | 6.6 |
| E33 | 水利科技 | 89 | 0.95 | 3.1 | 1.5 | 3 | 65 | 0.090 | 0.056 | 8.8 |
| E33 | 水利科技与经济 | 468 | 0.97 | 5.7 | 1.6 | 29 | 296 | - | 0.075 | 6.9 |
| E33 | 水利水电工程设计 | 79 | 0.94 | 1.9 | 3.0 | 13 | 35 | - | - | 9.6 |
| E33 | 水利水电技术 | 375 | 0.98 | 7.5 | 3.3 | 29 | 138 | 0.000 | 0.370 | 8.5 |
| E33 | 水利水电科技进展 | 103 | 0.88 | 21.0 | 3.7 | 27 | 57 | 0.020 | 0.880 | 9.1 |
| E33 | 水利水电快报 | 151 | 0.97 | 1.7 | 2.7 | 11 | 32 | - | 0.020 | 8.4 |
| E33 | 水利水运工程学报 | 104 | 0.98 | 14.9 | 3.7 | 22 | 42 | 0.000 | 0.780 | 9.0 |
| E33 | 水利信息化 | 84 | 0.87 | 7.7 | 3.3 | 22 | 74 | 0.012 | 0.321 | 5.5 |
| E33 | 水利学报 | 177 | 0.97 | 25.8 | 3.9 | 22 | 69 | 0.030 | 0.900 | 8.9 |
| E33 | 水利与建筑工程学报 | 270 | 1.00 | 16.3 | 3.0 | 28 | 222 | 0.011 | 0.659 | 6.4 |
| E33 | 水资源保护 | 168 | 0.91 | 17.5 | 3.9 | 24 | 82 | 0.020 | 0.620 | 7.5 |
| E33 | 水资源与水工程学报 | 265 | 1.00 | 16.4 | 3.8 | 27 | 97 | 0.000 | 0.750 | 7.0 |
| E33 | 四川水力发电 | 255 | 0.81 | 1.6 | 2.0 | 13 | 91 | - | 0.008 | ≥10 |
| E33 | 四川水利 | 203 | 1.00 | 2.0 | 1.8 | 7 | 62 | - | - | 8.4 |
| E33 | 西北水电 | 146 | 0.97 | 12.3 | 2.1 | 21 | 82 | - | 0.075 | 7.3 |
| E33 | 小水电 | 129 | 0.92 | 2.6 | 1.9 | 18 | 127 | 0.023 | 0.109 | 6.4 |
| E33 | 云南水力发电 | 263 | 0.90 | 6.0 | 2.1 | 16 | 98 | 0.004 | 0.015 | 9.6 |
| E33 | 浙江水利科技 | 155 | 0.90 | 5.4 | 2.7 | 10 | 126 | - | 0.284 | 7.4 |
| E33 | 治淮 | 374 | 0.82 | - | 2.2 | 8 | 224 | 0.003 | 0.008 | - |
| E33 | 中国防汛抗旱 | 149 | 0.78 | 4.3 | 2.6 | 24 | 138 | 0.007 | 0.101 | 6.1 |
| E33 | 中国水利 | 462 | 0.63 | 3.3 | 2.3 | 31 | 396 | 0.002 | 0.154 | 5.4 |
| E33 | 中国水利水电科学研究院学报 | 75 | 0.96 | 15.4 | 3.5 | 15 | 37 | 0.000 | 0.550 | 8.7 |
| E33 | 中国水能及电气化 | 194 | 0.86 | 4.3 | 1.4 | 24 | 167 | - | 0.015 | 5.6 |
| E33 | 中国水土保持 | 285 | 0.89 | 6.5 | 2.9 | 28 | 258 | - | 0.319 | 8.8 |
| E34 | Journal of Modern Transportation (English Edition) | 29 | 0.94 | 33.8 | 3.3 | 2 | 31 | 0.586 | 0.172 | 8.7 |
| E34 | Journal of Traffic and Transportation Engineering | 57 | 0.98 | 31.6 | 2.9 | 4 | 52 | 0.930 | 0.110 | 9.2 |
| E34 | 北方交通 | 389 | 1.00 | 4.8 | 1.4 | 28 | 226 | 0.008 | 0.041 | 7.9 |
| E34 | 北京汽车 | 72 | 0.99 | 5.9 | 2.8 | 17 | 44 | - | 0.222 | 8.1 |
| E34 | 车辆与动力技术 | 51 | 0.96 | 6.2 | 3.8 | 11 | 25 | - | 0.176 | 8.4 |
| E34 | 城市道桥与防洪 | 802 | 0.97 | 4.5 | 1.6 | 29 | 453 | 0.001 | 0.054 | 8.8 |
| E34 | 重庆交通大学学报(自然科学版) | 210 | 1.00 | 13.2 | 3.3 | 27 | 96 | 0.000 | 0.710 | 7.5 |

| 学科代码 | 期刊名称 | 来源文献量 | 文献选出率 | 平均引文数 | 平均作者数 | 地区分布数 | 机构分布数 | 海外论文比 | 基金论文比 | 引用半衰期 |
|---|---|---|---|---|---|---|---|---|---|---|
| E34 | 大功率变流技术 | 83 | 0.97 | 11.0 | 4.1 | 14 | 53 | 0.036 | 0.301 | 6.3 |
| E34 | 大连交通大学学报 | 153 | 0.97 | 10.7 | 3.3 | 15 | 32 | 0.010 | 0.540 | 8.2 |
| E34 | 道路交通与安全 | 73 | 0.96 | 9.8 | 3.1 | 16 | 66 | 0.014 | 0.397 | 6.6 |
| E34 | 公路交通技术 | 195 | 0.94 | 9.5 | 2.2 | 24 | 137 | — | 0.462 | 8.0 |
| E34 | 公路交通科技 | 287 | 0.99 | 15.2 | 3.4 | 25 | 212 | 0.007 | 0.861 | 8.4 |
| E34 | 公路交通科技·应用技术版 | 1207 | 1.00 | 6.3 | 2.2 | 31 | 718 | 0.001 | 0.123 | 8.9 |
| E34 | 公路与汽运 | 412 | 0.99 | 10.7 | 2.2 | 26 | 273 | — | 0.277 | 7.3 |
| E34 | 广东公路交通 | 107 | 0.97 | 5.8 | 2.0 | 6 | 49 | — | 0.206 | 7.8 |
| E34 | 广东交通职业技术学院学报 | 123 | 0.98 | 6.3 | 1.6 | 15 | 74 | 0.008 | 0.415 | 5.7 |
| E34 | 国防交通工程与技术 | 126 | 0.97 | 4.9 | 1.7 | 20 | 86 | — | 0.127 | 6.5 |
| E34 | 黑龙江交通科技 | 1335 | 1.00 | 2.9 | 1.3 | 30 | 545 | 0.004 | 0.019 | 4.3 |
| E34 | 湖南交通科技 | 203 | 0.99 | 8.2 | 2.0 | 22 | 144 | 0.005 | 0.207 | 8.2 |
| E34 | 华东交通大学学报 | 125 | 0.98 | 14.2 | 3.1 | 17 | 44 | 0.000 | 0.660 | 6.1 |
| E34 | 减速顶与调速技术 | 34 | 0.94 | 0.7 | 1.2 | 11 | 20 | — | — | 9.0 |
| E34 | 建筑与文化 | 945 | 0.88 | 7.1 | 2.0 | 28 | 272 | 0.014 | 0.374 | 9.3 |
| E34 | 交通节能与环保 | 132 | 0.92 | 6.0 | 2.2 | 22 | 126 | — | 0.197 | 6.0 |
| E34 | 交通科技 | 343 | 0.99 | 5.6 | 1.9 | 23 | 245 | 0.003 | 0.128 | 7.1 |
| E34 | 交通科技与经济 | 101 | 0.97 | 10.9 | 2.5 | 23 | 79 | — | 0.356 | 5.7 |
| E34 | 交通科学与工程 | 72 | 0.94 | 11.6 | 3.0 | 16 | 33 | 0.000 | 0.530 | 6.8 |
| E34 | 交通信息与安全 | 105 | 0.86 | 18.5 | 3.3 | 12 | 42 | 0.020 | 0.680 | 5.9 |
| E34 | 交通运输工程学报 | 105 | 0.95 | 25.5 | 4.0 | 20 | 44 | 0.130 | 0.940 | 6.4 |
| E34 | 交通运输工程与信息学报 | 76 | 0.96 | 12.8 | 2.7 | 11 | 34 | 0.013 | 0.500 | 8.1 |
| E34 | 交通运输系统工程与信息 | 208 | 0.98 | 11.4 | 3.4 | 21 | 68 | 0.020 | 0.860 | 6.7 |
| E34 | 交通运输研究 | 61 | 0.95 | 16.9 | 3.2 | 18 | 65 | 0.016 | 0.639 | 6.0 |
| E34 | 军事交通学院学报 | 253 | 0.97 | 5.8 | 3.2 | 16 | 100 | — | 0.308 | 5.8 |
| E34 | 客车技术与研究 | 108 | 0.95 | 10.2 | 2.9 | 19 | 57 | — | 0.130 | 7.3 |
| E34 | 兰州交通大学学报 | 182 | 0.98 | 11.8 | 2.4 | 15 | 54 | 0.005 | 0.604 | 7.5 |
| E34 | 辽宁省交通高等专科学校学报 | 135 | 0.96 | 5.1 | 1.3 | 11 | 54 | — | 0.356 | 6.2 |
| E34 | 路基工程 | 276 | 0.98 | 9.6 | 2.8 | 28 | 254 | 0.011 | 0.366 | 9.0 |
| E34 | 内蒙古公路与运输 | 107 | 0.91 | 6.1 | 1.8 | 18 | 87 | — | 0.187 | 9.3 |
| E34 | 汽车工程师 | 174 | 0.94 | 4.8 | 2.7 | 18 | 86 | — | 0.236 | 6.9 |
| E34 | 汽车工业研究 | 133 | 0.82 | 4.0 | 1.9 | 1 | 1 | — | 0.030 | 6.2 |
| E34 | 汽车工艺与材料 | 209 | 0.95 | 3.0 | 3.1 | 19 | 104 | 0.005 | 0.038 | 8.3 |
| E34 | 汽车零部件 | 276 | 0.79 | 5.0 | 2.8 | 24 | 148 | — | 0.112 | 8.7 |

| 学科代码 | 期刊名称 | 来源文献量 | 文献选出率 | 平均引文数 | 平均作者数 | 地区分布数 | 机构分布数 | 海外论文比 | 基金论文比 | 引用半衰期 |
|---|---|---|---|---|---|---|---|---|---|---|
| E34 | 汽车实用技术 | 908 | 0.98 | 4.4 | 2.5 | 28 | 286 | — | 0.057 | 8.5 |
| E34 | 汽车维护与修理 | 253 | 0.61 | — | 1.2 | 19 | 154 | — | — | — |
| E34 | 汽车维修 | 177 | 0.63 | 1.7 | 1.2 | 24 | 101 | — | 0.011 | 8.0 |
| E34 | 汽车运用 | 295 | 0.53 | — | 1.9 | 28 | 144 | — | — | — |
| E34 | 青海交通科技 | 183 | 0.95 | 4.5 | 1.4 | 21 | 102 | — | 0.011 | 7.3 |
| E34 | 山东交通科技 | 244 | 0.99 | 5.6 | 1.8 | 23 | 161 | — | 0.094 | 9.8 |
| E34 | 山东交通学院学报 | 60 | 0.97 | 19.0 | 2.8 | 14 | 43 | — | 0.450 | 7.5 |
| E34 | 山西交通科技 | 186 | 0.97 | 4.6 | 1.2 | 5 | 53 | 0.005 | 0.043 | 7.8 |
| E34 | 上海公路 | 79 | 0.91 | 5.7 | 2.0 | 8 | 43 | — | 0.291 | 9.2 |
| E34 | 上海汽车 | 157 | 0.92 | 4.9 | 2.8 | 13 | 53 | — | 0.045 | 7.4 |
| E34 | 时代汽车 | 375 | 0.78 | 3.6 | 1.7 | 28 | 263 | — | 0.056 | 5.2 |
| E34 | 世界桥梁 | 107 | 0.79 | 9.8 | 2.6 | 21 | 101 | — | 0.308 | 5.3 |
| E34 | 武汉交通职业学院学报 | 79 | 0.96 | 6.9 | 1.4 | 16 | 48 | — | 0.392 | 4.9 |
| E34 | 武汉理工大学学报(交通科学与工程版) | 220 | 0.98 | 11.1 | 3.4 | 25 | 71 | 0.010 | 0.660 | 6.9 |
| E34 | 西部交通科技 | 322 | 0.92 | 6.0 | 1.9 | 26 | 149 | 0.003 | 0.152 | 7.7 |
| E34 | 现代城市轨道交通 | 149 | 0.88 | 5.7 | 1.9 | 21 | 100 | — | 0.094 | 6.2 |
| E34 | 现代交通技术 | 147 | 1.00 | 8.0 | 2.4 | 17 | 116 | — | 0.136 | 8.3 |
| E34 | 浙江交通职业技术学院学报 | 68 | 0.99 | 5.9 | 1.8 | 11 | 55 | — | 0.544 | 6.0 |
| E34 | 中国交通信息化 | 268 | 0.92 | 2.5 | 1.8 | 24 | 194 | 0.004 | 0.049 | 5.5 |
| E34 | 重型汽车 | 77 | 0.58 | — | 2.9 | 18 | 41 | — | — | — |
| E34 | 综合运输 | 227 | 0.98 | 8.7 | 2.1 | 21 | 115 | — | 0.414 | 6.0 |
| E35 | 长安大学学报(自然科学版) | 98 | 0.94 | 22.5 | 3.6 | 14 | 29 | 0.000 | 0.910 | 7.7 |
| E35 | 城市交通 | 78 | 0.78 | 12.6 | 2.9 | 13 | 45 | 0.090 | 0.290 | 6.1 |
| E35 | 公路 | 685 | 0.98 | 8.9 | 2.9 | 29 | 310 | 0.010 | 0.420 | 8.4 |
| E35 | 公路工程 | 337 | 1.00 | 13.1 | 2.5 | 29 | 265 | — | 0.638 | 7.3 |
| E35 | 交通世界(上旬刊) | 808 | 0.94 | 4.6 | 1.1 | 30 | 343 | 0.001 | — | 3.8 |
| E35 | 交通世界(下旬刊) | 815 | 0.95 | 4.8 | 1.2 | 24 | 358 | — | 0.001 | 3.8 |
| E35 | 交通世界(中旬刊) | 822 | 0.99 | 4.7 | 1.2 | 25 | 372 | 0.001 | — | 3.8 |
| E35 | 汽车安全与节能学报 | 55 | 0.95 | 23.7 | 3.8 | 15 | 34 | 0.180 | 0.750 | 7.8 |
| E35 | 汽车工程 | 240 | 0.96 | 13.9 | 4.3 | 21 | 72 | 0.030 | 0.780 | 8.4 |
| E35 | 汽车工程学报 | 68 | 0.99 | 11.9 | 4.1 | 13 | 37 | 0.010 | 0.720 | 6.8 |
| E35 | 汽车技术 | 159 | 0.96 | 9.4 | 3.8 | 19 | 67 | 0.010 | 0.320 | 7.2 |
| E35 | 汽车科技 | 97 | 0.92 | 6.2 | 3.5 | 16 | 51 | — | 0.021 | 7.5 |
| E35 | 隧道建设 | 221 | 0.76 | 13.7 | 3.0 | 25 | 113 | 0.000 | 0.330 | 6.0 |

| 学科代码 | 期刊名称 | 来源文献量 | 文献选出率 | 平均引文数 | 平均作者数 | 地区分布数 | 机构分布数 | 海外论文比 | 基金论文比 | 引用半衰期 |
|---|---|---|---|---|---|---|---|---|---|---|
| E35 | 现代隧道技术 | 181 | 0.98 | 13.5 | 3.5 | 23 | 92 | 0.010 | 0.600 | 7.7 |
| E35 | 中国公路学报 | 225 | 0.99 | 25.1 | 3.9 | 22 | 56 | 0.090 | 0.930 | 8.0 |
| E35 | 中外公路 | 448 | 1.00 | 9.5 | 3.1 | 29 | 222 | 0.000 | 0.430 | 8.3 |
| E36 | 城市轨道交通研究 | 381 | 0.89 | 7.0 | 2.5 | 26 | 190 | 0.010 | 0.190 | 7.1 |
| E36 | 地下工程与隧道 | 51 | 0.86 | 1.0 | 1.4 | 5 | 25 | — | 0.059 | 6.6 |
| E36 | 电力机车与城轨车辆 | 143 | 0.96 | 4.4 | 2.8 | 18 | 74 | — | 0.098 | 8.1 |
| E36 | 电气化铁道 | 79 | 1.00 | 5.5 | 1.9 | 18 | 60 | — | 0.076 | 8.4 |
| E36 | 都市快轨交通 | 165 | 0.95 | 9.9 | 2.1 | 17 | 84 | 0.010 | 0.310 | 5.0 |
| E36 | 高速铁路技术 | 120 | 0.98 | 8.5 | 2.1 | 16 | 48 | — | 0.133 | 8.8 |
| E36 | 轨道交通装备与技术 | 124 | 0.95 | 1.8 | 2.4 | 16 | 61 | — | 0.048 | 8.4 |
| E36 | 国外机车车辆工艺 | 68 | 0.99 | 2.5 | 2.0 | 1 | 2 | — | — | ≥10 |
| E36 | 国外铁道车辆 | 56 | 0.88 | 2.6 | 2.1 | 2 | 5 | — | — | ≥10 |
| E36 | 国外铁道机车与动车 | 65 | 0.76 | 0.3 | 1.9 | — | — | — | — | 5.3 |
| E36 | 湖北汽车工业学院学报 | 73 | 1.00 | 9.1 | 2.5 | 7 | 30 | — | 0.534 | 6.8 |
| E36 | 机车车辆工艺 | 123 | 1.00 | 1.4 | 2.7 | 17 | 71 | — | 0.016 | 8.6 |
| E36 | 机车电传动 | 167 | 0.97 | 6.5 | 3.2 | 21 | 71 | 0.010 | 0.190 | 7.2 |
| E36 | 客车技术 | 88 | 1.00 | 5.0 | 2.2 | 16 | 43 | — | — | 7.5 |
| E36 | 上海铁道科技 | 240 | 0.97 | 1.6 | 1.1 | 8 | 62 | — | 0.004 | 8.1 |
| E36 | 石家庄铁道大学学报(自然科学版) | 77 | 0.96 | 11.2 | 2.5 | 14 | 32 | 0.000 | 0.530 | 8.1 |
| E36 | 石家庄铁路职业技术学院学报 | 100 | 1.00 | 5.0 | 1.6 | 16 | 57 | — | 0.210 | 6.5 |
| E36 | 铁道标准设计 | 410 | 0.98 | 14.3 | 2.1 | 25 | 135 | 0.002 | 0.493 | 6.2 |
| E36 | 铁道车辆 | 171 | 0.90 | 2.7 | 2.5 | 22 | 93 | — | 0.082 | 7.3 |
| E36 | 铁道工程学报 | 267 | 0.99 | 7.8 | 2.7 | 18 | 60 | 0.000 | 0.330 | 7.7 |
| E36 | 铁道货运 | 149 | 0.98 | 8.3 | 1.7 | 22 | 89 | 0.007 | 0.732 | 3.4 |
| E36 | 铁道机车车辆 | 183 | 0.97 | 5.1 | 2.7 | 20 | 85 | 0.005 | 0.284 | 8.2 |
| E36 | 铁道机车与动车 | 166 | 0.93 | 2.5 | 2.4 | 21 | 80 | — | 0.054 | 8.8 |
| E36 | 铁道技术监督 | 142 | 0.54 | 4.4 | 1.9 | 17 | 81 | — | 0.113 | ≥10 |
| E36 | 铁道建筑 | 433 | 0.98 | 9.2 | 2.6 | 26 | 221 | — | 0.503 | 6.9 |
| E36 | 铁道建筑技术 | 365 | 0.99 | 12.2 | 1.3 | 23 | 182 | — | 0.685 | 6.5 |
| E36 | 铁道勘察 | 196 | 0.97 | 10.3 | 1.4 | 16 | 50 | — | 0.046 | 7.4 |
| E36 | 铁道科学与工程学报 | 360 | 0.99 | 15.1 | 3.5 | 22 | 106 | 0.010 | 0.780 | 7.4 |
| E36 | 铁道通信信号 | 341 | 0.96 | 4.0 | 1.7 | 27 | 165 | 0.003 | 0.217 | 6.3 |
| E36 | 铁道学报 | 205 | 0.80 | 15.7 | 3.8 | 18 | 42 | 0.010 | 0.780 | 7.6 |
| E36 | 铁道运输与经济 | 222 | 0.96 | 9.2 | 2.0 | 24 | 118 | — | 0.950 | 4.6 |

| 学科代码 | 期刊名称 | 来源文献量 | 文献选出率 | 平均引文数 | 平均作者数 | 地区分布数 | 机构分布数 | 海外论文比 | 基金论文比 | 引用半衰期 |
|---|---|---|---|---|---|---|---|---|---|---|
| E36 | 铁道运营技术 | 88 | 1.00 | 1.2 | 1.4 | 15 | 51 | — | 0.011 | 6.9 |
| E36 | 铁路工程技术与经济 | 78 | 0.87 | 4.8 | 1.2 | 16 | 46 | — | 0.013 | 7.2 |
| E36 | 铁路计算机应用 | 201 | 0.95 | 5.6 | 2.5 | 22 | 80 | — | 0.373 | 6.0 |
| E36 | 铁路技术创新 | 89 | 0.88 | 4.7 | 2.3 | 16 | 57 | 0.022 | 0.146 | 4.7 |
| E36 | 铁路节能环保与安全卫生 | 86 | 0.93 | 5.3 | 2.1 | 16 | 49 | — | 0.279 | 8.3 |
| E36 | 铁路通信信号工程技术 | 168 | 0.92 | 3.0 | 1.5 | 18 | 68 | — | 0.119 | 7.3 |
| E36 | 郑州铁路职业技术学院学报 | 124 | 0.99 | 4.2 | 1.7 | 15 | 59 | — | 0.298 | 4.5 |
| E36 | 中国铁道科学 | 117 | 0.96 | 13.8 | 3.8 | 16 | 31 | 0.010 | 0.820 | 7.7 |
| E36 | 中国铁路 | 253 | 0.88 | 5.1 | 1.9 | 26 | 144 | 0.004 | 0.190 | 6.6 |
| E37 | Journal of Marine Science and Application | 50 | 0.94 | 25.4 | 3.1 | 8 | 44 | 0.740 | 0.260 | 9.0 |
| E37 | 船舶 | 94 | 0.87 | 7.1 | 2.5 | 13 | 67 | — | 0.149 | 7.0 |
| E37 | 船舶工程 | 244 | 0.82 | 10.3 | 3.4 | 18 | 96 | 0.010 | 0.390 | 6.8 |
| E37 | 船舶力学 | 165 | 0.95 | 15.4 | 3.6 | 14 | 50 | 0.050 | 0.720 | ≥10 |
| E37 | 船舶设计通讯 | 33 | 0.83 | 2.2 | 2.1 | 4 | 15 | 0.017 | 0.017 | 7.3 |
| E37 | 船舶与海洋工程 | 80 | 0.91 | 7.6 | 2.8 | 11 | 49 | — | 0.388 | 7.0 |
| E37 | 船舶职业教育 | 128 | 0.97 | 4.5 | 1.2 | 6 | 41 | — | 0.344 | 4.9 |
| E37 | 船电技术 | 245 | 1.00 | 6.6 | 2.7 | 19 | 120 | — | 0.139 | 7.6 |
| E37 | 船海工程 | 233 | 0.99 | 9.3 | 3.0 | 14 | 97 | 0.000 | 0.500 | 6.7 |
| E37 | 大连海事大学学报 | 82 | 0.99 | 14.4 | 3.4 | 8 | 14 | 0.010 | 0.800 | 6.4 |
| E37 | 港工技术 | 154 | 0.97 | 5.5 | 2.7 | 14 | 82 | — | 0.078 | 9.2 |
| E37 | 港口经济 | 195 | 0.84 | 2.8 | 1.4 | 16 | 116 | — | 0.169 | 3.5 |
| E37 | 港口科技 | 145 | 0.94 | 1.6 | 2.1 | 14 | 120 | — | 0.034 | 6.9 |
| E37 | 广船科技 | 46 | 0.94 | 2.2 | 1.9 | 1 | 14 | — | — | ≥10 |
| E37 | 广东造船 | 120 | 0.56 | 3.2 | 2.3 | 8 | 60 | 0.008 | 0.042 | 9.9 |
| E37 | 广州航海学院学报 | 76 | 0.94 | 5.7 | 1.8 | 7 | 22 | — | 0.789 | 6.2 |
| E37 | 航海 | 95 | 0.57 | 3.3 | 1.4 | 10 | 57 | 0.011 | 0.021 | 8.2 |
| E37 | 航海技术 | 144 | 0.87 | 1.5 | 1.6 | 13 | 86 | 0.042 | 0.083 | 6.2 |
| E37 | 机电兵船档案 | 135 | 0.85 | 2.7 | 1.3 | 20 | 79 | — | 0.059 | 6.3 |
| E37 | 舰船电子工程 | 507 | 0.99 | 11.0 | 2.6 | 21 | 229 | — | 0.146 | 8.4 |
| E37 | 舰船科学技术 | 399 | 0.99 | 10.8 | 3.2 | 22 | 133 | 0.000 | 0.360 | 8.2 |
| E37 | 南通航运职业技术学院学报 | 130 | 0.98 | 4.9 | 1.5 | 9 | 56 | — | 0.515 | 4.9 |
| E37 | 桥梁建设 | 126 | 0.98 | 10.8 | 2.9 | 21 | 58 | 0.000 | 0.540 | 4.5 |
| E37 | 青岛远洋船员职业学院学报 | 79 | 0.96 | 5.6 | 1.7 | 11 | 28 | — | 0.291 | 6.7 |
| E37 | 上海船舶运输科学研究所学报 | 63 | 0.94 | 5.8 | 2.3 | 7 | 23 | — | 0.079 | 8.8 |

| 学科代码 | 期刊名称 | 来源文献量 | 文献选出率 | 平均引文数 | 平均作者数 | 地区分布数 | 机构分布数 | 海外论文比 | 基金论文比 | 引用半衰期 |
|---|---|---|---|---|---|---|---|---|---|---|
| E37 | 上海海事大学学报 | 70 | 0.96 | 15.5 | 3.2 | 6 | 10 | 0.030 | 0.740 | 5.7 |
| E37 | 世界海运 | 128 | 0.87 | 4.2 | 1.7 | 12 | 69 | 0.008 | 0.125 | 7.1 |
| E37 | 水道港口 | 116 | 0.72 | 10.7 | 3.4 | 14 | 41 | 0.000 | 0.390 | 9.4 |
| E37 | 水运工程 | 406 | 0.98 | 8.1 | 3.1 | 23 | 110 | 0.000 | 0.310 | 8.4 |
| E37 | 水运管理 | 112 | 0.59 | 2.1 | 2.1 | 13 | 63 | 0.009 | 0.214 | 4.8 |
| E37 | 天津航海 | 103 | 0.96 | 3.1 | 1.8 | 11 | 55 | 0.010 | 0.165 | 6.8 |
| E37 | 武汉船舶职业技术学院学报 | 134 | 0.99 | 4.8 | 1.4 | 16 | 64 | — | 0.440 | 5.7 |
| E37 | 造船技术 | 114 | 1.00 | 5.9 | 2.9 | 13 | 85 | 0.009 | 0.202 | 8.6 |
| E37 | 中国港湾建设 | 236 | 0.96 | 6.0 | 2.9 | 15 | 86 | 0.010 | 0.270 | 7.7 |
| E37 | 中国航海 | 114 | 1.00 | 12.2 | 3.4 | 12 | 27 | 0.020 | 0.640 | 6.5 |
| E37 | 中国舰船研究 | 119 | 0.98 | 17.6 | 3.4 | 11 | 32 | 0.000 | 0.410 | 9.3 |
| E37 | 中国水运(上半月) | 323 | 0.77 | 3.3 | 1.6 | 23 | 229 | 0.003 | 0.056 | 6.5 |
| E37 | 中国水运(下半月) | 1497 | 0.99 | 5.4 | 2.0 | 30 | 860 | 0.003 | 0.106 | 7.8 |
| E37 | 中国修船 | 97 | 0.90 | 2.9 | 2.2 | 13 | 69 | — | 0.082 | 8.0 |
| E37 | 中国造船 | 92 | 0.99 | 16.1 | 3.7 | 10 | 30 | 0.020 | 0.530 | 8.1 |
| E37 | 珠江水运 | 586 | 0.57 | 3.1 | 1.3 | 28 | 354 | 0.003 | 0.010 | 5.0 |
| E38 | Chinese Journal of Aeronautics | 171 | 0.99 | 30.8 | 3.9 | 16 | 65 | 0.190 | 0.620 | 8.3 |
| E38 | Transactions of Nanjing University of Aeronautics and Astronautics | 90 | 0.95 | 19.2 | 3.5 | 12 | 25 | 0.060 | 0.580 | 8.0 |
| E38 | 北华航天工业学院学报 | 121 | 0.95 | 6.3 | 2.6 | 4 | 36 | — | 0.818 | 6.7 |
| E38 | 北京航空航天大学学报 | 344 | 0.97 | 18.9 | 3.7 | 20 | 64 | 0.010 | 0.660 | 7.9 |
| E38 | 测控技术 | 455 | 0.98 | 10.0 | 3.3 | 24 | 248 | 0.010 | 0.520 | 6.6 |
| E38 | 长沙航空职业技术学院学报 | 86 | 0.96 | 5.4 | 1.5 | 20 | 59 | 0.012 | 0.477 | 5.5 |
| E38 | 成都航空职业技术学院学报 | 110 | 0.96 | 6.9 | 1.9 | 16 | 63 | 0.009 | 0.427 | 6.4 |
| E38 | 导弹与航天运载技术 | 143 | 0.87 | 8.8 | 4.0 | 9 | 34 | 0.000 | 0.090 | 9.9 |
| E38 | 导航与控制 | 115 | 0.98 | 10.1 | 3.7 | 8 | 33 | 0.000 | 0.180 | 8.3 |
| E38 | 电光与控制 | 269 | 0.95 | 11.9 | 3.6 | 20 | 85 | 0.000 | 0.520 | 7.0 |
| E38 | 飞行力学 | 124 | 0.95 | 10.9 | 3.2 | 14 | 42 | 0.000 | 0.480 | 8.4 |
| E38 | 飞行器测控学报 | 67 | 0.92 | 19.9 | 3.4 | 9 | 29 | — | 0.239 | 5.8 |
| E38 | 固体火箭技术 | 149 | 1.00 | 15.8 | 4.4 | 19 | 55 | 0.010 | 0.460 | 9.7 |
| E38 | 桂林航天工业学院学报 | 117 | 0.97 | 9.5 | 1.6 | 14 | 45 | — | 0.521 | 7.0 |
| E38 | 海军航空工程学院学报 | 100 | 0.97 | 18.6 | 3.1 | 12 | 38 | 0.000 | 0.430 | 6.5 |
| E38 | 航空材料学报 | 87 | 0.96 | 23.5 | 4.7 | 15 | 45 | 0.000 | 0.570 | 7.8 |
| E38 | 航空电子技术 | 41 | 0.91 | 4.8 | 2.3 | 4 | 14 | — | — | 6.0 |

| 学科代码 | 期刊名称 | 来源文献量 | 文献选出率 | 平均引文数 | 平均作者数 | 地区分布数 | 机构分布数 | 海外论文比 | 基金论文比 | 引用半衰期 |
|---|---|---|---|---|---|---|---|---|---|---|
| E38 | 航空动力学报 | 375 | 0.97 | 20.3 | 3.9 | 21 | 82 | 0.000 | 0.600 | ≥10 |
| E38 | 航空发动机 | 110 | 0.94 | 16.4 | 3.6 | 12 | 38 | 0.000 | 0.500 | ≥10 |
| E38 | 航空工程进展 | 70 | 0.95 | 15.4 | 3.0 | 9 | 40 | - | 0.214 | 7.5 |
| E38 | 航空计算技术 | 193 | 0.99 | 9.1 | 3.2 | 13 | 48 | 0.010 | 0.630 | 6.4 |
| E38 | 航空精密制造技术 | 89 | 0.92 | 6.3 | 3.0 | 14 | 51 | 0.000 | 0.170 | 8.6 |
| E38 | 航空科学技术 | 185 | 0.99 | 7.7 | 2.5 | 13 | 59 | - | 0.130 | 9.9 |
| E38 | 航空维修与工程 | 312 | 0.64 | 3.0 | 2.2 | 24 | 134 | - | 0.035 | 9.6 |
| E38 | 航空学报 | 366 | 0.96 | 25.9 | 3.8 | 22 | 88 | 0.010 | 0.750 | 8.6 |
| E38 | 航空制造技术 | 406 | 0.92 | 16.0 | 3.4 | 22 | 137 | 0.000 | 0.330 | 7.2 |
| E38 | 航天电子对抗 | 98 | 0.95 | 7.5 | 3.4 | 17 | 56 | - | 0.112 | 6.7 |
| E38 | 航天返回与遥感 | 82 | 0.89 | 19.4 | 3.6 | 7 | 29 | 0.000 | 0.680 | 7.7 |
| E38 | 航天控制 | 99 | 0.98 | 11.5 | 3.6 | 12 | 39 | 0.000 | 0.280 | 8.1 |
| E38 | 航天器工程 | 118 | 0.96 | 13.0 | 4.0 | 10 | 25 | 0.000 | 0.570 | 6.5 |
| E38 | 航天器环境工程 | 119 | 0.97 | 13.4 | 4.4 | 14 | 47 | 0.000 | 0.450 | 9.2 |
| E38 | 航天制造技术 | 104 | 0.97 | 6.4 | 4.4 | 12 | 56 | - | 0.115 | 8.1 |
| E38 | 火箭推进 | 103 | 0.94 | 11.3 | 3.6 | 4 | 13 | 0.000 | 0.460 | 9.5 |
| E38 | 计测技术 | 102 | 0.85 | 6.6 | 3.0 | 18 | 67 | - | 0.255 | 9.3 |
| E38 | 教练机 | 54 | 0.93 | 4.9 | 4.3 | 4 | 9 | - | 0.019 | ≥10 |
| E38 | 空间电子技术 | 117 | 0.94 | 9.8 | 3.5 | 10 | 43 | - | 0.197 | 8.6 |
| E38 | 空间控制技术与应用 | 66 | 1.00 | 11.2 | 3.7 | 5 | 16 | 0.000 | 0.760 | 8.9 |
| E38 | 空气动力学学报 | 116 | 0.91 | 19.6 | 4.1 | 14 | 41 | 0.070 | 0.500 | ≥10 |
| E38 | 民用飞机设计与研究 | 92 | 0.94 | 6.4 | 2.1 | 9 | 20 | - | 0.065 | ≥10 |
| E38 | 南昌航空大学学报(自然科学版) | 72 | 1.00 | 13.7 | 3.6 | 5 | 19 | - | 0.847 | 8.1 |
| E38 | 南京航空航天大学学报 | 131 | 0.96 | 17.9 | 3.8 | 18 | 40 | 0.000 | 0.600 | 9.2 |
| E38 | 强度与环境 | 54 | 0.93 | 13.5 | 4.4 | 8 | 20 | 0.000 | 0.330 | ≥10 |
| E38 | 上海航天 | 120 | 0.94 | 12.2 | 3.9 | 13 | 52 | - | 0.458 | 9.5 |
| E38 | 沈阳航空航天大学学报 | 98 | 1.00 | 17.5 | 3.5 | 7 | 41 | - | 0.622 | 8.3 |
| E38 | 实验流体力学 | 91 | 0.97 | 20.8 | 4.2 | 17 | 42 | 0.010 | 0.420 | ≥10 |
| E38 | 推进技术 | 307 | 0.99 | 20.0 | 4.2 | 18 | 58 | 0.000 | 0.590 | ≥10 |
| E38 | 西安航空学院学报 | 124 | 0.97 | 9.3 | 1.8 | 20 | 64 | 0.008 | 0.556 | 7.5 |
| E38 | 现代导航 | 92 | 0.93 | 5.7 | 2.0 | 9 | 36 | - | 0.065 | 8.5 |
| E38 | 宇航材料工艺 | 109 | 0.98 | 15.0 | 4.2 | 16 | 47 | 0.000 | 0.390 | 8.5 |
| E38 | 宇航计测技术 | 108 | 0.91 | 6.5 | 3.7 | 16 | 58 | 0.000 | 0.100 | 8.7 |
| E38 | 宇航学报 | 190 | 0.98 | 19.6 | 3.9 | 16 | 62 | 0.010 | 0.680 | 7.1 |

| 学科代码 | 期刊名称 | 来源文献量 | 文献选出率 | 平均引文数 | 平均作者数 | 地区分布数 | 机构分布数 | 海外论文比 | 基金论文比 | 引用半衰期 |
|---|---|---|---|---|---|---|---|---|---|---|
| E38 | 载人航天 | 128 | 1.00 | 17.6 | 4.4 | 15 | 65 | 0.000 | 0.800 | 8.9 |
| E38 | 振动、测试与诊断 | 184 | 0.94 | 14.8 | 3.9 | 23 | 93 | 0.010 | 0.890 | 7.5 |
| E38 | 郑州航空工业管理学院学报 | 143 | 0.97 | 14.1 | 1.5 | 18 | 86 | — | 0.671 | 7.3 |
| E38 | 直升机技术 | 57 | 0.97 | 5.7 | 2.7 | 5 | 26 | — | 0.018 | ≥10 |
| E38 | 中国空间科学技术 | 70 | 0.95 | 18.0 | 4.0 | 12 | 36 | 0.000 | 0.500 | 8.1 |
| E38 | 中国民航大学学报 | 80 | 1.00 | 12.2 | 3.0 | 6 | 9 | 0.030 | 0.650 | 8.2 |
| E38 | 中国民航飞行学院学报 | 111 | 0.98 | 7.1 | 2.1 | 17 | 43 | — | 0.541 | 8.8 |
| E39 | Frontiers of Environmental Science & Engineering | 116 | 0.99 | 34.2 | 4.8 | 17 | 140 | 0.353 | 0.819 | 7.9 |
| E39 | Journal of Environmental Sciences | 319 | 1.00 | 44.8 | 5.1 | 24 | 181 | 0.390 | 0.520 | 8.3 |
| E39 | 长江流域资源与环境 | 228 | 0.99 | 26.4 | 4.1 | 18 | 103 | 0.010 | 0.880 | 7.3 |
| E39 | 低碳世界 | 5813 | 1.00 | 3.5 | 1.3 | 31 | 3213 | 0.003 | 0.006 | 3.6 |
| E39 | 电镀与环保 | 120 | 0.96 | 6.0 | 3.2 | 23 | 73 | 0.000 | 0.230 | 9.9 |
| E39 | 电力科技与环保 | 118 | 0.98 | 9.0 | 3.2 | 23 | 115 | 0.008 | 0.246 | 6.9 |
| E39 | 干旱环境监测 | 40 | 0.98 | 7.1 | 2.0 | 7 | 29 | — | 0.075 | 8.2 |
| E39 | 干旱区资源与环境 | 407 | 1.00 | 19.9 | 3.9 | 29 | 311 | 0.010 | 0.961 | 8.2 |
| E39 | 工业水处理 | 339 | 0.95 | 12.7 | 4.1 | 27 | 214 | 0.010 | 0.510 | 7.2 |
| E39 | 工业用水与废水 | 125 | 0.95 | 12.9 | 3.2 | 24 | 103 | 0.000 | 0.220 | 6.4 |
| E39 | 海洋环境科学 | 152 | 1.00 | 23.2 | 4.7 | 14 | 69 | 0.010 | 0.650 | 9.7 |
| E39 | 黑龙江环境通报 | 122 | 1.00 | 3.7 | 1.9 | 11 | 79 | — | 0.074 | ≥10 |
| E39 | 化工环保 | 126 | 0.88 | 21.7 | 4.1 | 26 | 93 | 0.000 | 0.560 | 5.9 |
| E39 | 环保科技 | 88 | 1.00 | 14.4 | 3.4 | 22 | 94 | — | 0.318 | 7.0 |
| E39 | 环境保护 | 359 | 0.66 | 5.4 | 2.5 | 24 | 216 | 0.011 | 0.345 | 3.4 |
| E39 | 环境保护科学 | 152 | 0.98 | 15.6 | 3.9 | 28 | 85 | 0.010 | 0.360 | 6.6 |
| E39 | 环境工程 | 443 | 0.99 | 18.8 | 4.4 | 30 | 247 | 0.010 | 0.730 | 6.8 |
| E39 | 环境工程技术学报 | 90 | 0.91 | 29.3 | 5.5 | 20 | 53 | 0.010 | 0.660 | 7.7 |
| E39 | 环境工程学报 | 1156 | 1.00 | 21.8 | 4.9 | 30 | 352 | 0.010 | 0.820 | 7.4 |
| E39 | 环境化学 | 324 | 1.00 | 27.0 | 5.0 | 29 | 189 | 0.010 | 0.760 | 6.7 |
| E39 | 环境技术 | 107 | 0.87 | 6.4 | 3.4 | 22 | 89 | — | 0.131 | ≥10 |
| E39 | 环境监测管理与技术 | 106 | 0.97 | 13.9 | 4.2 | 24 | 82 | 0.010 | 0.640 | 7.0 |
| E39 | 环境监控与预警 | 94 | 0.87 | 14.0 | 3.6 | 15 | 74 | 0.011 | 0.521 | 6.6 |
| E39 | 环境科技 | 101 | 0.96 | 14.7 | 3.7 | 14 | 70 | 0.020 | 0.490 | 6.2 |
| E39 | 环境科学 | 606 | 0.96 | 34.1 | 5.6 | 29 | 207 | 0.010 | 0.890 | 6.3 |
| E39 | 环境科学导刊 | 145 | 0.94 | 8.8 | 3.0 | 22 | 163 | — | 0.303 | 8.5 |

| 学科代码 | 期刊名称 | 来源文献量 | 文献选出率 | 平均引文数 | 平均作者数 | 地区分布数 | 机构分布数 | 海外论文比 | 基金论文比 | 引用半衰期 |
|---|---|---|---|---|---|---|---|---|---|---|
| E39 | 环境科学学报 | 553 | 1.00 | 30.7 | 5.3 | 29 | 215 | 0.010 | 0.890 | 7.1 |
| E39 | 环境科学研究 | 238 | 1.00 | 34.9 | 5.4 | 25 | 131 | 0.010 | 0.890 | 7.1 |
| E39 | 环境科学与管理 | 547 | 0.98 | 7.3 | 3.1 | 29 | 355 | 0.000 | 0.280 | 4.0 |
| E39 | 环境科学与技术 | 420 | 1.00 | 23.7 | 4.8 | 29 | 242 | 0.010 | 0.850 | 7.6 |
| E39 | 环境卫生工程 | 188 | 0.98 | 5.8 | 3.1 | 22 | 101 | 0.010 | 0.210 | 6.6 |
| E39 | 环境污染与防治 | 242 | 0.92 | 21.2 | 4.9 | 29 | 154 | 0.010 | 0.690 | 6.9 |
| E39 | 环境影响评价 | 141 | 0.90 | 8.2 | 3.3 | 24 | 143 | 0.050 | 0.340 | 5.8 |
| E39 | 环境与发展 | 157 | 0.88 | 8.0 | 2.4 | 25 | 142 | — | 0.140 | 7.2 |
| E39 | 环境与可持续发展 | 367 | 0.97 | 10.0 | 2.9 | 30 | 302 | 0.003 | 0.311 | 5.0 |
| E39 | 能源环境保护 | 98 | 1.00 | 11.7 | 2.8 | 20 | 96 | 0.010 | 0.265 | 7.5 |
| E39 | 农业资源与环境学报 | 94 | 1.00 | 29.5 | 5.7 | 23 | 55 | 0.000 | 0.790 | 6.6 |
| E39 | 青海环境 | 42 | 0.89 | 8.7 | 2.7 | 5 | 37 | — | 0.214 | 8.6 |
| E39 | 上海环境科学 | 55 | 0.95 | 13.8 | 3.2 | 14 | 50 | — | 0.455 | 6.6 |
| E39 | 水处理技术 | 372 | 0.97 | 16.9 | 4.4 | 27 | 187 | 0.010 | 0.710 | 7.0 |
| E39 | 四川环境 | 174 | 1.00 | 15.2 | 3.4 | 20 | 91 | 0.000 | 0.300 | 7.2 |
| E39 | 西部人居环境学刊 | 119 | 0.88 | 16.5 | 2.3 | 19 | 61 | 0.050 | 0.739 | 6.8 |
| E39 | 消防科学与技术 | 524 | 1.00 | 10.1 | 2.7 | 30 | 250 | 0.000 | 0.370 | 7.1 |
| E39 | 新疆环境保护 | 37 | 0.93 | 11.5 | 3.2 | 5 | 36 | — | 0.514 | 8.4 |
| E39 | 亚热带资源与环境学报 | 49 | 0.94 | 27.4 | 5.2 | 9 | 15 | 0.000 | 0.980 | 9.2 |
| E39 | 应用与环境生物学报 | 175 | 1.00 | 34.3 | 6.0 | 24 | 82 | 0.010 | 0.900 | 8.4 |
| E39 | 再生资源与循环经济 | 109 | 0.57 | 8.3 | 2.7 | 20 | 97 | 0.009 | 0.404 | 6.1 |
| E39 | 植物资源与环境学报 | 67 | 0.93 | 25.9 | 5.4 | 20 | 44 | 0.000 | 0.810 | 8.2 |
| E39 | 中国个体防护装备 | 59 | 0.76 | 6.9 | 3.2 | 15 | 62 | — | 0.068 | ≥10 |
| E39 | 中国环保产业 | 202 | 0.83 | 4.4 | 2.5 | 23 | 144 | 0.005 | 0.124 | 7.2 |
| E39 | 中国环境监测 | 139 | 0.87 | 18.4 | 4.9 | 27 | 89 | 0.020 | 0.490 | 6.8 |
| E39 | 中国环境科学 | 472 | 0.87 | 30.9 | 5.4 | 28 | 196 | 0.010 | 0.890 | 6.9 |
| E39 | 中国人口·资源与环境 | 257 | 1.00 | 24.6 | 2.7 | 25 | 123 | 0.040 | 0.910 | 6.4 |
| E39 | 中国特种设备安全 | 223 | 0.84 | 6.9 | 2.7 | 25 | 152 | 0.004 | 0.126 | 9.5 |
| E39 | 资源节约与环保 | 2078 | 0.97 | 3.6 | 1.7 | 30 | 1599 | 0.004 | 0.042 | 5.6 |
| E39 | 资源科学 | 219 | 0.97 | 34.1 | 3.6 | 25 | 93 | 0.010 | 0.920 | 6.2 |
| E39 | 资源信息与工程 | 687 | 1.00 | 3.6 | 1.5 | 30 | 325 | 0.010 | 0.023 | 4.9 |
| E39 | 自然资源学报 | 180 | 0.98 | 31.5 | 4.1 | 26 | 86 | 0.020 | 0.940 | 7.6 |
| E40 | 安全 | 265 | 0.90 | 5.1 | 2.4 | 26 | 202 | 0.004 | 0.128 | 6.5 |
| E40 | 安全、健康和环境 | 193 | 0.98 | 6.1 | 2.7 | 23 | 108 | 0.005 | 0.052 | 7.7 |

## 2016 年中国科技期刊来源指标按类刊名字顺索引（续）

| 学科代码 | 期刊名称 | 来源文献量 | 文献选出率 | 平均引文数 | 平均作者数 | 地区分布数 | 机构分布数 | 海外论文比 | 基金论文比 | 引用半衰期 |
|---|---|---|---|---|---|---|---|---|---|---|
| E40 | 安全与环境工程 | 181 | 0.99 | 18.1 | 3.5 | 24 | 161 | - | 0.801 | 7.2 |
| E40 | 安全与环境学报 | 463 | 0.99 | 19.0 | 4.1 | 27 | 180 | 0.010 | 0.730 | 7.7 |
| E40 | 电力安全技术 | 264 | 0.95 | 3.0 | 2.4 | 28 | 226 | - | - | 6.8 |
| E40 | 防灾减灾工程学报 | 144 | 0.95 | 15.8 | 3.6 | 25 | 120 | 0.028 | 0.910 | 9.2 |
| E40 | 防灾科技学院学报 | 53 | 0.96 | 17.0 | 3.8 | 21 | 50 | - | 0.830 | 7.8 |
| E40 | 工业安全与环保 | 337 | 0.99 | 8.1 | 3.9 | 24 | 265 | - | 0.751 | 7.4 |
| E40 | 火灾科学 | 38 | 0.93 | 13.6 | 4.0 | 11 | 23 | - | 0.737 | 9.1 |
| E40 | 劳动保障世界 | 1353 | 0.64 | 4.3 | 1.4 | 31 | 665 | - | 0.223 | 5.6 |
| E40 | 震灾防御技术 | 83 | 1.00 | 19.1 | 4.2 | 19 | 41 | 0.000 | 0.720 | ≥10 |
| E40 | 中国安全科学学报 | 359 | 1.00 | 15.4 | 3.6 | 25 | 122 | 0.010 | 0.810 | 6.3 |
| E40 | 中国安全生产科学技术 | 396 | 0.88 | 15.5 | 3.8 | 25 | 135 | 0.010 | 0.800 | 6.0 |
| E40 | 中国公共安全(学术版) | 128 | 0.97 | 7.7 | 2.5 | 24 | 103 | 0.023 | 0.352 | 5.5 |
| E40 | 自然灾害学报 | 129 | 0.96 | 21.2 | 3.9 | 24 | 80 | 0.020 | 0.890 | 7.5 |
| F01 | Frontiers of Engineering Management | 53 | 0.85 | 15.5 | 2.9 | 10 | 60 | 0.208 | 0.226 | 7.1 |
| F01 | 当代经济管理 | 187 | 0.99 | 15.8 | 1.7 | 24 | 134 | 0.011 | 0.882 | 6.7 |
| F01 | 工程管理学报 | 170 | 1.00 | 14.2 | 2.7 | 25 | 80 | 0.010 | 0.550 | 5.3 |
| F01 | 工程研究-跨学科视野中的工程 | 72 | 0.95 | 18.5 | 2.6 | 17 | 47 | 0.080 | 0.470 | 8.8 |
| F01 | 工业工程与管理 | 139 | 0.99 | 20.8 | 3.0 | 19 | 59 | 0.010 | 0.900 | 6.5 |
| F01 | 公共管理学报 | 51 | 0.86 | 45.2 | 2.1 | 13 | 45 | 0.059 | 0.843 | 9.3 |
| F01 | 公共管理与政策评论 | 45 | 0.85 | 20.2 | 1.6 | 11 | 33 | 0.044 | 0.511 | 9.1 |
| F01 | 管理案例研究与评论 | 42 | 0.89 | 41.4 | 2.6 | 16 | 39 | 0.024 | 0.929 | ≥10 |
| F01 | 管理工程师 | 112 | 1.00 | 7.8 | 1.4 | 16 | 79 | - | 0.384 | 5.3 |
| F01 | 管理工程学报 | 114 | 0.97 | 31.4 | 2.7 | 21 | 70 | 0.010 | 0.960 | ≥10 |
| F01 | 管理观察 | 1873 | 0.98 | 4.9 | 1.6 | 31 | 1293 | 0.005 | 0.181 | 4.8 |
| F01 | 管理科学 | 74 | 0.91 | 41.4 | 2.5 | 19 | 46 | 0.040 | 0.920 | 5.7 |
| F01 | 管理科学学报 | 114 | 0.90 | 34.9 | 3.0 | 19 | 56 | 0.050 | 0.980 | 9.4 |
| F01 | 管理评论 | 277 | 0.98 | 37.5 | 2.9 | 24 | 115 | 0.020 | 0.900 | 7.3 |
| F01 | 管理世界 | 244 | 0.95 | 36.5 | 2.3 | 25 | 102 | 0.040 | 0.670 | 9.9 |
| F01 | 管理现代化 | 225 | 1.00 | 8.9 | 2.2 | 27 | 105 | 0.010 | 0.970 | 6.0 |
| F01 | 管理学报 | 213 | 1.00 | 31.0 | 2.7 | 25 | 91 | 0.050 | 0.940 | 8.6 |
| F01 | 管理学刊 | 52 | 0.85 | 17.5 | 1.6 | 19 | 47 | - | 0.712 | 7.0 |
| F01 | 技术与创新管理 | 133 | 0.94 | 14.4 | 2.1 | 21 | 82 | 0.015 | 0.662 | 6.1 |
| F01 | 交通企业管理 | 244 | 0.73 | - | 1.8 | 27 | 174 | 0.004 | 0.238 | - |
| F01 | 科技管理研究 | 1109 | 1.00 | 18.8 | 2.5 | 29 | 387 | 0.010 | 0.820 | 6.7 |

| 学科代码 | 期刊名称 | 来源文献量 | 文献选出率 | 平均引文数 | 平均作者数 | 地区分布数 | 机构分布数 | 海外论文比 | 基金论文比 | 引用半衰期 |
|---|---|---|---|---|---|---|---|---|---|---|
| F01 | 科技进步与对策 | 614 | 0.99 | 21.9 | 2.4 | 28 | 227 | 0.000 | 0.850 | 7.3 |
| F01 | 科技与管理 | 108 | 0.95 | 15.7 | 2.4 | 17 | 52 | - | 0.667 | 7.0 |
| F01 | 科学管理研究 | 178 | 0.99 | 9.2 | 2.1 | 24 | 109 | 0.000 | 0.740 | 4.9 |
| F01 | 科学学研究 | 219 | 0.99 | 28.0 | 2.5 | 21 | 106 | 0.020 | 0.840 | 8.8 |
| F01 | 科学学与科学技术管理 | 194 | 0.98 | 37.2 | 2.5 | 23 | 101 | 0.020 | 0.870 | 8.5 |
| F01 | 科学与管理 | 61 | 0.87 | 17.7 | 2.2 | 15 | 59 | - | 0.770 | 9.4 |
| F01 | 科研管理 | 219 | 0.95 | 27.2 | 2.6 | 23 | 111 | 0.030 | 0.900 | 8.9 |
| F01 | 科研信息化技术与应用 | 67 | 0.88 | 14.2 | 3.6 | 5 | 32 | - | 0.672 | 7.0 |
| F01 | 南开管理评论 | 96 | 0.91 | 54.7 | 2.8 | 18 | 51 | 0.040 | 0.930 | 9.8 |
| F01 | 上海城市管理 | 132 | 0.95 | 6.6 | 1.7 | 14 | 81 | 0.015 | 0.295 | 3.9 |
| F01 | 上海管理科学 | 130 | 0.94 | 14.3 | 2.0 | 14 | 39 | 0.108 | 0.523 | 9.4 |
| F01 | 实验技术与管理 | 830 | 0.99 | 12.7 | 3.6 | 30 | 395 | 0.001 | 0.860 | 5.1 |
| F01 | 实验室研究与探索 | 872 | 0.98 | 15.2 | 3.4 | 29 | 482 | 0.007 | 0.783 | 5.4 |
| F01 | 现代管理科学 | 468 | 1.00 | 7.9 | 1.9 | 22 | 159 | 0.013 | 0.771 | 6.6 |
| F01 | 项目管理技术 | 293 | 0.98 | 8.5 | 2.5 | 25 | 196 | 0.003 | 0.276 | 5.9 |
| F01 | 研究与发展管理 | 86 | 0.97 | 31.3 | 2.5 | 23 | 60 | 0.010 | 0.850 | 8.8 |
| F01 | 云南科技管理 | 113 | 0.59 | 2.9 | 2.0 | 12 | 83 | - | 0.168 | 5.4 |
| F01 | 中国管理科学 | 239 | 0.95 | 24.5 | 2.7 | 25 | 119 | 0.000 | 0.930 | 7.3 |
| F01 | 中国管理信息化 | 3843 | 1.00 | 3.4 | 1.5 | 31 | 2322 | 0.002 | 0.138 | 4.5 |
| F01 | 中国环境管理 | 110 | 0.66 | 13.3 | 3.0 | 16 | 84 | 0.036 | 0.491 | 4.7 |
| F01 | 中国科技成果 | 802 | 0.86 | 2.3 | 4.2 | 31 | 639 | 0.002 | 0.585 | 7.9 |
| F01 | 中国科技论坛 | 293 | 0.95 | 14.9 | 2.4 | 24 | 150 | 0.010 | 0.850 | 6.4 |
| F01 | 中国软科学 | 209 | 1.00 | 30.6 | 2.5 | 22 | 106 | 0.060 | 0.780 | 7.1 |
| F01 | 中国卫生标准管理 | 4397 | 0.99 | 8.0 | 1.7 | 31 | 1825 | 0.002 | 0.028 | 3.1 |
| H01 | Social Sciences in China | 47 | 0.85 | 48.3 | 2.2 | - | 1 | - | 0.362 | - |
| H01 | 北方论丛 | 185 | 1.00 | 14.4 | 1.2 | 25 | 112 | 0.032 | 0.562 | ≥10 |
| H01 | 北京社会科学 | 167 | 0.96 | 25.7 | 1.1 | 23 | 93 | 0.012 | 0.575 | ≥10 |
| H01 | 长白学刊 | 123 | 0.95 | 15.4 | 1.6 | 25 | 94 | - | 0.642 | 9.7 |
| H01 | 长江论坛 | 106 | 1.00 | 7.4 | 1.3 | 24 | 77 | 0.009 | 0.340 | 8.6 |
| H01 | 重庆社会科学 | 187 | 0.80 | 13.8 | 1.4 | 24 | 110 | 0.005 | 0.471 | 7.8 |
| H01 | 船山学刊 | 96 | 0.88 | 14.7 | 1.2 | 16 | 65 | 0.031 | 0.385 | ≥10 |
| H01 | 创新 | 88 | 0.94 | 14.9 | 1.4 | 20 | 71 | - | 0.625 | ≥10 |
| H01 | 大庆社会科学 | 320 | 0.94 | 2.6 | 1.3 | 20 | 131 | 0.006 | 0.297 | 4.8 |
| H01 | 当代韩国 | 41 | 0.91 | 32.6 | 1.3 | 12 | 33 | 0.146 | 0.293 | ≥10 |

| 学科代码 | 期刊名称 | 来源文献量 | 文献选出率 | 平均引文数 | 平均作者数 | 地区分布数 | 机构分布数 | 海外论文比 | 基金论文比 | 引用半衰期 |
|---|---|---|---|---|---|---|---|---|---|---|
| H01 | 道德与文明 | 137 | 0.86 | 15.1 | 1.2 | 25 | 83 | 0.007 | 0.599 | ≥10 |
| H01 | 德国研究 | 34 | 0.83 | 48.9 | 1.4 | 11 | 29 | 0.118 | 0.441 | ≥10 |
| H01 | 东方论坛 | 118 | 0.93 | 17.2 | 1.3 | 20 | 65 | 0.025 | 0.475 | ≥10 |
| H01 | 东疆学刊 | 70 | 0.85 | 15.9 | 1.6 | 16 | 38 | 0.071 | 0.486 | ≥10 |
| H01 | 东南学术 | 184 | 0.97 | 18.2 | 1.5 | 23 | 76 | 0.020 | 0.570 | ≥10 |
| H01 | 东南亚南亚研究 | 63 | 0.83 | 25.3 | 1.3 | 16 | 38 | 0.016 | 0.413 | 9.8 |
| H01 | 东岳论丛 | 304 | 0.92 | 23.5 | 1.4 | 22 | 138 | 0.016 | 0.556 | ≥10 |
| H01 | 发明与创新·教育信息化 | 186 | 0.81 | 1.9 | 1.2 | 12 | 155 | - | 0.156 | 6.1 |
| H01 | 福建论坛(人文社会科学版) | 354 | 1.00 | 19.3 | 1.5 | 21 | 160 | 0.003 | 0.619 | ≥10 |
| H01 | 甘肃社会科学 | 286 | 0.98 | 18.8 | 1.3 | 26 | 144 | 0.010 | 0.626 | ≥10 |
| H01 | 观察与思考 | 177 | 0.96 | 15.1 | 1.2 | 24 | 125 | - | 0.424 | 4.5 |
| H01 | 广东社会科学 | 169 | 0.97 | 24.1 | 1.3 | 21 | 100 | 0.024 | 0.621 | ≥10 |
| H01 | 广西社会科学 | 516 | 0.99 | 11.7 | 1.5 | 29 | 313 | 0.008 | 0.839 | 9.4 |
| H01 | 贵州社会科学 | 303 | 1.00 | 17.0 | 1.5 | 25 | 158 | 0.010 | 0.713 | ≥10 |
| H01 | 桂海论丛 | 128 | 0.92 | 11.0 | 1.4 | 22 | 96 | - | 0.539 | 6.4 |
| H01 | 河北学刊 | 238 | 0.94 | 15.9 | 1.3 | 19 | 99 | 0.013 | 0.588 | ≥10 |
| H01 | 河南社会科学 | 228 | 0.91 | 14.2 | 1.3 | 22 | 124 | 0.013 | 0.548 | ≥10 |
| H01 | 黑河学刊 | 477 | 1.00 | 5.3 | 1.3 | 30 | 306 | 0.002 | 0.252 | 8.3 |
| H01 | 黑龙江社会科学 | 179 | 0.95 | 11.3 | 1.6 | 19 | 95 | 0.022 | 0.575 | ≥10 |
| H01 | 宏观质量研究 | 46 | 0.98 | 26.9 | 2.1 | 14 | 36 | 0.022 | 0.848 | 7.9 |
| H01 | 湖北社会科学 | 360 | 0.97 | 14.9 | 1.5 | 25 | 184 | 0.006 | 0.706 | ≥10 |
| H01 | 湖南社会科学 | 270 | 0.98 | 15.3 | 1.6 | 25 | 139 | 0.000 | 0.570 | ≥10 |
| H01 | 湖湘论坛 | 156 | 0.93 | 11.4 | 1.4 | 20 | 94 | - | 0.526 | 9.9 |
| H01 | 江海学刊 | 195 | 0.83 | 21.5 | 1.4 | 17 | 79 | 0.060 | 0.470 | ≥10 |
| H01 | 江汉论坛 | 271 | 0.95 | 17.0 | 1.4 | 23 | 150 | 0.004 | 0.590 | ≥10 |
| H01 | 江汉学术 | 98 | 0.92 | 25.7 | 1.3 | 21 | 81 | 0.112 | 0.510 | ≥10 |
| H01 | 江淮论坛 | 199 | 0.96 | 14.9 | 1.5 | 20 | 111 | 0.015 | 0.658 | ≥10 |
| H01 | 江苏社会科学 | 209 | 0.95 | 26.3 | 1.4 | 21 | 88 | 0.020 | 0.500 | ≥10 |
| H01 | 江西社会科学 | 455 | 0.91 | 15.1 | 1.5 | 27 | 200 | 0.010 | 0.610 | ≥10 |
| H01 | 晋阳学刊 | 100 | 0.94 | 28.6 | 1.3 | 23 | 79 | 0.020 | 0.570 | ≥10 |
| H01 | 荆楚学刊 | 103 | 1.00 | 13.7 | 1.4 | 20 | 71 | 0.019 | 0.505 | ≥10 |
| H01 | 开发研究 | 197 | 0.95 | 15.0 | 1.9 | 27 | 153 | 0.010 | 0.665 | 6.7 |
| H01 | 科学·经济·社会 | 82 | 0.95 | 17.0 | 1.2 | 11 | 21 | - | 0.451 | ≥10 |
| H01 | 科学家 | 1027 | 0.94 | 3.5 | 1.5 | 31 | 862 | 0.002 | 0.036 | 4.5 |

| 学科代码 | 期刊名称 | 来源文献量 | 文献选出率 | 平均引文数 | 平均作者数 | 地区分布数 | 机构分布数 | 海外论文比 | 基金论文比 | 引用半衰期 |
|---|---|---|---|---|---|---|---|---|---|---|
| H01 | 科学决策 | 61 | 1.00 | 32.8 | 2.3 | 14 | 58 | 0.033 | 0.672 | 8.7 |
| H01 | 科学与社会 | 50 | 0.89 | 11.6 | 1.6 | 11 | 38 | - | 0.200 | 8.9 |
| H01 | 克拉玛依学刊 | 80 | 0.90 | 9.2 | 1.4 | 22 | 59 | - | 0.338 | 5.9 |
| H01 | 兰州学刊 | 301 | 0.98 | 25.3 | 1.2 | 25 | 136 | 0.003 | 0.708 | ≥10 |
| H01 | 理论观察 | 926 | 0.99 | 6.1 | 1.4 | 30 | 442 | 0.001 | 0.404 | 7.1 |
| H01 | 理论界 | 214 | 0.96 | 13.7 | 1.4 | 26 | 122 | - | 0.411 | ≥10 |
| H01 | 理论与现代化 | 123 | 0.98 | 14.2 | 1.4 | 21 | 78 | 0.024 | 0.545 | 9.3 |
| H01 | 理论月刊 | 389 | 0.97 | 16.3 | 1.3 | 29 | 201 | 0.005 | 0.728 | ≥10 |
| H01 | 岭南学刊 | 125 | 0.98 | 12.1 | 1.3 | 18 | 73 | - | 0.512 | 8.7 |
| H01 | 南都学坛 | 152 | 0.93 | 14.0 | 1.1 | 24 | 90 | 0.013 | 0.408 | ≥10 |
| H01 | 南京社会科学 | 268 | 0.97 | 20.3 | 1.4 | 19 | 98 | 0.000 | 0.570 | ≥10 |
| H01 | 内蒙古社会科学 | 191 | 0.96 | 17.8 | 1.3 | 27 | 130 | - | 0.743 | ≥10 |
| H01 | 宁夏社会科学 | 264 | 0.98 | 15.8 | 1.4 | 28 | 173 | 0.004 | 0.663 | ≥10 |
| H01 | 品牌研究 | 60 | 0.90 | 32.0 | 2.2 | 16 | 55 | 0.033 | 0.733 | ≥10 |
| H01 | 齐鲁学刊 | 151 | 0.94 | 17.2 | 1.2 | 24 | 97 | - | 0.556 | ≥10 |
| H01 | 前沿 | 242 | 0.98 | 12.6 | 1.4 | 25 | 163 | 0.012 | 0.533 | ≥10 |
| H01 | 青海社会科学 | 185 | 0.94 | 16.5 | 1.4 | 26 | 136 | 0.005 | 0.546 | ≥10 |
| H01 | 青藏高原论坛 | 82 | 0.91 | 16.5 | 1.2 | 9 | 30 | - | 0.463 | ≥10 |
| H01 | 求是学刊 | 121 | 0.95 | 21.8 | 1.3 | 22 | 73 | 0.058 | 0.661 | ≥10 |
| H01 | 求索 | 418 | 0.99 | 17.6 | 1.4 | 26 | 203 | 0.010 | 0.600 | ≥10 |
| H01 | 求知导刊 | 3049 | 0.99 | 2.6 | 1.3 | 31 | 1807 | 0.002 | 0.139 | 5.0 |
| H01 | 人文杂志 | 202 | 1.00 | 29.5 | 1.3 | 20 | 90 | - | 0.634 | ≥10 |
| H01 | 软科学 | 360 | 0.96 | 18.2 | 2.5 | 27 | 157 | 0.020 | 0.930 | 6.5 |
| H01 | 山东社会科学 | 337 | 0.93 | 23.4 | 1.5 | 23 | 171 | 0.024 | 0.647 | ≥10 |
| H01 | 山西高等学校社会科学学报 | 309 | 0.98 | 7.8 | 1.5 | 24 | 119 | 0.003 | 0.524 | 6.8 |
| H01 | 社会工作与管理 | 80 | 0.91 | 18.8 | 1.5 | 18 | 61 | 0.050 | 0.663 | 6.9 |
| H01 | 社会科学 | 220 | 0.96 | 42.5 | 1.3 | 21 | 97 | 0.030 | 0.560 | ≥10 |
| H01 | 社会科学辑刊 | 163 | 0.96 | 23.2 | 1.2 | 24 | 91 | 0.018 | 0.712 | ≥10 |
| H01 | 社会科学家 | 378 | 0.97 | 12.8 | 1.4 | 27 | 224 | 0.011 | 0.772 | ≥10 |
| H01 | 社会科学论坛 | 265 | 0.89 | 20.2 | 1.2 | 23 | 142 | 0.030 | 0.358 | ≥10 |
| H01 | 社会科学研究 | 165 | 1.00 | 24.5 | 1.4 | 23 | 96 | 0.030 | 0.530 | ≥10 |
| H01 | 社会科学战线 | 445 | 0.94 | 30.2 | 1.3 | 24 | 154 | 0.030 | 0.520 | ≥10 |
| H01 | 社科纵横 | 497 | 0.99 | 8.4 | 1.4 | 28 | 297 | 0.006 | 0.547 | ≥10 |
| H01 | 世界科技研究与发展 | 252 | 0.98 | 17.1 | 3.3 | 21 | 72 | 0.000 | 0.680 | 6.7 |

| 学科代码 | 期刊名称 | 来源文献量 | 文献选出率 | 平均引文数 | 平均作者数 | 地区分布数 | 机构分布数 | 海外论文比 | 基金论文比 | 引用半衰期 |
|---|---|---|---|---|---|---|---|---|---|---|
| H01 | 思想战线 | 153 | 0.99 | 31.0 | 1.4 | 18 | 51 | 0.010 | 0.550 | ≥10 |
| H01 | 探索与争鸣 | 272 | 0.76 | 11.0 | 1.2 | 20 | 84 | 0.029 | 0.419 | ≥10 |
| H01 | 唐都学刊 | 121 | 0.87 | 16.1 | 1.2 | 21 | 78 | 0.025 | 0.446 | ≥10 |
| H01 | 天府新论 | 124 | 0.99 | 21.5 | 1.4 | 21 | 76 | 0.090 | 0.270 | ≥10 |
| H01 | 天津社会科学 | 133 | 0.99 | 29.7 | 1.3 | 19 | 68 | 0.030 | 0.729 | ≥10 |
| H01 | 天中学刊 | 215 | 1.00 | 11.6 | 1.2 | 26 | 117 | 0.009 | 0.474 | ≥10 |
| H01 | 未来英才 | 7662 | 0.99 | 1.2 | 1.0 | 31 | 4708 | 0.006 | 0.011 | 5.1 |
| H01 | 未来与发展 | 278 | 1.00 | 10.5 | 1.6 | 21 | 108 | 0.007 | 0.633 | 5.7 |
| H01 | 文史哲 | 82 | 0.90 | 64.0 | 1.1 | 20 | 49 | 0.060 | 0.380 | 0.0 |
| H01 | 西域研究 | 74 | 0.89 | 34.9 | 1.4 | 13 | 52 | 0.081 | 0.500 | ≥10 |
| H01 | 西藏研究 | 94 | 0.96 | 19.2 | 1.3 | 15 | 53 | 0.011 | 0.468 | ≥10 |
| H01 | 现代交际 | 3721 | 1.00 | 4.3 | 1.3 | 31 | 1484 | 0.002 | 0.202 | 5.7 |
| H01 | 新疆社会科学(汉文版) | 163 | 0.96 | 11.8 | 1.7 | 20 | 101 | — | 0.638 | 7.7 |
| H01 | 新疆社科论坛 | 133 | 0.94 | 8.8 | 1.4 | 23 | 98 | 0.008 | 0.489 | 6.8 |
| H01 | 新西部(下旬刊) | 1402 | 0.98 | 4.7 | 1.3 | 31 | 671 | 0.001 | 0.209 | 6.7 |
| H01 | 新西部(中旬刊) | 1408 | 0.98 | 4.7 | 1.3 | 31 | 720 | — | 0.215 | 6.9 |
| H01 | 学会 | 98 | 0.54 | 6.4 | 1.7 | 20 | 86 | — | 0.214 | 5.7 |
| H01 | 学术交流 | 438 | 0.86 | 12.6 | 1.3 | 25 | 175 | 0.007 | 0.642 | ≥10 |
| H01 | 学术界 | 436 | 0.90 | 16.1 | 1.3 | 28 | 197 | 0.018 | 0.532 | ≥10 |
| H01 | 学术论坛 | 415 | 1.00 | 12.5 | 1.4 | 29 | 246 | 0.007 | 0.689 | 8.0 |
| H01 | 学术探索 | 297 | 0.94 | 17.1 | 1.4 | 26 | 145 | 0.003 | 0.492 | ≥10 |
| H01 | 学术研究 | 293 | 0.87 | 22.2 | 1.4 | 19 | 113 | 0.040 | 0.460 | ≥10 |
| H01 | 学术月刊 | 216 | 0.94 | 41.5 | 1.2 | 18 | 62 | 0.040 | 0.360 | ≥10 |
| H01 | 学习与探索 | 312 | 0.93 | 13.0 | 1.5 | 22 | 123 | 0.030 | 0.560 | ≥10 |
| H01 | 阴山学刊(社会科学版) | 123 | 0.90 | 11.6 | 1.2 | 23 | 66 | 0.008 | 0.350 | ≥10 |
| H01 | 殷都学刊 | 96 | 0.97 | 18.2 | 1.1 | 15 | 59 | — | 0.417 | ≥10 |
| H01 | 原生态民族文化学刊 | 87 | 0.94 | 14.2 | 1.5 | 17 | 52 | — | 0.621 | ≥10 |
| H01 | 阅江学刊 | 92 | 0.82 | 20.8 | 1.7 | 18 | 58 | 0.011 | 0.750 | ≥10 |
| H01 | 云梦学刊 | 173 | 0.86 | 15.5 | 1.4 | 25 | 104 | 0.017 | 0.532 | ≥10 |
| H01 | 云南社会科学 | 191 | 0.90 | 24.9 | 1.4 | 25 | 108 | 0.005 | 0.618 | ≥10 |
| H01 | 浙江社会科学 | 249 | 0.92 | 25.0 | 1.4 | 18 | 102 | 0.020 | 0.470 | ≥10 |
| H01 | 浙江学刊 | 172 | 0.97 | 30.6 | 1.3 | 16 | 93 | 0.012 | 0.523 | ≥10 |
| H01 | 中国高校社会科学 | 82 | 0.70 | 39.7 | 1.3 | 17 | 39 | — | 0.598 | ≥10 |
| H01 | 中国国情国力 | 255 | 0.77 | 1.1 | 1.4 | 25 | 179 | 0.004 | 0.302 | 4.8 |

| 学科代码 | 期刊名称 | 来源文献量 | 文献选出率 | 平均引文数 | 平均作者数 | 地区分布数 | 机构分布数 | 海外论文比 | 基金论文比 | 引用半衰期 |
|---|---|---|---|---|---|---|---|---|---|---|
| H01 | 中国社会科学 | 135 | 0.91 | 51.0 | 1.4 | 17 | 48 | 0.010 | 0.470 | ≥10 |
| H01 | 中州学刊 | 363 | 0.97 | 15.4 | 1.3 | 27 | 181 | 0.010 | 0.550 | ≥10 |
| H02 | 安徽大学学报(哲学社会科学版) | 107 | 0.96 | 37.0 | 1.2 | 17 | 44 | 0.010 | 0.410 | ≥10 |
| H02 | 安徽工业大学学报(社会科学版) | 213 | 1.00 | 7.4 | 1.7 | 14 | 75 | - | 0.756 | 7.2 |
| H02 | 安徽理工大学学报(社会科学版) | 127 | 0.98 | 10.8 | 1.7 | 17 | 64 | 0.008 | 0.756 | 7.8 |
| H02 | 安徽农业大学学报(社会科学版) | 149 | 0.96 | 14.7 | 1.6 | 19 | 91 | 0.007 | 0.705 | 8.4 |
| H02 | 安徽商贸职业技术学院学报(社会科学版) | 72 | 0.95 | 7.1 | 1.5 | 16 | 48 | - | 0.639 | 3.8 |
| H02 | 安康学院学报 | 165 | 0.93 | 11.1 | 1.3 | 21 | 91 | 0.006 | 0.503 | ≥10 |
| H02 | 百色学院学报 | 137 | 0.92 | 13.4 | 1.4 | 13 | 54 | 0.044 | 0.569 | ≥10 |
| H02 | 宝鸡文理学院学报(社会科学版) | 183 | 0.96 | 11.0 | 1.3 | 20 | 76 | 0.005 | 0.563 | ≥10 |
| H02 | 保山学院学报 | 139 | 0.95 | 8.1 | 1.7 | 9 | 36 | - | 0.547 | 8.6 |
| H02 | 北方民族大学学报(哲学社会科学版) | 184 | 0.98 | 13.7 | 1.4 | 26 | 84 | 0.016 | 0.783 | ≥10 |
| H02 | 北华大学学报(社会科学版) | 179 | 0.99 | 11.6 | 1.8 | 26 | 101 | - | 0.592 | 9.3 |
| H02 | 北京大学学报(哲学社会科学版) | 107 | 0.88 | 34.2 | 1.1 | 14 | 41 | 0.030 | 0.360 | ≥10 |
| H02 | 北京工商大学学报(社会科学版) | 81 | 0.96 | 24.3 | 2.0 | 17 | 48 | 0.010 | 0.810 | 7.6 |
| H02 | 北京工业大学学报(社会科学版) | 61 | 0.95 | 19.8 | 1.6 | 10 | 28 | 0.016 | 0.672 | 8.0 |
| H02 | 北京航空航天大学学报(社会科学版) | 105 | 0.97 | 18.2 | 1.8 | 15 | 57 | 0.019 | 0.648 | 9.1 |
| H02 | 北京化工大学学报(社会科学版) | 67 | 0.99 | 17.0 | 1.5 | 16 | 41 | 0.060 | 0.552 | 9.9 |
| H02 | 北京交通大学学报(社会科学版) | 74 | 0.99 | 19.7 | 2.1 | 16 | 52 | - | 0.770 | 7.8 |
| H02 | 北京教育学院学报(社会科学版) | 86 | 0.99 | 10.3 | 1.5 | 18 | 61 | - | 0.395 | 8.9 |
| H02 | 北京科技大学学报(社会科学版) | 96 | 0.97 | 21.0 | 1.7 | 18 | 78 | 0.073 | 0.542 | ≥10 |
| H02 | 北京理工大学学报(社会科学版) | 136 | 0.95 | 25.7 | 2.1 | 22 | 87 | 0.015 | 0.904 | 7.7 |
| H02 | 北京联合大学学报(人文社会科学版) | 65 | 0.94 | 19.9 | 1.6 | 14 | 40 | - | 0.723 | 9.3 |
| H02 | 北京林业大学学报(社会科学版) | 47 | 0.94 | 20.5 | 2.4 | 13 | 33 | - | 0.766 | 9.5 |
| H02 | 北京宣武红旗业余大学学报 | 69 | 0.96 | 5.9 | 1.3 | 6 | 24 | - | 0.043 | 5.5 |
| H02 | 北京邮电大学学报(社会科学版) | 99 | 1.00 | 16.8 | 2.1 | 17 | 42 | - | 0.626 | 7.2 |
| H02 | 滨州学院学报 | 105 | 0.99 | 10.9 | 1.8 | 20 | 60 | - | 0.610 | 8.6 |
| H02 | 渤海大学学报(哲学社会科学版) | 241 | 0.95 | 8.1 | 1.5 | 24 | 95 | 0.008 | 0.552 | ≥10 |
| H02 | 长安大学学报(社会科学版) | 95 | 0.99 | 19.5 | 1.6 | 18 | 62 | 0.042 | 0.758 | ≥10 |
| H02 | 长春大学学报(社会科学版) | 157 | 0.98 | 10.0 | 1.5 | 25 | 111 | 0.032 | 0.764 | 7.6 |
| H02 | 长春工程学院学报(社会科学版) | 171 | 0.99 | 7.2 | 1.6 | 27 | 126 | 0.018 | 0.690 | 6.8 |
| H02 | 长春理工大学学报(社会科学版) | 195 | 1.00 | 9.5 | 1.6 | 26 | 115 | - | 0.590 | 8.0 |
| H02 | 长江大学学报(社会科学版) | 269 | 0.96 | 9.1 | 1.3 | 27 | 169 | 0.026 | 0.914 | ≥10 |
| H02 | 长沙理工大学学报(社会科学版) | 140 | 0.99 | 12.8 | 1.5 | 23 | 89 | 0.029 | 0.557 | 9.3 |

| 学科代码 | 期刊名称 | 来源文献量 | 文献选出率 | 平均引文数 | 平均作者数 | 地区分布数 | 机构分布数 | 海外论文比 | 基金论文比 | 引用半衰期 |
|---|---|---|---|---|---|---|---|---|---|---|
| H02 | 长治学院学报 | 191 | 1.00 | 6.8 | 1.4 | 19 | 53 | — | 0.435 | 9.3 |
| H02 | 常州大学学报(社会科学版) | 96 | 0.94 | 16.8 | 1.4 | 14 | 58 | 0.021 | 0.646 | ≥10 |
| H02 | 常州工学院学报(社会科学版) | 159 | 0.98 | 10.8 | 1.3 | 19 | 69 | 0.013 | 0.340 | ≥10 |
| H02 | 巢湖学院学报 | 196 | 0.97 | 9.1 | 1.7 | 12 | 81 | — | 0.592 | 9.0 |
| H02 | 成都大学学报(社会科学版) | 125 | 0.98 | 12.8 | 1.4 | 26 | 80 | — | 0.544 | ≥10 |
| H02 | 成都理工大学学报(社会科学版) | 138 | 0.97 | 13.9 | 1.3 | 22 | 101 | — | 0.370 | ≥10 |
| H02 | 城市学刊 | 142 | 1.00 | 8.9 | 1.5 | 25 | 104 | — | 0.535 | 9.1 |
| H02 | 赤峰学院学报(哲学社会科学版) | 1193 | 0.99 | 7.6 | 1.2 | 31 | 379 | 0.009 | 0.438 | ≥10 |
| H02 | 重庆大学学报(社会科学版) | 159 | 0.98 | 23.3 | 1.9 | 20 | 76 | 0.010 | 0.770 | 8.9 |
| H02 | 重庆工商大学学报(社会科学版) | 115 | 0.98 | 17.8 | 1.5 | 21 | 89 | 0.009 | 0.670 | 8.2 |
| H02 | 重庆交通大学学报(社会科学版) | 164 | 0.97 | 13.7 | 1.6 | 23 | 113 | 0.024 | 0.646 | 9.5 |
| H02 | 重庆科技学院学报(社会科学版) | 466 | 0.99 | 8.3 | 1.5 | 28 | 262 | 0.009 | 0.618 | 7.2 |
| H02 | 重庆理工大学学报(社会科学版) | 222 | 0.98 | 16.6 | 1.7 | 25 | 117 | 0.009 | 0.658 | 6.9 |
| H02 | 重庆三峡学院学报 | 142 | 0.97 | 12.8 | 1.6 | 22 | 96 | — | 0.577 | ≥10 |
| H02 | 重庆文理学院学报(社会科学版) | 183 | 0.95 | 10.7 | 1.8 | 24 | 121 | 0.016 | 0.639 | 9.0 |
| H02 | 重庆邮电大学学报(社会科学版) | 134 | 0.98 | 15.8 | 1.7 | 24 | 79 | 0.015 | 0.866 | 7.4 |
| H02 | 滁州学院学报 | 218 | 0.96 | 7.9 | 1.8 | 17 | 95 | 0.009 | 0.720 | 7.9 |
| H02 | 大理大学学报 | 271 | 1.00 | 11.2 | 2.8 | 20 | 111 | — | 0.590 | 7.3 |
| H02 | 大连海事大学学报(社会科学版) | 125 | 0.89 | 15.7 | 1.6 | 18 | 73 | 0.008 | 0.648 | 8.5 |
| H02 | 大连理工大学学报(社会科学版) | 87 | 0.95 | 15.3 | 2.1 | 19 | 54 | — | 0.885 | 7.2 |
| H02 | 电子科技大学学报(社会科学版) | 121 | 0.98 | 16.6 | 2.1 | 18 | 73 | — | 0.736 | 7.2 |
| H02 | 东北大学学报(社会科学版) | 103 | 0.98 | 16.2 | 1.8 | 15 | 40 | 0.040 | 0.610 | 9.6 |
| H02 | 东北农业大学学报(社会科学版) | 88 | 1.00 | 18.2 | 1.8 | 14 | 45 | — | 0.523 | 7.2 |
| H02 | 东华大学学报(社会科学版) | 43 | 1.00 | 11.6 | 1.8 | 5 | 9 | — | 0.233 | 6.9 |
| H02 | 东华理工大学学报(社会科学版) | 86 | 0.99 | 10.9 | 2.2 | 13 | 41 | 0.035 | 0.547 | 9.3 |
| H02 | 东南大学学报(哲学社会科学版) | 110 | 0.85 | 20.8 | 1.5 | 17 | 52 | 0.020 | 0.740 | ≥10 |
| H02 | 佛山科学技术学院学报(社会科学版) | 97 | 0.99 | 10.6 | 1.4 | 18 | 64 | 0.031 | 0.433 | ≥10 |
| H02 | 福建江夏学院学报 | 88 | 0.99 | 15.7 | 1.4 | 20 | 50 | — | 0.659 | ≥10 |
| H02 | 福建农林大学学报(哲学社会科学版) | 117 | 0.98 | 14.0 | 1.9 | 20 | 60 | 0.009 | 0.949 | 5.2 |
| H02 | 福建医科大学学报(社会科学版) | 59 | 0.89 | 9.2 | 2.5 | 3 | 19 | — | 0.678 | 4.4 |
| H02 | 福州大学学报(哲学社会科学版) | 108 | 0.96 | 18.5 | 1.4 | 11 | 47 | 0.009 | 0.648 | ≥10 |
| H02 | 复旦学报(社会科学版) | 109 | 0.96 | 37.7 | 1.2 | 15 | 44 | 0.090 | 0.520 | ≥10 |
| H02 | 广西大学学报(哲学社会科学版) | 103 | 0.96 | 18.0 | 1.6 | 15 | 63 | 0.097 | 0.602 | ≥10 |
| H02 | 广西民族大学学报(哲学社会科学版) | 188 | 0.90 | 20.4 | 1.4 | 21 | 91 | 0.060 | 0.540 | ≥10 |

| 学科代码 | 期刊名称 | 来源文献量 | 文献选出率 | 平均引文数 | 平均作者数 | 地区分布数 | 机构分布数 | 海外论文比 | 基金论文比 | 引用半衰期 |
|---|---|---|---|---|---|---|---|---|---|---|
| H02 | 广州大学学报(社会科学版) | 168 | 0.99 | 18.3 | 1.6 | 19 | 84 | — | 0.679 | ≥10 |
| H02 | 贵阳学院学报(社会科学版) | 161 | 0.95 | 10.4 | 1.2 | 21 | 102 | 0.019 | 0.391 | ≥10 |
| H02 | 贵州大学学报(社会科学版) | 154 | 0.97 | 18.3 | 1.4 | 21 | 93 | 0.032 | 0.721 | ≥10 |
| H02 | 贵州工程应用技术学院学报 | 165 | 0.99 | 9.7 | 1.5 | 24 | 87 | 0.024 | 0.564 | ≥10 |
| H02 | 贵州民族大学学报(哲学社会科学版) | 107 | 0.95 | 16.5 | 1.4 | 19 | 63 | 0.056 | 0.439 | ≥10 |
| H02 | 哈尔滨工业大学学报(社会科学版) | 123 | 0.96 | 17.0 | 1.4 | 23 | 74 | — | 0.610 | ≥10 |
| H02 | 哈尔滨商业大学学报(社会科学版) | 88 | 0.95 | 16.3 | 1.9 | 19 | 49 | 0.023 | 0.750 | 6.6 |
| H02 | 哈尔滨师范大学社会科学学报 | 301 | 1.00 | 8.5 | 1.2 | 30 | 203 | — | 0.329 | ≥10 |
| H02 | 海军工程大学学报(综合版) | 83 | 0.95 | 5.3 | 2.0 | 13 | 45 | — | 0.241 | 5.5 |
| H02 | 海南大学学报(人文社会科学版) | 119 | 0.95 | 20.6 | 1.4 | 23 | 71 | 0.008 | 0.639 | ≥10 |
| H02 | 邯郸学院学报 | 76 | 0.94 | 15.9 | 1.5 | 16 | 50 | 0.118 | 0.395 | ≥10 |
| H02 | 合肥工业大学学报(社会科学版) | 142 | 0.99 | 13.9 | 1.8 | 11 | 57 | 0.021 | 0.535 | 9.0 |
| H02 | 河北北方学院学报(社会科学版) | 173 | 0.98 | 9.0 | 1.7 | 26 | 82 | 0.006 | 0.486 | ≥10 |
| H02 | 河北大学学报(哲学社会科学版) | 141 | 1.00 | 15.0 | 1.7 | 17 | 63 | — | 0.716 | ≥10 |
| H02 | 河北工程大学学报(社会科学版) | 164 | 0.98 | 6.4 | 1.8 | 20 | 82 | 0.006 | 0.817 | 6.3 |
| H02 | 河北工业大学学报(社会科学版) | 58 | 0.89 | 17.3 | 1.8 | 14 | 37 | 0.034 | 0.741 | 7.6 |
| H02 | 河北经贸大学学报(综合版) | 106 | 0.94 | 9.4 | 1.8 | 21 | 76 | — | 0.519 | 8.3 |
| H02 | 河北科技师范学院学报(社会科学版) | 90 | 0.96 | 13.7 | 1.6 | 24 | 67 | 0.011 | 0.578 | ≥10 |
| H02 | 河池学院学报 | 136 | 0.95 | 10.4 | 1.8 | 12 | 65 | — | 0.750 | 8.3 |
| H02 | 河海大学学报(哲学社会科学版) | 89 | 0.84 | 20.3 | 1.8 | 11 | 42 | 0.011 | 0.820 | 6.8 |
| H02 | 河南大学学报(社会科学版) | 121 | 0.99 | 35.4 | 1.2 | 21 | 62 | 0.010 | 0.580 | ≥10 |
| H02 | 河南工程学院学报(社会科学版) | 81 | 0.99 | 12.4 | 1.3 | 17 | 50 | — | 0.370 | 9.1 |
| H02 | 河南工业大学学报(社会科学版) | 125 | 0.98 | 11.6 | 1.4 | 18 | 64 | — | 0.576 | 7.3 |
| H02 | 河南教育学院学报(哲学社会科学版) | 151 | 0.96 | 8.0 | 1.2 | 20 | 91 | — | 0.556 | 8.0 |
| H02 | 河南科技大学学报(社会科学版) | 117 | 0.95 | 14.2 | 1.3 | 22 | 75 | — | 0.607 | ≥10 |
| H02 | 河南科技学院学报(社会科学版) | 321 | 0.98 | 8.5 | 1.4 | 23 | 137 | 0.003 | 0.595 | 7.7 |
| H02 | 河南理工大学学报(社会科学版) | 83 | 0.99 | 15.7 | 1.3 | 19 | 49 | 0.012 | 0.687 | ≥10 |
| H02 | 菏泽学院学报 | 189 | 0.99 | 8.0 | 1.5 | 25 | 139 | 0.011 | 0.492 | 7.6 |
| H02 | 贺州学院学报 | 120 | 0.99 | 10.6 | 1.6 | 16 | 58 | — | 0.700 | ≥10 |
| H02 | 衡水学院学报 | 148 | 0.88 | 8.5 | 1.5 | 24 | 104 | 0.007 | 0.324 | ≥10 |
| H02 | 红河学院学报 | 203 | 0.98 | 9.6 | 1.6 | 22 | 97 | — | 0.512 | ≥10 |
| H02 | 湖北大学学报(哲学社会科学版) | 149 | 0.89 | 19.5 | 1.4 | 16 | 67 | 0.007 | 0.752 | ≥10 |
| H02 | 湖北经济学院学报(人文社会科学版) | 1169 | 1.00 | 6.4 | 1.3 | 31 | 551 | 0.008 | 0.393 | 6.3 |
| H02 | 湖北理工学院学报(人文社会科学版) | 99 | 0.95 | 11.0 | 1.5 | 14 | 47 | — | 0.788 | 8.2 |

| 学科代码 | 期刊名称 | 来源文献量 | 文献选出率 | 平均引文数 | 平均作者数 | 地区分布数 | 机构分布数 | 海外论文比 | 基金论文比 | 引用半衰期 |
|---|---|---|---|---|---|---|---|---|---|---|
| H02 | 湖北民族学院学报(哲学社会科学版) | 215 | 0.97 | 13.8 | 1.4 | 27 | 132 | 0.005 | 0.763 | ≥10 |
| H02 | 湖南大学学报(社会科学版) | 151 | 0.97 | 23.2 | 1.6 | 17 | 61 | 0.050 | 0.630 | ≥10 |
| H02 | 湖南工程学院学报(社会科学版) | 106 | 0.96 | 9.3 | 1.7 | 17 | 61 | — | 0.698 | 9.4 |
| H02 | 湖南工业大学学报(社会科学版) | 145 | 0.99 | 10.2 | 1.6 | 23 | 66 | 0.014 | 0.469 | 8.9 |
| H02 | 湖南科技大学学报(社会科学版) | 190 | 1.00 | 14.6 | 1.5 | 19 | 79 | 0.020 | 0.700 | ≥10 |
| H02 | 湖南农业大学学报(社会科学版) | 94 | 0.99 | 20.4 | 2.0 | 19 | 64 | 0.021 | 0.894 | 6.8 |
| H02 | 湖南人文科技学院学报 | 158 | 0.97 | 10.0 | 1.4 | 26 | 99 | 0.013 | 0.487 | 8.6 |
| H02 | 华北电力大学学报(社会科学版) | 149 | 0.99 | 13.0 | 1.6 | 24 | 90 | 0.007 | 0.463 | 8.5 |
| H02 | 华北理工大学学报(社会科学版) | 189 | 1.00 | 9.3 | 2.1 | 23 | 79 | 0.005 | 0.577 | 7.6 |
| H02 | 华北水利水电大学学报(社会科学版) | 245 | 0.98 | 8.9 | 1.3 | 25 | 111 | 0.004 | 0.531 | 8.9 |
| H02 | 华东理工大学学报(社会科学版) | 88 | 0.94 | 26.9 | 1.6 | 13 | 47 | 0.023 | 0.659 | ≥10 |
| H02 | 华南理工大学学报(社会科学版) | 100 | 0.90 | 19.0 | 2.2 | 11 | 43 | 0.030 | 0.760 | 8.4 |
| H02 | 华南农业大学学报(社会科学版) | 85 | 1.00 | 26.3 | 1.9 | 22 | 61 | 0.024 | 1.000 | 8.6 |
| H02 | 华侨大学学报(哲学社会科学版) | 84 | 0.98 | 28.4 | 1.7 | 18 | 54 | 0.024 | 0.857 | ≥10 |
| H02 | 华中科技大学学报(社会科学版) | 107 | 0.95 | 23.3 | 1.5 | 19 | 57 | 0.019 | 0.822 | 9.2 |
| H02 | 华中农业大学学报(社会科学版) | 106 | 0.89 | 20.2 | 2.3 | 16 | 64 | — | 0.972 | 6.6 |
| H02 | 淮海工学院学报(人文社会科学版) | 464 | 1.00 | 7.4 | 1.4 | 27 | 262 | 0.004 | 0.526 | 7.8 |
| H02 | 吉林大学社会科学学报 | 119 | 0.92 | 21.7 | 1.7 | 18 | 47 | 0.040 | 0.610 | ≥10 |
| H02 | 吉首大学学报(社会科学版) | 104 | 1.00 | 21.4 | 1.5 | 25 | 72 | 0.019 | 0.894 | 9.7 |
| H02 | 集美大学学报(哲学社会科学版) | 81 | 1.00 | 15.0 | 1.4 | 12 | 46 | 0.025 | 0.667 | 8.7 |
| H02 | 济南大学学报(社会科学版) | 92 | 0.87 | 20.2 | 1.4 | 16 | 52 | 0.076 | 0.543 | ≥10 |
| H02 | 暨南学报(哲学社会科学版) | 170 | 0.90 | 37.8 | 1.2 | 21 | 77 | 0.024 | 0.712 | ≥10 |
| H02 | 江汉大学学报(社会科学版) | 120 | 0.93 | 13.8 | 1.5 | 20 | 82 | 0.025 | 0.650 | ≥10 |
| H02 | 江南大学学报(人文社会科学版) | 113 | 0.99 | 19.3 | 1.4 | 18 | 82 | 0.053 | 0.522 | ≥10 |
| H02 | 江南社会学院学报 | 60 | 0.92 | 15.2 | 1.4 | 18 | 40 | — | 0.467 | 4.9 |
| H02 | 江苏大学学报(社会科学版) | 84 | 0.98 | 14.8 | 1.4 | 16 | 71 | 0.048 | 0.702 | ≥10 |
| H02 | 江苏科技大学学报(社会科学版) | 64 | 0.94 | 21.0 | 1.5 | 20 | 42 | — | 0.500 | ≥10 |
| H02 | 金陵科技学院学报(社会科学版) | 80 | 0.98 | 7.7 | 1.9 | 8 | 41 | 0.013 | 0.688 | 4.3 |
| H02 | 晋中学院学报 | 151 | 0.96 | 8.0 | 1.3 | 21 | 86 | 0.026 | 0.351 | ≥10 |
| H02 | 井冈山大学学报(社会科学版) | 130 | 1.00 | 14.0 | 1.3 | 24 | 89 | — | 0.785 | ≥10 |
| H02 | 景德镇学院学报 | 174 | 0.94 | 8.7 | 1.4 | 24 | 119 | 0.006 | 0.437 | 8.3 |
| H02 | 九江学院学报(哲学社会科学版) | 117 | 0.98 | 9.5 | 1.2 | 27 | 82 | 0.043 | 0.316 | ≥10 |
| H02 | 昆明理工大学学报(社会科学版) | 83 | 0.99 | 19.5 | 1.7 | 15 | 40 | 0.012 | 0.916 | 5.5 |
| H02 | 兰州大学学报(社会科学版) | 134 | 0.96 | 20.5 | 1.7 | 18 | 68 | 0.040 | 0.630 | ≥10 |

| 学科代码 | 期刊名称 | 来源文献量 | 文献选出率 | 平均引文数 | 平均作者数 | 地区分布数 | 机构分布数 | 海外论文比 | 基金论文比 | 引用半衰期 |
|---|---|---|---|---|---|---|---|---|---|---|
| H02 | 兰州文理学院学报(社会科学版) | 142 | 0.95 | 11.1 | 1.4 | 23 | 67 | - | 0.486 | ≥10 |
| H02 | 辽东学院学报(社会科学版) | 156 | 0.94 | 11.9 | 1.3 | 19 | 69 | 0.006 | 0.365 | ≥10 |
| H02 | 辽宁大学学报(哲学社会科学版) | 154 | 0.90 | 17.5 | 1.6 | 14 | 61 | 0.006 | 0.734 | ≥10 |
| H02 | 辽宁工业大学学报(社会科学版) | 252 | 1.00 | 6.2 | 2.0 | 22 | 94 | 0.004 | 0.540 | 5.8 |
| H02 | 辽宁医学院学报(社会科学版) | 170 | 0.99 | 7.1 | 1.8 | 21 | 82 | - | 0.671 | 6.4 |
| H02 | 聊城大学学报(社会科学版) | 102 | 0.95 | 24.4 | 1.2 | 21 | 67 | 0.010 | 0.588 | ≥10 |
| H02 | 鲁东大学学报(哲学社会科学版) | 107 | 0.96 | 15.2 | 1.4 | 19 | 70 | 0.028 | 0.523 | ≥10 |
| H02 | 洛阳理工学院学报(社会科学版) | 124 | 1.00 | 9.5 | 1.3 | 21 | 69 | - | 0.435 | 9.9 |
| H02 | 南昌大学学报(人文社会科学版) | 127 | 0.93 | 16.3 | 1.5 | 23 | 94 | 0.008 | 0.984 | ≥10 |
| H02 | 南昌航空大学学报(社会科学版) | 77 | 1.00 | 13.2 | 1.6 | 18 | 48 | 0.026 | 0.714 | ≥10 |
| H02 | 南华大学学报(社会科学版) | 115 | 0.96 | 14.1 | 1.7 | 16 | 64 | - | 0.626 | 8.3 |
| H02 | 南京大学学报(哲学·人文科学·社会科学) | 90 | 0.87 | 43.9 | 1.3 | 17 | 46 | 0.040 | 0.590 | ≥10 |
| H02 | 南京工程学院学报(社会科学版) | 74 | 0.95 | 10.1 | 1.6 | 12 | 41 | - | 0.432 | 7.6 |
| H02 | 南京工业大学学报(社会科学版) | 61 | 0.98 | 21.3 | 1.8 | 16 | 52 | 0.098 | 0.770 | 8.9 |
| H02 | 南京航空航天大学学报(社会科学版) | 72 | 0.92 | 11.2 | 1.7 | 11 | 40 | - | 0.694 | 8.2 |
| H02 | 南京理工大学学报(社会科学版) | 97 | 1.00 | 11.5 | 1.4 | 19 | 56 | 0.021 | 0.505 | 8.8 |
| H02 | 南京林业大学学报(人文社会科学版) | 53 | 0.90 | 15.9 | 1.6 | 16 | 47 | 0.075 | 0.660 | ≥10 |
| H02 | 南京农业大学学报(社会科学版) | 91 | 0.91 | 26.4 | 2.0 | 20 | 56 | 0.022 | 0.868 | 7.7 |
| H02 | 南京体育学院学报(社会科学版) | 128 | 1.00 | 16.7 | 2.0 | 21 | 110 | - | 0.578 | 6.7 |
| H02 | 南京晓庄学院学报 | 136 | 0.93 | 19.7 | 1.6 | 14 | 76 | 0.029 | 0.559 | ≥10 |
| H02 | 南京医科大学学报(社会科学版) | 132 | 0.96 | 10.7 | 2.7 | 10 | 62 | 0.008 | 0.720 | 5.4 |
| H02 | 南京邮电大学学报(社会科学版) | 49 | 0.89 | 17.7 | 1.6 | 12 | 23 | - | 0.755 | 7.2 |
| H02 | 南京中医药大学学报(社会科学版) | 61 | 0.87 | 12.3 | 2.1 | 16 | 39 | 0.016 | 0.754 | ≥10 |
| H02 | 南开学报(哲学社会科学版) | 95 | 0.99 | 41.8 | 1.4 | 15 | 44 | 0.050 | 0.620 | ≥10 |
| H02 | 南通大学学报(社会科学版) | 154 | 0.95 | 14.6 | 1.4 | 21 | 88 | - | 0.727 | ≥10 |
| H02 | 内蒙古大学学报(哲学社会科学版) | 102 | 0.94 | 17.3 | 1.2 | 15 | 43 | - | 0.480 | ≥10 |
| H02 | 内蒙古工业大学学报(社会科学版) | 57 | 0.98 | 8.2 | 1.9 | 3 | 6 | - | 0.614 | 8.0 |
| H02 | 内蒙古民族大学学报(社会科学版) | 157 | 0.98 | 10.4 | 1.3 | 20 | 77 | 0.006 | 0.433 | ≥10 |
| H02 | 宁波大学学报(人文科学版) | 134 | 0.99 | 15.5 | 1.5 | 14 | 55 | 0.015 | 0.679 | ≥10 |
| H02 | 宁夏大学学报(人文科学版) | 211 | 0.97 | 23.6 | 1.4 | 26 | 124 | 0.014 | 0.507 | ≥10 |
| H02 | 齐齐哈尔大学学报(哲学社会科学版) | 686 | 1.00 | 8.9 | 1.4 | 31 | 345 | 0.006 | 0.478 | 9.9 |
| H02 | 钦州学院学报 | 231 | 0.95 | 9.7 | 1.7 | 21 | 114 | 0.013 | 0.628 | 8.6 |
| H02 | 青岛科技大学学报(社会科学版) | 83 | 0.93 | 12.9 | 1.9 | 12 | 34 | - | 0.566 | 7.6 |
| H02 | 青岛农业大学学报(社会科学版) | 71 | 0.99 | 10.1 | 1.7 | 13 | 39 | 0.014 | 0.648 | 6.8 |

| 学科代码 | 期刊名称 | 来源文献量 | 文献选出率 | 平均引文数 | 平均作者数 | 地区分布数 | 机构分布数 | 海外论文比 | 基金论文比 | 引用半衰期 |
|---|---|---|---|---|---|---|---|---|---|---|
| H02 | 青海民族大学学报(社会科学版) | 94 | 0.96 | 19.2 | 1.3 | 24 | 60 | — | 0.468 | ≥10 |
| H02 | 清华大学学报(哲学社会科学版) | 102 | 0.92 | 43.6 | 1.3 | 18 | 43 | 0.040 | 0.430 | ≥10 |
| H02 | 三峡大学学报(人文社会科学版) | 149 | 0.97 | 14.7 | 1.5 | 19 | 78 | 0.007 | 0.503 | ≥10 |
| H02 | 厦门大学学报(哲学社会科学版) | 97 | 0.99 | 31.6 | 1.5 | 18 | 38 | 0.050 | 0.650 | ≥10 |
| H02 | 山东大学学报(哲学社会科学版) | 109 | 0.97 | 22.7 | 1.7 | 13 | 45 | 0.030 | 0.660 | ≥10 |
| H02 | 山东科技大学学报(社会科学版) | 94 | 0.95 | 18.9 | 1.7 | 19 | 66 | 0.021 | 0.585 | 9.0 |
| H02 | 山东理工大学学报(社会科学版) | 126 | 0.96 | 10.9 | 1.5 | 17 | 63 | — | 0.516 | 9.2 |
| H02 | 山东农业大学学报(社会科学版) | 90 | 0.91 | 15.3 | 2.0 | 21 | 48 | — | 0.567 | 7.5 |
| H02 | 山西大同大学学报(社会科学版) | 169 | 0.99 | 8.9 | 1.4 | 19 | 68 | 0.006 | 0.396 | ≥10 |
| H02 | 山西大学学报(哲学社会科学版) | 116 | 0.94 | 22.8 | 1.5 | 20 | 64 | — | 0.681 | ≥10 |
| H02 | 山西农业大学学报(社会科学版) | 151 | 0.94 | 14.1 | 1.6 | 26 | 108 | 0.013 | 0.702 | 8.0 |
| H02 | 陕西理工学院学报(社会科学版) | 79 | 0.93 | 15.4 | 1.3 | 13 | 33 | 0.025 | 0.722 | ≥10 |
| H02 | 上海财经大学学报(哲学社会科学版) | 61 | 0.95 | 39.5 | 1.6 | 15 | 36 | 0.000 | 0.720 | 9.7 |
| H02 | 上海大学学报(社会科学版) | 72 | 0.96 | 23.1 | 1.4 | 14 | 42 | 0.060 | 0.560 | ≥10 |
| H02 | 上海交通大学学报(哲学社会科学版) | 71 | 0.86 | 34.1 | 1.6 | 9 | 31 | 0.028 | 0.690 | ≥10 |
| H02 | 上海理工大学学报(社会科学版) | 74 | 0.89 | 13.2 | 1.7 | 14 | 51 | 0.054 | 0.568 | ≥10 |
| H02 | 韶关学院学报 | 368 | 0.98 | 8.6 | 1.8 | 23 | 159 | 0.014 | 0.592 | 7.4 |
| H02 | 邵阳学院学报(社会科学版) | 113 | 0.98 | 11.7 | 1.4 | 15 | 55 | 0.009 | 0.752 | ≥10 |
| H02 | 绍兴文理学院学报 | 281 | 0.96 | 12.3 | 1.6 | 23 | 156 | 0.014 | 0.520 | ≥10 |
| H02 | 深圳大学学报(人文社会科学版) | 147 | 0.93 | 16.3 | 1.4 | 21 | 95 | 0.034 | 0.605 | ≥10 |
| H02 | 沈阳大学学报(社会科学版) | 163 | 0.95 | 10.5 | 1.5 | 26 | 93 | 0.006 | 0.650 | ≥10 |
| H02 | 沈阳工程学院学报(社会科学版) | 111 | 0.97 | 6.3 | 1.6 | 14 | 62 | — | 0.568 | 7.8 |
| H02 | 沈阳工业大学学报(社会科学版) | 95 | 0.98 | 15.8 | 2.0 | 11 | 36 | — | 0.853 | 5.9 |
| H02 | 沈阳建筑大学学报(社会科学版) | 108 | 0.95 | 11.2 | 2.5 | 13 | 49 | 0.009 | 1.000 | 4.3 |
| H02 | 沈阳农业大学学报(社会科学版) | 161 | 0.93 | 13.5 | 2.2 | 22 | 92 | — | 0.807 | 5.4 |
| H02 | 石河子大学学报(哲学社会科学版) | 109 | 0.90 | 20.5 | 1.4 | 21 | 60 | — | 0.550 | ≥10 |
| H02 | 石家庄铁道大学学报(社会科学版) | 80 | 0.94 | 11.1 | 2.0 | 12 | 47 | — | 0.675 | 5.4 |
| H02 | 四川大学学报(哲学社会科学版) | 107 | 0.94 | 39.2 | 1.4 | 15 | 37 | 0.030 | 0.610 | ≥10 |
| H02 | 四川理工学院学报(社会科学版) | 54 | 0.82 | 20.9 | 1.8 | 17 | 41 | 0.019 | 0.981 | 5.4 |
| H02 | 苏州大学学报(社会科学版) | 141 | 0.96 | 25.0 | 1.4 | 20 | 68 | 0.010 | 0.600 | ≥10 |
| H02 | 苏州科技大学学报(社会科学版) | 99 | 0.98 | 21.6 | 1.2 | 16 | 50 | — | 0.556 | ≥10 |
| H02 | 太原理工大学学报(社会科学版) | 95 | 0.98 | 14.9 | 1.3 | 19 | 58 | — | 0.695 | ≥10 |
| H02 | 天津大学学报(社会科学版) | 105 | 0.98 | 14.2 | 2.2 | 13 | 42 | 0.010 | 0.790 | 7.4 |
| H02 | 天津职业院校联合学报 | 328 | 1.00 | 4.5 | 1.3 | 7 | 74 | — | 0.216 | 5.3 |

| 学科代码 | 期刊名称 | 来源文献量 | 文献选出率 | 平均引文数 | 平均作者数 | 地区分布数 | 机构分布数 | 海外论文比 | 基金论文比 | 引用半衰期 |
|---|---|---|---|---|---|---|---|---|---|---|
| H02 | 同济大学学报(社会科学版) | 88 | 0.94 | 26.7 | 1.3 | 13 | 44 | 0.057 | 0.477 | ≥10 |
| H02 | 潍坊学院学报 | 202 | 0.97 | 7.3 | 1.5 | 17 | 92 | — | 0.342 | 8.1 |
| H02 | 温州大学学报(社会科学版) | 93 | 0.94 | 13.4 | 1.3 | 17 | 60 | 0.129 | 0.505 | ≥10 |
| H02 | 五邑大学学报(社会科学版) | 76 | 0.90 | 15.1 | 1.3 | 16 | 52 | 0.013 | 0.487 | ≥10 |
| H02 | 武汉大学学报(人文科学版) | 100 | 0.94 | 33.6 | 1.3 | 8 | 24 | 0.040 | 0.760 | ≥10 |
| H02 | 武汉大学学报(哲学社会科学版) | 86 | 0.93 | 28.2 | 1.6 | 15 | 34 | 0.050 | 0.830 | ≥10 |
| H02 | 武汉科技大学学报(社会科学版) | 115 | 0.97 | 16.5 | 1.3 | 22 | 79 | 0.017 | 0.783 | ≥10 |
| H02 | 武汉理工大学学报(社会科学版) | 215 | 0.97 | 15.0 | 1.5 | 24 | 119 | 0.028 | 0.563 | ≥10 |
| H02 | 西安电子科技大学学报(社会科学版) | 111 | 1.00 | 16.8 | 1.9 | 21 | 72 | 0.009 | 0.829 | 8.5 |
| H02 | 西安建筑科技大学学报(社会科学版) | 111 | 0.99 | 11.2 | 1.9 | 25 | 77 | 0.018 | 0.541 | 8.8 |
| H02 | 西安交通大学学报(社会科学版) | 125 | 0.98 | 17.9 | 2.0 | 13 | 31 | 0.020 | 0.620 | 8.4 |
| H02 | 西安石油大学学报(社会科学版) | 113 | 0.97 | 11.4 | 1.4 | 17 | 54 | — | 0.425 | 7.9 |
| H02 | 西安文理学院学报(社会科学版) | 174 | 0.98 | 8.4 | 1.2 | 25 | 91 | — | 0.368 | ≥10 |
| H02 | 西北大学学报(哲学社会科学版) | 151 | 0.93 | 16.1 | 1.6 | 15 | 44 | 0.010 | 0.690 | ≥10 |
| H02 | 西北工业大学学报(社会科学版) | 93 | 1.00 | 12.8 | 2.0 | 16 | 53 | — | 0.699 | 7.8 |
| H02 | 西北民族大学学报(哲学社会科学版) | 173 | 0.98 | 18.8 | 1.4 | 27 | 87 | — | 0.595 | ≥10 |
| H02 | 西北农林科技大学学报(社会科学版) | 135 | 0.95 | 19.9 | 2.0 | 23 | 88 | 0.015 | 0.919 | 6.4 |
| H02 | 西昌学院学报(社会科学版) | 158 | 0.98 | 9.3 | 1.3 | 24 | 102 | 0.006 | 0.418 | ≥10 |
| H02 | 西华大学学报(哲学社会科学版) | 111 | 0.97 | 15.8 | 1.4 | 24 | 104 | — | 0.685 | ≥10 |
| H02 | 西南大学学报(社会科学版) | 138 | 0.95 | 23.8 | 1.7 | 19 | 63 | 0.010 | 0.720 | ≥10 |
| H02 | 西南交通大学学报(社会科学版) | 124 | 0.97 | 17.9 | 1.6 | 22 | 81 | 0.024 | 0.637 | ≥10 |
| H02 | 西南科技大学学报(哲学社会科学版) | 103 | 0.95 | 14.2 | 1.3 | 22 | 62 | — | 0.641 | ≥10 |
| H02 | 西南民族大学学报(人文社科版) | 469 | 1.00 | 18.8 | 1.5 | 28 | 170 | 0.020 | 0.640 | ≥10 |
| H02 | 西南石油大学学报(社会科学版) | 100 | 0.98 | 17.4 | 1.7 | 22 | 77 | — | 0.610 | 8.5 |
| H02 | 西藏大学学报(社会科学版) | 119 | 0.97 | 17.7 | 1.6 | 18 | 60 | — | 0.807 | ≥10 |
| H02 | 西藏民族大学学报(哲学社会科学版) | 141 | 0.90 | 18.2 | 1.5 | 13 | 38 | 0.007 | 0.532 | ≥10 |
| H02 | 湘南学院学报 | 164 | 0.98 | 9.0 | 1.7 | 22 | 96 | — | 0.506 | ≥10 |
| H02 | 湘潭大学学报(哲学社会科学版) | 186 | 1.00 | 17.2 | 1.6 | 16 | 70 | 0.010 | 0.610 | ≥10 |
| H02 | 新疆大学学报(哲学·人文社会科学版) | 141 | 0.99 | 18.0 | 1.5 | 21 | 81 | — | 0.709 | ≥10 |
| H02 | 徐州工程学院学报(社会科学版) | 109 | 0.99 | 15.6 | 1.4 | 18 | 67 | 0.046 | 0.734 | ≥10 |
| H02 | 烟台大学学报(哲学社会科学版) | 84 | 0.94 | 28.5 | 1.2 | 16 | 45 | — | 0.500 | ≥10 |
| H02 | 延安大学学报(社会科学版) | 161 | 1.00 | 11.9 | 1.3 | 23 | 83 | — | 0.634 | ≥10 |
| H02 | 延边大学学报(社会科学版) | 113 | 0.88 | 19.4 | 1.4 | 18 | 45 | 0.018 | 0.425 | ≥10 |
| H02 | 盐城工学院学报(社会科学版) | 77 | 0.94 | 9.3 | 1.3 | 15 | 55 | 0.013 | 0.364 | 9.4 |

| 学科代码 | 期刊名称 | 来源文献量 | 文献选出率 | 平均引文数 | 平均作者数 | 地区分布数 | 机构分布数 | 海外论文比 | 基金论文比 | 引用半衰期 |
|---|---|---|---|---|---|---|---|---|---|---|
| H02 | 燕山大学学报(哲学社会科学版) | 101 | 0.96 | 15.3 | 1.6 | 18 | 63 | 0.040 | 0.574 | ≥10 |
| H02 | 扬州大学学报(人文社会科学版) | 106 | 0.99 | 18.3 | 1.4 | 15 | 68 | 0.066 | 0.755 | ≥10 |
| H02 | 应用型高等教育研究 | 72 | 0.95 | 10.2 | 1.8 | 14 | 51 | 0.167 | 0.556 | 6.3 |
| H02 | 榆林学院学报 | 207 | 0.98 | 7.9 | 1.8 | 24 | 97 | 0.005 | 0.589 | 7.9 |
| H02 | 云南大学学报(社会科学版) | 86 | 0.97 | 18.8 | 1.1 | 12 | 41 | 0.012 | 0.570 | ≥10 |
| H02 | 云南民族大学学报(哲学社会科学版) | 145 | 0.92 | 20.2 | 1.4 | 26 | 82 | 0.000 | 0.720 | ≥10 |
| H02 | 云南农业大学学报(社会科学版) | 139 | 0.97 | 11.9 | 2.4 | 19 | 74 | — | 0.683 | 6.7 |
| H02 | 肇庆学院学报 | 125 | 0.96 | 8.7 | 1.7 | 9 | 34 | — | 0.520 | 8.6 |
| H02 | 浙江大学学报(人文社会科学版) | 89 | 0.82 | 44.0 | 1.9 | 11 | 27 | 0.040 | 0.640 | ≥10 |
| H02 | 浙江工业大学学报(社会科学版) | 79 | 0.98 | 13.0 | 2.3 | 4 | 23 | 0.025 | 0.797 | 6.1 |
| H02 | 浙江海洋学院学报(人文社会版) | 101 | 1.00 | 12.7 | 1.5 | 15 | 41 | — | 0.495 | ≥10 |
| H02 | 浙江理工大学学报(社会科学版) | 94 | 1.00 | 17.1 | 2.0 | 9 | 34 | — | 0.766 | 7.0 |
| H02 | 浙江树人大学学报 | 118 | 0.90 | 12.8 | 1.3 | 20 | 61 | 0.008 | 0.559 | 8.6 |
| H02 | 郑州大学学报(哲学社会科学版) | 172 | 0.96 | 16.6 | 1.2 | 20 | 89 | 0.012 | 0.628 | ≥10 |
| H02 | 郑州航空工业管理学院学报(社会科学版) | 303 | 1.00 | 10.6 | 1.2 | 26 | 165 | 0.020 | 0.373 | ≥10 |
| H02 | 郑州轻工业学院学报(社会科学版) | 81 | 0.94 | 11.5 | 1.3 | 17 | 53 | — | 0.593 | 7.9 |
| H02 | 中北大学学报(社会科学版) | 152 | 0.97 | 12.7 | 1.4 | 24 | 100 | — | 0.592 | ≥10 |
| H02 | 中国地质大学学报(社会科学版) | 101 | 0.89 | 24.2 | 1.9 | 18 | 58 | 0.010 | 0.690 | 7.9 |
| H02 | 中国海洋大学学报(社会科学版) | 115 | 0.97 | 22.0 | 1.8 | 19 | 57 | 0.026 | 0.713 | 9.4 |
| H02 | 中国矿业大学学报(社会科学版) | 69 | 0.95 | 22.0 | 1.6 | 16 | 51 | 0.043 | 0.725 | ≥10 |
| H02 | 中国农业大学学报(社会科学版) | 87 | 0.91 | 22.9 | 1.7 | 20 | 72 | 0.057 | 0.552 | 8.3 |
| H02 | 中国人民大学学报 | 98 | 0.93 | 27.6 | 1.4 | 13 | 32 | 0.010 | 0.540 | ≥10 |
| H02 | 中国人民公安大学学报(社会科学版) | 124 | 1.00 | 20.7 | 1.5 | 21 | 65 | — | 0.548 | 9.8 |
| H02 | 中国社会科学院研究生院学报 | 133 | 0.96 | 17.1 | 1.3 | 27 | 95 | — | 0.534 | ≥10 |
| H02 | 中国石油大学学报(社会科学版) | 121 | 0.98 | 14.8 | 1.8 | 16 | 60 | — | 0.752 | 9.0 |
| H02 | 中南大学学报(社会科学版) | 186 | 1.00 | 23.4 | 1.4 | 22 | 85 | 0.011 | 0.747 | ≥10 |
| H02 | 中南林业科技大学学报(社会科学版) | 104 | 0.95 | 14.5 | 2.1 | 16 | 65 | — | 0.875 | 5.4 |
| H02 | 中南民族大学学报(人文社会科学版) | 215 | 0.98 | 14.2 | 1.5 | 26 | 87 | 0.010 | 0.650 | ≥10 |
| H02 | 中山大学学报(社会科学版) | 118 | 1.00 | 48.4 | 1.3 | 16 | 47 | 0.070 | 0.550 | ≥10 |
| H02 | 中央民族大学学报(哲学社会科学版) | 139 | 0.95 | 21.2 | 1.4 | 25 | 83 | 0.022 | 0.705 | ≥10 |
| H03 | 阿坝师范学院学报 | 118 | 0.98 | 8.9 | 1.3 | 21 | 69 | — | 0.458 | ≥10 |
| H03 | 安徽师范大学学报(人文社会科学版) | 119 | 0.97 | 18.7 | 1.3 | 22 | 70 | 0.030 | 0.600 | ≥10 |
| H03 | 安庆师范大学学报(社会科学版) | 226 | 1.00 | 11.9 | 1.3 | 23 | 103 | — | 0.597 | ≥10 |
| H03 | 安阳师范学院学报 | 228 | 1.00 | 8.7 | 1.4 | 25 | 131 | 0.004 | 0.513 | 9.6 |

| 学科代码 | 期刊名称 | 来源文献量 | 文献选出率 | 平均引文数 | 平均作者数 | 地区分布数 | 机构分布数 | 海外论文比 | 基金论文比 | 引用半衰期 |
|---|---|---|---|---|---|---|---|---|---|---|
| H03 | 鞍山师范学院学报 | 159 | 0.99 | 6.9 | 1.9 | 13 | 57 | 0.013 | 0.434 | 7.7 |
| H03 | 北京师范大学学报(社会科学版) | 102 | 0.98 | 38.8 | 1.7 | 12 | 33 | 0.020 | 0.560 | ≥10 |
| H03 | 沧州师范学院学报 | 136 | 0.99 | 7.3 | 1.7 | 18 | 58 | - | 0.500 | 9.0 |
| H03 | 长江师范学院学报 | 147 | 0.97 | 15.7 | 1.3 | 24 | 95 | - | 0.565 | ≥10 |
| H03 | 楚雄师范学院学报 | 237 | 0.98 | 10.0 | 1.7 | 24 | 100 | 0.008 | 0.443 | ≥10 |
| H03 | 大庆师范学院学报 | 209 | 0.97 | 9.2 | 1.7 | 26 | 124 | 0.024 | 0.603 | ≥10 |
| H03 | 福建师大福清分校学报 | 114 | 0.95 | 11.0 | 1.7 | 12 | 47 | 0.018 | 0.474 | 9.2 |
| H03 | 福建师范大学学报(哲学社会科学版) | 132 | 0.90 | 29.3 | 1.3 | 20 | 62 | 0.010 | 0.590 | ≥10 |
| H03 | 阜阳师范学院学报(社会科学版) | 209 | 0.98 | 10.5 | 1.4 | 24 | 106 | 0.005 | 0.641 | ≥10 |
| H03 | 赣南师范大学学报 | 170 | 0.95 | 13.6 | 2.2 | 12 | 52 | 0.006 | 0.835 | ≥10 |
| H03 | 广东技术师范学院学报 | 285 | 0.99 | 12.9 | 1.5 | 25 | 138 | 0.004 | 0.561 | ≥10 |
| H03 | 广西科技师范学院学报 | 224 | 0.95 | 8.4 | 1.4 | 28 | 122 | - | 0.545 | 8.3 |
| H03 | 广西民族师范学院学报 | 242 | 0.98 | 8.4 | 1.4 | 23 | 120 | 0.004 | 0.645 | 9.5 |
| H03 | 广西师范学院学报(哲学社会科学版) | 167 | 0.94 | 13.3 | 1.5 | 20 | 112 | 0.012 | 0.689 | 9.3 |
| H03 | 桂林师范高等专科学校学报 | 149 | 0.98 | 8.1 | 1.3 | 18 | 66 | 0.007 | 0.497 | 9.5 |
| H03 | 韩山师范学院学报 | 110 | 0.92 | 13.1 | 1.8 | 10 | 48 | 0.027 | 0.655 | ≥10 |
| H03 | 合肥师范学院学报 | 179 | 0.99 | 10.0 | 1.9 | 12 | 80 | - | 0.721 | ≥10 |
| H03 | 和田师范专科学校学报 | 167 | 0.97 | 7.6 | 1.4 | 25 | 84 | - | 0.317 | 9.3 |
| H03 | 河北科技师范学院学报 | 54 | 0.98 | 21.5 | 4.3 | 8 | 28 | - | 0.778 | 8.4 |
| H03 | 河北民族师范学院学报 | 78 | 0.91 | 12.7 | 1.6 | 20 | 50 | 0.051 | 0.526 | ≥10 |
| H03 | 河南师范大学学报(哲学社会科学版) | 199 | 0.94 | 15.3 | 1.2 | 27 | 96 | 0.020 | 0.580 | ≥10 |
| H03 | 衡阳师范学院学报 | 228 | 0.93 | 11.2 | 2.0 | 23 | 102 | 0.004 | 0.728 | ≥10 |
| H03 | 湖北师范大学学报(哲学社会科学版) | 205 | 0.98 | 9.7 | 1.5 | 16 | 70 | 0.015 | 0.463 | ≥10 |
| H03 | 湖南第一师范学院学报 | 148 | 0.96 | 8.9 | 1.5 | 20 | 76 | 0.007 | 0.669 | 9.0 |
| H03 | 湖南师范大学社会科学学报 | 131 | 0.98 | 20.2 | 1.6 | 19 | 50 | 0.020 | 0.630 | ≥10 |
| H03 | 湖州师范学院学报 | 257 | 0.99 | 11.0 | 2.0 | 24 | 117 | 0.004 | 0.576 | 9.3 |
| H03 | 华东师范大学学报(哲学社会科学版) | 143 | 0.92 | 31.2 | 1.3 | 13 | 51 | 0.100 | 0.380 | ≥10 |
| H03 | 华南师范大学学报(社会科学版) | 157 | 0.92 | 24.7 | 1.5 | 22 | 62 | 0.040 | 0.560 | ≥10 |
| H03 | 华中师范大学学报(人文社会科学版) | 122 | 0.93 | 26.6 | 1.5 | 17 | 60 | 0.020 | 0.720 | ≥10 |
| H03 | 淮南师范学院学报 | 202 | 0.99 | 13.8 | 1.5 | 17 | 87 | - | 0.525 | ≥10 |
| H03 | 淮阴师范学院学报(哲学社会科学版) | 135 | 0.89 | 12.6 | 1.4 | 16 | 78 | 0.081 | 0.519 | ≥10 |
| H03 | 黄冈师范学院学报 | 192 | 0.99 | 8.5 | 1.7 | 22 | 116 | 0.005 | 0.594 | 8.8 |
| H03 | 吉林工程技术师范学院学报 | 397 | 0.97 | 5.6 | 1.4 | 27 | 238 | 0.015 | 0.463 | 5.6 |
| H03 | 集宁师范学院学报 | 152 | 0.95 | 10.2 | 1.4 | 24 | 93 | - | 0.474 | ≥10 |

| 学科代码 | 期刊名称 | 来源文献量 | 文献选出率 | 平均引文数 | 平均作者数 | 地区分布数 | 机构分布数 | 海外论文比 | 基金论文比 | 引用半衰期 |
|---|---|---|---|---|---|---|---|---|---|---|
| H03 | 焦作师范高等专科学校学报 | 82 | 0.99 | 10.7 | 1.3 | 16 | 51 | - | 0.366 | ≥10 |
| H03 | 喀什大学学报 | 184 | 0.99 | 7.5 | 1.6 | 20 | 68 | - | 0.587 | 9.0 |
| H03 | 廊坊师范学院学报(社会科学版) | 95 | 0.95 | 15.5 | 1.3 | 24 | 76 | - | 0.516 | ≥10 |
| H03 | 乐山师范学院学报 | 292 | 0.98 | 13.3 | 1.8 | 27 | 176 | - | 0.531 | ≥10 |
| H03 | 连云港师范高等专科学校学报 | 99 | 0.98 | 6.9 | 1.5 | 14 | 51 | - | 0.545 | 8.8 |
| H03 | 辽宁师专学报(社会科学版) | 357 | 1.00 | 4.5 | 1.2 | 16 | 90 | - | 0.165 | 7.0 |
| H03 | 岭南师范学院学报 | 159 | 0.89 | 12.2 | 1.6 | 23 | 82 | 0.006 | 0.509 | ≥10 |
| H03 | 六盘水师范学院学报 | 130 | 0.98 | 8.6 | 1.4 | 19 | 62 | 0.215 | 0.454 | 9.2 |
| H03 | 洛阳师范学院学报 | 276 | 0.94 | 8.5 | 1.4 | 27 | 173 | 0.004 | 0.449 | ≥10 |
| H03 | 闽南师范大学学报(哲学社会科学版) | 118 | 0.99 | 11.0 | 1.2 | 8 | 33 | 0.008 | 0.508 | 9.8 |
| H03 | 牡丹江师范学院学报(哲学社会科学版) | 185 | 0.96 | 12.5 | 1.7 | 27 | 122 | 0.016 | 0.784 | ≥10 |
| H03 | 南昌师范学院学报 | 192 | 0.99 | 9.5 | 1.6 | 24 | 131 | - | 0.693 | 9.7 |
| H03 | 南京师范大学文学院学报 | 125 | 0.95 | 15.9 | 1.1 | 17 | 73 | 0.016 | 0.528 | ≥10 |
| H03 | 南阳师范学院学报 | 204 | 1.00 | 11.5 | 1.8 | 23 | 120 | 0.025 | 0.495 | ≥10 |
| H03 | 内江师范学院学报 | 316 | 0.98 | 13.6 | 1.7 | 28 | 172 | 0.006 | 0.560 | 8.8 |
| H03 | 宁德师范学院学报(哲学社会科学版) | 119 | 0.98 | 8.5 | 1.3 | 11 | 39 | - | 0.504 | ≥10 |
| H03 | 宁夏师范学院学报 | 175 | 0.92 | 9.7 | 1.5 | 18 | 86 | 0.006 | 0.509 | ≥10 |
| H03 | 齐齐哈尔师范高等专科学校学报 | 369 | 1.00 | 6.2 | 1.2 | 30 | 228 | 0.003 | 0.306 | 8.1 |
| H03 | 黔南民族师范学院学报 | 162 | 0.96 | 9.8 | 1.6 | 18 | 58 | 0.012 | 0.568 | ≥10 |
| H03 | 青海师范大学学报(哲学社会科学版) | 177 | 0.97 | 12.6 | 1.3 | 22 | 99 | 0.006 | 0.463 | ≥10 |
| H03 | 曲靖师范学院学报 | 159 | 0.98 | 10.7 | 1.6 | 17 | 78 | - | 0.522 | ≥10 |
| H03 | 泉州师范学院学报 | 127 | 0.99 | 12.1 | 1.9 | 11 | 45 | 0.008 | 0.685 | 8.0 |
| H03 | 陕西师范大学学报(哲学社会科学版) | 126 | 0.95 | 24.5 | 1.3 | 14 | 52 | 0.020 | 0.660 | ≥10 |
| H03 | 商丘师范学院学报 | 278 | 0.94 | 12.7 | 1.6 | 26 | 157 | 0.061 | 0.482 | ≥10 |
| H03 | 上海师范大学学报(哲学社会科学版) | 101 | 0.94 | 29.9 | 1.3 | 16 | 46 | 0.030 | 0.580 | ≥10 |
| H03 | 上饶师范学院学报 | 131 | 0.94 | 13.3 | 2.1 | 15 | 68 | - | 0.641 | ≥10 |
| H03 | 太原师范学院学报(社会科学版) | 189 | 0.97 | 7.5 | 1.3 | 26 | 109 | 0.005 | 0.349 | ≥10 |
| H03 | 唐山师范学院学报 | 256 | 0.98 | 9.8 | 1.5 | 28 | 151 | - | 0.457 | ≥10 |
| H03 | 天水师范学院学报 | 160 | 0.98 | 13.6 | 1.5 | 18 | 48 | - | 0.338 | ≥10 |
| H03 | 通化师范学院学报 | 411 | 0.98 | 9.6 | 1.9 | 24 | 216 | 0.007 | 0.730 | 8.8 |
| H03 | 渭南师范学院学报 | 380 | 0.94 | 10.9 | 1.5 | 25 | 154 | 0.026 | 0.771 | ≥10 |
| H03 | 咸阳师范学院学报 | 151 | 0.95 | 13.1 | 1.6 | 22 | 76 | - | 0.616 | ≥10 |
| H03 | 忻州师范学院学报 | 188 | 0.97 | 10.9 | 1.4 | 27 | 108 | - | 0.388 | ≥10 |
| H03 | 新疆师范大学学报(哲学社会科学版) | 113 | 0.94 | 22.0 | 1.5 | 17 | 63 | 0.010 | 0.790 | 9.2 |

| 学科代码 | 期刊名称 | 来源文献量 | 文献选出率 | 平均引文数 | 平均作者数 | 地区分布数 | 机构分布数 | 海外论文比 | 基金论文比 | 引用半衰期 |
|---|---|---|---|---|---|---|---|---|---|---|
| H03 | 信阳师范学院学报(哲学社会科学版) | 181 | 0.96 | 11.6 | 1.2 | 18 | 71 | — | 0.989 | 8.8 |
| H03 | 兴义民族师范学院学报 | 166 | 0.93 | 8.6 | 1.5 | 18 | 88 | 0.012 | 0.548 | 8.5 |
| H03 | 盐城师范学院学报(人文社会科学版) | 171 | 0.98 | 9.4 | 1.2 | 23 | 111 | — | 0.591 | ≥10 |
| H03 | 伊犁师范学院学报(社科版) | 114 | 0.95 | 12.1 | 1.2 | 17 | 58 | — | 0.456 | ≥10 |
| H03 | 玉林师范学院学报 | 189 | 0.96 | 10.4 | 1.9 | 17 | 76 | — | 0.667 | ≥10 |
| H03 | 玉溪师范学院学报 | 144 | 0.90 | 14.6 | 1.8 | 23 | 78 | 0.021 | 0.444 | ≥10 |
| H03 | 汉江师范学院学报 | 211 | 1.00 | 6.4 | 1.2 | 23 | 103 | 0.009 | 0.408 | 9.3 |
| H03 | 周口师范学院学报 | 234 | 0.98 | 10.1 | 1.6 | 20 | 97 | 0.013 | 0.500 | 9.2 |
| H03 | 遵义师范学院学报 | 246 | 0.99 | 8.7 | 1.6 | 26 | 121 | 0.012 | 0.561 | 9.1 |
| J01 | 理论探讨 | 203 | 0.96 | 11.6 | 1.5 | 23 | 107 | 0.000 | 0.690 | 6.4 |
| J01 | 理论与改革 | 220 | 0.97 | 15.4 | 1.3 | 25 | 124 | 0.010 | 0.560 | 9.5 |
| J01 | 马克思主义研究 | 224 | 0.93 | 26.3 | 1.3 | 23 | 116 | 0.000 | 0.420 | 7.9 |
| J01 | 马克思主义与现实 | 173 | 0.97 | 28.0 | 1.3 | 24 | 96 | 0.060 | 0.500 | 0.0 |
| J01 | 毛泽东邓小平理论研究 | 171 | 0.91 | 13.8 | 1.2 | 22 | 84 | — | 0.392 | 8.9 |
| J01 | 毛泽东思想研究 | 171 | 0.94 | 11.0 | 1.4 | 25 | 133 | 0.006 | 0.538 | ≥10 |
| J01 | 社会主义研究 | 138 | 0.96 | 22.4 | 1.4 | 22 | 83 | 0.000 | 0.750 | 5.9 |
| J02 | Frontiers of Philosophy in China | 45 | 0.80 | 28.0 | 1.0 | 6 | 38 | 0.467 | 0.156 | ≥10 |
| J02 | 管子学刊 | 104 | 0.95 | 11.7 | 1.4 | 14 | 58 | 0.010 | 0.433 | ≥10 |
| J02 | 科学技术哲学研究 | 115 | 0.95 | 14.7 | 1.4 | 22 | 67 | 0.009 | 0.791 | ≥10 |
| J02 | 科学与无神论 | 51 | 0.69 | 20.1 | 1.3 | 17 | 41 | — | 0.294 | ≥10 |
| J02 | 孔子研究 | 111 | 0.80 | 28.7 | 1.1 | 23 | 66 | 0.054 | 0.432 | ≥10 |
| J02 | 伦理学研究 | 148 | 0.88 | 12.6 | 1.3 | 22 | 87 | 0.020 | 0.530 | ≥10 |
| J02 | 世界哲学 | 98 | 0.92 | 18.8 | 1.4 | 15 | 62 | 0.143 | 0.459 | ≥10 |
| J02 | 系统科学学报 | 94 | 0.99 | 12.1 | 2.0 | 22 | 76 | — | 0.702 | ≥10 |
| J02 | 现代哲学 | 111 | 0.98 | 29.2 | 1.2 | 19 | 68 | 0.063 | 0.649 | — |
| J02 | 学海 | 181 | 0.97 | 24.0 | 1.4 | 19 | 81 | 0.060 | 0.580 | ≥10 |
| J02 | 哲学动态 | 193 | 0.96 | 13.2 | 1.1 | 26 | 86 | 0.050 | 0.450 | ≥10 |
| J02 | 哲学分析 | 77 | 0.76 | 26.4 | 1.4 | 14 | 57 | 0.234 | 0.325 | ≥10 |
| J02 | 哲学研究 | 210 | 0.90 | 12.5 | 1.2 | 25 | 79 | 0.010 | 0.460 | ≥10 |
| J02 | 中国哲学史 | 64 | 0.94 | 26.6 | 1.1 | 18 | 39 | — | 0.406 | ≥10 |
| J02 | 周易研究 | 66 | 0.88 | 30.6 | 1.2 | 14 | 43 | 0.076 | 0.545 | ≥10 |
| J02 | 自然辩证法通讯 | 133 | 0.94 | 22.7 | 1.4 | 21 | 97 | 0.113 | 0.654 | ≥10 |
| J02 | 自然辩证法研究 | 271 | 0.94 | 14.2 | 1.5 | 25 | 137 | 0.030 | 0.570 | ≥10 |
| J03 | 世界宗教文化 | 151 | 0.93 | 26.8 | 1.2 | 22 | 77 | 0.070 | 0.300 | ≥10 |

| 学科代码 | 期刊名称 | 来源文献量 | 文献选出率 | 平均引文数 | 平均作者数 | 地区分布数 | 机构分布数 | 海外论文比 | 基金论文比 | 引用半衰期 |
|---|---|---|---|---|---|---|---|---|---|---|
| J03 | 世界宗教研究 | 124 | 0.89 | 36.3 | 1.2 | 20 | 67 | 0.050 | 0.300 | ≥10 |
| J03 | 五台山研究 | 45 | 0.82 | 10.3 | 1.1 | 11 | 29 | 0.022 | 0.311 | ≥10 |
| J03 | 中国穆斯林 | 131 | 0.82 | 2.2 | 1.2 | 19 | 54 | 0.020 | 0.030 | ≥10 |
| J03 | 中国宗教 | 354 | 0.83 | 0.0 | 1.1 | 26 | 145 | 0.010 | 0.030 | 0.0 |
| J03 | 宗教学研究 | 160 | 0.94 | 31.4 | 1.1 | 25 | 85 | 0.040 | 0.480 | ≥10 |
| K01 | 辞书研究 | 76 | 0.84 | 15.3 | 1.3 | 19 | 63 | 0.026 | 0.421 | ≥10 |
| K01 | 当代外语研究 | 96 | 0.90 | 21.8 | 1.5 | 21 | 81 | 0.042 | 0.583 | ≥10 |
| K01 | 当代修辞学 | 56 | 0.78 | 23.8 | 1.6 | 10 | 44 | 0.107 | 0.536 | ≥10 |
| K01 | 当代语言学 | 49 | 0.96 | 33.1 | 1.7 | 14 | 33 | 0.140 | 0.370 | ≥10 |
| K01 | 东北亚外语研究 | 59 | 0.84 | 17.2 | 1.3 | 16 | 38 | 0.119 | 0.678 | ≥10 |
| K01 | 方言 | 55 | 0.95 | 20.2 | 1.2 | 21 | 41 | 0.040 | 0.600 | ≥10 |
| K01 | 疯狂英语(理论版) | 269 | 0.96 | 6.6 | 1.3 | 28 | 203 | 0.007 | 0.316 | 9.1 |
| K01 | 古汉语研究 | 55 | 0.95 | 22.2 | 1.2 | 16 | 36 | 0.000 | 0.710 | ≥10 |
| K01 | 海外英语(上) | 2308 | 1.00 | 7.3 | 1.2 | 31 | 973 | 0.007 | 0.301 | ≥10 |
| K01 | 汉语学报 | 43 | 0.86 | 21.4 | 1.3 | 17 | 41 | 0.047 | 0.744 | ≥10 |
| K01 | 汉语学习 | 70 | 1.00 | 23.5 | 1.3 | 17 | 46 | 0.070 | 0.660 | ≥10 |
| K01 | 汉语言文学研究 | 88 | 0.96 | 26.9 | 1.0 | 15 | 57 | 0.125 | 0.261 | ≥10 |
| K01 | 汉字文化 | 127 | 0.80 | 9.2 | 1.2 | 3 | 10 | — | 0.315 | ≥10 |
| K01 | 基础教育外语教学研究 | 108 | 0.67 | 8.7 | 1.3 | 19 | 86 | 0.009 | 0.231 | ≥10 |
| K01 | 课外语文(下) | 1864 | 0.98 | 1.9 | 1.0 | 30 | 1558 | 0.003 | 0.033 | 4.0 |
| K01 | 满语研究 | 44 | 0.98 | 16.3 | 1.2 | 5 | 24 | 0.068 | 0.364 | ≥10 |
| K01 | 民族语文 | 53 | 1.00 | 32.7 | 1.3 | — | — | — | 0.679 | ≥10 |
| K01 | 山东外语教学 | 87 | 0.93 | 24.7 | 1.5 | 17 | 73 | — | 0.782 | ≥10 |
| K01 | 上海翻译 | 97 | 0.90 | 19.4 | 1.5 | 19 | 73 | 0.000 | 0.470 | ≥10 |
| K01 | 世界汉语教学 | 39 | 0.91 | 38.4 | 1.5 | 9 | 24 | 0.210 | 0.440 | ≥10 |
| K01 | 外语电化教学 | 87 | 0.96 | 20.7 | 1.9 | 21 | 79 | 0.034 | 0.862 | 9.1 |
| K01 | 外语与翻译 | 63 | 0.89 | 19.1 | 1.4 | 17 | 56 | 0.016 | 0.619 | ≥10 |
| K01 | 现代语文(教学研究) | 1015 | 0.98 | 2.1 | 1.1 | 30 | 686 | 0.002 | 0.107 | 7.3 |
| K01 | 现代语文(学术综合) | 771 | 0.98 | 7.8 | 1.1 | 30 | 376 | 0.001 | 0.201 | ≥10 |
| K01 | 现代语文(语言研究) | 587 | 0.95 | 10.4 | 1.2 | 29 | 226 | 0.003 | 0.264 | ≥10 |
| K01 | 校园英语(上旬) | 2563 | 0.99 | 2.7 | 1.1 | 31 | 1798 | 0.003 | 0.105 | 6.8 |
| K01 | 校园英语(下旬) | 2593 | 1.00 | 2.7 | 1.1 | 31 | 1788 | 0.003 | 0.101 | 6.5 |
| K01 | 校园英语(中旬) | 2581 | 0.99 | 2.7 | 1.1 | 31 | 1838 | 0.004 | 0.092 | 6.5 |
| K01 | 英语广场(下旬刊) | 1126 | 1.00 | 5.2 | 1.2 | 31 | 696 | 0.002 | 0.237 | 7.6 |

| 学科代码 | 期刊名称 | 来源文献量 | 文献选出率 | 平均引文数 | 平均作者数 | 地区分布数 | 机构分布数 | 海外论文比 | 基金论文比 | 引用半衰期 |
|---|---|---|---|---|---|---|---|---|---|---|
| K01 | 英语画刊(高级版) | 1082 | 0.51 | 0.1 | 1.0 | 21 | 732 | 0.003 | 0.004 | 6.5 |
| K01 | 英语教师 | 952 | 0.93 | 4.6 | 1.1 | 31 | 758 | 0.004 | 0.191 | 6.2 |
| K01 | 英语学习(教师版) | 164 | 0.71 | 4.2 | 1.4 | 18 | 147 | 0.006 | 0.159 | 7.3 |
| K01 | 语文建设 | 227 | 0.72 | 2.7 | 1.2 | 28 | 179 | - | 0.220 | ≥10 |
| K01 | 语文教学通讯·A刊 | 300 | 0.85 | 1.1 | 1.1 | 27 | 237 | - | 0.077 | ≥10 |
| K01 | 语文教学通讯·B刊 | 272 | 0.82 | 1.9 | 1.1 | 23 | 221 | - | 0.070 | 6.3 |
| K01 | 语文教学通讯·C刊 | 255 | 0.68 | - | 1.2 | 19 | 217 | - | 0.027 | - |
| K01 | 语文教学通讯·D刊(学术刊) | 384 | 0.92 | 3.9 | 1.1 | 26 | 247 | - | 0.172 | 9.4 |
| K01 | 语文教学之友 | 273 | 0.94 | 1.4 | 1.1 | 23 | 231 | - | 0.048 | 5.8 |
| K01 | 语文世界(教师之窗) | 407 | 0.96 | - | 1.0 | 15 | 237 | - | 0.002 | - |
| K01 | 语文天地(初中版) | 683 | 1.00 | - | 1.0 | 27 | 542 | - | 0.016 | - |
| K01 | 语文研究 | 44 | 0.98 | 26.4 | 1.5 | 17 | 43 | 0.023 | 0.727 | ≥10 |
| K01 | 语文知识 | 831 | 0.97 | 1.0 | 1.1 | 22 | 623 | 0.001 | 0.057 | 6.9 |
| K01 | 语言教学与研究 | 67 | 0.96 | 30.8 | 1.4 | 17 | 40 | 0.120 | 0.480 | ≥10 |
| K01 | 语言科学 | 58 | 0.71 | 27.7 | 1.4 | 15 | 51 | 0.103 | 0.672 | ≥10 |
| K01 | 语言文字应用 | 63 | 0.85 | 16.8 | 1.6 | 13 | 40 | 0.030 | 0.570 | 9.1 |
| K01 | 语言研究 | 68 | 0.97 | 26.8 | 1.3 | 17 | 47 | 0.070 | 0.590 | ≥10 |
| K01 | 语言与翻译(汉文版) | 64 | 0.89 | 17.8 | 1.4 | 13 | 50 | 0.016 | 0.719 | ≥10 |
| K01 | 中国翻译 | 141 | 0.92 | 18.7 | 1.4 | 23 | 84 | 0.100 | 0.440 | ≥10 |
| K01 | 中国科技翻译 | 70 | 0.97 | 7.5 | 1.5 | 22 | 57 | 0.010 | 0.390 | ≥10 |
| K01 | 中国文学研究 | 101 | 0.94 | 17.2 | 1.1 | 24 | 79 | - | 0.594 | ≥10 |
| K01 | 中国语文 | 83 | 0.87 | 30.1 | 1.3 | 19 | 51 | 0.060 | 0.630 | ≥10 |
| K01 | 中学语文(上旬·教学大参考) | 301 | 0.72 | 2.4 | 1.1 | 26 | 219 | - | 0.083 | 6.3 |
| K01 | 中学语文(下旬·大语文论坛) | 1500 | 0.99 | - | 1.0 | 30 | 1141 | 0.003 | 0.033 | - |
| K03 | 北京第二外国语学院学报 | 64 | 0.85 | 22.8 | 1.4 | 15 | 54 | - | 0.625 | ≥10 |
| K03 | 基础外语教育 | 91 | 0.93 | 10.7 | 1.4 | 20 | 89 | 0.011 | 0.407 | 8.8 |
| K03 | 解放军外国语学院学报 | 115 | 0.86 | 24.0 | 1.5 | 20 | 75 | 0.020 | 0.640 | ≥10 |
| K03 | 日语学习与研究 | 90 | 0.98 | 27.1 | 1.2 | 16 | 60 | 0.100 | 0.389 | ≥10 |
| K03 | 天津外国语大学学报 | 86 | 0.89 | 20.1 | 1.4 | 18 | 55 | - | 0.581 | ≥10 |
| K03 | 外国语 | 70 | 0.90 | 33.5 | 1.5 | 14 | 39 | 0.040 | 0.660 | ≥10 |
| K03 | 外国语文 | 145 | 0.93 | 22.6 | 1.4 | 21 | 86 | 0.010 | 0.590 | ≥10 |
| K03 | 外国语言文学 | 37 | 0.84 | 19.3 | 1.4 | 14 | 39 | 0.054 | 0.649 | ≥10 |
| K03 | 外语教学 | 143 | 0.96 | 23.3 | 1.5 | 23 | 93 | 0.010 | 0.760 | ≥10 |
| K03 | 外语教学理论与实践 | 57 | 1.00 | 24.7 | 1.5 | 11 | 39 | - | 0.526 | ≥10 |

| 学科代码 | 期刊名称 | 来源文献量 | 文献选出率 | 平均引文数 | 平均作者数 | 地区分布数 | 机构分布数 | 海外论文比 | 基金论文比 | 引用半衰期 |
|---|---|---|---|---|---|---|---|---|---|---|
| K03 | 外语教学与研究 | 90 | 0.94 | 24.2 | 1.5 | 14 | 50 | 0.060 | 0.480 | ≥10 |
| K03 | 外语界 | 71 | 0.99 | 27.4 | 1.8 | 18 | 48 | 0.030 | 0.550 | 8.3 |
| K03 | 外语学刊 | 215 | 1.00 | 18.3 | 1.4 | 21 | 108 | 0.005 | 0.805 | ≥10 |
| K03 | 外语研究 | 119 | 0.93 | 24.2 | 1.5 | 19 | 99 | 0.050 | 0.714 | ≥10 |
| K03 | 外语与外语教学 | 99 | 0.93 | 26.0 | 1.6 | 18 | 57 | 0.020 | 0.710 | ≥10 |
| K03 | 西安外国语大学学报 | 113 | 1.00 | 21.1 | 1.5 | 21 | 80 | 0.000 | 0.650 | ≥10 |
| K03 | 现代外语 | 88 | 0.88 | 26.6 | 1.5 | 18 | 72 | 0.045 | 0.773 | ≥10 |
| K03 | 云南师范大学学报(对外汉语教学与研究版) | 73 | 0.95 | 19.3 | 1.3 | 16 | 46 | 0.068 | 0.301 | ≥10 |
| K03 | 中国俄语教学 | 70 | 0.96 | 12.2 | 1.3 | 14 | 38 | — | 0.543 | ≥10 |
| K03 | 中国外语 | 89 | 0.94 | 26.0 | 1.5 | 17 | 70 | 0.045 | 0.719 | ≥10 |
| K04 | Frontiers of Literary Studies in China | 41 | 0.85 | 56.0 | 1.1 | 4 | 37 | 0.707 | 0.073 | — |
| K04 | 安徽文学(下半月) | 844 | 0.98 | 6.6 | 1.2 | 31 | 373 | 0.005 | 0.239 | ≥10 |
| K04 | 北方文学(下旬刊) | 1620 | 0.92 | 4.4 | 1.1 | 31 | 745 | 0.010 | 0.085 | ≥10 |
| K04 | 北方文学(中旬刊) | 1596 | 0.93 | 4.5 | 1.1 | 31 | 696 | 0.002 | 0.088 | ≥10 |
| K04 | 曹雪芹研究 | 62 | 0.78 | 24.7 | 1.1 | 13 | 34 | 0.129 | 0.113 | ≥10 |
| K04 | 长江学术 | 57 | 0.90 | 27.7 | 1.3 | 10 | 38 | 0.211 | 0.439 | ≥10 |
| K04 | 大观 | 2679 | 0.99 | 3.2 | 1.1 | 31 | 1041 | 0.001 | 0.081 | 6.2 |
| K04 | 大众文艺 | 5453 | 0.99 | 3.8 | 1.2 | 31 | 1835 | 0.005 | 0.140 | 6.9 |
| K04 | 当代文坛 | 210 | 0.97 | 12.3 | 1.2 | 27 | 112 | — | 0.452 | ≥10 |
| K04 | 当代作家评论 | 152 | 0.96 | 14.1 | 1.1 | 24 | 93 | 0.050 | 0.270 | ≥10 |
| K04 | 杜甫研究学刊 | 71 | 0.82 | 18.1 | 1.1 | 20 | 49 | 0.028 | 0.197 | ≥10 |
| K04 | 国学学刊 | 58 | 0.89 | 41.7 | 1.1 | 18 | 43 | 0.241 | 0.293 | — |
| K04 | 红楼梦学刊 | 134 | 0.94 | 18.9 | 1.2 | 23 | 82 | 0.050 | 0.210 | ≥10 |
| K04 | 华文文学 | 95 | 0.94 | 20.9 | 1.2 | 15 | 69 | 0.221 | 0.316 | ≥10 |
| K04 | 黄河之声 | 2187 | 0.88 | 3.2 | 1.1 | 31 | 796 | 0.005 | 0.144 | 6.2 |
| K04 | 鲁迅研究月刊 | 142 | 0.88 | 17.8 | 1.1 | 1 | 4 | 0.010 | 0.300 | ≥10 |
| K04 | 芒种 | 427 | 0.65 | 5.3 | 1.1 | 28 | 189 | 0.007 | 0.162 | 8.6 |
| K04 | 民族文学研究 | 101 | 0.99 | 30.1 | 1.2 | 21 | 63 | 0.020 | 0.410 | ≥10 |
| K04 | 名作欣赏 | 296 | 0.76 | 4.3 | 1.1 | 26 | 140 | 0.051 | 0.074 | ≥10 |
| K04 | 明清小说研究 | 63 | 0.95 | 19.3 | 1.1 | 20 | 52 | 0.030 | 0.320 | ≥10 |
| K04 | 南方文坛 | 185 | 0.90 | 9.9 | 1.1 | 23 | 98 | 0.050 | 0.180 | ≥10 |
| K04 | 青年时代 | 5063 | 0.99 | 2.5 | 1.2 | 31 | 2621 | 0.001 | 0.077 | 5.9 |
| K04 | 青年文学家 | 3131 | 0.82 | 4.6 | 1.1 | 31 | 846 | 0.004 | 0.067 | ≥10 |
| K04 | 三峡论坛(三峡文学·理论版) | 121 | 0.92 | 14.9 | 1.5 | 16 | 53 | 0.017 | 0.496 | ≥10 |

| 学科代码 | 期刊名称 | 来源文献量 | 文献选出率 | 平均引文数 | 平均作者数 | 地区分布数 | 机构分布数 | 海外论文比 | 基金论文比 | 引用半衰期 |
|---|---|---|---|---|---|---|---|---|---|---|
| K04 | 神州(下旬刊) | 1692 | 0.98 | 2.9 | 1.2 | 31 | 1138 | 0.005 | 0.053 | 5.2 |
| K04 | 神州(中旬刊) | 1996 | 0.98 | 3.1 | 1.1 | 31 | 1313 | 0.002 | 0.065 | 5.1 |
| K04 | 丝绸之路 | 312 | 0.55 | 5.4 | 1.2 | 25 | 174 | 0.006 | 0.128 | ≥10 |
| K04 | 文学教育(上) | 1034 | 0.88 | 4.2 | 1.1 | 31 | 584 | 0.001 | 0.186 | ≥10 |
| K04 | 文学教育(下) | 1414 | 0.95 | 1.1 | 1.1 | 31 | 948 | 0.005 | 0.156 | 9.3 |
| K04 | 文学教育(中) | 1420 | 0.93 | 2.5 | 1.1 | 30 | 797 | 0.006 | 0.099 | 9.0 |
| K04 | 文学评论 | 148 | 0.97 | 29.6 | 1.0 | 22 | 67 | 0.030 | 0.360 | ≥10 |
| K04 | 文学遗产 | 112 | 0.90 | 36.2 | 1.0 | 20 | 61 | 0.050 | 0.390 | ≥10 |
| K04 | 文学与文化 | 56 | 0.84 | 28.5 | 1.3 | 15 | 44 | 0.107 | 0.196 | ≥10 |
| K04 | 文艺生活·下旬刊 | 2824 | 1.00 | 2.7 | 1.1 | 31 | 1189 | 0.002 | 0.073 | 7.0 |
| K04 | 文艺生活·中旬刊 | 2846 | 0.99 | 2.7 | 1.1 | 30 | 1179 | 0.002 | 0.071 | 7.6 |
| K04 | 文艺研究 | 182 | 0.83 | 28.8 | 1.1 | 18 | 73 | 0.030 | 0.300 | ≥10 |
| K04 | 戏剧文学 | 214 | 0.74 | 9.3 | 1.2 | 27 | 121 | 0.009 | 0.346 | ≥10 |
| K04 | 小说评论 | 202 | 0.96 | 7.4 | 1.2 | 25 | 93 | 0.040 | 0.250 | ≥10 |
| K04 | 校园心理 | 162 | 0.91 | 9.2 | 2.0 | 30 | 151 | — | 0.451 | 8.8 |
| K04 | 新文学史料 | 96 | 0.91 | 12.4 | 1.1 | 7 | 11 | 0.000 | 0.180 | ≥10 |
| K04 | 扬子江评论 | 81 | 0.78 | 19.4 | 1.1 | 16 | 60 | 0.049 | 0.321 | ≥10 |
| K04 | 中国比较文学 | 76 | 0.96 | 22.4 | 1.1 | 19 | 51 | 0.120 | 0.430 | ≥10 |
| K04 | 中国现代文学研究丛刊 | 238 | 0.83 | 19.8 | 1.1 | 26 | 123 | 0.040 | 0.270 | ≥10 |
| K04 | 中国韵文学刊 | 89 | 0.95 | 15.1 | 1.1 | 22 | 61 | 0.034 | 0.416 | ≥10 |
| K05 | 当代外国文学 | 89 | 0.93 | 16.5 | 1.2 | 21 | 58 | 0.010 | 0.530 | ≥10 |
| K05 | 俄罗斯文艺 | 85 | 0.87 | 16.3 | 1.3 | 20 | 45 | 0.040 | 0.460 | ≥10 |
| K05 | 国外文学 | 69 | 0.93 | 35.1 | 1.0 | 18 | 49 | 0.010 | 0.480 | ≥10 |
| K05 | 世界华文文学论坛 | 72 | 0.95 | 14.3 | 1.1 | 18 | 59 | 0.181 | 0.361 | ≥10 |
| K05 | 外国文学 | 96 | 0.91 | 19.7 | 1.1 | 17 | 49 | 0.000 | 0.480 | ≥10 |
| K05 | 外国文学动态研究 | 76 | 0.97 | 12.3 | 1.0 | 10 | 37 | 0.026 | 0.382 | ≥10 |
| K05 | 外国文学评论 | 58 | 0.92 | 49.3 | 1.0 | 12 | 33 | 0.070 | 0.430 | ≥10 |
| K05 | 外国文学研究 | 136 | 0.95 | 13.9 | 1.2 | 19 | 78 | 0.080 | 0.470 | ≥10 |
| K05 | 外文研究 | 67 | 0.89 | 20.1 | 1.2 | 20 | 53 | — | 0.627 | ≥10 |
| K06 | 北方音乐 | 4242 | 0.97 | 3.2 | 1.1 | 31 | 1521 | 0.005 | 0.109 | 5.8 |
| K06 | 北京电影学院学报 | 141 | 0.95 | 10.2 | 1.1 | 13 | 46 | 0.090 | 0.130 | ≥10 |
| K06 | 北京舞蹈学院学报 | 130 | 0.94 | 9.4 | 1.2 | 24 | 90 | 0.023 | 0.331 | ≥10 |
| K06 | 当代电影 | 561 | 0.95 | 10.2 | 1.3 | 25 | 153 | 0.060 | 0.170 | ≥10 |
| K06 | 电影评介 | 704 | 0.83 | 3.9 | 1.2 | 30 | 355 | 0.013 | 0.311 | 6.7 |

| 学科代码 | 期刊名称 | 来源文献量 | 文献选出率 | 平均引文数 | 平均作者数 | 地区分布数 | 机构分布数 | 海外论文比 | 基金论文比 | 引用半衰期 |
|---|---|---|---|---|---|---|---|---|---|---|
| K06 | 电影文学 | 1241 | 0.95 | 4.6 | 1.1 | 30 | 545 | 0.007 | 0.197 | 6.5 |
| K06 | 电影新作 | 124 | 0.89 | 11.5 | 1.2 | 24 | 70 | 0.016 | 0.395 | ≥10 |
| K06 | 电影艺术 | 160 | 0.94 | 10.6 | 1.2 | 14 | 73 | 0.140 | 0.130 | ≥10 |
| K06 | 福建艺术 | 60 | 0.52 | 6.2 | 1.1 | 10 | 38 | 0.050 | 0.067 | ≥10 |
| K06 | 歌海 | 163 | 0.53 | 11.6 | 1.1 | 18 | 78 | - | 0.270 | ≥10 |
| K06 | 贵州大学学报(艺术版) | 111 | 0.93 | 10.1 | 1.2 | 23 | 85 | 0.027 | 0.450 | ≥10 |
| K06 | 湖北美术学院学报 | 91 | 0.77 | 7.3 | 1.2 | 12 | 35 | 0.022 | 0.385 | ≥10 |
| K06 | 黄钟-中国·武汉音乐学院学报 | 72 | 0.97 | 19.4 | 1.1 | 17 | 37 | 0.030 | 0.130 | ≥10 |
| K06 | 吉林艺术学院学报 | 100 | 0.97 | 7.2 | 1.5 | 22 | 69 | 0.020 | 0.360 | ≥10 |
| K06 | 交响-西安音乐学院学报 | 99 | 0.98 | 14.8 | 1.1 | 18 | 50 | 0.020 | 0.230 | ≥10 |
| K06 | 解放军艺术学院学报 | 114 | 0.92 | 10.6 | 1.3 | 13 | 48 | 0.026 | 0.114 | ≥10 |
| K06 | 乐府新声 | 185 | 0.93 | 8.6 | 1.1 | 18 | 42 | - | 0.195 | ≥10 |
| K06 | 美术大观 | 962 | 0.90 | 4.0 | 1.2 | 28 | 385 | 0.003 | 0.231 | 8.7 |
| K06 | 美术界 | 351 | 0.73 | 3.3 | 1.2 | 27 | 176 | 0.006 | 0.162 | 8.3 |
| K06 | 美术学报 | 93 | 0.89 | 32.8 | 1.1 | 13 | 49 | 0.054 | 0.280 | ≥10 |
| K06 | 美术研究 | 121 | 0.86 | 15.5 | 1.1 | 16 | 61 | 0.030 | 0.140 | ≥10 |
| K06 | 美与时代·城市 | 736 | 0.90 | 4.9 | 1.3 | 29 | 353 | - | 0.177 | 7.4 |
| K06 | 美与时代(上旬刊) | 518 | 0.94 | 4.3 | 1.3 | 29 | 248 | 0.014 | 0.396 | 7.4 |
| K06 | 美与时代(下旬刊) | 508 | 0.96 | 5.5 | 1.1 | 27 | 210 | 0.006 | 0.181 | ≥10 |
| K06 | 美与时代(中旬刊)·美术学刊 | 769 | 0.88 | 4.6 | 1.1 | 30 | 346 | 0.003 | 0.127 | 8.9 |
| K06 | 民族艺术 | 137 | 0.90 | 30.4 | 1.4 | 22 | 78 | 0.110 | 0.400 | ≥10 |
| K06 | 民族艺术研究 | 175 | 0.95 | 16.1 | 1.3 | 19 | 90 | 0.023 | 0.389 | ≥10 |
| K06 | 南京艺术学院学报(美术与设计版) | 222 | 0.86 | 15.1 | 1.2 | 22 | 109 | 0.005 | 0.495 | ≥10 |
| K06 | 南京艺术学院学报(音乐与表演版) | 104 | 0.92 | 14.8 | 1.1 | 19 | 52 | 0.048 | 0.375 | ≥10 |
| K06 | 内蒙古大学艺术学院学报 | 81 | 0.93 | 12.4 | 1.7 | 19 | 66 | 0.099 | 0.617 | ≥10 |
| K06 | 齐鲁艺苑 | 162 | 0.95 | 7.0 | 1.2 | 24 | 83 | 0.012 | 0.290 | ≥10 |
| K06 | 人民音乐 | 318 | 0.91 | 6.3 | 1.1 | 27 | 123 | 0.030 | 0.120 | ≥10 |
| K06 | 世界美术 | 42 | 0.58 | 16.1 | 1.5 | 6 | 33 | 0.214 | 0.024 | ≥10 |
| K06 | 四川戏剧 | 535 | 0.95 | 8.0 | 1.2 | 28 | 279 | 0.009 | 0.379 | ≥10 |
| K06 | 苏州工艺美术职业技术学院学报 | 69 | 0.78 | 3.2 | 1.1 | 10 | 30 | 0.029 | 0.159 | ≥10 |
| K06 | 天津音乐学院学报 | 48 | 0.91 | 23.8 | 1.1 | 9 | 21 | 0.042 | 0.250 | ≥10 |
| K06 | 文化艺术研究 | 75 | 0.99 | 14.5 | 1.1 | 16 | 54 | 0.027 | 0.307 | ≥10 |
| K06 | 文艺理论研究 | 134 | 0.95 | 26.9 | 1.1 | 20 | 78 | 0.120 | 0.430 | ≥10 |
| K06 | 文艺理论与批评 | 136 | 0.94 | 11.4 | 1.6 | 22 | 79 | 0.040 | 0.240 | ≥10 |

| 学科代码 | 期刊名称 | 来源文献量 | 文献选出率 | 平均引文数 | 平均作者数 | 地区分布数 | 机构分布数 | 海外论文比 | 基金论文比 | 引用半衰期 |
|---|---|---|---|---|---|---|---|---|---|---|
| K06 | 文艺评论 | 240 | 0.95 | 12.6 | 1.2 | 26 | 125 | 0.000 | 0.380 | ≥10 |
| K06 | 文艺争鸣 | 435 | 0.96 | 14.7 | 1.2 | 27 | 172 | 0.030 | 0.300 | ≥10 |
| K06 | 西北美术 | 139 | 0.85 | 8.9 | 1.2 | 23 | 85 | 0.014 | 0.360 | ≥10 |
| K06 | 西藏艺术研究 | 60 | 0.88 | 8.8 | 1.1 | 5 | 28 | — | 0.150 | ≥10 |
| K06 | 戏剧艺术 | 79 | 0.87 | 20.8 | 1.1 | 12 | 43 | 0.038 | 0.278 | ≥10 |
| K06 | 戏剧之家 | 2504 | 0.97 | 3.3 | 1.1 | 31 | 969 | 0.004 | 0.143 | 6.4 |
| K06 | 戏剧-中央戏剧学院学报 | 67 | 0.92 | 15.5 | 1.2 | 17 | 32 | 0.040 | 0.340 | ≥10 |
| K06 | 戏曲艺术 | 96 | 0.91 | 20.0 | 1.1 | 22 | 54 | 0.021 | 0.552 | ≥10 |
| K06 | 新疆艺术学院学报 | 94 | 0.95 | 7.3 | 1.2 | 24 | 67 | — | 0.447 | 9.2 |
| K06 | 新美术 | 153 | 0.67 | 15.9 | 1.3 | — | 4 | 0.020 | 0.255 | ≥10 |
| K06 | 星海音乐学院学报 | 63 | 0.93 | 17.1 | 1.3 | 14 | 34 | 0.079 | 0.381 | ≥10 |
| K06 | 艺海 | 675 | 0.95 | 3.5 | 1.1 | 30 | 337 | 0.012 | 0.157 | 8.7 |
| K06 | 艺术百家 | 317 | 0.96 | 10.4 | 1.4 | 21 | 148 | 0.020 | 0.380 | ≥10 |
| K06 | 艺术科技 | 4408 | 0.99 | 3.4 | 1.3 | 31 | 1402 | 0.004 | 0.177 | 6.4 |
| K06 | 艺术评论 | 279 | 0.55 | 4.6 | 1.2 | 25 | 167 | 0.004 | 0.337 | 9.6 |
| K06 | 艺术探索 | 106 | 0.89 | 21.4 | 1.1 | 21 | 66 | 0.009 | 0.377 | ≥10 |
| K06 | 艺术研究 | 384 | 0.98 | 5.3 | 1.2 | 27 | 168 | 0.005 | 0.245 | 8.6 |
| K06 | 音乐传播 | 96 | 0.83 | 14.8 | 1.1 | 17 | 47 | 0.010 | 0.219 | ≥10 |
| K06 | 音乐创作 | 457 | 0.77 | 6.3 | 1.1 | 27 | 215 | 0.004 | 0.260 | ≥10 |
| K06 | 音乐探索 | 91 | 0.92 | 14.4 | 1.1 | 15 | 47 | 0.044 | 0.308 | ≥10 |
| K06 | 音乐研究 | 66 | 0.89 | 30.7 | 1.1 | 20 | 38 | 0.030 | 0.410 | ≥10 |
| K06 | 音乐艺术 | 61 | 0.92 | 27.5 | 1.2 | 14 | 33 | 0.115 | 0.361 | ≥10 |
| K06 | 云南艺术学院学报 | 61 | 0.94 | 12.9 | 1.1 | 11 | 36 | 0.066 | 0.262 | ≥10 |
| K06 | 浙江艺术职业学院学报 | 95 | 0.95 | 13.7 | 1.2 | 15 | 66 | 0.011 | 0.505 | ≥10 |
| K06 | 中国美术教育 | 94 | 0.78 | 2.9 | 1.2 | 20 | 90 | 0.043 | 0.074 | 8.2 |
| K06 | 中国书法 | 510 | 0.55 | 12.4 | 1.1 | 27 | 256 | 0.008 | 0.127 | ≥10 |
| K06 | 中国音乐 | 96 | 0.89 | 19.3 | 1.1 | 20 | 38 | 0.030 | 0.280 | ≥10 |
| K06 | 中国音乐学 | 74 | 0.91 | 19.7 | 1.0 | 17 | 45 | 0.030 | 0.340 | ≥10 |
| K06 | 中央音乐学院学报 | 55 | 0.83 | 23.1 | 1.1 | 11 | 25 | 0.090 | 0.130 | ≥10 |
| K06 | 装饰 | 472 | 0.92 | 9.0 | 1.5 | 24 | 179 | 0.060 | 0.350 | ≥10 |
| K08 | Frontiers of History in China | 35 | 0.81 | 96.5 | 1.2 | 5 | 35 | 0.629 | 0.086 | — |
| K08 | The Journal of Ancient Civilizations | 44 | 0.79 | 49.3 | 1.2 | 17 | 33 | — | 0.705 | — |
| K08 | 安徽史学 | 122 | 0.98 | 55.5 | 1.2 | 20 | 67 | — | 0.656 | ≥10 |
| K08 | 北方文物 | 82 | 0.93 | 22.0 | 1.5 | 15 | 66 | — | 0.402 | ≥10 |

| 学科代码 | 期刊名称 | 来源文献量 | 文献选出率 | 平均引文数 | 平均作者数 | 地区分布数 | 机构分布数 | 海外论文比 | 基金论文比 | 引用半衰期 |
|---|---|---|---|---|---|---|---|---|---|---|
| K08 | 草原文物 | 32 | 0.80 | 15.0 | 1.8 | 7 | 19 | - | 0.219 | ≥10 |
| K08 | 当代中国史研究 | 71 | 0.65 | 25.4 | 1.1 | 13 | 43 | - | 0.282 | ≥10 |
| K08 | 敦煌学辑刊 | 67 | 0.92 | 42.4 | 1.2 | 15 | 35 | 0.000 | 0.490 | ≥10 |
| K08 | 敦煌研究 | 113 | 0.91 | 21.7 | 1.6 | 18 | 62 | 0.040 | 0.480 | ≥10 |
| K08 | 广西地方志 | 78 | 0.91 | 5.0 | 1.1 | 17 | 47 | - | 0.128 | ≥10 |
| K08 | 贵州文史丛刊 | 71 | 0.88 | 26.7 | 1.2 | 14 | 49 | 0.085 | 0.169 | ≥10 |
| K08 | 郭沫若学刊 | 50 | 0.52 | 11.3 | 1.5 | 10 | 27 | 0.040 | 0.420 | ≥10 |
| K08 | 海交史研究 | 20 | 0.95 | 64.8 | 1.2 | 7 | 16 | 0.050 | 0.150 | 0.0 |
| K08 | 华侨华人历史研究 | 46 | 0.81 | 31.8 | 1.1 | 12 | 30 | 0.110 | 0.350 | ≥10 |
| K08 | 环球人文地理 | 3148 | 0.88 | 3.5 | 1.4 | 31 | 1983 | 0.004 | 0.032 | 6.1 |
| K08 | 近代史研究 | 60 | 0.94 | 112.4 | 1.0 | 14 | 33 | 0.070 | 0.350 | ≥10 |
| K08 | 军事历史 | 79 | 0.79 | 20.1 | 1.3 | 12 | 40 | - | 0.063 | - |
| K08 | 历史研究 | 67 | 0.87 | 110.2 | 1.2 | 15 | 39 | 0.040 | 0.460 | ≥10 |
| K08 | 岭南文史 | 51 | 0.65 | 16.5 | 1.1 | 4 | 34 | - | 0.176 | ≥10 |
| K08 | 南方文物 | 163 | 0.91 | 23.5 | 1.7 | 22 | 96 | 0.098 | 0.160 | ≥10 |
| K08 | 蒲松龄研究 | 83 | 0.86 | 8.9 | 1.2 | 16 | 58 | 0.024 | 0.181 | ≥10 |
| K08 | 清史研究 | 51 | 0.91 | 80.0 | 1.2 | 11 | 32 | 0.039 | 0.314 | ≥10 |
| K08 | 人文地理 | 129 | 0.96 | 33.6 | 3.0 | 23 | 69 | 0.090 | 0.920 | 8.7 |
| K08 | 史林 | 132 | 0.93 | 71.5 | 1.1 | 21 | 67 | 0.045 | 0.379 | ≥10 |
| K08 | 史学集刊 | 80 | 0.94 | 70.0 | 1.3 | 18 | 49 | 0.113 | 0.525 | ≥10 |
| K08 | 史学理论研究 | 74 | 0.88 | 41.8 | 1.1 | 20 | 46 | 0.027 | 0.311 | ≥10 |
| K08 | 史学史研究 | 59 | 0.92 | 50.9 | 1.3 | 16 | 34 | - | 0.390 | - |
| K08 | 史学月刊 | 178 | 0.94 | 51.7 | 1.1 | 21 | 76 | 0.040 | 0.290 | ≥10 |
| K08 | 世界历史 | 72 | 0.81 | 78.3 | 1.1 | 17 | 43 | 0.042 | 0.486 | ≥10 |
| K08 | 文史 | 56 | 0.93 | 109.8 | 1.1 | 13 | 26 | 0.018 | 0.518 | - |
| K08 | 文史博览(理论) | 402 | 0.92 | 5.8 | 1.2 | 28 | 198 | 0.005 | 0.415 | ≥10 |
| K08 | 文物鉴定与鉴赏 | 256 | 0.66 | 5.8 | 1.1 | 26 | 178 | - | 0.020 | ≥10 |
| K08 | 西部蒙古论坛 | 40 | 0.62 | 32.4 | 1.4 | 10 | 26 | 0.025 | 0.350 | ≥10 |
| K08 | 西夏研究 | 74 | 0.96 | 16.6 | 1.2 | 12 | 34 | 0.014 | 0.446 | ≥10 |
| K08 | 新疆地方志 | 49 | 0.67 | 5.9 | 1.0 | 14 | 39 | - | 0.041 | ≥10 |
| K08 | 中国地方志 | 114 | 0.79 | 18.5 | 1.1 | 25 | 81 | 0.000 | 0.160 | ≥10 |
| K08 | 中国历史地理论丛 | 65 | 0.77 | 69.5 | 1.2 | 15 | 31 | 0.020 | 0.400 | ≥10 |
| K08 | 中国名城 | 171 | 0.95 | 13.9 | 1.8 | 26 | 118 | 0.047 | 0.509 | 8.4 |
| K08 | 中国史研究 | 76 | 0.96 | 56.6 | 1.1 | 19 | 41 | 0.013 | 0.329 | - |

| 学科代码 | 期刊名称 | 来源文献量 | 文献选出率 | 平均引文数 | 平均作者数 | 地区分布数 | 机构分布数 | 海外论文比 | 基金论文比 | 引用半衰期 |
|---|---|---|---|---|---|---|---|---|---|---|
| K08 | 中国文物科学研究 | 54 | 0.71 | 12.0 | 1.8 | 14 | 35 | - | 0.093 | ≥10 |
| K08 | 中华文史论丛 | 59 | 0.70 | 94.7 | 1.1 | 14 | 37 | 0.068 | 0.322 | - |
| K08 | 中华医史杂志 | 84 | 0.84 | 16.8 | 2.0 | 20 | 60 | 0.036 | 0.536 | ≥10 |
| K10 | 华夏考古 | 75 | 0.94 | 25.2 | 1.6 | 17 | 62 | 0.053 | 0.280 | ≥10 |
| K10 | 江汉考古 | 88 | 0.90 | 27.8 | 2.0 | 16 | 59 | 0.011 | 0.409 | ≥10 |
| K10 | 考古 | 113 | 0.97 | 25.9 | 1.8 | 16 | 26 | 0.000 | 0.220 | ≥10 |
| K10 | 考古学报 | 21 | 0.81 | 85.9 | 1.7 | 8 | 13 | 0.050 | 0.140 | ≥10 |
| K10 | 考古与文物 | 88 | 0.93 | 32.4 | 1.8 | 15 | 44 | 0.080 | 0.300 | ≥10 |
| K10 | 民俗研究 | 102 | 0.86 | 33.9 | 1.3 | 20 | 63 | 0.176 | 0.431 | ≥10 |
| K10 | 农业考古 | 262 | 0.95 | 18.9 | 1.4 | 28 | 173 | 0.004 | 0.469 | ≥10 |
| K10 | 四川文物 | 56 | 0.92 | 33.6 | 1.6 | 12 | 36 | - | 0.179 | ≥10 |
| K10 | 文物 | 105 | 0.90 | 22.2 | 1.8 | 16 | 41 | 0.020 | 0.180 | ≥10 |
| K10 | 文物保护与考古科学 | 75 | 0.90 | 14.9 | 3.7 | 17 | 79 | - | 0.653 | 9.6 |
| K10 | 文物春秋 | 67 | 0.89 | 13.4 | 1.3 | 18 | 62 | - | 0.119 | ≥10 |
| K10 | 文物世界 | 126 | 0.91 | 7.4 | 1.3 | 17 | 85 | - | 0.056 | ≥10 |
| K10 | 中国边疆史地研究 | 73 | 0.89 | 55.8 | 1.2 | 18 | 44 | 0.010 | 0.420 | 0.0 |
| K10 | 中国国家博物馆馆刊 | 144 | 0.74 | 33.6 | 1.3 | 23 | 105 | 0.021 | 0.236 | ≥10 |
| K10 | 中原文物 | 130 | 0.96 | 18.4 | 1.5 | 17 | 90 | 0.008 | 0.208 | ≥10 |
| L01 | China & World Economy | 40 | 0.85 | 36.2 | 2.7 | 7 | 53 | 0.675 | 0.450 | 9.6 |
| L01 | Frontiers of Business Research in China | 24 | 0.92 | 62.8 | 3.0 | 5 | 34 | 0.500 | 0.542 | ≥10 |
| L01 | Frontiers of Economics in China | 34 | 0.94 | 33.9 | 1.8 | 6 | 43 | 0.765 | 0.176 | ≥10 |
| L01 | 边疆经济与文化 | 650 | 0.98 | 4.2 | 1.4 | 28 | 221 | 0.002 | 0.385 | 8.5 |
| L01 | 财经研究 | 141 | 0.98 | 27.2 | 2.2 | 20 | 63 | 0.040 | 0.850 | 9.9 |
| L01 | 财政研究 | 117 | 0.96 | 22.8 | 2.2 | 20 | 61 | 0.030 | 0.580 | 8.4 |
| L01 | 产经评论 | 75 | 0.99 | 28.3 | 2.2 | 18 | 63 | 0.040 | 0.840 | 9.7 |
| L01 | 产业与科技论坛 | 3663 | 1.00 | 4.3 | 1.5 | 31 | 1673 | 0.002 | 0.293 | 5.1 |
| L01 | 城市 | 185 | 0.97 | 6.9 | 1.8 | 21 | 106 | 0.005 | 0.449 | 3.9 |
| L01 | 城市观察 | 91 | 0.94 | 19.0 | 1.8 | 12 | 75 | 0.066 | 0.571 | 7.7 |
| L01 | 当代经济 | 1933 | 0.98 | 5.7 | 1.4 | 31 | 1151 | 0.010 | 0.242 | 5.0 |
| L01 | 当代经济科学 | 76 | 0.86 | 27.0 | 2.2 | 18 | 58 | 0.013 | 0.803 | 8.8 |
| L01 | 当代经济研究 | 134 | 0.82 | 14.8 | 1.6 | 23 | 69 | 0.010 | 0.550 | ≥10 |
| L01 | 发展 | 341 | 0.50 | 3.6 | 1.3 | 19 | 197 | 0.003 | 0.152 | 7.0 |
| L01 | 发展研究 | 221 | 0.99 | 6.4 | 1.5 | 17 | 113 | 0.009 | 0.217 | 5.9 |
| L01 | 房地产导刊 | 4059 | 0.95 | 2.8 | 1.2 | 31 | 2524 | 0.000 | 0.002 | 2.9 |

| 学科代码 | 期刊名称 | 来源文献量 | 文献选出率 | 平均引文数 | 平均作者数 | 地区分布数 | 机构分布数 | 海外论文比 | 基金论文比 | 引用半衰期 |
|---|---|---|---|---|---|---|---|---|---|---|
| L01 | 改革 | 169 | 0.87 | 12.3 | 1.4 | 18 | 72 | 0.010 | 0.360 | 6.5 |
| L01 | 改革与开放 | 1456 | 0.98 | 5.9 | 1.4 | 31 | 704 | 0.002 | 0.291 | 5.8 |
| L01 | 改革与战略 | 411 | 0.95 | 10.0 | 1.5 | 29 | 328 | 0.002 | 0.489 | 4.8 |
| L01 | 广义虚拟经济研究 | 46 | 0.90 | 18.0 | 2.3 | 13 | 29 | — | 0.870 | 7.1 |
| L01 | 国际经济合作 | 198 | 0.95 | 6.1 | 1.7 | 17 | 81 | 0.010 | 0.270 | 4.7 |
| L01 | 国际经济评论 | 114 | 0.83 | 11.3 | 2.0 | 9 | 72 | 0.500 | 0.114 | 6.5 |
| L01 | 国外医学·卫生经济分册 | 48 | 0.94 | 10.2 | 2.7 | 15 | 36 | — | 0.438 | 4.9 |
| L01 | 海峡科技与产业 | 474 | 0.62 | 4.1 | 2.1 | 31 | 438 | 0.002 | 0.203 | 6.3 |
| L01 | 海峡科学 | 411 | 0.96 | 7.7 | 1.7 | 14 | 232 | 0.056 | 0.185 | 6.4 |
| L01 | 行政事业资产与财务 | 2021 | 0.99 | 3.0 | 1.1 | 31 | 1727 | 0.001 | 0.033 | 3.2 |
| L01 | 合作经济与科技 | 2222 | 0.97 | 4.4 | 1.5 | 30 | 789 | 0.005 | 0.318 | 5.0 |
| L01 | 河北企业 | 1185 | 0.99 | 4.1 | 1.6 | 30 | 569 | 0.003 | 0.204 | 5.0 |
| L01 | 河北职业教育 | 184 | 0.97 | 5.3 | 1.6 | 25 | 140 | 0.005 | 0.641 | 4.6 |
| L01 | 宏观经济管理 | 274 | 0.78 | 16.2 | 1.4 | 24 | 126 | — | 0.186 | 2.8 |
| L01 | 宏观经济研究 | 195 | 0.94 | 22.4 | 2.2 | 24 | 128 | 0.031 | 0.636 | 8.4 |
| L01 | 华东经济管理 | 325 | 0.99 | 24.6 | 2.3 | 26 | 208 | 0.009 | 0.954 | 8.0 |
| L01 | 金融评论 | 50 | 0.82 | 51.0 | 1.8 | 10 | 39 | 0.020 | 0.580 | ≥10 |
| L01 | 经济管理 | 193 | 0.89 | 35.7 | 2.2 | 23 | 70 | 0.030 | 0.820 | 9.0 |
| L01 | 经济界 | 75 | 0.69 | 7.2 | 1.4 | 21 | 69 | — | 0.080 | 5.7 |
| L01 | 经济经纬 | 161 | 0.96 | 14.7 | 2.1 | 22 | 100 | 0.000 | 0.830 | 8.1 |
| L01 | 经济科学 | 57 | 0.88 | 27.0 | 2.2 | 13 | 27 | 0.040 | 0.560 | ≥10 |
| L01 | 经济理论与经济管理 | 96 | 0.97 | 28.3 | 2.1 | 15 | 43 | 0.030 | 0.700 | 9.4 |
| L01 | 经济论坛 | 440 | 0.94 | 8.7 | 1.6 | 29 | 271 | 0.002 | 0.489 | 5.8 |
| L01 | 经济评论 | 73 | 0.91 | 32.9 | 2.2 | 15 | 42 | 0.000 | 0.750 | 9.0 |
| L01 | 经济社会史评论 | 41 | 0.71 | 52.9 | 1.2 | 13 | 28 | 0.098 | 0.463 | ≥10 |
| L01 | 经济社会体制比较 | 120 | 0.90 | 22.3 | 1.8 | 19 | 76 | 0.080 | 0.570 | 8.9 |
| L01 | 经济师 | 1839 | 0.99 | 5.4 | 1.4 | 30 | 1089 | 0.005 | 0.194 | 5.3 |
| L01 | 经济数学 | 71 | 0.97 | 13.1 | 2.3 | 17 | 48 | — | 0.831 | 7.1 |
| L01 | 经济问题 | 273 | 0.99 | 14.2 | 2.0 | 24 | 134 | 0.020 | 0.670 | 7.1 |
| L01 | 经济问题探索 | 304 | 1.00 | 21.6 | 2.0 | 25 | 133 | 0.000 | 0.740 | 8.3 |
| L01 | 经济学动态 | 167 | 0.92 | 48.2 | 2.1 | 18 | 61 | 0.020 | 0.690 | ≥10 |
| L01 | 经济学(季刊) | 68 | 0.94 | 68.5 | 2.4 | 13 | 35 | 0.090 | 0.710 | ≥10 |
| L01 | 经济学家 | 143 | 0.94 | 20.2 | 2.0 | 19 | 77 | 0.010 | 0.760 | 8.0 |
| L01 | 经济研究 | 177 | 0.95 | 36.8 | 2.3 | 19 | 60 | 0.050 | 0.680 | ≥10 |

| 学科代码 | 期刊名称 | 来源文献量 | 文献选出率 | 平均引文数 | 平均作者数 | 地区分布数 | 机构分布数 | 海外论文比 | 基金论文比 | 引用半衰期 |
|---|---|---|---|---|---|---|---|---|---|---|
| L01 | 经济研究参考 | 731 | 0.54 | 7.9 | 1.6 | 30 | 351 | 0.008 | 0.309 | 6.2 |
| L01 | 经济与管理 | 91 | 0.95 | 14.6 | 2.0 | 20 | 81 | 0.022 | 0.703 | 6.9 |
| L01 | 经济与管理研究 | 204 | 0.98 | 19.8 | 2.2 | 20 | 82 | 0.030 | 0.830 | 9.2 |
| L01 | 经济资料译丛 | 36 | 0.73 | 19.0 | 1.7 | 7 | 31 | 0.167 | 0.111 | ≥10 |
| L01 | 经济纵横 | 284 | 0.93 | 7.9 | 1.8 | 24 | 134 | 0.010 | 0.480 | 3.9 |
| L01 | 经营与管理 | 609 | 0.88 | 6.1 | 1.6 | 28 | 239 | 0.005 | 0.230 | 5.8 |
| L01 | 开放导报 | 135 | 0.91 | 6.7 | 1.5 | 23 | 119 | — | 0.563 | 4.2 |
| L01 | 开放时代 | 70 | 0.90 | 52.0 | 1.7 | 7 | 36 | 0.260 | 0.210 | ≥10 |
| L01 | 科技创业月刊 | 1290 | 0.99 | 4.6 | 1.7 | 30 | 588 | 0.003 | 0.321 | 5.1 |
| L01 | 科技和产业 | 347 | 0.98 | 13.9 | 2.2 | 30 | 214 | 0.003 | 0.646 | 6.4 |
| L01 | 辽宁经济 | 343 | 0.83 | — | 1.7 | 13 | 139 | 0.003 | 0.335 | — |
| L01 | 南方经济 | 97 | 0.86 | 34.0 | 2.1 | 21 | 72 | 0.041 | 0.773 | 9.5 |
| L01 | 南开经济研究 | 52 | 1.00 | 38.6 | 2.4 | 14 | 34 | 0.040 | 0.830 | ≥10 |
| L01 | 宁波经济(三江论坛) | 139 | 0.88 | 3.0 | 1.4 | 4 | 82 | — | 0.223 | 5.1 |
| L01 | 农林经济管理学报 | 92 | 0.99 | 21.6 | 2.5 | 18 | 58 | — | 0.978 | 6.6 |
| L01 | 企业技术开发(学术版) | 513 | 1.00 | 4.6 | 1.7 | 28 | 334 | 0.008 | 0.168 | 5.2 |
| L01 | 企业科技与发展 | 552 | 0.99 | 5.1 | 1.8 | 24 | 300 | 0.004 | 0.212 | 5.5 |
| L01 | 清华金融评论 | 195 | 0.54 | 0.0 | 1.3 | 18 | 123 | 0.051 | 0.005 | 2.2 |
| L01 | 区域经济评论 | 130 | 0.79 | 13.6 | 1.7 | 21 | 82 | 0.015 | 0.485 | 5.1 |
| L01 | 全国商情·理论研究 | 2319 | 1.00 | 3.0 | 1.2 | 31 | 1422 | 0.005 | 0.082 | 3.8 |
| L01 | 全球化 | 104 | 0.59 | 9.5 | 1.4 | 11 | 71 | 0.019 | 0.163 | 5.8 |
| L01 | 全球科技经济瞭望 | 143 | 0.97 | 11.1 | 1.8 | 12 | 49 | 0.000 | 0.290 | 1.7 |
| L01 | 生产力研究 | 448 | 0.98 | 12.7 | 1.8 | 27 | 180 | 0.009 | 0.547 | 6.6 |
| L01 | 世界经济 | 96 | 0.89 | 51.7 | 2.3 | 11 | 39 | 0.070 | 0.800 | ≥10 |
| L01 | 世界经济文汇 | 40 | 1.00 | 44.3 | 2.2 | 13 | 43 | 0.050 | 0.850 | ≥10 |
| L01 | 世界经济研究 | 141 | 0.85 | 28.5 | 1.9 | 21 | 73 | 0.000 | 0.690 | 9.5 |
| L01 | 世界经济与政治论坛 | 68 | 0.96 | 39.7 | 1.4 | 15 | 47 | 0.010 | 0.490 | 7.7 |
| L01 | 特区经济 | 653 | 0.94 | 7.5 | 1.7 | 30 | 322 | 0.003 | 0.423 | 6.0 |
| L01 | 特区实践与理论 | 163 | 0.93 | 5.4 | 1.1 | 20 | 94 | — | 0.245 | 6.2 |
| L01 | 天津经济 | 202 | 0.80 | 2.6 | 1.5 | 11 | 108 | — | 0.149 | 3.4 |
| L01 | 外国经济与管理 | 96 | 0.99 | 47.6 | 2.6 | 21 | 54 | 0.030 | 0.840 | 8.0 |
| L01 | 卫生经济研究 | 217 | 0.93 | 6.7 | 3.3 | 25 | 213 | 0.009 | 0.535 | 4.6 |
| L01 | 西部论丛 | 74 | 0.90 | 22.7 | 1.9 | 22 | 64 | — | 0.905 | 8.2 |
| L01 | 西藏发展论坛 | 99 | 0.89 | 9.0 | 1.3 | 18 | 50 | — | 0.222 | 6.7 |

| 学科代码 | 期刊名称 | 来源文献量 | 文献选出率 | 平均引文数 | 平均作者数 | 地区分布数 | 机构分布数 | 海外论文比 | 基金论文比 | 引用半衰期 |
|---|---|---|---|---|---|---|---|---|---|---|
| L01 | 现代经济探讨 | 218 | 0.96 | 9.7 | 1.5 | 25 | 166 | 0.005 | 0.670 | 5.7 |
| L01 | 现代企业 | 334 | 0.69 | 0.0 | 1.3 | 26 | 209 | — | 0.231 | 6.5 |
| L01 | 现代日本经济 | 49 | 0.88 | 21.4 | 1.7 | 13 | 36 | 0.041 | 0.939 | 7.1 |
| L01 | 信息资源管理学报 | 53 | 0.96 | 26.6 | 2.3 | 8 | 19 | — | 0.717 | 4.8 |
| L01 | 亚太经济 | 136 | 0.96 | 13.1 | 1.8 | 18 | 71 | 0.040 | 0.560 | 6.4 |
| L01 | 沿海企业与科技 | 143 | 0.96 | 6.6 | 1.5 | 21 | 94 | — | 0.434 | 5.7 |
| L01 | 政法学刊 | 87 | 0.95 | 19.5 | 1.3 | 20 | 65 | 0.011 | 0.621 | 9.8 |
| L01 | 政治经济学评论 | 92 | 0.89 | 30.1 | 1.5 | 16 | 41 | 0.054 | 0.228 | 9.1 |
| L01 | 知识经济 | 3040 | 0.99 | 3.0 | 1.3 | 31 | 1520 | 0.002 | 0.177 | 4.6 |
| L01 | 中国发展 | 86 | 0.78 | 10.7 | 1.7 | 23 | 79 | 0.023 | 0.407 | 5.1 |
| L01 | 中国房地产(学术版) | 112 | 1.00 | 9.7 | 2.0 | 13 | 69 | 0.018 | 0.375 | 6.7 |
| L01 | 中国高新技术企业 | 2342 | 0.99 | 4.2 | 1.4 | 31 | 1646 | 0.001 | 0.028 | 4.6 |
| L01 | 中国高新技术企业(中旬刊) | 1178 | 1.00 | 4.2 | 1.6 | 31 | 973 | — | 0.041 | 4.5 |
| L01 | 中国集体经济 | 2220 | 0.89 | 4.4 | 1.3 | 31 | 1588 | 0.005 | 0.137 | 4.4 |
| L01 | 中国经济史研究 | 100 | 0.93 | 67.6 | 1.3 | 23 | 56 | 0.030 | 0.580 | ≥10 |
| L01 | 中国经济问题 | 62 | 0.91 | 35.1 | 2.3 | 18 | 52 | — | 0.871 | ≥10 |
| L01 | 中国科技资源导刊 | 96 | 0.94 | 13.5 | 2.5 | 23 | 62 | 0.000 | 0.520 | 3.8 |
| L01 | 中国社会经济史研究 | 50 | 0.98 | 52.2 | 1.3 | 19 | 39 | 0.040 | 0.540 | ≥10 |
| L01 | 中国市场 | 5430 | 0.96 | 5.0 | 1.5 | 31 | 2581 | 0.006 | 0.211 | 4.7 |
| L01 | 中外企业家 | 6625 | 1.00 | 3.0 | 1.2 | 31 | 3608 | 0.003 | 0.116 | 4.5 |
| L01 | 中小企业管理与科技 | 5143 | 0.92 | 3.6 | 1.3 | 31 | 3068 | 0.003 | 0.084 | 4.3 |
| L02 | 保险职业学院学报 | 120 | 0.94 | 8.3 | 1.6 | 19 | 74 | 0.008 | 0.258 | 7.5 |
| L02 | 北京财贸职业学院学报 | 86 | 0.97 | 6.8 | 1.6 | 14 | 48 | — | 0.267 | 6.2 |
| L02 | 长春金融高等专科学校学报 | 93 | 0.95 | 6.5 | 1.3 | 17 | 47 | 0.011 | 0.495 | 4.6 |
| L02 | 东北财经大学学报 | 79 | 0.98 | 17.4 | 1.6 | 8 | 29 | 0.013 | 0.646 | 8.1 |
| L02 | 福建商学院学报 | 106 | 0.95 | 8.6 | 1.3 | 13 | 37 | — | 0.406 | 4.6 |
| L02 | 广东财经大学学报 | 65 | 0.97 | 28.5 | 1.9 | 18 | 47 | 0.000 | 0.750 | 8.9 |
| L02 | 广东农工商职业技术学院学报 | 77 | 0.99 | 8.1 | 1.5 | 6 | 28 | — | 0.519 | 6.5 |
| L02 | 广东外语外贸大学学报 | 120 | 0.99 | 17.5 | 1.4 | 20 | 70 | 0.042 | 0.475 | ≥10 |
| L02 | 广西财经学院学报 | 69 | 0.96 | 23.2 | 1.6 | 19 | 60 | — | 0.652 | 7.6 |
| L02 | 贵州财经大学学报 | 67 | 1.00 | 28.1 | 2.0 | 18 | 50 | 0.000 | 0.790 | 7.6 |
| L02 | 贵州商学院学报 | 49 | 0.94 | 12.4 | 1.6 | 15 | 37 | — | 0.469 | 8.6 |
| L02 | 国际商务-对外经济贸易大学学报 | 87 | 0.94 | 22.7 | 2.0 | 19 | 50 | 0.010 | 0.780 | 8.9 |
| L02 | 海关与经贸研究 | 65 | 0.97 | 22.3 | 1.4 | 15 | 58 | 0.046 | 0.277 | ≥10 |

## 2016年中国科技期刊来源指标按类刊名字顺索引(续)

| 学科代码 | 期刊名称 | 来源文献量 | 文献选出率 | 平均引文数 | 平均作者数 | 地区分布数 | 机构分布数 | 海外论文比 | 基金论文比 | 引用半衰期 |
|---|---|---|---|---|---|---|---|---|---|---|
| L02 | 河北经贸大学学报 | 120 | 0.94 | 18.1 | 1.7 | 24 | 90 | 0.008 | 0.675 | ≥10 |
| L02 | 河北旅游职业学院学报 | 107 | 0.94 | 8.5 | 1.8 | 21 | 67 | — | 0.495 | 6.3 |
| L02 | 河南财政税务高等专科学校学报 | 142 | 0.92 | 6.1 | 1.2 | 21 | 66 | — | 0.310 | 5.7 |
| L02 | 河南牧业经济学院学报 | 125 | 0.98 | 8.4 | 1.2 | 19 | 70 | — | 0.504 | 6.0 |
| L02 | 湖北经济学院学报 | 111 | 0.98 | 15.7 | 1.5 | 19 | 84 | 0.009 | 0.658 | 7.4 |
| L02 | 湖南财政经济学院学报 | 117 | 0.92 | 18.9 | 1.9 | 20 | 82 | 0.009 | 0.983 | 6.9 |
| L02 | 湖南商学院学报 | 117 | 0.93 | 14.3 | 1.9 | 12 | 48 | — | 0.735 | 7.1 |
| L02 | 湖南税务高等专科学校学报 | 121 | 0.98 | 4.7 | 1.4 | 21 | 90 | 0.017 | 0.273 | 5.8 |
| L02 | 吉林工商学院学报 | 184 | 1.00 | 7.1 | 1.5 | 21 | 100 | — | 0.571 | 6.1 |
| L02 | 江苏经贸职业技术学院学报 | 142 | 0.99 | 6.4 | 1.3 | 20 | 96 | — | 0.556 | 4.9 |
| L02 | 江西财经大学学报 | 79 | 0.93 | 22.6 | 1.9 | 19 | 48 | 0.010 | 0.770 | 7.9 |
| L02 | 兰州财经大学学报 | 96 | 0.98 | 19.7 | 1.8 | 21 | 82 | — | 0.760 | 8.2 |
| L02 | 南京财经大学学报 | 81 | 0.93 | 17.4 | 1.9 | 12 | 43 | 0.025 | 0.630 | 7.4 |
| L02 | 南京审计大学学报 | 67 | 0.93 | 22.9 | 2.0 | 18 | 60 | — | 0.910 | 8.1 |
| L02 | 内蒙古财经大学学报 | 212 | 0.97 | 8.5 | 1.3 | 18 | 77 | — | 0.410 | 6.0 |
| L02 | 农银学刊 | 113 | 0.90 | 3.6 | 1.3 | 20 | 46 | — | — | 4.2 |
| L02 | 山东财经大学学报 | 80 | 0.91 | 22.8 | 2.2 | 15 | 43 | — | 0.913 | 6.1 |
| L02 | 山东工商学院学报 | 110 | 0.96 | 14.6 | 1.9 | 19 | 86 | — | 0.727 | 6.1 |
| L02 | 山东商业职业技术学院学报 | 177 | 0.98 | 6.1 | 1.3 | 23 | 134 | — | 0.367 | 5.7 |
| L02 | 山西财经大学学报 | 125 | 1.00 | 33.0 | 2.0 | 20 | 57 | 0.020 | 0.940 | 8.5 |
| L02 | 上海对外经贸大学学报 | 49 | 0.84 | 29.5 | 1.6 | 13 | 37 | — | 0.612 | ≥10 |
| L02 | 上海金融学院学报 | 72 | 0.95 | 12.9 | 1.5 | 18 | 55 | 0.014 | 0.250 | 6.7 |
| L02 | 上海商学院学报 | 94 | 0.95 | 18.4 | 1.5 | 18 | 68 | 0.011 | 0.500 | 8.9 |
| L02 | 河北地质大学学报 | 159 | 0.96 | 11.4 | 1.9 | 20 | 108 | — | 0.585 | 6.6 |
| L02 | 首都经济贸易大学学报 | 94 | 0.97 | 19.3 | 1.9 | 24 | 68 | 0.011 | 0.745 | 8.7 |
| L02 | 四川旅游学院学报 | 153 | 0.99 | 9.1 | 1.9 | 23 | 104 | 0.033 | 0.569 | 6.8 |
| L02 | 太原城市职业技术学院学报 | 1090 | 0.99 | 5.1 | 1.3 | 30 | 587 | 0.001 | 0.363 | 5.6 |
| L02 | 天津商务职业学院学报 | 131 | 0.98 | 6.2 | 1.3 | 19 | 82 | — | 0.389 | 3.9 |
| L02 | 天津商业大学学报 | 68 | 0.92 | 18.2 | 1.7 | 20 | 48 | 0.029 | 0.618 | 7.1 |
| L02 | 天津中德应用技术大学学报 | 205 | 0.98 | 5.4 | 1.3 | 26 | 156 | 0.005 | 0.517 | 6.2 |
| L02 | 铜陵学院学报 | 191 | 0.97 | 9.5 | 1.7 | 14 | 66 | 0.005 | 0.670 | 6.3 |
| L02 | 无锡商业职业技术学院学报 | 144 | 0.96 | 8.6 | 1.4 | 16 | 75 | — | 0.597 | 6.9 |
| L02 | 武汉商学院学报 | 129 | 0.97 | 9.9 | 1.6 | 23 | 93 | — | 0.612 | 6.4 |
| L02 | 西安财经学院学报 | 123 | 0.97 | 14.7 | 1.7 | 18 | 64 | 0.008 | 0.626 | 7.9 |

| 学科代码 | 期刊名称 | 来源文献量 | 文献选出率 | 平均引文数 | 平均作者数 | 地区分布数 | 机构分布数 | 海外论文比 | 基金论文比 | 引用半衰期 |
|---|---|---|---|---|---|---|---|---|---|---|
| L02 | 西部经济管理论坛 | 68 | 0.96 | 12.1 | 2.0 | 21 | 59 | 0.015 | 0.618 | 6.7 |
| L02 | 现代财经-天津财经大学学报 | 113 | 1.00 | 28.8 | 2.2 | 22 | 77 | 0.010 | 0.710 | 8.7 |
| L02 | 新疆财经大学学报 | 40 | 0.91 | 17.2 | 1.6 | 8 | 24 | - | 0.725 | 9.5 |
| L02 | 云南财经大学学报 | 94 | 0.96 | 25.5 | 1.8 | 20 | 66 | 0.020 | 0.740 | 8.6 |
| L02 | 浙江工贸职业技术学院学报 | 85 | 0.96 | 7.6 | 1.6 | 8 | 42 | - | 0.565 | 5.4 |
| L02 | 浙江工商大学学报 | 91 | 0.97 | 21.7 | 1.4 | 18 | 64 | 0.033 | 0.802 | 9.6 |
| L02 | 浙江工商职业技术学院学报 | 88 | 1.00 | 6.4 | 1.4 | 13 | 53 | - | 0.591 | 5.1 |
| L02 | 中南财经政法大学学报 | 106 | 0.92 | 26.7 | 1.9 | 21 | 56 | 0.000 | 0.820 | 7.7 |
| L02 | 中央财经大学学报 | 161 | 0.96 | 27.6 | 2.0 | 25 | 80 | 0.010 | 0.740 | 8.0 |
| L04 | 财会学习 | 4049 | 0.99 | 3.3 | 1.1 | 31 | 3392 | 0.001 | 0.033 | 3.2 |
| L04 | 财会研究 | 267 | 0.89 | 6.4 | 1.5 | 29 | 219 | - | 0.172 | 4.2 |
| L04 | 财会月刊 | 386 | 0.78 | 4.8 | 1.5 | 29 | 297 | - | 0.402 | 4.2 |
| L04 | 财会月刊(理论版) | 313 | 1.00 | 9.1 | 1.9 | 28 | 222 | 0.003 | 0.735 | 5.5 |
| L04 | 城市问题 | 162 | 0.95 | 23.7 | 2.2 | 25 | 94 | 0.020 | 0.730 | 7.2 |
| L04 | 技术经济与管理研究 | 291 | 1.00 | 14.2 | 1.6 | 30 | 177 | 0.000 | 0.730 | 9.3 |
| L04 | 交通财会 | 197 | 0.57 | 3.7 | 1.3 | 26 | 157 | 0.010 | 0.041 | 5.1 |
| L04 | 教育财会研究 | 101 | 0.99 | 7.1 | 1.6 | 23 | 85 | 0.000 | 0.380 | 5.0 |
| L04 | 教育与经济 | 78 | 0.99 | 19.6 | 1.9 | 18 | 49 | 0.040 | 0.780 | 8.5 |
| L04 | 经济体制改革 | 188 | 0.96 | 17.6 | 1.9 | 22 | 115 | 0.020 | 0.660 | 6.5 |
| L04 | 经济与管理评论 | 118 | 0.96 | 22.7 | 2.1 | 21 | 61 | 0.020 | 0.740 | 8.4 |
| L04 | 经济与社会发展 | 173 | 1.00 | 8.5 | 1.3 | 22 | 122 | 0.006 | 0.468 | 6.8 |
| L04 | 企业经济 | 390 | 0.97 | 13.7 | 2.0 | 27 | 230 | 0.020 | 0.890 | 6.8 |
| L04 | 商业经济 | 805 | 0.99 | 5.1 | 1.5 | 28 | 376 | 0.002 | 0.325 | 3.8 |
| L04 | 商业经济研究 | 1861 | 0.98 | 7.8 | 1.5 | 30 | 874 | 0.003 | 0.436 | 4.6 |
| L04 | 商业经济与管理 | 113 | 0.97 | 34.5 | 2.2 | 20 | 69 | 0.010 | 0.910 | 8.5 |
| L04 | 数量经济技术经济研究 | 111 | 0.93 | 35.0 | 2.2 | 18 | 63 | 0.020 | 0.780 | ≥10 |
| L04 | 西部财会 | 279 | 0.89 | 4.0 | 1.3 | 25 | 213 | - | 0.072 | 4.0 |
| L04 | 现代商业 | 3490 | 0.97 | 4.7 | 1.4 | 31 | 1910 | 0.005 | 0.175 | 4.6 |
| L04 | 预测 | 73 | 1.00 | 23.1 | 2.8 | 19 | 45 | 0.000 | 0.960 | 9.1 |
| L04 | 中国改革 | 133 | 0.90 | 0.0 | 1.4 | 10 | 62 | 0.070 | 0.010 | 0.0 |
| L04 | 中国资产评估 | 109 | 0.78 | 3.8 | 1.5 | 20 | 51 | 0.000 | 0.060 | 7.2 |
| L05 | 财会通讯 | 1307 | 0.95 | 6.4 | 1.6 | 31 | 678 | 0.003 | 0.367 | 6.3 |
| L05 | 财务与会计 | 532 | 0.61 | 0.6 | 1.6 | 27 | 366 | - | 0.237 | 4.8 |
| L05 | 当代会计 | 447 | 0.92 | 3.9 | 1.2 | 30 | 401 | - | 0.083 | 3.7 |

| 学科代码 | 期刊名称 | 来源文献量 | 文献选出率 | 平均引文数 | 平均作者数 | 地区分布数 | 机构分布数 | 海外论文比 | 基金论文比 | 引用半衰期 |
|---|---|---|---|---|---|---|---|---|---|---|
| L05 | 会计师 | 1012 | 0.95 | 3.9 | 1.2 | 31 | 841 | 0.006 | 0.086 | 3.3 |
| L05 | 会计研究 | 145 | 0.89 | 22.1 | 2.5 | 18 | 57 | 0.030 | 0.790 | 8.3 |
| L05 | 会计与经济研究 | 48 | 0.92 | 37.5 | 2.2 | 16 | 34 | 0.020 | 0.850 | 9.0 |
| L05 | 会计之友 | 721 | 0.94 | 10.2 | 1.8 | 28 | 390 | 0.003 | 0.546 | 6.5 |
| L05 | 商业会计 | 1116 | 0.96 | 5.3 | 1.5 | 31 | 614 | 0.003 | 0.356 | 4.4 |
| L05 | 审计研究 | 87 | 0.92 | 12.6 | 2.2 | 20 | 52 | 0.020 | 0.560 | 6.6 |
| L05 | 审计与经济研究 | 79 | 0.92 | 21.6 | 2.2 | 18 | 60 | - | 0.823 | 7.7 |
| L05 | 新会计 | 214 | 0.78 | 3.9 | 1.3 | 22 | 173 | - | 0.164 | 5.5 |
| L05 | 中国内部审计 | 248 | 0.72 | 3.5 | 1.7 | 27 | 219 | 0.012 | 0.097 | 4.7 |
| L05 | 中国农业会计 | 265 | 0.81 | 3.2 | 1.4 | 28 | 194 | - | 0.094 | 4.9 |
| L05 | 中国乡镇企业会计 | 1750 | 1.00 | 3.0 | 1.2 | 30 | 998 | 0.002 | 0.134 | 3.9 |
| L05 | 中国注册会计师 | 210 | 0.53 | 8.5 | 1.7 | 26 | 164 | 0.010 | 0.305 | 6.1 |
| L05 | 中国总会计师 | 590 | 0.64 | 3.2 | 1.2 | 28 | 497 | 0.010 | 0.037 | 3.5 |
| L06 | 当代农村财经 | 217 | 0.75 | 1.9 | 1.4 | 27 | 164 | 0.005 | 0.115 | 4.3 |
| L06 | 调研世界 | 145 | 0.97 | 9.9 | 1.7 | 25 | 95 | - | 0.462 | 6.7 |
| L06 | 国土资源信息化 | 58 | 0.95 | 5.8 | 2.9 | 16 | 56 | - | 0.155 | 4.5 |
| L06 | 林业经济问题 | 96 | 1.00 | 16.6 | 2.9 | 20 | 39 | 0.000 | 0.710 | 5.7 |
| L06 | 南方农村 | 58 | 1.00 | 10.1 | 2.4 | 8 | 34 | 0.017 | 0.707 | 5.3 |
| L06 | 农场经济管理 | 259 | 0.70 | 0.7 | 1.5 | 14 | 128 | - | 0.039 | 6.1 |
| L06 | 农村金融研究 | 173 | 0.76 | 5.9 | 1.7 | 28 | 111 | 0.006 | 0.277 | 3.7 |
| L06 | 农村经济 | 259 | 1.00 | 10.9 | 2.0 | 21 | 119 | 0.000 | 0.630 | 5.6 |
| L06 | 农村经济与科技 | 3470 | 0.99 | 4.8 | 1.6 | 31 | 1648 | 0.003 | 0.259 | 5.0 |
| L06 | 农业技术经济 | 146 | 0.94 | 24.2 | 2.6 | 22 | 75 | 0.030 | 0.850 | 7.2 |
| L06 | 农业经济 | 660 | 1.00 | 5.0 | 1.4 | 31 | 412 | 0.006 | 0.408 | 4.0 |
| L06 | 农业经济问题 | 146 | 0.83 | 22.2 | 2.2 | 26 | 96 | 0.010 | 0.720 | 7.6 |
| L06 | 农业经济与管理 | 66 | 0.99 | 18.9 | 2.0 | 16 | 42 | 0.015 | 0.727 | 6.4 |
| L06 | 农业科研经济管理 | 52 | 0.88 | 7.3 | 3.2 | 13 | 35 | - | 0.327 | 4.0 |
| L06 | 生态经济 | 556 | 0.99 | 15.6 | 2.5 | 28 | 281 | 0.010 | 0.750 | 6.5 |
| L06 | 台湾农业探索 | 97 | 0.99 | 9.7 | 2.4 | 9 | 37 | 0.031 | 0.577 | 6.0 |
| L06 | 中国农村观察 | 47 | 0.85 | 36.3 | 2.1 | 14 | 30 | 0.040 | 0.700 | 9.7 |
| L06 | 中国农村经济 | 95 | 0.91 | 32.7 | 2.2 | 17 | 49 | 0.050 | 0.710 | 9.5 |
| L06 | 资源开发与市场 | 300 | 1.00 | 21.8 | 2.9 | 27 | 141 | 0.000 | 0.940 | 6.7 |
| L06 | 资源与产业 | 111 | 0.95 | 17.2 | 2.7 | 21 | 46 | 0.020 | 0.430 | 5.6 |
| L08 | 北方经贸 | 876 | 0.98 | 5.1 | 1.4 | 31 | 513 | 0.006 | 0.253 | 5.0 |

| 学科代码 | 期刊名称 | 来源文献量 | 文献选出率 | 平均引文数 | 平均作者数 | 地区分布数 | 机构分布数 | 海外论文比 | 基金论文比 | 引用半衰期 |
|---|---|---|---|---|---|---|---|---|---|---|
| L08 | 产业经济评论 | 59 | 0.89 | 27.0 | 2.0 | 14 | 48 | 0.034 | 0.508 | 8.9 |
| L08 | 产业经济研究 | 62 | 0.93 | 30.4 | 2.2 | 18 | 36 | 0.050 | 0.850 | 8.5 |
| L08 | 电子商务 | 534 | 1.00 | 5.4 | 1.8 | 29 | 319 | — | 0.448 | 3.4 |
| L08 | 对外经贸 | 656 | 0.99 | 5.9 | 1.6 | 29 | 326 | 0.003 | 0.480 | 4.7 |
| L08 | 对外经贸实务 | 242 | 0.80 | 3.9 | 1.4 | 28 | 174 | 0.008 | 0.430 | 2.8 |
| L08 | 工程经济 | 211 | 1.00 | 7.4 | 2.0 | 27 | 190 | 0.005 | 0.237 | 3.3 |
| L08 | 工业技术创新 | 331 | 1.00 | 6.1 | 1.9 | 31 | 309 | — | 0.045 | 6.6 |
| L08 | 工业技术经济 | 240 | 1.00 | 18.4 | 2.2 | 27 | 126 | 0.010 | 0.700 | 6.7 |
| L08 | 工业经济论坛 | 87 | 0.98 | 13.1 | 1.7 | 19 | 62 | 0.011 | 0.299 | 6.0 |
| L08 | 国际经贸探索 | 95 | 1.00 | 30.0 | 1.7 | 20 | 57 | 0.000 | 0.720 | 9.1 |
| L08 | 国际贸易 | 143 | 0.90 | 0.0 | 1.7 | 15 | 62 | 0.010 | 0.390 | 0.0 |
| L08 | 国际贸易问题 | 184 | 0.99 | 23.3 | 2.2 | 21 | 92 | 0.040 | 0.810 | 7.9 |
| L08 | 国际商务研究 | 52 | 0.81 | 19.9 | 1.9 | 12 | 37 | 0.020 | 0.460 | 8.8 |
| L08 | 化学工业 | 61 | 0.91 | 3.5 | 2.1 | 10 | 40 | — | 0.016 | 3.0 |
| L08 | 技术经济 | 209 | 0.96 | 28.8 | 2.4 | 24 | 100 | 0.010 | 0.870 | 8.3 |
| L08 | 技术与市场 | 2073 | 0.94 | 3.0 | 1.4 | 31 | 1114 | 0.004 | 0.047 | 4.8 |
| L08 | 价格理论与实践 | 506 | 0.87 | 5.2 | 2.0 | 28 | 197 | 0.000 | 0.450 | 4.2 |
| L08 | 价格月刊 | 244 | 1.00 | 9.0 | 1.6 | 28 | 213 | — | 0.545 | 4.6 |
| L08 | 江苏商论 | 275 | 0.96 | 9.4 | 1.6 | 24 | 152 | 0.004 | 0.422 | 6.4 |
| L08 | 进出口经理人 | 626 | 0.70 | 2.8 | 1.2 | 30 | 459 | — | 0.058 | 3.7 |
| L08 | 经营者 | 2997 | 0.98 | 3.2 | 1.2 | 31 | 2250 | 0.002 | 0.031 | 3.8 |
| L08 | 科技经济导刊 | 6411 | 1.00 | 3.0 | 1.3 | 31 | 3995 | 0.002 | 0.098 | 4.7 |
| L08 | 科技经济市场 | 1833 | 1.00 | 3.3 | 1.3 | 31 | 1097 | 0.002 | 0.126 | 4.4 |
| L08 | 旅游科学 | 43 | 0.96 | 37.0 | 2.6 | 17 | 32 | 0.020 | 0.880 | 9.6 |
| L08 | 旅游论坛 | 75 | 0.88 | 30.4 | 2.4 | 20 | 64 | 0.013 | 0.800 | 7.9 |
| L08 | 旅游世界·旅游发展研究 | 70 | 0.80 | 12.4 | 1.8 | 18 | 52 | — | 0.443 | 6.4 |
| L08 | 旅游学刊 | 208 | 0.98 | 28.0 | 2.1 | 22 | 95 | 0.090 | 0.500 | 9.5 |
| L08 | 旅游研究 | 74 | 0.75 | 20.1 | 2.3 | 26 | 68 | 0.027 | 0.730 | 7.3 |
| L08 | 煤炭经济研究 | 211 | 0.94 | 7.3 | 1.8 | 17 | 120 | — | 0.265 | 4.2 |
| L08 | 内蒙古煤炭经济 | 1819 | 1.00 | 3.6 | 1.5 | 29 | 843 | 0.009 | 0.033 | 5.2 |
| L08 | 欧亚经济 | 57 | 0.70 | 15.3 | 1.4 | 10 | 35 | 0.053 | 0.263 | — |
| L08 | 商业研究 | 300 | 0.99 | 17.9 | 2.0 | 27 | 143 | 0.010 | 0.690 | 8.6 |
| L08 | 上海经济 | 67 | 0.92 | 9.2 | 1.2 | 7 | 40 | — | 0.030 | 6.7 |
| L08 | 上海经济研究 | 168 | 0.98 | 17.8 | 1.9 | 23 | 97 | 0.010 | 0.610 | 7.9 |

| 学科代码 | 期刊名称 | 来源文献量 | 文献选出率 | 平均引文数 | 平均作者数 | 地区分布数 | 机构分布数 | 海外论文比 | 基金论文比 | 引用半衰期 |
|---|---|---|---|---|---|---|---|---|---|---|
| L08 | 市场论坛 | 342 | 0.97 | 5.2 | 1.5 | 27 | 209 | 0.003 | 0.249 | 4.7 |
| L08 | 市场研究 | 367 | 0.94 | 3.5 | 1.3 | 26 | 173 | 0.003 | 0.139 | 4.0 |
| L08 | 市场周刊 | 743 | 0.98 | 5.9 | 1.5 | 26 | 329 | - | 0.297 | 5.4 |
| L08 | 铁道经济研究 | 64 | 0.98 | 6.2 | 1.8 | 15 | 37 | - | 0.328 | 5.5 |
| L08 | 物流工程与管理 | 942 | 0.99 | 5.9 | 1.8 | 30 | 529 | 0.003 | 0.368 | 4.8 |
| L08 | 物流技术 | 515 | 0.99 | 9.2 | 2.3 | 29 | 297 | - | 0.456 | 5.7 |
| L08 | 物流科技 | 518 | 0.96 | 8.0 | 1.8 | 29 | 302 | 0.008 | 0.554 | 5.3 |
| L08 | 现代工业经济和信息化 | 1211 | 0.99 | 3.1 | 1.5 | 31 | 888 | 0.005 | 0.069 | 4.5 |
| L08 | 消费经济 | 89 | 0.96 | 23.5 | 2.2 | 18 | 62 | 0.000 | 0.740 | ≥10 |
| L08 | 冶金经济与管理 | 90 | 0.93 | 4.7 | 1.8 | 13 | 52 | - | 0.078 | 4.7 |
| L08 | 邮政研究 | 90 | 0.88 | 2.0 | 2.6 | 23 | 140 | 0.011 | 0.044 | 2.9 |
| L08 | 中国工业经济 | 117 | 0.92 | 34.9 | 2.2 | 18 | 54 | 0.020 | 0.850 | 9.3 |
| L08 | 中国经贸 | 4839 | 0.94 | 3.1 | 1.1 | 31 | 3734 | 0.005 | 0.018 | 3.4 |
| L08 | 中国流通经济 | 188 | 0.97 | 18.8 | 1.6 | 25 | 113 | 0.020 | 0.620 | 6.2 |
| L08 | 中国商论 | 3088 | 0.99 | 4.8 | 1.4 | 31 | 1641 | 0.006 | 0.222 | 4.1 |
| L08 | 中国物价 | 316 | 0.95 | 4.7 | 1.6 | 16 | 108 | 0.006 | 0.259 | 6.3 |
| L10 | 保险研究 | 136 | 0.99 | 27.3 | 2.1 | 15 | 72 | 0.015 | 0.640 | ≥10 |
| L10 | 北方金融 | 340 | 0.69 | 3.3 | 1.7 | 27 | 149 | - | 0.050 | 5.5 |
| L10 | 财经界 | 7403 | 0.95 | 3.4 | 1.1 | 31 | 5825 | 0.005 | 0.015 | 3.3 |
| L10 | 财经科学 | 148 | 0.95 | 20.3 | 2.1 | 21 | 72 | 0.010 | 0.600 | 8.0 |
| L10 | 财经理论研究 | 78 | 0.96 | 20.2 | 1.8 | 22 | 56 | 0.026 | 0.603 | 7.5 |
| L10 | 财经理论与实践 | 135 | 1.00 | 19.0 | 2.1 | 23 | 58 | 0.010 | 0.840 | 8.7 |
| L10 | 财经论丛(浙江财经学院学报) | 152 | 0.99 | 23.4 | 2.0 | 23 | 78 | 0.010 | 0.820 | 8.3 |
| L10 | 财经问题研究 | 228 | 0.96 | 17.8 | 1.7 | 21 | 89 | 0.000 | 0.680 | 8.7 |
| L10 | 财贸经济 | 129 | 0.92 | 35.6 | 2.1 | 18 | 52 | 0.010 | 0.760 | 9.1 |
| L10 | 财贸研究 | 102 | 0.94 | 29.3 | 2.0 | 18 | 72 | - | 0.912 | 7.9 |
| L10 | 财务研究 | 56 | 0.95 | 32.4 | 2.3 | 18 | 50 | - | 0.875 | ≥10 |
| L10 | 财务与金融 | 97 | 0.97 | 13.1 | 1.6 | 21 | 68 | - | 0.392 | 6.0 |
| L10 | 当代财经 | 148 | 0.94 | 24.1 | 1.9 | 23 | 75 | 0.030 | 0.830 | 8.4 |
| L10 | 地方财政研究 | 205 | 0.90 | 14.4 | 1.7 | 26 | 147 | - | 0.546 | 7.0 |
| L10 | 福建金融 | 182 | 0.86 | 5.5 | 1.3 | 15 | 114 | 0.016 | 0.044 | 4.9 |
| L10 | 甘肃金融 | 193 | 0.75 | 5.6 | 1.5 | 20 | 106 | 0.005 | 0.083 | 5.1 |
| L10 | 国际金融研究 | 98 | 0.84 | 32.1 | 2.3 | 15 | 55 | 0.070 | 0.590 | 8.6 |
| L10 | 国际商务财会 | 229 | 0.67 | 6.8 | 1.3 | 23 | 155 | 0.009 | 0.175 | 5.4 |

| 学科代码 | 期刊名称 | 来源文献量 | 文献选出率 | 平均引文数 | 平均作者数 | 地区分布数 | 机构分布数 | 海外论文比 | 基金论文比 | 引用半衰期 |
|---|---|---|---|---|---|---|---|---|---|---|
| L10 | 国际税收 | 136 | 0.56 | 10.5 | 1.8 | 19 | 103 | 0.118 | 0.169 | — |
| L10 | 海南金融 | 208 | 0.96 | 11.9 | 1.7 | 24 | 151 | 0.005 | 0.346 | 6.1 |
| L10 | 河北金融 | 257 | 0.86 | 3.1 | 1.4 | 22 | 128 | 0.008 | 0.074 | 3.3 |
| L10 | 华北金融 | 210 | 0.94 | 7.7 | 1.3 | 23 | 109 | — | 0.105 | 4.9 |
| L10 | 吉林金融研究 | 174 | 0.78 | 5.9 | 1.4 | 26 | 103 | — | 0.069 | 4.9 |
| L10 | 金融发展研究 | 161 | 0.88 | 11.6 | 1.9 | 24 | 129 | 0.068 | 0.460 | 6.5 |
| L10 | 金融会计 | 144 | 0.80 | 5.4 | 1.6 | 26 | 95 | 0.063 | 0.028 | ≥10 |
| L10 | 金融监管研究 | 83 | 0.86 | 20.1 | 2.0 | 17 | 75 | 0.084 | 0.145 | 7.7 |
| L10 | 金融教育研究 | 84 | 1.00 | 11.3 | 1.8 | 19 | 61 | — | 0.702 | 5.8 |
| L10 | 金融经济(理论版) | 1066 | 0.99 | 4.8 | 1.3 | 31 | 666 | 0.010 | 0.118 | 4.5 |
| L10 | 金融经济学研究 | 66 | 1.00 | 18.5 | 2.1 | 18 | 48 | 0.000 | 0.710 | 8.6 |
| L10 | 金融理论与实践 | 270 | 0.99 | 10.0 | 1.8 | 27 | 173 | 0.040 | 0.490 | 7.6 |
| L10 | 金融论坛 | 99 | 0.85 | 21.1 | 1.8 | 20 | 61 | 0.030 | 0.340 | 7.9 |
| L10 | 金融研究 | 162 | 0.99 | 32.5 | 2.5 | 17 | 56 | 0.070 | 0.800 | ≥10 |
| L10 | 金融与经济 | 221 | 0.92 | 9.2 | 1.7 | 23 | 151 | 0.014 | 0.339 | 6.3 |
| L10 | 绿色财会 | 116 | 0.73 | 5.7 | 1.3 | 19 | 56 | — | 0.155 | 5.2 |
| L10 | 南方金融 | 154 | 0.90 | 15.5 | 1.7 | 23 | 115 | 0.013 | 0.344 | 7.0 |
| L10 | 青海金融 | 205 | 0.93 | 4.8 | 1.2 | 23 | 83 | — | 0.054 | 4.1 |
| L10 | 区域金融研究 | 193 | 0.94 | 6.7 | 1.9 | 23 | 134 | 0.016 | 0.228 | 5.3 |
| L10 | 上海金融 | 184 | 0.94 | 18.8 | 1.7 | 23 | 106 | 0.020 | 0.240 | 8.3 |
| L10 | 审计与理财 | 260 | 0.75 | 1.6 | 1.5 | 18 | 152 | — | 0.077 | 4.4 |
| L10 | 时代金融(下旬) | 2632 | 1.00 | 4.0 | 1.3 | 31 | 1412 | 0.005 | 0.105 | 4.3 |
| L10 | 时代金融(中旬) | 2505 | 1.00 | 3.9 | 1.3 | 31 | 1382 | 0.005 | 0.099 | 4.1 |
| L10 | 税收经济研究 | 87 | 0.96 | 11.2 | 1.5 | 22 | 81 | — | 0.333 | 7.3 |
| L10 | 税务研究 | 341 | 0.95 | 11.3 | 1.8 | 26 | 207 | 0.003 | 0.323 | 6.8 |
| L10 | 税务与经济 | 112 | 1.00 | 11.1 | 1.8 | 16 | 59 | 0.010 | 0.530 | 8.0 |
| L10 | 投资研究 | 137 | 0.90 | 30.6 | 2.1 | 16 | 86 | 0.015 | 0.569 | 8.9 |
| L10 | 武汉金融 | 254 | 0.93 | 8.1 | 1.6 | 22 | 169 | 0.004 | 0.283 | 6.3 |
| L10 | 西部金融 | 240 | 0.92 | 7.6 | 1.5 | 25 | 107 | 0.008 | 0.063 | 5.4 |
| L10 | 西南金融 | 172 | 0.99 | 11.3 | 1.6 | 25 | 119 | — | 0.227 | 4.2 |
| L10 | 新疆财经 | 54 | 0.95 | 18.5 | 1.9 | 7 | 26 | — | 0.907 | 6.7 |
| L10 | 新金融 | 142 | 0.93 | 5.4 | 1.6 | 19 | 109 | 0.070 | 0.162 | 3.5 |
| L10 | 浙江金融 | 141 | 0.89 | 13.8 | 1.5 | 19 | 116 | 0.007 | 0.255 | 6.2 |
| L10 | 证券市场导报 | 113 | 0.82 | 25.1 | 1.9 | 16 | 62 | 0.020 | 0.500 | ≥10 |

| 学科代码 | 期刊名称 | 来源文献量 | 文献选出率 | 平均引文数 | 平均作者数 | 地区分布数 | 机构分布数 | 海外论文比 | 基金论文比 | 引用半衰期 |
|---|---|---|---|---|---|---|---|---|---|---|
| L10 | 中国钱币 | 57 | 0.59 | 15.3 | 1.2 | 11 | 18 | — | — | ≥10 |
| M01 | 北京青年研究 | 59 | 0.91 | 10.8 | 1.4 | 15 | 47 | 0.017 | 0.559 | 7.6 |
| M01 | 重庆与世界(学术版) | 319 | 0.99 | 7.1 | 1.8 | 29 | 167 | 0.016 | 0.364 | 6.1 |
| M01 | 传承 | 717 | 0.96 | 5.4 | 1.4 | 30 | 402 | 0.003 | 0.317 | 7.8 |
| M01 | 大连干部学刊 | 151 | 0.91 | 7.8 | 1.3 | 23 | 94 | — | 0.252 | 7.0 |
| M01 | 党的文献 | 118 | 0.94 | 27.4 | 1.1 | 20 | 56 | 0.010 | 0.150 | ≥10 |
| M01 | 党史博采(理论版) | 374 | 0.85 | 5.7 | 1.2 | 30 | 292 | 0.008 | 0.144 | 9.7 |
| M01 | 党史文苑(学术版) | 283 | 0.92 | 6.9 | 1.2 | 24 | 161 | — | 0.254 | ≥10 |
| M01 | 党史研究与教学 | 68 | 0.94 | 59.3 | 1.2 | 14 | 48 | 0.015 | 0.500 | — |
| M01 | 党政干部论坛 | 108 | 0.52 | 4.3 | 1.2 | 19 | 94 | 0.019 | 0.324 | 4.1 |
| M01 | 党政干部学刊 | 193 | 0.99 | 8.4 | 1.4 | 24 | 113 | — | 0.466 | 8.7 |
| M01 | 党政研究 | 99 | 0.94 | 11.6 | 1.3 | 21 | 81 | 0.020 | 0.576 | ≥10 |
| M01 | 甘肃理论学刊 | 169 | 0.96 | 15.4 | 1.3 | 26 | 118 | — | 0.414 | 9.9 |
| M01 | 国际安全研究 | 40 | 0.70 | 46.9 | 1.5 | 9 | 33 | 0.150 | 0.600 | 8.8 |
| M01 | 行政管理改革 | 158 | 0.87 | 3.2 | 1.2 | 22 | 96 | — | 0.259 | 3.7 |
| M01 | 红广角 | 106 | 0.70 | 17.3 | 1.1 | 17 | 59 | — | 0.019 | ≥10 |
| M01 | 军队政工理论研究 | 257 | 0.97 | 2.8 | 1.3 | 26 | 112 | — | 0.070 | 2.8 |
| M01 | 科学社会主义 | 159 | 0.88 | 11.2 | 1.2 | 26 | 103 | 0.006 | 0.421 | 7.6 |
| M01 | 理论导刊 | 329 | 0.96 | 11.9 | 1.4 | 30 | 234 | — | 0.784 | 7.3 |
| M01 | 理论视野 | 259 | 0.90 | 6.7 | 1.2 | 26 | 137 | 0.004 | 0.382 | 8.7 |
| M01 | 理论探索 | 124 | 0.98 | 12.9 | 1.3 | 21 | 80 | — | 0.726 | 8.6 |
| M01 | 理论学习与探索 | 232 | 0.97 | 0.6 | 1.1 | 22 | 83 | 0.017 | 0.308 | 6.7 |
| M01 | 理论研究 | 78 | 0.92 | 9.0 | 1.2 | 25 | 60 | — | 0.308 | 6.0 |
| M01 | 廉政文化研究 | 83 | 0.90 | 12.8 | 1.5 | 19 | 60 | — | 0.542 | 5.4 |
| M01 | 求实 | 140 | 0.93 | 13.2 | 1.3 | 20 | 92 | 0.000 | 0.690 | 8.0 |
| M01 | 求是 | 506 | 0.82 | 0.0 | 1.0 | 26 | 176 | 0.000 | 0.000 | 0.0 |
| M01 | 山东工会论坛 | 251 | 1.00 | 5.2 | 1.4 | 22 | 151 | 0.004 | 0.418 | 5.9 |
| M01 | 上海党史与党建 | 230 | 0.85 | 4.9 | 1.2 | 16 | 116 | — | 0.165 | ≥10 |
| M01 | 社会福利(理论版) | 166 | 0.88 | 10.4 | 1.6 | 24 | 110 | 0.036 | 0.500 | 5.5 |
| M01 | 实事求是 | 150 | 0.96 | 8.1 | 1.3 | 22 | 86 | — | 0.433 | 6.8 |
| M01 | 思想教育研究 | 345 | 0.97 | 7.0 | 1.5 | 27 | 151 | 0.000 | 0.490 | 6.3 |
| M01 | 思想政治课教学 | 332 | 0.96 | 0.7 | 1.1 | 27 | 305 | — | 0.151 | 7.1 |
| M01 | 探求 | 102 | 0.99 | 10.2 | 1.3 | 11 | 61 | 0.020 | 0.382 | 7.1 |
| M01 | 探索 | 174 | 0.92 | 14.7 | 1.5 | 24 | 107 | 0.030 | 0.710 | 6.3 |

## 2016 年中国科技期刊来源指标按类刊名字顺索引(续)

| 学科代码 | 期刊名称 | 来源文献量 | 文献选出率 | 平均引文数 | 平均作者数 | 地区分布数 | 机构分布数 | 海外论文比 | 基金论文比 | 引用半衰期 |
|---|---|---|---|---|---|---|---|---|---|---|
| M01 | 新视野 | 118 | 0.97 | 15.3 | 1.5 | 17 | 69 | 0.010 | 0.560 | 9.3 |
| M01 | 学习论坛 | 198 | 0.99 | 9.1 | 1.3 | 23 | 119 | 0.000 | 0.580 | 7.4 |
| M01 | 学校党建与思想教育 | 760 | 0.94 | 3.8 | 1.5 | 29 | 359 | 0.000 | 0.540 | 6.4 |
| M01 | 预防青少年犯罪研究 | 83 | 0.97 | 13.8 | 1.6 | 15 | 67 | 0.048 | 0.181 | 9.8 |
| M01 | 政治学研究 | 63 | 0.82 | 39.7 | 1.4 | 20 | 40 | 0.060 | 0.570 | ≥10 |
| M01 | 职业 | 2448 | 0.82 | 1.6 | 1.2 | 30 | 890 | 0.001 | 0.100 | 5.0 |
| M01 | 中共党史研究 | 146 | 0.89 | 53.1 | 1.1 | 19 | 67 | 0.020 | 0.200 | ≥10 |
| M01 | 中国党政干部论坛 | 346 | 0.74 | 0.0 | 1.2 | 28 | 177 | 0.000 | 0.010 | 0.0 |
| M01 | 中国青年研究 | 223 | 0.97 | 13.0 | 1.5 | 23 | 133 | 0.010 | 0.450 | 7.4 |
| M01 | 中国特色社会主义研究 | 107 | 0.89 | 10.7 | 1.3 | 18 | 68 | - | 0.598 | 6.1 |
| M02 | 安徽行政学院学报 | 114 | 1.00 | 11.8 | 1.4 | 21 | 82 | 0.018 | 0.412 | 6.0 |
| M02 | 北京行政学院学报 | 100 | 0.99 | 20.4 | 1.4 | 18 | 55 | 0.020 | 0.530 | ≥10 |
| M02 | 北京经济管理职业学院学报 | 60 | 0.73 | 7.7 | 1.5 | 15 | 36 | - | 0.333 | 4.6 |
| M02 | 北京劳动保障职业学院学报 | 54 | 0.89 | 8.4 | 1.4 | 3 | 15 | 0.019 | 0.093 | 6.2 |
| M02 | 北京市工会干部学院学报 | 47 | 0.85 | 4.8 | 1.3 | 10 | 30 | - | 0.043 | 7.8 |
| M02 | 兵团党校学报 | 99 | 0.99 | 8.0 | 1.3 | 14 | 56 | - | 0.313 | 6.9 |
| M02 | 长春市委党校学报 | 94 | 0.86 | 3.1 | 1.3 | 19 | 62 | - | 0.202 | 5.2 |
| M02 | 长沙民政职业技术学院学报 | 170 | 1.00 | 6.8 | 1.3 | 20 | 90 | 0.006 | 0.376 | 6.2 |
| M02 | 成都行政学院学报 | 130 | 0.92 | 7.7 | 1.5 | 22 | 98 | 0.008 | 0.408 | 5.6 |
| M02 | 地方治理研究 | 36 | 0.90 | 15.2 | 1.6 | 14 | 39 | 0.028 | 0.694 | 8.0 |
| M02 | 福建行政学院学报 | 84 | 0.95 | 18.9 | 1.3 | 15 | 61 | 0.036 | 0.714 | 7.9 |
| M02 | 福建金融管理干部学院学报 | 33 | 1.00 | 13.8 | 1.5 | 12 | 27 | - | 0.212 | 6.2 |
| M02 | 福建省社会主义学院学报 | 98 | 0.97 | 8.6 | 1.2 | 19 | 69 | 0.010 | 0.327 | 5.3 |
| M02 | 福州党校学报 | 105 | 0.95 | 5.6 | 1.2 | 21 | 74 | - | 0.276 | 3.7 |
| M02 | 甘肃行政学院学报 | 68 | 0.89 | 37.0 | 1.6 | 20 | 59 | 0.029 | 0.706 | 9.9 |
| M02 | 工会理论研究-上海工会管理干部学院学报 | 68 | 0.87 | 3.6 | 1.2 | 11 | 47 | - | 0.176 | 7.1 |
| M02 | 广东行政学院学报 | 86 | 0.95 | 16.3 | 1.5 | 20 | 66 | 0.023 | 0.663 | 7.9 |
| M02 | 广东青年职业学院学报 | 73 | 0.97 | 7.4 | 1.4 | 18 | 51 | - | 0.493 | 5.6 |
| M02 | 广东省社会主义学院学报 | 88 | 0.96 | 7.0 | 1.2 | 22 | 69 | - | 0.341 | 6.9 |
| M02 | 广西经济管理干部学院学报 | 70 | 0.95 | 15.0 | 1.8 | 15 | 50 | - | 0.657 | 7.3 |
| M02 | 广西青年干部学院学报 | 130 | 0.96 | 5.3 | 1.4 | 23 | 86 | - | 0.408 | 6.1 |
| M02 | 广西社会主义学院学报 | 129 | 0.96 | 7.1 | 1.2 | 26 | 99 | - | 0.326 | 4.3 |
| M02 | 广西政法管理干部学院学报 | 134 | 0.97 | 15.7 | 1.1 | 21 | 53 | - | 0.261 | 9.4 |
| M02 | 广州社会主义学院学报 | 75 | 0.90 | 12.3 | 1.2 | 17 | 53 | - | 0.373 | ≥10 |

## 2016年中国科技期刊来源指标按类刊名字顺索引(续)

| 学科代码 | 期刊名称 | 来源文献量 | 文献选出率 | 平均引文数 | 平均作者数 | 地区分布数 | 机构分布数 | 海外论文比 | 基金论文比 | 引用半衰期 |
|---|---|---|---|---|---|---|---|---|---|---|
| M02 | 广州市公安管理干部学院学报 | 50 | 0.96 | 7.5 | 1.6 | 9 | 28 | 0.020 | 0.380 | 5.9 |
| M02 | 贵阳市委党校学报 | 80 | 0.87 | 6.5 | 1.4 | 15 | 57 | 0.013 | 0.350 | 5.3 |
| M02 | 贵州社会主义学院学报 | 53 | 0.93 | 7.5 | 1.4 | 11 | 39 | — | 0.283 | 8.8 |
| M02 | 国家行政学院学报 | 133 | 0.94 | 10.7 | 1.6 | 18 | 68 | 0.020 | 0.440 | 8.7 |
| M02 | 国家教育行政学院学报 | 186 | 0.95 | 9.0 | 1.6 | 23 | 119 | 0.020 | 0.540 | 6.8 |
| M02 | 国家林业局管理干部学院学报 | 45 | 0.88 | 6.2 | 1.4 | 12 | 30 | — | 0.133 | 3.4 |
| M02 | 哈尔滨市委党校学报 | 82 | 0.98 | 6.2 | 1.2 | 24 | 61 | — | 0.207 | 5.7 |
| M02 | 河北青年管理干部学院学报 | 156 | 0.98 | 7.5 | 1.4 | 24 | 105 | — | 0.474 | 9.7 |
| M02 | 河北省社会主义学院学报 | 88 | 0.92 | 4.4 | 1.6 | 17 | 76 | — | 0.330 | 9.9 |
| M02 | 黑龙江省社会主义学院学报 | 67 | 0.84 | 3.9 | 1.4 | 19 | 54 | — | 0.418 | 5.2 |
| M02 | 黑龙江省政法管理干部学院学报 | 293 | 0.96 | 8.6 | 1.2 | 22 | 127 | — | 0.256 | 8.9 |
| M02 | 湖北行政学院学报 | 98 | 1.00 | 15.0 | 1.5 | 21 | 75 | 0.020 | 0.622 | 8.3 |
| M02 | 湖北省社会主义学院学报 | 132 | 0.96 | 4.3 | 1.3 | 24 | 103 | — | 0.258 | 4.9 |
| M02 | 湖南行政学院学报 | 134 | 0.92 | 7.5 | 1.4 | 21 | 96 | — | 0.388 | 6.0 |
| M02 | 湖南省社会主义学院学报 | 144 | 0.90 | 5.9 | 1.3 | 27 | 104 | — | 0.403 | 5.2 |
| M02 | 吉林省经济管理干部学院学报 | 393 | 0.97 | 4.4 | 1.4 | 28 | 233 | 0.013 | 0.318 | 4.9 |
| M02 | 佳木斯大学社会科学学报 | 334 | 0.99 | 9.4 | 1.5 | 30 | 203 | 0.006 | 0.680 | ≥10 |
| M02 | 江苏行政学院学报 | 109 | 0.90 | 12.4 | 1.4 | 19 | 55 | 0.000 | 0.500 | ≥10 |
| M02 | 江苏省社会主义学院学报 | 76 | 0.89 | 4.6 | 1.2 | 14 | 43 | — | 0.092 | 7.7 |
| M02 | 辽宁公安司法管理干部学院学报 | 123 | 0.98 | 5.5 | 1.3 | 12 | 48 | — | 0.358 | 5.9 |
| M02 | 辽宁行政学院学报 | 244 | 0.99 | 5.5 | 1.4 | 25 | 143 | 0.012 | 0.426 | 6.3 |
| M02 | 辽宁经济职业技术学院·辽宁经济管理干部学院学报 | 245 | 0.98 | 6.0 | 1.4 | 23 | 106 | 0.004 | 0.731 | 5.0 |
| M02 | 辽宁省社会主义学院学报 | 86 | 0.95 | 5.2 | 1.4 | 14 | 65 | — | 0.419 | 5.7 |
| M02 | 南京政治学院学报 | 146 | 0.83 | 16.0 | 1.3 | 22 | 85 | 0.020 | 0.420 | ≥10 |
| M02 | 宁夏党校学报 | 134 | 0.99 | 8.1 | 1.3 | 24 | 101 | 0.007 | 0.388 | 4.5 |
| M02 | 青年学报 | 59 | 0.80 | 11.1 | 1.5 | 11 | 47 | 0.068 | 0.441 | 7.6 |
| M02 | 青少年研究与实践 | 70 | 0.95 | 5.6 | 1.5 | 10 | 55 | — | 0.400 | 6.6 |
| M02 | 山东行政学院学报 | 137 | 0.97 | 12.5 | 1.5 | 21 | 111 | — | 0.460 | 7.3 |
| M02 | 山东女子学院学报 | 98 | 0.94 | 12.9 | 1.4 | 23 | 73 | 0.010 | 0.561 | ≥10 |
| M02 | 山东青年政治学院学报 | 167 | 0.95 | 9.8 | 1.4 | 24 | 110 | 0.006 | 0.503 | 8.3 |
| M02 | 山西经济管理干部学院学报 | 122 | 0.97 | 6.5 | 1.4 | 23 | 99 | 0.008 | 0.418 | 5.5 |
| M02 | 山西煤炭管理干部学院学报 | 364 | 0.99 | 4.7 | 1.2 | 27 | 252 | — | 0.168 | 5.0 |
| M02 | 山西青年职业学院学报 | 135 | 0.97 | 6.3 | 1.3 | 26 | 89 | — | 0.274 | 7.2 |

## 2016年中国科技期刊来源指标按类刊名字顺索引(续)

| 学科代码 | 期刊名称 | 来源文献量 | 文献选出率 | 平均引文数 | 平均作者数 | 地区分布数 | 机构分布数 | 海外论文比 | 基金论文比 | 引用半衰期 |
|---|---|---|---|---|---|---|---|---|---|---|
| M02 | 山西社会主义学院学报 | 65 | 0.93 | 5.7 | 1.2 | 18 | 54 | - | 0.277 | 4.7 |
| M02 | 山西省政法管理干部学院学报 | 122 | 0.97 | 4.8 | 1.4 | 16 | 63 | - | 0.115 | 7.2 |
| M02 | 陕西行政学院学报 | 119 | 0.98 | 10.0 | 1.6 | 21 | 87 | - | 0.529 | 6.8 |
| M02 | 陕西青年职业学院学报 | 89 | 1.00 | 4.8 | 1.3 | 13 | 48 | - | 0.270 | 5.4 |
| M02 | 陕西社会主义学院学报 | 58 | 0.89 | 5.2 | 1.3 | 17 | 44 | - | 0.276 | 7.6 |
| M02 | 上海行政学院学报 | 71 | 0.91 | 25.5 | 1.7 | 15 | 43 | 0.040 | 0.620 | 9.1 |
| M02 | 上海市经济管理干部学院学报 | 46 | 0.81 | 11.1 | 1.3 | 12 | 40 | - | 0.239 | 5.0 |
| M02 | 上海市社会主义学院学报 | 67 | 0.92 | 8.3 | 1.1 | 19 | 58 | - | 0.358 | 6.9 |
| M02 | 胜利油田党校学报 | 192 | 0.98 | 7.3 | 1.3 | 28 | 135 | 0.010 | 0.193 | 5.2 |
| M02 | 石油化工管理干部学院学报 | 94 | 0.92 | 3.0 | 1.3 | 12 | 42 | - | - | 4.8 |
| M02 | 四川行政学院学报 | 135 | 0.95 | 11.1 | 1.3 | 21 | 94 | 0.007 | 0.496 | 6.6 |
| M02 | 四川省干部函授学院学报 | 137 | 0.98 | 7.2 | 1.3 | 23 | 77 | - | 0.431 | 7.4 |
| M02 | 四川省社会主义学院学报 | 57 | 0.64 | 5.6 | 1.2 | 15 | 40 | - | 0.246 | 7.7 |
| M02 | 天津行政学院学报 | 77 | 0.95 | 16.9 | 1.6 | 19 | 68 | - | 0.870 | 5.9 |
| M02 | 天津市工会管理干部学院学报 | 50 | 0.96 | 6.2 | 1.3 | 14 | 33 | - | 0.180 | 5.8 |
| M02 | 天津市社会主义学院学报 | 52 | 0.87 | 8.0 | 1.4 | 19 | 36 | - | 0.212 | ≥10 |
| M02 | 天水行政学院学报 | 164 | 1.00 | 7.5 | 1.2 | 24 | 106 | 0.006 | 0.280 | 7.0 |
| M02 | 统一战线学研究 | 85 | 0.85 | 10.1 | 1.2 | 18 | 61 | - | 0.518 | 4.2 |
| M02 | 武汉公安干部学院学报 | 87 | 0.97 | 4.2 | 1.3 | 12 | 33 | - | 0.241 | 4.4 |
| M02 | 西安政治学院学报 | 144 | 0.89 | 8.2 | 1.4 | 15 | 46 | - | 0.313 | 7.3 |
| M02 | 云南行政学院学报 | 170 | 0.93 | 17.4 | 1.4 | 28 | 122 | 0.006 | 0.624 | 8.9 |
| M02 | 云南社会主义学院学报 | 110 | 0.93 | 10.7 | 1.2 | 21 | 89 | - | 0.318 | 7.7 |
| M02 | 中共成都市委党校学报 | 118 | 0.83 | 6.9 | 1.4 | 19 | 88 | - | 0.432 | 6.4 |
| M02 | 中共福建省委党校学报 | 206 | 0.94 | 10.8 | 1.3 | 28 | 103 | 0.005 | 0.563 | 8.3 |
| M02 | 贵州省党校学报 | 115 | 0.94 | 11.5 | 1.3 | 23 | 72 | - | 0.496 | 4.8 |
| M02 | 中共桂林市委党校学报 | 71 | 0.93 | 5.8 | 1.3 | 16 | 48 | - | 0.197 | 5.4 |
| M02 | 中共杭州市委党校学报 | 84 | 0.98 | 13.2 | 1.3 | 17 | 62 | 0.012 | 0.524 | 8.0 |
| M02 | 中共合肥市委党校学报 | 75 | 0.89 | 7.0 | 1.3 | 16 | 57 | - | 0.320 | 6.4 |
| M02 | 中共济南市委党校学报 | 192 | 0.98 | 6.8 | 1.3 | 25 | 126 | - | 0.281 | 6.6 |
| M02 | 中共乐山市委党校学报 | 184 | 0.95 | 4.2 | 1.3 | 18 | 107 | 0.011 | 0.304 | 7.2 |
| M02 | 中共南昌市委党校学报 | 90 | 0.93 | 6.4 | 1.4 | 22 | 70 | - | 0.211 | 7.2 |
| M02 | 中共南京市委党校学报 | 109 | 0.93 | 11.3 | 1.3 | 21 | 69 | 0.009 | 0.413 | 7.9 |
| M02 | 中共南宁市委党校学报 | 68 | 0.92 | 10.5 | 1.3 | 16 | 47 | - | 0.353 | 6.1 |
| M02 | 中共宁波市委党校学报 | 100 | 1.00 | 20.2 | 1.2 | 16 | 67 | - | 0.570 | ≥10 |

| 学科代码 | 期刊名称 | 来源文献量 | 文献选出率 | 平均引文数 | 平均作者数 | 地区分布数 | 机构分布数 | 海外论文比 | 基金论文比 | 引用半衰期 |
|---|---|---|---|---|---|---|---|---|---|---|
| M02 | 中共青岛市委党校青岛行政学院学报 | 150 | 0.97 | 9.9 | 1.4 | 17 | 77 | — | 0.307 | 7.3 |
| M02 | 中共山西省委党校学报 | 200 | 0.98 | 6.2 | 1.3 | 26 | 138 | 0.005 | 0.390 | 4.5 |
| M02 | 中共山西省直机关党校学报 | 202 | 0.98 | 4.6 | 1.3 | 28 | 129 | 0.005 | 0.347 | 5.8 |
| M02 | 中共石家庄市委党校学报 | 123 | 0.80 | 6.1 | 1.4 | 18 | 72 | — | 0.366 | 5.0 |
| M02 | 中共四川省委党校学报 | 86 | 0.93 | 11.2 | 1.4 | 23 | 68 | — | 0.535 | 7.7 |
| M02 | 中共太原市委党校学报 | 138 | 0.95 | 4.5 | 1.3 | 24 | 102 | — | 0.181 | 7.2 |
| M02 | 中共天津市委党校学报 | 87 | 1.00 | 12.6 | 1.3 | 19 | 63 | 0.000 | 0.600 | 7.8 |
| M02 | 中共乌鲁木齐市委党校学报 | 51 | 0.86 | 6.0 | 1.2 | 14 | 35 | — | 0.098 | 4.1 |
| M02 | 中共伊犁州委党校学报 | 116 | 0.93 | 4.8 | 1.2 | 10 | 65 | — | 0.121 | 6.4 |
| M02 | 中共银川市委党校学报 | 165 | 0.98 | 4.7 | 1.2 | 23 | 109 | — | 0.230 | 5.6 |
| M02 | 中共云南省委党校学报 | 209 | 1.00 | 9.4 | 1.3 | 28 | 123 | — | 0.316 | 4.4 |
| M02 | 中共浙江省委党校学报 | 102 | 0.97 | 21.2 | 1.5 | 17 | 58 | 0.010 | 0.700 | 9.1 |
| M02 | 中共郑州市委党校学报 | 141 | 0.97 | 5.7 | 1.2 | 19 | 93 | — | 0.333 | 6.3 |
| M02 | 中共中央党校学报 | 82 | 0.93 | 18.0 | 1.4 | 11 | 39 | 0.000 | 0.500 | ≥10 |
| M02 | 中共珠海市委党校珠海市行政学院学报 | 79 | 0.94 | 7.4 | 1.3 | 22 | 70 | 0.013 | 0.291 | 6.0 |
| M02 | 中国环境管理干部学院学报 | 142 | 0.91 | 9.1 | 2.4 | 23 | 104 | 0.007 | 0.317 | 5.4 |
| M02 | 中国井冈山干部学院学报 | 111 | 0.78 | 11.1 | 1.2 | 23 | 74 | 0.009 | 0.441 | ≥10 |
| M02 | 中国劳动关系学院学报 | 136 | 0.96 | 10.7 | 1.4 | 22 | 91 | 0.022 | 0.463 | 6.9 |
| M02 | 中国青年社会科学 | 141 | 0.95 | 9.0 | 1.3 | 20 | 71 | 0.010 | 0.370 | ≥10 |
| M02 | 中国延安干部学院学报 | 97 | 0.80 | 14.1 | 1.3 | 22 | 61 | — | 0.392 | ≥10 |
| M02 | 中华女子学院学报 | 114 | 0.97 | 14.6 | 1.4 | 22 | 81 | 0.035 | 0.474 | ≥10 |
| M02 | 中央社会主义学院学报 | 136 | 0.87 | 6.6 | 1.2 | 27 | 94 | 0.007 | 0.368 | 6.6 |
| M03 | 公共行政评论 | 68 | 0.71 | 41.7 | 1.8 | 13 | 33 | 0.190 | 0.540 | 9.5 |
| M03 | 行政论坛 | 118 | 0.93 | 17.2 | 1.6 | 20 | 79 | 0.000 | 0.840 | 7.4 |
| M03 | 中国行政管理 | 353 | 0.84 | 14.4 | 1.7 | 26 | 154 | 0.010 | 0.570 | 8.2 |
| M04 | Contemporary International Relations | 51 | 0.89 | 26.9 | 1.4 | 3 | 34 | 0.020 | 0.059 | 1.6 |
| M04 | 阿拉伯世界研究 | 48 | 0.80 | 39.7 | 1.3 | 10 | 32 | 0.063 | 0.563 | 5.6 |
| M04 | 当代世界社会主义问题 | 44 | 0.96 | 27.4 | 1.4 | 12 | 26 | — | 0.614 | ≥10 |
| M04 | 当代世界与社会主义 | 148 | 0.88 | 25.0 | 1.4 | 21 | 87 | 0.020 | 0.514 | 8.3 |
| M04 | 当代亚太 | 33 | 0.66 | 96.6 | 1.2 | 10 | 22 | 0.030 | 0.330 | ≥10 |
| M04 | 东北亚论坛 | 71 | 0.86 | 25.0 | 1.5 | 10 | 35 | 0.130 | 0.750 | 5.8 |
| M04 | 东南亚研究 | 72 | 0.99 | 40.6 | 1.4 | 14 | 43 | 0.028 | 0.569 | 9.2 |
| M04 | 东南亚纵横 | 93 | 0.91 | 16.9 | 1.4 | 17 | 59 | 0.065 | 0.226 | 8.3 |
| M04 | 俄罗斯东欧中亚研究 | 60 | 0.75 | 40.0 | 1.2 | 11 | 31 | — | 0.417 | ≥10 |

| 学科代码 | 期刊名称 | 来源文献量 | 文献选出率 | 平均引文数 | 平均作者数 | 地区分布数 | 机构分布数 | 海外论文比 | 基金论文比 | 引用半衰期 |
|---|---|---|---|---|---|---|---|---|---|---|
| M04 | 俄罗斯研究 | 45 | 1.00 | 61.2 | 1.3 | 11 | 34 | 0.133 | 0.422 | ≥10 |
| M04 | 法国研究 | 53 | 0.96 | 19.3 | 1.3 | 13 | 33 | 0.019 | 0.321 | ≥10 |
| M04 | 国际观察 | 68 | 0.91 | 37.8 | 1.4 | 14 | 44 | 0.059 | 0.588 | ≥10 |
| M04 | 国际论坛 | 75 | 0.86 | 28.3 | 1.4 | 14 | 50 | 0.040 | 0.627 | 4.0 |
| M04 | 国际问题研究 | 51 | 0.65 | 36.8 | 1.2 | 7 | 20 | 0.039 | 0.333 | 2.9 |
| M04 | 国际研究参考 | 118 | 0.77 | 26.6 | 1.2 | 13 | 39 | 0.008 | 0.110 | 1.8 |
| M04 | 国际展望 | 48 | 0.80 | 40.6 | 1.4 | 11 | 34 | 0.021 | 0.625 | 4.8 |
| M04 | 国际政治研究 | 49 | 0.84 | 61.6 | 1.1 | 4 | 19 | 0.041 | 0.224 | ≥10 |
| M04 | 国外理论动态 | 172 | 0.91 | 14.3 | 1.9 | 19 | 149 | 0.337 | 0.384 | ≥10 |
| M04 | 国外社会科学 | 106 | 0.79 | 33.8 | 1.5 | 21 | 84 | 0.113 | 0.575 | ≥10 |
| M04 | 和平与发展 | 49 | 0.75 | 19.5 | 1.2 | 10 | 33 | 0.020 | 0.347 | 9.2 |
| M04 | 拉丁美洲研究 | 59 | 0.83 | 30.4 | 1.3 | 12 | 42 | 0.102 | 0.475 | 5.5 |
| M04 | 美国研究 | 61 | 0.82 | 49.4 | 1.2 | 9 | 36 | 0.049 | 0.311 | ≥10 |
| M04 | 南亚研究 | 30 | 0.79 | 63.5 | 1.3 | 8 | 24 | 0.033 | 0.433 | ≥10 |
| M04 | 南亚研究季刊 | 55 | 0.95 | 35.9 | 1.5 | 15 | 42 | 0.018 | 0.364 | 4.4 |
| M04 | 南洋问题研究 | 35 | 0.95 | 34.9 | 1.4 | 11 | 29 | 0.257 | 0.657 | 6.3 |
| M04 | 欧洲研究 | 55 | 0.79 | 51.2 | 1.3 | 10 | 32 | 0.109 | 0.327 | ≥10 |
| M04 | 日本问题研究 | 56 | 1.00 | 21.2 | 1.5 | 12 | 43 | 0.018 | 0.571 | ≥10 |
| M04 | 日本学刊 | 47 | 0.92 | 43.0 | 1.3 | 11 | 32 | 0.064 | 0.426 | ≥10 |
| M04 | 日本研究 | 47 | 0.92 | 22.5 | 1.3 | 14 | 31 | 0.149 | 0.553 | ≥10 |
| M04 | 世界经济与政治 | 82 | 0.76 | 81.6 | 1.3 | 6 | 26 | 0.010 | 0.330 | ≥10 |
| M04 | 太平洋学报 | 128 | 0.85 | 33.7 | 1.4 | 18 | 73 | 0.023 | 0.672 | 7.0 |
| M04 | 外国问题研究 | 56 | 0.78 | 44.6 | 1.2 | 11 | 27 | 0.196 | 0.607 | ≥10 |
| M04 | 外交评论 | 37 | 0.88 | 96.6 | 1.3 | 10 | 25 | 0.050 | 0.490 | ≥10 |
| M04 | 西伯利亚研究 | 105 | 0.91 | 9.6 | 1.4 | 18 | 64 | 0.143 | 0.343 | ≥10 |
| M04 | 西亚非洲 | 50 | 0.89 | 42.6 | 1.2 | 11 | 26 | — | 0.460 | 6.3 |
| M04 | 现代国际关系 | 106 | 0.76 | 32.5 | 1.4 | 10 | 47 | 0.066 | 0.226 | 1.3 |
| M05 | Frontiers of Law in China | 36 | 0.84 | 70.9 | 1.4 | 3 | 32 | 0.472 | 0.222 | — |
| M05 | 安徽警官职业学院学报 | 177 | 1.00 | 7.2 | 1.3 | 22 | 87 | — | 0.203 | 7.0 |
| M05 | 北方法学 | 81 | 0.96 | 49.8 | 1.0 | 24 | 57 | 0.012 | 0.654 | ≥10 |
| M05 | 北京警察学院学报 | 128 | 0.96 | 10.5 | 1.3 | 21 | 49 | 0.016 | 0.453 | 7.3 |
| M05 | 北京政法职业学院学报 | 89 | 0.96 | 13.6 | 1.3 | 11 | 41 | — | 0.202 | 8.8 |
| M05 | 比较法研究 | 82 | 0.93 | 65.7 | 1.2 | 11 | 37 | 0.037 | 0.512 | — |
| M05 | 当代法学 | 89 | 0.94 | 44.8 | 1.1 | 19 | 53 | — | 0.607 | ≥10 |

| 学科代码 | 期刊名称 | 来源文献量 | 文献选出率 | 平均引文数 | 平均作者数 | 地区分布数 | 机构分布数 | 海外论文比 | 基金论文比 | 引用半衰期 |
|---|---|---|---|---|---|---|---|---|---|---|
| M05 | 电子知识产权 | 123 | 0.85 | 24.1 | 1.2 | 18 | 83 | 0.033 | 0.276 | ≥10 |
| M05 | 东方法学 | 92 | 0.96 | 43.3 | 1.0 | 19 | 56 | 0.033 | 0.478 | ≥10 |
| M05 | 法律科学-西北政法大学学报 | 116 | 0.94 | 43.6 | 1.2 | 20 | 58 | 0.000 | 0.610 | ≥10 |
| M05 | 法律适用 | 219 | 0.97 | 20.2 | 1.4 | 21 | 106 | 0.023 | 0.151 | ≥10 |
| M05 | 法商研究 | 114 | 0.93 | 47.0 | 1.0 | 22 | 57 | 0.000 | 0.630 | 9.5 |
| M05 | 法学 | 183 | 0.96 | 43.8 | 1.1 | 17 | 73 | 0.020 | 0.550 | ≥10 |
| M05 | 法学家 | 75 | 0.87 | 61.8 | 1.1 | 17 | 39 | 0.040 | 0.510 | ≥10 |
| M05 | 法学论坛 | 104 | 0.98 | 35.4 | 1.1 | 21 | 61 | 0.010 | 0.540 | ≥10 |
| M05 | 法学评论 | 120 | 0.94 | 47.7 | 1.0 | 19 | 71 | 0.040 | 0.460 | ≥10 |
| M05 | 法学研究 | 67 | 0.97 | 76.7 | 1.0 | 12 | 30 | 0.000 | 0.430 | ≥10 |
| M05 | 法学杂志 | 182 | 0.90 | 27.4 | 1.2 | 20 | 78 | 0.010 | 0.340 | ≥10 |
| M05 | 法制博览 | 6581 | 1.00 | 4.7 | 1.2 | 31 | 1951 | 0.007 | 0.078 | 6.5 |
| M05 | 法制与经济 | 862 | 0.97 | 5.2 | 1.3 | 30 | 407 | 0.007 | 0.204 | 8.3 |
| M05 | 法制与社会 | 4886 | 0.95 | 6.3 | 1.3 | 31 | 1731 | 0.006 | 0.134 | 6.8 |
| M05 | 法制与社会发展 | 77 | 0.83 | 59.5 | 1.1 | 16 | 45 | 0.030 | 0.520 | ≥10 |
| M05 | 法治研究 | 97 | 1.00 | 36.3 | 1.2 | 19 | 70 | 0.010 | 0.392 | ≥10 |
| M05 | 犯罪研究 | 83 | 0.97 | 18.0 | 1.4 | 17 | 61 | — | 0.289 | ≥10 |
| M05 | 犯罪与改造研究 | 137 | 0.74 | 8.7 | 1.4 | 20 | 90 | — | 0.095 | 7.9 |
| M05 | 福建警察学院学报 | 98 | 0.98 | 13.8 | 1.3 | 17 | 53 | — | 0.367 | 7.0 |
| M05 | 甘肃政法学院学报 | 84 | 0.97 | 40.7 | 1.2 | 18 | 51 | 0.010 | 0.460 | ≥10 |
| M05 | 公安学刊-浙江警察学院学报 | 116 | 0.93 | 9.3 | 1.5 | 15 | 86 | — | 0.267 | 6.6 |
| M05 | 公安研究 | 169 | 0.84 | 6.7 | 1.3 | 26 | 115 | — | 0.172 | 6.5 |
| M05 | 广西警察学院学报 | 145 | 0.96 | 8.7 | 1.6 | 24 | 75 | — | 0.455 | 5.7 |
| M05 | 贵州警官职业学院学报 | 113 | 0.99 | 13.4 | 1.4 | 22 | 71 | — | 0.398 | 8.9 |
| M05 | 国家检察官学院学报 | 85 | 0.96 | 32.8 | 1.2 | 13 | 39 | 0.040 | 0.390 | ≥10 |
| M05 | 海峡法学 | 53 | 0.96 | 18.2 | 1.3 | 13 | 45 | 0.132 | 0.415 | ≥10 |
| M05 | 行政法学研究 | 74 | 1.00 | 37.2 | 1.3 | 15 | 45 | 0.014 | 0.500 | ≥10 |
| M05 | 行政与法 | 203 | 0.99 | 13.7 | 1.4 | 24 | 127 | 0.005 | 0.522 | 7.9 |
| M05 | 河北法学 | 219 | 0.99 | 28.6 | 1.3 | 23 | 117 | 0.009 | 0.662 | ≥10 |
| M05 | 河北公安警察职业学院学报 | 72 | 0.99 | 6.0 | 1.6 | 15 | 40 | — | 0.319 | 5.2 |
| M05 | 河南财经政法大学学报 | 100 | 0.94 | 33.7 | 1.3 | 21 | 64 | 0.010 | 0.550 | ≥10 |
| M05 | 河南警察学院学报 | 84 | 0.88 | 18.5 | 1.5 | 18 | 55 | 0.071 | 0.381 | ≥10 |
| M05 | 河南司法警官职业学院学报 | 116 | 0.97 | 9.6 | 1.3 | 21 | 74 | — | 0.190 | 7.6 |
| M05 | 湖北警官学院学报 | 119 | 0.93 | 17.1 | 1.3 | 18 | 44 | 0.008 | 0.395 | 8.4 |

| 学科代码 | 期刊名称 | 来源文献量 | 文献选出率 | 平均引文数 | 平均作者数 | 地区分布数 | 机构分布数 | 海外论文比 | 基金论文比 | 引用半衰期 |
|---|---|---|---|---|---|---|---|---|---|---|
| M05 | 湖南警察学院学报 | 105 | 1.00 | 13.5 | 1.4 | 17 | 53 | 0.010 | 0.371 | 9.6 |
| M05 | 华东政法大学学报 | 94 | 0.94 | 56.0 | 1.1 | 18 | 52 | 0.070 | 0.440 | ≥10 |
| M05 | 环球法律评论 | 67 | 0.84 | 64.6 | 1.0 | 15 | 47 | 0.060 | 0.522 | ≥10 |
| M05 | 江苏警官学院学报 | 140 | 0.92 | 9.8 | 1.3 | 23 | 90 | - | 0.443 | 9.3 |
| M05 | 江西警察学院学报 | 133 | 0.86 | 13.4 | 1.3 | 24 | 69 | - | 0.271 | 7.3 |
| M05 | 科技与法律 | 56 | 0.90 | 30.3 | 1.2 | 11 | 35 | 0.071 | 0.321 | ≥10 |
| M05 | 辽宁警察学院学报 | 152 | 0.99 | 7.0 | 1.4 | 16 | 51 | - | 0.289 | 6.5 |
| M05 | 清华法学 | 72 | 0.96 | 76.9 | 1.1 | 10 | 37 | 0.083 | 0.431 | - |
| M05 | 山东警察学院学报 | 125 | 0.99 | 18.1 | 1.3 | 23 | 71 | - | 0.560 | 8.9 |
| M05 | 山东审判 | 138 | 0.84 | 7.7 | 1.2 | 4 | 58 | - | 0.051 | ≥10 |
| M05 | 山西警官高等专科学校学报 | 81 | 0.95 | 7.3 | 1.2 | 15 | 37 | - | 0.272 | 7.5 |
| M05 | 上海公安高等专科学校学报(公安理论与实践) | 74 | 0.95 | 7.5 | 1.6 | 11 | 40 | 0.027 | 0.162 | 6.5 |
| M05 | 上海政法学院学报 | 103 | 0.92 | 21.1 | 1.2 | 17 | 71 | 0.029 | 0.058 | 7.9 |
| M05 | 时代法学 | 87 | 0.97 | 29.2 | 1.2 | 19 | 50 | - | 0.356 | ≥10 |
| M05 | 四川警察学院学报 | 128 | 0.99 | 9.7 | 1.4 | 21 | 66 | - | 0.344 | 7.4 |
| M05 | 苏州大学学报(法学版) | 50 | 0.96 | 59.8 | 1.3 | 11 | 36 | 0.300 | 0.400 | ≥10 |
| M05 | 天津法学 | 70 | 0.92 | 14.8 | 1.3 | 14 | 48 | - | 0.357 | 7.6 |
| M05 | 铁道警察学院学报 | 141 | 1.00 | 9.8 | 1.5 | 25 | 87 | - | 0.426 | 6.7 |
| M05 | 武警学院学报 | 253 | 0.96 | 6.7 | 1.5 | 28 | 117 | - | 0.265 | 6.8 |
| M05 | 西部法学评论 | 79 | 1.00 | 35.9 | 1.1 | 20 | 37 | 0.013 | 0.456 | ≥10 |
| M05 | 西南政法大学学报 | 103 | 1.00 | 20.5 | 1.3 | 12 | 34 | - | 0.602 | ≥10 |
| M05 | 现代法学 | 95 | 0.98 | 46.1 | 1.2 | 13 | 39 | 0.010 | 0.470 | ≥10 |
| M05 | 新疆警察学院学报 | 67 | 1.00 | 9.1 | 1.4 | 21 | 45 | 0.015 | 0.582 | 5.6 |
| M05 | 云南大学学报(法学版) | 93 | 0.99 | 29.2 | 1.3 | 18 | 53 | - | 0.409 | ≥10 |
| M05 | 云南警官学院学报 | 151 | 0.96 | 8.2 | 1.5 | 22 | 62 | 0.013 | 0.238 | 8.7 |
| M05 | 征信 | 247 | 1.00 | 6.6 | 1.6 | 28 | 197 | - | 0.227 | 5.7 |
| M05 | 政法论丛 | 110 | 1.00 | 27.0 | 1.2 | 19 | 57 | 0.018 | 0.664 | ≥10 |
| M05 | 政法论坛 | 92 | 0.93 | 45.4 | 1.1 | 19 | 44 | 0.000 | 0.400 | ≥10 |
| M05 | 政治与法律 | 169 | 0.95 | 44.1 | 1.1 | 19 | 65 | 0.020 | 0.380 | ≥10 |
| M05 | 知识产权 | 205 | 0.94 | 28.8 | 1.3 | 16 | 110 | 0.024 | 0.459 | ≥10 |
| M05 | 职工法律天地 | 3045 | 0.87 | 3.7 | 1.1 | 31 | 1181 | 0.005 | 0.035 | 6.4 |
| M05 | 中国版权 | 95 | 0.75 | 11.7 | 1.2 | 11 | 56 | - | 0.147 | ≥10 |
| M05 | 中国法学 | 96 | 0.95 | 57.1 | 1.0 | 18 | 49 | 0.000 | 0.490 | ≥10 |

| 学科代码 | 期刊名称 | 来源文献量 | 文献选出率 | 平均引文数 | 平均作者数 | 地区分布数 | 机构分布数 | 海外论文比 | 基金论文比 | 引用半衰期 |
|---|---|---|---|---|---|---|---|---|---|---|
| M05 | 中外法学 | 75 | 0.93 | 90.1 | 1.0 | 11 | 33 | 0.050 | 0.430 | ≥10 |
| M07 | 广东公安科技 | 110 | 0.93 | 3.4 | 2.3 | 11 | 86 | - | 0.055 | 8.5 |
| M07 | 警察技术 | 138 | 0.91 | 5.5 | 2.4 | 24 | 107 | - | 0.145 | 6.5 |
| M07 | 青少年犯罪问题 | 78 | 0.85 | 32.6 | 1.6 | 12 | 44 | 0.120 | 0.150 | 8.4 |
| M07 | 人民检察 | 416 | 0.64 | 4.5 | 1.6 | 28 | 187 | 0.020 | 0.050 | 7.6 |
| M07 | 人民论坛 | 1838 | 0.87 | 2.4 | 1.2 | 31 | 766 | 0.013 | 0.294 | 5.0 |
| M07 | 刑事技术 | 125 | 0.95 | 12.3 | 4.0 | 24 | 126 | 0.024 | 0.520 | 7.9 |
| M07 | 证据科学 | 72 | 0.97 | 34.2 | 1.4 | 14 | 37 | 0.040 | 0.260 | 0.0 |
| M07 | 中国海商法研究 | 60 | 0.94 | 28.4 | 1.5 | 12 | 35 | 0.100 | 0.330 | 0.0 |
| M07 | 中国检察官 | 644 | 0.97 | 3.1 | 1.4 | 30 | 374 | - | 0.037 | 8.3 |
| M07 | 中国司法鉴定 | 113 | 0.94 | 12.1 | 2.7 | 19 | 97 | 0.009 | 0.416 | 7.7 |
| M07 | 中国刑事法杂志 | 43 | 0.93 | 50.3 | 1.3 | 14 | 32 | 0.000 | 0.330 | ≥10 |
| M08 | 军事历史研究 | 66 | 0.92 | 61.4 | 1.2 | 14 | 40 | 0.000 | 0.470 | 0.0 |
| M08 | 军事运筹与系统工程 | 52 | 0.95 | 11.5 | 1.9 | 13 | 26 | 0.000 | 0.290 | 5.3 |
| M08 | 抗日战争研究 | 65 | 0.86 | 57.5 | 1.1 | 14 | 43 | 0.230 | 0.140 | ≥10 |
| M08 | 中国军事科学 | 120 | 0.99 | 15.0 | 1.5 | 14 | 60 | 0.033 | 0.050 | ≥10 |
| N01 | China International Studies | 49 | 0.88 | 14.2 | 1.3 | 7 | 34 | 0.020 | 0.041 | 2.7 |
| N01 | 八桂侨刊 | 47 | 0.92 | 20.7 | 1.4 | 10 | 38 | 0.128 | 0.532 | ≥10 |
| N01 | 残疾人研究 | 56 | 0.89 | 9.5 | 2.1 | 13 | 60 | 0.071 | 0.536 | 5.9 |
| N01 | 柴达木开发研究 | 92 | 0.81 | 2.7 | 1.3 | 7 | 36 | - | 0.087 | 6.8 |
| N01 | 成才之路 | 3216 | 0.98 | 2.9 | 1.1 | 30 | 1975 | 0.001 | 0.048 | 5.3 |
| N01 | 创意设计源 | 76 | 0.84 | 7.3 | 1.3 | 18 | 61 | 0.013 | 0.382 | ≥10 |
| N01 | 创意与设计 | 99 | 0.89 | 13.8 | 1.6 | 11 | 47 | 0.051 | 0.505 | ≥10 |
| N01 | 当代青年研究 | 124 | 0.95 | 16.5 | 1.4 | 24 | 96 | 0.030 | 0.400 | 6.8 |
| N01 | 妇女研究论丛 | 95 | 0.92 | 28.1 | 1.3 | 16 | 48 | 0.080 | 0.330 | ≥10 |
| N01 | 科学发展 | 185 | 0.97 | 3.0 | 2.2 | 4 | 68 | 0.005 | 0.389 | 6.0 |
| N01 | 南方论刊 | 468 | 0.93 | 6.4 | 1.4 | 28 | 274 | 0.002 | 0.370 | 6.7 |
| N01 | 攀登(汉文版) | 165 | 0.95 | 10.6 | 1.2 | 23 | 122 | 0.012 | 0.376 | ≥10 |
| N01 | 青年探索 | 86 | 0.91 | 15.0 | 1.6 | 16 | 59 | 0.080 | 0.470 | 8.6 |
| N01 | 青年研究 | 61 | 0.84 | 28.2 | 1.7 | 15 | 42 | 0.020 | 0.480 | ≥10 |
| N01 | 青少年学刊 | 76 | 0.88 | 11.8 | 1.6 | 17 | 62 | 0.013 | 0.447 | 6.7 |
| N01 | 人民论坛·学术前沿 | 240 | 1.00 | 12.9 | 1.3 | 23 | 150 | 0.017 | 0.333 | 8.0 |
| N01 | 社会 | 55 | 0.93 | 61.2 | 1.4 | 8 | 31 | 0.110 | 0.350 | ≥10 |
| N01 | 社会工作 | 77 | 0.89 | 22.1 | 1.5 | 20 | 66 | 0.078 | 0.494 | ≥10 |

| 学科代码 | 期刊名称 | 来源文献量 | 文献选出率 | 平均引文数 | 平均作者数 | 地区分布数 | 机构分布数 | 海外论文比 | 基金论文比 | 引用半衰期 |
|---|---|---|---|---|---|---|---|---|---|---|
| N01 | 社会学评论 | 45 | 0.96 | 43.3 | 1.3 | 9 | 32 | 0.111 | 0.578 | ≥10 |
| N01 | 社会学研究 | 62 | 0.84 | 64.6 | 1.5 | 10 | 29 | 0.050 | 0.400 | ≥10 |
| N01 | 世纪桥 | 510 | 0.97 | 4.8 | 1.3 | 28 | 288 | - | 0.251 | 7.4 |
| N01 | 视听 | 1268 | 0.98 | 3.7 | 1.2 | 30 | 488 | 0.001 | 0.124 | 5.1 |
| N01 | 台湾研究 | 69 | 0.91 | 18.1 | 1.4 | 6 | 37 | 0.090 | 0.290 | 4.8 |
| N01 | 台湾研究集刊 | 67 | 0.94 | 27.3 | 1.5 | 10 | 30 | 0.030 | 0.630 | ≥10 |
| N01 | 无线互联科技 | 1567 | 1.00 | 4.6 | 1.6 | 31 | 1009 | 0.002 | 0.200 | 4.3 |
| N01 | 武陵学刊 | 147 | 0.94 | 16.3 | 1.3 | 19 | 89 | 0.007 | 0.850 | ≥10 |
| N01 | 新东方 | 105 | 0.83 | 8.3 | 1.3 | 15 | 57 | 0.010 | 0.324 | 8.7 |
| N01 | 医学与社会 | 403 | 1.00 | 11.1 | 3.8 | 26 | 318 | 0.010 | 0.630 | 4.6 |
| N01 | 知与行 | 371 | 0.87 | 7.6 | 1.3 | 26 | 173 | 0.003 | 0.439 | 8.5 |
| N01 | 中国医学伦理学 | 318 | 0.94 | 8.3 | 3.3 | 27 | 178 | 0.020 | 0.330 | 5.1 |
| N02 | 南方人口 | 43 | 0.93 | 27.5 | 2.0 | 13 | 37 | - | 0.512 | 9.5 |
| N02 | 人口学刊 | 66 | 0.89 | 19.8 | 2.0 | 17 | 38 | 0.045 | 0.818 | 9.9 |
| N02 | 人口研究 | 51 | 0.96 | 26.7 | 2.2 | 13 | 25 | 0.060 | 0.650 | 8.9 |
| N02 | 人口与发展 | 78 | 0.96 | 23.9 | 2.1 | 16 | 56 | 0.051 | 0.564 | 8.7 |
| N02 | 人口与经济 | 75 | 0.99 | 25.7 | 1.9 | 17 | 54 | 0.010 | 0.710 | 8.4 |
| N02 | 人口与社会 | 45 | 0.85 | 19.1 | 1.6 | 12 | 42 | 0.089 | 0.778 | 7.5 |
| N02 | 人力资源 | 292 | 0.75 | 0.0 | 1.0 | 20 | 105 | 0.010 | 0.000 | 0.0 |
| N02 | 人力资源管理 | 2512 | 0.99 | 3.6 | 1.4 | 31 | 1721 | 0.006 | 0.157 | 5.1 |
| N02 | 山东青年 | 1704 | 0.98 | 4.1 | 1.3 | 31 | 802 | 0.004 | 0.132 | 8.0 |
| N02 | 社会保障研究 | 84 | 0.94 | 17.3 | 1.9 | 22 | 54 | 0.000 | 0.540 | 7.7 |
| N02 | 西北人口 | 117 | 0.98 | 18.1 | 2.0 | 21 | 100 | 0.009 | 0.991 | 7.7 |
| N02 | 职业技术 | 478 | 0.98 | 3.9 | 1.5 | 29 | 275 | - | 0.316 | 5.5 |
| N02 | 中国劳动 | 191 | 0.88 | 3.1 | 1.3 | 19 | 101 | 0.000 | 0.050 | ≥10 |
| N02 | 中国人口科学 | 65 | 0.84 | 22.1 | 2.1 | 17 | 39 | 0.080 | 0.520 | 8.2 |
| N02 | 中国人力资源开发 | 324 | 0.88 | 28.0 | 2.1 | 27 | 152 | 0.020 | 0.490 | 8.7 |
| N04 | China Tibetology | 12 | 0.86 | 58.5 | 1.7 | 2 | 7 | 0.167 | 0.250 | - |
| N04 | 地方文化研究 | 74 | 0.85 | 39.0 | 1.3 | 19 | 54 | 0.014 | 0.635 | ≥10 |
| N04 | 东南文化 | 94 | 0.72 | 23.7 | 1.5 | 16 | 55 | 0.050 | 0.240 | ≥10 |
| N04 | 俄罗斯学刊 | 69 | 0.93 | 24.9 | 1.4 | 5 | 42 | 0.188 | 0.188 | ≥10 |
| N04 | 广西民族研究 | 132 | 0.94 | 21.1 | 1.5 | 20 | 86 | - | 0.659 | ≥10 |
| N04 | 贵州民族研究 | 672 | 0.97 | 7.7 | 1.3 | 31 | 319 | 0.003 | 0.671 | 6.3 |
| N04 | 黑龙江民族丛刊 | 202 | 0.97 | 12.7 | 1.5 | 21 | 96 | 0.010 | 0.614 | ≥10 |

| 学科代码 | 期刊名称 | 来源文献量 | 文献选出率 | 平均引文数 | 平均作者数 | 地区分布数 | 机构分布数 | 海外论文比 | 基金论文比 | 引用半衰期 |
|---|---|---|---|---|---|---|---|---|---|---|
| N04 | 回族研究 | 97 | 0.90 | 13.4 | 1.3 | 18 | 56 | 0.031 | 0.485 | ≥10 |
| N04 | 科学文化评论 | 58 | 0.85 | 20.5 | 1.2 | 10 | 31 | 0.121 | 0.241 | ≥10 |
| N04 | 老龄科学研究 | 101 | 0.92 | 17.9 | 1.7 | 18 | 79 | 0.010 | 0.475 | 6.8 |
| N04 | 满族研究 | 75 | 0.83 | 18.6 | 1.5 | 15 | 61 | 0.013 | 0.373 | ≥10 |
| N04 | 民族学刊 | 124 | 0.98 | 15.5 | 1.5 | 14 | 40 | 0.065 | 0.419 | ≥10 |
| N04 | 民族研究 | 64 | 0.79 | 47.9 | 1.4 | 18 | 38 | 0.050 | 0.500 | ≥10 |
| N04 | 鄱阳湖学刊 | 79 | 0.85 | 35.9 | 1.5 | 22 | 69 | 0.152 | 0.557 | ≥10 |
| N04 | 企业文化(中旬刊) | 3382 | 1.00 | 2.1 | 1.2 | 31 | 2379 | 0.003 | 0.015 | 3.6 |
| N04 | 青海民族研究 | 173 | 0.97 | 22.9 | 1.4 | 25 | 89 | 0.023 | 0.601 | ≥10 |
| N04 | 世界民族 | 67 | 0.99 | 44.1 | 1.4 | 20 | 41 | 0.060 | 0.570 | ≥10 |
| N04 | 文化遗产 | 112 | 0.90 | 31.6 | 1.3 | 19 | 78 | 0.098 | 0.464 | ≥10 |
| N04 | 西北民族研究 | 98 | 0.89 | 21.8 | 1.3 | 16 | 48 | 0.020 | 0.408 | ≥10 |
| N04 | 艺苑 | 162 | 0.91 | 8.0 | 1.2 | 21 | 85 | 0.025 | 0.173 | ≥10 |
| N04 | 中国文化 | 51 | 0.85 | 53.5 | 1.0 | 9 | 33 | 0.176 | 0.098 | — |
| N04 | 中国文化研究 | 71 | 0.99 | 37.3 | 1.2 | 19 | 42 | 0.040 | 0.350 | ≥10 |
| N04 | 中国藏学 | 114 | 0.97 | 32.3 | 1.4 | 13 | 43 | 0.018 | 0.368 | ≥10 |
| N04 | 中华文化论坛 | 375 | 0.88 | 13.1 | 1.3 | 28 | 189 | 0.000 | 0.360 | ≥10 |
| N04 | 中原文化研究 | 111 | 0.89 | 17.5 | 1.1 | 19 | 68 | 0.009 | 0.306 | ≥10 |
| N05 | 编辑学报 | 193 | 0.83 | 11.2 | 2.6 | 25 | 135 | 0.010 | 0.210 | 4.0 |
| N05 | 编辑学刊 | 138 | 0.81 | 5.2 | 1.2 | 22 | 102 | 0.014 | 0.217 | 5.9 |
| N05 | 编辑之友 | 271 | 0.91 | 10.7 | 1.4 | 25 | 162 | 0.011 | 0.554 | 6.6 |
| N05 | 采写编 | 718 | 0.98 | 2.3 | 1.3 | 30 | 406 | 0.003 | 0.139 | 4.3 |
| N05 | 出版发行研究 | 366 | 0.94 | 6.3 | 1.4 | 26 | 242 | — | 0.320 | 4.5 |
| N05 | 出版广角 | 750 | 0.89 | 5.0 | 1.3 | 30 | 472 | — | 0.235 | 3.9 |
| N05 | 出版科学 | 159 | 0.85 | 11.2 | 1.7 | 22 | 107 | 0.019 | 0.547 | 6.5 |
| N05 | 出版与印刷 | 49 | 0.78 | 9.3 | 1.9 | 12 | 29 | — | 0.388 | 6.0 |
| N05 | 传媒观察 | 245 | 0.86 | 3.0 | 1.2 | 23 | 130 | 0.004 | 0.155 | 5.8 |
| N05 | 当代传播 | 180 | 0.93 | 11.1 | 1.5 | 22 | 98 | 0.006 | 0.567 | 7.2 |
| N05 | 电视研究 | 268 | 0.80 | 3.3 | 1.4 | 24 | 134 | 0.007 | 0.269 | 8.0 |
| N05 | 东南传播 | 607 | 0.97 | 6.9 | 1.3 | 27 | 257 | 0.012 | 0.181 | 6.6 |
| N05 | 国际新闻界 | 131 | 0.92 | 28.1 | 1.7 | 14 | 62 | 0.107 | 0.511 | ≥10 |
| N05 | 今传媒(学术版) | 815 | 0.87 | 5.7 | 1.3 | 30 | 349 | 0.002 | 0.254 | 5.8 |
| N05 | 科技与出版 | 398 | 0.95 | 6.9 | 1.6 | 24 | 257 | 0.005 | 0.241 | 2.7 |
| N05 | 科普童话·新课堂(上) | 921 | 0.91 | — | 1.0 | 26 | 605 | — | 0.011 | — |

| 学科代码 | 期刊名称 | 来源文献量 | 文献选出率 | 平均引文数 | 平均作者数 | 地区分布数 | 机构分布数 | 海外论文比 | 基金论文比 | 引用半衰期 |
|---|---|---|---|---|---|---|---|---|---|---|
| N05 | 科普童话·新课堂(下) | 1234 | 0.99 | 0.0 | 1.0 | 30 | 863 | — | 0.009 | 7.0 |
| N05 | 科普研究 | 75 | 0.81 | 12.9 | 2.1 | 15 | 41 | — | 0.413 | 5.8 |
| N05 | 声屏世界 | 332 | 0.79 | 2.2 | 1.3 | 24 | 156 | 0.003 | 0.090 | 4.6 |
| N05 | 西部广播电视 | 4767 | 1.00 | 2.5 | 1.1 | 31 | 1799 | 0.002 | 0.031 | 3.4 |
| N05 | 现代出版 | 122 | 0.81 | 5.5 | 1.4 | 21 | 89 | 0.008 | 0.287 | 5.1 |
| N05 | 现代传播 | 307 | 0.64 | 13.5 | 1.7 | 24 | 112 | 0.020 | 0.530 | 9.1 |
| N05 | 新闻爱好者 | 298 | 0.96 | 6.7 | 1.3 | 24 | 156 | 0.003 | 0.352 | 8.1 |
| N05 | 新闻春秋 | 52 | 0.90 | 24.6 | 1.5 | 13 | 36 | 0.077 | 0.500 | ≥10 |
| N05 | 新闻大学 | 105 | 0.86 | 28.7 | 1.6 | 16 | 48 | 0.060 | 0.560 | ≥10 |
| N05 | 新闻记者 | 120 | 0.69 | 15.3 | 1.6 | 16 | 79 | 0.075 | 0.383 | 7.7 |
| N05 | 新闻界 | 293 | 0.89 | 15.2 | 1.5 | 25 | 140 | 0.024 | 0.495 | ≥10 |
| N05 | 新闻前哨 | 369 | 0.73 | 3.2 | 1.5 | 20 | 167 | — | 0.130 | 6.2 |
| N05 | 新闻研究导刊 | 6323 | 1.00 | 3.3 | 1.2 | 31 | 1946 | 0.003 | 0.070 | 3.9 |
| N05 | 新闻与传播研究 | 99 | 0.81 | 47.4 | 1.4 | 16 | 48 | 0.050 | 0.360 | ≥10 |
| N05 | 新闻与写作 | 305 | 0.51 | 4.2 | 1.5 | 26 | 158 | 0.003 | 0.190 | 5.9 |
| N05 | 新闻知识 | 389 | 0.90 | 5.9 | 1.3 | 28 | 229 | 0.008 | 0.321 | 6.1 |
| N05 | 中国报业 | 718 | 0.72 | 3.7 | 1.2 | 30 | 427 | 0.008 | 0.132 | 4.2 |
| N05 | 中国编辑 | 98 | 0.76 | 7.0 | 1.6 | 19 | 75 | — | 0.276 | 5.7 |
| N05 | 中国出版 | 445 | 0.77 | 6.2 | 1.3 | 25 | 246 | — | 0.465 | 4.3 |
| N05 | 中国传媒科技 | 230 | 0.58 | 4.3 | 1.2 | 30 | 189 | 0.004 | 0.100 | 3.4 |
| N05 | 中国广播电视学刊 | 490 | 0.92 | 2.6 | 1.3 | 29 | 245 | — | 0.167 | 6.6 |
| N05 | 中国记者 | 523 | 0.80 | 1.6 | 1.2 | 30 | 354 | 0.006 | 0.040 | 4.3 |
| N05 | 中国科技期刊研究 | 223 | 0.93 | 18.6 | 2.4 | 26 | 160 | 0.000 | 0.340 | 3.5 |
| N06 | 大学图书馆学报 | 103 | 0.91 | 19.3 | 2.1 | 20 | 69 | 0.020 | 0.300 | 5.6 |
| N06 | 大学图书情报学刊 | 155 | 0.99 | 10.1 | 1.6 | 25 | 116 | — | 0.432 | 4.5 |
| N06 | 高校图书馆工作 | 118 | 0.92 | 15.5 | 1.7 | 23 | 94 | 0.017 | 0.576 | 7.5 |
| N06 | 古籍整理研究学刊 | 128 | 0.93 | 32.1 | 1.2 | 25 | 69 | 0.010 | 0.370 | ≥10 |
| N06 | 国家图书馆学刊 | 91 | 0.98 | 19.6 | 1.5 | 21 | 62 | 0.010 | 0.320 | 2.7 |
| N06 | 河北科技图苑 | 162 | 0.96 | 7.4 | 1.3 | 24 | 123 | — | 0.309 | 2.9 |
| N06 | 河南图书馆学刊 | 634 | 1.00 | 6.9 | 1.3 | 29 | 426 | 0.002 | 0.276 | 3.9 |
| N06 | 农业图书情报学刊 | 616 | 0.98 | 8.2 | 1.6 | 30 | 376 | — | 0.393 | 4.5 |
| N06 | 数据分析与知识发现 | 139 | 0.95 | 22.7 | 2.9 | 19 | 65 | 0.010 | 0.720 | 5.7 |
| N06 | 数字图书馆论坛 | 127 | 0.73 | 18.4 | 2.3 | 18 | 55 | 0.020 | 0.440 | 3.2 |
| N06 | 四川图书馆学报 | 154 | 0.99 | 8.0 | 1.6 | 28 | 125 | — | 0.364 | 3.7 |

| 学科代码 | 期刊名称 | 来源文献量 | 文献选出率 | 平均引文数 | 平均作者数 | 地区分布数 | 机构分布数 | 海外论文比 | 基金论文比 | 引用半衰期 |
|---|---|---|---|---|---|---|---|---|---|---|
| N06 | 图书馆 | 259 | 0.97 | 17.0 | 1.7 | 27 | 184 | 0.004 | 0.560 | 3.9 |
| N06 | 图书馆工作与研究 | 327 | 0.98 | 11.1 | 1.4 | 28 | 234 | - | 0.480 | 4.4 |
| N06 | 图书馆建设 | 222 | 0.93 | 17.0 | 1.6 | 25 | 144 | 0.010 | 0.300 | 2.3 |
| N06 | 图书馆界 | 143 | 0.95 | 9.1 | 1.3 | 26 | 128 | - | 0.385 | 3.9 |
| N06 | 图书馆理论与实践 | 301 | 0.88 | 13.4 | 1.6 | 30 | 220 | - | 0.472 | 4.3 |
| N06 | 图书馆论坛 | 212 | 0.91 | 17.5 | 1.8 | 22 | 119 | 0.040 | 0.490 | 5.2 |
| N06 | 图书馆学刊 | 501 | 1.00 | 8.7 | 1.3 | 30 | 329 | - | 0.257 | 3.7 |
| N06 | 图书馆学研究 | 423 | 1.00 | 14.8 | 1.9 | 26 | 200 | 0.000 | 0.480 | 4.0 |
| N06 | 图书馆研究 | 167 | 0.98 | 9.4 | 1.5 | 24 | 139 | - | 0.479 | 3.4 |
| N06 | 图书馆杂志 | 206 | 0.84 | 15.5 | 1.7 | 22 | 125 | 0.010 | 0.388 | 5.1 |
| N06 | 新世纪图书馆 | 256 | 0.94 | 11.3 | 1.5 | 24 | 171 | 0.023 | 0.348 | 3.7 |
| N06 | 中国图书馆学报 | 50 | 0.91 | 36.9 | 2.2 | 11 | 29 | 0.080 | 0.640 | 4.7 |
| N06 | 中国图书评论 | 156 | 0.59 | 11.4 | 1.1 | 23 | 73 | 0.006 | 0.212 | ≥10 |
| N07 | 晋图学刊 | 99 | 0.94 | 9.5 | 1.4 | 21 | 78 | - | 0.313 | 4.6 |
| N07 | 竞争情报 | 42 | 0.57 | 11.3 | 2.0 | 8 | 39 | 0.048 | 0.119 | 5.4 |
| N07 | 情报工程 | 76 | 0.84 | 16.5 | 2.7 | 11 | 23 | 0.000 | 0.460 | 5.9 |
| N07 | 情报科学 | 393 | 0.98 | 19.8 | 2.4 | 25 | 155 | 0.010 | 0.690 | 6.3 |
| N07 | 情报理论与实践 | 315 | 0.96 | 19.8 | 2.5 | 27 | 138 | 0.000 | 0.720 | 5.0 |
| N07 | 情报探索 | 359 | 0.99 | 11.3 | 1.7 | 31 | 250 | 0.003 | 0.471 | 4.3 |
| N07 | 情报学报 | 130 | 0.91 | 30.1 | 2.9 | 21 | 62 | 0.030 | 0.800 | 6.6 |
| N07 | 情报杂志 | 420 | 0.99 | 20.6 | 2.4 | 26 | 179 | 0.010 | 0.650 | 4.6 |
| N07 | 情报资料工作 | 105 | 0.91 | 23.8 | 2.1 | 23 | 64 | 0.010 | 0.660 | 4.0 |
| N07 | 图书情报导刊 | 601 | 0.99 | 6.7 | 1.4 | 31 | 434 | 0.002 | 0.273 | 4.2 |
| N07 | 图书情报工作 | 459 | 0.95 | 27.1 | 2.4 | 26 | 167 | 0.020 | 0.580 | 3.5 |
| N07 | 图书情报知识 | 87 | 0.92 | 24.5 | 2.2 | 22 | 49 | 0.010 | 0.550 | 4.9 |
| N07 | 图书与情报 | 128 | 0.96 | 20.9 | 2.1 | 22 | 67 | 0.020 | 0.630 | 2.9 |
| N07 | 文献 | 107 | 0.96 | 36.4 | 1.2 | 20 | 65 | 0.009 | 0.458 | - |
| N07 | 现代情报 | 360 | 0.98 | 17.9 | 2.1 | 29 | 199 | 0.000 | 0.650 | 4.7 |
| N07 | 医学信息学杂志 | 250 | 0.95 | 11.5 | 3.2 | 25 | 186 | 0.004 | 0.496 | 3.7 |
| N07 | 中国典籍与文化 | 90 | 0.96 | 37.2 | 1.0 | 21 | 52 | 0.022 | 0.400 | - |
| N07 | 中国中医药图书情报杂志 | 99 | 0.93 | 8.9 | 2.9 | 25 | 81 | 0.010 | 0.586 | 4.8 |
| N07 | 中华医学图书情报杂志 | 192 | 0.94 | 14.0 | 3.2 | 24 | 82 | 0.000 | 0.230 | 4.1 |
| N08 | 北京档案 | 183 | 0.70 | 5.8 | 1.5 | 21 | 114 | - | 0.279 | 6.1 |
| N08 | 档案 | 132 | 0.61 | 8.7 | 1.2 | 21 | 77 | - | 0.167 | ≥10 |

## 2016年中国科技期刊来源指标按类刊名字顺索引(续)

| 学科代码 | 期刊名称 | 来源文献量 | 文献选出率 | 平均引文数 | 平均作者数 | 地区分布数 | 机构分布数 | 海外论文比 | 基金论文比 | 引用半衰期 |
|---|---|---|---|---|---|---|---|---|---|---|
| N08 | 档案管理 | 203 | 0.85 | 5.3 | 1.4 | 22 | 117 | — | 0.251 | 4.5 |
| N08 | 档案学通讯 | 128 | 0.95 | 16.0 | 1.7 | 22 | 43 | 0.010 | 0.340 | 6.9 |
| N08 | 档案学研究 | 138 | 0.95 | 13.5 | 1.9 | 22 | 70 | 0.010 | 0.420 | 6.6 |
| N08 | 档案与建设 | 241 | 0.71 | 6.9 | 1.4 | 23 | 175 | — | 0.191 | 7.7 |
| N08 | 故宫博物院院刊 | 73 | 0.91 | 39.8 | 1.3 | 11 | 36 | 0.014 | 0.329 | ≥10 |
| N08 | 兰台世界 | 1430 | 0.96 | 7.5 | 1.4 | 31 | 747 | 0.003 | 0.401 | ≥10 |
| N08 | 历史档案 | 54 | 0.71 | 28.6 | 1.1 | 18 | 43 | 0.019 | 0.389 | ≥10 |
| N08 | 民国档案 | 59 | 0.94 | 46.0 | 1.1 | 15 | 31 | 0.017 | 0.356 | — |
| N08 | 山东档案 | 163 | 0.72 | 1.8 | 1.3 | 13 | 154 | — | 0.012 | 6.2 |
| N08 | 山西档案 | 352 | 0.98 | 6.3 | 1.3 | 29 | 250 | 0.006 | 0.460 | ≥10 |
| N08 | 文博 | 106 | 0.94 | 18.0 | 1.5 | 9 | 47 | 0.009 | 0.113 | ≥10 |
| N08 | 浙江档案 | 173 | 0.60 | 7.5 | 1.3 | 21 | 128 | 0.006 | 0.289 | ≥10 |
| P01 | Frontiers of Education in China | 34 | 0.67 | 28.1 | 1.6 | 9 | 36 | 0.559 | 0.176 | 7.7 |
| P01 | 安顺学院学报 | 247 | 0.99 | 5.8 | 1.4 | 24 | 123 | 0.008 | 0.490 | 7.9 |
| P01 | 保定学院学报 | 142 | 0.98 | 11.5 | 1.4 | 19 | 75 | 0.007 | 0.585 | ≥10 |
| P01 | 北京大学教育评论 | 36 | 0.71 | 39.2 | 1.8 | 7 | 24 | 0.220 | 0.530 | ≥10 |
| P01 | 北京工业职业技术学院学报 | 118 | 0.98 | 5.7 | 1.7 | 15 | 47 | — | 0.534 | 5.9 |
| P01 | 蚌埠学院学报 | 261 | 0.99 | 9.7 | 1.8 | 21 | 121 | — | 0.682 | 7.2 |
| P01 | 比较教育研究 | 195 | 0.97 | 17.8 | 1.6 | 24 | 92 | 0.050 | 0.560 | 5.2 |
| P01 | 兵团教育学院学报 | 104 | 0.97 | 10.0 | 1.9 | 13 | 36 | — | 0.529 | 7.5 |
| P01 | 昌吉学院学报 | 151 | 0.95 | 8.6 | 1.5 | 20 | 86 | 0.007 | 0.669 | ≥10 |
| P01 | 长沙大学学报 | 275 | 1.00 | 7.7 | 1.5 | 25 | 185 | 0.033 | 0.531 | 6.5 |
| P01 | 成都师范学院学报 | 285 | 0.98 | 9.9 | 1.6 | 30 | 172 | — | 0.474 | 8.9 |
| P01 | 池州学院学报 | 261 | 0.95 | 9.9 | 1.6 | 19 | 103 | 0.019 | 0.651 | 8.3 |
| P01 | 重庆第二师范学院学报 | 228 | 0.95 | 10.2 | 1.4 | 22 | 109 | 0.004 | 0.425 | 9.3 |
| P01 | 创新人才教育 | 75 | 0.89 | 3.4 | 1.4 | 11 | 50 | 0.013 | 0.280 | 4.2 |
| P01 | 创新与创业教育 | 237 | 0.98 | 7.4 | 2.2 | 28 | 153 | 0.004 | 0.743 | 4.8 |
| P01 | 大连大学学报 | 169 | 0.95 | 11.0 | 2.0 | 15 | 73 | 0.006 | 0.402 | ≥10 |
| P01 | 大连教育学院学报 | 110 | 0.82 | 2.1 | 1.3 | 7 | 46 | — | 0.173 | 5.8 |
| P01 | 大连民族大学学报 | 144 | 0.98 | 10.6 | 2.6 | 17 | 54 | 0.007 | 0.819 | 7.4 |
| P01 | 当代继续教育 | 113 | 0.92 | 10.4 | 1.4 | 24 | 78 | — | 0.425 | 5.9 |
| P01 | 当代教师教育 | 63 | 0.95 | 10.8 | 2.0 | 15 | 42 | 0.032 | 0.651 | 7.5 |
| P01 | 当代教育科学 | 396 | 0.98 | 10.1 | 1.4 | 29 | 243 | 0.013 | 0.475 | 9.1 |
| P01 | 当代教育理论与实践 | 676 | 1.00 | 5.8 | 2.0 | 29 | 309 | 0.009 | 0.802 | 6.1 |

| 学科代码 | 期刊名称 | 来源文献量 | 文献选出率 | 平均引文数 | 平均作者数 | 地区分布数 | 机构分布数 | 海外论文比 | 基金论文比 | 引用半衰期 |
|---|---|---|---|---|---|---|---|---|---|---|
| P01 | 当代教育论坛 | 108 | 0.96 | 10.7 | 1.7 | 18 | 84 | 0.009 | 0.759 | 6.5 |
| P01 | 当代教育实践与教学研究(电子刊) | 3827 | 1.00 | 2.5 | 1.3 | 31 | 2465 | 0.003 | 0.105 | 4.9 |
| P01 | 当代教育与文化 | 114 | 0.97 | 12.6 | 1.6 | 22 | 72 | 0.026 | 0.632 | ≥10 |
| P01 | 电化教育研究 | 210 | 0.94 | 19.8 | 2.6 | 22 | 114 | 0.038 | 0.871 | 5.8 |
| P01 | 鄂州大学学报 | 218 | 1.00 | 5.6 | 1.3 | 27 | 160 | 0.005 | 0.376 | 7.2 |
| P01 | 发现(教育版) | 1712 | 0.99 | 2.0 | 1.1 | 31 | 1208 | 0.002 | 0.067 | 4.9 |
| P01 | 纺织服装教育 | 155 | 0.99 | 2.9 | 2.1 | 19 | 56 | 0.006 | 0.742 | 4.6 |
| P01 | 福建教育学院学报 | 497 | 0.98 | 4.4 | 1.2 | 18 | 370 | 0.032 | 0.318 | 5.7 |
| P01 | 复旦教育论坛 | 96 | 0.93 | 21.0 | 1.9 | 15 | 67 | 0.083 | 0.708 | 8.6 |
| P01 | 工业和信息化教育 | 223 | 1.00 | 6.1 | 2.5 | 27 | 117 | 0.022 | 0.610 | 5.0 |
| P01 | 广东第二师范学院学报 | 111 | 1.00 | 13.6 | 1.5 | 15 | 46 | 0.009 | 0.685 | 9.6 |
| P01 | 广西教育学院学报 | 285 | 0.96 | 7.3 | 1.3 | 26 | 157 | 0.004 | 0.540 | 9.4 |
| P01 | 贵州师范学院学报 | 228 | 0.99 | 11.5 | 1.7 | 24 | 116 | 0.004 | 0.553 | 8.2 |
| P01 | 哈尔滨学院学报 | 396 | 0.99 | 9.9 | 1.3 | 30 | 191 | 0.003 | 0.326 | ≥10 |
| P01 | 航海教育研究 | 111 | 0.91 | 7.5 | 2.3 | 13 | 32 | 0.009 | 0.523 | 4.8 |
| P01 | 河北农业大学学报(农林教育版) | 166 | 0.97 | 9.4 | 2.7 | 21 | 85 | 0.006 | 0.813 | 4.8 |
| P01 | 河北师范大学学报(教育科学版) | 130 | 0.94 | 14.3 | 1.5 | 24 | 74 | 0.000 | 0.570 | ≥10 |
| P01 | 河西学院学报 | 130 | 0.96 | 13.7 | 1.9 | 13 | 68 | 0.015 | 0.454 | ≥10 |
| P01 | 黑龙江教育学院学报 | 668 | 0.99 | 6.1 | 1.3 | 28 | 434 | 0.010 | 0.392 | 6.2 |
| P01 | 呼伦贝尔学院学报 | 173 | 0.99 | 8.8 | 1.5 | 22 | 87 | - | 0.382 | 8.0 |
| P01 | 湖北工业职业技术学院学报 | 164 | 0.99 | 5.9 | 1.7 | 19 | 88 | - | 0.457 | 6.1 |
| P01 | 湖南大众传媒职业技术学院学报 | 198 | 0.97 | 5.3 | 1.2 | 25 | 97 | - | 0.348 | 6.6 |
| P01 | 湖南师范大学教育科学学报 | 115 | 0.88 | 14.9 | 1.5 | 19 | 58 | 0.040 | 0.510 | ≥10 |
| P01 | 华东师范大学学报(教育科学版) | 72 | 0.84 | 16.6 | 1.8 | 17 | 31 | 0.030 | 0.540 | ≥10 |
| P01 | 华文教学与研究 | 40 | 0.98 | 25.0 | 1.5 | 8 | 24 | 0.075 | 0.550 | ≥10 |
| P01 | 黑龙江工业学院学报(综合版) | 520 | 0.99 | 8.7 | 1.5 | 28 | 254 | 0.008 | 0.456 | 8.6 |
| P01 | 吉林省教育学院学报 | 659 | 0.96 | 6.2 | 1.4 | 29 | 429 | 0.005 | 0.448 | 6.6 |
| P01 | 集美大学学报 | 95 | 0.93 | 11.4 | 1.8 | 19 | 61 | 0.021 | 0.642 | 7.5 |
| P01 | 济宁学院学报 | 158 | 0.96 | 8.6 | 1.5 | 18 | 96 | - | 0.456 | ≥10 |
| P01 | 继续教育 | 331 | 0.98 | 4.9 | 2.2 | 25 | 201 | 0.006 | 0.369 | 5.5 |
| P01 | 继续教育研究 | 491 | 1.00 | 6.2 | 1.3 | 28 | 347 | - | 0.807 | 5.1 |
| P01 | 江西科技师范大学学报 | 112 | 1.00 | 16.3 | 1.8 | 21 | 62 | - | 0.786 | 9.7 |
| P01 | 教学研究 | 162 | 0.99 | 9.0 | 1.9 | 27 | 119 | - | 0.586 | 7.1 |
| P01 | 教学与研究 | 160 | 0.91 | 18.8 | 1.4 | 22 | 75 | 0.020 | 0.520 | ≥10 |

| 学科代码 | 期刊名称 | 来源文献量 | 文献选出率 | 平均引文数 | 平均作者数 | 地区分布数 | 机构分布数 | 海外论文比 | 基金论文比 | 引用半衰期 |
|---|---|---|---|---|---|---|---|---|---|---|
| P01 | 教育测量与评价 | 128 | 0.82 | 9.5 | 1.8 | 25 | 96 | 0.047 | 0.398 | 7.4 |
| P01 | 教育导刊(上半月) | 248 | 0.95 | 9.3 | 1.6 | 29 | 160 | 0.004 | 0.569 | 7.0 |
| P01 | 教育导刊(下半月) | 304 | 0.90 | 6.5 | 1.4 | 28 | 195 | 0.007 | 0.359 | 7.0 |
| P01 | 教育发展研究 | 280 | 0.72 | 16.2 | 1.6 | 22 | 118 | 0.030 | 0.620 | 8.3 |
| P01 | 教育观察(上半月) | 697 | 1.00 | 4.9 | 1.6 | 31 | 433 | 0.003 | 0.531 | 5.2 |
| P01 | 教育观察(下半月) | 800 | 1.00 | 3.7 | 1.1 | 28 | 581 | 0.001 | 0.130 | 5.6 |
| P01 | 教育教学论坛 | 6814 | 1.00 | 4.4 | 2.2 | 31 | 2136 | 0.002 | 0.524 | 5.5 |
| P01 | 教育科学 | 89 | 0.97 | 13.2 | 1.7 | 21 | 56 | 0.030 | 0.640 | 7.3 |
| P01 | 教育科学论坛 | 551 | 0.84 | 2.0 | 1.4 | 23 | 404 | — | 0.125 | 7.0 |
| P01 | 教育科学研究 | 159 | 0.86 | 11.5 | 1.6 | 20 | 69 | 0.013 | 0.572 | ≥10 |
| P01 | 教育评论 | 521 | 0.99 | 6.5 | 1.4 | 29 | 348 | 0.008 | 0.702 | 6.8 |
| P01 | 教育生物学杂志 | 36 | 0.90 | 23.9 | 3.5 | 6 | 22 | — | 0.583 | 6.9 |
| P01 | 教育实践与研究 | 938 | 0.93 | 1.3 | 1.2 | 29 | 706 | 0.004 | 0.048 | 5.7 |
| P01 | 教育探索 | 466 | 0.96 | 8.1 | 1.6 | 29 | 312 | 0.004 | 0.674 | 6.0 |
| P01 | 教育文化论坛 | 169 | 0.92 | 9.7 | 1.5 | 23 | 85 | 0.006 | 0.568 | ≥10 |
| P01 | 教育信息技术 | 269 | 0.90 | 4.9 | 1.5 | 14 | 166 | — | 0.580 | 4.8 |
| P01 | 教育学报 | 88 | 0.77 | 23.4 | 1.8 | 17 | 35 | 0.050 | 0.590 | ≥10 |
| P01 | 教育学术月刊 | 183 | 0.94 | 18.5 | 1.6 | 24 | 131 | 0.038 | 0.689 | 9.7 |
| P01 | 教育研究 | 232 | 0.89 | 16.0 | 1.7 | 25 | 90 | 0.000 | 0.570 | 7.3 |
| P01 | 教育研究与评论(课堂观察) | 298 | 0.91 | 1.0 | 1.0 | 7 | 235 | — | 0.070 | 6.1 |
| P01 | 教育研究与实验 | 104 | 0.98 | 14.9 | 1.8 | 20 | 53 | 0.020 | 0.580 | ≥10 |
| P01 | 教育与教学研究 | 262 | 1.00 | 9.2 | 1.8 | 26 | 181 | 0.015 | 0.672 | 7.1 |
| P01 | 教育与考试 | 90 | 0.99 | 14.8 | 1.3 | 20 | 59 | 0.122 | 0.522 | ≥10 |
| P01 | 金融理论探索 | 67 | 0.88 | 13.7 | 1.6 | 21 | 57 | — | 0.448 | 5.9 |
| P01 | 金融理论与教学 | 188 | 0.97 | 5.3 | 1.5 | 25 | 89 | — | 0.527 | 5.3 |
| P01 | 荆楚理工学院学报 | 98 | 0.93 | 11.2 | 1.6 | 17 | 70 | 0.010 | 0.673 | 6.9 |
| P01 | 开封大学学报 | 115 | 0.97 | 5.8 | 1.2 | 17 | 37 | — | 0.357 | 6.7 |
| P01 | 凯里学院学报 | 268 | 0.98 | 8.3 | 1.9 | 21 | 132 | 0.007 | 0.549 | 9.7 |
| P01 | 考试与评价 | 1899 | 1.00 | 1.4 | 1.1 | 30 | 1086 | 0.004 | 0.016 | 4.9 |
| P01 | 科教导刊 | 3232 | 1.00 | 5.0 | 1.6 | 31 | 1469 | 0.002 | 0.351 | 5.6 |
| P01 | 科教导刊-电子版(上旬) | 1827 | 1.00 | 2.9 | 1.3 | 31 | 1114 | 0.001 | 0.085 | 6.2 |
| P01 | 科教导刊-电子版(下旬) | 1866 | 1.00 | 3.0 | 1.3 | 31 | 1077 | 0.003 | 0.076 | 6.3 |
| P01 | 科教导刊-电子版(中旬) | 1834 | 1.00 | 2.9 | 1.3 | 31 | 1060 | 0.001 | 0.093 | 6.0 |
| P01 | 科教文汇 | 2995 | 0.96 | 5.3 | 1.6 | 31 | 1467 | 0.004 | 0.378 | 6.1 |

| 学科代码 | 期刊名称 | 来源文献量 | 文献选出率 | 平均引文数 | 平均作者数 | 地区分布数 | 机构分布数 | 海外论文比 | 基金论文比 | 引用半衰期 |
|---|---|---|---|---|---|---|---|---|---|---|
| P01 | 课程教材教学研究(教育研究) | 123 | 0.96 | — | 1.1 | 10 | 107 | — | — | — |
| P01 | 昆明学院学报 | 148 | 0.97 | 13.8 | 2.4 | 22 | 92 | — | 0.547 | 9.9 |
| P01 | 历史教学 | 153 | 0.91 | 9.4 | 1.1 | 21 | 115 | 0.013 | 0.163 | ≥10 |
| P01 | 历史教学(下半月) | 130 | 0.92 | 39.4 | 1.2 | 23 | 72 | — | 0.385 | ≥10 |
| P01 | 辽宁教育行政学院学报 | 174 | 0.98 | 6.8 | 1.4 | 17 | 72 | — | 0.477 | 8.5 |
| P01 | 临沂大学学报 | 151 | 0.98 | 12.0 | 1.3 | 23 | 91 | 0.033 | 0.371 | ≥10 |
| P01 | 龙岩学院学报 | 157 | 0.98 | 10.7 | 1.9 | 13 | 67 | 0.006 | 0.688 | 8.9 |
| P01 | 陇东学院学报 | 192 | 0.99 | 13.1 | 1.7 | 14 | 59 | — | 0.469 | 9.4 |
| P01 | 逻辑学研究 | 31 | 0.84 | 23.9 | 1.3 | 11 | 24 | 0.065 | 0.581 | ≥10 |
| P01 | 吕梁学院学报 | 152 | 0.96 | 8.6 | 1.2 | 18 | 59 | — | 0.375 | ≥10 |
| P01 | 美术教育研究 | 2955 | 0.87 | 2.9 | 1.1 | 31 | 1297 | 0.004 | 0.202 | 6.3 |
| P01 | 美育学刊 | 109 | 0.91 | 13.6 | 1.2 | 18 | 70 | 0.046 | 0.367 | ≥10 |
| P01 | 民族教育研究 | 128 | 0.92 | 13.2 | 1.7 | 24 | 76 | 0.020 | 0.700 | 8.9 |
| P01 | 牡丹江大学学报 | 732 | 1.00 | 7.9 | 1.4 | 31 | 347 | 0.003 | 0.407 | ≥10 |
| P01 | 南昌教育学院学报 | 238 | 1.00 | 5.4 | 1.3 | 26 | 175 | 0.004 | 0.403 | 7.7 |
| P01 | 内蒙古电大学刊 | 204 | 1.00 | 5.7 | 1.3 | 28 | 128 | — | 0.279 | 7.5 |
| P01 | 内蒙古师范大学学报(教育科学版) | 518 | 0.97 | 7.8 | 1.7 | 27 | 289 | 0.006 | 0.616 | 7.0 |
| P01 | 宁波大学学报(教育科学版) | 160 | 0.97 | 11.8 | 1.9 | 18 | 84 | — | 0.650 | 7.4 |
| P01 | 宁波教育学院学报 | 230 | 1.00 | 5.6 | 1.3 | 21 | 152 | — | 0.404 | 7.1 |
| P01 | 平顶山学院学报 | 155 | 0.99 | 12.1 | 1.5 | 22 | 92 | 0.006 | 0.484 | ≥10 |
| P01 | 普洱学院学报 | 273 | 0.99 | 6.2 | 1.3 | 22 | 170 | 0.007 | 0.392 | 6.7 |
| P01 | 齐鲁师范学院学报 | 164 | 0.93 | 9.0 | 1.4 | 22 | 106 | 0.024 | 0.451 | 9.3 |
| P01 | 青海教育 | 452 | 0.91 | 0.5 | 1.0 | 6 | 240 | — | — | 6.0 |
| P01 | 清华大学教育研究 | 91 | 0.97 | 25.1 | 1.9 | 14 | 39 | 0.090 | 0.490 | ≥10 |
| P01 | 海南热带海洋学院学报 | 130 | 0.96 | 16.7 | 2.0 | 22 | 77 | 0.015 | 0.600 | ≥10 |
| P01 | 全球教育展望 | 143 | 0.97 | 17.7 | 1.6 | 21 | 64 | 0.120 | 0.460 | 8.4 |
| P01 | 软件导刊·教育技术 | 443 | 1.00 | 5.3 | 1.9 | 29 | 308 | — | 0.485 | 4.6 |
| P01 | 三明学院学报 | 100 | 0.93 | 11.4 | 2.2 | 11 | 49 | 0.010 | 0.750 | 7.5 |
| P01 | 厦门城市职业学院学报 | 73 | 0.94 | 6.9 | 1.2 | 14 | 40 | — | 0.630 | 4.1 |
| P01 | 陕西学前师范学院学报 | 406 | 0.99 | 10.1 | 1.4 | 31 | 210 | 0.002 | 0.512 | ≥10 |
| P01 | 商洛学院学报 | 125 | 0.98 | 11.8 | 1.6 | 4 | 19 | — | 0.696 | 7.0 |
| P01 | 上海教育科研 | 268 | 0.92 | 6.4 | 1.4 | 22 | 189 | 0.022 | 0.328 | 8.0 |
| P01 | 设计艺术研究 | 131 | 1.00 | 8.6 | 1.6 | 17 | 68 | 0.023 | 0.435 | 9.1 |
| P01 | 石家庄学院学报 | 173 | 0.97 | 14.6 | 2.0 | 23 | 106 | 0.012 | 0.601 | ≥10 |

| 学科代码 | 期刊名称 | 来源文献量 | 文献选出率 | 平均引文数 | 平均作者数 | 地区分布数 | 机构分布数 | 海外论文比 | 基金论文比 | 引用半衰期 |
|---|---|---|---|---|---|---|---|---|---|---|
| P01 | 时代教育 | 5037 | 1.00 | 3.2 | 1.3 | 31 | 2899 | 0.002 | 0.113 | 5.1 |
| P01 | 世界教育信息 | 502 | 0.80 | 3.6 | 1.5 | 25 | 174 | 0.215 | 0.139 | 3.9 |
| P01 | 数码世界 | 931 | 0.99 | 3.2 | 1.5 | 31 | 520 | 0.004 | 0.055 | 5.7 |
| P01 | 思想理论教育(上半月综合版) | 237 | 0.97 | 7.9 | 1.4 | 20 | 101 | — | 0.612 | 7.9 |
| P01 | 思想政治教育研究 | 182 | 1.00 | 10.3 | 1.6 | 24 | 117 | — | 0.852 | 7.4 |
| P01 | 思想政治课研究 | 164 | 0.99 | 6.2 | 1.3 | 25 | 131 | — | 0.390 | 6.4 |
| P01 | 四川教育 | 228 | 0.62 | — | 1.1 | 10 | 198 | — | — | — |
| P01 | 四川民族学院学报 | 113 | 0.98 | 10.8 | 1.3 | 20 | 69 | — | 0.496 | ≥10 |
| P01 | 四川文理学院学报 | 200 | 1.00 | 8.4 | 1.4 | 19 | 82 | — | 0.515 | 8.5 |
| P01 | 苏州大学学报(教育科学版) | 54 | 0.96 | 23.0 | 2.0 | 16 | 47 | 0.093 | 0.537 | ≥10 |
| P01 | 苏州教育学院学报 | 106 | 0.91 | 14.5 | 1.3 | 17 | 66 | 0.028 | 0.481 | ≥10 |
| P01 | 绥化学院学报 | 523 | 0.99 | 8.7 | 1.7 | 30 | 252 | 0.002 | 0.507 | 8.2 |
| P01 | 唐山学院学报 | 134 | 0.98 | 12.2 | 1.4 | 24 | 76 | — | 0.425 | ≥10 |
| P01 | 天津师范大学学报(基础教育版) | 65 | 0.98 | 12.0 | 1.5 | 23 | 53 | 0.015 | 0.646 | 5.1 |
| P01 | 天津市教科院学报 | 162 | 0.87 | 4.8 | 1.5 | 21 | 117 | — | 0.395 | 8.7 |
| P01 | 天津职业技术师范大学学报 | 74 | 0.95 | 10.7 | 2.7 | 3 | 20 | — | 0.824 | 5.7 |
| P01 | 铜仁学院学报 | 228 | 0.93 | 8.7 | 1.6 | 24 | 126 | 0.018 | 0.596 | ≥10 |
| P01 | 潍坊工程职业学院学报 | 162 | 0.94 | 8.1 | 1.5 | 28 | 116 | 0.006 | 0.309 | 8.6 |
| P01 | 文教资料 | 3106 | 1.00 | 6.4 | 1.3 | 30 | 1296 | 0.004 | 0.326 | 8.7 |
| P01 | 文山学院学报 | 160 | 0.98 | 9.9 | 1.7 | 15 | 62 | 0.006 | 0.419 | ≥10 |
| P01 | 梧州学院学报 | 124 | 0.97 | 7.5 | 1.4 | 19 | 70 | — | 0.532 | 6.3 |
| P01 | 武夷学院学报 | 285 | 0.99 | 8.5 | 1.8 | 18 | 118 | 0.028 | 0.561 | 7.3 |
| P01 | 物理教学 | 311 | 0.99 | 3.7 | 1.3 | 28 | 269 | 0.003 | 0.116 | 5.5 |
| P01 | 西部素质教育 | 4130 | 0.99 | 3.3 | 1.3 | 31 | 2519 | 0.002 | 0.201 | 4.4 |
| P01 | 西藏教育 | 238 | 0.81 | 2.0 | 1.4 | 21 | 120 | 0.004 | 0.269 | 6.3 |
| P01 | 现代大学教育 | 94 | 0.89 | 29.2 | 1.7 | 20 | 75 | 0.043 | 0.691 | 9.5 |
| P01 | 现代教育管理 | 270 | 1.00 | 9.8 | 1.8 | 26 | 194 | 0.011 | 0.919 | 7.0 |
| P01 | 现代教育技术 | 217 | 0.95 | 11.9 | 2.4 | 23 | 144 | 0.014 | 0.816 | 5.0 |
| P01 | 现代教育论丛 | 89 | 0.95 | 12.2 | 1.5 | 21 | 74 | 0.022 | 0.562 | 9.9 |
| P01 | 现代远程教育研究 | 73 | 0.97 | 22.0 | 2.4 | 16 | 59 | 0.041 | 0.932 | 6.2 |
| P01 | 现代远距离教育 | 64 | 0.98 | 17.5 | 2.3 | 17 | 43 | 0.016 | 0.922 | 4.9 |
| P01 | 现代中文学刊 | 84 | 0.76 | 33.6 | 1.2 | 21 | 55 | 0.131 | 0.262 | ≥10 |
| P01 | 新疆教育学院学报 | 105 | 0.95 | 6.5 | 1.3 | 11 | 53 | 0.010 | 0.419 | 7.7 |
| P01 | 新余学院学报 | 257 | 0.98 | 7.1 | 1.5 | 22 | 170 | 0.012 | 0.545 | 7.1 |

| 学科代码 | 期刊名称 | 来源文献量 | 文献选出率 | 平均引文数 | 平均作者数 | 地区分布数 | 机构分布数 | 海外论文比 | 基金论文比 | 引用半衰期 |
|---|---|---|---|---|---|---|---|---|---|---|
| P01 | 邢台学院学报 | 216 | 1.00 | 8.2 | 1.5 | 23 | 119 | 0.009 | 0.481 | 9.6 |
| P01 | 宿州教育学院学报 | 522 | 1.00 | 4.8 | 1.2 | 29 | 362 | 0.002 | 0.291 | 5.4 |
| P01 | 许昌学院学报 | 202 | 0.97 | 11.6 | 1.5 | 21 | 102 | 0.015 | 0.609 | ≥10 |
| P01 | 学理论 | 1332 | 0.98 | 5.8 | 1.4 | 31 | 621 | 0.002 | 0.501 | 7.2 |
| P01 | 延边教育学院学报 | 270 | 1.00 | 3.4 | 1.1 | 25 | 168 | 0.007 | 0.126 | 6.1 |
| P01 | 扬州大学学报(高教研究版) | 125 | 0.95 | 10.2 | 1.6 | 21 | 95 | — | 0.600 | 6.3 |
| P01 | 扬州教育学院学报 | 102 | 0.96 | 5.7 | 1.4 | 9 | 35 | — | 0.422 | 6.4 |
| P01 | 药学教育 | 128 | 0.97 | 9.7 | 3.6 | 25 | 84 | — | 0.813 | 5.0 |
| P01 | 医学教育管理 | 110 | 0.98 | 7.8 | 3.1 | 17 | 59 | — | 0.573 | 4.1 |
| P01 | 宜宾学院学报 | 234 | 1.00 | 13.5 | 1.6 | 26 | 156 | 0.030 | 0.547 | ≥10 |
| P01 | 语文学刊 | 1815 | 0.99 | 6.8 | 1.2 | 30 | 731 | 0.006 | 0.363 | ≥10 |
| P01 | 远程教育杂志 | 76 | 0.94 | 30.6 | 2.7 | 17 | 67 | 0.053 | 0.974 | 3.5 |
| P01 | 运城学院学报 | 134 | 0.99 | 11.0 | 1.6 | 11 | 29 | 0.007 | 0.485 | ≥10 |
| P01 | 枣庄学院学报 | 159 | 1.00 | 11.6 | 1.6 | 23 | 91 | — | 0.371 | ≥10 |
| P01 | 昭通学院学报 | 152 | 0.98 | 10.6 | 1.6 | 25 | 81 | — | 0.368 | 9.9 |
| P01 | 浙江传媒学院学报 | 138 | 0.92 | 12.8 | 1.3 | 17 | 65 | 0.029 | 0.493 | 9.0 |
| P01 | 浙江外国语学院学报 | 96 | 0.97 | 19.5 | 1.3 | 19 | 60 | 0.031 | 0.573 | ≥10 |
| P01 | 政治思想史 | 41 | 0.80 | 52.4 | 1.2 | 10 | 31 | 0.171 | 0.268 | — |
| P01 | 职大学报 | 168 | 0.93 | 8.7 | 1.4 | 26 | 97 | 0.060 | 0.298 | ≥10 |
| P01 | 职教通讯 | 796 | 0.91 | 5.6 | 1.4 | 29 | 384 | 0.003 | 0.595 | 5.2 |
| P01 | 中国地质教育 | 96 | 0.96 | 8.9 | 3.4 | 20 | 51 | — | 0.771 | 5.9 |
| P01 | 中国电化教育 | 249 | 0.92 | 18.3 | 2.6 | 23 | 132 | 0.036 | 0.711 | 3.9 |
| P01 | 中国教育技术装备 | 1962 | 0.98 | 3.7 | 1.7 | 31 | 1281 | 0.002 | 0.274 | 4.4 |
| P01 | 中国教育信息化·基础教育 | 314 | 0.92 | 7.8 | 2.1 | 27 | 237 | 0.003 | 0.592 | 4.4 |
| P01 | 中国考试 | 116 | 0.95 | 11.5 | 1.7 | 19 | 77 | 0.052 | 0.422 | 7.9 |
| P01 | 中国林业教育 | 119 | 0.95 | 7.1 | 2.7 | 17 | 27 | — | 0.630 | 6.3 |
| P01 | 中国农业教育 | 104 | 0.96 | 8.7 | 2.1 | 21 | 54 | 0.019 | 0.625 | 5.0 |
| P01 | 中国轻工教育 | 152 | 0.97 | 7.8 | 2.2 | 15 | 52 | — | 0.724 | 5.6 |
| P01 | 中国特殊教育 | 172 | 0.95 | 27.5 | 2.7 | 22 | 79 | 0.040 | 0.580 | 8.4 |
| P01 | 中国现代教育装备 | 705 | 0.90 | 5.6 | 2.4 | 30 | 504 | 0.001 | 0.552 | 5.3 |
| P01 | 中国冶金教育 | 237 | 0.96 | 8.5 | 2.9 | 25 | 86 | — | 0.574 | 4.8 |
| P01 | 中国音乐教育 | 100 | 0.76 | 5.1 | 1.2 | 19 | 74 | 0.030 | 0.160 | ≥10 |
| P01 | 中国远程教育(综合版) | 120 | 0.75 | 21.2 | 2.5 | 20 | 97 | 0.133 | 0.658 | 5.6 |
| P01 | 中文信息 | 3989 | 1.00 | 3.2 | 1.2 | 31 | 2220 | 0.002 | 0.065 | 4.7 |

| 学科代码 | 期刊名称 | 来源文献量 | 文献选出率 | 平均引文数 | 平均作者数 | 地区分布数 | 机构分布数 | 海外论文比 | 基金论文比 | 引用半衰期 |
|---|---|---|---|---|---|---|---|---|---|---|
| P01 | 中医教育 | 155 | 0.95 | 5.8 | 3.8 | 22 | 60 | - | 0.684 | 4.9 |
| P01 | 中州大学学报 | 155 | 0.98 | 9.0 | 1.4 | 19 | 89 | - | 0.458 | 8.2 |
| P03 | 北京教育(高教版) | 293 | 0.81 | 4.0 | 1.6 | 11 | 90 | - | 0.249 | 6.0 |
| P03 | 初中生世界(初中教学研究) | 315 | 0.80 | 0.3 | 1.0 | 4 | 244 | - | 0.029 | 5.3 |
| P03 | 地理教育 | 289 | 0.83 | 0.8 | 1.5 | 25 | 275 | - | 0.111 | 6.4 |
| P03 | 读写算-素质教育论坛 | 2535 | 1.00 | 0.6 | 1.1 | 29 | 1503 | 0.002 | 0.025 | 6.9 |
| P03 | 福建基础教育研究 | 712 | 1.00 | 3.1 | 1.1 | 6 | 461 | 0.037 | 0.222 | 4.8 |
| P03 | 福建中学数学 | 263 | 0.98 | 1.3 | 1.3 | 14 | 188 | 0.057 | 0.129 | 5.3 |
| P03 | 甘肃高师学报 | 287 | 0.99 | 7.7 | 1.8 | 18 | 68 | - | 0.394 | ≥10 |
| P03 | 高师理科学刊 | 430 | 0.95 | 8.1 | 2.8 | 29 | 221 | - | 0.772 | 6.2 |
| P03 | 高校后勤研究 | 227 | 0.94 | 3.5 | 1.5 | 24 | 138 | - | 0.176 | 4.9 |
| P03 | 高中数理化 | 988 | 0.98 | - | 1.2 | 29 | 638 | 0.001 | 0.014 | - |
| P03 | 广东教育(高中版) | 247 | 0.92 | - | 1.2 | 18 | 157 | - | - | - |
| P03 | 广东教育(职教版) | 483 | 0.68 | 3.8 | 1.3 | 10 | 216 | - | 0.251 | 5.5 |
| P03 | 广西教育(义务教育) | 1110 | 0.97 | 0.0 | 1.0 | 14 | 693 | 0.001 | 0.034 | 4.5 |
| P03 | 广西教育(中等教育) | 1074 | 0.97 | 2.6 | 1.2 | 16 | 462 | - | 0.148 | 5.1 |
| P03 | 海外华文教育 | 95 | 0.98 | 18.9 | 1.4 | 19 | 66 | 0.095 | 0.453 | ≥10 |
| P03 | 河北理科教学研究 | 101 | 0.91 | 1.0 | 1.2 | 18 | 75 | 0.010 | 0.030 | 4.6 |
| P03 | 河南教育(高校版) | 303 | 0.56 | 2.2 | 1.4 | 22 | 142 | - | 0.502 | 5.9 |
| P03 | 河南教育(基教版) | 348 | 0.74 | - | 1.1 | 21 | 275 | - | 0.020 | - |
| P03 | 河南教育(职成教版) | 292 | 0.78 | - | 1.1 | 19 | 163 | - | 0.068 | - |
| P03 | 黑河教育 | 508 | 0.99 | 3.1 | 1.0 | 23 | 310 | 0.073 | 0.047 | 5.1 |
| P03 | 黑龙江教育(理论与实践) | 463 | 1.00 | 2.7 | 1.7 | 30 | 241 | 0.002 | 0.505 | 5.7 |
| P03 | 黑龙江教育(小学) | 218 | 0.67 | - | 1.1 | 13 | 149 | - | - | - |
| P03 | 化学教学 | 293 | 0.97 | 6.6 | 1.8 | 27 | 228 | - | 0.338 | 6.4 |
| P03 | 化学教与学 | 419 | 0.98 | 3.3 | 1.4 | 28 | 365 | - | 0.169 | 5.2 |
| P03 | 化学教育 | 455 | 0.99 | 9.5 | 2.6 | 29 | 378 | 0.002 | 0.554 | 6.5 |
| P03 | 基础教育 | 80 | 0.87 | 17.3 | 1.8 | 17 | 46 | 0.038 | 0.775 | ≥10 |
| P03 | 基础教育参考 | 670 | 0.86 | 0.4 | 1.1 | 28 | 525 | 0.001 | 0.057 | 6.3 |
| P03 | 基础教育论坛 | 823 | 0.88 | 1.6 | 1.1 | 28 | 586 | 0.001 | 0.004 | 7.1 |
| P03 | 基础教育研究 | 979 | 0.97 | 1.3 | 1.1 | 28 | 603 | 0.001 | 0.094 | 6.6 |
| P03 | 家教世界·现代幼教 | 281 | 0.81 | 1.1 | 1.2 | 18 | 178 | - | 0.093 | 7.8 |
| P03 | 江苏高教 | 245 | 0.98 | 8.4 | 1.5 | 18 | 123 | 0.000 | 0.520 | 7.1 |
| P03 | 江苏教育(教育管理版) | 349 | 0.82 | 0.3 | 1.2 | 7 | 278 | 0.003 | 0.072 | 5.9 |

| 学科代码 | 期刊名称 | 来源文献量 | 文献选出率 | 平均引文数 | 平均作者数 | 地区分布数 | 机构分布数 | 海外论文比 | 基金论文比 | 引用半衰期 |
|---|---|---|---|---|---|---|---|---|---|---|
| P03 | 江苏教育(小学教学版) | 307 | 0.67 | 1.0 | 1.1 | 8 | 250 | — | 0.065 | 5.8 |
| P03 | 江苏教育(职业教育版) | 367 | 0.81 | 1.2 | 1.2 | 14 | 167 | — | 0.185 | 4.8 |
| P03 | 江苏教育(中学教学版) | 379 | 0.87 | 1.7 | 1.1 | 12 | 255 | — | 0.087 | 5.7 |
| P03 | 江西教育 | 1440 | 0.75 | 0.4 | 1.1 | 25 | 1013 | 0.003 | 0.014 | 4.5 |
| P03 | 教师博览(科研版) | 507 | 0.99 | 2.8 | 1.1 | 21 | 431 | — | 0.075 | 5.0 |
| P03 | 教师教育论坛 | 217 | 0.79 | 7.5 | 1.5 | 26 | 161 | 0.032 | 0.488 | 6.7 |
| P03 | 教书育人(教师新概念) | 648 | 0.86 | — | 1.1 | 26 | 520 | — | 0.034 | — |
| P03 | 教书育人(校长参考) | 491 | 0.77 | — | 1.1 | 27 | 403 | — | 0.016 | |
| P03 | 教学与管理(理论版) | 449 | 0.99 | 6.7 | 1.5 | 30 | 301 | 0.002 | 0.528 | 7.7 |
| P03 | 教学与管理(小学版) | 325 | 0.99 | 2.1 | 1.2 | 29 | 282 | — | 0.172 | 5.9 |
| P03 | 教学与管理(中学版) | 347 | 1.00 | 4.5 | 1.3 | 30 | 292 | — | 0.268 | 6.3 |
| P03 | 教学月刊(小学版)数学 | 186 | 0.97 | 1.6 | 1.3 | 13 | 164 | — | 0.113 | 4.7 |
| P03 | 教学月刊(小学版)语文 | 199 | 0.77 | 1.1 | 1.1 | 12 | 173 | — | 0.030 | 4.8 |
| P03 | 教学月刊(小学版)综合 | 222 | 0.96 | 1.2 | 1.1 | 15 | 203 | — | 0.023 | 6.2 |
| P03 | 教育研究与评论(小学教育教学版) | 218 | 0.79 | 1.7 | 1.2 | 4 | 172 | — | 0.041 | 7.2 |
| P03 | 教育研究与评论(中学教育教学版) | 211 | 0.77 | 2.1 | 1.2 | 14 | 161 | — | 0.227 | 6.9 |
| P03 | 课程·教材·教法 | 224 | 0.98 | 12.9 | 1.6 | 24 | 95 | 0.030 | 0.470 | 9.5 |
| P03 | 课程教学研究 | 269 | 0.95 | 5.9 | 1.3 | 22 | 196 | 0.004 | 0.346 | 8.5 |
| P03 | 理科考试研究(初中版) | 1041 | 1.00 | — | 1.0 | 25 | 717 | 0.002 | 0.022 | — |
| P03 | 理科考试研究(高中版) | 978 | 1.00 | — | 1.1 | 25 | 550 | 0.003 | 0.019 | — |
| P03 | 历史教学问题 | 92 | 0.58 | 27.4 | 1.3 | 18 | 47 | 0.010 | 0.240 | ≥10 |
| P03 | 辽宁教育 | 410 | 0.95 | 1.1 | 1.2 | 24 | 322 | — | 0.066 | 8.5 |
| P03 | 七彩语文(教师论坛) | 379 | 0.70 | — | 1.1 | 16 | 290 | — | 0.032 | |
| P03 | 上海中学数学 | 186 | 0.97 | 1.9 | 1.3 | 17 | 177 | — | 0.054 | 6.2 |
| P03 | 生物学教学 | 529 | 0.94 | 2.2 | 1.4 | 27 | 458 | 0.002 | 0.251 | 7.2 |
| P03 | 数理化学习(初中版) | 327 | 0.96 | 0.9 | 1.1 | 23 | 166 | — | 0.021 | 4.6 |
| P03 | 思想理论教育导刊 | 405 | 0.85 | 6.8 | 1.5 | 28 | 184 | 0.000 | 0.490 | 7.1 |
| P03 | 速读(上旬) | 4592 | 0.99 | 1.8 | 1.1 | 31 | 2876 | 0.003 | 0.031 | 5.5 |
| P03 | 速读(下旬) | 4562 | 0.99 | 1.7 | 1.1 | 31 | 2874 | 0.002 | 0.026 | 5.6 |
| P03 | 速读(中旬) | 4644 | 0.99 | 1.7 | 1.1 | 31 | 2958 | 0.002 | 0.027 | 5.6 |
| P03 | 外国教育研究 | 123 | 0.91 | 21.1 | 1.7 | 20 | 64 | 0.050 | 0.660 | 6.8 |
| P03 | 外国中小学教育 | 105 | 0.85 | 15.5 | 1.8 | 19 | 51 | 0.070 | 0.540 | 7.9 |
| P03 | 文理导航·教育研究与实践 | 3189 | 0.99 | 1.3 | 1.1 | 30 | 2098 | 0.001 | 0.013 | 6.3 |
| P03 | 现代中小学教育 | 373 | 0.99 | 6.7 | 1.6 | 29 | 277 | 0.005 | 0.512 | 7.0 |

| 学科代码 | 期刊名称 | 来源文献量 | 文献选出率 | 平均引文数 | 平均作者数 | 地区分布数 | 机构分布数 | 海外论文比 | 基金论文比 | 引用半衰期 |
|---|---|---|---|---|---|---|---|---|---|---|
| P03 | 小学教学 | 543 | 0.79 | 0.3 | 1.2 | 27 | 416 | 0.009 | 0.020 | 4.4 |
| P03 | 小学教学设计(数学) | 351 | 0.96 | — | 1.2 | 23 | 274 | 0.003 | — | — |
| P03 | 小学教学设计(英语) | 303 | 0.79 | — | 1.1 | 21 | 232 | — | 0.010 | — |
| P03 | 小学教学设计(语文) | 323 | 0.93 | — | 1.2 | 24 | 271 | — | — | — |
| P03 | 小学教学研究(教学版) | 314 | 0.94 | — | 1.1 | 13 | 236 | — | 0.025 | — |
| P03 | 小学教学研究(理论版) | 643 | 0.96 | — | 1.1 | 19 | 435 | — | 0.006 | — |
| P03 | 小学生作文辅导 | 897 | 0.87 | 1.0 | 1.0 | 20 | 596 | 0.001 | 0.009 | 3.3 |
| P03 | 新教师 | 455 | 0.83 | 0.0 | 1.1 | 22 | 358 | 0.011 | 0.033 | ≥10 |
| P03 | 新课程研究(上旬) | 614 | 0.92 | 2.4 | 1.1 | 30 | 454 | 0.008 | 0.135 | 5.6 |
| P03 | 新课程研究(下旬) | 745 | 0.93 | 2.8 | 1.1 | 30 | 636 | — | 0.062 | 5.2 |
| P03 | 新课程研究(中旬-单) | 329 | 0.95 | 4.6 | 1.5 | 28 | 229 | — | 0.435 | 5.4 |
| P03 | 新课程研究(中旬-双) | 324 | 0.93 | 4.9 | 1.5 | 30 | 270 | 0.006 | 0.454 | 5.0 |
| P03 | 学前教育研究 | 113 | 0.90 | 19.3 | 2.1 | 20 | 77 | 0.040 | 0.830 | 9.1 |
| P03 | 学周刊 | 5259 | 0.86 | 2.5 | 1.1 | 31 | 2674 | 0.001 | 0.078 | 5.0 |
| P03 | 幼儿教育·教育科学 | 108 | 0.93 | 11.3 | 2.0 | 21 | 76 | 0.046 | 0.519 | 8.2 |
| P03 | 幼儿教育研究 | 105 | 0.99 | 3.0 | 1.1 | 9 | 79 | 0.029 | 0.105 | 6.7 |
| P03 | 语文天地(高中版) | 663 | 1.00 | — | 1.0 | 28 | 437 | 0.002 | 0.035 | — |
| P03 | 语文天地(小教版) | 1041 | 1.00 | — | 1.0 | 28 | 827 | 0.001 | 0.011 | — |
| P03 | 早期教育(教师版) | 268 | 0.74 | 0.4 | 1.1 | 24 | 219 | 0.011 | 0.022 | 6.0 |
| P03 | 中等数学 | 132 | 0.90 | 0.7 | 1.0 | 20 | 67 | — | 0.008 | 4.2 |
| P03 | 中国数学教育(初中版) | 177 | 0.98 | 3.5 | 1.4 | 27 | 184 | — | 0.102 | 4.2 |
| P03 | 中国数学教育(高中版) | 176 | 0.97 | 3.3 | 1.5 | 24 | 153 | — | 0.216 | 5.1 |
| P03 | 中小学管理 | 159 | 0.57 | 2.5 | 1.5 | 21 | 129 | 0.019 | 0.415 | 6.2 |
| P03 | 中小学教师培训 | 235 | 0.98 | 6.6 | 1.4 | 26 | 184 | 0.004 | 0.617 | 6.0 |
| P03 | 中小学教学研究 | 253 | 0.96 | 3.3 | 1.2 | 18 | 235 | 0.020 | 0.115 | 5.4 |
| P03 | 中小学实验与装备 | 187 | 0.89 | — | 1.3 | 16 | 181 | — | 0.048 | — |
| P03 | 中小学外语教学(中学) | 143 | 0.97 | 8.3 | 1.3 | 22 | 147 | 0.007 | 0.210 | 6.2 |
| P03 | 中小学校长 | 283 | 0.92 | 0.7 | 1.2 | 27 | 264 | 0.007 | 0.014 | 4.8 |
| P03 | 中小学英语教学与研究 | 235 | 0.96 | 7.4 | 1.2 | 25 | 200 | — | 0.200 | 8.0 |
| P03 | 中学地理教学参考 | 330 | 0.83 | 1.0 | 1.4 | 24 | 286 | — | 0.076 | 6.2 |
| P03 | 中学化学教学参考 | 256 | 0.96 | 2.1 | 1.6 | 25 | 246 | — | 0.180 | 5.7 |
| P03 | 中学课程辅导(教师通讯) | 2173 | 0.99 | 1.9 | 1.0 | 27 | 1120 | 0.001 | 0.015 | 3.9 |
| P03 | 中学课程辅导(教学研究) | 5392 | 0.61 | 1.9 | 1.0 | 30 | 3237 | 0.003 | 0.023 | 6.0 |
| P03 | 中学课程资源 | 362 | 0.95 | 2.9 | 1.0 | 21 | 241 | 0.011 | 0.014 | 4.9 |

| 学科代码 | 期刊名称 | 来源文献量 | 文献选出率 | 平均引文数 | 平均作者数 | 地区分布数 | 机构分布数 | 海外论文比 | 基金论文比 | 引用半衰期 |
|---|---|---|---|---|---|---|---|---|---|---|
| P03 | 中学理科园地 | 232 | 1.00 | 1.9 | 1.2 | 2 | 150 | 0.039 | 0.297 | 5.4 |
| P03 | 中学生物学 | 408 | 0.97 | 1.8 | 1.4 | 26 | 339 | 0.002 | 0.142 | 6.0 |
| P03 | 中学数学 | 841 | 0.93 | 2.3 | 1.2 | 25 | 607 | 0.001 | 0.090 | 3.8 |
| P03 | 中学数学教学 | 135 | 0.96 | 1.6 | 1.3 | 18 | 126 | - | 0.074 | 4.7 |
| P03 | 中学数学教学参考 | 221 | 0.94 | 1.9 | 1.2 | 22 | 180 | - | 0.158 | 5.3 |
| P03 | 中学数学研究 | 285 | 0.99 | 1.1 | 1.3 | 24 | 202 | 0.011 | 0.063 | 4.0 |
| P03 | 中学数学月刊 | 271 | 0.98 | 1.8 | 1.2 | 17 | 208 | - | 0.100 | 8.1 |
| P03 | 中学数学杂志(初中版) | 167 | 0.99 | 1.9 | 1.2 | 20 | 151 | - | 0.126 | 4.4 |
| P03 | 中学数学杂志(高中版) | 147 | 0.98 | 1.6 | 1.3 | 20 | 126 | - | 0.061 | 7.0 |
| P03 | 中学物理(初中版) | 694 | 1.00 | - | 1.1 | 28 | 550 | 0.003 | 0.040 | - |
| P03 | 中学物理(高中版) | 749 | 1.00 | - | 1.2 | 27 | 553 | 0.009 | 0.051 | - |
| P03 | 中学物理教学参考 | 247 | 0.94 | 2.4 | 1.4 | 25 | 230 | 0.004 | 0.154 | 5.5 |
| P03 | 中学语文教学 | 246 | 0.83 | 2.7 | 1.1 | 21 | 198 | 0.037 | 0.073 | ≥10 |
| P03 | 中学语文教学参考 | 201 | 0.59 | 0.6 | 1.1 | 22 | 168 | - | 0.090 | 5.7 |
| P03 | 中学政史地(高中文综) | 79 | 0.50 | - | 1.1 | 19 | 58 | - | - | - |
| P03 | 中学政史地(教学指导版) | 524 | 0.97 | - | 1.1 | 29 | 396 | 0.002 | 0.034 | - |
| P03 | 中学政治教学参考 | 328 | 0.65 | 0.2 | 1.1 | 26 | 302 | 0.003 | 0.125 | 7.3 |
| P03 | 综合实践活动研究 | 114 | 0.50 | - | 1.1 | 21 | 96 | - | - | - |
| P04 | 重庆高教研究 | 122 | 0.98 | 12.8 | 1.5 | 22 | 86 | 0.057 | 0.713 | 6.0 |
| P04 | 大学教育 | 944 | 1.00 | 5.6 | 2.3 | 31 | 504 | 0.001 | 0.688 | 5.2 |
| P04 | 大学教育科学 | 133 | 0.66 | 12.3 | 1.6 | 23 | 91 | 0.015 | 0.767 | 9.0 |
| P04 | 大学物理实验 | 230 | 1.00 | 8.7 | 3.3 | 27 | 137 | - | 0.709 | 6.4 |
| P04 | 高等财经教育研究 | 75 | 0.99 | 8.3 | 1.7 | 15 | 45 | 0.013 | 0.627 | 6.2 |
| P04 | 高等工程教育研究 | 200 | 0.91 | 11.8 | 2.3 | 20 | 97 | 0.020 | 0.540 | 7.4 |
| P04 | 高等继续教育学报 | 99 | 0.99 | 7.8 | 1.5 | 22 | 66 | - | 0.444 | 5.1 |
| P04 | 高等建筑教育 | 245 | 1.00 | 7.2 | 2.9 | 27 | 131 | - | 0.776 | 5.3 |
| P04 | 高等教育研究 | 169 | 0.84 | 21.8 | 1.7 | 22 | 83 | 0.000 | 0.560 | 9.8 |
| P04 | 高等教育研究学报 | 82 | 1.00 | 11.1 | 2.4 | 17 | 41 | - | 0.512 | 4.4 |
| P04 | 高等理科教育 | 122 | 0.97 | 13.7 | 2.3 | 18 | 77 | 0.008 | 0.697 | 6.2 |
| P04 | 高教发展与评估 | 68 | 0.64 | 15.2 | 1.7 | 18 | 54 | 0.088 | 0.574 | 9.4 |
| P04 | 高教论坛 | 420 | 0.98 | 5.1 | 1.9 | 26 | 193 | 0.002 | 0.840 | 5.1 |
| P04 | 高教探索 | 275 | 0.84 | 11.8 | 1.6 | 25 | 193 | 0.018 | 0.735 | 7.9 |
| P04 | 高教学刊 | 2988 | 1.00 | 5.3 | 1.8 | 31 | 1172 | 0.003 | 0.551 | 5.3 |
| P04 | 高校辅导员学刊 | 147 | 0.99 | 4.9 | 1.5 | 25 | 106 | 0.007 | 0.558 | 5.0 |

| 学科代码 | 期刊名称 | 来源文献量 | 文献选出率 | 平均引文数 | 平均作者数 | 地区分布数 | 机构分布数 | 海外论文比 | 基金论文比 | 引用半衰期 |
|---|---|---|---|---|---|---|---|---|---|---|
| P04 | 高校教育管理 | 118 | 0.90 | 12.0 | 1.6 | 23 | 80 | 0.008 | 0.864 | 5.9 |
| P04 | 高校生物学教学研究(电子版) | 53 | 0.88 | 8.2 | 4.1 | 20 | 43 | - | 0.774 | 4.6 |
| P04 | 黑龙江高教研究 | 588 | 0.98 | 7.8 | 1.6 | 30 | 322 | 0.002 | 0.662 | 4.6 |
| P04 | 黑龙江教育(高教研究与评估版) | 449 | 0.97 | 5.5 | 1.9 | 29 | 234 | - | 0.813 | 5.4 |
| P04 | 化工高等教育 | 153 | 0.96 | 6.6 | 3.5 | 24 | 96 | 0.020 | 0.627 | 5.5 |
| P04 | 教书育人(高教论坛) | 552 | 0.95 | 5.4 | 1.7 | 29 | 369 | 0.002 | 0.598 | 5.9 |
| P04 | 煤炭高等教育 | 159 | 0.95 | 8.5 | 2.1 | 21 | 87 | 0.025 | 0.711 | 5.3 |
| P04 | 民族高等教育研究 | 115 | 0.95 | 7.6 | 1.5 | 21 | 54 | - | 0.643 | 9.8 |
| P04 | 山东高等教育 | 144 | 0.92 | 15.6 | 1.6 | 24 | 101 | 0.014 | 0.590 | ≥10 |
| P04 | 现代教育科学 | 356 | 0.97 | 10.7 | 1.6 | 27 | 228 | 0.003 | 0.638 | 8.0 |
| P04 | 学位与研究生教育 | 179 | 0.90 | 9.5 | 2.3 | 25 | 105 | 0.000 | 0.460 | 5.9 |
| P04 | 研究生教育研究 | 102 | 0.93 | 11.8 | 2.2 | 22 | 86 | - | 0.804 | 6.3 |
| P04 | 中国大学教学 | 210 | 0.88 | 6.9 | 2.2 | 25 | 116 | 0.000 | 0.340 | 6.5 |
| P04 | 中国高等教育 | 366 | 0.79 | 2.3 | 1.5 | 26 | 227 | 0.011 | 0.270 | 4.7 |
| P04 | 中国高教研究 | 224 | 0.82 | 11.4 | 1.6 | 19 | 99 | 0.040 | 0.440 | 6.0 |
| P04 | 中国教育信息化·高教职教 | 289 | 0.88 | 7.7 | 2.1 | 28 | 225 | 0.003 | 0.519 | 4.6 |
| P04 | 中国校外教育(上旬刊) | 1696 | 0.99 | 2.1 | 1.1 | 30 | 1870 | 0.002 | 0.042 | 4.5 |
| P05 | 安徽广播电视大学学报 | 111 | 0.99 | 10.1 | 1.7 | 20 | 78 | - | 0.559 | 7.7 |
| P05 | 安徽职业技术学院学报 | 92 | 0.97 | 6.0 | 1.5 | 18 | 70 | - | 0.554 | 6.2 |
| P05 | 包头职业技术学院学报 | 119 | 0.98 | 5.8 | 1.4 | 21 | 74 | - | 0.395 | 6.9 |
| P05 | 长春教育学院学报 | 288 | 0.98 | 5.7 | 1.4 | 29 | 219 | 0.007 | 0.444 | 7.2 |
| P05 | 成人教育 | 279 | 1.00 | 7.9 | 1.6 | 28 | 219 | - | 0.667 | 5.4 |
| P05 | 重庆广播电视大学学报 | 74 | 1.00 | 11.9 | 1.4 | 18 | 52 | - | 0.527 | 9.5 |
| P05 | 滁州职业技术学院学报 | 107 | 0.94 | 5.2 | 1.5 | 13 | 49 | - | 0.523 | 5.9 |
| P05 | 当代职业教育 | 332 | 0.94 | 6.4 | 1.6 | 25 | 266 | 0.006 | 0.614 | 4.7 |
| P05 | 阜阳职业技术学院学报 | 115 | 1.00 | 6.6 | 1.5 | 15 | 73 | - | 0.539 | 6.8 |
| P05 | 甘肃广播电视大学学报 | 125 | 0.93 | 10.2 | 1.5 | 20 | 75 | - | 0.480 | ≥10 |
| P05 | 高等职业教育-天津职业大学学报 | 135 | 0.94 | 6.4 | 1.6 | 23 | 105 | 0.007 | 0.711 | 4.6 |
| P05 | 工业技术与职业教育 | 96 | 1.00 | 6.3 | 1.7 | 14 | 39 | - | 0.656 | 3.8 |
| P05 | 广播电视大学学报(哲学社会科学版) | 90 | 0.96 | 10.7 | 1.2 | 17 | 51 | - | 0.400 | ≥10 |
| P05 | 广东开放大学学报 | 129 | 0.95 | 11.7 | 1.3 | 16 | 75 | - | 0.488 | 8.4 |
| P05 | 广西广播电视大学学报 | 85 | 0.93 | 7.7 | 1.6 | 17 | 46 | - | 0.518 | 5.2 |
| P05 | 广西教育(高等教育) | 1013 | 0.97 | 4.4 | 1.5 | 23 | 173 | - | 0.637 | 4.7 |
| P05 | 广州城市职业学院学报 | 80 | 0.99 | 8.8 | 1.6 | 8 | 42 | 0.025 | 0.538 | 6.8 |

| 学科代码 | 期刊名称 | 来源文献量 | 文献选出率 | 平均引文数 | 平均作者数 | 地区分布数 | 机构分布数 | 海外论文比 | 基金论文比 | 引用半衰期 |
|---|---|---|---|---|---|---|---|---|---|---|
| P05 | 广州广播电视大学学报 | 127 | 0.96 | 8.2 | 1.3 | 22 | 86 | — | 0.417 | 8.3 |
| P05 | 高等职业教育探索 | 77 | 0.90 | 7.7 | 1.4 | 19 | 61 | — | 0.740 | 5.2 |
| P05 | 哈尔滨职业技术学院学报 | 343 | 0.99 | 5.0 | 1.4 | 29 | 223 | 0.003 | 0.364 | 6.1 |
| P05 | 海南广播电视大学学报 | 122 | 0.98 | 10.0 | 1.4 | 20 | 62 | 0.008 | 0.475 | 8.2 |
| P05 | 邯郸职业技术学院学报 | 101 | 0.97 | 6.5 | 1.6 | 12 | 53 | — | 0.406 | 6.9 |
| P05 | 河北大学成人教育学院学报 | 101 | 0.94 | 8.1 | 1.7 | 16 | 48 | — | 0.614 | 6.7 |
| P05 | 河北广播电视大学学报 | 153 | 0.99 | 8.4 | 1.4 | 23 | 98 | — | 0.458 | ≥10 |
| P05 | 河北能源职业技术学院学报 | 133 | 0.94 | 4.1 | 1.4 | 18 | 81 | — | 0.293 | 6.3 |
| P05 | 河南广播电视大学学报 | 133 | 1.00 | 6.7 | 1.2 | 24 | 84 | — | 0.429 | 6.8 |
| P05 | 湖北成人教育学院学报 | 153 | 0.97 | 6.0 | 1.4 | 18 | 69 | 0.007 | 0.497 | 5.6 |
| P05 | 湖北广播电视大学学报 | 88 | 0.98 | 7.7 | 1.4 | 17 | 68 | — | 0.659 | 7.0 |
| P05 | 湖北函授大学学报 | 2197 | 1.00 | 4.7 | 1.2 | 31 | 906 | 0.003 | 0.381 | 6.2 |
| P05 | 湖北职业技术学院学报 | 98 | 0.97 | 8.8 | 1.3 | 19 | 63 | 0.010 | 0.357 | 8.5 |
| P05 | 湖南工业职业技术学院学报 | 232 | 0.97 | 6.3 | 1.6 | 25 | 153 | 0.004 | 0.487 | 6.2 |
| P05 | 湖南广播电视大学学报 | 77 | 1.00 | 11.8 | 1.4 | 17 | 52 | — | 0.390 | 8.4 |
| P05 | 湖州职业技术学院学报 | 96 | 0.98 | 6.5 | 1.4 | 17 | 60 | — | 0.438 | 7.1 |
| P05 | 淮北职业技术学院学报 | 347 | 1.00 | 5.6 | 1.3 | 28 | 198 | — | 0.360 | 6.6 |
| P05 | 淮南职业技术学院学报 | 188 | 0.99 | 6.4 | 1.3 | 23 | 115 | — | 0.431 | 5.7 |
| P05 | 黄冈职业技术学院学报 | 170 | 0.96 | 5.8 | 1.3 | 22 | 85 | 0.006 | 0.424 | 5.9 |
| P05 | 机械职业教育 | 244 | 0.98 | 5.4 | 1.6 | 21 | 137 | 0.004 | 0.652 | 4.3 |
| P05 | 吉林广播电视大学学报 | 898 | 0.97 | 4.9 | 1.2 | 30 | 454 | 0.002 | 0.314 | 6.7 |
| P05 | 济南职业学院学报 | 244 | 0.97 | 5.4 | 1.3 | 25 | 190 | 0.004 | 0.512 | 6.4 |
| P05 | 济源职业技术学院学报 | 128 | 0.98 | 6.4 | 1.5 | 18 | 80 | — | 0.328 | 6.1 |
| P05 | 江西广播电视大学学报 | 81 | 0.98 | 9.1 | 1.6 | 16 | 50 | — | 0.568 | 7.4 |
| P05 | 教师教育学报 | 95 | 1.00 | 14.2 | 1.5 | 20 | 53 | 0.032 | 0.695 | 7.6 |
| P05 | 教师教育研究 | 118 | 1.00 | 17.1 | 1.7 | 21 | 59 | 0.020 | 0.620 | ≥10 |
| P05 | 教育与职业 | 933 | 0.99 | 5.5 | 1.5 | 27 | 524 | — | 0.615 | 4.5 |
| P05 | 金华职业技术学院学报 | 124 | 0.97 | 7.7 | 1.6 | 17 | 76 | 0.008 | 0.427 | 6.1 |
| P05 | 晋城职业技术学院学报 | 164 | 0.96 | 6.5 | 1.3 | 28 | 115 | — | 0.415 | 8.3 |
| P05 | 九江职业技术学院学报 | 151 | 0.99 | 3.6 | 1.4 | 15 | 86 | — | 0.503 | 6.4 |
| P05 | 开放教育研究 | 74 | 0.81 | 24.6 | 2.6 | 14 | 33 | 0.150 | 0.530 | 4.7 |
| P05 | 开放学习研究 | 51 | 0.84 | 8.4 | 2.4 | 5 | 33 | 0.180 | 0.120 | 5.2 |
| P05 | 开封教育学院学报 | 1624 | 0.99 | 5.4 | 1.3 | 31 | 808 | 0.004 | 0.335 | 6.7 |
| P05 | 兰州教育学院学报 | 874 | 0.99 | 5.2 | 1.3 | 31 | 514 | 0.003 | 0.371 | 7.1 |

## 2016年中国科技期刊来源指标按类刊名字顺索引(续)

| 学科代码 | 期刊名称 | 来源文献量 | 文献选出率 | 平均引文数 | 平均作者数 | 地区分布数 | 机构分布数 | 海外论文比 | 基金论文比 | 引用半衰期 |
|---|---|---|---|---|---|---|---|---|---|---|
| P05 | 兰州石化职业技术学院学报 | 92 | 0.79 | 8.1 | 2.0 | 19 | 53 | — | 0.630 | 6.5 |
| P05 | 黎明职业大学学报 | 65 | 0.93 | 8.9 | 1.5 | 5 | 13 | — | 0.723 | 6.3 |
| P05 | 连云港职业技术学院学报 | 97 | 0.96 | 6.1 | 1.5 | 19 | 72 | — | 0.577 | 5.0 |
| P05 | 辽宁高职学报 | 458 | 1.00 | 6.5 | 1.4 | 17 | 124 | — | 0.570 | 4.3 |
| P05 | 辽宁广播电视大学学报 | 231 | 0.99 | 4.1 | 1.2 | 24 | 136 | — | 0.277 | 6.0 |
| P05 | 柳州职业技术学院学报 | 170 | 0.98 | 7.9 | 1.3 | 20 | 96 | — | 0.435 | 7.9 |
| P05 | 漯河职业技术学院学报 | 194 | 0.99 | 5.9 | 1.3 | 23 | 122 | — | 0.314 | 6.0 |
| P05 | 闽西职业技术学院学报 | 111 | 0.97 | 7.9 | 1.4 | 19 | 75 | — | 0.405 | 6.6 |
| P05 | 南方职业教育学刊 | 124 | 0.98 | 6.9 | 1.6 | 18 | 75 | 0.008 | 0.637 | 4.7 |
| P05 | 南京广播电视大学学报 | 97 | 0.99 | 5.3 | 1.4 | 7 | 29 | — | 0.381 | 5.1 |
| P05 | 南宁职业技术学院学报 | 149 | 0.95 | 6.3 | 1.3 | 20 | 78 | 0.007 | 0.530 | 6.3 |
| P05 | 南通职业大学学报 | 94 | 0.98 | 6.0 | 2.1 | 11 | 43 | — | 0.628 | 4.7 |
| P05 | 宁波广播电视大学学报 | 101 | 0.91 | 11.4 | 1.3 | 23 | 73 | — | 0.545 | 7.5 |
| P05 | 宁波职业技术学院学报 | 150 | 0.97 | 6.9 | 1.5 | 15 | 119 | 0.027 | 0.580 | 5.4 |
| P05 | 濮阳职业技术学院学报 | 280 | 0.98 | 7.5 | 1.1 | 28 | 144 | — | 0.232 | ≥10 |
| P05 | 青岛职业技术学院学报 | 117 | 0.92 | 6.2 | 1.3 | 18 | 60 | — | 0.556 | 5.4 |
| P05 | 青年发展论坛 | 140 | 0.96 | 7.9 | 1.5 | 23 | 104 | — | 0.393 | 6.4 |
| P05 | 清远职业技术学院学报 | 123 | 0.96 | 6.2 | 1.5 | 21 | 80 | — | 0.398 | 7.1 |
| P05 | 三门峡职业技术学院学报 | 118 | 0.95 | 11.5 | 1.2 | 22 | 69 | 0.008 | 0.305 | ≥10 |
| P05 | 沙洲职业工学院学报 | 59 | 1.00 | 5.9 | 1.3 | 4 | 14 | — | 0.576 | 5.3 |
| P05 | 厦门广播电视大学学报 | 71 | 0.96 | 9.5 | 1.2 | 15 | 54 | — | 0.408 | 9.8 |
| P05 | 山东广播电视大学学报 | 97 | 0.98 | 5.7 | 1.3 | 19 | 64 | — | 0.340 | 5.6 |
| P05 | 山西广播电视大学学报 | 111 | 1.00 | 7.8 | 1.3 | 21 | 77 | 0.009 | 0.369 | 8.8 |
| P05 | 陕西广播电视大学学报 | 101 | 0.81 | 4.7 | 1.6 | 6 | 32 | — | 0.604 | 5.3 |
| P05 | 商丘职业技术学院学报 | 266 | 0.99 | 5.9 | 1.3 | 29 | 164 | — | 0.342 | 7.5 |
| P05 | 深圳职业技术学院学报 | 88 | 0.90 | 10.2 | 1.9 | 13 | 41 | 0.011 | 0.545 | 8.0 |
| P05 | 石家庄职业技术学院学报 | 138 | 0.99 | 5.6 | 1.7 | 18 | 66 | — | 0.493 | 6.0 |
| P05 | 顺德职业技术学院学报 | 69 | 0.95 | 9.6 | 1.8 | 13 | 42 | 0.014 | 0.609 | 7.3 |
| P05 | 四川职业技术学院学报 | 272 | 0.97 | 8.1 | 1.5 | 26 | 152 | 0.004 | 0.375 | 7.3 |
| P05 | 苏州市职业大学学报 | 82 | 0.94 | 7.6 | 1.9 | 14 | 48 | — | 0.732 | 4.3 |
| P05 | 泰州职业技术学院学报 | 140 | 1.00 | 6.1 | 1.7 | 8 | 53 | — | 0.300 | 5.4 |
| P05 | 天津电大学报 | 71 | 0.96 | 6.8 | 1.6 | 18 | 42 | — | 0.634 | 4.6 |
| P05 | 铜陵职业技术学院学报 | 119 | 0.97 | 6.7 | 1.4 | 18 | 81 | — | 0.395 | 6.4 |
| P05 | 卫生职业教育 | 2099 | 1.00 | 5.6 | 2.7 | 31 | 805 | 0.000 | 0.394 | 5.4 |

| 学科代码 | 期刊名称 | 来源文献量 | 文献选出率 | 平均引文数 | 平均作者数 | 地区分布数 | 机构分布数 | 海外论文比 | 基金论文比 | 引用半衰期 |
|---|---|---|---|---|---|---|---|---|---|---|
| P05 | 温州职业技术学院学报 | 97 | 0.98 | 8.8 | 1.6 | 15 | 67 | 0.010 | 0.577 | 5.8 |
| P05 | 乌鲁木齐职业大学学报 | 94 | 0.99 | 6.7 | 1.5 | 22 | 58 | — | 0.564 | 5.7 |
| P05 | 无锡职业技术学院学报 | 161 | 0.96 | 6.2 | 1.5 | 17 | 88 | — | 0.596 | 5.8 |
| P05 | 芜湖职业技术学院学报 | 98 | 1.00 | 7.6 | 1.5 | 16 | 57 | — | 0.541 | 6.9 |
| P05 | 武汉职业技术学院学报 | 163 | 0.98 | 8.3 | 1.5 | 22 | 116 | — | 0.571 | 5.6 |
| P05 | 西北成人教育学院学报 | 175 | 0.94 | 10.0 | 1.4 | 22 | 111 | 0.011 | 0.320 | 7.3 |
| P05 | 现代特殊教育 | 517 | 0.85 | 6.4 | 1.4 | 27 | 287 | 0.014 | 0.311 | 6.5 |
| P05 | 襄阳职业技术学院学报 | 248 | 0.99 | 5.6 | 1.4 | 24 | 137 | — | 0.407 | 6.3 |
| P05 | 新疆广播电视大学学报 | 64 | 0.97 | 8.1 | 1.5 | 15 | 40 | — | 0.438 | 6.5 |
| P05 | 新疆职业大学学报 | 117 | 0.98 | 7.5 | 1.3 | 18 | 62 | — | 0.453 | 6.9 |
| P05 | 新疆职业教育研究 | 99 | 0.93 | 6.5 | 1.5 | 22 | 74 | — | 0.586 | 5.7 |
| P05 | 邢台职业技术学院学报 | 155 | 0.97 | 4.9 | 1.8 | 23 | 85 | — | 0.542 | 5.6 |
| P05 | 烟台职业学院学报 | 101 | 0.96 | 5.5 | 1.4 | 23 | 79 | — | 0.386 | 5.6 |
| P05 | 延安职业技术学院学报 | 225 | 1.00 | 4.7 | 1.3 | 25 | 148 | — | 0.258 | 5.9 |
| P05 | 扬州职业大学学报 | 60 | 0.97 | 8.5 | 1.9 | 2 | 27 | — | 0.533 | 7.6 |
| P05 | 杨凌职业技术学院学报 | 120 | 0.99 | 6.3 | 1.7 | 12 | 61 | — | 0.467 | 5.9 |
| P05 | 岳阳职业技术学院学报 | 181 | 0.93 | 7.1 | 1.5 | 21 | 129 | — | 0.497 | 5.0 |
| P05 | 云南开放大学学报 | 76 | 0.96 | 8.0 | 1.6 | 15 | 41 | — | 0.526 | 6.5 |
| P05 | 张家口职业技术学院学报 | 105 | 0.99 | 5.9 | 1.6 | 21 | 70 | — | 0.495 | 5.3 |
| P05 | 漳州职业技术学院学报 | 87 | 0.99 | 7.6 | 1.4 | 3 | 29 | — | 0.207 | 6.7 |
| P05 | 职教论坛 | 675 | 0.82 | 8.5 | 1.7 | 27 | 343 | 0.000 | 0.720 | 5.6 |
| P05 | 职业技术教育 | 526 | 0.77 | 7.7 | 1.7 | 29 | 367 | 0.006 | 0.759 | 5.0 |
| P05 | 职业教育 | 321 | 0.52 | 3.4 | 1.3 | 25 | 210 | — | 0.259 | 5.4 |
| P05 | 职业教育研究 | 242 | 0.95 | 7.1 | 1.7 | 28 | 179 | 0.012 | 0.682 | 5.5 |
| P05 | 中国成人教育 | 1178 | 0.99 | 6.2 | 1.4 | 29 | 524 | 0.001 | 0.491 | 4.8 |
| P05 | 中国职业技术教育 | 611 | 0.83 | 7.7 | 1.8 | 29 | 337 | 0.000 | 0.550 | 5.0 |
| P07 | JOURNAL OF SPORT AND HEALTH SCIENCE (JSHS) | 84 | 1.00 | 36.7 | 3.8 | 7 | 115 | 0.833 | 0.131 | 7.9 |
| P07 | 安徽体育科技 | 144 | 1.00 | 8.2 | 1.7 | 22 | 110 | — | 0.326 | 7.6 |
| P07 | 北京体育大学学报 | 259 | 0.98 | 23.5 | 2.6 | 24 | 121 | 0.050 | 0.640 | 6.2 |
| P07 | 冰雪运动 | 128 | 0.96 | 17.0 | 2.1 | 8 | 51 | — | 0.484 | 5.4 |
| P07 | 成都体育学院学报 | 127 | 0.94 | 19.2 | 2.5 | 22 | 110 | 0.047 | 0.811 | 8.2 |
| P07 | 当代体育科技 | 3659 | 0.99 | 4.7 | 1.4 | 30 | 1616 | 0.002 | 0.160 | 5.8 |
| P07 | 福建体育科技 | 124 | 0.99 | 9.4 | 1.9 | 21 | 89 | 0.024 | 0.355 | 7.2 |

| 学科代码 | 期刊名称 | 来源文献量 | 文献选出率 | 平均引文数 | 平均作者数 | 地区分布数 | 机构分布数 | 海外论文比 | 基金论文比 | 引用半衰期 |
|---|---|---|---|---|---|---|---|---|---|---|
| P07 | 广州体育学院学报 | 187 | 0.97 | 11.8 | 1.8 | 21 | 149 | 0.005 | 0.519 | 7.4 |
| P07 | 哈尔滨体育学院学报 | 105 | 0.96 | 15.8 | 2.2 | 19 | 72 | 0.010 | 0.552 | 6.1 |
| P07 | 河北体育学院学报 | 102 | 0.95 | 12.9 | 2.2 | 22 | 96 | 0.010 | 0.657 | 7.2 |
| P07 | 湖北体育科技 | 304 | 0.99 | 11.0 | 2.0 | 26 | 197 | — | 0.484 | 6.8 |
| P07 | 吉林体育学院学报 | 129 | 1.00 | 11.9 | 2.1 | 25 | 126 | 0.023 | 0.550 | 6.7 |
| P07 | 军事体育学报 | 144 | 0.97 | 5.8 | 2.1 | 23 | 104 | — | 0.375 | 7.1 |
| P07 | 辽宁体育科技 | 204 | 0.97 | 8.1 | 1.9 | 26 | 105 | — | 0.363 | 7.5 |
| P07 | 青少年体育 | 725 | 0.90 | 3.2 | 1.4 | 30 | 527 | 0.003 | 0.166 | 6.1 |
| P07 | 拳击与格斗 | 689 | 0.69 | 3.1 | 1.2 | 28 | 270 | 0.004 | 0.058 | 7.4 |
| P07 | 山东体育科技 | 121 | 0.99 | 12.1 | 2.2 | 26 | 119 | 0.008 | 0.562 | 7.4 |
| P07 | 山东体育学院学报 | 123 | 1.00 | 16.2 | 2.0 | 24 | 103 | — | 0.618 | 7.8 |
| P07 | 上海体育学院学报 | 94 | 1.00 | 19.4 | 2.5 | 21 | 51 | 0.050 | 0.800 | 6.1 |
| P07 | 沈阳体育学院学报 | 149 | 0.93 | 18.3 | 2.5 | 25 | 116 | 0.007 | 0.926 | 7.1 |
| P07 | 首都体育学院学报 | 117 | 0.97 | 17.0 | 2.6 | 20 | 109 | 0.060 | 0.675 | 6.9 |
| P07 | 四川体育科学 | 205 | 0.97 | 10.8 | 2.0 | 25 | 133 | — | 0.493 | 8.3 |
| P07 | 体育成人教育学刊 | 141 | 1.00 | 9.3 | 2.0 | 24 | 107 | — | 0.681 | 6.2 |
| P07 | 体育教学 | 445 | 0.87 | 1.2 | 1.5 | 24 | 351 | 0.018 | 0.031 | 7.4 |
| P07 | 体育科技 | 474 | 1.00 | 6.7 | 1.8 | 29 | 290 | 0.002 | 0.589 | 6.9 |
| P07 | 体育科技文献通报 | 746 | 1.00 | 7.1 | 1.6 | 30 | 393 | 0.009 | 0.342 | 7.5 |
| P07 | 体育科学 | 133 | 0.93 | 37.8 | 2.9 | 20 | 63 | 0.040 | 0.780 | 7.3 |
| P07 | 体育科学研究 | 104 | 0.96 | 12.1 | 1.9 | 20 | 68 | 0.019 | 0.558 | 7.1 |
| P07 | 体育科研 | 115 | 1.00 | 19.5 | 1.8 | 12 | 50 | 0.026 | 0.443 | ≥10 |
| P07 | 体育师友 | 215 | 0.95 | 4.3 | 1.2 | 20 | 165 | 0.014 | 0.107 | 6.8 |
| P07 | 体育文化导刊 | 522 | 0.97 | 9.2 | 1.9 | 30 | 347 | 0.004 | 0.533 | 7.7 |
| P07 | 体育学刊 | 152 | 0.98 | 17.8 | 2.2 | 21 | 76 | 0.030 | 0.710 | 6.5 |
| P07 | 体育研究与教育 | 143 | 0.95 | 12.3 | 1.9 | 25 | 113 | 0.028 | 0.538 | 7.5 |
| P07 | 体育与科学 | 89 | 0.86 | 21.8 | 2.0 | 20 | 60 | 0.040 | 0.550 | 7.8 |
| P07 | 天津体育学院学报 | 94 | 0.97 | 26.0 | 2.6 | 19 | 53 | 0.010 | 0.800 | 6.9 |
| P07 | 武汉体育学院学报 | 191 | 0.99 | 16.6 | 2.4 | 22 | 97 | 0.010 | 0.910 | 7.2 |
| P07 | 武术研究 | 594 | 0.97 | 7.3 | 1.6 | 29 | 316 | 0.010 | 0.266 | 8.6 |
| P07 | 西安体育学院学报 | 123 | 1.00 | 17.5 | 2.2 | 21 | 73 | 0.020 | 0.720 | 8.7 |
| P07 | 运动 | 1944 | 0.96 | 4.0 | 1.5 | 30 | 1097 | 0.004 | 0.226 | 6.5 |
| P07 | 运动精品(学术版) | 524 | 1.00 | 7.2 | 1.6 | 27 | 244 | — | 0.181 | 8.2 |
| P07 | 浙江体育科学 | 157 | 0.98 | 13.0 | 1.7 | 19 | 114 | — | 0.497 | 8.6 |

| 学科代码 | 期刊名称 | 来源文献量 | 文献选出率 | 平均引文数 | 平均作者数 | 地区分布数 | 机构分布数 | 海外论文比 | 基金论文比 | 引用半衰期 |
|---|---|---|---|---|---|---|---|---|---|---|
| P07 | 中国体育教练员 | 100 | 0.94 | 5.0 | 1.6 | 18 | 73 | 0.030 | 0.070 | 8.8 |
| P07 | 中国体育科技 | 121 | 0.99 | 23.9 | 2.8 | 23 | 80 | 0.020 | 0.650 | 7.4 |
| P07 | 中国运动医学杂志 | 199 | 0.91 | 26.8 | 4.3 | 22 | 105 | 0.040 | 0.590 | 6.9 |
| Q07 | 统计科学与实践 | 186 | 0.83 | 1.0 | 1.3 | 7 | 111 | — | 0.054 | 6.1 |
| Q07 | 统计研究 | 160 | 0.94 | 20.1 | 2.1 | 18 | 66 | 0.040 | 0.670 | ≥10 |
| Q07 | 统计与管理 | 1154 | 0.92 | 3.6 | 1.5 | 31 | 708 | 0.005 | 0.225 | 5.1 |
| Q07 | 统计与决策 | 1201 | 0.98 | 8.4 | 2.1 | 30 | 398 | 0.000 | 0.760 | 7.2 |
| Q07 | 统计与信息论坛 | 196 | 0.92 | 15.6 | 2.2 | 26 | 109 | 0.020 | 0.730 | 7.6 |
| Q07 | 统计与咨询 | 113 | 0.82 | 1.5 | 1.4 | 14 | 55 | — | 0.168 | 4.5 |

# 7 中国期刊名称类目索引

7 中国期刊名称

类目索引

# 中国期刊名称类目索引

| 期刊名称 | 学科代码 | 被引指标页码 | 来源指标页码 |
|---|---|---|---|
| Acta Biochimica et Biophysica Sinica | B13 | 33 | 222 |
| Acta Geologica Sinica (English Edition) | B11 | 30 | 219 |
| Acta Mathematica Scientia | B01 | 21 | 211 |
| Acta Mathematica Sinica | B01 | 21 | 211 |
| Acta Mathematicae Applicatae Sinica | B01 | 21 | 211 |
| Acta Mechanica Sinica (English Series) | B03 | 23 | 213 |
| Acta Mechanica Solida Sinica | B03 | 23 | 213 |
| Acta Metallurgica Sinica | E09 | 93 | 281 |
| Acta Oceanologica Sinica | B12 | 32 | 221 |
| Acta Pharmaceutica Sinica B | D36 | 75 | 263 |
| Acta Pharmacologica Sinica | D36 | 75 | 263 |
| Advances in Atmospheric Sciences | B08 | 27 | 217 |
| Advances in Climate Change Research | B08 | 27 | 217 |
| Advances in Mavufacturing | E13 | 98 | 286 |
| Advances in Polar Science | B10 | 29 | 218 |
| Agricultural Science & Technology | C01 | 36 | 225 |
| An International Journal Pedosphere | C05 | 42 | 231 |
| Analysis in Theory and Applications | B01 | 21 | 211 |
| Applied Geophysics | B09 | 28 | 218 |
| Applied Mathematics A Journal of Chinese Universities, B | B01 | 21 | 211 |
| Applied Mathematics and Mechanics | B01 | 21 | 211 |
| Asian Herpetological Research | B13 | 33 | 222 |
| Asian Journal of Andrology | D26 | 67 | 255 |
| Atmospheric and Oceanic Science Letters | B08 | 27 | 217 |
| Avian Research | C08 | 45 | 234 |
| Baosteel Technical Research | E11 | 96 | 283 |
| Biomedical and Environmental Sciences | D03 | 54 | 243 |
| Bone Research | D14 | 60 | 249 |
| CADDM | E01 | 80 | 268 |
| Cancer Biology & Medicine | D29 | 69 | 257 |
| Cell Research | B13 | 33 | 222 |
| Cellular & Molecular Immunology | D03 | 54 | 243 |
| Chemical Research in Chinese Universities | B05 | 25 | 215 |
| China & World Economy | L01 | 161 | 347 |
| China Communications | E21 | 111 | 298 |
| China Foundry | E13 | 98 | 286 |
| China International Studies | N01 | 180 | 365 |
| China Ocean Engineering | B12 | 32 | 221 |
| China Particuology | E23 | 114 | 301 |
| China Petroleum Processing and Petrochemical Technology | E17 | 106 | 293 |
| China Tibetology | N04 | 181 | 366 |
| China Welding | E13 | 98 | 286 |
| China's Refractories | E08 | 92 | 279 |
| Chinese Annals of Mathematics, Series B | B01 | 21 | 211 |
| Chinese Chemical Letters | B05 | 25 | 215 |
| Chinese Geographical Science | B10 | 29 | 218 |
| Chinese Herbal Medicines | D40 | 80 | 268 |
| Chinese Journal of Acoustics | B04 | 24 | 213 |
| Chinese Journal of Aeronautics | E38 | 134 | 320 |
| Chinese Journal of Biomedical Engineering | D03 | 54 | 243 |
| Chinese Journal of Cancer | D29 | 69 | 257 |
| Chinese Journal of Cancer Research | D29 | 69 | 257 |
| Chinese Journal of Chemical Engineering | E23 | 114 | 301 |
| Chinese Journal of Chemical Physics | B05 | 25 | 215 |
| Chinese Journal of Chemistry | B05 | 25 | 215 |
| Chinese Journal of Electronics | E19 | 109 | 296 |
| Chinese Journal of Geochemistry | B11 | 30 | 219 |
| Chinese Journal of Integrative Medicine | D37 | 77 | 265 |
| Chinese Journal of Mechanical Engineering | E13 | 98 | 286 |
| Chinese Journal of Natural Medicines | D36 | 75 | 263 |
| Chinese Journal of Oceanology and Limnology | B12 | 32 | 221 |
| Chinese Journal of Polymer Science | B05 | 25 | 215 |
| Chinese Journal of Structural Chemistry | B05 | 25 | 215 |
| Chinese Journal of Traumatology | D19 | 64 | 252 |
| Chinese Medical Journal | D01 | 48 | 237 |

# 中国期刊名称类目索引(续)

| 期刊名称 | 学科代码 | 被引指标页码 | 来源指标页码 |
|---|---|---|---|
| Chinese Medical Sciences Journal | D01 | 48 | 237 |
| Chinese Nursing Research | D30 | 70 | 258 |
| Chinese Optics of Letters | E20 | 111 | 298 |
| Chinese Physics B | B04 | 24 | 213 |
| Chinese Physics C | B04 | 24 | 213 |
| Chinese Physics Letters | B04 | 24 | 213 |
| Chinese Quarterly Journal of Mathematics | B01 | 22 | 211 |
| Chinese Science Bulletin | A01 | 13 | 203 |
| Chronic Diseases and Translational Medicine | D31 | 71 | 259 |
| Communications in Mathematical Research | B01 | 22 | 211 |
| Communications in Theoretical Physics | B04 | 24 | 213 |
| Contemporary International Relations | M04 | 176 | 361 |
| Control Theory and Technology | B02 | 23 | 213 |
| CT 理论与应用研究 | E01 | 80 | 268 |
| Current Zoology | B16 | 35 | 224 |
| Defence Technology | E28 | 120 | 306 |
| Earthquake Engineering and Engineering Vibration | B11 | 30 | 219 |
| Earthquake Research in China | B11 | 30 | 219 |
| Earthquake Science | B09 | 28 | 218 |
| Engineering | E03 | 87 | 275 |
| Entomotaxonomia | B16 | 35 | 224 |
| Eye Science | D23 | 65 | 254 |
| Forest Ecosystems | C07 | 43 | 232 |
| Frontiers Agricultural Science and Engineering | C01 | 36 | 225 |
| Frontiers in Biology | B13 | 33 | 222 |
| Frontiers in Energy | E16 | 105 | 292 |
| Frontiers of Architectural Research | E31 | 123 | 310 |
| Frontiers of Business Research in China | L01 | 161 | 347 |
| Frontiers of Chemical Science and Engineering | B05 | 25 | 215 |
| Frontiers of Computer Science | E22 | 113 | 300 |
| Frontiers of Earth Science | B07 | 26 | 216 |
| Frontiers of Economics in China | L01 | 161 | 347 |
| Frontiers of Education in China | P01 | 185 | 370 |
| Frontiers of Engineering Management | F01 | 138 | 324 |
| Frontiers of Environmental Science & Engineering | E39 | 135 | 322 |
| Frontiers of History in China | K08 | 160 | 345 |
| Frontiers of Information Technology & Electronic Engineering | E03 | 87 | 275 |
| Frontiers of Law in China | M05 | 177 | 362 |
| Frontiers of Literary Studies in China | K04 | 156 | 342 |
| Frontiers of Materials Science | E08 | 92 | 279 |
| Frontiers of Mathematics in China | B01 | 22 | 211 |
| Frontiers of Mechanical Engineering | E13 | 98 | 286 |
| Frontiers of Medicine | D01 | 48 | 237 |
| Frontiers of Optoelectronics | E20 | 111 | 298 |
| Frontiers of Philosophy in China | J02 | 153 | 339 |
| Frontiers of Physics | B04 | 24 | 214 |
| Frontiers of Structural and Civil Engineering | E32 | 126 | 313 |
| Genomics, Proteomics & Bioinformatics | B13 | 33 | 222 |
| Geodesy and Geodynamics | E07 | 91 | 279 |
| GEOSCIENCE FRONTIERS | B10 | 29 | 218 |
| Geospatial Information Science | B10 | 29 | 218 |
| Global Geology | B11 | 30 | 219 |
| Hepatobiliary & Pancreatic Diseases International | D14 | 61 | 249 |
| High Technology Letters | A01 | 13 | 203 |
| Infectious Diseases of Poverty | D13 | 60 | 249 |
| Insect Science | B16 | 35 | 224 |
| International Journal of Automation & computing | E03 | 87 | 275 |
| International Journal of Coal Science & Technology | E16 | 105 | 292 |
| International Journal of Minerals, Metallurgy and Materials | E09 | 93 | 281 |
| International Journal of Oral Science | D24 | 66 | 254 |

# 中国期刊名称类目索引（续）

| 期刊名称 | 学科代码 | 被引指标页码 | 来源指标页码 |
|---|---|---|---|
| International Journal of Plant Engineering and Management | E08 | 92 | 279 |
| International Journal of Sediment Research | B10 | 29 | 218 |
| Journal of Acupuncture and Tuina Science | D37 | 77 | 265 |
| Journal of Animal Science and Biotechnology | C08 | 45 | 234 |
| Journal of Arid Land | B07 | 27 | 216 |
| Journal of Beijing Institute of Technology | E02 | 82 | 270 |
| Journal of Bionic Engineering | E12 | 97 | 284 |
| Journal of Central South University | E02 | 82 | 270 |
| Journal of Chinese Pharmaceutical Sciences | D36 | 75 | 263 |
| Journal of Chongqing University (English Edition) | E02 | 82 | 270 |
| Journal of Computational Mathematics | B01 | 22 | 211 |
| Journal of Computer Science & Technology | E22 | 113 | 300 |
| Journal of Donghua University (English Edition) | E02 | 82 | 270 |
| Journal of Earth Science | B07 | 27 | 216 |
| Journal of Electronic Science and Technology of China | E03 | 87 | 275 |
| Journal of Energy Chemistry | E17 | 106 | 293 |
| Journal of Environmental Sciences | E39 | 135 | 322 |
| Journal of Forestry Research | C07 | 43 | 232 |
| Journal of Genetics and Genomics | B13 | 33 | 222 |
| Journal of Geographical Sciences | B10 | 29 | 218 |
| Journal of Geriatric Cardiology | D08 | 58 | 247 |
| Journal of Harbin Institute of Technology | E02 | 82 | 270 |
| Journal of Huazhong University of Science and Technology (Medical Science) | D02 | 51 | 240 |
| Journal of Hydrodynamics | E33 | 127 | 313 |
| Journal of Integrative Agriculture | C01 | 36 | 225 |
| Journal of Integrative Medicine | D39 | 79 | 267 |
| Journal of Integrative Plant Biology | B15 | 34 | 224 |
| Journal of Iron and Steel Research, International | E09 | 93 | 281 |
| Journal of Marine Science and Application | E37 | 132 | 319 |
| Journal of Materials Science & Technology | E08 | 92 | 280 |
| Journal of Mathematical Research with Applications | B01 | 22 | 211 |
| Journal of Measurement Science and Instrumentation | E13 | 98 | 286 |
| Journal of Meteorological Research (JMR) | B08 | 27 | 217 |
| Journal of Modern Transportation (English Edition) | E34 | 129 | 315 |
| Journal of Molecular Cell Biology | B13 | 33 | 222 |
| Journal of Mountain Science | B10 | 29 | 218 |
| Journal of Northeast Agricultural University (English Edition) | C02 | 38 | 228 |
| Journal of Ocean University of China | B12 | 32 | 221 |
| Journal of Otology | D23 | 65 | 254 |
| Journal of Palaeogeography | B09 | 28 | 218 |
| Journal of Partial Differential Equations | B01 | 22 | 211 |
| Journal of Pharmaceutical Analysis | D36 | 75 | 263 |
| Journal of Rare Earths | E08 | 92 | 280 |
| Journal of Resources and Ecology | B14 | 34 | 223 |
| Journal of Rock Mechanics and Geotechnical Engineering | B03 | 23 | 213 |
| Journal of Semiconductors | E19 | 109 | 296 |
| Journal of Shanghai Jiaotong University (Science) | E02 | 83 | 270 |
| Journal of Southeast University (English Edition) | E02 | 83 | 271 |
| JOURNAL OF SPORT AND HEALTH SCIENCE (JSHS) | P07 | 199 | 383 |
| Journal of Systematics and Evolution | B15 | 34 | 224 |
| Journal of Systems Engineering and Electronics | E03 | 87 | 275 |
| Journal of Systems Science and Complexity | B01 | 22 | 211 |

# 中国期刊名称类目索引(续)

| 期刊名称 | 学科代码 | 被引指标页码 | 来源指标页码 |
|---|---|---|---|
| Journal of Systems Science and Systems Engineering | A01 | 13 | 203 |
| Journal of the Chinese Ceramic Society | E23 | 114 | 301 |
| Journal of Thermal Science | B04 | 24 | 214 |
| Journal of Traditional Chinese Medicine | D37 | 77 | 265 |
| Journal of Traffic and Transportation Engineering | E34 | 129 | 315 |
| Journal of Wuhan University of Technology (Materials Science Edition) | E08 | 92 | 280 |
| Journal of Zhejiang University Science A: Applied Physics & Engineering | A02 | 14 | 204 |
| Journal of Zhejiang University Science B: Biomedicine & Biotechnology | B13 | 33 | 222 |
| Landscape Architecture Frontiers | C04 | 41 | 230 |
| Light: Science & Applications | E20 | 111 | 298 |
| International Journal of Mining Science and Technology | E10 | 94 | 282 |
| Marine Science Bulletin | B12 | 32 | 221 |
| Military Medical Research | D34 | 73 | 261 |
| Molecular Plant | B15 | 34 | 224 |
| Nano-Micro Letters | E19 | 109 | 296 |
| Neural Regeneration Research | D27 | 67 | 255 |
| Neuroscience Bulletin | D27 | 67 | 255 |
| Nuclear Science and Techniques | E18 | 108 | 296 |
| Numerical Mathematics Theory, Methods and Applications | B01 | 22 | 212 |
| Nursing of Integrated Traditional Chinese and Western Medicine | D30 | 70 | 258 |
| Oncology and Translational Medicine | D29 | 69 | 257 |
| Optoelectronics Letters | E03 | 87 | 275 |
| Petroleum Science | E17 | 106 | 293 |
| Photonic Sensors | E19 | 109 | 296 |
| Plant Diversity | B15 | 34 | 224 |
| Plasma Science and Technology | B04 | 24 | 214 |
| Progress in Natural Science Materials International | A01 | 13 | 203 |
| Protein & Cell | B13 | 33 | 222 |
| Rare Metals | E09 | 93 | 281 |
| Research in Astronomy and Astrophysics | B06 | 26 | 216 |
| Rice Science | C03 | 39 | 229 |
| Science China Information Sciences | E03 | 87 | 275 |
| Science China Physics, Mechanics & Astronomy | B04 | 24 | 214 |
| Science China Technological Sciences | E01 | 80 | 268 |
| Science China (Chemistry) | B05 | 25 | 215 |
| Science China (Earth Sciences) | B11 | 30 | 219 |
| Science China (Life Sciences) | B13 | 33 | 222 |
| Science China (Mathematics) | B01 | 22 | 212 |
| Sciences in Cold and Arid Regions | B07 | 27 | 216 |
| Shanghai Archives of Psychiatry | D27 | 67 | 255 |
| Social Sciences in China | H01 | 139 | 325 |
| South China Journal of Cardiology | D08 | 59 | 247 |
| The Crop Journal | C03 | 39 | 229 |
| The Journal of Ancient Civilizations | K08 | 160 | 345 |
| The Journal of Biomedical Research | B13 | 33 | 222 |
| The Journal of China Universities of Posts and Telecommunications | E03 | 87 | 275 |
| Theoretical & Applied Mechanics Letters | B03 | 23 | 213 |
| Transactions of Nanjing University of Aeronautics and Astronautics | E38 | 134 | 320 |
| Transactions of Nonferrous Metals Society of China | E09 | 93 | 281 |
| Transactions of Tianjin University | E02 | 83 | 271 |
| Translational Neuroscience and Clinics | D05 | 55 | 244 |
| Tsinghua Science and Technology | E02 | 83 | 271 |
| Virologica Sinica | B17 | 35 | 224 |
| Water Science and Engineering | E33 | 127 | 313 |
| World Journal of Acupuncture-Moxibustion | D37 | 77 | 265 |

# 中国期刊名称类目索引(续)

| 期刊名称 | 学科代码 | 被引指标页码 | 来源指标页码 | 期刊名称 | 学科代码 | 被引指标页码 | 来源指标页码 |
|---|---|---|---|---|---|---|---|
| World Journal of Otorhinolaryngology-Head and Neck Surgery | D23 | 65 | 254 | 安徽师范大学学报(自然科学版) | A03 | 19 | 209 |
| Wuhan University Journal of Natural Sciences | A02 | 15 | 204 | 安徽史学 | K08 | 160 | 345 |
| Zoological Research | B16 | 35 | 224 | 安徽水利水电职业技术学院学报 | E15 | 102 | 289 |
| ZTE Communications | E03 | 87 | 275 | 安徽体育科技 | P07 | 199 | 383 |
| 阿坝师范学院学报 | H03 | 150 | 336 | 安徽卫生职业技术学院学报 | D02 | 51 | 240 |
| 阿拉伯世界研究 | M04 | 176 | 361 | 安徽文学(下半月) | K04 | 156 | 342 |
| 癌变·畸变·突变 | D29 | 69 | 257 | 安徽冶金科技职业学院学报 | E11 | 96 | 283 |
| 癌症进展 | D29 | 69 | 257 | 安徽医科大学学报 | D02 | 51 | 240 |
| 安徽大学学报(哲学社会科学版) | H02 | 142 | 329 | 安徽医学 | D01 | 48 | 237 |
| 安徽大学学报(自然科学版) | A02 | 15 | 204 | 安徽医药 | D01 | 48 | 237 |
| 安徽地质 | B11 | 30 | 219 | 安徽预防医学杂志 | D31 | 71 | 259 |
| 安徽电气工程职业技术学院学报 | E02 | 83 | 271 | 安徽职业技术学院学报 | P05 | 195 | 380 |
| 安徽电子信息职业技术学院学报 | E19 | 109 | 296 | 安徽中医药大学学报 | D38 | 79 | 267 |
| 安徽工程大学学报 | E02 | 83 | 271 | 安康学院学报 | H02 | 143 | 329 |
| 安徽工业大学学报(社会科学版) | H02 | 142 | 329 | 安庆师范大学学报(社会科学版) | H03 | 151 | 336 |
| 安徽工业大学学报(自然科学版) | E02 | 83 | 271 | 安庆师范大学学报(自然科学版) | A03 | 19 | 209 |
| 安徽广播电视大学学报 | P05 | 195 | 380 | 安全 | E40 | 137 | 323 |
| 安徽行政学院学报 | M02 | 173 | 358 | 安全、健康和环境 | E40 | 137 | 323 |
| 安徽化工 | E23 | 114 | 301 | 安全与电磁兼容 | E15 | 102 | 289 |
| 安徽建筑 | E31 | 123 | 310 | 安全与环境工程 | E40 | 137 | 324 |
| 安徽建筑大学学报 | E31 | 123 | 310 | 安全与环境学报 | E40 | 137 | 324 |
| 安徽警官职业学院学报 | M05 | 177 | 362 | 安顺学院学报 | P01 | 185 | 370 |
| 安徽科技 | A01 | 13 | 203 | 安阳工学院学报 | E02 | 83 | 271 |
| 安徽科技学院学报 | A02 | 15 | 205 | 安阳师范学院学报 | H03 | 151 | 336 |
| 安徽理工大学学报(社会科学版) | H02 | 142 | 329 | 安装 | E31 | 123 | 310 |
| 安徽理工大学学报(自然科学版) | E10 | 94 | 282 | 桉树科技 | C07 | 43 | 232 |
| 安徽林业科技 | C07 | 43 | 232 | 生物资源 | B13 | 33 | 222 |
| 安徽农学通报 | C01 | 36 | 225 | 鞍钢技术 | E11 | 96 | 283 |
| 安徽农业大学学报 | C02 | 38 | 228 | 鞍山师范学院学报 | H03 | 151 | 337 |
| 安徽农业大学学报(社会科学版) | H02 | 142 | 329 | 按摩与康复医学 | D37 | 77 | 265 |
| 安徽农业科学 | C01 | 36 | 225 | 八桂侨刊 | N01 | 180 | 365 |
| 安徽商贸职业技术学院学报(社会科学版) | H02 | 143 | 329 | 白求恩医学杂志 | D01 | 48 | 237 |
| 安徽师范大学学报(人文社会科学版) | H03 | 150 | 336 | 白血病·淋巴瘤 | D29 | 69 | 257 |
| | | | | 百色学院学报 | H02 | 143 | 329 |

# 中国期刊名称类目索引(续)

| 期刊名称 | 学科代码 | 被引指标页码 | 来源指标页码 | 期刊名称 | 学科代码 | 被引指标页码 | 来源指标页码 |
|---|---|---|---|---|---|---|---|
| 半导体光电 | E19 | 109 | 296 | 北方水稻 | C03 | 39 | 229 |
| 半导体技术 | E19 | 109 | 296 | 北方文物 | K08 | 160 | 345 |
| 包钢科技 | E11 | 96 | 283 | 北方文学(下旬刊) | K04 | 156 | 342 |
| 包头医学 | D01 | 48 | 237 | 北方文学(中旬刊) | K04 | 156 | 342 |
| 包头医学院学报 | D02 | 51 | 240 | 北方药学 | D36 | 75 | 263 |
| 包头职业技术学院学报 | P05 | 195 | 380 | 北方音乐 | K06 | 158 | 343 |
| 包装工程 | E01 | 80 | 268 | 北方园艺 | C04 | 41 | 230 |
| 包装世界 | E01 | 80 | 268 | 北华大学学报(社会科学版) | H02 | 143 | 329 |
| 包装学报 | E01 | 80 | 268 | 北华大学学报(自然科学版) | A02 | 15 | 205 |
| 包装与食品机械 | E30 | 121 | 308 | 北华航天工业学院学报 | E38 | 134 | 320 |
| 宝钢技术 | E11 | 96 | 283 | 北京财贸职业学院学报 | L02 | 165 | 350 |
| 宝鸡文理学院学报(社会科学版) | H02 | 143 | 329 | 北京测绘 | E07 | 91 | 279 |
| 宝鸡文理学院学报(自然科学版) | A02 | 15 | 205 | 北京城市学院学报 | A02 | 15 | 205 |
| 宝石和宝石学杂志 | E26 | 118 | 305 | 北京大学教育评论 | P01 | 185 | 370 |
| 保定学院学报 | P01 | 185 | 370 | 北京大学学报(医学版) | D02 | 51 | 240 |
| 保健医学研究与实践 | D31 | 71 | 259 | 北京大学学报(哲学社会科学版) | H02 | 143 | 329 |
| 保山学院学报 | H02 | 143 | 329 | 北京大学学报(自然科学版) | A02 | 15 | 205 |
| 保鲜与加工 | E05 | 89 | 277 | 北京档案 | N08 | 185 | 369 |
| 保险研究 | L10 | 170 | 355 | 北京第二外国语学院学报 | K03 | 155 | 341 |
| 保险职业学院学报 | L02 | 165 | 350 | 北京电影学院学报 | K06 | 158 | 343 |
| 暴雨灾害 | B08 | 27 | 217 | 北京服装学院学报(自然科学版) | E02 | 83 | 271 |
| 爆破 | E28 | 120 | 306 | 北京工商大学学报(社会科学版) | H02 | 143 | 329 |
| 爆破器材 | E28 | 120 | 306 | 北京工业大学学报 | E02 | 83 | 271 |
| 爆炸与冲击 | E28 | 120 | 306 | 北京工业大学学报(社会科学版) | H02 | 143 | 329 |
| 北方蚕业 | C08 | 45 | 234 | 北京工业职业技术学院学报 | P01 | 185 | 370 |
| 北方法学 | M05 | 177 | 362 | 北京行政学院学报 | M02 | 173 | 358 |
| 北方工业大学学报 | E02 | 83 | 271 | 北京航空航天大学学报 | E38 | 134 | 320 |
| 北方果树 | C04 | 41 | 230 | 北京航空航天大学学报(社会科学版) | H02 | 143 | 329 |
| 北方交通 | E34 | 129 | 315 | 北京化工大学学报(社会科学版) | H02 | 143 | 329 |
| 北方金融 | L10 | 170 | 355 | 北京化工大学学报(自然科学版) | E23 | 114 | 301 |
| 北方经贸 | L08 | 168 | 353 | 北京建筑大学学报 | E31 | 123 | 310 |
| 北方论丛 | H01 | 139 | 325 | 北京交通大学学报 | E02 | 83 | 271 |
| 北方民族大学学报(哲学社会科学版) | H02 | 143 | 329 | 北京交通大学学报(社会科学版) | H02 | 143 | 329 |
| 北方农业学报 | C01 | 36 | 225 | 北京教育(高教版) | P03 | 191 | 376 |

# 中国期刊名称类目索引(续)

| 期刊名称 | 学科代码 | 被引指标页码 | 来源指标页码 | 期刊名称 | 学科代码 | 被引指标页码 | 来源指标页码 |
|---|---|---|---|---|---|---|---|
| 北京教育学院学报(社会科学版) | H02 | 143 | 329 | 北京中医药大学学报 | D38 | 79 | 267 |
| 教师发展研究 | A02 | 15 | 205 | 蚌埠学院学报 | P01 | 185 | 370 |
| 北京经济管理职业学院学报 | M02 | 173 | 358 | 蚌埠医学院学报 | D02 | 52 | 240 |
| 北京警察学院学报 | M05 | 177 | 362 | 比较法研究 | M05 | 177 | 362 |
| 北京科技大学学报(社会科学版) | H02 | 143 | 329 | 比较教育研究 | P01 | 185 | 370 |
| 北京口腔医学 | D24 | 66 | 254 | 边疆经济与文化 | L01 | 162 | 347 |
| 北京劳动保障职业学院学报 | M02 | 173 | 358 | 编辑学报 | N05 | 182 | 367 |
| 北京理工大学学报 | E02 | 83 | 271 | 编辑学刊 | N05 | 182 | 367 |
| 北京理工大学学报(社会科学版) | H02 | 143 | 329 | 编辑之友 | N05 | 182 | 367 |
| 北京联合大学学报(人文社会科学版) | H02 | 143 | 329 | 变压器 | E15 | 102 | 289 |
| 北京联合大学学报(自然科学版) | A02 | 15 | 205 | 标记免疫分析与临床 | D28 | 68 | 256 |
| 北京林业大学学报 | C07 | 43 | 232 | 标准科学 | E01 | 80 | 268 |
| 北京林业大学学报(社会科学版) | H02 | 143 | 329 | 表面技术 | E25 | 117 | 304 |
| 北京农学院学报 | C02 | 38 | 228 | 滨州学院学报 | H02 | 143 | 329 |
| 北京农业职业学院学报 | C02 | 38 | 228 | 滨州医学院学报 | D02 | 52 | 240 |
| 北京汽车 | E34 | 129 | 315 | 冰川冻土 | B10 | 29 | 218 |
| 北京青年研究 | M01 | 171 | 357 | 冰雪运动 | P07 | 199 | 383 |
| 北京社会科学 | H01 | 139 | 325 | 兵工学报 | E28 | 120 | 307 |
| 北京生物医学工程 | E06 | 91 | 278 | 兵工自动化 | E28 | 120 | 307 |
| 北京师范大学学报(社会科学版) | H03 | 151 | 337 | 兵器材料科学与工程 | E28 | 120 | 307 |
| 北京师范大学学报(自然科学版) | A03 | 19 | 209 | 兵器装备工程学报 | E28 | 120 | 307 |
| 北京石油化工学院学报 | E17 | 106 | 293 | 兵团党校学报 | M02 | 173 | 358 |
| 北京市工会干部学院学报 | M02 | 173 | 358 | 兵团教育学院学报 | P01 | 185 | 370 |
| 北京水务 | E33 | 127 | 313 | 兵团医学 | D01 | 48 | 237 |
| 北京体育大学学报 | P07 | 199 | 383 | 病毒学报 | B17 | 35 | 225 |
| 北京舞蹈学院学报 | K06 | 158 | 343 | 波谱学杂志 | B04 | 24 | 214 |
| 北京信息科技大学学报(自然科学版) | E15 | 102 | 289 | 玻璃 | E08 | 92 | 280 |
| 北京宣武红旗业余大学学报 | H02 | 143 | 329 | 玻璃钢/复合材料 | E08 | 92 | 280 |
| 北京医学 | D01 | 48 | 237 | 玻璃纤维 | E08 | 92 | 280 |
| 北京印刷学院学报 | E02 | 83 | 271 | 玻璃与搪瓷 | E08 | 92 | 280 |
| 北京邮电大学学报 | E21 | 111 | 298 | 渤海大学学报(哲学社会科学版) | H02 | 143 | 329 |
| 北京邮电大学学报(社会科学版) | H02 | 143 | 329 | 渤海大学学报(自然科学版) | A02 | 15 | 205 |
| 北京政法职业学院学报 | M05 | 177 | 362 | 材料保护 | E08 | 92 | 280 |
| 北京中医药 | D37 | 77 | 265 | 材料导报 | E08 | 92 | 280 |

## 中国期刊名称类目索引(续)

| 期刊名称 | 学科代码 | 被引指标页码 | 来源指标页码 | 期刊名称 | 学科代码 | 被引指标页码 | 来源指标页码 |
|---|---|---|---|---|---|---|---|
| 材料工程 | E08 | 92 | 280 | 曹雪芹研究 | K04 | 156 | 342 |
| 材料开发与应用 | E08 | 92 | 280 | 草地学报 | C09 | 47 | 236 |
| 材料科学与工程学报 | E08 | 92 | 280 | 草食家畜 | C08 | 45 | 234 |
| 材料科学与工艺 | E08 | 92 | 280 | 草业科学 | C09 | 47 | 236 |
| 材料热处理学报 | E08 | 92 | 280 | 草业学报 | C09 | 47 | 236 |
| 材料研究学报 | E08 | 92 | 280 | 草学 | C08 | 45 | 234 |
| 材料研究与应用 | E09 | 93 | 281 | 草原文物 | K08 | 160 | 346 |
| 材料与冶金学报 | E11 | 96 | 283 | 草原与草坪 | C09 | 47 | 236 |
| 财经界 | L10 | 170 | 355 | 草原与草业 | C08 | 45 | 234 |
| 财经科学 | L10 | 170 | 355 | 测绘 | E07 | 91 | 279 |
| 财经理论研究 | L10 | 170 | 355 | 测绘标准化 | E07 | 91 | 279 |
| 财经理论与实践 | L10 | 170 | 355 | 测绘地理信息 | B10 | 29 | 218 |
| 财经论丛(浙江财经学院学报) | L10 | 170 | 355 | 测绘工程 | E07 | 91 | 279 |
| 财经问题研究 | L10 | 170 | 355 | 测绘技术装备 | E07 | 91 | 279 |
| 财经研究 | L01 | 162 | 347 | 测绘科学 | E07 | 91 | 279 |
| 财会通讯 | L05 | 167 | 352 | 测绘科学技术学报 | E07 | 91 | 279 |
| 财会学习 | L04 | 166 | 352 | 测绘通报 | E07 | 91 | 279 |
| 财会研究 | L04 | 166 | 352 | 测绘学报 | E07 | 91 | 279 |
| 财会月刊 | L04 | 166 | 352 | 测绘与空间地理信息 | E07 | 91 | 279 |
| 财会月刊(理论版) | L04 | 166 | 352 | 测井技术 | E17 | 106 | 293 |
| 财贸经济 | L10 | 170 | 355 | 测控技术 | E38 | 134 | 320 |
| 财贸研究 | L10 | 170 | 355 | 测试技术学报 | E01 | 81 | 269 |
| 财务研究 | L10 | 170 | 355 | 茶业通报 | E30 | 121 | 308 |
| 财务与金融 | L10 | 170 | 355 | 茶叶 | C03 | 40 | 229 |
| 财务与会计 | L05 | 167 | 352 | 茶叶科学 | C04 | 41 | 230 |
| 财政研究 | L01 | 162 | 347 | 茶叶通讯 | E30 | 121 | 308 |
| 采矿技术 | E10 | 95 | 282 | 茶叶学报 | E30 | 122 | 308 |
| 采矿与安全工程学报 | E10 | 95 | 282 | 柴达木开发研究 | N01 | 180 | 365 |
| 采写编 | N05 | 182 | 367 | 柴油机 | E14 | 100 | 288 |
| 残疾人研究 | N01 | 180 | 365 | 柴油机设计与制造 | E14 | 100 | 288 |
| 蚕桑茶叶通讯 | C08 | 45 | 234 | 产经评论 | L01 | 162 | 347 |
| 蚕学通讯 | C08 | 45 | 234 | 产业经济评论 | L08 | 168 | 354 |
| 蚕业科学 | C08 | 45 | 234 | 产业经济研究 | L08 | 168 | 354 |
| 沧州师范学院学报 | H03 | 151 | 337 | 产业用纺织品 | E29 | 121 | 307 |

# 中国期刊名称类目索引(续)

| 期刊名称 | 学科代码 | 被引指标页码 | 来源指标页码 | 期刊名称 | 学科代码 | 被引指标页码 | 来源指标页码 |
|---|---|---|---|---|---|---|---|
| 产业与科技论坛 | L01 | 162 | 347 | 肠外与肠内营养 | D14 | 61 | 249 |
| 昌吉学院学报 | P01 | 185 | 370 | 常熟理工学院学报 | E02 | 83 | 271 |
| 长安大学学报(社会科学版) | H02 | 143 | 329 | 常州大学学报(社会科学版) | H02 | 143 | 330 |
| 长安大学学报(自然科学版) | E35 | 131 | 317 | 常州大学学报(自然科学版) | A02 | 15 | 205 |
| 长白学刊 | H01 | 139 | 325 | 常州工学院学报 | E02 | 83 | 271 |
| 长春大学学报(社会科学版) | H02 | 143 | 329 | 常州工学院学报(社会科学版) | H02 | 143 | 330 |
| 长春大学学报(自然科学版) | A02 | 15 | 205 | 常州信息职业技术学院学报 | E19 | 109 | 296 |
| 长春工程学院学报(社会科学版) | H02 | 143 | 329 | 超硬材料工程 | E26 | 118 | 305 |
| 长春工程学院学报(自然科学版) | E02 | 83 | 271 | 巢湖学院学报 | H02 | 143 | 330 |
| 长春工业大学学报 | E02 | 83 | 271 | 车辆与动力技术 | E34 | 129 | 315 |
| 长春教育学院学报 | P05 | 195 | 380 | 车用发动机 | E14 | 100 | 288 |
| 长春金融高等专科学校学报 | L02 | 165 | 350 | 沉积学报 | B11 | 30 | 220 |
| 长春理工大学学报(社会科学版) | H02 | 143 | 329 | 沉积与特提斯地质 | B11 | 30 | 220 |
| 长春理工大学学报(自然科学版) | E02 | 83 | 271 | 成才之路 | N01 | 180 | 365 |
| 长春师范大学学报(人文社会科学版) | A03 | 19 | 209 | 成都大学学报(社会科学版) | H02 | 143 | 330 |
| 长春师范大学学报(自然科学版) | A03 | 19 | 209 | 成都大学学报(自然科学版) | A02 | 15 | 205 |
| 长春市委党校学报 | M02 | 173 | 358 | 成都纺织高等专科学校学报 | E02 | 83 | 271 |
| 长春中医药大学学报 | D38 | 79 | 267 | 成都工业学院学报 | E15 | 102 | 289 |
| 长江大学学报(社会科学版) | H02 | 143 | 329 | 成都行政学院学报 | M02 | 173 | 358 |
| 长江大学学报(自科版) | A02 | 15 | 205 | 成都航空职业技术学院学报 | E38 | 134 | 320 |
| 长江工程职业技术学院学报 | E02 | 83 | 271 | 成都理工大学学报(社会科学版) | H02 | 144 | 330 |
| 长江科学院院报 | E33 | 127 | 313 | 成都理工大学学报(自然科学版) | B07 | 27 | 216 |
| 长江流域资源与环境 | E39 | 135 | 322 | 成都师范学院学报 | P01 | 185 | 370 |
| 长江论坛 | H01 | 139 | 325 | 成都体育学院学报 | P07 | 199 | 383 |
| 长江师范学院学报 | H03 | 151 | 337 | 成都信息工程大学学报 | E02 | 83 | 271 |
| 长江蔬菜 | C04 | 41 | 230 | 成都医学院学报 | D02 | 52 | 240 |
| 长江学术 | K04 | 156 | 342 | 成都中医药大学学报 | D38 | 79 | 267 |
| 长沙大学学报 | P01 | 185 | 370 | 成人教育 | P05 | 196 | 380 |
| 长沙航空职业技术学院学报 | E38 | 134 | 320 | 成组技术与生产现代化 | E01 | 81 | 269 |
| 长沙理工大学学报(社会科学版) | H02 | 143 | 329 | 承德石油高等专科学校学报 | E17 | 106 | 293 |
| 长沙理工大学学报(自然科学版) | E02 | 83 | 271 | 承德医学院学报 | D02 | 52 | 241 |
| 长沙民政职业技术学院学报 | M02 | 173 | 358 | 城建档案 | E31 | 123 | 310 |
| 长治学院学报 | H02 | 143 | 330 | 城市 | L01 | 162 | 347 |
| 长治医学院学报 | D02 | 52 | 240 | 城市道桥与防洪 | E34 | 129 | 315 |

# 中国期刊名称类目索引(续)

| 期刊名称 | 学科代码 | 被引指标页码 | 来源指标页码 | 期刊名称 | 学科代码 | 被引指标页码 | 来源指标页码 |
|---|---|---|---|---|---|---|---|
| 城市地理 | B11 | 30 | 220 | 重庆理工大学学报(自然科学版) | A02 | 15 | 205 |
| 城市地质 | B11 | 30 | 220 | 重庆三峡学院学报 | H02 | 144 | 330 |
| 城市发展研究 | E31 | 123 | 310 | 重庆社会科学 | H01 | 139 | 325 |
| 城市观察 | L01 | 162 | 347 | 重庆师范大学学报(哲学社会科学版) | A03 | 19 | 209 |
| 城市规划 | E31 | 123 | 310 | 重庆师范大学学报(自然科学版) | A03 | 19 | 209 |
| 城市规划学刊 | E31 | 123 | 310 | 重庆文理学院学报(社会科学版) | H02 | 144 | 330 |
| 城市轨道交通研究 | E36 | 131 | 318 | 重庆医科大学学报 | D02 | 52 | 241 |
| 城市环境与城市生态 | B14 | 34 | 223 | 重庆医学 | D01 | 48 | 237 |
| 城市建筑 | E31 | 123 | 310 | 重庆邮电大学学报(社会科学版) | H02 | 144 | 330 |
| 城市交通 | E35 | 131 | 317 | 重庆邮电大学学报(自然科学版) | E21 | 111 | 298 |
| 城市勘测 | E31 | 123 | 310 | 重庆与世界(学术版) | M01 | 171 | 357 |
| 城市燃气 | E14 | 100 | 288 | 出版发行研究 | N05 | 182 | 367 |
| 城市问题 | L04 | 166 | 352 | 出版广角 | N05 | 182 | 367 |
| 城市学刊 | H02 | 144 | 330 | 出版科学 | N05 | 182 | 367 |
| 城市住宅 | E31 | 123 | 310 | 出版与印刷 | N05 | 182 | 367 |
| 城镇供水 | E31 | 123 | 310 | 初中生世界(初中教学研究) | P03 | 191 | 376 |
| 池州学院学报 | P01 | 185 | 370 | 滁州学院学报 | H02 | 144 | 330 |
| 赤峰学院学报(哲学社会科学版) | H02 | 144 | 330 | 滁州职业技术学院学报 | P05 | 196 | 380 |
| 赤峰学院学报(自然科学版) | A02 | 15 | 205 | 储能科学与技术 | E16 | 105 | 292 |
| 重庆大学学报 | E02 | 83 | 271 | 楚雄师范学院学报 | H03 | 151 | 337 |
| 重庆大学学报(社会科学版) | H02 | 144 | 330 | 畜禽业 | C08 | 45 | 234 |
| 重庆第二师范学院学报 | P01 | 185 | 370 | 川北医学院学报 | D02 | 52 | 241 |
| 重庆电力高等专科学校学报 | E15 | 102 | 289 | 传承 | M01 | 171 | 357 |
| 重庆电子工程职业学院学报 | E02 | 83 | 271 | 传动技术 | E22 | 113 | 300 |
| 重庆高教研究 | P04 | 194 | 379 | 传感技术学报 | E19 | 109 | 296 |
| 重庆工商大学学报(社会科学版) | H02 | 144 | 330 | 传感器世界 | E22 | 113 | 300 |
| 重庆工商大学学报(自然科学版) | A02 | 15 | 205 | 传感器与微系统 | E19 | 109 | 296 |
| 重庆广播电视大学学报 | P05 | 196 | 380 | 传媒观察 | N05 | 182 | 367 |
| 重庆建筑 | E31 | 123 | 310 | 传染病信息 | D13 | 60 | 249 |
| 重庆交通大学学报(社会科学版) | H02 | 144 | 330 | 船舶 | E37 | 132 | 319 |
| 重庆交通大学学报(自然科学版) | E34 | 129 | 315 | 船舶标准化工程师 | E01 | 81 | 269 |
| 重庆科技学院学报(社会科学版) | H02 | 144 | 330 | 船舶标准化与质量 | E01 | 81 | 269 |
| 重庆科技学院学报(自然科学版) | A02 | 15 | 205 | 船舶工程 | E37 | 132 | 319 |
| 重庆理工大学学报(社会科学版) | H02 | 144 | 330 | 船舶力学 | E37 | 132 | 319 |

# 中国期刊名称类目索引(续)

| 期刊名称 | 学科代码 | 被引指标页码 | 来源指标页码 | 期刊名称 | 学科代码 | 被引指标页码 | 来源指标页码 |
|---|---|---|---|---|---|---|---|
| 船舶设计通讯 | E37 | 132 | 319 | 大连干部学刊 | M01 | 171 | 357 |
| 船舶与海洋工程 | E37 | 132 | 319 | 大连工业大学学报 | E02 | 83 | 271 |
| 船舶职业教育 | E37 | 132 | 319 | 大连海事大学学报 | E37 | 133 | 319 |
| 船电技术 | E37 | 133 | 319 | 大连海事大学学报(社会科学版) | H02 | 144 | 330 |
| 船海工程 | E37 | 133 | 319 | 大连海洋大学学报 | C10 | 47 | 236 |
| 船山学刊 | H01 | 139 | 325 | 大连交通大学学报 | E34 | 129 | 316 |
| 创伤外科杂志 | D19 | 64 | 252 | 大连教育学院学报 | P01 | 185 | 370 |
| 创伤与急危重病医学 | D05 | 55 | 244 | 大连理工大学学报 | E02 | 83 | 271 |
| 创伤与急诊电子杂志 | D05 | 55 | 244 | 大连理工大学学报(社会科学版) | H02 | 144 | 330 |
| 创新 | H01 | 139 | 325 | 大连民族大学学报 | P01 | 185 | 370 |
| 创新科技 | A01 | 13 | 203 | 大连医科大学学报 | D02 | 52 | 241 |
| 创新人才教育 | P01 | 185 | 370 | 大麦与谷类科学 | C03 | 40 | 229 |
| 创新与创业教育 | P01 | 185 | 370 | 大气科学 | B08 | 27 | 217 |
| 创意设计源 | N01 | 180 | 365 | 大气科学学报 | B08 | 27 | 217 |
| 创意与设计 | N01 | 180 | 365 | 大气与环境光学学报 | B08 | 27 | 217 |
| 纯粹数学与应用数学 | B01 | 22 | 212 | 大庆社会科学 | H01 | 139 | 325 |
| 纯碱工业 | E23 | 114 | 301 | 大庆师范学院学报 | H03 | 151 | 337 |
| 辞书研究 | K01 | 154 | 340 | 大庆石油地质与开发 | E17 | 106 | 293 |
| 磁共振成像 | D06 | 57 | 246 | 大数据 | E22 | 113 | 300 |
| 磁性材料及器件 | E03 | 87 | 275 | 大型铸锻件 | E13 | 98 | 286 |
| 催化学报 | B05 | 25 | 215 | 大学化学 | B05 | 25 | 215 |
| 大坝与安全 | E33 | 127 | 313 | 大学教育 | P04 | 194 | 379 |
| 大氮肥 | E23 | 114 | 301 | 大学教育科学 | P04 | 194 | 379 |
| 大地测量与地球动力学 | B07 | 27 | 216 | 大学数学 | B01 | 22 | 212 |
| 大地构造与成矿学 | B11 | 30 | 220 | 大学图书馆学报 | N06 | 183 | 368 |
| 大电机技术 | E15 | 102 | 289 | 大学图书情报学刊 | N06 | 183 | 368 |
| 大豆科技 | C03 | 40 | 229 | 大学物理 | B04 | 24 | 214 |
| 大豆科学 | C03 | 40 | 229 | 大学物理实验 | P04 | 194 | 379 |
| 大功率变流技术 | E34 | 129 | 316 | 大众科技 | A01 | 13 | 203 |
| 大观 | K04 | 156 | 342 | 大众文艺 | K04 | 156 | 342 |
| 大家健康(下旬版) | D07 | 58 | 246 | 单片机与嵌入式系统应用 | E22 | 113 | 300 |
| 大家健康(中旬版) | D07 | 58 | 246 | 淡水渔业 | C10 | 47 | 236 |
| 大理大学学报 | H02 | 144 | 330 | 弹道学报 | E28 | 120 | 307 |
| 大连大学学报 | P01 | 185 | 370 | 弹箭与制导学报 | E28 | 120 | 307 |

# 中国期刊名称类目索引(续)

| 期刊名称 | 学科代码 | 被引指标页码 | 来源指标页码 | 期刊名称 | 学科代码 | 被引指标页码 | 来源指标页码 |
|---|---|---|---|---|---|---|---|
| 弹性体 | E24 | 117 | 304 | 当代外语研究 | K01 | 154 | 340 |
| 氮肥技术 | E23 | 114 | 301 | 当代文坛 | K04 | 156 | 342 |
| 氮肥与合成气 | E23 | 114 | 301 | 当代修辞学 | K01 | 154 | 340 |
| 当代财经 | L10 | 170 | 355 | 当代畜牧 | C08 | 45 | 234 |
| 当代畜禽养殖业 | C08 | 45 | 234 | 当代亚太 | M04 | 176 | 361 |
| 当代传播 | N05 | 182 | 367 | 当代医学 | D01 | 48 | 237 |
| 当代电视 | E03 | 87 | 275 | 当代医药论丛 | D01 | 48 | 237 |
| 当代电影 | K06 | 158 | 343 | 当代语言学 | K01 | 154 | 340 |
| 当代法学 | M05 | 177 | 362 | 当代职业教育 | P05 | 196 | 380 |
| 当代韩国 | H01 | 139 | 325 | 当代中国史研究 | K08 | 160 | 346 |
| 当代护士(上旬刊) | D30 | 70 | 258 | 当代作家评论 | K04 | 156 | 342 |
| 当代护士(下旬刊) | D30 | 70 | 258 | 档案 | N08 | 185 | 369 |
| 当代护士(中旬刊) | D30 | 70 | 258 | 档案管理 | N08 | 185 | 370 |
| 当代化工 | E23 | 114 | 301 | 档案学通讯 | N08 | 185 | 370 |
| 当代继续教育 | P01 | 185 | 370 | 档案学研究 | N08 | 185 | 370 |
| 当代教师教育 | P01 | 186 | 370 | 档案与建设 | N08 | 185 | 370 |
| 当代教育科学 | P01 | 186 | 370 | 党的文献 | M01 | 171 | 357 |
| 当代教育理论与实践 | P01 | 186 | 370 | 党史博采(理论版) | M01 | 171 | 357 |
| 当代教育论坛 | P01 | 186 | 371 | 党史文苑(学术版) | M01 | 171 | 357 |
| 当代教育实践与教学研究(电子刊) | P01 | 186 | 371 | 党史研究与教学 | M01 | 171 | 357 |
| 当代教育与文化 | P01 | 186 | 371 | 党政干部论坛 | M01 | 171 | 357 |
| 当代经济 | L01 | 162 | 347 | 党政干部学刊 | M01 | 171 | 357 |
| 当代经济管理 | F01 | 138 | 324 | 党政研究 | M01 | 172 | 357 |
| 当代经济科学 | L01 | 162 | 347 | 导弹与航天运载技术 | E38 | 134 | 320 |
| 当代经济研究 | L01 | 162 | 347 | 导航定位学报 | E07 | 91 | 279 |
| 当代会计 | L05 | 167 | 352 | 导航定位与授时 | E07 | 91 | 279 |
| 当代临床医刊 | D05 | 55 | 244 | 导航与控制 | E38 | 134 | 320 |
| 当代农村财经 | L06 | 167 | 353 | 道德与文明 | H01 | 139 | 326 |
| 当代青年研究 | N01 | 180 | 365 | 道路交通与安全 | E34 | 129 | 316 |
| 当代石油石化 | E17 | 106 | 293 | 德国研究 | H01 | 139 | 326 |
| 当代世界社会主义问题 | M04 | 176 | 361 | 德州学院学报 | A02 | 15 | 205 |
| 当代世界与社会主义 | M04 | 176 | 361 | 低碳世界 | E39 | 135 | 322 |
| 当代体育科技 | P07 | 199 | 383 | 低温工程 | E13 | 99 | 286 |
| 当代外国文学 | K05 | 157 | 343 | 低温建筑技术 | E31 | 123 | 310 |

# 中国期刊名称类目索引(续)

| 期刊名称 | 学科代码 | 被引指标页码 | 来源指标页码 | 期刊名称 | 学科代码 | 被引指标页码 | 来源指标页码 |
|---|---|---|---|---|---|---|---|
| 低温物理学报 | B04 | 24 | 214 | 地震地质 | B09 | 28 | 218 |
| 低温与超导 | B04 | 24 | 214 | 地震工程学报 | B09 | 28 | 218 |
| 低温与特气 | B04 | 24 | 214 | 地震工程与工程振动 | B09 | 28 | 218 |
| 地层学杂志 | B11 | 30 | 220 | 地震学报 | B09 | 28 | 218 |
| 地方财政研究 | L10 | 170 | 355 | 地震研究 | B09 | 28 | 218 |
| 地方文化研究 | N04 | 181 | 366 | 地质科技情报 | B11 | 30 | 220 |
| 地方治理研究 | M02 | 173 | 358 | 地质科学 | B11 | 30 | 220 |
| 地矿测绘 | E07 | 91 | 279 | 地质力学学报 | B11 | 30 | 220 |
| 地理教育 | P03 | 191 | 376 | 地质论评 | B11 | 30 | 220 |
| 地理科学 | B10 | 29 | 218 | 地质调查与研究 | B11 | 30 | 220 |
| 地理科学进展 | B10 | 29 | 218 | 地质通报 | B11 | 30 | 220 |
| 地理空间信息 | E07 | 91 | 279 | 地质学报 | B11 | 30 | 220 |
| 地理信息世界 | B10 | 29 | 219 | 地质学刊 | B11 | 30 | 220 |
| 地理学报 | B10 | 29 | 219 | 地质与勘探 | B11 | 30 | 220 |
| 地理研究 | B10 | 29 | 219 | 地质与资源 | B11 | 30 | 220 |
| 地理与地理信息科学 | B10 | 29 | 219 | 地质灾害与环境保护 | B11 | 31 | 220 |
| 地面防空武器 | E28 | 120 | 307 | 地质找矿论丛 | B11 | 31 | 220 |
| 地球化学 | B07 | 27 | 216 | 第二军医大学学报 | D02 | 52 | 241 |
| 地球环境学报 | B07 | 27 | 216 | 第三军医大学学报 | D02 | 52 | 241 |
| 地球科学进展 | B07 | 27 | 216 | 第四纪研究 | B11 | 31 | 220 |
| 地球科学与环境学报 | B07 | 27 | 216 | 癫痫杂志 | D27 | 67 | 255 |
| 地球科学 | B07 | 27 | 216 | 癫痫与神经电生理学杂志 | D27 | 67 | 255 |
| 地球物理学报 | B09 | 28 | 218 | 电波科学学报 | E21 | 111 | 299 |
| 地球物理学进展 | B09 | 28 | 218 | 电测与仪表 | E27 | 119 | 306 |
| 地球信息科学学报 | B07 | 27 | 216 | 电池 | E15 | 102 | 289 |
| 地球学报 | B07 | 27 | 216 | 电瓷避雷器 | E19 | 109 | 296 |
| 地球与环境 | B07 | 27 | 216 | 电大理工 | A01 | 13 | 203 |
| 地下工程与隧道 | E36 | 131 | 318 | 电动工具 | E15 | 102 | 289 |
| 地下空间与工程学报 | E32 | 126 | 313 | 电镀与环保 | E39 | 135 | 322 |
| 地下水 | B11 | 30 | 220 | 电镀与精饰 | E23 | 114 | 301 |
| 地学前缘 | B07 | 27 | 217 | 电镀与涂饰 | E25 | 118 | 304 |
| 地域研究与开发 | B10 | 29 | 219 | 电工材料 | E08 | 92 | 280 |
| 地震 | B09 | 28 | 218 | 电工电能新技术 | E15 | 102 | 289 |
| 地震地磁观测与研究 | B09 | 28 | 218 | 电工电气 | E15 | 102 | 289 |

# 中国期刊名称类目索引(续)

| 期刊名称 | 学科代码 | 被引指标页码 | 来源指标页码 | 期刊名称 | 学科代码 | 被引指标页码 | 来源指标页码 |
|---|---|---|---|---|---|---|---|
| 电工技术 | E15 | 102 | 289 | 电气传动自动化 | E15 | 102 | 290 |
| 电工技术学报 | E15 | 102 | 289 | 电气电子教学学报 | E03 | 87 | 275 |
| 电工文摘 | E15 | 102 | 289 | 电气防爆 | E15 | 103 | 290 |
| 电光与控制 | E38 | 134 | 320 | 电气工程学报 | E15 | 103 | 290 |
| 电焊机 | E13 | 99 | 286 | 电气化铁道 | E36 | 131 | 318 |
| 电化教育研究 | P01 | 186 | 371 | 电气技术 | E15 | 103 | 290 |
| 电化学 | B05 | 25 | 215 | 电气开关 | E15 | 103 | 290 |
| 电机技术 | E15 | 102 | 289 | 电气时代 | E15 | 103 | 290 |
| 电机与控制学报 | E15 | 102 | 289 | 电气应用 | E15 | 103 | 290 |
| 电机与控制应用 | E15 | 102 | 289 | 电气自动化 | E15 | 103 | 290 |
| 电加工与模具 | E13 | 99 | 286 | 电器与能效管理技术 | E15 | 103 | 290 |
| 电力安全技术 | E40 | 137 | 324 | 电声技术 | E19 | 109 | 296 |
| 电力电容器与无功补偿 | E19 | 109 | 296 | 电视技术 | E19 | 109 | 296 |
| 电力电子技术 | E15 | 102 | 289 | 电视研究 | N05 | 182 | 367 |
| 电力工程技术 | E15 | 102 | 289 | 电网技术 | E15 | 103 | 290 |
| 电力机车与城轨车辆 | E36 | 131 | 318 | 电网与清洁能源 | E15 | 103 | 290 |
| 电力建设 | E15 | 102 | 289 | 电线电缆 | E15 | 103 | 290 |
| 电力勘测设计 | E15 | 102 | 290 | 电信工程技术与标准化 | E01 | 81 | 269 |
| 电力科技与环保 | E39 | 136 | 322 | 电信技术 | E03 | 87 | 275 |
| 电力科学与工程 | E15 | 102 | 290 | 电信科学 | E21 | 111 | 299 |
| 电力科学与技术学报 | E15 | 102 | 290 | 电信快报 | E03 | 88 | 275 |
| 电力系统保护与控制 | E15 | 102 | 290 | 电信网技术 | E03 | 88 | 275 |
| 电力系统及其自动化学报 | E15 | 102 | 290 | 电讯技术 | E21 | 111 | 299 |
| 电力系统自动化 | E15 | 102 | 290 | 电影评介 | K06 | 158 | 343 |
| 电力信息与通信技术 | E15 | 102 | 290 | 电影文学 | K06 | 158 | 344 |
| 电力需求侧管理 | E15 | 102 | 290 | 电影新作 | K06 | 158 | 344 |
| 电力学报 | E15 | 102 | 290 | 电影艺术 | K06 | 158 | 344 |
| 电力与能源 | E14 | 100 | 288 | 电源技术 | E15 | 103 | 290 |
| 电力自动化设备 | E15 | 102 | 290 | 电源技术应用 | E19 | 109 | 297 |
| 电脑编程技巧与维护 | E22 | 113 | 300 | 电源学报 | E15 | 103 | 290 |
| 电脑与电信 | E03 | 87 | 275 | 电站辅机 | E15 | 103 | 290 |
| 电脑与信息技术 | E22 | 113 | 300 | 电站系统工程 | E15 | 103 | 290 |
| 电脑知识与技术 | E22 | 113 | 300 | 电子测量技术 | E19 | 109 | 297 |
| 电气传动 | E15 | 102 | 290 | 电子测量与仪器学报 | E19 | 109 | 297 |

# 中国期刊名称类目索引(续)

| 期刊名称 | 学科代码 | 被引指标页码 | 来源指标页码 | 期刊名称 | 学科代码 | 被引指标页码 | 来源指标页码 |
|---|---|---|---|---|---|---|---|
| 电子测试 | E19 | 109 | 297 | 东北农业大学学报(社会科学版) | H02 | 144 | 330 |
| 电子产品可靠性与环境试验 | E19 | 109 | 297 | 东北农业科学 | C01 | 36 | 225 |
| 电子产品世界 | E19 | 110 | 297 | 东北师大学报(哲学社会科学版) | A03 | 19 | 209 |
| 电子工业专用设备 | E19 | 110 | 297 | 东北师大学报(自然科学版) | A03 | 19 | 209 |
| 电子工艺技术 | E19 | 110 | 297 | 东北石油大学学报 | E17 | 106 | 293 |
| 电子机械工程 | E12 | 97 | 285 | 东北水利水电 | E33 | 127 | 313 |
| 电子技术 | E19 | 110 | 297 | 东北亚论坛 | M04 | 176 | 361 |
| 电子技术应用 | E19 | 110 | 297 | 东北亚外语研究 | K01 | 154 | 340 |
| 电子科技 | E19 | 110 | 297 | 东方电气评论 | E15 | 103 | 290 |
| 电子科技大学学报 | E19 | 110 | 297 | 东方法学 | M05 | 177 | 363 |
| 电子科技大学学报(社会科学版) | H02 | 144 | 330 | 东方论坛 | H01 | 139 | 326 |
| 电子科学技术 | E19 | 110 | 297 | 东方汽轮机 | E14 | 101 | 288 |
| 电子器件 | E19 | 110 | 297 | 东莞理工学院学报 | E02 | 83 | 271 |
| 电子商务 | L08 | 168 | 354 | 东华大学学报(社会科学版) | H02 | 144 | 330 |
| 电子设计工程 | E19 | 110 | 297 | 东华大学学报(自然科学版) | E02 | 83 | 271 |
| 电子世界 | E19 | 110 | 297 | 东华理工大学学报(社会科学版) | H02 | 144 | 330 |
| 电子显微学报 | E19 | 110 | 297 | 东华理工大学学报(自然科学版) | B07 | 27 | 217 |
| 电子信息对抗技术 | E19 | 110 | 297 | 东疆学刊 | H01 | 139 | 326 |
| 电子学报 | E19 | 110 | 297 | 东南传播 | N05 | 182 | 367 |
| 电子与封装 | E19 | 110 | 297 | 东南大学学报(医学版) | D02 | 52 | 241 |
| 电子与信息学报 | E19 | 110 | 297 | 东南大学学报(哲学社会科学版) | H02 | 144 | 330 |
| 电子元件与材料 | E19 | 110 | 297 | 东南大学学报(自然科学版) | E02 | 83 | 271 |
| 电子政务 | E22 | 113 | 300 | 东南国防医药 | D01 | 48 | 237 |
| 电子知识产权 | M05 | 177 | 363 | 东南文化 | N04 | 181 | 366 |
| 电子制作 | E19 | 110 | 297 | 东南学术 | H01 | 139 | 326 |
| 电子质量 | E19 | 110 | 297 | 东南亚南亚研究 | H01 | 139 | 326 |
| 调研世界 | L06 | 167 | 353 | 东南亚研究 | M04 | 176 | 361 |
| 东北财经大学学报 | L02 | 165 | 350 | 东南亚纵横 | M04 | 176 | 361 |
| 东北大学学报(社会科学版) | H02 | 144 | 330 | 东南园艺 | C04 | 41 | 230 |
| 东北大学学报(自然科学版) | E02 | 83 | 271 | 东岳论丛 | H01 | 139 | 326 |
| 东北电力大学学报 | E15 | 103 | 290 | 动力工程学报 | E14 | 101 | 288 |
| 东北电力技术 | E15 | 103 | 290 | 动力学与控制学报 | B03 | 23 | 213 |
| 东北林业大学学报 | C07 | 43 | 232 | 动物分类学报 | B16 | 35 | 224 |
| 东北农业大学学报 | C02 | 38 | 228 | 动物学杂志 | B16 | 35 | 224 |

# 中国期刊名称类目索引(续)

| 期刊名称 | 学科代码 | 被引指标页码 | 来源指标页码 | 期刊名称 | 学科代码 | 被引指标页码 | 来源指标页码 |
|---|---|---|---|---|---|---|---|
| 动物医学进展 | C08 | 45 | 234 | 法学 | M05 | 178 | 363 |
| 动物营养学报 | C08 | 45 | 234 | 法学家 | M05 | 178 | 363 |
| 都市快轨交通 | E36 | 131 | 318 | 法学论坛 | M05 | 178 | 363 |
| 毒理学杂志 | D31 | 71 | 259 | 法学评论 | M05 | 178 | 363 |
| 读写算-素质教育论坛 | P03 | 191 | 376 | 法学研究 | M05 | 178 | 363 |
| 杜甫研究学刊 | K04 | 156 | 342 | 法学杂志 | M05 | 178 | 363 |
| 断块油气田 | E17 | 106 | 293 | 法医学杂志 | D34 | 73 | 261 |
| 锻压技术 | E13 | 99 | 286 | 法制博览 | M05 | 178 | 363 |
| 锻压装备与制造技术 | E13 | 99 | 286 | 法制与经济 | M05 | 178 | 363 |
| 对外经贸 | L08 | 168 | 354 | 法制与社会 | M05 | 178 | 363 |
| 对外经贸实务 | L08 | 168 | 354 | 法制与社会发展 | M05 | 178 | 363 |
| 敦煌学辑刊 | K08 | 160 | 346 | 法治研究 | M05 | 178 | 363 |
| 敦煌研究 | K08 | 160 | 346 | 犯罪研究 | M05 | 178 | 363 |
| 俄罗斯东欧中亚研究 | M04 | 176 | 361 | 犯罪与改造研究 | M05 | 178 | 363 |
| 俄罗斯文艺 | K05 | 157 | 343 | 方言 | K01 | 154 | 340 |
| 俄罗斯学刊 | N04 | 181 | 366 | 防爆电机 | E15 | 103 | 290 |
| 俄罗斯研究 | M04 | 176 | 362 | 防护工程 | E28 | 120 | 307 |
| 鄂州大学学报 | P01 | 186 | 371 | 防护林科技 | C07 | 43 | 232 |
| 儿科药学杂志 | D36 | 75 | 263 | 防灾减灾工程学报 | E40 | 137 | 324 |
| 儿童与健康 | D07 | 58 | 246 | 防灾减灾学报 | B11 | 31 | 220 |
| 发电设备 | E15 | 103 | 290 | 防灾科技学院学报 | E40 | 137 | 324 |
| 发电与空调 | E12 | 97 | 285 | 房地产导刊 | L01 | 162 | 347 |
| 发光学报 | B04 | 24 | 214 | 纺织标准与质量 | E29 | 121 | 307 |
| 发酵科技通讯 | E23 | 114 | 301 | 纺织导报 | E29 | 121 | 307 |
| 发明与创新·教育信息化 | H01 | 139 | 326 | 纺织服装教育 | P01 | 186 | 371 |
| 发现(教育版) | P01 | 186 | 371 | 纺织高校基础科学学报 | E29 | 121 | 307 |
| 发育医学电子杂志 | D21 | 64 | 253 | 纺织科技进展 | E29 | 121 | 307 |
| 发展 | L01 | 162 | 347 | 纺织器材 | E29 | 121 | 308 |
| 发展研究 | L01 | 162 | 347 | 纺织学报 | E29 | 121 | 308 |
| 阀门 | E27 | 119 | 306 | 放射学实践 | D28 | 68 | 256 |
| 法国研究 | M04 | 176 | 362 | 飞行力学 | E38 | 134 | 320 |
| 法律科学-西北政法大学学报 | M05 | 177 | 363 | 飞行器测控学报 | E38 | 134 | 320 |
| 法律适用 | M05 | 177 | 363 | 飞航导弹 | E28 | 120 | 307 |
| 法商研究 | M05 | 177 | 363 | 非常规油气 | E17 | 106 | 293 |

# 中国期刊名称类目索引(续)

| 期刊名称 | 学科代码 | 被引指标页码 | 来源指标页码 | 期刊名称 | 学科代码 | 被引指标页码 | 来源指标页码 |
|---|---|---|---|---|---|---|---|
| 非金属矿 | E10 | 95 | 282 | 福建行政学院学报 | M02 | 173 | 358 |
| 分析测试技术与仪器 | E13 | 99 | 286 | 福建基础教育研究 | P03 | 191 | 376 |
| 分析测试学报 | B05 | 25 | 215 | 福建建材 | E31 | 123 | 310 |
| 分析化学 | B05 | 25 | 215 | 福建建设科技 | E31 | 123 | 310 |
| 分析科学学报 | B05 | 25 | 215 | 福建建筑 | E31 | 124 | 310 |
| 分析试验室 | B05 | 26 | 215 | 福建江夏学院学报 | H02 | 144 | 330 |
| 分析仪器 | E27 | 119 | 306 | 福建教育学院学报 | P01 | 186 | 371 |
| 分子催化 | B05 | 26 | 215 | 福建金融 | L10 | 170 | 355 |
| 分子科学学报 | B05 | 26 | 215 | 福建金融管理干部学院学报 | M02 | 173 | 358 |
| 分子影像学杂志 | D28 | 68 | 256 | 福建警察学院学报 | M05 | 178 | 363 |
| 分子诊断与治疗杂志 | D03 | 54 | 243 | 福建林业科技 | C07 | 43 | 232 |
| 分子植物育种 | C03 | 40 | 229 | 福建论坛(人文社会科学版) | H01 | 139 | 326 |
| 建筑科技 | E16 | 105 | 292 | 福建农机 | E05 | 89 | 277 |
| 粉煤灰综合利用 | E31 | 123 | 310 | 福建农林大学学报(哲学社会科学版) | H02 | 144 | 330 |
| 粉末冶金材料科学与工程 | E09 | 93 | 281 | 福建农林大学学报(自然科学版) | C02 | 39 | 228 |
| 粉末冶金工业 | E11 | 96 | 283 | 福建农业科技 | C01 | 36 | 225 |
| 粉末冶金技术 | E11 | 96 | 283 | 福建农业学报 | C01 | 36 | 225 |
| 风机技术 | E13 | 99 | 286 | 福建热作科技 | C03 | 40 | 229 |
| 风景园林 | C07 | 43 | 232 | 福建商学院学报 | L02 | 165 | 350 |
| 风湿病与关节炎 | D12 | 60 | 248 | 福建省社会主义学院学报 | M02 | 173 | 358 |
| 疯狂英语(理论版) | K01 | 154 | 340 | 福建师大福清分校学报 | H03 | 151 | 337 |
| 佛山科学技术学院学报(社会科学版) | H02 | 144 | 330 | 福建师范大学学报(哲学社会科学版) | H03 | 151 | 337 |
| 佛山科学技术学院学报(自然科学版) | A02 | 15 | 205 | 福建师范大学学报(自然科学版) | A03 | 19 | 209 |
| 佛山陶瓷 | E23 | 115 | 302 | 福建体育科技 | P07 | 199 | 383 |
| 服饰导刊 | E29 | 121 | 308 | 福建医科大学学报 | D02 | 52 | 241 |
| 辐射防护 | E18 | 109 | 296 | 福建医科大学学报(社会科学版) | H02 | 144 | 330 |
| 辐射防护通讯 | E18 | 109 | 296 | 福建医药杂志 | D36 | 75 | 263 |
| 辐射研究与辐射工艺学报 | E18 | 109 | 296 | 福建艺术 | K06 | 158 | 344 |
| 福建畜牧兽医 | C08 | 45 | 234 | 福建中学数学 | P03 | 191 | 376 |
| 福建稻麦科技 | C03 | 40 | 229 | 福建中医药 | D37 | 77 | 265 |
| 福建地质 | B11 | 31 | 220 | 福州大学学报(哲学社会科学版) | H02 | 144 | 330 |
| 福建电脑 | E22 | 113 | 300 | 福州大学学报(自然科学版) | A02 | 15 | 205 |
| 福建分析测试 | A01 | 13 | 203 | 福州党校学报 | M02 | 173 | 358 |
| 福建工程学院学报 | E02 | 84 | 271 | 腐蚀科学与防护技术 | E08 | 92 | 280 |

# 中国期刊名称类目索引(续)

| 期刊名称 | 学科代码 | 被引指标页码 | 来源指标页码 | 期刊名称 | 学科代码 | 被引指标页码 | 来源指标页码 |
|---|---|---|---|---|---|---|---|
| 腐蚀与防护 | E08 | 92 | 280 | 甘肃医药 | D01 | 48 | 237 |
| 妇产与遗传(电子版) | D20 | 64 | 253 | 甘肃政法学院学报 | M05 | 178 | 363 |
| 妇女研究论丛 | N01 | 180 | 365 | 甘肃中医药大学学报 | D38 | 79 | 267 |
| 阜阳师范学院学报(社会科学版) | H03 | 151 | 337 | 甘蔗糖业 | C03 | 40 | 229 |
| 阜阳师范学院学报(自然科学版) | A03 | 19 | 209 | 肝胆外科杂志 | D15 | 61 | 250 |
| 阜阳职业技术学院学报 | P05 | 196 | 380 | 肝胆胰外科杂志 | D15 | 62 | 250 |
| 复旦教育论坛 | P01 | 186 | 371 | 肝脏 | D10 | 59 | 248 |
| 复旦学报(社会科学版) | H02 | 144 | 330 | 感染、炎症、修复 | D13 | 60 | 249 |
| 复旦学报(医学版) | D02 | 52 | 241 | 干旱地区农业研究 | C01 | 36 | 225 |
| 复旦学报(自然科学版) | A02 | 15 | 205 | 干旱环境监测 | E39 | 136 | 322 |
| 复合材料学报 | E08 | 92 | 280 | 干旱气象 | B08 | 27 | 217 |
| 复杂系统与复杂性科学 | B02 | 23 | 213 | 干旱区地理 | B10 | 29 | 219 |
| 复杂油气藏 | B07 | 27 | 217 | 干旱区研究 | B10 | 29 | 219 |
| 腹部外科 | D15 | 61 | 250 | 干旱区资源与环境 | E39 | 136 | 322 |
| 腹腔镜外科杂志 | D15 | 61 | 250 | 赣南师范大学学报 | H03 | 151 | 337 |
| 改革 | L01 | 162 | 348 | 赣南医学院学报 | D02 | 52 | 241 |
| 改革与开放 | L01 | 162 | 348 | 钢管 | E12 | 97 | 285 |
| 改革与战略 | L01 | 162 | 348 | 钢结构 | E09 | 93 | 281 |
| 甘肃畜牧兽医 | C08 | 45 | 234 | 钢铁 | E09 | 93 | 281 |
| 甘肃高师学报 | P03 | 191 | 376 | 钢铁钒钛 | E09 | 93 | 281 |
| 甘肃广播电视大学学报 | P05 | 196 | 380 | 钢铁研究 | E09 | 94 | 281 |
| 甘肃行政学院学报 | M02 | 173 | 358 | 钢铁研究学报 | E09 | 94 | 281 |
| 甘肃金融 | L10 | 170 | 355 | 港工技术 | E37 | 133 | 319 |
| 甘肃科技 | A01 | 13 | 203 | 港口经济 | E37 | 133 | 319 |
| 甘肃科技纵横 | A01 | 13 | 203 | 港口科技 | E37 | 133 | 319 |
| 甘肃科学学报 | A01 | 13 | 203 | 高等财经教育研究 | P04 | 195 | 379 |
| 甘肃理论学刊 | M01 | 172 | 357 | 高等工程教育研究 | P04 | 195 | 379 |
| 甘肃林业科技 | C07 | 43 | 232 | 高等继续教育学报 | P04 | 195 | 379 |
| 甘肃农业 | C01 | 36 | 225 | 高等建筑教育 | P04 | 195 | 379 |
| 甘肃农业大学学报 | C02 | 39 | 228 | 高等教育研究 | P04 | 195 | 379 |
| 甘肃农业科技 | C01 | 36 | 225 | 高等教育研究学报 | P04 | 195 | 379 |
| 甘肃社会科学 | H01 | 140 | 326 | 高等理科教育 | P04 | 195 | 379 |
| 甘肃水利水电技术 | E33 | 127 | 313 | 高等农业教育 | C01 | 36 | 225 |
| 甘肃冶金 | E11 | 96 | 283 | 高等数学研究 | B01 | 22 | 212 |

# 中国期刊名称类目索引(续)

| 期刊名称 | 学科代码 | 被引指标页码 | 来源指标页码 | 期刊名称 | 学科代码 | 被引指标页码 | 来源指标页码 |
|---|---|---|---|---|---|---|---|
| 高等学校化学学报 | B05 | 26 | 215 | 工程地球物理学报 | E01 | 81 | 269 |
| 高等学校计算数学学报 | B01 | 22 | 212 | 工程地质学报 | B11 | 31 | 220 |
| 高等职业教育-天津职业大学学报 | P05 | 196 | 380 | 工程管理学报 | F01 | 138 | 324 |
| 高电压技术 | E15 | 103 | 290 | 工程机械与维修 | E13 | 99 | 286 |
| 高分子材料科学与工程 | E08 | 92 | 280 | 工程建设与设计 | E01 | 81 | 269 |
| 高分子通报 | B05 | 26 | 215 | 工程经济 | L08 | 168 | 354 |
| 高分子学报 | B05 | 26 | 215 | 工程勘察 | E32 | 126 | 313 |
| 高技术通讯 | A01 | 13 | 203 | 工程抗震与加固改造 | E31 | 124 | 310 |
| 高教发展与评估 | P04 | 195 | 379 | 工程科学学报 | E01 | 81 | 269 |
| 高教论坛 | P04 | 195 | 379 | 工程科学与技术 | E02 | 84 | 271 |
| 高教探索 | P04 | 195 | 379 | 工程力学 | E01 | 81 | 269 |
| 高教学刊 | P04 | 195 | 379 | 工程热物理学报 | E14 | 101 | 288 |
| 高科技纤维与应用 | E24 | 117 | 304 | 工程设计学报 | E12 | 97 | 285 |
| 高师理科学刊 | P03 | 191 | 376 | 工程数学学报 | E01 | 81 | 269 |
| 高速铁路技术 | E36 | 131 | 318 | 工程塑料应用 | E24 | 117 | 304 |
| 高校地质学报 | B11 | 31 | 220 | 工程研究-跨学科视野中的工程 | F01 | 138 | 324 |
| 高校辅导员学刊 | P04 | 195 | 379 | 工程与建设 | E01 | 81 | 269 |
| 高校后勤研究 | P03 | 191 | 376 | 工程与试验 | E01 | 81 | 269 |
| 高校化学工程学报 | E23 | 115 | 302 | 工程质量 | E01 | 81 | 269 |
| 高校教育管理 | P04 | 195 | 380 | 工会理论研究-上海工会管理干部学院学报 | M02 | 173 | 358 |
| 高校生物学教学研究(电子版) | P04 | 195 | 380 | 工具技术 | E01 | 81 | 269 |
| 高校图书馆工作 | N06 | 183 | 368 | 工矿自动化 | E10 | 95 | 282 |
| 高校医学教学研究(电子版) | D35 | 73 | 262 | 工业安全与环保 | E40 | 137 | 324 |
| 高校应用数学学报A辑 | B01 | 22 | 212 | 工业催化 | E23 | 115 | 302 |
| 高压电器 | E15 | 103 | 290 | 工业工程 | E01 | 81 | 269 |
| 高压物理学报 | B04 | 24 | 214 | 工业工程与管理 | F01 | 138 | 324 |
| 高原地震 | B11 | 31 | 220 | 工业锅炉 | E14 | 101 | 288 |
| 高原气象 | B08 | 27 | 217 | 工业和信息化教育 | P01 | 186 | 371 |
| 高原山地气象研究 | B08 | 27 | 217 | 工业计量 | E01 | 81 | 269 |
| 高原医学杂志 | D01 | 48 | 237 | 工业技术创新 | L08 | 168 | 354 |
| 高中数理化 | P03 | 191 | 376 | 工业技术经济 | L08 | 168 | 354 |
| 歌海 | K06 | 158 | 344 | 工业技术与职业教育 | P05 | 196 | 380 |
| 耕作与栽培 | C03 | 40 | 229 | 工业加热 | E14 | 101 | 288 |
| 工程爆破 | E01 | 81 | 269 | 工业建筑 | E31 | 124 | 310 |

# 中国期刊名称类目索引(续)

| 期刊名称 | 学科代码 | 被引指标页码 | 来源指标页码 | 期刊名称 | 学科代码 | 被引指标页码 | 来源指标页码 |
|---|---|---|---|---|---|---|---|
| 工业经济论坛 | L08 | 168 | 354 | 固体电子学研究与进展 | E19 | 110 | 297 |
| 工业控制计算机 | E22 | 113 | 300 | 固体火箭技术 | E38 | 134 | 320 |
| 工业炉 | E14 | 101 | 288 | 固体力学学报 | B03 | 23 | 213 |
| 工业设计 | E01 | 81 | 269 | 故宫博物院院刊 | N08 | 185 | 370 |
| 工业水处理 | E39 | 136 | 322 | 观察与思考 | H01 | 140 | 326 |
| 工业微生物 | B13 | 33 | 222 | 管道技术与设备 | E13 | 99 | 286 |
| 工业卫生与职业病 | D32 | 72 | 260 | 管理案例研究与评论 | F01 | 138 | 324 |
| 工业仪表与自动化装置 | E27 | 119 | 306 | 管理工程师 | F01 | 138 | 324 |
| 工业用水与废水 | E39 | 136 | 322 | 管理工程学报 | F01 | 138 | 324 |
| 公安学刊-浙江警察学院学报 | M05 | 178 | 363 | 管理观察 | F01 | 138 | 324 |
| 公安研究 | M05 | 178 | 363 | 管理科学 | F01 | 138 | 324 |
| 公共管理学报 | F01 | 138 | 324 | 管理科学学报 | F01 | 138 | 324 |
| 公共管理与政策评论 | F01 | 138 | 324 | 管理评论 | F01 | 138 | 324 |
| 公共行政评论 | M03 | 176 | 361 | 管理世界 | F01 | 138 | 324 |
| 公共卫生与预防医学 | D31 | 71 | 259 | 管理现代化 | F01 | 138 | 324 |
| 公路 | E35 | 131 | 317 | 管理学报 | F01 | 138 | 324 |
| 公路工程 | E35 | 131 | 317 | 管理学刊 | F01 | 138 | 324 |
| 公路交通技术 | E34 | 129 | 316 | 管子学刊 | J02 | 153 | 339 |
| 公路交通科技 | E34 | 129 | 316 | 灌溉排水学报 | E05 | 89 | 277 |
| 公路交通科技·应用技术版 | E34 | 129 | 316 | 光电工程 | E20 | 111 | 298 |
| 公路与汽运 | E34 | 129 | 316 | 光电技术应用 | E20 | 111 | 298 |
| 功能材料 | E08 | 92 | 280 | 光电子·激光 | E20 | 111 | 298 |
| 功能高分子学报 | B05 | 26 | 215 | 光电子技术 | E20 | 111 | 298 |
| 功能与分子医学影像学杂志(电子版) | D28 | 68 | 256 | 光明中医 | D37 | 77 | 265 |
| 供水技术 | E31 | 124 | 310 | 光谱学与光谱分析 | B05 | 26 | 215 |
| 供用电 | E15 | 103 | 291 | 光散射学报 | B04 | 24 | 214 |
| 古地理学报 | B11 | 31 | 220 | 光通信技术 | E21 | 112 | 299 |
| 古汉语研究 | K01 | 154 | 340 | 光通信研究 | E21 | 112 | 299 |
| 古籍整理研究学刊 | N06 | 183 | 368 | 光纤与电缆及其应用技术 | E03 | 88 | 275 |
| 古脊椎动物学报 | B11 | 31 | 220 | 光学技术 | E20 | 111 | 298 |
| 古建园林技术 | E31 | 124 | 310 | 光学精密工程 | E27 | 119 | 306 |
| 古今农业 | C01 | 36 | 226 | 光学学报 | B04 | 24 | 214 |
| 古生物学报 | B11 | 31 | 220 | 光学仪器 | E27 | 119 | 306 |
| 骨科 | D18 | 63 | 252 | 光学与光电技术 | E20 | 111 | 298 |

# 中国期刊名称类目索引(续)

| 期刊名称 | 学科代码 | 被引指标页码 | 来源指标页码 | 期刊名称 | 学科代码 | 被引指标页码 | 来源指标页码 |
|---|---|---|---|---|---|---|---|
| 光源与照明 | E19 | 110 | 297 | 广东饲料 | C08 | 45 | 234 |
| 光子学报 | B04 | 24 | 214 | 广东通信技术 | E21 | 112 | 299 |
| 广播电视大学学报(哲学社会科学版) | P05 | 196 | 380 | 广东外语外贸大学学报 | L02 | 165 | 350 |
| 广播电视信息 | E03 | 88 | 275 | 广东微量元素科学 | D31 | 71 | 259 |
| 广播与电视技术 | E03 | 88 | 275 | 广东药科大学学报 | D02 | 52 | 241 |
| 广船科技 | E37 | 133 | 319 | 广东医学 | D01 | 48 | 237 |
| 广东财经大学学报 | L02 | 165 | 350 | 广东医科大学学报 | D02 | 52 | 241 |
| 广东蚕业 | C08 | 45 | 234 | 广东园林 | C04 | 41 | 230 |
| 广东茶业 | E30 | 122 | 308 | 广东造船 | E37 | 133 | 319 |
| 广东畜牧兽医科技 | C08 | 45 | 234 | 广西财经学院学报 | L02 | 165 | 350 |
| 广东第二师范学院学报 | P01 | 186 | 371 | 广西蚕业 | C08 | 45 | 234 |
| 广东电力 | E15 | 103 | 291 | 广西畜牧兽医 | C08 | 45 | 234 |
| 广东工业大学学报 | E02 | 84 | 271 | 广西大学学报(哲学社会科学版) | H02 | 144 | 330 |
| 广东公安科技 | M07 | 179 | 365 | 广西大学学报(自然科学版) | A02 | 15 | 205 |
| 广东公路交通 | E34 | 129 | 316 | 广西地方志 | K08 | 160 | 346 |
| 广东海洋大学学报 | C10 | 47 | 236 | 广西电力 | E15 | 103 | 291 |
| 广东行政学院学报 | M02 | 173 | 358 | 广西广播电视大学学报 | P05 | 196 | 380 |
| 广东化工 | E23 | 115 | 302 | 广西教育(高等教育) | P05 | 196 | 380 |
| 广东技术师范学院学报 | H03 | 151 | 337 | 广西教育学院学报 | P01 | 186 | 371 |
| 广东建材 | E31 | 124 | 310 | 广西教育(义务教育) | P03 | 191 | 376 |
| 广东交通职业技术学院学报 | E34 | 129 | 316 | 广西教育(中等教育) | P03 | 191 | 376 |
| 广东教育(高中版) | P03 | 191 | 376 | 广西经济管理干部学院学报 | M02 | 173 | 358 |
| 广东教育(职教版) | P03 | 191 | 376 | 广西警察学院学报 | M05 | 178 | 363 |
| 广东开放大学学报 | P05 | 196 | 380 | 广西科技大学学报 | E02 | 84 | 272 |
| 广东农工商职业技术学院学报 | L02 | 165 | 350 | 广西科技师范学院学报 | H03 | 151 | 337 |
| 广东农业科学 | C01 | 36 | 226 | 广西科学 | A01 | 13 | 203 |
| 广东气象 | B08 | 27 | 217 | 广西科学院学报 | A01 | 13 | 203 |
| 广东青年职业学院学报 | M02 | 173 | 358 | 广西林业科学 | C07 | 43 | 232 |
| 广东轻工职业技术学院学报 | E02 | 84 | 272 | 广西民族大学学报(哲学社会科学版) | H02 | 144 | 330 |
| 广东社会科学 | H01 | 140 | 326 | 广西民族大学学报(自然科学版) | A02 | 15 | 205 |
| 广东省社会主义学院学报 | M02 | 173 | 358 | 广西民族师范学院学报 | H03 | 151 | 337 |
| 广东石油化工学院学报 | E17 | 106 | 294 | 广西民族研究 | N04 | 181 | 366 |
| 广东水利电力职业技术学院学报 | E15 | 103 | 291 | 广西农学报 | C01 | 36 | 226 |
| 广东水利水电 | E33 | 127 | 313 | 广西农业机械化 | E05 | 89 | 277 |

409

# 中国期刊名称类目索引(续)

| 期刊名称 | 学科代码 | 被引指标页码 | 来源指标页码 | 期刊名称 | 学科代码 | 被引指标页码 | 来源指标页码 |
|---|---|---|---|---|---|---|---|
| 广西青年干部学院学报 | M02 | 173 | 358 | 硅酸盐通报 | E23 | 115 | 302 |
| 广西社会科学 | H01 | 140 | 326 | 硅酸盐学报 | E23 | 115 | 302 |
| 广西社会主义学院学报 | M02 | 173 | 358 | 轨道交通装备与技术 | E36 | 131 | 318 |
| 广西师范大学学报(哲学社会科学版) | A03 | 19 | 209 | 贵金属 | E09 | 94 | 281 |
| 广西师范大学学报(自然科学版) | A03 | 19 | 209 | 贵阳市委党校学报 | M02 | 173 | 359 |
| 广西师范学院学报(哲学社会科学版) | H03 | 151 | 337 | 贵阳学院学报(社会科学版) | H02 | 144 | 331 |
| 广西师范学院学报(自然科学版) | A03 | 19 | 209 | 贵阳学院学报(自然科学版) | A02 | 15 | 205 |
| 广西水利水电 | E33 | 127 | 313 | 贵阳中医学院学报 | D38 | 79 | 267 |
| 广西糖业 | C03 | 40 | 229 | 贵州财经大学学报 | L02 | 165 | 350 |
| 广西通信技术 | E21 | 112 | 299 | 贵州畜牧兽医 | C08 | 45 | 234 |
| 广西医科大学学报 | D02 | 52 | 241 | 贵州大学学报(社会科学版) | H02 | 144 | 331 |
| 广西医学 | D01 | 48 | 237 | 贵州大学学报(艺术版) | K06 | 158 | 344 |
| 广西政法管理干部学院学报 | M02 | 173 | 358 | 贵州大学学报(自然科学版) | A02 | 15 | 205 |
| 广西植保 | C06 | 42 | 231 | 贵州地质 | B11 | 31 | 220 |
| 广西植物 | B15 | 34 | 224 | 贵州电力技术 | E15 | 103 | 291 |
| 广西中医药 | D37 | 77 | 265 | 贵州工程应用技术学院学报 | H02 | 144 | 331 |
| 广西中医药大学学报 | D38 | 79 | 267 | 贵州警官职业学院学报 | M05 | 178 | 363 |
| 广义虚拟经济研究 | L01 | 162 | 348 | 贵州科学 | A01 | 13 | 203 |
| 广州城市职业学院学报 | P05 | 196 | 380 | 贵州林业科技 | C07 | 43 | 232 |
| 广州大学学报(社会科学版) | H02 | 144 | 331 | 贵州民族大学学报(哲学社会科学版) | H02 | 145 | 331 |
| 广州大学学报(自然科学版) | A02 | 15 | 205 | 贵州民族研究 | N04 | 181 | 366 |
| 广州广播电视大学学报 | P05 | 196 | 381 | 贵州农业科学 | C01 | 36 | 226 |
| 广州航海学院学报 | E37 | 133 | 319 | 贵州气象 | B08 | 27 | 217 |
| 广州化工 | E23 | 115 | 302 | 贵州商学院学报 | L02 | 165 | 350 |
| 广州化学 | B05 | 26 | 215 | 贵州社会科学 | H01 | 140 | 326 |
| 广州建筑 | E31 | 124 | 310 | 贵州社会主义学院学报 | M02 | 173 | 359 |
| 广州社会主义学院学报 | M02 | 173 | 358 | 贵州师范大学学报(社会科学版) | A03 | 19 | 209 |
| 广州市公安管理干部学院学报 | M02 | 173 | 359 | 贵州师范大学学报(自然科学版) | A03 | 19 | 209 |
| 广州体育学院学报 | P07 | 199 | 384 | 贵州师范学院学报 | P01 | 186 | 371 |
| 广州医科大学学报 | D02 | 52 | 241 | 贵州文史丛刊 | K08 | 160 | 346 |
| 广州医药 | D01 | 48 | 237 | 贵州医科大学学报 | D02 | 52 | 241 |
| 高等职业教育探索 | P05 | 196 | 381 | 贵州医药 | D01 | 48 | 237 |
| 广州中医药大学学报 | D38 | 79 | 267 | 桂海论丛 | H01 | 140 | 326 |
| 规划师 | E31 | 124 | 310 | 桂林电子科技大学学报 | E19 | 110 | 297 |

# 中国期刊名称类目索引(续)

| 期刊名称 | 学科代码 | 被引指标页码 | 来源指标页码 | 期刊名称 | 学科代码 | 被引指标页码 | 来源指标页码 |
|---|---|---|---|---|---|---|---|
| 桂林航天工业学院学报 | E38 | 134 | 320 | 国际麻醉学与复苏杂志 | D14 | 61 | 249 |
| 桂林理工大学学报 | E02 | 84 | 272 | 国际贸易 | L08 | 168 | 354 |
| 桂林师范高等专科学校学报 | H03 | 151 | 337 | 国际贸易问题 | L08 | 168 | 354 |
| 郭沫若学刊 | K08 | 160 | 346 | 国际泌尿系统杂志 | D17 | 63 | 251 |
| 锅炉技术 | E14 | 101 | 288 | 国际免疫学杂志 | D03 | 54 | 243 |
| 锅炉制造 | E14 | 101 | 288 | 国际脑血管病杂志 | D27 | 67 | 255 |
| 国防 | E28 | 120 | 307 | 国际内分泌代谢杂志 | D12 | 60 | 248 |
| 国防交通工程与技术 | E34 | 129 | 316 | 国际皮肤性病学杂志 | D25 | 66 | 255 |
| 国防科技 | E28 | 120 | 307 | 国际商务财会 | L10 | 170 | 355 |
| 国防科技大学学报 | E02 | 84 | 272 | 国际商务-对外经济贸易大学学报 | L02 | 165 | 350 |
| 国防制造技术 | E12 | 97 | 285 | 国际商务研究 | L08 | 168 | 354 |
| 国际安全研究 | M01 | 172 | 357 | 国际神经病学神经外科学杂志 | D27 | 67 | 255 |
| 国际病毒学杂志 | B17 | 35 | 225 | 国际生物医学工程杂志 | E06 | 91 | 278 |
| 国际城市规划 | E31 | 124 | 310 | 国际生物制品学杂志 | D03 | 54 | 243 |
| 国际地震动态 | B11 | 31 | 220 | 国际生殖健康/计划生育杂志 | D33 | 73 | 261 |
| 国际儿科学杂志 | D21 | 64 | 253 | 国际石油经济 | E17 | 106 | 294 |
| 国际耳鼻咽喉头颈外科杂志 | D23 | 65 | 254 | 国际输血及血液学杂志 | D11 | 60 | 248 |
| 国际纺织导报 | E29 | 121 | 308 | 国际税收 | L10 | 170 | 356 |
| 国际放射医学核医学杂志 | D28 | 68 | 256 | 国际外科学杂志 | D14 | 61 | 249 |
| 国际妇产科学杂志 | D20 | 64 | 253 | 国际问题研究 | M04 | 176 | 362 |
| 国际骨科学杂志 | D18 | 63 | 252 | 国际消化病杂志 | D10 | 59 | 248 |
| 国际观察 | M04 | 176 | 362 | 国际心血管病杂志 | D16 | 62 | 251 |
| 国际呼吸杂志 | D09 | 59 | 248 | 国际新闻界 | N05 | 182 | 367 |
| 国际护理学杂志 | D30 | 70 | 258 | 国际研究参考 | M04 | 176 | 362 |
| 国际检验医学杂志 | D06 | 57 | 246 | 国际眼科杂志 | D22 | 65 | 253 |
| 国际金融研究 | L10 | 170 | 355 | 国际眼科纵览 | D23 | 65 | 254 |
| 国际经济合作 | L01 | 162 | 348 | 国际药学研究杂志 | D36 | 75 | 263 |
| 国际经济评论 | L01 | 162 | 348 | 国际医学放射学杂志 | D28 | 68 | 256 |
| 国际经贸探索 | L08 | 168 | 354 | 国际医药卫生导报 | D01 | 48 | 237 |
| 国际精神病学杂志 | D27 | 67 | 255 | 国际移植与血液净化杂志 | D14 | 61 | 249 |
| 国际口腔医学杂志 | D24 | 66 | 254 | 国际遗传学杂志 | D03 | 54 | 243 |
| 国际老年医学杂志 | D07 | 58 | 246 | 国际展望 | M04 | 177 | 362 |
| 国际流行病学传染病学杂志 | D13 | 60 | 249 | 国际政治研究 | M04 | 177 | 362 |
| 国际论坛 | M04 | 176 | 362 | 国际中医中药杂志 | D37 | 77 | 265 |

# 中国期刊名称类目索引(续)

| 期刊名称 | 学科代码 | 被引指标页码 | 来源指标页码 | 期刊名称 | 学科代码 | 被引指标页码 | 来源指标页码 |
|---|---|---|---|---|---|---|---|
| 国际肿瘤学杂志 | D29 | 69 | 257 | 哈尔滨理工大学学报 | E02 | 84 | 272 |
| 国家行政学院学报 | M02 | 173 | 359 | 哈尔滨商业大学学报(社会科学版) | H02 | 145 | 331 |
| 国家检察官学院学报 | M05 | 178 | 363 | 哈尔滨商业大学学报(自然科学版) | A02 | 15 | 205 |
| 国家教育行政学院学报 | M02 | 173 | 359 | 哈尔滨师范大学社会科学学报 | H02 | 145 | 331 |
| 国家林业局管理干部学院学报 | M02 | 173 | 359 | 哈尔滨师范大学自然科学学报 | A03 | 19 | 209 |
| 国家图书馆学刊 | N06 | 183 | 368 | 哈尔滨市委党校学报 | M02 | 173 | 359 |
| 国土与自然资源研究 | B10 | 29 | 219 | 哈尔滨体育学院学报 | P07 | 199 | 384 |
| 国土资源导刊 | B10 | 29 | 219 | 哈尔滨学院学报 | P01 | 186 | 371 |
| 国土资源科技管理 | B10 | 29 | 219 | 哈尔滨医科大学学报 | D02 | 52 | 241 |
| 国土资源情报 | B10 | 29 | 219 | 哈尔滨医药 | D01 | 49 | 237 |
| 国土资源信息化 | L06 | 168 | 353 | 哈尔滨职业技术学院学报 | P05 | 196 | 381 |
| 国土资源遥感 | E07 | 91 | 279 | 哈尔滨轴承 | E13 | 99 | 286 |
| 国外畜牧学-猪与禽 | C08 | 45 | 234 | 海岸工程 | B12 | 32 | 221 |
| 国外电子测量技术 | E19 | 110 | 297 | 海关与经贸研究 | L02 | 165 | 350 |
| 国外机车车辆工艺 | E36 | 131 | 318 | 海河水利 | E33 | 127 | 313 |
| 国外理论动态 | M04 | 177 | 362 | 海交史研究 | K08 | 160 | 346 |
| 国外内燃机 | E15 | 103 | 291 | 海军工程大学学报 | E02 | 84 | 272 |
| 国外社会科学 | M04 | 177 | 362 | 海军工程大学学报(综合版) | H02 | 145 | 331 |
| 国外铁道车辆 | E36 | 131 | 318 | 海军航空工程学院学报 | E38 | 134 | 320 |
| 国外铁道机车与动车 | E36 | 131 | 318 | 海军医学杂志 | D01 | 49 | 238 |
| 国外文学 | K05 | 157 | 343 | 海南大学学报(人文社会科学版) | H02 | 145 | 331 |
| 国外医学·卫生经济分册 | L01 | 162 | 348 | 海南大学学报(自然科学版) | A02 | 15 | 205 |
| 国外医学(医学地理分册) | D31 | 71 | 259 | 海南广播电视大学学报 | P05 | 196 | 381 |
| 国外医药(抗生素分册) | D36 | 75 | 263 | 海南金融 | L10 | 170 | 356 |
| 国网技术学院学报 | E15 | 103 | 291 | 海南师范大学学报(社会科学版) | A03 | 19 | 209 |
| 国学学刊 | K04 | 156 | 342 | 海南师范大学学报(自然科学版) | A03 | 19 | 209 |
| 国医论坛 | D37 | 77 | 265 | 海南医学 | D01 | 49 | 238 |
| 果农之友 | C04 | 41 | 230 | 海南医学院学报 | D02 | 52 | 241 |
| 果树学报 | C04 | 41 | 230 | 海外华文教育 | P03 | 191 | 376 |
| 过程工程学报 | E23 | 115 | 302 | 海外英语(上) | K01 | 154 | 340 |
| 过滤与分离 | E23 | 115 | 302 | 海峡法学 | M05 | 178 | 363 |
| 哈尔滨工程大学学报 | E02 | 84 | 272 | 海峡科技与产业 | L01 | 162 | 348 |
| 哈尔滨工业大学学报 | E02 | 84 | 272 | 海峡科学 | L01 | 162 | 348 |
| 哈尔滨工业大学学报(社会科学版) | H02 | 145 | 331 | 海峡药学 | D36 | 75 | 263 |

# 中国期刊名称类目索引(续)

| 期刊名称 | 学科代码 | 被引指标页码 | 来源指标页码 | 期刊名称 | 学科代码 | 被引指标页码 | 来源指标页码 |
|---|---|---|---|---|---|---|---|
| 海峡预防医学杂志 | D31 | 71 | 259 | 焊接技术 | E13 | 99 | 286 |
| 海相油气地质 | E17 | 106 | 294 | 焊接学报 | E13 | 99 | 286 |
| 海洋测绘 | E07 | 91 | 279 | 行政法学研究 | M05 | 178 | 363 |
| 海洋地质前沿 | B12 | 32 | 221 | 行政管理改革 | M01 | 172 | 357 |
| 海洋地质与第四纪地质 | B12 | 32 | 221 | 行政论坛 | M03 | 176 | 361 |
| 海洋工程 | B12 | 32 | 221 | 行政事业资产与财务 | L01 | 162 | 348 |
| 海洋工程装备与技术 | B12 | 32 | 221 | 行政与法 | M05 | 178 | 363 |
| 海洋湖沼通报 | B12 | 32 | 222 | 杭州电子科技大学学报 | E19 | 110 | 297 |
| 海洋环境科学 | E39 | 136 | 322 | 杭州化工 | E23 | 115 | 302 |
| 海洋技术学报 | B12 | 32 | 222 | 杭州师范大学学报(社会科学版) | A03 | 19 | 209 |
| 海洋经济 | B12 | 32 | 222 | 杭州师范大学学报(自然科学版) | A03 | 20 | 209 |
| 海洋开发与管理 | B12 | 32 | 222 | 航海 | E37 | 133 | 319 |
| 海洋科学 | B12 | 32 | 222 | 航海技术 | E37 | 133 | 319 |
| 海洋科学进展 | B12 | 32 | 222 | 航海教育研究 | P01 | 186 | 371 |
| 海洋气象学报 | B08 | 27 | 217 | 航空标准化与质量 | E01 | 81 | 269 |
| 海洋石油 | E17 | 106 | 294 | 航空兵器 | E28 | 120 | 307 |
| 海洋通报 | B12 | 32 | 222 | 航空材料学报 | E38 | 134 | 320 |
| 海洋信息 | B12 | 32 | 222 | 航空电子技术 | E38 | 134 | 320 |
| 海洋学报 | B12 | 32 | 222 | 航空动力学报 | E38 | 134 | 321 |
| 海洋学研究 | B12 | 32 | 222 | 航空发动机 | E38 | 134 | 321 |
| 海洋渔业 | C10 | 47 | 236 | 航空工程进展 | E38 | 134 | 321 |
| 海洋与湖沼 | B12 | 32 | 222 | 航空航天医学杂志 | D01 | 49 | 238 |
| 海洋预报 | B12 | 32 | 222 | 航空计算技术 | E38 | 134 | 321 |
| 邯郸学院学报 | H02 | 145 | 331 | 航空精密制造技术 | E38 | 134 | 321 |
| 邯郸职业技术学院学报 | P05 | 196 | 381 | 航空科学技术 | E38 | 134 | 321 |
| 含能材料 | E28 | 120 | 307 | 航空维修与工程 | E38 | 134 | 321 |
| 韩山师范学院学报 | H03 | 151 | 337 | 航空学报 | E38 | 134 | 321 |
| 罕少疾病杂志 | D06 | 57 | 246 | 航空制造技术 | E38 | 134 | 321 |
| 汉语学报 | K01 | 154 | 340 | 航天标准化 | E01 | 81 | 269 |
| 汉语学习 | K01 | 154 | 340 | 航天电子对抗 | E38 | 134 | 321 |
| 汉语言文学研究 | K01 | 154 | 340 | 航天返回与遥感 | E38 | 134 | 321 |
| 汉字文化 | K01 | 154 | 340 | 航天控制 | E38 | 134 | 321 |
| 焊管 | E17 | 106 | 294 | 航天器工程 | E38 | 134 | 321 |
| 焊接 | E13 | 99 | 286 | 航天器环境工程 | E38 | 134 | 321 |

# 中国期刊名称类目索引(续)

| 期刊名称 | 学科代码 | 被引指标页码 | 来源指标页码 | 期刊名称 | 学科代码 | 被引指标页码 | 来源指标页码 |
|---|---|---|---|---|---|---|---|
| 航天医学与医学工程 | D34 | 73 | 261 | 河北金融 | L10 | 170 | 356 |
| 航天制造技术 | E38 | 135 | 321 | 河北经贸大学学报 | L02 | 165 | 351 |
| 合成材料老化与应用 | E08 | 93 | 280 | 河北经贸大学学报(综合版) | H02 | 145 | 331 |
| 合成化学 | B05 | 26 | 215 | 河北科技大学学报 | A02 | 16 | 205 |
| 合成技术及应用 | E23 | 115 | 302 | 河北科技师范学院学报 | H03 | 151 | 337 |
| 合成润滑材料 | E08 | 93 | 280 | 河北科技师范学院学报(社会科学版) | H02 | 145 | 331 |
| 合成树脂及塑料 | E24 | 117 | 304 | 河北科技图苑 | N06 | 183 | 368 |
| 合成纤维 | E29 | 121 | 308 | 河北理科教学研究 | P03 | 191 | 376 |
| 合成纤维工业 | E29 | 121 | 308 | 河北林果研究 | C04 | 41 | 230 |
| 合成橡胶工业 | E24 | 117 | 304 | 河北林业科技 | C07 | 43 | 232 |
| 合肥工业大学学报(社会科学版) | H02 | 145 | 331 | 河北旅游职业学院学报 | L02 | 165 | 351 |
| 合肥工业大学学报(自然科学版) | E02 | 84 | 272 | 河北民族师范学院学报 | H03 | 151 | 337 |
| 合肥师范学院学报 | H03 | 151 | 337 | 河北能源职业技术学院学报 | P05 | 196 | 381 |
| 合肥学院学报(综合版) | A02 | 15 | 205 | 河北农机 | E05 | 89 | 277 |
| 合作经济与科技 | L01 | 162 | 348 | 河北农业 | C01 | 36 | 226 |
| 和平与发展 | M04 | 177 | 362 | 河北农业大学学报 | C02 | 39 | 228 |
| 和田师范专科学校学报 | H03 | 151 | 337 | 河北农业大学学报(农林教育版) | P01 | 186 | 371 |
| 河北北方学院学报(社会科学版) | H02 | 145 | 331 | 河北农业科学 | C01 | 36 | 226 |
| 河北北方学院学报(自然科学版) | A02 | 15 | 205 | 河北企业 | L01 | 162 | 348 |
| 河北大学成人教育学院学报 | P05 | 196 | 381 | 河北青年管理干部学院学报 | M02 | 173 | 359 |
| 河北大学学报(哲学社会科学版) | H02 | 145 | 331 | 河北软件职业技术学院学报 | E02 | 84 | 272 |
| 河北大学学报(自然科学版) | A02 | 15 | 205 | 河北省科学院学报 | A01 | 13 | 203 |
| 河北电力技术 | E15 | 103 | 291 | 河北省社会主义学院学报 | M02 | 173 | 359 |
| 河北法学 | M05 | 178 | 363 | 河北师范大学学报(教育科学版) | P01 | 186 | 371 |
| 河北工程大学学报(社会科学版) | H02 | 145 | 331 | 河北师范大学学报(哲学社会科学版) | A03 | 20 | 209 |
| 河北工程大学学报(自然科学版) | E31 | 124 | 311 | 河北师范大学学报(自然科学版) | A03 | 20 | 209 |
| 河北工程技术高等专科学校学报 | A02 | 15 | 205 | 河北水利 | E33 | 127 | 313 |
| 河北工业大学学报 | E02 | 84 | 272 | 河北体育学院学报 | P07 | 199 | 384 |
| 河北工业大学学报(社会科学版) | H02 | 145 | 331 | 河北学刊 | H01 | 140 | 326 |
| 河北工业科技 | E01 | 81 | 269 | 河北冶金 | E11 | 96 | 283 |
| 河北公安警察职业学院学报 | M05 | 178 | 363 | 河北医科大学学报 | D02 | 52 | 241 |
| 河北广播电视大学学报 | P05 | 196 | 381 | 河北医学 | D01 | 49 | 238 |
| 河北果树 | C04 | 41 | 230 | 河北医药 | D01 | 49 | 238 |
| 河北建筑工程学院学报 | E31 | 124 | 311 | 河北渔业 | C10 | 47 | 236 |

# 中国期刊名称类目索引(续)

| 期刊名称 | 学科代码 | 被引指标页码 | 来源指标页码 | 期刊名称 | 学科代码 | 被引指标页码 | 来源指标页码 |
|---|---|---|---|---|---|---|---|
| 河北职业教育 | L01 | 162 | 348 | 河南理工大学学报(自然科学版) | E02 | 84 | 272 |
| 河北中医 | D37 | 77 | 265 | 河南林业科技 | C07 | 43 | 232 |
| 河北中医药学报 | D37 | 77 | 265 | 河南农业 | C01 | 36 | 226 |
| 河池学院学报 | H02 | 145 | 331 | 河南农业大学学报 | C02 | 39 | 228 |
| 河海大学学报(哲学社会科学版) | H02 | 145 | 331 | 河南农业科学 | C01 | 36 | 226 |
| 河海大学学报(自然科学版) | E33 | 127 | 314 | 河南牧业经济学院学报 | L02 | 165 | 351 |
| 河南财经政法大学学报 | M05 | 178 | 363 | 河南社会科学 | H01 | 140 | 326 |
| 河南财政税务高等专科学校学报 | L02 | 165 | 351 | 河南师范大学学报(哲学社会科学版) | H03 | 151 | 337 |
| 河南城建学院学报 | E02 | 84 | 272 | 河南师范大学学报(自然科学版) | A03 | 20 | 209 |
| 河南大学学报(社会科学版) | H02 | 145 | 331 | 河南水利与南水北调 | E33 | 127 | 314 |
| 河南大学学报(医学版) | D02 | 52 | 241 | 河南司法警官职业学院学报 | M05 | 178 | 363 |
| 河南大学学报(自然科学版) | A02 | 16 | 205 | 河南图书馆学刊 | N06 | 183 | 368 |
| 河南工程学院学报(社会科学版) | H02 | 145 | 331 | 河南外科学杂志 | D14 | 61 | 249 |
| 河南工程学院学报(自然科学版) | E02 | 84 | 272 | 河南冶金 | E11 | 96 | 283 |
| 河南工业大学学报(社会科学版) | H02 | 145 | 331 | 河南医学高等专科学校学报 | D02 | 52 | 241 |
| 河南工业大学学报(自然科学版) | E30 | 122 | 308 | 河南医学研究 | D01 | 49 | 238 |
| 河南广播电视大学学报 | P05 | 196 | 381 | 河南预防医学杂志 | D31 | 71 | 259 |
| 河南化工 | E23 | 115 | 302 | 河南中医 | D37 | 77 | 265 |
| 河南机电高等专科学校学报 | E15 | 103 | 291 | 河西学院学报 | P01 | 186 | 371 |
| 河南建材 | E31 | 124 | 311 | 核安全 | E18 | 109 | 296 |
| 河南教育(高校版) | P03 | 191 | 376 | 核电子学与探测技术 | E18 | 109 | 296 |
| 河南教育(基教版) | P03 | 191 | 376 | 核动力工程 | E18 | 109 | 296 |
| 河南教育学院学报(哲学社会科学版) | H02 | 145 | 331 | 核化学与放射化学 | E18 | 109 | 296 |
| 河南教育学院学报(自然科学版) | A02 | 16 | 205 | 核技术 | E18 | 109 | 296 |
| 河南教育(职成教版) | P03 | 191 | 376 | 核聚变与等离子体物理 | B04 | 24 | 214 |
| 河南警察学院学报 | M05 | 178 | 363 | 核科学与工程 | E18 | 109 | 296 |
| 河南科技 | A01 | 13 | 203 | 核农学报 | C01 | 36 | 226 |
| 河南科技大学学报(社会科学版) | H02 | 145 | 331 | 菏泽学院学报 | H02 | 145 | 331 |
| 河南科技大学学报(医学版) | D02 | 52 | 241 | 菏泽医学专科学校学报 | D02 | 52 | 241 |
| 河南科技大学学报(自然科学版) | A02 | 16 | 206 | 贺州学院学报 | H02 | 145 | 331 |
| 河南科技学院学报(社会科学版) | H02 | 145 | 331 | 黑河教育 | P03 | 191 | 376 |
| 河南科技学院学报(自然科学版) | A02 | 16 | 206 | 黑河学刊 | H01 | 140 | 326 |
| 河南科学 | A01 | 13 | 203 | 黑龙江八一农垦大学学报 | C02 | 39 | 228 |
| 河南理工大学学报(社会科学版) | H02 | 145 | 331 | 黑龙江畜牧兽医(上半月) | C08 | 45 | 234 |

# 中国期刊名称类目索引(续)

| 期刊名称 | 学科代码 | 被引指标页码 | 来源指标页码 | 期刊名称 | 学科代码 | 被引指标页码 | 来源指标页码 |
|---|---|---|---|---|---|---|---|
| 黑龙江畜牧兽医(下半月) | C08 | 45 | 234 | 红广角 | M01 | 172 | 357 |
| 黑龙江大学工程学报 | E02 | 84 | 272 | 红河学院学报 | H02 | 145 | 331 |
| 黑龙江大学自然科学学报 | A02 | 16 | 206 | 红楼梦学刊 | K04 | 156 | 342 |
| 黑龙江电力 | E15 | 103 | 291 | 红水河 | E33 | 127 | 314 |
| 黑龙江动物繁殖 | C08 | 45 | 234 | 红外 | E03 | 88 | 275 |
| 黑龙江纺织 | E29 | 121 | 308 | 红外技术 | E20 | 111 | 298 |
| 黑龙江高教研究 | P04 | 195 | 380 | 红外与毫米波学报 | B04 | 24 | 214 |
| 黑龙江工程学院学报 | E02 | 84 | 272 | 红外与激光工程 | E20 | 111 | 298 |
| 黑龙江环境通报 | E39 | 136 | 322 | 宏观经济管理 | L01 | 162 | 348 |
| 黑龙江交通科技 | E34 | 129 | 316 | 宏观经济研究 | L01 | 162 | 348 |
| 黑龙江教育(高教研究与评估版) | P04 | 195 | 380 | 宏观质量研究 | H01 | 140 | 326 |
| 黑龙江教育(理论与实践) | P03 | 191 | 376 | 后勤工程学院学报 | E02 | 84 | 272 |
| 黑龙江教育(小学) | P03 | 191 | 376 | 呼伦贝尔学院学报 | P01 | 186 | 371 |
| 黑龙江教育学院学报 | P01 | 186 | 371 | 湖北成人教育学院学报 | P05 | 196 | 381 |
| 黑龙江科技大学学报 | E02 | 84 | 272 | 湖北畜牧兽医 | C08 | 45 | 234 |
| 黑龙江科学 | A01 | 13 | 203 | 湖北大学学报(哲学社会科学版) | H02 | 145 | 331 |
| 黑龙江民族丛刊 | N04 | 181 | 366 | 湖北大学学报(自然科学版) | A02 | 16 | 206 |
| 黑龙江农业科学 | C01 | 36 | 226 | 湖北第二师范学院学报 | A03 | 20 | 209 |
| 黑龙江气象 | B08 | 28 | 217 | 湖北工程学院学报 | E02 | 84 | 272 |
| 黑龙江社会科学 | H01 | 140 | 326 | 湖北工业大学学报 | E02 | 84 | 272 |
| 黑龙江生态工程职业学院学报 | C07 | 43 | 232 | 湖北工业职业技术学院学报 | P01 | 186 | 371 |
| 黑龙江省社会主义学院学报 | M02 | 174 | 359 | 湖北广播电视大学学报 | P05 | 196 | 381 |
| 黑龙江省政法管理干部学院学报 | M02 | 174 | 359 | 湖北函授大学学报 | P05 | 196 | 381 |
| 黑龙江水产 | C10 | 47 | 236 | 湖北行政学院学报 | M02 | 174 | 359 |
| 黑龙江水利 | E33 | 127 | 314 | 湖北经济学院学报 | L02 | 165 | 351 |
| 黑龙江水利科技 | E33 | 127 | 314 | 湖北经济学院学报(人文社会科学版) | H02 | 145 | 331 |
| 黑龙江医学 | D01 | 49 | 238 | 湖北警官学院学报 | M05 | 178 | 363 |
| 黑龙江医药 | D01 | 49 | 238 | 湖北科技学院学报 | A02 | 16 | 206 |
| 黑龙江医药科学 | D01 | 49 | 238 | 湖北科技学院学报(医学版) | D02 | 52 | 241 |
| 黑龙江造纸 | E26 | 118 | 305 | 湖北理工学院学报 | E02 | 84 | 272 |
| 黑龙江中医药 | D37 | 77 | 265 | 湖北理工学院学报(人文社会科学版) | H02 | 145 | 331 |
| 衡器 | E01 | 81 | 269 | 湖北林业科技 | C07 | 43 | 232 |
| 衡水学院学报 | H02 | 145 | 331 | 湖北美术学院学报 | K06 | 158 | 344 |
| 衡阳师范学院学报 | H03 | 151 | 337 | 湖北民族学院学报(医学版) | D02 | 52 | 241 |

# 中国期刊名称类目索引(续)

| 期刊名称 | 学科代码 | 被引指标页码 | 来源指标页码 | 期刊名称 | 学科代码 | 被引指标页码 | 来源指标页码 |
|---|---|---|---|---|---|---|---|
| 湖北民族学院学报(哲学社会科学版) | H02 | 145 | 332 | 湖南警察学院学报 | M05 | 178 | 364 |
| 湖北民族学院学报(自然科学版) | A02 | 16 | 206 | 湖南科技大学学报(社会科学版) | H02 | 146 | 332 |
| 湖北农机化 | E05 | 89 | 277 | 湖南科技大学学报(自然科学版) | E02 | 84 | 272 |
| 湖北农业科学 | C01 | 36 | 226 | 湖南科技学院学报 | A02 | 16 | 206 |
| 湖北汽车工业学院学报 | E36 | 131 | 318 | 湖南理工学院学报(自然科学版) | E02 | 84 | 272 |
| 湖北社会科学 | H01 | 140 | 326 | 湖南林业科技 | C07 | 43 | 232 |
| 湖北省社会主义学院学报 | M02 | 174 | 359 | 湖南农业大学学报(社会科学版) | H02 | 146 | 332 |
| 湖北师范大学学报(哲学社会科学版) | H03 | 151 | 337 | 湖南农业大学学报(自然科学版) | C02 | 39 | 228 |
| 湖北师范大学学报(自然科学版) | A03 | 20 | 209 | 湖南农业科学 | C01 | 37 | 226 |
| 湖北体育科技 | P07 | 199 | 384 | 湖南人文科技学院学报 | H02 | 146 | 332 |
| 湖北文理学院学报 | A02 | 16 | 206 | 湖南商学院学报 | L02 | 165 | 351 |
| 湖北医药学院学报 | D02 | 52 | 241 | 湖南社会科学 | H01 | 140 | 326 |
| 湖北职业技术学院学报 | P05 | 196 | 381 | 湖南生态科学学报 | B13 | 33 | 223 |
| 湖北植保 | C06 | 42 | 231 | 湖南省社会主义学院学报 | M02 | 174 | 359 |
| 湖北中医药大学学报 | D38 | 79 | 267 | 湖南师范大学教育科学学报 | P01 | 186 | 371 |
| 湖北中医杂志 | D37 | 77 | 265 | 湖南师范大学社会科学学报 | H03 | 151 | 337 |
| 湖泊科学 | B12 | 32 | 222 | 湖南师范大学学报(医学版) | D02 | 52 | 241 |
| 湖南包装 | E23 | 115 | 302 | 湖南师范大学自然科学学报 | A03 | 20 | 209 |
| 湖南财政经济学院学报 | L02 | 165 | 351 | 湖南水利水电 | E33 | 127 | 314 |
| 湖南城市学院学报(自然科学版) | E31 | 124 | 311 | 湖南税务高等专科学校学报 | L02 | 165 | 351 |
| 湖南畜牧兽医 | C08 | 45 | 234 | 湖南文理学院学报(自然科学版) | A02 | 16 | 206 |
| 湖南大学学报(社会科学版) | H02 | 145 | 332 | 湖南邮电职业技术学院学报 | E21 | 112 | 299 |
| 湖南大学学报(自然科学版) | E02 | 84 | 272 | 湖南有色金属 | E09 | 94 | 281 |
| 湖南大众传媒职业技术学院学报 | P01 | 186 | 371 | 湖南中医药大学学报 | D38 | 79 | 267 |
| 湖南第一师范学院学报 | H03 | 151 | 337 | 湖南中医杂志 | D37 | 77 | 265 |
| 湖南电力 | E15 | 103 | 291 | 湖湘论坛 | H01 | 140 | 326 |
| 湖南工程学院学报(社会科学版) | H02 | 145 | 332 | 湖州师范学院学报 | H03 | 151 | 337 |
| 湖南工程学院学报(自然科学版) | A02 | 16 | 206 | 湖州职业技术学院学报 | P05 | 196 | 381 |
| 湖南工业大学学报 | E02 | 84 | 272 | 互联网天地 | E21 | 112 | 299 |
| 湖南工业大学学报(社会科学版) | H02 | 146 | 332 | 护理管理杂志 | D30 | 70 | 258 |
| 湖南工业职业技术学院学报 | P05 | 196 | 381 | 护理实践与研究 | D30 | 70 | 258 |
| 湖南广播电视大学学报 | P05 | 196 | 381 | 护理学报 | D30 | 70 | 258 |
| 湖南行政学院学报 | M02 | 174 | 359 | 护理学杂志 | D30 | 70 | 258 |
| 湖南交通科技 | E34 | 129 | 316 | 护理研究 | D30 | 70 | 259 |

# 中国期刊名称类目索引(续)

| 期刊名称 | 学科代码 | 被引指标页码 | 来源指标页码 | 期刊名称 | 学科代码 | 被引指标页码 | 来源指标页码 |
|---|---|---|---|---|---|---|---|
| 护理与康复 | D30 | 70 | 259 | 华南农业大学学报 | C02 | 39 | 228 |
| 护士进修杂志 | D30 | 70 | 259 | 华南农业大学学报(社会科学版) | H02 | 146 | 332 |
| 花卉 | C04 | 41 | 230 | 华南师范大学学报(社会科学版) | H03 | 151 | 337 |
| 花生学报 | C04 | 41 | 230 | 华南师范大学学报(自然科学版) | A03 | 20 | 210 |
| 华北地震科学 | B09 | 28 | 218 | 华南预防医学 | D31 | 71 | 259 |
| 华北电力大学学报(社会科学版) | H02 | 146 | 332 | 华侨大学学报(哲学社会科学版) | H02 | 146 | 332 |
| 华北电力大学学报(自然科学版) | E15 | 104 | 291 | 华侨大学学报(自然科学版) | A02 | 16 | 206 |
| 华北电力技术 | E15 | 104 | 291 | 华侨华人历史研究 | K08 | 160 | 346 |
| 华北国土资源 | B10 | 29 | 219 | 华文教学与研究 | P01 | 186 | 371 |
| 华北金融 | L10 | 170 | 356 | 华文文学 | K04 | 156 | 342 |
| 华北科技学院学报 | E02 | 84 | 272 | 华西口腔医学杂志 | D24 | 66 | 254 |
| 华北理工大学学报(社会科学版) | H02 | 146 | 332 | 华西药学杂志 | D36 | 75 | 263 |
| 华北理工大学学报(医学版) | D02 | 52 | 241 | 华西医学 | D01 | 49 | 238 |
| 华北理工大学学报(自然科学版) | A02 | 16 | 206 | 华夏考古 | K10 | 161 | 347 |
| 华北农学报 | C01 | 37 | 226 | 华夏医学 | D01 | 49 | 238 |
| 华北水利水电大学学报(社会科学版) | H02 | 146 | 332 | 华中建筑 | E31 | 124 | 311 |
| 华北水利水电大学学报(自然科学版) | A02 | 16 | 206 | 华中科技大学学报(社会科学版) | H02 | 146 | 332 |
| 华电技术 | E19 | 110 | 297 | 华中科技大学学报(医学版) | D02 | 52 | 241 |
| 华东地质 | B10 | 29 | 219 | 华中科技大学学报(自然科学版) | E02 | 84 | 272 |
| 华东交通大学学报 | E34 | 129 | 316 | 华中农业大学学报 | C02 | 39 | 228 |
| 华东经济管理 | L01 | 162 | 348 | 华中农业大学学报(社会科学版) | H02 | 146 | 332 |
| 华东理工大学学报(社会科学版) | H02 | 146 | 332 | 华中师范大学学报(人文社会科学版) | H03 | 151 | 337 |
| 华东理工大学学报(自然科学版) | E02 | 84 | 272 | 华中师范大学学报(自然科学版) | A03 | 20 | 210 |
| 华东森林经理 | C07 | 43 | 232 | 化肥工业 | E23 | 115 | 302 |
| 华东师范大学学报(教育科学版) | P01 | 186 | 371 | 化肥设计 | E23 | 115 | 302 |
| 华东师范大学学报(哲学社会科学版) | H03 | 151 | 337 | 化工高等教育 | P04 | 195 | 380 |
| 华东师范大学学报(自然科学版) | A03 | 20 | 210 | 化工管理 | E23 | 115 | 302 |
| 华东政法大学学报 | M05 | 178 | 364 | 化工环保 | E39 | 136 | 322 |
| 华东纸业 | E26 | 118 | 305 | 化工机械 | E23 | 115 | 302 |
| 华南地震 | B09 | 28 | 218 | 化工技术与开发 | E23 | 115 | 302 |
| 华南地质与矿产 | B11 | 31 | 220 | 化工进展 | E23 | 115 | 302 |
| 华南国防医学杂志 | D01 | 49 | 238 | 化工科技 | E23 | 115 | 302 |
| 华南理工大学学报(社会科学版) | H02 | 146 | 332 | 化工矿产地质 | B11 | 31 | 220 |
| 华南理工大学学报(自然科学版) | E02 | 84 | 272 | 化工矿物与加工 | E23 | 115 | 302 |

# 中国期刊名称类目索引(续)

| 期刊名称 | 学科代码 | 被引指标页码 | 来源指标页码 | 期刊名称 | 学科代码 | 被引指标页码 | 来源指标页码 |
|---|---|---|---|---|---|---|---|
| 化工设备与管道 | E23 | 115 | 302 | 淮北职业技术学院学报 | P05 | 196 | 381 |
| 化工设计 | E23 | 115 | 302 | 淮海工学院学报(人文社会科学版) | H02 | 146 | 332 |
| 化工设计通讯 | E23 | 115 | 302 | 淮海工学院学报(自然科学版) | E02 | 84 | 272 |
| 化工时刊 | E23 | 115 | 302 | 淮海医药 | D01 | 49 | 238 |
| 化工新型材料 | E08 | 93 | 280 | 淮南师范学院学报 | H03 | 151 | 337 |
| 化工学报 | E23 | 115 | 302 | 淮南职业技术学院学报 | P05 | 196 | 381 |
| 化工与医药工程 | D36 | 75 | 263 | 淮阴工学院学报 | E02 | 85 | 272 |
| 化工装备技术 | E23 | 115 | 302 | 淮阴师范学院学报(哲学社会科学版) | H03 | 151 | 337 |
| 化工自动化及仪表 | E23 | 115 | 302 | 淮阴师范学院学报(自然科学版) | A03 | 20 | 210 |
| 化纤与纺织技术 | E29 | 121 | 308 | 环保科技 | E39 | 136 | 322 |
| 化学传感器 | E22 | 113 | 300 | 环境保护 | E39 | 136 | 322 |
| 化学反应工程与工艺 | E23 | 115 | 302 | 环境保护科学 | E39 | 136 | 322 |
| 化学分析计量 | B05 | 26 | 215 | 环境工程 | E39 | 136 | 322 |
| 化学工程 | E23 | 115 | 302 | 环境工程技术学报 | E39 | 136 | 322 |
| 化学工程师 | E23 | 115 | 302 | 环境工程学报 | E39 | 136 | 322 |
| 化学工程与装备 | E23 | 115 | 302 | 环境化学 | E39 | 136 | 322 |
| 化学工业 | L08 | 168 | 354 | 环境技术 | E39 | 136 | 322 |
| 化学工业与工程 | E23 | 115 | 302 | 环境监测管理与技术 | E39 | 136 | 322 |
| 化学教学 | P03 | 191 | 376 | 环境监控与预警 | E39 | 136 | 322 |
| 化学教与学 | P03 | 192 | 376 | 环境科技 | E39 | 136 | 322 |
| 化学教育 | P03 | 192 | 376 | 环境科学 | E39 | 136 | 322 |
| 化学进展 | B05 | 26 | 215 | 环境科学导刊 | E39 | 136 | 322 |
| 化学世界 | E23 | 116 | 302 | 环境科学学报 | E39 | 136 | 323 |
| 化学试剂 | B05 | 26 | 216 | 环境科学研究 | E39 | 136 | 323 |
| 化学通报(印刷版) | B05 | 26 | 216 | 环境科学与管理 | E39 | 136 | 323 |
| 化学推进剂与高分子材料 | E08 | 93 | 280 | 环境科学与技术 | E39 | 136 | 323 |
| 化学学报 | B05 | 26 | 216 | 环境昆虫学报 | C06 | 42 | 231 |
| 化学研究 | B05 | 26 | 216 | 环境卫生工程 | E39 | 136 | 323 |
| 化学研究与应用 | B05 | 26 | 216 | 环境污染与防治 | E39 | 136 | 323 |
| 化学与生物工程 | E04 | 89 | 277 | 环境影响评价 | E39 | 136 | 323 |
| 化学与粘合 | E25 | 118 | 304 | 环境与发展 | E39 | 136 | 323 |
| 怀化学院学报 | A02 | 16 | 206 | 环境与健康杂志 | D32 | 72 | 261 |
| 淮北师范大学学报(哲学社会科学版) | A03 | 20 | 210 | 环境与可持续发展 | E39 | 136 | 323 |
| 淮北师范大学学报(自然科学版) | A03 | 20 | 210 | 环境与职业医学 | D32 | 72 | 261 |

# 中国期刊名称类目索引(续)

| 期刊名称 | 学科代码 | 被引指标页码 | 来源指标页码 | 期刊名称 | 学科代码 | 被引指标页码 | 来源指标页码 |
|---|---|---|---|---|---|---|---|
| 环球法律评论 | M05 | 178 | 364 | 机器人 | E03 | 88 | 276 |
| 环球人文地理 | K08 | 160 | 346 | 机器人技术与应用 | E03 | 88 | 276 |
| 环球中医药 | D37 | 77 | 265 | 机械 | E12 | 97 | 285 |
| 黄冈师范学院学报 | H03 | 152 | 337 | 机械传动 | E12 | 97 | 285 |
| 黄冈职业技术学院学报 | P05 | 196 | 381 | 机械工程材料 | E12 | 97 | 285 |
| 黄河科技大学学报 | E02 | 85 | 272 | 机械工程师 | E12 | 97 | 285 |
| 黄河之声 | K04 | 156 | 342 | 机械工程学报 | E12 | 97 | 285 |
| 黄金 | E09 | 94 | 281 | 机械工程与自动化 | E12 | 97 | 285 |
| 黄金科学技术 | E09 | 94 | 281 | 机械管理开发 | E12 | 97 | 285 |
| 黄山学院学报 | A02 | 16 | 206 | 机械科学与技术 | E12 | 97 | 285 |
| 黄钟-中国·武汉音乐学院学报 | K06 | 158 | 344 | 机械强度 | E13 | 99 | 286 |
| 回族研究 | N04 | 181 | 367 | 机械设计 | E12 | 97 | 285 |
| 惠州学院学报 | A02 | 16 | 206 | 机械设计与研究 | E12 | 98 | 285 |
| 混凝土 | E31 | 124 | 311 | 机械设计与制造 | E12 | 98 | 285 |
| 混凝土与水泥制品 | E26 | 118 | 305 | 机械设计与制造工程 | E12 | 98 | 285 |
| 火工品 | E28 | 120 | 307 | 机械研究与应用 | E12 | 98 | 285 |
| 火箭推进 | E38 | 135 | 321 | 机械与电子 | E12 | 98 | 285 |
| 火控雷达技术 | E28 | 120 | 307 | 机械职业教育 | P05 | 196 | 381 |
| 火力与指挥控制 | E28 | 120 | 307 | 机械制造 | E13 | 99 | 286 |
| 火炮发射与控制学报 | E28 | 120 | 307 | 机械制造文摘-焊接分册 | E13 | 99 | 287 |
| 火灾科学 | E40 | 137 | 324 | 机械制造与自动化 | E12 | 98 | 285 |
| 火炸药学报 | E28 | 120 | 307 | 黑龙江工业学院学报(综合版) | P01 | 186 | 371 |
| 机车车辆工艺 | E36 | 131 | 318 | 基层医学论坛 | D31 | 71 | 259 |
| 机车电传动 | E36 | 131 | 318 | 基础教育 | P03 | 192 | 376 |
| 机床与液压 | E13 | 99 | 286 | 基础教育参考 | P03 | 192 | 376 |
| 机电兵船档案 | E37 | 133 | 319 | 基础教育论坛 | P03 | 192 | 376 |
| 机电产品开发与创新 | E03 | 88 | 275 | 基础教育外语教学研究 | K01 | 154 | 340 |
| 机电工程 | E12 | 97 | 285 | 基础教育研究 | P03 | 192 | 376 |
| 机电工程技术 | E13 | 99 | 286 | 基础外语教育 | K03 | 155 | 341 |
| 机电技术 | E13 | 99 | 286 | 基础医学教育 | D35 | 73 | 262 |
| 机电设备 | E12 | 97 | 285 | 基础医学与临床 | D01 | 49 | 238 |
| 机电信息 | E15 | 104 | 291 | 基因组学与应用生物学 | B13 | 33 | 223 |
| 机电一体化 | E03 | 88 | 276 | 激光技术 | E20 | 111 | 298 |
| 机电元件 | E12 | 97 | 285 | 激光生物学报 | B13 | 33 | 223 |

# 中国期刊名称类目索引(续)

| 期刊名称 | 学科代码 | 被引指标页码 | 来源指标页码 | 期刊名称 | 学科代码 | 被引指标页码 | 来源指标页码 |
|---|---|---|---|---|---|---|---|
| 激光与光电子学进展 | E20 | 111 | 298 | 极地研究 | B12 | 32 | 222 |
| 激光与红外 | E20 | 111 | 298 | 疾病监测 | D32 | 72 | 261 |
| 激光杂志 | E20 | 111 | 298 | 疾病监测与控制 | D31 | 71 | 259 |
| 吉林畜牧兽医 | C08 | 45 | 234 | 疾病预防控制通报 | D31 | 71 | 259 |
| 吉林大学社会科学学报 | H02 | 146 | 332 | 集成电路应用 | E03 | 88 | 276 |
| 吉林大学学报(地球科学版) | B07 | 27 | 217 | 集成技术 | E22 | 113 | 300 |
| 吉林大学学报(工学版) | E02 | 85 | 272 | 集美大学学报 | P01 | 186 | 371 |
| 吉林大学学报(理学版) | A02 | 16 | 206 | 集美大学学报(哲学社会科学版) | H02 | 146 | 332 |
| 吉林大学学报(信息科学版) | E19 | 110 | 297 | 集美大学学报(自然科学版) | A02 | 16 | 206 |
| 吉林大学学报(医学版) | D02 | 52 | 241 | 集宁师范学院学报 | H03 | 152 | 337 |
| 吉林地质 | B11 | 31 | 220 | 脊柱外科杂志 | D18 | 63 | 252 |
| 吉林电力 | E15 | 104 | 291 | 给水排水 | E31 | 124 | 311 |
| 吉林工程技术师范学院学报 | H03 | 152 | 337 | 计测技术 | E38 | 135 | 321 |
| 吉林工商学院学报 | L02 | 165 | 351 | 计量技术 | E01 | 81 | 269 |
| 吉林广播电视大学学报 | P05 | 197 | 381 | 计量学报 | E01 | 81 | 269 |
| 吉林化工学院学报 | E23 | 116 | 303 | 计量与测试技术 | E01 | 81 | 269 |
| 吉林建筑大学学报 | E31 | 124 | 311 | 计算机测量与控制 | E03 | 88 | 276 |
| 吉林金融研究 | L10 | 170 | 356 | 计算机仿真 | E22 | 113 | 300 |
| 吉林林业科技 | C07 | 43 | 232 | 计算机辅助工程 | E22 | 113 | 300 |
| 吉林农业大学学报 | C02 | 39 | 228 | 计算机辅助设计与图形学学报 | E22 | 113 | 300 |
| 吉林农业科技学院学报 | C02 | 39 | 228 | 计算机工程 | E22 | 113 | 300 |
| 吉林省教育学院学报 | P01 | 186 | 371 | 计算机工程与科学 | E22 | 113 | 300 |
| 吉林省经济管理干部学院学报 | M02 | 174 | 359 | 计算机工程与设计 | E22 | 113 | 300 |
| 吉林师范大学学报(人文社会科学版) | A03 | 20 | 210 | 计算机工程与应用 | E22 | 113 | 300 |
| 吉林师范大学学报(自然科学版) | A03 | 20 | 210 | 计算机集成制造系统 | E22 | 113 | 300 |
| 吉林蔬菜 | C04 | 41 | 230 | 计算机技术与发展 | E22 | 113 | 300 |
| 吉林水利 | E33 | 127 | 314 | 计算机教育 | E22 | 113 | 300 |
| 吉林体育学院学报 | P07 | 199 | 384 | 计算机科学 | E22 | 113 | 300 |
| 吉林医学 | D01 | 49 | 238 | 计算机科学与探索 | E22 | 113 | 300 |
| 吉林医药学院学报 | D02 | 53 | 241 | 计算机时代 | E22 | 113 | 300 |
| 吉林艺术学院学报 | K06 | 158 | 344 | 计算机系统应用 | E22 | 113 | 300 |
| 吉林中医药 | D37 | 77 | 265 | 计算机学报 | E22 | 113 | 300 |
| 吉首大学学报(社会科学版) | H02 | 146 | 332 | 计算机研究与发展 | E22 | 113 | 300 |
| 吉首大学学报(自然科学版) | A02 | 16 | 206 | 计算机应用 | E22 | 113 | 300 |

# 中国期刊名称类目索引(续)

| 期刊名称 | 学科代码 | 被引指标页码 | 来源指标页码 | 期刊名称 | 学科代码 | 被引指标页码 | 来源指标页码 |
|---|---|---|---|---|---|---|---|
| 计算机应用研究 | E22 | 113 | 300 | 嘉兴学院学报 | A02 | 16 | 206 |
| 计算机应用与软件 | E22 | 113 | 301 | 嘉应学院学报 | A02 | 16 | 206 |
| 计算机与数字工程 | E22 | 114 | 301 | 价格理论与实践 | L08 | 169 | 354 |
| 计算机与现代化 | E22 | 114 | 301 | 价格月刊 | L08 | 169 | 354 |
| 计算机与应用化学 | E22 | 114 | 301 | 检验检疫学刊 | E29 | 121 | 308 |
| 计算技术与自动化 | E03 | 88 | 276 | 检验医学 | D06 | 57 | 246 |
| 计算力学学报 | B03 | 23 | 213 | 检验医学与临床 | D06 | 57 | 246 |
| 计算数学 | B01 | 22 | 212 | 减速顶与调速技术 | E34 | 129 | 316 |
| 计算物理 | B04 | 24 | 214 | 建材发展导向(上) | E31 | 124 | 311 |
| 技术经济 | L08 | 169 | 354 | 建材发展导向(下) | E31 | 124 | 311 |
| 技术经济与管理研究 | L04 | 166 | 352 | 建材技术与应用 | E31 | 124 | 311 |
| 技术与创新管理 | F01 | 138 | 324 | 建材世界 | E31 | 124 | 311 |
| 技术与市场 | L08 | 169 | 354 | 建井技术 | E31 | 124 | 311 |
| 济南大学学报(社会科学版) | H02 | 146 | 332 | 建设监理 | E31 | 124 | 311 |
| 济南大学学报(自然科学版) | A02 | 16 | 206 | 建设科技 | E31 | 124 | 311 |
| 济南职业学院学报 | P05 | 197 | 381 | 建筑安全 | E31 | 124 | 311 |
| 济宁学院学报 | P01 | 186 | 371 | 建筑材料学报 | E31 | 124 | 311 |
| 济宁医学院学报 | D02 | 53 | 241 | 建筑电气 | E31 | 124 | 311 |
| 济源职业技术学院学报 | P05 | 197 | 381 | 建筑钢结构进展 | E31 | 124 | 311 |
| 继续教育 | P01 | 186 | 371 | 建筑机械化 | E31 | 124 | 311 |
| 继续教育研究 | P01 | 187 | 371 | 建筑技术 | E31 | 124 | 311 |
| 继续医学教育 | D01 | 49 | 238 | 建筑技术开发 | E31 | 124 | 311 |
| 寄生虫病与感染性疾病 | D03 | 54 | 243 | 建筑节能 | E31 | 124 | 311 |
| 寄生虫与医学昆虫学报 | D03 | 54 | 243 | 建筑结构 | E31 | 125 | 311 |
| 暨南大学学报(自然科学与医学版) | A02 | 16 | 206 | 建筑结构学报 | E31 | 125 | 311 |
| 暨南学报(哲学社会科学版) | H02 | 146 | 332 | 建筑经济 | E31 | 125 | 311 |
| 佳木斯大学社会科学学报 | M02 | 174 | 359 | 建筑科学 | E31 | 125 | 311 |
| 佳木斯大学学报(自然科学版) | A02 | 16 | 206 | 建筑科学与工程学报 | E31 | 125 | 311 |
| 家畜生态学报 | C08 | 45 | 234 | 建筑砌块与砌块建筑 | E31 | 125 | 311 |
| 家电科技 | E15 | 104 | 291 | 建筑热能通风空调 | E31 | 125 | 311 |
| 家教世界·现代幼教 | P03 | 192 | 376 | 建筑设计管理 | E31 | 125 | 311 |
| 家具与室内装饰 | E31 | 124 | 311 | 建筑师 | E31 | 125 | 311 |
| 家禽科学 | C08 | 45 | 235 | 建筑施工 | E31 | 125 | 311 |
| 家庭医药 | D07 | 58 | 246 | 建筑学报 | E31 | 125 | 312 |

# 中国期刊名称类目索引(续)

| 期刊名称 | 学科代码 | 被引指标页码 | 来源指标页码 | 期刊名称 | 学科代码 | 被引指标页码 | 来源指标页码 |
|---|---|---|---|---|---|---|---|
| 建筑与文化 | E34 | 129 | 316 | 江苏科技大学学报(自然科学版) | E02 | 85 | 273 |
| 建筑与预算 | E31 | 125 | 312 | 江苏科技信息 | A01 | 13 | 203 |
| 健康研究 | D07 | 58 | 247 | 江苏理工学院学报 | E02 | 85 | 273 |
| 舰船电子对抗 | E03 | 88 | 276 | 江苏林业科技 | C07 | 43 | 232 |
| 舰船电子工程 | E37 | 133 | 319 | 江苏农机化 | E05 | 89 | 277 |
| 舰船科学技术 | E37 | 133 | 319 | 江苏农业科学 | C01 | 37 | 226 |
| 江海学刊 | H01 | 140 | 326 | 江苏农业学报 | C01 | 37 | 226 |
| 江汉大学学报(社会科学版) | H02 | 146 | 332 | 江苏商论 | L08 | 169 | 354 |
| 江汉大学学报(自然科学版) | A02 | 16 | 206 | 江苏社会科学 | H01 | 140 | 326 |
| 江汉考古 | K10 | 161 | 347 | 江苏省社会主义学院学报 | M02 | 174 | 359 |
| 江汉论坛 | H01 | 140 | 326 | 江苏师范大学学报(哲学社会科学版) | A03 | 20 | 210 |
| 江汉石油职工大学学报 | E17 | 106 | 294 | 江苏师范大学学报(自然科学版) | A03 | 20 | 210 |
| 江汉学术 | H01 | 140 | 326 | 江苏水利 | E33 | 127 | 314 |
| 江淮论坛 | H01 | 140 | 326 | 江苏陶瓷 | E23 | 116 | 303 |
| 江淮水利科技 | E33 | 127 | 314 | 江苏调味副食品 | E30 | 122 | 308 |
| 江南大学学报(人文社会科学版) | H02 | 146 | 332 | 江苏卫生事业管理 | D31 | 71 | 259 |
| 江南社会学院学报 | H02 | 146 | 332 | 江苏医药 | D01 | 49 | 238 |
| 江苏蚕业 | C08 | 45 | 235 | 江苏预防医学 | D31 | 71 | 259 |
| 江苏大学学报(社会科学版) | H02 | 146 | 332 | 江苏中医药 | D37 | 77 | 265 |
| 江苏大学学报(医学版) | D02 | 53 | 241 | 江西财经大学学报 | L02 | 165 | 351 |
| 江苏大学学报(自然科学版) | E02 | 85 | 272 | 江西测绘 | E07 | 92 | 279 |
| 江苏高教 | P03 | 192 | 376 | 江西畜牧兽医杂志 | C08 | 46 | 235 |
| 江苏工程职业技术学院学报 | E02 | 85 | 273 | 江西电力职业技术学院学报 | E15 | 104 | 291 |
| 江苏行政学院学报 | M02 | 174 | 359 | 江西广播电视大学学报 | P05 | 197 | 381 |
| 江苏建材 | E31 | 125 | 312 | 江西化工 | E23 | 116 | 303 |
| 江苏建筑 | E31 | 125 | 312 | 江西建材 | E31 | 125 | 312 |
| 江苏建筑职业技术学院学报 | E31 | 125 | 312 | 江西教育 | P03 | 192 | 377 |
| 江苏教育(教育管理版) | P03 | 192 | 376 | 江西警察学院学报 | M05 | 179 | 364 |
| 江苏教育(小学教学版) | P03 | 192 | 377 | 江西科技师范大学学报 | P01 | 187 | 371 |
| 江苏教育(职业教育版) | P03 | 192 | 377 | 江西科学 | A01 | 13 | 203 |
| 江苏教育(中学教学版) | P03 | 192 | 377 | 江西理工大学学报 | E02 | 85 | 273 |
| 江苏经贸职业技术学院学报 | L02 | 165 | 351 | 江西煤炭科技 | E16 | 105 | 292 |
| 江苏警官学院学报 | M05 | 178 | 364 | 江西农业 | C08 | 46 | 235 |
| 江苏科技大学学报(社会科学版) | H02 | 146 | 332 | 江西农业大学学报 | C02 | 39 | 228 |

# 中国期刊名称类目索引(续)

| 期刊名称 | 学科代码 | 被引指标页码 | 来源指标页码 | 期刊名称 | 学科代码 | 被引指标页码 | 来源指标页码 |
|---|---|---|---|---|---|---|---|
| 江西农业学报 | C01 | 37 | 226 | 教书育人(高教论坛) | P04 | 195 | 380 |
| 江西社会科学 | H01 | 140 | 326 | 教书育人(教师新概念) | P03 | 192 | 377 |
| 江西师范大学学报(哲学社会科学版) | A03 | 20 | 210 | 教书育人(校长参考) | P03 | 192 | 377 |
| 江西师范大学学报(自然科学版) | A03 | 20 | 210 | 教学研究 | P01 | 187 | 371 |
| 江西水产科技 | C10 | 47 | 236 | 教学与管理(理论版) | P03 | 192 | 377 |
| 江西水利科技 | E33 | 127 | 314 | 教学与管理(小学版) | P03 | 192 | 377 |
| 江西通信科技 | E21 | 112 | 299 | 教学与管理(中学版) | P03 | 192 | 377 |
| 江西冶金 | E11 | 96 | 283 | 教学与研究 | P01 | 187 | 371 |
| 江西医药 | D05 | 55 | 244 | 教学月刊(小学版)数学 | P03 | 192 | 377 |
| 江西中医药 | D37 | 77 | 265 | 教学月刊(小学版)语文 | P03 | 192 | 377 |
| 江西中医药大学学报 | D38 | 79 | 267 | 教学月刊(小学版)综合 | P03 | 192 | 377 |
| 交通财会 | L04 | 166 | 352 | 教育财会研究 | L04 | 167 | 352 |
| 交通节能与环保 | E34 | 129 | 316 | 教育测量与评价 | P01 | 187 | 372 |
| 交通科技 | E34 | 129 | 316 | 教育导刊(上半月) | P01 | 187 | 372 |
| 交通科技与经济 | E34 | 129 | 316 | 教育导刊(下半月) | P01 | 187 | 372 |
| 交通科学与工程 | E34 | 129 | 316 | 教育发展研究 | P01 | 187 | 372 |
| 交通企业管理 | F01 | 138 | 324 | 教育观察(上半月) | P01 | 187 | 372 |
| 交通世界(上旬刊) | E35 | 131 | 317 | 教育观察(下半月) | P01 | 187 | 372 |
| 交通世界(下旬刊) | E35 | 131 | 317 | 教育教学论坛 | P01 | 187 | 372 |
| 交通世界(中旬刊) | E35 | 131 | 317 | 教育科学 | P01 | 187 | 372 |
| 交通信息与安全 | E34 | 130 | 316 | 教育科学论坛 | P01 | 187 | 372 |
| 交通医学 | D01 | 49 | 238 | 教育科学研究 | P01 | 187 | 372 |
| 交通运输工程学报 | E34 | 130 | 316 | 教育评论 | P01 | 187 | 372 |
| 交通运输工程与信息学报 | E34 | 130 | 316 | 教育生物学杂志 | P01 | 187 | 372 |
| 交通运输系统工程与信息 | E34 | 130 | 316 | 教育实践与研究 | P01 | 187 | 372 |
| 交通运输研究 | E34 | 130 | 316 | 教育探索 | P01 | 187 | 372 |
| 交响-西安音乐学院学报 | K06 | 158 | 344 | 教育文化论坛 | P01 | 187 | 372 |
| 胶体与聚合物 | E24 | 117 | 304 | 教育信息技术 | P01 | 187 | 372 |
| 焦作师范高等专科学校学报 | H03 | 152 | 338 | 教育学报 | P01 | 187 | 372 |
| 教练机 | E38 | 135 | 321 | 教育学术月刊 | P01 | 187 | 372 |
| 教师博览(科研版) | P03 | 192 | 377 | 教育研究 | P01 | 187 | 372 |
| 教师教育论坛 | P03 | 192 | 377 | 教育研究与评论(课堂观察) | P01 | 187 | 372 |
| 教师教育学报 | P05 | 197 | 381 | 教育研究与评论(小学教育教学版) | P03 | 192 | 377 |
| 教师教育研究 | P05 | 197 | 381 | 教育研究与评论(中学教育教学版) | P03 | 192 | 377 |

# 中国期刊名称类目索引(续)

| 期刊名称 | 学科代码 | 被引指标页码 | 来源指标页码 | 期刊名称 | 学科代码 | 被引指标页码 | 来源指标页码 |
|---|---|---|---|---|---|---|---|
| 教育研究与实验 | P01 | 187 | 372 | 金陵科技学院学报 | A02 | 16 | 206 |
| 教育与教学研究 | P01 | 187 | 372 | 金陵科技学院学报(社会科学版) | H02 | 146 | 332 |
| 教育与经济 | L04 | 167 | 352 | 金融发展研究 | L10 | 170 | 356 |
| 教育与考试 | P01 | 187 | 372 | 金融会计 | L10 | 170 | 356 |
| 教育与职业 | P05 | 197 | 381 | 金融监管研究 | L10 | 170 | 356 |
| 教育与装备研究 | E12 | 98 | 285 | 金融教育研究 | L10 | 170 | 356 |
| 节能 | E14 | 101 | 288 | 金融经济(理论版) | L10 | 170 | 356 |
| 节能技术 | E16 | 105 | 292 | 金融经济学研究 | L10 | 170 | 356 |
| 节水灌溉 | E05 | 90 | 277 | 金融科技时代 | E22 | 114 | 301 |
| 洁净煤技术 | E16 | 105 | 292 | 金融理论探索 | P01 | 187 | 372 |
| 洁净与空调技术 | E15 | 104 | 291 | 金融理论与教学 | P01 | 187 | 372 |
| 结构工程师 | E31 | 125 | 312 | 金融理论与实践 | L10 | 170 | 356 |
| 结核病与肺部健康杂志 | D09 | 59 | 248 | 金融论坛 | L10 | 171 | 356 |
| 结直肠肛门外科 | D15 | 62 | 250 | 金融评论 | L01 | 162 | 348 |
| 解放军护理杂志 | D30 | 70 | 259 | 金融研究 | L10 | 171 | 356 |
| 解放军理工大学学报(自然科学版) | E02 | 85 | 273 | 金融与经济 | L10 | 171 | 356 |
| 解放军外国语学院学报 | K03 | 155 | 341 | 金属材料与冶金工程 | E11 | 96 | 284 |
| 解放军药学学报 | D36 | 75 | 263 | 金属功能材料 | E09 | 94 | 281 |
| 解放军医学院学报 | D02 | 53 | 241 | 金属矿山 | E10 | 95 | 282 |
| 解放军医学杂志 | D01 | 49 | 238 | 金属热处理 | E13 | 99 | 287 |
| 解放军医药杂志 | D01 | 49 | 238 | 金属世界 | E13 | 99 | 287 |
| 解放军医院管理杂志 | D35 | 73 | 262 | 金属学报 | E09 | 94 | 281 |
| 解放军艺术学院学报 | K06 | 158 | 344 | 金属制品 | E09 | 94 | 281 |
| 解放军预防医学杂志 | D31 | 71 | 259 | 进出口经理人 | L08 | 169 | 354 |
| 解剖科学进展 | D03 | 54 | 243 | 近代史研究 | K08 | 160 | 346 |
| 解剖学报 | D03 | 54 | 243 | 晋城职业技术学院学报 | P05 | 197 | 381 |
| 解剖学研究 | D03 | 54 | 243 | 晋图学刊 | N07 | 184 | 369 |
| 解剖学杂志 | D03 | 54 | 243 | 晋阳学刊 | H01 | 140 | 326 |
| 介入放射学杂志 | D28 | 68 | 257 | 晋中学院学报 | H02 | 146 | 332 |
| 今传媒(学术版) | N05 | 182 | 367 | 经济地理 | B10 | 29 | 219 |
| 今日畜牧兽医 | C08 | 46 | 235 | 经济动物学报 | C08 | 46 | 235 |
| 今日药学 | D36 | 75 | 263 | 经济管理 | L01 | 162 | 348 |
| 金刚石与磨料磨具工程 | E13 | 99 | 287 | 经济界 | L01 | 162 | 348 |
| 金华职业技术学院学报 | P05 | 197 | 381 | 经济经纬 | L01 | 162 | 348 |

# 中国期刊名称类目索引(续)

| 期刊名称 | 学科代码 | 被引指标页码 | 来源指标页码 | 期刊名称 | 学科代码 | 被引指标页码 | 来源指标页码 |
|---|---|---|---|---|---|---|---|
| 经济科学 | L01 | 163 | 348 | 精细与专用化学品 | E25 | 118 | 305 |
| 经济理论与经济管理 | L01 | 163 | 348 | 井冈山大学学报(社会科学版) | H02 | 146 | 332 |
| 经济林研究 | C07 | 43 | 232 | 井冈山大学学报(自然科学版) | A02 | 16 | 206 |
| 经济论坛 | L01 | 163 | 348 | 颈腰痛杂志 | D18 | 63 | 252 |
| 经济评论 | L01 | 163 | 348 | 景德镇学院学报 | H02 | 146 | 332 |
| 经济社会史评论 | L01 | 163 | 348 | 警察技术 | M07 | 179 | 365 |
| 经济社会体制比较 | L01 | 163 | 348 | 净水技术 | E31 | 125 | 312 |
| 经济师 | L01 | 163 | 348 | 竞争情报 | N07 | 184 | 369 |
| 经济数学 | L01 | 163 | 348 | 九江学院学报(哲学社会科学版) | H02 | 146 | 332 |
| 经济体制改革 | L04 | 167 | 352 | 九江学院学报(自然科学版) | A02 | 16 | 206 |
| 经济问题 | L01 | 163 | 348 | 九江职业技术学院学报 | P05 | 197 | 381 |
| 经济问题探索 | L01 | 163 | 348 | 居业 | E31 | 125 | 312 |
| 经济学动态 | L01 | 163 | 348 | 局解手术学杂志 | D14 | 61 | 249 |
| 经济学(季刊) | L01 | 163 | 348 | 聚氨酯工业 | E23 | 116 | 303 |
| 经济学家 | L01 | 163 | 348 | 聚氯乙烯 | E24 | 117 | 304 |
| 经济研究 | L01 | 163 | 348 | 聚酯工业 | E24 | 117 | 304 |
| 经济研究参考 | L01 | 163 | 349 | 决策与信息(上旬刊) | E03 | 88 | 276 |
| 经济与管理 | L01 | 163 | 349 | 决策与信息(下旬刊) | E03 | 88 | 276 |
| 经济与管理评论 | L04 | 167 | 352 | 决策与信息(中旬刊) | E03 | 88 | 276 |
| 经济与管理研究 | L01 | 163 | 349 | 决策咨询 | E03 | 88 | 276 |
| 经济与社会发展 | L04 | 167 | 352 | 绝缘材料 | E08 | 93 | 280 |
| 经济资料译丛 | L01 | 163 | 349 | 军队政工理论研究 | M01 | 172 | 357 |
| 经济纵横 | L01 | 163 | 349 | 军事交通学院学报 | E34 | 130 | 316 |
| 经营与管理 | L01 | 163 | 349 | 军事历史 | K08 | 160 | 346 |
| 经营者 | L08 | 169 | 354 | 军事历史研究 | M08 | 180 | 365 |
| 荆楚理工学院学报 | P01 | 187 | 372 | 军事体育学报 | P07 | 199 | 384 |
| 荆楚学刊 | H01 | 140 | 326 | 军事通信技术 | E21 | 112 | 299 |
| 精密成形工程 | E12 | 98 | 285 | 军事医学 | D34 | 73 | 261 |
| 精密制造与自动化 | E12 | 98 | 285 | 军事运筹与系统工程 | M08 | 180 | 365 |
| 精神医学杂志 | D27 | 67 | 256 | 军械工程学院学报 | E28 | 120 | 307 |
| 精细化工 | E25 | 118 | 304 | 菌物学报 | B17 | 35 | 225 |
| 精细化工中间体 | E25 | 118 | 305 | 菌物研究 | E05 | 90 | 277 |
| 精细石油化工 | E25 | 118 | 305 | 喀什大学学报 | H03 | 152 | 338 |
| 精细石油化工进展 | E17 | 106 | 294 | 开发研究 | H01 | 140 | 326 |

# 中国期刊名称类目索引(续)

| 期刊名称 | 学科代码 | 被引指标页码 | 来源指标页码 | 期刊名称 | 学科代码 | 被引指标页码 | 来源指标页码 |
|---|---|---|---|---|---|---|---|
| 开放导报 | L01 | 163 | 349 | 科教导刊 | P01 | 188 | 372 |
| 开放教育研究 | P05 | 197 | 381 | 科教导刊-电子版(上旬) | P01 | 188 | 372 |
| 开放时代 | L01 | 163 | 349 | 科教导刊-电子版(下旬) | P01 | 188 | 372 |
| 开放学习研究 | P05 | 197 | 381 | 科教导刊-电子版(中旬) | P01 | 188 | 372 |
| 开封大学学报 | P01 | 187 | 372 | 科教文汇 | P01 | 188 | 372 |
| 开封教育学院学报 | P05 | 197 | 381 | 科普童话·新课堂(上) | N05 | 182 | 367 |
| 凯里学院学报 | P01 | 187 | 372 | 科普童话·新课堂(下) | N05 | 183 | 368 |
| 勘察科学技术 | E10 | 95 | 282 | 科普研究 | N05 | 183 | 368 |
| 抗感染药学 | D36 | 75 | 263 | 科学·经济·社会 | H01 | 140 | 326 |
| 抗日战争研究 | M08 | 180 | 365 | 科学发展 | N01 | 180 | 365 |
| 考古 | K10 | 161 | 347 | 科学管理研究 | F01 | 138 | 325 |
| 考古学报 | K10 | 161 | 347 | 科学技术与工程 | E01 | 81 | 269 |
| 考古与文物 | K10 | 161 | 347 | 科学技术哲学研究 | J02 | 153 | 339 |
| 考试与评价 | P01 | 187 | 372 | 科学家 | H01 | 140 | 326 |
| 科技传播 | A01 | 13 | 203 | 科学决策 | H01 | 140 | 327 |
| 科技创新导报 | A01 | 13 | 203 | 科学(上海) | A01 | 14 | 204 |
| 科技创新与生产力 | A01 | 13 | 203 | 科学社会主义 | M01 | 172 | 357 |
| 科技创业月刊 | L01 | 163 | 349 | 科学通报 | A01 | 14 | 204 |
| 科技促进发展 | A01 | 13 | 203 | 科学文化评论 | N04 | 182 | 367 |
| 科技导报 | A01 | 13 | 203 | 科学学研究 | F01 | 138 | 325 |
| 科技风 | A01 | 13 | 203 | 科学学与科学技术管理 | F01 | 138 | 325 |
| 科技管理研究 | F01 | 138 | 324 | 科学养鱼 | C10 | 47 | 236 |
| 科技广场 | A01 | 13 | 203 | 科学与管理 | F01 | 138 | 325 |
| 科技和产业 | L01 | 163 | 349 | 科学与社会 | H01 | 140 | 327 |
| 科技进步与对策 | F01 | 138 | 325 | 科学与无神论 | J02 | 153 | 339 |
| 科技经济导刊 | L08 | 169 | 354 | 科研管理 | F01 | 138 | 325 |
| 科技经济市场 | L08 | 169 | 354 | 科研信息化技术与应用 | F01 | 138 | 325 |
| 科技通报 | A01 | 13 | 203 | 可再生能源 | E16 | 105 | 292 |
| 科技与出版 | N05 | 182 | 367 | 克拉玛依学刊 | H01 | 140 | 327 |
| 科技与创新 | A01 | 13 | 203 | 客车技术 | E36 | 131 | 318 |
| 科技与法律 | M05 | 179 | 364 | 客车技术与研究 | E34 | 130 | 316 |
| 科技与管理 | F01 | 138 | 325 | 课程·教材·教法 | P03 | 192 | 377 |
| 科技与经济 | A01 | 14 | 203 | 课程教材教学研究(教育研究) | P01 | 188 | 373 |
| 科技资讯 | A01 | 14 | 204 | 课程教学研究 | P03 | 192 | 377 |

# 中国期刊名称类目索引(续)

| 期刊名称 | 学科代码 | 被引指标页码 | 来源指标页码 | 期刊名称 | 学科代码 | 被引指标页码 | 来源指标页码 |
|---|---|---|---|---|---|---|---|
| 课外语文(下) | K01 | 154 | 340 | 矿物学报 | E10 | 95 | 282 |
| 空间电子技术 | E38 | 135 | 321 | 矿物岩石 | B11 | 31 | 221 |
| 空间结构 | E31 | 125 | 312 | 矿物岩石地球化学通报 | B07 | 27 | 217 |
| 空间科学学报 | B06 | 26 | 216 | 矿冶 | E11 | 96 | 284 |
| 空间控制技术与应用 | E38 | 135 | 321 | 矿冶工程 | E11 | 96 | 284 |
| 空军工程大学学报(自然科学版) | E02 | 85 | 273 | 矿业安全与环保 | E10 | 95 | 282 |
| 空军医学杂志 | D01 | 49 | 238 | 矿业工程 | E10 | 95 | 283 |
| 空军预警学院学报 | E21 | 112 | 299 | 矿业工程研究 | E10 | 95 | 283 |
| 空气动力学学报 | E38 | 135 | 321 | 矿业研究与开发 | E10 | 95 | 283 |
| 孔子研究 | J02 | 153 | 339 | 昆虫学报 | B16 | 35 | 224 |
| 控制工程 | E03 | 88 | 276 | 昆明理工大学学报(社会科学版) | H02 | 146 | 332 |
| 控制理论与应用 | B02 | 23 | 213 | 昆明理工大学学报(自然科学版) | A02 | 16 | 206 |
| 控制与决策 | B02 | 23 | 213 | 昆明学院学报 | P01 | 188 | 373 |
| 口岸卫生控制 | D31 | 71 | 259 | 昆明冶金高等专科学校学报 | E11 | 96 | 284 |
| 口腔材料器械杂志 | D24 | 66 | 254 | 昆明医科大学学报 | D02 | 53 | 241 |
| 口腔颌面外科杂志 | D24 | 66 | 254 | 拉丁美洲研究 | M04 | 177 | 362 |
| 口腔颌面修复学杂志 | D24 | 66 | 254 | 辣椒杂志 | C04 | 41 | 230 |
| 口腔护理用品工业 | E23 | 116 | 303 | 兰台世界 | N08 | 185 | 370 |
| 口腔疾病防治 | D24 | 66 | 254 | 兰州财经大学学报 | L02 | 165 | 351 |
| 口腔生物医学 | D24 | 66 | 254 | 兰州大学学报(社会科学版) | H02 | 146 | 332 |
| 口腔医学 | D24 | 66 | 254 | 兰州大学学报(医学版) | D02 | 53 | 242 |
| 口腔医学研究 | D24 | 66 | 254 | 兰州大学学报(自然科学版) | A02 | 16 | 206 |
| 会计师 | L05 | 167 | 353 | 兰州工业学院学报 | E02 | 85 | 273 |
| 会计研究 | L05 | 167 | 353 | 兰州交通大学学报 | E34 | 130 | 316 |
| 会计与经济研究 | L05 | 167 | 353 | 兰州教育学院学报 | P05 | 197 | 381 |
| 会计之友 | L05 | 167 | 353 | 兰州理工大学学报 | E02 | 85 | 273 |
| 宽厚板 | E09 | 94 | 281 | 兰州石化职业技术学院学报 | P05 | 197 | 382 |
| 矿产保护与利用 | E10 | 95 | 282 | 兰州文理学院学报(社会科学版) | H02 | 146 | 333 |
| 矿产勘查 | E10 | 95 | 282 | 兰州文理学院学报(自然科学版) | E02 | 85 | 273 |
| 矿产与地质 | E10 | 95 | 282 | 兰州学刊 | H01 | 140 | 327 |
| 矿产综合利用 | E10 | 95 | 282 | 廊坊师范学院学报(社会科学版) | H03 | 152 | 338 |
| 矿床地质 | B11 | 31 | 220 | 廊坊师范学院学报(自然科学版) | A03 | 20 | 210 |
| 矿山测量 | E10 | 95 | 282 | 劳动保障世界 | E40 | 137 | 324 |
| 矿山机械 | E10 | 95 | 282 | 老龄科学研究 | N04 | 182 | 367 |

# 中国期刊名称类目索引(续)

| 期刊名称 | 学科代码 | 被引指标页码 | 来源指标页码 | 期刊名称 | 学科代码 | 被引指标页码 | 来源指标页码 |
|---|---|---|---|---|---|---|---|
| 老年医学与保健 | D07 | 58 | 247 | 丽水学院学报 | A02 | 17 | 206 |
| 乐府新声 | K06 | 158 | 344 | 连云港师范高等专科学校学报 | H03 | 152 | 338 |
| 乐山师范学院学报 | H03 | 152 | 338 | 连云港职业技术学院学报 | P05 | 197 | 382 |
| 雷达科学与技术 | E21 | 112 | 299 | 连铸 | E11 | 96 | 284 |
| 雷达学报 | E21 | 112 | 299 | 廉政文化研究 | M01 | 172 | 357 |
| 雷达与对抗 | E03 | 88 | 276 | 炼钢 | E13 | 99 | 287 |
| 冷藏技术 | E01 | 81 | 269 | 炼铁 | E11 | 96 | 284 |
| 离子交换与吸附 | E23 | 116 | 303 | 炼油技术与工程 | E17 | 106 | 294 |
| 黎明职业大学学报 | P05 | 197 | 382 | 炼油与化工 | E17 | 107 | 294 |
| 理化检验-化学分册 | E11 | 96 | 284 | 粮食储藏 | E26 | 118 | 305 |
| 理化检验-物理分册 | E11 | 96 | 284 | 粮食加工 | E30 | 122 | 308 |
| 理科考试研究(初中版) | P03 | 192 | 377 | 粮食科技与经济 | E30 | 122 | 308 |
| 理科考试研究(高中版) | P03 | 192 | 377 | 粮食问题研究 | E30 | 122 | 308 |
| 理论导刊 | M01 | 172 | 357 | 粮食与食品工业 | E30 | 122 | 309 |
| 理论观察 | H01 | 140 | 327 | 粮食与饲料工业 | E30 | 122 | 309 |
| 理论界 | H01 | 140 | 327 | 粮食与油脂 | E30 | 122 | 309 |
| 理论视野 | M01 | 172 | 357 | 粮油仓储科技通讯 | E30 | 122 | 309 |
| 理论探索 | M01 | 172 | 357 | 粮油食品科技 | E30 | 122 | 309 |
| 理论探讨 | J01 | 153 | 339 | 量子电子学报 | B04 | 24 | 214 |
| 理论学习与探索 | M01 | 172 | 357 | 量子光学学报 | B04 | 24 | 214 |
| 理论研究 | M01 | 172 | 357 | 辽东学院学报(社会科学版) | H02 | 146 | 333 |
| 理论与改革 | J01 | 153 | 339 | 辽东学院学报(自然科学版) | A02 | 17 | 206 |
| 理论与现代化 | H01 | 140 | 327 | 辽宁大学学报(哲学社会科学版) | H02 | 147 | 333 |
| 理论月刊 | H01 | 140 | 327 | 辽宁大学学报(自然科学版) | A02 | 17 | 206 |
| 力学季刊 | B03 | 23 | 213 | 辽宁高职学报 | P05 | 197 | 382 |
| 力学进展 | B03 | 23 | 213 | 辽宁工程技术大学学报(自然科学版) | A02 | 17 | 206 |
| 力学学报 | B03 | 23 | 213 | 辽宁工业大学学报(社会科学版) | H02 | 147 | 333 |
| 力学与实践 | B03 | 23 | 213 | 辽宁工业大学学报(自然科学版) | E02 | 85 | 273 |
| 历史档案 | N08 | 185 | 370 | 辽宁公安司法管理干部学院学报 | M02 | 174 | 359 |
| 历史教学 | P01 | 188 | 373 | 辽宁广播电视大学学报 | P05 | 197 | 382 |
| 历史教学问题 | P03 | 192 | 377 | 辽宁行政学院学报 | M02 | 174 | 359 |
| 历史教学(下半月) | P01 | 188 | 373 | 辽宁化工 | E23 | 116 | 303 |
| 历史研究 | K08 | 160 | 346 | 辽宁教育 | P03 | 192 | 377 |
| 立体定向和功能性神经外科杂志 | D27 | 67 | 256 | 辽宁教育行政学院学报 | P01 | 188 | 373 |

# 中国期刊名称类目索引(续)

| 期刊名称 | 学科代码 | 被引指标页码 | 来源指标页码 | 期刊名称 | 学科代码 | 被引指标页码 | 来源指标页码 |
|---|---|---|---|---|---|---|---|
| 辽宁经济 | L01 | 163 | 349 | 林业科技情报 | C07 | 43 | 233 |
| 辽宁经济职业技术学院·辽宁经济管理干部学院学报 | M02 | 174 | 359 | 林业科技通讯 | C07 | 43 | 233 |
| | | | | 林业科学 | C07 | 43 | 233 |
| 辽宁警察学院学报 | M05 | 179 | 364 | 林业科学研究 | C07 | 44 | 233 |
| 辽宁科技大学学报 | E02 | 85 | 273 | 林业与环境科学 | C07 | 44 | 233 |
| 辽宁科技学院学报 | A02 | 17 | 207 | 林业调查规划 | C07 | 44 | 233 |
| 辽宁林业科技 | C07 | 43 | 232 | 林业资源管理 | C07 | 44 | 233 |
| 辽宁农业科学 | C01 | 37 | 226 | 临床超声医学杂志 | D28 | 68 | 257 |
| 辽宁农业职业技术学院学报 | C02 | 39 | 228 | 临床儿科杂志 | D21 | 64 | 253 |
| 辽宁省交通高等专科学校学报 | E34 | 130 | 316 | 临床耳鼻咽喉头颈外科杂志 | D23 | 65 | 254 |
| 辽宁省社会主义学院学报 | M02 | 174 | 359 | 临床放射学杂志 | D28 | 68 | 257 |
| 辽宁师范大学学报(社会科学版) | A03 | 20 | 210 | 临床肺科杂志 | D09 | 59 | 248 |
| 辽宁师范大学学报(自然科学版) | A03 | 20 | 210 | 临床肝胆病杂志 | D10 | 59 | 248 |
| 辽宁师专学报(社会科学版) | H03 | 152 | 338 | 临床骨科杂志 | D18 | 63 | 252 |
| 辽宁师专学报(自然科学版) | A02 | 17 | 207 | 临床合理用药杂志 | D36 | 75 | 263 |
| 辽宁石油化工大学学报 | E02 | 85 | 273 | 临床和实验医学杂志 | D05 | 56 | 244 |
| 辽宁丝绸 | E29 | 121 | 308 | 临床护理杂志 | D30 | 70 | 259 |
| 辽宁体育科技 | P07 | 199 | 384 | 临床荟萃 | D05 | 56 | 244 |
| 锦州医科大学学报 | D02 | 53 | 242 | 临床急诊杂志 | D05 | 56 | 244 |
| 辽宁医学院学报(社会科学版) | H02 | 147 | 333 | 临床检验杂志 | D06 | 57 | 246 |
| 辽宁医学杂志 | D01 | 49 | 238 | 临床精神医学杂志 | D27 | 67 | 256 |
| 辽宁中医药大学学报 | D38 | 79 | 267 | 临床军医杂志 | D05 | 56 | 244 |
| 辽宁中医杂志 | D37 | 77 | 265 | 临床口腔医学杂志 | D24 | 66 | 254 |
| 聊城大学学报(社会科学版) | H02 | 147 | 333 | 临床麻醉学杂志 | D14 | 61 | 249 |
| 聊城大学学报(自然科学版) | A02 | 17 | 207 | 临床泌尿外科杂志 | D17 | 63 | 251 |
| 林产工业 | C07 | 43 | 232 | 临床内科杂志 | D08 | 59 | 247 |
| 林产化学与工业 | E23 | 116 | 303 | 临床皮肤科杂志 | D25 | 66 | 255 |
| 林区教学 | C07 | 43 | 232 | 临床普外科电子杂志 | D14 | 61 | 249 |
| 林业工程学报 | C07 | 43 | 232 | 临床神经病学杂志 | D27 | 67 | 256 |
| 林业机械与木工设备 | C07 | 43 | 232 | 临床神经外科杂志 | D27 | 67 | 256 |
| 林业建设 | C07 | 43 | 232 | 临床肾脏病杂志 | D11 | 60 | 248 |
| 林业经济问题 | L06 | 168 | 353 | 临床输血与检验 | D05 | 56 | 244 |
| 林业勘查设计 | C07 | 43 | 232 | 临床外科杂志 | D14 | 61 | 249 |
| 林业科技 | C07 | 43 | 233 | 临床误诊误治 | D05 | 56 | 244 |

# 中国期刊名称类目索引(续)

| 期刊名称 | 学科代码 | 被引指标页码 | 来源指标页码 | 期刊名称 | 学科代码 | 被引指标页码 | 来源指标页码 |
|---|---|---|---|---|---|---|---|
| 临床消化病杂志 | D10 | 59 | 248 | 鲁东大学学报(自然科学版) | A02 | 17 | 207 |
| 临床小儿外科杂志 | D21 | 64 | 253 | 鲁迅研究月刊 | K04 | 156 | 342 |
| 临床心电学杂志 | D15 | 62 | 250 | 录井工程 | E17 | 107 | 294 |
| 临床心身疾病杂志 | D03 | 54 | 243 | 路基工程 | E34 | 130 | 316 |
| 临床心血管病杂志 | D16 | 62 | 251 | 露天采矿技术 | E10 | 95 | 283 |
| 临床血液学杂志 | D11 | 60 | 248 | 伦理学研究 | J02 | 153 | 339 |
| 临床血液学杂志(输血与检验版) | D08 | 59 | 247 | 轮胎工业 | E23 | 116 | 303 |
| 临床研究 | D07 | 58 | 247 | 逻辑学研究 | P01 | 188 | 373 |
| 临床眼科杂志 | D22 | 65 | 253 | 洛阳理工学院学报(社会科学版) | H02 | 147 | 333 |
| 临床药物治疗杂志 | D36 | 75 | 263 | 洛阳理工学院学报(自然科学版) | E02 | 85 | 273 |
| 临床医学 | D05 | 56 | 244 | 洛阳师范学院学报 | H03 | 152 | 338 |
| 临床医学工程 | D31 | 71 | 260 | 落叶果树 | C04 | 41 | 230 |
| 临床医药实践 | D05 | 56 | 244 | 漯河职业技术学院学报 | P05 | 197 | 382 |
| 临床与病理杂志 | D05 | 56 | 245 | 吕梁学院学报 | P01 | 188 | 373 |
| 临床与实验病理学杂志 | D06 | 57 | 246 | 旅游科学 | L08 | 169 | 354 |
| 临床肿瘤学杂志 | D29 | 69 | 257 | 旅游论坛 | L08 | 169 | 354 |
| 临沂大学学报 | P01 | 188 | 373 | 旅游世界·旅游发展研究 | L08 | 169 | 354 |
| 磷肥与复肥 | E23 | 116 | 303 | 旅游学刊 | L08 | 169 | 354 |
| 岭南急诊医学杂志 | D05 | 56 | 245 | 旅游研究 | L08 | 169 | 354 |
| 岭南师范学院学报 | H03 | 152 | 338 | 铝加工 | E13 | 99 | 287 |
| 岭南文史 | K08 | 160 | 346 | 绿色财会 | L10 | 171 | 356 |
| 岭南现代临床外科 | D14 | 61 | 249 | 绿色建筑 | E31 | 125 | 312 |
| 岭南心血管病杂志 | D16 | 62 | 251 | 绿色科技 | C07 | 44 | 233 |
| 岭南学刊 | H01 | 141 | 327 | 绿洲农业科学与工程 | C01 | 37 | 226 |
| 流体传动与控制 | E12 | 98 | 285 | 氯碱工业 | E23 | 116 | 303 |
| 流体机械 | E12 | 98 | 285 | 马克思主义研究 | J01 | 153 | 339 |
| 硫磷设计与粉体工程 | E23 | 116 | 303 | 马克思主义与现实 | J01 | 153 | 339 |
| 硫酸工业 | E23 | 116 | 303 | 麦类作物学报 | C03 | 40 | 229 |
| 柳州职业技术学院学报 | P05 | 197 | 382 | 满语研究 | K01 | 154 | 340 |
| 六盘水师范学院学报 | H03 | 152 | 338 | 满族研究 | N04 | 182 | 367 |
| 龙岩学院学报 | P01 | 188 | 373 | 芒种 | K04 | 157 | 342 |
| 陇东学院学报 | P01 | 188 | 373 | 毛纺科技 | E29 | 121 | 308 |
| 西南医科大学学报 | D02 | 53 | 242 | 毛泽东邓小平理论研究 | J01 | 153 | 339 |
| 鲁东大学学报(哲学社会科学版) | H02 | 147 | 333 | 毛泽东思想研究 | J01 | 153 | 339 |

# 中国期刊名称类目索引(续)

| 期刊名称 | 学科代码 | 被引指标页码 | 来源指标页码 | 期刊名称 | 学科代码 | 被引指标页码 | 来源指标页码 |
|---|---|---|---|---|---|---|---|
| 煤 | E16 | 105 | 292 | 密码学报 | E19 | 110 | 297 |
| 煤化工 | E26 | 118 | 305 | 棉纺织技术 | E29 | 121 | 308 |
| 煤矿安全 | E10 | 95 | 283 | 棉花科学 | C03 | 40 | 229 |
| 煤矿爆破 | E10 | 95 | 283 | 棉花学报 | C03 | 40 | 229 |
| 煤矿机电 | E10 | 95 | 283 | 免疫学杂志 | D03 | 55 | 243 |
| 煤矿机械 | E10 | 95 | 283 | 民国档案 | N08 | 185 | 370 |
| 煤矿开采 | E10 | 95 | 283 | 民俗研究 | K10 | 161 | 347 |
| 煤矿现代化 | E10 | 95 | 283 | 民用飞机设计与研究 | E38 | 135 | 321 |
| 煤气与热力 | E16 | 105 | 292 | 民族高等教育研究 | P04 | 195 | 380 |
| 煤炭高等教育 | P04 | 195 | 380 | 民族教育研究 | P01 | 188 | 373 |
| 煤炭工程 | E16 | 105 | 292 | 民族文学研究 | K04 | 157 | 342 |
| 煤炭技术 | E16 | 105 | 292 | 民族学刊 | N04 | 182 | 367 |
| 煤炭加工与综合利用 | E16 | 105 | 292 | 民族研究 | N04 | 182 | 367 |
| 煤炭经济研究 | L08 | 169 | 354 | 民族艺术 | K06 | 158 | 344 |
| 煤炭科技 | E16 | 105 | 292 | 民族艺术研究 | K06 | 158 | 344 |
| 煤炭科学技术 | E16 | 105 | 292 | 民族语文 | K01 | 154 | 340 |
| 煤炭学报 | E16 | 105 | 292 | 闽江学院学报 | A02 | 17 | 207 |
| 煤炭与化工 | E16 | 105 | 292 | 闽南师范大学学报(哲学社会科学版) | H03 | 152 | 338 |
| 煤炭转化 | E16 | 105 | 292 | 闽南师范大学学报(自然科学版) | A03 | 20 | 210 |
| 煤田地质与勘探 | E10 | 95 | 283 | 闽西职业技术学院学报 | P05 | 197 | 382 |
| 煤质技术 | E16 | 105 | 292 | 名作欣赏 | K04 | 157 | 342 |
| 美国研究 | M04 | 177 | 362 | 明清小说研究 | K04 | 157 | 342 |
| 美食研究 | E02 | 85 | 273 | 模糊系统与数学 | B01 | 22 | 212 |
| 美术大观 | K06 | 158 | 344 | 模具工业 | E13 | 99 | 287 |
| 美术教育研究 | P01 | 188 | 373 | 模具技术 | E13 | 99 | 287 |
| 美术界 | K06 | 158 | 344 | 模具制造 | E13 | 99 | 287 |
| 美术学报 | K06 | 158 | 344 | 模式识别与人工智能 | E03 | 88 | 276 |
| 美术研究 | K06 | 158 | 344 | 膜科学与技术 | E23 | 116 | 303 |
| 美与时代·城市 | K06 | 158 | 344 | 摩擦学学报 | E12 | 98 | 285 |
| 美与时代(上旬刊) | K06 | 158 | 344 | 母婴世界 | D20 | 64 | 253 |
| 美与时代(下旬刊) | K06 | 158 | 344 | 牡丹江大学学报 | P01 | 188 | 373 |
| 美与时代(中旬刊)·美术学刊 | K06 | 158 | 344 | 牡丹江师范学院学报(哲学社会科学版) | H03 | 152 | 338 |
| 美育学刊 | P01 | 188 | 373 | 牡丹江师范学院学报(自然科学版) | A03 | 20 | 210 |
| 泌尿外科杂志(电子版) | D17 | 63 | 251 | 牡丹江医学院学报 | D02 | 53 | 242 |

# 中国期刊名称类目索引(续)

| 期刊名称 | 学科代码 | 被引指标页码 | 来源指标页码 | 期刊名称 | 学科代码 | 被引指标页码 | 来源指标页码 |
|---|---|---|---|---|---|---|---|
| 木材工业 | C07 | 44 | 233 | 南华大学学报(社会科学版) | H02 | 147 | 333 |
| 木材加工机械 | E05 | 90 | 277 | 南华大学学报(自然科学版) | A02 | 17 | 207 |
| 木工机床 | E26 | 118 | 305 | 南京财经大学学报 | L02 | 165 | 351 |
| 纳米技术与精密工程 | E12 | 98 | 285 | 南京大学学报(数学半年刊) | B01 | 22 | 212 |
| 耐火材料 | E08 | 93 | 280 | 南京大学学报(哲学·人文科学·社会科学) | H02 | 147 | 333 |
| 耐火与石灰 | E08 | 93 | 280 | 南京大学学报(自然科学版) | A02 | 17 | 207 |
| 南昌大学学报(工科版) | E02 | 85 | 273 | 南京工程学院学报(社会科学版) | H02 | 147 | 333 |
| 南昌大学学报(理科版) | A02 | 17 | 207 | 南京工程学院学报(自然科学版) | E02 | 85 | 273 |
| 南昌大学学报(人文社会科学版) | H02 | 147 | 333 | 南京工业大学学报(社会科学版) | H02 | 147 | 333 |
| 南昌大学学报(医学版) | D02 | 53 | 242 | 南京工业大学学报(自然科学版) | E02 | 85 | 273 |
| 南昌工程学院学报 | E02 | 85 | 273 | 南京工业职业技术学院学报 | E02 | 85 | 273 |
| 南昌航空大学学报(社会科学版) | H02 | 147 | 333 | 南京广播电视大学学报 | P05 | 197 | 382 |
| 南昌航空大学学报(自然科学版) | E38 | 135 | 321 | 南京航空航天大学学报 | E38 | 135 | 321 |
| 南昌教育学院学报 | P01 | 188 | 373 | 南京航空航天大学学报(社会科学版) | H02 | 147 | 333 |
| 南昌师范学院学报 | H03 | 152 | 338 | 南京理工大学学报(社会科学版) | H02 | 147 | 333 |
| 南都学坛 | H01 | 141 | 327 | 南京理工大学学报(自然科学版) | E02 | 85 | 273 |
| 南方电网技术 | E15 | 104 | 291 | 南京林业大学学报(人文社会科学版) | H02 | 147 | 333 |
| 南方建筑 | E31 | 125 | 312 | 南京林业大学学报(自然科学版) | C07 | 44 | 233 |
| 南方金融 | L10 | 171 | 356 | 南京农业大学学报 | C02 | 39 | 228 |
| 南方金属 | E09 | 94 | 281 | 南京农业大学学报(社会科学版) | H02 | 147 | 333 |
| 南方经济 | L01 | 163 | 349 | 南京社会科学 | H01 | 141 | 327 |
| 南方林业科学 | C07 | 44 | 233 | 南京审计大学学报 | L02 | 165 | 351 |
| 南方论刊 | N01 | 180 | 365 | 南京师大学报(社会科学版) | A03 | 20 | 210 |
| 南方能源建设 | E16 | 105 | 292 | 南京师大学报(自然科学版) | A03 | 20 | 210 |
| 南方农村 | L06 | 168 | 353 | 南京师范大学文学院学报 | H03 | 152 | 338 |
| 南方农机 | E05 | 90 | 277 | 南京师范大学学报(工程技术版) | A03 | 20 | 210 |
| 南方农业学报 | C01 | 37 | 226 | 南京体育学院学报(社会科学版) | H02 | 147 | 333 |
| 南方人口 | N02 | 181 | 366 | 南京体育学院学报(自然科学版) | A02 | 17 | 207 |
| 南方水产科学 | C10 | 47 | 236 | 南京晓庄学院学报 | H02 | 147 | 333 |
| 南方文坛 | K04 | 157 | 342 | 南京信息工程大学学报 | E02 | 85 | 273 |
| 南方文物 | K08 | 160 | 346 | 南京医科大学学报(社会科学版) | H02 | 147 | 333 |
| 南方医科大学学报 | D02 | 53 | 242 | 南京医科大学学报(自然科学版) | D02 | 53 | 242 |
| 南方园艺 | C04 | 41 | 230 | 南京艺术学院学报(美术与设计版) | K06 | 158 | 344 |
| 南方职业教育学刊 | P05 | 197 | 382 | 南京艺术学院学报(音乐与表演版) | K06 | 158 | 344 |

# 中国期刊名称类目索引(续)

| 期刊名称 | 学科代码 | 被引指标页码 | 来源指标页码 | 期刊名称 | 学科代码 | 被引指标页码 | 来源指标页码 |
|---|---|---|---|---|---|---|---|
| 南京邮电大学学报(社会科学版) | H02 | 147 | 333 | 内蒙古工业大学学报(社会科学版) | H02 | 147 | 333 |
| 南京邮电大学学报(自然科学版) | E21 | 112 | 299 | 内蒙古工业大学学报(自然科学版) | E02 | 85 | 273 |
| 南京政治学院学报 | M02 | 174 | 359 | 内蒙古公路与运输 | E34 | 130 | 316 |
| 南京中医药大学学报 | D38 | 79 | 267 | 内蒙古科技大学学报 | E15 | 104 | 291 |
| 南京中医药大学学报(社会科学版) | H02 | 147 | 333 | 内蒙古科技与经济 | A01 | 14 | 204 |
| 南开大学学报(自然科学版) | A02 | 17 | 207 | 内蒙古林业科技 | C07 | 44 | 233 |
| 南开管理评论 | F01 | 138 | 325 | 内蒙古林业调查设计 | C07 | 44 | 233 |
| 南开经济研究 | L01 | 163 | 349 | 内蒙古煤炭经济 | L08 | 169 | 354 |
| 南开学报(哲学社会科学版) | H02 | 147 | 333 | 内蒙古民族大学学报(社会科学版) | H02 | 147 | 333 |
| 南宁职业技术学院学报 | P05 | 197 | 382 | 内蒙古民族大学学报(自然科学版) | A02 | 17 | 207 |
| 南水北调与水利科技 | E33 | 127 | 314 | 内蒙古农业大学学报(自然科学版) | A02 | 17 | 207 |
| 南通大学学报(社会科学版) | H02 | 147 | 333 | 内蒙古气象 | B08 | 28 | 217 |
| 南通大学学报(医学版) | D02 | 53 | 242 | 内蒙古社会科学 | H01 | 141 | 327 |
| 南通大学学报(自然科学版) | A02 | 17 | 207 | 内蒙古师范大学学报(教育科学版) | P01 | 188 | 373 |
| 南通航运职业技术学院学报 | E37 | 133 | 319 | 内蒙古师范大学学报(哲学社会科学版) | A03 | 20 | 210 |
| 南通职业大学学报 | P05 | 197 | 382 | 内蒙古师范大学学报(自然科学汉文版) | A03 | 20 | 210 |
| 南亚研究 | M04 | 177 | 362 | 内蒙古石油化工 | E17 | 107 | 294 |
| 南亚研究季刊 | M04 | 177 | 362 | 内蒙古水利 | E33 | 127 | 314 |
| 南阳理工学院学报 | E02 | 85 | 273 | 内蒙古医科大学学报 | D02 | 53 | 242 |
| 南阳师范学院学报 | H03 | 152 | 338 | 内蒙古医学杂志 | D01 | 49 | 238 |
| 南洋问题研究 | M04 | 177 | 362 | 内燃机 | E14 | 101 | 288 |
| 脑与神经疾病杂志 | D27 | 67 | 256 | 内燃机工程 | E14 | 101 | 288 |
| 内江科技 | A01 | 14 | 204 | 内燃机学报 | E14 | 101 | 288 |
| 内江师范学院学报 | H03 | 152 | 338 | 内燃机与动力装置 | E14 | 101 | 288 |
| 内科 | D08 | 59 | 247 | 内燃机与配件 | E14 | 101 | 288 |
| 内科急危重症杂志 | D08 | 59 | 247 | 能源工程 | E14 | 101 | 288 |
| 内科理论与实践 | D08 | 59 | 247 | 能源化工 | E17 | 107 | 294 |
| 内陆地震 | B09 | 29 | 218 | 能源环境保护 | E39 | 136 | 323 |
| 内蒙古财经大学学报 | L02 | 165 | 351 | 能源技术与管理 | E16 | 105 | 293 |
| 内蒙古大学学报(哲学社会科学版) | H02 | 147 | 333 | 能源研究与管理 | E14 | 101 | 288 |
| 内蒙古大学学报(自然科学版) | A02 | 17 | 207 | 能源研究与利用 | E16 | 105 | 293 |
| 内蒙古大学艺术学院学报 | K06 | 159 | 344 | 能源研究与信息 | E16 | 105 | 293 |
| 内蒙古电大学刊 | P01 | 188 | 373 | 能源与环境 | E14 | 101 | 288 |
| 内蒙古电力技术 | E15 | 104 | 291 | 能源与节能 | E16 | 105 | 293 |

# 中国期刊名称类目索引(续)

| 期刊名称 | 学科代码 | 被引指标页码 | 来源指标页码 | 期刊名称 | 学科代码 | 被引指标页码 | 来源指标页码 |
|---|---|---|---|---|---|---|---|
| 泥沙研究 | E33 | 127 | 314 | 农机使用与维修 | E05 | 90 | 277 |
| 酿酒 | E30 | 122 | 309 | 农技服务 | C01 | 37 | 226 |
| 酿酒科技 | E30 | 122 | 309 | 农垦医学 | D41 | 80 | 268 |
| 宁波大学学报(教育科学版) | P01 | 188 | 373 | 农林经济管理学报 | L01 | 163 | 349 |
| 宁波大学学报(理工版) | A02 | 17 | 207 | 农学学报 | C01 | 37 | 226 |
| 宁波大学学报(人文科学版) | H02 | 147 | 333 | 农药 | C06 | 42 | 231 |
| 宁波工程学院学报 | E02 | 85 | 273 | 农药科学与管理 | C06 | 42 | 231 |
| 宁波广播电视大学学报 | P05 | 197 | 382 | 农药学学报 | C06 | 42 | 231 |
| 宁波教育学院学报 | P01 | 188 | 373 | 农业工程 | E05 | 90 | 278 |
| 宁波经济(三江论坛) | L01 | 163 | 349 | 农业工程学报 | E05 | 90 | 278 |
| 宁波职业技术学院学报 | P05 | 197 | 382 | 农业环境科学学报 | E05 | 90 | 278 |
| 宁德师范学院学报(哲学社会科学版) | H03 | 152 | 338 | 农业机械学报 | E05 | 90 | 278 |
| 宁德师范学院学报(自然科学版) | A03 | 20 | 210 | 农业技术经济 | L06 | 168 | 353 |
| 宁夏大学学报(人文社会科学版) | H02 | 147 | 333 | 农业技术与装备 | E05 | 90 | 278 |
| 宁夏大学学报(自然科学版) | A02 | 17 | 207 | 农业经济 | L06 | 168 | 353 |
| 宁夏党校学报 | M02 | 174 | 359 | 农业经济问题 | L06 | 168 | 353 |
| 宁夏电力 | E15 | 104 | 291 | 农业经济与管理 | L06 | 168 | 353 |
| 宁夏工程技术 | E01 | 81 | 269 | 农业开发与装备 | E05 | 90 | 278 |
| 宁夏农林科技 | C01 | 37 | 226 | 农业考古 | K10 | 161 | 347 |
| 宁夏社会科学 | H01 | 141 | 327 | 农业科技管理 | C01 | 37 | 226 |
| 宁夏师范学院学报 | H03 | 152 | 338 | 农业科技通讯 | C01 | 37 | 226 |
| 宁夏医科大学学报 | D02 | 53 | 242 | 农业科技与信息 | C01 | 37 | 226 |
| 宁夏医学杂志 | D01 | 49 | 238 | 农业科技与装备 | E05 | 90 | 278 |
| 农产品加工(上半月) | E05 | 90 | 277 | 农业科学研究 | C01 | 37 | 226 |
| 农产品加工(下半月) | E05 | 90 | 277 | 农业科研经济管理 | L06 | 168 | 353 |
| 农产品质量与安全 | C01 | 37 | 226 | 农业生物技术学报 | C01 | 37 | 226 |
| 农场经济管理 | L06 | 168 | 353 | 农业图书情报学刊 | N06 | 183 | 368 |
| 农村电工 | E15 | 104 | 291 | 农业网络信息 | C01 | 37 | 226 |
| 农村金融研究 | L06 | 168 | 353 | 农业现代化研究 | E05 | 90 | 278 |
| 农村经济 | L06 | 168 | 353 | 农业研究与应用 | C03 | 40 | 229 |
| 农村经济与科技 | L06 | 168 | 353 | 农业与技术 | C01 | 37 | 226 |
| 农村科技 | C01 | 37 | 226 | 农业灾害研究 | C01 | 37 | 226 |
| 农村牧区机械化 | E05 | 90 | 277 | 农业展望 | C01 | 37 | 226 |
| 农机化研究 | E05 | 90 | 277 | 农业装备技术 | E05 | 90 | 278 |

# 中国期刊名称类目索引(续)

| 期刊名称 | 学科代码 | 被引指标页码 | 来源指标页码 | 期刊名称 | 学科代码 | 被引指标页码 | 来源指标页码 |
|---|---|---|---|---|---|---|---|
| 农业装备与车辆工程 | E05 | 90 | 278 | 企业技术开发(学术版) | L01 | 163 | 349 |
| 农业资源与环境学报 | E39 | 136 | 323 | 企业经济 | L04 | 167 | 352 |
| 农银学刊 | L02 | 165 | 351 | 企业科技与发展 | L01 | 163 | 349 |
| 暖通空调 | E31 | 125 | 312 | 企业文化(中旬刊) | N04 | 182 | 367 |
| 欧亚经济 | L08 | 169 | 354 | 起重运输机械 | E13 | 99 | 287 |
| 欧洲研究 | M04 | 177 | 362 | 气候变化研究进展 | B08 | 28 | 217 |
| 排灌机械工程学报 | E05 | 90 | 278 | 气候与环境研究 | B08 | 28 | 217 |
| 攀登(汉文版) | N01 | 180 | 365 | 气象 | B08 | 28 | 217 |
| 攀枝花学院学报 | A02 | 17 | 207 | 气象科技 | B08 | 28 | 217 |
| 皮肤病与性病 | D25 | 67 | 255 | 气象科技进展 | B08 | 28 | 217 |
| 皮肤性病诊疗学杂志 | D25 | 67 | 255 | 气象科学 | B08 | 28 | 217 |
| 皮革科学与工程 | E26 | 118 | 305 | 气象水文海洋仪器 | E13 | 99 | 287 |
| 皮革与化工 | E26 | 118 | 305 | 气象学报 | B08 | 28 | 217 |
| 品牌研究 | H01 | 141 | 327 | 气象研究与应用 | B08 | 28 | 217 |
| 平顶山学院学报 | P01 | 188 | 373 | 气象与环境科学 | B08 | 28 | 217 |
| 萍乡学院学报 | A02 | 17 | 207 | 气象与环境学报 | B08 | 28 | 217 |
| 鄱阳湖学刊 | N04 | 182 | 367 | 气象与减灾研究 | B08 | 28 | 217 |
| 莆田学院学报 | A02 | 17 | 207 | 气象灾害防御 | B08 | 28 | 217 |
| 蒲松龄研究 | K08 | 160 | 346 | 汽车安全与节能学报 | E35 | 131 | 317 |
| 濮阳职业技术学院学报 | P05 | 197 | 382 | 汽车电器 | E15 | 104 | 291 |
| 普洱学院学报 | P01 | 188 | 373 | 汽车工程 | E35 | 131 | 317 |
| 七彩语文(教师论坛) | P03 | 192 | 377 | 汽车工程师 | E34 | 130 | 316 |
| 齐鲁工业大学学报 | E02 | 85 | 273 | 汽车工程学报 | E35 | 131 | 317 |
| 齐鲁护理杂志 | D30 | 70 | 259 | 汽车工业研究 | E34 | 130 | 316 |
| 齐鲁师范学院学报 | P01 | 188 | 373 | 汽车工艺与材料 | E34 | 130 | 316 |
| 齐鲁石油化工 | E17 | 107 | 294 | 汽车技术 | E35 | 131 | 317 |
| 齐鲁学刊 | H01 | 141 | 327 | 汽车科技 | E35 | 131 | 317 |
| 齐鲁医学杂志 | D01 | 49 | 238 | 汽车零部件 | E34 | 130 | 316 |
| 齐鲁艺苑 | K06 | 159 | 344 | 汽车实用技术 | E34 | 130 | 317 |
| 齐鲁渔业 | C10 | 47 | 236 | 汽车维护与修理 | E34 | 130 | 317 |
| 齐齐哈尔大学学报(哲学社会科学版) | H02 | 147 | 333 | 汽车维修 | E34 | 130 | 317 |
| 齐齐哈尔大学学报(自然科学版) | A02 | 17 | 207 | 汽车运用 | E34 | 130 | 317 |
| 齐齐哈尔师范高等专科学校学报 | H03 | 152 | 338 | 汽轮机技术 | E14 | 101 | 288 |
| 齐齐哈尔医学院学报 | D02 | 53 | 242 | 器官移植 | D14 | 61 | 249 |

# 中国期刊名称类目索引(续)

| 期刊名称 | 学科代码 | 被引指标页码 | 来源指标页码 | 期刊名称 | 学科代码 | 被引指标页码 | 来源指标页码 |
|---|---|---|---|---|---|---|---|
| 前沿 | H01 | 141 | 327 | 青海医药杂志 | D01 | 49 | 238 |
| 前沿科学 | A01 | 14 | 204 | 青年发展论坛 | P05 | 197 | 382 |
| 黔南民族师范学院学报 | H03 | 152 | 338 | 青年时代 | K04 | 157 | 342 |
| 黔南民族医专学报 | D02 | 53 | 242 | 青年探索 | N01 | 180 | 365 |
| 强度与环境 | E38 | 135 | 321 | 青年文学家 | K04 | 157 | 342 |
| 强激光与粒子束 | B04 | 24 | 214 | 青年学报 | M02 | 174 | 359 |
| 桥梁建设 | E37 | 133 | 319 | 青年研究 | N01 | 180 | 365 |
| 钦州学院学报 | H02 | 147 | 333 | 青少年犯罪问题 | M07 | 180 | 365 |
| 青岛大学学报(工程技术版) | E02 | 85 | 273 | 青少年体育 | P07 | 199 | 384 |
| 青岛大学学报(自然科学版) | A02 | 17 | 207 | 青少年学刊 | N01 | 180 | 365 |
| 青岛大学医学院学报 | D02 | 53 | 242 | 青少年研究与实践 | M02 | 174 | 359 |
| 青岛科技大学学报(社会科学版) | H02 | 147 | 333 | 青藏高原论坛 | H01 | 141 | 327 |
| 青岛科技大学学报(自然科学版) | A02 | 17 | 207 | 轻纺工业与技术 | E29 | 121 | 308 |
| 青岛理工大学学报 | E02 | 85 | 273 | 轻工机械 | E13 | 99 | 287 |
| 青岛农业大学学报(社会科学版) | H02 | 147 | 333 | 轻工学报 | E02 | 85 | 273 |
| 青岛农业大学学报(自然科学版) | C02 | 39 | 228 | 轻合金加工技术 | E13 | 99 | 287 |
| 青岛医药卫生 | D01 | 49 | 238 | 轻金属 | E09 | 94 | 281 |
| 青岛远洋船员职业学院学报 | E37 | 133 | 319 | 清华大学教育研究 | P01 | 188 | 373 |
| 青岛职业技术学院学报 | P05 | 197 | 382 | 清华大学学报(哲学社会科学版) | H02 | 148 | 334 |
| 青海草业 | C08 | 46 | 235 | 清华大学学报(自然科学版) | E02 | 85 | 273 |
| 青海畜牧兽医杂志 | C08 | 46 | 235 | 清华法学 | M05 | 179 | 364 |
| 青海大学学报(自然科学版) | A02 | 17 | 207 | 清华金融评论 | L01 | 163 | 349 |
| 青海电力 | E15 | 104 | 291 | 清史研究 | K08 | 160 | 346 |
| 青海环境 | E39 | 136 | 323 | 清洗世界 | E23 | 116 | 303 |
| 青海交通科技 | E34 | 130 | 317 | 清远职业技术学院学报 | P05 | 197 | 382 |
| 青海教育 | P01 | 188 | 373 | 情报工程 | N07 | 184 | 369 |
| 青海金融 | L10 | 171 | 356 | 情报科学 | N07 | 184 | 369 |
| 青海民族大学学报(社会科学版) | H02 | 147 | 334 | 情报理论与实践 | N07 | 184 | 369 |
| 青海民族研究 | N04 | 182 | 367 | 情报探索 | N07 | 184 | 369 |
| 青海农技推广 | C01 | 37 | 226 | 情报学报 | N07 | 184 | 369 |
| 青海农林科技 | C01 | 37 | 227 | 情报杂志 | N07 | 184 | 369 |
| 青海社会科学 | H01 | 141 | 327 | 情报资料工作 | N07 | 184 | 369 |
| 青海师范大学学报(哲学社会科学版) | H03 | 152 | 338 | 海南热带海洋学院学报 | P01 | 188 | 373 |
| 青海师范大学学报(自然科学版) | A03 | 20 | 210 | 求实 | M01 | 172 | 357 |

# 中国期刊名称类目索引(续)

| 期刊名称 | 学科代码 | 被引指标页码 | 来源指标页码 | 期刊名称 | 学科代码 | 被引指标页码 | 来源指标页码 |
|---|---|---|---|---|---|---|---|
| 求是 | M01 | 172 | 357 | 热带农业科学 | C01 | 37 | 227 |
| 求是学刊 | H01 | 141 | 327 | 热带气象学报 | B08 | 28 | 218 |
| 求索 | H01 | 141 | 327 | 热带生物学报 | B13 | 33 | 223 |
| 求知导刊 | H01 | 141 | 327 | 热带亚热带植物学报 | B15 | 34 | 224 |
| 区域供热 | E14 | 101 | 288 | 热带医学杂志 | D32 | 72 | 261 |
| 区域金融研究 | L10 | 171 | 356 | 热带作物学报 | C03 | 40 | 229 |
| 区域经济评论 | L01 | 163 | 349 | 热固性树脂 | E23 | 116 | 303 |
| 曲阜师范大学学报(自然科学版) | A03 | 20 | 210 | 热加工工艺 | E13 | 100 | 287 |
| 曲靖师范学院学报 | H03 | 152 | 338 | 热科学与技术 | B04 | 24 | 214 |
| 全国商情·理论研究 | L01 | 164 | 349 | 热力发电 | E15 | 104 | 291 |
| 全科护理 | D30 | 70 | 259 | 热力透平 | E14 | 101 | 289 |
| 全科医学临床与教育 | D05 | 56 | 245 | 热能动力工程 | E14 | 101 | 289 |
| 全面腐蚀控制 | E08 | 93 | 280 | 热喷涂技术 | E01 | 81 | 269 |
| 全球定位系统 | E07 | 92 | 279 | 人工晶体学报 | E08 | 93 | 280 |
| 全球化 | L01 | 164 | 349 | 人口学刊 | N02 | 181 | 366 |
| 全球教育展望 | P01 | 188 | 373 | 人口研究 | N02 | 181 | 366 |
| 全球科技经济瞭望 | L01 | 164 | 349 | 人口与发展 | N02 | 181 | 366 |
| 泉州师范学院学报 | H03 | 152 | 338 | 人口与经济 | N02 | 181 | 366 |
| 拳击与格斗 | P07 | 199 | 384 | 人口与社会 | N02 | 181 | 366 |
| 燃料化学学报 | E16 | 105 | 293 | 人类工效学 | E01 | 81 | 269 |
| 燃料与化工 | E23 | 116 | 303 | 人类学学报 | B13 | 33 | 223 |
| 燃气轮机技术 | E14 | 101 | 288 | 人力资源 | N02 | 181 | 366 |
| 燃气涡轮试验与研究 | E13 | 99 | 287 | 人力资源管理 | N02 | 181 | 366 |
| 燃烧科学与技术 | E14 | 101 | 289 | 人民黄河 | E33 | 127 | 314 |
| 染料与染色 | E29 | 121 | 308 | 人民检察 | M07 | 180 | 365 |
| 染整技术 | E29 | 121 | 308 | 人民军医 | D01 | 49 | 238 |
| 热处理 | E13 | 99 | 287 | 人民论坛 | M07 | 180 | 365 |
| 热处理技术与装备 | E13 | 100 | 287 | 人民论坛·学术前沿 | N01 | 180 | 365 |
| 热带病与寄生虫学 | D32 | 72 | 261 | 人民音乐 | K06 | 159 | 344 |
| 热带地理 | B10 | 29 | 219 | 人民长江 | E33 | 127 | 314 |
| 热带海洋学报 | B12 | 32 | 222 | 人民珠江 | E33 | 127 | 314 |
| 热带林业 | C07 | 44 | 233 | 人参研究 | C04 | 41 | 230 |
| 热带农业工程 | E05 | 90 | 278 | 人文地理 | K08 | 160 | 346 |
| 热带农业科技 | C03 | 40 | 229 | 人文杂志 | H01 | 141 | 327 |

438

# 中国期刊名称类目索引(续)

| 期刊名称 | 学科代码 | 被引指标页码 | 来源指标页码 | 期刊名称 | 学科代码 | 被引指标页码 | 来源指标页码 |
|---|---|---|---|---|---|---|---|
| 人造纤维 | E08 | 93 | 280 | 厦门广播电视大学学报 | P05 | 198 | 382 |
| 日本问题研究 | M04 | 177 | 362 | 厦门科技 | A01 | 14 | 204 |
| 日本学刊 | M04 | 177 | 362 | 厦门理工学院学报 | E02 | 86 | 273 |
| 日本研究 | M04 | 177 | 362 | 山地农业生物学报 | C01 | 37 | 227 |
| 日用电器 | E15 | 104 | 291 | 山地学报 | B10 | 29 | 219 |
| 日用化学工业 | E23 | 116 | 303 | 山东财经大学学报 | L02 | 165 | 351 |
| 日用化学品科学 | E26 | 118 | 305 | 山东畜牧兽医 | C08 | 46 | 235 |
| 日语学习与研究 | K03 | 156 | 341 | 山东大学耳鼻喉眼学报 | D23 | 65 | 254 |
| 肉类工业 | E30 | 122 | 309 | 山东大学学报(工学版) | E02 | 86 | 273 |
| 肉类研究 | E30 | 122 | 309 | 山东大学学报(理学版) | A02 | 17 | 207 |
| 乳业科学与技术 | E30 | 122 | 309 | 山东大学学报(医学版) | D02 | 53 | 242 |
| 软件 | E22 | 114 | 301 | 山东大学学报(哲学社会科学版) | H02 | 148 | 334 |
| 软件产业与工程 | E03 | 88 | 276 | 山东档案 | N08 | 185 | 370 |
| 软件导刊 | E22 | 114 | 301 | 山东电力技术 | E15 | 104 | 291 |
| 软件导刊·教育技术 | P01 | 188 | 373 | 山东纺织经济 | E29 | 121 | 308 |
| 软件工程 | E22 | 114 | 301 | 山东纺织科技 | E29 | 121 | 308 |
| 软件学报 | E22 | 114 | 301 | 山东高等教育 | P04 | 195 | 380 |
| 软科学 | H01 | 141 | 327 | 山东工会论坛 | M01 | 172 | 357 |
| 润滑油 | E08 | 93 | 280 | 山东工商学院学报 | L02 | 166 | 351 |
| 润滑与密封 | E01 | 81 | 269 | 山东工业技术 | E01 | 81 | 269 |
| 三门峡职业技术学院学报 | P05 | 197 | 382 | 山东广播电视大学学报 | P05 | 198 | 382 |
| 三明学院学报 | P01 | 188 | 373 | 山东国土资源 | B10 | 29 | 219 |
| 三峡大学学报(人文社会科学版) | H02 | 148 | 334 | 山东行政学院学报 | M02 | 174 | 359 |
| 三峡大学学报(自然科学版) | E33 | 127 | 314 | 山东化工 | E23 | 116 | 303 |
| 三峡论坛(三峡文学·理论版) | K04 | 157 | 342 | 山东建筑大学学报 | E31 | 125 | 312 |
| 色谱 | B05 | 26 | 216 | 山东交通科技 | E34 | 130 | 317 |
| 森林防火 | C07 | 44 | 233 | 山东交通学院学报 | E34 | 130 | 317 |
| 森林工程 | C07 | 44 | 233 | 山东警察学院学报 | M05 | 179 | 364 |
| 森林与环境学报 | C07 | 44 | 233 | 山东科技大学学报(社会科学版) | H02 | 148 | 334 |
| 沙漠与绿洲气象 | B08 | 28 | 218 | 山东科技大学学报(自然科学版) | E02 | 86 | 273 |
| 沙洲职业工学院学报 | P05 | 198 | 382 | 山东科学 | A01 | 14 | 204 |
| 厦门城市职业学院学报 | P01 | 189 | 373 | 山东理工大学学报(社会科学版) | H02 | 148 | 334 |
| 厦门大学学报(哲学社会科学版) | H02 | 148 | 334 | 山东理工大学学报(自然科学版) | E02 | 86 | 273 |
| 厦门大学学报(自然科学版) | A02 | 17 | 207 | 山东林业科技 | C07 | 44 | 233 |

# 中国期刊名称类目索引(续)

| 期刊名称 | 学科代码 | 被引指标页码 | 来源指标页码 | 期刊名称 | 学科代码 | 被引指标页码 | 来源指标页码 |
|---|---|---|---|---|---|---|---|
| 山东煤炭科技 | E16 | 105 | 293 | 山西化工 | E23 | 116 | 303 |
| 山东农业大学学报(社会科学版) | H02 | 148 | 334 | 山西建筑 | E31 | 125 | 312 |
| 山东农业大学学报(自然科学版) | C02 | 39 | 228 | 山西交通科技 | E34 | 130 | 317 |
| 山东农业工程学院学报 | C02 | 39 | 228 | 山西焦煤科技 | E16 | 105 | 293 |
| 山东农业科学 | C01 | 37 | 227 | 山西经济管理干部学院学报 | M02 | 174 | 359 |
| 山东女子学院学报 | M02 | 174 | 359 | 山西警官高等专科学校学报 | M05 | 179 | 364 |
| 山东青年 | N02 | 181 | 366 | 山西科技 | A01 | 14 | 204 |
| 山东青年政治学院学报 | M02 | 174 | 359 | 山西林业 | C07 | 44 | 233 |
| 山东商业职业技术学院学报 | L02 | 166 | 351 | 山西林业科技 | C07 | 44 | 233 |
| 山东社会科学 | H01 | 141 | 327 | 山西煤炭 | E16 | 105 | 293 |
| 山东审判 | M05 | 179 | 364 | 山西煤炭管理干部学院学报 | M02 | 174 | 359 |
| 山东师范大学学报(自然科学版) | A03 | 20 | 210 | 山西农业大学学报(社会科学版) | H02 | 148 | 334 |
| 山东水利 | E33 | 127 | 314 | 山西农业大学学报(自然科学版) | C02 | 39 | 228 |
| 山东体育科技 | P07 | 199 | 384 | 山西农业科学 | C01 | 37 | 227 |
| 山东体育学院学报 | P07 | 199 | 384 | 山西青年职业学院学报 | M02 | 174 | 359 |
| 山东通信技术 | E21 | 112 | 299 | 山西社会主义学院学报 | M02 | 174 | 360 |
| 山东外语教学 | K01 | 154 | 340 | 山西省政法管理干部学院学报 | M02 | 174 | 360 |
| 山东冶金 | E11 | 96 | 284 | 山西师大学报(社会科学版) | A03 | 21 | 210 |
| 山东医学高等专科学校学报 | D02 | 53 | 242 | 山西师范大学学报(自然科学版) | A03 | 21 | 210 |
| 山东医药 | D01 | 49 | 238 | 山西水利 | E33 | 127 | 314 |
| 山东中医药大学学报 | D38 | 79 | 267 | 山西水利科技 | E33 | 127 | 314 |
| 山东中医杂志 | D37 | 77 | 265 | 山西水土保持科技 | E05 | 90 | 278 |
| 山西财经大学学报 | L02 | 166 | 351 | 山西冶金 | E11 | 96 | 284 |
| 山西大同大学学报(社会科学版) | H02 | 148 | 334 | 山西医科大学学报 | D02 | 53 | 242 |
| 山西大同大学学报(自然科学版) | A02 | 17 | 207 | 山西医药杂志 | D01 | 49 | 238 |
| 山西大学学报(哲学社会科学版) | H02 | 148 | 334 | 山西职工医学院学报 | D02 | 53 | 242 |
| 山西大学学报(自然科学版) | A02 | 17 | 207 | 山西中医 | D37 | 77 | 265 |
| 山西档案 | N08 | 185 | 370 | 山西中医学院学报 | D38 | 79 | 267 |
| 山西地震 | B11 | 31 | 221 | 陕西地质 | B11 | 31 | 221 |
| 山西电力 | E15 | 104 | 291 | 陕西电力 | E15 | 104 | 291 |
| 山西电子技术 | E03 | 88 | 276 | 陕西广播电视大学学报 | P05 | 198 | 382 |
| 山西高等学校社会科学学报 | H01 | 141 | 327 | 陕西行政学院学报 | M02 | 174 | 360 |
| 山西广播电视大学学报 | P05 | 198 | 382 | 陕西科技大学学报 | A02 | 17 | 207 |
| 山西果树 | C04 | 41 | 230 | 陕西理工学院学报(社会科学版) | H02 | 148 | 334 |

# 中国期刊名称类目索引(续)

| 期刊名称 | 学科代码 | 被引指标页码 | 来源指标页码 |
|---|---|---|---|
| 陕西理工学院学报(自然科学版) | E02 | 86 | 273 |
| 陕西林业科技 | C07 | 44 | 233 |
| 陕西煤炭 | E16 | 105 | 293 |
| 陕西农业科学 | C01 | 37 | 227 |
| 陕西气象 | B08 | 28 | 218 |
| 陕西青年职业学院学报 | M02 | 174 | 360 |
| 陕西社会主义学院学报 | M02 | 174 | 360 |
| 陕西师范大学学报(哲学社会科学版) | H03 | 152 | 338 |
| 陕西师范大学学报(自然科学版) | A03 | 21 | 210 |
| 陕西水利 | E33 | 127 | 314 |
| 陕西学前师范学院学报 | P01 | 189 | 373 |
| 陕西医学杂志 | D01 | 49 | 238 |
| 陕西中医 | D37 | 77 | 265 |
| 陕西中医药大学学报 | D38 | 79 | 267 |
| 汕头大学学报(自然科学版) | A02 | 17 | 207 |
| 汕头大学医学院学报 | D02 | 53 | 242 |
| 伤害医学(电子版) | D01 | 49 | 238 |
| 商洛学院学报 | P01 | 189 | 373 |
| 商丘师范学院学报 | H03 | 152 | 338 |
| 商丘职业技术学院学报 | P05 | 198 | 382 |
| 商业经济 | L04 | 167 | 352 |
| 商业经济研究 | L04 | 167 | 352 |
| 商业经济与管理 | L04 | 167 | 352 |
| 商业会计 | L05 | 167 | 353 |
| 商业研究 | L08 | 169 | 354 |
| 上海财经大学学报(哲学社会科学版) | H02 | 148 | 334 |
| 上海城市管理 | F01 | 138 | 325 |
| 上海城市规划 | E31 | 125 | 312 |
| 上海畜牧兽医通讯 | C08 | 46 | 235 |
| 上海船舶运输科学研究所学报 | E37 | 133 | 319 |
| 上海大学学报(社会科学版) | H02 | 148 | 334 |
| 上海大学学报(自然科学版) | A02 | 18 | 207 |
| 上海大中型电机 | E15 | 104 | 291 |
| 上海党史与党建 | M01 | 172 | 357 |
| 上海第二工业大学学报 | E02 | 86 | 274 |
| 上海电机学院学报 | E19 | 110 | 297 |
| 上海电力学院学报 | E15 | 104 | 291 |
| 上海电气技术 | E15 | 104 | 291 |
| 上海对外经贸大学学报 | L02 | 166 | 351 |
| 上海翻译 | K01 | 154 | 340 |
| 上海纺织科技 | E29 | 121 | 308 |
| 上海工程技术大学学报 | E02 | 86 | 274 |
| 上海公安高等专科学校学报(公安理论与实践) | M05 | 179 | 364 |
| 上海公路 | E34 | 130 | 317 |
| 上海管理科学 | F01 | 139 | 325 |
| 上海国土资源 | B10 | 29 | 219 |
| 上海海事大学学报 | E37 | 133 | 320 |
| 上海海洋大学学报 | C10 | 47 | 236 |
| 上海行政学院学报 | M02 | 174 | 360 |
| 上海航天 | E38 | 135 | 321 |
| 上海护理 | D30 | 70 | 259 |
| 上海环境科学 | E39 | 137 | 323 |
| 上海计量测试 | E01 | 81 | 269 |
| 上海建设科技 | E31 | 125 | 312 |
| 上海交通大学学报 | E02 | 86 | 274 |
| 上海交通大学学报(农业科学版) | C02 | 39 | 228 |
| 上海交通大学学报(医学版) | D02 | 53 | 242 |
| 上海交通大学学报(哲学社会科学版) | H02 | 148 | 334 |
| 上海教育科研 | P01 | 189 | 373 |
| 上海节能 | E16 | 106 | 293 |
| 上海金融 | L10 | 171 | 356 |
| 上海金融学院学报 | L02 | 166 | 351 |
| 上海金属 | E09 | 94 | 281 |
| 上海经济 | L08 | 169 | 354 |
| 上海经济研究 | L08 | 169 | 354 |
| 上海口腔医学 | D24 | 66 | 255 |
| 上海理工大学学报 | A02 | 18 | 207 |

441

# 中国期刊名称类目索引(续)

| 期刊名称 | 学科代码 | 被引指标页码 | 来源指标页码 | 期刊名称 | 学科代码 | 被引指标页码 | 来源指标页码 |
|---|---|---|---|---|---|---|---|
| 上海理工大学学报(社会科学版) | H02 | 148 | 334 | 设计艺术研究 | P01 | 189 | 373 |
| 上海煤气 | E16 | 106 | 293 | 社会 | N01 | 180 | 365 |
| 上海农业科技 | C01 | 37 | 227 | 社会保障研究 | N02 | 181 | 366 |
| 上海农业学报 | C01 | 37 | 227 | 社会福利(理论版) | M01 | 172 | 357 |
| 上海汽车 | E34 | 130 | 317 | 社会工作 | N01 | 180 | 365 |
| 上海染料 | E25 | 118 | 305 | 社会工作与管理 | H01 | 141 | 327 |
| 上海商学院学报 | L02 | 166 | 351 | 社会科学 | H01 | 141 | 327 |
| 上海师范大学学报(哲学社会科学版) | H03 | 152 | 338 | 社会科学辑刊 | H01 | 141 | 327 |
| 上海师范大学学报(自然科学版) | A03 | 21 | 210 | 社会科学家 | H01 | 141 | 327 |
| 上海市经济管理干部学院学报 | M02 | 174 | 360 | 社会科学论坛 | H01 | 141 | 327 |
| 上海市社会主义学院学报 | M02 | 174 | 360 | 社会科学研究 | H01 | 141 | 327 |
| 上海蔬菜 | C04 | 41 | 230 | 社会科学战线 | H01 | 141 | 327 |
| 上海塑料 | E24 | 117 | 304 | 社会学评论 | N01 | 180 | 366 |
| 上海体育学院学报 | P07 | 199 | 384 | 社会学研究 | N01 | 180 | 366 |
| 上海铁道科技 | E36 | 132 | 318 | 社会主义研究 | J01 | 153 | 339 |
| 上海涂料 | E25 | 118 | 305 | 社科纵横 | H01 | 141 | 327 |
| 上海医学 | D01 | 50 | 238 | 社区医学杂志 | D01 | 50 | 239 |
| 上海医药 | D01 | 50 | 238 | 深空探测学报 | E03 | 88 | 276 |
| 上海预防医学 | D31 | 71 | 260 | 深冷技术 | E14 | 101 | 289 |
| 上海针灸杂志 | D41 | 80 | 268 | 深圳大学学报(理工版) | E02 | 86 | 274 |
| 上海政法学院学报 | M05 | 179 | 364 | 深圳大学学报(人文社会科学版) | H02 | 148 | 334 |
| 上海中学数学 | P03 | 192 | 377 | 深圳信息职业技术学院学报 | E19 | 110 | 297 |
| 上海中医药大学学报 | D38 | 79 | 267 | 深圳职业技术学院学报 | P05 | 198 | 382 |
| 上海中医药杂志 | D37 | 77 | 266 | 深圳中西医结合杂志 | D39 | 79 | 267 |
| 上饶师范学院学报 | H03 | 152 | 338 | 神华科技 | E10 | 95 | 283 |
| 烧结球团 | E11 | 96 | 284 | 神经病学与神经康复学杂志 | D27 | 67 | 256 |
| 韶关学院学报 | H02 | 148 | 334 | 神经疾病与精神卫生 | D27 | 67 | 256 |
| 邵阳学院学报(社会科学版) | H02 | 148 | 334 | 神经解剖学杂志 | D03 | 55 | 243 |
| 邵阳学院学报(自然科学版) | A02 | 18 | 207 | 神经损伤与功能重建 | D27 | 67 | 256 |
| 绍兴文理学院学报 | H02 | 148 | 334 | 神州(下旬刊) | K04 | 157 | 343 |
| 蛇志 | D05 | 56 | 245 | 神州(中旬刊) | K04 | 157 | 343 |
| 设备管理与维修 | E01 | 82 | 269 | 沈阳大学学报(社会科学版) | H02 | 148 | 334 |
| 设备监理 | E01 | 82 | 270 | 沈阳大学学报(自然科学版) | A02 | 18 | 207 |
| 设计 | E01 | 82 | 270 | 沈阳工程学院学报(社会科学版) | H02 | 148 | 334 |

# 中国期刊名称类目索引(续)

| 期刊名称 | 学科代码 | 被引指标页码 | 来源指标页码 | 期刊名称 | 学科代码 | 被引指标页码 | 来源指标页码 |
|---|---|---|---|---|---|---|---|
| 沈阳工程学院学报(自然科学版) | E02 | 86 | 274 | 生物多样性 | B13 | 33 | 223 |
| 沈阳工业大学学报 | E02 | 86 | 274 | 生物工程学报 | E04 | 89 | 277 |
| 沈阳工业大学学报(社会科学版) | H02 | 148 | 334 | 生物骨科材料与临床研究 | D18 | 63 | 252 |
| 沈阳航空航天大学学报 | E38 | 135 | 321 | 生物化工 | B13 | 33 | 223 |
| 沈阳化工大学学报 | E23 | 116 | 303 | 生物化学与生物物理进展 | B13 | 33 | 223 |
| 沈阳建筑大学学报(社会科学版) | H02 | 148 | 334 | 生物技术 | B13 | 34 | 223 |
| 沈阳建筑大学学报(自然科学版) | E31 | 125 | 312 | 生物技术进展 | B13 | 34 | 223 |
| 沈阳理工大学学报 | E02 | 86 | 274 | 生物技术通报 | E04 | 89 | 277 |
| 沈阳农业大学学报 | C02 | 39 | 228 | 生物技术通讯 | B13 | 34 | 223 |
| 沈阳农业大学学报(社会科学版) | H02 | 148 | 334 | 生物加工过程 | E04 | 89 | 277 |
| 沈阳师范大学学报(社会科学版) | A03 | 21 | 210 | 生物数学学报 | B01 | 22 | 212 |
| 沈阳师范大学学报(自然科学版) | A03 | 21 | 210 | 生物物理学报 | B13 | 34 | 223 |
| 沈阳体育学院学报 | P07 | 199 | 384 | 生物信息学 | B13 | 34 | 223 |
| 沈阳药科大学学报 | D02 | 53 | 242 | 生物学教学 | P03 | 193 | 377 |
| 沈阳医学院学报 | D02 | 53 | 242 | 生物学通报 | B13 | 34 | 223 |
| 审计研究 | L05 | 167 | 353 | 生物学杂志 | B13 | 34 | 223 |
| 审计与经济研究 | L05 | 167 | 353 | 生物医学工程学进展 | D03 | 55 | 243 |
| 审计与理财 | L10 | 171 | 356 | 生物医学工程学杂志 | E06 | 91 | 278 |
| 肾脏病与透析肾移植杂志 | D17 | 63 | 251 | 生物医学工程研究 | E06 | 91 | 278 |
| 生产力研究 | L01 | 164 | 349 | 生物医学工程与临床 | E06 | 91 | 278 |
| 生理科学进展 | B13 | 33 | 223 | 生物灾害科学 | C06 | 42 | 231 |
| 生理学报 | B13 | 33 | 223 | 生物质化学工程 | E23 | 116 | 303 |
| 生命的化学 | B13 | 33 | 223 | 生殖医学杂志 | D33 | 73 | 261 |
| 生命科学 | B13 | 33 | 223 | 声屏世界 | N05 | 183 | 368 |
| 生命科学研究 | B13 | 33 | 223 | 声学技术 | B04 | 24 | 214 |
| 生命科学仪器 | E27 | 119 | 306 | 声学学报 | B04 | 25 | 214 |
| 生态毒理学报 | B14 | 34 | 223 | 声学与电子工程 | E01 | 82 | 270 |
| 生态环境学报 | B14 | 34 | 224 | 胜利油田党校学报 | M02 | 175 | 360 |
| 生态经济 | L06 | 168 | 353 | 失效分析与预防 | E12 | 98 | 285 |
| 生态科学 | B14 | 34 | 224 | 施工技术 | E31 | 125 | 312 |
| 生态学报 | B14 | 34 | 224 | 湿地科学 | B10 | 30 | 219 |
| 生态学杂志 | B14 | 34 | 224 | 湿地科学与管理 | B10 | 30 | 219 |
| 生态与农村环境学报 | E05 | 90 | 278 | 湿法冶金 | E11 | 96 | 284 |
| 生物安全学报 | B13 | 33 | 223 | 石河子大学学报(哲学社会科学版) | H02 | 148 | 334 |

# 中国期刊名称类目索引(续)

| 期刊名称 | 学科代码 | 被引指标页码 | 来源指标页码 | 期刊名称 | 学科代码 | 被引指标页码 | 来源指标页码 |
|---|---|---|---|---|---|---|---|
| 石河子大学学报(自然科学版) | A02 | 18 | 207 | 石油炼制与化工 | E17 | 107 | 295 |
| 石河子科技 | A01 | 14 | 204 | 石油商技 | E17 | 107 | 295 |
| 石化技术与应用 | E26 | 118 | 305 | 石油石化节能 | E17 | 107 | 295 |
| 河北地质大学学报 | L02 | 166 | 351 | 石油石化绿色低碳 | E17 | 107 | 295 |
| 石家庄铁道大学学报(社会科学版) | H02 | 148 | 334 | 石油实验地质 | B11 | 31 | 221 |
| 石家庄铁道大学学报(自然科学版) | E36 | 132 | 318 | 石油物探 | E17 | 107 | 295 |
| 石家庄铁路职业技术学院学报 | E36 | 132 | 318 | 石油学报 | E17 | 107 | 295 |
| 石家庄学院学报 | P01 | 189 | 373 | 石油学报(石油加工) | E17 | 107 | 295 |
| 石家庄职业技术学院学报 | P05 | 198 | 382 | 石油与天然气地质 | E17 | 108 | 295 |
| 石油地球物理勘探 | E17 | 107 | 294 | 石油与天然气化工 | E17 | 108 | 295 |
| 石油地质与工程 | E17 | 107 | 294 | 石油钻采工艺 | E17 | 108 | 295 |
| 石油工程建设 | E17 | 107 | 294 | 石油钻探技术 | E17 | 108 | 295 |
| 石油工业技术监督 | E17 | 107 | 294 | 时代法学 | M05 | 179 | 364 |
| 石油管材与仪器 | E13 | 100 | 287 | 时代建筑 | E31 | 125 | 312 |
| 石油规划设计 | E17 | 107 | 294 | 时代教育 | P01 | 189 | 374 |
| 石油和化工设备 | E26 | 118 | 305 | 时代金融(下旬) | L10 | 171 | 356 |
| 石油化工 | E17 | 107 | 294 | 时代金融(中旬) | L10 | 171 | 356 |
| 石油化工安全环保技术 | E17 | 107 | 294 | 时代农机 | E05 | 90 | 278 |
| 石油化工腐蚀与防护 | E17 | 107 | 294 | 时代汽车 | E34 | 130 | 317 |
| 石油化工高等学校学报 | E17 | 107 | 294 | 时间频率学报 | B06 | 26 | 216 |
| 石油化工管理干部学院学报 | M02 | 175 | 360 | 时珍国医国药 | D37 | 77 | 266 |
| 石油化工技术与经济 | E17 | 107 | 294 | 实事求是 | M01 | 172 | 357 |
| 石油化工建设 | E26 | 118 | 305 | 实验动物科学 | B16 | 35 | 224 |
| 石油化工设备 | E17 | 107 | 294 | 实验动物与比较医学 | D03 | 55 | 243 |
| 石油化工设备技术 | E17 | 107 | 294 | 实验技术与管理 | F01 | 139 | 325 |
| 石油化工设计 | E17 | 107 | 294 | 实验教学与仪器 | E13 | 100 | 287 |
| 石油化工应用 | E17 | 107 | 294 | 实验科学与技术 | A01 | 14 | 204 |
| 石油化工自动化 | E17 | 107 | 294 | 实验力学 | B03 | 24 | 213 |
| 石油机械 | E17 | 107 | 294 | 实验流体力学 | E38 | 135 | 321 |
| 石油勘探与开发 | E17 | 107 | 294 | 实验室科学 | A01 | 14 | 204 |
| 石油科技论坛 | E17 | 107 | 294 | 实验室研究与探索 | F01 | 139 | 325 |
| 石油库与加油站 | E17 | 107 | 294 | 实验与检验医学 | D06 | 57 | 246 |
| 石油矿场机械 | E17 | 107 | 294 | 实用癌症杂志 | D29 | 69 | 257 |
| 石油沥青 | E17 | 107 | 294 | 实用防盲技术 | D23 | 65 | 254 |

444

# 中国期刊名称类目索引(续)

| 期刊名称 | 学科代码 | 被引指标页码 | 来源指标页码 | 期刊名称 | 学科代码 | 被引指标页码 | 来源指标页码 |
|---|---|---|---|---|---|---|---|
| 实用放射学杂志 | D28 | 68 | 257 | 食品科技 | E30 | 122 | 309 |
| 实用妇产科杂志 | D20 | 64 | 253 | 食品科学 | E30 | 122 | 309 |
| 实用肝脏病杂志 | D10 | 59 | 248 | 食品科学技术学报 | E30 | 122 | 309 |
| 实用骨科杂志 | D18 | 63 | 252 | 食品研究与开发 | E30 | 122 | 309 |
| 实用检验医师杂志 | D06 | 57 | 246 | 食品与发酵工业 | E30 | 122 | 309 |
| 实用口腔医学杂志 | D24 | 66 | 255 | 食品与发酵科技 | E30 | 122 | 309 |
| 实用老年医学 | D07 | 58 | 247 | 食品与机械 | E30 | 122 | 309 |
| 实用临床医学 | D05 | 56 | 245 | 食品与生物技术学报 | E30 | 122 | 309 |
| 实用临床医药杂志 | D05 | 56 | 245 | 食品与药品 | E30 | 122 | 309 |
| 实用皮肤病学杂志 | D25 | 67 | 255 | 食用菌 | C04 | 41 | 230 |
| 实用器官移植电子杂志 | D14 | 61 | 249 | 食用菌学报 | C04 | 41 | 230 |
| 实用手外科杂志 | D18 | 63 | 252 | 史林 | K08 | 160 | 346 |
| 实用糖尿病杂志 | D08 | 59 | 247 | 史学集刊 | K08 | 160 | 346 |
| 实用疼痛学杂志 | D05 | 56 | 245 | 史学理论研究 | K08 | 160 | 346 |
| 实用心电学杂志 | D15 | 62 | 250 | 史学史研究 | K08 | 160 | 346 |
| 实用心脑肺血管病杂志 | D16 | 62 | 251 | 史学月刊 | K08 | 161 | 346 |
| 实用药物与临床 | D36 | 75 | 263 | 世纪桥 | N01 | 181 | 366 |
| 实用医技杂志 | D05 | 56 | 245 | 世界地理研究 | B10 | 30 | 219 |
| 实用医学影像杂志 | D28 | 68 | 257 | 世界地震工程 | B09 | 29 | 218 |
| 实用医学杂志 | D05 | 56 | 245 | 世界地震译丛 | B11 | 31 | 221 |
| 实用医药杂志 | D01 | 50 | 239 | 世界地质 | B11 | 31 | 221 |
| 实用医院临床杂志 | D05 | 56 | 245 | 世界电信 | E21 | 112 | 299 |
| 实用预防医学 | D31 | 71 | 260 | 世界复合医学 | D01 | 50 | 239 |
| 实用中西医结合临床 | D37 | 77 | 266 | 世界海运 | E37 | 133 | 320 |
| 实用中医内科杂志 | D37 | 78 | 266 | 世界汉语教学 | K01 | 154 | 340 |
| 实用中医药杂志 | D37 | 78 | 266 | 世界核地质科学 | E18 | 109 | 296 |
| 实用肿瘤学杂志 | D29 | 69 | 257 | 世界华文文学论坛 | K05 | 157 | 343 |
| 实用肿瘤杂志 | D29 | 69 | 257 | 世界教育信息 | P01 | 189 | 374 |
| 食品安全导刊 | E30 | 122 | 309 | 世界经济 | L01 | 164 | 349 |
| 食品安全质量检测学报 | E30 | 122 | 309 | 世界经济文汇 | L01 | 164 | 349 |
| 食品工程 | E30 | 122 | 309 | 世界经济研究 | L01 | 164 | 349 |
| 食品工业 | E30 | 122 | 309 | 世界经济与政治 | M04 | 177 | 362 |
| 食品工业科技 | E30 | 122 | 309 | 世界经济与政治论坛 | L01 | 164 | 349 |
| 食品界 | E30 | 122 | 309 | 世界科技研究与发展 | H01 | 141 | 327 |

# 中国期刊名称类目索引(续)

| 期刊名称 | 学科代码 | 被引指标页码 | 来源指标页码 | 期刊名称 | 学科代码 | 被引指标页码 | 来源指标页码 |
|---|---|---|---|---|---|---|---|
| 世界科学技术-中医药现代化 | D37 | 78 | 266 | 数据采集与处理 | E21 | 112 | 299 |
| 世界历史 | K08 | 161 | 346 | 数据分析与知识发现 | N06 | 183 | 368 |
| 世界林业研究 | C07 | 44 | 233 | 数据通信 | E21 | 112 | 299 |
| 世界临床药物 | D36 | 75 | 263 | 数理化学习(初中版) | P03 | 193 | 377 |
| 世界临床医学 | D05 | 56 | 245 | 数理统计与管理 | B01 | 22 | 212 |
| 世界美术 | K06 | 159 | 344 | 数理医药学杂志 | D03 | 55 | 243 |
| 世界民族 | N04 | 182 | 367 | 数量经济技术经济研究 | L04 | 167 | 352 |
| 世界农药 | C06 | 42 | 231 | 数码世界 | P01 | 189 | 374 |
| 世界农业 | C01 | 37 | 227 | 数学大世界(上旬版) | B01 | 22 | 212 |
| 世界桥梁 | E34 | 130 | 317 | 数学大世界(下旬版) | B01 | 22 | 212 |
| 世界睡眠医学杂志 | D01 | 50 | 239 | 数学大世界(中旬版) | B01 | 22 | 212 |
| 世界橡胶工业 | E24 | 117 | 304 | 数学的实践与认识 | B01 | 22 | 212 |
| 世界哲学 | J02 | 153 | 339 | 数学教学通讯 | B01 | 22 | 212 |
| 世界中西医结合杂志 | D39 | 79 | 267 | 数学教学研究 | B01 | 22 | 212 |
| 世界中医药 | D37 | 78 | 266 | 数学教育学报 | B01 | 22 | 212 |
| 世界竹藤通讯 | C07 | 44 | 233 | 数学进展 | B01 | 22 | 212 |
| 世界宗教文化 | J03 | 154 | 339 | 数学理论与应用 | B01 | 22 | 212 |
| 世界宗教研究 | J03 | 154 | 340 | 数学年刊A辑 | B01 | 22 | 212 |
| 市场论坛 | L08 | 169 | 355 | 数学通报 | B01 | 22 | 212 |
| 市场研究 | L08 | 169 | 355 | 数学物理学报 | B01 | 22 | 212 |
| 市场周刊 | L08 | 169 | 355 | 数学学报 | B01 | 23 | 212 |
| 市政技术 | E01 | 82 | 270 | 数学研究 | B01 | 23 | 212 |
| 市政设施管理 | E01 | 82 | 270 | 数学杂志 | B01 | 23 | 212 |
| 视听 | N01 | 181 | 366 | 数值计算与计算机应用 | E22 | 114 | 301 |
| 首都公共卫生 | D31 | 71 | 260 | 数字传媒研究 | E03 | 88 | 276 |
| 首都经济贸易大学学报 | L02 | 166 | 351 | 数字教育 | E03 | 88 | 276 |
| 首都师范大学学报(社会科学版) | A03 | 21 | 210 | 数字通信世界 | E03 | 88 | 276 |
| 首都师范大学学报(自然科学版) | A03 | 21 | 210 | 数字图书馆论坛 | N06 | 183 | 368 |
| 首都食品与医药 | D01 | 50 | 239 | 数字与缩微影像 | E01 | 82 | 270 |
| 首都体育学院学报 | P07 | 199 | 384 | 水泵技术 | E27 | 119 | 306 |
| 首都医科大学学报 | D02 | 53 | 242 | 水产科技情报 | C10 | 48 | 237 |
| 兽类学报 | B16 | 35 | 224 | 水产科学 | C10 | 48 | 237 |
| 兽医导刊 | C08 | 46 | 235 | 水产学报 | C10 | 48 | 237 |
| 蔬菜 | C04 | 41 | 230 | 水产学杂志 | C10 | 48 | 237 |

# 中国期刊名称类目索引(续)

| 期刊名称 | 学科代码 | 被引指标页码 | 来源指标页码 | 期刊名称 | 学科代码 | 被引指标页码 | 来源指标页码 |
|---|---|---|---|---|---|---|---|
| 水产养殖 | C10 | 48 | 237 | 水生态学杂志 | B14 | 34 | 224 |
| 水处理技术 | E39 | 137 | 323 | 水土保持通报 | E05 | 90 | 278 |
| 水道港口 | E37 | 133 | 320 | 水土保持学报 | E05 | 90 | 278 |
| 水电能源科学 | E16 | 106 | 293 | 水土保持研究 | E05 | 90 | 278 |
| 水电与抽水蓄能 | E33 | 128 | 314 | 水土保持应用技术 | E05 | 90 | 278 |
| 水电与新能源 | E33 | 128 | 314 | 水文 | B12 | 33 | 222 |
| 水电站机电技术 | E33 | 128 | 314 | 水文地质工程地质 | B12 | 33 | 222 |
| 水电站设计 | E33 | 128 | 314 | 水下无人系统学报 | E28 | 120 | 307 |
| 水动力学研究与进展A辑 | E33 | 128 | 314 | 水运工程 | E37 | 133 | 320 |
| 水科学进展 | E33 | 128 | 314 | 水运管理 | E37 | 133 | 320 |
| 水科学与工程技术 | E33 | 128 | 314 | 水资源保护 | E33 | 128 | 315 |
| 水雷战与舰船防护 | E28 | 120 | 307 | 水资源与水工程学报 | E33 | 128 | 315 |
| 水力发电 | E33 | 128 | 314 | 税收经济研究 | L10 | 171 | 356 |
| 水力发电学报 | E33 | 128 | 314 | 税务研究 | L10 | 171 | 356 |
| 水利发展研究 | E33 | 128 | 314 | 税务与经济 | L10 | 171 | 356 |
| 水利规划与设计 | E33 | 128 | 314 | 顺德职业技术学院学报 | P05 | 198 | 382 |
| 水利技术监督 | E33 | 128 | 314 | 丝绸 | E29 | 121 | 308 |
| 水利建设与管理 | E33 | 128 | 314 | 丝绸之路 | K04 | 157 | 343 |
| 水利经济 | E33 | 128 | 315 | 思想教育研究 | M01 | 172 | 357 |
| 水利科技 | E33 | 128 | 315 | 思想理论教育导刊 | P03 | 193 | 377 |
| 水利科技与经济 | E33 | 128 | 315 | 思想理论教育(上半月综合版) | P01 | 189 | 374 |
| 水利水电工程设计 | E33 | 128 | 315 | 思想战线 | H01 | 141 | 328 |
| 水利水电技术 | E33 | 128 | 315 | 思想政治教育研究 | P01 | 189 | 374 |
| 水利水电科技进展 | E33 | 128 | 315 | 思想政治课教学 | M01 | 172 | 357 |
| 水利水电快报 | E33 | 128 | 315 | 思想政治课研究 | P01 | 189 | 374 |
| 水利水运工程学报 | E33 | 128 | 315 | 四川蚕业 | C08 | 46 | 235 |
| 水利信息化 | E33 | 128 | 315 | 四川畜牧兽医 | C08 | 46 | 235 |
| 水利学报 | E33 | 128 | 315 | 四川大学学报(医学版) | D02 | 53 | 242 |
| 水利与建筑工程学报 | E33 | 128 | 315 | 四川大学学报(哲学社会科学版) | H02 | 148 | 334 |
| 水泥 | E26 | 118 | 305 | 四川大学学报(自然科学版) | A02 | 18 | 208 |
| 水泥工程 | E26 | 118 | 305 | 四川地震 | B11 | 31 | 221 |
| 水泥技术 | E26 | 119 | 305 | 四川地质学报 | B11 | 31 | 221 |
| 水禽世界 | C08 | 46 | 235 | 四川电力技术 | E15 | 104 | 291 |
| 水生生物学报 | B13 | 34 | 223 | 四川动物 | B16 | 35 | 224 |

# 中国期刊名称类目索引(续)

| 期刊名称 | 学科代码 | 被引指标页码 | 来源指标页码 | 期刊名称 | 学科代码 | 被引指标页码 | 来源指标页码 |
|---|---|---|---|---|---|---|---|
| 四川行政学院学报 | M02 | 175 | 360 | 饲料工业 | C08 | 46 | 235 |
| 四川化工 | E23 | 116 | 303 | 饲料研究 | C08 | 46 | 235 |
| 四川环境 | E39 | 137 | 323 | 苏州大学学报(法学版) | M05 | 179 | 364 |
| 四川建筑 | E31 | 125 | 312 | 苏州大学学报(教育科学版) | P01 | 189 | 374 |
| 四川建筑科学研究 | E31 | 125 | 312 | 苏州大学学报(社会科学版) | H02 | 148 | 334 |
| 四川教育 | P01 | 189 | 374 | 苏州工艺美术职业技术学院学报 | K06 | 159 | 344 |
| 四川解剖学杂志 | D03 | 55 | 243 | 苏州教育学院学报 | P01 | 189 | 374 |
| 四川精神卫生 | D27 | 67 | 256 | 苏州科技大学学报(工程技术版) | E02 | 86 | 274 |
| 四川警察学院学报 | M05 | 179 | 364 | 苏州科技大学学报(社会科学版) | H02 | 148 | 334 |
| 四川理工学院学报(社会科学版) | H02 | 148 | 334 | 苏州科技大学学报(自然科学版) | A02 | 18 | 208 |
| 四川理工学院学报(自然科学版) | E02 | 86 | 274 | 苏州市职业大学学报 | P05 | 198 | 382 |
| 四川林业科技 | C07 | 44 | 233 | 速读(上旬) | P03 | 193 | 377 |
| 四川旅游学院学报 | L02 | 166 | 351 | 速读(下旬) | P03 | 193 | 377 |
| 四川民族学院学报 | P01 | 189 | 374 | 速读(中旬) | P03 | 193 | 377 |
| 四川农业大学学报 | C02 | 39 | 228 | 塑料 | E24 | 117 | 304 |
| 四川农业科技 | C01 | 37 | 227 | 塑料包装 | E01 | 82 | 270 |
| 四川省干部函授学院学报 | M02 | 175 | 360 | 塑料工业 | E24 | 117 | 304 |
| 四川省社会主义学院学报 | M02 | 175 | 360 | 塑料科技 | E24 | 117 | 304 |
| 四川师范大学学报(社会科学版) | A03 | 21 | 211 | 塑料助剂 | E24 | 117 | 304 |
| 四川师范大学学报(自然科学版) | A03 | 21 | 211 | 塑性工程学报 | E13 | 100 | 287 |
| 四川水力发电 | E33 | 128 | 315 | 绥化学院学报 | P01 | 189 | 374 |
| 四川水利 | E33 | 128 | 315 | 隧道建设 | E35 | 131 | 317 |
| 四川水泥 | E26 | 119 | 305 | 塔里木大学学报 | A02 | 18 | 208 |
| 四川体育科学 | P07 | 199 | 384 | 台湾农业探索 | L06 | 168 | 353 |
| 四川图书馆学报 | N06 | 184 | 368 | 台湾研究 | N01 | 181 | 366 |
| 四川文理学院学报 | P01 | 189 | 374 | 台湾研究集刊 | N01 | 181 | 366 |
| 四川文物 | K10 | 161 | 347 | 台州学院学报 | A02 | 18 | 208 |
| 四川戏剧 | K06 | 159 | 344 | 太赫兹科学与电子信息学报 | E19 | 110 | 298 |
| 四川冶金 | E11 | 96 | 284 | 太平洋学报 | M04 | 177 | 362 |
| 四川医学 | D01 | 50 | 239 | 太阳能 | E18 | 109 | 296 |
| 四川有色金属 | E09 | 94 | 282 | 太阳能学报 | E16 | 106 | 293 |
| 四川职业技术学院学报 | P05 | 198 | 382 | 太原城市职业技术学院学报 | L02 | 166 | 351 |
| 四川中医 | D37 | 78 | 266 | 太原科技大学学报 | E15 | 104 | 292 |
| 饲料博览 | C08 | 46 | 235 | 太原理工大学学报 | E02 | 86 | 274 |

# 中国期刊名称类目索引(续)

| 期刊名称 | 学科代码 | 被引指标页码 | 来源指标页码 | 期刊名称 | 学科代码 | 被引指标页码 | 来源指标页码 |
|---|---|---|---|---|---|---|---|
| 太原理工大学学报(社会科学版) | H02 | 148 | 334 | 体育科学 | P07 | 200 | 384 |
| 太原师范学院学报(社会科学版) | H03 | 152 | 338 | 体育科学研究 | P07 | 200 | 384 |
| 太原师范学院学报(自然科学版) | A03 | 21 | 211 | 体育科研 | P07 | 200 | 384 |
| 钛工业进展 | E09 | 94 | 282 | 体育师友 | P07 | 200 | 384 |
| 泰山医学院学报 | D02 | 53 | 242 | 体育文化导刊 | P07 | 200 | 384 |
| 泰州职业技术学院学报 | P05 | 198 | 382 | 体育学刊 | P07 | 200 | 384 |
| 炭素 | E23 | 116 | 303 | 体育研究与教育 | P07 | 200 | 384 |
| 炭素技术 | E23 | 116 | 303 | 体育与科学 | P07 | 200 | 384 |
| 探测与控制学报 | E28 | 120 | 307 | 天府新论 | H01 | 141 | 328 |
| 探矿工程-岩土钻掘工程 | E10 | 95 | 283 | 天津城建大学学报 | E31 | 126 | 312 |
| 探求 | M01 | 172 | 357 | 天津大学学报 | E02 | 86 | 274 |
| 探索 | M01 | 172 | 357 | 天津大学学报(社会科学版) | H02 | 148 | 334 |
| 探索与争鸣 | H01 | 141 | 328 | 天津电大学报 | P05 | 198 | 382 |
| 唐都学刊 | H01 | 141 | 328 | 天津法学 | M05 | 179 | 364 |
| 唐山师范学院学报 | H03 | 152 | 338 | 天津纺织科技 | E29 | 121 | 308 |
| 唐山学院学报 | P01 | 189 | 374 | 天津工业大学学报 | E02 | 86 | 274 |
| 糖尿病新世界 | D08 | 59 | 247 | 天津行政学院学报 | M02 | 175 | 360 |
| 陶瓷 | E23 | 116 | 303 | 天津航海 | E37 | 133 | 320 |
| 陶瓷学报 | E23 | 116 | 303 | 天津护理 | D30 | 70 | 259 |
| 特产研究 | C01 | 38 | 227 | 天津化工 | E23 | 116 | 303 |
| 特钢技术 | E11 | 96 | 284 | 天津建设科技 | E31 | 126 | 312 |
| 特区经济 | L01 | 164 | 349 | 天津经济 | L01 | 164 | 349 |
| 特区实践与理论 | L01 | 164 | 349 | 天津科技 | A01 | 14 | 204 |
| 特殊钢 | E09 | 94 | 282 | 天津科技大学学报 | E02 | 86 | 274 |
| 特种结构 | E31 | 125 | 312 | 天津理工大学学报 | E02 | 86 | 274 |
| 特种经济动植物 | C03 | 40 | 229 | 天津农林科技 | C01 | 38 | 227 |
| 特种设备安全技术 | E14 | 101 | 289 | 天津农学院学报 | C02 | 39 | 228 |
| 特种橡胶制品 | E24 | 117 | 304 | 天津农业科学 | C01 | 38 | 227 |
| 特种油气藏 | E17 | 108 | 295 | 天津商务职业学院学报 | L02 | 166 | 351 |
| 特种铸造及有色合金 | E13 | 100 | 287 | 天津商业大学学报 | L02 | 166 | 351 |
| 体育成人教育学刊 | P07 | 199 | 384 | 天津社会科学 | H01 | 141 | 328 |
| 体育教学 | P07 | 199 | 384 | 天津师范大学学报(基础教育版) | P01 | 189 | 374 |
| 体育科技 | P07 | 200 | 384 | 天津师范大学学报(社会科学版) | A03 | 21 | 211 |
| 体育科技文献通报 | P07 | 200 | 384 | 天津师范大学学报(自然科学版) | A03 | 21 | 211 |

# 中国期刊名称类目索引(续)

| 期刊名称 | 学科代码 | 被引指标页码 | 来源指标页码 | 期刊名称 | 学科代码 | 被引指标页码 | 来源指标页码 |
|---|---|---|---|---|---|---|---|
| 天津市工会管理干部学院学报 | M02 | 175 | 360 | 铁道技术监督 | E36 | 132 | 318 |
| 天津市教科院学报 | P01 | 189 | 374 | 铁道建筑 | E36 | 132 | 318 |
| 天津市社会主义学院学报 | M02 | 175 | 360 | 铁道建筑技术 | E36 | 132 | 318 |
| 天津体育学院学报 | P07 | 200 | 384 | 铁道经济研究 | L08 | 169 | 355 |
| 天津外国语大学学报 | K03 | 156 | 341 | 铁道警察学院学报 | M05 | 179 | 364 |
| 天津药学 | D36 | 75 | 263 | 铁道勘察 | E36 | 132 | 318 |
| 天津冶金 | E11 | 96 | 284 | 铁道科学与工程学报 | E36 | 132 | 318 |
| 天津医科大学学报 | D02 | 53 | 242 | 铁道通信信号 | E36 | 132 | 318 |
| 天津医药 | D01 | 50 | 239 | 铁道学报 | E36 | 132 | 318 |
| 天津音乐学院学报 | K06 | 159 | 344 | 铁道运输与经济 | E36 | 132 | 318 |
| 天津职业技术师范大学学报 | P01 | 189 | 374 | 铁道运营技术 | E36 | 132 | 319 |
| 天津职业院校联合学报 | H02 | 148 | 334 | 铁路工程技术与经济 | E36 | 132 | 319 |
| 天津中德应用技术大学学报 | L02 | 166 | 351 | 铁路计算机应用 | E36 | 132 | 319 |
| 天津中医药 | D37 | 78 | 266 | 铁路技术创新 | E36 | 132 | 319 |
| 天津中医药大学学报 | D38 | 79 | 267 | 铁路节能环保与安全卫生 | E36 | 132 | 319 |
| 天然产物研究与开发 | D40 | 80 | 268 | 铁路通信信号工程技术 | E36 | 132 | 319 |
| 天然气地球科学 | E17 | 108 | 295 | 听力学及言语疾病杂志 | D23 | 65 | 254 |
| 天然气工业 | E17 | 108 | 295 | 通化师范学院学报 | H03 | 152 | 338 |
| 天然气化工 | E26 | 119 | 305 | 通信电源技术 | E21 | 112 | 299 |
| 天然气技术与经济 | E17 | 108 | 295 | 通信技术 | E21 | 112 | 299 |
| 天然气勘探与开发 | E17 | 108 | 295 | 通信学报 | E21 | 112 | 299 |
| 天然气与石油 | E17 | 108 | 295 | 通讯世界 | A01 | 14 | 204 |
| 天水行政学院学报 | M02 | 175 | 360 | 通用机械 | E13 | 100 | 287 |
| 天水师范学院学报 | H03 | 152 | 338 | 同济大学学报(社会科学版) | H02 | 149 | 335 |
| 天文学报 | B06 | 26 | 216 | 同济大学学报(医学版) | D02 | 53 | 242 |
| 天文学进展 | B06 | 26 | 216 | 同济大学学报(自然科学版) | E02 | 86 | 274 |
| 天文研究与技术-国家天文台台刊 | B06 | 26 | 216 | 同煤科技 | E16 | 106 | 293 |
| 天中学刊 | H01 | 141 | 328 | 同位素 | E18 | 109 | 296 |
| 铁道标准设计 | E36 | 132 | 318 | 铜陵学院学报 | L02 | 166 | 351 |
| 铁道车辆 | E36 | 132 | 318 | 铜陵职业技术学院学报 | P05 | 198 | 382 |
| 铁道工程学报 | E36 | 132 | 318 | 铜仁学院学报 | P01 | 189 | 374 |
| 铁道货运 | E36 | 132 | 318 | 铜业工程 | E11 | 96 | 284 |
| 铁道机车车辆 | E36 | 132 | 318 | 统计科学与实践 | Q07 | 200 | 385 |
| 铁道机车与动车 | E36 | 132 | 318 | 统计研究 | Q07 | 200 | 385 |

# 中国期刊名称类目索引(续)

| 期刊名称 | 学科代码 | 被引指标页码 | 来源指标页码 | 期刊名称 | 学科代码 | 被引指标页码 | 来源指标页码 |
|---|---|---|---|---|---|---|---|
| 统计与管理 | Q07 | 200 | 385 | 外国教育研究 | P03 | 193 | 377 |
| 统计与决策 | Q07 | 200 | 385 | 外国经济与管理 | L01 | 164 | 349 |
| 统计与信息论坛 | Q07 | 200 | 385 | 外国文学 | K05 | 157 | 343 |
| 统计与咨询 | Q07 | 200 | 385 | 外国文学动态研究 | K05 | 158 | 343 |
| 统一战线学研究 | M02 | 175 | 360 | 外国文学评论 | K05 | 158 | 343 |
| 投资研究 | L10 | 171 | 356 | 外国文学研究 | K05 | 158 | 343 |
| 图书馆 | N06 | 184 | 369 | 外国问题研究 | M04 | 177 | 362 |
| 图书馆工作与研究 | N06 | 184 | 369 | 外国语 | K03 | 156 | 341 |
| 图书馆建设 | N06 | 184 | 369 | 外国语文 | K03 | 156 | 341 |
| 图书馆界 | N06 | 184 | 369 | 外国语言文学 | K03 | 156 | 341 |
| 图书馆理论与实践 | N06 | 184 | 369 | 外国中小学教育 | P03 | 193 | 377 |
| 图书馆论坛 | N06 | 184 | 369 | 外交评论 | M04 | 177 | 362 |
| 图书馆学刊 | N06 | 184 | 369 | 外科理论与实践 | D14 | 61 | 250 |
| 图书馆学研究 | N06 | 184 | 369 | 外科研究与新技术 | D14 | 61 | 250 |
| 图书馆研究 | N06 | 184 | 369 | 外文研究 | K05 | 158 | 343 |
| 图书馆杂志 | N06 | 184 | 369 | 外语电化教学 | K01 | 154 | 340 |
| 图书情报导刊 | N07 | 184 | 369 | 外语教学 | K03 | 156 | 341 |
| 图书情报工作 | N07 | 184 | 369 | 外语教学理论与实践 | K03 | 156 | 341 |
| 图书情报知识 | N07 | 184 | 369 | 外语教学与研究 | K03 | 156 | 342 |
| 图书与情报 | N07 | 184 | 369 | 外语界 | K03 | 156 | 342 |
| 图学学报 | E12 | 98 | 285 | 外语学刊 | K03 | 156 | 342 |
| 涂料工业 | E25 | 118 | 305 | 外语研究 | K03 | 156 | 342 |
| 涂料技术与文摘 | E25 | 118 | 305 | 外语与翻译 | K01 | 154 | 340 |
| 土工基础 | E31 | 126 | 312 | 外语与外语教学 | K03 | 156 | 342 |
| 土木工程学报 | E32 | 126 | 313 | 皖南医学院学报 | D02 | 53 | 242 |
| 土木工程与管理学报 | E32 | 126 | 313 | 皖西学院学报 | A02 | 18 | 208 |
| 土木建筑工程信息技术 | E32 | 126 | 313 | 网络安全技术与应用 | E22 | 114 | 301 |
| 土木建筑与环境工程 | E32 | 126 | 313 | 网络空间安全 | E03 | 88 | 276 |
| 土壤 | C05 | 42 | 231 | 网络新媒体技术 | E22 | 114 | 301 |
| 土壤通报 | C05 | 42 | 231 | 网络与信息安全学报 | E22 | 114 | 301 |
| 土壤学报 | C05 | 42 | 231 | 微波学报 | E21 | 112 | 299 |
| 土壤与作物 | C05 | 42 | 231 | 微处理机 | E22 | 114 | 301 |
| 推进技术 | E38 | 135 | 321 | 微创泌尿外科杂志 | D17 | 63 | 252 |
| 拖拉机与农用运输车 | E05 | 90 | 278 | 微创医学 | D01 | 50 | 239 |

# 中国期刊名称类目索引(续)

| 期刊名称 | 学科代码 | 被引指标页码 | 来源指标页码 | 期刊名称 | 学科代码 | 被引指标页码 | 来源指标页码 |
|---|---|---|---|---|---|---|---|
| 微电机 | E15 | 104 | 292 | 文山学院学报 | P01 | 189 | 374 |
| 微电子学 | E19 | 110 | 298 | 文史 | K08 | 161 | 346 |
| 微电子学与计算机 | E19 | 110 | 298 | 文史博览(理论) | K08 | 161 | 346 |
| 微量元素与健康研究 | D31 | 71 | 260 | 文史哲 | H01 | 142 | 328 |
| 微纳电子技术 | E19 | 110 | 298 | 文体用品与科技 | E26 | 119 | 305 |
| 微生物学报 | B17 | 35 | 225 | 文物 | K10 | 161 | 347 |
| 微生物学免疫学进展 | B17 | 35 | 225 | 文物保护与考古科学 | K10 | 161 | 347 |
| 微生物学通报 | B17 | 35 | 225 | 文物春秋 | K10 | 161 | 347 |
| 微生物学杂志 | B17 | 35 | 225 | 文物鉴定与鉴赏 | K08 | 161 | 346 |
| 微生物与感染 | D13 | 60 | 249 | 文物世界 | K10 | 161 | 347 |
| 微特电机 | E15 | 104 | 292 | 文献 | N07 | 184 | 369 |
| 微体古生物学报 | B11 | 31 | 221 | 文学教育(上) | K04 | 157 | 343 |
| 微型电脑应用 | E22 | 114 | 301 | 文学教育(下) | K04 | 157 | 343 |
| 微型机与应用 | E22 | 114 | 301 | 文学教育(中) | K04 | 157 | 343 |
| 微循环学杂志 | D03 | 55 | 243 | 文学评论 | K04 | 157 | 343 |
| 潍坊工程职业学院学报 | P01 | 189 | 374 | 文学遗产 | K04 | 157 | 343 |
| 潍坊学院学报 | H02 | 149 | 335 | 文学与文化 | K04 | 157 | 343 |
| 卫生经济研究 | L01 | 164 | 349 | 文艺理论研究 | K06 | 159 | 344 |
| 卫生研究 | D35 | 73 | 262 | 文艺理论与批评 | K06 | 159 | 344 |
| 卫生职业教育 | P05 | 198 | 382 | 文艺评论 | K06 | 159 | 345 |
| 未来英才 | H01 | 141 | 328 | 文艺生活·下旬刊 | K04 | 157 | 343 |
| 未来与发展 | H01 | 142 | 328 | 文艺生活·中旬刊 | K04 | 157 | 343 |
| 胃肠病学 | D10 | 59 | 248 | 文艺研究 | K04 | 157 | 343 |
| 胃肠病学和肝病学杂志 | D10 | 59 | 248 | 文艺争鸣 | K06 | 159 | 345 |
| 渭南师范学院学报 | H03 | 153 | 338 | 乌鲁木齐职业大学学报 | P05 | 198 | 383 |
| 温州大学学报(社会科学版) | H02 | 149 | 335 | 无机材料学报 | E08 | 93 | 280 |
| 温州大学学报(自然科学版) | A02 | 18 | 208 | 无机化学学报 | B05 | 26 | 216 |
| 温州医科大学学报 | D02 | 53 | 242 | 无机盐工业 | E23 | 116 | 303 |
| 温州职业技术学院学报 | P05 | 198 | 383 | 无损检测 | E13 | 100 | 287 |
| 文博 | N08 | 185 | 370 | 无损探伤 | E13 | 100 | 287 |
| 文化遗产 | N04 | 182 | 367 | 无锡商业职业技术学院学报 | L02 | 166 | 351 |
| 文化艺术研究 | K06 | 159 | 344 | 无锡职业技术学院学报 | P05 | 198 | 383 |
| 文教资料 | P01 | 189 | 374 | 无线电工程 | E21 | 112 | 299 |
| 文理导航·教育研究与实践 | P03 | 193 | 377 | 无线电通信技术 | E21 | 112 | 299 |

# 中国期刊名称类目索引(续)

| 期刊名称 | 学科代码 | 被引指标页码 | 来源指标页码 | 期刊名称 | 学科代码 | 被引指标页码 | 来源指标页码 |
|---|---|---|---|---|---|---|---|
| 无线互联科技 | N01 | 181 | 366 | 武警医学 | D01 | 50 | 239 |
| 无线通信技术 | E21 | 112 | 299 | 武陵学刊 | N01 | 181 | 366 |
| 芜湖职业技术学院学报 | P05 | 198 | 383 | 武术研究 | P07 | 200 | 384 |
| 梧州学院学报 | P01 | 189 | 374 | 武夷科学 | A01 | 14 | 204 |
| 五台山研究 | J03 | 154 | 340 | 武夷学院学报 | P01 | 189 | 374 |
| 五邑大学学报(社会科学版) | H02 | 149 | 335 | 物理 | B04 | 25 | 214 |
| 五邑大学学报(自然科学版) | A02 | 18 | 208 | 物理测试 | B04 | 25 | 214 |
| 武钢技术 | E11 | 96 | 284 | 物理化学学报 | B05 | 26 | 216 |
| 武汉船舶职业技术学院学报 | E37 | 133 | 320 | 物理教师 | B04 | 25 | 214 |
| 武汉大学学报(工学版) | E02 | 86 | 274 | 物理教学 | P01 | 189 | 374 |
| 武汉大学学报(理学版) | A02 | 18 | 208 | 物理教学探讨 | B04 | 25 | 214 |
| 武汉大学学报(人文科学版) | H02 | 149 | 335 | 物理实验 | B04 | 25 | 214 |
| 武汉大学学报(信息科学版) | E07 | 92 | 279 | 物理通报 | B04 | 25 | 214 |
| 武汉大学学报(医学版) | D02 | 54 | 242 | 物理学报 | B04 | 25 | 214 |
| 武汉大学学报(哲学社会科学版) | H02 | 149 | 335 | 物理学进展 | B04 | 25 | 214 |
| 武汉纺织大学学报 | E02 | 86 | 274 | 物理与工程 | B04 | 25 | 214 |
| 武汉工程大学学报 | E02 | 86 | 274 | 物联网技术 | E22 | 114 | 301 |
| 武汉工程职业技术学院学报 | E02 | 86 | 274 | 物流工程与管理 | L08 | 169 | 355 |
| 武汉公安干部学院学报 | M02 | 175 | 360 | 物流技术 | L08 | 169 | 355 |
| 武汉交通职业学院学报 | E34 | 130 | 317 | 物流科技 | L08 | 169 | 355 |
| 武汉金融 | L10 | 171 | 356 | 物探化探计算技术 | B11 | 31 | 221 |
| 武汉科技大学学报(社会科学版) | H02 | 149 | 335 | 物探与化探 | B11 | 31 | 221 |
| 武汉科技大学学报(自然科学版) | E02 | 86 | 274 | 物探装备 | E17 | 108 | 295 |
| 武汉理工大学学报(交通科学与工程版) | E34 | 130 | 317 | 西安财经学院学报 | L02 | 166 | 351 |
| 武汉理工大学学报(社会科学版) | H02 | 149 | 335 | 西安电子科技大学学报(社会科学版) | H02 | 149 | 335 |
| 武汉理工大学学报(信息与管理工程版) | E19 | 111 | 298 | 西安电子科技大学学报(自然科学版) | E19 | 111 | 298 |
| 武汉轻工大学学报 | E02 | 86 | 274 | 西安工程大学学报 | E02 | 86 | 274 |
| 武汉商学院学报 | L02 | 166 | 351 | 西安工业大学学报 | E02 | 86 | 274 |
| 武汉体育学院学报 | P07 | 200 | 384 | 西安航空学院学报 | E38 | 135 | 321 |
| 武汉冶金管理干部学院学报 | E11 | 96 | 284 | 西安建筑科技大学学报(社会科学版) | H02 | 149 | 335 |
| 武汉职业技术学院学报 | P05 | 198 | 383 | 西安建筑科技大学学报(自然科学版) | E31 | 126 | 312 |
| 武警工程大学学报 | E02 | 86 | 274 | 西安交通大学学报 | E02 | 86 | 274 |
| 武警后勤学院学报(医学版) | D02 | 54 | 242 | 西安交通大学学报(社会科学版) | H02 | 149 | 335 |
| 武警学院学报 | M05 | 179 | 364 | 西安交通大学学报(医学版) | D02 | 54 | 242 |

# 中国期刊名称类目索引(续)

| 期刊名称 | 学科代码 | 被引指标页码 | 来源指标页码 | 期刊名称 | 学科代码 | 被引指标页码 | 来源指标页码 |
|---|---|---|---|---|---|---|---|
| 西安科技大学学报 | E02 | 86 | 274 | 西伯利亚研究 | M04 | 177 | 362 |
| 西安理工大学学报 | E02 | 86 | 274 | 西部财会 | L04 | 167 | 352 |
| 西安石油大学学报(社会科学版) | H02 | 149 | 335 | 西部法学评论 | M05 | 179 | 364 |
| 西安石油大学学报(自然科学版) | E17 | 108 | 295 | 西部广播电视 | N05 | 183 | 368 |
| 西安体育学院学报 | P07 | 200 | 384 | 西部交通科技 | E34 | 130 | 317 |
| 西安外国语大学学报 | K03 | 156 | 342 | 西部金融 | L10 | 171 | 356 |
| 西安文理学院学报(社会科学版) | H02 | 149 | 335 | 西部经济管理论坛 | L02 | 166 | 352 |
| 西安文理学院学报(自然科学版) | A02 | 18 | 208 | 西部林业科学 | C07 | 44 | 233 |
| 西安邮电大学学报 | E21 | 112 | 299 | 西部论坛 | L01 | 164 | 349 |
| 西安政治学院学报 | M02 | 175 | 360 | 西部蒙古论坛 | K08 | 161 | 346 |
| 西北成人教育学院学报 | P05 | 198 | 383 | 西部皮革 | E26 | 119 | 306 |
| 西北大学学报(哲学社会科学版) | H02 | 149 | 335 | 西部人居环境学刊 | E39 | 137 | 323 |
| 西北大学学报(自然科学版) | A02 | 18 | 208 | 西部素质教育 | P01 | 189 | 374 |
| 西北地质 | B11 | 31 | 221 | 西部探矿工程 | E10 | 95 | 283 |
| 西北工业大学学报 | E02 | 86 | 274 | 西部医学 | D01 | 50 | 239 |
| 西北工业大学学报(社会科学版) | H02 | 149 | 335 | 西部中医药 | D37 | 78 | 266 |
| 西北国防医学杂志 | D01 | 50 | 239 | 西部资源 | B10 | 30 | 219 |
| 西北林学院学报 | C07 | 44 | 233 | 西昌学院学报(社会科学版) | H02 | 149 | 335 |
| 西北美术 | K06 | 159 | 345 | 西昌学院学报(自然科学版) | A02 | 18 | 208 |
| 西北民族大学学报(哲学社会科学版) | H02 | 149 | 335 | 西华大学学报(哲学社会科学版) | H02 | 149 | 335 |
| 西北民族大学学报(自然科学版) | A02 | 18 | 208 | 西华大学学报(自然科学版) | E02 | 87 | 274 |
| 西北民族研究 | N04 | 182 | 367 | 西华师范大学学报(哲学社会科学版) | A03 | 21 | 211 |
| 西北农林科技大学学报(社会科学版) | H02 | 149 | 335 | 西华师范大学学报(自然科学版) | A03 | 21 | 211 |
| 西北农林科技大学学报(自然科学版) | C02 | 39 | 228 | 西南大学学报(社会科学版) | H02 | 149 | 335 |
| 西北农业学报 | C01 | 38 | 227 | 西南大学学报(自然科学版) | A02 | 18 | 208 |
| 西北人口 | N02 | 181 | 366 | 西南国防医药 | D01 | 50 | 239 |
| 西北师大学报(社会科学版) | A03 | 21 | 211 | 西南交通大学学报 | E02 | 87 | 274 |
| 西北师范大学学报(自然科学版) | A03 | 21 | 211 | 西南交通大学学报(社会科学版) | H02 | 149 | 335 |
| 西北水电 | E33 | 128 | 315 | 西南金融 | L10 | 171 | 356 |
| 西北药学杂志 | D36 | 75 | 263 | 西南军医 | D01 | 50 | 239 |
| 医学教育研究与实践 | D35 | 74 | 262 | 西南科技大学学报 | E02 | 87 | 274 |
| 西北园艺(果树) | C04 | 41 | 230 | 西南科技大学学报(哲学社会科学版) | H02 | 149 | 335 |
| 西北园艺(综合) | C04 | 41 | 230 | 西南林业大学学报 | C07 | 44 | 233 |
| 西北植物学报 | B15 | 35 | 224 | 西南民族大学学报(人文社科版) | H02 | 149 | 335 |

# 中国期刊名称类目索引(续)

| 期刊名称 | 学科代码 | 被引指标页码 | 来源指标页码 | 期刊名称 | 学科代码 | 被引指标页码 | 来源指标页码 |
|---|---|---|---|---|---|---|---|
| 西南民族大学学报(自然科学版) | A02 | 18 | 208 | 系统科学学报 | J02 | 153 | 339 |
| 西南农业学报 | C01 | 38 | 227 | 系统科学与数学 | B02 | 23 | 213 |
| 西南师范大学学报(自然科学版) | A03 | 21 | 211 | 细胞与分子免疫学杂志 | D03 | 55 | 244 |
| 西南石油大学学报(社会科学版) | H02 | 149 | 335 | 纤维复合材料 | E08 | 93 | 281 |
| 西南石油大学学报(自然科学版) | E17 | 108 | 295 | 纤维素科学与技术 | E08 | 93 | 281 |
| 西南政法大学学报 | M05 | 179 | 364 | 咸阳师范学院学报 | H03 | 153 | 338 |
| 西夏研究 | K08 | 161 | 346 | 现代财经-天津财经大学学报 | L02 | 166 | 352 |
| 西亚非洲 | M04 | 177 | 362 | 现代测绘 | E07 | 92 | 279 |
| 西域研究 | H01 | 142 | 328 | 现代测量与实验室管理 | E01 | 82 | 270 |
| 西藏大学学报(社会科学版) | H02 | 149 | 335 | 现代车用动力 | E14 | 101 | 289 |
| 西藏大学学报(自然科学版) | A02 | 18 | 208 | 现代城市轨道交通 | E34 | 130 | 317 |
| 西藏发展论坛 | L01 | 164 | 349 | 现代城市研究 | E31 | 126 | 312 |
| 西藏教育 | P01 | 189 | 374 | 现代出版 | N05 | 183 | 368 |
| 西藏科技 | A01 | 14 | 204 | 现代传播 | N05 | 183 | 368 |
| 西藏民族大学学报(哲学社会科学版) | H02 | 149 | 335 | 现代大学教育 | P01 | 189 | 374 |
| 西藏农业科技 | C01 | 38 | 227 | 现代导航 | E38 | 135 | 321 |
| 西藏研究 | H01 | 142 | 328 | 现代地质 | B11 | 31 | 221 |
| 西藏艺术研究 | K06 | 159 | 345 | 现代电力 | E15 | 104 | 292 |
| 稀土 | E08 | 93 | 281 | 现代电生理学杂志 | B13 | 34 | 223 |
| 稀有金属 | E09 | 94 | 282 | 现代电视技术 | E03 | 88 | 276 |
| 稀有金属材料与工程 | E09 | 94 | 282 | 现代电影技术 | E03 | 88 | 276 |
| 稀有金属与硬质合金 | E09 | 94 | 282 | 现代电子技术 | E19 | 111 | 298 |
| 戏剧文学 | K04 | 157 | 343 | 现代法学 | M05 | 179 | 364 |
| 戏剧艺术 | K06 | 159 | 345 | 现代防御技术 | E28 | 120 | 307 |
| 戏剧之家 | K06 | 159 | 345 | 现代纺织技术 | E29 | 121 | 308 |
| 戏剧-中央戏剧学院学报 | K06 | 159 | 345 | 现代妇产科进展 | D20 | 64 | 253 |
| 戏曲艺术 | K06 | 159 | 345 | 现代工业经济和信息化 | L08 | 169 | 355 |
| 系统仿真技术 | E03 | 88 | 276 | 现代管理科学 | F01 | 139 | 325 |
| 系统仿真学报 | E03 | 88 | 276 | 现代国际关系 | M04 | 177 | 362 |
| 系统工程 | B02 | 23 | 213 | 现代化工 | E23 | 116 | 303 |
| 系统工程理论与实践 | B02 | 23 | 213 | 现代化农业 | E05 | 90 | 278 |
| 系统工程学报 | B02 | 23 | 213 | 现代机械 | E12 | 98 | 285 |
| 系统工程与电子技术 | E19 | 111 | 298 | 现代计算机 | E22 | 114 | 301 |
| 系统管理学报 | B02 | 23 | 213 | 现代技术陶瓷 | E23 | 116 | 303 |

| 期刊名称 | 学科代码 | 被引指标页码 | 来源指标页码 | 期刊名称 | 学科代码 | 被引指标页码 | 来源指标页码 |
|---|---|---|---|---|---|---|---|
| 现代检验医学杂志 | D06 | 57 | 246 | 现代隧道技术 | E35 | 131 | 318 |
| 现代建筑电气 | E15 | 104 | 292 | 现代特殊教育 | P05 | 198 | 383 |
| 现代交际 | H01 | 142 | 328 | 现代涂料与涂装 | E25 | 118 | 305 |
| 现代交通技术 | E34 | 130 | 317 | 现代外语 | K03 | 156 | 342 |
| 现代教育管理 | P01 | 189 | 374 | 现代物理知识 | B04 | 25 | 214 |
| 现代教育技术 | P01 | 190 | 374 | 现代消化及介入诊疗 | D10 | 59 | 248 |
| 现代教育科学 | P04 | 195 | 380 | 现代畜牧兽医 | C08 | 46 | 235 |
| 现代教育论丛 | P01 | 190 | 374 | 现代盐化工 | E30 | 123 | 309 |
| 现代经济探讨 | L01 | 164 | 350 | 现代养生(下半月版) | D07 | 58 | 247 |
| 现代科学仪器 | E27 | 119 | 306 | 现代药物与临床 | D36 | 75 | 263 |
| 现代口腔医学杂志 | D24 | 66 | 255 | 现代冶金 | E11 | 97 | 284 |
| 现代矿业 | E10 | 95 | 283 | 现代医学 | D01 | 50 | 239 |
| 现代雷达 | E21 | 112 | 299 | 现代医药卫生 | D05 | 56 | 245 |
| 现代临床护理 | D30 | 70 | 259 | 现代医用影像学 | D28 | 68 | 257 |
| 现代临床医学 | D05 | 56 | 245 | 现代医院 | D35 | 74 | 262 |
| 现代泌尿生殖肿瘤杂志 | D29 | 69 | 258 | 现代医院管理 | D35 | 74 | 262 |
| 现代泌尿外科杂志 | D17 | 63 | 252 | 现代仪器与医疗 | E27 | 119 | 306 |
| 现代免疫学 | D03 | 55 | 244 | 现代应用物理 | B04 | 25 | 215 |
| 现代面粉工业 | E26 | 119 | 306 | 现代语文(教学研究) | K01 | 154 | 340 |
| 现代农村科技 | C01 | 38 | 227 | 现代语文(学术综合) | K01 | 155 | 340 |
| 现代农药 | C06 | 42 | 231 | 现代语文(语言研究) | K01 | 155 | 340 |
| 现代农业 | C01 | 38 | 227 | 现代预防医学 | D31 | 71 | 260 |
| 现代农业科技 | C01 | 38 | 227 | 现代园艺 | C04 | 41 | 231 |
| 现代农业研究 | C01 | 38 | 227 | 现代远程教育研究 | P01 | 190 | 374 |
| 现代企业 | L01 | 164 | 350 | 现代远距离教育 | P01 | 190 | 374 |
| 现代情报 | N07 | 184 | 369 | 现代哲学 | J02 | 153 | 339 |
| 现代日本经济 | L01 | 164 | 350 | 现代诊断与治疗 | D06 | 57 | 246 |
| 现代商业 | L04 | 167 | 352 | 现代制造工程 | E13 | 100 | 287 |
| 现代生物医学进展 | D01 | 50 | 239 | 现代制造技术与装备 | E13 | 100 | 287 |
| 现代实用医学 | D01 | 50 | 239 | 现代中文学刊 | P01 | 190 | 374 |
| 现代食品 | E30 | 122 | 309 | 现代中西医结合杂志 | D39 | 79 | 267 |
| 现代食品科技 | E30 | 123 | 309 | 现代中小学教育 | P03 | 193 | 377 |
| 现代丝绸科学与技术 | E29 | 121 | 308 | 现代中药研究与实践 | D40 | 80 | 268 |
| 现代塑料加工应用 | E24 | 117 | 304 | 现代中医临床 | D37 | 78 | 266 |

# 中国期刊名称类目索引(续)

| 期刊名称 | 学科代码 | 被引指标页码 | 来源指标页码 | 期刊名称 | 学科代码 | 被引指标页码 | 来源指标页码 |
|---|---|---|---|---|---|---|---|
| 现代中医药 | D37 | 78 | 266 | 校园英语(中旬) | K01 | 155 | 340 |
| 现代肿瘤医学 | D29 | 69 | 258 | 协和医学杂志 | D01 | 50 | 239 |
| 现代铸铁 | E13 | 100 | 287 | 心电与循环 | D15 | 62 | 250 |
| 乡村科技 | C01 | 38 | 227 | 心肺血管病杂志 | D16 | 62 | 251 |
| 香料香精化妆品 | E25 | 118 | 305 | 心理发展与教育 | B18 | 35 | 225 |
| 湘南学院学报 | H02 | 149 | 335 | 心理技术与应用 | B18 | 35 | 225 |
| 湘南学院学报(医学版) | D02 | 54 | 242 | 心理科学 | B18 | 36 | 225 |
| 湘潭大学学报(哲学社会科学版) | H02 | 149 | 335 | 心理科学进展 | B18 | 36 | 225 |
| 湘潭大学自然科学学报 | A02 | 18 | 208 | 心理学报 | B18 | 36 | 225 |
| 襄阳职业技术学院学报 | P05 | 198 | 383 | 心理学探新 | B18 | 36 | 225 |
| 项目管理技术 | F01 | 139 | 325 | 心理研究 | B18 | 36 | 225 |
| 橡胶工业 | E24 | 117 | 304 | 心理与行为研究 | B18 | 36 | 225 |
| 橡胶科技 | E24 | 117 | 304 | 心脑血管病防治 | D16 | 62 | 251 |
| 橡塑技术与装备 | E24 | 117 | 304 | 心血管病防治知识 | D08 | 59 | 247 |
| 橡塑资源利用 | E24 | 117 | 304 | 心血管病学进展 | D16 | 62 | 251 |
| 消防技术与产品信息 | E31 | 126 | 312 | 心血管康复医学杂志 | D16 | 62 | 251 |
| 消防科学与技术 | E39 | 137 | 323 | 心脏杂志 | D16 | 63 | 251 |
| 消费经济 | L08 | 169 | 355 | 忻州师范学院学报 | H03 | 153 | 338 |
| 消化肿瘤杂志(电子版) | D29 | 69 | 258 | 新东方 | N01 | 181 | 366 |
| 小城镇建设 | E31 | 126 | 312 | 新技术新工艺 | E01 | 82 | 270 |
| 小水电 | E33 | 128 | 315 | 新建筑 | E31 | 126 | 312 |
| 小说评论 | K04 | 157 | 343 | 新疆财经 | L10 | 171 | 356 |
| 小型内燃机与车辆技术 | E14 | 101 | 289 | 新疆财经大学学报 | L02 | 166 | 352 |
| 小型微型计算机系统 | E22 | 114 | 301 | 新疆大学学报(哲学·人文社会科学版) | H02 | 149 | 335 |
| 小学教学 | P03 | 193 | 378 | 新疆大学学报(自然科学版) | A02 | 18 | 208 |
| 小学教学设计(数学) | P03 | 193 | 378 | 新疆地方志 | K08 | 161 | 346 |
| 小学教学设计(英语) | P03 | 193 | 378 | 新疆地质 | B11 | 31 | 221 |
| 小学教学设计(语文) | P03 | 193 | 378 | 新疆钢铁 | E09 | 94 | 282 |
| 小学教学研究(教学版) | P03 | 193 | 378 | 新疆广播电视大学学报 | P05 | 198 | 383 |
| 小学教学研究(理论版) | P03 | 193 | 378 | 新疆环境保护 | E39 | 137 | 323 |
| 小学生作文辅导 | P03 | 193 | 378 | 新疆教育学院学报 | P01 | 190 | 374 |
| 校园心理 | K04 | 157 | 343 | 新疆警察学院学报 | M05 | 179 | 364 |
| 校园英语(上旬) | K01 | 155 | 340 | 新疆农机化 | E05 | 90 | 278 |
| 校园英语(下旬) | K01 | 155 | 340 | 新疆农垦经济 | E05 | 90 | 278 |

# 中国期刊名称类目索引(续)

| 期刊名称 | 学科代码 | 被引指标页码 | 来源指标页码 | 期刊名称 | 学科代码 | 被引指标页码 | 来源指标页码 |
|---|---|---|---|---|---|---|---|
| 新疆农垦科技 | E05 | 90 | 278 | 新闻大学 | N05 | 183 | 368 |
| 新疆农业大学学报 | C02 | 39 | 228 | 新闻记者 | N05 | 183 | 368 |
| 新疆农业科技 | C01 | 38 | 227 | 新闻界 | N05 | 183 | 368 |
| 新疆农业科学 | C01 | 38 | 227 | 新闻前哨 | N05 | 183 | 368 |
| 新疆社会科学(汉文版) | H01 | 142 | 328 | 新闻研究导刊 | N05 | 183 | 368 |
| 新疆社科论坛 | H01 | 142 | 328 | 新闻与传播研究 | N05 | 183 | 368 |
| 新疆师范大学学报(哲学社会科学版) | H03 | 153 | 338 | 新闻与写作 | N05 | 183 | 368 |
| 新疆师范大学学报(自然科学版) | A03 | 21 | 211 | 新闻知识 | N05 | 183 | 368 |
| 新疆石油地质 | E17 | 108 | 295 | 新西部(下旬刊) | H01 | 142 | 328 |
| 新疆石油天然气 | E17 | 108 | 295 | 新西部(中旬刊) | H01 | 142 | 328 |
| 新疆畜牧业 | C08 | 46 | 235 | 新乡学院学报 | A02 | 18 | 208 |
| 新疆医科大学学报 | D02 | 54 | 242 | 新乡医学院学报 | D02 | 54 | 242 |
| 新疆医学 | D01 | 50 | 239 | 新型工业化 | E01 | 82 | 270 |
| 新疆艺术学院学报 | K06 | 159 | 345 | 新型建筑材料 | E31 | 126 | 312 |
| 新疆有色金属 | E09 | 94 | 282 | 新型炭材料 | E08 | 93 | 281 |
| 新疆职业大学学报 | P05 | 198 | 383 | 新医学 | D01 | 50 | 239 |
| 新疆职业教育研究 | P05 | 198 | 383 | 新余学院学报 | P01 | 190 | 374 |
| 新疆中医药 | D37 | 78 | 266 | 新中医 | D37 | 78 | 266 |
| 新教师 | P03 | 193 | 378 | 信号处理 | E21 | 112 | 299 |
| 新金融 | L10 | 171 | 356 | 信息工程大学学报 | E02 | 87 | 274 |
| 新课程研究(上旬) | P03 | 193 | 378 | 信息化研究 | E03 | 88 | 276 |
| 新课程研究(下旬) | P03 | 193 | 378 | 信息记录材料 | E08 | 93 | 281 |
| 新课程研究(中旬-单) | P03 | 193 | 378 | 信息技术 | E03 | 89 | 276 |
| 新课程研究(中旬-双) | P03 | 193 | 378 | 信息技术与信息化 | E03 | 89 | 276 |
| 新会计 | L05 | 167 | 353 | 信息通信 | E21 | 112 | 299 |
| 新媒体研究 | E01 | 82 | 270 | 信息通信技术 | E21 | 112 | 299 |
| 新美术 | K06 | 159 | 345 | 信息网络安全 | E22 | 114 | 301 |
| 新能源进展 | E16 | 106 | 293 | 信息系统工程 | E03 | 89 | 276 |
| 新世纪水泥导报 | E26 | 119 | 306 | 信息与控制 | B02 | 23 | 213 |
| 新世纪图书馆 | N06 | 184 | 369 | 信息资源管理学报 | L01 | 164 | 350 |
| 新视野 | M01 | 172 | 358 | 信阳农林学院学报 | C02 | 39 | 228 |
| 新文学史料 | K04 | 157 | 343 | 信阳师范学院学报(哲学社会科学版) | H03 | 153 | 339 |
| 新闻爱好者 | N05 | 183 | 368 | 信阳师范学院学报(自然科学版) | A03 | 21 | 211 |
| 新闻春秋 | N05 | 183 | 368 | 星海音乐学院学报 | K06 | 159 | 345 |

# 中国期刊名称类目索引(续)

| 期刊名称 | 学科代码 | 被引指标页码 | 来源指标页码 | 期刊名称 | 学科代码 | 被引指标页码 | 来源指标页码 |
|---|---|---|---|---|---|---|---|
| 刑事技术 | M07 | 180 | 365 | 循证护理 | D30 | 71 | 259 |
| 邢台学院学报 | P01 | 190 | 375 | 循证医学 | D06 | 57 | 246 |
| 邢台职业技术学院学报 | P05 | 198 | 383 | 压电与声光 | E20 | 111 | 298 |
| 兴义民族师范学院学报 | H03 | 153 | 339 | 压力容器 | E13 | 100 | 287 |
| 宿州教育学院学报 | P01 | 190 | 375 | 压缩机技术 | E12 | 98 | 285 |
| 宿州学院学报 | A02 | 18 | 208 | 牙体牙髓牙周病学杂志 | D24 | 66 | 255 |
| 徐州工程学院学报(社会科学版) | H02 | 149 | 335 | 亚热带农业研究 | C03 | 40 | 229 |
| 徐州工程学院学报(自然科学版) | E02 | 87 | 274 | 亚热带水土保持 | E05 | 91 | 278 |
| 徐州医科大学学报 | D02 | 54 | 243 | 亚热带植物科学 | B15 | 35 | 224 |
| 许昌学院学报 | P01 | 190 | 375 | 亚热带资源与环境学报 | E39 | 137 | 323 |
| 畜牧兽医科技信息 | C08 | 46 | 235 | 亚太传统医药 | D01 | 50 | 239 |
| 畜牧兽医学报 | C08 | 46 | 235 | 亚太经济 | L01 | 164 | 350 |
| 畜牧兽医杂志 | C08 | 46 | 235 | 烟草科技 | C04 | 41 | 231 |
| 畜牧与兽医 | C08 | 46 | 235 | 烟台大学学报(哲学社会科学版) | H02 | 149 | 335 |
| 畜牧与饲料科学 | C08 | 46 | 235 | 烟台大学学报(自然科学与工程版) | A02 | 18 | 208 |
| 蓄电池 | E26 | 119 | 306 | 烟台职业学院学报 | P05 | 198 | 383 |
| 选煤技术 | E16 | 106 | 293 | 延安大学学报(社会科学版) | H02 | 149 | 335 |
| 学海 | J02 | 153 | 339 | 延安大学学报(医学科学版) | D02 | 54 | 243 |
| 学会 | H01 | 142 | 328 | 延安大学学报(自然科学版) | A02 | 18 | 208 |
| 学理论 | P01 | 190 | 375 | 延安职业技术学院学报 | P05 | 198 | 383 |
| 学前教育研究 | P03 | 193 | 378 | 延边大学农学学报 | C02 | 39 | 228 |
| 学术交流 | H01 | 142 | 328 | 延边大学学报(社会科学版) | H02 | 149 | 335 |
| 学术界 | H01 | 142 | 328 | 延边大学学报(自然科学版) | A02 | 18 | 208 |
| 学术论坛 | H01 | 142 | 328 | 延边大学医学学报 | D02 | 54 | 243 |
| 学术探索 | H01 | 142 | 328 | 延边教育学院学报 | P01 | 190 | 375 |
| 学术研究 | H01 | 142 | 328 | 岩矿测试 | B11 | 31 | 221 |
| 学术月刊 | H01 | 142 | 328 | 岩石矿物学杂志 | B11 | 31 | 221 |
| 学位与研究生教育 | P04 | 195 | 380 | 岩石力学与工程学报 | E32 | 126 | 313 |
| 学习论坛 | M01 | 172 | 358 | 岩石学报 | B11 | 32 | 221 |
| 学习与探索 | H01 | 142 | 328 | 岩土工程技术 | E32 | 126 | 313 |
| 学校党建与思想教育 | M01 | 172 | 358 | 岩土工程学报 | E32 | 126 | 313 |
| 学周刊 | P03 | 193 | 378 | 岩土力学 | E32 | 126 | 313 |
| 血管与腔内血管外科杂志 | D15 | 62 | 250 | 岩性油气藏 | E17 | 108 | 295 |
| 血栓与止血学 | D11 | 60 | 248 | 沿海企业与科技 | L01 | 164 | 350 |

# 中国期刊名称类目索引(续)

| 期刊名称 | 学科代码 | 被引指标页码 | 来源指标页码 | 期刊名称 | 学科代码 | 被引指标页码 | 来源指标页码 |
|---|---|---|---|---|---|---|---|
| 研究生教育研究 | P04 | 195 | 380 | 药学教育 | P01 | 190 | 375 |
| 研究与发展管理 | F01 | 139 | 325 | 药学进展 | D36 | 76 | 264 |
| 盐城工学院学报(社会科学版) | H02 | 150 | 335 | 药学实践杂志 | D36 | 76 | 264 |
| 盐城工学院学报(自然科学版) | A02 | 18 | 208 | 药学学报 | D36 | 76 | 264 |
| 盐城师范学院学报(人文社会科学版) | H03 | 153 | 339 | 药学研究 | D36 | 76 | 264 |
| 盐湖研究 | B12 | 33 | 222 | 药学与临床研究 | D36 | 76 | 264 |
| 盐业史研究 | E30 | 123 | 309 | 冶金动力 | E14 | 101 | 289 |
| 盐科学与化工 | E23 | 116 | 303 | 冶金分析 | E11 | 97 | 284 |
| 眼科 | D22 | 65 | 253 | 冶金经济与管理 | L08 | 169 | 355 |
| 眼科新进展 | D22 | 65 | 253 | 冶金能源 | E11 | 97 | 284 |
| 燕山大学学报 | E02 | 87 | 274 | 冶金设备 | E11 | 97 | 284 |
| 燕山大学学报(哲学社会科学版) | H02 | 150 | 336 | 冶金设备管理与维修 | E11 | 97 | 284 |
| 扬州大学学报(高教研究版) | P01 | 190 | 375 | 冶金信息导刊 | E03 | 89 | 276 |
| 扬州大学学报(农业与生命科学版) | C02 | 39 | 229 | 冶金自动化 | E11 | 97 | 284 |
| 扬州大学学报(人文社会科学版) | H02 | 150 | 336 | 野生动物学报 | B16 | 35 | 224 |
| 扬州大学学报(自然科学版) | A02 | 18 | 208 | 液晶与显示 | E01 | 82 | 270 |
| 扬州教育学院学报 | P01 | 190 | 375 | 液压气动与密封 | E01 | 82 | 270 |
| 扬州职业大学学报 | P05 | 198 | 383 | 液压与气动 | E12 | 98 | 286 |
| 扬子江评论 | K04 | 157 | 343 | 一重技术 | E13 | 100 | 287 |
| 杨凌职业技术学院学报 | P05 | 198 | 383 | 伊犁师范学院学报(社科版) | H03 | 153 | 339 |
| 养禽与禽病防治 | C08 | 46 | 235 | 伊犁师范学院学报(自然科学版) | A03 | 21 | 211 |
| 养殖与饲料 | C08 | 46 | 235 | 医疗卫生装备 | D35 | 74 | 262 |
| 养猪 | C08 | 46 | 235 | 医疗装备 | D35 | 74 | 262 |
| 遥测遥控 | E03 | 89 | 276 | 医学动物防制 | D32 | 72 | 261 |
| 遥感技术与应用 | E07 | 92 | 279 | 医学分子生物学杂志 | D03 | 55 | 244 |
| 遥感信息 | E07 | 92 | 279 | 医学教育管理 | P01 | 190 | 375 |
| 遥感学报 | E07 | 92 | 279 | 医学理论与实践 | D01 | 50 | 239 |
| 药品评价 | D36 | 75 | 263 | 医学临床研究 | D05 | 56 | 245 |
| 药物不良反应杂志 | D36 | 75 | 264 | 医学新知杂志 | D01 | 50 | 239 |
| 药物分析杂志 | D36 | 75 | 264 | 医学信息学杂志 | N07 | 184 | 369 |
| 药物流行病学杂志 | D36 | 75 | 264 | 医学研究生学报 | D01 | 50 | 239 |
| 药物评价研究 | D36 | 75 | 264 | 医学研究与教育 | D05 | 56 | 245 |
| 药物生物技术 | D36 | 75 | 264 | 医学研究杂志 | D01 | 50 | 239 |
| 药学服务与研究 | D36 | 76 | 264 | 医学影像学杂志 | D28 | 68 | 257 |

# 中国期刊名称类目索引(续)

| 期刊名称 | 学科代码 | 被引指标页码 | 来源指标页码 | 期刊名称 | 学科代码 | 被引指标页码 | 来源指标页码 |
|---|---|---|---|---|---|---|---|
| 医学与法学 | D01 | 50 | 239 | 音乐探索 | K06 | 159 | 345 |
| 医学与社会 | N01 | 181 | 366 | 音乐研究 | K06 | 159 | 345 |
| 医学与哲学 | D35 | 74 | 262 | 音乐艺术 | K06 | 159 | 345 |
| 医学争鸣 | D01 | 50 | 239 | 殷都学刊 | H01 | 142 | 328 |
| 医学综述 | D01 | 50 | 239 | 饮食保健 | D07 | 58 | 247 |
| 医药导报 | D36 | 76 | 264 | 印染 | E29 | 121 | 308 |
| 医药论坛杂志 | D01 | 50 | 239 | 印染助剂 | E25 | 118 | 305 |
| 医用生物力学 | B03 | 24 | 213 | 印制电路信息 | E03 | 89 | 276 |
| 医院管理论坛 | D03 | 55 | 244 | 英国医学杂志(中文版) | D01 | 50 | 239 |
| 仪表技术 | E27 | 119 | 306 | 英语广场(下旬刊) | K01 | 155 | 340 |
| 仪表技术与传感器 | E27 | 119 | 306 | 英语画刊(高级版) | K01 | 155 | 341 |
| 仪器仪表标准化与计量 | E01 | 82 | 270 | 英语教师 | K01 | 155 | 341 |
| 仪器仪表学报 | E27 | 119 | 306 | 英语学习(教师版) | K01 | 155 | 341 |
| 仪器仪表用户 | E27 | 119 | 306 | 营养学报 | D31 | 71 | 260 |
| 仪器仪表与分析监测 | E27 | 119 | 306 | 影像技术 | E23 | 117 | 303 |
| 宜宾学院学报 | P01 | 190 | 375 | 影像科学与光化学 | B05 | 26 | 216 |
| 宜春学院学报 | A02 | 18 | 208 | 影像诊断与介入放射学 | D28 | 68 | 257 |
| 移动电源与车辆 | E15 | 104 | 292 | 应用泛函分析学报 | E18 | 109 | 296 |
| 移动通信 | E21 | 112 | 299 | 应用概率统计 | B01 | 23 | 212 |
| 遗传 | B13 | 34 | 223 | 应用光学 | B04 | 25 | 215 |
| 疑难病杂志 | D05 | 56 | 245 | 应用海洋学学报 | B12 | 33 | 222 |
| 乙烯工业 | E17 | 108 | 295 | 应用化工 | E23 | 117 | 303 |
| 艺海 | K06 | 159 | 345 | 应用化学 | B05 | 26 | 216 |
| 艺术百家 | K06 | 159 | 345 | 应用基础与工程科学学报 | E01 | 82 | 270 |
| 艺术科技 | K06 | 159 | 345 | 应用激光 | E20 | 111 | 298 |
| 艺术评论 | K06 | 159 | 345 | 应用技术学报 | E02 | 87 | 275 |
| 艺术设计研究 | E26 | 119 | 306 | 应用科技 | E03 | 89 | 276 |
| 艺术探索 | K06 | 159 | 345 | 应用科学学报 | E21 | 112 | 299 |
| 艺术研究 | K06 | 159 | 345 | 应用昆虫学报 | B16 | 35 | 224 |
| 艺苑 | N04 | 182 | 367 | 应用力学学报 | B03 | 24 | 213 |
| 阴山学刊(社会科学版) | H01 | 142 | 328 | 应用能源技术 | E14 | 101 | 289 |
| 阴山学刊(自然科学版) | A01 | 14 | 204 | 应用气象学报 | B08 | 28 | 218 |
| 音乐传播 | K06 | 159 | 345 | 应用生态学报 | B14 | 34 | 224 |
| 音乐创作 | K06 | 159 | 345 | 应用声学 | B04 | 25 | 215 |

# 中国期刊名称类目索引(续)

| 期刊名称 | 学科代码 | 被引指标页码 | 来源指标页码 | 期刊名称 | 学科代码 | 被引指标页码 | 来源指标页码 |
|---|---|---|---|---|---|---|---|
| 应用数学 | B01 | 23 | 212 | 有色冶金设计与研究 | E11 | 97 | 284 |
| 应用数学和力学 | B03 | 24 | 213 | 有线电视技术 | E03 | 89 | 276 |
| 应用数学学报 | B01 | 23 | 212 | 右江民族医学院学报 | D02 | 54 | 243 |
| 应用数学与计算数学学报 | B01 | 23 | 212 | 右江医学 | D01 | 50 | 239 |
| 应用心理学 | B18 | 36 | 225 | 幼儿教育·教育科学 | P03 | 193 | 378 |
| 应用型高等教育研究 | H02 | 150 | 336 | 幼儿教育研究 | P03 | 193 | 378 |
| 应用与环境生物学报 | E39 | 137 | 323 | 渔业科学进展 | C10 | 48 | 237 |
| 应用预防医学 | D31 | 71 | 260 | 渔业现代化 | C10 | 48 | 237 |
| 硬质合金 | E09 | 94 | 282 | 渔业信息与战略 | C10 | 48 | 237 |
| 邮电设计技术 | E21 | 112 | 299 | 渔业研究 | C10 | 48 | 237 |
| 邮政研究 | L08 | 169 | 355 | 榆林学院学报 | H02 | 150 | 336 |
| 油气藏评价与开发 | E17 | 108 | 295 | 宇航材料工艺 | E38 | 135 | 321 |
| 油气储运 | E17 | 108 | 295 | 宇航计测技术 | E38 | 135 | 321 |
| 油气地质与采收率 | E17 | 108 | 295 | 宇航学报 | E38 | 135 | 321 |
| 油气井测试 | E17 | 108 | 295 | 语文建设 | K01 | 155 | 341 |
| 油气田地面工程 | E17 | 108 | 295 | 语文教学通讯·A刊 | K01 | 155 | 341 |
| 油气田环境保护 | E17 | 108 | 295 | 语文教学通讯·B刊 | K01 | 155 | 341 |
| 油田化学 | E17 | 108 | 295 | 语文教学通讯·C刊 | K01 | 155 | 341 |
| 铀矿地质 | B11 | 32 | 221 | 语文教学通讯·D刊(学术刊) | K01 | 155 | 341 |
| 铀矿冶 | E10 | 95 | 283 | 语文教学之友 | K01 | 155 | 341 |
| 有机氟工业 | E23 | 117 | 304 | 语文世界(教师之窗) | K01 | 155 | 341 |
| 有机硅材料 | E23 | 117 | 304 | 语文天地(初中版) | K01 | 155 | 341 |
| 有机化学 | B05 | 26 | 216 | 语文天地(高中版) | P03 | 193 | 378 |
| 有色金属材料与工程 | E09 | 94 | 282 | 语文天地(小教版) | P03 | 193 | 378 |
| 有色金属工程 | E09 | 94 | 282 | 语文学刊 | P01 | 190 | 375 |
| 有色金属加工 | E13 | 100 | 287 | 语文研究 | K01 | 155 | 341 |
| 有色金属科学与工程 | E09 | 94 | 282 | 语文知识 | K01 | 155 | 341 |
| 有色金属(矿山部分) | E10 | 95 | 283 | 语言教学与研究 | K01 | 155 | 341 |
| 有色金属设计 | E09 | 94 | 282 | 语言科学 | K01 | 155 | 341 |
| 有色金属(选矿部分) | E10 | 95 | 283 | 语言文字应用 | K01 | 155 | 341 |
| 有色金属(冶炼部分) | E11 | 97 | 284 | 语言研究 | K01 | 155 | 341 |
| 有色矿冶 | E11 | 97 | 284 | 语言与翻译(汉文版) | K01 | 155 | 341 |
| 有色设备 | E13 | 100 | 287 | 玉林师范学院学报 | H03 | 153 | 339 |
| 有色冶金节能 | E11 | 97 | 284 | 玉米科学 | C03 | 40 | 229 |

# 中国期刊名称类目索引(续)

| 期刊名称 | 学科代码 | 被引指标页码 | 来源指标页码 | 期刊名称 | 学科代码 | 被引指标页码 | 来源指标页码 |
|---|---|---|---|---|---|---|---|
| 玉溪师范学院学报 | H03 | 153 | 339 | 云南农业科技 | C01 | 38 | 227 |
| 预测 | L04 | 167 | 352 | 云南社会科学 | H01 | 142 | 328 |
| 预防青少年犯罪研究 | M01 | 172 | 358 | 云南社会主义学院学报 | M02 | 175 | 360 |
| 预防医学 | D31 | 71 | 260 | 云南师范大学学报(对外汉语教学与研究版) | K03 | 156 | 342 |
| 预防医学论坛 | D31 | 72 | 260 | 云南师范大学学报(哲学社会科学版) | A03 | 21 | 211 |
| 预防医学情报杂志 | D31 | 72 | 260 | 云南师范大学学报(自然科学版) | A03 | 21 | 211 |
| 园艺学报 | C04 | 41 | 231 | 云南水力发电 | E33 | 128 | 315 |
| 园艺与种苗 | C04 | 41 | 231 | 云南畜牧兽医 | C08 | 46 | 235 |
| 原生态民族文化学刊 | H01 | 142 | 328 | 云南冶金 | E11 | 97 | 284 |
| 原子核物理评论 | B04 | 25 | 215 | 云南医药 | D01 | 50 | 239 |
| 原子能科学技术 | E18 | 109 | 296 | 云南艺术学院学报 | K06 | 159 | 345 |
| 原子与分子物理学报 | B04 | 25 | 215 | 云南中医学院学报 | D38 | 79 | 267 |
| 远程教育杂志 | P01 | 190 | 375 | 云南中医中药杂志 | D37 | 78 | 266 |
| 岳阳职业技术学院学报 | P05 | 198 | 383 | 汉江师范学院学报 | H03 | 153 | 339 |
| 阅江学刊 | H01 | 142 | 328 | 运城学院学报 | P01 | 190 | 375 |
| 云梦学刊 | H01 | 142 | 328 | 运筹学学报 | B01 | 23 | 212 |
| 云南财经大学学报 | L02 | 166 | 352 | 运筹与管理 | B01 | 23 | 212 |
| 云南大学学报(法学版) | M05 | 179 | 364 | 运动 | P07 | 200 | 384 |
| 云南大学学报(社会科学版) | H02 | 150 | 336 | 运动精品(学术版) | P07 | 200 | 384 |
| 云南大学学报(自然科学版) | A02 | 18 | 208 | 杂草学报 | C06 | 42 | 231 |
| 云南地理环境研究 | B10 | 30 | 219 | 杂交水稻 | C03 | 40 | 229 |
| 云南地质 | B11 | 32 | 221 | 灾害学 | B09 | 29 | 218 |
| 云南电力技术 | E15 | 104 | 292 | 载人航天 | E38 | 135 | 322 |
| 云南行政学院学报 | M02 | 175 | 360 | 再生资源与循环经济 | E39 | 137 | 323 |
| 云南化工 | E23 | 117 | 304 | 凿岩机械气动工具 | E10 | 95 | 283 |
| 云南建筑 | E31 | 126 | 312 | 早期教育(教师版) | P03 | 193 | 378 |
| 云南警官学院学报 | M05 | 179 | 364 | 枣庄学院学报 | P01 | 190 | 375 |
| 云南开放大学学报 | P05 | 198 | 383 | 造船技术 | E37 | 133 | 320 |
| 云南科技管理 | F01 | 139 | 325 | 造纸化学品 | E26 | 119 | 306 |
| 云南民族大学学报(哲学社会科学版) | H02 | 150 | 336 | 造纸科学与技术 | E26 | 119 | 306 |
| 云南民族大学学报(自然科学版) | A02 | 18 | 208 | 造纸装备及材料 | E26 | 119 | 306 |
| 云南农业 | C01 | 38 | 227 | 噪声与振动控制 | E12 | 98 | 286 |
| 云南农业大学学报(社会科学版) | H02 | 150 | 336 | 轧钢 | E11 | 97 | 284 |
| 云南农业大学学报(自然科学) | C02 | 39 | 229 | 粘接 | E25 | 118 | 305 |

# 中国期刊名称类目索引(续)

| 期刊名称 | 学科代码 | 被引指标页码 | 来源指标页码 | 期刊名称 | 学科代码 | 被引指标页码 | 来源指标页码 |
|---|---|---|---|---|---|---|---|
| 战术导弹技术 | E28 | 120 | 307 | 浙江林业科技 | C07 | 44 | 233 |
| 张家口职业技术学院学报 | P05 | 199 | 383 | 浙江临床医学 | D05 | 56 | 245 |
| 漳州职业技术学院学报 | P05 | 199 | 383 | 浙江农林大学学报 | C07 | 44 | 233 |
| 昭通学院学报 | P01 | 190 | 375 | 浙江农业科学 | C01 | 38 | 227 |
| 照明工程学报 | E19 | 111 | 298 | 浙江农业学报 | C01 | 38 | 227 |
| 肇庆学院学报 | H02 | 150 | 336 | 浙江气象 | B08 | 28 | 218 |
| 哲学动态 | J02 | 153 | 339 | 浙江社会科学 | H01 | 142 | 328 |
| 哲学分析 | J02 | 153 | 339 | 浙江师范大学学报(社会科学版) | A03 | 21 | 211 |
| 哲学研究 | J02 | 153 | 339 | 浙江师范大学学报(自然科学版) | A03 | 21 | 211 |
| 浙江传媒学院学报 | P01 | 190 | 375 | 浙江实用医学 | D01 | 51 | 239 |
| 浙江创伤外科 | D14 | 61 | 250 | 浙江树人大学学报 | H02 | 150 | 336 |
| 浙江大学学报(工学版) | E02 | 87 | 275 | 浙江水利科技 | E33 | 128 | 315 |
| 浙江大学学报(理学版) | A02 | 18 | 208 | 浙江水利水电学院学报 | E15 | 104 | 292 |
| 浙江大学学报(农业与生命科学版) | C02 | 39 | 229 | 浙江体育科学 | P07 | 200 | 384 |
| 浙江大学学报(人文社会科学版) | H02 | 150 | 336 | 浙江外国语学院学报 | P01 | 190 | 375 |
| 浙江大学学报(医学版) | D02 | 54 | 243 | 浙江万里学院学报 | A02 | 19 | 208 |
| 浙江档案 | N08 | 185 | 370 | 浙江畜牧兽医 | C08 | 46 | 235 |
| 浙江电力 | E15 | 104 | 292 | 浙江学刊 | H01 | 142 | 328 |
| 浙江纺织服装职业技术学院学报 | E02 | 87 | 275 | 浙江医学 | D01 | 51 | 239 |
| 浙江柑橘 | C04 | 41 | 231 | 浙江医学教育 | D35 | 74 | 262 |
| 浙江工贸职业技术学院学报 | L02 | 166 | 352 | 浙江艺术职业学院学报 | K06 | 160 | 345 |
| 浙江工商大学学报 | L02 | 166 | 352 | 浙江中西医结合杂志 | D37 | 78 | 266 |
| 浙江工商职业技术学院学报 | L02 | 166 | 352 | 浙江中医药大学学报 | D38 | 79 | 267 |
| 浙江工业大学学报 | E02 | 87 | 275 | 浙江中医杂志 | D37 | 78 | 266 |
| 浙江工业大学学报(社会科学版) | H02 | 150 | 336 | 针刺研究 | D41 | 80 | 268 |
| 浙江海洋学院学报(人文科学版) | H02 | 150 | 336 | 针灸临床杂志 | D41 | 80 | 268 |
| 浙江海洋学院学报(自然科学版) | C10 | 48 | 237 | 针织工业 | E29 | 121 | 308 |
| 浙江化工 | E23 | 117 | 304 | 真空 | E01 | 82 | 270 |
| 浙江建筑 | E31 | 126 | 312 | 真空电子技术 | E19 | 111 | 298 |
| 浙江交通职业技术学院学报 | E34 | 130 | 317 | 真空科学与技术学报 | E01 | 82 | 270 |
| 浙江金融 | L10 | 171 | 356 | 真空与低温 | B04 | 25 | 215 |
| 浙江科技学院学报 | A02 | 19 | 208 | 诊断病理学杂志 | D06 | 57 | 246 |
| 浙江理工大学学报(社会科学版) | H02 | 150 | 336 | 诊断学理论与实践 | D06 | 58 | 246 |
| 浙江理工大学学报(自然科学版) | A02 | 19 | 208 | 振动、测试与诊断 | E38 | 135 | 322 |

# 中国期刊名称类目索引(续)

| 期刊名称 | 学科代码 | 被引指标页码 | 来源指标页码 | 期刊名称 | 学科代码 | 被引指标页码 | 来源指标页码 |
|---|---|---|---|---|---|---|---|
| 振动工程学报 | B03 | 24 | 213 | 职业教育研究 | P05 | 199 | 383 |
| 振动与冲击 | E12 | 98 | 286 | 职业卫生与病伤 | D31 | 72 | 260 |
| 震灾防御技术 | E40 | 137 | 324 | 职业卫生与应急救援 | D31 | 72 | 260 |
| 镇江高专学报 | A02 | 19 | 208 | 职业与健康 | D32 | 72 | 261 |
| 征信 | M05 | 179 | 364 | 植物保护 | C06 | 42 | 232 |
| 证据科学 | M07 | 180 | 365 | 植物保护学报 | C06 | 42 | 232 |
| 证券市场导报 | L10 | 171 | 356 | 植物病理学报 | C06 | 42 | 232 |
| 郑州大学学报(工学版) | E02 | 87 | 275 | 植物检疫 | C06 | 42 | 232 |
| 郑州大学学报(理学版) | A02 | 19 | 208 | 植物科学学报 | B15 | 35 | 224 |
| 郑州大学学报(医学版) | D02 | 54 | 243 | 植物生理学报 | B15 | 35 | 224 |
| 郑州大学学报(哲学社会科学版) | H02 | 150 | 336 | 植物生态学报 | B15 | 35 | 224 |
| 郑州航空工业管理学院学报 | E38 | 135 | 322 | 植物学报 | B15 | 35 | 224 |
| 郑州航空工业管理学院学报(社会科学版) | H02 | 150 | 336 | 植物研究 | B15 | 35 | 224 |
| 郑州轻工业学院学报(社会科学版) | H02 | 150 | 336 | 植物医生 | C05 | 42 | 231 |
| 郑州铁路职业技术学院学报 | E36 | 132 | 319 | 植物遗传资源学报 | C03 | 40 | 229 |
| 政法论丛 | M05 | 179 | 364 | 植物营养与肥料学报 | C05 | 42 | 231 |
| 政法论坛 | M05 | 179 | 364 | 植物资源与环境学报 | E39 | 137 | 323 |
| 政法学刊 | L01 | 164 | 350 | 纸和造纸 | E26 | 119 | 306 |
| 政治经济学评论 | L01 | 164 | 350 | 指挥控制与仿真 | E28 | 120 | 307 |
| 政治思想史 | P01 | 190 | 375 | 指挥信息系统与技术 | E28 | 120 | 307 |
| 政治学研究 | M01 | 172 | 358 | 指挥与控制学报 | E28 | 120 | 307 |
| 政治与法律 | M05 | 179 | 364 | 制导与引信 | E14 | 101 | 289 |
| 知识产权 | M05 | 179 | 364 | 制冷 | E14 | 101 | 289 |
| 知识经济 | L01 | 164 | 350 | 制冷技术 | E14 | 101 | 289 |
| 知与行 | N01 | 181 | 366 | 制冷学报 | E14 | 101 | 289 |
| 直升机技术 | E38 | 135 | 322 | 制冷与空调(四川) | E14 | 102 | 289 |
| 职大学报 | P01 | 190 | 375 | 制造技术与机床 | E12 | 98 | 286 |
| 职工法律天地 | M05 | 179 | 364 | 制造业自动化 | E03 | 89 | 277 |
| 职教论坛 | P05 | 199 | 383 | 质量与可靠性 | E01 | 82 | 270 |
| 职教通讯 | P01 | 190 | 375 | 质谱学报 | B05 | 26 | 216 |
| 职业 | M01 | 172 | 358 | 智慧健康 | D35 | 74 | 262 |
| 职业技术 | N02 | 181 | 366 | 治淮 | E33 | 128 | 315 |
| 职业技术教育 | P05 | 199 | 383 | 智能电网 | E15 | 104 | 292 |
| 职业教育 | P05 | 199 | 383 | 智能计算机与应用 | E22 | 114 | 301 |

# 中国期刊名称类目索引(续)

| 期刊名称 | 学科代码 | 被引指标页码 | 来源指标页码 | 期刊名称 | 学科代码 | 被引指标页码 | 来源指标页码 |
|---|---|---|---|---|---|---|---|
| 智能建筑电气技术 | E31 | 126 | 313 | 中共郑州市委党校学报 | M02 | 176 | 361 |
| 智能系统学报 | E03 | 89 | 277 | 中共中央党校学报 | M02 | 176 | 361 |
| 中北大学学报(社会科学版) | H02 | 150 | 336 | 中共珠海市委党校珠海市行政学院学报 | M02 | 176 | 361 |
| 中北大学学报(自然科学版) | A02 | 19 | 208 | 中国CT和MRI杂志 | D28 | 68 | 257 |
| 中草药 | D40 | 80 | 268 | 中国癌症防治杂志 | D29 | 69 | 258 |
| 中成药 | D40 | 80 | 268 | 中国癌症杂志 | D29 | 69 | 258 |
| 中氮肥 | E23 | 117 | 304 | 中国艾滋病性病 | D25 | 67 | 255 |
| 中等数学 | P03 | 193 | 378 | 中国安全科学学报 | E40 | 137 | 324 |
| 中风与神经疾病杂志 | D27 | 67 | 256 | 中国安全生产科学技术 | E40 | 137 | 324 |
| 中共成都市委党校学报 | M02 | 175 | 360 | 中国版权 | M05 | 179 | 364 |
| 中共党史研究 | M01 | 172 | 358 | 中国报业 | N05 | 183 | 368 |
| 中共福建省委党校学报 | M02 | 175 | 360 | 中国比较文学 | K04 | 157 | 343 |
| 贵州省党校学报 | M02 | 175 | 360 | 中国比较医学杂志 | D03 | 55 | 244 |
| 中共桂林市委党校学报 | M02 | 175 | 360 | 中国边疆史地研究 | K10 | 161 | 347 |
| 中共杭州市委党校学报 | M02 | 175 | 360 | 中国编辑 | N05 | 183 | 368 |
| 中共合肥市委党校学报 | M02 | 175 | 360 | 中国标准化 | E01 | 82 | 270 |
| 中共济南市委党校学报 | M02 | 175 | 360 | 中国表面工程 | E13 | 100 | 287 |
| 中共乐山市委党校学报 | M02 | 175 | 360 | 中国病案 | D35 | 74 | 262 |
| 中共南昌市委党校学报 | M02 | 175 | 360 | 中国病毒病杂志 | B17 | 35 | 225 |
| 中共南京市委党校学报 | M02 | 175 | 360 | 中国病理生理杂志 | D03 | 55 | 244 |
| 中共南宁市委党校学报 | M02 | 175 | 360 | 中国病原生物学杂志 | B17 | 35 | 225 |
| 中共宁波市委党校学报 | M02 | 175 | 360 | 中国材料进展 | E08 | 93 | 281 |
| 中共青岛市委党校青岛行政学院学报 | M02 | 175 | 361 | 中国蚕业 | C08 | 46 | 235 |
| 中共山西省委党校学报 | M02 | 175 | 361 | 中国草地学报 | C09 | 47 | 236 |
| 中共山西省直机关党校学报 | M02 | 175 | 361 | 中国草食动物科学 | C08 | 46 | 235 |
| 中共石家庄市委党校学报 | M02 | 175 | 361 | 中国测试 | E01 | 82 | 270 |
| 中共四川省委党校学报 | M02 | 175 | 361 | 中国茶叶加工 | E30 | 123 | 309 |
| 中共太原市委党校学报 | M02 | 175 | 361 | 中国产前诊断杂志(电子版) | D20 | 64 | 253 |
| 中共天津市委党校学报 | M02 | 175 | 361 | 中国超声医学杂志 | D28 | 68 | 257 |
| 中共乌鲁木齐市委党校学报 | M02 | 176 | 361 | 中国成人教育 | P05 | 199 | 383 |
| 中共伊犁州委党校学报 | M02 | 176 | 361 | 中国城市林业 | C07 | 44 | 233 |
| 中共银川市委党校学报 | M02 | 176 | 361 | 中国城乡企业卫生 | D31 | 72 | 260 |
| 中共云南省委党校学报 | M02 | 176 | 361 | 中国出版 | N05 | 183 | 368 |
| 中共浙江省委党校学报 | M02 | 176 | 361 | 中国初级卫生保健 | D07 | 58 | 247 |

# 中国期刊名称类目索引(续)

| 期刊名称 | 学科代码 | 被引指标页码 | 来源指标页码 | 期刊名称 | 学科代码 | 被引指标页码 | 来源指标页码 |
|---|---|---|---|---|---|---|---|
| 中国处方药 | D36 | 76 | 264 | 中国法医学杂志 | D34 | 73 | 261 |
| 中国传媒大学学报(自然科学版) | A02 | 19 | 209 | 中国翻译 | K01 | 155 | 341 |
| 中国传媒科技 | N05 | 183 | 368 | 中国防痨杂志 | D09 | 59 | 248 |
| 中国大学教学 | P04 | 195 | 380 | 中国防汛抗旱 | E33 | 129 | 315 |
| 中国当代儿科杂志 | D21 | 65 | 253 | 中国房地产(学术版) | L01 | 164 | 350 |
| 中国当代医药 | D01 | 51 | 239 | 中国非金属矿工业导刊 | E10 | 96 | 283 |
| 中国党政干部论坛 | M01 | 172 | 358 | 中国肺癌杂志 | D29 | 69 | 258 |
| 中国稻米 | C03 | 40 | 229 | 中国分子心脏病学杂志 | D16 | 63 | 251 |
| 中国地方病防治杂志 | D32 | 72 | 261 | 中国粉体技术 | E31 | 126 | 313 |
| 中国地方志 | K08 | 161 | 346 | 中国蜂业 | C08 | 46 | 236 |
| 中国地震 | B09 | 29 | 218 | 中国辐射卫生 | D31 | 72 | 260 |
| 中国地质 | B11 | 32 | 221 | 中国腐蚀与防护学报 | E08 | 93 | 281 |
| 中国地质大学学报(社会科学版) | H02 | 150 | 336 | 中国妇产科临床杂志 | D20 | 64 | 253 |
| 中国地质调查 | B11 | 32 | 221 | 中国妇幼保健 | D33 | 73 | 261 |
| 中国地质教育 | P01 | 190 | 375 | 中国妇幼健康研究 | D33 | 73 | 261 |
| 中国地质灾害与防治学报 | B11 | 32 | 221 | 中国妇幼卫生杂志 | D33 | 73 | 261 |
| 中国典籍与文化 | N07 | 184 | 369 | 中国改革 | L04 | 167 | 352 |
| 中国电化教育 | P01 | 190 | 375 | 中国肝脏病杂志(电子版) | D10 | 59 | 248 |
| 中国电机工程学报 | E15 | 105 | 292 | 中国感染控制杂志 | D13 | 60 | 249 |
| 中国电力 | E15 | 105 | 292 | 中国感染与化疗杂志 | D13 | 60 | 249 |
| 中国电视 | E03 | 89 | 277 | 中国肛肠病杂志 | D08 | 59 | 247 |
| 中国电梯 | E31 | 126 | 313 | 中国港湾建设 | E37 | 133 | 320 |
| 中国电子科学研究院学报 | E03 | 89 | 277 | 中国高等教育 | P04 | 195 | 380 |
| 中国动脉硬化杂志 | D16 | 63 | 251 | 中国高等医学教育 | D01 | 51 | 240 |
| 中国动物保健 | C08 | 46 | 235 | 中国高教研究 | P04 | 195 | 380 |
| 中国动物传染病学报 | C08 | 46 | 235 | 中国高校科技 | A01 | 14 | 204 |
| 中国动物检疫 | C08 | 46 | 235 | 中国高校社会科学 | H01 | 142 | 328 |
| 中国俄语教学 | K03 | 156 | 342 | 中国高新技术企业 | L01 | 164 | 350 |
| 中国儿童保健杂志 | D21 | 65 | 253 | 中国高新技术企业(中旬刊) | L01 | 164 | 350 |
| 中国耳鼻咽喉颅底外科杂志 | D23 | 65 | 254 | 中国高原医学与生物学杂志 | D02 | 54 | 243 |
| 中国耳鼻咽喉头颈外科 | D23 | 66 | 254 | 中国个体防护装备 | E39 | 137 | 323 |
| 中国发明与专利 | A01 | 14 | 204 | 中国工程机械学报 | E13 | 100 | 287 |
| 中国发展 | L01 | 164 | 350 | 中国工程科学 | E01 | 82 | 270 |
| 中国法学 | M05 | 179 | 364 | 中国工业经济 | L08 | 169 | 355 |

# 中国期刊名称类目索引(续)

| 期刊名称 | 学科代码 | 被引指标页码 | 来源指标页码 | 期刊名称 | 学科代码 | 被引指标页码 | 来源指标页码 |
|---|---|---|---|---|---|---|---|
| 中国工业医学杂志 | D32 | 73 | 261 | 中国护理管理 | D30 | 71 | 259 |
| 中国公共安全(学术版) | E40 | 138 | 324 | 中国化工装备 | E23 | 117 | 304 |
| 中国公共卫生 | D31 | 72 | 260 | 中国环保产业 | E39 | 137 | 323 |
| 中国公共卫生管理 | D31 | 72 | 260 | 中国环境管理 | F01 | 139 | 325 |
| 中国公路学报 | E35 | 131 | 318 | 中国环境管理干部学院学报 | M02 | 176 | 361 |
| 中国骨科临床与基础研究杂志 | D18 | 63 | 252 | 中国环境监测 | E39 | 137 | 323 |
| 中国骨伤 | D41 | 80 | 268 | 中国环境科学 | E39 | 137 | 323 |
| 中国骨与关节损伤杂志 | D18 | 63 | 252 | 中国机械工程 | E12 | 98 | 286 |
| 中国骨与关节杂志 | D18 | 63 | 252 | 中国基层医药 | D31 | 72 | 260 |
| 中国骨质疏松杂志 | D12 | 60 | 249 | 中国基础科学 | A01 | 14 | 204 |
| 中国瓜菜 | C04 | 41 | 231 | 中国激光 | E20 | 111 | 298 |
| 中国管理科学 | F01 | 139 | 325 | 中国激光医学杂志 | D05 | 56 | 245 |
| 中国管理信息化 | F01 | 139 | 325 | 中国急救复苏与灾害医学杂志 | D01 | 51 | 240 |
| 中国惯性技术学报 | E01 | 82 | 270 | 中国急救医学 | D05 | 56 | 245 |
| 中国光学 | E20 | 111 | 298 | 中国集成电路 | E03 | 89 | 277 |
| 中国广播 | E03 | 89 | 277 | 中国集体经济 | L01 | 164 | 350 |
| 中国广播电视学刊 | N05 | 183 | 368 | 中国脊柱脊髓杂志 | D18 | 63 | 252 |
| 中国国家博物馆馆刊 | K10 | 161 | 347 | 中国给水排水 | E31 | 126 | 313 |
| 中国国境卫生检疫杂志 | D32 | 73 | 261 | 中国计划生育和妇产科 | D33 | 73 | 261 |
| 中国国情国力 | H01 | 142 | 328 | 中国计划生育学杂志 | D33 | 73 | 261 |
| 中国国土资源经济 | B10 | 30 | 219 | 中国计量 | E01 | 82 | 270 |
| 中国果菜 | C04 | 42 | 231 | 中国计量大学学报 | E02 | 87 | 275 |
| 中国果树 | C04 | 42 | 231 | 中国记者 | N05 | 183 | 368 |
| 中国海商法研究 | M07 | 180 | 365 | 中国继续医学教育 | D01 | 51 | 240 |
| 中国海上油气 | E17 | 108 | 295 | 中国寄生虫学与寄生虫病杂志 | D03 | 55 | 244 |
| 中国海洋大学学报(社会科学版) | H02 | 150 | 336 | 中国家禽 | C08 | 47 | 236 |
| 中国海洋大学学报(自然科学版) | B12 | 33 | 222 | 中国检察官 | M07 | 180 | 365 |
| 中国海洋平台 | E17 | 108 | 295 | 中国建材科技 | E31 | 126 | 313 |
| 中国海洋药物 | D36 | 76 | 264 | 中国建筑防水 | E31 | 126 | 313 |
| 中国行政管理 | M03 | 176 | 361 | 中国健康教育 | D35 | 74 | 262 |
| 中国航海 | E37 | 133 | 320 | 中国健康心理学杂志 | D03 | 55 | 244 |
| 中国合理用药探索 | D36 | 76 | 264 | 中国舰船研究 | E37 | 133 | 320 |
| 中国核电 | E15 | 105 | 292 | 中国交通信息化 | E34 | 131 | 317 |
| 中国呼吸与危重监护杂志 | D09 | 59 | 248 | 中国胶粘剂 | E25 | 118 | 305 |

# 中国期刊名称类目索引(续)

| 期刊名称 | 学科代码 | 被引指标页码 | 来源指标页码 | 期刊名称 | 学科代码 | 被引指标页码 | 来源指标页码 |
|---|---|---|---|---|---|---|---|
| 中国矫形外科杂志 | D19 | 64 | 252 | 中国科学(物理学 力学 天文学) | B04 | 25 | 215 |
| 中国教育技术装备 | P01 | 190 | 375 | 中国科学(信息科学) | B02 | 23 | 213 |
| 中国教育信息化·高教职教 | P04 | 195 | 380 | 中国科学院大学学报 | A02 | 19 | 209 |
| 中国教育信息化·基础教育 | P01 | 190 | 375 | 中国科学院院刊 | A01 | 14 | 204 |
| 中国介入心脏病学杂志 | D16 | 63 | 251 | 中国西部 | A01 | 14 | 204 |
| 中国介入影像与治疗学 | D28 | 68 | 257 | 中国空间科学技术 | E38 | 135 | 322 |
| 中国经济史研究 | L01 | 164 | 350 | 中国口腔颌面外科杂志 | D24 | 66 | 255 |
| 中国经济问题 | L01 | 164 | 350 | 中国口腔医学继续教育杂志 | D24 | 66 | 255 |
| 中国经贸 | L08 | 169 | 355 | 中国口腔种植学杂志 | D24 | 66 | 255 |
| 中国井冈山干部学院学报 | M02 | 176 | 361 | 中国矿山工程 | E11 | 97 | 284 |
| 中国井矿盐 | E30 | 123 | 309 | 中国矿业 | E10 | 96 | 283 |
| 中国军事科学 | M08 | 180 | 365 | 中国矿业大学学报 | E10 | 96 | 283 |
| 中国康复 | D07 | 58 | 247 | 中国矿业大学学报(社会科学版) | H02 | 150 | 336 |
| 中国康复理论与实践 | D07 | 58 | 247 | 中国劳动 | N02 | 181 | 366 |
| 中国康复医学杂志 | D07 | 58 | 247 | 中国劳动关系学院学报 | M02 | 176 | 361 |
| 中国抗生素杂志 | D36 | 76 | 264 | 中国老年保健医学 | D07 | 58 | 247 |
| 中国考试 | P01 | 190 | 375 | 中国老年学杂志 | D07 | 58 | 247 |
| 中国科技成果 | F01 | 139 | 325 | 中国历史地理论丛 | K08 | 161 | 346 |
| 中国科技翻译 | K01 | 155 | 341 | 中国粮油学报 | E30 | 123 | 309 |
| 中国科技论坛 | F01 | 139 | 325 | 中国疗养医学 | D07 | 58 | 247 |
| 中国科技论文 | A01 | 14 | 204 | 中国林副特产 | C07 | 44 | 233 |
| 中国科技期刊研究 | N05 | 183 | 368 | 中国林业教育 | P01 | 190 | 375 |
| 中国科技史杂志 | A01 | 14 | 204 | 中国林业经济 | C07 | 44 | 233 |
| 中国科技术语 | A01 | 14 | 204 | 中国临床保健杂志 | D07 | 58 | 247 |
| 中国科技信息 | A01 | 14 | 204 | 中国临床护理 | D30 | 71 | 259 |
| 中国科技资源导刊 | L01 | 164 | 350 | 中国临床解剖学杂志 | D03 | 55 | 244 |
| 中国科技纵横 | A01 | 14 | 204 | 中国临床神经科学 | D27 | 67 | 256 |
| 中国科学(地球科学) | B07 | 27 | 217 | 中国临床神经外科杂志 | D27 | 67 | 256 |
| 中国科学(化学) | B05 | 26 | 216 | 中国临床实用医学 | D05 | 56 | 245 |
| 中国科学基金 | A01 | 14 | 204 | 中国临床心理学杂志 | B18 | 36 | 225 |
| 中国科学技术大学学报 | A02 | 19 | 209 | 中国临床新医学 | D05 | 56 | 245 |
| 中国科学(技术科学) | E01 | 82 | 270 | 中国临床研究 | D05 | 56 | 245 |
| 中国科学(生命科学) | B13 | 34 | 223 | 中国临床药理学与治疗学 | D36 | 76 | 264 |
| 中国科学(数学) | B01 | 23 | 213 | 中国临床药理学杂志 | D36 | 76 | 264 |

# 中国期刊名称类目索引(续)

| 期刊名称 | 学科代码 | 被引指标页码 | 来源指标页码 | 期刊名称 | 学科代码 | 被引指标页码 | 来源指标页码 |
|---|---|---|---|---|---|---|---|
| 中国临床药学杂志 | D36 | 76 | 264 | 中国内部审计 | L05 | 167 | 353 |
| 中国临床医生杂志 | D05 | 56 | 245 | 中国内镜杂志 | D14 | 61 | 250 |
| 中国临床医学 | D05 | 56 | 245 | 中国能源 | E16 | 106 | 293 |
| 中国临床医学影像杂志 | D28 | 68 | 257 | 中国酿造 | E30 | 123 | 309 |
| 中国流通经济 | L08 | 170 | 355 | 中国牛业科学 | C08 | 47 | 236 |
| 中国氯碱 | E25 | 118 | 305 | 中国农村观察 | L06 | 168 | 353 |
| 中国麻风皮肤病杂志 | D25 | 67 | 255 | 中国农村经济 | L06 | 168 | 353 |
| 中国麻业科学 | C03 | 40 | 229 | 中国农村水利水电 | E05 | 91 | 278 |
| 中国马铃薯 | C04 | 42 | 231 | 中国农村卫生 | D35 | 74 | 262 |
| 中国慢性病预防与控制 | D31 | 72 | 260 | 中国农村卫生事业管理 | D35 | 74 | 262 |
| 中国媒介生物学及控制杂志 | D32 | 73 | 261 | 中国农机化学报 | E05 | 91 | 278 |
| 中国煤层气 | E16 | 106 | 293 | 中国农技推广 | C01 | 38 | 227 |
| 中国煤炭 | E16 | 106 | 293 | 中国农史 | C01 | 38 | 227 |
| 中国煤炭地质 | E16 | 106 | 293 | 中国农学通报 | C01 | 38 | 227 |
| 中国煤炭工业医学杂志 | D01 | 51 | 240 | 中国农业大学学报 | C02 | 39 | 229 |
| 中国美容医学 | D19 | 64 | 252 | 中国农业大学学报(社会科学版) | H02 | 150 | 336 |
| 中国美容整形外科杂志 | D05 | 56 | 245 | 中国农业教育 | P01 | 191 | 375 |
| 中国美术教育 | K06 | 160 | 345 | 中国农业科技导报 | C01 | 38 | 227 |
| 中国锰业 | E09 | 94 | 282 | 中国农业科学 | C01 | 38 | 227 |
| 中国棉花 | C03 | 40 | 229 | 中国农业会计 | L05 | 167 | 353 |
| 中国免疫学杂志 | D03 | 55 | 244 | 中国农业气象 | C01 | 38 | 227 |
| 中国民航大学学报 | E38 | 135 | 322 | 中国农业信息 | C01 | 38 | 227 |
| 中国民航飞行学院学报 | E38 | 135 | 322 | 中国农业资源与区划 | C01 | 38 | 228 |
| 中国民间疗法 | D37 | 78 | 266 | 中国皮肤性病学杂志 | D25 | 67 | 255 |
| 中国民康医学 | D31 | 72 | 260 | 中国皮革 | E26 | 119 | 306 |
| 中国民族民间医药 | D37 | 78 | 266 | 中国普通外科杂志 | D15 | 62 | 250 |
| 中国民族医药杂志 | D37 | 78 | 266 | 中国普外基础与临床杂志 | D15 | 62 | 250 |
| 中国名城 | K08 | 161 | 346 | 中国钱币 | L10 | 171 | 357 |
| 中国钼业 | E09 | 94 | 282 | 中国青年研究 | M01 | 172 | 358 |
| 中国穆斯林 | J03 | 154 | 340 | 中国青年社会科学 | M02 | 176 | 361 |
| 中国奶牛 | C08 | 47 | 236 | 中国轻工教育 | P01 | 191 | 375 |
| 中国男科学杂志 | D26 | 67 | 255 | 中国全科医学 | D05 | 57 | 245 |
| 中国南方果树 | C04 | 42 | 231 | 中国热带农业 | C01 | 38 | 228 |
| 中国脑血管病杂志 | D27 | 68 | 256 | 中国热带医学 | D32 | 73 | 261 |

# 中国期刊名称类目索引(续)

| 期刊名称 | 学科代码 | 被引指标页码 | 来源指标页码 |
|---|---|---|---|
| 中国人口·资源与环境 | E39 | 137 | 323 |
| 中国人口科学 | N02 | 181 | 366 |
| 中国人力资源开发 | N02 | 181 | 366 |
| 中国人民大学学报 | H02 | 150 | 336 |
| 中国人民公安大学学报(社会科学版) | H02 | 150 | 336 |
| 中国人民公安大学学报(自然科学版) | A02 | 19 | 209 |
| 中国人兽共患病学报 | D32 | 73 | 261 |
| 中国乳品工业 | E30 | 123 | 309 |
| 中国软科学 | F01 | 139 | 325 |
| 中国森林病虫 | C07 | 44 | 233 |
| 中国沙漠 | B10 | 30 | 219 |
| 中国伤残医学 | D14 | 61 | 250 |
| 中国商论 | L08 | 170 | 355 |
| 中国烧伤创疡杂志 | D19 | 64 | 252 |
| 中国设备工程 | E12 | 98 | 286 |
| 中国社会经济史研究 | L01 | 164 | 350 |
| 中国社会科学 | H01 | 142 | 329 |
| 中国社会科学院研究生院学报 | H02 | 150 | 336 |
| 中国社会医学杂志 | D35 | 74 | 262 |
| 中国社区医师 | D05 | 57 | 245 |
| 中国神经精神疾病杂志 | D27 | 68 | 256 |
| 中国神经免疫学和神经病学杂志 | D27 | 68 | 256 |
| 中国生化药物杂志 | E04 | 89 | 277 |
| 中国生态农业学报 | C01 | 38 | 228 |
| 中国生物防治学报 | C06 | 42 | 232 |
| 中国生物工程杂志 | E04 | 89 | 277 |
| 中国生物化学与分子生物学报 | B13 | 34 | 223 |
| 中国生物医学工程学报 | E06 | 91 | 279 |
| 中国生物制品学杂志 | E06 | 91 | 279 |
| 中国生育健康杂志 | D33 | 73 | 261 |
| 中国石油大学胜利学院学报 | E17 | 108 | 295 |
| 中国石油大学学报(社会科学版) | H02 | 150 | 336 |
| 中国石油大学学报(自然科学版) | E17 | 108 | 296 |
| 中国石油和化工标准与质量 | E17 | 108 | 296 |
| 中国石油勘探 | E17 | 108 | 296 |
| 中国实验动物学报 | B16 | 35 | 224 |
| 中国实验方剂学杂志 | D40 | 80 | 268 |
| 中国实验血液学杂志 | D11 | 60 | 248 |
| 中国实验诊断学 | D06 | 58 | 246 |
| 中国实用儿科杂志 | D21 | 65 | 253 |
| 中国实用妇科与产科杂志 | D20 | 64 | 253 |
| 中国实用护理杂志 | D30 | 71 | 259 |
| 中国实用口腔科杂志 | D24 | 66 | 255 |
| 中国实用内科杂志 | D08 | 59 | 247 |
| 中国实用神经疾病杂志 | D27 | 68 | 256 |
| 中国实用外科杂志 | D14 | 61 | 250 |
| 中国实用乡村医生杂志 | D31 | 72 | 260 |
| 中国实用眼科杂志 | D22 | 65 | 253 |
| 中国实用医刊 | D01 | 51 | 240 |
| 中国实用医药 | D01 | 51 | 240 |
| 中国食品添加剂 | E30 | 123 | 310 |
| 中国食品卫生杂志 | D35 | 74 | 262 |
| 中国食品学报 | E30 | 123 | 310 |
| 中国食物与营养 | E30 | 123 | 310 |
| 中国食用菌 | C04 | 42 | 231 |
| 中国史研究 | K08 | 161 | 346 |
| 中国市场 | L01 | 165 | 350 |
| 中国市政工程 | E31 | 126 | 313 |
| 中国兽药杂志 | C08 | 47 | 236 |
| 中国兽医科学 | C08 | 47 | 236 |
| 中国兽医学报 | C08 | 47 | 236 |
| 中国兽医杂志 | C08 | 47 | 236 |
| 中国书法 | K06 | 160 | 345 |
| 中国输血杂志 | D05 | 57 | 245 |
| 中国蔬菜 | C04 | 42 | 231 |
| 中国数学教育(初中版) | P03 | 193 | 378 |
| 中国数学教育(高中版) | P03 | 193 | 378 |
| 中国数字医学 | D28 | 69 | 257 |

# 中国期刊名称类目索引(续)

| 期刊名称 | 学科代码 | 被引指标页码 | 来源指标页码 | 期刊名称 | 学科代码 | 被引指标页码 | 来源指标页码 |
|---|---|---|---|---|---|---|---|
| 中国水产科学 | C10 | 48 | 237 | 中国土壤与肥料 | C05 | 42 | 231 |
| 中国水稻科学 | C03 | 40 | 229 | 中国外语 | K03 | 156 | 342 |
| 中国水利 | E33 | 129 | 315 | 中国微创外科杂志 | D14 | 61 | 250 |
| 中国水利水电科学研究院学报 | E33 | 129 | 315 | 中国微侵袭神经外科杂志 | D27 | 68 | 256 |
| 中国水能及电气化 | E33 | 129 | 315 | 中国微生态学杂志 | B14 | 34 | 224 |
| 中国水土保持 | E33 | 129 | 315 | 中国卫生标准管理 | F01 | 139 | 325 |
| 中国水土保持科学 | E05 | 91 | 278 | 中国卫生产业 | D31 | 72 | 260 |
| 中国水运(上半月) | E37 | 133 | 320 | 中国卫生法制 | D35 | 74 | 262 |
| 中国水运(下半月) | E37 | 133 | 320 | 中国卫生工程学 | D31 | 72 | 260 |
| 中国司法鉴定 | M07 | 180 | 365 | 中国卫生监督杂志 | D35 | 74 | 262 |
| 中国饲料 | C08 | 47 | 236 | 中国卫生检验杂志 | D35 | 74 | 262 |
| 中国塑料 | E24 | 117 | 304 | 中国卫生经济 | D35 | 74 | 262 |
| 中国糖料 | C03 | 40 | 229 | 中国卫生事业管理 | D31 | 72 | 260 |
| 中国糖尿病杂志 | D12 | 60 | 249 | 中国卫生统计 | D35 | 74 | 262 |
| 中国陶瓷 | E23 | 117 | 304 | 中国卫生信息管理杂志 | D35 | 74 | 262 |
| 中国陶瓷工业 | E23 | 117 | 304 | 中国卫生政策研究 | D35 | 74 | 262 |
| 中国特色社会主义研究 | M01 | 172 | 358 | 中国卫生质量管理 | D35 | 74 | 262 |
| 中国特殊教育 | P01 | 191 | 375 | 中国卫生资源 | D35 | 74 | 262 |
| 中国特种设备安全 | E39 | 137 | 323 | 中国文化 | N04 | 182 | 367 |
| 中国疼痛医学杂志 | D05 | 57 | 245 | 中国文化研究 | N04 | 182 | 367 |
| 中国体视学与图像分析 | D28 | 69 | 257 | 中国文物科学研究 | K08 | 161 | 347 |
| 中国体外循环杂志 | D14 | 61 | 250 | 中国文学研究 | K01 | 155 | 341 |
| 中国体育教练员 | P07 | 200 | 385 | 中国钨业 | E09 | 94 | 282 |
| 中国体育科技 | P07 | 200 | 385 | 中国无机分析化学 | B05 | 26 | 216 |
| 中国甜菜糖业 | E30 | 123 | 310 | 中国物价 | L08 | 170 | 355 |
| 中国调味品 | E30 | 123 | 310 | 中国稀土学报 | E08 | 93 | 281 |
| 中国铁道科学 | E36 | 132 | 319 | 中国细胞生物学学报 | B13 | 34 | 223 |
| 中国铁路 | E36 | 132 | 319 | 中国现代教育装备 | P01 | 191 | 375 |
| 中国听力语言康复科学杂志 | D07 | 58 | 247 | 中国现代普通外科进展 | D15 | 62 | 250 |
| 中国图书馆学报 | N06 | 184 | 369 | 中国现代神经疾病杂志 | D27 | 68 | 256 |
| 中国图书评论 | N06 | 184 | 369 | 中国现代手术学杂志 | D14 | 61 | 250 |
| 中国图象图形学报 | E22 | 114 | 301 | 中国现代文学研究丛刊 | K04 | 157 | 343 |
| 中国涂料 | E25 | 118 | 305 | 中国现代药物应用 | D36 | 76 | 264 |
| 中国土地科学 | C05 | 42 | 231 | 中国现代医生 | D01 | 51 | 240 |

# 中国期刊名称类目索引(续)

| 期刊名称 | 学科代码 | 被引指标页码 | 来源指标页码 | 期刊名称 | 学科代码 | 被引指标页码 | 来源指标页码 |
|---|---|---|---|---|---|---|---|
| 中国现代医学杂志 | D01 | 51 | 240 | 中国循环杂志 | D16 | 63 | 251 |
| 中国现代医药杂志 | D05 | 57 | 245 | 中国循证儿科杂志 | D21 | 65 | 253 |
| 中国现代应用药学 | D36 | 76 | 264 | 中国循证心血管医学杂志 | D16 | 63 | 251 |
| 中国现代中药 | D40 | 80 | 268 | 中国循证医学杂志 | D06 | 58 | 246 |
| 中国乡村医药 | D01 | 51 | 240 | 中国烟草科学 | C04 | 42 | 231 |
| 中国乡镇企业会计 | L05 | 167 | 353 | 中国烟草学报 | C04 | 42 | 231 |
| 中国消毒学杂志 | D31 | 72 | 260 | 中国延安干部学院学报 | M02 | 176 | 361 |
| 中国小儿急救医学 | D21 | 65 | 253 | 中国岩溶 | B11 | 32 | 221 |
| 中国小儿血液与肿瘤杂志 | D21 | 65 | 253 | 中国眼耳鼻喉科杂志 | D23 | 66 | 254 |
| 中国校外教育(上旬刊) | P04 | 195 | 380 | 中国养兔 | C08 | 47 | 236 |
| 中国校医 | D31 | 72 | 260 | 中国药房 | D36 | 76 | 264 |
| 中国斜视与小儿眼科杂志 | D22 | 65 | 253 | 中国药科大学学报 | D02 | 54 | 243 |
| 中国心理卫生杂志 | B18 | 36 | 225 | 中国药理学通报 | D36 | 76 | 264 |
| 中国心血管病研究 | D16 | 63 | 251 | 中国药理学与毒理学杂志 | D36 | 76 | 264 |
| 中国心血管杂志 | D16 | 63 | 251 | 中国药品标准 | D36 | 76 | 264 |
| 中国心脏起搏与心电生理杂志 | D15 | 62 | 250 | 中国药师 | D36 | 76 | 264 |
| 中国新技术新产品 | E01 | 82 | 270 | 中国药事 | D36 | 76 | 264 |
| 中国新通信 | E21 | 112 | 300 | 中国药物化学杂志 | D36 | 76 | 264 |
| 中国新药与临床杂志 | D36 | 76 | 264 | 中国药物经济学 | D36 | 76 | 264 |
| 中国新药杂志 | D36 | 76 | 264 | 中国药物警戒 | D36 | 76 | 264 |
| 中国刑事法杂志 | M07 | 180 | 365 | 中国药物滥用防治杂志 | D36 | 76 | 264 |
| 中国性科学 | D26 | 67 | 255 | 中国药物评价 | D36 | 76 | 264 |
| 中国胸心血管外科临床杂志 | D15 | 62 | 250 | 中国药物依赖性杂志 | D36 | 76 | 265 |
| 中国修船 | E37 | 133 | 320 | 中国药物应用与监测 | D36 | 76 | 265 |
| 中国修复重建外科杂志 | D19 | 64 | 252 | 中国药物与临床 | D36 | 76 | 265 |
| 中国畜牧兽医 | C08 | 47 | 236 | 中国药学杂志 | D36 | 76 | 265 |
| 中国畜牧兽医文摘 | C08 | 47 | 236 | 中国药业 | D36 | 77 | 265 |
| 中国畜牧杂志 | C08 | 47 | 236 | 中国冶金 | E11 | 97 | 284 |
| 中国畜禽种业 | C08 | 47 | 236 | 中国冶金工业医学杂志 | D31 | 72 | 260 |
| 中国学校卫生 | D35 | 74 | 262 | 中国冶金教育 | P01 | 191 | 375 |
| 中国血管外科杂志(电子版) | D15 | 62 | 250 | 中国野生植物资源 | B13 | 34 | 223 |
| 中国血吸虫病防治杂志 | D32 | 73 | 261 | 中国医刊 | D05 | 57 | 245 |
| 中国血液净化 | D11 | 60 | 248 | 中国医科大学学报 | D02 | 54 | 243 |
| 中国血液流变学杂志 | D03 | 55 | 244 | 中国医疗保险 | D01 | 51 | 240 |

# 中国期刊名称类目索引(续)

| 期刊名称 | 学科代码 | 被引指标页码 | 来源指标页码 | 期刊名称 | 学科代码 | 被引指标页码 | 来源指标页码 |
|---|---|---|---|---|---|---|---|
| 中国医疗管理科学 | D01 | 51 | 240 | 中国音乐 | K06 | 160 | 345 |
| 中国医疗美容 | D05 | 57 | 245 | 中国音乐教育 | P01 | 191 | 375 |
| 中国医疗器械信息 | D07 | 58 | 247 | 中国音乐学 | K06 | 160 | 345 |
| 中国医疗器械杂志 | D35 | 74 | 262 | 中国应急救援 | D31 | 72 | 260 |
| 中国医疗设备 | D35 | 74 | 262 | 中国应用生理学杂志 | B13 | 34 | 223 |
| 中国医师进修杂志 | D05 | 57 | 245 | 中国优生与遗传杂志 | D33 | 73 | 261 |
| 中国医师杂志 | D05 | 57 | 245 | 中国油料作物学报 | C03 | 40 | 230 |
| 中国医学创新 | D01 | 51 | 240 | 中国油脂 | E30 | 123 | 310 |
| 中国医学工程 | D03 | 55 | 244 | 中国有色金属学报 | E09 | 94 | 282 |
| 中国医学计算机成像杂志 | D28 | 69 | 257 | 中国有色冶金 | E11 | 97 | 284 |
| 中国医学教育技术 | D35 | 74 | 262 | 中国有线电视 | E19 | 111 | 298 |
| 中国医学科学院学报 | D02 | 54 | 243 | 中国渔业经济 | C10 | 48 | 237 |
| 中国医学伦理学 | N01 | 181 | 366 | 中国渔业质量与标准 | C10 | 48 | 237 |
| 中国医学前沿杂志(电子版) | D01 | 51 | 240 | 中国语文 | K01 | 155 | 341 |
| 中国医学文摘-耳鼻咽喉科学 | D23 | 66 | 254 | 中国预防兽医学报 | C08 | 47 | 236 |
| 中国医学文摘-皮肤科学 | D25 | 67 | 255 | 中国预防医学杂志 | D31 | 72 | 260 |
| 中国医学物理学杂志 | D03 | 55 | 244 | 中国园林 | C07 | 44 | 234 |
| 中国医学影像技术 | D28 | 69 | 257 | 中国园艺文摘 | C04 | 42 | 231 |
| 中国医学影像学杂志 | D28 | 69 | 257 | 中国远程教育(综合版) | P01 | 191 | 375 |
| 中国医学装备 | D35 | 74 | 263 | 中国运动医学杂志 | P07 | 200 | 385 |
| 中国医药 | D05 | 57 | 246 | 中国韵文学刊 | K04 | 157 | 343 |
| 中国医药导报 | D01 | 51 | 240 | 中国藏学 | N04 | 182 | 367 |
| 中国医药导刊 | D01 | 51 | 240 | 中国造船 | E37 | 133 | 320 |
| 中国医药工业杂志 | D36 | 77 | 265 | 中国造纸 | E26 | 119 | 306 |
| 中国医药科学 | D01 | 51 | 240 | 中国造纸学报 | E26 | 119 | 306 |
| 中国医药生物技术 | E06 | 91 | 279 | 中国沼气 | E05 | 91 | 278 |
| 中国医院 | D35 | 74 | 263 | 中国照明电器 | E19 | 111 | 298 |
| 中国医院管理 | D35 | 74 | 263 | 中国哲学史 | J02 | 154 | 339 |
| 中国医院建筑与装备 | D01 | 51 | 240 | 中国针灸 | D41 | 80 | 268 |
| 中国医院统计 | D35 | 74 | 263 | 中国真菌学杂志 | D05 | 57 | 246 |
| 中国医院药学杂志 | D36 | 77 | 265 | 中国职业技术教育 | P05 | 199 | 383 |
| 中国医院用药评价与分析 | D36 | 77 | 265 | 中国职业医学 | D32 | 73 | 261 |
| 中国仪器仪表 | E27 | 119 | 306 | 中国植保导刊 | C06 | 43 | 232 |
| 中国疫苗和免疫 | E06 | 91 | 279 | 中国中西医结合儿科学 | D21 | 65 | 253 |

# 中国期刊名称类目索引(续)

| 期刊名称 | 学科代码 | 被引指标页码 | 来源指标页码 | 期刊名称 | 学科代码 | 被引指标页码 | 来源指标页码 |
|---|---|---|---|---|---|---|---|
| 中国中西医结合耳鼻咽喉科杂志 | D39 | 79 | 267 | 中华保健医学杂志 | D07 | 58 | 247 |
| 中国中西医结合急救杂志 | D39 | 79 | 267 | 中华病理学杂志 | D03 | 55 | 244 |
| 中国中西医结合皮肤性病学杂志 | D39 | 79 | 267 | 中华产科急救电子杂志 | D20 | 64 | 253 |
| 中国中西医结合肾病杂志 | D39 | 79 | 268 | 中华超声影像学杂志 | D28 | 69 | 257 |
| 中国中西医结合外科杂志 | D39 | 80 | 268 | 中华传染病杂志 | D13 | 60 | 249 |
| 中国中西医结合消化杂志 | D39 | 80 | 268 | 中华创伤骨科杂志 | D18 | 64 | 252 |
| 中国中西医结合影像学杂志 | D39 | 80 | 268 | 中华创伤杂志 | D19 | 64 | 252 |
| 中国中西医结合杂志 | D39 | 80 | 268 | 中华地方病学杂志 | D32 | 73 | 261 |
| 中国中药杂志 | D40 | 80 | 268 | 中华儿科杂志 | D21 | 65 | 253 |
| 中国中医骨伤科杂志 | D41 | 80 | 268 | 中华耳鼻咽喉头颈外科杂志 | D23 | 66 | 254 |
| 中国中医基础医学杂志 | D37 | 78 | 266 | 中华耳科学杂志 | D23 | 66 | 254 |
| 中国中医急症 | D37 | 78 | 266 | 中华放射学杂志 | D28 | 69 | 257 |
| 中国中医眼科杂志 | D37 | 78 | 266 | 中华放射医学与防护杂志 | D34 | 73 | 262 |
| 中国中医药科技 | D37 | 78 | 266 | 中华放射肿瘤学杂志 | D29 | 70 | 258 |
| 中国中医药图书情报杂志 | N07 | 184 | 369 | 中华肥胖与代谢病电子杂志 | D12 | 60 | 249 |
| 中国中医药现代远程教育 | D37 | 78 | 266 | 中华肺部疾病杂志(电子版) | D09 | 59 | 248 |
| 中国中医药信息杂志 | D37 | 78 | 266 | 中华风湿病学杂志 | D12 | 60 | 249 |
| 中国肿瘤 | D29 | 69 | 258 | 中华妇产科杂志 | D20 | 64 | 253 |
| 中国肿瘤临床 | D29 | 69 | 258 | 中华妇幼临床医学杂志(电子版) | D20 | 64 | 253 |
| 中国肿瘤临床与康复 | D29 | 69 | 258 | 中华肝胆外科杂志 | D15 | 62 | 250 |
| 中国肿瘤生物治疗杂志 | D29 | 69 | 258 | 中华肝脏病杂志 | D10 | 59 | 248 |
| 中国肿瘤外科杂志 | D29 | 69 | 258 | 中华肝脏外科手术学电子杂志 | D10 | 59 | 248 |
| 中国种业 | C03 | 40 | 230 | 中华高血压杂志 | D16 | 63 | 251 |
| 中国重型装备 | E13 | 100 | 287 | 中华骨科杂志 | D18 | 64 | 252 |
| 中国猪业 | C08 | 47 | 236 | 中华骨与关节外科杂志 | D18 | 64 | 252 |
| 中国注册会计师 | L05 | 167 | 353 | 中华骨质疏松和骨矿盐疾病杂志 | D12 | 60 | 249 |
| 中国铸造装备与技术 | E13 | 100 | 288 | 中华关节外科杂志(电子版) | D18 | 64 | 252 |
| 中国资产评估 | L04 | 167 | 352 | 中华行为医学与脑科学杂志 | D27 | 68 | 256 |
| 中国宗教 | J03 | 154 | 340 | 中华航海医学与高气压医学杂志 | D34 | 73 | 262 |
| 中国综合临床 | D05 | 57 | 246 | 中华航空航天医学杂志 | D34 | 73 | 262 |
| 中国总会计师 | L05 | 167 | 353 | 中华核医学与分子影像杂志 | D28 | 69 | 257 |
| 中国卒中杂志 | D27 | 68 | 256 | 中华护理教育 | D30 | 71 | 259 |
| 中国组织工程研究 | E06 | 91 | 279 | 中华护理杂志 | D30 | 71 | 259 |
| 中国组织化学与细胞化学杂志 | D03 | 55 | 244 | 中华急诊医学杂志 | D05 | 57 | 246 |

# 中国期刊名称类目索引(续)

| 期刊名称 | 学科代码 | 被引指标页码 | 来源指标页码 | 期刊名称 | 学科代码 | 被引指标页码 | 来源指标页码 |
|---|---|---|---|---|---|---|---|
| 中华疾病控制杂志 | D31 | 72 | 260 | 中华普外科手术学杂志(电子版) | D15 | 62 | 251 |
| 中华肩肘外科电子杂志 | D18 | 64 | 252 | 中华器官移植杂志 | D14 | 61 | 250 |
| 中华检验医学杂志 | D06 | 58 | 246 | 中华腔镜泌尿外科杂志(电子版) | D17 | 63 | 252 |
| 中华健康管理学杂志 | D35 | 74 | 263 | 中华腔镜外科杂志(电子版) | D15 | 62 | 251 |
| 中华结核和呼吸杂志 | D09 | 59 | 248 | 中华全科医师杂志 | D05 | 57 | 246 |
| 中华结直肠疾病电子杂志 | D10 | 59 | 248 | 中华全科医学 | D05 | 57 | 246 |
| 中华解剖与临床杂志 | D03 | 55 | 244 | 中华乳腺病杂志(电子版) | D15 | 62 | 251 |
| 中华介入放射学电子杂志 | D28 | 69 | 257 | 中华疝和腹壁外科杂志(电子版) | D15 | 62 | 251 |
| 中华精神科杂志 | D27 | 68 | 256 | 中华烧伤杂志 | D19 | 64 | 252 |
| 中华口腔医学研究杂志(电子版) | D24 | 66 | 255 | 中华神经创伤外科电子杂志 | D27 | 68 | 256 |
| 中华口腔医学杂志 | D24 | 66 | 255 | 中华神经科杂志 | D27 | 68 | 256 |
| 中华口腔正畸学杂志 | D24 | 66 | 255 | 中华神经外科疾病研究杂志 | D27 | 68 | 256 |
| 中华劳动卫生职业病杂志 | D32 | 73 | 261 | 中华神经外科杂志 | D27 | 68 | 256 |
| 中华老年病研究电子杂志 | D07 | 58 | 247 | 中华神经医学杂志 | D27 | 68 | 256 |
| 中华老年多器官疾病杂志 | D07 | 58 | 247 | 中华肾病研究电子杂志 | D17 | 63 | 252 |
| 中华老年骨科与康复电子杂志 | D07 | 58 | 247 | 中华肾脏病杂志 | D11 | 60 | 248 |
| 中华老年口腔医学杂志 | D24 | 66 | 255 | 中华生物医学工程杂志 | E06 | 91 | 279 |
| 中华老年心脑血管病杂志 | D16 | 63 | 251 | 中华生殖与避孕杂志 | D33 | 73 | 261 |
| 中华老年医学杂志 | D07 | 58 | 247 | 中华实验和临床病毒学杂志 | B17 | 35 | 225 |
| 中华临床感染病杂志 | D13 | 60 | 249 | 中华实验和临床感染病杂志(电子版) | D13 | 60 | 249 |
| 中华临床免疫和变态反应杂志 | D12 | 60 | 249 | 中华实验外科杂志 | D14 | 61 | 250 |
| 中华临床医师杂志(电子版) | D05 | 57 | 246 | 中华实验眼科杂志 | D22 | 65 | 254 |
| 中华临床营养杂志 | D31 | 72 | 260 | 中华实用儿科临床杂志 | D21 | 65 | 253 |
| 中华流行病学杂志 | D32 | 73 | 261 | 中华实用诊断与治疗杂志 | D06 | 58 | 246 |
| 中华麻醉学杂志 | D14 | 61 | 250 | 中华手外科杂志 | D18 | 64 | 252 |
| 中华泌尿外科杂志 | D17 | 63 | 252 | 中华损伤与修复杂志(电子版) | D19 | 64 | 252 |
| 中华男科学杂志 | D26 | 67 | 255 | 中华糖尿病杂志 | D12 | 60 | 249 |
| 中华内分泌代谢杂志 | D12 | 60 | 249 | 中华外科杂志 | D14 | 61 | 250 |
| 中华内分泌外科杂志 | D14 | 61 | 250 | 中华危重病急救医学 | D05 | 57 | 246 |
| 中华内科杂志 | D08 | 59 | 248 | 中华危重症医学杂志(电子版) | D05 | 57 | 246 |
| 中华女子学院学报 | M02 | 176 | 361 | 中华微生物学和免疫学杂志 | D03 | 55 | 244 |
| 中华皮肤科杂志 | D25 | 67 | 255 | 中华围产医学杂志 | D20 | 64 | 253 |
| 中华普通外科学文献(电子版) | D15 | 62 | 250 | 中华卫生杀虫药械 | D32 | 73 | 261 |
| 中华普通外科杂志 | D15 | 62 | 250 | 中华卫生应急电子杂志 | D31 | 72 | 260 |

# 中国期刊名称类目索引(续)

| 期刊名称 | 学科代码 | 被引指标页码 | 来源指标页码 | 期刊名称 | 学科代码 | 被引指标页码 | 来源指标页码 |
|---|---|---|---|---|---|---|---|
| 中华胃肠内镜电子杂志 | D15 | 62 | 251 | 中华胰腺病杂志 | D10 | 60 | 248 |
| 中华胃肠外科杂志 | D15 | 62 | 251 | 中华移植杂志(电子版) | D14 | 61 | 250 |
| 中华文化论坛 | N04 | 182 | 367 | 中华预防医学杂志 | D31 | 72 | 260 |
| 中华文史论丛 | K08 | 161 | 347 | 中华灾害救援医学 | D05 | 57 | 246 |
| 中华物理医学与康复杂志 | D07 | 58 | 247 | 中华诊断学电子杂志 | D03 | 55 | 244 |
| 中华细胞与干细胞杂志(电子版) | D03 | 55 | 244 | 中华整形外科杂志 | D19 | 64 | 252 |
| 中华显微外科杂志 | D14 | 61 | 250 | 中华中医药学刊 | D37 | 78 | 266 |
| 中华现代护理杂志 | D30 | 71 | 259 | 中华中医药杂志 | D37 | 78 | 266 |
| 中华消化病与影像杂志(电子版) | D10 | 59 | 248 | 中华肿瘤防治杂志 | D29 | 70 | 258 |
| 中华消化内镜杂志 | D10 | 59 | 248 | 中华肿瘤杂志 | D29 | 70 | 258 |
| 中华消化外科杂志 | D15 | 62 | 251 | 中华重症医学电子杂志 | D01 | 51 | 240 |
| 中华消化杂志 | D10 | 60 | 248 | 中南财经政法大学学报 | L02 | 166 | 352 |
| 中华小儿外科杂志 | D21 | 65 | 253 | 中南大学学报(社会科学版) | H02 | 150 | 336 |
| 中华心律失常学杂志 | D16 | 63 | 251 | 中南大学学报(医学版) | D02 | 54 | 243 |
| 中华心血管病杂志 | D16 | 63 | 251 | 中南大学学报(自然科学版) | E02 | 87 | 275 |
| 中华新生儿科杂志(中英文) | D21 | 65 | 253 | 中南林业科技大学学报 | C07 | 44 | 234 |
| 中华胸部外科电子杂志 | D15 | 62 | 251 | 中南林业科技大学学报(社会科学版) | H02 | 150 | 336 |
| 中华胸心血管外科杂志 | D15 | 62 | 251 | 中南林业调查规划 | C07 | 44 | 234 |
| 中华血液学杂志 | D11 | 60 | 248 | 中南民族大学学报(人文社会科学版) | H02 | 150 | 336 |
| 中华眼底病杂志 | D22 | 65 | 254 | 中南民族大学学报(自然科学版) | A02 | 19 | 209 |
| 中华眼科杂志 | D22 | 65 | 254 | 中南药学 | D36 | 77 | 265 |
| 中华眼视光学与视觉科学杂志 | D22 | 65 | 254 | 中南医学科学杂志 | D01 | 51 | 240 |
| 中华眼外伤职业眼病杂志 | D23 | 66 | 254 | 中日友好医院学报 | D01 | 51 | 240 |
| 中华医史杂志 | K08 | 161 | 347 | 中山大学学报(社会科学版) | H02 | 150 | 336 |
| 中华医学超声杂志(电子版) | D28 | 69 | 257 | 中山大学学报(医学科学版) | D02 | 54 | 243 |
| 中华医学教育探索杂志 | D35 | 74 | 263 | 中山大学学报(自然科学版) | A02 | 19 | 209 |
| 中华医学教育杂志 | D35 | 75 | 263 | 中兽医学杂志 | C08 | 47 | 236 |
| 中华医学科研管理杂志 | D35 | 75 | 263 | 中兽医医药杂志 | C08 | 47 | 236 |
| 中华医学美学美容杂志 | D05 | 57 | 246 | 中外法学 | M05 | 179 | 365 |
| 中华医学图书情报杂志 | N07 | 184 | 369 | 中外公路 | E35 | 131 | 318 |
| 中华医学遗传学杂志 | D03 | 55 | 244 | 中外建筑 | E31 | 126 | 313 |
| 中华医学杂志 | D01 | 51 | 240 | 中外能源 | E16 | 106 | 293 |
| 中华医院感染学杂志 | D13 | 60 | 249 | 中外女性健康研究 | D35 | 75 | 263 |
| 中华医院管理杂志 | D35 | 75 | 263 | 中外葡萄与葡萄酒 | E30 | 123 | 310 |

# 中国期刊名称类目索引(续)

| 期刊名称 | 学科代码 | 被引指标页码 | 来源指标页码 | 期刊名称 | 学科代码 | 被引指标页码 | 来源指标页码 |
|---|---|---|---|---|---|---|---|
| 中外企业家 | L01 | 165 | 350 | 中学物理(高中版) | P03 | 194 | 379 |
| 中外医疗 | E23 | 117 | 304 | 中学物理教学参考 | P03 | 194 | 379 |
| 中外医学研究 | D01 | 51 | 240 | 中学语文教学 | P03 | 194 | 379 |
| 中文信息 | P01 | 191 | 375 | 中学语文教学参考 | P03 | 194 | 379 |
| 中文信息学报 | E03 | 89 | 277 | 中学政史地(高中文综) | P03 | 194 | 379 |
| 中西医结合肝病杂志 | D39 | 80 | 268 | 中学政史地(教学指导版) | P03 | 194 | 379 |
| 中西医结合心脑血管病杂志 | D39 | 80 | 268 | 中学语文(上旬·教学大参考) | K01 | 155 | 341 |
| 中西医结合心血管病电子杂志 | D39 | 80 | 268 | 中学语文(下旬·大语文论坛) | K01 | 155 | 341 |
| 中西医结合研究 | D39 | 80 | 268 | 中学政治教学参考 | P03 | 194 | 379 |
| 中小企业管理与科技 | L01 | 165 | 350 | 中央财经大学学报 | L02 | 166 | 352 |
| 中小学管理 | P03 | 193 | 378 | 中央民族大学学报(哲学社会科学版) | H02 | 150 | 336 |
| 中小学教师培训 | P03 | 194 | 378 | 中央民族大学学报(自然科学版) | A02 | 19 | 209 |
| 中小学教学研究 | P03 | 194 | 378 | 中央社会主义学院学报 | M02 | 176 | 361 |
| 中小学实验与装备 | P03 | 194 | 378 | 中央音乐学院学报 | K06 | 160 | 345 |
| 中小学外语教学(中学) | P03 | 194 | 378 | 中药材 | D40 | 80 | 268 |
| 中小学校长 | P03 | 194 | 378 | 中药新药与临床药理 | D40 | 80 | 268 |
| 中小学英语教学与研究 | P03 | 194 | 378 | 中药药理与临床 | D37 | 78 | 266 |
| 中兴通讯技术 | E21 | 112 | 300 | 中医儿科杂志 | D21 | 65 | 253 |
| 中学地理教学参考 | P03 | 194 | 378 | 中医教育 | P01 | 191 | 376 |
| 中学化学教学参考 | P03 | 194 | 378 | 中医临床研究 | D37 | 78 | 266 |
| 中学课程辅导(教师通讯) | P03 | 194 | 378 | 中医外治杂志 | D37 | 78 | 266 |
| 中学课程辅导(教学研究) | P03 | 194 | 378 | 中医文献杂志 | D37 | 78 | 266 |
| 中学课程资源 | P03 | 194 | 378 | 中医学报 | D37 | 78 | 266 |
| 中学理科园地 | P03 | 194 | 379 | 中医研究 | D37 | 78 | 266 |
| 中学生物教学 | B13 | 34 | 223 | 中医眼耳鼻喉杂志 | D23 | 66 | 254 |
| 中学生物学 | P03 | 194 | 379 | 中医药导报 | D37 | 78 | 267 |
| 中学数学 | P03 | 194 | 379 | 中医药管理杂志 | D01 | 51 | 240 |
| 中学数学教学 | P03 | 194 | 379 | 中医药临床杂志 | D37 | 78 | 267 |
| 中学数学教学参考 | P03 | 194 | 379 | 中医药通报 | D37 | 79 | 267 |
| 中学数学研究 | P03 | 194 | 379 | 中医药文化 | D37 | 79 | 267 |
| 中学数学月刊 | P03 | 194 | 379 | 中医药信息 | D37 | 79 | 267 |
| 中学数学杂志(初中版) | P03 | 194 | 379 | 中医药学报 | D37 | 79 | 267 |
| 中学数学杂志(高中版) | P03 | 194 | 379 | 中医杂志 | D37 | 79 | 267 |
| 中学物理(初中版) | P03 | 194 | 379 | 中医正骨 | D41 | 80 | 268 |

# 中国期刊名称类目索引(续)

| 期刊名称 | 学科代码 | 被引指标页码 | 来源指标页码 | 期刊名称 | 学科代码 | 被引指标页码 | 来源指标页码 |
|---|---|---|---|---|---|---|---|
| 中原工学院学报 | E02 | 87 | 275 | 筑路机械与施工机械化 | E32 | 126 | 313 |
| 中原文化研究 | N04 | 182 | 367 | 砖瓦 | E32 | 127 | 313 |
| 中原文物 | K10 | 161 | 347 | 转化医学电子杂志 | D03 | 55 | 244 |
| 中州大学学报 | P01 | 191 | 376 | 转化医学杂志 | D01 | 51 | 240 |
| 能源与环保 | E16 | 106 | 293 | 装备环境工程 | E13 | 100 | 288 |
| 中州学刊 | H01 | 142 | 329 | 装备机械 | E13 | 100 | 288 |
| 肿瘤 | D29 | 70 | 258 | 装备学院学报 | E28 | 120 | 307 |
| 肿瘤代谢与营养电子杂志 | D29 | 70 | 258 | 装备制造技术 | E13 | 100 | 288 |
| 肿瘤防治研究 | D29 | 70 | 258 | 装甲兵工程学院学报 | E28 | 121 | 307 |
| 肿瘤基础与临床 | D29 | 70 | 258 | 装饰 | K06 | 160 | 345 |
| 肿瘤学杂志 | D29 | 70 | 258 | 资源环境与工程 | B10 | 30 | 219 |
| 肿瘤研究与临床 | D29 | 70 | 258 | 资源节约与环保 | E39 | 137 | 323 |
| 肿瘤药学 | D29 | 70 | 258 | 资源开发与市场 | L06 | 168 | 353 |
| 肿瘤影像学 | D29 | 70 | 258 | 资源科学 | E39 | 137 | 323 |
| 肿瘤预防与治疗 | D29 | 70 | 258 | 资源信息与工程 | E39 | 137 | 323 |
| 种业导刊 | C03 | 40 | 230 | 资源与产业 | L06 | 168 | 353 |
| 种子 | C03 | 40 | 230 | 自动化技术与应用 | E03 | 89 | 277 |
| 种子科技 | C03 | 40 | 230 | 自动化学报 | E03 | 89 | 277 |
| 种子世界 | C03 | 40 | 230 | 自动化仪表 | E27 | 119 | 306 |
| 仲恺农业工程学院学报 | C02 | 39 | 229 | 自动化应用 | E03 | 89 | 277 |
| 重型机械 | E12 | 98 | 286 | 自动化与信息工程 | E03 | 89 | 277 |
| 重型汽车 | E34 | 131 | 317 | 自动化与仪表 | E27 | 120 | 306 |
| 周口师范学院学报 | H03 | 153 | 339 | 自动化与仪器仪表 | E03 | 89 | 277 |
| 周易研究 | J02 | 154 | 339 | 自然辩证法通讯 | J02 | 154 | 339 |
| 轴承 | E13 | 100 | 288 | 自然辩证法研究 | J02 | 154 | 339 |
| 珠江水运 | E37 | 134 | 320 | 自然科学史研究 | A01 | 14 | 204 |
| 蛛形学报 | B13 | 34 | 223 | 自然杂志 | A01 | 14 | 204 |
| 竹子学报 | C07 | 45 | 234 | 自然灾害学报 | E40 | 138 | 324 |
| 住区 | E31 | 126 | 313 | 自然资源学报 | E39 | 137 | 323 |
| 住宅科技 | E31 | 126 | 313 | 宗教学研究 | J03 | 154 | 340 |
| 铸造 | E13 | 100 | 288 | 综合实践活动研究 | P03 | 194 | 379 |
| 铸造工程 | E13 | 100 | 288 | 综合运输 | E34 | 131 | 317 |
| 铸造技术 | E13 | 100 | 288 | 足踝外科电子杂志 | D15 | 62 | 251 |
| 铸造设备与工艺 | E13 | 100 | 288 | 卒中与神经疾病 | D27 | 68 | 256 |

# 中国期刊名称类目索引(续)

| 期刊名称 | 学科代码 | 被引指标页码 | 来源指标页码 |
|---|---|---|---|
| 组合机床与自动化加工技术 | E12 | 98 | 286 |
| 组织工程与重建外科杂志 | D19 | 64 | 252 |
| 钻采工艺 | E17 | 108 | 296 |
| 钻井液与完井液 | E17 | 108 | 296 |
| 遵义师范学院学报 | H03 | 153 | 339 |
| 遵义医学院学报 | D02 | 54 | 243 |
| 作物学报 | C03 | 40 | 230 |
| 作物研究 | C03 | 41 | 230 |
| 作物杂志 | C03 | 41 | 230 |